U.S.
International
Investment
Agreements

美国国际投资协定

［美］肯尼斯·J.范德威尔德 著
Kenneth J. Vandevelde
蔡从燕 朱明新 等译

法律出版社 LAW PRESS·CHINA

著作权合同登记号
图字：01-2014-2586

致　谢

本书是建立在其他许多人的工作基础之上的。从事与美国 BIT 计划有关的工作的许多朋友与同事——他们与我分享了他/她们对于这些条约的理解——的高见让我受益良多,我随时采用他/她们的主张。他们中许多人的分析影响了我的观点,舍此我不可能完成本书。他/她们是何塞·阿尔瓦雷斯(Jose Alvarez)、乔·布鲁克斯(Jo Brooks)、斯格特·格杰恩(Scott Gudgeon)、吉姆·哈克尼(Jim Hackney)、杰克·兰格(Jack Lange)、埃利诺·罗伯茨·刘易斯(Eleanor Roberts Lewis)、梅格·皮克林(Meg Pickering)、丹·普赖斯(Dan Price)、肯·普罗普(Ken Propp)、劳拉·鲁德勒(Laura Rundlet)、乔恩·施瓦兹(Jon Schwartz),以及拉里·图(Larry Tu)。所有这些个人对我都不吝于花费时间,提供专业知识,但我尤其感谢劳拉·鲁德勒,她在晚上、周末以及假期期间花了数十个小时愉快地回答我不断提出的问题。我希望所有那些在我撰写本书过程中无私地向我提供帮助的人们会认为,我已经很好地利用了他/她们的时间与知识。

在我作为国务院法律顾问办公室的律师与顾问期间,国务院投资事务办公室主任克拉克斯·埃利斯(Clarke Ellis)亲切地允许我使用 BITs 的谈判史,这极大地加深了我对这些条约的理解。国务院法律顾问办公室副总法律顾问(Principal Deputy Legal Adviser)萨姆·威滕(Sam Witten)对我的研究提供了关键性的支持。条约事务办公室的乔恩·齐勒曼(Jon Zylman)和弗兰克·霍勒伦(Frank Holleran)同样给了我极大的帮助。

不过,我必须强调的是,所有这些个人都没有审阅过我的书稿,因而他/她们对于本书中表达的观点几乎必然存在的错误不承担任何责任。虽然我努力如实地记录美国在正确解释与适用 BITs 和 FTAs 方面采取的立场,但这里表达的纯粹是我个人的观点。

最后，我想对《弗吉尼亚国际法杂志》《密歇根国际法杂志》《国际商业与税收律师》（现《伯克利国际法杂志》）以及《康奈尔国际法杂志》表示感谢，本书的部分章节曾经发表在这些刊物上。[①]

---

① Kenneth J. Vandevelde, "Reassessing the Hickenlooper Amendment", 29 *Virginia Journal of International Law* 115 (1988); Kenneth J. Vandevelde, "Of Politics and Markets: The Shifting Ideology of the BITs", 11 *International Tax and Business Lawyer* 159 (1993). Kenneth J. Vandevelde, "U. S. Bilateral Investment Treaties: The Second Wave", 14 *Michigan Journal of International Law* 621 (1993); Kenneth J. Vandevelde, "The Bilateral Investment Treaty Program of the United States", 21 *Cornell International Law Journal* 201 (1988).

目　录

第一章　导　　论

第一节　双边投资条约

30 年前，美国启动了双边投资条约（Bilateral Investment Treaty，BIT）计划。自该计划启动以来，BIT 主要旨在保护美国在其他国家中的投资。BIT 的前身是自独立战争以来美国谈判缔结的友好、通商与航海（the Friendship，Commerce and Navigation，FCN）条约。

在实施 BIT 计划的第一个 30 年，美国与世界各地的 46 个国家签署了 BITs。同一期间，美国签署了效仿 BIT 因而包含投资章的 11 个自由贸易协定（Free-Trade Agreements，FTAs）。

始于 1977 年的 BIT 计划是美国为了应对第二次世界大战结束后东道国对外国投资实施的大量征收，以及越来越多的国家质疑习惯国际法是否规定对被征收的外国投资给予充分补偿。此前，多个欧洲国家已经实施了广泛的 BIT 计划。该计划可以追溯到 1959 年，当年德国缔结了第一个 BIT。美国希望在习惯国际法提供的保护之外提供条约保护、确立支持保护外国投资的国家实践体系，并且建立一种在美国政府不介入情况下美国投资者也可以就其受到非法损害的投资从东道国那里获得赔偿的机制。

这一计划前五年的主要工作是，由一个跨部门小组制定一个用于谈判的范本文本，它有时被称为模板或者简单地称为范本。这一范本是根据晚近缔结的 FCNs 或者欧洲国家已经成功缔结的 BITs 中的条款而制定的。在开始谈判时，美国把范本提交给谈判另一方，期待在谈判另一方不对范本作重大修改，或者只作细微修改的基础上达成协议。如果谈判另一方要求对范本做过多的修改，美国就不缔结 BIT。

第一个被成功运用于谈判的范本完成于 1981 年，但基于早期谈判中获得的经验,美国在 1981 年范本发布后很快对其做了修改。后来进行的谈判继续促使美国修改范本,其结果是,美国分别在 1983 年、1984 年、1987 年、1991 年、1992 年、1994 年以及 2004 年通过了范本。1990 年范本的修改如此之快,以至于没有一个 BIT 是完全根据该范本缔结的。1998 年,美国对 1994 年范本进行了修改,但国务院把由此产生的文本看作对 1994 年范本的修改,而不是作为一个新的范本。

第一波的成功谈判始于 1982 年 2 月,据此产生了 10 个 BITs,缔约另一方包括孟加拉国、喀麦隆、民主刚果、埃及、格林纳达、海地、摩洛哥、巴拿马、塞内加尔以及土耳其。这一清单表明,早期的 BIT 谈判是成功的,主要的谈判对象是非洲与加勒比地区的发展中国家。1986 年,在把 10 个 BITs 提交给参议院以征求意见并同意批准的同时,美国中止了第一波的谈判。国务院希望在签署大量条约之前确保 BIT 计划获得参议院的支持。后来参议院针对所有 10 个 BITs 都提出了意见并同意批准,并且它们已经发生效力。

在参议院表示支持 BIT 计划后,美国于 1989 年恢复了谈判。第二波谈判开始于国际政治与经济秩序发生深刻变革——尤其苏联与社会主义集团解体——的前夕,同时也是由于发展中国家日益认识到外国投资可以促进经济发展。由于这个原因,与第一波谈判相比,第二波谈判期间签署的条约对范本所作的修改要少得多。

在过去的十余年间,美国签署了 35 个 BITs,其中 21 个是与转型经济体签署的,它体现了社会主义集团解体的影响。这些转型经济体包括阿尔巴尼亚、亚美尼亚、阿塞拜疆、白俄罗斯、保加利亚、捷克、克罗地亚、爱沙尼亚、格鲁吉亚、哈萨克斯坦、吉尔吉斯斯坦、拉脱维亚、立陶宛、摩尔多瓦、蒙古、波兰、罗马尼亚、俄罗斯、斯洛伐克、乌克兰以及乌兹别克斯坦。8 个 BITs 是与拉美和加勒比地区的国家签署的。美国在加勒比地区的成功缔约实践体现了发展中国家对于外国投资的态度发生的变化。这 8 个国家包括阿根廷、玻利维亚、厄瓜多尔、萨尔瓦多、洪都拉斯、牙买加、尼加拉瓜以及特立尼达和多巴哥。虽然非洲是美国在第一波谈判中获得最大成功的地区,但在第二波谈判中美国只与 3 个非洲国家签署了 BITs,即刚果、莫桑比克以及突尼斯。美国在第二波谈判中缔结的其他三个 BITs 是与巴拿马、约旦以及斯里兰卡缔结的。

在第二波谈判早期的 1992 年,美国与加拿大和墨西哥签署了《北美自由贸易协定》(North American Free Trade Agreement, NAFTA)。NAFTA 包含一个在美国签署的 BITs 基础上形成的投资章，但谈判的结果从形式与内容方面都对美国 BIT 范本做了重要修改。1998 年，加拿大投资者以美国违反了 NAFTA 投资章为由将美国诉诸仲裁。针对美国的其他案件随后接踵而至，而其时美国投资者已经根据 NAFTA 将加拿大和墨西哥诉诸仲裁了。因此，考虑到美国面临的待决仲裁案件，美国于 1999 年时第二次中止了投资条约谈判，重新评估它的投资条约谈判范本，并且考虑应该在多大程度上弥合 NAFTA 与投资条约谈判范本之间存在的差别。

随着第二波谈判接近尾声，美国开始与其他一些国家初步讨论签署像 NAFTA 那样包含投资章的 FTA 的可能性。2000 年年底，美国与智利和新加坡开始正式谈判。2002 年，国会通过了《2002 年两党贸易促进权限法》，该法授权总统有权根据一种程序签署贸易协定，该程序将确保国会可以快速审议实施性立法，这一机制之所以可以极大地促进缔结此类协定，原因是它把在法律发生修改时要求重新谈判协定的风险降到最低限度。《2002 年两党贸易促进权限法》的颁布推动了其他谈判，在总统获得该权限的 2002 年至 2007 年，美国签署了 10 个包含投资章的 FTAs。这些 FTAs 是与新加坡、智利、澳大利亚、摩洛哥、五个中美洲国家（哥斯达黎加、萨尔瓦多、危地马拉、洪都拉斯以及尼加拉瓜）和多米尼加共和国、秘鲁、安曼、哥伦比亚、巴拿马以及韩国签署的。在本书付梓时，除与安曼、秘鲁、哥伦比亚、巴拿马以及韩国签署的 FTAs（这些 FTAs 目前均已经生效——译者注）外，其他的 FTAs 都已经生效。

2004 年年初，美国制定了新的 BIT 谈判范本，这些 FTAs 中的投资章对于该范本产生了广泛的影响。这些 FTAs 反映了美国努力遵循在 NAFTA 中确立的先例、美国对 NAFTA 仲裁的应对，以及国会在《2002 年两党贸易促进权限法》中确立的 FTA 谈判目标。2004 年 9 月，美国完成了根据 2004 年谈判范本进行的第一个 BIT 谈判，即与乌拉圭进行的 BIT 谈判。不过，2000 年以后，美国谈判人员的精力大都集中于 FTA 谈判，在 2007 年夏天——总统根据《2002 年两党贸易促进权限法》获得的谈判授权期限届满之时——以前并没有新签署基于 2004 年范本的 BIT。美国基于 2004 年范本签署的第二个 BIT，即美国—卢旺达 BIT 是在 2008 年 2 月签署的。

在启动之时，BITs 被认为包含四个主要条款。

第一，BIT 包含了针对东道国领土内的涵盖投资规定一般的最低待遇标准的条款，该标准包括相对标准与绝对标准。相对标准规定了与向其他投资给予的待遇相比东道国应当向涵盖投资给予的待遇,而绝对标准则规定了无论其他投资获得何种待遇东道国都必须向涵盖投资赋予的一种待遇。根据一般的相对待遇标准,涵盖投资应当被给予不低于东道国或任何其他国家的国民与公司的投资获得的待遇。不低于东道国之国民与公司的投资所获待遇的待遇通常被称为"国民待遇"。不低于任何其他国家之国民与公司的投资所获待遇的待遇通常被称为"最惠国待遇",简称为"MFN 待遇"。获得国民待遇与最惠国待遇的权利同时适用于投资的设立与投资设立后的待遇。不同的谈判范本都针对国民待遇或最惠国待遇规定了某些例外。BITs 也允许各缔约方在附件中规定它有权在未来采取或维持国民待遇例外或最惠国待遇例外措施。

一般的绝对待遇条款要求投资应当被给予公平与公正待遇、充分的保护与安全以及习惯国际法规定的待遇。许多 BITs 也要求东道国应当遵守在投资方面承担的任何义务,禁止采取损害投资的任意性与歧视性措施。这一条款后来被简化了。到 2004 年,这一条款只规定应当根据习惯法给予待遇,2004 年范本规定该待遇包括公平与公正待遇和充分的保护与安全。

第二,BITs 对于缔约一方对缔约另一方之国民与公司的投资实施征收的权力施加了限制。只有在为了公共目的、非歧视、遵循正当程序、没有违背之前达成的协议,并且给予及时、充分与有效补偿情况下,此类征收才是被允许的。

第三,BITs 要求任何缔约一方应当允许缔约另一方的国民与公司自由、不受迟延地把与投资有关的款项转移入或转移出东道国。不过,由于认识到某些 BITs 的缔约相对方面临着外汇短缺问题,美国在某些 BITs 中同意在该缔约相对方的外汇储备降到一个很低的水平时可以有限地减损该自由汇兑的权利。

第四,BITs 保证缔约一方的国民与公司有权把其与缔约另一方之间发生的与投资有关的争端诉诸具有拘束力的第三方仲裁。就美国的投资条约实践而言,投资者—国家争端解决条款是美国所签署 BITs 中最重要的创新。此前,美国签署的与投资有关的条约规定了国家—国家争端解决。后来,投资者—国家争端解决条款变得更加精细。2004 年,此类条款被做了重大修改,目前篇幅几乎占整个条约的一半。修改之处包括增加新的内容,据此允许 BITs 缔约方通过彼此间达成一致解决某些问题、增强投资者—国家争端解决过程的透明度、促进正义与提高效率,包括设立一种迅速驳回骚扰性诉求的机制以及合并相关联的争端。

美国缔结的 BITs 一开始就规定禁止采取某些履行要求,如当地成分要求或出口要求。后来,该条款变得更加复杂,原因是该条款同时规定了新的禁止性履行要求及其例外。在第二波 BIT 谈判过程中,美国开始把该条款确立为 BITs 的核心条款。

美国签署的 BITs 一开始也包含了允许投资者针对涵盖投资自行雇用高级管理人员的条款,而不考虑这些管理人员的国籍。在第二波 BIT 谈判中,美国有时也把该条款视为核心条款。后来,针对该条款规定了许多例外。

美国最早缔结的 BITs 也有一些条款对东道国规定了透明度义务,包括要求东道国应当公开影响投资的法律。2004 年 BIT 范本规定了新的透明度条款,目前这些条款向投资者赋予有限的权利,据此他们可以获悉并参与东道国的决策。2004 年,国务院把透明度看作 2004 年范本中扩大着的 BITs 核心原则之一。

从早期的 BIT 谈判文本开始,美国缔结的 BIT 中还包含了另一个对缔约方施加实体性义务的条款。该条款处理的是战争与内乱给投资造成的损害,它包括两款:第一款要求针对任何此类损失的补偿应该给予国民待遇和最惠国待遇。第二款规定,如果投资损失系由于东道国的军队非基于军事必要性而征用或损毁造成的,则应当给予补偿。有一段时间,第二款在 BIT 范本中被删除了。

早期 BIT 范本中的若干条款后来被删除了。这些条款包括确保投资者诉诸东道国法院的条款、授权向投资条约项下投资者发放签证的条款、要求缔约方有义务就涉及投资条约的事项进行磋商的条款,以及要求东道国在涵盖投资与东道国企业之间维持平等竞争环境的条款。

2004 年,对 BIT 来说是全新的两个条款被纳入 BIT 范本。这两个条款要求缔约方努力不得为吸引外国投资而降低环境或劳工标准。国务院也把这两个条款视为 2004 年范本中扩大着的核心原则的组成部分。

美国签署的最早的 BITs 包含一些例外,包括为维护公共秩序而采取的措施、为保护缔约一方的根本安全利益而采取的措施,以及为履行缔约方在维护国际和平与安全方面的义务而采取的措施。后来的 BIT 范本删除了公共秩序例外,但针对金融服务规制措施增加了新的例外。另一个条款则限制了 BIT 对于税收事项的可适用性。

美国缔结的 BITs 也规定了处理缔约方之间争端的第三方仲裁机制。虽然数十起案件已经根据投资者—国家争端解决条款被诉诸仲裁,但国家—国家争端解决条款从未被使用过。美国甚至从未被根据 BIT 而诉诸仲裁,但它在 NAFTA 中已经多次成为被告。在所有作出裁决的案件中,美国全部胜诉。

第二节 本书结构与内容

本书全面评论 BIT 的历史、文本与解释。此外,由于一些 FTAs 包含的投资章中的投资条款与 BITs 的投资条款类似或相同,也由于 FTAs 已经深刻地影响着 BITs,本书也评论 FTAs 中的投资章。然而,FTAs 属于涵盖广泛而复杂的协定,协定的几乎任何组成部分中的条款都会影响东道国在投资方面的义务。尽管如此,为了控制本书的篇幅,在分析 FTA 时仅限于其中与相关 BIT 条款类似的条款。

本书考察了美国前 30 年的 BIT 计划,它是本书作者于 1992 年,即美国启动 BIT 计划的第 15 个年头时出版的《美国投资条约:政策与实践》的后续之作。由于本书也讨论美国前 15 年的 BIT 计划,也由于本书与 1992 年出版的那本书的写作目的大致相同,读者会发现 1992 年出版的书中使用的材料很多——但并非全部——同样出现于本书中。尽管如此,本书与 1992 年出版的书是不同的,这不仅是因为它涵盖更长的期间和更多的 BITs,也因为它同时分析了 BITs 和 FTAs,考察了根据美国缔结的 BITs 和 FTAs 中的投资者—国家争端解决条款作出的仲裁裁决。本书的标题表明它的涵盖面更广。

本书内容大致可以分为三个部分。

第一部分包含三章,它们从整体上讨论了 BIT 计划。在简要的介绍性的第一章之后,第二章从整体上叙述投资条约并且特别描述 BIT 在美国外交政策中的作用,同时考察了美国 BIT 政策的演变。第三章追溯了美国 BIT 计划的历史,包括美国 BIT 计划的启动以及美国 BIT 范本的发展。

第二部分分析与解释了美国签署的 BITs 的具体条款。对于各个条款,本书的思路都是一样的。相关讨论包括叙述在启动 BIT 计划之前美国在相关条款所涉主题事项方面的条约实践,分析主要 BIT 范本中的相关条款,解释在已经签署的 BITs 和 FTAs 谈判过程中对 BIT 范本的措辞所做的突出的修正,以及总结解释与适用相关条款的仲裁裁决。由于仲裁裁决数量众多,并且在持续增加,因此本书没有全面分析各个仲裁裁决。相反,本书的目的在于,通过简要总结案件并且概念化地加以组织,对投资仲裁案例进行综合提炼。有兴趣深入讨论根据 NAFTA 组建的仲裁庭所作裁决的读者或许会愿意参阅梅格·金尼尔(Meg Kinnear)、安德列·比约克伦(Andrea Bjorklund),以及约翰·汉纳福德(John Hannaford)合著的一本优秀著作,即《NAFTA 投资争端》。

第三部分是一系列附件,包括本书分析过的谈判文本。由于篇幅的原因,相关 BITs 与 FTAs 文本本身并没有被纳入作为附件。此外,那些谈判文本可以从美国国务院的网站上找到,而那些 BITs 与 FTAs 文本则可以从美国贸易代表办公室的网站上找到。

对 BIT 条款的讨论始于第四章,该章对 BIT 的适用范围做了评论。该章分析了界定适用 BIT 保护的资产的条款,叙述了适用 BIT 的领土与时间限制,并提出了适用 BIT 的一般例外。

接着,本书各章分别分析了真正的核心条款,以及国家—国家争端解决条款。据此,第五章讨论了一般待遇条款,第七章讨论了征收条款,第八章讨论了汇兑条款,第九章讨论了投资者—东道国争端解决条款,第十章讨论了国家—国家争端解决条款。BIT 中对缔约方规定义务的其他条款,包括日益重要的履行要求条款,则在第六章中加以讨论。第十一章讨论 BIT 范本中的其他条款。最后一章分析了 BIT 范本中从未出现过,但确实规定于美国签署的一个或多数 BITs,尤其美国—波兰 BIT 中的若干条款。

除了在必要的程度内叙述某些 BIT 条款的源起,本书只讨论美国签署的投资协定。本书无意比较美国签署的 BITs 中的条款与美国并非缔约方的那些 BITs 中的条款。类似地,除了某些例外,本书对于仲裁实践的讨论仅限于根据美国签署的 BITs 或 FTAs 成立的仲裁庭作出的裁决与决定。对于整体上比较性地讨论 BITs 与 BITs 裁判案例有兴趣的读者可以参阅 2009 年我在牛津大学出版社出版的比较性著作,即《双边投资条约:历史、政策与解释》,该书是为了纪念第一个 BIT 即德国—巴基斯坦 BIT 诞生 50 周年,以及美国启动 BIT 计划 30 周年,该书对这两个方面都有较多的讨论。有关投资条约与仲裁的比较性分析也可参见鲁道夫·多泽尔(Ruldolf Dolzer)和克里斯托弗·朔伊尔(Christoph Schreuer)合作的一部佳作,即《国际投资法原理》,而坎贝尔·麦克拉克伦(Campbell McLachlan)、劳伦斯·肖尔

(Laurence Shore)和马修·魏尼格(Matthew Weiniger)合作的《国际投资仲裁:实体原则》则对全面的投资仲裁案例做了专业性的讨论。

本书的写作目的主要有五个:第一旨在叙述美国的BIT计划是如何有别于此前美国保护外国投资的实践,据此把美国缔结的BITs放在历史的语境中。第二旨在分析美国BIT计划蕴含的政策,这些政策随着时间的推移而发展,尤其是它们与美国外交政策中的其他要素——尤其美国的外国投资政策——是有关联的。第三旨在解释不同的BIT范本中具体条款的意图,它们随着时间的推移也发生变化。当然,正是这些具体条款使BITs蕴含的基本政策得以实现。第四旨在评论美国在谈判签署具体的BITs和FTAs时在多大程度上修改了BIT范本的实体内容,从而背离了美国的BIT政策。第五旨在总结国际仲裁庭在解释BIT条款时采取的方法。

本书的分析可以从不同层面加以理解。在一个层面上,可以把对于美国签署的BIT所做的讨论看作一种时间发展进程,即从制定一系列投资政策发展到制定法律。换言之,本书的分析先从考察较为一般性的政策开始,这些政策以一组规则的方式具体体现于BIT谈判范本,并被纳入特定条约时成为法律。

在另一层面上,本书的分析只是为解释特定BIT与FTA中的条款——它们存在于美国签署的协定中——的含义提供一个指南。本书采取的方法是,比较详细地解释BIT范本中的条款的含义,然后分析美国签署的各个BIT和FTA对于谈判范本的背离。除了本书分析提及的范围,读者应当推定美国签署的各个BIT或FTA遵循了BIT范本的表述,该范本是这些BITs或FTAs的基础。

为了便利本书的分析,作者一般会交叉援引具有类似变化的BITs和FTAs,以便读者可以快速发现其中存在特定表述的所有BITs或FTAs。以后可以获得谈判史的研究人员在某个BIT或FTA的记录中会发现为什么会引入规定于另一个BIT或FTA中的相关文字。类似地,未来基于BITs和FTAs的实践也可以提供一个解释,据此说明所有措辞近似的BITs或FTAs的含义。为了避免过多重复,特定表述的含义有时只是结合包含该表述的许多BITs或FTAs中的一个加以解释,这就要求读者要核对针对任何被交叉援引的BITs和FTAs的讨论,以确保有关该特定表述的信息不被遗漏。

通过援引那些起草与谈判条约的人们的意图来解释某一条约条款之含

义的努力至少存在一个很严重的局限性。正如我在另一地方讨论过的,[①]每一个条约谈判人员很快意识到的事实是,并非所有的条约条款都基于某个清晰明确的意图。虽然人们可以推定那些协定起草人在表述某个条款时会具有某种意图,但相关表述是以不同的方式规定于协定的,并非所有这些表述都是源于起草人的良好意图。比如,相关表述可能是在没有完全理解其含义的情况下移植自另一份法律文件;或者是在非理性的谈判状态下写就的,谈判人员并没有机会充分地考虑所移植的表述。相关表述可能是一个政府内不同的部门,或者两个缔约方之间的妥协,那些负责起草相关表述的人们对于该表述的理解并不完全相同。换言之,条约中的相关表述绝对不能根据虚构性很强的起草人之意图进行解释。

美国缔结的 BITs 不是例外。即便对于那些多年来参与起草与谈判 BIT 的人来说,特定 BITs 中的某些措辞也只能被描述成令人困惑不解的。在谈判史未能揭示隐藏在特定表述背后的意图的话,较该表述本身,解释过程在引导理解该表述在上下文中的含义方面几乎没有更大的作用。

在试图撰写诸如在本书中进行的法律分析时,另一个看来难以解决的困境是,在面对持续进行着的谈判以及频频作出的仲裁裁决与决定时,如何与时俱进。不管本书什么时候送交给出版社,相关事件都会降低至少本书中展示的部分信息的时效性。

所有可能做的就是选择一个截止日期,同时对读者做出提醒。在本书中,这一截止日期为 2007 年 3 月 7 日,这一天是国务院法律顾问与负责经济与商业事务的助理国务卿向负责经济事务的副国务卿正式提议设立 BIT 计划的第三十个年头。作者已经尽力准确地报告该截止日期之前的信息,但对于此后出现的进展确实鲜能着力,尽管如此,本书还在进行当中。本书在相应的地方简要地提及了该截止日期之后出现的进展,但对于许多此类进展则没有涉及。最明显的例子是,本书没有分析美国分别与韩国和巴拿马签署的 FTA,或者与卢旺达签署的 BIT,所有这些 FTAs 和 BIT 都是在 2007 年 3 月以后签署的。

基于可读性的考虑,本书作者尽最大努力避免大量地使用脚注,如此读者可以不被打断地进行阅读。几乎所有的实体性讨论都在正文中进行,同时参考条约的规定。使用脚注主要是为了引导读者了解其他的信息来源,

---

① Kenneth J. Vandevelde, "Treaty Interpretation from a Negotiator's Perspective," 21 *Vand. J. Transnat'l L.* 281 (1988).

这些信息可能有助于补充正文中的讨论,或者交叉援引正文中的其他章节。

本书采取一些习惯性做法以便便利地进行援引。美国缔结的所有 BITs 只是简洁地提及缔约另一方的名字。由此,美国与埃及缔结的 BIT 被称为"埃及 BIT"。* BIT 范本仅仅简便地称为"1983 年范本"。书中在提及仲裁案件时只使用缩略名称而没有注明出处。案件全称与出处可以参见仲裁案例表。在讨论仲裁裁决时通常没有注明争端中美国签署的讼争 BIT 或 FTA,原因是,除了三个例外情形,被告的名称已经表明了讼争 BIT 或 FTA。这三个例外情形发生在加拿大、墨西哥或美国作为被告。在所有这三个案例中,争端都是基于 NAFTA 产生的。在很罕见的情形下,本书会援引涉及美国作为缔约一方的 BIT 的仲裁。在这些案件中,根据母国进而东道国的名称认定 BIT。美国签署的所有 BIT 均由国务院呈送给总统,并附带有对所附 BIT 作出某些解释的函件,此类函件是可以获得的主要谈判史来源。这些函件连同其所属的 BIT 载于国务院网站,作者在此援引这些函件时简洁地称之为"呈报函"(submittal letter)。比如,把美国—埃及 BIT 附带的呈送函称之为"美国—埃及 BIT 呈报函"。援引页码指的是被援引的呈报函中的段落在参议院条约文件中显示的页码。总统在把 BITs 提交给参议院时附有函件,在此简洁地称为"提请函"(transmittal letter)。同样地,援引页码指的是被援引的段落在参议院条约文件中显示的页码。

最后,本书得益于 1982 年至 1988 年我在美国国务院法律事务办公室担任律师与法律顾问的经历;尤其是,作为起草 BIT 谈判文本的参与人,以及当时 BIT 谈判团队的成员。因此,其中许多主张属于判断问题,因而无法以援引传统的法律研究文献的方式予以证实。

尽管如此,这里表达的完全是我个人的观点,并不当然是美国政府或者其中任何机构或官员的观点。本书在出版前也没有经过美国政府任何官员的审阅或批准,因而美国政府对于本书中的任何陈述都不承担责任。每次我在审阅书稿时,都努力发现并且纠正其中存在的错误。我相信某些错误仍然存在。① 这些错误也都是我的责任。

---

* 为免生歧义,译者在翻译时仍然同时提及缔约双方。例如,把"埃及 BIT"译成"美国—埃及 BIT"。

① 发现错误的读者请把这些错误告诉我,以便本书未来修订时改正。我的联系方式是:kennethv@ tjsl. edu。

第二章　美国对外政策中的投资条约

第一节　条约与保护美国对外投资的其他方式之间的关系

自美国成立伊始,保护在外国的美国人财产就是美国对外政策的一个明确目标。虽然这一目标始终不变,但保护这些财产的方法却有变化。这些方法包括外交、军事、法律以及经济救济。

早期,美国通过谈判缔结一系列被称为友好、通商与航海条约(FCN)的条约实现对其海外财产的保护。美国最早与欧洲国家谈判缔结此类条约。此类条约主要旨在确立美国与欧洲国家间的航海与贸易关系。

随着西班牙在美洲的殖民地在19世纪早期时实现了独立,美国也寻求与这些新成立的国家缔结FCNs,以便为相互间的商业关系确立基础。19世纪后半期,美国也通过缔结FCNs分别与远东及非洲地区确立了商业关系。

19世纪早期的FCNs与后续签署的条约中通常都会有保护任何缔约一方之国民的财产的条款。典型的规定是,确保为此类财产提供"充分与完备的保护"(full and perfect protection),并且在发生征收时缔约方有义务支付补偿。

20世纪20~30年代,美国谈判缔结了另一波的FCNs。这些在两次大战期间缔结的FCNs扩大了确保为在缔约相对方领土内的美国国民的财产提供的保护。虽然存在例外,但这些条约与19世纪时签署的FCNs一样通常都没有为其财产被征收或者受到损害——这些行为违反了条约——的投资者提供救济。

因而,财产受损的美国国民只能获得有限的救济。投资者只能尝试通过东道国的法律或行政程序,或者通过与东道国磋商而获得补偿,其实质上是向违法者寻求救济。另一种做法是，投资者可以在美国或第三国的法院对东道国提起诉讼。不过，这些行动必须克服根据国家行为理论与外国主权豁免理论提出的抗辩。

在缺乏有效法律救济的情况下，投资者会寻求外交救济。更具体地说，投资者会请求美国政府通过外交途径支持其诉求。支持的过程是，一国政府根据国际法把其国民或公司针对另一国政府的诉求视为该国诉求，并为此寻求救济。通过外交途径，美国可以试图通过谈判就诉求达成和解，或是与另一国政府达成协议，从而把该诉求提交给某种形式的第三方争端解决方法如仲裁。

如果和解或同意诉诸仲裁的努力未获成功，使用武力是另一个可以利用的选项。19 世纪的国际法允许一国使用或威胁使用武力以保护其在其他国家内的国民的财产。①事实上，19 世纪的 FCNs 普遍规定，在发生违反条约的情况下，缔约方在实施报复或发动战争前应当进行磋商。

在 20 世纪的前 30 年——当时恰值美国正在成为资本净输出国，美国政府使用武力保护在海外的财产权变得日益普遍。根据一种基于门罗主义（Monroe Doctrine）的被称为“罗斯福推论”（Roosevelt Corollary）的主张，罗斯福及其后的美国总统先后声称美国有权在拉美与加勒比国家进行军事干涉，以确保它们偿付对于外国投资者的债务以及保护外国人的财产。

不过，使用武力往往要同时考虑保护外国投资与地缘关系。“罗斯福推论”很大程度上是美国针对 1902 ~ 1903 年英国、德国以及意大利为迫使委内瑞拉同意把该国与三个国家的国民之间的求偿诉诸仲裁而对该国实施封锁做出的一个反应。它反映了美国的一个担心，即欧洲国家未来可能采取类似行动，从而威胁到美国在西半球的利益。根据“罗斯福推论”，使用武力迫使偿还债务是美国的职责，欧洲国家应当被排除在外。根据这一理论，美国一再在古巴、多米尼加共和国、海地、墨西哥、尼加拉瓜以及巴拿马实施军事干涉。

1933 年福兰克林·罗斯福就职后，美国在西半球的外交关系中实行“睦邻政策”。该政策是针对美国利益持一种不同的从而导致提出“罗斯福推论”的理解所做的反应，它结束了使用武力保护外国投资的做法。在 1934 年撤回在海地的海军后，美国就没有在拉美地区以占领者的身份派驻军队。

---

① Ⅶ John Bassett Colombia FCN Moore, *International Law Digest* 103 – 35(1906).

与外交救济一样,军事救济取决于美国政府介入投资者的争端。投资者不能确保这种军事力量会代表他的利益或者会以一种他所期待的方式实施。正如前文指出的,军事干预通常是与更广泛的地缘政治考虑联系在一起的,比如保护巴拿马运河或者经由尼加拉瓜的备选路线、防止德国或其他欧洲国家侵入西半球,或者改变邻国的政治或经济政策。

此外,使用军事力量引发的争议越来越大。比如,1907 年海牙公约②第 1 条禁止一国使用武力迫使另一国政府偿付对该一国国民的合同债务,除非该另一国政府拒绝把争端提交仲裁。即使提出"罗斯福推论"的西奥多·罗斯福政府至少也声称接受军事力量不得被用于偿付私人债务的原则。在给参加海牙和会的美国代表团的指示中,西奥多·罗斯福政府的国务卿伊莱休·鲁特(Elihu Root)谴责通过使用武力偿付债务。③ 随着"二战"后《联合国宪章》的生效,除非进行自卫或获得联合国的授权,针对他国领土主权或政治独立使用军事力量是非法的。

20 世纪初,美国开始利用条约制约各国以便和平地解决争端,包括运用投资条约。最早签署的此类条约通常都要求把未能通过外交手段解决的法律争端提交仲裁。这些条约体现了一个重要的程序性进步,因为它们是美国缔结的第一批针对未来发生的争端一致规定使用具有约束力的仲裁的条约。④

"二战"后,美国谈判缔结了一系列的"现代 FCNs",这些条约确保缔约各方有权把任何涉及条约解释或适用的争端诉诸国际法院。美国缔结的一系列双边条约首次规定针对侵犯财产权的行为提供类似 FCNs 提供的事前法律救济。在开始谈判签署现代 FCNs 的同时,美国在涉及国际法的多数案件同意接受《国际法院规约》第 36 条第 2 款规定的强制性管辖权,据此提供了另一种迫使一国把投资争端提交给国际法院裁判的潜在依据。⑤

"二战"刚刚结束,美国进一步努力推动通过条约约束其他国家接受由国际法院或其他国际性法庭裁判投资争端。除了现代 FCNs 中的仲裁条款与接受国际法院的强制性管辖权外,美国还签署了规定有此类裁判方法的

---

② Convention Respecting the Limitation of the Employment of Force for the Recovery of Contract Debts, October 18, 1907, 36 Stat. 2241, T. S. No. 537.

③ VI Green Hackworth, *Digest of International Law* 152 (1943).

④ 参见第十章第一节。

⑤ Declaration by the President of the United States, August 14, 1946, 61 Stat. 1218, T. I. A. S. No. 1598, 4 Bev. 140.

其他双边协定。比如,《1948 年经济合作法》(Economic Cooperation Act of 1948)授权国务卿与接受外国援助的国家谈判缔结一系列经济合作协定。该法要求在每个协定中纳入有关在相互同意基础上把由于影响美国国民财产权的措施诱发的任何求偿——美国支持这些求偿——诉诸国际法院或任何其他仲裁庭的规定。⑥

由此,在 19 世纪,美国利用条约创设了用来保护美国国民在外国的财产的实体规则。进入 20 世纪,针对违反这些实体规则的行为,美国也利用这些条约创设法律救济。

即便没有条约,美国与某一与美国国民之间发生投资争端的国家仍然有可能同意把该争端提交给国际法院或其他特设法庭。不过,事实上,如果没有之前签署的条约,"二战"后美国通过国际裁判或仲裁解决投资争端是不可能的。唯一被美国提交给国际法院的一起投资争端涉及的是与美国间存在一个生效的现代 FCN 的意大利。⑦ 1980 年,美国与伊朗也达成协议把数千起案件提交给特设的伊—美求偿庭,⑧但美国与伊朗间也存在一个生效的现代 FCN。但是,伊—美求偿庭并非根据伊—美 FCN 设立的,而是根据《阿尔及尔议定书》(Algiers Accords)设立的。该议定书使得 1979 年 11 月到 1981 年 1 月被伊朗扣为人质的美国外交与领事职员获得释放,它是针对一个特殊情势的特殊应对做法。对于与东道国发生争端的多数投资者来说,在缺乏条约的情况下,把争端诉诸裁判或仲裁只存在理论上的可能性。

裁判或仲裁之外的一个替代性方法是通过谈判实现和解。"二战"后的一些年,美国曾经颇为成功地与其他国家通过谈判就征收问题达成"一揽子"和解。这些和解的发生情形通常是,一国对属于许多美国国民与公司的大量财产实施了征收,这种征收被作为根据社会主义路线重建经济的组成部分。美国同意消除其国民提出的全部诉求,条件是实施征收的国家提供"一揽子"款项。该"一揽子"款项随后在诉求人之间进行分配,具体金额通

---

⑥ Economic Cooperation Act of 1948, section 115 (b), Pub. L. No. 472, 62 Stat. 137, 150 (repealed 1954).

⑦ *Case Concerning Elettronica Sicula A. p. A.* (ELSI) (U. S. v. Italy), 1989 I. C. J. Rep. 15. 参见第十章第一节。

⑧ Declaration of the Government of the Democratic and Popular Republic of Algeria Concerning the Settlement of Claims by the Government of the United States of America and the Government of the Islamic Republic of Iran, *reprinted in* 75 *Am. J. Int'l L.* 422 (1981), 20 *Int'l Leg. Mat.* 230 (1981). 参见第十章第一节。

常由美国外国求偿和解委员会(U. S. Foreign Claims Settlement Commission)确定。[9]

由于若干原因,"二战"后缔结的条约提供的保护——虽然超过了历史上美国条约提供的保护——仍然是不够的。其中最明显的不足是由于这样一个事实,即这些保护只有在另一个国家能够被说服缔结条约的情况下才可以获得。即便存在一个条约,该条约通常提供的救济,即由国际法院进行裁判也是有缺陷的。投资者只有在美国政府同意在国际法院提出诉求的情况下才能获得保护。由于外交因素的考虑,美国政府可能不愿意诉诸国际法院。即便美国确实把诉求诉诸裁判,国际法院作出的判决也只有在联合国安理会采取行动才能获得执行。[10]

为了强化对美国的海外投资提供保护,美国国会在"二战"结束后迅速通过立法为美国投资提供保护,该保护不依赖于美国政府是否愿意支持投资者的诉求。《1948 年经济合作法》授权向美国海外投资者销售保险,以应对货币不可汇兑的风险。[11]

两年后,美国修改《1948 年经济合作法》,据此授权为投资者提供应对征收的保险。[12]后续的立法扩大了投资保险安排的权威,完善了投资保证计划的机构治理,即在 1969 年时设立了目前管理投资保险安排的"海外私人投资公司"(Overseas Private Investment Corporation,OPIC)。[13]

根据这一投资保险安排,投资者向联邦政府购买保险,并在发生征收或

---

⑨ 有关"一揽子"协定以及和解金额在求偿人之间的分配,see Richard Lillich & Burns Weston, International Claims: Their Settlement By Lump Sum Agreement (1975); Richard Lillich, International Claims: Their Adjudication By National Commissions (1962); Richard Lillich & Burns Weston, "Lump Sum Agreements: Their Continuing Contribution to the Law of International Claims," 82 Am. J. Int'l L. 69 (1988)。

⑩ United Nations Charter, article 94, 59 Stat. 1031, T. S. No. 993, 3 Bev. 1153.

⑪ Economic Cooperation Act of 1948, supra note 6, section 111(b)(3). For a discussion of the act, including the investment guarantee program, see Crawford, "United States Foreign Assistance Legislation, 1947 – 48", 58 Yale L. J. 871 (1949); Surrey, "The Economic Cooperation Act of 1948", 36 Calif. L. Rev. 509 (1948); Rubin, "The Investment Guaranty Program of the United States", 1962 Am. Soc. Int'l L. Proc. 77.

⑫ Foreign Economic Assistance Act of 1950, section 103(c), Pub. L. No. 81 – 535, 64 Stat. 198, 199.

⑬ 授权成立 OPIC 的法律颁布于 1969 年。See Foreign Assistance Act of 1969, section 105, Pub. L. No. 91 – 175, 83 Stat. 805, 809 – 18 (codified as amended at 22 U. S. C. sections 2174, 2191 – 2200). 但 OPIC 直到 1971 年 1 月 19 日才成立。See Executive Order No. 11579, 36 Fed. Reg. 969 (1971).

其他保险风险而遭受损失时，在投资保险政策规定的最高额度内获得赔偿。投资保险安排只适用于所在东道国与美国已经签署了投资保证协定的美国投资者。根据这些投资保证协定，美国政府通过 OPIC 有权把被保险的诉求提交仲裁，⑭而作为保险人的 OPIC 成为了代位求偿人。⑮

由于只有在存在条约的情况下才能获得投资保险，这一投资保险安排存在所有条约安排固有的缺陷：它只能保护那些同意与美国缔结条约的那些国家内的美国投资者。进一步看，这一投资保险安排也存在投资保险安排固有的一个缺陷，即它只能涵盖所指定的风险，只适用于某些投资者，并且只能在一定额度内为投资者提供保险。⑯

尽管如此，一旦被保险的投资者由于被保险的风险受有损失，投资保险机构就会为投资者的损失提供赔偿，不管 OPIC 决定是否把诉求提请仲裁，也不管任何此类仲裁最终是否成功。这一投资保险安排首次为在其他国家的美国投资者提供了基于条约的保护，而该保护并不依赖于美国政府是否支持投资者的诉求。

在美国的外国投资政策中，1959 年菲德尔·卡斯特罗（Fidel Castro）上台是一个转折点。当年 5 月，卡斯特罗开始实施一项征收计划，它最终将获得近 10 亿美元的美国人的财产。⑰卡斯特罗开始征收计划与 1959 年 5 月在

---

⑭ See, e. g., Agreement Relating to Investment Guarantees Between the United States of America and Papua New Guinea, exchange of notes, November 28, 1977, and April 4, 1978, clause 6, 29 U. S. T. 3190, 3191 – 92, T. I. A. S. No. 9004 ("Papua New Guinea Investment Guarantee Agreement"); Agreement Relating to Investment Guarantees Between the United States of America and Costa Rica, November 22, 1968, clause 5, 20 U. S. T. 3001, 3003, T. I. A. S. No. 6776 ("Costa Rica Investment Guarantee Agreement"); Agreement Relating to the Guarantees Authorized by Section 111(b)(3) of the Economic Cooperation Act of 1948, as amended, exchange of notes, February 18 and 19, 1952, clause c, 3 U. S. T. 3878, 3880 – 81, T. I. A. S. No. 2517, amended February 25, 1965, and August 15, 1966, 17 U. S. T. 1557, 1559, T. I. A. S. No. 6111 ("Philippines Investment Guarantee Agreement").

⑮ See, e. g., Costa Rica Investment Guarantee Agreement, supra note 14, clause 3; Papua New Guinea Investment Guarantee Agreement, *supra* note 14, clause 3; Philippines Investment Guarantee Agreement, *supra* note 14, clause a.

⑯ 立法对于发放投资保险的限制规定于《1961 年对外援助法》第 234 ~ 237 条（22 U. S. C. sections 2194 – 2197）. See generally Koven, "Expropriation and the 'Jurisprudence' of OPIC", 22 *Harv. Int'l L. J.* 269(1981).

⑰ 估计被征收的财产账面价值为 9.56 亿美元。See Letter from the Department of State to Senator J. W. Fulbright concerning expropriation of U. S. private investment, *reprinted in* 1962 *U. S. Code Cong. & Admin. News* 2078 – 79. *See generally* H. Thomas, *The Cuban Revolution* 436 – 519 (1977); M. Halperin, *The Rise and Decline of Fidel Castro* 51 – 82 (1972); Fischer, "The Cuban Seizures—In the Direction of a Remedy", 6 *Va. J. Int'l L.* 41(1965).

巴西发生的没收美国人拥有的电力公司刚好同时发生。⑱

古巴和巴西与美国之间都没有生效的现代 FCNs。这些征收活动生动地表明了美国海外投资者的脆弱,在大量的尚未与美国签署规定投资保护之条约的国家中的美国投资者尤其如此。

作为防止在古巴或者其他地方继续发生征收的一种努力,国会于 1959 年修改了《1954 年共同安全法》——该法是授权为外国提供援助的主要法律。修正案规定,如果一国对美国国民的财产实施征收,并且该国在实施征收后六个月内未能向被征收财产的所有人"采取总统认为适当的措施履行其根据国际法应当承担的义务",那么,总统应该根据该法中止向一国提供援助。⑲虽然有这一规定,但如果总统认定中止援助不符合国家利益,他可以继续提供援助。⑳

1959 年修正案体现了美国外国投资政策中的几个变化。

首先,该修正案以谈判筹码的形式向投资者提供了救济,这种救济不依赖于美国与相关国家此前缔结有现代 FCN 或者其他的投资保护协定。同时,本质上看,只有在东道国根据某个对外援助协定成为美国对外援助接受国的情况下,中止对外援助才能被用来作为一种救济。因此,虽然接受美国对外援助的国家的数量要比美国签署的现代 FCNs 的缔约相对国的数量大得多,但这种救济仍然不能适用于所有国家。

其次,该修正案重新把强制(coercion)纳入了美国投资者可以获得的潜在救济的范围。由于放弃把军事力量作为国际投资政策的一个工具,美国的投资者很大程度上仰赖外交工具以及主要由现代 FCNs 提供的有限救济。现在,美国设想把对外援助计划中的经济权力扩大适用于投资者保护计划。

最后,该修正案也开启了政府依法介入投资争端的时代。从投资者的角度看,早期的外交与法律救济的有效性是有限的,原因是它们取决于美国政府是否支持投资者的诉求。虽然没有规定政府应当给予支持,但 1959 年修正案——其中有弃权条款,如下所述,该条款很快被取消了——确实要求

---

⑱ See Rosenn, "Expropriation in Argentina and Brazil: Theory and Practice", 15 *Va. J. Int'l L.* 277, 304–05 (1975).

⑲ Mutual Security Act of 1959, section 401(a), Pub. L. No. 86–108, 73 Stat. 246, 252, adding section 503(b) to the Mutual Security Act of 1954, Pub. L. No. 83–665, 68 Stat. 832, *codified at* 22 U.S.C. section 1755.

⑳ Mutual Security Act of 1954, *supra* note 19, section 503(a), *codified at* 22 U.S.C. section 1755.

政府应当中止提供对外援助。

虽然 1959 年修正案连同几乎整个《1954 年共同安全法》(Mutual Security Act of 1954)随着肯尼迪政府通过《1961 年对外援助法》(Foreign Assistance Act of 1961)而被废除了,[21]但国会在 1962 年时制定了一部后续法律。为了纪念来自爱荷华州的共和国参议员柏克·海肯鲁珀(Bourke Hickenlooper)而被称为《海肯鲁珀修正案》(Hickenlooper Amendment)的这一后续法律规定,总统应当中止向任何对美国国民的财产实施征收但未能采取"适当"措施以根据习惯国际法履行支付补偿之责任的国家提供对外援助。[22] 与 1959 年修正案不同,《海肯鲁珀修正案》中并未包含弃权条款。

中止提供对外援助只是在此后的 35 年间国会立法规定的三种经济制裁中的第一种。1972 年起,国会开始制定法律,要求美国反对向那些对美国国民的财产实施征收但没有采取任何规定之措施以支付补偿的国家提供贷款,或者利用国际金融机构提供的资金。第二种经济制裁是适用于世界银行、[23]美洲开发银行、[24]亚洲开发银行,[25]以及非洲发展基金的美国法律[26]规定的。第三种经济制裁是随着《1974 年贸易法》在 1974 年通过而出现的。[27]根据该法第 502(b)(4)条,美国将拒绝根据普惠制向那些对美国国民的财产实施征收但未能采取措施履行支付补偿之义务的国家提供免关税待遇。[28]在国会制定《1983 年加勒比盆地经济复苏法》时,国会在该法中针对免关税待遇规定了类似限制。[29]

---

[21] Foreign Assistance Act of 1961, Pub. L. No. 87 - 195, 75 Stat. 424.

[22] Foreign Assistance Act of 1962, section 301(d)(3), Pub. L. No. 87 - 565, 76 Stat. 255, 260 - 61, adding section 620(e)(1) to the Foreign Assistance Act of 1961, supra note 21.

[23] International Development Association Act Amendments of 1972, section 11, Pub. L. No. 92 - 247, 86 Stat. 60, codified at 22 U. S. C. section 284h.

[24] Inter-American Development Bank Act Amendments of 1972, section 19, Pub. L. No. 92 - 246, 86 Stat. 59, codified at 22 U. S. C. section 283k.

[25] Asian Development Bank Act Amendments of 1972, section 12, Pub. L. No. 92 - 245, 86 Stat. 57, codified at 22 U. S. C. section 285t.

[26] African Development Fund Act, section 210, Pub. L. No. 94 - 302, 90 Stat. 593, 595, codified at 22 U. S. C. section 290g - 8.

[27] Trade Act of 1974, Pub. L. No. 93 - 618, 88 Stat. 1978.

[28] Trade Act of 1974, supra note 27, section 502(b)(4), codified at 19 U. S. C. section 2462(b)(4).

[29] Interest and Dividend Tax Compliance Act of 1983—Caribbean Basin Economic Recovery Act, section 212(b)(2), Pub. L. No. 98 - 67, tit. II, 97 Stat. 384, codified at 19 U. S. C. section 2702(b)(2).

虽然有这些法律中的强制性表述,总统还是根据上述《海肯鲁珀修正案》及其他立法实施经济制裁:1963 年针对锡兰(后来的斯里兰卡——译者注)及 1979 年对埃塞俄比亚。1973 年,国会新增规定,允许总统在符合国家利益的情况下放弃实施《海肯鲁珀修正案》。[30]《1974 年贸易法案》与《1933 年加勒比盆地经济复苏法》在制定时都包含了弃权规定。不过,这些弃权规定从未被援引过。相反,行政部门一再把这些法律中的表述解释为这些表述本身就不要求实施制裁。

1994 年,《海肯鲁珀修正案》和《冈萨雷斯修正案》(Gonzalez Amendment)被来自北卡罗来纳的共和党参议员杰西·赫尔姆斯(Jesse Helms)提出的《赫尔姆斯修正案》(Helms Amendment)所取代。[31]《赫尔姆斯修正案》的基本规定是,如果美国人的财产在东道国被征收,并且东道国没有在规定期间内(通常为三年)返还财产;支付充分与有效的补偿;制定能够给予及时、充分与有效补偿的国内程序,或者把争端提交国际仲裁,则美国应该中止给予援助或者反对提供贷款。在认定符合国家利益的情况下,总统被授权在年度基础上放弃这些限制措施。在 *Santa Elena v. Costa Rica* 案中,仲裁庭指出,美国在该案中援引了《赫尔姆斯修正案》。更具体地说,美国否决了美洲开发银行向哥斯达黎加提供 1.75 亿美元,以迫使该国把有关涉及由于建设国家公园而被征收之土地的价值的争端提交仲裁。[32]

第二节 BIT 之前针对美国对外投资的条约保护

美国首先通过其早期缔结的 FCNs 中的简要条款为海外美国人的财产提供条约保护。FCNs 是十八九世纪美国与其他国家间确立商业关系的主要法律文件。虽然所有 FCNs 都具有类似的基本目的,但它们涵盖的议题范围甚至它们的名称在不同时期里都会发生变化。因此,术语"FCNs"是一个属概念。

美国最早缔结的 FCNs 可以追溯到美国建国时期。在《独立宣言》签署

---

[30] Foreign Assistance Act of 1973, section 15, Pub. L. No. 93 – 189, 87 Stat. 714, 722, codified at 22 U. S. C. section 2370(e).

[31] 22 U. S. C. 23470a. See Talenti v. Clinton, 102 F. 3d 573, 575(D. C. Cir. 1996); Betteroads Asphalt v. United States, 106 F. Supp. 2d 262, 266(D. P. R. 2000).

[32] Award, paras. 25 – 26.

后刚两周,约翰·亚当斯(John Adams)就向大陆会议(Continental Congress)提供了一份由他起草的结盟与商业条约范本草案,而托马斯·杰斐逊(Thomas Jefferson)则在从事有关该宣言的工作。大陆会议最终于1776年9月17日批准了亚当斯提交的条约范本,据此确立了美国谈判FCNs之外交政策中的一个传统,后来的BITs也是在某个范本基础上谈判的。

本杰明·富兰克林(Benjamin Franklin)、亚瑟·李(Arthur Lee)以及赛拉斯·迪恩(Silas Dean)成功谈判缔结的第一个FCN是1778年时与法国缔结的。被称为《友好与通商条约》(Treaty of Amity and Commerce,TAC[33])的该条约在最惠国待遇基础上确立了两国间的贸易关系,以及涉及战争的某些海上贸易原则。1782年和1783年,美国分别与荷兰[34]及瑞典[35]签署了类似的协定。

1874年,在独立战争结束后,国会成立了一个由本杰明·富兰克林、约翰·亚当斯以及托马斯·杰斐逊组成的委员会负责谈判更多的FCNs。谈判的结果是,1785年与普鲁士签署FCN、[36]1786年与摩洛哥签署FCN、[37]1794年与英格兰签署FCN,[38]以及1795年与西班牙签署FCN。[39]

因此,美国最早是与欧洲国家缔结FCNs的,后者是美国的主要贸易伙伴。随着贸易扩大到其他洲,美国继续把FCNs作为与这些洲的国家开展贸易关系的主要法律基础。比如,19世纪上半期,美国与许多脱离西班牙的新成立的拉美国家谈判缔结FCNs。又如,美国分别在1824年、1825年、1828年、1831年、1832年、1836年、1846年、1849年、1851年、1853年及1858年与哥伦比亚、中美洲合众国、巴西、墨西哥、智利、委内瑞拉、新格林纳达、厄瓜多尔、秘鲁—玻利维亚、阿根廷以及玻利维亚签署了FCNs。

类似地,随着1844年与中国、1854年与日本分别缔结FCN,美国与远东地区间的贸易开始了。美国与撒哈拉以南的非洲地区的最早外交活动之一就是于1891年与刚果谈判FCN。

这些早期签署的FCNs主要属于贸易协定,财产保护在其中的地位并不

---

[33] February 6,1778,8 Stat. 12,T. S. No. 83.

[34] Treaty of Amity and Commerce,October 8,1782,8 Stat. 32,T. S. No. 249.

[35] Treaty of Amity and Commerce,April 3,1783,8 Stat. 60,T. S. No. 346.

[36] Treaty of Amity and Commerce,May 17,1785,8 Stat. 84,T. S. No. 292.

[37] Treaty of Peace and Friendship,June 1786,8 Stat. 100,T. S. No. 244 - 1.

[38] Treaty of Amity,Commerce and Navigation,November 19,1794,8 Stat. 116,T. S. No. 105.

[39] Treaty of Friendship,Limits and Navigation,October 22,1795,8 Stat. 138,T. S. No. 325.

重要。不过,早期的FCNs的确规定每个缔约方要保护在其领土内的缔约另一方国民的财产。这个标准是一项“绝对”标准;换言之,它不取决于东道国为其他国家国民的财产提供的保护的水平。通常来说,这些协定确保为涵盖财产提供“特别保护”[40]或者“充分与完备的保护”(full and perfect protection)。[41]

早期缔结的这些FCNs也规定,任何缔约一方的国民在诉诸缔约另一方的法院以及自主聘请律师方面有权获得国民待遇。[42]有时,诉诸法院的权利根据绝对标准,而不是相对标准来衡量。[43]显然,利用司法救济的权利只有在东道国的法律针对投资者的投资受有损害规定救济的情况下才能为投资者提供保护。

19世纪时缔结的某些FCNs也包含了明确地处理征收问题的规定。开始时,这些规定通常禁止没收缔约另一方国民的“船舶、货物、商品以及财产”而不向其支付“公正与足够的补偿”,[44]或者“足够的赔偿”。[45]后来,这一

---

[40] See, e. g., General Treaty of Amity, Commerce and Consular Privileges, United States-ElSalvador, December 6, 1870, ("1870 El Salvador FCN") Art. 13th, 18 Stat. 725, T. S. No. 310; Treaty of Peace, Friendship, Commerce and Navigation, United States-Bolivia, May 13, 1858, ("1858 Bolivia FCN") Art. 13, 12 Stat. 1003, T. S. No. 32; General Convention of Peace, Amity, Navigation and Commerce, United States-Colombia, October 3, 1824, ("1824 Colombia FCN") Art. Tenth, 8 Stat. 306, T. S. No. 52.

[41] See, e. g., Treaty of Friendship, Commerce and Navigation, United States-Paraguay, February 4, 1859, ("1859 Paraguay FCN") Art. Ⅸ, 12 Stat. 1091, T. S. No. 272; Treaty of Friendship, Commerce and Navigation, United States-Argentina, July 27, 1853, ("1853 Argentina FCN") Art. Ⅶ, 10 Stat. 1005, T. S. No. 4; Treaty of Friendship, Commerce and Navigation, United States-Costa Rica, July 10, 1851, ("1851 Costa Rica FCN") Art. Ⅶ, 10 Stat. 916, T. S. No. 62.

[42] See, e. g., General Convention of Peace, Amity, Commerce and Navigation, United States-Chile, May 16, 1832, ("1832 Chile FCN") Art. 10, 8 Stat. 434, T. S. No. 40; Treaty of Peace, Friendship, Navigation and Commerce, United States-Ecuador, June 13, 1839, ("1839 Ecuador FCN") Art. 13, 8 Stat. 534, T. S. No. 76; 1824 Colombia FCN, supra note 40, Art. Tenth; General Convention of Peace, Amity, Commerce and Navigation, United States-Federation of the Centre of America, December 5, 1825, ("1825 Central American Federation FCN"), Art. 12th, 8 Stat. 322, T. S. No. 39; General Treaty of Amity, Navigation, and Commerce, United States-San Salvador, January 2, 1850, ("1850 El Salvador FCN") Art. 13th, 10 Stat. 891, T. S. No. 308; Treaty of Amity, Commerce, and Navigation, United States-Dominican Republic, February 8, 1867, ("1867 Dominican Republic FCN") Art. 3, 15 Stat. 473, T. S. No. 73.

[43] See, e. g., 1851 Costa Rica FCN, supra note 41, Art. Ⅶ.

[44] See, e. g., General Treaty of Peace, Amity, Navigation and Commerce, United States-New Granada, December 12, 1846, ("1846 Colombia FCN") Art. 8th, 9 Stat. 881, T. S. No. 54; 1870El Salvador FCN, supra note 39, Art. 8th.

[45] See, e. g., 1824 Colombia FCN, supra note 39, Art. Fifth; 1832 Chile FCN, supra note 40, Art. 5; 1825 Central American Federation FCN, supra note 42, Art. 7th; 1839 Ecuador FCN, supra note 42, Art. 8.

保护被扩大到涵盖一般意义上的“财产”。[46] 这些 FCNs 还完全禁止在两国敌对期间没收债务或其他财产。[47]

19 世纪晚期,FCNs 开始处理投资面临的第二个具体的威胁,即限制汇回投资所得。1881 年美国—塞尔维亚 FCN 确保投资者有权“汇出财产销售所得”,而不需要缴纳高于东道国或任何第三国的国民所缴纳的税。[48]因而,这一最早期的保护只是规定了获得国民待遇与最惠国待遇的权利,而没有规定最低保护标准,并且它只是限制对货币转移征税。

几乎在同一时间,FCNs 开始纳入有关在可能与投资有关的其他活动方面提供最惠国待遇或国民待遇的条款。19 世纪后半期签署的 FCNs 确保缔约一方的公民在缔约另一方的领土内“从事”各种形式的盈利活动方面有权获得国民待遇与最惠国待遇。[49]在投资属于此种活动的组成部分情况下,这些条款就可以确保在投资的设立与运营方面给予最惠国待遇与国民待遇。

20 世纪 20 年代,美国开始——并直到“二战”爆发前——谈判一系列新的包含相同投资保护条款的 FCNs。这一条款与 19 世纪 FCNs 中的开创性条款是类似的,但表述往往有所不同。

两次大战期间缔结的 FCNs 同时包含绝对待遇标准与相对待遇标准。绝对待遇标准要求缔约一方应当向缔约另一方的国民财产提供“最持续的保护与安全”,以及“国际法要求的”保护。相对待遇标准确保缔约一方的国民在缔约另一方的领土内,在“从事科学、宗教、哲学、制造与商业工作”的权利方面获得国民待遇与最惠国待遇。与 19 世纪的 FCNs 一样,只要属于所列举活动的组成部分,投资就可以获得相对待遇标准的保护。不过,两次大战期间缔结的 FCNs 扩大了它们所保护的活动的清单,据此把非商业性企业也包括在内。

两次大战期间缔结的 FCNs 也涉及具体的征收问题。这些 FCNs 规定,

---

[46] See, e. g. , Treaty of Amity, Commerce and Navigation, United States-Congo, January 24, 1891, ("1891 Congo FCN") Art. Ⅲ, 27 Stat. 926, T. S. No. 60; 1870 El Salvador FCN, supra note 40, Art. 29th; Treaty of Friendship, Commerce, and Navigation, United States-Nicaragua, June 21, 1867, ("1867 Nicaragua FCN") Art. Ⅸ, 15 Stat. 549, T. S. No. 257.

[47] See, e. g. , 1846 Colombia FCN, supra note 43, Art. 28th; 1870 El Salvador FCN, supra note 39, Art. 13th.

[48] Treaty of Commerce, United States-Serbia, October 14, 1881, ("1881 Serbia FCN") Art. Ⅱ, 22 Stat, 963, T. S. No. 319.

[49] See, e. g. , 1870 El Salvador FCN, supra note 40, Art. 3rd; 1850 El Salvador FCN, supra note 42, Art. 3rd; 1881 Serbia FCN, supra note 47, Art. Ⅰ.

缔约另一方的国民的财产“不得在没有遵循正当程序并且支付公正补偿的情况下被夺取”。它们并没有针对在两国处于敌对期间发生的财产夺取行为规定特别条款。

针对东道国限制把收入汇回投资者母国——这种限制做法在19世纪已经很少见了,两次世界大战期间缔结的FCNs中的统一条款基本上都没有规定给予保护。不过,针对某些货币汇兑,1938年美国—利比里亚FCN确实规定应当确保给予国民待遇与最惠国待遇。[50]

20世纪30年代开始,FCNs作为美国与其他国家间商业关系的基础的重要性逐步下降了。1934年,国会制定了《互惠贸易法》(Reciprocal Trade Agreements Act)[51],该法授权谈判一系列互惠贸易协定,这些协定开始取代FCNs而作为美国主要的国际贸易政策工具。更重要地,1947年,美国签署了《关税与贸易总协定》(General Agreement on Tariffs and Trade,GATT),[52] GATT第1条规定所有缔约方有义务在贸易方面彼此给予最惠国待遇。GATT规定的多边义务很大程度上使FCNs规定双边贸易义务变得没有必要了。

“二战”结束后,美国谈判缔结了一系列新的,显然是最后的FCNs。随着FCNs作为一种贸易政策工具的重要性大幅下降,保护海外投资首次成为FCN的主要目标。

这些现代的FCNs[53]沿袭了两次世界大战期间FCNs的做法,即试图规

---

[50] Treaty of Friendship,Commerce and Navigation,United States-Liberia,August 8,1938,(“1938 Liberia FCN”)Art. X,54 Stat. 1739. T. S. No. 956.

[51] Pub. L. No. 73－316,48 Stat. 943,codified at 19 U. S. C. 1351 et seq.

[52] 61 Stat. 3689,T. I. A. S. No. 1700,55 U. N. T. S. 188.

[53] 对于现代FCNs的进一步讨论,see R. Wilson,United States Commercial Treaties and International Law(1960)(“Wilson 1960”);R. Wilson,The International Law Standard in Treaties of the United States(1953)(“Wilson 1953”);H. Hawkins,Commerical Treaties and Agreements:Principles and Practice(1951);Walker,“Modern Treaties of Friendship,Commerce and Navigation”,42 Minn. L. Rev. 805(1958);Wilson,“A Decade of New Commercial Treaties”,50 Am. J. Int'l L. 927(1956);Walker,“Provisions on Companies in U. S. Commercial Treaties”,50 Am. J. Int'l L. 373(1956)(“Walker Company Provisions”);Walker,“Treaties for the Encouragement and Protection of Foreign Investment:Present United States Practice”,5 Am. J. Comp. L. 229(1956)(“Walker Present Practice”);Wilson,“‘Treaty-Investor’ Clauses in Commercial Treaties of the U. S.”,49 Am. J. Int'l L. 336(1955);Wilson,“Access to Courts Provisions in U. S. Commercial Treaties”,47 Am. J. Int'l L. 20(1953)(“Wilson Court Access”);Wilson,“Property-Protection Provisions in United States Commercial Treaties”,45 Am. J. Int'l L. 83(1951)(“Wilson Property Protection”);Wilson,“Postwar Commercial Treaties of the United States”,43 Am. J. Int'l L. 262(1949)(“Wilson Postwar Treaties”)。

定相对统一的投资保护条款。在两次大战期间缔结的 FCNs 的基础上,美国制定了一系列范本,以便在谈判现代 FCNs 时使用。

促使 FCNs 成为保护投资的主要条约工具的原因有几个:[54]第一,经验表明,对于潜在的条约伙伴来说,FCN 是一种可以接受的形式。第二,就实务而言,把两次大战期间缔结的 FCNs 作为一个起点提供了一个在其中纳入投资保护条款的框架,从而简化了条约起草过程。第三,由于 FCNs 的条款通常涵盖许多议题,它们提供不同的激励以促使其他国家考虑与美国谈判 FCN。对于那些作为资本输入国的潜在缔约伙伴来说,纯粹局限于保护外国投资的协定似乎只是提供很少的好处而换取它们做出让步。第四,通过其中的许多各种各样的条款,FCN 被认为在美国与缔约相对方之间营造了整体有利的商业关系,而投资在其中可以蓬勃发展。

由于现代 FCNs 被认为部分是通过创设整体有利的环境为投资提供保护,因此现代 FCNs 的所有条款被认为从广义上说与投资都是有关的。[55]不过,某些条款具有首要的重要性。[56]

第一,现代 FCNs 包含一些有关缔约一方国民与公司在缔约另一方的领土内的财产可以获得待遇的保证。具体来说,它们规定,缔约一方的国民与公司在“从事”各种商业与非商业活动方面将获得缔约另一方给予的国民待遇与最惠国待遇。它们也规定,每个缔约方应当向缔约另一方之国民与公司的财产给予“公正的待遇”(或者有时候是“公平与公正待遇”)、“最持续的保护与安全”,以及有时候规定给予不低于国际法要求的待遇。它们禁止那些损害缔约另一方之国民与公司的财产权的“不合理或者歧视性的措施”。较之早期的 FCNs,现代 FCNs 包含更多的待遇条款,但较之此前的投资条约实践,加入这些条款只是一种程度(degree)上的变化,而不是性质(kind)上的变化。

第二,现代 FCNs 确保缔约另一方的国民与公司被征收的财产获得及时、充分与有效的补偿。这相当于两次大战期间缔结的 FCNs 规定的公正补偿。由于增加了及时性与充分性要求,它表明此前 FCNs 所确保的保护被拓展了。不过,美国认为这就是习惯国际法要求的补偿标准。

---

[54] Walker Present Practice, *supra* note 53, at 230.

[55] *Id.*, at 244.

[56] 有关这些现代 FCNs 条款的更详细讨论,参见第四章第三节、第五章第一节、第七章第一节、第八章第一节,以及第十章第一节。

第三，现代 FCNs 包含对缔约方限制货币汇兑的权利施加限制的条款。这一条款是美国条约实践的独特创举。它标志着美国首次针对东道国的外汇管制谈判缔结一系列为投资者提供统一保护的双边协定。

第四，现代 FCNs 也体现了一项创新，因为它们通常把条约保护从个人财产所有人扩大到公司。进一步看，不管财产由所有人直接拥有或通过当地分支机构拥有，它们都受到条约的保护。一些人认为，较之以往的 FCNs，条约保护被扩大适用于公司是现代 FCNs 取得的“可能最为引人关注的进展”。[57]此前的 FCNs 把条约扩大适用于“公民”或“国民”，这两个词并不当然包含公司。[58]

第五，在美国的投资条约实践中，针对与投资有关的违法行为，现代 FCNs 首次惯常地纳入事先提供法律救济的条款。在美国国际投资政策中，纳入此种救济也是一个重要的创新。

美国成功地与主要发达国家谈判缔结了现代 FCNs，但它在与发展中国家缔结 FCNs 时遇到了困难。到 20 世纪 60 年代中期，美国停止了现代 FCNs 计划。从 1946 年与中国缔结 FCN 到最后于 1966 年与多哥和泰国缔结 FCN，美国在这一期间最终缔结了 21 个现代 FCNs。

第三节　BITs 的起源

就在美国结束 FCN 计划之时，包括德国、瑞士、荷兰、比利时以及法国在内的若干欧洲国家开始谈判新的双边投资保护协定，这些协定当时被称为“双边投资保护协定”（BIPAs），但后来与美国的条约制度趋于一致而被称为“双边投资条约”或“BITs”。欧洲国家与大量的发展中国家缔结了此类新的协定。比如，1962 ~ 1972 年，德国签署了 46 个 BITs，瑞士也签署了 27 年 BITs。同一时期，美国只与多哥及泰国签署了两个现代 FCNs。到 20 世纪 70 年代末，大约 65 个国家已经谈判签署了超过 170 个 BITs。[59] 欧式 BITs 有别于美国缔结的现代 FCNs，因为前者只涉及投资保护问题。

---

[57] Walker Company Provisions, supra note 53, at 373.

[58] *Id.*, at 377 – 378; Hawkins, supra note 53, at 4 – 5; Ⅲ Green Hackworth, Digest of International Law 429 – 34(1942); Wilson 1960, supra note 53, at 182 – 190.

[59] Bergman, “Bilateral Investment Protection Treaties: An Examination of the Evolution and Significance of the U. S. Prototype Treaty”, 16 N. Y. U. J. Int'l L. & Pol. 1, 3(1983).

欧洲国家活跃的 BIT 计划与美国停滞的现代 FCN 计划形成了鲜明的对比。比如,1977 年,美国审计署发布的一份报告指出,美国只与两个非洲国家缔结了现代 FCNs,而截至 1974 年 6 月 30 日德国与 26 个非洲国家缔结了 BITs。[60]然而,事实是,不包括单个投资低于 200 万美元的项目,1975 年年底时美国在 47 个非洲国家的投资总价值据报告约为 24 亿美元。

有意思的是,美国商业界呼吁制定实施一项与欧洲投资条约相当的投资条约计划。国际商会(International Chamber of Commerce)与美国国务院跨国企业顾问委员会(State Department's Advisory Committee on Transnational Enterprises)等团体都建议美国国务院启动双边投资条约计划。

国会议员加入了呼吁。1977 年,民主党议员克莱本·佩尔(Claiborne Pell)和弗兰克·丘奇(Frank Church)都致函国务院,敦促其谈判另外的投资保护协定。谈判投资保护协定的具体授权与职责已经规定于《1961 年对外援助法》,该法规定"总统应当……加速实施包括税收条约在内的商业与贸易条约谈判计划,该计划应当包含鼓励与便利私人资本流动到参与本章项下计划的友好国家与地区,并且获得公平待遇"。[61]

完全不算已经被 BITs 纳入保护的与欧洲投资者所面临的类似不利情况,美国人发现他们还面临持续增强的征收威胁。在 1959 年巴西与古巴发生征收美国人财产事件后的 20 多年,没收美国人海外财产的事件屡屡发生。比如,一位研究人员披露,在 20 世纪 70 年代早期的两年发生了 78 起征收事件。[62]

一种担忧伴随着这些征收潮油然而生,即习惯国际法无疑朝着不利于投资者的方向发生变化。1974 年,联合国大会通过了《各国经济权利与义务宪章》(Charter of Economic Rights and Duties of States)。[63]《各国经济权利与义务宪章》第 2 条第 2 款(c)项规定,任何国家有权利"对外国人的财产实施

---

[60] General Accounting Office, Nationalization and Expropriation of U. S. Direct Private Foreign Investment: Problems and Issues 34 (1977).

[61] Foreign Assistance Act of 1961, supra note 21, section 601, codified at 22 U. S. C. section 2351 (b).

[62] David Gantz, "The Maricona Settlement: New Forms of Negotiation and Compensation for Nationalized Property", 71 Am. J. Int'l L. 474 n. 2 (1977). See generally William Rogers, "of Missionaries, Fanatics and Lawyers: Some Thoughts on Investment Disputes in the Americas", 72 Am. J. Int'l L. 1 (1978).

[63] U. N. G. A. Res. 3281 (XXIX), 29 U. N. GAOR Supp. (No. 31), at 50, U. N. Doc. A/9631 (1975).

国有化、征收或者转移所有权,采取实施措施的国家在考虑……该国认为相关的所有情势后应该支付适当的补偿。”这一标准表明,投资者可能无法获得充分补偿,而只是获得东道国考虑各种情势——包括投资者回收投资的情况以及征收国支付充分补偿的能力——认为是适当的一个数额。《各国经济权利与义务宪章》采纳这一标准引发了争论:充分与有效的补偿是否已经,或者正在被一个较低的补偿标准所取代。[64]

即便国际环境对外国投资似乎变得日益敌意,美国投资者仍然把更大数额的财产置于风险之境地。比如,1975 年到 1985 年,美国投资者在欠发达国家中投资的账面价值从 190 亿美元增至 750 亿美元。[65]

1977 年 3 月 7 日,国务院法律顾问以及主管经济与商业事务的助理国务卿建议缔结一系列新的 BITs,以确保及时、充分与有效的征收补偿,并且为美国的外国投资提供其他保护。与主要面向发达国家的现代 FCNs 不同,这些新的条约针对的是发展中国家。更具体地说,它们针对的是已经与欧洲国家签署 BITs 中的许多国家。

BITs 会具有多种目的。它们会形成发达国家与发展中国家支持及时、充分与有效的征收补偿的大量国家实践,这可以反驳这样一种主张,即习惯国际法现在只要求综合考虑各种情况给予“适当”补偿。同时,这些条约为美国投资提供的契约性保护超过了即便由美国解释习惯国际法可以获得的保护。对于 BIT 伙伴给予的投资待遇,这些保证构成了公开确认的规则,从而在这些国家中创设了更稳定、更透明,因而也更有利的投资环境。就最低限度而言,BITs 具有教育功能,它们使发展中国家认识到投资者认为恰当的是什么类型的投资环境。BITs 也确立了争端解决机制,以便实现它们所保证的权利。最后,这些条约让美国投资者消除了疑虑,并且针对外国投资发出信号,即保护外国投资仍然是美国外交政策的重要内容。国务院的一些官员希望,制定与欧式 BITs 并行的美国 BIT 计划可能有利于谈判有关投资保护的多边协定。

美国政府提议的 BIT 计划没有遭到任何明显的反对。虽然组织化的劳工被认为反对导致资本可能流出,进而造成就业流失的这一计划,但没有证

---

[64] See, e. g., Rudolf Dolzer, “New Foundations of the Law of Expropriation of Alien Property”, 75 Am. J. Int'l L. 553 (1981); Burns Weston, “The Charter of Economic Rights and Duties and the Deprivation of Foreign Owned Wealth,” 75 Am. J. Int'l L. 437 (1981).

[65] Testimony of Harvey E. Bale, Jr., Assistant United States Trade Representative, before the Senate Foreign Relations Committee, August 11, 1986.

据表明 BITs 促进了对外投资。[66]由此,劳工在任何时候都没有反对该计划。

正如国务院在 1992 年 8 月举行的听证会中解释的,"BIT 计划并没有积极地促进美国投资流往海外。不过,它促使外国政府消除壁垒以实现投资的自由流动,同时确保美国的投资在设立后将获得保护。"[67]

第四节 外国投资争端的去政治化

BIT 计划给美国外国投资政策带来的主要创新是,确保投资者有权把与东道国之间发生的投资争端直接诉诸仲裁,并且在国内法院通过司法手段执行作出的任何裁决,这些都不需要投资者母国介入争端。正如在前文所述,[68]在缔结 BITs 之前美国投资者可以获得的军事、外交、法律以及经济救济都需要美国政府某种形式的介入,不管是部署军队、支持诉求,或者中止对外援助。现在由 OPIC 运作的投资担保计划是一个明显的例外。然而,一项用投资者自己共同缴付的保险费向投资者提供赔偿,而不是由不法行为人支付赔偿的保险计划其实根本就不是救济。只有在美国政府通过 OPIC 从东道国获得赔偿时,投资担保计划才是真正的救济。因而,从作为真正救济的意义上说,投资担保也需要美国政府介入投资争端。

对于投资者与政府来说,投资者的救济依赖于美国政府介入的状况都是不能令人满意的。从美国政府的角度看,由于介入争端可能使问题复杂化,甚或妨碍为了广泛的国家利益而实施外交政策,这种状况是不能令人满意的。比如,由于针对向美国投资者支付的征收补偿是否构成公平的市场价值问题争执不休,有关美国使用外国领土驻扎军队的协定谈判可能陷入僵局。

当然,保护外国投资是美国外交政策的一个重要要素。其实,BITs 的一个宗旨就明确地指出了这一事实。尽管如此,保护投资不是外交政策的唯一要素,其他要素如维护军事安全、支持民主政府,或者打击毒品走私分子与特定投资者的利益有时是相冲突的。即便认为保护外国投资在特定时期

---

[66] See K. Scott Gudgeon, "United States Bilateral Investment Treaties: Comments on Their Origin, Purpose, and General Treatment Standards", 4 Int'l Tax & Bus. L. 105, 112 (1986).

[67] 1992 Hearings, infra chap. 2, note 119, at 31.

[68] 参见第二章第一节。

是最重要的对外政策目标,特定投资者在特定争端中的立场可能并不是公正或者合理的。

由此,美国不可避免地会拒绝支持特定的求偿,或者在选择支持求偿时可能以一种求偿人并不满意的方式就求偿达成妥协。在行政部门看起来确实没有完全支持投资者时,它可能会面临国会进行调查或者投资者对其拥有影响的行为体施加的其他形式的政治压力。接着,一项投资争端几乎都成为一个政治问题,并且可能发展成为一场外交政策梦魇。

由于美国政府不愿意介入特定的投资争端,投资者的救济依赖于政府介入也不能让投资者满意。投资者必须奔波于迷宫式的联邦政府机关,以识别那些有意愿并且有权力的人们与那些只是想着回避批评与采取行动的人们。即便假定美国决定介入,投资者也会发现,在涉及解决他们的诉求方面,他们自己大都被排除在关键谈判之外。

针对让双方都不满意的状况做出的一个回应是《海肯鲁珀修正案》(Hickenlooper Amendment)及类似的立法,这些法律旨在规定美国政府有义务介入由于征收引发的投资争端。在美国投资者未能获得根据国际法有权获得补偿的情况下,该修正案要求美国政府应该中止对外援助,这一做法可能把公共利益置于某一特定投资者的私人利益之下。然而,遽然中止对特定国家的援助可能干扰诸多外交政策目标。它可能使得支持美国外交政策目标的国家在政治上与经济上受到伤害,削弱发展中的民主,或者干扰某个长期发展项目并导致已经花费的数百万美元付诸东流。

有人认为,《海肯鲁珀修正案》与类似的立法——从它们具有强制性的方面看——通过吓阻实施征收的方式实际上强化了总统的外交政策行动,由此首先避免发生争端。尽管如此,这一观点接着认为,在确实发生了争端情况下,总统可以向实施征收的国家威胁美国必将中止对外援助,而这种情况甚至不是他所能阻止的。换言之,总统不需要卷入与实施征收的国家进行冗长的谈判,原因是,除非实施征收的国家采取适当的措施以支付补偿,则六个月内对外援助必须中止。[69]

不过,在现实中,《海肯鲁珀修正案》及其他类似的立法并没有像预期般地发挥作用。

---

[69] See Richard Lillich, "The Protection of Foreign Investment and the Hickenlooper Amendment", 112 U. Penn. L. Rev. 1116, 1131(1964)(commenting on members of Congress who believed that the Hickenlooper Amendment's automatic character strengthens the President's hand).

《海肯鲁珀修正案》之前的于1959年通过的有关《1954年共同安全法》的修正案并未能遏制住在古巴或巴西发生的IT&T子公司的十亿财产被征收的事件。这些法律也未能遏制20世纪六七十年代在其他国家发生的征收美国人财产的浪潮。在解决特定争端中，这些法律也不是很有用。早在1964年时美国威胁适用《海肯鲁珀修正案》的四起争端中，人们发现该法在三起争端中没起到什么积极作用，在第四起争端中甚至起到了反作用。[70]《海肯鲁珀修正案》未能作为一种遏制手段或者影响解决问题的一种力量很大程度上是由于这样一个事实，即外国政府根本上就是拒绝对这些威胁或施压作出回应。

此外，《海肯鲁珀修正案》的实施结果是只采取过两次制裁：1963年针对锡兰以及1979年针对埃塞俄比亚。不过，在两个案例中，中止对外援助都没有导致这两个国家向美国投资者提供补偿。在两个案例中，补偿直到政治关系获得整体改善后才到来。[71]《海肯鲁珀修正案》看起来确实迫使哥斯达黎加同意把争端诉诸仲裁，即 *Santa Elena v. Costa Rica*，但哥斯达黎加在该案中一开始就承认它对仲裁请求人的土地实施了征收，不过，争端当事方对于该土地的价值存在分歧，即是哥斯达黎加所认为的190万美元，还是仲裁请求人所认为的640万美元。可见，该争端是发生在美国与一个同它拥有牢固政治关系的国家之间，并且只涉及单一、有限的评估问题，争端当事方在该案中的分歧至少从开始就是非常小的。

在《海肯鲁珀修正案》与贸易立法中纳入弃权条款并没有缓解这些法律与美国外交政策的其他目标之间的冲突。国内的政治压力使得总统放弃这些法律是有困难的，其结果是，弃权条款从未被援引过。仅仅从政治上看，容易得多的说辞是，实施制裁的技术性条件尚未具备。在实践中，弃权条款是没有价值的。

在其后的数十年间，除了在三个案件中，后来的总统通过解释法律避免了适用《海肯鲁珀修正案》及类似的立法，这很大程度上剥夺了这些法律可能具有的任何最低限度的作用。并且，虽然偶尔有与此相反的说辞，然而，通过插入弃权条款并且国务院没有对这些法律的解释采取行动，国会实际上接受了国务院的立场。由于美国政府必须介入涉及征收的争端，并且尽

---

[70] Lillich, supra note 69, at 1128 – 31.

[71] Kenneth J. Vandevelde, "Reassessing the Hickenlooper Amendment," 29 Va. J. Int'l L. 115, 145 – 48 (1988).

可能有说服力地威胁实施制裁,这些法律的存在对于外交政策的实施仍然是一个刺激性因素。不过,现实是,这些法律对美国投资者鲜有益处。实践中,要求美国政府介入投资争端的努力失败了。

针对投资者获得救济要依赖于美国政府介入投资争端造成的长期性困扰问题,卡特政府决定启动 BIT 计划体现了一个非常不同的思路。新的思路为投资者提供不需以任何方式仰赖于美国政府介入的法律救济。与《海肯鲁珀修正案》采取的思路相反,在计划启动之时 BIT 的政策是,把投资争端纳入 BIT 本身创设的法律性争端解决机制,从而使投资争端去政治化。

创设投资者—国家争端解决程序旨在为投资者提供超越于他们此前可以获得的救济。由于投资者拥有直接在其控制下的最有效的救济手段,他们就没有什么理由要求或者期待美国介入他们所涉的特定争端。同时,恰恰是因为有意使这一救济成为史上最有效的一种救济,BITs 努力把投资争端去政治化是向投资者和外国政府发出的一个信号,即保护外国投资仍然是美国的一个重要外交政策目标。因而,投资者—国家争端解决机制具有两个政治目的:它使美国政府不会卷入可能干扰外交政策的私人投资争端,同时重申美国支持保护外国投资。

正如在下一节会看到的,2004 年范本标志着投资争端去政治化的政策被部分地背离了。在首次面对有可能在投资争端中作为被告的情况下,美国希望不要要求投资者母国介入争端,但希望允许母国与东道国达成一致意见以便部分或全部地禁止投资者诉诸投资者—国家仲裁。2004 年范本包含若干条款,据此母国与东道国通过达成一致以对投资者不利的方式解决某些被诉诸投资者—国家仲裁的问题。因而,根据 2004 年范本,一个情形再次出现了,即如果母国不支持投资者的诉求,它就可以阻止投资者寻求国际法项下的救济。

但无论如何,2004 年范本都没有把美国投资者拉回 BIT 计划启动之前所处的境地。第一,根据 2004 年范本,如果母国不采取行动,投资者可以把争端诉诸仲裁。在实施 BIT 计划前,根据国际法,母国的不作为会导致某种救济遭到排除。第二,如果没有 BIT 计划,美国政府就拥有几乎不受限制的自由裁量权以决定其是否为投资者提供帮助。根据 2004 年范本,只有在母国与东道国针对可适用的 BIT 的解释达成一致时,母国才能禁止由投资者—国家仲裁庭解决投资者的诉求。这一行动可能为其他的投资争端设立先例,因而必须谨慎行事,应当根据具有原则性的理由(principled grounds),

而不应当被作为针对某个案件的特定事实情势做出的回应。

第五节 BIT 计划的演变

美国的 BITs 谈判经历了三个波次。第一波谈判始于 1980 年,随后停滞并于 1982 年重新开始,最终结束于 10 个 BITs 被提交给参议院寻求意见与同意批准的 1986 年。第二波始于 1989 年,即在获得参议院针对第一批 10 个 BITs 提出意见并同意批准之后并持续到 1999 年,其时 BIT 谈判人员停止谈判,准备对 BIT 范本做重大修改以便在谈判中使用。第三波始于制定了新 BIT 谈判范本的 2004 年并持续到现在。第三波伴随着谈判一系列包含投资章的自由贸易协定(FTAs),美国谈判 FTAs 始于 2000 年年底。由于在第三波中谈判签署的 FTAs 的投资章类似于 BITs,这些 FTAs 将结合第三波 BITs 谈判加以讨论。

三波谈判的每一波次所处的政治与经济环境——BITs 就是在这些环境中谈判的——均有明显不同。这些不同进而影响了美国的 BIT 政策,导致每一波 BIT 谈判的政策有所不同。

一、第一波谈判中的 BIT 政策

BITs 诞生于经济、法律与政治考虑。经济考虑是指为了保护现有的美国投资,以应对各种威胁,包括歧视性待遇、外汇管制以及征收。法律考虑是指强化为投资提供习惯国际法保护。政治考虑是指为了减少来自国会和美国商业界的压力,它们要求美国采取行动保护外国投资,并且向外国政府表明美国保护其海外投资的决心。

所有这些支持谈判签署 BITs 的考虑中没有包括促进对发展中国家的投资。美国政府的政策既不是鼓励也不是阻止海外投资,而是在此类投资开始后确保其获得稳定与透明的待遇。这一政策很大程度上源于这样一种观点,即投资决策应当基于市场考虑,而不是政府干预。此外,至少在卡特政府期间,国务院的官员认识到美国的劳工整体而言是反对投资对外流动的。在外国投资促进方面,中性的政策可以把对于 BIT 计划的反对降低到最低限度。尽管如此,BIT 的起草人员认为投资保护可以推动投资促进。

政治考虑可能是最不重要的。在那些设计 BITs 的人的心目中,更重要

的是法律考虑,即在国际法上确立支持保护外国投资,尤其反对征收的国家实践体系,以及经济考虑,即保护现有的存量投资。在所有这些考虑中,法律考虑可能是最重要的,至少在 BIT 计划开始时是如此。

诚然,法律考虑居于首要位置部分地反映了这样一个事实,即国务院法律顾问办公室在启动 BIT 计划中发挥了核心作用。国务院的律师们在文件起草过程中不只是其他人所想象的那样只是技术人员,他们是制定 BIT 政策的一个推动力量。

作为一种法律政策工具,BITs 具有重要性的一个标志是,美国在 BIT 谈判中采取不妥协的立场。正如在本书其他地方描述的,[72]美国一开始就非常不愿意在大多数 BITs 条款方面做出妥协。如果另一国家不愿意缔结基本上体现于美国谈判范本的 BIT,那么美国就不会与该国缔结 BIT。其原因是,一个充斥着例外的 BIT 不足以确立对早期的 BIT 谈判人员来说是如此重要的国家实践体系。

较之根本就没有 BIT,几乎每一个 BIT 都会提供更多的保护。由此,如果为外国投资提供条约保护是主要的目的,那么,为达成某种形式的协定而具有更大的意愿做出妥协是会促进实现这一目的的,除非在某些情况下强硬的谈判立场似乎最终会导致一个更强有力的 BIT,而不是根本达不成一个 BIT。

类似地,如果政治考虑是首要的,那么,通过表明愿意做出妥协以便建立更大规模的 BITs 网络——只要能够维持强有力的投资者—国家争端解决条款,BIT 谈判人员可能已经超额完成任务了。只要 BITs 保留了投资者—国家争端解决条款,它们就会发挥把投资争端去政治化的作用。较之规模小但更加严密的协定,但一个规模更大的条约网络可能确实是发出了一个更加显著的信号,即有意保护外国投资,并且把更多的投资争端纳入投资者—国家仲裁。

在早期 BITs 的起草与谈判过程中,为外国投资提供更好保护的经济考虑也超过了政治考虑。正如下文要解释的,[73]在 BIT 谈判过程中,为了吸引其他国家缔结 BIT,美国拒绝在与投资无关的事项方面做出贸易减让。美国希望 BITs 能够体现保护与鼓励外国投资的真正承诺,而不是为了获得其他利益而不情愿地做出让步。否则,BITs 确保的保护就是名胜于实。如果

---

[72] 参见第三章第三节。

[73] 参见第三章第三节。

BIT 没有为投资者提供可以直接仰赖的真正的保护，美国的谈判人员就不想缔结 BIT，不管缔结 BIT 可能带来什么政治好处。

较之政治考虑，法律与经济考虑被赋予更大的重要性导致美国在谈判中通常采取不妥协的立场，这使得美国要缔结较多数量的 BITs 是有困难的。从启动 BIT 计划到 1986 年，美国只缔结了 10 个 BITs。

虽然总统在某些事项方面有权缔结国际协定，[74]但美国《宪法》第 2 条规定条约应当获得参议院的意见和三分之二的批准同意。FCNs 始终被提交给参议院征求意见并获得同意，而在 BIT 计划开始时人们就认为继承 FCNs 的 BITs 要提交给参议院征求意见并获得同意。

1986 年 3 月，里根总统开始把第一波谈判期间签署的 BITs 提交给参议院征求意见并获取同意批准。1986 年 3 月 25 日，里根总统把美国缔结的 6 个 BITs，即与海地、摩洛哥、巴拿马、塞内加尔（日期写成 3 月 5 日）以及土耳其和民主刚果签署的 BITs 提交给参议院，随附内容基本相同的其中提及"我在 1981 年启动的 BIT 计划"的提请函（letters of transmittal）。当然，BIT 计划实际上是由卡特政府于 1977 年启动的。美国—喀麦隆 BIT 的提交时间为 5 月 28 日（提请函记载为 5 月 22 日）；美国—孟加拉国 BIT，5 月 30 日；美国—埃及 BIT，6 月 2 日；美国—格林纳达 BIT，6 月 3 日。

其间，到 1986 年中，美国停止了 BIT 谈判，等待参议院批准截至那时已经签署的 10 个 BITs。美国 BIT 谈判人员希望能够确保参议院支持 BIT 计划，因为这种支持在缔结更多的 BITs 之前正在发生变化。

所有这 10 个 BITs 都是由国务卿分别呈报给总统，附带的呈报函对条约条款做了解释。这些呈报函进而连同总统的提请函提交给了参议院。由此，每个提交给参议院的 BIT 都附带了总统的提请函和国务卿的呈报函。在 BITs 所蕴含的基础性政策以及个别 BIT 的条款的含义方面，这些函件连同在参议院针对这些条约举行听证会上提交的证词提供了最好的可以公开获取的信息资源。

在提请函中，罗纳德·里根（Ronald Reagan）总统把 BITs 描述成"美国鼓励[各国政府]采取促进经济增长的宏观经济与结构政策的努力的固有组

---

[74] *United States v. Belmont*, 301 U. S. 324 (1937); *United States v. Pink*, 315 U. S. 203 (1942).

成部分”。[75] BITs 也被描述成“与美国的国际投资政策完全一致。”[76]这一政策认为,“一个开放的国际投资体制——其中的参与者对市场力量做出反应——为促进全球经济发展提供了最好和最有效率的机制。”[77]提请函进一步解释指出,体现于 BITs 的该政策的“一个具体基调”是“美国的海外投资以及在美国的外国投资应该获得公平、公正与非歧视的待遇。根据这一条约,缔约方也接受关于征收与补偿的国际法标准;自由的金融汇兑;投资争端解决程序,包括国际仲裁”。[78]

在解释促进经济发展与创设保护国际投资的法律标准之间的联系时,国务卿乔治·P. 舒尔茨(George P. Schultz)认为:

“1981 年,您发起了全球性的双边投资条约(BIT),以鼓励与保护美国在发展中国家的投资。通过提供某些相互的担保与保护,BIT 为在每个条约当事国的外国投资者提供了更加稳定、更加可预见的法律框架。与感兴趣的国家谈判一系列双边条约在投资领域方面确立了更多的国际纪律。”[79]

把 BIT 的宗旨描述为投资创设一个“稳定和可预见的”法律框架的表述可能不如人们期待的那么清晰明确。提及稳定性对于提及可预见性部分是多余的,因为可预见性要求稳定性。然而,可预见性也要求透明度。因而,如果能够把 BIT 的宗旨规定为“稳定和透明的”而不是把透明度作为可预见性中默示存在的一个要素,那么,这一表述可能可以更清晰地阐明美国 BIT 谈判人员追求实现的目标。

这些法律规定包含了四个主要目标:

- 除了某些规定的例外,外国投资者根据国际法获得待遇,并且所获得的待遇不低于东道国的投资者以及第三国的投资者获得的待遇——以其中最优惠者为准(“国民”以及“最惠国”待遇);
- 国际法应当适用于投资征收以及征收补偿的支付;
- 与投资有关的资金自由转移进出东道国;以及
- 制定允许投资者把其与缔约一方之间的争端直接诉诸具有拘束力的第三方仲裁的程序。[80]

---

[75] See, e. g. , Egypt BIT transmittal letter, at Ⅲ.

[76] *Id.* .

[77] *Id.* .

[78] *Id.* .

[79] Egypt BIT submittal letter, at Ⅵ.

[80] *Id.* , at Ⅶ.

国务卿舒尔茨指出“关于外国投资与仲裁的条款,尤其[BIT 伙伴]接受国际法作为适用法,标志着 BIT 计划以及我们的投资与国际仲裁政策取得了一个重大进展”。[81]

美国缔结的 BITs 旨在不仅通过规定条约标准,并且通过强化有关保护外国投资的习惯国际法原则实现条约的宗旨。诚如国务卿舒尔茨指出的,美国的 BIT 计划“旨在不仅通过条约而且通过强化有关外国私人投资的传统国际法律原则与实践。为了实现这一目标,BIT 范本采纳了 FCN 的表述与概念。”[82]

由此,BITs 主要是作为保护美国海外投资的一个工具。国务卿舒尔茨坦率地指出,美国缔结的 BITs 的缔约相对方缔结 BITs 是为了吸引美国的投资。对这些国家来说,为投资创设一个稳定而透明的法律框架只是达到这个目标的一个手段。不过,缔约相对方与美国缔结 BIT 并不当然会吸引美国的投资进入该国领土。国务卿舒尔茨指出:

“迄今为止我们的经验表明,感兴趣的国家愿意为美国的投资者提供重要的投资担保与保证,以此作为吸引更多外国投资的一种方法。我们的政策是,认为潜在的条约伙伴与美国签署 BIT 在投资关系方面是一个重要且有利的因素,但它本身并不会马上导致美国投资的流动。”[83]

1986 年 8 月 11 日,参议院外交关系委员会举行了听证会。[84]除了政府发言人外,全国对外贸易委员会(National Foreign Trade Council)、美国贸易紧急状态委员会(Emergency Committee for American Trade),以及全国制造商协会(National Association of Manufacturers)都发表证词表示支持这些条约。反对 BITs 的证人没有出席。

由于在国际法院中发生的事件,在一段时间里,参议院批准投资条约似乎变得困难重重。尤其是,总统把 BITs 提交给参议院的时间刚好是 1986 年 6 月 27 日,即国际法院当天就 1984 年由尼加拉瓜提起的 Military and Paramilitary Activities In and Against Nicaragua 案作出实质问题判决[85]的前

---

[81] *Id.*.

[82] *Id.*,at Ⅵ.

[83] *Id.*.

[84] See Bilateral Investment Treaties with Panama, Senegal, Haiti, Zaire, Morocco, Turkey, Cameroon, Bangladesh, Egypt, and Grenada: Hearings Before the Senate Committee on Foreign Relations, 99th Cong. 2d Sess. (1986).

[85] 1986 I. C. J. Rep. 14.

夕。尼加拉瓜的某些诉求系基于指控美国违反了与尼加拉瓜缔结的现代 FCN 中的多个条款。国际法院针对这些诉求的管辖权就是基于该 FCN 中的争端解决条款。

在国际法院诉讼的管辖权阶段,美国未能成功地主张,根据美国—尼加拉瓜 FCN,国际法院没有管辖权,原因是,该 FCN 中的一个条款把一国采取的对其本国“根本安全利益”所必要的措施排除在条约义务之外。更具体地说,美国认为,一国是其根本安全利益的唯一判断者,因而美国提出的主张,即其行为根据根本安全利益例外具有合法性,从而使尼加拉瓜根据该 FCN 提出的诉求是不可裁判的。

美国签署的 BITs 包含为保护缔约一方的“根本安全利益”所必要的措施例外,该例外非常类似于美国—尼加拉瓜 FCN 中的表述。由于高度关切美国在 Nicaragua 案管辖权阶段的败诉,里根政府开始重新评估 BITs 中相关妥协性条款的妥当性,尤其是因为这些 BITs 中没有包含自我判断的国家安全例外。因而,在参议院外交关系委员会的作证中,国务院的一位发言人指出:“考虑到近来国际法院对我们与尼加拉瓜之间的友好、通商与航海条约的处理,我们正在考虑未来是否有必要采取强调我们[对根本安全例外]的理解的任何程序行动”。[86]发言人的评论与听证会的记录均未出版,因而这些主张并未引起公众的注意。如果此后没有被何塞·阿尔瓦雷斯(Jose Alvarez)——1986 年时他是国务院中参与 BIT 谈判的一位律师——所引用,它们就将被遗忘在历史中。最后,里根政府决定不采取行动以证实其在 Nicaragua 案中主张的解释。美国缔结的 BITs 中仿效 FCN,并且被国际法院认为并非自我判断的根本安全利益表述并未发生变化。

在那些类似的听证会中,来自康涅狄格州的民主党议员克里斯多弗·多德(Christopher Dodd)表达了关切,即 BITs 可能会阻碍美国未来基于国家安全而采取行动,比如根据《国际紧急经济权力法》(International Emergency Economic Powers Act,IEEPA)采取经济制裁。[87] IEEPA 授权总统采取经济制裁,比如资产冻结或贸易禁运,“以应对任何对国家安全、外交政策或者美国的经济造成的非同寻常和严重的威胁——全部源于或实质性地源于美国境

---

[86] 评论被援引于 Jose E. Alvarez, “Political Protectionism and United States International Investment Obligations in Conflict: The Hazards of Exon-Florio”, 30 *Va. J. Int'l L.* 1, 37 - 38 (1989).

[87] 对于这些听证会以及多德参议员的关切的更全面的讨论, see Alvarez, *supra* note 86, at 37 - 39.

外,如果总统对此等威胁宣布国家紧急状态的话”。[88] 多德参议员呼吁政府修改 BITs,从而允许基于外交政策或国家安全原因终止条约,[89]但此类行动并未发生。

里根政府与多德参议员的担心充满了讽刺。BIT 计划体现了两党的政策,即把投资争端去政治化,以避免实质上的私人争端干扰外交政策的实施。现在共和党右翼人士和民主党左翼人士却都担心 BITs 会导致投资政策与外交政策之间过度隔离。现在的期待是,确保投资政策可以作为促进更广泛的外交政策目标的一个工具。

1986 年 9 月 8 日,针对多德参议员提出的担忧与拉里 · 普莱斯勒(Larry Pressler)提出的类似担忧,助理国务卿 J. 爱德华 · 福克斯(J. Edward Fox)向外交关系委员会发去一份函件,福克斯在函件中试图缓解人们对于美国在承担 BIT 义务情况下采取措施以保护其根本安全利益的权利方面存在的担忧。福克斯指出:

作为对普莱斯勒参议员和多德参议员在听证会中提出的担忧的回应,BITs 并没有禁止美国采取为保护其安全利益所必要的外交政策措施。我们在 BITs 项下的义务只涉及我们向在美国的外国投资者提供待遇。我们决定在我们境外采取的任何措施,包括军事行动,都不受这些条约的影响。进一步看,BITs 无意限制在美国境内采取没有直接影响到 BITs 规定的特定投资保证的措施。这意味着——比如——没有影响投资保护的贸易制裁就不在这些条约的适用范围之内……

此外,BITs 并未禁止总统基于安全原因,比如根据有关战争或紧急状态的声明,采取经济制裁。即便这些行动对投资造成了影响,它们也属于‘条约不加禁止的措施’,并被涵盖在所有 10 个条约包含的根本安全利益例外内。我们的理解是,在战争或国内紧急状态期间采取的与安全有关的行动,比如美国根据《与敌国贸易法》(Trading with the Enemy Act)或者《国际紧急状态经济权力法》(International Emergency Economic Powers Act)采取的行动都在该例外的范围内,不是由于战争或国内紧急状态而采取的与有关缔约方的根本安全利益有明确和直接关系的行动也在该例外的范围内。[90]

---

[88] 50 U. S. C. section 1701(a).

[89] 132 Cong. Rec. S16812(daily ed. October 16,1986).

[90] 虽然助理国务卿福克斯的函件没有以任何方式被限制或澄清,但似乎没有发布于任何可以公开获得的记录中。

该函件也指出“与我们缔结的友好、通常与航海条约相比，BITs 项下国际法院的作用要小得多……在是非曲直基础上作出判决的不是国际法院，而是由当事方选任的仲裁员。此外，对于投资者与东道国之间发生的争端，国际法院不会发挥任何作用。”正如函件表明的，参议院内出现的许多担忧系源于对于国际法院未来介入条约解释的担忧。虽然助理国务卿福克斯深入、全面地解释了根本安全利益例外，他并没有暗示可以自我判断地解释该例外。相反，他强调指出参议院希望保留有权实施的经济制裁的种类在根本安全利益例外的范围内，而未来解释该例外的可能是由作为私人的仲裁员而不是国际法院。

直到 1988 年，参议院外交关系委员会在 BITs 方面没有采取进一步的行动。期间，在西半球突然发生的政治事件迫使参议院无法对美国与海地和巴拿马之间的 BITs 采取行动。

1986 年 2 月，在美国—海地 BIT 签署的两年多后，海地发生的人民暴动迫使其统治者让 - 克洛德 · 杜瓦利埃（Jean-Claude Duvalier）逃离海地。[91] 亨利 · 南菲将军（Henri Namphy）领导的军政府接管权力，并承诺举行民主选举。不过，当军政府试图控制选举结果时，更多的抗议爆发了，而定于 1987 年 11 月 29 日的选举由于选举日发生暴力被取消了，34 个平民死于军队之手。美国做出的反应是，大规模削减向海地提供的援助。虽然遭到很多人的抵制，总统选举仍然在 1988 年 1 月举行，莱斯利 · F. 马尼加（Leslie F. Manigat）当选总统。当马尼加总统于 1988 年 6 月试图解除南菲将军的总参谋长职务时，他被推翻并且流亡海外。由于海地的外国投资环境和海地与美国之间的关系都处于灾难性境地，不能想象 1988 年中美国参议院会批准美国—海地 BIT。直到 2000 年，克林顿政府请求把美国—海地 BIT 返回总统时，该条约仍然被搁置在参议院。2000 年 10 月 12 日，参议院通过了第 267 号决议，批准了总统的请求。因而，美国—海地 BIT 现在被认为是一个“未完成”的条约，即一个签署但从未生效的条约。

在这个过程中，1988 年 2 月，在佛罗里达的迈阿密和坦帕市的联邦大陪审团驳回了针对巴拿马国防军指挥官曼纽尔 · 诺列加（Manuel Noriega）提

---

[91] 对于此事件更翔实的讨论，see Rotberg, “Haiti ' s Past Mortgages Its Future,” 67 *Foreign Affairs* 93（1988）。

出的指控,该指控声称诺列加参与了向美国走私毒品的图谋。[92]巴拿马总统阿图罗·德尔瓦列(Arturo Delvalle)企图引渡诺列加,这反而导致他自己垮台了,取而代之的是诺列加的一位盟友,即曼纽尔·索利斯·帕尔马(Manuel Solis Palma)。美国拒绝承认曼纽尔·索利斯·帕尔马政府,并针对巴拿马采取了一系列经济制裁,包括冻结巴拿马在美国境内的美元账户,以禁止从美国向巴拿马政府转移外汇。虽然经济制裁有可能被辩称是为保护美国的根本安全利益所必要的,但它们与美国—巴拿马 BIT 的规定明显不相符合。在美国与巴拿马之间事实上处于经济战争期间,要让美国—巴拿马 BIT 生效从政治上看是不可想象的。

1988 年 8 月 9 日,参议院外交关系委员会举行第二次听证会,由助理国务卿尤金·麦考利斯特(Eugene McAllister)进行作证。1988 年 9 月 19 日,该委员会做出了有利于 10 个 BITs 中 8 个 BITs 的报告,但不包括美国与海地和巴拿马签署的两个 BITs。[93]

在关于这些条约的报告中,参议院外交关系委员会指出,它"充分支持政府(在谈判条约中)的目的与目标",但它"希望向这些条约的缔约相对方强调指出,如有必要,由总统认定的美国国家安全利益将优先于条约规定。由于这个原因,外交关系委员会选择在每个批准决议后面附带一份内容相同的谅解,该谅解明确指出,参议院对于各个 BIT 第 10 条(美国—摩洛哥 BIT 中为第 9 条)涵盖了该权利。"[94]

在叙述不加禁止措施的条款时,参议院报告中对 BIT 条款的描述指出:

"参议院外交关系委员会在每个批准决议后附带谅解的做法澄清并强调了这一条款的重要性。它明确阐述了这一条款赋予美国有权利采取美国总统基于国家安全原因认为有必要的任何措施,而不考虑条约中的任何其他规定。"[95]

不过,与外交关系委员会报告中的表述相比,外交关系委员会提议并由参议院通过的谅解文本略微严格些。该谅解指出:"根据本条约第 10 条,任何缔约一方可以采取所有必要的措施,以应对其国家安全面临的任何非同

---

[92] 对于这些事件更翔实的讨论, see Maechling, "Washington's Illegal Invasion," *Foreign Policy* Summer 1990。

[93] Investment Treaties with Senegal, Zaire, Morocco, Turkey, Cameroon, Bangladesh, Egypt, and Grenada, S. Exec. Rpt. 100 - 32, 100th Cong. 2d Sess. (1988).

[94] *Id.*, at 3.

[95] *Id.*, at 8.

寻常和严重的威胁”。[96]由于条约文本已经明白无误,参议院通过的决议并未宣称根本安全利益例外是自我判断的,而是很大程度上重申从根本安全利益的表面上看什么是显而易见的。

对国家安全的“非同寻常和严重的威胁”出自于《国际紧急状态经济权力法》(IEEPA),它反映了这样的事实,即外交关系委员会特别重视维护美国根据 IEEPA 采取经济制裁的权利,比如针对伊朗和尼加拉瓜实施的经济制裁。该委员会对于 IEEPA 的重视也体现于报告的表述中,该报告提到总统采取措施的权力。根据 IEEPA,有权采取经济制裁以应对国家安全面临的非同寻常和严重的威胁的人是总统。参议院通过的谅解没有提到总统的权力,也没有文字表明可以自我判断地解释根本安全例外。不过,它确实也提到了对国家安全的非同寻常和严重的威胁。其实,该谅解中的表述所保留的自由裁量实际上要少于 BIT 文本所保留的自由裁量,后者并未把根本安全例外限制适用于对国家安全构成非同寻常和严重的威胁。

最后,参议院通过的谅解在既有根本安全例外基础上并没有增加任何新的东西。正如 1992 年时提交给参议院外交关系委员会的证词中指出的,该谅解“从效果上说只是重申了根本安全例外的内容,并没有涉及该例外是否是自我判断的”。[97] 尽管如此,该谅解确实反映了参议院对于在不违反 BIT 情况下为美国采取国家安全措施保留某种灵活性的关切。的确,可以认为,至少在 Nicaragua 案刚刚结束之际,如果不是确信这种灵活性已经获得保留,参议院是不会批准这 8 个 BITs 的。该谅解附在 8 个 BITs——供参议院审议——的每份批准决议的后面,除美国与海地及巴拿马签署的两个 BITs 外,对所有这 8 个 BITs 的审议均已经结束。

1988 年 10 月 20 日,参议院批准了这 8 个 BITs。1988 年 12 月 6 日,总统签署了批准文件以及一份谅解。所有这 8 个 BITs 都已经生效:美国—格林纳达 BIT 于 1989 年 3 月 3 日生效;美国—喀麦隆 BIT 于 1989 年 4 月 6 日生效;美国—孟加拉国 BIT 于 1989 年 7 月 25 日生效;美国—民主刚果 BIT 于 1989 年 7 月 28 日生效;美国—土耳其 BIT 于 1990 年 5 月 18 日生效;美国—塞内加尔 BIT 于 1990 年 10 月 25 日生效;美国—摩洛哥 BIT 于 1991 年 5 月 29 日生效;美国—埃及 BIT 于 1992 年 6 月 27 日生效。

美国—埃及 BIT 是其中最早签署却最后生效的 BIT。两个问题产生了。

---

[96] *Id.*, at 9 – 11.

[97] 1992 Hearings, *supra* note 67, at 73.

第一,在谈判结束后,埃及表示希望重启谈判。[98]由此,美国—埃及 BIT 是仅有的在签署后重新谈判的两个 BITs 中的一个,另一个是美国—乌拉圭 BIT,但美国缔结的多个 BITs 在生效之后发生过修改的情况。第二,当经过重新谈判的美国—埃及 BIT 最终被提交到埃及议会时,该条约并没有随附一份补充条款。这一问题通过签署第二份补充条款而得以解决,后者确认第一份补充条款是该 BIT 的组成部分。

在这期间,美国于 1989 年 12 月 20 日入侵巴拿马,把诺列加司令赶下台。次月,美国驻巴拿马大使馆咨询巴拿马新政府是否有意让美国—巴拿马 BIT 生效。巴拿马新政府给予了肯定答复,并要求美国完成批准程序,而巴拿马在诺列加司令上台之前已经批准了该条约。1990 年 3 月,在美国—巴拿马 BIT 第一次被提请参议院审议四年后,国务院请求参议院外交关系委员会重新审议该条约。

在 1990 年 6 月 19 日收到总统提交的美国—波兰 BIT 后,参议院外交关系委员会决定对美国—巴拿马 BIT 和美国—波兰 BIT 快速采取行动。与乔治 · H. W. 布什政府一样,参议院特别想表明其支持在波兰进行的民主与市场经济转型,而布什政府呼吁参议院针对美国—巴拿马 BIT 同样及时采取行动,以表达对巴拿马新政府的支持。1990 年 9 月 14 日,外交关系委员会建议参议院提出意见并同意批准条约。[99]参议员杰西 · 赫尔姆斯(Jesse Helms)——外交关系委员会的一名成员——对此表示反对,他指出针对这两个条约没有举行听证会,而原则上所有条约在参议院采取行动之前都应该举行听证会。作为回应,外交关系委员会在 1990 年 9 月 18 日针对这两个条约举行了听证会,听证会再次收到助理国务卿尤金 · 麦考利斯特的证词,国务院法律顾问办公室的律师与顾问肯 · 普罗普陪同参加。[100] 1990 年 10 月 27 日,在未经辩论的情况下,参议院针对这两个条约提出意见并同意批准。1990 年 11 月 30 日,总统签署了针对美国—波兰 BIT 的批准文件,而签署针对美国—巴拿马 BIT 的批准文件的时间为 1990 年 12 月 19 日。美国—巴拿马 BIT 于 1991 年 5 月 30 日生效,美国—波兰 BIT 也于 1994 年 8 月 6 日生效。

---

[98] 参见第三章第一节。

[99] Bilateral Investment Treaty with Panama and Business and Economic Relations Treaty with Poland, S. Exec. Rept. 101 - 34, 101st Cong. 2d Sess. (1990).

[100] Bilateral Investment Treaties, Hearings before the Committee on Foreign Relations, S. Hrg. 101 - 1063, 101st Cong. 2d Sess. (1990).

二、第二波谈判中的 BIT 政策

较之 BIT 计划诞生之时，第二波 BIT 谈判开始时的世界已经发生了明显变化。这些变化改变了美国投资政策的某些方面，并体现于 BITs 中。

1977 年 BIT 计划诞生至 1989 年开始的第二波 BIT 谈判发生的最重要变化是，社会主义阵营以及苏联本身的解体。前共产主义政权不仅在地缘政治方面不再是美国的对手，而且开始不同程度地接受民主政策与自由市场经济。

转向市场经济意味着潜在的 BIT 伙伴具有了签署 BIT 的新的政治动力。早期的 BIT 谈判往往由于其他国家的谈判人员必须避免接受有关投资准入的表述——这些表述可能在国内激发政治纷争，而更多的国家现在开始似乎把 BITs 体现的投资政策看作为一种政治优势。签署 BIT 逐步被认为是其他国家的政府愿意做出的一种政治论述。由于这种论述包含了对于有利于投资的 BITs 政策的接受，快速与这些国家签署 BITs 并不需要美国在实体条款方面做出重要的妥协。

这是美国急切支持并推动的一个趋势。1989 年，随着东欧国家开始把自己转变成为以市场为基础的民主国家，美国民主与共和两党间有了共识，即美国应该采取各种办法努力支持与帮助这一进程。一个明显的办法就是促进在东欧的私人投资。

虽然没有证据表明 BIT 会导致私人投资的增加，但对许多人来说，BITs 规定的稳定性与透明度确实看起来是把美国投资者在东欧国家的投资提升到重要水平的必要——即便不充分——条件。因此，美国鼓励这些国家缔结 BITs。比如，在《1989 年支持东欧民主法》(Support for East European Democracy Act of 1989)[101]第 306 条中，国会敦促总统与波兰及匈牙利缔结 BITs，以便为在这些国家的美国投资确立更稳定的法律框架。1992 年，《自由支持法》(Freedom Support Act)[102]把《1989 年支持东欧民主法》赋予总统的权限扩大到苏联加盟共和国。美国的政策是，寻求与几乎所有的从共产主义转向自由市场的经济体缔结 BITs。

运用 BITs 促进经济改革的政策并不仅限于东欧与苏联的转型经济体。1990 年 6 月 2 日，乔治 · H. W. 布什启动了他的“企业支持美国倡议”

---

[101] Pub. L. 101 – 179, *codified at* 22 U. S. C. section 5401 *et seq.*

[102] Pub. L. 102 – 511.

(Enterprise for the Americas Initiative),该倡议有三个支柱:贸易、投资与债务。虽然布什总统在发表讲话时没有提及 BIT 计划,但缔结 BITs 在国务院内部被认为是该倡议的组成部分。在第二波 BIT 谈判中,美国与六个拉美国家签署了 BITs,而第三波 BIT 谈判中签署的第一个 BIT,即美国—乌拉圭 BIT 就是早在 1992 年就已经开始的谈判的成果。

更一般地说,美国的 BIT 谈判人员日益把 BITs 描述为促进美国对外政策的一种手段。在 1992 年 8 月 4 日的听证会上,在讨论美国—俄罗斯 BIT 时,助理国务卿尤金 · 麦考利斯特告诉参议院:

[BITs]所具有的外交政策好处与[商业好处]是同样重要的。事实上,BITs 是美国商业利益与外交利益日益互动的一个好例子。[BITs]有助于促进美国的价值与观念。通过促进美国投资、传播美国的法律观念以及支持新兴民主国家的经济改革与改革者,它们促进了美国的价值与观念。

[BITs]是与从中央计划经济努力向市场经济转型的国家建立共同的经济与商业语言与规则的一种手段。我们先与苏联随后与俄罗斯谈判 BIT 的最显著的结果之一是教育过程。他们从与我们的谈判中学到了经验,并且把这些经验不仅运用于条约,也运用于它们的国内法中。

西方国家的合作与支持攸关俄罗斯的经济与民主改革者们的成败。来自美国的投资以及美国—俄罗斯 BIT 对于俄罗斯的改革和改革们的存续至关重要。[103]

1989 年 9 月,在美国的一个跨部门代表团访问华沙期间,美国与波兰针对 BIT 进行了非正式讨论。正式的谈判在 1990 年 1 月开始。商务部长罗伯特 · A. 莫斯巴赫(Robert A. Mosbacher)对于与东欧国家签署 BITs 特别有兴趣,他坚持商务部在 BIT 谈判中应该比以往发挥更积极的作用。在四轮谈判后,美国—波兰 BIT 在 1990 年 3 月 21 日举行的仪式上签署。由于莫斯巴赫的参与,美国—波兰 BIT 中包含在当时似乎有可能被纳入美国与其他东欧转型经济国家签署的 BITs 中的一些条款。1990 年 6 月 19 日,在该 BIT 签署的三个月后,布什总统把美国—波兰 BIT 提交给参议院征求意见与同意批准。

与苏联的谈判在 1991 年年底——其时苏联解体而被独联体国家所继

---

[103] 1992 hearings, *supra* note 67, at 4.

承——时已经推进到非常深入的程度。随后的谈判在美国与几个苏联加盟共和国之间进行。1992 年 1 月 15 日,莫斯巴赫部长从商务部离职,因而出现于美国—波兰 BIT 中的特殊条款基本上没有被纳入与美国缔结的其他 BITs 中。

从 1990 年 3 月到 1998 年 1 月的八年间,美国与东欧及苏联地区的转型经济体签署了 20 个 BITs。根据签署的时间顺序,这些转型经济体包括波兰、捷克和斯洛伐克、哈萨克斯坦、罗马尼亚、俄罗斯、亚美尼亚、保加利亚、吉尔吉斯斯坦、摩尔多瓦、白俄罗斯、乌克兰、格鲁吉亚、爱沙尼亚、乌兹别克斯坦、阿尔巴尼亚、拉脱维亚、克罗地亚、阿塞拜疆以及立陶宛。美国也与蒙古签署了 BIT,从而使其与转型经济体签署的 BITs 总数达到 21 个。与转型经济体签署的 BITs 的数量是第一波 BIT 谈判期间缔结的 BITs 总数的两倍多,占美国迄今为止签署的所有 BITs 的约 46% 。在第二波 BIT 谈判期间缔结的全部 35 个 BITs 中,与转型经济体缔结的 21 个 BITs,占总数的 60% 。在很大的意义上说,与转型经济体缔结的 BITs 决定了第二波 BIT 实践。

与转型经济体缔结的 BITs 被认为产生了多方面的影响,所有这些影响都有利于美国的外交政策。这些 BITs 是一种象征,表明这些国家接受了美国推崇的支持市场经济政策,这进而可以吸引私人投资流向这些国家。通过确保给予国民待遇与最惠国待遇,这些 BITs 可以使这些新兴市场向美国投资者开放,美国投资者在取得(acquire)与设立投资方面可以与当地或地区内的投资者获得同样的权利。此外,BITs 可以为美国投资——一旦设立——提供真正的保护,这有利于美国投资者,也可以吸引更多的投资。这些条约也具有教育功能,让那些实际上在运作市场经济或者制定私人投资者认为有必要或者恰当的各项政策方面缺乏经验的政府官员增长见识。比如,美国的谈判人员有时候会向那些正在制定外国投资法典的国家提供 BIT 谈判范本的副本,希望这些国家制定出不违背 BIT 原则的法律。最后,市场化的政策一旦制定,这些 BITs 就会锁定这些政策,由此这些国家较不可能在经济困难期间倒退回到非市场经济原则。

美国的谈判人员坦承在第二波 BIT 谈判中存在政治考虑。美国—俄罗斯 BIT 附带的国务卿呈报函指出:

“这是提交给参议院审议的与苏联的新独立的国家签署的 BIT……该条约是美国帮助俄罗斯向市场经济转型的努力的固有组成部分。它将为在俄罗斯的美国投资创造有利的环境,并且通过吸引美国私人投资进一步推动俄罗斯私人部门的发展。因而,该条约是俄罗斯改革成为一个民主、以市场为导向的经济体,从而能够把西方带入一个和平与繁荣的共同体的一个里程碑。"[104]

类似地,美国—哈萨克斯坦 BIT 附带的国务卿沃伦·克里斯托弗(Warren Christopher)提交的呈报函指出:

"这是美国与苏联地区新独立的国家签署的第一个 BIT……通过为美国私人投资创设有利的环境,帮助吸引此类投资,进而强化发展私营部门,该条约可以帮助哈萨克斯坦过渡到市场经济。"[105]

与捷克和斯洛伐克签署的 BIT 被美国总统描述成:

"我提出的强化与中东欧国家经济关系倡议的固有组成部分。该条约被设想通过保护以及据此鼓励美国投资,支持捷克和斯洛伐克的私营部门的发展。"[106]

转型经济体政治与经济变革的全面性——如果它们要吸引外国投资的话——表明,美国与这些转型经济体签署的 BITs 在某些方面可能有必要不同于美国签署的其他 BITs。然而,由于不同国家的情况是不同的,美国的 BIT 谈判人员拒绝了为东欧国家准备特别谈判范本的想法。起初,他们设想在必要情况下在谈判范本中通过另行插入其他条款的方式为各个转型经济体制定单独的谈判文本。

然而,最终的结果是,既没有出现针对转型经济国家的特殊 BIT 谈判范本,美国签署的 BITs 也没有认真考虑各个转型经济国家的具体情况。相反,美国的 BIT 谈判人员确定了少数几个特殊条款,把这些首先被应用于美国与波兰签署的 BIT 中的条款纳入美国与转型经济体签署的 BITs 似乎尤其有益,而他们确实把这些条款纳入与转型经济体签署的许多 BITs。这些条款中最突出的是那些寻求确保国家企业不得被用于规避 BIT 义务或者被作为歧视涵盖投资之工具的条款,以及要求妨碍在东欧的非市场经济国家中从事商业活动的十一个具体问题方面给予国民待遇与最惠国待遇的条款。这些条款将在第六章第十二节及第十二章中加以讨论。

民主与共和两党达成的共识,即与转型经济体缔结 BITs 是适当的,表明美国的 BIT 政策发生了重要变化。在卡特政府启动 BIT 计划时,美国把

---

[104] Russia BIT submittal letter, at Ⅴ.

[105] Kazakhstan BIT submittal letter, at Ⅴ.

[106] Czech and Slovak Federal Republic BIT transmittal letter, at Ⅲ.

BITs 看作确立与美国对于习惯国际法的主张相符合的国家实践体系，同时是一种保护现有存量投资的手段。部分地由于担心劳工反对这些 BITs，美国的 BIT 谈判人员一开始不仅向美国的 BIT 伙伴，并且向美国会明确说明，没有证据表明 BITs 会导致对外资本流动增加。然而，1990 年年初时，促进转型经济体中的民主与市场经济成为美国的一个重要外交政策目标，而 BITs 被认为是促进对外投资的一种手段。

此外，在通过创设稳定、透明，并且通过投资者—国家争端解决条款可以获得执行的规则以便实现投资争端的去政治化方面，与转型经济体签署的 BITs 并不逊色于此前的条约，同时它们也体现了投资政策的政治化，即投资政策被作为促进更广泛的外交政策目标的一种手段。第一波 BIT 谈判开始时的 BIT 政策是基于这样一个理论，即引导投资流动的应该是市场力量，而非公共政策，并且投资事项与外交政策在一定程度上应该相分离。与转型经济体签署 BITs 表明美国支持，并且是切实地支持东欧以及苏联的转型。因而，第二波 BIT 谈判表明美国有意利用 BITs 实现投资保护以外的外交政策目标。

与东欧国家开展 BIT 谈判并不是美国第一次利用 BIT 对外国表达政治支持，但这些谈判是最明显的。最终导致与格林纳达签署 BIT——这是第一波 BIT 谈判期间达成的最后一个 BIT——的讨论开始于 1985 年 12 月，即 1983 年 8 月美国入侵格林纳达并恢复民主的两年后。美国—格林纳达 BIT 是在只进行一次、历时数小时的谈判会议中达成的，该条约与 1984 年美国 BIT 范本完全相同。该条约似乎传递出一个相当明确的信号，即美国入侵格林纳达是成功的，并且格林纳达当前的外国投资环境是有利的。尽管如此，美国确实寻求确保格林纳达能够信守其在 BIT 项下的义务。

美国—格林纳达 BIT 是第一波 BITs 谈判中缔结的最后一个 BIT，是美国与一个很小的国家缔结的。它表明美国在某些方面背离了第一波 BITs 谈判的政策，但它不是一个重要的 BIT。

不过，在第二波 BITs 谈判中，与转型经济体缔结 BITs 表明，政治考虑成为 BIT 政策中的常规因素。美国—巴拿马 BIT 的生效同样反映了美国的外交政策关切。如前指出的，由于两国之间政治与经济关系的破裂，参议院推迟审议美国—巴拿马 BIT。1990 年 10 月，即在美国入侵导致巴拿马政府下台十个月后，参议院最终批准了美国—巴拿马 BIT。

美国—民主刚果 BIT 也是在一个政治上适当的时机进行谈判的。就在

1990年年初对美国进行国事访问前夕,刚果政府通报美国其有意缔结一个BIT。谈判在国事访问期间完成,在国事访问结束时签署了协定。与美国—格林纳达BIT一样,美国—民主刚果BIT的最终文本与当时使用的美国BIT谈判文本是一样的。在这两个个案中,几乎不可避免的推论是,BIT作为一种政治象征的价值是缔约过程中的一个重要因素。正如美国—格林纳达BIT那样,大部分的谈判是由美国解释BIT所体现的承诺的性质,以及美国努力确信其未来的BIT伙伴有意并且能够遵守BIT项下义务。尽管政治考虑推动了BIT谈判,但在两个个案中美国都努力确保为投资者提供真正保护的经济考虑不会受到损害。

最终导致第二波BIT谈判结束的事件也存在政治考虑。1991年2月,乔治·H. W. 布什总统、加拿大总理布莱恩·穆罗尼(Brian Mulroney)以及墨西哥总统卡洛斯·萨利纳斯·德·戈塔里(Carlos Salinas de Gortari)宣布三国将谈判缔结NAFTA,该协定将包含以美国BIT范本为基础的投资章。[107]显然,经济考虑,包括传统的投资政策考虑,是美国谈判NAFTA的理由的组成部分之一。尽管如此,NAFTA被认为也服务于其他的外交政策利益。这是加强与墨西哥外交关系的一种途径,进而提供了与墨西哥处理其他问题的机会,如非法移民、毒品走私以及环境保护。[108]为了促进协定谈判,布什总统于1991年3月1日请求国会延长为期两年的"快车道"谈判权限。虽然国会最终批准延长谈判权限,但这一请求是有争议的。尽管如此,为了取得国会的批准,布什总统承诺处理在国会辩论中提出的两个关切:环境保护与劳工权利。[109]因而,NAFTA投资章是以往影响BIT构建的考虑以外的诸多外交与国内政策考虑的产物,NAFTA是在这些考虑具有至关重要性的背景下进行谈判的。NAFTA谈判于1992年8月结束,其时1992年总统选举正在进行当中。NAFTA成为选举中的一个重要议题,第三个党的候选人罗斯·佩罗(Ross Perot)认为,NAFTA将催生一个"巨大的吸气管"(giant sucking

---

[107] On the negotiation of the NAFTA, see Maxwell A. Cameron & Brian W. Tomlin, The Making of NAFTA: How the Deal Was Done (2000); Frederic W. Mayer, Interpreting NAFTA: The Science and Art of Political Analysis (1998).

[108] Judith H. Bello and Alan F. Holmer, "The North American Free Trade Agreement: Its Major Provisions, Economic Benefits, and Overarching Implications", in Judith H. Bello, Alan F. Holmer, and Joseph J. Norton, eds., *The North American Free Trade Agreement: A New Frontier in International Trade and Investment in the Americas* 2 (1994).

[109] *Id.*.

sound)，导致工作机会从美国流向墨西哥。其他的批评包括，NAFTA 将导致墨西哥及靠近墨西哥的美国边境线环境恶化，并且进入美国的墨西哥非法移民将增加。打败布什总统和佩罗先生(Perot)的比尔·克林顿(Bill Clinton)州长宣布，他支持 NAFTA 的前提是，另行谈判缔结处理环境保护与劳工权利问题的补充协定(side agreements)。这些补充协定是在克林顿任期第一年进行谈判的。在克林顿的强力支持但面临同属民主党的某些人士反对下，国会于 1993 年 11 月批准了实施 NAFTA 的法律。

希望把 BITs 置于其他外交政策关切之后也反映在 BITs 的内容。如前指出，BITs 包含着一个条款，据此保护一国根本安全利益所必要的任何措施不适用 BITs，这一表述也出现于美国签署的现代 FCNs 中。在第一波 BIT 谈判中，美国 BIT 谈判人员并未在条约的表述中表明该例外是自我判断的，但如前所述，美国在 Nicaragua 案中主张这一表述是自我判断的。尽管如此，即便在 Nicaragua 案审理期间美国正在谈判多个 BITs，包括与民主刚果、摩洛哥、土耳其、喀麦隆、孟加拉国以及格林纳达进行谈判，美国也没有试图修改 BITs 的文本，如通过修改条约表述，或者在议定书中加入解释性说明把这种理解明确化。

然而，在第二波 BIT 谈判中，美国在 BITs 中公开接受了自我判断解释。正如在第四章中看到的，1992 年 7 月，国务院公开声称 1992 年范本中的表述是自我判断的，国务院此前在提交给总统进而提交给参议院的呈报函中就开始主张自我判断解释。1998 年，美国在修改 BIT 谈判范本时明确它是自我判断的。

政治与经济环境方面出现的影响到美国 BIT 政策的第二个趋势——与第一个趋势是有关的——是全球投资环境发生的变化。如前指出，BITs 的一个主要宗旨是确立支持及时、充分与有效的征收补偿标准的国家实践体系，这一标准在 20 世纪 70 年代时遭到社会主义国家与发展中国家的抨击。在面临以经济发展与国家主权名义主张私人财产在被征收时可以不给予充分补偿情形下，美国试图通过 BITs 网络重申国际法保护私人财产。更一般地说，为投资提供强有力保护并拥有有效争端解决机制的 BITs 是应对社会主义集团与许多发展中国家中存在的普遍敌视外国投资的一个屏障。

不过，到 20 世纪 80 年代末时，全球范围内对于外国投资的态度发生了迅速变化，更多的国家接受倾向市场的经济政策。社会主义集团放弃了共产主义，这表明作为市场经济的主要替代性模式失败了。同时，相对于更多地怀疑——如果不是敌视——外国投资的拉美国家与非洲国家，接受外国投资的多个亚洲经济体的成功似乎表明吸引外国投资的价值。

20 世纪 80 年代政府发展援助的削减意味着发展中国家日益必须从私人渠道寻找所需要的资本。同时，在里根政府急剧增加借款而产生创纪录的财政赤字的 20 世纪 80 年代也发生了主权债务危机，这降低了私人银行向许多发展中国家发放贷款的意愿，这就迫使发展中国家从市场举债。发展中国家逐步意识到，外国直接投资对它们的发展需求是一个重要的资本来源，而那些接受利用外国投资的国家的处境要好于不利用外国投资的国家。

结果，随着第二波 BIT 谈判的开始，发展中国家寻求有效的方式表明它们欢迎外国投资。其中一个方式就是缔结接受及时、充分与有效补偿标准以及其他有利于投资者的条款的 BITs 网络。

如前指出，投资环境的变化在从指令型经济转向市场经济的转型经济体中表现得最为突出，从而创设了导致美国在第二波 BIT 谈判中与 21 个转型经济体签署 BITs 的情势。美国也感受到了这一变化在拉美与加勒比地区产生的影响，美国在第二波 BIT 谈判期间与这两个地区的国家缔结了 8 个 BITs，这一数量几乎相当于第一波 BIT 谈判期间美国在全球范围内签署的所有 BITs。这 8 个 BITs 是美国与阿根廷、玻利维亚、厄瓜多尔、萨尔瓦多、洪都拉斯、牙买加、尼加拉瓜，以及特立尼达和多巴哥签署的。在第一波 BIT 谈判期间，美国只与一个拉美国家，即巴拿马签署了 BIT，同时与 2 个加勒比国家，即海地与格林纳达签署了 BITs。

美国政府赞赏拉美地区投资环境发生的变化。美国—阿根廷 BIT——1993 年 1 月 19 日提交给参议院——附带的由乔治·H. W. 布什总统提交的提请函指出，该 BIT 是“自 1990 年我 6 月宣布‘企业支持美国倡议’(Enterprise for the Americas Initiative)以来与拉美国家签署的第一个提交给参议院的双边投资条约。本条约旨在保护在阿根廷的美国投资并且鼓励阿根廷私人部门的发展，以支持那里正在发生的经济改革。条约规定的阿根廷冻结并消除扭曲贸易的履行要求是向美国出口产品开放市场的前提性步骤。在这方面，以及对争端解决的做法方面，这一条约将成为我们与其他拉美国家谈判的样板。”[110]

国务卿提交的呈报函也指出美国—阿根廷 BIT 的历史性意义,它是与强烈支持卡尔沃主义的国家签署的第一个 BIT。[111]为纪念阿根廷法学家卡洛斯·卡尔沃而得名的卡尔沃主义认为,外国人有权从东道国获得不超过国民待遇的待遇,并且东道国只能经由国内法院对外国人承担责任,如果东道国有责任的话。因而,卡尔沃主义与 BIT 中的实体性与程序性条款是不相符合的。

1991 年 11 月 14 日,阿根廷与美国签署 BIT,而美国与苏联签署 BIT 的谈判正在进行当中。1992 年 6 月 17 日,美国与俄罗斯签署了 BIT,而苏联在 1991 年 12 月已经正式解体了。因而,在六个多月的时间里,美国与前共产主义阵营的领导人以及具有标志性意义的坚持卡尔沃主义的国家的领导人都签署了 BITs,这生动地揭示了全球范围内对外国投资的态度发生的显著变化。

这一趋势强化了美国的谈判地位,使美国较以往更不愿意做出哪怕并不过分的让步。例如,与第一波 BIT 谈判相比,在第二波 BIT 谈判中,美国在履行要求及外汇管制方面做出让步的情形要少得多。在第二波 BIT 谈判中,第一波 BIT 谈判中随时出现的哪怕是细微、无关宏旨的措辞变化也少见得多。与第一波 BIT 谈判相比,第二波 BIT 谈判期间签署的条约在遵循 BIT 谈判范本的措辞方面要严格得多。

在货币汇兑管制方面坚持更强硬的谈判立场可能并不符合美国在第一波 BIT 谈判中的政策。虽然很少做出让步始终是美国的战略,但这一做法会基于一种关切而得以缓和,即不应该诱使 BIT 伙伴作出它们无法履行的承诺。BITs 旨在为投资者提供真正的保护,而不仅只是空洞地接受市场经济。因而,在承诺自由汇兑与投资有关的所有支付并不现实的情形下,美国的谈判人员愿意规定一个逃避条款。如果一国不允许自由汇兑销售或清算收入并且不能援引逃避条款,那它只能或是违反 BIT,或者根据条约规定的某些一般例外——比如保护公共秩序或者国家的根本安全利益——为这些做法寻求合法性。较好的做法看来是,鼓励国家根据经过审慎地构造、具有较强限制性的逃避条款对自由汇兑的权利施加限制,而不是迫使它们援引更宽泛的被认为授权一国采取更具开放性的限制货币自由汇兑的一系列措

---

[110] Argentina BIT transmittal letter, at Ⅲ.

[111] *Id.*, at Ⅴ.

施的条款。

因而,一个新的世界秩序已经极大地改变了 BITs 谈判的环境。保护外国投资看来逐渐不构成实现其他外交政策目标的障碍;相反,有时实际上是促进外交政策目标的一种方法。简言之,投资政策具有政治用途。美国并未把投资政策与外交政策相隔离,而是看到了让 BITs 成为促进外交政策的工具的方法。因而,虽然始终存在,但政治考量在 BIT 计划的演变中成为一个重要得多的力量。当然,危险在于,企图运用 BITs 促进各种外交政策目标会使美国与那些根本没有能力遵守 BIT 条款的国家签署 BIT。

无论如何,投资环境的变化并没有促使美国成功地与非洲或亚洲国家缔结 BITs。在第二波 BIT 谈判中,美国只与 6 个亚非国家签署了 BITs,这些国家包括刚果、突尼斯、斯里兰卡、莫桑比克、约旦以及巴林。事实上,在第一波 BIT 谈判中,美国与这些地区的国家缔结 BITs 更加成功,在较第二波谈判要短得多的时间内总共缔结了 7 个 BITs,这些国家包括埃及、塞内加尔、扎伊尔、摩洛哥、土耳其、喀麦隆以及孟加拉国。

第二波 BIT 谈判的开始与政治和经济环境出现的第三个趋势也是相吻合的,即美国作为净资本输出国的衰弱。20 世纪 80 年代末,在美国的年度外国直接投资基本相当或者超过在外国的年度美国投资。比如,1982 年,即第一波成功的 BIT 谈判开始之时,在美国的外国直接投资账面价值为 1247 亿美元,而美国的海外直接投资账面价值为 2078 亿美元。1989 年,即第二波 BIT 谈判的第一年,对美外国投资实际上已经超出了美国对外投资。在美国的外国直接投资总额达到 3738 亿美元,而美国的对外直接投资总额为 3701 亿美元。

在最初制定 BIT 谈判范本以及第一波 BIT 谈判中,美国的政策制定人员鲜有讨论 BIT 条款在多大程度上会对美国管理外国投资构成障碍。那时,BIT 政策推定存在的场域是,投资从美国向其他国家流动。相应地,BIT 被设计用以确保最大限度地保护私人投资。

20 世纪 80 年代在美外国直接投资的增加催生了一波经济保护主义。在要求对在美外国直接投资施加限制的呼吁中,共和与民主两党丧失了投资应该自由流动的共识。国会对此做出的部分回应是,制定《艾克森—弗罗里奥修正案》以允许对外国投资实施审查。[112]

当然,要协调《艾克森—弗罗里奥修正案》与 BITs 中的国民待遇条款是很困难的。虽然仅仅制定此类法律并不当然地违反任何 BIT,但它针对 BIT 伙伴的国民或公司的实施却很可能违反 BIT,除非这种实施被认为是保护美国的根本安全利益所必要的,或者关系到美国保留其在某些情形下拒绝给予国民待遇的某一经济部门。

不过,事实表明,制定保护主义法律与第二波 BITs 谈判之间看起来基本没有产生相互影响的效果。保护主义法律可能违反 BIT 义务的事实对于国会在审议此类立法时几乎没有什么影响。同时,立法的内容并未体现于 BITs 文本中。BITs 在参议院中为人们所知晓不仅是因为它们体现了为美国的海外投资提供保护,而且是因为在第二波 BIT 谈判中它们体现了民主与共和两党采取的支持在东欧与苏联发生的向自由市场过渡的政策。因而,在第二波 BIT 谈判中,保护主义的动力对于 BITs 的内容几乎没有产生什么影响。与此同时,保护主义的势头是如此的强烈,以至于无法用有可能违反 BIT 义务的风险加以遏制。参议院批准了这些 BITs,同时参众两院制定了《艾克森—弗罗里奥修正案》,而潜在的冲突被留给了日后。

第二波 BIT 谈判出现的第四个,也是更微妙的趋势是明显出现的外国投资政策区域化。在 BIT 计划诞生时,美国的政策制定人士试图确保美国的投资者在投资设立及投资一旦设立后的待遇方面会获得最惠国待遇。是否寻求获得国民待遇某种程度上更具争议性。美国的政策制定人士关注的是,规定国民待遇会极大地限制了愿意缔结 BIT 的国家的数量。然而,他们最终还是决定纳入国民待遇标准。

1986 年 5 月,在第一波 BIT 谈判行将结束之际,美国与加拿大开始谈判包含投资条款的 FTA,这些投资条款类似于 BITs 中的条款,但不如后者那么全面。在 1987 年 9 月进行的 BIT 谈判范本修改过程中,美国在范本中插入了针对缔约方基于作为关税同盟或自由贸易区的成员方而获得的优惠豁免适用普遍最惠国待遇义务的内容。虽然 1987 年前缔结的一些 BITs 已经规定了关税同盟例外,但这些例外总体上是对其他国家做出的减让,而不是美国倡导的普遍最惠国义务例外。加拿大—美国 FTA[113] 签署于 1988 年 1 月

---

[112] See Alvarez, *supra* note 86.

[113] 27 Int'l Leg. Mat. 293(1988).

2 日，生效于 1989 年 1 月 1 日。

如前指出，仅仅两年后，1991 年 2 月，乔治 H. W. 布什总统、加拿大总理布莱恩 · 穆罗尼以及墨西哥总统卡洛斯 · 萨利纳斯 · 德 · 戈塔里宣布三国将谈判缔结 NAFTA。谈判于当年 7 月开始并持续到 1992 年 8 月达成协议。NAFTA 于 1992 年 12 月 17 日签署，于 1994 年 1 月 1 日生效，由此取代了美国—加拿大 FTA。

进一步的可能更广泛地减损普遍最惠国义务的做法发生在 1991 年。当年通过的 BIT 谈判范本允许各国在 BIT 附录中列出具体部门或事项以此排除普遍最惠国义务，据此允许与第一波 BIT 谈判中缔结的 BITs 所允许的相比要多得多的背离最惠国待遇义务的做法。

最后，最惠国标准的第三项减损最早出现于美国—波兰 BIT 中，并且也成为 1991 年范本的组成部分。具体来说，针对缔约一方根据其在 GATT 框架下，在 BIT 之后生效的多边协定项下具有拘束力的义务而给予的优惠，1991 年范本豁免适用最惠国义务。这一表述旨在把在乌拉圭回合中达成的与投资相关的减让排除适用在 BITs 规定的普遍最惠国义务之外。总之，对 BIT 谈判范本做出的这些修改标志着一个可能的转向，即从确立一个统一的全球性投资待遇标准的初始目标转向扩大区域性例外。

不过，这一转向从未发生。1992 年缔结的包含有投资章的 NAFTA——它明显地背离了 BIT 范本——似乎构成了区域性外国投资政策的第一例。但是，它并不是。美国后来放弃了关税同盟以及 GATT 规定的普遍最惠国待遇义务例外。在第三波 BIT 谈判中，美国通过了 2004 年范本，该范本试图协调 NAFTA 与 BITs。因而，尽管明显转向区域化的投资政策，美国最终还是选择维持统一的可以全球适用的政策。例外可以制定，但这些例外基本上是在特定国家而不是区域性基础上制定的。在第二波 BIT 谈判中，与转型经济体缔结的 BITs 具有某些特殊性，但它们除了重申那些已经隐含着的东西之外往往鲜有增加新的内容。在第三波 BIT 谈判中，拉美地区签署的 FTAs 之间呈现出某些相似性，但这些总体来说是由于美国的谈判伙伴国家的偏好，它们往往把美国与该地区国家缔结的 FTAs 视为先例而加以遵循，而不是美国存在对拉美国家适用特殊范本的政策。

虽然美国没有把它的投资政策区域化，但它已经偏离了基于时间而非空间基础、统一和全球性的政策。换言之，在美国缔结的 FTAs 和美国—乌拉圭 BIT 中,美国已经把根据此前双边或多边协定作出的承诺排除在普遍最惠国条款之外。实际上,美国保留其有权利降低——相对于此前缔结的协定所给予的保护——之后缔结的协定给予的保护。因而,根据缔结时间,协定所给予保护的水平会有所不同。

虽然全球与经济环境发生的变化影响了第二波 BIT 谈判中美国的 BIT 政策,第二波 BIT 谈判中的一个不变之处是,投资保护仍然是 BIT 计划的一个重要目标。在第一波 BIT 谈判中,BITs 中的四个条款被视为核心条款,即确立最低待遇标准与要求非歧视待遇的条款;确保针对征收提供补偿的条款;确保与投资有关的支付自由转移的条款;以及允许使用投资者—国家争端解决机制的条款。至迟于 1991 年 12 月,乔治·H. W. 布什总统大致重申了同样的四个目标,其时他发布了支持直接投资的政策声明。在该声明中,布什总统指出,BITs"纳入了非歧视待遇原则;确认了有关征收的国际法标准,包括及时、充分与有效补偿;规定金融流动自由;以及允许投资者把投资争端诉诸国际仲裁"。值得关注的是,除了针对征收外,布什总统并没有提到重申保护投资方面的国际最低标准。

在撰写美国—斯里兰卡 BIT 随附着的 1992 年 3 月 16 日呈报函时,国务卿修正了此前的做法,阐述了 BIT 的六个主要目标,而不是四个:

- 除了某些规定的例外,在投资设立及设立后,任何缔约一方的国民与公司在缔约另一方的领土上的投资获得在类似情形下给予国内投资的待遇(国民待遇)或者在类似情形下给予第三国的投资的待遇(最惠国待遇)中较优者。
- 确保对投资不规定履行要求,即承诺使用当地产品或者出口货物。
- 作为投资者之投资的公司可以自主聘请高级管理人员,不论其国籍为何。
- 征收只有在根据国际法标准、以非歧视方式、为了公共目的,以及支付及时、充分与有效补偿的情况下才能进行。
- 除了有限的基于严重的外汇收支平衡困难的例外,确保投资能够用可自由使用的货币转移资金。
- 缔约各方的国民与公司在与东道国政府发生投资争端时可以诉诸具有拘束力的国际仲裁,而不必首先诉诸国内法院。[114]

---

[114] Sri Lanka BIT submittal letter, at Ⅵ.

由此,国务卿的呈报函新增了两个核心条款:一个是规定履行要求的条款,另一个是确保投资有权利自主聘请高级管理人员。与此同时,确立国际最低标准不再作为 BITs 的一个核心目标。类似地,在 1992 年 8 月针对若干等候批准的 BITs 举行的听证会上,国务院把 BIT 计划的关键目标之一描述为"尤其在:在投资设立与设立后的非歧视待遇;履行要求;雇佣;征收;与投资有关的汇兑;以及针对投资者—国家争端的国际仲裁方面"为美国的海外投资提供保护。"[115]

增订履行要求条款作为核心目标符合美国投资政策的整体发展方向。1992 年时正在谈判中的 NAFTA 增加了一条细致的履行要求条款,而始于 1994 年的 BIT 谈判范本则纳入了一条更细致的履行要求条款。与此相比,关于高级管理人员的条款被作为 BIT 的核心条款似乎是一个奇怪的选择。该条款在第一波 BIT 谈判中并未被认为是核心条款,许多讨论也鲜有把它作为重点问题。

美国—斯里兰卡 BIT 中的六个主要目标是根据该 BIT 的特殊条款确立的。比如,确保自由汇兑的权利被规定下来,"除了有限的基于严重的外汇收支平衡困难"。事实上,规定此项例外并不是 BIT 计划的一个目标,但它作为一项可以接受的妥协而被纳入美国—斯里兰卡 BIT。在后续的呈报函中,这一短语在有关条约目标的规定中被删除了。

在此后的 1993 年 8 月,即克林顿政府时期撰写的第一批提请函时,这些提请函没有把高级管理人员的雇佣条款作为一个核心目标。因而,核心目标减少为五个。

两年后,当克林顿政府向参议院提交第二批 BITs 以征求意见及同意批准时,附带着的提请函增订了新的第六个核心目标,即"在[缔约另一方]领土上的各种形式的美国投资都涵盖在内"。此后,核心目标清单直到第三波 BIT 谈判中的 2004 年范本时都没有发生变化。

第二波 BIT 谈判确实见证了 BIT 谈判史中的另一个变化。在其于 1991 年 12 月 26 日发布的支持直接投资的声明中,布什总统宣布正在进行中的"按照市场力量促进外国直接投资的自由流动"的七个倡议之一是"积极促进充分、有效地保护知识产权"。因此,在第二波 BIT 谈判的早期,在知识产权尚未获得充分保护的情况下,美国的 BIT 谈判人员鼓励潜在的 BIT 伙伴

[115] 1992 Hearings, *supra* note 67, at 16.

缔结知识产权保护的协定。从 BIT 计划产生以来,BITs 就为作为投资的知识产权提供保护。然而,与保护其他形式的投资一样,这种保护绝大多数都是针对东道国政府,而非私人当事方造成的某些形式的损害。这一特点在第二波 BIT 谈判期间并未改变,但美国的 BIT 谈判人员作出的决定——除非东道国把保护知识产权不受私人侵害纳入其投资环境,他们不会同意 BIT 规定的许可——影响了 BIT 计划。美国成功采取并维持这一立场的事实既反映了美国在保护知识产权方面的利益,也反映了它在第二波 BIT 谈判中的谈判力量大幅增强了。

参议院审议第二波 BITs 始于美国—波兰 BIT,该条约于 1990 年 6 月被提交给参议院。随着其他条约的缔结,它们也逐个被提交到参议院。布什总统提交美国—刚果 BIT,1991 年 3 月 19 日;美国—突尼斯 BIT,1991 年 5 月 20 日(提请函记载为 5 月 17 日);美国—斯里兰卡 BIT,1992 年 3 月 24 日;美国与捷克和斯洛伐克(CSFR)BIT,1992 年 6 月 2 日;美国—俄罗斯 BIT,1992 年 7 月 28 日。

在美国—捷克和斯洛伐克 BIT 被提交给参议院时,捷克和斯洛伐克看起来可能会分离成为两个国家。如果该条约在捷克和斯洛伐克分离前生效,则两个继承国将受到该条约的约束。如果不在分离前生效,则如果两个继承国分别同意的情况下,该条约才会对其生效。因而,如果捷克和斯洛伐克共和国分离,推迟让条约生效可能导致美国不得不与两个继承国重新谈判条约。捷克和斯洛伐克联邦议会按计划于 1992 年 9 月审议该 BIT。该 BIT 预计在议会不会遭到反对,而捷克和斯洛伐克政府准备在两国批准该 BIT 后尽快使之生效。因此,布什政府呼吁参议院尽快采取行动,针对该条约提出意见并同意批准。布什政府认为,即使条约在捷克和斯洛伐克共和国分离前生效,参议院提出意见并同意批准这一事实也可以强化美国的筹码,从而敦促继承国不予修改地接受条约。商业界也敦促采取及时的行动。在提交给参议院就该条约举行的听证会的声明中,全国制造商协会(National Association of Manufacturers)指出"捷克和斯洛伐克的私有化步伐正在加速,美国公司在投资机会方面面临着来自欧洲同行的激烈竞争。因此,当务之急是更早而不是更迟些批准该条约"。[116]

针对布什政府的呼吁,外交关系委员会安排于 1992 年 8 月 4 日举行听

---

[116] 1992 hearings, *supra* note 67, at 77.

证会,就美国—捷克和斯洛伐克 BIT 以及其他待批准的 BITs,即与刚果、突尼斯、斯里兰卡及俄罗斯签署的 BITs——听取作证。外交关系委员会收到了助理国务卿麦考利斯特、全国制造商协会、美国国际商业理事会(United States Council for International Business)以及本书作者应该委员会要求提交的声明。8 月 6 日,外交关系委员会撰写了支持 5 个 BITs 的报告,建议参议院提出意见并同意批准。[117]

在听证会过程中,参议员克莱本·佩尔(Claiborne Pell)质询,布什政府是否支持在有关待批准条约的批准决议中纳入一份类似于针对第一批 8 个 BITs 通过的征求参议院意见与同意批准的批准决议中所包含的谅解。布什政府回应指出:

"经验表明,BIT 生效时间被大幅延迟是由于我们必须要向与我们签署 BITs 的国家解释这些谅解,让他们相信这一条款没有侵蚀它们的主权,或者损害它们的利益。我们认为参议院此前在被寻求提出意见及同意批准时针对相关条约附带谅解对于保护美国在《国际紧急状态经济权力法》项下的权威并无必要,因为条约中有关保留权利的条款(通常是第 10 条)显然涵盖了这部法律。因此,我们认为参议院应该延续不要求附带谅解的新近做法,就像美国—波兰商业与经济关系条约那样。"[118]

由此,政府努力让参议院相信,在没有此类谅解情况下,美国也可以基于根本安全利益例外,根据 IEEPA 采取经济制裁。除了第一批 8 个 BITs 外,其他 BIT 都没有附带此类谅解。

在五天后的 1992 年 8 月 11 日,针对所有 5 个 BITs,参议院未经辩论就提出了意见并同意批准。1992 年 10 月 13 日,总统签署了批准文件。美国—捷克和斯洛伐克 BIT 于 1991 年 10 月 22 日生效;美国—突尼斯 BIT 于 1993 年 2 月 7 日生效;美国—斯里兰卡 BIT 于 1993 年 5 月 1 日生效;美国—刚果 BIT 于 1994 年 8 月 13 日生效。由于俄罗斯杜马从未批准俄罗斯—美

---

[117] Treaty with the People's Republic of the Congo Concerning the Reciprocal Encouragement and Protection of Investment, S. Exec. Rept. 102 – 44, 102d Cong. 2d Sess. (1992); Treaty with Tunisia Concerning the Reciprocal Encouragement and Protection of Investment, S. Exec. Rept. 102 – 45, 102d Cong. 2d Sess. (1992); Treaty with Sri Lanka Concerning the Encouragement and Reciprocal Protection of Investment, S. Exec. Rept. 102 – 46, 102d Cong. 2d Sess. (1992); Treaty with the Czech and Slovak Federal Republic Concerning the Reciprocal Encouragement and Protection of Investment, S. Exec. Rept. 102 – 47, 102d Cong. 2d Sess. (1992); Treaty with the Russian Federation Concerning the Encouragement and Reciprocal Protection of Investment, S. Exec. Rept. 102 – 48, 102d Cong. 2d Sess. (1992).

[118] 1992 hearings, *supra* note 67, at 77.

国 BIT，因此该条约从未生效。

随着条约的签署，布什总统不断把 BITs 提交给参议院。1992 年 8 月 3 日，美国—罗马尼亚 BIT 被提交给参议院，美国—阿根廷 BIT 和美国—保加利亚 BIT 于 1993 年 1 月 19 日被提交给参议院。

比尔·克林顿于 1993 年 1 月 20 日就任总统后，共和党和民主党继续支持卡特政府于 1977 年启动的 BIT 计划。1993 年 9 月 8 日（提请函记载为 9 月 7 日），克林顿总统把美国与哈萨克斯坦、亚美尼亚、吉尔吉斯斯坦以及摩尔多瓦签署的 BITs 提交给参议院。美国—厄瓜多尔 BIT 的提交时间为 9 月 10 日。

同一天，参议院外交关系委员会针对当时待批准的 8 个 BITs 举行听证会。[119]外交关系委员会收到主管经济与商业事务的助理国务卿丹尼尔·K. 塔鲁洛（Daniel K. Tarullo）的证词，陪同塔鲁洛的有国务院法律顾问办公室的梅格·皮克林（Meg Pickering）和主管服务、投资与知识产权的助理美国贸易代表唐纳德·S. 阿贝尔森（Donald S. Abelson）。外交关系委员会也收到了支持 BITs 的曾经担任美国贸易谈判副代表的沙琳·巴舍尔夫斯基大使（Charlene Barshefsky）、全国制造商协会、美国国际商业联合会，以及从事私人事务的律师乔·W. 梅辛（Joel W. Messing）的声明。9 月 14 日，外交关系委员会向参议院提交了支持 BITs 的报告，建议参议院提出意见并同意批准。[120]

---

[119] Bilateral Investment Treaties with Argentina, Treaty Doc. 103 – 2; Armenia, Treaty Doc. 103 – 11; Bulgaria, Treaty Doc. 103 – 3; Ecuador, Treaty Doc. 103 – 15; Kazakhstan, Treaty Doc. 103 – 12; Kyrgyzstan, Treaty Doc. 103 – 13, Moldova, Treaty Doc. 103 – 14; and Romania, Treaty Doc. 102 – 36, Hearings before the Committee on Foreign Relations, United States Senate, 103rd Cong. 1st Sess. (1993).

[120] Treaty with the Government of Romania Concerning the Reciprocal Encouragement and Protection of Investment, S. Exec. Rept. 103 – 7, 103d Cong. 1st Sess. (1993); Treaty with the Argentine Republic Concerning the Reciprocal Encouragement and Protection of Investment, S. Exec. Rept. 103 – 8, 103d Cong. 1st Sess. (1993); Treaty with the Republic of Bulgaria Concerning the Encouragement and Reciprocal Protection of Investment, S. Exec. Rept. 103 – 9, 103d Cong. 1st Sess. (1993); Treaty with the Republic of Armenia Concerning the Reciprocal Encouragement and Protection of Investment, S. Exec. Rept. 103 – 10, 103d Cong. 1st Sess. (1993); Treaty with the Republic of Kazakhstan Concerning the Reciprocal Encouragement and Protection of Investment, S. Exec. Rept. 103 – 11, 103d Cong. 1st Sess. (1993); Treaty with the Republic of Kyrgyzstan Concerning the Encouragement and Reciprocal Protection of Investment, S. Exec. Rept. 103 – 12, 103d Cong. 1st Sess. (1993); Treaty with the Republic of Moldova Concerning the Encouragement and Reciprocal Protection of Investment, S. Exec. Rept. 103 – 13, 103d Cong. 1st Sess. (1993); Treaty with the Republic of Ecuador Concerning the Encouragement and Reciprocal Protection of Investment, S. Exec. Rept. 103 – 14, 103d Cong. 1st Sess. (1993).

1993年10月21日,参议院对美国—哈萨克斯坦BIT提出了意见并同意批准。1993年11月17日,参议院针对其他7个BITs提出了意见并同意批准。总统签署批准文件的时间分别为:美国—吉尔吉斯斯坦BIT,1993年12月6日;美国—哈萨克斯坦BIT,12月8日;美国—罗马尼亚BIT,12月15日;美国—阿尔巴尼亚BIT、美国—亚美尼亚BIT、美国—保加利亚BIT、美国—厄瓜多尔BIT以及美国—摩尔多瓦BIT,1994年1月3日。所有8个BITs均已生效,其中6个于1994年生效。美国—哈萨克斯坦BIT和美国—吉尔吉斯斯坦BIT生效于1994年1月12日;美国—罗马尼亚BIT,1994年1月15日;美国—保加利亚BIT,1994年6月2日;美国—阿根廷BIT,1994年10月20日;美国—摩尔多瓦BIT,1994年11月25日。美国—亚美尼亚BIT的生效时间为1996年3月29日,而美国—厄瓜多尔BIT的生效时间是1997年5月11日。

随着条约的签署,克林顿总统不断地把BITs提交给参议院。美国—牙买加BIT的提交时间为1994年9月27日(提请函时间记载为9月21日);美国—白俄罗斯BIT,时间为1994年9月6日(提请函时间记载为1994年9月23日)[121];美国—乌克兰BIT,时间为1995年7月10日(提请函时间记载为1994年9月27日);美国—爱沙尼亚BIT,时间为1994年9月27日;美国—蒙古BIT,时间为1995年7月26日(提请函时间记载为6月26日);美国—拉脱维亚BIT和美国—格鲁吉亚BIT,时间为1995年7月10日;美国—特立尼达和多巴哥BIT,时间为1995年7月11日;美国—阿尔巴尼亚BIT,时间为1995年9月6日。

1995年11月30日,参议院外交关系委员会针对这9个BITs举行听证会。[122] 1996年3月27日,该委员会做出了支持这9个BITs的报告,建议参议

---

[121] The Senate Report gives the transmittal date as September 6, 1994, but this may be a typographical error, with the correct date being September 6, 1995.

[122] Bilateral Treaties Concerning the Encouragement and Reciprocal Protection of Investment, Hearings before the Committee on Foreign Relations, S. Hrg. 104 – 289, 104th Cong. 1st Sess. (1995).

院提出建议并同意批准这些条约。[123]

在针对这些条约撰写报告时，外交关系委员会提供了它认为对参议院的审议工作以及国务院和美国贸易代表办公室“有益的”评论。[124]针对所有9个BITs的评论多数是相同的。第一，在引用了国务院有关在阿根廷发生的两起投资争端状况的报告外，该委员会指出“拟议条约的价值取决于它在多大程度上被执行”，并要求总统“在交换批准文件时，表达国内执行制度对于拟议条约最终成功的重要性。”[125]第二，在援引了国务院针对美国大使馆帮助美国投资者——在违反BIT的情况或者在与美国没有签署BIT的国家发生的投资争端被提请大使馆注意时——的通常程序所做的描述后，委员会指出其“支持国务院和美国的国外工作人员(foreign posts)为培训企业以及确

---

[123] Treaty Between the United States of America and Jamaica Concerning the Reciprocal Encouragement and Protection of Investment, S. Exec. Rpt. 104 – 11, 104th Cong. 2d Sess. (1996) (Jamaica BIT Report); Treaty Between the United States of America and the Republic of Belarus Concerning the Encouragement and Reciprocal Protection of Investment, with Annex, Protocol and Related Exchange of Letters, S. Exec. Rpt. 104 – 12, 104th Cong. 2d Sess. (1996) (Belarus BIT Report); Treaty Between the United States of America and Ukraine Concerning the Encouragement and Reciprocal Protection of Investment with Annex, and Related Exchange of Letters, S. Exec. Rpt. 104 – 13, 104th Cong. 2d Sess. (1996) (Ukraine BIT Report); Treaty Between the Government of the United States of America and the Government of the Republic of Estonia Concerning the Encouragement and Reciprocal Protection of Investment, with Annex, S. Exec. Rpt. 104 – 14, 104th Cong. 2d Sess. (1996) (Estonia BIT Report); Treaty Between the United States of America and Mongolia Concerning the Encouragement and Reciprocal Protection of Investment, S. Exec. Rpt. 104 – 15, 104th Cong. 2d Sess. (1996) (Mongolia BIT Report); Treaty Between the United States of America and Jamaica Concerning the Reciprocal Encouragement and Protection of Investment, S. Exec. Rpt. 104 – 11, 104th Cong. 2d Sess. (1996) (Jamaica BIT Report); Treaty Between the Government of the United States of America and the Government of the Republic of Latvia Concerning the Encouragement and Reciprocal Protection of Investment, with Annex and Protocol, S. Exec. Rpt. 104 – 16, 104th Cong. 2d Sess. (1996) (Latvia BIT Report); Treaty Between the Government of the United States of America and the Government of the Republic of Georgia Concerning the Encouragement and Reciprocal Protection of Investment, with Annex, S. Exec. Rpt. 104 – 17, 104th Cong. 2d Sess. (1996) (Georgia BIT Report); Treaty Between the Government of the United States of America and the Government of the Republic of Trinidad and Tobago Concerning the Encouragement and Reciprocal Protection of Investment, with Annex and Protocol, S. Exec. Rpt. 104 – 18, 104th Cong. 2d Sess. (1996) (Trinidad and Tobago BIT Report); Treaty Between the Government of the United States of America and the Government of the Republic of Albania Concerning the Encouragement and Reciprocal Protection of Investment, with Annex and Protocol, S. Exec. Rpt. 104 – 19, 104th Cong. 2d Sess. (1996) (Albania BIT Report).

[124] See, e. g., Jamaica BIT Report, at 9.

[125] *Id.*, at 12 – 13.

保这些国家的投资环境对美国商业界仍然开放与公平所做出的努力”。[126] 第三,在援引了国务院针对制定以确保在投资者提请美国大使馆或国务院注意外国投资问题时始终及时地做出反应之程序的有用性所作的评估后,外交关系委员会指出其“赞成在如何最好地保护与外国政府发生争端的美国投资者方面采取‘一刀切’的思路处理是没有用的”。[127] 外交关系委员会进一步指出,它

“支持国务院与美国贸易代表制定具有灵活性的程序,以确保美国的所有大小投资者在向国务院提出投资问题时都能得到及时的帮助”,并且“期待此种程序可以确保[国务院与美国贸易代表之间的]适当的协调”。[128]

外交关系委员会的报告也包含了国别考察,它们通常评论各国近来的经济表现,赞赏朝着自由市场政策方向的行动。

就牙买加而言,外交关系委员会认为其受到“牙买加经济对于外国投资的开放环境的改善与税负降低”,以及牙买加努力扭转高度保护主义与政府干预的趋势的鼓舞。[129]外交关系委员会对于“盗版视频与音乐方面的黑市活动”表达了关切,并认为这一条约“应该被用于遏制黑市行为。”[130]

外交关系委员会呼吁乌克兰政府“努力提高市场改革的程度”,并特别指出银行业仍然受到高度管制,而乌克兰的法律未能为财产在面对征收时提供足够的保护。[131]

就格鲁吉亚而言,外交关系委员会指出,它期待“批准本协定将为在格鲁吉亚的美国企业提供有益的工具”。[132] 在指出“格鲁吉亚的金融与税收制度还是初步的”之后,该委员会的报告指出,委员会认为“如果格鲁吉亚要发展自由的市场经济,不受俄罗斯的控制,它就必须接受并实施本条约规定的保护”。[133]该报告也指出,外交关系委员会“支持发展民主的自由市场体系,它将坚定地使格鲁吉亚独立于俄罗斯,并且与西方建立强有力的贸易关系”。[134]该指告最后指出,外交关系委员会支持有关建设一条从阿塞拜疆经由格鲁

---

[126] *Id.* ,at 14.

[127] *Id.* ,at 15.

[128] *Id.* .

[129] *Id.* ,at 10.

[130] *Id.* .

[131] Ukraine BIT Report, *supra* note 123 ,at 8.

[132] Georgia BIT Report, *supra* note 123 ,at 7.

[133] *Id.* .

[134] *Id.* ,at 8.

吉亚全境到格鲁吉亚黑海港口的石油管道的协议。[135]

外交关系委员会“赞赏爱沙尼亚人民重新融入西欧的努力”，它指出，虽然经济改革“对许多爱沙尼亚人来说意味着生活水平下降，但经济改革正在开始转化为国家的经济增长”。[136]外交关系委员会期待“除了对整体改革的作用外，本条约提供的保护会鼓励美国投资者在爱沙尼亚的经济转型中发挥更大作用。”[137]

外交关系委员会对特立尼达和多巴哥几乎没有说些什么。其关于该国的报告指出“特立尼达和多巴哥对外国投资鲜有设定限制，私人财产是安全的，司法制度是有效率的”。[138]

就蒙古而言，外交关系委员会的报告指出，其“由于蒙古制定符合拟议条约所创设之义务的国内法律而受到鼓舞，也鼓励蒙古继续制定并实施有利于外国投资者的法律”。[139]该委员会接着指出了“蒙古在努力从中央计划经济向市场经济转型过程中面临的严重困难”。[140]该委员会相信“拟议条约可以帮助蒙古在苏联解体后不再有可资利用的外部资本情况下根据市场原则重建经济，并且规定了对于吸引美国投资至关重要的基本保障”。[141]

外交关系委员会“认识到阿尔巴尼亚是一个极度贫穷的国家，以及该国向开放的市场经济过渡缓慢而艰难”，它鼓励阿尔巴尼亚“利用拟议条约鼓励来自美国的外国投资”。[142] 外交关系委员会也指出其乐见达成为财产被前共产党政府征收的美国人提供补偿的协议。[143]

就拉脱维亚而言，外交关系委员会“欢迎自独立以来拉脱维亚在政治与经济改革方面取得的快速进步”，它相信拉脱维亚“很好地保持着吸引[来自西方国家]的外国投资”，进一步鼓励西方国家发展与拉脱维亚的经济关系，并认为“本条约中给予的保护有助于确保为有意在拉脱维亚从事商业的美国公司提供一个积极的投资环境。”[144]

---

[135] *Id.*.

[136] Estonia BIT Report, *supra* note 123, at 8.

[137] *Id.*.

[138] Trinidad and Tobago BIT Report, *supra* note 123, at 9.

[139] Mongolia BIT Report, *supra* note 123, at 7.

[140] *Id.*.

[141] *Id.*.

[142] *Id.*.

[143] *Id.*, at 9.

[144] Latvia BIT Report, *supra* note 123, at 8.

与对其他国家通常是赞赏性的评估相反，外交关系委员会对白俄罗斯政府提出了严厉批评，认为不能信赖白俄罗斯政府会信守 BIT 规定的义务。外交关系委员会指出：

支持这一协定，委员会认识到批准 BIT 是朝着为在白俄罗斯的美国投资者确立透明与可预见的程序的一个重要步骤。进而，本条约提供了法律基础，据此美国的投资者以及美国政府可以质疑白俄罗斯政府采取的任意或有害的行动。总的来说，通过揭示经济改革产生的好处以及为美国与白俄罗斯之间的私人提供更多的接触机会，在白俄罗斯的美国投资可以强化美国对白俄罗斯的更广泛的政策目标。

同时，外交关系委员会不愿意为美国的投资者提供任何保证，即 BIT 所列举的保护最终会被白俄罗斯政府认为具有拘束力。在白俄罗斯，政治动荡、经济改革缓慢以及普遍无视法治仍然是在白俄罗斯的投资能够获得成功与获利面临的严重障碍。美国商业界应该充分认识到，在批准该条约时，参议院外交政策委员会绝没有说今天的白俄罗斯拥有有利的投资环境。[145]

1996 年 4 月 2 日，白俄罗斯与俄罗斯签署了一个联盟条约，以便建立政治与经济一体化，但两国都保持独立。外交关系委员会仅仅在该联盟条约签订前几天投票支持美国—白俄罗斯 BIT。因此，委员会在其有关参议院之意见与同意批准的建议决议中规定这些意见与同意需要一个声明，即总统在交换批准文件时"应该告知白俄罗斯"：

(1)美国参议院

(a)支持白俄罗斯议会及其在批准本条约过程中的根本性作用；

(b)认识到白俄罗斯议会在过去一年来在促进民主方面取得的进展；

(c)充分期待白俄罗斯共和国保持作为一个致力于民主与经济改革的独立国家；以及

(d)相信在白俄罗斯与任何其他国家实现统一情况下，本协定确定的权利与义务对于继承国中在联盟成立前构成白俄罗斯的部分仍然具有拘束力。[146]

外交关系委员会的评论只有一次涉及条约的内容。在针对美国—牙买加 BIT 提交报告时，委员会对于在美国—牙买加 BIT 中出现的转移例外以及在美国与埃及、民主刚果、斯里兰卡及突尼斯签署的 BITs 中的该例外的变

---

[145] Belarus BIT Report, *supra* note 123, at 9.

[146] *Id.*, at 14.

体(variation),委员会表达了关注。委员会的报告指出,委员会“不认为在转移条款方面牙买加变体应该成为标准化的谈判立场”,并且“警告不要把此种修正版条款纳入未来签署的BITs”。[147]诚如委员会期待的,在美国—牙买加BIT后美国签署的BITs中再没有纳入此项例外。

1996年6月27日,参议院提出了意见并同意批准9个BITs。1996年9月12日,总统签署了批准文件。

除美国—白俄罗斯BIT外,9个BITs中的8个在批准后的一年至一年半内生效。美国—乌克兰BIT,1996年11月16日;美国—拉脱维亚BIT和美国—特立尼达和多巴哥BIT,1996年12月26日;美国—蒙古BIT,1997年1月1日;美国—爱沙尼亚BIT,1997年2月16日;美国—亚美尼亚BIT,1997年3月7日;美国—格鲁吉亚BIT,1997年8月17日;美国—阿尔巴尼亚BIT,1998年1月4日。美国—白俄罗斯BIT则从未生效。

在1995年听证会后,国务院中止了在条约签署时就把它们提交给参议院的做法。由于下文所说的原因,1994年12月6日签署的美国—乌兹别克斯坦BIT被搁置,而没有及时提交给参议院参加1995年听证会。此后的1996年2月28日,该条约才被提交给参议院。此外,1995年7月1日及以后签署的任何BITs也都举行听证会,但这显然无法掩盖20世纪90年代后期时国务院的重心已经转向OECD主持的多边投资协定谈判以及准备美洲自由贸易区谈判。无论如何,美国与洪都拉斯、克罗地亚、约旦、保加利亚、莫桑比克、萨尔瓦多以及巴林的BITs都是在1995年1月1日后的一段时间内签署的,即始于1995年1月1日的美国—洪都拉斯BIT而终于1999年9月29日的美国—巴林BIT,并且它们在2000年5月23日整体地被提交给参议院。1995年7月1日签署的美国—尼加拉瓜BIT于2000年6月26日被提交给参议院。美国—立陶宛BIT的签署时间为1998年1月14日,提交给参议院的时间为2000年9月5日。1997年8月1日签署,但经由2000年8月8日和25日交换的外交照会作出修改的美国—阿塞拜疆BIT于2000年9月12日被提交给参议院。

此外,2000年6月1日,美国与巴拿马签署了一份修改美国—巴拿马BIT的议定书,据此规定缔约方同意接受在ICSID进行投资者—国家仲裁。在与美国谈判BIT时,巴拿马还不是《ICSID公约》的缔约国,因而该BIT没

---

[147] Jamaica BIT Report, *supra* note 123, at 11.

有包含缔约方同意接受 ICSID 仲裁。2000 年 9 月 12 日,克林顿总统把该条约提交给参议院。

2000 年 9 月 13 日,参议院外交关系委员会针对 11 个 BITs 中的 10 个——除了美国—尼加拉瓜 BIT——以及美国—巴拿马 BIT 举行了听证会,听取了负责国际金融与发展的副助理国务卿珍尼斯 · F. 鲍伊(Janice F. Bay)的作证。[148] 2000 年 9 月 27 日,外交关系委员会指令做出支持条约的报告,并建议参议院针对 10 个 BITs 提出意见并同意批准,但参议院在针对这 10 个 BITs 提出意见并同意批准时加入了一项声明和一个但书。[149]新近根据 NAFTA 把美国诉诸投资者—国家仲裁的四起争端促使外交关系委员会的一些成员担心投资者未来可能会根据 BITs 对美国提出仲裁请求。外交关系委员会的报告指出,在仲裁请求不在美国所给予仲裁之同意范围内的案件中,美国可以反对仲裁庭的管辖权。此外,委员会针对 10 个 BITs 中每个 BIT 的参议院之意见与同意批准作出的决议都包括了一个但书,该但书规定"本条约中没有任何内容要求或者授权美国采取根据美国的解释是属于《宪法》禁止采取的立法或其他行动。"然而,这一但书没有被纳入批准文件。参议院的决议也加入了一项声明,声明规定"参议院确认 1988 年 5 月 27 日参议院批准《中程核力量条约》[Intermediate-Range Nuclear Forces (INF) Treaty]的批准决议的第一个条件以及 1997 年 5 月 14 日参议院批准《欧洲常规武装力量缔约国间同意的文件》(Document Agreed Among the States Parties to the Treaty on Conventional Armed Forces)的批准文件中的第八个条件规定的基于宪政的条约解释原则适用于所有条约"。该决议指出,这一声明"对总统应该具有拘束力"。

参议院批准《中程核力量条约》的批准决议中的第一个条件是指,美国应当根据总统以及参议院在提出意见并同意批准时对该条约的共同理解对该条约进行解释;这一共同理解是根据条约的文本、批准决议中的规定,以及总统在寻求参议院同意批准时提供的权威性的陈述;除非根据参议院提出意见并同意批准的某一嗣后条约或议定书或美国的立法,美国不得采取有别于这一共同理解的解释;如果在批准条约后出现涉及条约解释的问题

---

[148] Consideration of Pending Treaties, Hearings before the Committee on Foreign Relations, United States Senate, S. Hrg. 106 – 660, 106th Cong. 2d Sess. (2000).

[149] Bilateral Investment Treaties with Azerbaijan, Bahrain, Bolivia, Croatia, El Salvador, Honduras, Jordan, Lithuania, Mozambique, Uzbekistan, and a Protocol Amending the Bilateral Investment Treaty with Panama, S. Exec. Rpt. 106 – 23, 106th Cong. 2d Sess. (2000).

而对此不能达成一致理解，相关条款应当根据美国法律进行解释。上述第八个条件确认了参议院批准《中程核力量条约》的批准决议中的第一个条件，指出第一个条件中没有任何内容应当被解释为授权总统通过参众两院的多数票批准而获得修正条约的立法性批准。第一个条件以及在第八个条件的后续确认是20世纪80年代中期里根总统试图获得国会批准时他提出的战略性防御计划（Strategic Defense Initiative）——这是一项建立空间反导防御系统的计划——的产物。反对这一计划的人们指出，在1972年《反弹道导弹条约》被提交给参议院获取意见并同意批准时，里根政府此前已经知会参议院《反弹道导弹条约》禁止实施此种计划。然而，里根政府回应认为，向参议院提供的针对《反弹道导弹条约》的解释是不正确的。结果，参议院制定了第一个条件，它旨在确保行政部门不得以一种违反其据以获得参议院之意见与同意批准的解释的方式对条约进行解释。

外交关系委员会的报告也对克罗地亚发生的一个情势表达了关切，在该情势中，在涉及前共产党政府实施的征收给予补偿方面，三十多位美国公民由于国籍原因遭到了歧视。该报告指出，美国政府已经让外交关系委员会确信这些案件将由克罗地亚宪法法院作出修改克罗地亚的相关法律——这也是克罗地亚准备加入欧盟的结果——的命令而加以解决。报告敦促政府“采取所有适当的措施以确保在克罗地亚的美国公民的权利受到保护”。[150]

2000年10月18日，参议院针对10个BITs以及修改美国—巴拿马BIT的议定书提出了意见并同意批准。2001年2月7日，总统签署了批准文件。10个BITs中的8个已经生效。美国—巴林BIT于2001年5月30日生效；美国—玻利维亚BIT于2001年6月6日生效；美国—克罗地亚BIT于2001年6月20日生效；美国—洪都拉斯BIT于2001年7月11日生效；美国—阿塞拜疆BIT于2001年8月21日生效；美国—立陶宛BIT于2001年11月2日生效；美国—约旦BIT于2003年6月12日生效；美国—莫桑比克BIT于2005年3月3日生效。美国与巴拿马签署的议定书于2001年5月14日生效。

美国—萨尔瓦多BIT的批准文件从未被交换，因而该条约并未生效。期间，正如下文要叙述的，2004年8月5日，美国与六国签署了中美洲国家—多米尼加—美国FTA，六国中包括萨尔瓦多、尼加拉瓜和洪都拉斯。中

---

[150] *Id.*，at 22.

美洲国家—多米尼加—美国 FTA 包含的投资章非常类似于 2004 年 BIT 范本,因而也类似于美国—萨尔瓦多 BIT。萨尔瓦多与美国之间的中美洲国家—多米尼加—美国 FTA 于 2006 年 3 月 1 日生效使美国—萨尔瓦多 BIT 变得没有必要,因而美国—萨尔瓦多 BIT 看来是不可能生效了。

由于参议员杰西·赫尔姆斯的反对——它涉及 20 世纪 80 年代桑地诺解放阵线统治以来一些尚待解决的征收求偿,参议院拒绝审议美国—尼加拉瓜 BIT,但国务院仍然敦促参议院提出意见并同意批准。无论如何,尼加拉瓜与美国之间的中美洲国家—多米尼加—美国 FTA 于 2006 年 4 月 1 日的生效使美国与尼加拉瓜之间的 BIT 变得没有必要。因此,总统要求从国会撤回美国—尼加拉瓜 BIT,该条约仍然未获善后处理,因而注定不会生效。

美国也没有与乌兹别克斯坦交换批准文件。在美国—乌兹别克斯坦 BIT 在等待参议院审议期间,副助理国务卿珍尼斯·F. 鲍伊在代表克林顿政府作证以支持美国—乌兹别克斯坦 BIT 以及其他 9 个 BITs 时指出,美国—乌兹别克斯坦 BIT 于 1994 年签署,并且乌兹别克斯坦随后很快批准了该条约。在美国—乌兹别克斯坦 BIT 于 1996 年时被提交给参议院期间,尤其由于乌兹别克斯坦实施违反该 BIT 中转移条款的外汇管制,乌兹别克斯坦的投资环境已经恶化了。副助理国务卿鲍伊解释认为,如果参议院提出意见并同意批准,政府在投资环境改善之前将不交换批准文件。由此,美国—乌兹别克斯坦 BIT 尚未生效。

三、第三波谈判中的 BIT 政策

美国谈判人员决定重新评估 BIT 谈判范本导致第二波 BIT 谈判于 1999 年 9 月结束。这一决定本身是由于签署 NAFTA 而被推迟了的。由于两个原因,NAFTA 最终促使美国重新审视 BIT 谈判范本。

NAFTA 导致外国投资者对美国提出仲裁请求。1998 年 10 月 30 日,Loewen 集团——一家加拿大殡仪馆公司——根据 NAFTA 把美国诉诸投资者—国家仲裁,该请求系源于位于密西西比州的一个陪审团作出不利于该公司的数额为 5 亿美元的一项裁决,Loewen 认为该裁决是基于歧视该公司的加拿大国籍的结果。

10 个月后的 1999 年 8 月 31 日,Mondev Group International——一家加拿大公司,马萨诸塞州法院判决其投资在马萨诸塞州法院对波士顿市提起的诉诸中败诉——也根据 NAFTA 把美国诉诸投资者—国家仲裁。一个月

后,第二波 BIT 谈判被终止了。

在制定第一波 BIT 谈判文本并把它们用于谈判时,美国并未认真考虑过它在某个 BIT 仲裁中会成为被告,也没有从被诉国的角度认真考虑过美国 BIT 谈判文本中的条款。部分原因是,多数 BITs 是美国与那些在美国鲜有投资的发展中国家缔结的,因而它们鲜有机会或者根本没有机会指控美国违反了 BIT。然而,部分也是因为,美国坚信它的法律与政策是全世界对投资提供最好保护的之一,因而美国不可能采取违反 BIT 项下义务的行动。然而,NAFTA 的签署至少改变了上述情势中的第一种,因为加拿大是美国重要的外国投资来源地。事实上,在签署 NAFTA 的 1992 年,加拿大就是美国的第三大外国直接投资来源地。因而,就美国而言,NAFTA 造就了一大批受到投资协定所规定的义务——类似于 BITs 规定的义务——保护的外国投资者。关于美国的行为是否与 BIT 义务不符,尚待观察。不过,在本书付梓之时,基于 NAFTA 针对美国提出的所有仲裁请求无一获得胜诉。

无论如何,1998 年 10 月 30 日 Loewen 提出仲裁请求逐渐使美国停止了 BIT 谈判。在后续的几个月间,美国于 1998 年 12 月 1 日结束了与莫桑比克的谈判,于 1999 年 3 月 10 日结束了与萨尔瓦多的谈判,并且于 1999 年 9 月 29 日结束了与巴林的谈判。所有这些国家都不是美国的主要资本输出国,因而这些 BITs 不可能产生针对美国的诉求。美国与那些更有可能在美国有投资的国家——如委内瑞拉和韩国——之间的 BIT 谈判从未完成。随着 1999 年 9 月美国与巴林签署 BIT,美国的第二波 BIT 谈判结束了。由于认识到高质量的投资环境并不能使美国免遭投资者提出的诉求,美国的谈判人员开始重新评估美国的 BIT 范本。

针对美国的投资仲裁诉求尚待裁判使美国政府不仅要在修改 BIT 谈判范本的过程中,而且要在向仲裁庭提交书面诉状的过程中处理一些问题。事实是,美国现在从资本输入国的角度,而非资本输出国的角度处理那些问题显然影响了美国的立场。

如前所述,第一波 BITs 谈判中的一个宗旨是,确立一个国家实践体系以支持美国的主张,即实施征收应该支付及时、充分与有效的补偿。不过,在 Loewend 案和 ADF Group 案中,美国认为,只有在某一规则系由普遍而一致的国家实践并且该实践系出于一种法律义务的认知所确立,该规则才可以被认为是习惯国际法的组成部分。直言之,只有同时存在实践与法律确信,规则才会被创设出来。当然,这一主张只是指出了一项久已确立的国际法原则,美国的主张在这一点上并无新意。然而,在 BIT 计划的早些年,由于认为充分、及时与有效补偿规则业已存在,美国并未强调法律确信的必要性,但它认为一个普遍而一致的国家实践体系有助于反驳不存在这一规则的主张。然而,在面对被指控违反国际法情况下,美国发现它自己现在要强调法律确信要件。当然,如果人们接受只要存在大量的条约就可以证明存在法律确信,那么法律确信要求对于认为大量的条约规定已经创设了习惯国际法的主张就不是至关重要的。不过,在 Loewen 案中,美国似乎拒绝任何此类主张。它以一种赞成的方式援引墨西哥在该案中提交的陈述,认为"仅仅从存在大量的 BITs 不可能推定出其中的任何特定条款因其具有普遍性而构成了习惯国际法规则。"[151]

NAFTA 最终导致美国重新审视 BIT 谈判范本的第二个原因是,它是一个在许多重要方面背离了 BIT 谈判范本的重要投资协定。如果 NAFTA 仍然是特例,它可能就不会对重新审视 BITs 产生如此大的影响。NAFTA 已经促使 BIT 范本在 1994 年时发生了一些小变化,但它充其量与 BITs 共存而已。颇具讽刺意味的是,就在 BIT 谈判受到 Loewen 案的触动进入空窗期时,美国贸易代表正在考虑谈判新的一系列 FTAs,从而对一系列与投资无关的贸易政策考量做出回应。然而,鉴于 NAFTA 中包含了投资章,总体上可以预见这些 FTAs 也会包含投资章。当然,NAFTA 是美国签署的 FTA 中唯一包含综合性投资章的例子,因而它将成为美国签署的新的 FTAs 中的投资章的样板。

在第二波 BIT 谈判期间的最后一个 BIT 签署前仅仅两周,有望签署更多 FTAs 的一个早期迹象出现了。1999 年 9 月 15 日,在奥克兰举行的亚太经合组织(Asia-Pacific Economic Cooperation,APEC)会议结束后,新西兰、美国宣布它们将考虑由新西兰总理珍妮·希普利(Jenny Shipley)提出的在美国、新加坡、智利、澳大利亚及新西兰之间谈判 FTA 的建议。虽然谈判该区域性协定从未开始,但美国于 2000 年 6 月宣布它将与约旦谈判 FTA。谈判于 2000 年年底结束,但美国—约旦 FTA 并没有包括投资章,原因是,美国不久前刚与约旦签署了 BIT。其间,美国仍然积极考虑与若干 APEC 成员国谈判 FTA 的想法。2000 年 11 月 16 日,克林顿政府宣布与新加坡开始谈判

---

[151] Response of the United States of America to the June 27 and July 2, 2002 Submissions of the Governments of Canada and Mexico Pursuant to Nafta Article 1128, submitted in *The Loewen Group, Inc.*, *and Raymond L. Loewen v. The United States of America*.

一个综合性的双边FTA,随后于12月6日宣布与智利开始谈判类似的协定。当时美国是新加坡最大的出口市场,而新加坡则是美国的第十大出口市场,美国担心正在与新加坡谈判FTAs的其他国家,如中国、日本、韩国以及加拿大抢占美国的市场份额。2001年时,新加坡吸引了270亿美元的投资,因而对许多人来说投资章的重要性显而易见。事实上,在1977年美国启动BIT计划时,新加坡就是美国试图与之谈判BIT的第一个国家。美国谈判人员希望与新加坡签署FTA可以为美国在亚洲以及其他地区的谈判确立一个样板。1994年,在迈阿密举行的美洲国家首脑会议结束时,美国邀请智利加入NAFTA,但美国的快车道谈判权限在1993年时已经届满,而智利拒绝在美国没有这一谈判权限的情况下与其进行谈判。随后,智利分别于1996年及1998年与加拿大和墨西哥签署了FTA。然而,到1998年时,智利愿意就加入NAFTA,或者与美国——即便没有快车道权限——签署单独的双边FTA进行谈判。1998年时,美国是智利的主要贸易伙伴,智利对美国出口超过26亿美元,从美国进口超过40亿美元。美国—智利FTA被寄望可以加速关于建立美洲自由贸易区的协定的谈判,这一谈判在1994年迈阿密美洲国家首脑会议上被提议,并在1998年4月18~19日在智利圣地亚哥举行美洲国家首脑会议上正式启动。美国—智利FTA也被寄望为那些谈判设定高的标准。

其他的FTAs很快也在考虑当中。2002年1月,美国贸易代表宣布美国计划与五个中美洲国家探讨缔结一个FTA,这五个国家包括哥斯达黎加、萨尔瓦多、危地马拉、洪都拉斯以及尼加拉瓜。这一协定——像与智利拟议签署的FTA一样——被认为可以推进美洲自由贸易区(FTAA)。2月底,美国贸易代表宣布,美国将考虑与南部非洲关税同盟(South African Customs Union, SACU)——包括南非、博茨瓦纳、纳米比亚、莱索托以及斯威士兰——谈判签署FTA。2002年4月23日,利用与摩洛哥国王穆罕默德六世合影的机会,乔治·W.布什总统宣布美国将寻求与摩洛哥谈判签署FTA。

这表明,第三波BITs谈判是在这样的背景下启动的,那就是,投资日益被放在与贸易的关系中加以理解。从2000年9月13日针对第二波BITs谈判期间最后签署的10个BITs进行的听证开始,有关BITs对贸易的影响的关切明显增加了。虽然作为第二波BIT谈判的组成部分这些BITs缔结于20世纪90年代——其间发生的政策变迁决定了第三波BIT谈判会发生什么变化,但它们是在第二波BIT谈判于1999年结束后由参议院进行审议。

关于外国投资对于美国的价值，主持听证会的参议员查尔斯·哈格尔(Charles Hagel)做了如下解释：

"外国直接投资对于投资国与接受国都带来了积极的收获，包括增加竞争与消费选择，以及提高生产力与效率。这些条约确保美国公司在海外投资时可以进行平等竞争。通过增强对投资的保护，我们改善了投资环境。在今天所审议的国家中美国投资的增加将导致这些国家增强繁荣，并且扩大美国产品的海外市场。其原因是，美国的海外子公司从位于美国的它们的母公司以及其他美国公司那里购买产品与服务。美国的海外公司购买了从美国出口的全部货物中的大约63%，远远高于它们出口到美国的货物。贸易与海外投资增加了美国国内的就业机会，而不是相反。"[152]

因而，这些BITs是有价值的，因为它们可以促进美国海外投资，进而促进美国对外出口。

通过指出"我们的对外投资政策支持促进美国出口与提高美国公司国际竞争力的目标"，这些听证会中来自政府的证人、副助理国务卿珍尼斯·F. 鲍伊首先讨论了BITs在美国对外投资中的作用。[153]提及BITs是促进出口的工具并不完全是新的主张。事实上，鲍伊的评论仅仅是重述了1993年时助理国务卿丹尼尔·K. 塔鲁洛(Daniel K. Tarullo)在为支持早前美国缔结的一批BITs而进行作证时使用过的表述。在第二波BIT谈判中，尤其在1992年签署NAFTA——扩大了对履行要求的禁止——后，认为BITs具有促进出口的价值的主张变得日益普遍。不过，2000年的不同之处在于，BITs的这一方面被给予更多的重视。在第一波BIT谈判中，BITs被描述成投资保护的工具。在第二波BIT谈判中，国务院强调BITs在支持中央计划经济体向市场经济转型以及促进经济发展方面的价值。在第三波BIT谈判中，BITs被鼓吹用于促进美国出口。

副助理国务卿鲍伊确实承认，BITs的最初目标是为了通过促进国际法律保护以强化美国投资的安全，此后是为了促进基于市场的经济政策。她解释认为：

"启动BIT计划是为了促进与保护美国在其他国家的投资利益，并且是在美国早期与一些国家——包括本听证会中提及的国家——签署的友好、通商与航海条约中已经包含的原则基础上建立起来的。这一计划有助于在

---

[152] 2000 hearings, *supra* note 148, at 40.

[153] *Id.*, at 50.

各种各样的发展中国家以及从中央计划经济转型的国家中实行标准化的良好投资政策。许多限制投资的措施也具有限制贸易流动的效果。因而，我们的BITs不仅有助于消除美国投资面临的限制，也有助于消除美国出口面临的障碍。进而，随着更多的国家愿意与美国签署BIT，它们所包含的重要的投资原则获得更广泛的接受，并且成为国际法中更坚实的组成部分。"[154]

因而，即便她回顾了BITs的早期宗旨，但在她的评论中显然可以发现她更多地关注贸易促进。

由助理美国贸易代表约瑟夫·帕波维奇（Joseph Papovich）起草的声明类似地反映了BITs的初始宗旨，以及它们作为贸易促进工具的新作用。他解释认为：

"虽然保护美国海外投资的财产是BITs以及美国签署的其他投资协定的核心目标，但这一目标符合开放的国际贸易与投资制度的价值，也是对这一制度价值的更广泛的信任的构成要素。美国的国际贸易与投资政策很早以前就已经认识到外国投资同时给东道国政府与母国政府带来了好处。作为世界上外国投资的最大接受国和最大的资本输出国，以及拥有世界上最开放投资制度的国家之一，美国是从消除投资限制的投资条约中获益最多的国家之一。

从有利于资本输出国的角度看，美国的海外投资提供了额外的出口机会。有关外国投资排斥出口的普遍认知缺乏事实支持。相反，外国投资使得美国人拥有的公司可以把货物与服务输往交通成本或者贸易壁垒导致产成品无法直接出口的海外地区。较之母公司，国外分公司所处的位置使其可以更好地设计、制造、分销以及维护产品，以适应东道国的特别需要。1998年，在美国的公司向其海外分子公司的出口总额达到1854亿美元或者美国全部出口的27%。"[155]

某种程度上说，更加重视BITs在贸易方面带来的好处可以被理解为是一种防御性措施。如前指出，在第一波BIT谈判期间，国务院审慎地指出，没有证据表明BITs会导致对外投资增加。其结果是，BITs从未遭到组织化的劳工的反对。然而，随着投资条款在FTAs中开始显得更加突出，至少可以预见组织化的劳工对于FTAs对美国国内就业的担心提出了BITs对于美国就业可能产生的负面影响问题。因而，捍卫自由贸易的一个传统理由，即

---

[154] *Id.*.

[155] *Id.*, at 72.

进口导致的就业机会丧失会通过出口带来的就业机会所抵销，成为捍卫BITs更有力的因素。进而，美国在21世纪的前十年经历了史上最大的贸易赤字。如果BITs可以通过促进出口对贸易平衡产生积极的影响，那么，除了保护既有投资外这也是经济和政治上的重要获益。

2002年至2007年，美国签署了10个包含投资章的FTAs，但只签署了1个BIT。因而，在过去的60年代，美国的投资条约实践经历了一个轮回。始于20世纪40年代的现代FCNs在一个确立更广泛经济关系的条约中包含了投资条款。然而，到20世纪60年代中期时，谈判此类重要条约变得不可能了。因而，20世纪70年代中期，美国转向专门处理投资问题的双边条约。不过，截至2000年，美国重新谈判那些确立广泛经济关系的条约，而投资自由化与保护只是其中的一个组成部分。FTAs是新的FCNs。一个区别是，美国仍然愿意谈判签署单独的BIT，这是20世纪70年代以前尚不存在的替代性做法，但在21世纪的前几年它已经不是美国努力的主要方面。

在美国—智利FTA和美国—新加坡FTA谈判期间，国会正在审议《2002年贸易法》(Trade Act of 2002)。[156]该法第二十一篇(Title XXI)是《两党贸易促进权限法》(Bipartisan Trade Promotion Authority Act, TPA)，TPA允许使用所谓的快车道程序把实施FTAs的法律提交给国会。快车道程序要求对总统提交的立法进行表决。如果没有这一规定，国会中的许多参议员和众议员可能会设法在国会批准条约时提出进行各种修正作为条件，而这些修正对于协定的另一缔约方来说是不能接受的，因而实际上是要求重新谈判协定。许多人认为，没有快车道授权，缔结FTAs也许是不可能的。

在制定TPA期间，投资政策成为一个具有能见度和争议性的议题。1999年12月3日，一家加拿大公司，即Methanex公司根据NAFTA对美国提出仲裁请求在环保主义者中敲响了警钟。Methanex公司诉称，加利福尼亚州禁止甲基叔丁基醚(MTBE)——该州在担心MTBE会泄漏到地下水的背景下制定了该禁令——构成对Methanex公司之投资的征收，因为它有效地消灭了加利福尼亚州的甲醇——Methanex公司的产品和MTBE的一种成分——市场。对于基于NAFTA针对加拿大和墨西哥提出的其他仲裁请求，环保主义者也表达了关切。在1997年10月13日被提交仲裁的*Metalclad v. Mexico*案中，来自美国的仲裁请求人被裁决获得超过1600万美元的赔

---

[156] P. L. 107－210.

偿,其指控墨西哥收回经营固体废物设施的许可违反了 NAFTA。在 1998 年 10 月 30 日被提交仲裁的 *S. D. Myers v. Canada* 案中,一家美国公司质疑加拿大实施的禁止出口被称为多氯联苯(PCBs)的有毒化学品,其诉求最终导致仲裁庭作出不利于加拿大的裁决。在 1997 年 4 月 15 日被提交仲裁的 *Ethyl Corporation v. Canada* 案中,一位美国投资者主张加拿大禁止省际贸易或者进口被称为甲基茂基三羰基锰(MMT)的汽油添加剂也构成了征收行为,但这一诉求由于管辖权原因被驳回,并在随后实现和解。这些仲裁请求被援引作为证据以表明大量的环境立法可能被指控构成夺取(taking),这在实践中或可能会抑制未来的环境立法,或可能导致某些现行立法被废除。

非政府组织,尤其那些关切环境保护的非政府组织,不仅担心投资者—国家仲裁的可能结果,他们也反对仲裁过程。案件由争端当事方选任的仲裁员,而不是由对选民负责的公共官员作出裁判。进而,很快会看到的是,许多担任仲裁员的人在可能涉及类似法律问题的案件中担任律师,这就提出了他们是否存在利益冲突的问题。虽然仲裁员不能判定东道国的法律无效,但他们可以裁决足够数额的赔偿从而阻碍东道国维持现有法律,或者采取新的类似措施。此外,非政府组织对仲裁庭缺乏透明也提出了批评。争端当事方没有义务公开他们的书状,或者允许公众观看他们的任何口头程序。一些 NGOs 希望提交法庭之友陈述书以支持东道国的行为,但没有规则授权它们这么做。争端当事方没有义务公开裁决。[157] 当电视记者比尔·莫耶斯(Bill Moyers)拍摄了一部极具批判性、备受关注的纪录片,即"贸易民主"(Trading Democracy)——该纪录片把根据 NAFTA 中的投资者—国家争端解决条款成立的仲裁庭描述成为威胁美国主权以及美国保护环境的能力"秘密法庭"(secret tribunals)时,NGOs 获得了一个富有影响力的盟友。

另一个关切是,一些投资条款——突出的是公平与公正待遇条款以及征收条款——可能被宽泛地解释,以至于向在美国的外国投资者给予较之国内投资根据美国法律获得的更多的保护。马萨诸塞州参议员约翰·克里(John Kerry)尤其关注 NAFTA 投资章,他寻求修改 TPA 以便对于未来签署

---

[157] For a discussion of these concerns, see Jack J. Coe, Jr., "Taking Stock of NAFTA Chapter 11 in Its Tenth Year: An Interim Sketch of Selected Themes, Issues, and Methods", 36 *Vand. J. Trans. L.* 1381 (2003); Jeffery Atik, "Legitimacy, Transparency and NGO Participation in the NAFTA Chapter 11 Process", in Todd Weiler, ed., *NAFTA: Investment Law and Arbitration: Past Issues, Current Practice, Future Prospects* 135 (2004).

的 FTAs 所确保的投资者权利施加限制，虽然他的建议修正案未获采纳。反对克里所指建议修正案的人们指出，基于 BIT 或 FTA 对美国提出的仲裁请求从来没有获得胜诉，因而这一建议修正案——虽然对于维护美国正当的规制权力并无必要——会降低对美国海外投资的保护。

然而，另一个关切是，投资者对 NAFTA 缔约方提起了骚扰性诉求。美国官员认为，Methanex 公司提出的诉求是骚扰性诉求的一个特别恶劣的例子。*ADF Group v. United States* 案——在该案中，加拿大的投资者对于要求在使用联邦资金的公路建设中使用原产地为美国的钢铁的联邦法律提出质疑——中的诉求也被认为是一个例子。

考虑到针对 FTAs 投资章存在的争议，美国谈判人员在与智利或新加坡的谈判开始时并没有考虑纳入综合性的投资章。2001 年、2002 年，经商国会中的工作人员，一个跨部门团队拟订了一个投资章，并先后提交给智利和新加坡，希望把它作为未来协定的一个范本。

当 TPA2002 年夏天在国会提出时，它规定了 FTAs 的谈判目标，以回应各种关切。这些谈判目标提供了来自国会的指引，使得美国谈判人员能够完成美国—智利 FTA 投资章和美国—新加坡 FTA 投资章的制定工作。与此同时，TPA 的颁布使美国政府在 2002 年秋天宣布其有意与中美洲国家、摩洛哥以及南部非洲关税联盟开展 FTA 谈判。在 2002 年 9 月 26 日到 10 月 2 日进行的美国—智利 FTA 第 12 轮谈判期间，美国谈判人员最终提出了投资章建议稿。11 月 19 日，美国宣布完成与新加坡间的 FTA 谈判，该 FTA 包含投资章，但其中不涉及资本自由转移问题。

在这个过程中，乔治·H. W. 布什政府于 10 月宣布了“企业迈向东盟倡议”(Enterprise for ASEAN Initiative)，其目的是与若干东盟国家缔结 FTAs，并以美国—新加坡 FTA 作为蓝本。然而，该倡议并未促使美国与东盟国家缔结更多的 FTAs。

12 月 11 日，美国—智利 FTA 谈判结束，但该协定直到 2003 年 6 月 6 日才得以签署。2003 年 1 月 8 日，美国宣布与中美洲国家之间的 FTA 谈判将于 1 月 27 日开始，并且美国—智利 FTA 有望被作为蓝本。此外，美国—智利 FTA 中资本自由转移问题的解决为解决美国—新加坡 FTA 中的类似问题提供了基础，从而导致其作为最后一个问题于 2003 年 1 月 15 日获得解决。2003 年 5 月 6 日，美国—新加坡 FTA 签署。美国—智利 FTA 和美国—新加坡 FTA 均于 2004 年 1 月 1 日生效。

技术上说,TPA 只适用于 FTAs,而不适用于 BITs。不过,由于 BIT 谈判人员看到 NAFTA 项下投资者—国家仲裁的进展,他们开始领会到涉及美国与在美国的主要投资者签署投资章,它实质性地有别于 BITs 中的投资条款——缺乏一致性。由于所有这些法律文件都包括 MFN 条款,仲裁申请人要求投资者—国家仲裁庭允许他们在基于某一法律文件提出的诉求中援引规定于另一法律文件中的条款。直言之,不一致是由投资者—国家仲裁庭在专案的基础上,而不是通过适用全面、一致的美国外国投资政策加以协调。在 NAFTA 基础上谈判包含投资章的一系列新的 FTAs 只会使问题变得更复杂。进而,虽然美国被要求向每个外国投资者给予根据任何 BIT 或 FTA 向任何投资者所给予的最好的保护,但美国的投资者只会获得根据可以适用于他们或其投资的特定 BIT 或 FTA 给予的保护。换言之,较之在外国的美国投资,美国缔结的 BITs 和 FTAs 为在美国的外国投资提供了更好的保护。因而,美国的 BIT 谈判人员试图协调 BITs 与 FTAs。这进而有必要在制定新的 BIT 范本时遵循 FTA 的谈判目标。遵循 FTA 谈判目标也降低了参议院反对任何未来缔结的 BITs 的可能性。

在规定 FTAs 投资章的目标时,TPA 规定:

认识到美国法律整体上提供了高标准的投资保护,符合或者高于国际法要求的水平,美国在外国投资方面的主要谈判目标是,减少或消除针对外国投资的人为或贸易扭曲壁垒,同时确保在美国的外国投资在投资保护方面不会被给予较之在美国的美国投资者更好的实体性权利,并且确保投资者获得相当于根据美国法律原则与实践可以获得的重要权利,通过:

(A)减少或消除国民待遇原则例外;

(B)使与投资相关的资金汇兑自由化;

(C)减少或消除履行要求、强制技术转移,以及其他不合理的投资设立与经营壁垒;

(D)努力确立符合美国的法律原则与实践的征收标准与征收补偿标准;

(E)努力确立符合美国的法律原则与实践,包括正当程序原则的公平与公正待遇标准;

(F)为解决国际争端提供有用的程序;

(G)努力完善用于解决投资者与政府间争端的机制,通过——

(i)消除骚扰性诉求以及遏制提起骚扰性诉求的机制;

(ii)确保有效率地选任仲裁员以及便捷地处理诉求的程序;

(iii)提供上诉机构或者类似机制以便使对于贸易协定中投资条款的解释具有一致性;以及

(H)在符合保护被认定的信息或商业秘密之必要性的情况下,确保争端解决中最充分的透明度,通过——

(i)确保及时公开所有要求解决争端的请求;

(ii)确保—

(Ⅰ)及时公开所有程序(proceedings)、陈述(submissions)、认定以及决定;以及

(Ⅱ)所有听证会对公众开放;以及

(iii)建立一个接受商业、工会以及非政府组织提交的法庭之友陈述的机制。[158]

投资章的表述表明美国 BIT 政策中的一个重要变化。从根本上说,它提出了三个目标:确保在美国的外国投资者不会比美国的国内投资者根据美国法律获得更多的保护,消除阻碍投资流动的人为或贸易扭曲壁垒,以及保护美国的海外投资。第一波 BIT 谈判中 BITs 的真正目标——保护海外投资——仍然存在,但它现在是美国投资政策追求的第三个目标。消除投资壁垒尤其贸易扭曲壁垒,由此促进美国出口——这在第二波 BIT 谈判中成为日益重要的目标——被列为在投资保护之前的第二个目标。换言之,第二、三个目标是长期以来美国投资政策的目标,但人们可以感觉到在目标清单中更加重视贸易促进。不过,第一目标,即限制向在美国的外国投资者给予的保护,完全是美国条约实践的创新。美国以往谈判的投资协定从未规定确保外国投资在美国不能获得较之国内投资更好的保护。以往,或许人们认为,较之美国国内法,美国签署的投资协定不会为外国投资提供更好的保护,但美国从未制定确保这种状态的政策。

可以认为,随着 TPA 的制定,美国已经接受了卡尔沃主义,虽然这么说不完全准确。卡尔沃主义认为,根据国际法,外国投资者有权获得不优于国内投资者获得的待遇。换言之,卡尔沃主义否认存在保护外国投资的国际最低标准。进而,作为一项政策,接受卡尔沃主义的国家可能会拒绝接受向外国投资赋予优于国内投资的待遇的条约义务。最后,卡尔沃主义不允许把投资诉求提交给国际仲裁,因为国内投资者无法获得此种救济。与此相

---

[158] Section 2102(b)(3)of P. L. 107-210,19 U. S. C. 3802(b)(3).

反,TPA 确认存在国际最低标准。此外,虽然 TPA 确实采取了确保条约为外国投资者提供的保护不得优于美国法律向国内投资提供的保护的政策,但美国在采取这一政策时是认为美国法律为外国投资和国内投资提供的保护更优于国际最低待遇标准要求的保护,也更优于几乎所有国家的法律所给予的保护。最后,TPA 明确规定设立投资者—国家争端解决机制。尽管如此,把条约规定的保护限定在美国法律给予的保护水平之谈判目标是美国投资政策中的新内容,它在某些方面与卡尔沃原则——保护外国投资限于国内投资获得的保护——是一致的。

TPA 阐述的更加具体的谈判目标与以往的 BIT 政策看来是一致的,除了它们强烈支持投资者—国家争端解决机制的更大透明度,它在此前 BIT 实践中并非是一个目标。第一个目标,即减少国民待遇例外,几乎从 BIT 计划一开始就是美国 BIT 实践的一个核心要素。第二个目标,即实现与投资有关的资金汇兑自由,也是 BIT 计划诞生以来的一个核心要素。第三个目标,即减少履行要求起初并未被看作美国 BIT 政策的核心要素,但它在第二波 BIT 缔约期间的重要性大为增加,而截至 1992 年 3 月,履行要求条款被认定为 BITs 的核心要素之一。第四个目标,即为征收确立符合美国法律原则的标准也是 BIT 实践自始以来的一个核心要素。虽然 BIT 的表述从来没有明确指向美国的实践,但美国的 BIT 谈判人员把征收概念理解为类似于美国《宪法》中的夺取(taking),并且认为针对被征收的投资支付市场价值的义务类似于根据美国《宪法》规定的支付公正补偿的义务。尽管如此,根据美国的法律而不是国际法衡量适用于征收的标准体现了国会的新的关切,即美国签署的投资协定中的征收条款不得较之美国的法律提供更好的保护,而此前的 BIT 政策是利用 BITs 中的征收条款强化基于美国法的国际法标准。第五个目标,即为公平与公正待遇确立符合美国实践的标准可以说也背离了此前的 BIT 政策,因为它也体现了 TPA 的政策,即针对向外国投资者提供的保护设定最高水平。第六个目标——为解决国际争端提供有用的程序——与设立投资者—国家与国家—国家争端解决机制的此前 BIT 实践显然是一致的。这一目标尤其不符合卡尔沃主义,因为美国的投资者无权把针对美国的诉求提请国际性的投资者—国家仲裁。除确保有效率地选任仲裁员以及便捷地处理投资请求——该目标始终是美国 BIT 政策的一个要素——以外,有关透明度的其他目标很大程度上体现了美国 BIT 实践的新要素。

TPA 规定的某些谈判目标此后被明确地采纳作为 BIT 的目标。美国—乌拉圭 BIT——根据 2004 年范本缔结的第一个 BIT——附带的由国务卿康多莉扎·赖斯(Condoleeza Rice)提交的呈报函指出,美国—乌拉圭 BIT 是

"在扩大后的保护美国海外投资的核心投资原则基础上谈判的第一个 BIT。这些扩大后的核心原则包括了新的条款,比如广泛的透明度义务、争端解决的透明度义务与公众参与争端解释,以及缔约方确认通过弱化或降低国内环境法与劳工法规定的保护鼓励投资是不适当的。"[159]

该呈报函并没有提及核心原则。不过,在就美国—乌拉圭 BIT 在参议院外交关系委员会作证时,助理国务卿丹尼尔·沙利文(Daniel Sullivan)指出了八个核心保护:

"(1)投资设立之前与之后的国民待遇与最惠国待遇,它们为美国的投资者提供了平等竞争规则;(2)基于习惯国际法的最低待遇标准;(3)有关征收的国际法;(4)限制履行要求,如当地成分要求;(5)有权自主聘请高级管理人员;(6)在涉及投资的法律法规方面提高透明度;(7)确保与投资有关的资金的自由转移;以及(8)可以由投资者或协定缔约方援用的具有拘束力的国际投资争端仲裁。"[160]

这一核心投资保护清单包括了此前出现于不同清单中的条款,但增加了透明度。

在第三波 BIT 谈判中,美国投资协定实践也开始纳入提出以便用于抵御外国投资者把诉求提交给投资者—国家仲裁机制的主张。这些主张涵盖三个重要主题,其中两个在 TPA 规定的谈判目标中可以看到。

第一个主题是,把征收概念限制在根据美国宪法判例被认定构成夺取(taking)的各种类型的国家行动。这与此前美国的 BIT 实践是完全一致的。虽然 BITs 没有界定"征收"的含义,但美国的谈判人员从来就不认为其含义会超出美国宪法中的"夺取"。正如我在第七章第二节第七目中解释的,美国的 BIT 谈判人员在 2004 年范本草案中增加了表述,以便寻求更精确地界定征收的含义;为此,他们从美国宪法中吸取标准。利用这种方式,他们试图回应这样一些关切,即征收条款可能为在美国的外国投资者提供较之国

---

[159] Uruguay BIT submittal letter, at Ⅴ.

[160] Treaty Between the United States of America and the Oriental Republic of Uruguay Concerning the Encouragement and Reciprocal Protection of Investment (Treaty Doc. 109 – 9), S. Exec. Rpt. 109 – 17, 109th Cong. 2d Sess. 13 (2006).

内投资者更多的保护。

在 BIT 计划的早些年,美国的 BIT 谈判人员并没有广泛地寻求界定“征收”的含义,因为更迫切的关切是把及时、充分与有效的征收补偿标准确立为根据习惯国际法适用的补偿标准。然而,20 世纪 70 年代以及 80 年代早期发生的要求给予及时、充分与有效补偿的习惯国际法或是根据一个不同的标准给予补偿之间的争论的平息表明,传统的及时、充分与有效补偿标准已经胜出。因而,在第三波 BIT 谈判中,突出的问题是征收概念的范围。

第二个主题是,确定公平与公正待遇及充分的保护与安全没有要求超出习惯国际法规定的内容。“二战”结束后,美国决策者担心的是,围绕着习惯国际法项下国际最低标准发生的争议会损害该标准给予的保护。因而,在现代 FCNs 中,他们提出了保护外国投资的其他标准,其中突出的是公平与公正待遇。在起草用于第一波 BIT 谈判的范本时,这些标准连同要求根据国际最低标准给予待遇的表述被纳入 BITs 中。公平与公正待遇尤其被理解为提供了在任何情况下都可以适用的保护基准。在 NAFTA 中,美国首次签署了把公平与公正待遇界定为习惯国际法之构成要素的投资协定,尽管该标准的确切内容再次没有被作出规定。美国在第二波 BIT 谈判中签署的 BITs 文本没有明确规定公平与公正待遇标准与习惯国际法中的国际最低标准之间的关系,但国务卿的呈报函逐步明确肯定了 NAFTA 中采取的立场,即公平与公正待遇是习惯国际法的组成部分。在第三波 BIT 谈判中,美国在 2004 年范本中明确采取这一立场。美国这么做是回应了仲裁申请人在投资者—国家仲裁中针对公平与公正待遇标准的范围提出的主张,以及这样一种担心,即这一标准的模糊性可能使投资者—国家仲裁庭在认定东道国的行为是否符合 BIT 时拥有太大的裁量权以及——更具体地说——是否可能导致在美国的外国投资者较之美国国内投资者获得更好的保护。

第三个主题是,强化习惯国际法是建立在国家实践与法律确信基础上的。美国启动 BIT 计划所处的环境是,许多国家质疑是否存在保护投资的国际最低标准,以及该标准的内容是什么。BITs 旨在创设一个国家实践体系,以确认国际最低标准是存在的,并且认定或者甚至增加该标准的内容。这一策略存在的可能不足是,可以认为由双边协定构成的网络并不存在法律确信。换言之,即便每个国家都接受了至少一个规定有特定义务的 BIT,可以认为每个此类 BIT 构成了特别法,但国家接受这些承诺并不是出于义务感,而只是因为在特定的条约环境中这么做对它们是有利的。因而,美国在多大程度上成功地运用条约网络以强化习惯法标准从来就是不清楚的。无论如何,20 世纪 90 年代后期,随着美国自己努力要抗辩被投资者诉诸投资者—国家仲裁的诉求,它自己开始坚持法律确信对于创设习惯国际法规则是必要的。

第三波 BIT 谈判期间美国投资政策的最突出的特点是对平衡的呼吁。在第一波 BIT 谈判期间,美国作为投资者利益的捍卫者采取强硬立场,以对抗敌意的发展中国家与社会主义国家。美国精心制定 BIT 谈判范本以保护投资者的利益,而 BIT 谈判人员也是稳扎稳打,不轻易做出让步。在第二波 BIT 谈判期间,美国在催生第一波 BIT 谈判的意识形态斗争中赢得了胜利,是自信满满的赢家,因而可以在做出与第一波 BIT 缔约期间相比少得多的让步的情况下签署 BITs。在第三波 BIT 谈判期间,美国意识到它取得的胜利产生了意想不到的后果:为了让以往敌视外国投资的政府提高投资保护水平的条约条款被用于挑战全世界范围内,从历史上说提供了最安全的投资环境之一的政府采取的规制行动。由此,在制定 2004 年范本——第三波 BIT 谈判以来制定的唯一范本——时,美国谈判人员试图实现投资者利益与东道国规制权力之间的平衡。

这一平衡涉及维持此前范本中纳入的核心投资保护,同时寻求避免美国认为对那些核心的投资保护进行的过度扩张解释。通过更审慎地规定实体性义务,包括使用更细致的语言和规定更多的例外,并且为 BIT 缔约方在控制投资者—国家仲裁的结果方面创设某种角色,东道国的规制权将会获得维护。

不过,在一些情况下,2004 年范本实现的新平衡也包含至少在名义上强化了 BITs 的义务。特别是,2004 年范本扩大了东道国的透明度义务,并且强化了禁止履行要求。关于这一平衡,助理国务卿丹尼尔·沙利文在参议院外交关系委员会作证时指出,根据 2004 年范本缔结的 BITs“较之以往为美国投资提供了更有力的保护。这些 BITs 将维护美国及其谈判伙伴正当的规制权力,保护美国投资者,并且促进全球范围内开放与公平的投资政策。”[161]

然而,正如读者在本书第六章第八节会看到的,新的透明度义务不受投资者—国家争端解决条款的约束,因而透明度条款只是有限地强化了 BIT

---

[161] 2006 hearings, *supra* note 160, at 14.

保护。

在美国的BIT谈判人员制定2004年范本时,转型经济体迈向自由市场的浪潮要求针对美国与若干东欧国家签署的BITs采取进一步的行动。6个东欧国家,即捷克、爱沙尼亚、拉脱维亚、立陶宛、波兰以及斯洛伐克按计划将于2004年5月1日加入欧盟,而另两个国家,即保加利亚与罗马尼亚预计将于2007年加入欧盟。美国完全支持这些国家获得欧盟成员国资格,希望消除BIT义务与欧盟规定的义务间存在的任何现实或可能的冲突。进而,在这些不一致未获消除情况下,欧盟看来可能会要求这8个国家终止它们签署的BITs,以此作为加入欧盟的一个条件。因此,2003年9月22日,美国、欧盟委员会与8个国家签署了一份备忘录,根据这份备忘录,签字方表明它们有意修改这8个BITs,以消除它们根据BITs和欧盟所承担的义务之间存在的任何冲突。同时,除了体现不同BITs中特定文字不同的细微差别外,针对每个BIT签署单独的议定书是一样的。美国在同一天与保加利亚、拉脱维亚、立陶宛、罗马尼亚以及斯洛伐克签署了议定书。2003年11月25日,美国与保加利亚交换批准文件,确认了两国对此前签署的议定书的某些理解。美国分别于10月24日、12月10日与爱沙尼亚和捷克签署了议定书。最后一份议定书是于2004年1月12日与波兰签署的。根据规定,这些议定书在交换批准文件时生效。

2003年12月9日,美国与罗马尼亚签署的议定书被提交给参议院。与保加利亚签署的议定书于2004年1月21日被提交给参议院。其他的议定书于3月12日被提交给参议院。4月1日,参议院举行听证会,参议院外交关系委员会于4月29日建议参议院提出意见并同意批准。[162] 2004年5月6日,参议院提出了意见并同意批准。2004年6月3日,乔治·H. W. 布什总统签署了除了与保加利亚和罗马尼亚签署的议定书之外的所有其他议定书。2006年12月21日,布什总统签署了批准与保加利亚和罗马尼亚的议定书的文件。所有这些议定书都已经生效。美国与立陶宛以及斯洛伐克签署的议定书于2004年7月13日生效;与拉脱维亚签署的议定书于2004年7月14日生效;与爱沙尼亚及捷克签署的议定书于2004年8月10日生效;与

---

[162] Protocols Amending Existing Bilateral Investment Treaties with New European Union Member Nations, S. Exec. Rpt. 108 – 13, 108th Cong. 2d Sess. (2004). For a discussion of the background to these protocols, see Chris Brummer, "The Ties that Bind? Regionalism, Commercial Treaties and the Future of Global Economic Integration", 60 Vand. L. Rev. 1349 (2007).

波兰签署的议定书于 2004 年 8 月 24 日生效；与保加利亚签署的议定书于 2007 年 1 月 6 日生效；与罗马尼亚签署的议定书于 2007 年 2 月 9 日生效。

2003 年 11 月 21 日，在迈阿密举行的关于自由贸易区的美洲国家部长会议结束时美国贸易代表罗伯特·佐立克(Robert Zoellick)与乌拉圭外交部部长迪迪埃·奥佩蒂(Didier Opertti)宣布美国与乌拉圭将开始谈判签署一个 BIT，这正式发出了开始成功地谈判第三波 BITs 的信号。谈判从次年 5 月开始，它们以 2004 年范本为基础，并于 2004 年 12 月 7 日结束。不过，大约在两个月后的 10 月 31 日，乌拉圭举行总统选举。新政府重新审查了与美国签署的 BIT，并于 2005 年 9 月要求对 BIT 文本做一些小的改动。美国同意接受其中的两处改动，该 BIT 于 2005 年 11 月 4 日在阿根廷马德普拉塔举行的美洲国家首脑会议上重新签署。期间，2004 年范本于 2004 年 12 月最终定稿。

2006 年 6 月 12 日，参议院外交关系委员会就美国—乌拉圭 BIT 举行听证会，听证会收到了助理国务卿沙利文的证词。[163] 2006 年 8 月 1 日，外交关系委员会投票决定向参议院提出积极的建议。[164] 2006 年 9 月 12 日，参议院给出了意见并同意批准该 BIT。2006 年 9 月 29 日，总统签署了批准文件。美国—乌拉圭 BIT 于 2006 年 11 月 1 日生效。

在这期间，美国积极地开展 FTAs 谈判。2003 年 1 月，美国与摩洛哥开始谈判。两个月后的 2003 年 3 月，美国入侵伊拉克。5 月，乔治·H. W. 布什总统宣布了一项设立中东自由贸易区(Middle East Free Trade Area，MEFTA)的计划，MEFTA 到 2013 年时将包含以色列、约旦、摩洛哥、巴林以及中东地区的其他国家。拟议的 MEFTA 将不仅促进美国的经济目标，而且促进在中东地区与安全有关的目标。[165]它表明，美国的投资政策仍然是实现美国其他外交政策目标的一种工具。美国—摩洛哥 FTA 谈判结束于 2004 年 4 月，该协定于 2004 年 6 月 15 日签署，于 2006 年 1 月 1 日生效。

2003 年 3 月，美国与澳大利亚开始谈判 FTA。谈判于 2004 年 2 月结束。该 FTA 于 2004 年 5 月 18 日签署，并于 2005 年 1 月 1 日生效。

2004 年 1 月，美国与另一个可能的中东自由贸易区伙伴，即巴林宣布谈

---

[163] 2006 hearings, *supra* note 160, at 14.

[164] *Id.*, at 9.

[165] See Ralph Folsom, "Trading for National Security? United States Free Trade Agreements in the Middle East and North Africa (U. of San Diego Sch. of L., Legal Stud. Res. Paper Series No. 07 - 113, 2007).

判FTA。谈判于5月结束,但直到2004年9月14日才签署协定。鉴于两国刚签署BIT不久,因此美国—巴林FTA没有包含投资章。

美国与中美洲国家的谈判始于2003年1月,正式结束于2004年8月5日,结果是美国与多米尼加共和国及五个中美洲国家签署了美国—中美洲国家—多米尼加FTA,这五个中美洲国家包括哥斯达黎加、萨尔瓦多、危地马拉、洪都拉斯和尼加拉瓜。美国缔结该FTA也反映了美国外交政策中纯粹经济之外的其他考虑。该FTA被支持者认为可以促进该地区的安全、稳定以及民主。[166]该FTA于2006年3月1日对美国和萨尔瓦多生效,于2006年4月1日对洪都拉斯和尼加拉瓜生效;于2006年7月1日对危地马拉生效;于2007年3月1日对多米尼加共和国生效。该FTA有望于2008年年底对哥斯达黎加生效。

美国—巴拿马FTA谈判始于2004年4月,但直到2007年6月27日该协定才得以签署,这一时间距离总统根据《2002年两党贸易促进权限法》获得的授权有效期届满只有三天。在本书付梓时,实施美国—巴拿马FTA的立法在国会尚未通过,因而该FTA尚未生效。

2004年5月,美国开始与哥伦比亚、厄瓜多尔以及秘鲁谈判拟议的《安第斯自由贸易协定》(Andean Free Trade Agreement)。玻利维亚作为观察员参加谈判。在厄瓜多尔废除了其与Occidental Exploration and Petroleum Company之间的特许协议后,谈判被中止了。美国与秘鲁于2005年12月结束了谈判,并于2006年4月12日签署了协定。2006年2月,哥伦比亚与美国结束了谈判,并于2006年11月22日签署协定。2007年年底,国会通过了实施美国—秘鲁FTA的立法。在本书付梓时,实施美国—哥伦比亚FTA的立法在国会尚未通过,因而该FTA也尚未生效。

2005年3月12日,美国与安曼——可能的《中东自由贸易协定》(MEFTA)的第三个缔约方——在马斯喀特开始谈判FTA。在经过两轮谈判后,两国于2006年1月9日签署了协定。虽然国会已经制定了实施该FTA的立法,但双方没有交换批准文件,因而美国—安曼FTA尚未生效。

2006年2月2日,美国宣布开始与韩国谈判FTA。谈判于6月开始。协定于2007年4月1日在首尔签署,但在美国的时间还是3月31日。为了满足TPA的规定,美国贸易代表于3月31日晚上十一点半向国会通报美国

---

[166] See David A. Gantz, "Settlement of Disputes Under the Central America-United States-Dominican Republic Free Trade Agreement", 30 *B. C. Int'l & Comp. L. Rev.* 331 (2007).

政府有意与韩国签署协定。通报在最终期限届满前25分钟作出。在本书付梓时，实施韩国—美国FTA的法律在国会尚未通过，因而该FTA尚未生效。

国会在审议实施FTAs的法律时产生了争议，针对美国—中美洲国家—多米尼加FTA的实施性法律尤其如此。反对意见来自民主党人，他们担心FTAs将导致美国就业机会减少，虽然许多人认为他们担心的理由是他们认为FTAs不能足够地提高其他国家的劳工与环境标准。直言之，他们反对的是，其他国家为了获取对于美国产业的不公平优势会采取降低成生产成本的低劳工与环境标准。虽然美国签署的FTAs通常包含着要求缔约方实施保护劳工和环境的法律并且对违反这些法律的行为处以罚款的条款，批评者认为，在一国现行法律薄弱情况下，它们规定的义务基本上无济于事，并质疑罚款是否足以迫使这些义务在任何情况下都会获得遵守。批评者还认为，尽管国会通过的谈判目标规定FTAs不应赋予在美国的外国投资者较之在美国的美国投资者更多的实体性权利，公平与公正待遇标准以及征收条款在被适用于管制性征收时也可能被投资者—国家仲裁庭解释为外国投资者提供了较之美国投资者根据美国法律所获得的更好的实体性权利。

特定协定也诱发了对特定国家的反对。比如，批评美国—安曼FTA的人们担心该FTA将导致强制劳工生产的货物进口到美国。虽然国会最终批准了美国—安曼FTA，布什政府决定不对此关切采取任何行动使民主党人产生了嫌隙，这体现于他们对批准其他FTAs的态度中。反对美国—韩国FTA的人们指出，韩国每年向美国出口70万辆汽车，但只从美国进口5000辆汽车。反对美国—哥伦比亚FTA的人们列举了在哥伦比亚发生的众多针对劳工组织者的暴力行动。2007年秋，美国—巴拿马FTA诱发了特别大的争议，当时Pedro Miguel Gonzalez-Pinzon——此人在美国被指控于1992年6月谋杀了一个名叫Sergeant Zak Hernandez-Laporte的美国士兵——被选举成为国民大会主席。因而，投资章的某些部分招致了反对，国会批准这些FTAs也取决于对于与投资政策无关的一系列广泛的问题的考量。

面对这些批评，布什政府强调指出，FTAs增加了出口，进而增加了美国的就业机会。布什政府指出，美国的许多FTA伙伴正在与其他国家谈判FTAs，拒绝让美国与这些国家签署的FTAs生效只能意味着美国的竞争对手抢走美国的市场。布什政府还指出，有时，FTA的重点在于美国向对美国友好的政府提供支持。例如，针对美国—哥伦比亚FTA的批评做出的回应是，哥伦比亚政府已经大幅减少了对劳工组织者使用暴力，它是美国的忠诚盟友,它所取得的进步值得美国给予支持,即便美国期待它取得更多的进步。

其间,在 2006 年中期选举时,民主党控制了参众两院。显然,不仅国会在 2007 年 6 月底贸易促进权限到期后不可能重新授予,而且国会批准针对未来签署的 FTAs 的实施性法律也是存疑的。2007 年 5 月 10 日,国会领袖与总统达成两党协议,据此强化了的环境与劳工标准及其实施将被纳入尚未批准的任何 FTA。根据 5 月 10 日达成的协议,美国分别与秘鲁和哥伦比亚签署的 FTAs——秘鲁和哥伦比亚分别予以批准但美国尚未批准——被做了修改。投资章发生的唯一变化是,序言中纳入的新表述确认了"不给予更多权利"(no greater rights)的谈判目标。秘鲁与哥伦比亚政府分别重新向本国立法机构提交修改后的 FTA 并获得批准。美国与韩国和巴拿马的 FTAs 谈判尚未完成,因而 5 月 10 日协议所考虑的变化在这些 FTAs 签署之前就被纳入其中。2007 年 11 月,国会批准了针对美国—秘鲁 FTA 的实施性法律,但与哥伦比亚、韩国以及巴拿马签署的 FTAs 仍然尚待批准。虽然两党达成的协议解决了针对有关 FTAs 的某些关切,但它并不当然解决了特定协定的特殊关切。

在多数 FTAs 谈判尚未结束的情况下,《2002 年两党贸易促进权限法》的生效期于 2007 年 6 月 30 日届满。这些未竟之谈判包括始于 2003 年与南部非洲关税同盟(SACU)进行的谈判、2004 年与泰国开始的谈判、2005 年与沙特阿拉伯开始的谈判,以及 2006 年与马来西亚开始的谈判。

在《2002 年贸易促进权限法》颁布后的五年,美国的多数谈判资源都分配给缔结 FTAs。与诸如巴基斯坦之类的其他国家的 BITs 谈判仍然正常进行,但直到 2008 年美国才与卢旺达签署了第二个以 2004 年范本为基础的 BIT。2008 年 2 月 19 日,在基加利举行的仪式上,布什总统与卢旺达总统保罗·卡加米(Paul Kagame)签署了美国—卢旺达 FTA。在本书付梓之际,美国正在与包括中国、印度以及越南在内的一些国家进行 BIT 谈判。

第六节 BIT 序言

所有 BITs 都包含有序言,序言列举了促使缔约方进行谈判的某些政策。不过,多数 BITs 的序言是相当简短的,并没有反映全部的作为 BITs 之基础的政策。尽管如此,序言确实构成了 BITs 实施性条款(operative provisions)

的部分语境。因此,根据《维也纳条约法公约》第 31 条的规定,在解释 BITs 时应该考虑序言。不过,与此同时,BIT 项下义务的范围与内容是由 BIT 义务自身确定的。正如 *ADF Group v. United States* 案仲裁庭在解释 NAFTA 对目标的规定时指出的,“NAFTA 的整体目标……往往有助于具体的解释问题,但[它们]不能被认为超越与取代后者”。[167]

1983 年范本的序言用非常简洁的文字阐述了 BITs 的宗旨:关于外国投资待遇的协定可以促进国际投资流动,进而促进经济发展。除了规定非歧视外,序言没有规定具体的待遇原则。

1983 年范本的序言包含四段。第一段规定,缔约方“希望促进彼此间更多的经济合作,尤其在缔约一方的国民与公司在缔约另一方的领土内从事投资方面。”原因是,缔约方希望把更多的经济合作规定于第二段,该段是序言的核心。第二段规定,缔约方“认识到向此类投资给予待遇的协定将促进私人资本流动与缔约双方的经济发展”。美国 BIT 谈判人员通常会告诉他们的谈判伙伴,缔结 BIT 只是创造有利投资环境的一个因素,其本身并不会增加外国投资的流动。尽管如此,条约明确规定条约的目的就是促进外国投资并据此促进经济发展。第三段指出,非歧视原则尤其重要。在这么做的时候,它隐含着把创造稳定的投资环境与有效使用资源确立为 BIT 的两个目标。第四段规定,缔约方“同意认为任何缔约一方对于缔约另一方之国民与公司在其领土内的投资实行基于国籍的歧视与稳定的投资框架或者最大限度地有效利用经济资源都是不符合的。”序言最后一段指出,缔约双方都决心缔结一个“鼓励与相互保护投资”的条约。

1984 年范本的序言只改动了一处。它把提及非歧视改为提及公平与公正待遇。因此,序言第三段规定,缔约方“同意认为公平与公正待遇对于维护一个稳定的投资框架与最大限度地利用经济资源是适当的。”

1987 年范本的对 1984 年范本的序言做了一个细微改动。它删除了序言第一段中的“特别是”(particularly)。这一删除确认了这样一个事实,即 BIT 促进的唯一经济合作形式就是关于投资的。

1991 年范本的序言增加了一段,它出现在承诺给予公平与公正待遇的文字之后。新的一段“认识到发展经济与商业联系可以提高缔约双方的劳工的福利,促进对国际公认的劳工权利的尊重。”类似但并非相同的文字首

---

[167] Award, para. 147.

次出现在美国—波兰 BIT 中，而美国的 BIT 谈判人员决定在 1991 年范本中纳入一个修正版的美国—波兰 BIT 序言表述。当然，团结工会在 1989 年打破了共产党在波兰垄断权力方面发挥了重大作用，团结工会领导的政府就是成立于美国与波兰于 1989 年 9 月开始非正式 BIT 谈判的前夕。由此，在准备 1991 年范本期间，在许多美国的决策人士心目中，促进劳工权利与促进民主与市场改革是联系在一起的。1991 年范本也把"最大限度地有效利用(utilization)经济资源"修改为"最大限度地有效使用(use)经济资源"。

除了"最大限度地有效使用(use)经济资源"改为"最大限度地有效利用(utilization)经济资源"外。1991 年范本没有改变 1987 年范本的序言。由此，1987 年范本的表述得到了恢复。

1994 年范本没有专门提及公平与公正待遇。不过，提及该待遇的段落被保留了下来。新版本的该段落确认稳定的投资环境的重要性，但它本身不是一个目标，而是实现经济效率及提高生活水平的一种手段。由此，新的表述规定缔约方"同意认为稳定的投资框架将最大限度地利用经济资源与提高生活标准"。

1994 年范本修改了在 1991 年范本中插入的有关劳工的段落。具体来说，它删除了有关认识到经济与商业联系可以"增进缔约双方劳工的福利"的表述。新的表述确认"经济与商业联系的增强可以促进对国际公认的劳工权利的尊重"。

1994 年范本在关于劳工权利的段落之后新增了一段。它规定缔约方同意认为"这些目标可以在不放宽健康、安全与环境措施的适用情况下获得实现"。针对国会在通过 1994 年 BIT 范本前夕批准实施 NAFTA 的法律发生了分歧严重的争论的突出特点是，人们对于 NAFTA 是否鼓励降低劳工与环境标准表达了强烈担忧。BIT 的序言试图再次确保 BIT 的义务与保护劳工权利与环境是一致的。

虽然在第一波和第二波谈判中签署的 BITs 的序言都是类似的，但第二波中签署的 BITs 的政策更加重视消除投资壁垒，这与第一波 BIT 谈判中投资保护基本上是 BIT 政策的核心是不同的。这一重点的变化从未充分体现于序言文字中。尽管如此，在 BITs——当它们被提交给参议院时——附带的某些呈报函中可以清楚地看出这一点。比如，美国—哈萨克斯坦 BIT 附带的呈报函指出："序言规定了本条约的目的。本条约是基于这样的主张，即开放的投资政策导致经济增长"。这些目的包括经济合作、增加资本流动、稳定的投资框架、促进尊重国际公认的劳工权利,以及利用经济资源的效率最大化。”[168]因而,被认为可以促进经济发展的是开放的投资政策,而非投资保护。不过,这一见解同样从未被明确体现于 BIT 序言中。

2004 年范本对于 1994 年范本做了一些文体上的细微修改,包括逗号、字体变化以及用“企业”代表“公司”。2004 年范本删除了 1994 年范本的序言中有关认识到经济与商业联系可以促进国际公认的劳工权利的段落,但正如下文会看到的,这些权利的重要性在一个实体性条款中得到了肯定。在此位置出现的新段落“认识到在投资方面根据国内法以及通过国际仲裁提供有效的主张权利与实现权利之方式的重要性”。序言中的这一新段落取代了 1994 年范本中有关确保有效的主张诉求与实现权利之方式——将在第六章第五节第二目中加以讨论——的实体性条款,而该条款在 2004 年范本中被删除了。因而,在有关保护劳工权利的内容从序言移到实体条款的同时,有关司法救济保护的内容被从实体性条款移到了序言。2004 年范本的序言延续了始于 1994 年的实践,即不提及任何具体的待遇标准,但它采取的一种新的做法,即专门提及有效的争端解决的重要性。

2004 年范本也修正了 1994 年范本的序言最后一段,它提及了健康、安全与环境措施的放松问题。新的表述并未直接认为不放松此类措施可以实现条约的目标,而只是规定缔约方“希望以一种符合保护健康、安全与环境,以及促进国际公认的劳工权利的方式实现这些目标”。

3 个 BITs 遵循了 1983 年范本中的表述。它们是美国与塞内加尔、海地以及孟加拉国缔结的 BITs。

美国—民主刚果 BIT 的序言对于 1983 年范本的序言做了某些文体上的改变。它也不再提及最大限度地利用经济资源。进而,1983 年范本中的表述,即歧视性的投资待遇“不符合”稳定的投资框架,被修改为此种待遇“违背了”稳定的投资框架。

美国—埃及 BIT 的序言具有特殊性。它首先认识到“为重大的努力措施——各项措施都有助于促进各自地区内与地区外的国际和平——提供相互有利的支持的重要性”。接着,该条约确认“经济增长与发展是在稳定与安全的氛围中强化促进国际和平与友好关系的努力与纽带的过程中的基本要素”。换言之,虽然 BIT 通常寻求把经济发展作为最终目标,但美国—埃

[168] Kazakhstan BIT submittal letter, at Ⅵ.

及 BIT 把经济发展确立为国际和平与安全的一个要素。美国—埃及 BIT 的序言接着规定,缔约方赞同贸易与投资方面的经济合作“将实质性地提高缔约各方人民的长期利益与福利”。最后,美国—埃及 BIT 确认“鼓励投资与非歧视性投资待遇的整体框架将促进生产资本与技术的流动,因此规定为了发展需要而更有效地使用资本与技术资源,进而促进经济稳定与持久和平”。

美国—巴拿马 BIT 的序言因其简洁也是罕见和值得注意的。它规定,缔约方“希望通过为缔约一方的国民与公司在缔约另一方的领土内从事投资创造有利环境以促进它们之间的经济合作”,并且确认“根据国际协定鼓励与相互保护此种投资有助于促进个人的商业积极性,促进两国的繁荣。”

美国—摩洛哥 BIT 的序言大体遵循了 1983 年范本的表述。它省略了提及非歧视的段落,这预示了 1984 年范本中发生的变化,但它并没有包含 1984 年范本中出现的有关公平与公正待遇的表述。此外,美国—摩洛哥 BIT 的序言增加了两段。其中一段规定,缔约方“确信发展彼此间的经济关系有助于[为涵盖投资]创造有利的环境”。另一段回顾缔约双方已经缔结了一个 OPIC 协定,并且该协定迄今为止仍然生效。最后,“相互”(reciprocal)一词的位置被做了移动,从而同时修饰“鼓励”与“保护”投资。

1984 年范本序言的表述原封不动地出现于美国—格林纳达 BIT 序言中。

美国—土耳其 BIT 的序言基本上遵循了 1984 年范本的序言,但后者的序言第二段中提及的促进资本流动被修改为促进资本与技术流动。

美国—喀麦隆 BIT 的序言对于 1984 年范本的序言做了一些文体上的改变。有一个变化值得提及。美国—喀麦隆 BIT 指出一个“稳定的投资框架”会“促进最大化地有效利用经济资源”。1984 年范本把所援引的这两个词组都列为条约目标,而没有指明一个是实现另一个的手段。美国—喀麦隆 BIT 也规定,缔约双方促进彼此间的更多“相互”经济合作。1984 年范本中没有出现“相互”一词。

1987 年范本序言的文字原封不动地出现于美国—刚果 BIT 的序言中。

美国—波兰 BIT 的序言在 1987 年范本的表述上增加了一些新内容。它提到缔约方希望“进一步发展美国人民与波兰人民之间的友谊”,并且确认“进一步发展商业与经济联系有助于整体上增强它们之间的关系”。由此,首先,该条约一开始就把 BIT 放在全面提高缔约方之间友好关系的背景下。在这方面,可以回顾 FCNs,这些条约通常把发展商业关系与促进缔约方之间的友谊相联系。其次,美国—波兰 BIT 规定,缔约方有意“在主权平等与互利原则基础上”开展长期经济合作。再次,它包含着有关劳工权利的表述,这些表述此后在做出某些修改后出现于 1991 年范本中。美国—波兰 BIT 提及“基本劳工权利”,而 1991 年范本则提及“国际公认的劳工权利”。最后,它规定了 BIT 蕴含着的经济政策。它规定,缔约方“确信在自由而开放的市场上运作的私人企业为提高缔约方居民的生活水平和生活质量提供了最佳机会”,并且注意到波兰有意“减少国家企业的作用并且把经济私有化”。

美国—突尼斯 BIT 的序言以 1987 年范本的序言为基础,但增加了一段,该段规定缔约双方“期待鼓励缔约一方的国民与公司在缔约另一方从事投资,并为此类投资创造有利的条件”。这一段是应突尼斯要求加入的,以强调突尼斯承诺促进外来投资。

1991 年范本序言的表述原封不动地出现于美国—阿根廷 BIT 的序言中。

1992 年范本序言的表述出现于美国与斯里兰卡、哈萨克斯坦、罗马尼亚、亚美尼亚、吉尔吉斯斯坦、摩尔多瓦、厄瓜多尔、白俄罗斯、乌克兰以及蒙古缔结的 BITs 中。

美国与捷克以及斯洛伐克缔结的 BITs 的序言遵循了 1992 年范本的表述,但有两个变化:第一,它们增加了一段,规定“重申它们期待根据[赫尔辛基协定(Helsinki Accords)]开展经济合作”。第二,有关劳工的段落被一个新段落取代了,后者规定“在自由、开放的投资市场中运作的私人企业为提高缔约方居民的生活水平与生活质量、提高劳工福利,以及促进全面尊重国际公认的劳工权利提供了最好机会”。由此,借鉴美国—波兰 BIT 中的表述,美国—捷克 BIT 和美国—斯洛伐克 BIT 继续把改善劳工福利以及保护国际公认的劳工权利规定为 BIT 的目标,但把它与私人企业与开放的市场明确地联系在一起。

美国—俄罗斯 BIT 的序言在若干方面修改了 1992 年范本的表述。第一,它确认发展经济与商业联系可以促进缔约各方的“人民”而非“劳工”的福利。第二,新增一段规定“市场经济的发展与绩效主要依赖于个体企业的自由”。第三,新增的另一段规定“个人的经济自由包括有权利自由地拥有、购买、出售以及使用财产”。第四，删除了 1992 年范本序言的最后一段，该段规定缔约方决定缔结有关鼓励与相互保护投资的条约。第四个变化无关宏旨，因为缔约方希望缔结条约是不言自明的，而“鼓励与相互保护投资”则出现于 BIT 的标题，从而清楚地表明鼓励与相互保护投资仍然是条约的目标。

美国—保加利亚 BIT 的序言遵循了 1992 年范本的表述，但有一个变化。新增的一段——措辞类似于美国—波兰 BIT、美国—捷克 BIT 以及美国—斯洛伐克 BIT 的序言——规定“自由、开放的投资市场为提高缔约方居民的生活水平与生活质量提供了最好机会”。

美国—牙买加 BIT 的序言遵循了 1992 年范本的表述，除了“相互”一词的位置被移动，据此同时修饰“鼓励”与“保护”。

美国—爱沙尼亚 BIT 的序言沿袭了 1992 年范本的表述，但新加了两段。其中一段简要提及 1925 年时缔约双方缔结的 FCN 以及“1925 年 3 月 2 日缔结的双边最惠国协定”。另一段指出，缔结 BIT 是进一步实施 1992 年 9 月 17 日缔结的《关于发展贸易与投资关系的双边协定》第 3 条的规定。

美国—拉脱维亚 BIT 沿袭了 1992 年范本序言的表述，但新增加了三段。第一段提到了缔约双方于 1928 年缔结的 FCN 以及“1926 年 4 月 30 日缔结的《有关海关事项的双边最惠国协定》”。第二段指出，缔结 BIT 是进一步实施 1992 年 12 月 9 日缔结的《关于发展贸易与投资关系的双边协定》第 3 条的规定。第三段提道“1994 年 7 月 6 日缔结的《关于贸易关系与知识产权保护的双边协定》”。

美国—立陶宛 BIT 的序言沿袭了 1992 年 BIT 中的表述，但增加了两段。第一段提到了缔约方之间“1925 年 12 月 23 日的双边最惠国协定”。第二段指出，缔结 BIT 是进一步实施 1992 年《关于发展贸易与投资关系的双边协定》第 3 条的规定。

美国签署的 12 个 BITs 的序言沿袭了 1994 年范本的表述。这些 BITs 是与格鲁吉亚、特立尼达和多巴哥、乌兹别克斯坦、阿尔巴尼亚、洪都拉斯、尼加拉瓜、克罗地亚、阿塞拜疆、玻利维亚、莫桑比克、萨尔瓦多以及巴林签署的。美国—约旦 BIT 的序言遵循了 1994 年 BIT 序言的表述，区别仅在于它用“Contracting Parties”（缔约国）取代“Parties”（当事国）。

美国—乌拉圭 BIT 的序言以 2004 年范本的序言为基础。它与 2004 年范本的表述不同，因为后者的序言倒数第二段中的“促进国际公认的劳工权利"被修改为"促进消费者保护与国际公认的劳工权利"。由此,美国—乌拉圭 BIT 在政策清单上增加了消费者保护,缔约方希望据此与实现 BIT 的各项目标协调一致。

美国缔结的 FTAs 的序言主要处理的是贸易问题,但它们也提及投资。通常来说,它们在三种情况下会明确提及投资。

第一,其中 3 个 FTAs 提及促进投资的目标。美国—新加坡 FTA 提及"贸易与投资重要性的提高",重申"自由、开放的贸易与投资目标",并且确认贸易自由化"有助于贸易与投资流量的扩大"。在美国—澳大利亚 FTA 中,缔约方决心"进一步自由化与扩大双边贸易与投资"。美国—摩洛哥 FTA 指出,缔约方愿意"扩大它们之间的贸易与投资"。

第二,多数 FTAs 提到了创建可预见和透明的投资环境的目标。在美国—澳大利亚 FTA 中,缔约方决心促进"可预见、透明以及一致的商业环境"。在决心确保"商业筹划与投资有一个可预见的商业框架"时,NAFTA、美国—智利 FTA 以及美国—中美洲国家—多米尼加 FTA 都只有一次提及投资。美国—摩洛哥 FTA 规定,缔约方愿意"制定清晰的调整它们之间贸易与投资的规则……并且据此促进可预见、彼此有利的商业环境。"美国—秘鲁 FTA 和美国—哥伦比亚 FTA 规定,缔约方愿意"确保为商业与投资提供可预见的法律与商业框架"。

第三,一些 FTAs 针对预防国际投资中的腐败这一特殊情形提及了透明度。美国—摩洛哥 FTA 确认缔约方"在透明度方面的承诺,以及它们愿意消除国际贸易与投资中的腐败。"美国—秘鲁 FTA 和美国—哥伦比亚 FTA 规定,缔约方决心"提高透明度,防止国际贸易与投资中的腐败包括贿赂,并与之做斗争。"美国—安曼 FTA 中唯一提及投资的是,缔约方确认"它们在透明度方面的承诺,并且愿意消除国际贸易与投资中的贿赂与腐败。"

由于 2007 年 5 月 10 日共和、民主两党在国会中达成一致意见,美国签署的 4 个 FTAs,即分别与秘鲁、哥伦比亚、巴拿马和韩国缔结的 FTA 纳入了新的表述。针对这 4 个 FTAs,共和党人提出了一系列问题,其中尤其包括有关环境与劳工标准的表述过于薄弱。在努力获取国会支持的过程中,布什政府同意在这 4 个 FTAs 中加入一系列改动。其中的一个改动是,在 FTA 序言中规定新的表述,根据这一表述,缔约方"同意在投资者的权利根据国内法获得的保护相当于或超过本协定规定的保护时——美国就是如此,外国投资者在投资保护方面不会被给予较之国内投资者根据国内法可获得的更多的实体性保护。"《2002 年两党贸易促进权限法》规定的一个谈判目标是，较之美国的投资者，在美国的外国投资者不得获得更多的保护，但美国签署的任何 BIT 或 FTA 并未明确确认该目标。不过，国务院与美国贸易代表认为在制定 FTA 投资章中的实体性规则时考虑了该目标。一些批评 FTAs 的人们认为，早在美国与新加坡以及智利签署的 FTAs 中，投资章向在美国的外国投资给予的保护就高于美国人的投资根据美国法律获得的保护。上述 4 个 FTAs 序言中的新表述就是为了解决这一关切。

在美国—秘鲁 FTA 的序言中，紧接在这一新表述之后的一段规定，确认秘鲁宪法规定国内与外国投资要适用同样的条件。在美国—哥伦比亚 FTA 中，紧接在这一新表述之后的两段确认，根据哥伦比亚的宪法，哥伦比亚应当在互惠原则的基础上促进国际关系，并根据待遇平等的基本原则保护外国人与本国人。

美国缔结的 FTAs 在序言中提及了许多其他目标，如增进友谊、保护知识产权、促进劳工权利，以及保护环境。不过，这些其他目标通常不直接与投资相联系。

除了序言外，美国缔结的 3 个 FTAs 都包含着标题为"目标"的条款。这些目标大都无关投资，但少数与投资有关。

NAFTA 第 102 条第 1 款规定："本协定的目标——更具体地体现于它的原则与规则，包括国民待遇、最惠国待遇以及透明度中——是：……c）在缔约方领土上大幅增加投资机会。"NAFTA 也规定，为知识产权提供充分、有效的保护是一个目标。NAFTA 第 102 条第 2 款规定，缔约方应当根据这些目标以及可适用的国际法规则，解释并适用 FTA 条款。

美国—智利 FTA 第 1.2 条中的表述与 NAFTA 中的表述几乎相同，但它的措辞是"substantially increase"（大幅增加）而不是"increase substantially"（大幅增加），并且没有提及可适用的国际法规则。

美国—中美洲国家—多米尼加 FTA 第 1.2 条采取了美国—智利 FTA 中的表述，区别在于，前者第 1.2 条第 2 款提及了国际法，这在 NAFTA 中也出现过。

第三章　BIT 范本的演变

第一节　起 草 范 本

1977 年年初，国务院，尤其法律顾问办公室和经济与商业事务局(Bureau of Economic and Business)的官员开始讨论启动双边投资条约的工作计划，这是基于若干不同的考虑。[1] 1977 年 3 月 7 日，国务院法律顾问与负责经济与商业事务的助理国务卿正式向负责经济与商业事务的副国务卿提议启动 BIT 计划。1977 年 8 月 15 日，副国务卿理查德 · N. 库珀(Richard N. Cooper)批准了这一提议，据此开始了机构间磋商，最终参与这一磋商过程的包括财政部、商务部、司法部和美国贸易代表(USTR)等。

第一步工作是制定一个用于谈判的示范性条约草案。使用协定范本有几个好处。它使美国不需要针对每项谈判准备新的谈判文本，这可以加快谈判进程，并且确保美国政策在不同时期内的一致性。它也使美国可以向潜在的谈判伙伴提供可靠的保证，即它们被要求接受的是美国在全球基础上倡导的标准，而不是针对特定伙伴量身定做的标准。直言之，在优惠程度方面，美国向某一个可能的条约伙伴提议的文本不会低于向其他可能的条约伙伴提议的文本。同时，它也使美国可以拒绝做出偏离范本的让步，理由是美国并未向其他国家提供或给予这些让步。

起草人员首先从用于谈判友好、通商与航海条约(FCNs)的一个范本文本开始，他们剥离了该范本中与投资保护没有直接关系的条款。他们重新撰写了剩下的投资条款以强化或增加现代 FCNs 中使用的各种提法的针对性。他们也研究与借鉴了欧洲国家，尤其德国与瑞士成功签署的 BITs 中包

---

① 参见第二章第三节。

含的各种想法。实际上,把 BITs 限定于与投资有关的条款本身就是从欧洲国家签署的 BITs 中借鉴来的想法。[②]

把现代 FCNs 的内容剥离到只留下其中的投资条款反映了一种哲学上的变化。现代 FCNs 的谈判人员认为有必要向其他国家提供与投资无关的让步从而吸引它们签署 FCN。美国的 BIT 谈判人员则认为,潜在的条约伙伴应该认识到确保为投资提供保护对双方都是有利的,因而没有必要在非投资方面提供激励。

事实上,在某些方面,非投资条款甚至被认为会产生反作用:第一,此类条款是其他国家热切期待的,为此它们会吸引那些缺乏真正的意愿遵守投资保护条款的国家签署 BIT。第二,这些条款可能使签署 BIT 变得复杂化,因而推迟了 BIT 的签署,甚至导致无法签署,当它们把在多边场所中正在讨论的问题纳入时更是如此。

制定谈判范本文本殊非易事。对于 BIT 计划的范围与内容,不同部门的官员间的分歧几乎马上就暴露出来。那些认为美国应该坚持一个能够提供理想保护水平的条约文本,为此即便只有很少的国家愿意签署这样水平的条约也在所不惜的官员与那些较为倾向于为签署更多的条约而做出妥协——甚至在范本本身中也应如此——的官员之间始终存在分歧。这一分歧折射出它们在 BITs 所蕴含的法律、经济和政治考量应该各自被赋予多大的相对重要性方面存在更大的分歧。

1980 年 1 月,美国恢复始于 1978 年时的商谈,并且使用某种程度上就是新加坡据以与日本以及若干欧洲国家签署 BITs 的谈判文本草案与新加坡进行谈判。1980 年 3 月,当不可调和的分歧显然导致美、新分裂时,它们中止了谈判。美国的谈判人员回过头来重新着手 1977 年以来逐步进行的谈判范本制定工作。

1980 年发生的行政部门重组使负责 BIT 计划的主要职能从国务院转移到美国贸易代表。这一职能转换马上导致制定谈判范本的工作速度降低了,这很大程度上是由于这两个机构对于如何起草特定的条款存在分歧。职能转换的另一个后果是,美国贸易代表主持了 1980 年以后进行的许多 BIT 谈判。不过,后来形成的做法是,美国贸易代表与国务院通常作为谈判的共同主持单位,并且这种做法保持至今。

---

② 有关截至美国在起草其早期的谈判范本时欧洲国家签署的若干 BITs 的内容的比较, see Bergman, *supra* chap. 2, note 59, at 10 – 18.

尽管不同机构在谈判范本方面达成一致存在困难,美国的 BIT 谈判人员对于与其他国家开始谈判的前景仍然充满热情。例如,1980 年 5 月,美国贸易代表鲁本 · F. 阿斯丘(Reuben F. Askew)在访问埃及期间与埃及总统安瓦尔 · 萨达特(Anwar Sadat)提及 BIT 谈判问题。20 世纪 70 年代,埃及已经同包括瑞士、法国、英国、荷兰以及德国在内的若干个欧洲国家签署了 BITs,因此埃及极有可能是与美国签署 BIT 的谈判候选国。

1981 年 12 月,一个跨部门小组终于就 BIT 范本文本达成一致。正式的第一轮 BIT 谈判是与巴拿马进行的。巴拿马当时已经在与英国和德国谈判 BIT,因而有可能同意与美国签署 BIT。1982 年 1 月 26 日至 29 日,美国与巴拿马在巴拿马市进行第一轮正式谈判。此前,美国向巴拿马提供了 1981 年范本。在谈判过程中,巴拿马向美国提交了结合 1981 年范本的内容与巴拿马提议的内容的合并文本。巴拿马解释说,它试图使谈判文本比美国提供的更为简洁。1982 年 2 月 17 日至 19 日、1982 年 4 月 15 日至 16 日在华盛顿,1982 年 9 月 19 日至 24 日在巴拿马市,美国与巴拿马又举行了几轮谈判。

其间,在经历近两年的非正式商谈后,1982 年 3 月 16 ~ 18 日,美国与埃及在开罗进行了第一轮谈判。美国的 BIT 谈判人员针对 1982 年 1 月 11 日谈判范本的条款做了解释,并确认双方对于多数问题存有共识。第二轮谈判于 1982 年 6 月 2 ~ 5 日在华盛顿进行,其间达成了一个中期协定,但不包括以后将纳入附件中的事项。美国贸易代表威廉 · 布罗克(William Brock)于 6 月 21 日草签了该文本,并于 1982 年 9 月 29 日在华盛顿举行的仪式上签署了该文本。由于埃及是一个地区性经济大国,美国—埃及 BIT 被赞赏为美国 BIT 计划取得的第一个重要的成就。

与巴拿马的最后一轮谈判的结果是于 1982 年 9 月 24 日达成了草签文本,美国与埃及于 1982 年 10 月 27 日签署了该文本。由于估计与拉美国家在投资者—国家争端解决条款以及某些实体性条款方面达成一致存在困难,因而美国—巴拿马 BIT 也被认为是美国 BIT 计划早期取得了的一个重要成就。然而,巴拿马此前已经与美国签署了一个同意把某些争端提交仲裁的投资保证协定,因而巴拿马在至少部分地放弃卡尔沃主义方面已有某种先例可循。虽然美国—巴拿马 BIT 被寄望在拉美地区引领一种趋势,但与美国签署 BIT 的第二个拉美国家,即阿根廷在 9 年 18 天后的 1991 年才与美国签署 BIT。

美国—埃及 BIT 在两国很快都出现了问题。埃及带回的文本遇到了一些反对意见,参与谈判的埃及政府官员被重组似乎减少了埃及对协定的支持。美国方面,对草签文本进行的仔细审查表明对一些地方做出澄清——如果不是实体的变化的话——是可取的。

1983 年 3 月 21 日,埃及对最早提交的文本提出了约 20 处改动,这促使两国于 5 月 4 ~ 5 日在开罗再举行一轮谈判。两国同意不应该重新签署条约,但任何必要的改动都应该通过签署一份议定书或补充文件作出。针对埃及提出的 20 点修改以及美国提出的一些修改进行的讨论继续通过美国驻开罗大使馆进行。1983 年 8 月 17 ~ 18 日在开罗以及 1984 年 2 月 27 至 3 月 6 日在华盛顿进行了更正式的谈判。1985 年 3 月 13 日,谈判人员提出了一份报告,确定了要对已经签署的文本做出哪些改动。1986 年 3 月 11 日,在开罗签订了采纳那些改动的补充议定书。

制定谈判范本是一个持续性的进程。在这一方面,美国的 BITs 谈判大致重复了谈判现代 FCNs 的经历。在 20 世纪 40 年代后期与中国及意大利签署了最早的两个现代 FCNs 后,美国大幅修改了谈判范本,以澄清与简化范本。③在后来进行的谈判过程中,美国对范本做了进一步的修改。

类似地,美国进行的早几轮的 BIT 谈判——主要是与埃及和巴拿马的谈判——表明,有必要完善 1981 年 12 月通过的范本。整个 1982 年,机构间小组制定了一系列修订版范本,其中一个作为附件 A 收录在本书中。1982 年持续修改的成果是 1983 年 1 月 21 日通过的一个范本(1983 年范本)。该范本作为附件 B 收录在本书中。

每一个新范本都可以用于现行谈判中,作为在其完成之后开始的谈判的主要依据文本。前已指出,美国与巴拿马及埃及的谈判分别在 1981 年和 1982 年范本发布后开始,但受到此后范本变化的影响。1983 年范本是美国与喀麦隆、民主刚果、摩洛哥、孟加拉国、海地以及塞内加尔谈判的主要谈判文本。

1983 年范本的运用经历表明范本还有必要进一步完善,尤其简化某些比较长的段落。因此,1984 年 2 月 24 日,美国谈判人员制定了一个流畅的范本,即 1984 年范本,该范本作为附件 C 收录于本书中。1984 年范本体现了 1981 年范本以来最全面的谈判范本修改。虽然篇幅短的多,但 1984 年范

---

③ See Herman Walker, "Modern Treaties of Friendship, Commerce and Navigation", 42 *Minn. L. Rev.* 805, 807 (1958).

本的结构类似于 1983 年范本,并且二者规定的保护根本上说也是相同的。1984 年范本是美国与土耳其及格林纳达谈判的主要谈判范本。

到 1986 年中,美国已经与埃及、巴拿马、喀麦隆、摩洛哥、民主刚果、孟加拉国、海地、塞内加尔、土耳其以及格林纳达签署了 BITs。所有这 10 个 BITs 被提交给参议院以征求意见与同意之批准。美国的 BIT 谈判人员决定在开始谈判其他协定之前先静候参议院行动的结果。因而,谈判进入空窗期。

尽管在空窗期,美国的 BIT 谈判人员继续考虑如何完善 BIT 谈判范本。在接下来的两年,谈判人员对谈判范本做了一系列比较细微的修改,由此于 1987 年 9 月形成了一个范本(1987 年范本),该范本作为附件 D 收录于本书中。1987 年范本非常接近于 1984 年范本,较之后者只有一些细微改动。1987 年范本是美国与刚果、波兰以及突尼斯谈判 BITs 的基础。

1988 年 10 月 20 日,参议院针对上述 10 个 BITs 中除美国—海地 BIT 和美国—巴拿马 BIT 以外的 8 个提出了意见并同意批准。参议院没有就美国—海地 BIT 和美国—巴拿马 BIT 提出意见并同意批准是基于 1988 年当时这两个国家面临的局势,这与行政部门的政策也是一致的。在收到参议院发出的支持 BIT 计划的明确信号后,国务院与美国贸易代表决定开始第二波的 BITs 谈判。

20 世纪 80 年代末 90 年代初发生的一系列事件,包括社会主义集团及苏联的解体,以及发展中国家内部的观念转向支持以市场为基础的经济政策,极大地增加了希望与美国签署 BIT 的国家的数量。[④] 结果,在始于 1989 年的第二波谈判开始后的十多年,美国签署了 35 个 BITs。

第二波 BIT 谈判开始时使用的是 1987 年范本,但在第二波中进行的第一批次的谈判,尤其与波兰的谈判促使美国的 BIT 谈判人员在 1990 年时考虑修改 1987 年范本。这一修改的结果是 1991 年 2 月制定了一个范本(1991 年范本),该范本作为附件 E 收录在本书中。1991 年范本是美国与斯里兰卡、捷克和斯洛伐克联邦共和国、阿根廷、俄罗斯、保加利亚以及亚美尼亚谈判 BITs 依据的主要谈判文本。

在 1991 年与阿根廷谈判期间,美国大幅修改了投资者—国家争端解决条款。这些修改,连同由于 1991 年的多个谈判导致的一些其他文本变化,被纳入 1992 年 2 月发布的新谈判范本(1992 年范本),该范本作为附件 F 收录

④ These events have been described in Kenneth J. Vandevelde, "Sustainable Liberalism and the International Investment Regime", 19 *Mich. J. Int'l L.* 373 (1998).

于本书。1992 年范本是美国与哈萨克斯坦、罗马尼亚、亚美尼亚、吉尔吉斯斯坦、摩尔多瓦、厄瓜多尔、白俄罗斯、乌克兰、爱沙尼亚、蒙古、拉脱维亚以及立陶宛谈判 BITs 的主要谈判文本。

20 世纪 90 年代早期谈判中提出的问题表明,有必要进一步修改谈判范本文本。这些 BIT 谈判与《北美自由贸易协定》(NAFTA)谈判是同时进行的。NAFTA 于 1992 年 12 月签署,它包含着相似于,但在许多方面又有别于 BITs 的投资章。NAFTA 谈判人员也影响了 BIT 谈判范本的修改。1990 年时开始的修改工作几乎没有停止过,由此产生了 1991 年范本和 1992 年范本,并且以 1994 年 4 月批准的一个范本(1994 年范本)为告终,该范本作为附件 G 收录于本书。1994 年范本是美国与格鲁吉亚、特立尼达和多巴哥、乌兹别克斯坦、阿尔巴尼亚、洪都拉斯、尼加拉瓜、克罗地亚、约旦、阿塞拜疆以及玻利维亚进行谈判的主要谈判文本。

随着 1994 年范本的制定,美国的 BIT 谈判人员结束了对谈判范本进行的不断修改。在 20 世纪 90 年代中期后继续进行的谈判中,BIT 谈判人员确定了数量很少的一些变化,希望把它们纳入范本。1998 年 4 月,这些变化被纳入 1994 年范本,但国务院并未正式承认存在这样一个新范本。相反,它把 1998 年范本看作只是 1994 年范本的修订版。在把根据 1998 年修订版范本签署的 BITs 提交给总统的呈报函中,国务院把这些 BITs 描述成为根据"1994 模板"(1994 prototype),这表明国务院的看法是它使用的仍然是 1994 年范本,虽然 1994 年范本显然已经被修订了。修订后的 1994 年范本是美国与萨尔瓦多、莫桑比克以及巴林谈判 BITs 的主要依据。随着美国与巴林于 1999 年 9 月 29 日签署 BIT,第二波 BIT 谈判结束了。BIT 谈判再次进入空窗期。

第二波 BIT 缔约的最终结束是五年前生效的 NAFTA 导致的。1998 年 7 月 29 日,美国接到一家加拿大公司,即 Loewen Group International 的正式通知,后者准备根据 NAFTA 把美国诉诸投资者—国家仲裁。在密西西比的一个州法院诉讼中,Loewen 被陪审团判定支付 5 亿美元赔偿,该公司认为它是因其加拿大国籍——及其他原因——而受歧视的受害者。1998 年 10 月 30 日,Loewen 提起仲裁请求。其时,NAFTA 的其他两个缔约国,即加拿大和墨西哥已经成为投资者—国家仲裁的被告国。突然间面临要对一项仲裁请求进行抗辩,美国开始从东道国及潜在被告的角度重新思考 1994 年范本。在接下来的几个月,美国于 1998 年 12 月 1 日与莫桑比克签署了 BIT、于

1999年3月10日与萨尔瓦多签署了BIT,并且于1999年9月29日与巴林签署了BIT,这些国家不可能在美国有大规模的投资。美国与在美国有较大规模投资的国家,如韩国和委内瑞拉的BIT谈判都停止了。随后BIT谈判完全停止,同时美国开始根据NAFTA项下待决仲裁请求重新评估BIT谈判范本中的表述。事实上,在美国—巴林BIT签署时,美国就收到了加拿大公司Mondev Group International——该公司在马萨诸塞州法院进行的诉讼中败诉——的第二次仲裁意向通知。1999年8月31日,该请求被提交仲裁。1999年12月3日,另一家加拿大公司,即Methanex公司向美国国务院告知仲裁请求,理由是加利福尼亚州禁止作为汽油添加剂的甲基叔丁基醚(MTBE)。2000年3月1日,仍然是一家加拿大公司,即ADF集团公司提交了仲裁意向书,仲裁请求本身于2000年7月21日提出。美国被提起的第四次仲裁请求是基于联邦法律规定,即美国公路项目必须使用原产于美国的钢铁。

虽然这些仲裁请求的提出使美国有理由重新思考其希望确保的投资保护的性质,但这并没有打击美国推动贸易自由化的努力。2000年11月,美国与新加坡启动双边FTA谈判,随后于当年12月与智利启动谈判。与NAFTA一样,这些新签署的FTAs也包含了投资章。

决定包含投资章使美国的BIT谈判人员认识到,自1992年NAFTA签署以来美国投资协定实践中一个很大程度上被忽视了的异常现象。这一异常现象是,NAFTA投资章在某些重要的方面有别于BITs,但NAFTA和BITs包含的最惠国条款要求在很多情况下美国必须向涵盖投资提供不低于美国根据其他协定给予涵盖投资的待遇。整个20世纪90年代,BIT谈判很大程度上似乎是在NAFTA不存在的情况下进行的。NAFTA被看作是一个特殊的协定,是特定情势的产物。然而,潜在的FTA伙伴把NAFTA看作是确立了美国在任何新的贸易协定中要达到的标准。在为与新加坡和智利的谈判准备提议文本时,美国自己也把NAFTA看作在新的FTAs的整体结构与内容方面确立了一个未来要遵循的先例。

随着FTA谈判开始,协定的独立的两条路线前景呈现了出来,即BITs和FTAs,它们采用不同的方法处理类似的投资问题,而实践中最惠国待遇条款整体上说要求一致性。在投资者诉称存在不一致的做法时,使之相一致的就将是国际仲裁庭,这一结果从Loewen案中提交的法律文书以及针对美国提出的其他仲裁诉求来看,似乎不再是遥远的了。进而,使用谈判范本的其中一个目的是,在美国的条约实践中树立统一性,这一目的一定程度上由于同时使用两种不同的范本而被破坏了。美国的 BIT 谈判人员认为,通过修改 BIT 范本使其表述与美国和智利及新加坡签署的 FTAs——它们很大程度上是以 NAFTA 投资章为基础的——的表述相协调,美国应该使它的投资条约实践具有一致性。虽然新的 BIT 范本并未正式作为未来谈判 FTAs 的范本,但此类 FTAs 中的投资章被认为很大程度上与新的 BIT 范本中的表述是一致的,而事实也是如此。因而,NAFTA 不仅是提出那些导致第二波 BITs 谈判结束的投资诉求的依据,也为新的第三波 BITs 谈判提供了样板。

在协调 BITs 与 FTAs 的过程中,美国国会通过了《2002 年贸易法》,[⑤]乔治·H. W. 布什总统于 2002 年 8 月 6 日签署了该法。该法第二十一篇,即《2002 年两党贸易促进权限法》授权国会快速审议实施 FTAs 的立法,这一程序通常被称为"快车道"程序。快车道程序的优点在于,它授权国会对立法进行整体表决,而不进行修改。由于国会提出的修改可能要求美国与条约伙伴重新进行谈判,而这可能导致达不成协定,因此整体表决的做法是重要的。事实上,许多人认为,没有快车道程序,签署 FTAs 也许是不可能的。因而,在 TPA 生效期间,它实际上决定了任何美国签署的 FTA 的内容。从技术上说,TPA 并不适用于 BITs,后者只要提交给参议院征求意见并获得同意批准,而不是提交给整个国会。尽管如此,如果 BIT 谈判人员希望 BITs 与 FTAs 保持协调,那么,TPA 针对 FTAs 的内容规定的任何命令也有必要体现在 BITs 中。恪守 TPA 确立的谈判目标也降低了参议院反对 BITs 的风险。

2002 年 7 月,美国的 BIT 谈判人员开始着手修改 BIT 范本。修改过程受三个目的的影响:第一,BIT 谈判人员试图使 BITs 范本与 FTAs 相协调。迄今为止这一目的对谈判范本的影响最大。第二,美国谈判人员试图遵守 TPA 规定的职责,以确保 BITs 与未来根据 TPA 授权签署的任何 FTA 相协调,这一目标对于 BIT 谈判范本也具有重要影响,在争端解决方面尤其如此。第三,他们试图根据美国未来可能根据趋同化后的条款被提起诉求的可能性重新评估 BIT 中的实体性与程序性条款。然而,与前两个目标相比,第三个目标对修改范本的影响较小,这尤其是因为在待决仲裁案件中出现的许多关切已经体现于 TPA 规定的谈判目标中。美国的 BIT 谈判人员也利

---

⑤ P. L. 107 - 210, 19 U. S. C. 3803 *et seq.*

用了制定1994年范本以来,尤其经济与合作组织(OECD)主持的《多边投资协定》(Multilateral Agreement on Investment, MAI)谈判中积累的经验,但MAI对2004年范本的最终影响是相当小的。部分是由于部门间存在分歧,修改过程持续了两年多才得以完成。其结果是,2004年11月时通过了谈判范本(2004年范本),该范本作为附件H收录在本书中。

在2004年范本接近完成制定之际,美国的BIT谈判人员开始与一些可能的BIT伙伴进行谈判。2003年11月,美国与乌拉圭在美洲国家关于建立美洲自由贸易区的部长级会议结束时宣布两国将谈判签署BTI。谈判于2004年5月开始并于2004年9月7日收官,但乌拉圭政府的变化促使两国就美国—乌拉圭BIT的某些方面进行重新谈判,并在2005年11月4日举行新的签字仪式。2008年,根据2004年范本进行谈判的第二个BIT,即美国—卢旺达BIT签署了。

美国与智利以及新加坡间的FTAs谈判开始于TPA颁布之前,其结果是,双方达成的文本中的某些内容并不完全符合TPA。因而,TPA的制定要求修改这两个FTAs以便使它们符合TPA。此外,与若干个其他国家的谈判是在TPA颁布后开始的。从2002年到2007年——TPA生效期限届满,美国与新加坡、智利、澳大利亚、摩洛哥、秘鲁、安曼、哥伦比亚、巴拿马以及韩国签署了包含投资章的双边FTAs。美国也与哥斯达黎加、多米尼加、萨尔瓦多、危地马拉、洪都拉斯以及尼加拉瓜签署了美国—中美洲国家—多米尼加FTA,这是包含投资章的另一个FTA。

在不断发展的范本基础上进行谈判提出了范本的变化对于BITs的解释产生什么影响的问题。在1993年针对几个BITs进行的听证会期间参议员克莱本·佩尔(Claiborne Pell)所提问题的回复中,国务院解释指出:

"根据国际法,条约必须依其自身条款进行解释,因而,尽管与其他国家缔结的条约有所变化,某一BIT的条款仍然适用于其缔约方。同时,由于所有条约都是基于某一蓝本,某一条约中的变化可能导致以后缔结的条约发生类似的变化,因而可能影响此前缔结的条约中类似条款的解释。"⑥

---

⑥ 1993 hearings, *supra*, chap. 2, note 119, at 27.

第二节 范本内容的演变

一、1983 年范本

1983 年范本是第一波 BITs 谈判中最活跃的时期美国谈判 BITs 依据的主要谈判文本。1983 年范本只是在少数一些方面有别于紧接它之前的 1981 年和 1982 年范本。进而,由于范本的文本在整个 1982 年一直在变化,1982 年范本中没有哪个版本是当年的"标准"版本。由于这些原因,1983 年范本在此被作为分析第一波谈判期间签署的 BITs 的主要参照点。

1983 年范本有 13 条。其中的五条针对投资待遇、征收、因战争与内乱造成的财产损害、货币汇兑以及税收规定了实体性义务。三条创设了救济程序,包括磋商、投资者—国家仲裁以及国家—国家仲裁。两条界定了不适用条约的某些权力、权利以及义务。其他条款涉及的是条约的范围:一条界定了某些术语,另一条规定条约适用于缔约一方的政治分支机构,第三条规定了 BIT 的生效、生效期间以及终止。

第 1 条界定了若干重要术语,如"投资""国民"以及"公司"。四个核心条款是:第 2 条,该条规定设立权(right to establish)以及投资设立后的待遇;第 3 条,该条针对涵盖投资实施征收规定了条件;第 5 条,该条确保投资者与投资有关的款项转移进出东道国的权利,以及第 7 条,该条创设了投资者—国家争端解决机制。一个稍微没那么重要但依然很有意义的条款是第 8 条,该条规定每个缔约方有权把涉及 BIT 适用或解释的争端提交给具有拘束力的第三方仲裁。

关于投资待遇的第 2 条涉及了一系列关切,因而值得予以阐述。它规定投资及与投资相关的活动应该获得国民待遇——不包括规定于条约附件中的例外、最惠国待遇、公平与公正待遇和充分的保护与安全,以及不低于国际法要求的待遇。东道国有义务信守其在投资方面承担的任何义务,并且不得通过任意性与歧视性待遇损害投资。第 2 条也禁止履行要求、确保投资者有权利不考虑国籍而自行选聘高级管理人员、允许向条约所指的投资者发放签证,以及确保诉诸当地法院的权利。虽然其他条款在特定情形中可能极为重要,但它们不被认为是核心条款。第 4 条涉及战争与内乱所造成损害的补偿支付问题。第 6 条规定缔约方有义务进行磋商与交流信息。第 9、

10条把某些权力、权利及义务排除在BIT的效力之外。第11条界定了在税收措施方面的BIT义务,第12条规定把BIT适用于缔约一方的政治分支机构,而第13条则规定了BIT生效与终止的方式。

二、1984年范本

1984年范本大幅修改了1983年范本的表述,但并非其实质内容。它是美国与土耳其以及格林纳达进行谈判的主要文本,并且影响了美国签署的其他一些BITs中的特定条款。因此,1984年范本是分析第一波BIT谈判期间美国签署的BITs的第二个重要的参照点。

1984年范本有12条,其结构类似于1983年范本,但有三个主要变化。

第一,起草人员把关于战争与内乱期间的财产损失的第4条合并入一般性地规定征收的第3条,由此规定实体义务的条款从5条减少到4条。把第4条并入第3条也使得战争与内乱条款中的支付补偿义务被删除了,而只规定东道国在支付补偿时负有不歧视的义务。

第二,起草人员创设了新的第8条,把基于政府信用、担保以及保险安排产生的某些争端排除在投资者—国家与国家—国家争端解决条款之外。这一内容此前出现于1983年范本第7、8条。由此,有关救济的条款数量从3条增加到4条。

第三,起草人员认为1983年范本中关于BIT适用于政治分支机构的第12条并无必要,因而把它取消了。⑦规定条约适用范围的条款的数量因而从3条减少到2条。1984年范本中仍然有两个条款规定把某些事项豁免在BIT义务之外。

1984年范本也修改了条款中的特定表述与结构安排,总体上说没有影响这些条款的实质内容。多数情况下,修改的目的是为了简化语言或者消除多余的文字。虽然这些变化太多因而无法一一列举,但以下章节将讨论其中的重要变化。

三、1987年范本

1987年范本只是稍微有别于1984年范本。1987年范本是美国与刚果、波兰以及突尼斯谈判BITs的主要依据文本。

---

⑦ Panama BIT submittal letter, at XI.

1987 年范本的结构与文字非常类似于 1984 年范本。虽然与以往的范本相比并没有出现重要的背离,但较之以往的范本,1987 年范本仍然发生了四个重要的变化:第一,针对由于作为关税同盟或自由贸易区的成员方而获得的好处,它规定了普遍最惠国待遇的新例外。这一条款已经规定于美国签署的若干 BITs 中。第二,它修改了投资者—国家争端解决条款,据此允许进行适用 ICSID 仲裁规则的专案仲裁,以作为 ICSID 仲裁的一个替代性方法。第三,它修改了投资者—国家争端解决条款,据此规定应当使用联合国国际贸易法委员会(UNCITRAL)仲裁规则而不是联合国国际法委员会的《仲裁程序示范规则》。此前 UNCITRAL 仲裁规则经修改后已经被伊—美求偿庭所使用,而该求偿庭成功地使用这些仲裁规则使它们引起美国 BIT 起草人员的注意。第四,它重新插入了 1983 年范本中出现过的规定条约应当适用于缔约方的政治分支机构的表述,并作为新的第 12 条。而在 1984 年范本中,这些内容被认为没有必要因而被删除了。由于插入新的第 12 条,作为 1984 年范本中有关 BIT 生效、存续期间以及终止的第 12 条在 1987 年范本中被作为第 13 条。

四、1991 年范本

从结构与内容看,1991 年范本与 1987 年范本非常类似。不过,1991 年范本有三个变化。

第一,为了因应国际法院在 Case Concerning Elettronica Sicula S. p. A. (ELSI)案中作出的判决,[8]1991 年范本第 2 条第 2 款(b)项包含了一句,以澄清禁止任意性与歧视性措施的含义。该句规定,就投资者—国家与国家—国家争端解决条款项下争端解决而言,尽管仲裁申请人有机会要求东道国的法院或行政法庭审查这些措施或者已经利用过这种机会,这些措施仍然可能是任意性与歧视性的。这一表述表明美国在 ELSI 案中采取的立场与以前美国的投资政策是一致的。

第二,针对根据 BITs 生效后在《关税与贸易总协定》(GATT)框架内任何多边国际协定对缔约一方规定的拘束性义务而给予的好处,1991 年范本第 2 条第 9 款(b)项规定了普遍最惠国义务例外。此种条款已经出现于美国—波兰 BIT 中。

---

⑧ (U. S. v. Italy),1989 I. C. J. 15.

第三,1991 年范本把附件进一步分开。以往的范本允许缔约方在附件中规定普遍的国民待遇义务例外。1991 年范本创设了单独的附件以允许缔约方列明不适用最惠国义务的部门或事项。以往,最惠国待遇的很少的一些例外包含在范本正文中,但其中没有任何内容允许缔约方选择减损最惠国待遇的经济部门。

1991 年范本是美国与斯里兰卡、捷克和斯洛伐克联邦共和国、俄罗斯、阿根廷、保加利亚以及牙买加谈判 BITs 根据的主要谈判文本。

五、1992 年范本

1992 年范本与 1991 年范本相比只在一个方面存在重要差别。它大幅度修改了投资者—国家争端解决条款的内容。虽然这些变动中的许多可以被认为并非表明了任何政策变化的技术性完善,1992 年范本突出的是第一次为在 ICSID 仲裁或者——在不能利用 ICSID 仲裁情况下——ICSID 附设机制(Additional Facility)之外为投资者提供了根据 UNCITRAL 仲裁规则进行的特设仲裁。以往的范本允许投资者在不同的方法中进行选择,包括 ICSID 仲裁、使用 ICSID 规则进行的特设仲裁,以及在不能利用 ICSID 仲裁下使用 ICSID 附设机制。

在没有改变实体性内容的情况下,1992 年范本也澄清了 1991 年范本中规定的 GATT 例外。此外,它澄清了有关规定用来计算征收补偿的汇率的内容。

1992 年范本是美国与哈萨克斯坦、罗马尼亚、亚美尼亚、吉尔吉斯斯坦、摩尔多瓦、厄瓜多尔、白俄罗斯、乌克兰、爱沙尼亚、蒙古、拉脱维亚以及立陶宛谈判 BITs 根据的主要范本。

六、1994 年范本

1992 年 12 月 NAFTA 的签署促使美国的 BIT 谈判人员考虑再次修改 BIT 谈判范本。1987 年、1991 年以及 1992 年范本是一些相互孤立的变化的结果,它们是为了处理谈判中提出的特定关切。与此不同,1994 年范本是对整个条约进行全面评估的结果。制定 1994 年范本大致需要一年的时间。

评估的一个目的是纳入在 NAFTA 中业已出现的一些变化。1994 年范本不是那么追求实现 NAFTA 与 BITs 之间的一致性,而只是为了利用在 NAFTA 谈判中获得的经验与知识。例如,在 NAFTA 签字后,美国被要求在两年内向其他缔约方通报美国希望保留其有权予以维持的某些不符措施，这一过程使美国更加深刻地了解外国投资在美国的州和地方层面上获得的待遇。更一般地说，随着 NAFTA 的签署，美国的 BIT 谈判人员开始从东道国，而不是纯粹从母国的角度思考 BITs。

1994 年范本也受到其他事件的影响。与 20 世纪 80 年代与美国进行 BIT 谈判的国家——除埃及和土耳其外，主要是位于非洲、亚洲、拉丁美洲，以及加勒比地区的小型经济体——相比，20 世纪 90 年代与美国谈判的国家——包括东欧与苏联的转型经济体——提出了不同的问题。在投资事项方面，与参与 20 世纪 80 年代早期谈判的那些谈判人员相比，20 世纪 90 年代早期谈判中代表潜在的 BIT 伙伴的谈判人员在某些情况下更有经验或更为老练。美国的谈判人员与这些谈判人员共事发现了某些必须加以处理的问题。此外，GATT 乌拉圭回合谈判结束并产生了《与贸易有关的投资措施协定》（TRIMs Agreement），这促使美国谈判人员重新思考履行要求条款。最后，到 1994 年时，MAI 谈判已经在 OECD 中开始，这些谈判也强化了这样一种认知，即美国有必要同时从资本输入国与资本输出国的角度对待 BIT 条款。

虽然在制定 1994 年范本时 MAI 谈判仍然处于早期阶段，但谈判在拥有巨额资本流动的国家与在 BIT 谈判方面拥有丰富经验的国家之间进行这一事实促使谈判各方较之以往要深刻得多地思考 BIT 政策与实践。

20 世纪 90 年代早期，美国也参与了《能源宪章条约》（Energy Charter Treaty）谈判，这些谈判同样涉及那些在美国拥有大量投资者的国家，从而促使美国更深入地重新审视它的 BIT 政策与实践。不过，美国最终拒绝签署《能源宪章条约》。

1994 年范本中的变化太多以至于无法在此全部罗列，在此只归纳其中一些较为突出的变化。其他的变化将在以下章节中加以叙述。

第一，对一般的国民待遇与最惠国待遇条款做了若干改动。虽然以往的范本要求东道国允许并且以非歧视的方式向涵盖投资提供待遇，但在 1994 年范本中，一般的国民待遇与最惠国待遇条款被做了修改，由此它们适用于投资的“设立、取得、扩大、管理、实施、运营与出售或其他处置”。1994 年范本删除了以往范本中规定针对“相关活动”给予国民待遇与最惠国待遇的文字。它也删除了要求每个缔约方向缔约另一方通报现有的国民待遇与最惠国待遇例外、把未来的例外限定在最低水平以及把现有投资排除在例外之外的文字。此外，1994 年范本没有规定关税同盟、自由贸易区以及 GATT 多边义务的例外。然而，针对在世界知识产权组织主持下达成的有关取得或保护知识产权的多边协定规定的程序，1994 年范本规定了一个新的例外。

第二，一般的绝对待遇条款被做了修改，删除了要求缔约方信守有关投资的义务的条款，同时限缩了针对任意性与歧视措施的禁止性规定，据此不再适用于投资的取得与扩大。

第三，删除了征收条款中有关确保就征收补偿数额诉诸当地法院要求审查的权利的一款。进而，澄清了用可汇兑与不可汇兑货币计算补偿的方法。

第四，修改了汇兑条款例外从而涵盖为了实施证券法或刑法而采取的措施，但没有提及有关要求报告货币汇兑和征收所得税的法规。

第五，被禁止的履行要求清单变长了。

第六，恢复了在 1984 年范本中被删除的表述。这些表述要求对于战争与内乱期间由于政府对投资实施征用或者政府武装力量并非基于军事必要性导致的破坏所造成的损失给予补偿。

第七，修改了投资者—国家争端解决条款从而涵盖“投资协议”和“投资授权”。投资者在提起仲裁请求的等待期从 6 个月缩短到 3 个月。新的规定明确授权投资者可以为了寻求临时救济而诉诸当地救济，这一规定被认为是必要的，原因是，BITs 规定把争端诉诸当地救济就不得把同样的争端提交给投资者—国家仲裁。

第八，删除了为维护公共秩序所必要的措施之一般例外。

第九，修改了税收条款，据此汇兑条款不再适用于税收事项。进而，在投资者诉称某项税收措施构成征收情形下，争端首先必须提交给 BIT 缔约双方的税收主管当局，二者可以通过达成共同协议的方式解决这一问题。如果它们在 9 个月内未能解决该问题，则争端可以被提交给投资者—国家仲裁。

第十，修改了投资者—国家争端解决条款，据此仲裁庭对 UNCITRAL 仲裁规则所做的任何修改均需取得 BIT 缔约双方的同意。

第十一，修改了规定条约在终止后继续适用十年的条款，据此有关投资设立与取得的条款不再另行适用十年。

1994 年范本是美国与格鲁吉亚、特立尼达和多巴哥、乌兹别克斯坦、亚美尼亚、洪都拉斯、尼加拉瓜、克罗地亚、约旦、阿塞拜疆以及巴林签署 BITs 的主要依据文本。

1998 年 4 月,美国的 BIT 谈判人员修改了 1994 年范本。不过,改动的地方很少,事实上谈判人员继续把它称为"1994 年范本"或"1994 年样板"。换言之,他们没有正式承认发生过修改。1998 年时做出的主要修改涉及根本安全利益例外,即插入明确指明该例外是自我判断的表述。

1994 年范本的 1998 年修正版是美国与莫桑比克、萨尔瓦多以及巴林谈判 BITs 的主要谈判文本。

七、2004 年范本

在美国的 BIT 计划历史上,2004 年范本是对谈判范本文本进行最大幅度修改的结果。美国的 BIT 谈判人员在文体与实质内容方面都做了许多改动。2004 年范本的篇幅是 1994 年范本的 3 倍多。下文非常概要地介绍这些变化。其他变化将在以下章节中加以叙述。

修改了"投资"定义从而明确规定,要被认为是投资,某项资产必须具有投资的经济特征,这一特征某种程度上默示地规定于以往的范本中。用"企业"取代"公司",但这并非旨在使其发生实体性的变化,而是为了澄清什么是 BIT 范本始终有意确立的"公司"的范围。2004 年范本增加了有关如何确定双重国籍人的国籍的内容。拒绝授予利益条款——允许缔约一方拒绝把条约的利益赋予与作为其设立地的 BIT 缔约方之间没有足够关联的某些投资者——被做了大幅修改。

以往范本中的附件允许缔约方采取或维持不符合国民待遇与最惠国待遇义务的措施被扩大到允许缔约方采取或维持不符合履行要求条款或者聘任高级管理人员条款的措施。有关不符措施的整个条款确立了附件的结构,同时也解决了几个技术性问题,如修改后的措施是否属于现有措施。现有不符措施与在未来可以采取不符措施的部门没有规定在一起。即使没有规定在附件中,缔约方也可以维持所有地方层面(at local level)的现有不符措施。附件相当详细地规定了现有不符措施,从而提高了透明度。

新的一般的绝对待遇条款仍然要求根据习惯国际法给予待遇,但公平与公正待遇和充分的保护与安全被明确认定为习惯国际法的组成部分,并且这两个术语被至少做了部分界定。有关禁止任意性与歧视性措施的文字被删除了。增加了界定习惯国际法的一个附件。

征收条款经由增加的一个附件而被做了澄清，该附件针对认定何时发生了间接征收——直言之，没有发生剥夺所有权或占有投资的一种征收——确立了标准。以往的范本明确规定征收条款适用于间接征收，但在间接征收的范围方面只提供了有限的指引。履行要求条款被做了修改，据此某些履行要求被禁止了，即便它们是作为获取优惠待遇的一个条件。2004年范本规定的禁止性措施适用于对任何投资规定的履行要求，而不只是针对涵盖投资。被禁止的履行要求清单被做了修改，同时增加了新的例外。新的条款要求缔约方应该努力确保不为了吸引投资而放松实施环境措施以及保护某些国际公认的劳工权利的措施。

增加了新的例外。第一个例外是，允许基于审慎原因的金融服务措施，如保护投资者、存款人、保险单持有人以及对其负有信义义务的其他人，或者确保金融体系的健全与稳定。第二个例外是，允许为实施货币或汇率政策而普遍实施的非歧视措施。第三个例外是，允许不披露那些披露则损害缔约一方的根本安全利益的信息，而第四个例外则是，允许不披露那些披露就会妨碍法律实施、违反公共利益，或者损害政治的商业利益的信息。

多个条款促进了更大的透明度与正当程序。一个条款规定每个缔约方指定联系点，以处理有关涵盖投资的事项，另一个条款规定每个缔约方对另一缔约方针对已经采取或拟采取的影响 BIT 运行的措施提出的请求做出回应。两个条款规定在尽可能情况下提前公布影响投资的拟议法律。但是，另一条款规定，在针对特定的人适用某项措施时，该人应当获得通知，并且有机会陈述其主张。最后条款规定了应当有机会对行政行动提起司法审查或上诉。迄今为止，变动的数量最多的是争端解决条款，它们现在作为 BIT 中独立于 A 节（Section A）——规定了争端解决条款以外的其他条款——B 节（Section B）。根据 2004 年范本，投资诉求只能由投资者——代表其自己或代表其拥有或控制的投资——提出。以往的范本允许投资提起仲裁请求。与以往的范本不同，把诉求诉诸当地救济并不排除把同样的诉求诉诸投资者—国家仲裁，但在把诉求诉诸投资者—国家仲裁的同时必须放弃诉诸当地救济的权利，而任何当地救济程序应当停止。投资诉求只能在投资者获悉该诉求后的 3 年内提出。

数个条款使 BIT 缔约方在解决投资者—国家争端中可以发挥某种作用。三个单独的新条款授权 BIT 的缔约方共同决定 BIT 中的任何条款的含义、共同决定某项措施是否在 BIT 附件所列的例外范围内，或者共同决定某项措施是否在金融服务例外范围内。此类决定对仲裁庭具有拘束力。有关允许缔约方共同决定某项税收措施是否构成征收的条款——最早出现于1994 年——仍然保留着。此外,投资者母国可以向任何投资者—国家仲裁庭提供口头或书面陈述。针对涉及金融服务的争端被提起仲裁,2004 年范本中包含有关缔约双方的主管当局参与仲裁并且确保任何组成的仲裁庭都具有足够专业知识的条款。

其他新的表述增强了投资者—国家争端解决条款中的透明度。提交给仲裁庭的法律文书以及仲裁庭作出的决定将被公布,而听证过程将向公众开放。仲裁庭可以考虑法庭之友的意见。

2004 年范本也包含了加速投资者—国家仲裁过程的新内容。仲裁庭组庭的日程加速了。被告国有权对投资者的诉求提出反对,认为其诉求缺乏法律依据——即便从事实上说是正确的,或者反对仲裁庭行使管辖权,仲裁庭也可以在快速处理诉求的基础上考虑此种反对意见。

为促进更有效地解决争端,制定了把提交给仲裁庭的相关诉求予以合并的规定。仲裁庭被授权邀请专家证人。缔约方有义务考虑建立上诉机制。新的表述规定投资者—国家仲裁庭只能裁决给予赔偿或恢复原状,并且在裁决恢复原状情况下,必须允许被告利用支付赔偿代替恢复原状。裁决惩罚性的损害赔偿是不被允许的。

第三节　谈 判 政 策

在 20 世纪 80 年代制定谈判范本的过程中,美国谈判人员对发展中国家的理解是,他们认为这些国家有兴趣签署 BIT,并且它们有能力遵守 BIT 义务。已经表示有兴趣与欧洲国家签署 BIT 的国家被认为尤其有可能与美国签署 BIT。

那些对美国的 BIT 计划表示有兴趣的国家会获得美国提供的一份最新的 BIT 范本。如果某个国家在评估完该文本后仍然有兴趣,一般来说一轮面对面的谈判就会随之进行。有时,某个国家的谈判团队在第一轮谈判时会带来一份对美国提供的范本做出全面修改后的自己的草案。另外一些时候,谈判则完全按照美国提供的范本进行,讨论则限于谈判对方发现不清楚或表示反对的条款。

美国早些年的谈判立场是低调的。在可能对 BIT 计划感兴趣的国家简要介绍 BIT 计划后,美国的谈判人员并没有施加压力以便开始谈判。在第一波 BIT 谈判中,美国并不想 BITs 成为改变发展中国家的投资政策的一个办法,而只是体现业已存在的支持鼓励与保护外国投资的现有政策。作为针对其他领域施加压力或给予激励的产物的条约可能是从长远来看 BIT 伙伴并没有意愿或没有能力遵守的条约,因而并不能有助于实现确立一种稳定、透明之最低保护标准的目标。由于这些原因,美国没有为吸引某个国家签署 BIT 而在非投资领域做出让步。

正如我在第二章中叙述的,在第二波 BIT 谈判中,外交政策考虑,尤其促进经济改革,开始对美国的 BIT 政策产生更大的影响。美国特别试图与东欧及苏联地区的转型经济体谈判 BITs。到第三波 BIT 谈判时,随着更复杂的范本的通过以及日益认识到在第二波 BIT 谈判中表现出来的 BITs 所具有的外交政策影响,选择潜在的 BIT 伙伴的过程变得更为复杂。2006 年,助理国务卿丹尼尔·沙利文(Daniel Sullivan)在参议院外交关系委员会作证时解释指出:

那个过程——做出决策的在那个过程——中的一些重要因素包括经济关系的密切程度、被我们看作潜在的 BIT 伙伴所具有的改革国家的决心、该国对待美国投资者的方式,以及我们正在考虑、对美国存在利害关系以及更广泛的外交政策考虑的该国关键经济部门。

我想强调的一点是,我们的 BIT 的这一理念不仅为美国投资提供保护,也是作为帮助推进经济改革计划的一个工具。我认为这非常重要。因此,伙伴国在多大程度上对 BIT 有兴趣显然是一个非常重要的问题,它会被纳入对未来可能的 BIT 伙伴的考虑当中。⑨

进而,在第三波谈判中,美国在很多时候有意在非投资领域,尤其贸易领域向潜在的伙伴做出让步,这将吸引这些伙伴与美国签署协定。不过,在这些情况下,可能签署的法律文件会是 FTA 而不是 BIT。

美国的谈判政策始终是很少做出实体性的让步。如果说这一谈判政策具有灵活性的话,它体现在文字上,而不是原则上。美国有时会同意改变措辞以澄清含义,或者使用对于 BIT 伙伴的法律制度来说较为熟悉的术语。事实上,条约伙伴有时提出的一个改动似乎如此显然地可以完善条约,以至

⑨ 2006 hearings, supra chap. 2, note 160, at 16.

被纳入谈判范本。在美国愿意做出妥协时，它经常试图使用相对标准化的文字，据此，即便妥协也遵循着某种形式的范本。因此，在美国确实同意做出让步时，这些让步在不同的国家间是近乎一致的。

在采取妥协性的表述时，美国谈判人员倾向于使用另一份法律文件中的表述，尤其在国际实践中已经具有确定含义的表述。他们通常从以往的 BIT 范本或者以往签署的 BITs 中撷取表述。由于担心可能被认为较之以往弱化了，他们尽可能地避免使用新颖的表述。从美国签署的其他条约中借用相应的表述往往会让谈判对方感到满意，原因正是因为后者对 BIT 文字的反对其实是形式性的，而不是实质性的。

在变化包含让步情况下，它们经常被放在 BIT 主文所附的议定书、附件或经当事方同意的会议纪要中。美国的 BIT 谈判人员认为在主文中突出原则，而在正文之外的其他地方集中规定例外、限制或解释是恰当的。

尽管如此，这些附件是 BIT 不可分割的组成部分，与 BIT 主文中的条款具有同样的法律效力。其实，有时候，缔约方或明示或默示表明了附件的重要性。由此，美国—埃及 BIT 第 13 条第 5 款规定“所附附件及议定书是本条约不可分割的组成部分”。美国—喀麦隆 BIT——该 BIT 没有议定书——第 13 条第 5 款规定“本条约的附件应当是其中不可分割的组成部分”。就美国与民主刚果和塞内加尔签署的 BITs 而言，除条约正式文外，缔约方也签署了议定书。就美国—摩洛哥 BIT 来说，美国与摩洛哥在议定书结尾处一次性地签署了条约。然而，议定书、附件以及双方同意的会议纪要具有同样的效力，尽管它们的签署方法不同。

为了结束这种相互不一致的临时性做法，美国的 BIT 谈判人员在 1987 年范本第 13 条第 4 款中增加规定“本附件（以及议定书——如果有的话）应当构成本条约不可分割的组成部分”。这一内容在 1991 年和 1992 年范本第 13 条第 4 款中被保留了下来。在 1994 年范本中，这一内容保留在第 16 条第 4 款，但它改变了标点符号，据此“以及议定书（如果有的话）”出现于括号内，这表明在没有议定书的情况下可以删除括号内的内容。1998 年时，1994 年范本被做了修改，据此括号内的文字被删除了。在 2004 年范本中，这一内容规定于标题为“附件与脚注”的新的第 35 条。提及议定书出现于 1998 年前——被提及脚注所取代，这一做法首次出现于 2004 年范本中。由此，新的表述是“附件与脚注应当构成本条约不可分割的组成部分。”

美国不愿意做出妥协是基于几个考虑：第一，如果潜在的 BIT 伙伴不愿意接受所提议协定的实质内容,美国就认为该国缺乏 BITs 旨在体现的外国投资政策。因而,与这些国家签署 BITs 是不适当的。第二,任何实质性的让步都可能有风险,即未来的 BIT 伙伴会要求美国做出类似的让步,而一旦美国至少对一个 BIT 伙伴做出让步,这一要求就很难拒绝。美国谈判人员担心每个新的 BIT 谈判将要从被要求给予此前做出的让步开始,其结果是,每个 BIT 较之此前签署的 BIT 都会稍微被削弱。虽然美国有时通过指出美国此前做出让步是为了获取一国接受其认为不可接受的让步,从而拒绝某国要求给予美国此前做出的让步,但最好的做法是一开始就不做出让步。第三,BIT 计划的一个非常重要的目的——至少开始时是如此——是通过创设统一的国家实践体系以强化习惯国际法,从而支持某些原则,而不同协定间的相互矛盾会损害这一目的。事实上,针对一个长期存在的原则做出妥协甚至可能产生反作用,导致出现较之根本不签署 BIT 更不利的局面。第四,如果让步被误解为是对谈判范本文本的澄清,而不是让步,它就可能削弱已经签署的条约的力度。

不愿意妥协限制了美国在第一波 BIT 谈判期间所能签署的协定的数量。在经过四年多的谈判后,美国只签署了 10 个协定。

然而,同时,美国对于与其签署 BITs 的国家的多样性多少是满意的。在第一波 BIT 谈判结束时,美国已经与非洲、亚洲、拉丁美洲以及加勒比地区的国家签署了条约。进而,虽然“二战”后签署的 FCNs 一般来说是与认同美国投资政策的发达国家签署的,但美国的第一波 BITs 基本都是与发展中国家签署的,而这些国家在此前并不必然赞同美国的投资政策。

在坚持不妥协谈判立场的同时,美国坦承 BITs 具有潜在的好处。在启动 BIT 计划时,美国谈判 BITs 的主要利益在于保护现有投资,同时强化美国对于有关发生征收时应当给予何种补偿的习惯国际法的理解。发展中国家认为,通过保证对投资提供特定的保护以及表征一种鼓励新投资的政策,BITs 是吸引新的美国投资的一种手段。虽然在 BITs 序言的表述中缔约方通常“认识到在给予[外国]投资的待遇方面达成一致将促进私人资本的流动以及缔约方双方的经济发展”,但美国的谈判人员坦承没有证据表明 BITs

确实会吸引新投资。[⑩]

由于彼此认识到 BITs 本身可能并不会促进外国投资,可能的 BIT 伙伴有时候会提议增加规定每个缔约方促进本国国民与公司向缔约另一方的领土内投资的条款。一般来说,美国会拒绝此类提议,部分原因是,这些提议违背了 BITs 的政策,即确立一个投资者在其中可以基于市场条件做出投资决策的保护框架。美国之所以拒绝接受此类提议,也是因为认识到法律考虑之外的其他因素,如缺乏支持性的基础设施、国内市场规模小、严重的官僚式的拖沓、冷漠或混乱,或者政局可能不稳定,可能阻碍新的投资进入发展中国家。[⑪]此外,有义务促进对外投资流动可能激发担心导致工作机会丧失的美国劳工团体反对 BITs。

在早期的 BIT 谈判中,美国与谈判伙伴之间的利益分歧导致了一个难题。其他国家的谈判人员一再试图把现有投资排除在 BIT 提供的各种保护之外。他们认为把 BIT 提供的保护扩大适用于现有投资对那些在没有此种保证情况下来到东道国的投资者来说构成了"意外收获"。

美国强烈反对区别保护现有投资与新投资。美国无意创设两个类别的海外投资者,其中一些投资者拥有较之另一些投资者更多的 BIT 权利。第一,这一区别被认为使后来的投资者获得由于政府催生的竞争性优势,这不符合自由市场的原则。第二,在不能确定会有未来投资的情况下,美国认为 BIT 不适用于现有投资从某种意义上说是不切实际的。第三,美国国务院也认为,参议院不太可能对缺乏真心保护现有投资者的 BIT 提出意见并同意批准。事实上,如果这些 BITs 似乎只是有利于未来的竞争对手,那么,现有的投资者甚至会敌视 BITs。

在谈判中出现的另一个问题源于早期 BIT 范本文本的模式。起草人员

---

⑩ A few studies since have attempted to determine whether BITs do increase foreign investment flows, with mixed results. These have been collected in Karl P. Sauvant and Lisa P. Sachs, eds., *The Effect of Bilateral Investment Treaties and Double Taxation Treaties on Foreign Investment Flows*(2009). One study concluded that U. S. BITs were more effective at increasing investmentflows than other BITs. See Jeswald Salacuse & Nicholas Burns, "Do BITs Really Work? An Evaluation of Bilateral Investment Treaties and Their Grand Bargain", 46 *Harv. Int'l L. J.* 67(2005).

⑪ The Senate Foreign Relations Committee has noted that the administration "has pointed out that the existence of a BIT will not guarantee increased U. S. investment. Because investment decisions are based on a variety of factors and the BITs have only been in force for a short period of time, the administration says it would be difficult to draw a relationship between increased investment and the BITs." Treaty with the People's Republic of the Congo Concerning the Reciprocal Encouragement and Protection of Investment, S. Exec. Rpt. 102-44, 102d Cong. 2d Sess. 4(1992).

是通过扩大现代FCNs中比较简单的条款并且从欧洲国家已经成功谈判的BITs中借鉴相关表述制定BIT范本的。虽然BIT起草人员增加新的内容通常是为了拓宽现代FCNs规定的保护,但有时只是为了澄清现代FCNs中已经提供的保护。随着起草人员发现可能存在的模糊之处,他们试图通过插入更多——往往是多余的——的表述消除这些模糊之处。

然而,由于冗长、含糊或者不妥当,更长的条款更有可能遭到潜在的条约伙伴的反对。虽然这些反对完全是针对条约的形式,但美国谈判人员有时候不愿意接受哪怕是文体上的变化,这是因为他们担心任何修改——甚至是删除多余的文字——都可能被理解为是做出实质性的让步。因而,由于担心删除行为似乎是弱化,而不只是从文体上简化BIT的条款,原来只是为了消除在BIT条款的含义方面存在的任何不确定之处而插入的冗长的文字都可能使谈判变得复杂化。实际上,BIT起草人员完善以往表述的努力有时候被证明产生了反作用。在BIT计划的早期,起草人员试图通过制定1984年范本部分缓解这一问题,该范本在不改变实质内容的情况下大幅压缩了许多条款。1984年范本实现的简约维持了约十年,但范本的篇幅在1994年范本中再次增加。不过,更长篇幅的1994年范本并非对以往范本的回归,而是包含了更多地被做出界定的术语以及被作出更详细规定的某些实体性条款,突出者是履行要求条款。

在2004年范本中,BIT谈判人员彻底放弃了此前对简约的偏爱,转而支持较之以往任何范本都要长得多的范本,这既是因为一些条款的规定更加详细了,也是因为增加了许多新的条款。他们认为更详细地界定实体性条款的内容可以提高精确性。然而,多数新增篇幅是加入了有关投资者—国家争端的新的内容。投资者—国家争端解决条款中的新内容旨在澄清在以往范本中没有处理的问题,但它们在某些重要的方面也修改了程序。

从范本出发相继进行谈判也带来了某些机遇。谈判人员有时候会发现,一国此前做出某一让步有时会使其他国家更加会接受让步。类似地,在某一谈判中提出以应对特定反对意见的文字有时被发现会被另一个提出与之相当的反对意见的潜在BIT伙伴所接受。比如,通过统一提及为耽搁支付补偿(compensation for delay),伊斯兰国家对BIT中提及支付征收补偿的利息问题就获得了解决。事实上,相继进行的谈判扩大了解决问题的可能之方法的储备库,它们可以被用来解决在以后谈判中出现的难题。

美国与欧洲国家谈判BIT的国家谈判BITs同样既带来机遇,也带来了困难。美国的谈判人员希望,通过消除对极具争议的条款的抵制并确立美国在 BIT 谈判中可资援引的先例,欧洲国家签署的 BITs 能够为美国签署 BITs 铺平道路。前已指出,美国签署的 BITs 中的许多表述系来自欧洲国家签署的 BITs,美国希望潜在的 BIT 伙伴对这些表述是熟悉的。不过,有时,此前欧洲国家进行过的 BIT 谈判实际上使美国谈判 BIT 变得更加困难。由于与欧洲国家在某一 BIT 条款——其力度弱于与美国谈判的 BIT 中的对应条款——已经达成一致,美国潜在的 BIT 伙伴也许会拒绝向美国做出更大的让步。因而,欧洲国家此前进行的 BIT 谈判产生的作用可能是,强化了美国潜在的 BIT 伙伴在提供低于美国能够接受之投资保护水平的条款上的立场。

第四章　BIT保护的范围

BITs的一些条款规定了其所提供保护的范围。

第一,第1条定义了若干术语,从而确定了条约所提供保护的范围。由于BITs通常要求缔约一方为缔约另一方的国民与公司在该缔约一方领土内的投资提供保护,因而确定条约所提供保护的范围的术语包括“投资”“国民”“公司”,以及“领土”。从2004年范本起,“国民”与“公司”两个术语有时被统称为“投资者”。第一节讨论“投资”与“涵盖投资”这两个术语的定义。第二节讨论“国民”的定义,第三节讨论“公司”及“缔约一方的公司”的定义。第四节讨论“领土”的定义,正如在下文中将看到的,多数BITs没有对该术语做出界定。第五、六节分别讨论在某些BITs中被做出界定的其他术语。国务院解释认为,“作为基本,[各个定义]本质上被设计成具有宽泛性和包容性。”①

第二,由于BITs提供的保护是对缔约国规定义务的结果,条约所给予保护的范围也取决于哪些行为可以归因于缔约方。BITs中通常会有条款明确规定BIT义务适用于缔约方的政治分支机构。第七节将讨论这一条款。确认相关行动在何种情形下可以归因于缔约方的规则包含在习惯国际法中。由于BITs要求东道国应当给予不低于国际法规定的待遇,这些规则显然可以适用于与BIT义务有关的任何争端,但它们并未明确规定于BIT文本中。2004年范本包含着“范围与事项”(scope and coverage)条款,据此明确了BIT义务适用于国家企业(Stafe enterprises)或者被赋予政府权力的其他主体。第十节将讨论这一条款。

第三,BIT所给予保护的范围是有时间限制的。更具体地说,BIT给予的保护通常在BIT生效时才适用。然而,诚如在第八节中讨论的,这些保护扩及适用于业已存在的投资。第九节讨论BITs在多大程度上具有溯及力。

---

① Kazakhstan submittal letter, at Ⅵ.

第四,BITs中包含了有关缔约方的某些行为豁免适用BIT义务的条款。第一个是不加禁止的措施条款,第十一节对此将予以讨论。第二个是特别形式条款,第十二节对此将予以讨论。第三个是金融服务规制例外条款,第十三节将对此予以讨论。允许不予披露某些信息的例外规定将在第十四节中加以讨论。

第五,BIT所给予保护的范围是由条约规定之义务的性质决定的。这些义务是第五章到第十二章的讨论主题。

第一节　界定涵盖投资

BIT谈判面临的第一个选择是,是否界定"投资"的含义。在FCNs中,"投资"与"财产"这两个术语均未被作出界定。

在界定术语方面面临的关切是,考虑到BIT起草人没有预见到新形式的投资,这些投资——保护这些投资符合美国的外国投资政策——可能被排除在BIT保护之外。过去这些年来,构成外国投资的资产的类型已经超越了比较传统的外国投资形式——比如特许协议与贷款——而涵盖了服务与"交钥匙"合同以及技术转让协议,这些投资形式在早前可能并没有预见到。美国的BIT起草人员希望确保能够把他们可能没有预见到的未来投资形式涵盖在协定之内。对术语不进行界定可以使其根据经济情势的变动进行调整。然而,这种做法也会产生一个风险,即仲裁庭对术语的解释可能过于狭义。由于美国投资者可能仰赖BIT保护从事大规模的投资,因此BIT起草人员最终认为实现某种程度的确定性可能比彻底的灵活性更为重要。解决的方法是,提出一个具有不可减损的含义核心的定义,这一定义有助于避免出现过于狭义的解释,并且也可以进行扩张以适应新的情势。

一、1983年范本

欧洲国家缔结的BITs中最常见的"投资"定义是,把"投资"界定为"各种类型的资产"。然而,BITs的宗旨是保护投资,而不是美国人在BIT缔约相对方的领土内拥有的所有财产。因此,美国的BIT谈判人员希望明确某项资产只有在具有投资特征的情况下才能被投资定义所涵盖。因此,1983年范本第1条(c)项——在"定义"标题项下——把投资界定为"任何类型的投资”。其结果是,条约适用于所有投资,不多也不少。虽然这是一种循环定义,但可以认为这一措辞表明 BIT 起草人有意使投资定义具有灵活性。

同时,1983 年范本第 1 条(c)项接着提出了一个非穷尽性、说明性的纳入“投资”的利益的清单。这一清单规定了一个不可减损的核心内容,同时通过列举方式揭示该术语整体范围的部分内容。这一清单中的许多内容都借鉴了欧洲国家缔结的 BITs。

国务卿的呈报函指出,BIT 中的投资概念“是宽泛的,被设计成具有灵活性;虽然列举了众多类型的经济利益,但目的是涵盖每个缔约方领土内的所有正当利益……具有经济价值或者与投资‘有关’”。[②] 该呈报函的表述表达了其所期待的 BIT 应该具有的宽度,但或许它应该更清晰地强调所要保护的经济协议必须具有投资属性。

1983 年范本第 1 条(c)项规定,“投资”包括在缔约一方领土内由缔约另一方的国民或公司“直接或间接拥有或控制”的投资。这一定义部分是对国际法院针对 Barcelona Traction, Light and Power Co., Ltd. 案所作判决的回应。[③] 在该案中,国际法院认为,在加拿大设立但主要由比利时人拥有的公司不能通过比利时在国际法院提起诉讼而获得保护。理由是,根据习惯国际法,一家公司只能由其设立地国家给予保护,而不能由其拥有人所属国给予保护。因此,BIT 中的“拥有或控制”定义使 Barcelona Traction 案判决不会适用于涵盖投资。据此,美国国民拥有或控制的投资涵盖在 BIT 中,不论它是否通过根据另外一个国家的法律设立的一家或更多的公司而拥有或控制。

1983 年范本第 1 条(d)项把“拥有或控制”界定为包括通过子公司或分设机构——不管其位于何处——的拥有或控制。据此,如果一家美国公司拥有一家根据法国法律设立的子公司且该公司在 BIT 的缔约方领土内从事投资,则 BIT 的投资定义将涵盖这一投资。

换言之,1983 年范本第 1 条(c)项明确了 BITs 不区分直接拥有或控制的投资与通过中间性公司拥有或控制的投资。BIT 保护缔约方的国民或公司的投资,只要可以认为该国民或公司拥有或控制了投资,则不管该国民与其投资之间存在多少个公司层级。这些位于不同层级的公司的国籍也不重要。

---

② Senegal BIT submittal letter, at Ⅶ.

③ 1970 I. C. J. Rep. 3.

进一步看,美国公司本身并不需要是投资的最终拥有者或控制者。根据美国缔结的 BIT,如果一家公司是根据美国法律设立的,则它就是一家美国公司。这家公司可以部分,甚至全部由非美国投资者拥有。一个或更多的外国投资者拥有或控制美国公司这一事实本身并不会减损该公司根据美国缔结的 BIT 而具有的作为美国公司的地位,也不会使该美国公司拥有或控制的投资被排除在条约保护范围之外。换言之,如果投资者具有实施控制的法律资格,那么,即便投资者没有实际地控制投资,他也满足了拥有或控制投资的要求。即便对于投资的实际控制是由一家拥有或控制美国公司的非美国投资者实施的,拥有涵盖投资的该美国公司仍然受到美国缔结的 BIT 的保护。不过,在 *Loewen v. United States* 案中,美国成功地主张,如果加拿大公司是一家纯粹为了在 NAFTA 下仲裁一项诉求——该诉求系其唯一资产——设立的壳公司,并且加拿大的投资者是由美国公司完全控制的,那么,该投资者不应该被看作独立于美国投资者之外的实体。因此,该诉求属于美国投资者,而非加拿大投资者。

1983 年范本没有规定如何认定拥有或控制,原因是,认定投资是否控制公司要求必须在个案的基础上进行事实认定。其实,1983 年以后,第 1 条(d)项中的定义就被删除了。国务卿在援引 20 世纪 90 年代美国缔结的一些 BITs 后解释认为,“控制在条约中并未明确加以界定。在一家公司中拥有超过 50% 表决权的股票通常意味着控制,但在许多情况下,低于这个比例也会满足控制的要求。”[④]其他事实也可以证明存在控制,如管理合同或者指定董事会成员的权力。

诚如上文讨论表明的,只要非美国投资者在其与东道国的投资之间的多层级公司链条中拥有一家在美国设立的公司,则美国缔结的 BIT 就允许该非美国投资者获得美国缔结的某个 BIT 的保护。现行 FCNs 中包含着拒绝授予利益条款,据此允许拒绝为处于这种情况下的投资者提供保护。这种条款也出现在 BITs 中,本章第三节对此将予以讨论。

在把投资界定为“各种形式”后,第 1 条(c)项接着提出了一份说明性、非穷尽性的被纳入投资定义之资产的清单。定义的序言部分包含了四类资产,而其余则规定于该定义的七个项中。

定义序言中包含的四类资产指股权、债权、服务与投资合同。正如下文

---

④ Kazakhstan submittal letter, at Ⅵ.

讨论的,这四个界定宽泛的投资形式与七个项目规定得更具体的形式很大程度上是重叠的。这四种形式的投资被置于投资定义的序言中以便进一步说明投资定义的范围。比如,股权与债权明确了投资包括所有权利益与非所有权利益,也包括组合投资与直接投资;服务与投资合同则明确了基于合同的权利以及那些基于财产的权利包括在投资定义范围内,并且投资定义包含着新的投资形式。

在说明性、非穷尽性清单中:

第一类投资形式是有形与无形财产。"无形财产"这一术语本身是如此的宽泛,以至于可以囊括该清单中的所有其他财产。BIT 谈判人员并不认为这种冗长的列举是一种不足,这尤其是考虑到这一清单只是说明性的。第 1 条(c)项规定,无形财产"包括权利,比如抵押、质押及留置"。

第二类投资形式是"一家公司,或公司的股份或其他利益,或者公司资产中的利益"。这确保了当地子公司属于涵盖投资。进而,投资者不需要完全地拥有公司。公司中的少数利益可以构成投资。公司中的利益也不需要是所有者权益。公司中的任何所有者权益或其他利益都可以被认为是投资。因此,比如,东道国扣押了一家公司,并且拒绝向该公司的借款人付款(在东道国法律没有为借款人提供足够的救济情形下)将构成对借款人在该公司中的债权利益的征收,因而对借款人的投资构成了征收。

第三类投资形式是具有经济价值并且与投资有关的金钱求偿或履行诉求。一般来说,它们是基于合同的诉求。只要该诉求具有投资的属性,诉求的有效性存有争议之事实并不会消灭该诉求有权获得保护的资格。"与投资有关"旨在把同时发生的商业交易如货物销售排除在外。

第四类投资形式是指知识产权与工业产权。1983 年范本规定第四类投资包括与著作权、专利、商标、商号、商业秘密、工业设计、专有技术以及商誉有关的权利。

第五类投资形式是指根据法律颁布的许可与批准,包括那些为制造与销售产品而颁布的许可与批准。对于这一类投资来说,许可起初可能是被政府当作一项裁量事项而批准这一事实并不重要。换言之,许可可能是作为一种特权,而不是作为一种权利而批准的,但无论如何,许可一旦获得批准,它就成为有权获得 BIT 保护的投资。

第六类投资形式是指法律或合同授予的任何权利。较之第五类投资,第六类投资更加宽泛,它似乎包括所有或几乎所有被涵盖于第五类投资中的权利。BITs规定第六类投资包括勘探或开发自然资源的权利以及制造、使用和销售产品的权利。

第七类投资形式是用于再投资的回报。"回报"在第1条f项中被界定为源于投资或与投资相关的收益额,包括利润、股息、利益、资本利得、专利费、管理费、技术援助费或其他费用,以及以实物支付方式取得的收益。考虑到回报是由投资所产生,而投资是根据东道国法律组建的公司,故属于东道国的国民,这里存在的一个关切是,用于再投资的回报是否应视为东道国国民的投资,从而不在条约提供的保护范围之内。把用于再投资的回报纳入在内,确保了源于投资的利益或其他回报不会被视为东道国的国民或公司的投资,而同样被认定为缔约另一方的国民或公司从事的初始投资。BIT没有把回报属于"投资"的规定限定为回报应再投资于原公司的情形。

第1条(c)项的第后一款规定,用于投资或再投资的资产的形式所发生的任何变化不应当影响其所具有的投资的属性。例如,投资的组织形式或者治理结构发生的变化不影响其作为投资的属性。类似的规定出现于欧洲国家,尤其德国签署的一些BITs中。1982年,在谈判美国—巴拿马BIT期间,这一款被加入BIT范本中。这一原则在任何情况下都显然是默示存在的。只要一项资产仍然在投资定义范围内,其形式发生的变化不应当导致这样的主张,即该资产不再属于涵盖投资,即便在BIT中没有这一明确规定的情况下也应当如此。

欧洲国家缔结的许多BITs包含着这样一个条款,即把投资定义限定于根据东道国的法律规定用于投资的资产。如果出现此类条款的话,那么,只有投资的设立在符合东道国法律规定的情形下,它才会被纳入BIT保护的范围内。经过审慎考虑后,美国的BIT谈判人员刻意不在美国缔结的BITs中规定这一条款。这是因为,有关外国投资的法规可能是复杂的和不透明的。美国担心,东道国可能以其所声称的投资轻微地违反某项法规为由,拒绝为投资提供条约保护。因此,美国的意图是,只要投资在条约的适用范围之内,则无论其是否根据东道国法律设立甚至运作,均应获得保护。

二、1984年范本

1984年范本简化了"投资"的定义——但不影响其实质——并规定于该范本第1条第1款(b)项。整体而言,与1984年范本一样,1983年范本第1条删除了标题。定义文本中最显著的变化是,1984年范本把投资术语限定于只是指“缔约另一方的国民或公司直接或间接拥有或控制的在缔约一方领土内的投资”。这一乍看起来具有实质性意义的变化,其实只是在努力缩短条约的篇幅。在整个1983年范本中,在提及投资时只是一般性地限定于缔约一方的国民或公司在缔约另一方领土内的投资。通过对投资定义设定这一限制,1984年范本就没有必要在整个条约文本中反反复复地予以限制。

1984年范本做出的第二个修正是,删除了1983年范本第1条(d)项有关“拥有或控制”的定义。1983年范本中的“拥有或控制”定义很大程度上是自我循环的,并没有解释构成所有或控制所必要的利益的规模。这一定义的主要贡献在于,明确这一术语包括通过子公司或分设机构所拥有或控制的情形,至于它们位于何处则在所不问。然而,这一内容似乎显然包含在1983年范本有关“间接”所有或控制的规定中,而1984年范本保留了1983年范本中有关“间接”的规定,因而,另行规定“拥有或控制”定义并无必要。

1984年范本也缩短了纳入投资术语的具体投资类型的清单。第五与第六类投资——无论如何它们是相互重叠的——被合并成包括“根据法律或合同,以及根据法律给予的任何许可证与批准的任何权利”的单一类型。1983年范本中包含的权利、许可证以及批准被认为是没有必要的,因而予以删除。1984年范本也以没有必要为由,删除了“用于再投资的回报”这一类型。范本起草人认为,对于“投资”的任何合理的解释都会把再投资视为囊括在投资术语范围之内。因此,这一删除无意影响条约的实质。

最后,1984年范本把1983年范本中的条款——规定用于投资或再投资的资产形式的改变不会影响其作为投资的属性——单独列为独立的条款,即第1条第3款。

三、1987年范本

1987年范本第1条第1款(b)项保留着1984年范本中规定的“投资”定义。与1984年范本一样,1987年范本第1条第3款其中规定,投资形式的变化不影响其作为投资的属性。

四、1991年范本

1991年范本把“投资”定义移到第1条第1款(a)项。它对被纳入投资定义之资产的说明性清单做了若干改动。“知识产权与工业产权”被简化为“知识产权”。这一改动体现了美国的主张,即工业产权包含在更宽泛的知识产权内,因而没有必要再提及工业产权。知识产权的权利清单也做了修改。增加“其中包括”这一短语是为了表明这一列举只是说明性的。“著作权”一词变更为“文学与艺术作品,包括录音”。“专利”一词则被“所有人类行为领域中的发明”与“半导体掩码”所代替。“商标、商号”改为“商品商标、服务商标,以及商号”。“商业秘密与专有技术”改为“商业秘密、专有技术,以及机密的商业信息”。最后,“商誉”被删除了,因为它被纳入“无形财产”中。[⑤]由于这一列举只是说明性的,因此所有这些变化都不影响投资定义的实质。投资定义继续适用于“各种形式的投资”。正如在第四章第一节第八目第四点中讨论的,这些变化中的部分始于美国—波兰 BIT。

1987 年范本第 1 条第 3 款——规定所投资的资产的形式发生任何变化,不应影响其作为投资的属性——在 1991 年范本中保持不变。

五、1992 年范本

1992 年范本第 1 条第 1 款(a)项对 1991 年范本的“投资”定义未做变动。1991 年范本第 1 条第 3 款——规定用于投资的资产的形式上的变化不应影响其作为投资的属性——在 1992 年范本中也保持不变。

六、1994 年范本

1994 年范本修改了 BIT 中的实体性规定,据此它们适用于“涵盖投资”而非“投资”。1994 年范本第 1 条(e)项把“涵盖投资”定义为“缔约一方的国民或公司在缔约另一方领土内的投资”。

1994 年范本接着在第 1 条(d)项中界定国民或公司的“投资”。从实质内容上看,该“投资”定义与之前 BIT 范本中的定义相比没有发生变化。有关投资应当位于缔约方领土内并且该缔约方国民或公司不拥有或控制该投资的规定被删除了,因为这一要求已经包含在“涵盖投资”定义中。

区别“投资”与“涵盖投资”是有用的,原因是,条约既提及条约保护所适用的投资,也提及其他投资,如东道国投资者的投资,后者获得的待遇确立了根据国民待遇义务所要适用的待遇标准。换言之,并不是每一次提及“投资”时都是指条约所保护的投资。早在 1984 年,BIT 范本就把“投资”界定为是指在缔约一方的投资者在缔约另一方领域内的投资,但即便在提到东

⑤ 1992 hearings, *supra* chap. 2, note 67, at 44.

道国投资者的投资时,当时的这些范本也使用"投资"。这一意图对于任何了解 BIT 宗旨的人来说都是清楚的,但从技术上说该表述是不协调的,这种不协调在 1994 年范本中通过创设两个独立的术语——它们明确了这始终是 BIT 的意图——得到了解决。

"投资"定义的序言中的说明性资产清单——规定了"比如股权、债务,以及服务与投资合同"——在 1994 年范本中被认为没有必要并且多余,因而被删除了。1994 年范本也修改了说明性的资产清单。与其他范本中的资产清单发生的变化一样,这些变化不影响投资定义——它规定了"各种形式的投资"——的实质。

第一,1992 年范本第 1 条第 1 款(a)项(i)点规定了"有形与无形财产,包括诸如抵押、质押、留置等权利"。1994 年范本把该类资产移至第 1 条第 1 款(a)项(iv)点,作为资产清单中的第四类,而非第一类。在提及"有形财产"时,1994 年范本增加了"包括不动产"这一短语。关于说明性的涵盖权利之清单,1994 年范本增加了"租赁"一词。因此,1994 年范本中的该清单表述为"租赁、抵押、质押与留置"。

第二,1992 年范本第 2 条第 1 款(a)项(ii)点包含着"公司、公司股份或其他利益,或者公司资产中的利益"。基于文体上的原因,在 1994 年范本中,"公司"被单独规定于第 1 条第 1 款(a)项(i)点,而第 1 条第 1 款(a)项(ii)点把公司中的利益规定为"公司中的股份、股权及其他形式的股权参与,以及公债、债券和其他债务利益"。因而,这一表述明确了"投资"定义包含着股份与债务利益,尽管该表述从序言中被删除了。

第三,1992 年范本第 1 条第 1 款(a)项(iii)点规定了"与投资有关的金钱之诉或者有经济价值的履行之诉"。1994 年范本把这一表述替代为"合同权利,比如,交钥匙、建造或管理合同、生产或产品分享合同、特许或类似合同项下合同权利。"无论如何,并非基于合同的金钱之诉或履行之诉都可以基于法律或根据法律给予的许可证由此被涵盖在其他所列举的投资类型内。

第四,对知识产权的权利清单做了较大修改。1992 年范本第 1 条第 1 款(a)项(iv)点提及"知识产权其中包括与……有关的权利"。与此不同,通过规定"知识产权,包括……"1994 年范本第 1 条(d)项(v)点简化了文本。短语"其中包括"(inter alia)被删除了,但"包括"之后的列举意在表明这些列举只是说明性的,因而删除"其中包括"无关宏旨。在 1992 年范本中,"文学与艺术作品”被“著作权及相关权利”所取代。1987 年范本及此前的范本简洁地称为“著作权利”。“人类努力的所有领域中的发明”被“专利与植物品种中的权利”所取代。1987 年范本及此前的范本称为“专利”。“商业秘密、专有技术以及机密的商业信息”被“商业秘密,包括专有技术和机密的商业信息”所取代。“商标、服务标志以及商号”被“商品商标与服务商标,以及商号”所取代。在一些情况下,纳入这些变化是为了确保可以明确地涵盖 20 世纪 90 年代初时较为新型的知识产权,如半导体芯片设计与植物品种,而这一时期美国是这些产品的主要生产者。

第五,1992 年范本第 1 条第 1 款(a)项(v)点规定“法律或合同赋予的任何权利,以及根据法律获得的任何许可证与许可”。由于第 1 条(d)项(iii)点已经另行提及合同权利,1994 年范本把这一短语缩简为“根据法律赋予的权利,比如许可证与批准”。

1994 年范本删除了 1992 年范本第 1 条第 3 款中的多余表述,规定构成投资之资产的形式发生的变化不会影响它们作为投资的属性。该表述此前系因为出于谨慎而纳入,但美国 BIT 谈判人员认定这么做并无必要。

七、2004 年范本

2004 年范本修改了自美国启动 BIT 范本以来,在其缔结的 BITs 中采取的自我循环的投资定义。2004 年范本把投资界定为“任何资产……具有投资的属性,包括诸如承诺投入资金或其他资源、期待获得收益或利润,或者承担风险”。因而,2004 年范本保持了美国把投资限定于那些具有投资特征的资产的做法,但在寻求认定投资特征时有别于以往的 BIT 范本。

2004 年范本中关于资产的说明性清单也被做了修改。第一,“公司”被“企业”取而代之。“企业”被界定为“根据可适用的法律设立或组建——不管是否为了盈利,也不管是否由私人或政府拥有或控制——的任何实体,包括公司、信托、合伙、独资企业、合资企业、联合体,或者类似的组织;以及企业的分支机构”。NAFTA 以及美国与智利及新加坡缔结的 FTAs 已经使用了“企业”一词。这一术语之所以可取的原因在于,它比“公司”的内涵更加丰富。不仅如此,“公司”一词一向被界定为包括公司及其他实体,这导致了自我循环定义中固有的问题。使用“企业”一词解决了这些问题。

1994 年范本将“分支机构”(branch)列为“公司”定义范围内的一种实体。然而,把“分支机构”一词包括在内导致了一个概念上的问题。在 1994

年范本中,公司属于“根据可适用的法律设立或组建”的实体。然而,“分支机构”往往指营运实体(operation)的组成部分,而该营运实体缺乏独立的法人存在。换言之,分支机构并不当然是根据可适用的法律组建。因此,1994年范本似乎从技术上把不是单独设立的任何分支机构排除在“公司”之外。

这一排除产生的后果是不同的,它取决于“公司”的定义如何被使用。公司可以是投资,也可以是投资者。如果“公司”指的是一项投资,分支机构是否在“公司”定义范围之内不会有什么实际影响。“投资”意味着任何投资,当然分支机构属于该定义范围之内,不论其是否单独设立,因而不论其是否属于一家“公司”。然而,如果“公司”指的是一个投资者,则分支机构不是单独设立之事实则可能是重要的,原因是,在1994年范本项下,如果一个分支机构不是一家公司或者国民,则其不能成为投资者。

在2004年范本中,1994年范本项下缺乏独立之法人资格的分支机构可能被剥夺公司地位的问题得到了解决。2004年范本规定,“企业”包括“企业的分支机构”。因此,不具有独立之法人存在的分支机构可以成为企业。这进而意味着,凭借明确地被包含于“企业”,缺乏独立之法人存在的分支机构仍然可以明确地被纳入“投资”定义内。更重要地,缺乏独立之法人存在的分支机构仍然可以成为投资者。根据2004年范本,“缔约一方的投资者”包括“缔约一方的企业”,该短语被界定为包括“位于缔约一方领土内并且在此开展业务活动的分支机构”。因此,根据2004年范本,如果缺乏独立之法人资格的分支机构位于母国,并且在母国从事营业活动,则其可以成为母国的投资者。

进而,公司中的利益种类,即现在所说的企业中的利益被分成两类。第一类是“股份、股票,以及参与企业的其他形式的参股”,除了用“企业”代替“公司”,它与曾经出现于1994年范本中的表述是相同的。第二类是“担保债券、无担保债券及其他债权凭证和贷款”。除了增加“贷款”的规定,这与1994年范本中的表述也是一样的。OECD的《多边投资协定(草案)》(MAI草案)中的相应表述中也包含“贷款”一词。插入“贷款”——从性质上说可能是短期的,因而可以被用于为商业交易提供融资——促使BIT起草人针对投资定义增加了一个脚注。该脚注指出:“一些形式的债务,比如担保债券、无担保债券,远期票据更可能具有投资的属性,而其他形式的债务,比如源于货物或服务销售而即将到期的支付请求具有投资属性的可能性较低。”规定该脚注的目的也是确保被纳入“投资”定义的资产具有投资的经济特征。该脚注旨在排除与日常性商业交易相关的债务，如为购买货物或服务而签署的融资协议。

2004 年范本修订了有关法律赋予之权利的规定，这与修订有关合同赋予之权利的规定相似，旨在确保适用“同类原则”（*ejusdem generis*）。具体来说，2004 年范本删去了有关合同赋予之权利的一般性规定，而细化为包括“交钥匙、建设、管理、生产、担保金、利润分成以及其他类似合同”。因而，2004 年范本规定的投资权利清单与 1994 年范本之间并无实质区别，但它把受 BIT 保护的赋予投资权利的合同类别予以明确了。不过，该列举本身仍然只是说明性的，投资的定义包含具有投资特征的各种形式的投资，不管其是否在所列举的某种类型范围内。在此进行修改的目的是，排除通常属于普通的商业合同以及不具有投资特征的合同。

有形财产与无形财产的分类被做了修改，2004 年范本纳入了“动产与不动产”这一短语。动产与不动产通常出现于美国以外的国家缔结的 BITs 中，该短语曾经出现于 MAI（草案）中。动产与不动产是一个大陆法系国家所熟悉的术语，美国的 BIT 伙伴有时候要求在其与美国缔结的 BITs 纳入这一术语。因而，增加这一规定只是让美国 BITs 与其他法域的实践保持一致，并没有修改文本实质内容的意思。⑥另外，2004 年范本对 1994 年范本中有关“诸如租赁、贷款、抵押和留置等权利”的规定做了修改，即变更为“诸如租赁、贷款、抵押和留置等与财产有关的权利”。这一新的表述源于 MAI 草案，但后者在“权利”之前还增加了“任一”（any）的表述。

2004 年范本极大地简化了知识产权的种类，它删去了说明性的权利清单，只是简单地规定“知识产权权利”。MAI（草案）也采用了这样的规定。

最后，与修订了合同赋予之权利一样，2004 年范本修订了法律赋予之权利这一类权利，以确保适用“同类原则”。虽然 1994 年范本将此类权利规定为包括法律赋予的权利，如许可证和获得批准的权利，但 2004 年范本删去了一般性的规定，而将说明性清单放在首位。因而，在 2004 年范本中，这类权利清单是指“根据国内法赋予的许可、授权、批准以及其他类似的权利”。脚注 2 和脚注 3 对这一规定做了限定。与脚注 1 一样，脚注 2 规定，这一类别的权利是否构成投资，需要视具体情况而定。它规定“某项许可、授权或者其他类似的权利……是否具备投资的属性，取决于依据东道国法律的规定，

---

⑥ Moldova BIT submittal letter, at Ⅶ.

权利人享有之权利的性质与范围等因素。"它随后解释认为,那些不具备投资属性的权利,是指"不受东道国国内法保护的权利"。表面上看,这一规定似乎并无必要,因为该脚注所属的正文中的权利类别只包括可适用的国内法授予的权利。因而,未能创设根据国内法可以获得保护的权利的文件(instrument)无论如何不在此类权利之列。尽管如此,该脚注旨在指出并非每一项许可证、授权、批准或类似的文件都构成投资,并且焦点放在认定假定之投资者在许可证中拥有的财产权。可以由国家任意撤销的许可证是不构成投资之许可证的例子之一。

脚注 2 接着规定,"为了更加明确,上述规定不会影响与许可证、授权、批准,或者类似文件有关的任何资产是否具有投资的属性。"换言之,许可证或者批准不构成投资的事实并不必然意味着与它们相关的某些其他资产不构成投资。每项资产都必须进行评估以确定其是否具有投资的属性。

脚注 3 明确规定,"投资"一词不包含在一项司法或行政行动中作出的命令或判决。然而,该脚注不能仅就字面意思进行解读。BITs 很早就把"投资"界定为至少包含某些求偿。美国没有一贯的政策支持这样一种结果,即诉求是一项投资,但当它被法院认定有效并且被纳入判决时就不再是一项投资。因此,在一份命令或判决确认了构成一项投资的法律利益时,该命令或判决也应该被视为一项投资,因为它只是确认了属于投资的另一种利益。

与 1994 年范本一样,2004 年范本也单独对"涵盖投资"作了界定。它把该术语界定为指"缔约另一方的投资者在本条约生效时在缔约一方领土内已经存在,或者在本条约生效后设立、取得或扩大的投资"。因而,"涵盖投资"定义有两个目的:第一,与在 1994 年范本中一样,它确立了条约所适用的投资位于缔约一方的领土,并且被缔约另一方的投资者拥有或控制。2004 年范本中的规定在文体上有别于 1994 年范本的规定,但实质内容不变。第二,在 2004 年范本中,条约是在"涵盖投资"定义中规定其适用于既有的投资和未来的投资,这个问题在此前的 BIT 范本中是放在最后条款中加以规定的。虽然 2004 年范本中的表述与此前的 BIT 范本中的表述在文体上存在差别,但它们都意在具有相同的含义。"涵盖投资"定义的这方面的问题在第四章第八节中将进一步讨论。

八、已经签署的 BITs

(一)与 1983 年范本中相同的定义

美国分别与巴拿马 、孟加拉国、海地以及塞内加尔缔结的 BITs——分别在第1条(d)项、第1条(c)项、第1条(c)项,以及第1条(c)项——采纳了1983年范本中的"投资"定义。

(二)修改1983年范本中的定义

美国与民主刚果缔结的BIT第1条(c)项紧紧遵循了1983年范本中的表述。所列举的第一种投资类型被改写为包括"所有财产权利,比如留置权、抵押权、质押权以及实物担保",而非之前的"动产与不动产,包括诸如抵押权、留置权以及质押权"。考虑到该清单只是说明性的,因此这一变动不是实质性的。美国—民主刚果BIT也没有界定"拥有或控制"。前已指出,这一定义的主要功能是,表明BIT涵盖通过子公司或分设机构——不论其位于何处——进行的投资。就美国—民主刚果BIT而言,这一省略是不重要的,因为该BIT接着提及"直接或间接地拥有或控制的"投资,这一规定足以表明由子公司或分支机构拥有或者控制投资。如前所述,事实上正是由于这一原因,"拥有或控制"定义显得没有必要,因而在1984年及其后的范本中被删除了。无论如何,民主刚果的谈判人员向美国作出保证,美国—民主刚果BIT涵盖"通过在第三国的子公司从事的"投资。[7]

美国—埃及BIT第1条(c)项整体上遵循了1983年BIT范本的规定。它把"投资"界定为"拥有或控制的各种形式的资产"。埃及倾向于使用"资产"一词,因为埃及与欧洲国家签署的BITs使用了该词。第1条(d)项中的"投资"与"拥有或控制"定义都没有提及"直接或间接"拥有或控制。然而,由于第1条(d)项把"拥有或控制"界定为包括通过子公司或分支机构的拥有或控制,因而,未提及"拥有或控制"这一短语并不重要。[8]像美国与摩洛哥和波兰缔结的BIT一样,美国—埃及BIT删除了四个被宽泛地界定的投资类型。针对某些具体类型的投资,该BIT也稍微修正了相关措辞。由于这些不同的投资类型是一份非穷尽性清单的组成部分,因此这些变化也并不重要。像美国—摩洛哥BIT一样,美国—埃及BIT也删除了有关投资形式发生变化不会影响其作为投资的属性的明文规定。这一句并没有出现在1981年范本,或1982年较早的BIT范本中,这两个范本是美国与埃及和摩洛哥开始谈判的基础。

美国—埃及BIT中"投资"定义的一个重要变动出现于该BIT议定书第2段。该段把"控制"界定为"拥有大量(substantial)的所有权份额以及施加

---

⑦ DR Congo BIT submittal letter, at Ⅸ.

⑧ Egypt BIT submittal letter, at Ⅹ.

决定性影响的能力”。美国本来倾向于避免试图去明确“控制”的含义,但后来同意了埃及谈判人员的要求。[9]美国—波兰 BIT 也界定了“控制”一词的含义,但与美国—埃及 BIT 的界定略有不同。该 BIT 议定书第 2 段明确规定,在是否控制的问题方面产生的分歧应该通过国家—国家争端解决条款加以解决。

美国—摩洛哥 BIT 第 1 条第 4 款大幅改写了 1983 年范本中的表述,但显然并未改变其适用范围。根据该 BIT 规定,“投资意指缔约一方的国民或公司拥有或控制的投资”。虽然没有提及“直接或间接”拥有或控制,但该 BIT 在第 1 条第 4 款中保留了拥有或控制的定义,并且提及“直接或间接”。该 BIT 第 1 条也规定了一项特定义务,即在对于拥有或控制的含义产生分歧时,缔约方应进行磋商。和美国与埃及、波兰签署的 BIT 一样,该 BIT 的“投资”定义也没有包含界定宽泛的投资类型。具体投资类型的清单被进行了重新安排,并且有证据表明这一清单被扩大了。由于美国—摩洛哥 BIT 中的这一清单与 1983 年范本中的对应清单之间缺乏明确的相关性,也由于两份清单中的具体类型存在重叠,人们无法断定这两份清单的外延是否是一样的。无论如何,由于这一清单不是穷尽性的,只要特定的资产能够被认为构成了投资,它并没有必要属于所列出的具体投资类型之一。最后,美国—摩洛哥 BIT 没有明确规定投资在形式方面发生的变化不会影响其作为投资的属性。如前所示,这一规定是没有必要的,因此未作出这一规定并不重要。

(三)与 1984 和 1987 年范本中相同的定义

美国与格林纳达、刚果以及突尼斯缔结的 BITs 采纳了 1984 年范本和 1987 年范本中的表述。它们分别规定于美国与格林纳达及刚果签署的 BITs 共同第 1 条第 1 款(b)项和美国—突尼斯 BIT 第 1 条第 1 款(a)项。上述两个范本中有关用于投资的资产形式发生变化并不影响其作为投资的属性的规定保持不变地规定这三个 BITs 的共同第 1 条第 3 款。

(四)修改 1984 年或 1987 年 BIT 范本中的定义

美国—土耳其 BIT 第 1 条第 1 款(c)项遵循了 1984 年范本的表述,但它新增加了投资定义中投资类型的例子。例如,美国—土耳其 BIT 在范本的投资定义一开始就宽泛地规定的四种投资类型的基础上增加了资产与求

---

⑨ *Id.*.

偿。类似地,美国—土耳其BIT增加了最后一类具体的投资类型,即用于再投资的投资回报,以及基于贷款协议产生的本金和利益支付。当然,1984年范本中的"投资"定义宽泛到足以包含这些新增的类型,因而这些新增规定并未实际地扩大投资的含义。美国—土耳其BIT第1条第1款(d)项也保留了"拥有或控制"定义,而该定义在1984年范本中已经被删除。

美国—喀麦隆BIT第1条第1款(b)项基本上遵循了1984年范本的表述。为了消除BIT范本中存在的循环定义问题,"投资"最早被界定为"各种资产"。一个真正有意思的变化是在"各种资产"之后出现的限制性短语。尽管1984年范本把投资限定于在缔约一方领土内由缔约另一方的国民或公司拥有或控制的投资,但美国—喀麦隆BIT对投资的界定宽泛得多,它系指"在任一缔约方领土内,被任一缔约方的国民或公司拥有或控制……"的资产。因而,涵盖投资似乎包括在喀麦隆而由喀麦隆国民拥有或控制的投资。扩大涵盖投资的含义可能导致的混淆似乎很大程度上,甚至可能完全由于以下事实而消除,即在BITs的实体性条款中,投资通常被限定于只是指缔约一方的国民与公司在缔约另一方领土内的投资,这种起草做法根本上消除了1984年范本具有的流畅性这一主要优点。美国—喀麦隆BIT第1条第1款(e)项也保留了"拥有或控制"定义,该定义也在1984年范本中被删除了。此外,有关投资形式发生的变化不影响其投资属性的条款被改写后规定于美国—喀麦隆BIT第1条第2款,即"用于投资或再投资的任何资产或回报也被认为是投资"。最后,一些具体的投资类型在美国—喀麦隆BIT中被稍微做了改写,但并不影响其范围。

美国—波兰BIT第1条第1款(b)项接受了1987年范本中的"投资"定义,但有一些不具有实质性影响的细微差别:第一,与美国同埃及和摩洛哥签署的BITs一样,该BIT删除了短语"比如股份、债务、服务以及投资合同",这些列举旨在说明而不是穷尽地界定"投资"的含义。1994年范本删除了这一内容。第二,说明性的利益清单——旨在说明,但也非穷尽性地界定在"投资"定义中包含的工业与知识产权权利的范围——被稍作改动。"著作权"变更为"文学与艺术作品,包括录音"。这一变化也被纳入1991年范本,但1994年范本随后删除了该规定。"专有技术"被删除了,但增加规定了"半导体掩码"。"半导体掩码"已经被纳入1991年范本,但在1994年范本中被改为"半导体设计"。通过插入短语"其中包括",美国—波兰BIT明确了这些不同形式的知识产权只是说明构成"投资"的知识产权包含哪些内容。1991 年范本插入了这一短语,但在 1994 年范本中被删除了。与美国签署的其他 BITs 不同,美国—波兰 BIT 以单独条款的形式规定了保护知识产权。[⑩]

像美国—埃及 BIT 一样,美国—波兰 BIT 对"控制"做了界定。它在第 1 条第 1 款(j)项中规定,"控制"意指"对投资的管理与运作具有重要(substantial)利益,或者有能力对投资的管理与动作施加重要影响"。美国—波兰 BIT 接着用但书来限定"控制"定义,即"纯粹由于契约关系而提供货物或服务,或者延长涉及此类契约的商业信用"并不足以被认定为存在重要影响。虽然美国通常拒绝界定"控制"的含义,但这一定义与其他 BITs 中使用的该术语的含义并非不相符合。美国—俄罗斯 BIT 没有界定"控制"的含义,但它在议定书的表述中确定了用于认定是否存在控制的因素。[⑪]

美国—波兰 BIT 第 1 条第 3 款修改了 1987 年范本中有关投资形式的发生改变的规定。该 BIT 把投资形式改变限定于"根据有关缔约方的法律进行的[改变],只要适用该法律并没有损害本条约赋予的任何权利"。换言之,只有投资形式的改变符合东道国法律情况下,投资在其形式发生改变后才会仍然受到条约的保护。同时,这些法律必须符合美国—波兰 BIT 的规定。同样的改动出现于美国—斯里兰卡 BIT 中。

(五)与 1991 年或 1992 年 BIT 范本中一致的定义

除了标点符号、字体以及格式方面的细微变化外,美国签署的多个 BITs 采纳的"投资"定义与 1991 年及 1992 年范本中的投资定义是相同的。这些 BITs 是美国分别与哈萨克斯坦、亚美尼亚、吉尔吉斯斯坦、厄瓜多尔、白俄罗斯、乌克兰、爱沙尼亚、蒙古以及拉脱维亚签署的。所有这些 BITs 中的投资定义都规定于第 1 条第 1 款(a)项,而有关用于投资的资产的形式发生的变化不影响其作为投资的属性的内容,则规定于第 1 条第 3 款。

(六)修改 1991 年或 1992 年 BIT 范本中的定义

美国—斯里兰卡 BIT 中的"投资"定义——规定于第 1 条第 1 款 a 项——总体上遵循了 1991 年范本的表述。在构成投资的说明性资产清单中,第 1 条第 1 款(a)项(iv)点所指的"发明"被限定于指"可授予专利的发明"。该 BIT 议定书第 1 段指出,"当前,斯里兰卡没有任何立法保护半导体掩码作为知识产权"。

---

⑩ 参见第十二章第七节。

⑪ 参见第四章第一节第八目第六点。

美国—斯里兰卡 BIT 第 1 条第 3 款——规定用于投资的资产的形式发生变化不应当影响其作为投资的属性——对 1991 年范本所做的修改是,在“用于投资或再投资”之后紧接着增加一款。该款规定“根据相关缔约方的法律发生改变,只要这些法律的实施不损害本条约项下的任何权利”。该款旨在明确资产形式的改变不会使它们丧失作为条约意义上的投资的资格,只要这种改变是根据当地法律进行的,但当地法律必须遵守 BIT 规定的义务。同样的变化也出现于美国—波兰 BIT 中。

美国—捷克 BIT 和美国—斯洛伐克 BIT 遵循了 1991 年范本的规定,但有细微修正,如标点符号的变化。在第 1 条第 1 款(a)项(iv)点中,这两个 BITs 省略了“专有技术”。在第 1 条第 1 款(a)项(v)点中,这两个 BITs 增加了“包括勘探、养护、开采,或者开发自然资源”。类似的表述已经出现于 1984 年之前的 BIT 范本以及美国—罗马尼亚 BIT 中。第 1 条第 3 款——规定用于投资的资产的形式发生变化不影响其作为投资的属性——的表述与 1991 年范本中的相应表述相比没有变化。

美国—俄罗斯 BIT 中的“投资”定义——规定于第 1 条第 1 款(c)项——删除了“拥有或控制”后面的短语“直接或间接地”。不过,在该 BIT 议定书第 2(a)段中,缔约方确认它们彼此的理解是,“‘被控制的’投资包括缔约一方的国民或公司直接控制的投资,也包括这些国民或公司通过第三国的国民或公司间接控制的投资。”该段进一步规定,上述规定也适用于该 BIT 第 1 条第 1 款(c)项中使用的术语“拥有”。该议定书第 2(a)段与美国对于 1991 年范本的理解是一致的。如下文指出,该议定书第 2(b)段规定了一些在认定是否存在“控制”时要考虑的因素。

规定说明性、非穷尽性的资产清单的表述增加了“没有限制”这一短语只是为了明确该清单不是穷尽性的。描述第一类资产——有形与无形财产——的表述被修改为“包括动产与不动产、有形财产与无形财产在内的任何类型的财产”。美国与罗马尼亚、摩尔多瓦以及巴林缔结的 BITs 也提及了动产与不动产,并已加入到 2004 年范本。第二类资产——公司以及在公司中的利益——修改为“包括股份、管理与经营权,或者公司资产中的利益在内的任何利益”。在涉及知识产权的第四类资产中,“半导体掩码”被“集成电路设计”所替代。第五类资产——在 1991 年范本中系指“法律或合同赋予的任何权利,或者依法给予的任何许可证或许可”——被修改为“与投资有关的法律或合同赋予的,或者根据依法给予的任何许可证或许可具有的任何权利”,这一修改明确了投资定义的基本原则,即只有具有投资特征的资产才会被涵盖在投资定义内,因而,如果法律或合同赋予的权利与投资有关,则它们会被涵盖在内。由于这一清单是说明性的,美国的谈判人员不认为这些变化具有实质性意义。[12]

与1991年范本一样,虽然美国—俄罗斯BIT没有界定“拥有”或“控制”的含义,但该BIT议定书第2(b)段列举了在认定控制时要考虑的其中三个因素,这是应俄罗斯要求加入的。它们包括:在投资中具有重要利益、有能力对投资的管理与经营施加重要影响,以及有能力对管理机构施加重要影响。同一个条款也规定“控制问题取决于特定案件的事实情势”。

美国—阿根廷BIT第1条第1款(a)项基本上遵循了1991年范本的表述。它在构成投资之资产的说明性清单的一开始插入了短语“不限制”(without limitation),这只是表明该清单是说明性的。这一清单有一个细微的变化。具体来说,该BIT第1条第1款(a)项(iii)点略微修改了构成投资的第三类资产。1991年范本中的表述——“一项具有经济价值且与投资相关的履行诉求”——变更为“一项涉及具有经济价值且与投资直接相关的履行诉求”。阿根廷要求做出这一改动是为了表明,一项债务要获得BIT的保护就必须与投资直接相关,否则就不构成投资。美国谈判人员不认为这一改动是实质性的。[13]该BIT第1条第3款——规定用于投资的资产形式发生变化并不影响其作为投资的属性——较之1991年范本中的相应表述并没有发生变化。

美国—罗马尼亚BIT中的“投资”定义——规定于第1条第1款(a)项——以1992年BIT谈判范本为基础。在第1条第1款第(a)项(i)点中,该BIT把“动产与不动产”增加到构成投资的第一类资产中,这一变化反映了某些国家法律制度中区分动产与不动产的实践。同样的变化也出现在美国与俄罗斯、摩尔多瓦以及巴林缔结的BITs中,并且最终被规定于2004年BIT范本中。美国—罗马尼亚BIT在“不动”(immovable)后面也有一个逗号,这是印刷方面的一个错误。

美国—罗马尼亚BIT第1条第1款(a)项(iv)点把“知识产权”改为“知识产权与工业产权”。这一表述曾经出现于1987年及之前的BIT范本中。

美国—罗马尼亚BIT第1条第1款(a)项(v)点在构成投资的说明性资

---

⑫ 1992 hearings, *supra* chap. 2, note 67, at 50.

⑬ *Id.*, at 32.

产清单中增加了“寻找、提炼及开采自然资源的特许合同”。当然,有关矿藏的特许权利很早就被认为是受国际法保护的一种财产形式。进而,早期的 BIT 范本在“投资”定义中就明确提及“寻找或利用自然资源的权利”。由于该权利已经包含在法律或合同保护的权利中,这一表述在 1984 年及此后的 BIT 范本中被认为是多余而被删除了。因而,美国—罗马尼亚 BIT 只是明确了 1984 年及以后的 BIT 范本中默示存在的含义。美国—罗马尼亚 BIT 中的这一内容是应罗马尼亚要求增加的,因为罗马尼亚认为这是对于美国投资者特别具有吸引力的一个经济行业,而罗马尼亚希望潜在的投资者注意到这样一个事实,即这些权利属于根据 BIT 获得保护的投资。类似的表述也被增加规定于美国—捷克 BIT 和美国—斯洛伐克 BIT。

美国—罗马尼亚 BIT 第 1 条第 3 款——规定被用于投资的资产在形式上发生变化不影响它们作为投资的属性——与 1992 年 BIT 范本中的规定并无不同。

美国—保加利亚 BIT 中的“投资”定义——规定于第 1 条第 1 款(a)项——遵循了 1991 年范本中的表述,区别在于在标点符号方面存在细微的差别。该 BIT 的议定书规定,该条约中使用的“投资”一词不适用于 1992 年 1 月 1 日之前为了贸易、财政或收支平衡而向保加利亚政府,或者由保加利亚政府拥有或控制的银行展期,并且后来在伦敦俱乐部(London Club)中获得重组的贷款。伦敦俱乐部指的是针对商业银行的主权债务实施重组或再融资的过程。该条款的目的在于,确保重组不会出现指控违反了投资条约的情形。第 1 条第 3 款——规定所投资的资产的形式不影响其作为投资的属性——遵循了 1991 年范本的表述,区别仅在于在“投资”之前插入“一项”(an)的措辞,这纯粹只是文体方面的变化。

美国—摩尔多瓦 BIT 中的“投资”定义——规定于第 1 条第 1 款(a)项——与 1992 年范本中的定义是一样的,区别仅在于,它在说明性的资产清单中增加了“动产与不动产”这一短语。规定动产与不动产并不表明政策方面发生了变化。这一短语也出现于美国与俄罗斯、罗马尼亚以及巴林签署的 BITs 中,并且最终被纳入 2004 年范本。第 1 条第 3 款——规定用于投资的资产的形式发生变化不应影响其作为投资的属性——与 1992 年范本中的对应条款是一样的。

除了一些细微的差别,美国—牙买加 BIT 中的“投资”定义——规定于第 1 条第 1 款第(a)项——遵循了 1992 年范本的表述。构成投资之资产的说明性清单一开始插入了短语“不限制”(without limitation),这只是表明该清单是说明性的。“人类努力取得的发明”被修改为“可获得专利的发明”。与此后的2004年范本一样,该BIT中也没有提及“专有技术”。第1条第1款第(a)项后面的“及”(and)被删除了,这纯粹只是一个文体方面的变化。第1条第3款——规定被用于投资的资产的形式发生变化不应影响其作为投资的属性——遵循了1991年范本中的表述,区别仅在于在“投资”之前插入“一项”(an),这只是一个文体方面的变化。

美国—立陶宛BIT中的“投资”定义——规定于第1条第1款(a)项——对于1992年范本做出了细微的文体上的变化,这些变化不具有实质性影响。第1条第3款——规定被用于投资的资产的形式发生变化不应影响其作为投资的属性——与1992年范本中的对应规定是一样。

(七)与1994范本中相同的定义

美国签署的7个BITs中的“投资”定义与1994年范本中的对应定义是一样的。这些BITs是美国与格鲁吉亚、乌兹别克斯坦、洪都拉斯、尼加拉瓜、阿塞拜疆、莫桑比克以及萨尔瓦多签署的。投资定义规定于这些BITs的共同第1条(d)项。

“涵盖投资”的定义与1994年范本及所有这些BITs中的对应定义是相同的。它出现于第1条(e)项。在美国—莫桑比克BIT中,“涵盖投资”被界定为“本条约下的涵盖投资”。

(八)修改了1994年范本中的定义

美国—阿尔巴尼亚BIT中的“投资”定义——规定于第1条第1款(d)项——与1994年范本中的投资定义是一样的,区别仅在于,在说明性的资产清单外增加了“合伙利益”,这一变化只是明确了在BIT范本中已经隐含的内容。具体来说,“投资”一词包括公司,而公司在一些BIT范本中进一步被明确界定为包括合伙。美国—阿尔巴尼亚BIT第1条的标题——“定义”——使用了大写英文首字母。规定于第1条第1款第3项的“涵盖投资”定义与1994年范本中的对应定义是一样的。

除了标点符号方面的细微差别,美国—克罗地亚BIT中的“投资”定义——规定于第1条(d)项——与1994年范本中的投资定义是一样的。美国—克罗地亚BIT增加了在1994年前的BIT范本中曾经出现过的一句,该句规定被用于投资的资产在形式方面发生变化不影响其作为投资的属性,但它在“投资”之前插入了“一项”(an)。美国—克罗地亚BIT第1条(e)项中的“涵盖投资”定义与1991年范本中的对应定义是一样的。

美国—特立尼达和多巴哥BIT中的“投资”与“涵盖投资”的定义——分别规定于第1条(d)项、(e)项——与1994年范本中的对应定义是一样的，区别在于，该BIT在第1条的开头插入了使用大写英文首字母的标题——“定义”。

美国—约旦BIT中的“投资”定义——规定于第1条(d)项——以1984年范本中的对应定义为基础，但有几个细微的变化。第1条一开始就是全部使用大写英文首字母的标题——“定义”。它在关于知识产权的说明性清单中加入了“工业产权”“实用新型”以及“原产地标志”，并且把“工业设计”修改为“工业设计或模型”。另外，“机密的商业信息”被单独列出，而不是作为“商业秘密”的构成要素。它也包括了在1994年之前的BIT范本中使用的表述，即规定投资的形式发生任何变化不影响其作为投资的属性。该BIT议定书第1段确认了缔约双方共同谅解，即任一缔约方可以要求投资的形式发生变化时应该经过批准，或者就此规定形式要求，只要此种批准或要求符合BIT的规定。这一要求的一个例子是，提交新的公司章程。该BIT第1条(e)项规定的“涵盖投资”定义与1994年范本中的对应定义是相同的，区别仅在于用“缔约方”(Contracting Party)代替“当事国”(Party)。

美国—玻利维亚BIT中的“投资”定义——规定于第1条(d)项——与1994年范本中的对应定义是一样的，区别仅在于，增加了附加说明，即规定资产清单“是说明性的，而不是穷尽性的”。当然，这一句只是明确了在美国签署的所有BITs中隐含着的内容。规定于第1条(e)项的“涵盖投资”定义与1994年范本中的对应定义是一样的。

美国—巴林BIT第1条第4款中的“投资”定义遵循了1994年范本的定义，区别在于，它在列举被投资定义所涵盖的资产之前的多个地方加入“includes, but is not limited to”(包括但不限于)或“including, but not limited to”(包括但不限于)这样的表述。在所有这些地方，增加的短语只是进一步明确了已经隐含于1994年范本中的意思。此外，美国—巴林BIT用“动产与不动产”取代了“有形财产，包括不动产”。提及动产与不动产并没有反映政策上的变化。这一短语也出现于美国与俄罗斯、罗马尼亚以及摩尔多瓦缔结的BITs中，并且最终被纳入2004年范本中。一些法律体系倾向于把财产分为动产与不动产，而不是有形财产与无形财产。这一变化只是默认了巴林在表达财产分类方面的偏好。美国—巴林BIT第1条(e)项中的“涵盖投资”定义与1994年范本中的对应定义是一样的。

(九)修改2004年范本中的定义

美国—乌拉圭BIT第1条中的“投资”定义遵循了2004年范本的表述。不过,该BIT修改了这一定义的某些脚注。该BIT脚注1增加了可能不具备投资特征的资产的一个例子,即“不具有商业目的并且与其所在领土内的投资,或者尝试从事投资之努力都没有关系的银行账户”。而2004年范本中出现的例子是“基于销售货物或服务产生且马上到期的支付请求”。这一例子变成了美国—乌拉圭BIT中新的脚注2,该脚注明确规定此类请求“不构成投资”。因而,修改的结果是,在美国—乌拉圭BIT中,此前被认为是较小可能具有投资特征之一例的此类请求现在已经明确不属于投资而某些账户则成为较小可能具有投资特征的一个新的例子。有关此类请求的脚注是应乌拉圭的要求做出修改的,它与在中美洲国家—多米尼加—美国FTA出现的一个改动是一致的。应美国的建议,美国—乌拉圭BIT增订了某些银行账户这一例子,以取代2004年范本中有关支付请求的例子。

在美国—乌拉圭BIT中,脚注5(即2004年范本中的脚注4)在文体方式方面被做了修改,即在援引第30条之后删除了“[适用法律]”。

美国—乌拉圭BIT第1条中的“涵盖投资者”定义与2004年范本的对应定义是一样的。

九、已经签署的FTAs

NAFTA第1139条采取的“投资”定义在两个方面具有特殊性。

第一,与BITs中的投资定义不同,它在说明性的构成投资之资产的清单之前没有一个开放性的序言,而是穷尽性地列举构成投资的资产清单。在*S. D. Myers v. Canada*案中,美国赞同加拿大和墨西哥的意见,即该投资定义是穷尽性的,因而投资者的市场份额不是NAFTA项下的投资。[14]在*Methanex v. United States*案中,美国提出类似的主张,即商誉、市场份额以及客户资源本身并不属于投资,因而可以被征收。[15]在这些案件中,美国的立场至少部分是基于NAFTA中的“投资”定义具有穷尽性,[16]但它似乎也基于这样一种观点,即这些利益不构成财产,因而不能构成作为习惯国际法

⑭ Submission of the United States of America, para. 2.

⑮ Amended Statement of Defense of Respondent United States of America, para. 387.

⑯ *Id.*, at para. 392.

事项的征收。[17]与 NAFTA 不同,1991 年之前的 BIT 范本把商誉(但不包括市场份额或客户资源)作为可以构成 BIT 意义上的投资的资产之一,但该资产在 1991 年范本中被删除了,因为它被认为包含在“无形资产”概念中。

第二,NAFTA 中的穷尽性清单有别于 BITs 中的说明性清单,但它与 2004 年范本中的说明性清单有许多共同之处。在 NAFTA 中,“投资”包括三个基本类型范围内的资产。第一类是以某种方式与企业相关联的资产。这些资产包括企业本身;企业的股权证券;企业债券或对企业发放的贷款。该企业是投资者的分公司,或者债券或贷款的最早到期期限至少为三年(不包括国家企业发行的债券或者对国家企业发放的贷款);在企业中的利益——它使利益所有人在该企业解散时可以分得企业的资产,不包括债券或贷款。第二类资产是与经济活动的利益有关。这些利益包括:为期待实现经济收益或其他商业目的而购买或者为实现经济收益目的或其他商业目的而使用的有形财产或无形财产,以及根据承诺在东道国领土内为经济活动投入资本或其他资源而产生的利益。在定义中特别提及的后一类利益的例子是涉及投资者位于东道国领土内的财产的合同,包括交钥匙合同或建设合同或特许合同,以及其回报根本上取决于企业的生产、收入或利润的合同。第三类资产是指本投资定义中的其他地方提到的利益类型以外的任何其他金钱求偿。

虽然关于定义另有其他规定,但 NAFTA 的投资定义还是排除了不构成投资的某些类型的资产。第一类是纯粹基于缔约一方领土内的国民或企业向缔约另一方领土内的企业销售货物或服务的商业合同而产生的金钱求偿。第二类是商业交易方面的信用展期,如贸易融资,除了前述属于“投资”定义范围内的贷款类型。丹·普莱斯(Dan Price)——NAFTA 投资章的一位美国谈判人员——认为“[NAFTA 中的]涵盖投资的范围非常接近于 BIT 中的投资定义,除了某些形式的贷款与金融交易由 NAFTA 金融服务章调整”。投资章的涵盖范围看起来不如 BIT 广泛的地方可能是由于这样一种事实,即投资章不是自在独立的,而是一个更广泛的协定的组成部分,因而某些领域更适合于在协定的其他地方加以规定。比如,可能被包含于

---

[17] *Id.*, at para. 393.

NAFTA 投资章的国家企业的购买活动涵盖在政府采购章内。[18]

美国—新加坡 FTA 中的“投资”定义——规定于第 15.1 条第 13 款——与 2004 年范本中的表述在文体方面存在区别。比如,在 2004 年范本正文中出现的对于投资特征的说明性列举被规定于该 FTA 脚注 15-1。并且,在规定特定形式的许可证、授权、批准,或者类似的文件是否具有投资特征取决于某些因素的该脚注中,美国—新加坡 FTA 把持有人根据“缔约方的国内法”拥有权利作为其中的一个因素。2004 年范本规定的是根据“缔约方的法律”。该脚注的其他地方提到了国内法,因而美国—新加坡 FTA 中的这一变化只是使脚注的文体保持一致。美国—新加坡 FTA 中的“涵盖投资”定义——规定于第 15.1 条第 4 款——与 2004 年范本中的对应定义是一样的,区别仅在于以“协定”替换“条约”。

美国—智利 FTA 中的“投资”定义——规定于第 10.27 条——与 2004 年范本中的表述是类似的,只存在不具有实质意义的细微差别。美国—智利 FTA 第 10.27 条(a)项对调了“贷款”和“其他债务工具”在说明性资产清单中的顺序。美国—智利 FTA 第 10.27 条(e)项指的是“合同——包括交钥匙合同、建设合同、管理合同、生产合同、特许合同或者产品分享合同——项下的权利”,而不是“交钥匙、建设、管理、生产、特许或者产品分享合同”。这两个清单的范围应该是一样的。类似地,美国—智利 FTA 第 10.27 条(g)项规定的是“根据国内法赋予的权利,比如特许、许可证、授权以及批准”,而 2004 年范本规定的则是“根据国内法授予的许可证、授权、批准以及类似的权利”。由于这个原因,第 10.27 条(g)项所附脚注的规定,即特定形式的许可证、授权、许可或者类似文件是否具有投资的属性取决于某些因素,被做了不同的表述,以便与条约正文保持一致。与美国—新加坡 FTA 一样,美国—智利 FTA 提及的是“缔约方的国内法”而非“缔约方的法律”,从而使脚注中的表述的文体保持了一致。美国—智利 FTA 在条约正文中插入了 2004 年范本脚注中的表述,它规定“投资”一词不包括在司法或行政行动中作出的命令或判决。第 2 条第 1 款中的“涵盖投资”定义与 2004 年范本中的定义是一样的,区别在于使用“协定”代替“条约”。美国与智利及新加坡

---

[18] Daniel M. Price & P. Bryan Christie III, “An Overview of the NAFTA Investment Chapter: Substantive Rules and Investor-State Dispute Settlement,” in Judith H. Bello, Alan F. Holmer, and Joseph J. Norton, *The North American Free Trade Agreement: A New Frontier in International Trade and Investment in the Americas* 173(2004).

签署的FTAs是在2004年范本之前起草的,因而这些差别中的许多体现了2004年范本在文体方面的完善。

美国—澳大利亚FTA中的“投资”定义——规定于第11.17条——遵循了2004年范本中的表述,但有一处不同。在规定特定形式的许可证、授权、许可,或者类似的文件是否具有投资特征取决于某些因素的脚注中,美国—澳大利亚FTA把持有人根据“可适用的国内法”拥有的权利作为其中的一个因素。2004年范本规定根据“缔约方的法律”。该脚注提及了国内法,因而美国—澳大利亚FTA中出现的这一变化——像美国和智利及新加坡签署的FTAs一样——只是使脚注的文体保持一致。美国—澳大利亚FTA中的“涵盖投资”定义——规定第1.2条第3款——与2004年范本的定义是相同的,区别仅在于使用“协定”代替“条约”,以及在“缔约另一方”后面增加个逗号,这一变化只是澄清了“本协定生效时业已存在的”这一短语修饰的是“投资”而非“缔约另一方”。

美国—摩洛哥FTA中的“投资”定义——规定于第10.27条——与2004年范本中的对应定义是一样的,但有一处细微的标点符号差别。“涵盖投资”定义——规定于第1.3条——遵循了2004年范本中的定义,区别在于它插入了交叉援引了第10.27条(该条在提及“投资”后对其做了界定)、使用“协定”代替“条约”,以及把“到”(as of)生效之日改为“在”(on)生效日,这纯粹只是表达方式上的变化。

美国—中美洲国家—多米尼加FTA第10.28条中的“投资”定义与2004年范本中的定义相同,除了在标点符号方面存在一个细微差别。不过,在脚注方面确实存在差别。具体来说,在2004年范本中,脚注1把“由于销售货物或服务并且马上到期的支付请求”作为不构成投资的一个例子。该FTA脚注1没有提及这些支付请求,而是设立了一个单独脚注,该脚注规定就本协定的而言,此类支付请求“不属于投资”。美国—乌拉圭BIT的规定是类似的。美国—中美洲国家—多米尼加FTA第2条第1款中“涵盖投资”的定义遵循了2004年范本的表述,区别在于其明确规定“投资”系指第10.28条(该条规定了投资章中的“投资”定义)界定的投资、使用“协定”代替“条约”,以及使用“另一个缔约方”(another Party)代替“缔约另一方”(the other Party)。

在这方面,应当注意的是,美国—中美洲国家—多米尼加FTA附件10-A把任何非美国当事方,或者通过非美国当事方的所有者权益拥有或控制的任何机构的债务的重组排除在国民待遇与最惠国待遇条款的 A 节之外。由此，虽然此种债务在“投资”定义的范围之内，但其重组只适用该 FTA 中的非歧视条款。

美国—阿曼 FTA 中的“投资”定义——规定于第 10.27 条——与 2004 年范本中的投资定义是一样的。该 FTA 第 1.3 条中的“涵盖投资”定义遵循了 2004 年范本中的定义，区别在于它明确规定定义中的“投资”系指第 10.27条（该条界定了投资章中的“投资”定义）界定的投资，同时用“协定”代替“条约”。

美国与哥伦比亚以及秘鲁缔结的 FTAs 共同第 10.28 条中的“投资”定义包含着一个脚注，它规定“缔约一方向另一缔约方发放的贷款不属于投资”。它们是美国缔结的仅有的包含此种排除的两个投资协定。这两个 FTAs 的第 1.3 条中的“涵盖投资”定义遵循了 2004 年范本中的定义，区别在于它明确规定该定义中的“投资”系指第 10.28 条（该条界定了投资章中的“投资”定义）界定的投资、用“协定”代替“条约”，同时使用“另一缔约方”（another Party）代替“缔约另一方”（the other Party）。

十、仲裁实践

不同的仲裁庭一致认为，“投资”的定义是宽泛的。[19]进而，一项投资往往是“一个复杂的过程，包括各种安排，比如合同、许可证以及其他协议……进而受本条约调整的过程”。[20]因而，在认定投资者是否从事了投资时，仲裁庭要考察投资者整体经营的经济特征，而不是孤立地考察每个资产或每笔交易。

在很多情况下，投资是投资者拥有的一家东道国的公司，而由于公司（或企业）及在公司（或企业）中的股份被明确包含在“投资”定义中，仲裁庭在认定存在投资方面几乎不会遇到困难。比如，在 *Continental Casualty v. Argentina* 案中，仲裁申请人拥有其投资的东道国公司 99.995% 的股份。[21]

要在公司中拥有投资，投资者不需要是公司的多数股权所有人。在 *Lanco v. Argentina* 案中，仲裁申请人是一家阿根廷公司的少数股东，该公司

---

⑲ *See*, *e. g.* *Lanco v. Argentina*, Preliminary Decision, December 8, 1998, para. 10 (definition is "very broad"); *Enron v. Argentina*, Decision on Jurisdiction, para. 44; *MCI Power v.* Ecuador, para. 164.

⑳ *Enron v. Argentina*, Decision on Jurisdiction, para. 70.

㉑ *See also Feldman v. Mexico.*

此前被授予一份特许协议。仲裁庭认为,条约“没有任何规定表明资本市场中的投资者必须控制公司的管理,或者多数股权;因此,[申请人]拥有 Grantee 在资本市场上 18% 的股份之事实可以让人得出结论,即申请人是一个投资者……”[22]自然,投资者是产生争议的特许协议的当事方,也因而该特许协议属于一项投资——仲裁申请人是其中的一位投资者。

类似地,在 *CMS Gas Transmission v. Argentina* 案中,一位美国投资者拥有一家阿根廷公司 29.42% 的股份,该公司从阿根廷那里获得分销天然气的许可证。仲裁庭认为,投资者持有公司的股份构成了投资。投资者不是许可证或特许协议的当事方并不是很重要。这一意见被 *LG & E v. Argentina* 案仲裁庭所遵循。在 *GAMI Investments v. Mexico* 案中,仲裁庭再次认为,14.18% 的公司股份利益构成了一项投资。仲裁申请人认为,墨西哥征收了该公司拥有的五家糖厂,它们实际上是公司的所有资产,由此使申请人拥有的股份几乎变得一文不值。虽然仲裁庭最终在实质问题方面驳回了 GAMI 的诉求,但它认定 GAMI 的股份确实属于投资,而 GAMI 可以就其股份受到的损害提出诉求。

非股权利益也可以构成投资。在 *Link-Trading v. Moldova* 案中,仲裁庭认定债务融资构成投资。

在其他案例中,投资是一份合同。比如,在 *Azurix v. Argentina* 案中,仲裁庭认为,特许协议可以构成投资。进而,在特许协议系由一家东道国公司持有的情形下,如果外国投资者能够拥有或控制该东道国公司,则该合同是外国投资者的一项投资。仲裁庭指出,投资者是真正的利益当事方,而 BITs 中的“投资”定义的目的就是保护具有真正利益的当事方。在该案中,来自美国的仲裁申请人拥有一家阿根廷公司 90% 的股份,而该公司是因特许协议产生之争端的当事方。因而,虽然争端系产生于仲裁申请人并非协议当事方的一份合同,仲裁庭仍然认为,争端系产生于仲裁申请人的投资。

与此不同,在 *Lanco v. Argentina* 案中,投资者是一家公司的少数股东,该公司被授予经营港口的特许合同。前文已指出,该合同也被认定是投资者的一项投资,但在 Lanco 案中投资者作为担保人签署了一份特许协议。考虑到投资者对特许协议项下投资负有的义务承担连带责任,仲裁庭认为,该协议本身构成投资者的投资。

---

[22] Preliminary Decision on Jurisdiction, December 8, 1998, para. 10.

在 *PSEG v. Turkey* 案中，特许合同也被认定属于一项投资。在该案中，合同内容是建设与经营一家褐煤发电厂。土耳其就管辖权提出反对意见，认为该合同无效，没有拘束力，但仲裁庭认为当事方实际上达成了一份协议。仲裁庭也认为，通过后续谈判达成的股东协议赋予一家美国公司有权选择是否购买美国投资者在土耳其的投资中的所有者权益的一份谅解备忘录不是一项投资。换言之，仲裁庭认定，在该案的特定情势中，选择权不构成一项投资。在 *Occidental v. Ecuador* 案中，仲裁被申请人承认有关勘探与开发烃的特许协议是一项投资。

有时候，争端涉及有形财产。在 *ADF Group v. United States* 案中，仲裁庭认为，投资者购买的原产于美国并且在美国的工程项目中使用的钢铁，构成美国领土内的投资。仲裁庭尤其提到 NAFTA 中"投资"的定义，该定义包括"为期待实现经济收益或其他商业目的而购买，或者为实现经济收益成其他商业目的而使用的有形或无形财产"。㉓

这些案例也考察了以无形财产形式出现的投资。比如，在 *MCI Power v. Ecuador* 案中，仲裁庭认为，应收账款与经营许可可以构成投资。

在 *Generation Ukraine v. Ukraine* 案中，仲裁庭认定，有关土地划拨的没有法律拘束力的决议、没有创设可执行权利的意向书，以及记载计划出资但尚未实际出资的登记证明不在"投资"定义的范围之内。所有这些都没有创设在法律上可执行的权利。然而，关于土地划拨的一项命令确实赋予仲裁申请人取得租赁的权利，因而符合"投资"的定义，该定义包括"法律或合同赋予的任何权利，以及依法给予的任何许可证与许可"。㉔仲裁申请人取得的工程许可也是如此。租赁和一份基础协议（foundation agreement）在投资定义所指的若干类型之内。

虽然仲裁庭通常会审查被声称构成投资的资产是否在说明性资产清单的范围之内，但显然，某项资产要在"投资"定义的涵盖范围内并不需要是说明性清单所列举资产的其中一种。比如，在 *AES v. Argentina* 案中，仲裁庭指出该条约中的"投资"——是指"各种形式的投资"——定义是一个"非常宽泛的定义"，AES 在某些能源公司中拥有的多数所有权无疑属于投资。㉕仲裁庭无意于把投资限定在该说明性清单中的某一类资产。

㉓ Award of January 9, 2003, para. 152.

㉔ Award of September 16, 2003, para. 18.22.

㉕ Decision on Jurisdiction, para. 88.

由于美国签署的BITs和FTAs中"投资"定义的宽泛性,仲裁庭只是偶而认定争端并非基于投资而产生的。此类案件包括*Mihaly v. Sri Lanka*案,在该案中,仲裁申请人为获得一份在斯里兰卡建造与经营发电站的合同支出了费用。然而,最终,当事方并未签署合同。仲裁庭认为,由于没有达成协议,《ICSID公约》所指的投资并不存在。因而,根据《ICSID公约》,仲裁庭对该诉求没有管辖权。仲裁庭指出,仲裁申请人并没有提及美国BIT中的"投资"定义,因而拒绝讨论BIT中的投资定义。㉖

在*Occidental v. Ecuador*案中,仲裁庭似乎认为,请求退税不属于投资。仲裁庭给出的唯一解释是,"公司投资于一项退税请求的情形是相当罕见的"。㉗不过,退税请求可以构成"金钱求偿",仲裁庭确认退税请求可以这么主张,但它随后认定,即便退税请求构成投资,它也没有被征收。因而,仲裁庭在认定该退税请求不构成投资方面并未花较多的笔墨,便裁定仲裁申请人未能说服仲裁庭该退税请求构成投资。通过指出并未发生征收,因而确实不需要对该求偿是否构成投资的问题作出决定,仲裁庭回避了针对该求偿是否构成投资作出明确裁定。

在*Genin v. Estonia*案中,仲裁庭认为,用于购买"只是有难度"的某些诉求的160万美元可以被认为是一项投资。㉘然而,仲裁庭不需要认定其是否构成投资,原因是,根据BIT规定的"投资"包括"股份或公司中的其他利益",仲裁申请人拥有足以构成投资的利益。㉙

正如这些案例表明的,投资是否存在要根据BIT中的投资定义进行确定。比如,在*Azurix v. Argentina*案中,仲裁庭指出,特许合同中的可回收投资(recoverable investment)的定义确定什么构成了BIT意义上的投资。

由于ICSID只对投资争端具有管辖权,因此在案件被提交给ICSID仲裁庭时,仲裁申请人必须证明该案涉及的投资既属于BIT所指的,也属于《ICSID公约》所指的投资。因此,一些案例如Mihaly案,认为"投资"一词的定义就是《ICSID公约》使用的投资定义。

《ICSID公约》没有界定"投资"一词的含义,它被认为,就国家同意ICSID而言,它们在界定"投资"的含义方面应该有广泛的自由裁量。因而,

---

㉖ Award, para. 61.

㉗ Award, para. 86.

㉘ Award, para. 319.

㉙ Award, para. 324.

仲裁庭可以裁量认定投资者是否从事了《ICSID 公约》所指的投资。在 *AES v. Argentina* 案中,仲裁庭指出,该案中的投资不仅属于 BIT 的投资定义范围内的投资,而且满足"国际投资"的定义,这显然但没有明确提及《ICSID 公约》。仲裁庭指出,投资定义要求资本在一个合理长的期间内促进东道国的经济发展,并且投资者要承担风险。当然,这类似于 2004 年范本中的投资定义确立的标准。然而,2004 年范本并未规定资产必须促进经济发展,而美国也不认为这是"投资"定义的一个构成要素。考虑到《ICSID 公约》并未界定投资的含义,而是向缔约国赋予界定其含义的广泛裁量权,仲裁庭应该尊重美国在签署 BITs 中做出的选择,在基于美国缔结的 BIT 或 FTA 出现的案件中,不应该把促进经济发展作为投资定义——无论在美国签署的 BITs 和 FTAs,还是在《ICSID 公约》意义上的——的要素。

尽管如此,至少在一起根据美国签署的 BIT 提起仲裁的案件中,促进经济发展这一标准发挥了决定性作用。在 *Patrick Mitchell v. D. R. Congo* 案撤销程序中,法院指出,除了指出"各种投资形式"外,BIT 实际上并未界定"投资"的含义。法院接着指出,ICSID 案例法已经阐明了投资的四大特征,即出资、期限、风险,以及对经济发展的贡献。ICSID 专门委员会也指出,讼称 BIT 的序言规定"同意向此等投资赋予待遇可以促进私人资本流动以及缔约双方的经济发展"。[30]可能认识到促进经济发展因素是有问题的,法院认为对发展的贡献不需要总是成规模的或者是成功的,并且这一概念"极为宽泛,会根据具体案件发生变化"。[31]就该案事实而言,法院注意到,仲裁裁决认定仲裁申请人的律师事务的动产,以及专有技术、商誉以及其从事法律实务的权利是投资的构成要素,并且所有这些都在 BIT 投资定义包含的说明性资产清单的某一类资产范围内。然而,法院认为,虽然裁决中宽泛地提及律师事务所向在民主刚果的美国投资者提供法律建议,但裁决没有解释律师事务所如何促进经济发展。由于这个原因,法院撤销了裁决。

在 *Mihaly v. Sri Lanka* 案中,仲裁庭认为,在最终失败了的争取项目的过程中发生的支出也不构成《ICSID 公约》意义上的投资。仲裁庭没有采纳用于界定"投资"的标准,但它指出仲裁申请人未能援引权威意见证明,在未能签署合同情况下此种支出可以构成投资。[32]诚如此前指出的,仲裁申请人

---

[30] Decision on the Application for Annulment of the Award, February 9, 2004, para. 32.

[31] *Id.*, at 33.

[32] Award, paras. 60 – 61.

没有证成这样一种主张，即这些支出构成 BIT 意义上的投资，因而仲裁庭没有考察该问题。

有些案件涉及投资是否位于东道国领土内的问题。在 *Bayview v. Mexico* 案中，仲裁申请人是在美国拥有土地的美国国民。他们指控墨西哥非法减少了流入美国领土的河水流量，因而剥夺了他们依法有权获得的水。仲裁庭认为，仲裁申请人的水权是基于美国的法律。虽然认定水权是受 NAFTA 保护的一项投资，但这些权利是由美国法律创设的，因而在墨西哥不是一项投资。更一般地，仲裁庭解释认为，NAFTA 保护"外国"投资，而要成为"外国"的，一项投资必须受到投资者母国以外的一国法律的调整。根据 NAFTA 第 1128 条，美国提交了一份陈述书，美国在该陈述书中主张，NAFTA 意义上的缔约一方的"投资者"是在另一个缔约方从事投资的国民或公司，而 NAFTA 的宗旨是保护"外国"投资以及拥有此种投资的投资者。

在 *Ethyl Corporation v. Canada* 案中，出现的一个问题是关于某些损失发生在东道国领土以外这一事实的重要性。这一问题在管辖权阶段未获解决，而该案在仲裁庭针对实质问题作出裁决之前达成了和解。

在 *Cattle Cases v. United States* 案中，在发现在阿尔伯塔的一头牛感染了海绵性脑病——通常被称为疯牛病——后，美国禁止从加拿大进口牛。经营牛养殖场的几个加拿大人以及在加拿大的与牛有关的企业指控美国的禁令违反了 NAFTA 规定的国民待遇义务。美国主张，养殖牛并且向美国出口的加拿大人并不是在美国已经从事或者正在寻求从事投资的投资者。2008 年 1 月 28 日，仲裁庭发布裁决认为，基于该原因，它对诉求没有管辖权。

在 *Grand River Enterprises v. United States* 案中，美国主张，仲裁申请人——在加拿大生产香烟并销往美国——不属于在美国拥有或控制投资的投资者。该案尚在待决过程中。

一些案件还涉及投资终止产生的效力问题。在 *Mondev v. United States* 案中，美国主张，由于构成投资的企业在 NAFTA 生效前就失败了，在 NAFTA 生效时并不存在投资，因而拥有该企业的仲裁申请人不再被认定为 NAFTA 所指的投资者。然而，仲裁庭驳回了这一主张。仲裁庭认为，一旦投资存在，它就由 NAFTA 加以保护，即便在企业失败之后。只要投资者在投资中仍然拥有持续的利益，投资者就可以提起诉求。因而，比如，在东道国征收了一项投资时，投资者保持其作为投资者提起诉求的资格，即便投资者不再拥有该投资。

仲裁庭还考虑了投资继续存在但投资者不再拥有该投资的情形。在 *El Paso Energy v. Argentina* 案中，投资者就阿根廷公司——投资者是该公司的股东——受到的损害诉诸投资者—国家仲裁。在提出诉求 17 天后，投资者出售了在两家公司中的投资，并且在此后不到四个月内出售了其在第三家公司中的投资。仲裁庭认为其管辖权不受出售投资资产的影响，认为投资者没有被要求持续地拥有投资。否则，在投资被征收的情况下，BIT 提供的保护将因此丧失。仲裁庭指出，投资者仍然有权提出赔偿。

不过，在 *Loewen v. United States* 案中，仲裁庭认为，根据习惯国际法，拥有所规定之国籍的投资者从诉求提出到裁判作出应该始终拥有该诉求。在该案中，在最终裁决作出前，对美国提出诉求的加拿大的仲裁申请人根据美国破产法自行重组成一家美国公司。认识到作为一家美国公司无法对美国提出仲裁请求，仲裁申请人在其作为一家加拿大公司终止前把该诉求转让给一家新成立的加拿大公司，该公司的唯一资产就是提出诉求，并且把实现诉求作为其唯一的业务活动。然而，仲裁庭根本没有将加拿大壳公司作为独立的公司来看待，而把该诉求视为如同美国投资者拥有的诉求，这意味着仲裁庭对该诉求没有管辖权。虽然在 El Paso Energy 案中仲裁庭在确定管辖权时不考虑在诉求提出之后发生的事项，但 Loewen 案仲裁庭考虑了在仲裁裁决作出前发生的所有事项的影响。美国认为，Loewen 案仲裁庭在这方面的认定是正确的。[33]

只有在被投资者拥有或控制时，一项投资才能获得保护。不管投资是一家公司、公司中的少数利益或者其他资产，均无不同。*International Thunderbird v. Mexico* 案涉及"拥有或控制"的含义。这个问题是在根据 NAFTA 第 1117 条——它允许投资者可以代表其拥有或控制的投资提起仲裁——确认仲裁庭是否拥有管辖权的背景下产生的。仲裁庭认为，通过证明有效或者事实上的控制可以认定存在"控制"，但仲裁庭认为，在缺乏法律意义上的控制的情形下，有效控制的认定必须不引起任何合理的怀疑。在该案中，仲裁申请人只拥有公司的少数股份，针对这些股份享有的权利是仲裁申请人在国际仲裁中主张的。然而，仲裁庭认定，仲裁申请人有能力对决

㉝ But see Matthew S. Duchesne, "The Continuous-Nationality-of-Claims Principle: Its Historical Development and Current Relevance to Investor-State Investment Disputes", 36 Geo. Wash, Int'l L. Rev. 783(2004).

策产生重要影响，并且它是公司在墨西哥的商业努力背后稳定的推动力量。尤其是，仲裁庭指出，投资者与投资的关键职员是相同的，并且早期的支出、设备的专有技术、供应商的选择以及投资的预期回报也都是由投资者提供或确定。因此，投资者有权根据第1117条代表投资提出诉求。

在*Mondev v. United States*案中，仲裁庭指出，美国采纳"拥有或控制"定义是为了避免国际法院在Barcelona Traction案中所作判决给股东的诉讼当事方资格造成的障碍。[34]因而，仲裁庭指出，NAFTA不应被解释为与Barcelona Traction案的结果是一致的。当然，这适用于所有的BITs和FTAs。在*AES v. Argentina*案中，阿根廷主张，宣誓证词不足以证明存在所有权或控制，但仲裁庭驳回了这一主张。

BITs涵盖投资人间接拥有或控制的投资，这一事实促使仲裁庭宽泛地解释拥有与控制的含义。在*S. D. Myers v. Canada*案中，仲裁申请人是一家名为S. D. Myers国际公司的美国公司。投资是一家独立的加拿大公司，即Myers Canada公司。S. D. Myers国际公司并未拥有Myers Canada公司。但是，同一个家庭的成员拥有并控制着两家公司。根据条约中有关拥有或控制可以是"间接"的表述，仲裁庭认为，S. D. Myers国际公司可以被认为是拥有或控制在加拿大的投资的一个投资者。仲裁庭认为公司形式的选择不应该成为一个关键性考虑因素，并且它将审视基础性的经济实际情况，这一实际情况是，控制S. D. Myers国际公司的人同样控制着Myers Canada公司。

最后，有仲裁庭认为，BIT中关于获得条约保护的条件是穷尽性的。在*Waste Management v. Mexico*案中，一家美国公司就其在墨西哥的投资受到损害而提出求偿。墨西哥认为，投资没有拥有美国国籍，因而仲裁庭没有管辖权。仲裁庭驳回了墨西哥的主张，认为NAFTA中没有任何条款，要求投资应该拥有与投资者相同的国籍。仲裁庭解释认为：

"在条约细致、确切地规定主张一项诉求的各个条件情况下，条约中不可能隐含其他条件，无论这些条件是基于所谓的外交保护或其他领域中的一般国际法的要求。"[35]

因而，投资不需要拥有美国国籍。

---

[34] *Barcelona Traction, Light and Power Company, Ltd.* (Belgium v. Spain), 1970 ICJ Rep. 3.

[35] Award, para. 85.

第二节 界定缔约方的国民

1983 年范本第 1 条(e)项——第 1 条的标题为“定义”——把缔约一方的“国民”界定为,根据缔约一方可适用的法律属于其国民的自然人。根据美国法,“国民”的含义比“公民”更加宽泛。[36]比如,美属萨摩亚土著人是美国国民,但不是美国公民。因而,“国民”一词旨在为不是缔约方的公民,但是其国民的人们提供 BIT 规定的保护。

直到 1994 年范本,缔约一方的“国民”定义都不做修改地保留着,但 1984 年范本中相关条款的标题被删除了。“国民”定义规定于 1984 年范本和 1987 年范本共同第 1 条第 1 款(c)项,以及 1991 年范本共同和 1992 年范本第 1 条(c)项。1994 年范本中的唯一变化是,“国民”被界定为根据“那个”(that)缔约方而不是“一个”(a)缔约方可适用的法律是该缔约方的自然人。这一变化无意使“国民”的含义发生变化,但 1994 年范本的表述稍为更准确些。

2004 年范本中的“国民”定义与此前范本中的国民定义大体上是一样的,它们间有所不同的原因是,2004 年范本规定了缔约一方界定国民定义的具体的可适用法律。因而,2004 年范本第 1 条规定“国民”意指“对美国而言,《移民与国籍法》第三篇规定的属于美国国民的自然人”。2004 年范本规定可以插入类似的确定用于界定缔约另一方之国民的法律的表述。

在 2004 年范本通过之前,BITs 对于拥有双重国籍的人的国籍问题未置一词。这个问题被认为最好根据习惯国际法原则进行逐案认定。当然,美国的立场是,就国际求偿的宗旨而言,拥有双重国籍的国民应当被认为拥有“主要与有效的”国籍。[37]在 2004 年范本中,“缔约一方的投资者”定义包含一个但书,该但书规定“拥有双重国籍的自然人应当被认为只是其具有主要与有效国籍的国家的国民”。因此,2004 年范本明确接受了习惯国际法规则。

---

[36] Immigration and Nationality Act of 1952, section 308, *codified at* 8 U. S. C. section 1408.

[37] *See Esphanian v. Bank Tejarat*, 2 Iran-U. S. C. T. R. 157 (1983), 78 *Am. J. Int'l L.* 914 (1984). *See generally U. S. ex rel Merge v. Italian Republic*, 14 R. Int'l Arb. Awards 236 (1955); *Nottebohm Case* (Liechtenstein v. Guatemala) 1955 I. C. J. Rep. 4. For a statement of the U. S. position, see Submission of the United States of America on Preliminary Issues, October 6, 2000, in *Feldman v. Mexico.*

美国的BIT伙伴鲜有对“国民”的定义提出反对意见。美国签署的多数BITs采纳了BIT范本中的标准表述。1994年范本之前的表述出现于美国—埃及BIT和美国—土耳其BIT共同第1条第1款(e)项;美国—摩洛哥BIT第1条第6款;美国—孟加拉国BIT、美国—海地BIT以及美国—塞内加尔BIT共同第1条(e)项;美国与格林纳达、刚果、波兰、斯里兰卡、捷克、斯洛伐克、阿根廷、哈萨克斯坦、罗马尼亚、亚美尼亚、保加利亚、吉尔吉斯斯坦、摩尔多瓦、厄瓜多尔、白俄罗斯、牙买加、乌克兰、爱沙尼亚、蒙古以及拉脱维亚签署的BITs共同第1条第1款(c)项。美国—俄罗斯BIT第1条第1款(b)项界定的术语是“缔约一方的国民”,而非“国民”,但该定义与1991年范本中的定义是一样的。美国—罗马尼亚BIT在其议定书第1段中增加了一句,规定缔约方同意“就本条约宗旨而言,罗马尼亚的‘国民’是指根据罗马尼亚可适用的法律属于其公民的自然人”。这一表述只是澄清了条约内容适用于罗马尼亚的法律制度。根据罗马尼亚的法律,罗马尼亚国民可能是并非罗马尼亚公民但属于罗马尼亚族的人。因此,就本条约的宗旨而言,罗马尼亚的“国民”就是罗马尼亚的公民。这一表述之所以规定于议定书中,是因为它只影响到缔约双方中的一方。

1994年范本中的“国民”定义表述出现于美国与格鲁尼亚、特立尼达和多巴哥、乌兹别克斯坦、洪都拉斯、阿塞拜疆、玻利维亚、莫桑比克、萨尔瓦多以及巴林签署的BITs共同第1条(c)项以及与阿尔巴尼亚签署的BIT第1条第1款(c)项,但美国同特立尼达和多巴哥以及阿尔巴尼亚签署的BITs与BIT谈判范本有所不同,原因是,它们在第1条之前插入了使用大写英文首字母的标题——“定义”。美国—克罗地亚BIT和美国—尼加拉瓜BIT中的国民定义——分别在第1条(c)项和第1条第1款(c)项——就是1994年范本中的定义,但它们界定的是“缔约一方的国民”而非“国民”。2004年范本中的“国民”定义表述出现于美国—乌拉圭BIT第1条。

美国—喀麦隆BIT和美国—民主刚果BIT共同第1条(d)项采取1994年范本前的国民定义,只有一些不重要的措辞上的细微变化。美国—巴拿马BIT第1条(a)项把缔约一方的“国民”界定为根据该缔约一方的法律属于国民或公民的自然人。由于在巴拿马与美国的法律中,[38]“国民”一词都包含所有公民,这一变化应该是不重要的。

---

[38] Constitution of the Republic of Panama, Arts. 8 *et seq.* and 125 *et seq.* On United States law, see text at note 36, *supra*.

美国—突尼斯 BIT 第 1 条第 1 款(b)项改写了国民定义条款,由此表明突尼斯国民是指根据突尼斯法律拥有突尼斯国籍的自然人。突尼斯要求修改 1994 年范本中的表述以便与突尼斯法律制度中使用的术语相协调。

除了用"缔约方"代替"当事国",并且在第 1 条开始前插入使用大写英文首字母的标题——"定义",美国—约旦 BIT 第 1 条(c)项遵循了 1994 年范本的表述。

美国—立陶宛 BIT 中的"国民"定义——规定于第 1 条第 1 款(c)项——基本上遵循了 2004 年前 BIT 范本的做法,但它把国民定义条款改成为考虑到这样一个事实,即对于立陶宛而言,国民被界定为根据可适用的法律是立陶宛的公民。因而,美国的国民是指根据可适用的法律属于美国的国民,而立陶宛的国民是指根据可适用的法律属于立陶宛的公民。

美国—乌拉圭 BIT 第 1 条也把乌拉圭的国民界定为乌拉圭的公民,但这不代表着对于 2004 年范本——它允许条约相对方插入适用于该条约相对方的"国民"定义——的背离。进而,在第 1 条包括的"缔约一方的投资"定义中,美国—乌拉圭 BIT 提及的是双重公民身份而非双重国籍。这一变化是应乌拉圭要求做出的,因为乌拉圭的法律使用公民的概念。虽然根据美国法律"国民"和"公民"的含义之间存在细微差别,但美国的谈判人员认为这一差别不可能产生实际后果。这一改动并非旨在不对那些拥有美国国籍但不拥有公民身份的人适用双重国籍规则,而只是旨在找到一个简洁的方法以制定出一条使用两个法律制度共有的术语的规则。

NAFTA 第 20 条第 1 款把"国民"界定为意指"缔约一方的公民或永久居民的自然人或者附件 201.1 所指的任何其他自然人"。附件 201.1 规定,就美国而言,"国民"包括"《移民与国籍法》现有条款"界定的"美国国民"。美国—新加坡 FTA 第 1.2 条第 10 款把"国民"界定为是附件 1A 所指的自然人。针对美国,该附件进而把"国民"界定为"《移民与国籍法》第四篇规定的美国国民",这一表述与 2004 年范本中的规定是相同的。美国—智利 FTA 第 2.1 条把"国民"界定为"根据附件 2.1 拥有缔约一方的国籍,或者属于缔约一方的永久居民的自然人"。针对美国,附件 2.1 接着使用与 NAFTA 附件 201.1 相同的表述界定国民的含义。美国—秘鲁 FTA 和美国—哥伦比亚 FTA 共同第 1.3 条均与附件 1.3 的规定是相同的。美国—澳大利亚 FTA 第 1.2 条第 16 款把"国民"界定为"本协定附件 1 - A 所指的自然人"。附件 1 - A 进一步规定,就美国而言,"国民"一词是指"《移民与国籍法》第三篇规定的美国国民,或者永久居民"。美国—摩洛哥 FTA 和美国—阿曼 FTA 共同第 1 条第 3 款把美国的"国民"界定为"《移民与国籍法》第三篇规定的美国国民"。美国—中美洲国家—多米尼加 FTA 第 2.1 条把"国民"界定为"根据附件 2.1 拥有缔约一方的国籍的自然人,或者缔约一方的永久居民"。在附件 2.1 中,美国—中美洲国家—多米尼加 FTA 使用了与美国—智利 FTA 中同样的表述。

在根据美国签署的 BITs 或 FTAs 提起的国际仲裁中,个人投资者的国籍并不经常成为一个讼争问题。在 *Feldman v. Mexico* 案中,仲裁庭确认国籍并非指的是居住。因而,同时是墨西哥永久居民的美国国民有权利把针对墨西哥的诉求诉诸 NAFTA 仲裁。在该案中,美国根据 NAFTA 第 1128 条提交了一份声明,美国主张——正如仲裁庭所认定的——一个是墨西哥永久居民的美国公民不是一个双重国籍人。

根据《ICSID 公约》第 25 条第 1 款,只有仲裁申请人是《ICSID 公约》某一缔约方的国民,而不是东道国国民的情况下,该诉求才可以被诉诸 ICSID。在 Champion Trading v Egypt 案中,仲裁庭认为,它将适用这一规则,除非适用该规则将导致明显荒谬或不合理的结果。在该案中,仲裁申请人在埃及从事投资时依据的是他们拥有的埃及国籍,他们不被允许对埃及提起仲裁尽管他们拥有美国国籍。然而,这一结果不会让埃及逃避责任。仲裁庭认为公司的某个投资者提起的诉求在其管辖范围内,尽管同样的双重国籍人是该公司的股东。

第三节 界定缔约一方的公司

一、BITs 之前的美国实践

美国签署的投资条约中特别向公司提供保护的条款可以追溯到 1911 年时与日本签署的 FCN,[39]这些条款成为两次世界大战期间美国条约实践的固定内容。那些协定包含的一个标准条款,即适用范围为"根据[缔约一方]的法律组建",在该缔约方领土内维持有核心场所,并且在缔约另一方的领土内没有追求与该缔约另一方追求的目标相冲突之目的的"有限责任及其他

---

[39] See Treaty of Commerce and Navigation, United States-Japan, February 21, 1911, ("1911 Japan FCN") Art. Ⅶ, 37 Stat. 1504, T. S. No. 558.

的法人或团体,不管它们是否为了获得金钱利益"。[40]满足这些条件的实体有权利获得东道国承认的法律地位,并且为行使与抗辩其权利可以"自由地诉诸"东道国的法院。援引东道国法律并非有意降低条约保护,因为东道国的法律被推定是符合国际法的。[41]

因而,对于缔约一方的公司来说,它们从美国在两次世界大战期间签署的 FCNs 那里获得的只是被缔约另一方承认的权利,以及在该缔约方进行诉讼的权利。这些 FCNs 中的标准条款规定这些公司有权在缔约另一方领土内设业的条件是,该缔约另一方给予同意。虽然公司经由这些两次世界大战期间签署的 FCNs 获得的权利是很少的,但这些协定为那些具有或不具有法律人格,并且不论是否以盈利为目的的实体——只要它们根据缔约一方的法律成立——提供条约保护确立了先例。

美国缔结的现代 FCNs 把公司界定为"法人、合伙、公司及其他团体,不论是否承担有限责任,也不论是否以金钱盈利为目的"。[42]与两次世界大战期间签署的 FCNs 一样,美国签署的现代 FCNs 在"公司"定义中包含了可能不具有法律人格的实体,如没有注册的团体。[43]

在向公司赋予组建或设立地的国籍方面,美国签署的现代 FCNs 遵循了

---

[40] See, e. g., Treaty of Friendship, Commerce and Consular Rights, United States-Germany, December 8, 1923, Art. Ⅻ, 44 Stat. 2132, T. S. No. 725; Treaty of Friendship, Commerce and Consular Rights, United States-El Salvador, February 22, 1926, ("1926 El Salvador FCN") Art. Ⅻ, 46 Stat. 2817, T. S. No. 827; Treaty of Friendship, Commerce and Consular Rights, United States-Estonia, December 23, 1925, ("1925 Estonia FCN") Art. Ⅻ, 44 Stat. 2379, T. S. No. 736; Treaty of Friendship, Commerce and Consular Rights, United States-Austria, June 19, 1928, ("1928 Austria FCN") Art. Ⅸ, 47 Stat. 1876, T. S. No. 838; Treaty of Friendship, Commerce and Consular Rights, United States-Norway, June 5, 1928, ("1928 Norway FCN") Art. Ⅻ, 47 Stat. 2135, T. S. No. 852; Treaty of Friendship, Commerce and Consular Rights, United States-Finland, February 13, 1934, ("1934 Finland FCN") Art. XVI, 49 Stat. 2659, T. S. No. 868.

[41] Wilson 1953, *supra* chap. 2, note 53, at 97.

[42] See, e. g., Treaty of Friendship, Commerce, and Navigation, United States-Japan, April 2, 1953, ("Japan FCN") Art. XXII (3), 4 U. S. T. 2063, T. I. A. S. No. 2863, 206 U. N. T. S. 143; Treaty of Friendship and Commerce, United States-Pakistan, November 12, 1959, ("Pakistan FCN") Art. XXI (3), 12 U. S. T. 110, T. I. A. S. No. 4683, 404 U. N. T. S. 259; Treaty of Friendship, Commerce, and Navigation, United States-Israel, August 23, 1951, ("Israel FCN") Art. XXII (3), 5 U. S. T. 550, T. I. A. S. No. 2948, 219 U. N. T. S. 237; Treaty of Friendship, Commerce, and Navigation, United States-Greece, August 3, 1951, ("Greece FCN") Art. XXIV (3), 5 U. S. T. 1829, T. I. A. S. No. 3057, 224 U. N. T. S. 279.

[43] Wilson 1960, *supra* chap. 2, note 53, at 191.

其在两次世界大战期间签署的 FCNs 的做法。[44]不过,较之后者,这些现代 FCNs 并不要求公司的核心办公场所或主要商业场所应该在母国,而这一做法在习惯国际法中是获得一定支持的。[45]

在确保缔约一方的公司在缔约另一方的领土内获得两项权利,即被承认为法律实体的权利和诉诸东道国法院的权利方面,美国签署的现代 FCNs 也遵循了其在两次世界大战期间签署的 FCNs 的做法。[46]然而,就后一项权利而言,现代 FCNs 并未对公司进行单独处理,而只是确保公司可以与自然人获得同样的诉诸法院的权利。这反映了现代 FCNs 的基本思路,即东道国为缔约一方的公司提供其本国国民被确保获得的投资保护,这是这些 FCNs 最重要的创新之一。

现代 FCNs 的做法是向公司赋予注册地国家的国籍,而不论其主要的商业场所在哪里,这种做法具有管理便利的优点,原因是,人们在哪个是成立地国家的问题上鲜有争议。不过,这种做法的缺陷是,它使得第三国的国民可以轻易地根据某一缔约方的法律进行注册,从而使他们的公司获得条约规定的保护。因此,条约保护的最终受益人并非两个缔约方之一的国民,而是本身对此等保护没有承担任何义务的第三国的国民。为了防范这种可能性,现代 FCNs 包含着这样的表述,即保留任何缔约一方有权拒绝向"任何第三国的国民在所有权或管理方面直接或间接具有控制性利益的任何公司"赋予条约权利。[47]

这一拒绝受惠条款有两个例外。具体来说,它没有授权拒绝承认根据缔约一方的法律组建的公司的法律地位或者诉诸法院的权利,美国在两次世界大战期间签署的 FCNs 确保给予这两项权利。

二、1983 年范本

1983 年范本第 1 条(a)项—第 1 条的标题为"定义"——把"公司"界定为指"任何形式的法律实体"。换言之,这一定义旨在把所有具有法律存在的人的集合涵盖在内,即便它并不拥有法律人格。1983 年范本解释指出,这一定义包括"依法注册、设立或依法组建的任何法人、公司、团体,或者其他

---

[44] See, e. g., treaty provisions cited at note 40.

[45] *See Restatement (Third) Foreign Relations Law of the United States*, section 213 (1986).

[46] See, e. g., treaty provisions cited at note 40.

[47] See, e. g., Japan FCN, *supra* note 42, Art. XXI (1)(e); Israel FCN, *supra* note 42, Art. XXI (1)(e); Pakistan FCN, *supra* note 42, Art. XX (1)(e).

组织”。由此,可以认为一个合伙是一家公司,因为它是根据合伙协议合法“设立”或“组建”的人的集合。在这方面,BITs 遵循了现代 FCNs 的做法。

第 1 条(a)项规定,作为公司的实体其是否为了获取金钱收益而组建的在所不问。因而,这一定义包括了非盈利实体,如教会、基金会以及大学。这与现代 FCNs 的做法也是一致的。

第 1 条(a)项还规定一个实体是一家公司,不论其是以有限或无限责任形式组建的。由此,比如,与现代 FCNs 一样,法人和有限合伙也被包含在“公司”定义范围内。

最后,第 1 条(a)项规定,公司是否由私人或政府拥有并无影响。这一规定背后的主要目的实质上是为了确保将缔约他方政府拥有的公司当作该缔约方的一般性的公司,而非为了保护美国政府拥有的企业,尽管它实质上会产生这样的效果。诚如本书第五章第二节讨论的,BITs 要求缔约一方的公司通常享有缔约另一方给予不低于后者给予本国公司的待遇。因而,这一条款旨在使美国公司获得 BIT 伙伴向其领土内由政府拥有(以及私人拥有)的公司赋予的同样待遇。考虑到欠发达国家往往都拥有庞大的公共部门,这一条款被认为特别重要。因此,BIT 的公司定义涵盖了现代 FCN 定义涵盖的所有实体,但它也明确规定它涵盖政府拥有的实体,而现代 FCNs 对此没有规定。

1983 年范本第 1 条(b)项把“缔约一方的公司”界定为满足两项标准的公司。第一项标准是,公司据以注册、设立或组建的法律必须是 BIT 的两个缔约方中的一方或其政治分支机构的法律。第 1 条(b)项包含的另一个规定是,缔约另一方及其政治分支机构应当承认缔约一方公司的法律地位。这一规定的效果是,缔约一方针对根据其法律而存在的实体作出的认定对于缔约另一方而言是最终结论。

第二项标准,即缔约一方——公司根据该缔约一方的法律组建——的国民或者该缔约一方本身(或其政治分支机构)在公司中都必须具有“重要利益”(substantial interest)。1983 年范本没有界定“重要利益”的含义,但它规定了缔约一方——公司系根据该缔约一方的法律组建——应当确定重要利益标准是否获得满足。在要求存在重要利益时,该第二项标准反映了战后美国条约实践的一个趋势,即为了公司的利益而支持国际仲裁,美国在把一个公司视为美国公司之前要求美国人拥有更大数额的所有者权益。[48]无论如何,1983 年范本赋予每个缔约方有完全的权力确定某一公司是否满足成为该缔约方的公司所必要的条件,并且该缔约方作出的认定不能根据投资者—国家或国家—国家争端解决条款加以审查。

新增第二项标准产生的效果显然是,把能够主张美国国籍以便获得条约保护的外国人拥有的实体限定于那些美国国民或政府在其中拥有重要利益的实体。同时,为了保持灵活性,BIT 谈判人员决定不在 BITs 中规定任何形式的机械性的"重要利益"定义。比如,要求最低比例的股权可能导致一家上市公司——美国国民在其中拥有控制性——虽然数量较小——比例的股权——被排除在 BIT 规定的保护之外。进而,股权标准会忽视美国国民在公司中拥有的其他形式的利益,如债券。事实上,在确定哪个标准获得满足时,当时缔约一方被认为可以广泛考察诸多因素,包括公司的股票或债务利息、缔约一方的国民在公司管理中的参与,甚至于缔约一方的国民多大程度上是公司的主要供应商。

即便一家公司同时满足了两项标准,第 1 条(b)项进一步规定,任何缔约一方可以拒绝向该公司授予利益,如果该公司系被第三国的国民控制。根本上说,这与现代 FCNs 中的条款是相同的。事实上,这一拒绝授予利益条款可能针对"缔约一方的公司"定义增加了第三个判断标准。要绝对确定能够获得条约提供的保护,公司必须根据缔约一方的法律组建、该缔约方的国民或者该缔约方本身在公司中必须拥有重要利益,并且该公司必须没有被第三国的国民控制。如果不满足第三项标准,换言之,如果第三国的国民确实控制了公司,那么 BIT 的缔约一方或双方可以拒绝向该公司授予利益。同样地,缔约一方基于第三国控制作出拒绝授予利益的决定不适用投资者—国家或国家—国家争端解决条款。

1981 年和 1982 年范本关于公司的定义就此止步。然而,在与巴拿马谈判 BIT 时,谈判人员担心东道国可能利用拒绝授予利益条款作为幌子,以所谓的第三国控制为理由,单边、任意地针对缔约另一方的国民拥有或控制的公司拒绝提供条约规定的保护。具体来说,该条规定,在缔约一方认定 BIT 项下利益不应该适用于缔约另一方的公司——因为该公司系被第三国的国民控制——时,该缔约方"应当及时与缔约另一方进行磋商以寻求就此事项

---

[48] See Richard Lillich, *International Claims: Their Adjudication by National Commissions* 86 - 89 (1962); Richard Lillich, *International Claims: Their Preparation and Presentation* 15 - 17 (1962).

达成相互满意的解决方法”。其意蕴在于，既然拒绝授予利益条款是一国拒绝对其本国公司提供条约规定的保护之依据，就不存在进行磋商的义务。在缔约另一方特别提出请求时，一般磋商条款要求进行磋商，但在一国拒绝对其本国公司提供条约规定的保护时，很难想象缔约另一方会提出磋商请求。

在一家公司通过公司链——这些公司拥有不同的国籍——拥有另一家公司时，会出现条约文本中没有明确予以规定的一个问题。BIT 起草人的意图是，拒绝授予利益条款不允许仅仅因为在所有者链条中有第三国的国民就拒绝授予利益，只要可以认为该公司是由 BIT 的国民所控制的。比如，一家美国公司可能被一家第三国的公司控制，而该第三国的公司本身被美国国民控制。虽然美国的公司确实被第三国的国民所控制，但在这个例子中，BIT 的意图是不允许拒绝授予利益，因为该公司同样被美国国民控制。

在出现缔约一方的公司被认定被第三国的国民控制的情况下，根据第 1 条(b)项，该公司在两个方面仍然有权获得 BIT 保护：第一，公司的法律地位仍然有权获得承认。第二，公司在诉诸东道国法院的权利获得条约提供的保护。[49]这些仍然是两次世界大战期间美国签署的 FCNs 确保的权利，而它们在现代 FCNs 中也得以保留。这些条款确保缔约一方的任何公司在缔约另一方的法院中可以以自己的名义进行诉讼。

两次世界大战期间美国签署的 FCNs 已经试图确保公司获得这些权利。质言之，它们是这些协定赋予公司的唯一权利。当然，BITs 确保缔约一方向公司赋予其向本国国民给予的全部权利。随着条约极大地扩张了向公司提供的保护，法律人格承认的权利与诉权本身已经不那么重要，其作用更多是辅助性的。不过，为遭到拒绝授予利益的公司保留这两项权利的理由，系为了使该公司可以在东道国的法院对拒绝授予利益提出质疑，由此重新取得 BIT 项下的其他权利。可以认为，自 1911 年以来这两项权利构成条约对公司提供之保护的核心内容这一事实，也有助于美国决定在 BIT 中对它们予以保留。

三、1984 年范本

在 1984 年范本中，“公司”定义被并入了“缔约一方的公司”的定义中。

㊾ 也可参见第六章第五节。

并且,“缔约一方的公司”定义也得到了相当大的修改。

新的“缔约一方的公司”定义出现于 1984 年范本第 1 条第 1 款 a 项。虽然内容被简化了,但在 1984 年范本项下能够成为公司的实体的形式与 1983 年范本项下的范围同样大、数量同样多。1984 年范本认为公司是“依法设立的任何形式的法人、公司、团体或其他组织”。与 1983 年范本一样,1984 年范本规定,公司的地位本身不受其组建是否为了金钱收益,或者是由私人或政府拥有的影响。考虑到公司定义明确提及法人(corporations),因而规定公司承担有限或无限责任这一事实并不重要的表述被认为没有必要而被删除了,由此表明有限责任并不会阻止某一实体成为公司。

1983 年范本与 1984 年范本之间的主要区别是,后者放弃了重要利益标准。根据 1984 年范本,如果一家公司是根据缔约一方或其政治分支机构的法律与法规设立,那么它就是该缔约方的公司。

虽然放弃了重要利益标准,1984 年范本第 1 条第 2 款保留了允许缔约方对第三国国民控制的公司拒绝授予利益的规定。拒绝授予利益条款本身被认为独自针对第三国国民为获取条约保护而根据缔约一方的法律设立提供足够的防范。

即便如此,1984 年范本对拒绝授予利益条款做了重大修改。

第一,有关允许由于第三国控制而被拒绝给予 BIT 规定的一般性保护的公司在承认法律地位与诉诸法院方面享受条约保护的规定被删除了,这是对以往美国条约实践的一个突破。由于因第三国控制而被东道国拒绝给予条约保护的公司与缔约另一方之间除了该公司系根据其法律设立之外根本没有任何联系,一些人认为把任何特定的条约利益自动地适用于该公司都是不合理的。这与 1983 年范本项下的情形是不同的,在 1983 年范本中,由于第三国控制而被拒绝授予利益的缔约另一方的公司从定义看仍然是缔约另一方的国民或缔约另一方本身在其中拥有重要利益的一家公司,因而有理由享受条约规定的某些保护。

第二,1984 年范本第 1 条第 2 款并未要求针对以第三国控制为由对缔约另一方的公司作出的拒绝授予利益的决定进行磋商。这一变化并不像它乍看起来的那么重要,原因是,磋商条款规定任一缔约方有权要求就涉及条约适用或解释的任何事项进行磋商。

第三,如果缔约一方想要拒绝向根据其法律设立的公司提供条约保护,第三国国民控制是拒绝授予利益的充分的理由。然而,在缔约一方想要对根据缔约另一方的法律设立的公司拒绝给予 BIT 规定的保护时,1984 年范本规定,缔约方在拒绝授予利益之前,至少要满足另外两个条件中的一个。实际上,较之 1983 年范本,在 1984 年范本中,以第三国控制为由对缔约另一方的公司拒绝授予利益变得更困难。

这些新增条件中的第一个,即公司在根据其法律设立的缔约方的领土内没有从事重要的商业活动(substantial business activities)。换言之,如果根据美国法律组建但由第三国国民控制的一家公司在美国从事了重要的商业活动,则 BIT 的相对缔约方不能对其拒绝授予利益。另一方面,美国可以仅仅根据第三国控制就可以拒绝向该公司授予条约保护。"重要的商业活动"未被做出界定,因为它要求逐案地进行事实认定。

对于以第三国控制为由拒绝向缔约另一方公司给予条约规定之保护的缔约国来说,要满足的另外一个条件是,控制公司的第三国国民应该是与拒绝授予利益国之间没有维持正常经济关系的国家的国民。因而,在前一段所举的例子中,如果美国的 BIT 伙伴与第三国之间没有正常的经济关系,美国就可能拒绝向公司提供条约保护,不管该公司是否在美国从事重要的商业活动。"正常的经济关系"一词最少会把那些被采取禁运措施的国家排除在外。

四、1987 年范本

1984 年范本中的表述在 1987 年范本中得以保留。第 1 条第 1 款(a)项对"缔约一方的公司"作了界定。拒绝授予利益条款保持不变,并规定于第 1 条第 2 款。

五、1991 年范本

1991 年范本把缔约一方的公司定义移到第 1 条第 1 款(b)项中。1991 年范本中被界定的术语"公司"而不是"缔约一方的公司",这一变化是为了定义中的对称性,因为该术语是与"国民"而非"缔约一方的国民"连在一起使用的。1991 年范本在说明性的实体清单中增加"合伙",它可以成为一家公司。这一变化被认为只是一项澄清。此前的 BIT 范本已经认为合伙涵盖在公司定义范围内,但 BIT 谈判人员试图加以明确。拒绝授予利益条款未做改动地规定在第 1 条第 2 款。

六、1992 年范本

缔约一方的“公司”定义以及拒绝授予利益条款在 1992 年范本中未做改动，它们分别规定于第 1 条第 1 款(b)项和第 1 条第 2 款。

七、1994 年范本

在 1994 年范本中，“公司”定义被移到第 1 条(a)项。虽然在文体方面有一些变化，但它们并不影响该定义的实质内容。新的定义规定，“公司”一词意指“根据可适用的法律设立或组建——不论是否为了盈利，也不论为私人或政府拥有或控制——的任何实体，它们包括公司、信托、合伙、独资企业、分支机构、合营企业、团体或其他组织”。因而，1994 年范本把“公司”界定为任何实体，而非一种组织，“实体”被认为具有略微宽泛的内涵。事实上，1994 年范本的公司定义接着规定，“公司”包含任何“其他组织”。其目的不是为了扩大公司的含义，而是更清晰地陈述其始终有的范围。这一说明性的实体清单增加了“信托”“独资企业”“分支机构”以及“合资企业”等。同样地，美国的 BIT 谈判人员始终想把所有这些实体都纳入“公司”一词中去，但他们在 1994 年范本中试图把这一意图明确化。1994 年范本中的说明性清单中删除了“公司”，因为那正是被界定的术语，二者被认为存在同义反复，因而把被界定的术语包含在内是没有必要的。

1994 年范本把公司限定于“根据可适用的法律组建的”实体。1992 年范本规定“根据缔约一方或其政治分支机构的法律与法规依法设立”。在 1992 年范本中，“公司”定义仅仅指缔约一方的公司，因而公司必然要根据缔约一方的法律设立。在 1994 年范本中，“公司”一词并没有被限定指缔约一方的公司，因而公司定义没有提及缔约一方的法律。正如下文指出的，1994 年范本另行界定了“缔约一方的公司”的含义。

与此前的 BIT 范本中一样，公司可以由私人或由政府拥有，并且其经营可以是为了追求利润，也可以不以此为目的。1994 年范本使用“收益”而非“金钱收益”。

1994 年范本重新插入了被做出界定的术语“缔约一方的公司”——1987 年以及之前的 BIT 范本已经界定了该术语，并且规定于 1984 年范本第 1 条(b)项。“缔约一方的公司”被界定为“根据该缔约方的法律设立或组建的公司”。这一表述与以往 BIT 范本中的术语是不同的，因为它没有规定公司可以根据缔约方的政治分支机构的法律组建。不过，这一省略并不被认为是一个实质性的变化。在美国，几乎所有的公司都是根据州的法律，而不是联邦法律组建的，因而把这一表述解读为要求公司应当根据全国性政府的法律设立将根本性地降低美国公司从条约中获得的保护是荒谬的。由于 BIT 适用于缔约一方的政治分支机构，美国的谈判人员认为“缔约一方的法律”显然包括政治分支机构的法律。

在重新插入“缔约一方的公司”定义时，1994 年范本试图用一个定义处理构成公司之实体的类型，而用另一个定义来处理如何确定公司国籍的问题。不过，解决这两个问题的方法与此前 BIT 采取的是相同的。

两个定义反映了这样一个事实，即“公司”一词在 BITs 中有两个作用。第一，在孤立地使用时，它指的是投资的一种形式。第二，在用于“缔约一方的公司”这个短语中的时候，它指的是其投资为 BIT 所保护的那些投资者。仅仅从技术角度界定“缔约一方的公司”并没有解释在“公司”被用于指代一项投资时应如何理解这一术语，但显然其意图是要包括同样类型的实体——它们被涵盖在“缔约一方的公司”内，但不提及公司的国籍概念。

在 1994 年范本中，拒绝授予利益条款被移到新的第 12 条，该条纯粹处理拒绝授予利益问题。范本起草者重新起草该条款从而缩小了它的适用范围。1981 年与 1982 年范本包含的拒绝授予利益条款允许缔约一方拒绝向本国公司授予利益。在 1983 年范本中，这一条款被扩大到允许缔约一方拒绝向本国公司或缔约另一方的公司授予利益。在 1984 年范本中，对缔约另一方的公司拒绝授予利益的理由被做了修改，从而对东道国拒绝授予利益的权力设定更多的限制。1994 年范本缩小了该条款的范围，由此缔约一方只能针对缔约另一方的公司拒绝授予利益。

1994 年范本中的修改内容完全逆转了拒绝授予条款的效力。1983 年范本以前，缔约一方只能以第三国控制为由对本国公司拒绝授予利益。从 1983 年范本开始，缔约一方可以对任何公司拒绝授予利益，只要特定条件能够获得满足。到 1994 年时，缔约一方只能针对缔约另一方的公司拒绝授予利益。1994 年范本与 1992 年签署的 NAFTA 采取的做法是一致的。

在不同的 BIT 范本中以相同的理由拒绝授予利益可以追溯到 1984 年，但有一个例外。以前的 BIT 范本允许以第三国国民控制为由拒绝授予利益，但 1994 年范本允许以第三国国民拥有或控制为由拒绝授予利益。以往的 BIT 范本提到的是控制，而不是拥有或控制，因为 20 世纪 80 年代早期的

BIT 起草人关切的问题是,在第三国国民在公司中只拥有少数、非控制性利益情况下,使用"拥有"(own)一词可能被误解为允许拒绝授予利益。他们的意图是,只能以第三方的国民控制为由拒绝授予利益,因而使用"控制"一词。NAFTA 包含着"拥有"一词,1994 年范本在这方面遵循了 NAFTA 的做法。

八、2004 年范本

在 2004 年范本中,定义——规定于第 1 条——的结构变得更加复杂,但实质上的变化并不多。"公司"一词用"企业"加以代替。"企业"的定义与出现于 1994 年范本中的"公司"的定义是类似的,但二者间存在两个差别(除了一个纯粹文体上的变化,即用单词"包括"取代短语"以及包括")。

第一,"分支机构"(branch)被"企业的分支机构"(branch of an enterprise)所取代。正如在第四章第一节第八目中解释的,这涉及在 1994 年范本中就已经存在的概念问题,这一问题产生于这样一个事实,即分支机构不是单独设立的。改动的结果是,第三国的公司在 BIT 的一个缔约方的领土内设立——但它并非根据该 BIT 缔约方的法律单独设立——的分支机构可以成为 BIT 缔约方的投资者,只要该分支机构在该缔约方的领土内从事商业活动。这是美国 BITs 通常做法的一个有限例外,根据通常做法,在一国设立的投资者才拥有该国的国籍。对于分支机构而言,它被允许以"从事商业活动"代替"设立"。

第二,此前范本中的说明性清单以"或其他组织"作为结束语,2004 年范本以"或类似组织"作为结束语。根据同类规则原则,"其他组织"一词可以被解释为只包含与那些被列举的类似的组织。因此,这一变化不会产生实质性影响。

在 2004 年范本中,"缔约一方的公司"被"缔约一方的企业"所代替,修改后的定义将其定义为"根据缔约方的法律设立或组建的企业,以及位于缔约一方领土内并且在那里从事商业活动的分支机构"。

2004 年范本保护缔约一方的投资者及其投资。结果是,2004 年范本增加了一个新的术语,即"缔约一方的投资者"。第 1 条界定的这一术语是指"缔约一方或其国家企业,或者正在缔约另一方的领土内寻求从事、正在从事或者已经从事投资的缔约一方的国民或企业;不过,拥有双重国籍的自然人应当被认为只是其拥有主要与有效国籍的国家的国民"。

这一定义有几个特点值得关注。

第一，它首先明确把缔约方及其国家企业包含在“缔约一方的投资者”内。此前的“公司”定义已经明确了政府拥有的实体应作为缔约一方的公司加以保护。这一定义更进一步表明缔约方本身，而不仅其拥有或控制的实体才可以成为投资者。因此，“缔约一方的投资者”现在明确系指缔约方及其国民或公司。

第二，它明确了一个寻求从事投资的人可以成为投资者，即便最终投资并未成功实施。这一定义是必要的，因为 BIT 针对东道国规定的义务适用于投资设立，因而那些寻求从事投资的人们有权获得 BIT 保护，即便该权利是在投资存在之前。此前的 BIT 范本保护缔约另一方的国民与公司，但没有称之为投资者，因而他们在什么时候成为投资者的问题并未出现。进而，被寻求进行的投资或者已经从事的投资必须是在东道国的领土内。

第三，它规定了双重国籍问题，而此前的 BIT 范本对此没有作出规定。2004 年范本主要采取了有效国籍标准，美国认为该标准体现了习惯国际法的要求。[50] 因此，2004 年范本并未改变所适用的规则，而只是明确了规则。

2004 年范本增加了与投资者定义相关的一个术语，即“非缔约方的投资者”。这一术语是指“对缔约一方而言，在该缔约方领土内试图从事、正在从事，或者已经从事投资的投资者，但不是任何缔约方的投资者”。这一定义是有缺陷的，因为它包含着“投资者”这一术语，但在条约中该术语并未被做出界定。无论如何，由于“缔约一方的投资者”包括缔约方本身，人们可能推定认为“非缔约方的投资者”也包含着主权实体。因此，这一定义看起来包含了主权实体、非缔约方的国家企业、根据非缔约方的法律拥有其国籍的自然人，以及根据非缔约方的法律组建或组织以试图在缔约一方领土内从事、正在从事或者已经从事投资但并非任何缔约一方之投资者的企业。事实上，这一定义看起来涵盖了在 BIT 缔约方的领土内寻求从事投资或者已经从事投资的来自任何第三国的投资者。

2004 年范本第 17 条规定了拒绝授予利益条款，并对其进行了调整。1994 年范本保留了每个缔约方有权拒绝向缔约另一方的公司授予利益。2004 年范本的规定是类似的，因为它保留了针对“作为缔约另一方的企业的投资者”拒绝授予利益的权利。然而，2004 年范本也保留了对该投资者的投

---

[50] 参见第四章第二节。

资拒绝授予利益的权利。NAFTA 第 1113 条授权对某些投资者及其投资拒绝授予利益,2004 年范本在这方面直接接受了 NAFTA 的做法。这一变化只是澄清了此前范本的意图。对缔约另一方的公司拒绝授予利益以往就被认为包括对该公司的投资的拒绝授予利益。

不过,据此可以拒绝授予利益的情形与此前 BIT 范本项下的情形有所不同。

在 1994 年范本下,可以拒绝授予利益的第一个理由是拒绝授予利益国与第三国之间没有正常的经济联系。在 2004 年范本中,这一个理由变成了两个理由:第一个理由是拒绝授予利益国与第三国之间没有外交关系;第二个理由是拒绝授予利益国针对第三国或第三国的国民或企业采取或维持的措施禁止与该公司进行交易,或者如果向该企业或其投资授予条约利益就会违反或规避这些措施。

在 1994 年范本下,可以拒绝授予利益的第二个理由是,公司在赋予其法人地位的国家领土内没有从事重要的商业活动。这一理由在 2004 年范本中得以保留,但现在只有在非 BIT 缔约方(第三国)或拒绝授予利益国的人拥有或控制企业情况下才适用。此前 BIT 范本中的拒绝授予利益条款旨在允许东道国阻止第三国的国民通过在所有权链条(chain of ownership)中插入一家根据 BIT 缔约另一方的法律设立的壳公司,从而为其投资获得条约规定的保护。2004 年范本中的拒绝授予利益条款继续为东道国保留了这一权利。然而,插入有关提及拒绝授予利益国的人的表述旨在允许东道国在第二种情形下拒绝授予利益。这种情形是指,东道国的国民通过根据 BIT 缔约另一方的法律设立壳公司从而进入所有权链条为他们在东道国的投资寻求保护。

在以往的 BIT 范本项下,拒绝授予利益条款只有在第三国的国民拥有或控制公司情况下才适用,但是,在 2004 年范本项下,该条款在非 BIT 缔约方或拒绝授予利益国的"人"(persons)拥有或控制企业的情况下才适用。在 2004 年范本中,"人"意指自然人或企业。NAFTA 条款使用的术语是"投资者",它包括自然人与公司。因而,2004 年范本中使用"人"这一术语使 BIT 范本与 NAFTA 的做法保持了一致。然而,表述方面的变化并不表明其有意改变该条款的适用范围。在传统做法下,如果控制投资者的自然人是第三国的国民,则可以拒绝授予利益。根据新的规定,这一做法仍然是对的,但如果控制投资者的企业是第三国的国民,则也可以拒绝授予利益。如果控制企业的自然人也是第三国的国民,则其结果与在传统规定下的结果是一样的。如果控制企业的自然人是母国的国民,则该投资将获得保护,无须考虑拒绝授予利益条款,因为母国的国民本身有权利就其投资受到的损害提起诉求,尽管在所有权链条中存在第三国的中间企业。因而,这一表述上的变化对于本应可以把诉求提交仲裁的人或实体来说会产生实际的影响,但它不会影响根据传统表述可以提起的诉求。另一个实际影响是,较之拥有第三国国籍的个人的控制,东道国更容易证明存在第三国企业的控制,因为识别与确定数量庞大的个人的国籍是有难度的。

九、美国已经签署的 BITs

(一)基于 1983 年范本签署的 BITs

1983 年范本中"缔约一方的公司"定义没有遭到 BIT 谈判对方的严重反对。在"公司"和"缔约一方的公司"定义方面,美国缔结的 BITs 出现了一些细微变化,但整体上说这些变化是对 1983 年范本表述的修正,据此它更像是 1984 年范本中的表述。

美国—埃及 BIT 第 1 条第 1 款(a)项采纳了 1983 年范本中的"公司"定义,但在措辞方面做了不重要的细微改动,该规定删除了任一缔约方有完全的权力决定根据其法律组建的公司是否满足重要利益标准。该 BIT 第 1 条第 1 款(b)项采纳了 1983 年范本中的"缔约一方的公司"定义;该 BIT 把拒绝授予利益条款移到该 BIT 议定书第 1 段;把适用拒绝授予利益条款的对象修改成明确地是指缔约一方的公司"或其分公司或子公司";把磋商条款扩大适用于任一缔约方以投资者未能满足重要利益标准为由拒绝向任何公司授予条约规定的保护;取消被第三国的国民控制的公司获得承认其法律地位以及诉诸法院的权利,这一变化反映了 1981 年、1982 年初期 BIT 范本,以及 1984 年及此后的 BIT 范本的做法。

美国—埃及 BIT 议定书第 2 段包含了"控制"定义。"控制"被界定为意指拥有"重要份额的所有者权益以及施加决定性影响的能力"。第 2 段进一步规定,针对控制的存在问题发生的分歧应当通过国家—国家争端解决条款加以解决。美国—波兰 BIT 也包含着"控制"定义。

美国—巴拿马 BIT 第 1 条(b)项采纳了 1983 年范本中的"公司"定义,除了把"政府拥有"改为"公共拥有"(publicly owned)。第 1 条(c)项采纳了 1983 年范本中的"缔约一方的公司"定义,但在拒绝授予利益的条款中,明确提及的及时性要求被从有关磋商义务的内容中删除了。

美国—摩洛哥BIT第1条第2款采纳了1983年范本中的“公司”定义。第1条第3款中的“缔约一方的公司”定义从实质内容看很大程度上遵循了1983年范本的做法，但在格式方面有一个变化，其原因是摩洛哥没有政治分支机构。“缔约一方的公司”针对摩洛哥和美国被做了分别界定，但除了国家名称外，两个定义几乎是相同的。唯一的区别是，适用于美国公司的定义提到了缔约一方的政治分支机构。

美国—摩洛哥BIT在两个方面确实改变了1983年范本中的“缔约一方公司”定义：第一，它删除了每个缔约方针对其公司应当独立认定重要利益标准是否获得满足的表述。第二，它删除了要求缔约一方的公司的法律地位必须获得缔约另一方承认的内容，这一变化预示了1984年范本中的变化。这些变化的效果是，使界定缔约一方公司的这些标准遵循磋商与争端解决的规定。

美国—民主刚果BIT第1条(a)项和(b)项分别采纳了1983年范本中的“公司”和“缔约一方的公司”定义。不过，该BIT议定书第8段规定，“公司”定义限定为服务于美国—民主刚果BIT的宗旨，它“不改变根据美国与民主刚果的法律不同法律实体之间存在的差别”。新增的这一表述是为了回应民主刚果的关切，即“公司”定义涵盖了公司与团体(associations)，而二者根据刚果的法律属于不同的法律实体。虽然美国—民主刚果BIT视二者均为公司，但它无意消除民主刚果的法律基于其他目的对二者加以区别。

美国—孟加拉国BIT第1条(a)项采纳了1983年范本中的“公司”定义。在第1条(b)项中，它采纳了1983年范本中的“缔约一方的公司”定义，但有一处实体性修正。在拒绝授予利益条款中，该BIT没有为第三国国民所控制的缔约一方的公司保留诉诸法院的权利，这一变化体现了1981年和1982年早期BIT范本，以及1984年及其以后BIT范本的做法。

美国—海地BIT第1条(a)项和(b)项分别采纳了1983年范本关于“公司”和“缔约一方的公司”的定义。

美国—塞内加尔BIT第1条(a)项和(b)项分别采纳了1983年范本关于“公司”和“缔约一方的公司”的定义，但把有关拒绝授予利益条款中的公司的法人地位以及诉诸法院的内容移到另一个地方，但不影响投资定义条款的实质。美国—土耳其BIT做出类似的改动。

美国—土耳其BIT第1条第1款(a)项基本采纳了1983年范本对于

“公司”的定义,但插入了“商行”(business)一词以修改“团体”(associations)。这一变化不影响定义条款的实质,因为该定义条款仍然包含着“任何形式的法人实体……不管是否为盈利目的而组建,或者由私人或政府拥有”。因此,非商业实体是包括在内的。该 BIT 第 1 条第 1 款(b)项采纳了 1983 年范本对于“公司”的定义,除了拒绝授予利益条款沿袭了 1983 年范本的做法,即把它移到独立的第 1 条第 2 款。此外,与美国—塞内加尔 BIT 一样,美国—土耳其 BIT 中的拒绝授予利益条款作出了调整,公司有权获得法人地位以及有权诉诸法院等内容被移到一个独立的句子,但不影响拒绝授予利益条款的实质。

(二)基于 1984 年与 1987 年范本签署的 BITs

美国—喀麦隆 BIT 第 1 条第 1 款(a)项中的“缔约一方的公司”定义总体上遵循了 1984 年范本的做法,不过它一开始沿用了 1983 年范本将公司定义为法人实体的做法。拒绝授予利益条款——第 1 条第 3 款——很大程度上遵循了 1983 年范本的做法,但有两处修正:第一,第 1 条第 3 款指的是第三国国民“拥有或控制”,而不只是“控制”公司。由于 BITs 通常同时使用这两个动词,这一变化只是使这一条款在表达方式上与美国签署的其他 BITs 保持一致。不过,“拥有”一词指的是一种控制性的所有者利益。1994 年范本沿用了“拥有”这一用语。第二,美国—喀麦隆 BIT 没有保留第三国国民拥有或控制的缔约一方的公司获得承认其法律地位或诉诸法院的权利,这一做法与 1984 年范本中的做法是一致的。

尽管有美国—喀麦隆 BIT 允许缔约方对于第三国国民拥有或控制的公司拒绝授予利益之事实,为了回应 Pectin 国际公司提出的请求,美国通过换文与喀麦隆达成了一致,即该公司可以获得该条约提供的利益。在谈判美国—喀麦隆 BIT 时,Pectin 国际公司是一家由壳牌石油公司(Shell Oil Company)全资拥有的美国公司。壳牌石油公司是一家由荷兰与英国的持股公司拥有多数股份的美国公司,但美国人在该公司中拥有重要的所有权比例。问题是,荷兰人与英国人的控制可能导致 Pectin 国际公司和壳牌公司都被拒绝授予利益。同时,它们在美国注册设立的事实将导致它们不能获得喀麦隆与荷兰签署的 BIT 的保护。保护 Pectin 国际公司的换文对喀麦隆来说是可以接受的,因为该公司的总部在美国。如果喀麦隆同意 1984 年范本——在界定“缔约一方的公司”时,美国—喀麦隆 BIT 大体上遵循了该范本——中包含的重要商业活动标准,就没有必要签订该换文。根据该标准,尽管 Pectin 存在第三国控制的情形，但它在美国的重要商业活动可以禁止喀麦隆拒绝授予利益。

美国—格林纳达 BIT、美国—刚果 BIT 以及美国—突尼斯 BIT 分别在第 1 条第 1 款(a)项、第 1 条第 1 款(a)项以及第 1 条第 1 款(c)项采纳了 1984 年和 1987 年范本中规定的“缔约一方的公司”定义。美国—格林纳达和美国—刚果 BIT 共同第 1 条第 2 款均采纳了 1984 年和 1987 年范本中的拒绝授予利益条款。美国—突尼斯 BIT 第 1 条第 2 款在“控制”前增加了“直接或间接”。这只是明确了在 BIT 范本中已经隐含着的内容。

除了一处改动外，美国—波兰 BIT 第 1 条第 1 款(a)项采纳了 1984 年和 1987 年范本中包含的“缔约一方的公司”定义。它把“国家企业”纳入到可以被认定为缔约一方的公司之组织的说明性清单中。谈判范本中的公司定义宽泛到足以涵盖国家企业。因此，这一变化只是明确了美国签署的 BITs 中隐含着的东西。美国—波兰 BIT 第 1 条第 2 款采纳了 1984 年和 1987 年范本中的拒绝授予利益条款。

美国—突尼斯 BIT 中的“缔约一方的公司”定义规定于第 1 条第 1 款(c)项，它遵循了 1987 年范本的表述。该 BIT 第 1 条第 2 款通过在“被控制”与“控制”之间插入“直接或间接地”这一短语修订了拒绝授予利益条款，由此表明东道国有权在公司系由第三国直接或间接控制的情况下拒绝给予利益。这与 1984 年及 1987 年范本的意图是一致的，它并没有改变条约的实质。该 BIT 也稍微改动了拒绝授予利益条款的表达方式，但不影响其实质内容。

(三)基于 1991 年和 1992 年范本签署的 BITs

美国签署的 12 个 BITs 采纳了 1991 年和 1992 年范本中的缔约一方的“公司”定义。这些 BITs 是美国分别与斯里兰卡、哈萨克斯坦、罗马尼亚、亚美尼亚、吉尔吉斯斯坦、厄瓜多尔、白俄罗斯、牙买加、乌克兰、爱沙尼亚、蒙古以及拉脱维亚签署的。这些 BITs 的共同第 1 条第 1 款(b)项规定了公司的定义，第 1 条第 2 款原原本本接受了 1991 年和 1992 年范本的拒绝授予利益条款。

美国—捷克 BIT 和美国—斯洛伐克 BIT 共同第 1 条第 1 款(b)项均界定了“缔约一方的公司”的含义。该定义遵循了 1991 年范本中的界定“公司”的表述，除了把短语“缔约一方的”(of a Party)放到引号中去。与美国—阿根廷 BIT 相似，这两个 BITs 在构成公司的说明性的实体清单中增加了

“国家企业或其他企业”,但删除了“合伙”。这两处变化都没有实质性意义。“公司”定义中规定公司可以由政府拥有或控制的表述表明了国家企业已经被涵盖在公司范围内,而企业通常包含在“公司”或“其他组织”中。正如作者在本书其他地方指出的,2004 年范本使用“企业”代替了“公司”。“合伙”一词并未被明确规定于之前的 BIT 范本中,但它仍然被理解为包含于“公司”定义中。类似于美国与阿根廷和俄罗斯签署的 BITs,这些 BITs 也删除了“被控制”一词——它在这个语境中是多余的,因为所有的组织不是由政府拥有就是由私人拥有,因而所有组织都在“公司”定义范围内,不需要提及它们对公司的控制。另外,上述两个 BIT 第 1 条第 2 款规定的拒绝授予利益条款原原本本接受了 1991 年范本的规定。

在美国—阿根廷 BIT 第 1 条第 1 款(b)项规定的缔约一方的“公司”定义中,“国家企业”被用于代替“合伙”(partnership)。如前所述,类似的改动出现于美国—捷克 BIT 和美国—斯洛伐克 BIT 中。“或者私人拥有,或者政府拥有或控制”变成了“以及私人或政府拥有”,这一改动也出现于美国与捷克、斯洛伐克以及俄罗斯签署的 BITs 中。

在 1991 年范本中,缔约各方都保留了对根据缔约另一方的法律组建,但被第三国的国民控制,并且在缔约另一方的领土内没有从事“重要商业活动”的公司拒绝给予利益的权利。比如,根据这一模式,阿根廷有权利拒绝向一家根据美国法律组建,但被第三国的国民控制,并且在美国没有从事重要商业活动的公司给予条约规定的保护。显然,拒绝授予利益条款的目的在于,防止与 BIT 缔约方之间没有真正联系的公司仅仅为了获取条约规定的保护而根据缔约方的法律进行组建。美国—阿根廷 BIT 扩大了这一保留权利,据此允许对缔约另一方的公司拒绝授予利益,如果该公司被缔约一方的国民控制,并且在缔约另一方的领土内没有从事重要商业活动。比如,阿根廷有权利拒绝对一家根据美国法律组建,但被阿根廷国民控制,并且在美国没有从事重要商业活动的公司给予条约规定的保护。

这一改动背离了之前的 BIT 实践。根据各种 BIT 范本,对于一家根据缔约一方的法律组建但被缔约另一方的国民控制的公司来说,它作为该缔约一方的公司主张获得条约保护是可能的。1984 年前的 BIT 范本规定该缔约一方的国民在公司中也要拥有重要——虽然不是控制性——的利益。然而,1984 年范本删去了这一规定,由此使 BIT 缔约一方的国民拥有或控制的公司更容易被视为缔约另一方的公司,由此获得 BIT 规定的保护。阿根廷希望限制其国民通过在美国注册设立，进而向阿根廷政府主张获得 BIT 规定的保护的能力。对 1991 年范本的这一背离预示着 BIT 范本发生的被采纳于 2004 年范本中的一个变化。

在美国—俄罗斯 BIT 第 1 条第 1 款(a)项中，“缔约一方的公司”取代“公司”的表述，但后者与前者根本上说是一样的。该 BIT 在构成缔约一方的公司的说明性实体清单中增加了“企业(包括合作性的)”，但删除了“合伙”。然而，该 BIT 议定书第 1 段确认缔约双方的共同理解是，“缔约一方的公司”一词包括“根据缔约一方的法律组建，并且根据任一缔约方的法律都具有法律人格或法律资格的合伙组织”。美国—摩尔多瓦 BIT 中也增加了“企业”一词。美国—俄罗斯 BIT 删除了“私人或政府拥有或控制”中的“或控制”的表述。这一变化也出现于美国与捷克、斯洛伐克及阿根廷签署的 BITs。如前所述，这一变化并不重要。

美国—俄罗斯 BIT 把拒绝授予利益条款移到第 1 条第 3 款，并且对文字做了大幅修改——总体上是基于文体上的原因。一个值得注意的变化是，该条款适用于缔约另一方的公司，而非任何公司。这一变化后来也被纳入 1994 年范本中。因而，美国—俄罗斯 BIT 的拒绝授予利益条款与 1994 年范本中的对应条款基本上是一样的，但它的表述以及将规定置于 BIT 第 1 条的做法均表明该 BIT 是以 1991 年范本为基础的。此外，在该议定书第 2(a)段中，缔约方确认它们的相互谅解，即“‘被控制’的投资包括被缔约一方或其国民或公司直接控制的投资以及缔约一方的国民或公司通过第三国的国民或公司间接控制的投资”。议定书第 2(a)段与美国对 1991 年范本的理解是一致的。

美国—保加利亚 BIT 第 1 条第 1 款(b)项规定了“公司”定义，其中增加了“国家企业”的表述。如前指出，类似的变动出现于美国与波兰、捷克、斯洛伐克，以及阿根廷签署的 BITs 中。它不影响该条款的实质内容。保加利亚的谈判人员要求增加该术语，因为保加利亚当时最常见的企业形式是国家企业，因而他们认为公司清单应该明确包含国家企业。拒绝授予利益条款规定于第 1 条第 2 款，且未作改动。

美国—摩尔多瓦 BIT 第 1 条第 1 款(b)项在构成公司之实体的说明性清单中增加了“企业”一词，这一变化不会影响公司定义的范围，因为该清单只是说明性的。如前所指，类似的表述出现于美国—俄罗斯 BIT 中。1991 年和 1992 年范本中的拒绝授予利益条款原样出现于该 BIT 第 1 条第 2 款。

美国—立陶宛 BIT 中的“公司”定义——规定于第 1 条第 1 款 b 项——指的是根据“可适用的”法律与法规设立的组织。被引用的“可适用”一词并未出现于 1991 年或 1992 年范本中，但它不影响该规定的意义。此外，美国—立陶宛 BIT 的公司定义条款没有提及根据缔约一方的政治分支机构的法律设立的公司，这一变化也没有影响条约的实质内容。前已指出，政治分支机构在 1994 年范本中被认为是多余的因而被删除了。该 BIT 第 1 条第 2 款规定的拒绝授予利益条款采纳了 1991 年范本的内容。

（四）基于 1994 年范本签署的 BITs

除了在标点符号方面的细微变化，美国签署的八个 BITs 遵循了 1994 年范本中的表述。这些 BITs 是由美国与格鲁吉亚、乌兹别克斯坦、洪都拉斯、尼加拉瓜、阿塞拜疆、玻利维亚、莫桑比克，以及萨尔瓦多签署的。这些 BITs 共同第 1 条（a）项均规定了“公司”定义，而“缔约一方的公司”定义出现于第 1 条（b）项。除了拒绝授予利益条款在美国—克罗地亚 BIT 被规定于第 13 条，该条款在上述其他 BITs 中都规定于第 12 条。

美国—克罗地亚 BIT 第 1 条（a）、（b）项遵循了 1994 年范本中的规定。不过，在拥有或控制公司的国民系一国国民，且该国与拒绝授予利益国之间没有维持“正常的经济或外交关系”情况下，该 BIT 第 13 条允许拒绝授予利益。1994 年范本没有提到外交关系，但没有外交关系在 2004 年范本中是拒绝授予利益的一个理由。

除了在第 1 条开头插入全部使用大写英文首字母的标题——“定义”，以及在第 12 条开头插入全部使用大写英文首字母的标题——“拒绝授予利益”、一些细微的标点符号变化，以及在美国—约旦 BIT 中使用“缔约方”代替“当事国”，美国同特立尼达和多巴哥、阿尔巴尼亚以及约旦签署的 BITs 中的表述与 1994 年范本中的规定是相同的。

除了缔约方在第 1 条（a）项规定的说明性之组织清单中插入短语“但它不限于”，这一变化只是明确了该清单实际上是说明性的，美国—巴林 BIT 第 1 条（a）、（b）项及第 12 条的表述与 1994 年范本中的规定基本上是相同的（除了它使用阿拉伯数字）。

（五）基于 2004 年范本签署的 BITs

美国—乌拉圭 BIT 第 1 条中的“企业”以及“缔约一方的企业”定义基本遵循了 2004 年范本的表述，第 17 条中的拒绝授予利益条款也是如此，但在 2004 年范本中没有外交关系是拒绝授予利益的一个理由。

十、已经签署的 FTAs

NAFTA 中有两个“企业”定义。第 201 条中的“企业”定义——它是 NAFTA 中的一般定义条款——非常类似于 2004 年范本中的企业定义。它规定企业可以“私人拥有或者政府拥有”,而 2004 年范本则规定“私人或政府拥有或控制”。另外,NAFTA 第 201 条中使用的兜底性术语是“其他团体”,2004 年范本中使用的则是“类似组织”,而“团体”被明确纳入清单作为类似组织的一种类型。因此,NAFTA 把各种实体视为不同类型的团体,而 2004 年范本则把各种实体视为不同类型的组织。这纯粹只是文字风格上的不同。NAFTA 在规定说明性实体清单时用的是“任何”(any)而不是“一个”(a),这只是另一处文字风格上的差异。较为重要的是,该一般定义删除了短语“以及企业的分支机构”。第二个“企业”定义——规定于 NAFTA 第 1139 条,该条是 NAFTA 投资章的定义条款——规定“企业”意指第 201 条规定的企业“以及企业的分支机构”。因而,其结果是,NAFTA 投资章中的“企业”定义与 2004 年范本中的企业定义实质上是相同的,而 NAFTA 第 1139 条中的“企业”定义与 2004 年范本中的企业定义则是相同的。

NAFTA 的拒绝授予利益条款——规定于第 1113 条——非常类似于 2004 年范本中的该条款。它指的是“本章”而非“本条约”的拒绝授予利益,并且使用“另一个缔约方”取代“缔约另一方”,这两个变化显然与 NAFTA 是一个三方协定而非 BIT 有关。拒绝授予利益的对象由缔约方的“人”拥有或控制企业变更为“投资者”拥有或控制企业。如果拒绝授予利益国采取或维持的措施——如果给予条约项下的利益,则这些措施就会被规避或违反——系针对非缔约方或非缔约方的“一个人”,2004 年范本允许拒绝授予利益,但 NAFTA 只有在相关措施针对非缔约方时才允许拒绝授予利益。按照 NAFTA 规定,以在母国没有从事重要商业活动为由拒绝授予利益必须履行事先通报与磋商的义务,而这一义务并未规定于 2004 年范本中。“事先通报”要求可能是令人费解的,原因是,鉴于东道国在试图监控所有涵盖投资的所有权方面面临的困难,指望东道国在争端产生之前就拒绝授予利益事宜给予事先通报是不现实的。相反,第 1113 条看来只是要求东道国在拒绝授予利益之前通报母国,更具体地说,是在投资者—国家仲裁中援引拒绝授予利益条款作为一项抗辩。具体地说,第 1113 条规定事先通报必须符合第 1803 条,第 1803 条规定可能影响协定的运作或者缔约一方在协定项下的利益的措施应该予以事先通报。因而,其言下之意是,拒绝授予利益是在采取前,即在东道国打算拒绝授予利益的时刻之前必须做出通报的措施。这便解释了为什么该条款援引第1803条,以及为何采用"之前"(prior)一词。

美国—新加坡 FTA 第15.1条第7款和第15.1条第8款分别界定了"企业"和"缔约一方的企业",这与2004年范本中的相应定义是相同的。

美国—新加坡 FTA 中的拒绝授予利益条款——规定于第15.11条——从内容上看非常类似于2004年范本中的拒绝授予利益条款,但它的规定方式有所不同。美国—新加坡 FTA 指的是"本章"而非"本条约"的拒绝授予利益。与 NAFTA 一样,美国—新加坡 FTA 使用"投资者"拥有或者控制企业而非"人"(persons)拥有或者控制企业的表述。

美国—新加坡 FTA 附有一份补充协定,该补充协定签署于2003年5月6日,涉及的是拒绝授予利益条款。新加坡对于拒绝授予利益条款中涉及禁止同某一企业从事交易的措施的部分内容表述了关切。该补充协定指出,美国国会已经针对一些国家通过了实施贸易与经济制裁的法律。它规定"美国希望澄清这些制裁立法并不会侵犯新加坡实施外交政策的主权权利,也没有禁止被美国制裁之国家的公司在新加坡设业"。该补充协定包含了有关美国实施经济制裁的一些描述性信息,并指出美国—新加坡 FTA 第20.3条规定任何缔约一方都可以就其认为可能影响协定适用的事项,包括缔约另一方实施的制裁可能对协定适用产生的影响,要求进行磋商。

在界定"企业"方面,美国—智利 FTA 第2.1条遵循了 NAFTA 第201条的表述——除了在标点符号方面有一处无关紧要的变化,而第10.27条则遵循了 NAFTA 第1139条的表述。

美国—智利 FTA 中第10.11条规定的拒绝授予利益条款与2004年范本中的规定类似,但表述方式有所不同。该条提及的"本章"而非"本条约"的拒绝授予利益、非缔约方的"投资者"而非"人"拥有或控制企业,以及针对非缔约方的"企业"而非"人"维持的措施。以缺乏重要商业活动为由行使拒绝授予利益的权利需要履行磋商义务。

美国—澳大利亚 FTA 第1.2条第7款规定了"企业"的一般定义,它与2004年范本中的定义是一致的,但有两处不同:第一,它规定的是"私人拥有,或者政府拥有或控制"而不是"私人或政府拥有或控制"。这一变化无意于改变适用该 FTA 投资章产生的实际后果。企业在该投资章中仍然被认为是由投资者拥有或控制的。第二,它删除了"以及企业的分支机构"。第

11.17条——投资章的定义条款——中的“企业”定义规定，该术语指“第1.2条第7款（一般定义）界定的企业及其分支机构”。因而，尽管在“企业”的一般定义中没有提及分支机构——就像在NAFTA和美国—智利FTA中一样，美国—澳大利亚FTA投资章中的“企业”定义的效果与2004年范本中的企业定义从实质上说是一样的。

除了规定“本章”而非“本条约”之外，美国—澳大利亚FTA第11.12条规定的拒绝授予利益条款与2004年范本中的对应条款是相同的。

美国—中美洲国家—多米尼加FTA第2.1条采纳的“企业”定义与美国—智利FTA中的对应定义是一样的，即没有把分支机构包括在内。不过，美国—中美洲国家—多米尼加FTA投资章第10.28条包含了适用于该投资章的“企业”定义，该定义参照了“企业”的一般定义，并且增加了“以及企业的分支机构”这一短语。

美国—中美洲国家—多米尼加FTA第10.12条规定的拒绝授予利益条款遵循了2004年范本的规定，区别仅在于它提及的是“本章”而非“本条约”的拒绝授予利益，并且修改了该条款以体现该FTA是多边而非双边协定。此外，与NAFTA一样，该FTA同样规定，由于缺乏重要商业活动而行使拒绝授予利益的权利需要遵守通报与磋商的规定。

美国—摩洛哥FTA第1.3条采纳的“企业”的一般定义与美国—智利FTA中的对应定义是相同的，区别仅在于删除了两个连字符。与在美国—智利FTA中一样，美国—摩洛哥FTA投资章第10.27条包含了一个适用于该投资章的“企业”定义，该定义参照了“企业”的一般定义，并且增加了“以及企业的分支机构”这一短语。

除了把“本条约”改为“本章”外，美国—摩洛哥FTA的拒绝授予利益条款——规定于10.11条——与2004年范本中的对应条款是一样的。

美国—阿曼FTA第1.3条采纳的一般的“企业”定义与2004年范本的对应定义是相同的，区别在于没有提及“企业的分支机构”，以及——作为文字风格方面的一个改动——用“任何”（any）代替“一个”（a）而修改了构成企业的说明性实体清单。投资章第10.27条采纳的“企业”定义参照了上述一般的企业定义，并且增加“以及企业的分支机构”这一短语。与在包含着两个“企业”定义的其他FTAs一样，美国—阿曼FTA的企业定义的实质效果与2004年范本的企业定义是相同的。

除了提及拒绝给予“本章”而非“本条约”项下的利益，美国—阿曼FTA

中的拒绝授予利益条款——规定于第10.11条——与2004年范本的规定是一样的。

美国—哥伦比亚FTA和美国—秘鲁FTA第1.3条均采纳了类似于2004年范本中一般的“企业”定义。虽然2004年范本中的企业定义包括私人或政府控制或控制的实体,这两个FTAs提及的是私人或政府拥有的实体。它们也没有提及企业的分支机构,但投资章第10.28条规定了为该章所使用的“企业”定义。与NAFTA一样,美国—哥伦比亚FTA和美国—秘鲁FTA使用“其他团体”(other association),而不是“类似组织”作为集合性术语。机构企业的实体清单采用了“任何”(any)而非“某一”(a)的措辞。

美国与哥伦比亚和秘鲁签署的FTAs第10.12条中的拒绝授予利益条款与2004年范本中的对应条款是相同的,区别仅在于,它提及的是“本章”而非“本条约”的拒绝授予利益,并且修改了该条款以反映缔约方的预期,即秘鲁与哥伦比亚将成为一个多边协定的缔约方。

十一、仲裁实践

在“公司”定义方面出现的主要问题是公司的国籍问题。在*AES v. Argentina*案中,仲裁庭认为,在确定公司国籍时,它适用的是公司声称的国籍国的法律。正如在仲裁庭在*Lanco v. Argentina*案中解释的,各国在根据其法律认定哪些公司具有其国籍方面拥有裁量权。*Waste Management v. Mexico*案所提诉求引发的问题是,投资者是否必须披露其国籍,据此让东道国知悉投资者有权利获得条约规定的保护。仲裁庭认为,东道国不了解投资者的国籍并不重要。

美国签署的BITs中投资者的国籍由其注册地确定,这是确定公司国籍的业已坚实确立并获得接受的基础。[51]不过,在*Loewen v. United States*案中,仲裁庭不考虑仲裁申请人拥有的加拿大国籍。在该案中,由于下文所讨论的原因,诉求由一家名为Nafcanco的加拿大公司提出,美国称之为“方便公司”(corporation of convenience),因为创立该公司的唯一目的就是将针对美国的诉求提交NAFTA仲裁,其唯一的资产就是该诉求,并且该公司完全为其美国母公司所控制。仲裁庭认为,该诉求实际上是由美国投资者提出。

在向ICSID提出仲裁请求时,仲裁申请人必须满足《ICSID公约》针对

---

[51] See Tokios Tokeles v. Ukraine. The seminal case is Barcelona Traction, Light and Power Company, Ltd. (Belgium v. Spain), 1970 ICJ Rep. 3.

国籍规定的任何要求。在 *Champion Trading v. Egypt* 案中,投资者是一家在美国设立而在埃及拥有投资的公司。该美国公司由埃及人拥有,这些埃及人本身无权把诉求诉诸仲裁,原因是,根据《ICSID 公约》第 25 条第 2 款,一国的国民不得对其本国提起仲裁请求。尽管如此,在美国注册成立的公司有权利提起仲裁请求。若股东是第三国的国民,美国一埃及 BIT 中的拒绝授予利益条款可能就可以适用。然而,在 2004 年范本前,BIT 中的拒绝授予利益条款不适用于投资者被任何缔约一方的国民拥有或控制的情形。因而,2004 年以前的范本中的拒绝授予利益条款隐含地赞成了 Champion Trading 案的仲裁结果。

仲裁庭还就仲裁申请人必须拥有作为非争端当事方之缔约方的国籍的时间点问题作出了裁决。在 *Loewen v. United States* 案中,在最终裁决作出之前,一个对美国提起仲裁请求的加拿大仲裁申请人以美国公司的身份根据美国破产法自行进行重组。认识到作为一家美国公司无法针对美国提出仲裁,该仲裁申请人在其作为加拿大公司终止存在以前把该诉求转让给一家新成立的加拿大公司,而该公司的唯一资产就是该诉求,并且把进行诉讼作为其唯一的业务活动。因而,该求偿的受益人仍然是拥有与控制新设立的加拿大公司的美国公司。仲裁庭认为,习惯国际法要求从提起诉求之日到诉求被裁判之日必须持续地满足国籍要求。仲裁庭认为,协定可以修改习惯国际法规则,但 NAFTA 对此问题没有作出规定。在缺乏明确规定的情形下,仲裁庭拒绝把 NAFTA 解释成修改了习惯国际法规则。由于它对美国国民对美国提起的诉求没有管辖权,仲裁庭认为,作为一家美国公司的加拿大仲裁申请人进行重组的结果是,仲裁庭对该诉求没有管辖权。仲裁庭在 Loewen 案中所作认定的正确性,即国籍必须持续到裁决作出之日而非仲裁启动之日,已经受到了质疑,[52]但美国认为在这一点上 Loewen 案的裁判是正确的。

然而,在 *El Paso Energy v. Argentina* 案中,仲裁庭拒绝了在 Loewen 案中确立的规则,它认为投资者的当事方身份要根据仲裁程序提起时的日期进行确定,因而投资者在仲裁程序提起后出售投资不会剥夺仲裁庭的管辖权。仲裁庭指出,出售投资减少了投资者受到的损失,这一情形表明仲裁庭允许投资者在提起仲裁申请后撤回投资。

---

[52] *See National Grid v. Argentina* (U. K. -US—Argentina BIT).

Mihaly v. Sri Lanka 案裁决处理的问题与 Loewen 案仲裁庭处理的问题如出一辙。在 Mihaly 案中，一家加拿大公司把它针对斯里兰卡提出的诉求转让给一家美国公司，后者随后根据美国—斯里兰卡 BIT 提起仲裁请求。仲裁庭认为，它对该诉求没有管辖权。不具有美国国籍的加拿大公司不受美国—斯里兰卡 BIT 的保护，因而该公司在该 BIT 项下没有诉求。它不能把它并不拥有的诉求转让给一家美国公司。

在 *Champion Trading v. Egypt* 案中，仲裁庭处理了仲裁申请人提出的双重国籍问题。仲裁庭认为，一个同时拥有美国与埃及国籍的个人不能针对埃及提出国际仲裁。然而，根据设立地原则，一家根据美国法律设立的公司在一起对埃及提出的案件中仍被认为是美国国民。该公司同时由具有美国与埃及国籍的个人拥有并不会剥夺仲裁庭的管辖权。

一些仲裁裁决涉及了拒绝授予利益条款。在 *Generation Ukraine v. Ukraine* 案中，仲裁庭指出，仲裁被申请人有责任证明存在第三国控制的情形。在该案中，仲裁申请人是一个美国公民，因而看不出存在第三国控制。在 *Pan American Energy v. Argentina* 案中，仲裁被申请人根据拒绝授予利益条款提出一项反对，但仲裁庭认定，投资者是被美国公司而非第三国的公司所控制，而该美国公司在美国拥有重要的商业利益。因而，仲裁被申请人未能履行其证明责任。

在一起案件中，仲裁庭认为，由于公司在投资中的利益是通过中间公司持有，因而该公司不属于投资者。在 *PSEG v. Turkey* 案中，仲裁申请人之一是美国公司，仲裁庭认定它是美国投资者——该美国投资者完全拥有讼争投资，即获得特许经营权的一家土耳其公司——的股东。仲裁庭认定，土耳其在 BIT 中同意提交仲裁的事项只及于拥有该投资的美国投资者，而不及于美国投资者中的股东。如果需要对该股东进行救济，那应由股东针对投资者提出诉求。

第四节　界定缔约方的领土

由于 BITs 一般来说保护缔约一方的国民或公司在缔约另一方领土内的投资，因而 BIT 保护的适用范围部分取决于“领土”这一术语的定义。早期的 BIT 范本都规定了关于领土的建议性定义，但到了 1981 年它在不断变化的BIT范本中被删除了。之所以被删除，部分原因是美国认为不可能提出一个令人满意的定义。然而，该术语可能具有某种重要性，因而2004年范本把“领土”规定于第1条，从而纳入了领土定义，但并没有界定其含义。美国的谈判政策是，允许缔约另一方提出该术语的定义，美国可能接受也可能拒绝。因而，“领土”术语表明了美国的政策在这方面并不寻求用语的统一性，而是允许一定的变动，只要每个领土定义符合美国BIT谈判的目标。

不过，在2004年范本通过之前的某些情形中，缔约另一方的谈判人员坚持规定“领土”术语的含义。在BIT计划的早些年，尤其在第一波缔结BITs中，美国一般反对纳入“领土”这一术语的定义，理由是，没有一个一般意义上的定义是可行的。[53] 尽管如此，美国有时候确实接受对“领土”术语做出界定的要求。

就美国—喀麦隆BIT而言，谈判人员达成了一个妥协，它实际上并没有怎么根据规范“领土”的法律体系所揭示的含义对其加以界定。具体来说，美国—喀麦隆BIT第1条第1款(f)项规定，“领土”意指“国际法确认缔约一方拥有的所有领土”。由于BITs项下争端通常都是根据国际法加以解决的，[54]可以认为这一定义只是把已经隐含着的东西加以明确。同时，它消除了任何这样的主张，即就BIT而言，缔约一方的领土范围是一个纯粹根据该缔约方本国法律加以确定的问题。

就美国—民主刚果BIT而言，谈判人员达成了一项更加缜密的妥协，它包含着“领土”定义以及在议定书中解释该定义的条款。“领土”定义规定于第1条(f)项，即“领土”对民主刚果而言意指“扎伊尔共和国的所有领土”，而对美国而言意指“美国的所有领土”。这一规定并不能为界定领土提供什么帮助。该条约议定书第7段解释(在援引条约正文第1条(f)项时出现了打印错误)认为，对民主刚果而言，“领土”包括“在其中可以行使主权的地理与政治边界范围内的扎伊尔的所有领土”。对美国而言，“领土”包含“各州、哥伦比亚特区，以及关岛、波多黎各、美属萨摩亚群岛和维京群岛”。

美国—摩洛哥BIT没有界定“领土”的含义，但应当指出的是，美国并未承认摩洛哥对西撒哈拉的主权。[55] 因而，基于BIT的宗旨，美国显然不认为

---

[53] See D. R. Congo BIT Submittal letter, at Ⅸ.

[54] 参见第五章第三节。

[55] For some background information on the situation, see Case Concerning the Western Sahara, 1975 I. C. J. Rep. 12.

摩洛哥的领土包括西撒哈拉。据此,那些由于出生或居住在西撒哈拉因而拥有摩洛哥国籍的人不会被认为是摩洛哥的国民,因而他们拥有或控制的公司不能成为 BIT 意义上的摩洛哥公司。在西撒哈拉的美国投资同样也不会受到美国—摩洛哥 BIT 的保护。

美国—阿根廷 BIT 第 1 条第 1 款(f)项中的领土定义大致根据的是以美国与印度尼西亚缔结的一个税收条约中的领土定义。[56] 该 BIT 规定该术语:

"对美国或阿根廷的领土而言,'领土'意味着包含根据体现于 1982 年《联合国海洋法公约》的国际法确立的领海。本条约也适用于美国或者阿根廷根据体现于 1982 年《联合国海洋法公约》的国际法拥有主权或管辖权的邻接领海的海域与海床。"

由于美国并不是该公约的缔约国——但美国认为该公约在许多方面宣示了习惯国际法,因而援引《联合国海洋法公约》是值得注意的。

由于美国—阿根廷 BIT 确立了先例,在缔约他方提出类似的请求时,美国并不太反对规定"领土"的含义,但它通常寻求确保所使用的任何定义与美国—阿根廷 BIT 中的表述实质上是一样的。因而,美国—罗马尼亚 BIT 第 1 条第 1 款(f)项、美国—尼加拉瓜 BIT 第 1 条(I)项以及美国—特立尼达和多巴哥 BIT 第 1 条第 1 款采取了类似于美国—阿根廷 BIT 中的"领土"定义,区别仅在于提及"美国"抑或"美利坚合众国",而显然这只是缔约一方的名称而已。此外,美国—克罗地亚 BIT 增加"底土"的规定,并增加了一个逗号。在所有这些 BITs 中,领土定义都是应缔约另一方要求而增订的。国务卿提交的附带于美国—特立尼达和多巴哥 BIT 的呈报函指出,这一定义"没有在任何方面改变本条约,它只是明确它在国际法上的含义"。[57]

美国—乌拉圭 BIT 第 1 条包含了一个不同的"领土"定义。对美国而言,领土是指美国的关税领土,它包括 50 个州、哥伦比亚特区以及波多黎各;位于美国及波多黎各的对外贸易区;在美国领土以外但美国在其中根据国际法与国内法可以针对海床、底土及其自然资源行使权利的任何区域。这一定义是以 NAFTA 中采用的定义为基础的,这可以解释该 BIT 提及关税领土的原因。针对乌拉圭,美国—乌拉圭 BIT 把"领土"界定为在其主权下的

[56] The Convention between the Government of the United States of America and the Government of the Republic of Indonesia for the Avoidance of Double Taxation and the Prevention of Fiscal Evasion with Respect to Taxes on Income, signed at Jakarta on July 11, 1988, Art. 3(1).

[57] Trinidad and Tobago BIT submittal letter, at Ⅷ.

陆地领土、领水、领海以及空域,以及根据国际法可以行使主权权利和管辖权的专属经济区和大陆架。美国的政策是,《联合国海洋法公约》中已经准确地表达了美国对海洋领域的管辖权。[58]

在美国缔结的 FTAs 中,对美国而言,"领土"定义与 NAFTA 及美国—乌拉圭 BIT 中的领土定义是相同的。这一定义出现于 NAFTA 附件 201.1、美国—新加坡 FTA 附件 1A、美国—智利 FTA 附件 2.1、美国—澳大利亚 FTA 附件 1-A、美国—摩洛哥 FTA 第 1 条第 3 款、美国—中美洲国家—多米尼加 FTA 附件 2.1、美国—哥伦比亚 FTA 附件 1.3、美国—阿曼 FTA 第 1 条第 3 款,以及美国—秘鲁 FTA 附件 1.3。

基于美国的 FTA 伙伴的原因,"领土"定义在不同的协定中有所不同。

NAFTA 附件 201.1 把加拿大的领土界定为其海关法律适用的领土,包括领海之外,加拿大根据国际法与国内法可以针对海床、底土及其自然资源行使权利的任何区域。

NAFTA 附件 201.1 把墨西哥的领土界定为:(1)联邦各州以及联邦地区;(2)岛屿,包括邻近海域中的礁和礁屿群;(3)位于太平洋中的瓜达卢普群岛和雷维利亚希赫多群岛;(4)这些岛屿、礁和礁屿群的大陆架;(5)根据国际法确立的领海水域,以及内水;(6)根据国际法及附件 201.1 确立的国家领土的空域;以及(7)领海之外,墨西哥根据包括《联合国海洋法公约》在内的国际法与国内法可以针对海床、底土及其自然资源行使权利的任何区域。

美国—新加坡 FTA 附件 1A 把新加坡的领土界定为陆上领土、内水、领海,以及领海之外新加坡根据其国内法与国际法有权基于勘探与开发自然资源的海域而行使主权或管辖权的海域,包括海床与底土。

美国—智利 FTA 附件 2.1 把智利的领土界定为"在其主权范围内的陆地、海洋与空间,以及在其中根据国际法与国内法可以行使主权权利与管辖权的专属经济区与大陆架"。除了针对哥斯达黎加的"领土"定义包含了一个脚注——该脚注规定"为了更加明确,哥斯达黎加的领土包括可可岛",美国—中美洲国家—多米尼加 FTA 中的非美国缔约方在该 FTA 附件 2.1 也采纳了同样的领土定义。

根据美国—澳大利亚 FTA 附件 1-A(a)段,澳大利亚的领土意指澳大

---

[58] 1993 Hearings, *supra* chap 2, note 119, at 28.

利亚联邦的领土，不包括除了某些所列明领土以外的所有外部领土，但包括澳大利亚领海、毗连区、专属经济区以及大陆架。

美国—摩洛哥 FTA 并没有针对摩洛哥规定“领土”的含义。如所指出，美国不承认摩洛哥对西撒哈拉的主权主张。除了陆地领土外，哥伦比亚的领土指圣安德列斯群岛、普罗维登西亚岛、圣卡塔利娜岛、马尔佩洛岛及所有属于它的其他岛屿、小岛、礁屿群、岬和浅滩，以及根据国内法和包括可适用的国际条约在内的国际法拥有主权、主权权利或管辖权的空间与海域。

美国—阿曼 FTA 第 1 条第 3 款把阿曼的领土界定为在其地理边界范围内的所有陆地、内水、包括领海在内的海域、在其主权下的领空，以及阿曼根据其国内法与包括《联合国海洋法公约》在内的国际法的规定可以行使权利与管辖的专属经济区与大陆架。

美国—秘鲁 FTA 附件 1.3 把秘鲁的领土规定为，秘鲁根据其国内法与国际法可以行使主权、管辖权或主权权利的陆地领土、岛屿、海域及其上空。

在已经作出的裁决中，美国签署的 BITs 和 FTAs 中的“领土”目前尚未成为讼争问题。

第五节　界定投资协议与投资授权

BITs 中的投资者—国家争端解决条款可以用于执行有关投资协议或投资授权的条款。虽然在 1994 年之前的 BIT 范本都没有界定投资协议或投资授权，但投资者—国家争端解决条款针对这两个术语的范围提供了某种阐释。第九章第二节第一目讨论了 1994 年之前的 BIT 范本中使用的这两个术语的含义。第九章第二节第六目讨论了 1994 年之前的范本与 1994 年范本中使用的这两个术语之间的区别。

1994 年范本在第 1 条 1 款(g)项和(h)项分别增加了“投资授权”和“投资协议”的定义。前者是指“缔约一方的外国投资主管部门向涵盖投资或者对缔约另一方的国民或公司给予的授权”。后者是指“缔约一方的国家主管部门与投资实体、缔约另一方的国民或公司之间签订的书面协议，该协议(i)针对国家主管部门控制的自然资源或其他资产给予权利；并且(ii)投资、国民或公司据此设立或取得涵盖投资”。因此，这一定义排除了投资与政治分支机构——比如美国的 50 个州——之间签署的协议。它也排除了东道国与投资或投资者签署的商业协议。其目的也是把东道国的管制行为产生的协议——比如税收方面的裁决与结案书，以及由于司法或行政程序产生的协议——比如双方同意的判决(consent decrees)——排除在外。

美国—俄罗斯 BIT——在 1994 年范本前约两年签署的——包含了一个范围宽泛得多的“投资协议”定义。根据该 BIT 第 1 条第 1 款 f 项，“投资协议”是指“缔约一方(或其机构或渠道)与缔约另一方的国民或公司就某项投资达成的协议”。

美国与格鲁吉亚、特立尼达和多巴哥、乌兹别克斯坦、洪都拉斯、克罗地亚、阿塞拜疆、保加利亚、玻利维亚、萨尔瓦多以及巴林缔结的 BITs 共同第 1 条(g)项和第 1 条(h)项，以及分别规定于与阿尔巴尼亚和尼加拉瓜缔结的 BITs 的第 1 条第 1 款(g)项和第 1 条(h)项，原原本本遵循了 1994 年范木的规定。

在 1992 年范本基础上缔结的美国—蒙古 BIT 第 1 条(f)项和(g)项分别包含着“投资授权”和“投资协议”的定义，这两个定义遵循了 1994 年范本的表述，区别仅在于它们用“投资”一词取代短语“涵盖投资”。美国—约旦 BIT 第 1 条(g)项和(h)项遵循了 1994 年范本的表述，区别在于用“缔约方”代替“当事国”。美国—莫桑比克 BIT 第 1 条(g)项和(h)项也遵循了 1994 年范本的规定，区别仅在于每次出现短语“涵盖投资”后增加“本条约项下”的表述。

2004 年范本从文体方面修改了“投资授权”的定义，但未改变其实质。根据 2004 年范本，投资授权是指“缔约一方的外国投资主管部门向缔约另一方的涵盖投资者或投资给予的授权。”2004 年范本中的该定义有一个脚注，该脚注规定“为了更加明确，缔约一方为实施普遍性适用的法律——比如竞争法——而采取的行动不涵盖在本定义内”。显然，该脚注背后的一个特定关切是，美国根据其反垄断法批准合并或收购的行为不应当被解释为一项投资授权，但该脚注的表述适用的范围更加广泛。该脚注使用“为了更加明确”这一措辞，表明该脚注的内容从投资授权定义的文本看理应是清楚的。就美国根据反垄断法做出批准而言，这种批准不是由某一外国投资主管部门做出，因而，即便没有该脚注，这些批准显然也不在“投资授权”定义的范围内。

2004 年范本在两个方面修改了“投资协议”的定义。

第一，做出了一些文体上的改动，这些改动只是澄清了 1994 年范本中的内容。比如，它澄清了基于对书面协议的信赖而设立的投资并不是书面协议本身。该术语的一个脚注解释指出，"书面协议"是指以书面形式并由当事双方签字的协议——不管是单一的一份文件或者是多份文件中的一份，它根据第 30 条第 2 款——规定投资仲裁中的适用法律——规定的可适用的法律创设了对当事双方都具有拘束力的权利与义务。该脚注进一步澄清指出，"为了更加明确"，"投资协议"一词不是指"行政或司法当局的单方行为，比如缔约一方纯粹以规制主体身份颁发的许可、许可证，或者授权，或者法令、命令或判决本身。"它也不包括行政或司法中当事方同意的判决(consent decree)或命令。第二个脚注澄清指出，就美国而言，"国家主管部门"意指中央层级的政府机构，该脚注允许缔约另一方确定"国家主管部门"对该缔约方的含义。所有这一切与 1994 年范本项下定义的意图完全是一致的。

第二，修改了基于投资协议可以被授予的权利的类型。根据 1994 年范本，有关权利是指那些"与被国家主管部门控制的自然资源或其他资产有关"的权利。2004 年范本没有提及"其他资产"，而是规定相关权利可以纳入以下三种类型中的任何一类。

第一类是涉及"国家主管部门控制的自然资源的[权利]，比如开发、提炼、精炼、运输、分销或销售"。因而，第一类与 1994 年范本中的表述是一致的。第二类是"代表缔约方向公众提供服务的[权利]，比如发电或电力分销、水处理或分销，或者电信"。第三类是"从事基础设施项目的[权利]，比如并非完全或主要由政府使用或受益的公路、桥梁、运河、大坝或者管道"。就第二、三类权利而言，2004 年范本并未规定投资协议的标的必须受国家主管部门的控制，这与 1994 年范本的规定是相反的。虽然第二类权利中所提供的服务必须代表缔约方提供，但"缔约方"并不限于国家主管部门。

美国—乌拉圭 BIT 遵循了 2004 年范本中的表述，除了在脚注中援引第 30 条第 2 款后删除了带括号的标题"适用法律"。该 BIT 中界定"国家主管部门"的脚注也是指缔约双方，而不只是美国的中央层级的政府主管部门。

美国—新加坡 FTA 第 15.1 条第 15 款使用了与 2004 年范本一样的"投资授权"定义，但关于执行普遍适用之法律的脚注没有规定该脚注是为了"更加明确"。第 15.1 条第 14 款中的"投资协议"定义规定，投资协议在该 FTA 生效时或生效后发生效力。它的内容表达不同于 2004 年范本中的投资协议定义，并且把投资协议限定于那些与国内主管部门控制的自然资源或其他资产有关的投资协议。在签署美国—新加坡 FTA 时，规定投资协议本身不能构成投资的内容尚未被写入,但这一理解对于美国—新加坡 FTA 而言是正确的。美国—新加坡 FTA 中并没有包含界定"书面协议"的脚注。界定"国家主管部门"的脚注规定,对新加坡而言,它是指"根据国会通过的法令设立的部或其他政府机构"。与"投资授权"定义一样,美国—新加坡 FTA 也针对"投资协议"增加了一个同样的脚注,规定普遍适用的法律的执行不在"投资协议"范围之内。

美国—智利 FTA 第 10.27 条采用了与 2004 年范本中相同的"投资授权"定义,区别是前者没有包含把缔约一方采取的实施普遍适用之法律的行为排除在外的脚注,但美国在该 FTA 中的意图与在 2004 年范本中的意图是一样的。美国—智利 FTA 包含了一个新脚注,该脚注规定,截至该 FTA 生效时两个缔约方都没有外国投资主管部门。"投资协议"定义被修改为规定它指的是在该 FTA 生效后至少两年生效的协议。它的内容表述不同于 2004 年范本中的投资协议定义,并且投资协议被限定于那些与国内主管部门控制的自然资源或其他资产有关的投资协议。关于"国家主管部门"的脚注规定,智利的"国内主管部门"是指"部级政府层面上的主管部门",它不包括国家企业。在美国—智利 FTA 签署时,有关规定涵盖投资不能是投资协议本身的内容尚未写就,但这一理解对美国—智利 FTA 来说是正确的。界定"投资协议"的脚注在一些文体方面有别于 2004 年范本中的表述。它没有规定投资协议可以包含在多份文件中,但该定义也没有任何内容予以否定。它也没有包含此后增加的规定投资协议根据可适用的法律对协议双方都具有拘束力的内容。但是,它确定增加规定该协议必须是"追求价值的"。美国—智利 FTA 中"为了更加明确"而澄清某些行为不构成投资协议的句子较之 2004 年范本中的对应句子要短些,但这一差别不是实质性的,因为这一句只是旨在澄清,而非修改投资协议定义的其他内容。

美国—摩洛哥 FTA 第 10.27 条采纳了 2004 年范本中的投资协议定义,但有若干变化。它规定,投资协议是在该 FTA 生效之日或之后生效的一份协议。与美国—智利 FTA 一样,它的内容表达不同于 2004 年范本中的投资协议定义,并且把投资协议限定于那些与国内主管部门签订的,与后者控制的自然资源或其他资产有关的投资协议。美国—澳大利亚 FTA 沿用了 2004 年范本中"投资协议"定义的脚注——允许缔约一方指定国内主管部门——规定,"国内主管部门"是指中央政府层级的机构。在界定"书面协议"的脚注中,美国—摩洛哥 FTA 删除了有关投资协议可以在单一文件或者多份文件中的内容,但投资协议定义中没有任何内容不允许把书面协议规定在多份文件中。在2004年范本的同一个脚注中,“法令、命令或判决”之后的“独自”(standing alone)没有出现在美国—摩洛哥FTA中。

美国—中美洲国家—多米尼加FTA第10.28条采纳了与美国—摩洛哥FTA中的类似表述,区别在于其在“投资协议”与“投资授权”两个定义中使用的都是“另外一个缔约方”(another Party)而不是“缔约相对方”(other Party)。

2004年范本中的“投资协议”与“投资授权”定义出现于美国与秘鲁以及哥伦比亚签署的FTAs共同第10.28条。不过,这两个FTAs都包含着一个单独的脚注,该脚注确认截至投资协议生效时,缔约双方都没有赋予投资授权的外国投资主管部门。2004年范本中的“投资协议”定义的脚注允许缔约各方指定国内主管部门,而美国与秘鲁和哥伦比亚签署的FTA中的脚注则规定,“国内主管部门”是指中央政府层级的机构。

美国—秘鲁FTA包含了特别的附件10-H,该附件规定了“投资协议”的含义。该附件规定,根据第662号法令和757号法令,秘鲁可以与涵盖投资者或投资签署赋予某些利益的名为“稳定协议”的协议,比如承诺在规定期间内维持现行税收制度。附件10-H接着规定,这一稳定协议可以作为多份书面文件之一,从而共同构成“投资协议”。该附件的一个脚注规定为了更加明确,对于构成投资协议的多份书面文件而言,一份或更多的此类书面文件必须要向涵盖投资或投资赋予“投资协议”定义中规定之类型的权利。稳定协议可以构成投资协议的组成部分,即便稳定协议本身并不是赋予此类权利的法律文件。在稳定协议构成投资协议组成部分情况下,违反稳定协议就构成了违反投资协议,其中稳定协议是协议的组成部分之一。附件10-H的两个附录列举了分别与涵盖投资与涵盖投资者签订的稳定协议的一个例子。在稳定协议实质性地相同于这些例子,并且不属于构成投资协议的多份法律文件其中之一的情况下,违反稳定协议不应构成对投资协议的违反。

美国—澳大利亚FTA——没有包含投资者—国家争端解决条款——没有对“投资协议”或“投资授权”作出界定。

一些投资者—国家仲裁庭已经讨论了“投资协议”的含义。在多个案件中提出了这样的问题,即特许协议是否构成投资协议,所有案件的结果对此问题都持肯定意见。在*Lanco v. Argentina*案中,仲裁庭认为,仲裁申请人为经营港口航站楼而以自己名义签署的特许协议属于投资协议。特许被授予给仲裁申请人在其中拥有少数利益的一家公司,但仲裁申请人作为保证人在特许协议上签字,由此因协议未获履行向阿根廷承担责任。仲裁庭驳回了阿根廷提出的主张,即由于其他签字方并不是外国投资者,或者因为该协议没有提及外国投资者或者 BIT,因此该协议不是一份投资协议。在 *Occidental v. Ecuador* 案中,仲裁庭认为,仲裁申请人与厄瓜多尔的一家国有企业签署的有关勘探与生产石油的参与合同属于投资协议。在 *PSEG v. Turkey* 案中,仲裁庭认为,投资者据以被授权从事发电行为的特许协议属于投资协议。

在 *El Paso Energy v. Argentina* 案中,仲裁申请人是多家公司的投资者,这些公司拥有提供天然气与电力的特许协议。虽然美国—阿根廷 BIT 没有界定"投资协议"一词的含义,但第 7 条第 1 款确实把"投资争端"界定为包括由于东道国与作为争端当事方的国民或公司之间签署的协议产生或与此有关的争端。直言之,美国—阿根廷 BIT 设想投资协议是仲裁申请人与东道国之间的协议。注意到美国—阿根廷 BIT 中没有"投资协议"的定义,仲裁庭求助于 1994 年范本中的"投资协议"定义,该定义规定,投资协议应该是投资与东道国之间签署的协议。因而,仲裁申请人已经提起了一个根据表面证据足以确立仲裁庭的管辖权的案件。管辖权裁决并不符合美国—阿根廷 BIT 的字面上的规定,即规定仲裁申请人应该是投资协议的当事方,但它符合美国 BIT 计划追求的目标。较之以往的 BIT 范本,这些目标在 1994 年范本中体现的更加准确。仲裁庭尚未作出有关实质问题的裁决。

在 *Generation Ukraine v. Ukraine* 案中,仲裁庭认为,投资协议是投资者与一个国家当事方之间的协议。美国—乌克兰 BIT 是以 1992 年范本中的表述为基础,类似于美国—阿根廷 BIT。在 *Generation Ukraine v. Ukrame* 案中,讼争协议是仲裁申请人与基辅市签订的。虽然一个市的行为根据国际法原则归因于国家,但仲裁庭认定适用这一原则的结果并不能使乌克兰成为该协议的当事方。因此,该协议不是仲裁申请人与乌克兰之间的协议,因而也不属于投资协议。

在 *Enron v. Argentina* 案中,在管辖权阶段,阿根廷提出反对意见,它认为其签订的作为私有化过程之组成部分的转让协议不是美国—阿根廷 BIT 所指的投资协议,因为该协议是与一家被私有化的天然气销售公司签订,而不是与投资于该私有化公司的仲裁申请人签订的。根据美国—阿根廷 BIT,

投资协议是指东道国与提请争端的国民或公司之间的协议。因而,如果诉求是由被私有化的公司本身,而不是该公司的投资者提起,那就不会导致阿根廷针对管辖权提出反对意见。仲裁申请人回应认为,虽然转让协议本身不是投资协议或者投资授权,它是共同集合成投资的一系列协议中的一个。仲裁庭认为这一主张足以使其确立管辖权,但该诉求随后被撤回。

一系列案件涉及"投资授权"的含义问题。在 *PSEG v. Turkey* 案中,仲裁庭认为,土耳其外国投资总局(Turkish Foreign Investment General Directorate)颁布的有关投资设立的授权构成了投资授权。虽然为了使投资从事特定行为或取得某些权利可能需要另外的许可,但这些许可并不是授权的根本性的组成部分。并且,除非投资获得授权,后来获得批准的特许合同是不可能获得批准,这意味着所颁发的授权属于一个足够的授权。

在 *Generation Ukraine v. Ukraine* 案中,仲裁庭认为,有关土地划拨及一些建设许可的命令不是由乌克兰外国投资主管部门颁发,因而不能构成投资授权。实际上,仲裁申请人对此也没有提出异议。

第六节 其他定义

1983 年到 1992 年的 BIT 范本也包含着"回报"这一定义。该术语出现在汇兑条款中,第八章第二节将结合这些条款加以讨论。

1983 年到 1992 年的 BIT 范本也包含着对术语"相关活动"的界定。该术语使用于一般性的国民待遇与最惠国待遇条款中,第五章第二节将结合这些条款加以讨论。该术语的扩大版出现于美国与转型经济国家签署的多个 BITs 中,第十二章第一节将对此加以讨论。

1994 年范本引入了"国家企业"的概念。这一术语使用于有关国家企业的条款中,第六章第十二节将结合该条款加以讨论。

1994 年范本开创了这样一个传统,即界定某些术语但并不是为它们的含义增加新内容,而是通过用某一被界定了的术语以取代冗长的援引从而使条约文本简洁而清晰。比如,1994 年范本第 1 条(e)项把"涵盖投资"界定为"缔约另一方领土内的国民或公司的投资"。此后,条约文本可以使用"涵盖投资"以取代较为冗长的"缔约另一方领土内的国民或公司的投资"。基于类似的原因,第 1 条(i)项把"《ICSID 公约》"界定为 1965 年 3 月 18 日缔结于华盛顿的《解决国家与他国国民间投资争端公约》;第 1 条(j)项把“中心”界定为“解决投资争端国际中心”;以及第 1 条(k)项把“UNCITRAL 仲裁规则”界定为“联合国国际贸易法委员会仲裁规则”。

为了增强简洁性与清晰性,2004 年范本在文本中继续采取使用界定过的术语以取代较冗长的援引的做法。2004 年范本包括了某些国际法律文件的界定。它们包括“ICSID 附设机制”(ICSID Additional Facility)规则,即《解决投资争端国际中心秘书处有关管理仲裁程序的附设机制规则》;“美洲间公约”,即 1975 年 1 月 30 日缔结于巴拿马的《美洲间国际商事仲裁公约》;“纽约公约”,即 1958 年 6 月 10 日于纽约签署的《关于承认与执行外国仲裁裁决的联合国公约》;以及“《TRIPs 协定》”,即 1994 年 4 月 15 日签署的《建立世界贸易组织的马拉喀什协定》附件 1C 中的《与贸易有关的知识产权措施协定》。

2004 年范本第 1 条包含了新的“地方层级的政府”定义。这一术语意指“对美国而言,美国的州、哥伦比亚特区,或者波多黎各”。这一术语对于缔约另一方的含义由该缔约方决定。2004 年范本中的多个地方使用这一定义。比如,第 3 条第 3 款界定了针对地区层级的政府的国民待遇的含义。第 14 条规定,缔约方希望地区层级(regional level)的政府维护或采取的不符措施应当在附件中加以规定,而那些在地方层级(local level)的不符措施则不需要这么做。

2004 年范本第 1 条也包含了在投资者—国家争端解决条款中经常使用的术语。这些术语包括诸如“仲裁申请人”“争端当事方”“作为非争端当事方的缔约方”以及“仲裁被申请人”。在谈判过程中,一些 BITs 修改了 BIT 范本中的表述,增加了只用于某一条款的术语的定义。任何此种定义将结合相关条款加以讨论。

BIT 谈判人员只有在美国—摩洛哥 BIT 谈判中曾经认为界定“缔约方”是必要的。美国—摩洛哥 BIT 第 1 条第 1 款规定,“‘缔约方’系指摩洛哥王国与美利坚合众国”。在 *ADF Group v. United States* 案中,仲裁庭认为,“缔约方”一词系指主权国家。在该案中,美国主张,该术语“包括州、联邦与地方政府,不论其各自独立或共同行动”。[59]

在 *Link-Trading v. Moldova* 案中,仲裁申请人针对摩尔多瓦的海关管制

---

[59] Rejoinder of Respondent United States of America on Competence and Liability, page 9.

局(Department for Customs Control)提出诉求。仲裁被申请人摩尔多瓦要求仲裁庭应该邀请其财政部或"摩尔多瓦政府"参与仲裁。仲裁庭认为,仲裁庭的角色没有扩大到邀请特定的代表参加仲裁程序,但鉴于争端当事双方对此有共识,仲裁庭不反对这些其他代表参加仲裁程序。然而,所有这些代表被认为从属同一个当事方,即摩尔多瓦共和国。[60]

美国—乌拉圭 BIT 增加了"主席"一词,它是指"《ICSID 公约》"第 5 条规定的行政理事会主席。行政理事会主席由世界银行行长出任。

美国—乌拉圭 BIT 修改了 GATS 与《TRIPs 协定》的定义,把二者描述为"WTO 协定的组成部分"。2004 年范本中的对应表述提及"包含于 WTO 协定附件 1B"的 GATS 和"包含于 WTO 协定附件 1C"的《TRIPs 协定》。

美国—乌拉圭 BIT 规定"地方层面的政府"这一定义不适用于乌拉圭,"因为乌拉圭没有地方层面的政府"。

美国—乌拉圭 BIT 增加了术语"税收条约",它是指"避免双重征收公约,或者其他的国际税收协定,或关于税收的安排"。

第七节　BITs 对政治分支机构的适用

美国 BIT 实践中一以贯之的一个原则是,除非条约另有明确规定,政治分支机构——比如州或省——实施的行为违反了 BIT,如果同样的行为设若由缔约方自身实施也会违反 BIT 的话。这符合习惯国际法,国家根据习惯国际法要对其政治分支机构的行动承担责任。

为了消除这一规定可能引发的疑虑,1983 年范本第 12 条——标题为"本条约对于缔约方政治分支机构的适用"——明确处理了这一问题。该条规定,"本条约应当适用于缔约方的政治分支机构"。质言之,缔约一方的政治分支机构侵害了 BIT 权利会导致该缔约方在设若自身从事该侵害行为的范围内承担责任。

规定条约适用于政治分支机构引发了某些解释上的问题,尤其是关于争端解决程序。具体来说,政治分支机构条款可能被解释为允许对从事违反条约行为的政治分支机构提起仲裁。同时,经常作为解决投资者—国家

[60] Award on Jurisdiction, February 16, 2001, page 4.

争端的机制，ICSID从来不允许政治分支机构提起仲裁。[61]无论如何，美国无意在BITs中规定州有权利或有义务与外国投资者或外国进行国际仲裁。相反，另一个国家或另一个国家的投资者根据BIT提起的仲裁应该指定美国，而非它的政治分支机构作为仲裁被申请人，即便仲裁结果对于政治分支机构也是具有拘束力。[62]

导致BIT对于政治分支机构的适用性成为一个特殊关切的另一个情形是涉及附件中的事项或部门。美国的意图是，政治分支机构与全国性政府都可以针对那些事项或部门采取或维持国民待遇例外。[63]实际上，2004年范本明确提到了在地区及地方层级上采取或维持的例外。

政治分支机构条款被认为是"多余的"因而在1984年范本被删除了，[64]它基于这样一种主张，即该条款只是编纂了习惯国际法，因而是没有必要的。然而，谈判人员重新审视并且在1987年范本中重新插入了重写后的版本，以便消除任何可能的疑虑。1987年范本——规定于1987年范本第12条——规定"本条约应当准用于缔约双方的政治分支机构。"1987年范本中删除了各条款的标题，因而1987年范本第12条没有标题。在1987年范本中插入短语"准用"（mutatis mutandis）旨在明确BIT适用于政治分支机构的方式是一个上下文问题。

1991年范本中的政治分支机构条款，即第12条以没有必要为由删除了短语"准用"。它无意造成其实质内容发生变化。因而，除了在"政治分支机构"之前增加"the"一词，1991年范本中的政治分支机构条款与1983年范本的对应条款是一样的。

1992年范本——在第12条——对政治分支机构条款不做改动。

1994年范本把政治分支机构条款由原本单独的第12条并入新的第15条——该条规定条约的适用范围——并作为第15条第1款(a)项。该条款被改写为规定条约的"义务"适用于缔约方的政治分支机构。这一变化旨在澄清缔约双方的意图，而非改变其实质内容。

2004年范本把政治分支机构条款移到标题为"适用范围"的新的第2条中，在第2条第2款(b)项中，它被修改为"缔约一方根据A节（Section A）

---

[61] 参见第九章第二节。

[62] Panama BIT submittal letter, at XI.

[63] 参见第五章第二节。

[64] Panama BIT submittal letter, at XI.

承担的义务应当适用……于该缔约一方的政治分支机构。"A 节是 BIT 中规定实体性义务的部分。把政治分支机构条款限定于 A 节的作用是,明确了针对政治分支机构不存在诉诸仲裁的同意。换言之,不能根据投资者—国家或国家—国家争端解决条款对政治分支机构提出诉求。前已指出,这始终是美国的意图。此前的 BIT 范本规定缔约方对仲裁的同意,但缔约方同意被理解为是全国性政府,而不是政治分支机构的同意。缔约一方的全国性政府仍然对其政治分支机构违反 BIT 规定的实体性义务承担责任,外国投资者、外国投资或者其他当事方提起的诉求必须针对缔约方的全国性政府。

在谈判 BITs 时,美国没有遇到谈判相对方针对政治分支机构条款背后蕴含的原则——缔约方不应该被允许通过政治分支机构采取行动以规避 BIT——提出真正的反对意见。总的来说,所有的反对意见或是关于术语,因为并非所有的 BIT 缔约方都是联邦制国家或者把它们的地区性实体称为"政治分支机构";或是涉及前文已经讨论过的在争端解决条款语境中适用政治分支机构条款存在的困难。

美国与喀麦隆、民主刚果、孟加拉国、海地以及塞内加尔缔结的 BITs 第 12 条均采用了 1983 年范本中的表述。美国—土耳其 BIT 把 1983 年范本的表述规定于第 12 条第 5 款,而美国—波兰 BIT 则把该表述规定于第 13 条。

美国—埃及 BIT 第 12 条采纳了 1983 年范本的表述,区别在于它提及缔约各方的"政治及/或行政分支机构"。美国与白俄罗斯以及立陶宛缔结的 BITs 中的相关表述也是类似的。

美国—巴拿马 BIT 第 11 条包含了 1983 年范本中的表述。经双方同意的会议纪要第 6 段解释指出,对美国而言,提及缔约一方以及可适用的法律与法规"应当包括所有相关地方,即美国的州、领地以及属地,以及它们各自的法律与法规。"限制性词组"所有相关地方"与 1987 年范本中的"准用"(mutatis mutandis)一样发挥类似的功能。尤其是,它旨在表明美国—巴拿马 BIT 中的争端解决条款不允许以其中一个州作为仲裁被申请人。[65]

因为摩洛哥并不是一个联邦国家,美国—摩洛哥 BIT 把 1983 年范本第 12 条移到该 BIT 议定书第 1 段。该第 1 段规定,美国—摩洛哥 BIT 应当适用于美国的政治分支机构。

---

[65] Panama BIT submittal letter, at XI.

因为系以1984年范本为基础签署的,美国—格林纳达BIT没有针对条约对于政治分支机构的适用性问题作出明确规定。该BIT是唯一没有包括政治分支机构条款的BIT。

美国—刚果BIT第12条采纳了1987年范本中的表述。

美国签订的18个BITs原原本本采纳了1991年与1992年范本的表述。这些BITs是美国与突尼斯、斯里兰卡、捷克、斯洛伐克、阿根廷、哈萨克斯坦、罗马尼亚、俄罗斯、亚美尼亚、保加利亚、吉尔吉斯斯坦、摩尔多瓦、厄瓜多尔、乌克兰、牙买加、爱沙尼亚、蒙古以及拉脱维亚。除了与捷克、斯洛伐克及阿根廷签署的BITs规定于第13条,以及与摩尔多瓦、厄瓜多尔、乌克兰、爱沙尼亚及拉脱维亚签署的BITs规定于第11条,该条款规定于其他BITs的第12条。

美国—捷克BIT和美国—斯洛伐克BIT议定书第2段均规定,缔约方把"政治分支机构"解释为:就捷克与斯洛伐克联邦共和国而言,包括捷克共和国和斯洛伐克共和国;就美国而言,指美利坚合众国的各州。由于捷克与斯洛伐克联邦共和国后来被独立的两个国家,即捷克共和国和斯洛伐克共和国所继承,第2段中涉及捷克与斯洛伐克联邦共和国的部分不再具有任何实际影响。

美国—白俄罗斯BIT中的政治分支机构条款——规定于第11条——把1992年范本的规定修改为缔约方的"政治及/或行政分支机构"。同样地,美国—立陶宛BIT中的政治分支机构条款——规定于第11条——把1992年范本的规定修改为缔约方的"政治及/或行政分支机构"。前已指出,美国—埃及BIT的表述是类似的。

10个BITs采纳了1994年范本中的表述。这些BITs是美国与格鲁吉亚、乌兹别克斯坦、洪都拉斯、尼加拉瓜、克罗地亚、阿塞拜疆、玻利维亚、莫桑比克、萨尔瓦多以及巴林签署的。

除了美国—克罗地亚BIT中的政治分支机构条款规定于第16条第1款a项外,美国与上述其他国家签署的BITs中的政治分支机构条款都规定在第15条第1款(a)项。

美国与特立尼达和多巴哥、阿尔巴尼亚签署的BITs中的政治分支机构条款——规定于两协定第15条第1款(a)项——与1994年范本的对应条款是一样的,除了在第15条一开始插入全部使用大写英文首字母的标题——"本条约适用于缔约方的政治分支机构与国家企业"。美国—约旦BIT中的政治分支机构条款——规定于第15条第1款(a)项——与这些范本中的对应条款基本是一样的，不同之处在于用“缔约方”代替“当事国”，并且在第15条开始部分插入全部使用大写英文首字母的标题——“本条约适用于缔约方的政治分支机构与国家企业”。

美国—乌拉圭BIT第2条第2款(b)项条采纳了2004年范本的相应表述。

诚如第四章第十节中指出的，FTAs中没有政治分支机构条款。因而，就此而言，FTAs采取了1984年的做法，即在协定中默示规定了该协定适用于政治分支机构。

*Metalclad v. Mexico*案涉及地方政府的行为是否适用NAFTA项下义务这一问题。1999年11月9日，美国提交了一份陈述书，认为“地方政府的行动不构成适用NAFTA的例外……除非另有明确作为例外的规定，地方政府的行为要遵守NAFTA要求”。[66]虽然该声明是根据NAFTA做出的，它与前文所说的BIT解释是完全相符的。仲裁庭认定墨西哥由于地方政府的行为而违反了NAFTA。在*ADF Group v. United States*案中，美国主张“依据国际法，国家对其领土内的政府活动承担整体责任，政府职权根据其国内法如何内部分配并不重要。”[67]

第八节 BITs对现有投资的适用

关于BITs适用范围的另一个问题涉及BITs对现有投资的适用。正如第三章第二节讨论的，美国的政策是避免创设不同类别的投资者，从而使他们获得不同程度的保护。然而，一些可能会与美国谈判BIT的伙伴认为，BIT应该只适用于在其生效后从事或取得的投资，否则，对于那些在没有BIT的情形下已经有意愿从事投资者来说，BIT提供的保护就是一个意外收获。美国的谈判人员认为，人们推定BITs体现了有利的投资环境，这要求对投资予以一体保护是一个原则问题，并且，作为一个实际问题，未能保护现有投资会削弱美国国会对BIT的可能支持，甚至可能招致国会反对签订BIT。此外，其他国家似乎也没有会认为BITs应该只适用于现有投资，因为

---

[66] Submission of the Government of the United States of America, para. 4.

[67] Rejoinder of Respondent United States of America on Competence and Liability, page 9.

那种解释会损害未来BIT伙伴心目中BITs所具有的一个宗旨:鼓励新的投资。

2004年前,BIT范本中的“投资”定义完全没有提及从事或取得投资的时间。相反,BIT适用于现有投资的问题在最后条款中做了规定。因此,多数美国BIT范本规定,BITs“应当适用于(条约)生效时的现有投资以及此后从事或取得的投资”。这一规定出现于1983年范本第13条第2款、1984年范本第12条第1款,以及1987年、1991年与1992年范本第13条第1款中。1983年范本中标题为“生效、期限与终止”的条款纳入了这一规定。1984年范本删除了该条款的标题。

1994年范本的表述——出现于第16条第1款——从实体上说是一样的,但它用“涵盖投资”取代“投资”——这是1994年范本的特点,并且用代词“那些”代替第二次使用的“投资”。“从事”(made)被“设立”(established)所代替,这使本条款的表述在表达方式方面与条约的其他规定保持了一致。比如,1994年范本中的最惠国待遇与国民待遇条款指的是投资的“设立”与“取得”。

2004年范本把有关BIT适用于既有投资的条款移到第1条中的“涵盖投资”中。因而,“涵盖投资”被界定为意指“本条约生效之日业已存在或者在条约生效后设立、取得或扩大的”投资。虽然2004年范本的表述在文体上有别于之前的BIT范本,但它旨在使之具有相同的含义。的确,它澄清了此前BIT范本中相关表述的意图。

美国与巴拿马、喀麦隆、孟加拉国、海地以及塞内加尔签署的BITs共同第13条第2款,均采纳了1994年之前BIT范本中的表述。美国与土耳其、格林纳达、摩尔多瓦、厄瓜多尔、白俄罗斯、乌克兰、爱沙尼亚、拉脱维亚以及立陶宛签署的BITs共同第12条第1款均采纳了同样表述。美国与刚果、斯里兰卡、哈萨克斯坦、罗马尼亚、亚美尼亚、保加利亚、吉尔吉斯斯坦、牙买加以及蒙古签署的BITs共同第13条第1款均采纳了同样表述。美国与捷克、斯洛伐克以及阿根廷签署的BITs共同第14条第1款均采纳了同样表述。1994年范本中的表述出现于美国与格鲁吉亚、特立尼达和多巴哥、乌兹别克斯坦、阿尔巴尼亚、洪都拉斯、尼加拉瓜、克罗地亚、约旦、阿塞拜疆、玻利维亚、萨尔瓦多以及巴林签署的BITs共同第13条第1款。

美国—波兰BIT第14条第2款中的表述与1994年前BIT范本的表述类似地,但有两个变化:第一,它规定,条约适用于在条约生效时存在的“投资与相关活动”,以及条约生效后做出或取得的投资。这完全明确了 BIT 范本隐含着的意图:就 BIT 保护与投资相关的活动而言,[68]它适用于条约生效时已经存在的投资。第二个变化是增加了表述,其规定美国—波兰 BIT 也适用于在条约生效时已经存在以及条约生效后从事的“商业活动”。这一变化反映的事实是,与美国签署的其他 BITs 不同,美国—波兰 BIT 把 BIT 提供的某些保护扩大适用于与投资无关的商业活动。[69]

美国—巴拿马 BIT 第 13 条第 2 款增加了新的表述,它规定,该条约不应当适用于在“批准日”之前的争端、诉求或诉讼,除非争端属于征收条款管辖范围内并且在“批准”之前不超过三年。美国把“批准”理解为是指交换批准文件。[70]巴拿马担心的是,该 BIT 生效可能使过去数十年间的诉求重新被提起,因而把 BIT 的争端解决条款的适用限定于在 BIT 谈判开始之后发生的争端。美国相应地提出了一个建议,即超过六年的诉求将被排除,这一排除被类比成诉讼时效。三年期是最终妥协的结果。

美国—孟加拉国 BIT 在议定书第 5 段插入了新的表述,该表述规定,美国—孟加拉国 BIT“不适用于与[该条约]生效前发生的与损失有关的诉求”。增加这一表述的目的是,排除基于 1971 年战争或者相关内乱期间受到的损害而提起的诉求,孟加拉国正是通过 1971 年战争从巴基斯坦分离出来。[71]

美国—民主刚果 BIT 第 13 条第 2 款规定,“根据第 9 条”,该条约应当适用于条约生效时业已存在的投资,以及条约生效后做出或取得的投资。第 9 条规定,该 BIT 不应当优先于较其规定了更优惠待遇的国内法、国际法,或者投资协议或投资授权。该 BIT 插入所援引的短语是为了确保,条约适用于既有投资不会减损已经向既有投资给予的更优惠的待遇,这是该条约谈判时已经在民主刚果的美国投资者特别关切的一个事项。当然,任何其他的解释将损害第 9 条的目标。因而,插入上述短语只是确认了已经隐含于 BITs 中的内容。

美国—埃及 BIT 第 2 条第 2 款(b)项包含了一项规定,修正了 1994 年前 BIT 范本中的表述。具体来说,它规定在条约生效前做出的投资,若“根

---

[68] 参见第五章第二节。

[69] 参见第十二章第五节。

[70] Panama BIT submittal letter, at Ⅹ.

[71] Bangladesh BIT submittal letter, at Ⅺ.

据缔约方的相关法律业已接受”的情况下,美国—埃及 BIT 应当适用于此类投资。这一规定是以埃及与德国签署的 BIT 中的表述为基础的。

就位于埃及的美国投资而言,这些立法包括埃及的关于阿拉伯与外国资本投资与自由区(Arab and Foreign Investment and Free Zones)的第 43 号法,该法于 1977 年作了修订。第 43 号法适用于 1974 年后在埃及设立的投资,它包含有申请与登记手续,以及有关资产评估的条款。[72]虽然美国—埃及 BIT 中的表述表明,只要投资根据第 43 号法得以“接受”,条约就全面地适用于投资,美国的谈判人员显然把这一规定理解为意指根据第 43 号法做出的安排——据此投资者采取各种步骤以获得某些收益——优先于任何不一致的 BIT 条款而获得适用。[73]然而,同时,美国的谈判人员并没有意识到第 43 号法与美国—埃及 BIT 的要求之间存在任何不一致之处。[74]与美国—摩洛哥 BIT 一样,美国—埃及 BIT 第 2 条也不涉及条约对未来投资的适用性问题,可以认为这是因为条约对于未来投资的适用性是毋庸置疑的。

美国—摩洛哥 BIT 议定书第 8 段修正了 1994 年前 BIT 范本中的规定。第 8 段规定,该 BIT 应当适用于既有投资,“只要这种适用符合投资过程中经批准的协议或合同中的特定条款。”换言之,如果投资者与东道国在投资过程中签署了不符合美国—摩洛哥 BIT 的协议或合同,该 BIT 不能取代该协议或合同中的条款。美国—摩洛哥 BIT 第 8 条第 1 款规定,针对“在[BIT]生效时或生效后存在的”,并且比该 BIT 规定了更优惠待遇的国内法、国际法,或者投资协议或投资授权中的条款,该 BIT 不应当优先适用。因而,在 BIT 之前的投资协议或投资授权较之美国—摩洛哥 BIT 规定了更优惠的待遇时,根据第 8 条第 1 款,该投资协议或投资授权应当优先适用。同时,在规定了较低待遇时,根据议定书第 8 段,该投资协议或投资授权也应当优先适用。该第 8 段进一步规定,其内容“符合第 2 条第 3 款”,该第 3 款其中要求“每个缔约方遵守针对[涵盖投资]已经接受的任何义务”。美国—摩洛哥 BIT 的意思很简单:无论之前的投资协议或授权给予的待遇是否更好或者更坏,都应当优先适用,与美国—埃及 BIT 一样,美国—摩洛哥 BIT 第 8 条并没有明确规定 BIT 对未来投资的适用性问题。

美国—突尼斯 BIT 第 13 条第 1 款修改了 1994 年之前 BIT 范本中的有

---

[72] Egypt BIT submittal letter, at X.

[73] *Id.*.

[74] *Id.*.

关表述,并增加了新的规定,即"如果在 1956 年以前美国的投资方面出现任何问题,双方同意就这些问题进行必要的磋商以达成满意的解决方法"。增加这一句是因为突尼斯担心国家独立前的投资可能引起的争端,它可能希望对这些投资另行处理。然而,美国的政策是,不同意区别对待既有的投资与条约生效后取得或设立的投资。增加的规定与美国的政策似乎是符合的,因为该规定除了增加了磋商义务外并没有再改动什么,它并没有减损投资者—国家及国家—国家争端解决条款。无论如何,在条约签署时,谈判方对于 1956 年前美国在突尼斯的投资情况并不清楚,因此新的规定可能并不重要。

美国—俄罗斯 BIT 第 13 条第 1 款采纳了 1994 年前 BIT 范本中的表述,但删除了其中的"或取得"的表述。显然,美国—俄罗斯 BIT 确实适用于已经取得的和新设立的投资的。比如,第 2 条第 2 款 b 项禁止采取损害"取得"投资及其他的任意性或歧视性措施。"做出"(made)足够宽泛,可以同时涵盖新投资的设立及既有投资的取得。"取得"(acquired)已经被涵盖在内以避免任何误读,但严格地说这并无必要。

此外,美国—俄罗斯 BIT 议定书第 9 段规定,关于第 13 条第 1 款,"根据关于条约法的习惯国际法,除非从条约中可以看出不同的意图或另经确定,在本条约对缔约一方生效前发生的任何行为或事实,或者在本条约对缔约一方生效前不复存在的任何情形方面,其条款不拘束每个缔约方。"正如在下一节指出的,这一表述只是重申了《维也纳条约法公约》第 28 条的规定,并没有改变 BIT 范本的实质内容。同样正如在下一节中讨论的,美国与阿根廷、罗马尼亚、特立尼达和多巴哥、尼加拉瓜、莫桑比克、萨尔瓦多、克罗地亚以及立陶宛签署的 BITs 中有类似的表述。

除了用"本条约项下涵盖投资"代替"涵盖投资"之外,美国—莫桑比克 BIT 第 16 条第 1 款基本采纳了 1994 年范本的表述,但这一改动使后面的代词"那些"(those)在单复数形式方面出现了语法错误。

诚如此前讨论的,2004 年范本在"涵盖投资"定义中规定了 BIT 对于既有投资的适用问题。美国—乌拉圭 BIT 中的"涵盖投资"定义遵循了 2004 年范本中的表述。2002 年之前缔结的 FTAs 中使用的术语"涵盖投资"在第四章第一节第九目中已经做了讨论。正如前述,2002 年后美国签署的所有 FTAs 在这方面与 2004 年范本都是一致的。NAFTA 在其注 39 中规定了其对于既有投资的可适用性问题,注 39 规定"本章涵盖本协定生效前存在的投资以及生效后做出或取得的投资”。

第九节　BITs 的溯及力

BIT 谈判中有时涉及的一个问题,即 BITs 在多大程度上是可以“溯及的”。不过,人们很快就认识到,不可能在抽象的层面解决这一问题。相反,或许最好的是把溯及力问题理解为提出了五个问题,其中每个问题都要单独加以解决。

第一,对生效时业已存在的投资,BIT 是否赋予权利? 这一问题在 BITs 中有明确的规定。正如在前一节中解释的,BIT 确实适用于既有投资,它没有对 BIT 生效时已经存在的投资与生效后设立或取得的投资作出区分。

第二,BIT 是否使涵盖投资者与东道国之间达成的与 BIT 不相符的协议——这些协议较之 BIT 对投资者更加有利——归于无效? BITs 也明确地处理了这一问题。正如作者在第十一章第二节中解释的,BITs 明确规定,BITs 中任何条款都不应当减损此前做出的投资,据此有权在类似情形下获得较之 BITs 给予的更优惠之待遇的承诺。

第三,BIT 是否使涵盖投资者与东道国之间达成的与 BIT 不相符合的协议——这些协议较之 BIT 对投资者较为不利——归于无效? 虽然 BITs 没有明确地处理这一问题,但它们通篇隐含的意思是,BITs 条款提供了最低标准的保护,所有涵盖投资与投资者都有权获得这些保护。此外,BITs 明确保留此前签署的协议中较之 BITs 对投资者更为优惠的条款之事实表明,BIT 条款将取代此前签署的协议中较之 BITs 中对投资者较为不利的条款。在此前就投资者—国家争端解决机制达成的协议方面,这一基本原则在有些情况下会出现例外。正如在第九章第二节中解释的,BITs 对于这种情形的做法在不同时期里有所变化,但一些 BITs 规定,如果争端当事方此前已经签署了指定其他争端解决程序的协议并且这些程序已经被援引,那么作为争端当事方的投资者就不能援引 BITs 中的投资者—国家争端解决条款。然而,在多数情形中,即便此前签署的协议包含着争端解决条款,从而选定了另外一个争端解决途径,投资者也可以把争端诉诸投资者—国家仲裁。

第四,BIT 创设的争端解决机制是否适用于 BIT 生效前产生的争端? 当然,国家可以签署协定以解决协定生效前产生的争端。实际上,在美国签署现代 FCNs 之前,美国的通常实践是,签署协定解决业已存在的争端。[75]然而,BITs 通常不会规定,争端解决条款是否适用于在 BIT 生效时业已存在的争端。美国已经明确其立场,即"根据习惯国际法,[BIT]不适用于涉及本条约生效日之前发生的行为或事项,或在本条约生效日之前不复存在的任何情形所引起的争端。"[76]这表明,如果属于 BIT 争端解决条款范围内的争端发生在 BIT 生效之前,则它们不在仲裁庭的管辖权范围内。尽管如此,正如在第四章第八节中解释的,在美国—巴拿马 BIT 谈判期间,谈判双方认为,投资者可以针对在 BIT 生效时业已存在的争端援引投资者—国家争端解决条款。进而,正如在第四章第八节中解释的,在美国—孟加拉国 BIT 谈判期间,谈判双方在该 BIT 议定书第 5 段中表示同意,该 BIT 不适用于在其生效时业已存在的争端。乍看起来,美国—孟加拉国 BIT 议定书中的表述似乎证实了这样一个假定,即在缺乏此种表述的情况下,BIT 的实体性条款适用于在该 BIT 生效之前发生的交易。然而,该议定书的表述可以被认为只是进一步明确了隐含着的内容,以便消除孟加拉国的疑虑。

美国—摩洛哥 FTA 和美国—中美洲国家—多米尼加 FTA 也对这一问题做了规定。根据这两个协定,美国—摩洛哥 BIT 和美国—洪都拉斯 BIT 中的投资者—国家争端解决条款在相关的后续 FTA 生效后中止适用。然而,国务院解释指出,在十年期内,在相关 FTA 生效前发生的争端可以根据 FTA 或 BIT 提交解决。[77]这一解释并不是根据 FTA 中的规定把争端解决条款适用于现有争端,而是根据 BIT 中有关把其争端解决条款的适用期延长十年的表述。质言之,国务院的解决方法是基于这样一个推定,即在没有相反表述的情况下,FTA 适用于既有争端。然而,即便如此,人们可以认为适用于既有争端是因为 FTA 系继承 BIT 的协定,即处理同样主题事项的嗣后协定。基于政策方面的理由,美国倾向于适用新修改之版本规定的争端解决条款解决未来发生的争端,该条款已经被美国签署的 FTA 所采纳。质言之,FTAs 提出的问题不是 FTA 是否适用于不能诉诸投资者—国家仲裁的争端,而是 FTA 或 BIT 中的投资者—国家争端解决条款应否适用于争端。因而,FTAs 处理的情形与美国与巴拿马及孟加拉国签署的 BITs 处理的问题是

---

[75] 参见第二章第一节。For some examples, see Barton Legum, "The Innovation of Investor-State Arbitration under NAFTA", 43 *Harv. J. Int'l L.* 531, 536 (2002).

[76] Honduras BIT submittal letter, at XIV.

[77] 参见第十二章第三节。

不同的。尽管如此,值得注意的是,FTA对于现有争端的适用性问题是可以推定的,而FTA文本只处理BIT的可持续适用性问题。

第五,BIT的实体性条款是否适用于在BIT生效之前发生的事项?美国—阿根廷BIT首次明确地处理了这一问题。该BIT的议定书第8段规定“对于本条约生效前发生的任何行为或事实,或者在此前不复存在的任何情形,本条约对缔约各方不具有约束力”。这一规定仿效了《维也纳条约法公约》第28条,因而只是明确规定了有关追溯力的习惯国际法规则。类似的表述出现于美国—罗马BIT议定书第4段、美国—俄罗斯BIT议定书第9段、美国—特立尼达和多巴哥BIT议定书第3段、美国—尼加拉瓜BIT议定书第2段、美国—莫桑比克BIT议定书第3段、美国—萨尔瓦多BIT议定书第2段,以及美国和克罗地亚及立陶宛签署的BITs的议定书。

2004年范本是解决这一问题的第一个BIT范本。2004年范本第2条第3款规定“为进一步明确,本条约生效前发生的任何行为或事实,或者在此前停止存在的任何情形,本条约不具有约束力”。这一规定也是以《维也纳条约法公约》第28条所体现的习惯国际法规则为基础的。

2004年范本第2条第3款的表述原封不动地出现于美国—乌拉圭BIT第2条第3款中。这一表述也出现于美国—智利FTA投资章脚注1、美国—中美洲国家—多米尼加FTA第10.1条第3款、美国—秘鲁FTA第10.1条第3款、美国—哥伦比亚FTA第10.1条第3款。这些FTAs提及的是“本协定”而非“本条约”的生效。除了美国—智利FTA外,它们解决的都是“本章各条款”而非“本条约”的问题。美国—智利FTA提及的是“本章条款”而非“本条约”。美国—中美洲国家—多米尼加FTA、美国—秘鲁FTA以及美国—哥伦比亚FTA提及的是“任何缔约方”(any Party)而非“每一个缔约方”(either Party)。NAFTA或者美国与新加坡、澳大利亚、摩洛哥或阿曼缔结的FTAs中没有这一表述。

一些仲裁裁决涉及了溯及力问题。美国BIT是否适用于既有投资的问题鲜有出现,因为协定文本规定得很清楚,即可以适用于现有投资。

在*Feldman v. Mexico*案中,仲裁庭指出,它对在NAFTA生效之前做出的行为没有管辖权,但针对始于NAFTA生效并持续到其生效后的持续性的行为,在NAFTA生效之日时可能违反NAFTA的义务。[78] *MCI Power v.*

---

[78] Accord:Generation Ukraine v Ukraine;MCI Power v. Ecuador.

Ecuador 一案，仲裁庭适用了编纂于国际法委员会制定的《国家对国际不法行为的责任条款》(草案)中的习惯国际法，它更细致地考察了持续性与复合性不法行为的概念。在 *Mondev v. United States* 案中，仲裁庭认为，发生在 NAFTA 生效以前的行为不会违反该协定，但仲裁庭可以考察该行为以确定在 NAFTA 生效后，是否违反了 NAFTA 的义务。在该案中，仲裁申请人提出，NAFTA 生效后州法院诉讼过程中存在拒绝司法，因而向仲裁庭提出诉讼是适当的，即便导致在州法院的诉讼的争端发生时间跨越了 NAFTA 生效前后。[79]这一规则甚至适用于 BIT 生效前发生的对于诉求具有关键性作用的某些事实的情形。与 *MCI Power v. Ecuador* 案仲裁庭一样，Mondev 案仲裁庭也是根据国际法委员会的《国家对国际不法行为的责任条款》(草案)以评估在协定生效前开始而延续到协定后的持续性行为的效力。[80] 仲裁庭也认为，NAFTA 并不会影响基于违反习惯国际法的征收而提出的诉求的“救济性恢复”(remedial resurrection)，这种情况下的诉求在 NAFTA 生效前就产生了。[81]

第十节　一般适用范围条款

2004 年范本增加了新的第 2 条，该条标题为“适用范围”(Scope and Coverage)。早期的 BITs 中没有一般适用范围条款，但它们包含了处理 BIT 适用范围某些方面的具体条款。然而，NAFTA 引入了一般适用范围条款，这很大程度上是缘于这样一个事实，即 NAFTA 包含着二十多章，而它们对同样的交易可能规定不一致的义务。因此，投资章包含了一个界定该章相对于其他章的适用范围的条款。随着 BIT 谈判人员修改 BIT 范本，以使其与 FTAs 保持一致，他们发现在 BIT 中纳入一般适用范围条款是有益的。这一条款所划定的不是 BIT 与其他协定之间的界限，而仅仅是 BIT 适用事项的界限。对于以往 BITs 中有关适用范围的具体条款中的某些来说，它也充当了一个集中的贮藏库。

2004 年范本第 2 条——标题为“适用范围”——有三款，每款都处理了

---

[79] Accord：PSEG v. Turky.

[80] Award，para. 58.

[81] Award，at para. 74.

BIT 适用范围的不同维度。实际上,每款都在某些方面对可能成为 BIT 义务的范围产生了某种限制作用。

第 2 条第 1 款规定了适用 BIT 义务的缔约方的行为。该款规定"本条约适用于缔约一方采取或维持的关于:(a)缔约另一方的投资者;(b)涵盖投资;以及(c)涉及第 8 条[履行要求]、第 12 条[投资与环境]以及第 13 条[投资与劳工]的措施,所有在该缔约一方领域内投资。"因此,一项 BIT 义务只适用于"缔约一方采取或实施的措施"。第 1 条把"措施"界定为"包括任何法律、条例、程序、要求或者做法"。这一清单是说明性的,因而东道国实施的不构成法律、条例、程序或者其他做法的行为仍然可能构成一项措施。对于其内容,这一定义没有提供进一步的指引,因而"措施"一词最终要根据同类(*ejusdem generis*)原则进行确定。2004 年之前签署的 BITs 并没有设定条件,据此其条款只适用于"措施",因而,虽然这一措施相当宽泛,它可能导致基于 2004 年范本签署的 BITs 的适用范围会略小于基于此前的 BIT 范本签署的 BITs。

在 *Ethyl Corporation v. Canada* 案中,争端当事方广泛讨论了"措施"一词的含义。加拿大认为,尚未获得必要之御准(Royal Assent)的拟议法律不能成为一项措施。仲裁庭指出,没有规定于一项成文法的做法可以成为一项措施。无论如何,法律最终取得了御准,因而诉求显然是以一项措施为基础。某一行为是否构成缔约一方采取或维持的措施的问题也出现在 *Loewen v. United States* 案中。该案诉求是基于初审法院作出的并未被提起上诉的判决。仲裁庭认为,司法判决不构成一项措施,但它还认定仲裁申请人没有就初审法院的判决提出上诉使仲裁庭无法作出 NAFTA 被违反的认定。

在 *Canfor Corporation v. United States* 案中,仲裁庭认为,"措施"一词的定义是宽泛的。[82] 仲裁庭也认定,"措施"的定义要广于"法律",但二者之间的差别在本案中并不重要。[83]

在 *UPS v. Canada* 案中,仲裁庭认为,加拿大的整个出版援助计划(Publication Assistance Program)作为一个整体构成了一项"措施"。[84]在该案中,美国根据 NAFTA 第 1128 条提交了一份陈述,美国在其中主张,措施可

---

[82] Decision on Preliminary Question, June 6, 2006, para. 149.

[83] *Id.*, at para. 258.

[84] *Id.*, at para. 172.

以包括适用或不适用另一措施的方式。[85]因而，在税收措施与实施税收措施的做法之间并不存在令人信服的区别。

只有在措施系由某一缔约方采取或维持时，BIT 义务才得以适用。这些文字中蕴含着两项原则：第一，措施必须是 BIT 的缔约一方的措施。换言之，措施必须可以归因于缔约方。这只是编纂了习惯国际法原则，即根据国际法国家只对可以归因于它们的行为承担责任。换言之，BIT 义务不适用于不可归因于国家的私人行为。2004 年范本没有规定归因规则，因而，有关哪些措施属于缔约一方的措施的认定由习惯国际法规则进行调整。第二，"采取或维持"旨在明确 BIT 义务既适用于在条约生效后缔约一方采取的措施，也适用于缔约一方在条约生效前采取但在条约生效后予以维持的措施。

第 2 条第 1 款进一步限制了 BIT 义务的适用范围。BIT 义务只适用于与缔约另一方的投资者或涵盖投资"有关"（relating to）的措施。"有关"一词未作界定，但它具有某种重要性。它旨在明确，只有在措施对投资者或投资产生影响时，它们才会遵守 BIT 义务。措施的目的不具有决定性意义。比如，一部宣称一项投资生产的货物违反法律——理由是，货物对环境有害——的环境法律是一项与投资有关的措施，即便该措施是为了保护环境，而不是规制投资。类似地，限制一项投资寻求购买的货物或服务进口的一部贸易法律属于与投资有关的法律，即便它是为了平衡贸易或者保护国内产业，而不是限制投资准入货物或服务等领域。因而，BIT 要求此类法律应该符合 BIT 项下的义务。

根据 NAFTA 中的投资者—国家争端解决条款成立的仲裁庭阐述了"有关"的含义。在 *S. D. Myers v. Canada* 案中，仲裁申请人试图从加拿大向美国出口有毒化学物品，以便其在俄亥俄州的工厂进行处置。加拿大采取一项禁止出口化学物品的措施。仲裁庭指出，采取该措施是为了专门针对仲裁申请人及其投资的运作，因而该措施显然与投资有关。在 *Pope & Talbot v. Canada* 案中，仲裁庭认定美国与加拿大达成的关于软木木材出口的协定与投资"有关"，即便其与货物贸易同样有关。换言之，同一项措施可以同时关乎投资与贸易。仲裁庭驳回了加拿大提出的主张，即只有措施"主要针

[85] Second Submission of the United States of America, paras. 14 – 15.

对"投资或投资者时,才属于 NAFTA 投资章的适用范围。[86]

在 *Methanex v. United States* 案中,仲裁庭指出,"有关"不仅仅表明了措施对投资者或投资具有影响,它还要求在措施与投资者或投资之间存在"法律上的重要联系"。[87]在该案中,加利福尼亚禁止汽油用化学添加剂。由于仲裁申请人生产添加剂的成分,禁令的结果是,消灭了仲裁申请人的产品在加利福尼亚的市场。仲裁庭早先认定 Methanex 未能证明投资与 Methanex 和其投资之间存在法律上的重要联系,但它允许 Methanex 证明措施是针对它的。Methanex 未能说服仲裁庭制定该措施对其造成了损害。因此,仲裁庭认定,该措施与 Methanex 公司或其投资无关。美国认为,Methanex 的指控不在仲裁庭的管辖权范围内,因为这些指控与 Methanex 的投资或其作为投资者的角色无关,而是与作为跨境货物提供者的角色有关。[88]

在 *Tembec v. United States* 案——该案涉及质疑美国的反补贴税与反倾销法律——中,美国提出了类似的主张。美国赞成式地援引了 Methanex 案,主张美国对仲裁申请人出口的加拿大软木征税关系到的是仲裁申请人作为跨境货物出口商的身份。[89]单靠这些税收对仲裁申请人具有影响这一事实并不足以认定它们与仲裁申请人有关。否则,NAFTA 缔约方采取的措施将使其要承担"几乎无穷无尽的责任"。[90]

第 2 条第 2 款实际上澄清了谁应当被视为受 BIT 拘束的当事方这一问题。该款规定"缔约一方在 A 节(Section A)项下的义务应当适用于(a)受缔约方委托行使任何规制、管理或者其他政府职权的国家企业或其他的人;以及(b)该缔约方的政治分支机构。"第 1 条把"国家企业"界定为指"缔约一方通过所有权益拥有或控制的企业"。因而,第 2 条第 2 款明确了行使政府职权的国家企业作为该缔约方的政治分支机构需要受国家所承担义务的拘束。它继承了 1994 年范本中出现的国家企业适用条款,该条款在本书第六章第十二节中加以讨论。但是,2004 年范本第 2 条第 2 款适用于国家企业或者"其他的人",这扩大了其适用范围,它与 OECD 起草的 MAI(草

---

[86] Award in relation to Preliminary Motion by Government of Canada to Dismiss the Claim Because It Falls Outside the Scope and Coverage of NAFTA Chapter Eleven "Measures Relating to Investment" Motion, para. 32.

[87] First Partial Award, para. 147.

[88] Amended Statement of Defense of Respondent United States of America, para. 252.

[89] Objection to Jurisdiction of Respondent United States of America, page 32.

[90] *Id.*.

案)——适用于被委托政府权威的"任何实体"——是一致的。

第2条第2款(b)项只是继承了除1984年范本之外的所有此前BIT范本以及除了美国—格林纳达BIT之外的所有BITs中都出现的政治分支机构条款。第四章第七节对该条款做了讨论。

第2条第3款处理的是BITs的溯及力问题。第四章第九节对该问题做了讨论。美国—乌拉圭BIT的一般适用范围条款,即第2条与2004年范本的对应条款是一样的,但它删除了第2条第1款(c)项中的带括号的标题。

美国签署的所有FTAs都包含了一般适用范围条款。所有这些FTAs均有别于2004年范本,因为它们指的是"本章"而非"本条约"。所有这些FTAs都删除了2004年范本第2条第1款(c)项中的带括号的标题。并且交叉援引的条款编号也不同。交叉援引只援引了履行要求与环境条款,因为FTAs投资章中没有劳动条款。在它们纳入2004年范本第2条第2款的地方,它们提及的是"本节"(this Section)而不是"A节"(Section A)。在它们纳入2004年范本第2条第3款的地方,采纳了2004年范本第2条第3款的措辞,它们采用"协定"取代"条约"。

NAFTA的一般适用范围条款,即第1101条第1款与2004年范本第2条第1款从实质内容上看是一样的,但它指称的是"another"(另外一个)缔约方的投资者,而不是"the other"(两个中的另一个)缔约方的投资者,原因是,NAFTA是一个三国协定。由于NAFTA是在1994年范本——引进了"涵盖投资"这一术语——之前签署的,它指称的是"另一个缔约方的投资者在缔约一方领土内的投资",但二者从实质内容上看是一样的。NAFTA没有包含2004年范本第2条第2款——把条约规定的义务适用于被授予政府职权的国家企业或其他的人和缔约一方的政治分支机构,以及关于条约溯及力的第2条第3款中的表述。

美国—新加坡FTA中的一般适用范围条款,即第15.2条也没有包含2004年范本第2条第2、3款中的表述。被删除的这两款规定本质上是习惯国际法的内容,因而没有纳入二者并不会导致实质内容发生的变化。

美国—智利FTA中的一般适用范围条款,即第10.1条第1款删除了2004年范条第2条第2款——把条约规定的义务适用于被授予政府职权的国家企业或其他的人,以及缔约一方的政治分支机构——中的表述。作为对2004年范本第2条第3款——关于溯及力——的替代,美国—智利FTA包含了脚注1,其规定"为了更加明确,在本协定生效日前发生的任何行为或事实,或者在本协定生效日前不复存在的任何情形方面,本章条款不拘束每个缔约方”,这一表述与 2004 年范本中的表述从实质内容上看是一样的。

美国—澳大利亚 FTA 的一般适用范围条款——第 11.1 条第 2 款——中有一款规定,“为了更加明确,本章中的任何规定没有对缔约一方施加私有化的义务”。这与 2004 年范本中的表述及意图显然是一致的。类似的表述出现于美国—秘鲁 FTA 和美国—哥伦比亚 FTA 中。美国—澳大利亚 BIT 中没有 2004 年范本第 2 条第 2 款的表述,即把条约规定的义务适用于被授予政府职权的国家企业或其他的人,以及缔约一方的政治分支机构,也没有 2004 年范本第 2 条第 3 款有关溯及力的规定。

美国—摩洛哥 FTA 第 10.1 条规定了一般适用范围,但删去了 2004 年范本第 2 条第 2、3 款的表述。

美国—中美洲国家—多米尼加 FTA 中的一般适用范围条款是第 10.1 条,用“另一个缔约方”代替“缔约双方中的另一方”,以及用“任何缔约方”代替“缔约双方中的任何一方”。这反映这样一个事实,即它是一个多边协定。该 FTA 没有包含 2004 年范本第 2 条第 2 款有关条约义务适用于缔约一方的政治分支机构的表述。

美国—秘鲁 FTA 和美国—哥伦比亚 FTA 中的一般适用范围条款均规定于第 10.1 条中,它们也采用了“另一个缔约方”这一术语,以代替“缔约双方中的另一方”,并用“任何缔约方”代替“缔约双方中的任何一方”。第 10.1 条第 2 款——把投资章 A 节规定的义务适用于被授予政府职权的国家企业或其他人——中的表述增加了新的表述,即列举了所指政府职权的类型。新的表述规定“比如征收、颁发许可证、批准商业交易,或者规定配额、费用或其他收费的权力。”美国—秘鲁 FTA 和美国—哥伦比亚 FTA 省略了 2004 年范本第 2 条第 2 款中有关条约义务适用于缔约一方之政治分支机构的表述。这两个 FTAs 也包含着一般适用范围条款的脚注 1,该脚注规定“为了更加明确,本章的任何规定不应当被解释为规定缔约一方有义务私有化其拥有或控制的投资,或者禁止指定一个垄断机构,但只要缔约一方采取或实施私有化此类投资的措施,或者指定垄断机构的措施,本章就应当适用于此类措施。”这一表述与 2004 年范本的潜在意图是完全相符的。类似的表述出现于美国—澳大利亚 FTA 中。

美国—阿曼 FTA 中的一般适用范围条款,即第 10.1 条没有包含 2004 年范本第 2 条第 2 款(b)项——该款规定把 A 节(Section A)规定的义务适用于缔约方的政治分支机构——中的表述,以及第 2 条第 3 款——关于溯及力——中的表述。

在美国签署的 FTAs 中,有时候会出现特定交易适用协定中的哪一章问题。在 *Fireman's Fund v. Mexico* 案中,仲裁庭认为,基于 NAFTA 第十四章有关金融服务之规定产生的诉求,可以以违反第 1110 条即征收条款为由,但不能以违反第 1102 条或第 1105 条——分别关于国民待遇和最低待遇标准——为由诉诸投资者—国家仲裁。这一认定是基于对 NAFTA 第 1110 条第 3 款的解释,该款规定投资不适用于为金融服务章所涵盖的措施。仲裁庭指出,第十四章纳入了第 1110 条,因而,为了能够适用第 1110 条以提出诉求,投资者—国家争端解决条款以及属于第十四章所指的一项措施在以征收诉求为由提起的投资者—国家仲裁中可以成为仲裁的主题。由于第 1102 条和第 1105 条并未被纳入第十四章,金融服务措施不能根据这两条作为提出诉求的依据。

在 *Ethyl Corp. v. Canada* 案中,加拿大认为,禁止被称为 MMT 的化学物质在跨省之间的贸易属于第三章(货物的国民待遇与市场准入)而非第十一章投资章的适用范围。在管辖权裁决中,在首先指出两章并不当然地相互冲突后,仲裁庭认为加拿大承认在仲裁的管辖权阶段处理这一问题并非非常重要,因而仲裁庭推迟对该问题的进一步审查。该案随后实现了和解,因而这一问题未获处理。

在 *Canfor v. United States* 案和 *Terminal Forest Products v. United States* 案——两案被合并审理——中,仲裁庭认为,NAFTA 第 1901 条第 3 款——它规定,除非该条生效时,任何其他章的条款都不应当被解释为在缔约一方的反倾销或反补贴法律方面对该缔约方规定义务——排除了仲裁庭在针对该法提起诉求时的管辖权。仲裁庭认为,它针对《拜德修正案》(Byrd Amendment)——该法针对根据反倾销税与反补贴税的命令征收的税在受到影响的美国生产者之间进行分配做了规定——确实具有管辖权。

第十一节　BIT 不加禁止的措施

一、BITs 之前的美国实践

"二战"结束之后的美国条约实践显示,保护美国海外投资的利益可能要从属于某些其他国家利益,主要是保护国家安全、公共健康与安全的利益。因此,与投资有关的条约已经包含着允许美国在保护这些利益所必要情况下拒绝保护在美国领土内的外国投资。为保留基于这些理由减损投资活动的权利,美国付出的代价是承认条约相对方也拥有的相应的权利。

美国缔结的现代 FCNs 中规定,其条款不应禁止"为履行缔约方维护或恢复国际和平与安全所必要的,或为保护其根本安全利益所必要的"措施的适用。[91] 第一个分句旨在保留缔约方有权履行诸如基于《联合国宪章》第七章项下的义务。虽然是仿效 GATT 第 21 条(c)项,这些现代 FCNs 的表述更加宽泛,原因是,与 GATT 中的表述不同,它并没有明确地限定在《联合国宪章》项下义务。

第二个分句虽然模仿了 GATT 第 21 条(b)项,但较之相应的 GATT 表述也更为宽泛。具体来说,现代 FCN 条款从其措辞看并不限于战争或紧急状态期间。任何为保护根本安全利益所必要的措施——不论在何种背景下——都豁免于现代 FCNs 规定的义务。

根本安全利益例外并非始于现代 FCNs。不同的版本已经出现在某些较早的贸易协定中。比如,加拿大—美国互惠贸易协定第 12 条第 1 款规定,该条约中任何规定不应当被解释为阻止任何缔约一方实施"认为适合于采取……(c)涉及中立或公共安全;或者(d)该国从事敌对行为或战争"的措施。[92]不过,直到美国签署的第一个现代 FCN,即 1946 年与中国签署的 FCN,这一例外并不适用于投资事项。第 26 条第 1 款(d)项规定,该条约的任何规定不应当被解释为阻止采取或实施"履行维护国际和平与安全义务,或者在国家紧急状态下保护国家根本利益所必要的"措施。1950 年,随着美国与爱尔兰签署 FCN——该 FCN 第 20 条第 1 款规定该条约"不应阻止适用保护其根本安全利益……所必要的……措施",[93]对于国家紧急状态时间的限制被放弃了。

GATT 第 20 条(b)项在另一方面有别于现代 FCNs 条款中的第二句:GATT 的表述明确是自行判断的。换言之,GATT 的表述规定,缔约一方可以采取"[缔约方]认为为保护其根本安全利益所必要的任何行动"。[94]在

---

[91] See, e. g., Japan FCN, supra note 42, Art. XXI (1)(d); Netherlands FCN, infra Chap. 5, note 4, Art. XXII (1)(d); Pakistan FCN, supra note 42, Art. XX (1)(d).

[92] Reciprocal Trade Agreement, United States-Canada, signed, November 17, 1938, 53 Stat. 2348.

[93] Ireland FCN, infra chap. 5, note 4.

[94] General Agreement on Tariffs and Trade, *supra* chap. 2, note 52, Art. XXI (b).

Nicaragua v. United States 案中,[95]尼加拉瓜把美国诉诸国际法院,声称美国支持尼加拉瓜反政府军的准军事力量违反了美国与尼加拉瓜签署的 FCN。美国认为,它支持反政府军是保护其根本安全利益所必要,因而美国并未违反该 FCN。进而,美国主张,FCN 中的根本安全利益例外是“自行判断的”,据此意味着缔约一方援引该例外对任何法院来说都是终局性的,由此使涉及援引该例外的任何诉求都是不可裁判的。因此,美国认为,国际法院不拥有裁判尼加拉瓜所提诉求的管辖权。然而,在 1986 年 6 月 22 日作出的实质问题判决中,国际法院驳回了美国的主张。在作出决定时,国际法院是依靠 GATT 的规定——它明确声称其是自行判断的—与 FCN 的表述——它没有明确其是自行判断的——之间的区别。甚至来自美国的国际法院法官史蒂芬·施韦贝尔(Stephen Schwebel)也认为,至少在确定是否拥有裁判实质问题的管辖权时,国际法院也有权解释“根本安全利益”的含义。

在 1992 年 11 月 2 日由伊朗针对美国提起的 Oil Platforms 案中,[96]美国缔结的现代 FCNs 中的根本安全利益例外的解释再次成为讼争问题。该案争端缘于美国海军军舰摧毁了伊朗国家石油公司在波斯湾拥有的三座海上石油设施。在 Oil Platforms 案中,美国不认为根本安全利益例外是自行判断的,只认为该例外赋予每个缔约方广泛的自由裁量以便其根据对各种情势的最佳判断确定为保护此种利益所必要的措施。为了支持这一立场,美国援引了多个 FCNs 的谈判史。比如,在把 1946 年美国—中国 FCN 提交给参议院时,美国指出,“也包括向处于国家紧急状态中的缔约双方赋予必要之行动自由的例外”。[97]国务院关于该条约的另一份备忘录指出,“某些重要的事项,突出的是…… ‘国家紧急状态期间的国家根本利益’尤其被排除在条约的涵摄范围之外。鉴此,难以想象[争端解决条款]如何导致该政府在一个可能使其受到困扰的事项方面遭到起诉的情形。”[98]参议院外交关系委员会针对该条约的报告指出,根据该条约,“我们在国家紧急状态下保留行动

---

[95] 1984 I. C. J. Rep. 392(Jurisdictional Phase).

[96] (Iran v. United States),2003 I. C. J. Rep. 161.

[97] Friendship,Commernce,and Navigation with China:Message from the President of the United States,S. Exec. Doc. J,80th Cong. 1st Sess. 3(1947).

[98] A Treaty of Friendship,Commerce,and Navigation between the United states of America and the Republic of China:Hearing before a Subcommittee of the Senate Committee on Foreign Relations,80th Cong. 2d Sess. 30(1948).

的自由”。[99]最后，在 1953 年参议院针对多个 FCNs 举行的辩论中，参议员伯克·海肯卢珀(Bourke Hickenlooper)评论指出：

“这些条约已经被设计……避免干预或限制美国其发现所必要的此类安全措施……条约各方……包含了一项一般保留，据此明确了条约中没有任何内容应当被认为影响任何缔约一方采取‘为保护其根本安全利益所必要的’措施的权利。”[100]

美国也援引了与德国及荷兰缔结的现代 FCNs 的谈判史。在与德国谈判 FCN 时，德国代表团担心根本安全利益例外的范围过宽，认为对该例外应该予以界定。但美国反对任何界定，它解释认为：

“针对这一措辞没有确切的定义或解释，这一表述的起草方式为缔约双方提供了广泛的裁量余地，以便允许它们在不设限的未来里采取必要行动。只要两国之间保持友好关系，这一保留预计不会产生严重后果，强调增加‘必要的’和‘根本’两词就是为了使保留不能任意地被援引。”[101]

德国代表团询问该例外是否可诉时。美国答复认为“国内以及国际性法院可能会高度重视援引该保留的政府所提出的主张，因而在认定一个可裁判问题会面临困难。”[102]在答复中，美国 FCN 谈判人员援引了前引参议员海肯卢珀的评论。

在同年与荷兰进行的 FCN 谈判中，荷兰谈判人员同样提出要缩小根本安全利益例外。美国谈判人员：

“同意这样一个想法，即这一保留是由于严重的原因而得以使用，而非意在成为一个漏洞据此可以或能够采取恣意行动从而导致条约的宗旨受挫。然而，美国方面强调指出，美国认为条约中存在一个广泛的安全保留是至关重要的。他们接着认为，他们看不出试图对现有措辞进行完善有任何好处，并且任何完善之企图都会引起误解，以免其范围被缩小到损害美国采取其可能认为对国家安全是根本的或至关重要的措施……他们强调指出，

---

[99] Treaty of Friendship, Commerce, and Navigation with China, S. Exec. Rept. No. 8, 80th Cong. 2d Sess. 3(1948).

[100] 99 Congressional Record 9315(1953).

[101] Dispatch No. 2254 from U. S. High Commission, Bonn, to U. S. Department of State, February 17, 1954.

[102] *Id.*.

每个缔约方要根据自身裁量权确定从其安全利益的角度看什么是至关重要的。”[103]

然而,荷兰坚持其主张旨在缔约方最终同意在议定书中纳入一段规定:

“我们理解,安全保留并非旨在创设一项不当地、长期地背离条约条款的正当理由。另一方面,每个缔约方根据其最佳判断确定为保护其根本安全利益所必要的措施。”[104]

现代 FCNs 也包含着有关表述,据此某些特定条款从属于缔约各方实施为维护公共秩序与保护公共健康、道德与安全所必要措施的权利。然而,这一权利保留通常限于有关缔约另一方的国民进入及转道缔约一方领土的条款。

二、1983 年范本

1983 年范本包含着继承现代 FCNs 中所有三项权利保留的条款。具体来说,1983 年范本第 10 条第 1 款规定,BIT 不应当禁止任何缔约一方适用“任何”为:(1)维护公共秩序;(2)履行在维护或恢复国际和平或安全方面的义务;或(3)保护本国根本安全利益等所采取的必要措施。第 10 条的标题是“本条约不加禁止的措施”。

起草与谈判不加禁止的措施条款提出了一个明显的哲学难题。美国寻求签署为投资者提供严格保护的 BITs。同时,现实的情况是,美国日益依靠各种形式的经济制裁以实现其他的对外政策目标。尤其是,如果经济制裁包括冻结在美国的外国人资产时,制裁可能会违反 BITs 的许多规定。纳入不加禁止的措施条款保持了运用经济制裁的灵活性。但同时,它也为 BIT 的缔约相对方针对美国的投资者采取与 BIT 的其他条款不相符合的行动提供了文本上的依据。

卡特政府主要担心的问题是,该条约可能被 BIT 伙伴用于对付美国的投资者,从而损害 BIT 提供的保护。因此,美国希望的是一个措辞严格的条款,以便保护美国的投资者。然而,在尼加拉瓜把美国诉诸国际法院后,里根政府开始关心为美国保护灵活性。

---

[103] Dispatch No. 238 from U. S. Embassy, The Hague, to U. S. Department of State, September 15, 1954. See also Dispatch No. 107 from U. S. Embassy, The Hague, to U. S. Department of State, August 3, 1954.

[104] Netherlands-U. S. FCN, *infra* Chap 5, note 4, Protocol, paragraph 18.

解决这一棘手问题没有完全令人满意的方法。由于现代FCNs中的不加禁止的措施条款在以往似乎发挥了作用,BIT中不加禁止的措施条款的起草紧紧遵循了现代FCNs的表述。所起草的不加禁止的措施条款被认为在维护灵活性——对美国而言与确保某种保护——对投资者而言——之间实现了精巧的平衡。这使美国在谈判中实质上处于既反对强化,也反对弱化该条款的位置。

乍看起来,BITs不加禁止的措施条款中的公共秩序内容似乎要窄于现代FCNs中的公共秩序,它指的是保护公共健康、道德、安全以及公共秩序。然而,后者通常被认为宽泛到至少可以包括保护公共健康和安全。[105]国务卿指出,公共秩序例外涵盖"缔约一方根据公共权力采取的确保公共健康与安全的措施"。[106] 与现代FCNs不同,公共秩序例外成为1983年范本中所有实质性条约义务的例外。

公共秩序例外只是把那些为维护公共秩序所"必要"的措施排除在条约义务之外。豁免BIT义务只适用于危急情况存续期间。

与在现代FCNs中一样,BITs允许缔约方为履行国际和平与安全方面的义务采取相关措施主要是为了保留缔约方的权利,以便其履行《联合国宪章》项下义务。然而,事实上,该表述宽泛到足够涵盖基于区域性安排,比如《里约协定》(Rio Pact)项下义务。[107]

根本安全利益例外适用于任何为保护此类利益所必要的措施,不管在战争时期还是和平时期。在谈判BITs时,根据《国际紧急状态经济权力法》(International Emergency Economic Powers Act)[108]实施的经济制裁,以及根据诸如《武器出口管制出口法》(Arms Export Control Export Act)、[109]《出口管理法》(Export Administration Act)[110]以及《国防生产法》(Defense Production Act)[111]采取的管制行动被美国认为是对保护其根本安全利益所必要的行动。国务卿解释认为,为根本安全利益例外允许的措施"包括在战争或国家紧急

---

[105] See Pamela Gann, The U. S. Bilateral Investment Treaty Program,"21 Stan. J. Int'l L. 373, 425(1985).

[106] Kazakhstan BIT submittal letter, at Ⅻ.

[107] Inter-American Treaty of Reciprocal Assistance, September 2, 1947, 62 Stat. 1681, T. I. A. S. No. 1838, 21 U. N. T. S. 77, 4 Bev. 559.

[108] Pub. L. 95-223, 91 Stat. 1626, codified at 50 U. S. C. section 1701 et seq.

[109] Pub. L. 90-629, 82 Stat. 1320, codified at 22 U. S. C. section 2751 et seq.

[110] Pub. L. 96-72, 93 Stat. 503, codified at 50 U. S. C. App. section 2401 et seq.

[111] 50 U. S. C. App. Section 2061 et seq.

状态期间采取的与安全有关的行动;并非基于战争或国家紧急状态采取的行动与相关缔约方的根本安全利益之间必须存在明确而直接的联系。”[112]

在 Oil Platforms 案中,美国在答辩状中认为,根本安全利益例外条款应该包涵其通常的含义。美国把“措施”界定为意指“旨在实现某种目标的行动计划或方案”或者“作为实现某一目标之手段的一个行动”。[113]以本案而言,美国指出,措施包括武装行动以及其他形式的措施。[114] “必要的”(necessary)一词被界定为那些“为达到某种结果或效果所必要”的措施或者那些“要求或需要采取”的措施。[115]必要性要根据事实情况加以确定。[116] “根本”(essential)一词被界定为“影响任何东西的本质”,或者“重大的”(material)或“重要的”(important)。[117]因而,在美国看来,根本安全利益例外“适用于具有重要性的安全利益,而并非只是有限或者边缘性的安全利益”。[118]最后,“安全”(security)一词被界定为意指“安全(safety)或者保障国家、组织、人们等面临危险时的利益”或者“免受风险或危险的自由与安全”。[119]美国认为,该术语的含义“足够宽泛”。[120]

三、1984 年范本

1984 年范本中的不加禁止的措施条款——规定于第 10 条第 1 款——与 1983 年范本不同,该条款没有标题。它对 1983 年范本中的表述做了两个改动,其中一个改动是重要的,而另一个则不重要。

第一,“任何措施”被简化为直接提及“措施”,删除的词汇实际上是默示存在的。因而,这一变动并不重要。这要归结于这样一个事实,即 1984 年范本部分地是希望对 1983 年范本的表述予以简化,后者的许多内容都显得冗长。

第二,BITs 不加禁止的措施被明确限定于那些“在[缔约方]管辖范围

---

[112] Kazakhstan BIT submittal letter, at XIII.

[113] Counter-Memorial and Counter-Claim Submitted by the United States of America, June 23, 1997, para. 3.06.

[114] *Id.*.

[115] *Id.*, at para. 3.07.

[116] *Id.*.

[117] *Id.*, at para. 3.08.

[118] *Id.*.

[119] *Id.*, at para. 3.09.

[120] *Id.*.

内”的措施。插入这一短语似乎是为了回应这样一种担心,即美国可能凭借该条款以证明其在缔约另一方的领土内的干预,尤其军事干预是合法的。当然,不加禁止的措施条款并没有肯定地授权缔约方可以做什么,而只是表明 BITs 不禁止某些作为。尽管如此,诚如下文所描述的,民主刚果、喀麦隆以及摩洛哥已经成功地与美国通过谈判纳入有关把不加禁止的措施限定适用于在缔约一方领土内采取的措施的表述。这种管辖限制被看作解决这一始终存在的担心的限定性较小的一种方法。提及管辖而非领土是为了保留缔约一方有权采取在域外——但在其管辖权范围内——适用的措施。

如果不是由于其他的原因,这一修改是不明智的,因为它可能引发混淆。通常来说,BITs 是根据领土,而不是根据管辖权来表明其条款在地理上的适用界限。因而,比如,它们只保护在东道国领土范围内的投资。然而,国家有时候会主张有权在其领土外行使管辖权,但在国际法中域外行使管辖权的范围是存在争议的。换言之,一国领土的界限较之其管辖权的界限通常更加明确。然而,这些情形可能出现在东道国领域内采取的措施产生了域外后果,这可能导致人们关于这些措施是否符合 BIT 产生争论。充其量,BIT 起草者应该把管辖权限制作为应对潜在 BIT 伙伴强烈反对不加禁止的措施条款的一种可以接受的办法,而不是把它纳入 BIT 范本从而作为美国初始立场的组成部分。

因而,BIT 意义上的东道国管辖权范围看起来极有可能诱发有关域外管辖界限的争论。由于涵盖投资通常只是指东道国领土内的投资,影响域外投资的措施通常不在 BIT 的涵盖范围内,因而不加禁止的措施条款保持此类措施就显得没有必要。

四、1987 年范本

1987 年范本中的不加禁止的措施条款——规定于第 10 条第 1 款——明智地没有提及管辖问题。除此不同之外,1987 年范本中不加禁止的措施条款与 1984 年范本中的对应条款是一样的。

五、1991 年范本

1991 年范本中的不加禁止的措施条款——规定于第 10 条第 1 款——与 1987 年范本的对应条款是一样的。

六、1992 年范本

1992 年范本中的不加禁止的措施条款——规定于第 10 条第 1 款——与 1987 年范本和 1991 年范本中的对应条款是一样的。

1992 年 8 月 4 日，参议院外交关系委员会针对美国与捷克和斯洛伐克共和国、刚果、俄罗斯、斯里兰卡以及突尼斯签署的 BITs 举行听证会。为此，1992 年 7 月 30 日，国务院针对 1992 年范本向外交关系委员会提交了一份通报。外交关系委员会要求逐条分析待批准的条约，而考虑到 BIT 范本与其签署的 BITs 之间的相似性，国务院针对 1992 年范本提供了一份通报，而不是逐条分析美国签署的每个 BIT。该通报指出：

“第 10 条第 1 款保留了缔约方有权采取其认为维护公共秩序、履行在国际和平与安全方面的国际义务，或者保护本国根本安全利益所必要的措施。这些保留在国际投资协定中是常见的……缔约一方的根本安全包括在战争或国家紧急状态期间采取的行动，以及与相关缔约方的根本安全利益之间具有明确而直接联系的其他行动。这些例外是否适用于某一特定的情形属于缔约方的自由裁量范围。在每次谈判中，我们都谨慎地指出保护缔约一方之根本安全利益是自行判断的。”[121]

上述声明很重要，因为它是 Nicaragua 案结束后国务院首次公开指出其维持其主张，即根本安全利益例外是自行判断的，这一主张在 Nicaragua 案中被国际法院驳回了。国务院也是首次披露开始在谈判期间向可能的 BIT 伙伴告知美国对根本安全利益例外的理解，但它没有表明在 1986 年 Nicaragua 案判决作出后的哪一个时间点后开始这么做。无论如何，到 1992 年 7 月时，美国的做法是，向谈判相对方告知根本安全利益例外的自行判断性质是美国自始对 BIT 之解释的组成部分，而并非在根本安全利益问题出现时才告知谈判相对方。然而，国务院拒绝修改该例外的文本以明确规定其具有自行判断性，或者纳入表明其在国务卿提交的任何呈报函中对该例外所作解释的表述。

1992 年 7 月通报也表明，国务院认为不加禁止的措施规定中的所有三个分句都应该是自行判断的，而不仅仅只是根本安全利益例外。不过，正如下文会看到的，1992 年 7 月之后的通报表明，只有根本安全利益例外被国务

---

[121] 1992 hearings, *supra* chap. 2, note 67, at 65.

院认为是自行判断的，但到了 1998 年，国务院把国际和平与安全例外也看作自行判断的。事实上，虽然 1992 年 7 月通报指出，美国谈判人员审慎地在每个 BIT 谈判中指出缔约方的根本安全利益具有自行判断的性质，但它没有主张美国在谈判期间指出公共秩序例外或国际和平与安全条款也具有自行判断性。

诚如下文会看到的，1993 年 8 月，国务卿提交的呈报函开始例行性地提及该例外是自行判断的。然而，在根本安全利益例外条款中的其他款是否是自行判断这个问题上，这些呈报函开始时彼此间并不一致，但它们至少很快就变得一致，即不再声称公共秩序例外是自行判断的。

七、1994 年范本

1994 年范本把不加禁止的措施条款移到第 14 条第 1 款。通过删除公共秩序例外，该范本改变了不加禁止的措施条款的实质内容。公共秩序例外此前在 NAFTA 中已经被删除了，而美国的 BIT 谈判人员决定遵循这一做法。美国的担心是，这一例外很容易被东道国滥用，以证明其不符合 BIT 义务的行为具有合法性。1992 年 7 月通报采取的立场——不加禁止的措施是自行判断的——极大地加剧了不加禁止的措施条款可能被滥用的风险，但国务院在 1993 年 9 月时似乎重新思考这一立场，国务院在当时提交的呈报函不再提及公共秩序例外是自行判断的。事实上，1992 年 7 月通报指出公共秩序例外是自行判断的表述看起来只是起草错误的结果，国务院从来就没有这个意思。无论如何，由于消除了东道国主张其对 BIT 保护的减损具有合法性的潜在依据，删除公共秩序例外的结果是明显地扩大了 BIT 的保护范围。

1994 年范本也以积极的措辞重新改写了不加禁止的措施条款。新的表述规定“本条约不应当禁止缔约一方适用任何为履行在维护或恢复国际和平与安全方面的义务，或者为保护本国根本安全利益所必要的措施。”

1998 年 4 月，美国对不加禁止的措施条款的文本作出重大修改。其中，第 14 条第 1 款的表述变更为，条约不应当排除缔约一方“适用其认为为履行在维护或恢复国际和平与安全方面的义务，或者为保护本国根本安全利益所必要的措施。”

因此，新的表述明确规定不加禁止的措施规定的两个分句都是自行判断的。

美国多年来坚持认为,根本安全利益例外本质上是自行判断的,但它拒绝明确地照此修改 BIT 中的表述,其原因是,担心在一些 BITs 中明确规定该例外是自行判断,而在其他 BITs 中未做此种明确规定,这样会削弱认为该例外在所有 BITs 中都是自行判断的主张。然而,1996 年 12 月 12 日,在 Oil Platforms 案中,国际法院再次指出,根本安全利益例外的表述不是自行判断的,重申了 1986 年 *Nicaragua v. United states* 案的判决。在被国际法院第二次驳回其主张后,美国的 BIT 谈判人员反思他们的策略,并且把 BIT 范本中的表述修改为明确规定根本安全例外是自行判断的。新的表述也认为和平与安全例外是自行判断的。

八、2004 年范本

2004 年范本把不加禁止的措施条款移到标题为"根本安全"的第 18 条中,详细规定于第 2 款,实质内容没有发生变化。新的表述规定"本条约中的任何规定不应当被解释为……禁止缔约一方适用其认为为履行在维护或恢复国际和平与安全方面的义务,或者为保护本国根本安全利益所必要的措施。"对该表述的细微修改纯粹是表达方式方面的。

2004 年范本针对根本安全利益引进了新的一款。

第 18 条第 1 款规定,该条约条款不得解释为"提供或允许获得缔约方认定披露则有损于其根本安全利益的任何信息"。此种例外此前出现于 MAI(草案)中。第 18 条第 2 款保留了缔约一方有权采取某些"措施"的权利,第 18 条第 1 款则完全豁免缔约方提供或获取与安全有关的信息,即便该缔约方拒绝或允许获取此类信息并不被认为是一项措施。比如,国际仲裁庭可能命令缔约一方披露某些信息。不管拒绝披露是否被视为一项措施,但如果披露有损于一国的根本安全利益,就可以拒绝提供。第 18 条第 1 款是自行判断的,这意味着不披露信息的缔约方是相关信息是否属于例外范围的唯一判断者。2004 年范本也在第 19 条纳入了不披露信息条款,该条款为保护公共利益与商业利益而不披露信息。正如第四章第十四节要讨论的,第 19 条并不是自行判断的。

九、已经签署的 BITs

(一)基于 1983 年范本签署的 BITs

美国与巴拿马、孟加拉国以及海地签署的 BITs 第 10 条第 1 款均采纳

1983 年范本中的表述。

美国—巴拿马 BIT 附带的换文澄清指出“[不加禁止的措施条款]中没有任何规定授权任何缔约方在缔约另一方的领土内采取此类措施”。类似的表述也出现于美国—洪都拉斯 BIT 中。这些规定只是明确了业已隐含着的东西。它们是基于美国在中美洲实施军事干预历史而对巴拿马与洪都拉斯可能发生的政治敏感性事件做出的反应。

美国—塞内加尔 BIT 第 10 条第 1 款纳入了 1983 年范本中的表述,但做了一处改动。维护公共秩序所必要的措施被重新界定为维护公共秩序与道德所必要的措施。虽然作为一个文字问题——如果是的话,使用“与”这一连接词实际上缩小了该款的范围,但其目的显然是要扩大其含义。事实上,提及“公共秩序与道德”与 1981 年与 1982 年范本的某些谈判文本的表述是一致的。不过,1982 年后,“道德”一词在 BIT 范本中被删除了,公共秩序例外被美国的 BIT 谈判人员认为已经涵盖了公共健康与安全。

美国—土耳其 BIT 第 10 条第 1 款采纳了 1983 年范本中的表述,但做了两个改动:第一,与在美国—塞内加尔 BIT 中一样,“公共秩序”改成了“公共秩序与道德”。第二,美国—土耳其 BIT 在“措施”之前完全删除了没有必要的“任何”。当然,这一改动与 1984 年范本的表述是一致的。

美国—埃及 BIT 第 10 条第 1 款总体上也遵循了 1983 年范本的表述,但有若干变化,其中包括一处颇为重要的修正。第一,美国—埃及 BIT 明确规定,不加禁止的措施条款也适用于缔约一方政治分支机构采取的措施,这一表述实际上暗含于有关 BIT 适用于缔约一方之政治分支机构的基本条款中。[122]对政治分支机构的援引出现于作为美国—埃及 BIT 早期谈判基础的 1992 年范本中。美国—喀麦隆 BIT 包含着同样的表述。第二,与美国同喀麦隆和土耳其签署的 BITs 以及 1983 年之前的范本一样,美国—埃及 BIT 把“公共秩序”改为“公共秩序与道德”。第三,在提及根本安全利益时,“根本”一词被删除了。这可以认为在某种程度上扩大了根本安全利益的含义。

可能较为重要的修正内容出现在有关缔约方在维护或恢复国际和平或安全方面的义务的分句中。该分句大幅度地调整为“对于……履行其既有国际义务……所必要的措施,或者缔约方认为履行未来国际义务是适当的此类措施”。明显的变化是,凌驾于 BIT 义务的义务不限于涉及国际和平与

---

[122] 参见第四章第七节。

安全的那些,而是包括任何国际义务。因而,理论上说,在美国—埃及 BIT 下,在涉及缔约一方与缔约他方之外的国家之间存在国际条约的情况下,缔约一方可以否定任何 BIT 项下权利。由于该 BIT 区别既有条约与未来条约,这一漏洞在一定程度上得到了填补。为履行既有国际义务——美国—埃及 BIT 生效时业已存在的义务——需要采取必要的措施,该 BIT 并不会予以禁止。然而,只有缔约方"认为确有必要",为履行未来的国际义务而采取的措施才不会被禁止。这使投资者母国在认定某一措施是否是履行某项义务所适当的方面可以发挥一定作用,但缔约双方在做出此种认定时必须善意行事。针对相关措施是否适当发生的争端都要适用美国—埃及 BIT 中的磋商与争端解决条款。

除了一些细微的变化,美国—民主刚果 BIT 第 10 条第 1 款遵循了 1983 年范本中的相关表述。与美国同塞内加尔、土耳其以及埃及签署的 BITs 类似,美国—民主刚果 BIT 重新把为维护公共秩序所采取的必要措施界定为,为维护"公共秩序与道德"所必要的措施。没有解释为什么偏好使用连接词"与"(and),美国—民主刚果 BIT 也把"维护或恢复国际和平或安全"改为"维护'与'恢复"。最后,与 1984 年范本一样,美国—民主刚果 BIT 试图将 BIT 涵盖范围外的措施限制在一定地理范围,但它使用领土而不是管辖权概念来界定这一范围。换言之,必要的措施是那些"[缔约方]领土内的必要"措施。美国与喀麦隆和摩洛哥签署的 BITs 中包含着类似的表述。

美国—喀麦隆 BIT 第 10 条第 1 款遵循了 1983 年范本的表述,但它与美国—民主刚果 BIT 和美国—摩洛哥 BIT 一样包含着"在其领土内"这一用语。与美国—埃及 BIT 一样,美国—喀麦隆 BIT 明确规定,不加禁止的措施条款同样适用于缔约一方的政治分支机构所采取的措施,这一表述曾经出现于 1983 年之前的 BIT 谈判范本中,并且美国缔结的 BITs 也隐含着这一层意思。

美国—摩洛哥 BIT 第 9 条第 1 款中的不加禁止的措施条款版本是特殊的。该 BIT 规定,条约不得禁止缔约一方在"其领土内"适用某些"国内措施"。提及国内措施只是强化对不加禁止的措施的领土限制。

通过缩小不排除措施条款适用的地理范围,美国—摩洛哥 BIT 似乎略微扩大了缔约方领土内不加禁止的措施。第一,该 BIT——与美国同民主刚果、塞内加尔、埃及以及土耳其签署的 BITs 类似地——把"公共秩序"改为"公共秩序与道德"。第二,涉及国际和平与安全的不加禁止的措施不再只是指缔约一方履行在国际和平与安全方面的义务所必要的那些措施,而是指保护和平与国际安全所必要的任何措施。当然,扩大最后一个分句的实际效果由于这样一个事实而被大打折扣,即整个条款只免除在缔约一方领土内的国内措施。

正如在第二章第五节第一目中详细讨论的,在 1988 年针对美国与埃及、喀麦隆、摩洛哥、民主刚果、孟加拉国、塞内加尔以及土耳其(以及下一节要讨论的美国—格林纳达 BIT)请求给予意见与批准之同意时,参议院在批准决议后附带了一份备忘录。该备忘录指出:"根据该条约第 10 条,任何缔约一方都可以采取必要的措施,以处理任何对其国家安全构成非同寻常和极端严重的威胁。"

(二)基于 1984 年范本签署的 BITs

美国—格林纳达 BIT 第 10 条第 1 款采纳了 1984 年范本的表述。参议院在针对该条约给予的意见与批准之同意时,在通过的批准决议中附加了一份备忘录,它规定"根据该条约第 10 条,任何缔约一方都可以采取必要的措施,以处理任何对其国家安全构成非同寻常和极端严重的威胁。"正如第二章第五节第一目中讨论的,同样的备忘录也附于参议院批准美国与埃及、喀麦隆、摩洛哥、民主刚果、孟加拉国、塞内加尔以及土耳其缔结的 BITs 的决议中。美国—格林纳达 BIT 与美国缔结的这些 BITs 在同一时间被提交给参议院请求给予意见与批准之同意。基于同样的考虑,参议院外交关系委员会在同一天针对这七个 BITs 以及美国—格林纳达 BIT 做出给予支持的报告,并附带同样的建议性批准之决议。

(三)基于 1987 年、1991 年或 1992 年范本签署的 BITs

美国签署的 19 个 BITs 遵循了 1987 年、1991 年与 1992 年范本中的表述。这些 BITs 是美国与刚果、波兰、突尼斯、斯里兰卡、捷克、斯洛伐克、哈萨克斯坦、亚美尼亚、保加利亚、吉尔吉斯斯坦、罗马尼亚、摩尔多瓦、厄瓜多尔、白俄罗斯、乌克兰、爱沙尼亚、蒙古、拉脱维亚以及立陶宛签署的。除了美国—波兰 BITs——该条款规定于第 12 条第 3 款——以及美国与摩尔多瓦、厄瓜多尔、白俄罗斯、乌克兰、爱沙尼亚、拉脱维亚以及立陶宛签署的 BIT——该条款规定于第 9 条第 1 款,不加禁止的措施条款均规定在第 10 条第 1 款。

美国—波兰 BIT 在第 12 条第 5 款中包含着一个单独规定,即本条约中的任何内容不应当禁止任何缔约方针对专业性活动规定资格。

美国—阿根廷 BIT 中的不加禁止的措施条款规定于第 10 条第 1 款,它遵循了 1991 年范本的表述。该 BIT 议定书第 6 段规定,提及缔约一方采取的履行其在维护或恢复国际和平与安全方面的义务的措施时针对的是缔约一方在《联合国宪章》项下的义务。类似的表述出现于美国—尼加拉瓜 BIT 议定书中,而美国—亚美尼亚 BIT 则把相关表述纳入条约的正文中。

美国—俄罗斯 BIT 中的不加禁止的措施——规定于第 10 条第 1 款——以 1991 年范本为基础。然而,该 BIT 议定书第 8 段确认缔约双方的共同理解是,安全利益例外是"自行判断的"。该议定书中的表述是在俄罗斯的坚持下加入该 BIT 的。美国谈判人员后来同意在美国—尼加拉瓜 BIT 中加入类似的表述。

美国—亚美尼亚 BIT 第 10 条第 1 款修改了 1992 年范本,它把缔约方维护或恢复国际和平或安全的义务限定为"《联合国宪章》项下义务"。美国与阿根廷及尼加拉瓜签署的 BITs 把相关表述分别纳入了它们的议定书中。

1993 年 8 月 25 日,美国—摩尔多瓦 BIT 所附国务卿呈报函指出,第 10 条第 1 款"保留了缔约一方有权采取其认为为维护公共秩序、履行国际和平与安全之国际义务所必要的措施,或者保护本国根本安全利益所必要的措施。"因此,该呈报函表明,美国认为不加禁止的措施条款的所有三个分句都是自行判断的。类似的表述出现在 1993 年 8 月 27 日美国—亚美尼亚 BIT 所附国务卿呈报函中。它与 1992 年 7 月 30 日提交给参议院外交关系委员会的有关 1992 年范本的通报中所用的表述也是相符的。

然而,这三份文件看起来写得并不好。仅仅大约一周后,1993 年 9 月 4 日,美国—哈萨克斯坦 BIT 所附国务卿呈报函指出,第 10 条第 1 款"保留缔约一方有权采取为维护公共秩序、履行国际和平与安全之国际义务所必要的措施,或者其认为为保护本国根本安全利益所必要的措施。"[123]因而,在美国—哈萨克斯坦 BIT 所附呈报函中,国务院认为,只有根本安全利益例外才是自行判断的,公共秩序或国际和平与安全例外则不是。美国—哈萨克斯坦 BIT 所附呈报函中的表述也出现在 9 月 7 日美国—吉尔吉斯斯坦 BIT 和美国—厄瓜多尔 BIT 所附国务卿呈报函中。这一表述或者具有类似效果的表述也出现于以 1992 年范本为基础签署,并获得批准的 BITs 的所附国务院呈报中,尤其包括美国与白俄罗斯、乌克兰、爱沙尼亚、蒙古以及拉脱维亚签

---

[123] Kazakhstan BIT submittal letter, at XII.

署的BITs所附国务卿呈报函。除了规定《联合国宪章》义务的表述——前已指出,美国—牙买加BIT所附国务卿呈报函具有类似的效果。

虽然美国—立陶宛BIT的规定以1987年、1991年以及1992范本中的同样规定为基础,但该BIT所附国务卿呈报函使用了以1994年范本为基础谈判签署的BITs中的表述。如下文所述,这一表述甚至以更明确的措辞确认根本安全利益例外的自行判断性质。

2003年年底到2004年年初,美国与捷克、爱沙尼亚、拉脱维亚、立陶宛、波兰、罗马尼亚以及斯洛伐克签署了修改BITs的议定书,以利于这些国家加入欧盟。这些议定书各附有一份有关不加禁止的措施条款的换文。与美国达成换文的时间是:罗马尼亚,2003年10月21日;保加利亚,2003年10月25日;捷克,2003年12月12日;爱沙尼亚,2003年11月3日;拉脱维亚,2003年12月11日;立陶宛,2003年12月16日;斯洛伐克,2003年12月18日;波兰,2004年1月12日。这些换文确认了缔约方的理解,即不加禁止的措施条款"保留了缔约一方采取其认为为保护本国根本安全利益所必要的措施的权利";并且,对八个国家中的任何一国而言,"这些利益包括基于其作为欧盟成员国而产生的利益"。

这些换文是根据此前在八个国家、美国以及欧盟委员会之间达成的一个协定,即"关于美国签署的某些双边投资条约的备忘录"交换的。根据该备忘录第I.D条,缔约方指出不加禁止的措施条款"保护了缔约一方有权实施其认为为保护本国根本安全利益的权利,而善意地依赖根本安全利益例外则为BIT缔约方提供了保护"。虽然这一表述读起来有别于基于1994年范本签署的BITs所附国务卿呈报函中的表述——第四章第十一节第九目第四项对此做了讨论,但它旨在与这些呈报中的表述原则上完全保持一致。缔约方也指出,这些根本安全利益"可以涵盖那些从欧盟的利益派生出来的利益"。

对于相关缔约方来说,不加禁止的措施条款是一个棘手的谈判议题。美国并不希望看到根本安全利益例外被欧盟用于证明其采取的可能减损BIT权利的经济措施是合法的。甚至欧盟也有理由不希望诸如《1996年古巴自由与民主团结法》[124]——通常被称为"赫尔姆斯-伯顿法",该法对与古巴从事贸易或者针对被古巴征收的美国财产从事非法交易的外国公司,欧

---

[124] P. L. 104-114, *codified at* 22 U. S. C. sections 6021-6091.

盟对该法表达强烈反对——之类的经济措施具有合法性。此外,欧盟总体上并不支持自行判断的概念,但自行判断的表述仍然存在。

以上三项例外的范围问题也在三份呈报函中做了规定。比如,1993 年 8 月 25 日,美国—摩尔多瓦 BIT 所附国务卿呈报函解释认为:

第一,"根本安全利益包括在战争或国家紧急状态期间采取的与安全有关的行动;并非基于战争或国家紧急状态而采取的行动与所涉缔约方的根本安全利益之间必须存在明确与直接的联系"。[125]

第二,该呈报函解释认为,"维护公共秩序包含缔约方根据其保障公共健康与安全之警察权而采取的措施"。[126]

第三,该呈报函解释认为,"和平与安全方面的国际义务包括诸如基于《联合国宪章》第七章产生的义务。"[127]就像该表述意味着,虽然该例外包含了基于第七章产生的义务,但它并不仅限于这些义务。

类似的表述也出现于此后以 1992 年范本为基础签署的 BITs 所附的几乎所有国务卿呈报函,尤其包括美国与哈萨克斯坦、亚美尼亚、白俄罗斯、乌克兰、爱沙尼亚、蒙古以及拉脱维亚签署的 BITs 所附国务卿呈报函中。这一表述也出现于美国—牙买加 BIT——该 BIT 主要是以 1991 年为范本,但直到 1994 年才得以签署——所附国务卿呈报函。

(四)基于 1994 年范本签署的 BITs

美国签署的五个 BITs 第 14 条第 1 款均原原本本遵循了 1994 年范本中的表述。这些 BITs 是美国与格鲁吉亚、乌兹别克斯坦、克罗地亚、阿塞拜疆以及玻利维亚签署的。除了在美国—克罗地亚 BIT 中被规定于第 15 条第 1 款外,不加禁止的措施条款在其他四个 BITs 中都规定于第 14 条第 1 款。

不加禁止的措施条款在美国—特立尼达和多巴哥 BIT 和美国—阿尔巴尼亚 BIT 中都规定于第 14 条第 1 款,它们与 1994 年范本中的对应条款是一样的,区别仅在于第 14 条开头插入使用大写英文首字母的标题——本条约不加禁止的措施。

美国—洪都拉斯 BIT 中的不加禁止的措施条款——规定于第 14 条第 1 款—— 与 1994 年范本中的对应条款是一样的。该 BIT 议定书第 3 段规定,缔约双方的理解是,"维护或恢复国际和平与安全的义务"是指"《联合国宪

---

[125] Moldova BIT submittal letter, at XIII.

[126] *Id.*.

[127] *Id.*.

章》项下义务”。

美国—洪都拉斯 BIT 议定书第 4 段规定,“可以理解为”第 14 条第 1 款中没有任何内容“授权或有意授权”任何缔约方“在缔约另一方的领域内采取措施履行其在维护或恢复国际和平与安全方面的义务,或者保护本国根本安全利益的措施”。当然,第 14 条第 1 款并没有授权采取任何行动。它只是规定,条约的其他条款不应当被解读为禁止某些行动。因此,第 4 段只是规定了显而易见的内容。类似的表述出现于美国—巴拿马 BIT 中。这些条款反映了缔约国对美国在中美洲实施军事干预的历史可能在洪都拉斯与巴拿马重演的担忧。

美国—尼加拉瓜 BIT 中的不加禁止的措施条款文本,即第 14 条第 1 款与 1994 年范本中的对应条款是一样的。不过,该 BIT 议定书用了两段界定不加禁止的措施条款的含义。

美国—尼加拉瓜 BIT 议定书第 1 段确认,缔约双方的共同理解是,“缔约方采取的旨在保护国家安全利益的措施是自行判断的。”根据美国—尼加拉瓜 BIT 所附国务卿的呈报函,这一段是应尼加拉瓜的要求增加的。[128] 类似的表述出现于美国—俄罗斯 BIT 议定书中。

该议定书第 3 段规定,缔约双方的理解是,“维护或恢复国际和平与安全的义务”系指《联合国宪章》项下义务。这一段是应尼加拉瓜的要求增加的。[129]类似的表述出现于美国—阿根廷 BIT,而美国—亚美尼亚 BIT 则把相关表述纳入条约的条款正文本身。

除了在第 14 条开头插入全部使用大写英文首字母的标题,即“本条约不加禁止的措施”,并且用“缔约方”代替“当事国”之外,美国—约旦 BIT 中的不加禁止的措施条款——第 14 条第 1 款——与 1994 年范本中的相应条款是一样的。

所有这些 BITs 都提交给了总统,它们所附的国务卿呈报函解释了不加禁止的措施条款的含义。比如,1995 年 6 月 22 日美国—格鲁吉亚 BIT 所附国务卿呈报函指出,不加禁止的措施条款保留了缔约一方有权“为履行在国际和平与安全方面的国际义务的措施以及其认为为保护本国根本安全利益所必要的措施”。[130]它接着指出“保护缔约一方的根本安全利益的措施本质上

---

[128] Nicaragua BIT submittal letter, at XVI.

[129] *Id.*.

[130] BIT submittal letter, at XIII.

是自行判断的,但任何缔约方都期待缔约另一方善意地适用该条款”。[131]类似的表述此后出现在美国与乌兹别克斯坦、克罗地亚、阿塞拜疆、玻利维亚、特立尼达和多巴哥、阿尔巴尼亚、洪都拉斯、约旦以及立陶宛签署的 BITs 所附国务卿呈报函中。具有类似效果的表述出现于美国—尼加拉瓜 BIT 所附国务卿的呈报函中,但正如前已指出的,该 BIT 中例外的自行判断性质在议定书中已经得到明确。

1995 年 6 月 22 日,美国—格鲁吉亚 BIT 所附国务卿呈报函首次明确地把根本安全利益例外与善意概念相联系。在 1993 年发表的一篇论文中,我认为,所有条约都适用默示的善意义务,因而此项义务适用于缔约一方援引即便属于自行判断的根本安全利益例外。[132]国务卿呈报函并未明确规定根本安全利益例外受善意义务的限制,或者适用善意义务,它只是指出期待例外条款被善意地适用。这一期待的基础却并未做说明。就像本书作者一样,人们可以认为,国际法规定了善意义务,而该义务就是这一期待的基础。但是,采取这一表述的草案起草人没有选择采取明确的立场。因此,人们也可以认为,这一表述只是意味着,国家应该善意行事,特别在其援引根本安全利益例外时。

正如作者在其他地方讨论过的,[133]在起草这些呈报函的同时,美国正在参加国际法院审理的 Oil Platforms 案。在该案中,诚如在 Nicaragua 案中那样,美国并未主张援引根本安全利益例外导致争端是不可裁判的。相反,它主张援引根本安全利益例外有权获得法庭的极大尊重。虽然 Oil Platforms 案涉及的是伊朗—美国 FCN,而非任何 BIT,但在 1994 年范本于 1998 年修改前,FCNs 中有关根本安全利益例外的表述与 BITs 中的对应表述之间并不存在重要的差别。虽然美国在 Oil Platforms 案中的主张似乎是承认,缔约一方援引根本安全利益例外是可以被裁判的,因而应该受到某些限制——善意或其他限制,但这一主张受到美国表达该主张所处语境的影响。国际法院在 Nicaragua 案中已经拒绝了美国提出的不可裁判的主张,并且在 Oil Platforms 案中实际上已经认定它具有管辖权。认为根本安全利益例外导致争端不可裁判的主张必然要失败,因此可以认为美国提出了一项次优的主

---

[131] *Id.*.

[132] See “Of Politics and Markets: The Shifting Ideology of the BITs,” 11 *International Tax and Business Lawyer* (now *Berkeley Journal of International Law*) 159 (1993).

[133] 参见第四章第十一节第一目。

张,即推定仲裁庭已经决意要对缔约一方援引根本安全利益例外进行审查,并且该项援引有权获得极大的尊重。在任何可以公开获得的解释 BITs 的美国文件中,美国在 Oil Platforms 案中的主张未被再次援引。

(五)基于 1994 年范本签署的 BITs

除了使用阿拉伯数字,美国—巴林 BIT 第 14 条第 1 款遵循了修改后的 1994 年范本中的表述。

美国与莫桑比克及萨尔瓦多签署的 BITs 中的不加禁止的措施条款——均规定于两个 BITs 的第 14 条第 1 款——与修订后的 1994 年范本中的相应条款是一样的,区别仅在于用“that”而非“which”,这只是一个语法上的变化,并不影响条款的实质内容。

美国—莫桑比克 BIT 所附国务卿呈报函指出,不加禁止的措施条款“保留了缔约一方有权为履行在国际和平与安全方面的国际义务的措施,以及其认为为保护本国根本安全利益所必要的措施”。[134]这一表述可能会被误解,因为它似乎意味着根本安全利益例外是自行判断的,而国际和平与安全例外则不是自行判断的。事实上,条约文本表明二者都是自行判断的。美国—巴林 BIT 和美国—萨尔瓦多 BIT 所附国务卿呈报函释明了这两个条约的文本,而由此它们都表明两个例外都是自行判断的。所有这三份呈报函都包含着在美国—格鲁吉亚 BIT 所附呈报函中首次使用的表述,该表述规定“保护缔约一方根本安全利益的措施本质上是自行判断的,但任何缔约方都期待缔约另一方善意地适用该条款”。[135]

2000 年,参议院对外关系委员会提交的有关建议参议院提出意见并同意批准这些 BITs 的报告指出:

“一些 BITs,即美国与萨尔瓦多、莫桑比克以及巴林签署的 BITs 包含着该表述的一个变种,它规定 BIT‘不应当禁止缔约一方适用其认为有必要的措施’以实现这些目标。美国认为关于‘根本安全利益’的表述是要求‘并非源于战争或紧急状态而采取的行动……应该与所涉缔约方的根本安全利益之间存在清晰而直接的联系”。同时,美国认为,该表述是自行判断的,但按国务院的话说,“任何缔约一方都期待缔约另一方善意地适用这些条款”。在使用其他表述的情况下,国务院指出,BIT“进一步明确了原本默示的理

---

[134] Mozambique BIT submittal letter, at XIII.

[135] Georgia BIT submittal letter, at XIII.

解,即该条约是自行判断的。”[136]

(六)基于2004年范本签署的BITs

美国—乌拉圭BIT中的不加禁止的措施条款——第18条——与2004年范本中的对应条款是一样的。提交给参议院的该BIT概述指出,该BIT“明确了默示存在的理解,即保护缔约一方根本安全利益的措施本质上是自行判断的,但任何缔约方都期待缔约另一方善意地适用该条款”。[137]这一表述可能会造成误解,因为它表明只有根本安全利益例外是自行判断的。然而,条约文本表明维护国际和平与安全的措施例外以及根本安全利益例外都是自行判断的。

十、已经签署的FTAs

NAFTA中的根本安全利益例外与美国签署的现代FCNs、BITs,或者后来签署的FTAs中的对应条款都有所不同。NAFTA第2102条——标题为“国家安全”——规定:

“本协定中的任何规定不应该被解释成……阻止任何缔约方采取其认为对于保护其根本安全利益所必要的任何措施:

(i)关于走私武器、弹药以及战争工具,以及为提供军事或其他安全而直接或间接走私和交易其他货物、物资、服务与技术,

(ii)在战争或国际关系中的其他紧急状态期间采取的,或者

(iii)关于实施有关不扩散核武器或其他核爆炸装置的国家政策或国际协定。”

NAFTA的条款不同于现代FCNs以及基于1998年之前的BIT范本签署的BITs中的相应条款,因为前者是自行判断的。NAFTA的条款不同于所有FCNs和所有BITs中的根本安全利益条款,因为它的范围仅限于被列举出来的情势。此外,第1138条规定,缔约一方根据第2102条做出的限制投资收购的决定不适用于投资者—国家争端解决条款。

2002年以后签署的几乎所有的FTAs中的根本安全例外与2004年范本第18条都是一样的,区别在于前者使用“协定”代替“条约”。2002年之后

---

[136] Bilateral Investment Treaties with Azerbaijan, Bahrain, Bolivia, Croatia, El Salvador, Honduras, Jordan, Lithuania, Mozambique, Uzbekistan, and a protocol Amending the Bilateral Investment Treaty with Panama, S. Rpt. 106 - 23, at 8.

[137] Overview of the U. S. -Uruguay Treaty, at 102.

美国签署的 3 个 FTAs 在其他方面偏离了 2004 年范本中的表述。

美国—智利 FTA 第 23.2 条增加了一个短语，即“《联合国宪章》项下”以限定“维护或恢复国际和平与安全方面的义务”中的“义务”一词。总体看，BITs 中的相应例外并不限于《联合国宪章》项下义务，因而这一修改一定程度上缩小了根本安全例外的含义。相关表述出现于美国与阿根廷、尼加拉瓜以及牙买加签署的 BITs 中。

美国—摩洛哥 FTA 第 21.2 条新加一句，该句规定，“为了更加明确，缔约一方认为为保护其根本安全利益所必要的措施尤其涉及制造或走私武器、弹药与发动战争，以及为供应军事或其他安全机构(establishment)而直接或间接走私和买卖其他货物、材料、服务以及技术。”因此，美国—摩洛哥 FTA 中的表述绝非缩小根本安全利益例外的表述，而只是澄清该例外确实适用于应对制造或走私武器的措施。

美国—秘鲁 FTA 第 22.2 条包含着一个脚注，它进一步澄清了根本安全利益例外的自行判断性质。该脚注规定，“为了更加明确，如果缔约一方在根据第十章(投资)或第二十一章(争端解决)提起的仲裁程序中援引第22.2 条，审理该事项的仲裁庭或专家组应当认定该例外应予适用”。这与美国对于 2004 年范本中相关表述的解释是一致的。

美国—喀麦隆 FTA 第 2 条针对基于公共秩序原因采取的措施规定了国民待遇例外。当然，公共秩序例外在 1994 年范本中被删除了。由于美国—哥伦比亚 FTA 中的公共秩序例外不是一般例外，而是只适用于国民待遇义务的例外，因而该例外在第五章第五节第九目中加以讨论。

十一、条约实践总结

公共秩序例外出现于早期的 BITs 中，它允许缔约方采取为保护公共健康与安全所必要的措施。虽然 1992 年 7 月国务院关于 1992 年范本的通报，以及 1993 年美国—亚美尼亚 BIT 和美国—摩尔多瓦 BIT 所附呈报函中的表述表明，该例外是自行判断的，但此类表述并未见于此后的呈报函中，这表明此前纳入此类表述是错误的。这一例外在 1994 年及此后的范本中被删除了。

美国签署的所有 BITs、NAFTA 以及 2002 年以后签署的包含投资章的所有 FTAs 都规定了缔约一方履行维护与恢复国际和平或安全之义务的例外。1992 年 7 月国务院关于 1992 年范本的通报以及 1993 年美国—亚美尼亚 BIT 和美国—摩尔多瓦 BIT 所附呈报函中的表述表明,该例外是自行判断的,此类表述并未见于此后的呈报函中。然而,这一例外的文本在 1998 年时被做了修改,明显表明该例外是自行判断的。

在 1998 年之前的任何 BIT 范本中,保护缔约方自身根本安全利益所必要的措施之例外,都没有明确规定为自行判断。在 1984 年时被提交到国际法院的 Nicaragua 案中,美国主张,与出现于尼加拉瓜—美国 FCN 中的根本上相同的例外是自行判断的,这意味着援引该例外条款会导致相关争端是不可裁判的。国际法院驳回了美国的主张,认为其有权确定该例外条款的可适用性问题。美国在当时没有采取行动以重申其在 Nicaragua 案中的立场,而 BIT 范本中的相关表述也未作修改。1992 年 6 月 17 日,美国同意美国—俄罗斯 BIT 议定中的表述,该表述指出该 BIT 中的根本安全利益例外是自行判断的。7 月,国务院向参议院提交了一份有关 1992 年 BIT 范本的通报,该通报是自 1986 年夏天 Nicaragua 案判决作出以来国务院首次公开指出它把根本安全利益例外解释成是自行判断的,并且报告说在 BIT 谈判期间已经向其 BIT 伙伴做出了通报。1993 年年中,接下来的一批 BITs 被提交给参议院,这些 BITs 所附国务院呈报函把根本安全利益例外描述成是自行判断的,而此类函件在此后也是这么描述的。1995 年,国务院在呈报函中增加了表述,指出缔约方希望善意地适用该例外条款。1996 年,国际法院确认此前其在 Oil Platforms 案——该案涉及根本上相同的伊朗—美国 FCN 中的条款——中的主张。1998 年,美国修改了 BIT 范本从而明确了根本安全利益例外的自行判断性质,但它接着规定每个缔约方期待缔约另一方善意地运用该例外。然而,美国并未明确指出援引根本安全利益例外要遵守善意义务,也没有针对缔约一方恶意援引该例外的后果明确表明立场。事实上,美国的立场似乎是,缔约一方援引该例外使争端成为不可裁判的,因而仲裁庭甚至不得考察缔约方的善意,但那不是美国在 Oil Platforms 案中采取的立场。除了在 Nicaragua 案和 the Oil Platforms 案以外,美国自己并未在任何法庭面前援引根本安全利益例外。

十二、仲裁实践

在涉及阿根廷为应对 2001 年到 2003 年发生的经济危机而采取的措施的一些案件中,阿根廷援引了根本安全利益例外。迄今为止,这些案件中只有四个作出了裁决。在 *CMS Gas Transmission Company v. Argentina* 案中,仲裁庭首先分析是否可以主张习惯国际法中的危急情况——编纂于国际法委员会起草的《国家责任条款草案》第 25 条——以证明其行为是合法的。仲裁庭的结论是,阿根廷面临的情势不足以损害其根本安全利益,因而不能主张适用习惯国际法中的危急情况。

仲裁庭接着转向 BIT 中的不加禁止措施条款。仲裁庭认为,根本安全利益例外不是自行判断的,理由是,如果国家希望创设一项认定特殊措施具有正当性的单边性权利的话,它们应该像 GATT 以及美国签署的那些 BITs——比如美国—俄罗斯 BIT——那样明确作出规定。为了支持这一见解,仲裁庭援引了国际法院在 Nicaragua 案和 Oil Platforms 案中作出的判决——国际法院在这两个案件中认定美国与尼加拉瓜和伊朗签署的 FCNs 中措辞类似的例外不是自行判断的——以及在 Gabcikovo Nagymaros 案中作出的判决[138]——国际法院在该案中指出,对于援引习惯国际法中的危急情况要进行司法审查。因此,仲裁庭对于援引根本安全利益例外进行的审查并不仅限于审查该例外是否被善意地被援引。仲裁庭也认定,根本安全利益例外可以适用于重大的经济危机。根据这些意见,仲裁庭结束了对不加禁止的措施条款的讨论,它显然是认为,如果本案情势不能适用习惯国际法中有关危急情况的规定,据此也没有理由适用不加禁止的措施条款。仲裁庭认为,即便适用紧急情况的请求获得接受,它只是豁免危急情况存续期间的行为,并且在危急情况结束时就将恢复遵守条约要求的义务。

最后,仲裁庭认为,《国家责任条款草案》第 27 条规定习惯国际法可以适用于不加禁止的措施条款。换言之,即便可以适用危急情况,东道国也需要给仲裁申请人造成的损害支付赔偿。否则,危急情况导致的成本就将由仲裁申请人而非国家承担。

在 *LG&E v. Argentina* 案中,仲裁庭认定,直到 1992 年 6 月美国与俄罗斯签署 BIT 以及 1992 年 7 月国务院发布关于 1992 年范本的通报把根本安全利益例外解释成自行判断,美国对该例外并没有采取自行判断的解释。阿根廷主张,美国与阿根廷都意在使该例外成为自行判断的,但它不同意——就像美国在 *Nicaragua v. Unted state* 案所说的——它援引该例外导致争端是不可裁判的。相反,阿根廷认为,它援引根本安全利益例外要遵守善意之限制。仲裁庭认为,即便根本安全利益例外是自行判断的,诚如阿根

---

[138] (Hungary v. Slovakia),1997 I. C. J. Rep. 7.

廷所说的,该例外也必须是善意的例外。仲裁庭接着指出,它把该例外作为非自行判断条款加以适用与把它作为适用善意义务的自行判断条款加以适用之间并不存在很大的差别。

阿根廷提出了一项其要承担严格证明责任的主张。在此前的 Nicaragua 案和 Oil Platforms 案中,国际法院认为,根本安全利益例外的通常含义是,它不是自行判断的。因此,阿根廷企图经由《维也纳条约法公约》第 31 条第 4 款——它需要说服力的证明——认定缔约方通过协定确立了一个特殊的含义。更具体地说,阿根廷企图确认其与美国同意认为根本安全利益例外是自行判断的,只需要遵守善意之义务。然而,美国并没有把该例外与善意标准联系在一起,直到 1995,即美国—阿根廷 BIT 签署四年后,美国仍然拒绝认为缔约方受到善意义务的拘束。因而,阿根廷如何利用清晰而具有说服力的证据证明其与美国就阿根廷提出的根本安全利益的特殊含义达成一致意见是有困难的。

转向根本安全利益例外的适用,仲裁庭认定,2001 年 12 月 1 日到 2003 年 4 月 6 日,阿根廷处于经济危机,它有必要制定措施以维护公共秩序与保护其根本安全利益。危机开始的标志,即阿根廷颁布了禁止银行账户持有人每月取款超过 1000 比索的《危急情况与紧急状态法令》(Decree of Necessity and Emergency),而危机的结束则与内斯托尔・基什内尔(Nestor Kirchner)总统的当选时间相吻合。仲裁庭认为,这一期间不仅仅涉及经济关系或周期性的商业动荡,而且是在经济、政治以及社会领域发生,足以威胁阿根廷政府与国家整体性崩溃的极其严重的危机。该法令诱发了骚乱与抢劫,从而导致费尔南多・德・拉・鲁阿(Fernando de la Rua)辞职下台。

在认定例外可以适用于阿根廷采取的某些措施时,仲裁庭驳回了这样一种主张,即不加禁止的措施条款只适用于军事行动与战争,仲裁庭认定严重的经济危机同样可能损害根本安全利益。仲裁庭指出"当一国的经济基础受到冲击,问题的严重性足以堪比任何军事侵略的严重性"。[139]

虽然仲裁申请人认为阿根廷采取的措施是不合法的,因为它们并不是应对危机的唯一办法,但仲裁庭认定从阿根廷政府方面看它们是"必要与正当的措施",它指出时间至关重要,并且阿根廷是在一个不可能进行逐一评估的环境下"全面"地采取措施。[140]

---

[139] Award, paragraph 238.

[140] *Id.*, at para. 241.

仲裁庭接着提及了美国—阿根廷 BIT 中的战争与内乱条款，它在指出该条款可以适用于国家紧急状态后，认为缔约方是想把国家紧急状态看作一种单独的例外情势，可以援引以免除与条约不符之措施所生责任。在重申不加禁止的措施条款的文本可以适用且免除阿根廷的责任后，仲裁庭接着解释认为，这些同样的措施根据习惯国际法中的危急情况原则——编纂于国际法委员会起草的《国家责任条款草案》第 25 条——也可以获得免除责任。不过，仲裁庭对于危急情况原则的讨论载于裁决的附带意见（obiter dicta）部分，因为仲裁庭认为不加禁止的措施条款的文本本身已经足以使阿根廷的行为具有合法性。

在 *Enron v. Argentina* 案中，仲裁庭的分析首先是考虑国际法委员会起草的《国家责任条款草案》第 25 条的可适用性。根据仲裁庭的看法，第 25 条免除了不履行义务的责任，如果不履行义务是保护面临严重而迫切之危险的根本安全利益的唯一办法。仲裁庭认定，虽然阿根廷处在严重的危机当中，但国家并未受到威胁，因而危险是不充分的。仲裁庭也认定，阿根廷采取的措施并不是保护其国家利益的唯一办法。进而，根据第 25 条，只有在一国对于危险的产生不负有责任，它才能被免除责任，但在本案中阿根廷在危机的形成中发挥了一定作用。由于所有这些原因，第 25 条不能免除阿根廷遵守其 BIT 项下义务。

转向不加禁止的措施条款，仲裁庭认为，该条约必须要限制性地适用于经济状况，以免提供稳定性的 BIT 之宗旨受到损害。与 CMS 案及 LG&E 案仲裁庭一样，本案仲裁庭认为，美国—阿根廷 BIT 中的根本安全利益例外不是自行判断的，国际法院在 Nicaragua 案、Oil Platforms 案以及 Gabcikovo-Nagymaros 案中的判决中也没有说它是自行判断的。美国提出的单方主张，即该例外是自行判断的，并不足以认定该例外具有这一性质。美国与阿根廷现在提出该条款是自行判断的主张也不足以认定 1991 年，美国与阿根廷签署 BIT 时双方有这样的意图。

虽然仲裁庭没有这么说，但美国与阿根廷现在对于根本安全利益例外并非采取同样的解释。在本节提及的所有案件中，阿根廷都认为根本安全利益例外是自行判断的，但要履行善意之义务。因此，仲裁庭可以审查一国对于该例外的援引以确定该例外是否被善意地援引。然而，美国显然不认为根本安全利益例外提出了可裁判性问题。简言之，阿根廷与美国使用“自行判断”一词指向的是两个不同的和相互不相容的概念。

仲裁庭接着考察根本安全利益例外是否适用于阿根廷的行为。在认定美国—阿根廷 BIT 没有界定根本安全利益的含义后，仲裁庭考察《国家责任条款草案》第 25 条中的类似表述以便寻求指引。在认定不能满足第 25 条规定的条件后，仲裁庭认为，不加禁止的措施条款的条件因此也不具备。在判决的附带意见中，仲裁庭得出结论认为，即便该例外得以适用，《国家责任条款草案》第 27 条也要求应该支付赔偿。

在 *Sempra Energy v. Argentina* 案中，仲裁庭首先考虑习惯国际法中的危急情况是否排除了阿根廷行为的不法性，国际法院委员会起草的《国家责任条款草案》第 25 条规定了危急情况排除国家责任这一内容。从证据方面看，仲裁庭认为阿根廷无法利用这一抗辩。仲裁庭并不认为，阿根廷的存在或独立受到经济情势的威胁，或者阿根廷采取的措施是保护其根本利益的“唯一方法”。[141]并且，阿根廷对于经济危机的发生也负有责任。

在转向根本安全利益例外时，仲裁庭认为，虽然该例外可以适用于经济紧急状态，但 BIT 的目的与宗旨是在经济困难期间适用，因而“任何导致摆脱既定义务的解释要与该目的与宗旨相协调都殊非易事”。[142]由于这一原因，仲裁庭认为，应当严格解释该条款。与前面的三个仲裁庭一样，该案仲裁庭拒绝接受阿根廷提出的该条款是自行判断的主张，认为——鉴于 *Nicaragua v. United stater* 案 Oil Platforms 案判决——如果一个条款具有自行判断性，那么明确的规定是必要的，并认为把该条款解释为自行判断将使 BIT 不具有“任何实质意义”。[143]由于 BIT 并未界定“根本安全利益”一词的含义，仲裁庭援引了《国家责任条款草案》第 25 条，以此作为确定根本安全利益与危急情况之含义的指南。在认定阿根廷发生的经济危机未能满足第 25 条规定的条件后，仲裁庭得出结论认为，由于同样的原因，根本安全利益不能使阿根廷采取的措施具有合法性。

在 *Patrick Mitchell v. Democratic Republic of Congo* 案中，撤销仲裁裁决的法院讨论了美国—民主刚果 BIT 中的不加禁止的措施条款。法院指出，适用不加禁止的措施条款并不当然排除支付赔偿的义务，但民主刚果在仲裁中没有提出不加禁止的措施条款作为一项抗辩，因而该条款不能被认为

---

[141] Award, para. 350.

[142] *Id.*, at para. 373.

[143] *Id.*, at para. 374. See Kenneth J. Vandevelde, “Of Politics and Markets: The Shifting Ideology of the BITs,” 11 *International Tax and Business Lawyer* (now *Berkeley Journal of International Law*) 159 (1993).

构成撤销裁决的依据。然而,法院事实上是以与不加禁止的措施条款无关的理由撤销了仲裁裁决。

第十二节 特别形式要求

BITs包含着另外一个不加禁止的措施条款,该条款完全限于规定与投资设立相关的特别形式要求。这一条款始于现代FCNs,该条款通常规定FCN中的国民待遇要求“不应妨碍任何缔约方针对外国人控制的企业在其领土内的设立规定特别形式要求,但这些形式要求不得损害[国民待遇]的实质内容”。[144]因此,现代FCNs的该条款主要是为了确保国民待遇不会妨碍东道国对投资设立提出特别形式要求,该要求虽然对外国投资者构成了歧视,但不会对外国投资者造成严重的负担。

一、1983年范本

就BITs而言,特别形式要求条款允许技术性,而非实体性地背离条约的任何条款,而不仅仅是国民待遇标准。1983年范本第10条第2款——在“本条约不加禁止的措施”标题下——规定该条约不应当妨碍任何缔约方针对缔约另一方的国民与公司在其领土内的投资设立规定特殊形式要求。然而,该条款进一步规定,这些形式要求不应损害该条约规定之任何权利的实质内容。

换言之,特别形式要求条款旨在表明针对投资设立的形式要求本身并不构成对BIT的违反。相反,这些形式要求只有在损害了BIT所创设的权利的实质内容时才违反了BIT。进而,针对投资施加高昂费用、限制或迟延的措施不能被认为是形式要求。同时,BIT谈判人员不认为例行性的报告、登记或者合并要求损害了BIT权利的实质内容。根据诸如《外国代理人登记法》(Foreign Agents Registration Act)、[145]《国际投资与服务贸易调查法》(International Investment and Trade in Services Survey Act),[146]以及《1978年

---

[144] See, e. g., Japan FCN, *supra* note 42, Art. Ⅷ(3); Netherlands FCN, *infra* chap. 5, note 4, Art. Ⅶ(3); Israel FCN, *supra* note 42, Art. Ⅶ(3).

[145] 22 U. S. C. section 611 *et seq*.

[146] 92. Pub. L. 94-472, 90 Stat. 2059, *codified at* 22 U. S. C. section 3101 *et seq.*

农业领域外国投资披露法》(Agricultural Foreign Investment Disclosure Act of 1978)[147]之类的法律,美国已经规定了形式要求。

二、1984 年、1987 年、1991 年及 1992 年范本

1984 年范本中的特殊形式要求——规定于第 10 条第 2 款——与 1983 年范本中的相应要求基本是一样的,但 1983 年范本中该条款的标题在 1984 年范本中被删除了。1984 年范本并没有明确把"投资"限制于缔约另一方的国民与公司在东道国的投资,因为这一限制已经包含在范本中的"投资"定义中。1984 年范本中的特别形式要求条款被保留在 1987 年、1991 年以及 1992 年范本共同第 10 条第 2 款。

三、1994 年范本

由于关于其他事项增加了新的条款,1994 年范本把特别形式要求的条款序号更改为第 14 条第 2 款。从实质上看,它修改了该条款,因而不再只适用于与投资设立有关的形式要求,而是适用于任何"与涵盖投资有关的特殊形式要求。"国务卿提交的呈报函解释认为,这些形式要求包括报告涵盖投资或资金汇兑或者合并要求。[148]

1994 年范本增加了说明性表述,它提供了特别形式要求条款允许的形式要求类型的两个例子:一个是要求投资应当根据缔约一方的法律与法规依法设立,另一个是要求应当报告货币或其他金钱工具的汇兑。在此前的 BIT 范本中,东道国要求报告货币汇兑的权力在汇兑条款中已经获得保留。该表述在 1994 年范本的汇兑条款中被删除,被有关形式要求的新规定所取代。与以往投资设立有关的形式要求条款一样,特别形式要求条款接着规定,此类形式要求不应损害条约规定的任何权利的实质。因而,尤其在东道国要求报告货币汇兑的权力方面,较之以往的 BIT 范本,东道国的权力在 1994 年范本中似乎有所弱化。此前 BIT 范本的货币汇兑条款被规定为存在要求报告货币汇兑的权利,"尽管"存在一般性的自由汇兑权利。其效果是,它被制定成为自由汇兑权利的一种例外。在 1994 年范本中,东道国只有在不损害条约规定自由汇兑权利或其他权利的情况下,才可以要求报告货币转移。因而,这一规定不再成为自由汇兑权利的例外,而只是保留了一种必

---

[147] 93. Pub. L. 95 -460,92 Stat. 1263, *codified at* 7 U. S. C. section 3501 *et seq.*

[148] See,e. g. ,Georgia BIT submittal letter,at XIII.

须以不违反自由汇兑权利的方式行使的权力。

最后,1994 年范本修改了特别形式要求条款,据此该条款只适用于“涵盖投资”,而非“投资”。用“涵盖投资”取代“投资”贯穿着整个 1994 年范本,而在该条款中这一变化只是明确了此前业已隐含着的内容。其他细微的技术性变化不影响该条款的实质。

四、2004 年范本

2004 年范本把特别形式要求的规定放在第 15 条——该条标题是“特别形式要求与信息要求”——第 1 款。该条款的实质内容再次被做了修改,据此它只针对 BIT 项下国民待遇义务的范围。直言之,新的表述规定“第 3 条[国民待遇]中没有任何规定应当被解释为妨碍缔约一方采取或维持针对涵盖投资规定特殊形式要求……”该表述中的某些变化,比如使用“采取或维持”与“措施”,是为了使该表述与条约的其他条款保持一致。说明性例子也被做了修改。要求报告货币汇兑的例子被删除了。要求投资应当根据缔约一方的法律与法规依法设立这一例子现在与要求投资者应当是缔约方的居民这一例子放在一起。由于要求投资者应当是缔约一方的居民在很多情况下不仅仅是一项形式要求,因此对这一表述的更好解读是,该要求是指投资应当根据东道国法律依法设立或者投资者应当是东道国的居民。根据这一表述,投资者可以通过当地注册规避当地居住要求。无论如何,BIT 并未规定投资者或投资有义务遵守这些形式。质言之,未能遵守特别形式要求条款所允许的某一形式要求的投资者就违反了东道国的法律,并因此将受到这些法律规定的任何处罚,但这种违反并不会导致投资者丧失条约项下任何权利。

这些形式要求不得损害条约所规定权利的实质内容这一但书规定被修改为“如果这些形式要求没有重大地损害缔约一方根据本条约向缔约另一方的投资者及涵盖投资提供的保护”。修改后的规定反映了这样的事实,即 2004 年范本的一些条款对投资赋予权利,而另一些条款对投资者赋予权利,并且表明不得重大地损害条约给予的保护。此前的表述规定此类形式不应当损害条约中规定的“任何权利的实质内容”,这一表述与 2004 年范本中的规定似乎是相当的。

与一般不加禁止的措施条款造成的两难同样地,特别形式要求条款使美国置身于这样的处境,即试图谈判确保其可以继续对外国投资规定各种报告与登记要求及其他细微歧视的条款，但又不能为 BIT 的缔约另一方实施更重大的歧视做法打开方便之门。然而，在实践中，特别形式要求条款被证明几乎不会造成困难，因为只要做非常小的改动就会获得所有 BIT 伙伴的接受。

五、已经签署的 BITs

（一）基于 1983 年范本缔结的 BITs

美国与埃及、巴拿马、喀麦隆、孟加拉国、海地以及塞内加尔签署的 BITs 第 10 条第 2 款均采纳了 1983 年范本中的表述。美国—摩洛哥 BIT 第 9 条第 2 款基本上采纳了 1983 年范本中的表述。

美国—民主刚果 BIT 第 10 条第 2 款遵循了 1983 年范本中的规定，除了该 BIT 规定形式要求“不得损害[条约规定的]根本的权利”，而不是“任何权利的实质内容”。这两个短语似乎旨在表达同样的含义。

（二）基于 1984 年、1987 年、1991 年或 1992 年范本签署的 BITs

1984 年、1987 年、1991 年以及 1992 年范本中的特别形式要求条款未做修改地出现于美国与土耳其、格林纳达、刚果、斯里兰卡、哈萨克斯坦、罗马尼亚、俄罗斯、亚美尼亚、保加利亚、吉尔吉斯斯坦、摩尔多瓦、厄瓜多尔、白俄罗斯、牙买加、乌克兰、爱沙尼亚、蒙古、拉脱维亚以及立陶宛签署的 BITs。除了与摩尔多瓦、厄瓜多尔、白俄罗斯、乌克兰、爱沙尼亚、拉脱维亚以及立陶宛签署的 BITs 中该条款规定于共同第 9 条第 2 款外，该条款在上述其他 BITs 中都规定于共同第 10 条第 2 款。

美国—波兰 BIT 第 12 条第 4 款遵循了这些 BIT 范本中的表述，区别仅在于它授权东道国针对非商业活动规定特别形式要求。这一变化系基于这样的事实：即与美国签署的其他 BITs 不同，美国—波兰 BIT 把 BIT 保护的投资扩大到与投资无关的商业活动。

美国—突尼斯 BIT 的特别形式要求条款规定于第 10 条第 2 款。它用“法律”取代了“特殊形式要求”。美国的谈判人员不认为这是一个让步，因为该条款保留了要求此等法律不得损害条约规定的任何权利的内容。

美国—捷克 BIT 和美国—斯洛伐克 BIT 共同第 10 条第 2 款修改了 BIT 范本中的特别形式要求，所增加的短语规定该条款适用于在处于私有化过程中的国家企业的投资或者与国家企业进行的投资或者与这些国家企业进行的投资。

美国—阿根廷 BIT 把特别形式要求条款移到新的第 3 条。"投资设立方面的特别形式要求"被"与缔约另一方的国民或公司在缔约一方领土从事投资的准入或从事相关活动有关的法律与法规"所替代。因而,该条款的涵盖范围从被认为属于"形式要求"的事项被扩大到包括与投资准入有关的任何法律或法规。投资"准入"与 1991 年范本中的投资"设立"具有相同的含义。该条款被进一步扩大适用于涉及从事与投资相关活动的法律与法规。不过,与 1991 年范本一样,美国—阿根廷 BIT 规定此类法律与法规"不应当损害本条约规定的任何权利的实质内容"。

(三)基于 1994 年范本签署的 BITs

美国与格鲁吉亚、乌兹别克斯坦、洪都拉斯、尼加拉瓜、克罗地亚、阿塞拜疆、保加利亚、萨尔瓦多以及巴林签署的 BITs 中的特别形式要求条款遵循了 1994 年范本中的相关表述。除了在美国—克罗地亚 BIT 中规定于第 15 条第 2 款外,该条款在上述所有其他 BITs 中都规定在第 14 条第 2 款。

美国—特立尼达和多巴哥 BIT 及美国—阿尔巴尼亚 BIT 的特别形式要求条款都规定于第 14 条第 2 款,它们与 1994 年范本中的表述基本上是一样的,区别仅在于第 14 条开头使用了大写英文首字母的标题——"本条约不加禁止的措施"。美国—约旦 BIT 的特别形式要求条款——规定于第 14 条第 2 款——与 1994 年范本中的对应条款也是相同的,区别仅在于同样在第 14 条开头插入同样的标题,并且用"缔约方"代替"当事国"。

除了"涵盖投资"被"本条约涵盖的投资"所取代,这纯粹只是文体方面的变化,美国—莫桑比克 BIT 第 14 条第 2 款有关特别形式要求的规定与 1994 年范本中的对应条款是一样的。

(四)基于 2004 年范本签署的 BITs

美国—乌拉圭 BIT 中的特别形式要求条款——第 15 条——与 2004 年范本中的对应条款是一样的,区别在于,与 2004 年范本的规定不同,该条删除了其援引的其他条款所附带的标题——这是美国—乌拉圭 BIT 文体方式变化的特点,同时在第 15 条第 2 款中插入不影响其实质内容的几个逗号。

六、已经签署的 FTAs

美国签署的所有 FTAs 中的特别形式要求都颇为类似于 2004 年范本中的对应条款。它们在交叉援引其他条款后删除了带括号的标题,并且条款序号也不同。由于 FTAs 处理非投资事项,因此 FTA 的条款要求任何特别形式要求不得重大地损害投资章,而非整个条约给予的保护。

NAFTA 的特别形式要求条款——第 1111 条——有别于 2004 年范本,因为 NAFTA 的表述限于针对投资设立的特别形式要求。在谈判 NAFTA 时,BIT 范本只涉及投资设立的特别形式要求。第 1111 条第 2 款规定的提供信息的义务限于"日常性的"信息,这一限定没有出现于 2004 年范本。由于 NAFTA 是一个三边协定,它使用的是"another"缔约方,而非"the other"缔约方的投资者。NAFTA 的表述与 2004 年范本间也存在细微的文体上的区别。比如,2004 年范本使用的术语"涵盖投资"并未出现于 NAFTA 中,因为 NAFTA 是在引入"涵盖投资"的 1994 年范本之前签署的。此外,NAFTA 指的是"这些属于秘密的商业信息",这一短语在 2004 年范本中被简化为"任何秘密商业信息"。

除了与秘鲁、阿曼以及哥伦比亚签署的 FTAs 外,2002 年以后美国签署的 FTAs 也有别于 2004 年范本,因为它们规定缔约一方可以要求缔约另一方的投资者或"涵盖投资"提供某些信息。2004 年范本把这一表述改允许缔约一方要求缔约另一方的投资者或"它的"涵盖投资提供此类信息。这一变化纯粹是文体方面的。实际上,虽然这一表述不同于美国签署的多数 FTAs 中的表述,但它与 NAFTA 中的表述是类似的。

美国与新加坡及智利签署的 FTAs 中的特别形式要求条款分别规定于第 15.13 条和第 10.10 条。它们在文体方面与 2004 年范本存在细微差别。比如,与 NAFTA 一样,它们在第二段提及"这些属于秘密的商业信息",这一短语随后在 2004 年范本中被简化为"任何秘密商业信息"。美国—智利 FTA 在最后一句中规定,本款不应解释为妨碍缔约一方在公平与善意地实施国内法方面获得或披露信息。2004 年范本把"国内"法改为"缔约方的"法律。

美国—澳大利亚 FTA 中的特别形式要求条款规定于第 11.14 条。它规定,在要求披露信息时,缔约一方应当保护"任何秘密信息"不被披露。2004 年范本也保护"任何秘密商业信息"。

美国与摩洛哥及阿曼签署的 FTAs 中的特别形式要求条款都规定于两个 FTAs 中的第 10.13 条,除上述变化——这些是美国签署的所有 FTAs 的共同特点——外,没有任何其他变化。

美国—中美洲国家—多米尼加 FTA、美国—秘鲁 FTA 以及美国—哥伦比亚 FTA 中的特别形式要求都规定于这些 FTAs 的第 10.14 条。所有这些条款规定的是"another"缔约方的投资者，而非"the other"缔约方的投资者。

第十三节　金融服务规制

2004年范本第20条规定了BIT义务的两项例外，以便允许东道国规制金融服务。包括NAFTA在内的FTAs包含有专门的金融服务章。NAFTA第1101条第3款规定投资章"不适用于缔约一方采取或维持的属于第十四章（金融服务）涵盖范围内的措施"。美国后来签署的FTAs遵循了类似的做法。因而，这些FTAs把涉及金融服务规制的某些措施排除在投资章的适用范围之外。

为了保持BITs与FTAs之间一定程度的协调性，与金融服务有关的某些措施被排除在BITs规定的义务之外。规定金融服务例外遭到美国商业界的抵制，商业界人士担心其他国家会利用这一例外以使它们采取的规制行动合法化，而没有这一例外的话，这些行动将会违反BIT原则。然而，美国政府中的金融服务监管人员坚持认为，如果要获得金融服务部门的市场准入，第20条规定的例外是必要的。以往，BITs会在附件中列出部分或所有金融服务部门，保留东道国在这些部门的设业权方面规定国民待遇与最惠国待遇例外的权利。1983年和1984年范本列举了银行与保护业，并且只保留不给予国民待遇的权利。1987年范本把这一清单扩大到包括美国政府发行证券中的初级市场交易商。针对美国政府发行证券中的初级市场交易商，1991年范本也保留了美国有权不给予最惠国待遇。1994年范本把这一清单扩大到包括银行、保险、证券以及其他金融服务，并且针对整个清单保留不给予国民待遇与最惠国待遇的权利。然而，根据缔约另一方做出的承诺，美国愿意修改这一清单。开放金融服务部门的FTAs会针对某些规制行动规定例外，而BITs与FTAs之间的协调性要求这些例外应当被规定于BITs中。

2004年范本第20条中的任何表述在此前的BIT实践中都没有先例。这一表述主要源于NAFTA第1410条——美国此后签署的FTAs中也有这样的表述——以及较少程度地源于MAI（草案），该草案也包含有审慎措施条款。第20条第1款——规定了两项例外——基本上遵循了GATS金融服务附件第2段的表述。

第 20 条创设了两项例外。第一项例外针对的是某些审慎措施。具体来说,第 20 条第 1 款规定,尽管有 BIT 中的任何其他条款,缔约一方"不应当被妨碍基于审慎理由采取或维持与金融服务有关的措施"。这一表述遵循了 FTAs 中的表述,区别仅在于增加了"与金融服务有关的措施",这一短语在 FTAs 中是没有必要的,因为它就规定于金融服务章。根据第 20 条第 7 款,"金融服务"(单数)或"金融服务"(复数)与 GATS 金融服务附件第 5 段(a)项所指的金融服务具有相同的含义。这是在 BIT 中唯一一次提到 GATS。

通过规定"审慎原因"包括"保护投资者、存款人、保单持有人或者金融服务提供者对其负有信赖义务的人们,或者确保金融体系的健全与稳定",2004 年范本扩大了"审慎原因"的含义。这一表述与《多边投资协定》(草案)中的表述很相似。2004 年范本脚注 14 进一步规定,"审慎原因"包括"维护个体金融机构的安全、稳健、健全或金融责任"。2004 年范本没有界定"金融机构"的含义,但在 *Fireman's Fund v. Mexico* 案中,美国在根据 NAFTA 第 1128 条提交的一份声明中主张银行持股公司属于金融机构。NAFTA 金融服务章第 1416 条界定了金融机构的含义,因而美国的这一声明是对 NAFTA 条款的解释。

第二个例外规定于第 20 条第 2 款(a)项,该项规定"本条约中的任何规定不适用于任何公共实体为实施货币以及相关信贷或汇率政策而采取的普遍适用的非歧视性措施。"不过,该项接着规定,该项例外不影响缔约一方根据汇兑条款或者履行要求条款项承担的义务。第 20 条第 2 款(b)项规定的"公共实体"(public entity)是指"缔约一方的中央银行或货币主管部门"。脚注 15 规定"为了更加明确",第 20 条第 2 款(a)项规定的措施"不包括明确使得规定纸币面额或者汇率的合同条款无效或加以修改的措施。"

虽然第 20 条适用投资者—国家和国家—国家争端解决条款,谈判人员担心争端可能会由缺乏足够专业知识的仲裁员进行仲裁。因此,第 20 条第 3 款创设了适用于涉及第 20 条项下两项例外项下争端的特殊程序。在 MAI 谈判中,在投资者—国家争端解决条款中针对涉及金融服务的争端规定特别款项的想法已经出现了,但在谈判终止时针对该条款的表达未能达成一致意见。

第 20 条第 3 款规定,在东道国援引第 20 条第 1 款或第 2 款作为 BIT 项下投资者—国家仲裁中的一项抗辩时,东道国应当在诉求被提交仲裁之日起的 120 天内向 BIT 缔约双方的“金融主管部门”提交书面请求，以便共同认定第 20 条第 1 款或第 2 款是否以及在多大程度上是针对仲裁申请人之诉求的有效抗辩。东道国也必须及时向仲裁庭——“如果成立的话”——提交该请求的副本。这一表述的意图可能是，如果仲裁庭尚未成立，则请求应当在其成立时提交。换言之，把“如果成立的话”改成“在成立时”可能是更好的。根据第 20 条第 3 款（b）项，金融主管部门应当善意地做出东道国所要求的认定。任何此种认定应当及时转交给争端当事方及——如果仲裁庭已经成立（或者可能是在成立仲裁庭时）——仲裁庭。该认定对仲裁庭应当具有拘束力。进而，根据第 20 条第 3 款（d）项，在 120 天期限届满后十天或者争端当事方及仲裁庭——如果已经成立的话——收到共同认定后的十天后，仲裁庭可以针对仲裁申请人的诉求进行仲裁程序。

针对他们被请求做出的认定，相关金融主管部门可能无法达成一致意见。如果 120 天期限届满但未能做出认定，则仲裁庭应当根据第 20 条第 3 款（c）项对金融主管部门没有解决的问题作出裁判。在这种情况下，第 20 条第 3 款（c）项在某些方面修改了投资者—国家争端解决条款。第一，根据第 20 条第 3 款（c）项（i）点，在指定尚未向仲裁庭指定的仲裁员时，争端当事各方应当采取适当的措施以确保仲裁庭在金融服务法律或实务方面拥有专业知识或经历。在指定庭长时，应当考虑特定候选人在金融服务方面的专业知识。如果庭长在请求被提交之前已经被指定，该庭长应当应任何争端当事一方要求予以替换，仲裁庭应当根据第 20 条第 3 款（c）项（i）点重新成立。如果争端当事方未能在仲裁程序根据第 20 条第 3 款（d）项恢复起的 30 天内就新的庭长达成一致意见，那么，应某一争端当事方请求，ICSID 秘书长应当根据第 20 条第 3 款（c）项（i）点指定庭长。在仲裁程序过程中，根据第 20 条第 3 款（c）项（iii）点，针对哪一个金融服务规制例外多大程度上构成对诉求的有效抗辩，非争端当事方的 BIT 缔约方可以提交口头或书面陈述。如果没有提交陈述，就仲裁而言，非争端当事方的 BIT 缔约方应当被推定为在此问题上的立场与仲裁被申请人的立场并非不一致。

在缔约一方的金融主管部门向缔约另一方的金融主管部门书面告知争端“涉及金融服务”时，特别程序也适用于国家—国家争端解决条款。因而，要促使适用特别程序，争端并不必然需要与第 20 条规定的两项例外有关。它只需要涉及金融服务。在做出告知时，第 20 条第 4、5 款修改了国家—国家争端解决条款的运作。具体来说，第 20 条第 4 款（a）项规定，金融主管部门应该确保它们能够就争端进行磋商,它们应当在180天内把有关磋商的报告转交给争端当事方。只有在180天期限届满后,争端才可以有被提交仲裁。根据第20条第4款(b)项,任何此种报告都可以由任一BIT缔约方提交为解决第24条第4款所指争端或"类似争端"而成立的仲裁庭。该报告也可以由任一缔约方提交给根据投资者—国家争端解决条款成立的仲裁庭,以裁判"由于同样的事件或情势"——它们产生了国家—国家仲裁条款项下的争端——提出的诉求。因此,2004年范本中没有规定向投资者—国家仲裁庭提交处理某一类似的争端——产生该争端的事件或情势不同于导致最早的国家—国家争端的那些事件或情势,后者产生了有关国家间磋商的报告——的报告的条款。就国家—国家争端而言,BIT并没有要求做出"共同认定",而只要求提交一份磋商报告。并且,该报告中的任何内容对于仲裁庭都没有拘束力。争端已经到了被提请国家—国家仲裁的阶段但当事方尚未共同寻求解决争端的情形是很难想象的。然而,在争端涉及——在任一BIT缔约方的当局看来——金融服务时,这一规定确实确保缔约方中被指定为金融主管部门的机构有机会参与争端解决过程。这表明,较之以往的BIT范本,规制机构在起草2004年范本中的影响力提高了。

第20条第5款进一步规定,在缔约一方把涉及金融服务的争端根据BIT诉诸国家—国家仲裁时,在争端被提请仲裁之日起的30天内应任何缔约一方的请求,各方在指定所有尚未指定的仲裁员时,应当采取适当的措施以确保该仲裁员在金融服务法律或实践方面拥有专业知识或经历。在指定仲裁庭庭长时,应当考虑特定候选人在金融服务方面的专业知识。与投资者—国家仲裁不同,针对国家—国家仲裁没有有关替换庭长的条款。这可能是因为第20条第5款规定该请求应当在争端被提交仲裁后的30天内提出,因此可以推断不可能在如此之短的时间内指定庭长,尤其是,如果国家当事方一方认为有必要指定具有金融服务知识的仲裁员。

第20条第6款规定了透明度问题,第六节第九目将讨论这一问题。

经细微修改,美国—乌拉圭BIT的金融服务条款——规定于第20条——采纳了2004年范本的表述。该BIT包含着新的脚注7,该脚注规定,"'缔约一方的货币当局'被理解为包括缔约一方的财政部或相当的部门,如果这些部门职司货币或相关的信用或汇率政策的话。"该BIT脚注18其中规定乌拉圭的"金融主管部门"是相互配合的乌拉圭经济与财政部和中央银行。根据第20条第3款(c)项(ii)点,仲裁员指定机构为ICSID行政理事会主席,而非 ICSID 秘书长。同一款规定的开头文字有所变化,但实质内容没有发生变化。该款规定,如果投资者—国家仲裁庭的庭长在仲裁被申请人提交共同确定庭长之请求之前已经被指定,并且任一争端当事方提出替换要求,则该庭长应予替换。2004 年范本把替换庭长的条件规定为该庭长"在仲裁被申请人提交共同确定的请求之前"已经被任命,而美国—乌拉圭 BIT 把替换庭长的条件规定为其"在提交共同确定的请求之前"已经被任命。原因是,根据第 20 条第 3 款(a)项,只有仲裁被申请人才有权要求进行共同确定,但这一变化没有实质性内容。2004 年范本第 20 条第 4 款(a)项规定,"只有在[金融主管部门之间 180 天磋商期届满]之后",BIT 的缔约一方才可以根据 C 节把争端提请仲裁。美国—乌拉圭 BIT 规定"只有在[180 天磋商期届满]之时"。2004 年范本第 20 条第 2 款(a)项界定了"本款"意义上的"公共实体"。美国—乌拉圭 BIT 为"本款"计对公共实体做了界定。与其他地方的援引一样,美国—乌拉圭 BIT 第 20 条第 2 款(a)项在援引其他条款时全部删除了带括号的标题。

美国—乌拉圭 BIT 也包含着标题为"金融服务"的附件 F。该附件的前三段澄清了国民待遇与最惠国待遇条款对于与金融服务有关的措施的适用,而第四段则把涉及金融机构并且基于国民待遇与最惠国待遇条款的某些诉求排除在投资者—国家争端解决条款范围外。这些已经在第五章第四节第四目第六点中做了讨论。附件 F 第 5 段规定,"为了更加明确",BIT 中的任何规定不应当被解释为妨碍与金融机构中的投资者或投资有关,对于遵守与 BIT 并非不相符合的法律或法规所必要的措施,包括那些涉及防止诈骗活动或处理金融服务合同违约所造成影响的做法的措施。第 5 段要遵守这样一个要求,即这些措施的适用不会在国家之间,在类似情形下构成任意或不正当的歧视,或者对金融机构中的投资构成变相的限制。第 5 段系由乌拉圭提议,但它是以美国签署的 FTAs 中的金融服务章的表述为基础的。

美国缔结的 FTAs 中的投资章没有像 BITs 那样包含相应的金融条款。FTAs 通常以专章形式处理金融服务问题,该章在与投资章间存在任何不一致时其效力优于后者。NAFTA 最早采取这一做法,NAFTA 第 1101 条第 3 款规定投资章"不适用于缔约一方采纳或维持的措施,在这些措施为第十四章(金融服务)所涵盖的情况下"。类似的表述出现于美国—新加坡 FTA 第 15.3 条第 3 款、美国—智利 FTA 第 10.1 条第 4 款、美国—摩洛哥 FTA 第 11.2 条第 3 款、美国—阿曼 FTA 第 10.2 条第 3 款、美国—澳大利亚 FTA 第

10.2 条第 3 款、美国—中美洲国家—多米尼加 FTA 第 10.2 条第 3 款、美国—秘鲁 FTA 第 10.2 条第 3 款以及美国—哥伦比亚 FTA 第 10.2 条第 3 款。

在 *Fireman's Fund v. Mexico* 案中，仲裁申请人指控墨西哥的一项征收行为违反了 NAFTA 金融服务章。墨西哥认为，遭到控诉的措施属于 NAFTA 第 1410 条所指的"基于审慎原因的合理措施"。仲裁庭驳回了仲裁申请人的主张，即"一项在效果上具有歧视的措施本身(*es ipso*)就是不合理的"，[149]但它引用了 Olin L. Wethington——NAFTA 金融服务章的一位谈判官员——的话，以便表明例外不能成为"歧视"外国投资或投资者，或者"采取恣意行动"的隐蔽或间接的手段。[150]仲裁庭认为，它没有必要认定该例外是否适用，原因是，仲裁申请人未能证明援引例外的前提条件，尤其针对墨西哥征收仲裁申请人的投资的行为。仲裁庭也驳回了仲裁被申请人的主张，即例外是"自行判断的"。[151] 仲裁庭指出，NAFTA 第 1415 条授权金融服务委员会针对一项措施是否属于例外范围内的措施发布具有拘束力的决定，但墨西哥并未请求该委员会考虑这一问题，因而该问题在仲裁庭管辖范围内。

第十四节　不披露信息

2004 年范本规定了新的条款，该范本第 19 条规定，BIT 中的任何内容不应被解释为要求缔约一方提交信息，而披露这些信息会妨碍法律的实施，违反公共利益或者损害特定私人或公共企业之正当商业利益的机密信息。这一表述源自 GATT 第 10 条第 1 款。这一条款相当于给不予披露信息增订了不加禁止的措施条款，但它所保护的国家利益不限于根本安全利益，而且它不是自行判断的。

不披露信息条款在 NAFTA 第 2105 条中是有先例的。不过，2004 年范本在若干方面与 NAFTA 有所不同：第一，NAFTA 并没有把不披露信息条款限定适用于"机密"信息。第二，NAFTA 没有把公共利益或企业的正当商业利益作为不披露信息的理由。第三，NAFTA 把披露会违反缔约方有关保护

---

[149] See, e. g. , giorgia BIT submittal letter, at XIII.

[150] Award, para. 164.

[151] Award, para. 166.

个人隐私,或者金融机构的金融业务与个人消费者账户的法律作为不披露的理由。因而,NAFTA 的规定窄于 2004 年范本的规定。NAFTA 的表述与 GATS 第 14 条第 3 款第 2 项的表述是类似的,但并不一样。无论如何,2004 年范本提及公共利益与商业利益似乎宽泛到足以涵盖所有的理由,以证明在 NAFTA 以及其他条约中不披露信息是合法的。最后,由于显而易见的原因,NAFTA 称自己是一项"协定"(agreement),而非"条约"(treaty)。

2004 年范本中的不披露信息条款出现于美国—乌拉圭 BIT 第 19 条。除了插入一个并不影响实质内容的逗号,后者没有改变前者的表述。

不披露信息条款规定于美国—新加坡 FTA 第 21 条第 4 款。该规定与 2004 年范本是一样的,区别在于,二者在标点符号方面存在差别——并不影响实质内容,以及用"协定"取代"条约"。

美国—智利 FTA(第 23 条第 4 款)和美国—摩洛哥 FTA(第 21 条第 4 款)的不披露信息条款遵循了 NAFTA 第 2105 条的表述。

除了文体方面的细微变化外,美国—澳大利亚 FTA 第 22 条第 4 款第 1 项遵循了 2004 年范本的表述。该 FTA 的脚注进一步澄清指出,基于第 22 条第 4 款第 1 项的目的,对于澳大利亚而言,公共利益包括遵守澳大利亚的关于隐私权的法律。新增的第 22.4 条第 2 款规定,如果缔约一方针对根据 FTA 提出的请求或要求提交书面信息,并且告知缔约另一方其认为该信息属于第 22.4 条第 1 款所指的信息,则接收方不应当披露信息或者把该信息用于其请求或要求所要达到之目的以外的其他用途,除非披露或使用是接收方的法律要求或授权,或者取得提供信息的缔约方的同意。

美国—阿曼 FTA 第 21.4 条也遵循了 2004 年范本的表述,只在标点符号与文体方面存在细微差别,这可能是受美国—澳大利亚 FTA 的影响。不过,美国—阿曼 FTA 并未采纳美国—澳大利亚 FTA 中增订的内容。

美国—中美洲国家—多米尼加 FTA 第 21.5 条、美国—秘鲁 FTA 第 22.4条以及美国—哥伦比亚 FTA 第 22.4 条使用了美国—乌拉圭 BIT 中的同样表述,区别在于用"协定"取代"条约"。

第五章　一般待遇条款

第一节　美国缔结双边投资条约之前的实践

在美国条约实践中，最早的投资条约条款是指那些确保使缔约另一方的国民拥有的财产可以获得某些绝对待遇标准——典型者如“特别保护”或“充分与完善的保护”(full and perfect protection)——的条款。[①] 相对待遇条款——要求向投资提供最惠国待遇或国民待遇——的出现始于19世纪后半期。早期的一种规定是，除沿海贸易以外，确保在“从事各种贸易、制造与采矿”的权利以及在“涉及这些事项的特权与特许”方面给予国民待遇。[②] 因此，这一权利并非涉及一般意义上的投资之设立与经营的国民待遇，而是与贸易、制造或采矿有关的投资的国民待遇。

两次世界大战期间的FCNs延续了这种模式，但它们扩大了保护范围。它们规定，应该为财产提供“最持久的保护与安全”，并且增加规定确保给予不低于国际法规定的待遇。它们还规定缔约一方的国民在有权“从事各种形式的科学、宗教、慈善、制造及商务工作”以及“一般来说对于行使上述任何特权而言是附带性或必要的事项”方面获得国民待遇和最惠国待遇。[③] 据此，两次世界大战期间签署的FCNs规定了最惠国待遇与国民待遇，并且将条约的适用范围扩大到同时包括非盈利活动以及商业活动。然而，投资意义上的最惠国待遇和国民待遇仍然只是针对这些活动所附带或者对于从事这些活动所必要之投资而言的。

---

① 参见第二章第二节。

② See, e. g., 1870 El Salvador FCN, *supra* chap. 2, note 40, Art. 3rd. 也可参见第二章第二节。

③ See, e. g., 1925 Estonia FCN, *supra* chap. 4, note 40, Art. Ⅰ; 1926 El Salvador FCN, *supra* chap. 4, note 40, Art. Ⅰ; 1934 Finland FCN, *supra* chap. 4, note 40, Art. Ⅰ. 参见第二章第二节。

现代 FCNs 进一步拓展了两次世界大战期间签署的此类条约中的投资待遇条款，同时仍然维持之前的此类条约所具有的观念性思路。一个重要的创新是，确保向缔约另一方的公司，而不只是其国民赋予这些保护。

现代 FCNs 包含了向涵盖投资给予绝对标准待遇的一些条款。不同条约中的措辞有所不同，但至 1951 年时已形成了相对一致的实践。

首先，典型的现代 FCNs 第 1 条规定"缔约一方在任何时候都应当向缔约另一方的国民和公司的人身、财产、企业或者其他利益提供公正待遇。"④在没有其他更具体的条款规定更高标准的保护情况下，这一条款在保护财产与人身方面确立了可适用的一般标准。这一规定也揭示了一项一般性的解释规则：如果对于某一条约条款的含义存有疑义，能够给予公正待遇的那种解释将获得优先采纳。1956 年后，"公平与公正待遇"这一措辞有时候会取代"公正待遇"。

其次，第 6 条第 1 款规定："任何缔约一方的国民与公司的财产在缔约另一方的领土内应当获得最持续的保护与安全"。⑤ 这一规定被理解为体现了习惯国际法上的一项标准，即据此要求东道国勤勉地保护外国人的财产。两次世界大战期间缔结的 FCNs 已经规定"国民的人身与财产应当获得……最持续的保护，并且在这方面所获得保护的程度应当达到国际法规定的水平。"现代 FCNs 中相对应的条款——通常规定于第 3 条——规定，国民，即个人也应当获得"最持续的保护与安全，无论如何不能低于国际法规定的水平"。现代 FCNs 援引习惯国际法通常是基于保护个人，而非保护财产。问题是，国际法保护外国人财产的原则极具争议，以至于在条约中援引它会弱化条约，至少就财产保护而言是如此。

---

④ See, e. g., 1951 Colombia FCN, Art, I. See, *e. g.*, Treaty of Friendship, Commerce, and Navigation, United States-Netherlands, March 27, 1956, ("Netherlands FCN") Art. Ⅰ(1), 8 U. S. T. 2043, T. I. A. S. No. 3942; Treaty of Friendship, Establishment and Navigation, United States-Luxembourg, February 23, 1962, ("Luxembourg FCN") Art. Ⅰ, 14 U. S. T. 251, T. I. A. S. No. 5306; Treaty of Friendship, Commerce, and Navigation, United States-Ireland, January 21, 1950, ("Ireland FCN") Art. Ⅵ(1), 1 U. S. T. 785, T. I. A. S. No. 2155; Convention of Establishment, United States-France, November 25, 1959, ("France FCN") Art. Ⅰ, 11 U. S. T. 2398, T. I. A. S. No. 4625; Treaty of Friendship, Establishment and Navigation, United States-Belgium, February 21, 1961, ("Belgium FCN") Art. Ⅰ, 14 U. S. T. 1284, T. I. A. S. No. 5432; Pakistan FCN, *supra* chap. 4, note 42, Art. Ⅰ; Greece FCN, *supra* chap. 4, note 42, Art. Ⅰ; Israel FCN, *supra* chap. 4, note 42, Art. Ⅰ.

⑤ See, e. g., Netherlands FCN, *supra* note 4, Art. Ⅵ(1); Pakistan FCN, *supra* chap. 4, note 42, Art. Ⅵ(1); Japan FCN, *supra* chap. 4, note 42, Art. Ⅵ(1); Israel FCN, *supra* chap. 4, note 42, Art. Ⅵ(1); Greece FCN, *supra* chap. 4, note 42, Art. Ⅶ(1); Ireland FCN, *supra* note 4, Art. Ⅷ(2).

最后,第6条第4款规定:“任何缔约一方都不得采取不合理或者歧视性的,会损害缔约另一方的国民或公司在该缔约一方领土内,从他们建立的企业或者他们提供的资金、技能、工艺或技术中依法取得的权利或利益的措施。”⑥

现代FCNs中最重要的相对待遇标准通常规定,东道国向在其领土内“从事”各种商业、工业与金融活动的缔约另一方的国民或公司给予国民待遇与最惠国待遇。虽然该条保护的活动清单因不同的现代FCNs而异,⑦但意图都是追求宽泛的保护范围。从事活动的权利,包含设立权会通过另外的表述加以确认,即规定任何缔约一方的国民与公司应当被允许在缔约另一方的领土上建立分支机构与办公场所,根据缔约另一方普通的公司法组建公司,在缔约另一方的公司中取得多数股权,以及控制与经营他们设立或购买的企业。⑧一个单独的条款⑨确保缔约一方的国民与公司在缔约另一方领土内,在“从事”科学、教育、宗教与慈善活动方面获得国民待遇与最惠国待遇。可见,涵盖活动的清单与被纳入两次世界大战期间缔结的友好、通商与航海条约的活动的清单同样宽泛,甚至更加宽泛。与两次世界大战期间缔结的FCNs一样,现代FCNs也是旨在使其术语“从事”术语相当宽泛:它涵盖设立与经营一家企业的所有阶段。新增的一个句子确保位于缔约另一方领土内且被缔约一方的国民或公司控制的所有企业有权获得国民待遇。⑩

某些情况下,国民有权从事的活动包括某种专业性活动,但1953年以后缔结的FCNs倾向于特别地把专业性活动排除在国民待遇权利之外,除非条约同时包含着宽泛的审查条款。⑪ 当然,其效果是为缔约另一方之国民规定从事某一职业的权利,但这种权利与东道国的国民一样要受到同样的许可

---

⑥ See, e. g., Luxembourg FCN, *supra* note 4, Art. Ⅳ(2); Belgium FCN, *supra* note 4, Art. Ⅳ(2); Pakistan FCN, *supra* chap. 4, note 42, Art. Ⅵ(3); Japan FCN, *supra* chap. 4, note 42, Art. Ⅴ(1); Israel FCN, *supra* chap. 4, note 42, Art. Ⅵ(4); Greece FCN, *supra* chap. 4, note 42, Art. Ⅷ; Ireland FCN, *supra* note 4, Art. Ⅴ.

⑦ *See, e. g.*, Netherlands FCN, *supra* note 4, Arts. VII(1) and (4); Japan FCN, *supra* chap. 4, note 42, Arts. VII(1) and (4); Israel FCN, *supra* chap. 4, note 42, Arts. VII(1) and (4); Greece FCN, *supra* chap. 4, note 42, Art. Ⅻ(1); Ireland FCN, *supra* note 4, Arts. VI(1)(a) and (3).

⑧ See, e. g., Japan FCN, *supra* chap. 4, note 42, Art. Ⅶ(1); Netherlands FCN, *supra* note 4, Art. Ⅶ(1).

⑨ See, e. g., Israel FCN, *supra* chap. 4, note 42, Art. Ⅷ(2); Pakistan FCN, *supra* chap. 4, note 42, Art. Ⅷ(2); Japan FCN, *supra* chap. 4, note 39, 42. VIII(3).

⑩ See, e. g., treaty provisions cited at note 7.

⑪ See, e. g., Netherlands FCN, *supra* note 4, protocol para. 8.

法规的限制。

针对这些林林总总的一般国民待遇权利，现代 FCNs 中包含着一个重要的限制。这一限制允许缔约方把某些经济部门排除在外，据此缔约另一方的国民与公司在这些领域中无权主张国民待遇。换言之，现代 FCNs 允许任何缔约一方限制缔约另一方的国民与公司在东道国的某些经济部门设立、购买或者经营企业的权利。⑫

这一限制的目的是，允许任何缔约一方把某些经济部门保留给本国国民。据此，现代 FCNs 通常规定，在最惠国待遇的基础上可以设置部门限制。⑬此外，新规定的限制通常不适用于在既有限制生效时已经存在的企业。⑭根据一个单独的条款，任何缔约方可以要求在公有土地上从事采矿活动的权利应当建立在互惠的基础上。⑮

第二节　现代谈判范本中的相对待遇标准

BITs 在两个重要的方面重构(reconceptualized)了 FCNs 在投资的相对待遇标准问题上采取的做法：首先，BITs 区别缔约另一方的国民或公司在作为东道国的缔约一方的领土上设立(establish)投资或取得(acquire)新投资的权利——这一权利通常被称之为设立权——与投资进行之后获得某些投资待遇的权利。通过在“从事”(engaging in)各种活动方面给予任何缔约方的国民与公司以国民待遇与最惠国待遇，现代 FCNs 已经创设了设立权。

正如下文将会看到的，较之投资设立之后的相对待遇标准，设立权方面的相对待遇标准被证明更具争议性，也更难为 BIT 谈判对方接受。似乎包括美国在内的各个国家对外国人拥有本国经济部门都怀有疑虑，并且予以抵制。

---

⑫ See, e. g., Netherlands FCN, *supra* note 4, Art. Ⅶ(2); Japan FCN, *supra* chap. 4, note 42, Art. Ⅶ(2); Israel FCN, *supra* chap. 4, note 42, Art. Ⅶ(2); Belgium FCN, *supra* note 4, Art. Ⅵ(5); Luxembourg FCN, *supra* note 4, Art. Ⅵ(2).

⑬ See, e. g., Netherlands FCN, *supra* note 4, Art. Ⅶ(4); Japan FCN, *supra* chap. 4, note 42, Art. Ⅶ(4); Israel FCN, *supra* chap. 4, note 42, Art. Ⅶ(4). But MFN treatment was not always guaranteed. See, e. g., Luxembourg FCN, *supra* note 4, Art. Ⅵ; Belgium FCN, *supra* note 4, Art. Ⅵ.

⑭ See, e. g., Luxembourg FCN, *supra* note 4, Art. Ⅵ(2); Belgium FCN, *supra* note 4, Art. Ⅵ(5); Netherlands FCN, *supra* note 4, Art. Ⅶ(2); Japan FCN, *supra* chap. 4, note 42, Art. Ⅶ(2).

⑮ 参见第五章第二节针对该条款的目的所作的讨论。

由于考虑到这一困难,在投资设立方面,BIT 谈判者在准备谈判文本的早期阶段会考虑要求给予最惠国待遇,而非国民待遇。较好的做法是,要求在投资设立之后给予最惠国待遇与国民待遇。如果坚持国民待遇,则可能会极大地限制接受 BIT 国家的数量。但无论如何,这种旨在针对设立权与投资设立之后的待遇同时要求给予最惠国待遇和国民待遇的做法最终遭到了拒绝。

由于以下原因,国民待遇备受青睐:第一,FCNs 已经规定在设业方面给予国民待遇,并且考虑到 BITs 是旨在建立一个有利于外国投资的条约实践网络,因而,BITs 不规定这一权利就是一种倒退,也是一种严重的反面做法。第二,国民待遇被认为尤其具有价值,这是因为在很多情况下东道国会向本国国民提供较之外国国民更好的保护。第三,国民待遇被认为可能也是一种更稳定的保护标准,原因是,较之对于外国国民,东道国不太可能突然改变给予本国国民的待遇。第四,美国已经通过 FCNs 向许多国家给予了国民待遇,而所有的 BITs 缔约另一方可以根据 BITs 中的最惠国待遇条款获得国民待遇。如果 BITs 不是打算为在美国从事投资的缔约另一方的投资者提供较之美国海外投资者更多的保护,那么就有必要要求给予国民待遇。

一、1983 年范本

通过在不同的条款中分别加以规定,1983 年范本区别了设立的权利与设立后的权利。设立权规定于 1983 年范本第 2 条第 1 款。所有第 2 条的内容都置于"投资待遇"标题之下。

第 2 条第 1 款规定,在东道国"设立与取得"新投资的权利方面,缔约一方应当向缔约另一方的国民与公司给予最惠国待遇或国民待遇,以二者中更优惠者为准。给予缔约另一方的国民与公司的最惠国待遇或国民待遇等同于东道国或第三国的国民与公司在"类似情形下"获得的待遇。正如国务卿在向总统提交美国—格鲁吉亚 BIT 的呈报函中解释的,国民待遇与最惠国待遇条款的目的在于,禁止"在投资过程中进行基于国籍的'审查'以及针对已设立投资采取基于国籍的措施"。[16]

虽然 1983 年范本提及了"设立"(establish)或"取得"(acquire)投资的权利,但不能认为这两个术语是相互排斥的。事实上,美国的 BIT 谈判官员

---

[16] Georgia BIT submittal letter, at Ⅷ.

倾向于交替使用这两个术语，同时也使用“做出”(make)投资这一术语。通常来说，“设立”投资的权利可以指取得既有投资的权利，也可以指从事新投资的权利。本书中，设立投资的权利一般同时指从事新投资的权利与取得既有投资的权利。

相对待遇标准与绝对待遇标准都没有要求其项下的待遇要与东道国或最惠国的国民或公司的投资获得的待遇一样。相反，BITs规定相关待遇不低于最惠国待遇或国民待遇中的较优者。因此，BITs项下涵盖投资获得的待遇可以不同于东道国或第三国的国民或公司获得的待遇，只要二者之间的差别不会不利于该涵盖投资。其实，1983年范本中有关投资设立形式的条款明确允许在投资设立的形式方面可以区别对待外国投资与国内投资，只要这种差别待遇不会损害到BIT所保护的任何权利的实质。[17]

相对待遇条款没有明确涉及一个问题，即如果东道国向国家企业赋予优于国内私有竞争者的待遇，国民待遇应当如何加以衡量。1983年范本中有一个完全独立的条款，即竞争平等条款单独规定，涵盖投资获得的待遇应当与国家企业同样优惠，即便国内的私有企业获得的待遇低于国家企业获得的待遇。[18]

MFN条款的表述表明，如果东道国向具有不同国籍的外国投资者的投资提供不同的待遇，享有最惠国待遇的权利就是一种享有具有最惠国国籍的投资所获得最优惠待遇的权利。事实上，这就是最惠国待遇的真义所在。

不过，1983年范本的措辞并没有明确涉及东道国向本国人提供不同水平的待遇这一情形。在1992年出版的《美国投资条约：政策与实践》一书中，我评论指出，如果东道国向本国人提供不同水平的待遇，“一般来说，[国民待遇标准]的意图是，要求获得最受优惠之企业所获得的待遇。”这一评论表明，在美国开始实施BITs计划时，BITs谈判官员试图使美国海外投资获得尽可能的最有力的保护。比如，在1991年12月26日发布的有关美国外国投资政策的声明中，乔治·H. W. 布什总统指出：“在投资设立之时以及之后，美国的投资者应当获得东道国向任何外国或本国的投资者给予的最优惠的待遇。”1991年缔结的美国—捷克和斯洛伐克BIT第1条第1款(g)项把“国民待遇”界定为“最少与缔约一方在类似情形下向该方的公司或国民

---

⑰　参见第六章第三节。

⑱　Sally J. Cummins & David P. Stewart, eds., 1991 - 1999 Digest of U. S. Practice in International Law 1462. (2005).

赋予的最优惠待遇同样优惠的待遇”。1992 年缔结的美国—保加利亚 BIT 第 1 条第 1 款(g)项采纳了同样的国民待遇定义。1993 年在参议院外交关系委员会举行的听证中，针对参议员克莱本·佩尔(Claiborne Pell)提出的有关国民待遇原则的目的问题，国务院解释认为：“国民待遇原则的目的是，确保美国的投资不会遭到东道国政府的歧视，因为它们是由美国拥有或控制的……BIT 规定给予国民待遇或最惠国待遇中较优者。总体目标是使在东道国的美国投资者获得最好的可能待遇，并且使这一待遇成为条约义务。”⑲当然，众所周知的是，涵盖投资要在“类似情形下”与国内投资进行比较。

不过，从逻辑上说，如果外国投资与某些国内投资获得同样，但低于其他国内投资获得的待遇，人们可以推定认为，任何歧视都不是基于国籍的，因而不是国民待遇条款旨在禁止的歧视类型。即便如此，不排除制定这样的国民待遇条款，即把国民待遇界定为给予东道国国民的最好待遇，而非最差待遇。正如下文要讨论的，比如 NAFTA 就规定，政治分支机构应当向涵盖投资给予其向来自任何政治分支机构——包括其本身——的投资给予的最好待遇，而 BIT 通常允许政治分支机构可以只向涵盖投资给予它们向来自其他政治分支机构的投资者之投资给予的待遇。

当这个问题在争端中实际地出现时，美国的立场是，国民待遇条款禁止基于国籍的歧视，但并不当然要求给予国内投资所获得的最好待遇。2000 年 4 月 7 日，在针对 *Pope & Talbot v. Canada* 案提交的书面陈述中，美国指出，NAFTA 中规定的一般国民待遇标准只是禁止在类似情形下的基于国籍的歧视。因而，“相关的比较不是在缔约一方向缔约另一方的投资者的投资给予的待遇与向本国国民的投资给予的最好待遇之间进行……恰当的比较是在类似情形下给予外国投资者或投资的待遇与给予本国投资者或投资的待遇之间进行。”⑳美国接着认为，NAFTA 缔约方在地理、政治与经济方面都存在差异，而国民待遇条款中的任何规定都没有一般性地禁止针对特定地区采取的措施。换言之，根据某项投资在某个地区而不在另一个地区的事

---

⑲ 1993 hearings, *supra* chap 2, note 119, at 26. 从语义上说，提及“最好的可能”待遇表明向任何投资给予的最好待遇，但在条约中它可能简单地提及国民待遇或最惠国待遇中较优者。当然，从语法上说，“较好”这一措辞指向两个事项之间的比较，而“最好”指的是三个或三个以上，因而这一语法表明“最好”待遇指向所有可获得的比较物之间的比较，而不仅只是国民待遇或最惠国待遇中的“较优者”。前已指出，现代投资条约谈判文本通常要求给予国民待遇与最惠国待遇中的“最优惠者”，而非“较优惠者”，由此可见范本并未完全遵守有关比较的语法习惯。

⑳ Submission of the United States of America, para. 4.

实就足以认定,它们不处于类似情形中,因而给予它们以不同待遇是合法的。比如,在某些地区存在的较高程度的空气污染使有理由针对那些地区的制造业活动规定严格的排放限制。国民待遇标准不会造成有义务提供“全国范围内统一的待遇”。[21] 虽然2000年提交的陈述涉及NAFTA文本,并且NAFTA的文本在一些方面与1983年范本的文本不同,但文本上的差别不表明美国在*Pope & Talbot v. Canada*案中的立场不适用于1983年范本。正如美国提交的陈述书指出的,根据与涵盖投资处于“类似情形”的那个国内投资,往往可以解决BIT规定的国民待遇——其中国内投资获得不同的待遇——问题。

1983年范本没有明确涉及东道国在同一种情形下区别不同类型的国内私人投资者的情况下如何衡量国民待遇问题。具体来说,就拥有政治或行政分支机构(political or administrative subdivisions)的缔约一方——比如联邦国家——而言,1983年范本第2条第10款规定,国民待遇是指向根据其他分支机构的法律设立的公司提供的待遇。现代FCNs中包含着类似条款。[22]换言之,如果50个州的其中一个州给予本州公司优于其给予其他49个州的公司的待遇,根据1983年范本,该州应当向属于涵盖投资的公司给予应当不低于其给予其他49个州的公司的待遇。这确保了外国投资不会获得较之其他49个州的投资更优惠的待遇。较之被其他49个州其中之一的投资者拥有而成为“外州”投资,由于被其他缔约方拥有而成为“外国”投资不应当被给予较低待遇,但也没有必要给予更好的待遇。

严格地说,在1983年范本中,第2条第10款的措辞并未被表述为国民待遇的定义,而是对第2条第1、2款其中规定的待遇的一种限制。不过,第2条第10款的目的只是允许联邦制中的州可以向其本州公民提供更优惠待遇,同时要求应当向涵盖投资给予与联邦制下其他一个州的国内投资者的投资被给予的同样优惠——但不是更优惠——的待遇。现代FCNs中相对应的条款——1983年第2条第10款是据此制定的——被表述成国民待遇的定义,并且只适用于给予缔约另一方的公司的待遇。

1983年范本明确规定涵盖投资应当获得国民待遇与最惠国待遇中的较

---

[21] *Id.*, at para. 5.

[22] See, e.g., Greece FCN, *supra* chap. 4, note 42, Art. XXIV(4); Pakistan FCN, *supra* chap. 4, note 42, Art. XXI(4); Netherlands FCN, *supra* note 4, Art. XXIII(4); Japan FCN, *supra* chap. 4, note 42, Art. XXII(4).

优者。换言之,如果一种待遇优于另一种,则应当给予较优的待遇。由于这一规定是同时提供最惠国待遇与国民待遇之义务的应有之义,因此明确的措辞并不是必要的。

对于理解"类似情形"的含义,BITs 几乎没有提供什么指引。不过,一般来说,国民待遇与最惠国待遇条款的一个目的是,避免东道国基于国籍为某些投资提供某种竞争性优势。因此,不同投资之间彼此竞争的事实有利于认定它们处于"类似情形",尽管这不具有结论性意义。此外,确保竞争平等并不是非歧视条款所追求目的的全部。通过确保投资不会因为国籍而被歧视,非歧视条款也促进了一种有利的投资环境,进而至少有助于避免出现某些形式的歧视性待遇。质言之,非歧视条款促进了一种基于规则的对待投资的做法,据此,处于类似情形中的投资可以获得类似的待遇。

美国已经公开说明如何恰当地解释 NAFTA 和 2004 年范本中使用的"类似情形"。2004 年之前的范本中使用的"类似情形"具有相同的含义。在 *Methanex v. United States* 案中,美国指出,在认定投资或投资者是否处于类似情形时,NAFTA 规定"应当广泛地考虑待遇、投资者以及投资所处情势。"[23]美国解释认为:

在理想的情势下,外国投资者或外国人拥有的投资应当与在所有人的国籍之外的其他所有相关方面相类似的国内投资者或本国人拥有的投资进行比较。在国籍是唯一变量情况下,这种比较就服务于该条款的目的,即所给予的待遇是否基于所有人的国籍不同而不同。[24]

"在国民待遇分析方面,短语'类似情形'允许有一定的灵活性,比如是否存在与外国人所拥有投资一样的由本国人拥有的投资。在这种情况下,仲裁庭要把视野更放开些,从而扩大本国人拥有投资的范围,只要他们与外国投资者或外国投资足够相似从而有理由认为前者所处的情势与后者所处的情势是'类似的'。不过,如果处于同样情势的由本国人拥有的投资有许多,仲裁庭就不应该扩大范围去考察相似性程度较低的比较对象"。[25]

因此,短语"类似情形"确保针对投资者与投资的比较能在与比较目的相关的特征的基础上进行。这么做的目的是,在决定哪些国内投资者与投资应当恰当地被用于比较时,可以考虑所有相关的情势,包括与外国投资者

㉓ Amended States of Defense of Respondent United States of America, para. 301.

㉔ Rejoinder of the United States of America, para. 152.

㉕ *Id.*, at 154.

及其投资相关的情势,同时对那些与此种比较无关的特征不予考虑。[26]

此外,与比较相关的情势会因个案不同而不同。相关的考察工作不限于考察投资者或投资是否产出同样的产品:仅仅因为投资者或投资产出同样的产品并不意味着它们处于"类似情形"。比如,此等产品的生产者位于不同的地理或政治区域之事实也可能影响到他们是否处于类似情形。[27]

进一步看,"虽然竞争性关系在认定不同的投资者与投资是否处于类似情形时是一个应当考虑的因素,但这个因素不是决定性的。"[28]比如,在直接竞争者位于不同地区的情况下,当地环境条件的差别——比如某个地区的空气污染较之另一个地区更严重——可能导致这些竞争者被认为并非处于类似情形。[29]

1983 年范本第 2 条第 2 款规定了业已确立的相对投资待遇标准。该第 2 款规定,缔约另一方的国民与公司的所有投资及其相关活动一旦在东道国实施,一般来说在所有事项方面应当获得国民待遇与最惠国待遇中的较优者。与设立权一样,向 BIT 缔约一方的国民或公司给予的投资待遇根据处于"类似情形"的东道国或第三国的国民或公司的投资被给予的待遇加以衡量。该条款明确规定同时适用于既有投资以及条约生效后设立的投资。

由此,我们的讨论进一步表明 BIT 重构 FCNs 中有关投资待遇的条款的第二种方法。FCNs 只是确保在从事该待遇条款列明的某些活动——比如商业或金融活动——方面给予最惠国待遇或国民待遇。换言之,FCNs 中的相对待遇条款只是附带性地保护被用于从事特定类型之活动的投资。

与此相比,1983 年范本规定,所有投资及其"相关活动"一般来说在所有方面都应当获得国民待遇或最惠国待遇中的较优者。可见,BITs 直接地保护投资,投资并非被作为从事其他活动的附带性组成部分。

同时,1983 年范本确保与投资相关的其他活动获得最惠国待遇。1983 年范本的做法使得投资者不需要证明所寻求保护的投资是附带于特定活动的。投资者只需要表明,其寻求保护的资产或活动在"投资"或"相关活动"范围之内。

同时,通过明确把现代 FCNs 确保给予最惠国待遇或国民待遇的特定活

---

[26] Second Submission of the United States of America, in Pope & Talbot v. Canada, May 25, 2000, para. 4.

[27] *Id.*, at para. 5.

[28] Methanex v. United States, Rejoinder of the United States of America, para. 158.

[29] *Id.*, at para. 149.

动中的许多纳入“相关活动”,1983 年范本为这些活动提供了保护。1983 年范本没有界定“相关活动”的含义,但提供了一份很长的、说明性的、非穷尽性的清单。具体来说,1983 年范本第 2 条第 2 款规定的相关活动包括:(1)分支机构、代理处、办公场所、工厂以及其他用于业务开展的设施的设立、管理与维护;(2)根据可适用的法律与规章进行的公司组建,收购公司或其中的利益,以及已组建或已收购公司的出售、清算、解散或者其他处置行为;(3)合同的签署、履行以及执行;(4)各种类型财产——有形的和无形的——的收购(通过购买、租赁或其他方式);(5)为开展业务所适当的不动产租赁;(6)著作权、专利、商标、商业秘密、商号以及许可证的取得、维持与保护以及生产与制造工艺与其他工业产权权利的其他批准;(7)筹措资金、股份发行或购买,以及购买用于进口商品的外汇。1992 年在参议院进行的听证中,国务院把“相关活动”描述成涵盖“一项投资在其经营过程中通常要具备的所有功能”。[30]

现代 FCNs 中的限制性规定允许东道国把某些经济部门排除在外从而不会被要求给予国民待遇,这一做法在 1983 年范本中得到了保持。不过,BITs 的起草者并非一开始就认为需要这么做。事实上,一种被纳入考虑的替代性方案是,只要求东道国给予最惠国待遇,同时采用敦促性语言促使其给予国民待遇。另一种替代性的方案是,规定给予国民待遇的一般性义务,但允许东道国在投资设立时宣布适用于该投资的国民待遇例外。不过,美国 BIT 谈判官员最终决定沿袭现代 FCNs 的做法,据此,BIT 缔约方原则上同意提供国民待遇,但允许针对指定的经济部门设定例外。

这一限制规定于 1983 年范本第 2 条第 3 款。该条款允许缔约方指定该国的某些经济部门,据此它们可以限制缔约另一方的国民与公司享有国民待遇的权利。与现代 FCNs 一样,在这些例外部门中对投资者的权利施加的限制不应当适用于任何在这些限制设立时业已存在的投资。国务卿提交的呈报函解释指出:“设置例外是为了保护国家的规制利益,对美国而言则是为了适应涉及诸如航空运输、海运、银行、电信、能源、电力生产与保险等领域的州和联邦法律的国民待遇例外,以及针对拥有不动产的国民待遇与最惠国待遇例外。”[31]

在现代 FCNs 的基础上,1983 年范本进行了完善,该范本要求把相关经

㉚ 1992 Hearings, supra chap. 2, note 67, at 38.

㉛ Panama BIT submittal letter, at Ⅶ.

济部门列入附件,并且要求缔约方应当彼此通报被指定部门内的现行与未来采取的国民待遇例外。这些要求促进了透明度目标,据此投资者可以更好地了解其应当遵守的东道国法律。此外,由于附件被认为是条约的组成部分,因而缔约一方不能嗣后在附件中新增相关经济部门,除非缔约方正式修改条约。通过要求应当把国民待遇例外保持在“最低限度”——即便针对已列入附件的经济部门也是如此,1983 年范本也修正了现代 FCNs 的做法。

1983 年范本规定,除了两个例外,缔约方向附件所列部门内的涵盖投资给予的待遇应当建立在最惠国待遇基础之上。被指定部门内最惠国待遇的两个例外都被纳入 1983 年范本以便适应美国国内法的特殊规定。

第一,针对被指定部门提供最惠国待遇的义务不适用于拥有不动产。美国的一些州限制外国人拥有不动产的做法可能与提供最惠国待遇的义务相冲突。[32]此外,在起草 1983 年范本时,1853 年美国—阿根廷 FCN[33] 在拥有不动产方面规定给予国民待遇。在没有这一例外情况下,所有 BITs 的缔约方都将经由最惠国待遇而获得国民待遇。正如在本章第四节第十七目中解释的,1994 年 10 月 20 日生效的美国—阿根廷 BIT 已经取代了 1853 年美国—阿根廷 FCN 中的这一规定。

第二,1983 年范本维持缔约方有权允许根据互惠原则在公有土地上采矿。《1920 年矿区土地租赁法》(The Mineral Lands Leasing Act of 1920)使得有必要订立这一条款。[34]该法规定,只有在外国人所属的国家向美国公民与公司赋予同样或类似的特权时,外国人拥有的美国公司才可以为了采矿而租赁联邦土地。

正如前文指出的那样,1983 年范本中有关国民待遇例外的部门条款是针对包括美国政府在内的许多政府所提要求做出的让步,即限制外国人拥有本国经济中的某些敏感部门。没有在美国附件中规定例外,BIT 中一般性的国民待遇条款就不符合联邦或州的法律。允许在特定部门中可以拒绝给予国民待遇的原因是,通过缓解对拥有美国的敏感经济领域的政治上的反对,从而促进缔结 BIT。进一步看,通过允许 BIT 的缔约方在敏感部门方面不保证提供国民待遇,美国旨在降低这样一种可能性,即这些部门中敏感性

---

[32] See Note, “Alien Land Ownership in the United States,” XIV Brooklyn J. Int'l L. 147(1988).

[33] 1853 Argentina FCN, supra chap. 2, note 41, Art. IX.

[34] 30 U. S. C. 181 et seq. See Note, “The Reciprocal Alien Provision of the Mineral Leasing Act of 1920: An Examination of the Reciprocity Standard and Permissible Alien Stock Holdings,” 17 Geo. Wash. J. Int'l L. & Econ. 437(1983).

在随后上升会迫使 BIT 缔约方违反 BIT 以应对这一提高了的敏感性。

美国附件列出的部门与事项是为了从根本上涵盖联邦政府或州政府传统上拒绝向外国投资者提供国民待遇的领域。[35] BIT 谈判官员无意于推翻或废除任何对于外国投资者的现行限制,但一次无心之失,即没有把某一事项或部门列入附件可能会导致要在消除限制或违反 BIT 之间做出选择。保留现有例外的做法与 FCNs 项下的长期实践是一致的。

1983 年范本包含着普遍最惠国待遇与国民待遇的另一个例外。税收条款[36]使第 2 条不适用于税收。关于涵盖投资的税收问题遵循有关要求给予公平与平等待遇的敦促性条款。

二、1984 年范本

在 1984 年范本中,1983 年范本中针对投资设立的权利、投资设立后的权利以及被豁免的部门的三款被缩减、合并为单独的一款,即第 2 条第 1 款。虽然 1984 年范本中的语言更加简洁,但相关权利的实质内容并未受到范本修改的影响。与 1984 年范本的一般性做法一样,1984 年第 2 条的标题被删除了。

为了简洁计,1984 年范本合并了某些事项,同时删除了某些多余的措辞,从而压缩了关于相关活动的清单。它还将该清单移至 BITs 中的定义条款部分,从而成为第 1 条第 1 款(e)项。这一压缩后的清单包括:(1)公司、分支机构、代表处、办公场所、工厂以及用于开展业务的其他设施的组建、管理、经营、维护以及处置;(2)合同的签署、履行以及执行;(3)包括知识产权与工业产权在内的各类财产的取得、利用、保护与处置;(4)筹措资金、股份发行与购买,以及购买用于进口商品的外汇。在 1983 年范本与 1984 年范本中,这一说明性清单的范围被认为是相同的。

在 1984 年范本中,有关由政治分支机构提供国民待遇的条款被规定于第 2 条第 8 款。它有别于 1983 年范本中的规定,因为其措辞表明它只适用于美国提供的待遇。正如下文会看到的,根据 1983 年范本缔结的许多 BITs 对该范本中的政治分支机构规定做了修正以便使其只适用于美国提供的待

---

[35] For an illustrative listing of statutes applicable to the sectors listed in the annex by the United States, see Pamela Gann "The U. S. Bilateral Investment Treaty Program," 21 *Stan. J. Int'l L.* 373 (1985).

[36] 参见第六章第十一节。

遇,原因是,只有美国才实行联邦制,因而需要这一规定。不仅如此,在1984年范本中,它被规定为对第2条各款要求的待遇的一种限制,而不仅只是对国民待遇与最惠国待遇条款要求的待遇的一种限制。

三、1987年范本

1984年范本中的一般待遇表述在1987年范本被保留了下来,并且也作为第2条第1款。1984年范本第2条第8款有关界定美国的政治分支机构给予国民待遇的表述被原封不动地保留在1987年范本中。

不过,1987年范本在1984年范本的基础上增加了一项规定。正如下文将要看到的,[37]20世纪80年代早期,埃及、摩洛哥、孟加拉国和海地成功地与美国谈判并达成相关条款,据此允许缔约一方对其作为区域关税同盟或自由贸易区成员国而负有拘束力之义务向第三国的国民或公司给予最惠国待遇所生利益设定例外。美国愿意给予这一例外,但尤其考虑到美国从未缔结任何自由贸易协定,因而它认为没有必要在BIT范本中规定这一例外。不过,1985年,美国与以色列签署了自由贸易协定。第二年,美国与加拿大开始谈判签署包含某些投资规则的自由贸易协定。据此,美国BIT谈判人员在1987年范本第2条第9款中纳入了关税同盟例外。该第2条第9款规定,第2条中的最惠国条款"不应适用于任何缔约一方根据其作为区域关税同盟或自由贸易区之完全成员承担的具有拘束力之义务而给予任何第三国的国民或公司的利益。"

四、1991年范本

1991年范本中的一般的(general)相对待遇条款规定于第2条第1、2款。该范本对于此前范本的实质内容做了一个重要变动,因为它允许缔约方在条约附件中针对相关部门与事项规定最惠国待遇与国民待遇例外。由于任何此类例外都可以在条约附件中作出规定,因此它并没有把针对不动产的最惠国待遇或者在公有土地上从事采矿的权利的例外规定于条约正文中。

第1条第1款(e)项所指的"相关活动"的含义被做了修改。通过删除"与工业","知识与工业产权"的表述得到了简化。这一变动具有实质性意

---

[37] 参见第五章第四节第一、四、六以及七目。

义，因为美国认为“知识产权”包括工业产权。“股份发行与购买”被修改为“股份与其他证券的购买、发行与销售”。虽然1991年范本的表述更加广泛，但相关活动的清单只是说明性的，因而1991年范本中的措辞更多的是一种澄清而非扩张。1991年范本也删除了“筹措资金”之前的“与”（and），但这一变化没有实质性意义。

1991年第2条第9款从两个方面修改了关税同盟例外。

第一，第2条第9款删除了要求适用该例外的自由贸易区或关税同盟例外应当是“区域的”的内容。1991年范本是在GATT乌拉圭回合谈判期间制定的，该回合谈判包括了若干规定了与投资有关的条款的协定。GATT协定中的关税同盟与自由贸易区例外并未限定于区域性协定，因而这一变化使得美国的BIT实践与GATT实践得以相协调。

第二，根据新的第2条第9款，在根据GATT体制内并且在特定BIT之后生效的任何多边国际协定规定的拘束性义务向任何第三国的国民或公司给予的利益方面，缔约一方不负有给予最惠国待遇的义务。这一新的内容也是由乌拉圭回合谈判导致的。美国的BIT谈判人员希望确保在GATT谈判中做出的让步不会经由BITs而被普遍适用于所有的BIT缔约相对方，但只要这些BITs的缔约相对方成为GATT协定的缔约方，则这些承诺就会扩大适用于这些缔约相对方。

1991年范本修改了1987年范本第2条第8款中有关联邦制下国民待遇含义的规定。虽然此前的范本规定涵盖投资及相关活动应当获得向其他州的公司给予的“待遇”，1991年范本要求涵盖投资及相关活动获得的待遇“不低于”其他州的居民与公司的投资及相关活动获得的待遇。“不低于”措辞表明，两个待遇事实上可能是不同的，但只要前者不低于后者。这一变化使得第2条第8款与条约中的国民待遇条款相一致，因为一般性国民待遇条款也规定东道国给予涵盖投资及相关活动的待遇不得低于给予东道国国民的待遇。从文体与概念角度看，这一变动是可取的，因为它是在给予涵盖投资及相关活动的待遇与给予其他州的投资及相关活动的待遇之间，而非与给予其他州的公司的待遇之间进行比较。

最后，1991年范本增加了相关内容，表明第2条调整的待遇是指给予缔约另一方之国民与公司的投资及相关活动的待遇。此前的规定只是简单地提及投资及相关活动，而没有明确规定它们应当具有缔约另一方的国籍。尽管如此，国籍要求始终是其中的应有之义，因此这并不是一个实质性的变化。

五、1992 年范本

1992 年范本中的一般的相对待遇条款规定于该范本第 2 条第 1 款。它与 1991 年范本中的规定是一样的，比如“相关活动”的含义规定于第 1 条第 1 款(e)项。1991 年范本中关于政治分支机构给予国民待遇的第 2 条第 8 款不作修改地保留为 1992 年范本第 2 条第 8 款。

1992 年范本针对 GATT 与关税同盟例外——规定于第 2 条第 9 款——做了两个改动。

第一，1991 年范本中有关 GATT 例外适用于在 BIT 之后生效的任何协定中的“之后生效”的含义不清楚。1992 年范本增加规定，GATT 例外适用于 BIT 签署之后生效的协定，从而澄清了“之后生效”的含义。

第二，1992 年范本修改了关税同盟例外，使之成为条约项下所有最惠国待遇义务的一项例外，而不只是第 2 条——规定一般性最惠国义务——项下最惠国义务的一项例外。这一改动明确了关税同盟例外适用于条约项下的所有最惠国义务，比如第 3 条第 3 款规定的战争与内乱，而不只是第 2 条规定的一般性最惠国义务。

六、1994 年范本

在 1994 年范本中，一般的相对待遇条款的结构与内容发生了很大变化。其中多数变化所体现的是此前已经被纳入 1992 年 12 月签署的 NAFTA 投资章的表述。

第一，国民待遇与最惠国待遇条款不再管辖投资待遇的所有方面。此前的范本规定，缔约各方在国民待遇与最惠国待遇的基础上“准许与对待”(permit and treat)及其相关活动。与此不同，1994 年范本规定，缔约各方应当在“涵盖投资的设立、取得、扩大、管理、实施、运作、出售以及其他处置行为”方面“给予”国民待遇和最惠国待遇。这些引用的文字出自 NAFTA 第 1102 条第 1、2 款。

这一变化的目的是，阐述并澄清“准许与对待”的含义，而非缩小所提供保护的范围。作为 NAFTA 投资章的一名美国谈判官员，丹尼尔·普赖斯指出，对于一些 BIT 的缔约另一方来说，提及“准许与对待”是“高深莫测的”，而NAFTA 的规定对于 BIT 的缔约另一方与投资者来说都更加清晰。[38]

尽管如此,在某些情况下,这一变化的结果可能会导致保护范围小于如若没有该变化情况下可能有的保护范围。比如,最惠国待遇条款的一个作用是,把其他条约提供的保护普遍化。换言之,如果与第三国间签署有 BIT 的东道国向该第三国的投资者给予优于美国缔结的 BIT 规定的待遇,则后者中的最惠国待遇条款通常会被解释成要求该东道国应当把同样的待遇给予美国投资者。然而,根据 1994 年范本中的表述,只有在东道国给予的待遇涉及投资的设立、并购、扩大、管理、实施、经营、出售以及其他的处置行为时,东道国才会被要求给予较好的待遇。比如,争端解决条款不会被认为与这些事项有关,这一点在美国—秘鲁 FTA 和美国—哥伦比亚 FTA 中得到了明确。类似地,在 *Loewen v. United States* 案中,美国主张,申请人不能利用 NAFTA 中的最惠国条款——该条款措辞类似于 1994 年范本中的规定——主张美国作为缔约一方的其他条约规定的程序规则(具体来说,涉及相关诉求必须由具有适当国籍的申请人拥有之期间的规则)带来的好处。[39] 在 *Mondev v. United States* 案中,美国提出类似的主张,即 NAFTA 第 1105 条(一般的绝对待遇标准条款)中"待遇"仅仅指国际法中的初级规则而非次级规则。

有关有权在投资的哪些方面获得国民待遇与最惠国待遇的清单与有关专断(或不合理)与歧视性条款所保护的活动的清单是类似的。1994 年范本第 2 条第 3 款(b)项禁止缔约方通过采取不合理和歧视性的措施损害"投资的管理、实施、经营、出售或者其他处置行为"。然而,与 1994 年范本中的不合理与歧视性措施条款不同,[40]1994 年范本起草者们想让国民待遇与最惠国待遇条款适用于投资设立。

第二,1994 年范本不包含有关针对"相关活动"给予国民待遇与最惠国待遇的表述。这些表述没有规定于 NAFTA。在 NAFTA 缔结后,美国 BIT 谈判官员开始逐渐从资本输入国的角度思考 BITs,他们开始担心由于"相关

---

[38] Daniel M. Price & P. Bryan Christie III, "An Overview of the NAFTA Investment Chapter: Substantive Rules and Investor-State Dispute Settlement," in Judith H. Bello, Alan F. Holmer, and Joseph J. Norton, *The North American Free Trade Agreement: A New Frontier in International Trade and Investment in the Americas* 174, *note* 33(2004).

[39] Reply of the United States of America to the Counter-Memorial of the Loewen Group, Inc., on Matters of Jurisdiction and Competence, at 52 – 54.

[40] 参见第五章第三节第六目。

活动"这一含糊其词的术语所产生义务之性质的不确定问题。他们相信,此前描述的规定国民待遇与最惠国待遇的范围的措辞已经足够宽泛,可以为美国投资提供充分的保护。

第三,1994 年范本删除了 1992 年范本中的表述,即规定任何缔约一方应当向缔约另一方通报其认为会关系到列入附件的部门或事项以及涉及这些部门或事项的任何未来的国民待遇或最惠国待遇例外的法律与法规。NAFTA 不包括这一表述,但 NAFTA 第 1108 条规定国民待遇与最惠国待遇义务不适用于列入附件中的任何现行不符措施。由于 1994 年范本只规定进行部门或事项的识别,而没有包括特定不符措施,它在这方面对透明度的要求低于之前的范本或者 NAFTA。在 1992 年 NAFTA 缔结后,美国针对州法律与联邦法律项下所有的国民待遇与最惠国待遇例外进行了一次大规模的审查,对于在联邦制国家中,尤其一个拥有不下于 50 个政治分支机构的联邦国家在完整地通报现行不符措施方面面临的困难有了新的认识。

第四,1992 年范本弱化了"冻结"义务。1992 年范本规定缔约各方应当"把[未来的]例外限制到最低水平"。不仅如此,根据 1992 年范本,后续例外不适用于既有投资。这两种条款没有出现在 NAFTA 中,在 1994 年范本中也被删除了。在评估非歧视待遇的州例外时,美国的 BIT 谈判人员认识到,在这方面监督与控制州层面的立法是有困难的。为了抵销这些被删除的内容造成的影响,受 NAFTA 第 1108 条第 4 款规定的启发,1994 年范本确实增加了规定据此禁止任何缔约一方在采取例外措施时要求投资者全部或部分撤回投资。

1994 年范本第 2 条第 1 款针对一般的国民待遇与最惠国待遇增加了规定,指出投资——它的待遇设定了国民待遇与最惠国待遇的标准——是指在东道国领土内的投资。由此,东道国给予其领土以外的投资的待遇并非根据国民待遇与最惠国待遇条款必须给予涵盖投资的待遇。这一变化只是明确了历来存在的隐含意图。有时候,有人认为东道国为使其海外投资获得保护的行动构成此类投资的待遇。[41]据此,这种观点认为,根据某 BIT 成功地为使其海外投资获得某种水平之保护的国家必须向在其领土内且被某 BIT 涵盖的外国投资提供同样的保护。比如,在 *ADF Group v. United States* 案中,仲裁申请人提出了此种主张,认为在 NAFTA 体制内可以要求美国向

---

[41] *See*, *e. g.*, *Maffezini v. Spain*, Decision of the Tribunal on Objections to Jurisdiction, January 25, 2001, para. 61.

涵盖投资给予不低于阿尔巴尼亚或爱沙尼亚根据其与美国缔结的 BIT 给予美国投资的待遇。1994 年范本中新增加的上述表述使得无法根据国民待遇条款提出此种主张。一个实际的问题是,在具体案例中,假定保护东道国在第三国的海外投资的 BIT 规定其向第三国的投资给予同样的保护,那么,根据可适用的最惠国待遇条款,东道国就可能被要求向所有在其领土内并且被 BIT 涵盖的外国投资给予同样保护。因而,实践中,国民待遇条款项下被 1994 年范本中的上述修改阻止发生的结果往往可能经由最惠国待遇条款得以出现。尽管如此,1994 年范本中的上述修改确实澄清了这一结果只能经由最惠国条款得以实现,并且对国民待遇进行扩大解释是不正确的,至少对于美国缔结的 BITs 而言是这样。

针对缔约方有权规定国民待遇或最惠国待遇例外的第 2 条第 2 款(a)项,1994 年范本做了某些文体上的变动,包括把“采取”(adopt)改为“制定”(make)。文体上的个体处理完善了该条款,但并未改变其含义。

针对国民待遇与最惠国待遇的一般例外,1994 年范本也做出了重要的改动。1987 年及其之后的范本已经包含了根据关税同盟或自由贸易协定给予优惠的例外。在 1994 年范本中,这一例外被删除了。美国的 BIT 谈判人员认为美国不需要此项例外,因为它实际上已经向所有的 BIT 缔约相对方给予与 NAFTA 投资章项下待遇同等优惠的待遇。进一步看,由于美国已经给予 BIT 缔约相对方同等于其给予其他 NAFTA 成员方的待遇,美国不太愿意允许 BIT 缔约相对方拒绝向美国投资给予它们向与其缔结自由贸易协定或关税同盟协定的任何第三方给予的待遇。《能源宪章条约》谈判与 OECD 主持的《多边投资协定》(MAI)谈判——二者均在制定 1994 年范本之前就已经开始——在如何对待区域经济一体化组织例外方面存在明显分歧。美国自己发现并对这些可能被设定的例外——尤其在欧盟成员国援引该例外时——的宽度表达了关切,这些疑虑进而增强了美国把该例外从 BIT 予以取缔的意愿。

1994 年范本也删除了 1991 年范本和 1992 年范本中曾经出现的一项例外,即针对根据 GATT 框架内任何未来的多边协定给予的优惠。在乌拉圭回合谈判期间,GATT 例外已经被插入以避免与美国缔结 BIT 的国家获得美国在乌拉圭回合谈判期间所做减让而带来的利益。1994 年,乌拉圭回合谈判结束,美国的 BIT 谈判人员意识到在 BIT 中不需要规定一项针对在乌拉圭回合谈判期间所做减让的例外。与关税同盟例外情形一样,美国 BIT 谈判人员相信,由于美国愿意向 BIT 缔约相对方给予其在乌拉圭回合谈判所达成协定项下给予的全部待遇,它希望 BIT 缔约相对方根据 BIT 给予美国以它们在乌拉圭回合谈判中所做的任何减让。

取代这些例外的是规定于第 2 条第 2 款(b)项的一项新例外,即针对“世界知识产权组织主持下达成的多边协定规定的有关取得或维持知识产权的程序”。正如国务卿解释指出的,“这一规定明确了根据现行公约——比如《专利合作公约》——给予的某些程序性优惠不适用于 BIT。这一例外与乌拉圭回合谈判中达成的《与贸易有关的知识产权措施协定》《TRIPs 协定》以及《北美自由贸易协定》是并行的。”[42]这一规定的表述就是取自于 NAFTA 第 1703 条第 4 款。

1994 年范本把第 2 条中有关政治分支机构给予国民待遇的内容移到了新的第 15 条并作为该条第 1 款(b)项。第 15 条的其余内容规定了条约条款适用于政治分支机构和国家企业的问题。通过不再提及“相关活动”——整个 1994 年范本删除了该词,第 15 条第 1 款(b)项对于第 2 条做了实质性修改。第 15 条也把此前提及“根据本条规定”的待遇的内容修改为“国民待遇”。由此,这一改动推翻了 1984 年范本曾经就此做出的修改。

1994 年范本也修改了第 15 条中的相关表述,据此第 15 条适用于美国的州、领土或领地给予的待遇,而不是美国给予的待遇。这一改动只是澄清了此前表述的意图。第 15 条旨在处理这样一种情形,即某个州区别对待不同州的居民,但与 1994 年之前的范本所拟定的那样,它可能被误读为指的是美国政府区别对待不同州的居民。1994 年范本的表述使得不会再出现这种误读。此外,1994 年范本第 15 条增加了“类似情形”以此表明国民待遇是根据只向类似情形下的投资给予的待遇加以界定的。在 1991 年范本业已作出的修改基础上,这使第 15 条的表述更加符合第 2 条第 1 款规定的国民待遇义务,该第 1 款也是根据向类似情形下的投资给予的待遇界定国民待遇的。

最后,1994 年范本在“根据[……]法律与法律依法设立的公司”之后加了一个逗号。增加这个逗号没有改变句子的含义,只是纠正标点符号方面的一个错误。

七、2004 年范本

2004 年范本重构了国民待遇条款与最惠国待遇条款。新的第 3 条确保

---

[42] See, e. g., Georgia BIT submittal letter, at Ⅷ.

给予国民待遇,而新的第 4 条确保给予最惠国待遇。这一重构与 NAFTA 采取并且为美国分别与智利和新加坡缔结的自由贸易协定所遵循的做法是一致的。第 3 条和第 4 条都包含着多款,第 3 条分别确保向缔约另一方的投资者给予国民待遇与最惠国待遇,而第 4 条分别确保向涵盖投资给予国民待遇与最惠国待遇。与在 1994 年范本中的一样,2004 年范本中的国民待遇与最惠国待遇仍然只适用于投资的设立、并购、扩大、管理、实施、运作、出售或者其他的处置活动。

2004 年范本也明确了投资者与投资都有权享有国民待遇与最惠国待遇。1994 年之前最经常使用的范本要求东道国根据国民待遇与最惠国待遇"准许与对待"(permit and treat)投资。1994 年之前,这一要求也适用于与投资相关的活动。1994 年之前的范本中的表述明确规定涵盖投资有权享有国民待遇与最惠国待遇。它也隐含着涵盖投资者至少在某些情况下也是国民待遇与最惠国待遇条款的受益者。比如,"准许"投资的义务显然是针对投资者的义务,因为设立投资的正是投资者。1994 年范本确保在投资的设立、并购、扩大、管理、实施、运作、出售以及其他处置活动给予国民待遇与最惠国待遇,鉴于这些被列出的活动就是投资者所从事的,这同样隐含着该保护扩大适用于投资者。2004 年范本明确了这些非歧视义务同时适用于投资者与投资。

2004 年范本使用术语"类似情势"(in like circumstances)而非"类似情形"(in like situations)。术语上的这一变化是为了使 BIT 的表述在文体上与 NAFTA 中的表述保持一致,后者使用的"类似情势"。使用这两个不同术语无意认为它们之间存在实质上的区别。

2004 年范本把有关政治分支机构——比如州——给予国民待遇的内容移到第 3 条第 3 款。第 3 条第 3 款以"地区层面的政府"(regional level of government)取代了 1994 年范本中使用的"州、领土或领地"。第 3 条第 3 款恢复了根据国民待遇条款给予"待遇"而非"国民待遇"表述的做法,但这一变化没有实质性意义。在描述给予的待遇时,2004 年范本使用的术语是"自然人"而非"国民",以及"企业"而非"公司"。2004 年范本一般都用"企业",而此前的范本在同样的地方使用的是"公司",但两个术语的外延被认为是一致的。与一般性的国民待遇义务一样,第 3 条第 3 款适用于赋予投资者或投资的待遇。

东道国要提供的待遇是指提供给"居住在地区层面的自然人与根据地

区层面的政府的法律组建的企业”的待遇。因而,BIT 谈判人员采纳的是此前 BIT 谈判范本,而非 NAFTA 的做法。NAFTA 规定,最惠国待遇应当给予任何东道国的投资者或投资,不论其是否居住在政治分支机构。在此情形下,NAFTA 强化了 BIT 提供的保护,但 BIT 谈判人员拒绝沿袭 NAFTA 的做法。

第 3 条中的这些表述在起草中存在一个失误,因为严格上说自然人不是“居住在”地区层面的政府。并且,“其他”一词其实是为了修饰“地区”而非“层面”。因而,第 3 条中的这些表述在未来应该被修改为规定“居住在……自然人……地区层面的其他政府”。

作为 2004 年范本中重构国民待遇与最惠国待遇的组成部分,有关列入附件之例外的表述被移入新标题为“不符措施”的第 14 条。这一规定的内容被做了修改,从而提高了透明度。在 1994 年范本中,缔约方列出了它们在哪些部门或事项有权利拒绝给予国民待遇或最惠国待遇。条约并未指明此类例外事实上是否存在,而只是保留设置此类例外的权利。2004 年范本的新做法是创设了两个相互独立的附件,据此,将背离国民待遇义务或最惠国待遇义务的现行措施在那些未来可以设置例外的部门或活动之外分别规定。这是向此前谈判范本做法的一种回归。1983 年范本已经要求任何缔约一方在 BIT 生效之时向缔约另一方通报所有现行例外措施以及未来可能采取的任何例外措施。1984 年时,1983 年范本被做了修改,据此任何缔约一方可以要求缔约另一方通报其所知道的现行例外措施。在 1994 年范本中,这些透明度义务被删除了。

因而,第 14 条第 2 款规定设立附件 II,该附件基本上继承了美国此前 BIT 范本规定的附件。更具体地说,第 14 条第 2 款规定,第 3、4 条规定的国民待遇义务与最惠国待遇义务不适用于缔约一方针对附件 II 中的清单规定的“部门(sectors)、分部门(subsectors),或者活动(activities)”采取或维持的任何措施。在措辞方面有两个变化引人关注:一个变化是增加了“分部门”一词。这一增加是有益的,因为它明确了在此前范本中被推定的一件事,即被列明的部门不需要符合任何既有分类表,并且部门可以从具有共性的不同层级加以描述。另一变化是,用“活动”取代了“事项”。这一变化无意于改变被纳入附件 II 的对象的范围。较之 1994 年范本中的附件,2004 年范本附件 II 的构造规定了更高水平的透明度。在遵守 NAFTA 的做法的同时,缔约方在 2004 年范本中不仅列明其可以做出保留的部门以及做出保留所涉及的义务,并且描述了相关部门的范围、列出了所有现行措施。虽然 1992 年以及之前的范本要求任何缔约一方应该向缔约另一方通报其知道的任何不符措施,但这些措施并未列明于 BIT 中。

第 14 条第 1 款(a)项产生了针对现行不符措施的另外两个附件,分别为"附件 I"和"附件 III"。两个附件之间的区别仅在于,附件 III 是为金融服务部门内的现行不符措施而设的,而附件 I 是用于所有其他的现行不符措施。

第 14 条第 1 款(a)项规定,第 3 条与第 4 条(关于国民待遇与最惠国待遇)不适用于附件 I 和附件 III 中列明的缔约方的中央或地区政府维持的任何现行不符措施或者缔约方的地方政府维持的任何不符措施。由此,2004 年范本与此前的范本是不同的,这是因为,在国民待遇与最惠国待遇方面,第 14 条针对地方政府维持的所有现行不符措施创设了一般例外,不管这些不符措施是否被列入附件中。中央或地区政府维持的现行不符措施只有在被列入附件的情况下才能豁免国民待遇与最惠国待遇义务。第 14 条第 1 款(b)项接着规定,例外也适用于任何此等不符措施的延续或者"迅速"恢复,这一问题在此前的范本中没有涉及。第 14 条第 1 款(c)项针对的是现行不符措施的修改问题。它规定,在修改不降低该措施与国民待遇或最惠国待遇义务,或者有关雇佣要求或履行要求规定的义务之相符性程度的情况下,该修改也豁免国民待遇与最惠国待遇义务。由此,第 14 条第 1 款(c)项采取了有时候被称之为"单向棘轮"(one-way ratchet)的做法。东道国可以修改某项措施以提高其与 BIT 项下义务的相符性。但是,修改不得降低相符性。[43] 此前的范本在附件中没有规定现在的不符措施与未来的不符措施,因而这些范本没有涉及获得延期或被修改的措施是否仍然属于现行措施。由于附件 I 和附件 III 保留了只是维持现行措施的权利,2004 年范本必须更清楚地界定哪些类型的措施被认定是现行措施。

这表明,与附件 II 相比,关于现行不符措施的附件 I 在某些方面更具限制性,因为附件 I 把现行措施——除非及时获得延期,否则它们就失去效力——以及对于这些现行措施所做的修改——除非它们不降低现行措施的相符性——排除在国民待遇与最惠国待遇之外。但是,这种更大的限制性产生的实际效果似乎是有限的,原因是,任何现行措施也可以通过在附件 II

---

[43] Daniel M. Price, "An Overview of the NAFTA Investment Chapter: Substantive Rules and Investor-State Dispute Settlement," 27 Int'l L. 727, 731(1993).

标明它们所适用的部门或活动，从而豁免适用国民待遇与最惠国待遇义务，附件 II 中没有对现行措施作出类似的限制性规定。附件 II 允许未来任何时候，在被列明部门或活动方面采取新的不符措施。

禁止缔约一方未来以投资者国籍为由采取要求投资者撤资之措施的规定被限于针对附件 II 允许采取的措施。当然，附件 I 和附件 III 只适用于现行措施以及针对现行措施所做的不降低其与国民待遇、最惠国待遇、履行要求以及雇佣条款相符性水平的修改。

附件 I 和附件 III 也增强了缔约方现行不符措施的透明度。与此前的范本不同，2004 年范本附件列出了现行不符措施并做了一般性描述。此前的范本只是简单地规定其中可以采取或维持不符措施的部门，以及可能被这些措施违背的条约义务。从附件中，投资者并不会知道缔约方在该部门中是否存在现行不符措施，或者只是保留在未来采取不符措施的权利。

2004 年范本修改了国民待遇与最惠国待遇的一般例外。关于知识产权的一般例外被一个不同的知识产权例外所取代。根据规定于第 14 条第 4 款中的新表述，第 3、4 条分别规定的国民待遇与最惠国待遇义务不适用于《TRIPs 协定》第 3～5 条项下国民待遇与最惠国待遇义务之例外或减损此等义务范围内的任何措施。

进一步看，2004 年范本增加了两个一般例外：第一，第 14 条第 5 款把政府采购排除在国民待遇与最惠国待遇义务适用范围之外。这一政府采购不论是联邦层面、州层面，还是地方层面的。[44] 第二，第 14 条第 5 款(b)项把补贴与补助排除在国民待遇与最惠国待遇义务适用范围之外。此类补贴与补助包括政府支持下的贷款、担保以及保险。这两个新例外本质上赋予东道国更大的灵活性，而非施加政府规制，据此在公共资金支出方面区别对待本国投资与外国投资以及不同的外国投资。在第一波 BITs 中，美国在 BIT 附件中把政府补助与政府保险项目指定为美国有权保留不给予国民待遇的事项。在 1994 年范本中，美国扩大了国民待遇例外的范围，使其包括“补贴或补助，包括政府支持的贷款、担保与保险”。

---

[44] ADF Group v. United States, Rejoinder of the United States of America on Competence and Liability, page 3.

第三节　现代谈判范本中的绝对待遇标准

一、1983 年范本

1983 年范本保留了现代 FCNs 规定的绝对待遇标准。这些待遇标准规定于该范本第 2 条第 4 款。正如此前指出的，第 2 条的标题是“投资待遇”。

第一，任何缔约一方必须向涵盖投资给予“公平与公正待遇”。[45]正如此前已经指出的，现代 FCNs 通常规定向自然人、财产与企业给予“公正待遇”，并且在一些 FCNs 中使用术语“公平与公正待遇”。与在现代 FCNs 一样，1983 年范本第 2 条规定了在任何情形下可以适用的一般的投资保护标准，并且指出，在另一更具体之条款的含义不明确情况下，应该以一种公平与公正的方式解释该条款。正如作者在第六章第十一节第二目中解释的，1983 年范本还在另一个语境中使用公平与公正待遇的概念。具体来说，第 11 条第 1 款规定，在税收政策方面，任何缔约一方在投资待遇方面“应当努力给予公正与平等”。因而，公平与公正待遇的含义不被认为是狭窄、技术性的，而是一项在任何涉及投资之事项都必须适用的原则，但税收除外——只要求缔约方应该努力把该原则适用于税收政策。

在 1982 年评估欧洲国家缔结的 BITs 时，OECD 的国际投资与多边企业委员会指出，这一标准是 BITs 中共有的，但它质疑该标准的含义是什么以及该标准是否在非歧视义务与其他义务之外增加了新的内容。在试图回答它自己提出的问题时，该委员会指出，所有对此问题发表评论的 OECD 成员国得出的结论是，该标准确实提出了一项具有实质性意义的法律标准，它是“国际法的一般原则”，可以应用于投资待遇的所有方面。[46] 1986 年 8 月 11 日，针对美国缔结的第一批 BITs 寻求意见并给予同意批准而在参议院外交关系委员会进行作证时，美国助理贸易谈判代表哈维 · E. 贝尔（Harvey E. Bale, Jr.）解释指出，“BIT 中的每一条……都经过审慎谈判以便为美国投资

---

[45] 关于该标准的起源，see Stephen Vascianne, “The Fair and Equitable Treatment Standard in International Investment Law and Practice,” 1999 *Brit. Y. B. Int'l L.* 99. *See also* Ioana Tudor, *The Fair and Equitable Treatment Standard in the International Law of Foreign Investment* (2007).

[46] This report has been cited by the United States in some of its submissions in investor-state arbitrations.

者提供公平与公正的待遇;直言之,非歧视的待遇”。[47] 直言之,“公平与公正待遇”是一个宽泛的概念,它渗透入整个 BIT 中。贝尔把公平与公正待遇与非歧视相联系,但并未把二者相等同。美国的长期政策是,“公平与公正待遇”是一项绝对,而不是相对的标准。五年之后,这一标准仍未获良好地界定。比如,在 1991 年 12 月 26 日发表的美国外国投资政策声明中,乔治·H. W. 布什总统指出,“就法律与实践而言,美国为外国投资者提供了公平、公正,以及非歧视的待遇”,同时“美国的海外投资也应当获得公平、公正,以及非歧视性的待遇”。[48] 在起草 1983 年范本时,当时的想法是,这一标准的确切含义将随着条约实践——包括根据争端解决条款进行的仲裁——的发展而逐步加以界定。

不过,20 世纪 90 年代,美国开始接受这样一种理解,即公平与公正待遇是一个具有更具体含义的术语。在针对 *Loewen v. United States* 案提交的答辩状中,美国主张,公平与公正待遇标准“充其量只是便捷地提及有关国家因其对待其他国家的国民而承担责任的习惯国际法体系之构成要素。”[49]正如下文会看到的,1992 年缔结的 NAFTA 明确规定把公平与公正待遇标准认定为习惯国际法的一个构成要素。不过,美国从未对公平与公正待遇做出界定,但在 2004 年范本中美国指出公平与公正待遇特别要求正当程序。

第二,涵盖投资必须“获得充分的保护与安全”,这一措辞相当于现代 FCNs 中的“最持续的保护与安全”,也类似于 19 世纪 FCNs 中使用的表述。根据这一条款,东道国应当给予合理的注意以保护投资免受政府或私人的侵害。正如美国在 *Loewen v. United States* 案中提交的答辩状中解释的,公平与公正待遇由习惯国际法界定,“它没有扩大或者修正习惯国际法项下的最低待遇标准”,[50]即合理的注意。美国也指出,以往认定违反有关充分保护与安全之习惯国际法义务的案例“只限于一国未能针对物理上侵犯外国人或其财产的具有刑事犯罪性质的行为提供合理的警察保护。”[51]

第三,1983 年范本规定,任何缔约一方不得采取“专断与歧视性措施”损

---

[47] The committee never published the transcript of that hearing, but Dr. Bale provided me with a copy of his testimony at the time.

[48] 1991 – 1999 Digest of U. S. Practice in International Law, *supra* note 18, at 1462.

[49] Counter-memorial, at 172. See also *Pope & Talbot v. Canada*, Fourth Submission of the United States of America, para. 5.

[50] *Loewen* counter-memorial, at p. 176.

[51] *Id.*.

害外国投资的管理、经营、维护、利用、行使、并购、扩大以及处置行为。这一规定对应于现代 FCNs 中禁止“不合理或歧视性措施”的规定。歧视性措施包括效果上的歧视性措施和目的上的歧视性措施。歧视可以是拒绝给予国民待遇、最惠国待遇或者针对特定投资者或投资采取任意的行动。使用连接词的目的是允许缔约方可以采取歧视性却不是任意的行动。

不得被损害之活动的清单大致是根据 OECD 制定的《关于保护外国人财产的公约》(草案)制定的。该公约(草案)规定,任何缔约方不得“采取不合理或歧视性的措施以任何方式损害其管理、维护、利用、行使,或者处置”。1983 年范本增加了“经营”,但对于其他术语而言似乎是多余的。更重要的,1983 年范本增加了“取得”与“扩大”。由此,1983 年范本把禁止采取任意与歧视性措施扩大到投资者设立或取得投资之后从而适用于投资者设立或并购投资的权利。1983 年范本新规定了四项一般意义上的绝对待遇标准。

首先,要求东道国“根据可适用的国内法”给予投资待遇。“可适用的”(applicable)一词——它与下文所讨论的同一句子中的其他文字是同时适用的,据此要求待遇必须满足国际法的要求——表明,如果国内法与国际法相冲突,则应当适用国际法。当然,一般来说,国际仲裁庭会适用国际法。[52] 无论如何,这一条款的目的是,在国内法较之国际法提供更好保护的情况下,应当为投资提供国内法上的好处。它的目的并非是,在国际法可以提供更好保护的情况下,允许东道国适用国内法以取代国际法。

其次,1983 年范本要求给予涵盖投资的待遇不得“低于国际法要求的待遇”。类似的表述已经是两次世界大战期间缔结的 FCNs 的重要内容,但它只偶而出现在现代 FCNs 中,[53]这尤其是因为人们担心援引习惯国际法事实上可能弱化条约的规定。[54]许多其他 BIT 条款要求应当向涵盖投资给予超出国际法要求的保护。显然,在这些情况下,BIT 缔约方必须遵守 BIT 规定的更高标准。

规定这一条款出于几个目的。它表明任何 BIT 条款都不允许东道国给予低于国际法要求的待遇。这一最低投资待遇标准的确立可以确保 BIT 的措辞不被曲解。可能更重要的是,通过援引,这一条款径直把习惯国际法纳

---

[52] *See, e. g.*, *Libyan American Oil Co. (LIAMCO) v. Libyan Arab Republic*, 20 *Int'l Leg. Mat.* 1 (1981); *TOPCO/CALASIATIC Arbitration*, 17 *Int'l Leg. Mat.* 1 (1978).

[53] *See, e. g.*, *Libyan American Oil Co. (LIAMCO) v. Libyan Arab Republic*, 20 *Int'l Leg. Mat.* 1 (1981); *TOPCO/CALASIATIC Arbitration*, 17 *Int'l Leg. Mat.* 1 (1978).

[54] See Wilson 1960, *supra* chap. 2, note 53, at 122 – 24.

入 BIT。通过把所有违反有关投资的习惯国际法的行为转化为条约违反行为，这一条款使得投资者或其母国可以利用投资者—国家或国家—国家争端解决机制实施习惯国际法。

最后，这一条款实际上可以充当所有争端解决条款中的明示的法律选择条款。由于投资待遇必须不得低于国际法要求的水平，国际法为裁判提供了准据法规则，除非国内法规定的待遇更加优惠。由于权利保留条款以及前文讨论过的要求根据可适用的国内法规则给予待遇，国内法在那些情况下将被适用。

根据 1983 年范本新规定的第三个绝对待遇标准，任何缔约一方应当信守“与[缔约另一方的国民与公司的]投资有关的……义务”。FCNs 中没有与此相对应的条款。该条款规定，东道国应当遵守因投资或者针对投资而向投资者做出的承诺。虽然总体上说合同在国内法规定的范围内是可以执行的，但通过要求把此种承诺当作一种国际法事项加以遵守，并能通过投资者—国家和国家—国家争端解决条款创设了执行此种合同的国际性法庭，该条款把合同国际化了。这一条款使东道国不能主张，因为合同是根据国内法签署的，因此国家有权力单方废除针对投资做出的承诺。

根据投资者—国家争端解决条款，投资者可以把有关违反投资协议或投资授权的诉求提交仲裁。这一条款中的“投资协议”与“投资授权”的含义要窄于与遵守合同义务之条款项下义务的类别。然而，只要某项义务构成投资协议或投资授权，则投资者—国家争端解决条款就提供了另一个依据，据此，该义务的内容可以经由 BIT 获得履行。

最后，1983 年第 2 条第 1 款规定，任何缔约一方“应当努力维持”有利于投资的环境。这一条款是为了强调创设有利于投资的环境是 BIT 的一个主要目标，因而为解释 BIT 的其他条款提供了依据。使用“应当”这一措辞表明，这一条款确实创设了义务，但该义务只是“努力”维持有利于投资的环境。尽管如此，东道国针对涵盖投资采取的恶意行为可能被认为违反了努力维持有利于投资的环境的义务。

较之此后美国发布的 BIT 谈判范本，1983 年范本包含着更多的关于一般性绝对投资待遇标准的条款。1984 年范本删除了其中两个标准，而在那之后的 21 年，绝对投资待遇标准的数量逐步被减少到只剩下一个，即根据习惯国际法给予的待遇，但这显然包括另外两个标准，即公平与公正待遇和充分的保护与安全。

尽管这些标准被删除了,为相关 BITs——这些标准在其中已经被删除——涵盖的在美外国投资仍然可以通过援引其中的最惠国待遇条款获得绝对待遇标准带来的好处,该最惠国待遇条款使在美外国投资有权主张获得美国向类似情形下的任何 BIT 涵盖投资给予的保护。这些 BITs 中有一个例外,比如美国—乌拉圭 BIT 把根据此前缔结的双边或多边协定做出的承诺排除在最惠国待遇条款的适用范围之外。但与此同时,为相关 BITs——这些标准在其中已经被删除——涵盖的美国投资者却不能主张这些绝对待遇标准带来的利益。由此,删除这些绝对待遇标准的实际结果是,降低了美国海外投资者,而非在美国的来自 BIT 缔约相对方的投资者获得的保护。不过,保护的降低多大程度上能够归因于这些标准遭到删除并不清楚。正如在下文会看到的,可以认为某些被删除的标准是 BITs 中仍然保留着的国际最低标准的组成部分。

二、1984 年范本

在 1984 年范本中,一般的绝对待遇条款规定于第 2 条第 2 款。正如此前指出的,1984 年范本删除了第 2 条的标题。1984 年范本也导致 1983 年范本中相关条款发生两个变化。

第一,1984 年范本删除了 1983 年范本中规定根据国内法给予待遇的条款。在 BIT 中援引国内法本身就是成问题的。国内法充其量只能提供有限的保护,因为一国可以修改国内法。最坏的情况是,不管援引条款表达得多么缜密,这些援引都可能促使仲裁庭适用东道国法律而非国际法。总的来说,可以认为这一条款导致被曲解的风险超过了它带来的额外保护。要求给予不低于国内投资所获待遇的国民待遇条款有效确保了向涵盖投资给予根据国内法向国内投资给予的所有保护,因而很大程度上使这一被删除的条款变得不再必要。

第二,1984 年范本也删除了有关要求缔约方努力维持有利于投资的环境的条款。制定 1984 年范本的主要动因是,缩减范本的篇幅。考虑到这一目标,这一条款被认为对投资者来说不具有足够的价值使之可以保留在范本中。

三、1987 年范本

1987 年范本中,一般性绝对待遇条款规定于第 2 条第 2 款。第 2 条第 2

款与 1984 年范本的相关条款是一致的。

四、1991 年范本

在 1991 年范本中，一般意义上的绝对待遇条款规定于第 2 条第 2 款。不过，条款的格式发生了变化，第 2 款被细分成三段。

关于专断与歧视性措施的规定——规定于第 2 条第 2 款(b)项——被增加了一个句子，它规定"为第 6、7 条项下争端解决计，一项措施可能是专断与歧视性的，尽管争端当事一方有机会或者已经利用机会在缔约一方的法院或行政法庭审查了此类措施"。插入这一句是针对国际法院就 Electronica Sicula 案[55]所做判决的一个回应，在该案中，国际法院判决认为，巴勒莫市长针对美国投资采取的行动没有违反美国与意大利缔结的友好、通商与航海条约，因为这些行为根据意大利的法律是可以审查的。

五、1992 年范本

在 1992 年范本中，一般的绝对待遇条款规定于第 2 条第 2 款。通过把其中的"与"(and)替换为"或"(or)，1992 年范本修改了有关专断与歧视性措施的条款。这把该条款的适用范围扩大到那些专断的措施或者歧视性的措施。这与现代 FCNs 中的表述是一致的。

六、1994 年范本

1994 年范本中的一般的绝对待遇条款——规定于第 2 条第 3 款——在若干个重要方面发生了变化。

第一，删除了规定缔约方信守在投资方面承担的义务的规定。NAFTA 中已经没有规定这一条款，并且，尤其由于《能源宪章条约》的谈判，美国的 BIT 谈判人员关注该条款可能的适用范围。"义务"一词可能被赋予范本起草者从未有意设定的范围，比如，该义务系指一项条约义务，据此认为关于投资的任何条约义务在投资者—国家争端解决条款项下都可以获得执行。在面临选择努力澄清该条款的适用范围或者是彻底予以删除的情况下，美国的 BIT 谈判人员选择了后者。不过，这一删除造成的效果在三个方面受

---

[55] (United States v. Italy), 1989 I. C. J. Rep. 15. See F. A. Mann, "Foreign Investment in the International Court of Justice: The *ELSI* Case," 86 *Am. J. Int' l L.* 92 (1992); Sean D. Murphy, "The *ELSI* Case: An Investment Dispute at the International Court of Justice," 16 *Yale J. Int' lL.* 391 (1991).

到了限制:第一方面,正如国务卿在基于 1984 年范本谈判达成之 BITs 所附的呈报函中指出的,要求根据习惯国际法给予待遇——这一要求仍然存在——"默示地纳入了其他基本的国际法规则:比如,缔约一方不得以主权为由单方撤销或修改其对投资者与投资的(尤其合同)义务"。[56]描述有关基本国际法规则的第一个例子的表述与有时候用于归纳 1994 年范本中被删除之义务条款的内容表述实际上是相同的。[57]换言之,国务卿的呈报函表明,被删除的标准是习惯国际法的一个构成要素,而后者仍然为涵盖投资提供保护。第二方面,投资者—国家争端解决条款仍然允许投资者把由于投资协议或投资授权产生的或者与投资协议或投资授权相关的诉求提交仲裁。1994 年范本第 1 条(h)项把投资协议界定为缔约一方的国内主管部门与缔约另一方的涵盖投资、国民或公司签订的书面协议,该协议向国内主管部门控制的自然资源或其他资产以及投资、自然人或公司在设立或并购涵盖投资时赋予权利。第 1 条(g)项把投资授权界定为缔约一方的外国投资主管部门向缔约另一方的涵盖投资、国民或公司赋予的授权。这些定义尤其意在把缔约一方的政治分支机构——但非中央政府——做出的承诺排除在外。无论如何,这些定义为执行东道国向涵盖投资或投资者做出的许多契约性承诺提供了依据。第三方面,正如在第八章第二节第六目中讨论的,1994 年范本中也包含新的表述,针对从书面形式就投资回报的汇回规定的义务的履行问题做了规定。

第二,1992 年范本中针对专断与歧视性措施的条款所作的修改被推翻了下来。在 1992 年范本中插入的"或"(or)被修改为"与"(and),后者出现于 1992 年之前的 BIT 范本中。美国的 BIT 谈判人员认识到,1992 年范本中用"或"(or)取代"与"(and)是错误的,为此他们寻求尽早予以改正。

在同一条款中,"专断"一词用"不合理"取代,现代 FCNs 使用的是后者。"不合理"一词被认为与其他国家的用语习惯更一致。这一变动无意改变其含义。

1994 年范本也删除了在 *Electronica Sicula*(*ELSI*)案判决作出后插入的表述。此前插入的表述规定,一项措施可能是专断或歧视性的,尽管当事一方有机会或者已经利用相关机会在东道国的法院或行政法庭审查该措施。对于在美国—牙买加 BIT 中以"不合理或歧视性"取代 ELSI 案后美国对其

---

[56] See, e. g., Georgia BIT submittal letter, at Ⅸ.

[57] See, e. g., Estonia BIT submittal letter, at Ⅸ.

BIT 范本相关内容作出的改动，国务卿提交的随附于美国—牙买加 BIT——在 1994 年范本筹备过程中签署的——呈报函做了解释。[58] 不过，美国—牙买加 BIT 中的表述不同于 1994 年范本中的表述，因为前者使用的是“或”(or)而非“与”(and)。

经过重新表述，不合理与歧视性措施条款适用的行为之清单非常类似于国民待遇与最惠国待遇条款适用的行为之清单。具体来说，1992 年范本已经禁止采取损害投资管理、运作、维持、使用、利用、并购、扩大或者处置行为的措施。1994 年范本删除了“维持”“使用”“利用”，但增加了“实施”(conduct)。美国的 BIT 谈判人员这么做并不是为了改变该条款的实质内容。他们认为，“实施”一词包括了维持、使用，以及利用。此外，“处置”改成为“出售或其他处置行为”，但这只是文体上的变化。

针对该条款的一个变化是实质性的，即新的表述把“并购”和“扩大”从行为清单中删除了。这是一个审慎的决定，它使得该条款不适用于设立权。正如作者在第五章第二节第六目中指出的，1994 年范本在设立权方面仍然规定了国民待遇与最惠国待遇，除非在附件中做出保留。由此，新的“不合理与歧视性措施”条款中的行为清单与国民待遇和最惠国待遇条款中的行为清单是一致的，区别在于，后者也适用于设立权而前者不适用于设立权。

1994 年范本针对第 2 条第 3 款也做了某些文体上的变化。它以一种肯定的方式要求给予公平与公正待遇、充分的保护与安全，以及给予不低于国际法规定的待遇，这使得第 3 款从文体上说与其他一般的绝对待遇标准一致，并且明确了以往隐含着的内容，即这些条款规定的义务适用于协定缔约方。1994 年范本用“涵盖投资”替代“投资”，这一变化只是明确了以往隐含着的内容。有关禁止给予“低于”国际法规定的待遇的表述现在改为禁止给予“优惠程度不低于”国际法规定的待遇。

七、2004 年范本

2004 年范本中的一般性的绝对待遇条款规定在第 5 条，该条的标题是“最低待遇标准”。在起草 2004 年范本的过程中，1994 年范本中的相关文本被做了重要变化。正如标题——这一措辞通常被用来指东道国根据习惯国际法给予外国投资的保护——可能表明的，这些变化的最终结果是，一般的

---

[58] Jamaica BIT submittal letter, at Ⅷ.

绝对待遇条款目前无疑是一项独立的标准:即不低于习惯国际法规定的待遇。

修改后的文本明确了"公平与公正待遇"标准与"充分的保护与安全"标准都是习惯国际法的构成要素。新的表述与 NAFTA 以及其他 FTAs 中的表述实质上是相同的。

在美国条约实践中,NAFTA 的明确规定,即公平与公正待遇和充分的保护与安全都是习惯国际法的构成要素,是一个新事物。自两次世界大战期间缔结的 FCNs 以来,充分的保护与安全已经被认定是习惯国际法的构成要素,但当时它被称为"最持久的保护与安全"。20 世纪 50 年代,国际最低标准概念受到批判,美国从在其缔结的 FCNs 中援引习惯国际法转向寻求确立一项新的待遇标准,即公平与公正待遇和禁止专断与歧视性待遇,以补充最持久的保护与安全标准。1967 年,OECD 起草了《关于保护外国人财产的公约》(草案),该"公约"(草案)第 1 条第 1 款纳入了源于美国缔结的 FCNs 中的所有三项标准。该"公约"(草案)注 1 指出存在"一项业已确立的一般国际法原则,即一国有义务尊重并保护其他国家的国民的财产",并且美国所缔结的 FCNs 中的所有三项标准都是国际最低标准的组成部分。根据该"公约"(草案),源于 FCNs 的这三项标准并未穷尽习惯国际法的内容。比如,针对第 3 条的注 1(b)表明,习惯国际法也对一国征收外国人的财产之权利施加了限制。然而,该"公约"(草案)从未开放签署。

当然,该"公约"(草案)并未缓解国际最低标准在其是否存在以及内容是什么方面受到的批判,这种批判在 20 世纪 70 年代反而变得更尖锐,这促使美国在 1977 年时启动 BIT 计划。[59]在 1982 年以及之后的范本中,美国重新援引了习惯国际法,而习惯国际法在第二次世界大战结束后美国缔结的 FCNs 中有关外国人财产的条款中只是偶尔被援引。比如,1982 年 1 月 11 日发布的 BIT 范本第 2 条第 5 款规定:"投资的待遇、保护与安全从来都不得低于国际法规定的水平"。不过,作为美国的前 FCNs 谈判人员,美国的 BIT 谈判人员很快认识到,考虑到围绕着国际最低标准存在的争议,仅仅依靠该标准是不够的。由此,1983 年范本第 2 条第 4 款规定,应当向投资提供公平与公正待遇和充分的保护与安全。第二句规定根据国内法与国际法给予待遇。第三句禁止采取专断与歧视性措施。第四句增加了一项新的标

---

[59] 参见第二章第三节。

准，即要求应当遵守在投资方面承担的义务。由此，连同国民待遇要求、根据国际法给予待遇的要求，以及信守义务的要求，FCNs 确立的三项标准被合并到同一条中。

通过删除对国内法要求的提及，1984 年范本缩减了文本篇幅，这一删除的结果是，在提及公平与公正待遇和充分的保护与安全之后紧接着就援引了习惯国际法。由于所有这三者都是肯定性的义务，而 1984 年范本的目的是使范本文本更流畅，因而它们被合并到同一个句子中。禁止采取专断与歧视性措施——属于 FCN 中的第三项标准并且被 1967 年 OECD 的“公约”（草案）声称构成习惯国际法的组成部分——仍然保留在单独的句子中，信守义务条款也是如此。

在 NAFTA 谈判过程中，美国试图纳入参照 1984 年范本第 2 条第 2 款第一句的一个条款。从未缔结过 BIT 的墨西哥愿意接受公平与公正待遇和充分的保护与安全，但希望不要援引习惯国际法。最终，美国获得巨大胜利，墨西哥同意纳入有关根据习惯国际法提供待遇的要求，但“习惯”一词被省略，而是以默示方式存在。最终的表述不仅规定根据习惯国际法提供充分的保护与安全，也规定根据习惯国际法提供公平与公正待遇。FCNs 中的第三项标准，即禁止专断与歧视性待遇，未被提出予以纳入，因而并未出现在 NAFTA 中。由此，NAFTA 谈判使墨西哥接受了 1967 年 OECD 起草的“公约”（草案）试图实现的目标：承认基于习惯国际法的国际最低标准以及认定该标准之内容的某种标准，具体地说，它不仅要求给予充分的保护与安全，还要求给予公平与公正待遇。

同时，NAFTA 谈判对于 BIT 中的一般的绝对待遇标准条款只具有有限的影响。这一条款发生的变化很大程度上并非源于美国的提议，而是与其他谈判方之间妥协的结果。美国 1994 年 BIT 范本——美国可以完全控制范本的起草——仍然使用 1984 年范本中的表述，因为它规定给予公平与公正待遇、充分的保护与安全、根据习惯国际法给予待遇，以及禁止采取专断与歧视性措施。在 1984 年范本缩减有关绝对待遇条款的十年后，1994 年范本删除了有关遵守义务的条款，该条款在 NAFTA 中也被删除了。不过，1994 年范本保留了有关禁止采取专断与歧视性措施的规定，而它也没有出现在 NAFTA 中。

在 1997 年之后根据 NAFTA 提起的多起案件中，仲裁申请人主张，公平与公正待遇与/或者充分的保护与安全独立存在于习惯国际法之外，因而它们的内容并不当然由习惯国际法确定。[60] 美国的立场是,NAFTA 中的表述正是美国说过的:公平与公正待遇和充分的保护与安全都是习惯国际法项下的义务。因而,2004 年范本中的表述与美国在根据 NAFTA 组建以审理相关诉求的仲裁庭中表达的立场是一致的。此外,美国认为,这是它的一贯立场,尽管它针对该问题发布的某些公开声明其实并非完全一致。

比如,1992 年 7 月,国务院向参议院提交了一份针对 1992 年范本的书面说明。该说明指出,第 2 条第 2 款"继续确保……根据国际法给予的'公平与公正'待遇"。这句话似乎表明,公平与公正待遇或者是习惯国际法的组成部分,或者与习惯国际法有密切联系。接着,第 2 款"也禁止缔约方通过采取专断与/或歧视性做法损害投资的管理、运作、维持、使用、利用、并购、扩大或者处置。该款规定了基于习惯国际法的最低待遇标准。"后两个句子也似乎意味着,公平与公正待遇标准和禁止专断与歧视性待遇标准是习惯国际法的构成要素。

在发布 1992 年 7 月书面说明一年多后,国务院开始把对于一般的绝对待遇条款的说明纳入它提交的呈报函中。在落款为 1993 年 8 月 25 日的针对美国—摩尔多瓦 BIT 提交的呈报函中,国务卿认为"第 3 款确保应当根据国际法向投资给予'公平与公正'待遇。它也禁止缔约方"throughout"(原文如此)专断与/或歧视性做法损害投资的管理、运作、维持、使用、利用、并购、扩大或者处置。该条款阐述了基于习惯国际法的最低待遇标准。"因而,美国—摩尔多瓦 BIT 似乎证实了 1992 年书面说明中的实质内容。两天后针对美国—亚美尼亚 BIT 提交的呈报函中的表述与此相同,除了把"throughout"改为"through"。

不过,没过几天,国务院改变了它的呈报函。落款日期为 1993 年 9 月 4 日的针对美国—哈萨克斯坦 BIT 提交的呈报函指出,第 2 条第 2 款"进而确保投资应当被给予'公平与公正'待遇。它也禁止缔约方通过专断与/或歧视性做法损害投资的管理、运作、维持、使用、利用、并购、扩大或者处置。该条款也阐述了基于习惯国际法的最低待遇标准。"[61]落款日期为 1993 年 9 月 7 日的针对美国—厄瓜多尔 BIT 和美国—吉尔吉斯斯坦 BIT 提交的呈报函与此相同。增加"也"(also)似乎是为了有意表明,公平与公正待遇标准和禁止专断与歧视性措施是独立于习惯国际法标准之外的。

---

[60] 参见第五章第六节第二目。

[61] Kazakhshstan BIT submittal letter, at Ⅷ.

与此同时，在一份以美国贸易谈判副代表的身份向参议院外交关系委员会提交的声明中，沙琳·巴舍尔夫斯基大使指出“美国的海外财产应该获得公平与公正待遇，包括那些国际法规定的标准”。[62]可见，美国贸易谈判代表的理解是，公平与公正待遇是一项包括习惯国际法的构成要素，但似乎并不仅限于这些构成要素的标准。

一年后，国务院放弃了“也”(also)，恢复到针对美国—摩尔多瓦 BIT 和美国—亚美尼亚 BIT 所提交呈报函中的表达做法。落款日期为 1994 年 9 月 7 日的针对美国—白俄罗斯 BIT 提交的呈报函指出，第 2 条第 3 款“确保投资应当被给予‘公平与公正待遇’。它也禁止缔约方通过专断与/或歧视性做法损害投资的管理、运作、维持、使用、利用、并购、扩大或者处置。该条款阐述了基于习惯国际法的最低待遇标准。”[63]落款日期为同一天的针对美国—乌克兰 BIT 提交的呈报函中的内容也与此相同。落款日期为同一天的针对美国—亚美尼亚 BIT 提交的呈报函与此类似，但前者使用“不合理”而非“专断”，并且前者插入了一个句子对这一变化做了说明。

大约一年后，在撰写第一份根据 1994 年范本缔结的 BIT 的呈报函时，国务院澄清了它的立场。在 1995 年 6 月 22 日针对美国—格鲁吉亚 BIT 提交的呈报函中，国务卿指出，“第 3 款规定了以习惯国际法中的标准为基础的最低待遇标准。诚如缔约方有义务不得采取不合理与歧视性措施损害涵盖投资的管理、实施、运作、出售或其他处置行为，它也明确提及给予‘公平与公正待遇’以及‘充分的保护与安全’的义务。一般性地提及国际法也默示地纳入了其他国际法规则：比如，缔约一方不得以主权为由单方废除或修改其对投资者与投资的义务(尤其合同)，并且投资者有权利要求缔约一方在实施征收时遵守此前做出的承诺。”[64]可见，美国—格鲁吉亚 BIT 的呈报函指出，公平与公正待遇是习惯国际法要求的一项标准，它不是国际最低待遇标准的同义词。相反，它只是最低待遇标准的一个组成部分。该呈报函也把禁止采取专断与歧视性措施纳入了习惯国际法规定的国际最低标准中，并且似乎也把信守对投资者与投资的义务的规定纳入该最低标准。

该呈报函的表述大约保持了五年而没有发生变化，但在向参议院提交根据 1992 年范本进行谈判的 BIT 时，国务院有时候会使用针对美国—白俄

---

[62] 1993 hearings, *supra* chap. 2, note 119, page 20.

[63] Belarus BIT submittal letter, at Ⅸ.

[64] Georgia BIT submittal letter, at Ⅷ–Ⅸ.

罗斯 BIT 和美国—乌克兰 BIT 所提交呈报函中的表述。在 2000 年 5 月 1 日针对美国—洪都拉斯 BIT 提交的呈报函中，国务院修改了相关表述，据此指出所援引的国际法乃系指习惯法而非指条约法历来是美国的意图。新的表述规定，“第 3 款规定了基于习惯国际法的最低待遇标准。给予‘公平与公正待遇’以及‘充分的保护与安全’的义务被明确地作出列举，据此缔约方有义务不得采取不合理与歧视性措施损害涵盖投资的管理、实施、运作、出售或其他处置行为。一般性地提及国际法也默示地纳入了与外国投资待遇有关的其他基本的习惯国际法规则。不过，第 3 款并没有纳入基于其他国际协定的义务。”该呈报函没有提及要求遵守对投资者与投资的义务的标准，该标准在 1994 年范本中已经被删除了。

因而，虽然国务卿早期提交的呈报函语焉不详，但到 1995 年中时国务卿已经颇为清晰地指出，公平与公正待遇、充分的保护与安全、有义务遵守在投资方面的义务，以及禁止采取专断与歧视性措施都是习惯国际法的构成要素。这些呈报函表明，这四个要素中的每一个都是习惯国际法要求的，但其中任何一个都没有穷尽国际最低标准的全部。

参议院外交关系委员会对于这种关系不那么清楚。比如，至迟至 2000 年 10 月，在提及提交给参议院的 10 个 BITs 时，外交关系委员会解释认为“缔约方同意向涵盖投资给予‘公平与公正待遇和充分的保护与安全’以及不低于国际法要求的最低待遇”。[65]

2004 年范本明确规定，公平与公正待遇和充分的保护与安全都是习惯国际法的构成要素。第 5 条规定：“任何缔约方都要根据习惯国际法向涵盖投资给予待遇，包括公平与公正待遇和充分的保护与安全”。进而，附于第 5 条标题的注释 7 规定，第 5 条应当根据标题为“习惯国际法”的附件 A 进行解释。美国的 BIT 谈判人员认为经由习惯国际法有助于阐明第 5 条的含义，而附件 A 就是这么做的。

附件 A 由两个句子组成。附件 A 第一句指出，缔约方“确认他们的共同理解”，即习惯国际法“源于普遍且一致的，基于一种法律义务感而进行的国家实践”。这些表述根据的是《美国对外关系法第三次诠释》(Third Restatement of the Foreign Relations Law of the United States)第 102 条。

第一句旨在实现两个目标：第一，通过认定习惯国际法是一个持续演进

---

[65] 2000 Report, *supra* chap. 2, note 149, at 5.

的法律体系——它随着国家实践的变化而变化，并且不限于此前时期的原则，它旨在为投资者提供帮助。在一些仲裁案件中提出的一个问题是，习惯国际法是否需要根据发生在20世纪早期的案件——比如 *Neer v. Mexico* 案[66]——中确立的标准加以确定，那些标准被理解成把违反国际最低标准的违法行为限定于残暴的行为。第一句驳斥了这种观点，明确了习惯国际法——包括国际最低标准——随着时间的流逝而发生变化。第二，它也旨在提醒仲裁庭要注意习惯国际法是建立在国家实践与法律确信基础之上的。美国的 BIT 谈判人员担心的是，在没有这些表述的情况下，仲裁庭会获得基本上不受约束的裁量权从而阐述国际法原则。当然，仲裁裁决不会创设习惯国际法，但它们被《国际法院规约》第38条第1款认定是确定国际法渊源的一种辅助形式。通过采用《美国对外关系法第三次诠释》中被认为获得广泛接受的表述，2004年范本确认了有关习惯国际法起源的既有规则。

在起草附件A时，*Loewen v. United States* 案尤其受到关切。在 Loewen 案中，仲裁申请人主张，超过2000个双边投资条约构成的网络体现了国家实践，它产生了习惯国际法规则，而美国则违反了该规则。美国反驳认为，条约是特别法，并未生成习惯国际法规则，其原因尤其是，它们并非基于一种法律义务感。接受《美国对外关系法第三次诠释》中的习惯国际法定义——它明确要求存在法律确信——明确把美国在 *Loewen v. United States* 案中提出的主张纳入 BITs，并且努力避免接受这样一种主张，即在 BITs 中经常可以看到的条款已经创设了习惯国际法规则，并且通过要求根据习惯国际法给予待遇而被纳入2004年范本中。

附件A体现了美国投资政策的变迁。在美国早期的 BIT 计划中，BIT 谈判人员希望一个纳入充分、及时与有效的征收补偿标准的条约网络能够支撑作为习惯国际法规则的该标准。部分由于这个原因，美国拒绝缔结任何减损该标准的协定，以避免损害国家实践的普遍性与一致性。不过，附件A第一句部分是为了强化美国在诸如 Loewen 案中提出的主张，即 BITs 网络不能生成习惯国际法规则，至少缺乏某种独立的证明法律确信的东西。

针对第5条，即关于最低待遇标准的条款，附件A第二句规定："习惯国际法中关于外国人的最低待遇标准是指保护外国人经济权利与利益的所有习惯国际法原则"。这一句从非技术性的角度指出了国际"最低待遇标准"

---

[66] *U. S. A. (L. F. Neer) v. United Mexican States*, (United States-Mexico), October 15, 1926, 3 I. L. R. 213.

的含义。它明确了第5条所指的国际最低标准包括保护外国经济权利与利益的"所有"习惯国际法原则。为了消除任何可能的疑义,第5条第2款新增内容规定:"为了更加明确,第1款所指的习惯国际法中关于外国人的最低待遇标准是指赋予涵盖投资的最低待遇标准。"它接着规定公平与公正待遇和充分的保护与安全标准"不要求多于或者超过[习惯国际法中的最低]标准要求的待遇,也不创设额外的实体性权利。"

假设习惯国际法规定了给予公平与公正待遇和充分的保护与安全,这些标准的含义是什么仍然是一个问题。"充分的保护与安全"的含义已经获得较好理解。正如1967年OECD起草的"公约"(草案)第1条注5指出(针对具有同样含义的表述,即"最持续的保护与安全")的,充分的保护与安全表明"任何缔约一方的公共当局针对此种财产采取行动及其他措施时都有义务谨慎行事"。这是美国的BIT谈判人员对于该标准的一贯解释。

"公平与公正待遇"的含义不甚清晰,尽管美国有时候会把OECD的"公约"(草案)作为指导理解该待遇的一个来源。"公约"(草案)第1条注4(a)指出,公平与公正待遇标准要求给予"相关缔约方一般情况下向本国国民给予的[保护],但该标准由国际法规定,如果国内法规则或者国内行政实践达不到国际法的要求,该标准就变得较为严格"。所规定的保护其实是符合构成习惯国际法之组成部分的"最低标准"。在指出公平与公正待遇符合国际最低标准时,第1条注4(a)没有说清楚两个标准是一样的,抑或公平与公正待遇只是构成习惯国际法的一个组成部分。不过,第1条注1似乎做了澄清。该注指出:"普遍接受的一项国际法原则是,一国有义务尊重并保护其他国家的国民的财产。从这个基本原则衍生出来的三个规则包含于第1条(a)项中。"这三个规则包括要求公平与公正待遇、要求最持续的保护与安全,以及禁止采取不合理或歧视性措施损害投资。由此,注1没有把公平与公正待遇等同于国际最低标准,而是作为国际最低标准的一个组成部分。由于第1条把公平与公正待遇、最持续的保护与安全,以及禁止不合理或歧视性措施看作是并列的义务,这显然似乎是"公约"(草案)的意思。如果公平与公正待遇只是表示国际最低标准的另一个术语,那把最持续的保护与安全包括在内就是多此一举。然而,如果公平与公正待遇是习惯法的组成部分,"公约"(草案)中并没有任何东西解释除了根据国际法要求给予的待遇之外该标准还要求给予什么。关于不合理措施的注5指出:"在许多情形下[一项不合理的]措施也违反了'公平与公正待遇'标准"。然而,这并不当然穷尽公平与公正待遇标准的含义。正如前文指出的，20 世纪 80 年代早期，美国的 BIT 谈判人员认为应当在时间变化的过程中确定公平与公正待遇的含义。

1984 年，OECD 国际投资与多国企业委员会发布了一份报告，该报告简要涉及"公平与公正待遇"的含义。正如前文指出的，该报告涉及的真正问题是，公平与公正待遇标准增加了实质性的义务，抑或只是确认 BIT 中的其他义务，比如非歧视义务。正如 *Loewen v. United States* 案中美国在其提交的答辩状中解释的，所有针对这一点做出评论的 OECD 成员国都认为，"公平与公正待遇引进了一项实体性的法律标准，该标准指向国际法的一般原则"。[67]对于其是否意指《国际法院规约》第 38 条第 2 款意义上的"国际习惯"或者第 38 条第 3 款意义上的"文明国家承认的一般法律原则"，该报告语焉不详。然而，可以肯定的是，美国长期的立场是，公平与公正待遇是一项实体性的法律标准，而不只是确认 BIT 中的其他条约标准。

2004 年范本中的新表述试图澄清"公平与公正待遇"和"充分的保护与安全"的含义。第 5 条第 2 款(a)项规定，公平与公正待遇"包括有义务遵守体现于世界主要法律体系中的正当程序原则，在刑事、民事或行政裁判程序中不得拒绝司法"。第 5 条第 2 款(a)项的表述不是穷尽式的。直言之，该表述并未把公平与公正待遇的概念限定于有义务不得拒绝司法，而只是明确了该义务是公平与公正待遇标准的组成部分。美国评论指出，这一正当程序义务"并不要求立法机构向每个实体——它们可能受到立法的影响——提供个别、直接的通知，以及获得审理的机会"。[68] 美国也认为，较之体现于美国宪法中的正当程序概念，国际最低标准"必然更加难以达到"。[69]换言之，较之主张违反美国宪法中的正当程序条款，要证成违反国际最低标准之诉求更加困难。

第 5 条第 2 款(b)项规定充分的保护与安全"要求每个缔约方提供习惯国际法规定的警察保护水平"。美国指出，"不过，其中被认定违反了关于充分保护与安全的习惯国际法义务的情形限定于国家对于外国人的人身或财

---

[67] Counter-Memorial of the United States of America, page 172, note 89.

[68] *Grand River Enterprises v. United States*, Statement of Defense of Respondent United States of America, para. 113.

[69] *Loewen v. United States*, Response of the United States of America to the November 9, 2001, Submissions of the Governments of Canada and Mexico Pursuant to NAFTA Article 1128, page 9, note 15.

产受到物理上的侵犯未能提供合理的警察保护”。[70] 这一措辞精细的声明描述了已经被认定违反充分的保护与安全的情形，但不排除在未来发生的案件中存在某些违反了该义务的其他情形。

新的第 5 条也修正了有关投资不得被给予低于国际法要求的待遇的规定。正如此前提出的，第 5 条第 1 款中的新表述提及的是“习惯国际法”而非“国际法”。做出这一变动的目的是表明，这一表述并非要求遵守条约国际法。为了让这一意图清晰化，在第 5 条中插入第 3 款，该款规定：“认定本条约中的另一条款，或者另一国际协定被违反，不能进而认定本条也被违反了。”

在 2004 年范本中，有关不合理与歧视性措施的规定被删除了。这一规定没有出现在 NAFTA，或者 2002 年之后美国缔结的自由贸易协定中，这一删除促进了美国的政策，即协调 BIT 与自由贸易协定的内容。正如前文指出的，20 世纪 90 年代中期国务卿向总统所提交呈报函的立场是，与公平与公正待遇和充分的保护与安全标准一样，禁止采取不合理与歧视性措施也是习惯国际法的构成要素之一，因而它当然地被纳入第 5 条第 1 款。这一立场与 1967 年 OECD 制定的“公约”（草案）是一致的。因而，在起草 2004 年范本期间，人们同意认为，规定不合理与歧视性措施的条款是没有必要的，因为它隐含于国际最低待遇标准中。进一步看，正如在本章第六节第三、五目中会看到的，一些仲裁庭把公平与公正待遇解释为该待遇重复了全部或多数经由不合理与歧视性措施之规定提供的保护。

事实表明，更近一些年来，美国放弃了多个机会来主张国际最低待遇包括禁止不合理与歧视性措施。比如，在 *Methanex v. United States* 案中，美国主张习惯国际法并未一般性地禁止在经济方面区别对待外国人。[71] 这一主张显然并不足以否认存在禁止向外国投资给予不合理与歧视性待遇的义务。然而，美国进一步认为习惯国际法只是在某些情形下禁止歧视性做法，并且拒绝把东道国实施损害外国投资的不合理的歧视性行为包含在这些情形中。相反，美国列举了歧视性征收、法院在获得司法救济或待遇方面采取歧视性做法，以及由于发生武装冲突或内乱招致损失的补偿方面采取歧视

---

⑩ *Mondev v. United States*, Counter-Memorial on Competence and Liability of Respondent United States of America, page 37.

⑪ Amended Statement of Defense of Respondent United States of America, paras. 348, 367.

性做法。[72]正如美国解释指出的，"除了这些有限情形外，在经济方面尚未出现区别对待外国人的确定的习惯国际法规则。"[73]所有这些声明也没有明确抛弃美国在上述呈报函中表达的立场，即习惯国际法禁止不合理与歧视性的，并且损害外国投资的措施，但美国也没在近期的仲裁中抓住机会重申它的立场。

在 BIT 谈判范本中的绝对待遇条款方面发生的变化反映了仅仅在过去十余年间世界投资环境发生的深刻变化。1983 年时，美国面对的是这样的一个国际社会，即许多国家公然对外国投资表示敌意，并且质疑习惯国际法项下国际最低标准的存在。在那种背景下，美国的 BIT 谈判人员制定了一个绝对待遇条款，据此要求根据国际最低标准向涵盖投资给予待遇。不过，由于认识到该标准受到广泛质疑，他们也纳入了在"二战"后缔结的 FCNs——除了援引国际最低标准外（该最低标准是否存在及其内容为何都存在争议），它们为投资保护提供了文本基础——中规定的其他标准。然而，到了 20 世纪 90 年代，那种曾经普遍存在的敌意消失了，20 世纪 90 年代后期以来，众多的投资者—国家仲裁作出的裁决表明，仲裁庭有意在国际最低标准的架构下为涵盖投资提供有力的保护。如果说 20 世纪 80 年代的美国 BIT 谈判人员能够预见到在 20 世纪 90 年代末期时国际投资环境会发生如此显著的变化，并且预见到二十年后仲裁庭解释国际最低标准的方式，他们自己很可能会认为一条只援引国际最低标准的一般性绝对待遇条款已经足矣。事实上，那正是 1982 年时起草 BIT 谈判范本的情形。到 2002 年时，美国在 NAFTA 体制下成为多起案件的被告，因而担心美国缔结的自由贸易协定中的投资保护条款对美国的规制裁量权可能造成的影响，因此，国会要求，较之国内法，投资条款不得向外国投资者给予更多的实体性权利。因而，虽然 20 世纪 80 年代早期的美国 BIT 谈判人员担心的是国际最低标准会被解释得过于严格，而二十年后的 BIT 谈判人员担心的则是该标准会被解释得过于宽泛。

"不得给予更多的实体性权利"政策，即把投资条约项下的投资限制于根据美国法律向美国投资给予的保护的水平，可以被看作这样一种迹象，即美国在保护外国投资方面的保护主义在增强，并且甚至会采纳卡尔沃主义。不过，也可以认为，20 世纪 80 年代的美国 BIT 谈判人员会更加惬意于能够

[72] *Id.*, at paras. 374 – 376.

[73] *Id.*, at para. 377.

向美国海外投资提供与在美国的投资根据美国法律所获同等之待遇的投资条约,因而《2002 年两党贸易促进权限法》(TPA)设定的限制无论如何并没有降低美国 BIT 计划在其启动时想要提供的保护。

第四节　已经签署的 BITs

一、美国—埃及 BIT

美国—埃及 BIT 中的一般待遇条款规定于第 2 条第 1 ~4 款。它们的表述大体上沿袭 1983 年范本的规定,但做了许多修正。

比如,第 2 条包含着新的一项授权缔约方可以根据国内规划审查投资,但审查必须在最惠国待遇与国民待遇的基础上进行。具体来说,第 2 条第 3 款(b)项规定:"依据本条第 1 款和第 3 款(a)项,在非歧视的基础上,每个缔约方保留根据国内规划与优先次序批准投资的自由裁量权。"由于 1983 年范本没有规定绝对的设立权,而只规定享有最惠国待遇与国民待遇的权利,因此本条并未减损该范本创设的权利。

美国—埃及 BIT 议定书第 3 段(b)项中的相关规定允许埃及有权拒绝向有意在"有限的被指定专供埃及人投资使用的敏感地理区域"从事投资的美国投资者给予国民待遇。在设立此类投资方面,美国国民与公司有权利主张最惠国待遇。对于在某一区域被指定专供埃及人的投资使用之时业已设立的投资来说,这一规定并未授权创设国民待遇例外。这一规定是为了回应埃及提出的在某些敏感的边界区域的外国投资诱发的国家安全关切。该议定书要求,这些受限制的区域应该控制在最小的范围,并且它们不能"实质性地损害"美国投资者的投资机会。

以国家安全为由对美国投资设置地域限制与 BIT 的整体政策是相符合的。1983 年范本第 10 条把为维护公共秩序或缔约一方根本安全利益所必要的所有措施排除在 BIT 适用范围之外。因而,美国—埃及 BIT 可以说实现了与援引第 10 条所具有的同样效果。不过,美国—埃及 BIT 的谈判人员采取的思路更为可取。明确规定埃及有权对外国投资设置地域限制减少了此后就此类限制是否真正为保护埃及的安全利益所必需而产生分歧的可能性,并且消除了任何有关此类限制原则上是否可以允许采取的问题。

埃及要求对美国的范本做出两项修改,以适用埃及作为阿拉伯国家联盟成员国所承担的义务。

第一项修改涉及埃及承担的针对被列入附件之部门内的投资提供最惠国待遇的义务。在该议定书第4段中,针对任何缔约一方根据“一项特别的安全或地区安排,包括区域关税同盟或自由贸易区”向第三方的国民或公司提供的利益,美国—埃及BIT规定此等利益豁免适用最惠国待遇。

第二项修改是由于埃及的阿拉伯国家联盟成员国身份导致的,它涉及埃及在投资设立权方面整体上提供最惠国待遇的义务。该议定书第4段规定针对区域性关税同盟或自由贸易区的成员方身份带来的利益豁免适用最惠国待遇义务。就埃及而言,美国把“区域性”理解为指的是中东或非洲,但不是指欧洲。规定BIT义务的例外从而适应缔约方作为关税同盟或自由贸易区成员方的做法也见诸同样于1987年缔结的美国—摩洛哥BIT、美国—孟加拉国BIT及美国—海地BIT、1991年和1992年BIT范本,以及根据这些范本缔结的BITs。

美国—埃及BIT中出现的若干背离1983年范本的情形不是美国对埃及做出的让步,它们依据的是1982年谈判范本中的表述,该范本被用于美国与埃及的早期谈判中。

一个例子是,1983年范本没有要求某些一般的绝对待遇标准。美国—埃及BIT没有规定这些标准,而接受了1982年范本中的表述,即“投资的待遇、保护与安全决不能低于国际法与国内立法的要求”。美国—巴拿马BIT和美国—喀麦隆BIT中都有类似的表述。

这一规定是为了向投资者同时提供国内法与国际法上的保护。据此,如果国际法比国内法提供更好的保护,则适用国际法。同时,如果国内法在某些方面比国际法更加优惠,则投资者有权获得国内法赋予的额外保护。这与BIT的整体思路相符合。正如作者在本章其他地方指出的,[74]如果国际法与国内法发生冲突,国际仲裁庭通常会适用前者,并且第8条第3款(a)项明确允许任何缔约一方把国家—国家争端提交给仲裁庭,要求其根据国际法作出具有拘束力的决定。

遵循1982年范本的表述的另一例子是该范本第2条第1款——该款规定了适用设立权的相对待遇标准——中并未加入“类似情形”这一词组。但该词组在第2条第2款[应为第3款:译者注]——该款规定了适用于投资

---

[74] 参见第五章第三节第一目。

设立后的相对待遇标准——被保留了下来。这就是 1982 年谈判文本中使用的表述。美国的 BIT 谈判人员后来意识到没有在第 2 条第 1 款加入“类似情形”这一词组是一个失误,因而 1983 年范本第 2 条第 1、2 款都出现了“类似情形”词组。美国—民主刚果 BIT 推翻了美国—埃及 BIT 的做法,它在涉及投资设立权之待遇的条款中加入了“类似情形”这一词组,而在涉及投资设立后之待遇的条款却没有加入该词组。

可以认为,没有包含“处于类似情形”短语强化了这一待遇条款。“处于类似情形”这一短语限定或限制了投资的范围,确立了衡量向涵盖投资给予的待遇的标准。由于没有这一短语,涵盖投资都可以主张东道国向其或第三国的国民的任何投资给予的特权,不管该投资是否处于类似情形。尽管如此,某种可比性概念似乎隐含在任何一种相对待遇标准中,因而该短语真正添加了些什么是值得商榷的。

在谈判美国—埃及 BIT 中由于使用 1982 年范本而导致的背离 1983 年范本的另一个例子出现在该 BIT 第 2 条第 1 款,该条款涉及投资设立权的相对待遇标准。1983 年范本规定,任何缔约一方“应当[在国民待遇与最惠国待遇的基础上]……允许这些投资”的设立。美国—埃及 BIT 第 2 条第 1 款插入“在适用其法律、法规、行政业务惯例与程序方面”。这一表述源于 1982 年范本,但并未改变该第 2 条第 1 款的含义。美国—民主刚果 BIT 和美国—孟加拉国 BIT 中也有类似的表述。

美国—埃及 BIT 中由于使用 1982 年范本从而背离 1983 年范本的又一个例子是,把有关规定政治分支机构给予国民待遇的条款置于该 BIT 议定书第 3 段(a)项。美国—埃及 BIT 中有关政治分支机构给予国民待遇的表述并未出现于 1981 年范本与 1982 年早期的范本中,它们是在该 BIT 谈判过程中被插入的。就像 1984 年及之后的 BIT 范本以及美国—巴拿马 BIT、美国—摩洛哥 BIT、美国—民主刚果 BIT 一样,国民待遇的适用范围在美国—埃及 BIT 中被明确限定于由美国国家本身给予的待遇。通过把向其他州的居民与公司给予的待遇作为衡量国民待遇的标准,美国—埃及 BIT 也修正了 1982 年范本的一般待遇条款中的表述。1983 年范本使用“外州公司”(out-of-state companies)作为国民待遇的衡量标准。1991 年范本采纳了美国—埃及 BIT 的做法。

美国—埃及 BIT 的待遇条款中不能归结于使用 1982 年范本的一个变化是,插入了从埃及—德国 BIT 移植来的文字,这可能使美国—埃及 BIT 只适用于既有投资。美国—埃及 BIT 第 2 条第 2 款(b)项明确规定,只有在既有投资是“根据任何缔约一方各自现行法律允许”的情况下,条约才适用于此类既有投资。美国谈判人员没有发现在埃及的既有美国投资者同埃及政府间的相关安排不符合双边投资条约,但不能排除存在此类不相符的情形。[75]

谈判人员也强化了 1983 年范本中有关投资环境的表述。1983 年范本要求每个缔约方“努力维持”有利的投资环境。根据美国—埃及 BIT,“每个缔约方承诺[为投资]提供并维持有利的环境”。这是对 1983 年范本中有关投资环境条款的强化。美国—巴拿马 BIT、美国—民主刚果 BIT 以及美国—孟加拉国 BIT 都强化了 1983 年范本中的投资环境条款。

最后,与投资相关的活动的列举性清单——规定于美国—埃及 BIT 第 2 条第 2 款(a)项——也有若干细微的变化。合同的订立、履行与执行被限定于仅指与投资有关的合同,这与 1983 年范本的意图是一致的。财产的并购与处置被限定于仅指通过法律方式进行的并购与处置。关于这两个问题的表述也出现于美国—喀麦隆 BIT 中。借款被限定于从东道国金融机构按照市场条件进行的借款,而股份的发行与购买类似地也被限定于指在东道国金融市场进行的交易,这些表述类似于美国—巴拿马 BIT 中的表述。购买用于进口商品的外汇被扩大到指购买用于企业运作的外汇。但这一较宽泛的表述受到但书限制,即此类购买行为只有在“符合国家法规与业务惯例”的情况下才属于与投资相关的活动。

二、美国—巴拿马 BIT

美国—巴拿马 BIT 中的一般待遇条款——规定于第 2 条第 1、2 款——是根据 1984 年范本进行安排的,但它的表述更接近于 1983 年范本。与 1983 年范本的主要实体性区别是,国民待遇权利的取得要根据该 BIT 生效时生效的国内法律与法规。这不是对巴拿马的一个让步,而是存在于 1983 年之前某些范本中的规定,但这一规定此前被删除了。美国—摩洛哥 BIT 和美国—突尼斯 BIT 中也有类似的规定。与 1983 年范本一样,在美国—巴拿马 BIT 生效后针对国民待遇提出新的例外只有是针对被列入附件之部门的情况下才是被允许的,并且这些例外必须遵循最惠国待遇原则。美国—土耳其 BIT 和美国—波兰 BIT 也允许实施投资审查,但审查的权利不限于

---

[75] Egypt BIT submittal letter, at Ⅹ.

现行法。美国—俄罗斯 BIT 允许对大额投资实施为期五年的审查。

通过删除第 2 条第 1 款中的“努力”,美国—巴拿马 BIT 也强化了 1983 年范本中的表述,即缔约方“应当努力维持”有利的投资环境。相同的表述规定于美国—孟加拉国 BIT,美国—埃及 BIT 和美国—民主刚果 BIT 中也包含类似的表述。

偏离 1983 年范本的另一个地方是,美国—巴拿马 BIT 删除了有关明确授权缔约方根据互惠原则允许在公有土地上采矿的规定。由此,这似乎表明巴拿马有权在公有土地上采矿方面主张最惠国待遇,而不论巴拿马是否给予美国互惠,这与《美国矿区土地租赁法案》的规定是相悖的。不过,如果美国缔结的其他 BITs 在一般最惠国待遇条款中针对在公有土地上采矿规定了互惠要求,或者把在公有土地上采矿列入 BITs 附件中的最惠国待遇例外,则这些 BITs 的缔约相对方无权主张给予巴拿马的最惠国待遇。美国—巴拿马 BIT 没有规定互惠条款是因为作为该 BIT 早期谈判之基础的 1981 年与 1982 年范本中没有包含该条款。

对于 1983 年范本的某些非实质性背离也可以归结于在谈判中使用了 1981 年和 1982 年范本。比如,第 2 条第 2 款规定,应当“根据可适用的国内法与国际法”对待投资。类似的表述还出现于美国—埃及 BIT 和美国—喀麦隆 BIT 中。由于本章第三节所说的原因,可以明确的是,如果国际法与国内法提供不同水平的保护,则投资者有权主张更高水平的保护。

在美国—巴拿马 BIT 中,另一处由于在谈判中使用 1981 年和 1982 年范本文本从而导致背离 1983 年范本的是,缔约方把针对有关联邦制下的州给予外州公司国民待遇之条款置于它们同意达成的备忘录第 6 条,1983 年之前的范本中没有包含这些表述。与 1984 年范本、1987 年范本以及美国—埃及 BIT、美国—摩洛哥 BIT 以及美国—民主刚果 BIT 一样,美国—巴拿马 BIT 明确把国民待遇条款限定于由美国国家层面给予的待遇。美国—巴拿马 BIT 也明确规定,国民待遇条款规定的待遇是“根据本条约向巴拿马公司给予的国民待遇”。可见,对于美国如何给予巴拿马的国民——而非公司——国民待遇,美国—巴拿马 BIT 没有作出规定。1983 年范本中的国民待遇条款适用于给予缔约另一方的国民与公司。

美国—巴拿马 BIT 把“相关活动”的定义移到双方同意达成的备忘录的第 1 条,并做了细致改动。如果投资者从东道国金融机构借款,则借款行为属于相关活动;同时,如果在东道国金融市场发行与购买股份,则该发行与购买行为属于相关活动。美国—埃及 BIT 中也有类似的表述。美国—巴拿马 BIT 没有提及购买外汇,因为巴拿马使用的就是美元。最后,美国—巴拿马 BIT 在相关活动清单中增加了通讯、运输与公用设施,以及某些雇佣活动和司法救济权,这些将在本书其他地方加以讨论。[76]

三、美国—喀麦隆 BIT

美国—喀麦隆 BIT 中的一般待遇条款——规定于第 2 条第 1 ~ 4 款——在几个地方对 1983 年范本文本做了细微改动,但整体上没有实质性的变化。比如,1983 年范本第 2 条第 2 款规定,对于“既有投资与新投资”的待遇,取最惠国待遇与国民待遇中较优者。

美国—喀麦隆 BIT 在关于设立权的第 2 条第 1 款也插入了“既有投资与新投资”。这一变化表明,设立权与努力维持有利的投资环境同时适用于新投资与既有投资,这与 1983 年范本的意图一致。另一个非实质性的变化是,要求缔约方针对列入附件的部门“维持最低”数量的国民待遇例外被改写成要求这些例外应该“尽可能地受到限制”。

此外,通过删除其中的最后三款,美国—喀麦隆 BIT 第 2 条第 2 款规定的与投资相关的活动——有权享有最惠国待遇与国民待遇——的列举性清单被缩短了。不过,考虑到这一清单并不是穷尽性的,因此这一变化并不是实质性的。事实上,美国—喀麦隆 BIT 修改了该第 2 条第 2 款的内容,据此明确指出这一清单不是穷尽性的。两个被保留着的活动被修改的方式类似于美国—埃及 BIT 中发生的相应变化。合同的订立、履行及执行被限定于只包括与投资有关的合同,而如果个人财产系通过法律途径购买与处置,则属于与投资相关的活动。

最后,美国—喀麦隆 BIT 第 2 条第 4 款包含着类似于美国—埃及 BIT 和美国—巴拿马 BIT 中存在的内容,其规定“投资保护与安全应当根据可适用的国内法与国际法”。基于此前解释的原因,如果国际法较之国内法提供了更多的保护,应当适用国际法。

四、美国—摩洛哥 BIT

美国—摩洛哥 BIT 的一般待遇条款规定于第 2 条第 1 ~ 3 款。这些条款

---

[76] 参见第六章第二节以及第五节。

大幅修改了1983年范本的内容，在某些方面预示着1984年范本的做法。

由于1983年外国投资法中的所有权条款，摩洛哥坚持在设立权方面要对国民待遇加以限制。[77] 由此，美国—摩洛哥BIT第2条第1款规定的国民待遇只存在于“［每个缔约方的］现行法律与法规框架内”。美国—巴拿马BIT和美国—突尼斯BIT的规定与此类似。这一限制的效果是，就投资而言，允许任何在条约生效时已经存在的国民待遇例外。任何新增加的针对设立权的国民待遇例外都将违反美国—摩洛哥BIT，除非该例外针对的是被列入条约附件的部门的其中之一。

这一限制不符合BITs的整体理念。美国早期典型的谈判范本也允许在BIT生效时业已存在的国民待遇例外，这一表述在美国—巴拿马BIT中被保留了下来。美国缔结的所有BITs都允许缔约方指定豁免提供国民待遇之义务的经济部门或事项。与美国—巴拿马BIT一样，美国—摩洛哥BIT采取的模式是，通过援引现行法律体系规定一系列的例外。美国—土耳其BIT和美国—波兰BIT也允许进行投资审查，但审查的权利不限于现行法律。美国—俄罗斯BIT允许对大额投资进行为期五年的审查。

在美国—摩洛哥BIT中，允许缔约方指定豁免提供国民待遇之义务的某些部门或事项的条款被移到议定书第2段。通常被规定于附件且经援引被纳入条约正文的部门或事项被直接规定于该第2段。

由于摩洛哥保留了根据其现行投资法律拒绝向美国投资者给予国民待遇的权利，摩洛哥有权主张国民待遇例外的部门与事项清单比较简短。摩洛哥只是在政府补助、援助、贷款或保险的展期方面保留优待本国国民与公司的权利，这一变化某种程度上预示着在2004年范本中将要出现的表述。美国—摩洛哥BIT议定书删除了1983年范本中明确规定美国投资者在这些事项方面仍然有权享有最惠国待遇的表述。不过，这一删除并不重要，因为该议定书就其措辞来看只保留了拒绝给予国民待遇的权利，但条约正文中的关于最惠国待遇的一般要求并未受到影响。

其实，针对被列入附件的部门有权获得最惠国待遇在1983年范本中已经明确了，其唯一的原因是1983年范本规定享有最惠国待遇的一般权利要遵循第2条第3款——该第3款允许缔约方指定某些部门，进而允许缔约方就其在这些部门方面承担的一般义务规定例外措施。就美国—摩洛哥BIT

---

[77] See Morocco BIT submittal letter, at Ⅸ.

来说，该 BIT 议定书第 2 段（对应于 1983 年范本第 2 条第 3 款）规定摩洛哥保留向本国国民给予某些优惠的权利，但它没有允许摩洛哥可以减损其向美国投资者给予最惠国待遇的一般义务。因而，美国—摩洛哥 BIT 与美国—土耳其 BIT 是不同的，后者删除了明确保留在被豁免部门获得最惠国待遇之权利的表述，从而使土耳其不需要承担在被豁免部门中给予最惠国待遇的义务。

议定书第 2 段(b)项规定了美国在哪些部门与事项方面可以豁免给予国民待遇的义务。该(b)项使用的表述与 1983 年范本中的表述基本一致，由此它也明确要求在被列入例外清单的部门内提供最惠国待遇，规定把不动产排除在最惠国义务适用范围之外，并且允许仅在互惠基础上赋予在公有土地采矿的权利。

涉及国民待遇的一个变化似乎是把未来采取的国民待遇例外限制于被列入附件的部门或事项。具体来说，美国—摩洛哥 BIT 删除了 1983 年范本中的表述，该表述意味着在被列入附件的部门或事项方面未来可以采取国民待遇例外措施。美国认为这一删除意味着，未来只能通过修改条约才能采取例外措施。[78]美国—土耳其 BIT 也做了类似删除。正如作者在本书其他地方解释的，[79]美国—摩洛哥 BIT 中没有包括明确的条约修改条款。

美国—摩洛哥 BIT 议定书第 2 段(a)项允许把摩洛哥基于其作为共同市场、区域性关税同盟或自由贸易联盟的成员方而向第三国的国民提供的任何利益排除在最惠国义务之外。类似的内容也存在于美国与埃及、孟加拉国及海地缔结的 BITs、1987 年、1991 年和 1992 年范本以及根据这些范本缔结的 BITs 中。

在阐述美国—摩洛哥 BIT 中的关税同盟条款的影响时，向总统呈送该 BIT 的国务卿呈报函似乎有错误。该呈报函指出："同时被豁免国民待遇要求的是那些由于作为关税市场、区域性关税同盟或自由贸易联盟成员方而赋予其他国家的利益"。[80] 不过，关于待遇条款的实际文本规定"摩洛哥保留有权利……因参与共同市场、关税同盟或自由贸易联盟或作为其联系成员而被要求赋予某第三国的国民或公司的利益"。从措辞来看，这似乎只是减损享有最惠国待遇的权利，而享有国民待遇的权利则不受影响。

---

[78] Morocco BIT submittal letter, at Ⅸ - Ⅹ; Turkey BIT submittal letter, at Ⅸ - Ⅹ.

[79] 参见第十一章第五节。

[80] Morocco BIT submittal letter, at Ⅹ.

在一般待遇条款的表述方面，美国—摩洛哥 BIT 中包含着其他背离 1983 年范本的地方。其中最引人关注的可能是删除了“相关活动”的定义，这可能是为了使条款更简洁。针对此类相关活动提供非歧视性待遇的义务仍然存在。不过，考虑到 1983 年范本包含着“相关活动”的定义，摩洛哥显然清楚美国想要赋予该术语以什么样的含义。

其他的变动更不重要。比如，美国—摩洛哥 BIT 中没有规定根据缔约一方本国的法律给予投资待遇的内容，这一内容从 1984 年起就不再规定于 BIT 范本中。谈判人员也删除了美国 BIT 范本中有关要求缔约方努力维持一个有利的投资环境的内容；类似地，这些内容从 1984 年起就不再规定于美国 BIT 范本中。最后，有关界定政治分支机构提供之国民待遇的含义的条款被移到该 BIT 议定书第 3 段，并且与 1984 年范本、1987 年范本以及美国与埃及、巴拿马和民主刚果缔结的 BITs 一样，这种国民待遇只适用于由美国提供的待遇。

五、美国—民主刚果 BIT

美国—民主刚果 BIT 中的一般待遇条款规定于第 2 条第 1 ~ 4 款。它们沿袭了 1983 年范本的内容，但有许多细微的修改。

比如，美国—民主刚果 BIT 第 2 条第 1 款规定，每个缔约方应当“承诺”而非仅仅“努力”维持一个有利于来自缔约另一方国民的投资的环境，这是对该条款的强化。类似的强化表述也存在于美国与埃及、巴拿马及孟拉加国缔结的 BITs 中，但美国—摩洛哥 BIT 则完全删除了有关维持有利投资环境的条款。

美国—民主刚果 BIT 进而又增加了一个限定词，即这一有利的投资环境需要“根据其法律、法规及行政业务惯例与程序”。这一限定词似乎表明，虽然缔约方应当承诺维护一个有利的法律环境，但它们在非法律环境方面不承担具体的义务。

美国—民主刚果 BIT 中涉及相对待遇标准条款的一处变化非常有意思。1983 年范本要求向“类似情形”下的既有投资与新投资给予国民待遇与最惠国待遇。1982 年早期的一个范本针对设立新投资的权利没有规定“类似情形”，但针对已设立投资的待遇规定了“类似情形”，这种做法为美国—埃及 BIT 所遵循。美国—民主刚果 BIT 第 2 条第 1、2 款推翻了这种模式，从规定既有投资待遇的条款中删除了“类似情形”，但在关于设立权的条款中保留了“类似情形”。此外，在第2条第3款(a)项——它规定每个缔约方都有权拒绝给予国民待遇的部门——中，民主刚果声称，即使在这些部门中，缔约方在“类似情形”下也必须给予最惠国待遇，这表明BIT文本起草者实际上意在使“类似情形”适用于投资设立后的相对待遇标准，而省略该词组是起草过程中出现的一个失误，并非有意使其产生实质性的效果。正如此前针对美国—埃及BIT讨论的那样，可以认为省略“类似情形”强化了该相对待遇条款，但人们也可以认为，即便没有该词组，某种含义的可比较性也是内在于最惠国义务中的。

另一个值得注意的变化是，美国—民主刚果BIT限缩了1983年范本中的一项要求，即缔约一方应该向缔约另一方通报所有在条约生效时业已存在的所有国民待遇例外措施。美国—民主刚果BIT只是提及“[缔约方]认识到的”的例外措施。1984年范本增加了类似的限制。美国—民主刚果BIT确实隐含着缔约方有义务彼此通报它们后来认识到的现行例外措施。

提交给总统的美国—民主刚果BIT的国务卿呈报函中有一处与附件相关的错误。该呈报函指出：“民主刚果[把某些部门]豁免于国民待遇与设立权之外”。[81] 事实上，在被列入附件的部门方面，民主刚果与美国是平等的。两国都保留针对这些部门或事项制定新的国民待遇例外措施的权利。在这些部门中，民主刚果可以选择在投资设立方面拒绝给予国民待遇，但仍然必须提供最惠国待遇。

美国—民主刚果BIT第2条第2款中关于相关活动的说明性清单基于文体方面的原因被做了若干处细微修改。比如，在提及组建公司时根据可适用的法律被修改为可适用的国内法，这一变化澄清了缔约方的意图，但没有改变可适用法律的实质。一处其含义似乎不确定的变化是，拥有个人财产被扩大到指向所有财产，而“所有”被重新表述为“具有所有权的拥有”。

通过把“充分的”(full)一词从第2条第4款——要求任何缔约一方的国民与公司的投资获得“充分的保护与安全”——删除，美国—民主刚果BIT对一般性绝对待遇条款做出了修改。不过，这一变化是表面上的，因为充分的保护与安全标准是习惯国际法的构成要素。[82]第2条第4款的第二句规定涵盖投资应该被给予不低于国际法要求的待遇。

---

[81] D. R. Congo BIT submittal letter, at XI.

[82] See "Treaty Protection of Foreign Investment," 84 *Dept. St. Bull.* 62, 68 at note 68 (1984). 也可参见第五章第三节第一目以及第七节。

最后,美国—民主刚果 BIT 把界定政治分支机构给予国民待遇的条款置于该 BIT 议定书第 4 段。与 1984 年、1987 年范本以及美国与埃及、巴拿马以及摩洛哥缔结的 BITs 一样,从措辞来看,该规定也只适用于美国提供的待遇。

六、美国—孟加拉国 BIT

美国—孟加拉国 BIT 中的一般待遇条款规定于第 2 条第 1 ~3 款。它们以 1983 年范本为基础,但有一些变动。

美国—孟加拉国 BIT 议定书第 2 段规定,在被列入附件的部门方面,缔约一方因其作为区域性关税同盟或自由贸易区的成员方而负有具有拘束力之义务给予某一第三国提供任何的利益豁免给予最惠国待遇的义务。关税同盟例外也存在于美国与埃及、海地及摩洛哥缔结的 BITs、1987 年、1991 年及 1992 年范本以及根据这些范本缔结的 BITs 中。与美国—孟加拉国 BIT 中的相关规定一样,美国—海地 BIT 中的相关规定也只适用于被列入附件的部门。

美国—孟加拉国 BIT 稍微强化了有关投资环境的内容。该 BIT 第 2 条第 1 款规定,每个缔约方针对缔约另一方之国民与公司的投资“应当维持”一个有利的环境,从而取代了 1983 年范本中一定程度上较为弱化的“努力维持”之表述。相同的内容存在于美国—巴拿马 BIT,而类似的内容则存在于美国与埃及、民主刚果缔结的 BITs 中。

美国—孟加拉国 BIT 令人费解地改写了 1983 年范本中的相对待遇条款。1983 年范本中只是规定设立权的第 2 条第 1 款被改写成在投资设立后的待遇以及投资设立权方面确保给予最惠国待遇与国民待遇。除了第 2 条第 2 款中包含的“相关活动”的定义,这一变化使得该美国—孟加拉国 BIT 第 2 条第 2 款彻底沦为多余。无论如何,第 2 条第 2 款被全部保留下来,但它被移到该 BIT 议定书第 1 段并被做了细微改动。有关要求每个缔约方向缔约另一方的国民与公司的投资给予国民待遇与最惠国待遇的内容被修改为“应当根据其法律与法规给予”此类投资以国民待遇与最惠国待遇,这一改动不是实质性的。由于未获说明的原因,孟加拉国要求在相对待遇条款中援引国内法。由于美国的 BIT 谈判人员通常避免容易产生混淆的援引国内法做法,这一援引规定被移到该 BIT 议定书中从而弱化新表述的重要性,并降低由于该援引而诱发混淆的可能性。

为了进一步确保这一变化不会弱化美国—孟加拉国 BIT 的任何要求，谈判人员在该 BIT 议定书中新加入一句，即规定“法律与法规的适用不得损害本条约确保的权利的实质”。这一句子表明美国的谈判人员在考虑修改 BIT 范本中的语言时极为小心谨慎。正如本章第四节第一目中讨论的，被这一句子加以限定的对国内法的援引规定于 1982 年范本第 2 条第 1 款，而非第 2 条第 2 款；并且，除非被误读，不会损害投资者的利益。美国与埃及、民主刚果缔结的 BITs 中也有类似的表述。

七、美国—海地 BIT

美国—海地 BIT 中的一般待遇条款规定于第 2 条第 1 ~ 4 款。它们几乎都沿袭 1983 年范本中的表述。

在美国—海地 BIT 中确实存在对 1983 年范本规定的一般的绝对待遇标准的一个重大减损。它删除了 1983 年范本中有关每个缔约方都要信守对于投资承担义务的规定。海地建议删除这一规定的理由是，这一规定是“用词重复的”。美国—埃及 BIT 也删除了 1983 年范本中的这一规定，但原因则有所不同。

不过，这一删除的实际后果有限，原因是，美国—海地 BIT 仍然规定投资者有权把涉及违反投资协议与投资授权的争端诉诸第三方仲裁。因而，尽管缔约方信守针对投资之义务的规定被删除，但通过美国—海地 BIT 中的投资者—国家争端解决条款，投资协议或投资授权项下的义务仍然是可执行的。进一步看，正如本书第五章第三节第六目指出的，美国的立场是，当事一方有义务不得撤销其对投资者所负义务是习惯国际法的组成部分。但无论如何，信守义务条款从 1994 年范本起被永久删除了。

第 2 条第 11 款是美国—海地 BIT 的新条款，它规定，除非条约中另有规定，不要求任何缔约一方向来自缔约另一方的投资提供优于最惠国待遇或国民待遇的待遇。由于该新条款受制于该条约中的所有其他条款，因而它不能也没有限制该 BIT 的任何条款。换言之，新增的这一条款纯粹是好看不中用。海地谋求加入这一规定是为了缓解本国投资者的担心。

在第 1 条第 12 款，美国—海地 BIT 也规定，向该 BIT 附件所列部门内的投资给予最惠国待遇不适用于缔约一方根据某一区域关税同盟项下义务向任何第三国的国民给予的利益。海地之所以寻求纳入该条款是因为它有意加入加勒比共同体。类似的规定也存在于美国与埃及、孟加拉国及摩洛哥缔结的 BITs,以及 1987 年、1991 年及 1992 年范本。与美国—海地 BIT 中的上述规定一样,美国—孟加拉国 BIT 中的相应规定也只适用于列入附件的部门。

美国—海地 BIT 中的一处条款安排变化是,把向与投资相关的活动给予国民待遇与最惠国待遇的条款移到该 BIT 的议定书,但没有改变该条款的内容。海地对于 1983 年范本的冗长与繁杂表示了某种不满,因而建议删除有关与投资相关的活动的规定从而缩减条约篇幅。作为对海地建议的回应,美国提出把该规定移到议定书中,海地同意这一安排。

八、美国—塞内加尔 BIT

美国—塞内加尔 BIT 中的一般待遇条款规定于第 2 条第 1 ~4 款。它们与 1983 年范本中的相关条款间只有细小的差别。

美国—塞内加尔 BIT 确实稍微改写了 1983 年范本第 2 条第 1、2 款,它们规定了有关设立权与投资设立后待遇的相对标准。具体来说,美国—塞内加尔 BIT 删除了"以最优惠的那个为准"这一短语。这一变化不具有实质性效果。与 1983 年范本中的规定一样,美国—塞内加尔 BIT 明确要求缔约方向涵盖投资给予最惠国待遇与国民待遇。据此,给予更优惠的待遇的要求是隐含其中的。被删除的短语是为了澄清该条款的意图,但事实上是 BITs 中多余表述的又一例证。

对于 1983 年范本中授权任何缔约一方要求在互惠基础上赋予在公有土地上采矿权的规定,美国—塞内加尔 BIT 也做了修改。美国—塞内加尔 BIT 第 2 条第 3 款用"采矿活动"替代了"采矿"。这一替代旨在把该条款的适用范围扩大到包括在公有土地上进行的采矿以及任何矿藏品的初级转化活动。

此外,在要求缔约方信守任何投资义务的第 2 条第 4 款中,"义务"一词被"约定"(engagement)所替代。这一改动纯粹是为了回应塞内加尔谈判人员提出的主张,即它可以使条约的法文文本更加清晰。缔约方无意使条约出现实质性的变化。

美国—塞内加尔 BIT 的附件值得一提,这是因为针对塞内加尔的附件只列入了"1981 年 7 月 26 日第 81 号法律规定的中小企业"。根据该法,塞内加尔向中小企业提供诸多特殊优惠,尤其税收、进口税以及政府信贷补贴。虽然其中某些事项可以经由美国—塞内加尔 BIT 中的税收条款豁免一般待遇条约,但塞内加尔希望明确其保留拒绝把这些特殊优惠赋予美国投资者的权利。在一部特定的法律中提及“被指定的企业”固定了被给予特别优惠——不违反给予国民待遇之要求——的企业的定义,但允许塞内加尔改变这些特别优惠的性质。在美国—塞内加尔 BIT 缔结的时候,小型企业是指那些投资额低于 5000 美元的企业,而中型企业是指投资额在 5000 ~ 50000 美元的企业。

九、美国—土耳其 BIT

美国—土耳其 BIT 中的一般的相对待遇条款规定于第 2 条第 1 ~ 2 款。它们是 1983 年范本与 1984 年范本相关条款的混合体,类似于美国—摩洛哥 BIT 中的相关条款。不过,为分析计,这里把美国—土耳其 BIT 视为 1984 年范本的修正版。

美国—土耳其 BIT 在投资设立方面收缩了国民待遇权利。第 2 条第 1 款把这一权利限制性地规定为仅在“[每个缔约方的]法律与法规框架内”存在。这一限制性文字的效果是使得投资设立方面的国民待遇权利受制于东道国的法律。

1984 年范本允许缔约方把列入附件中的部门与事项排除在国民待遇之外,但要遵守把这些例外措施维持在最低水平的承诺,并且这些例外措施不适用于现有措施。前述援引的美国—土耳其 BIT 中的表述使缔约方可以针对所有,而非仅被列入附件的部门或事项,在投资设立方面不给予国民待遇。土耳其之所以坚持做出这一修改,是因为其国内法对于外国人拥有投资规定了某些限制。[83]缔约方拒绝给予国民待遇的权利之宽泛,以至于对于已设立投资的国民待遇义务而言,附件在很大程度上已经变得没有意义。

国务卿提交的呈报函指出,这种做法曾经被用于美国—摩洛哥 BIT,[84]但这是不正确的。与美国和巴拿马及突尼斯缔结的 BITs 一样,美国—摩洛哥 BIT 只是通过援引现行法律与法规的方式对投资设立权进行限定。美国—波兰 BIT 也使投资设立权受制东道国法律,而美国—俄罗斯 BIT 允许对大额投资进行为期五年的审查。

1984 年范本中有关允许缔约方针对被列入附件的部门内的涵盖投资拒绝给予国民待遇的表述被移到美国—土耳其 BIT 议定书第 1 段,该段也列

---

[83] Turkey BIT submittal letter, at Ⅸ.

[84] *Id.* , at Ⅸ.

出了被豁免的部门。这一变化在形式上而非实质上采取了美国—摩洛哥BIT 中采取的做法。具体来说,美国—土耳其 BIT 议定书第 1 段(a)项规定美国在被豁免的部门内有权利背离该 BIT 正文第 2 条第 1、2 款规定的一般的国民待遇要求。该议定书第 1 段(b)项针对土耳其规定了类似权利。不过,正如后文将要解释的,在被豁免的部门内,土耳其保留同时拒绝给予最惠国待遇与国民待遇的权利。

与美国—摩洛哥 BIT 一样,美国—土耳其 BIT 也包含着只适用于美国,要求其在被豁免部门内给予最惠国待遇的条款(以及涉及不动产与在公有土地上采矿的特别内容)。在美国—土耳其 BIT 中,这是一个实质性的让步,因为该 BIT 议定书被表述成准许减损国民待遇与最惠国待遇。土耳其的投资者在美国的被豁免部门中有权享有最惠国待遇,因为该 BIT 议定书第 1 段(a)项明确地规定了该项权利。美国的投资者则不能享有此种权利。美国—波兰 BIT 也允许在被豁免的部门减损最惠国待遇。1991 年,美国修改 BIT 范本从而允许缔约双方在附件中规定最惠国待遇例外。

国务卿向总统呈送的美国—土耳其 BIT 的呈报函在介绍这一变化时明显存在错误。国务卿呈报函指出,美国—土耳其 BIT"在最惠国待遇的基础上,针对被指定的经济部门与事项,允许有限的国民待遇例外"。[85] 该 BIT 议定书第 1 段(b)项规定"土耳其保留有权[在某些被列明的部门内]限制美国国民或公司或其投资在土耳其领土范围内设立投资、取得投资中的利益,或者继续从事投资的范围"。这一权利保留显然宽泛到足以允许同时减损最惠国待遇与国民待遇。

并非在美国—土耳其 BIT 中的一般性相对待遇标准方面发生的全部变化都弱化了这些相对待遇条约。通过删除有关允许缔约方在被列入附件之事项与部门基础上增加新例外的表述——美国—摩洛哥 BIT 中也有类似的变化,美国—土耳其 BIT 强化了一般的相对待遇。这一删除行为被美国解释为意味着,要针对已列入附件的事项与部门设置新的限制,就必须对条约作出修改。由此,美国—土耳其 BIT 删除了有关要求缔约方彼此通报未来采取的例外措施的表述,并且规定未来采取的例外措施不适用于现有投资。

不过,如前指出,只要通过修改国内法,缔约方就可以在投资设立方面,针对国民待遇设定新的限制。因而,把美国—土耳其 BIT 提交给总统的国

---

[85] *Id.* ,at Ⅸ.

务卿呈报函在这一点存在某种误解。该呈报函指出,如果没有修改条约,以后要在已被豁免的部门清单中再做变动是不可能的。[86]从字面上看这是对的,但其实存在误解,这是因为土耳其可以通过修改国内法减损美国投资者在投资设立方面享有国民待遇的权利,从而没有必要在 BIT 附件中增加列入新的经济部门。

美国—土耳其 BIT 第 2 条第 3 款规定的一般的绝对待遇标准在一个方面修正了 1984 年范本中的表述。虽然 1984 年范本规定投资应当获得公平与公正待遇、充分的保护与安全,以及无论任何情况下不得低于国际法要求的待遇,美国—土耳其 BIT 规定投资应当"以一种符合国际法的方式"获得公平与公正待遇和充分的保护与安全。

十、美国—格林纳达 BIT

美国—格林纳达 BIT 中针对投资设立与涵盖投资的待遇规定相对标准的第 2 条第 1 款以及针对涵盖投资的待遇规定绝对标准的第 2 条第 2 款与 1984 年范本中的对应条款是完全一致的。

十一、美国—刚果 BIT

美国—刚果 BIT 中针对投资设立与涵盖投资的待遇规定相对标准的第 2 条第 1 款以及针对涵盖投资的待遇规定绝对标准的第 2 条第 2 款与 1987 年范本中的对应条款是完全一致的。

十二、美国—波兰 BIT

美国—波兰 BIT 中的一般性相对待遇条款规定于第 2 条第 1 款。它以 1987 年范本第 2 条第 1 款为基础,但有若干实质性的修改。

作为首要问题,美国—波兰 BIT 把确保取得国民待遇或最惠国待遇中的较优者描述成"非歧视基础上"的待遇。不过,"非歧视"在第 1 条第 1 款(f)项中被界定为是指国民待遇或最惠国待遇中的较优者。第 1 条第 1 款(g)项和(h)项分别把国民待遇与最惠国待遇界定为缔约一方把"至少同等优惠的"待遇分别给予该缔约一方或任何第三方的"类似情形下"的国民或公司。因而,这一改写缩减了条款文本但不影响其实质内容。类似的表述

---

[86] *Id.* ,at X.

存在于美国与捷克与斯洛伐克、俄罗斯以及保加利亚缔结的 BITs 中。

美国—波兰 BIT 对于 1987 年范本做出的第一个实质性变动是,在非歧视性基础上准许投资的义务是“根据[每个缔约方的]相关法律与法规”。换言之。投资设立方面的国民待遇与最惠国待遇受到东道国法律的限制。美国—土耳其 BIT 中有类似的表述。美国与巴拿马、摩洛哥和突尼斯缔结的 BITs 允许根据现行法律进行投资审查,而美国与俄罗斯缔结的 BIT 则允许对大额投资进行为期五年的审查。

不过,就美国—波兰 BIT 而言,1990 年 3 月签署的附加条款为设立权规定了在美国—土耳其 BIT 中没有规定的某些额外保护。具体来说,针对美国投资准入的许可应当在申请提交后的 60 天内作出,除非拒绝该投资准入。只要在美国投资对国家经济利益、国家安全或者环境构成威胁时,投资准入才应当加以拒绝。如果投资准入被拒绝,美国投资者应当在 60 天内获得书面通知并附具理由。该附加条款进一步规定,评估环境影响的标准应当是那些适用于国内企业的标准,并且判断威胁国家经济利益的标准“只能在例外的情形中加以运用并不得基于限制竞争的目的”。在这些程序的实施方面,美国的国民与公司应当获得最惠国待遇。最后,在美国—波兰 BIT 生效两年内,两国应当评估有关投资审查的法定条款,以便缩小适用这些条款进行审查的投资的范围,并最终完全消除这些条款。根据波兰谈判人员的意见,这些条款“只是极为罕见地”被适用于拒绝投资。[87]由于市场经济转型过程中的不确定性,波兰坚持在这些方面必须背离 1987 年范本。

美国—波兰 BIT 中针对一般性相对待遇条款所做的第二个实质性改动是,在列入附件的部门或事项方面,涵盖投资甚至并不总是有权主张最惠国待遇。相反,根据第 2 条第 1 款,针对这些部门或事项主张最惠国待遇的一般性权利是存在的,“除非附件中另有规定”。与 1991 年及之后的范本一样,美国—土耳其 BIT 也允许在被豁免的部门中减损最惠国待遇。

美国—波兰 BIT 中关于美国政治分支机构提供国民待遇的内容规定于第 2 条第 5 款,这些内容与 1987 年范本的规定相同。

若干实质性的变化存在于美国—波兰 BIT 附件中。较之 2004 年范本之前的 BIT 附件,美国—波兰 BIT 附件复杂得多。与美国缔结的其他 BITs 不同,针对列入美国—波兰 BIT 附件中的部门或事项,不仅可以主张豁免给予

---

[87] Poland BIT submittal letter, at Ⅺ.

根据第 2 条第 1 款规定的一般性相对待遇条款应当给予的国民待遇或最惠国待遇,也可以主张豁免给予根据针对某些其他的相关活动要求给予非歧视性待遇的第 2 条第 8 款、要求在出售证券方面给予非歧视待遇的第 2 条第 9 款,以及要求针对某些商事活动给予非歧视待遇的第 3 条第 2 款而应当给予的国民待遇或最惠国待遇。美国缔结的其他 BITs 中没有包含此类规定。因而,有必要对事项或部门进行分类,每一类分别作为适用上述其中之一或更多条款的附件。

由于意识到为实施第 2 条第 1 款而被列入附件的部门或事项过多,波兰在附件第 4 条中重申它有意在其中一些部门与事项方面消除国家垄断,并最终把它们排除出清单。该第 4 条进一步规定,波兰将定期向美国通报为实施这一政策而采取的措施。它也指出,在这方面波兰注意到美国投资者对于电信、出版与印刷、银行以及包括保险在内的其他金融服务等部门有特别的兴趣。

但与此同时,附件第 7 条规定,如果为适应其法律的变化所必需,波兰有权"在波兰经济的转型期间"——但这一期间无论如何不超过 1992 年 12 月 31 日——增加列入附件的部门或事项。标准的谈判文本是不会允许不修改条约而改动附件内容的。波兰把更多的部门列入附件的权利受到三个条件的限制:对附件的任何修正都应当保持在最低数量;不得重大地损害美国的国民与公司在美国—波兰 BIT 项下的投资与商业机会;不得适用于在这些修改生效时业已存在的投资及其相关活动。

美国—波兰 BIT 第 12 条第 2 款(b)项规定,BIT 中的非歧视性条款不适用于任何缔约一方基于 GATT 框架内且在该 BIT 后生效的任何多边协定项下具有拘束力的义务而向任何第三国的国民或公司给予的利益。1991 年范本增加了类似表述。美国—波兰 BIT 第 12 条第 2 款(a)项规定了一个类似于关税同盟例外的例外,该例外曾规定于 1987 年范本中。不过,美国—波兰 BIT 在某些方面有别于 1987 年范本。第一,该例外适用于美国—波兰 BIT 中的所有非歧视条款,而不仅仅是最惠国条款。第二,它在提及关税同盟时省略了修饰词"区域的"。第三,它把经济互助委员会(Council of Mutual Economic Assistance)要求波兰承担的任何现行义务豁免于非歧视义务之外。

美国—波兰 BIT 中"相关活动"的定义——规定于第 1 条第 1 款(e)项——与 1987 年范本中的表述存在细微的差别。首先,修改后的定义表明,包含在"相关活动"定义内的活动之清单是说明性的,而不是穷尽性的。其次,与标准的谈判文本不同,该 BIT 在提及购买外汇时并不限于为进口商品而购买外汇。最后,该 BIT 没有明确提及工业产权,但这一变化并不重要,因为该 BIT 仍然提及"包括知识产权在内的所有类型的财产"。此前指出,这一清单无论如何不具有穷尽性。

美国—波兰 BIT 中的一般性绝对待遇条款规定于第 2 条第 6 款。它直接采纳了 1987 年范本的表述。

为了促进波兰加入欧盟,2004 年美国与波兰签署了一份议定书,对美国—波兰 BIT 做了修改。该议定书第 2 段规定,美国—波兰 BIT 第 12 条第 2 款(a)项规定的关税同盟例外"应当适用于缔约一方因其作为包括自由贸易协定或关税同盟(比如欧盟)在内的经济一体化协定之缔约方身份而承担的所有义务,包括对任何第三国的国民或公司的义务"。这一表述的目的是,确保关税同盟例外适用于欧盟规定的义务,这一问题被认为有必要加以澄清,因为欧盟——虽然它包含着关税同盟——具有通常的关税同盟协定所没有的政治与经济一体化特征。类似的表述也存在于美国与保加利亚、捷克、爱沙尼亚、拉脱维亚、立陶宛、罗马尼亚以及斯洛伐克缔结的 BITs 的议定书中。

十三、美国—突尼斯 BIT

美国—突尼斯 BIT 中的一般的相对待遇条款规定于第 2 条第 1 ~ 2 款,而一般的绝对待遇条款则规定于第 2 条第 3 款。二者都是根据 1987 年范本规定的。

美国—突尼斯 BIT 把一般的相对待遇规定分成两款。第 2 条第 1 款针对投资设立享有最惠国待遇与国民待遇的权利做了规定。美国—突尼斯 BIT 与 1987 年范本是不同的,因为针对投资设立提供国民待遇——但非最惠国待遇——的义务是在"[东道国]现行法律与法规的框架内"。美国与巴拿马和摩洛哥缔结的 BITs 中也有类似的表述。美国与土耳其以及波兰缔结的 BITs 也允许投资审查,但审查的权利不限于现行法律。美国—俄罗斯 BIT 允许对大额投资进行为期五年的审查。

在美国—突尼斯 BIT 签署时,六部投资法典管理着在突尼斯的外国投资:《农业与渔业投资法典》《油气投资法典》《工业投资法典》《国际贸易公司法典》《服务业法典》以及《旅游业法典》。其中两部法典对于外国人参与投资设置了限制。尤其是,《农业与渔业投资法典》要求农业领域的外国投资必须取得农业部的批准,外国投资比例不超过50%,并且禁止有外国投资参与的公司在突尼斯拥有土地。《服务业法典》要求不是完全致力于出口市场的公司必须由突尼斯人拥有多数股权。美国—突尼斯 BIT 规定,东道国允许的投资是"在其领土上……由缔约另一方的国民与公司进行的"投资,这一表述与 1987 年范本的意图是完全一致的。

第 2 条第 2 款规定了投资在设立后获得国民待遇与最惠国待遇的权利。在针对本条的附件中,突尼斯没有做出保留。第 1 条第 1 款(e)项中的"相关活动"的定义与 1987 年范本中的规定是相同的。

美国—突尼斯 BIT 改变了 BITs 中规定国民待遇或最惠国待遇义务之例外的通常做法。该 BIT 不像此前指出的那样,规定任何缔约方可以在其中列明拒绝给予涵盖投资国民待遇或最惠国待遇的某些经济部门,该 BIT 第 2 条第 1 款规定,在投资设立的权利方面,缔约方的现行法律与法规不适用国民待遇要求。与 1987 年范本相比,美国—突尼斯 BIT 的表述看起来更具限制性,因为它未规定未来采取例外的条款。由于这个原因,它没有规定未来的限制应当维持在最低水平,并且不适用于既有投资。然而,美国在议定书第 1 段中保留了未来在某些部门中采取例外措施的权利。由于美国—突尼斯 BIT 附件没有列入相关事项或部门,因而该 BIT 也没有规定任何缔约一方应当向缔约另一方通报其认识到的涉及附件所列相关部门或事项的所有法律与法规,以及在针对被列入附件之部门或事项的设立权方面提供最惠国待遇。

对于美国—突尼斯 BIT 中的这一条款,副国务卿劳伦斯 · 伊格尔伯格提交的呈报函似乎会引发误解。该呈报函提及了第 2 条第 1 款以及第 10 条第 2 款,第 10 条第 2 款规定该条约"不禁止任何缔约方要求投资及相关活动应当根据其法律规定的条件进行设立,只要这些条件不损害本条约规定的任何权利"。该呈报函最后指出,由于这两个条款,突尼斯"被允许在投资设立方面优待其本国国民"。[88] 然而,事实上,根据第 2 条第 1 款规定,除现行法律与法规外,确保在投资设立方面给予国民待遇。由于第 10 条第 2 款明确不允许损害条约规定的任何权利,因此它应当从属于第 2 条第 1 款。简言之,美国—突尼斯 BIT 只是允许突尼斯在投资方面,根据现行法律而非未来

---

[88] Tunisia BIT submittal letter, at Ⅵ.

的法律优待本国国民。

美国—突尼斯 BIT 起草中的特殊性值得提及。在描述国民待遇与最惠国待遇时,该 BIT 似乎是要求投资及相关活动应当获得不低于向东道国或第三国的国民或公司的投资(但没有提及相关活动)提供的待遇。这似乎只是在重新安排国民待遇与最惠国待遇条款时,在条文起草方面出现的疏忽。显然,缔约方旨在为投资及相关活动提供国民待遇与最惠国待遇。应当把给予涵盖投资相关的活动的待遇与给予东道国或第三国的国民或公司之投资相关的活动的待遇进行比较。

在几个不重要的方面,有关美国政治分支机构给予国民待遇的规定被做了修正并规定于第 2 条第 9 款。美国的"州、领土或领地"被改写为美国的"政治分支机构"。

关税同盟例外规定于第 2 条第 10 款,它与 1987 年范本中的表述是一样的。

十四、美国—斯里兰卡 BIT

美国—斯里兰卡 BIT 中的一般待遇条款——规定于第 2 条第 1 ~ 2 款——沿袭了 1991 年范本中的对应规定。第 2 条第 2 款(b)项修改了 1991 年范本中的内容,它规定,即便当事一方有机会在缔约一方的法院或行政法庭审查相关措施,该措施也可能是专断与歧视性的。美国—斯里兰卡 BIT 用"诉诸当地救济"取代了"缔约一方的法院或行政法庭"。如果说有什么不一样的话,那就是新的表述略微宽泛些,这就扩大了专断与歧视性措施条款可能提供的保护。

美国—斯里兰卡 BIT 议定书第 2 段规定,缔约方"同意'充分的保护与安全'应当根据国际法中的普遍做法进行解释"。这符合美国的长期主张,即提供充分的保护与安全是习惯国际法的一个要素。该条约第 1 条第 1 款(e)项中的"相关活动"定义与 1991 年范本的规定是一致的。

美国—斯里兰卡 BIT 包含着新的第 2 条第 2 款(c)项,该项规定"投资应当适用在投资进行地之缔约方的领土内实施的法律,除非本条约另有规定"。这一表述只是明确了隐含在 BIT 中的规定,即东道国的法律适用于其领土内的投资,但在东道国的法律与 BIT 的规定存在不一致时,BIT 的规定优先适用。

美国—斯里兰卡 BIT 第 2 条第 9 款(b)项修改了 1991 年范本中有关

GATT 例外的内容,据此"本协定之后生效的"多边协定被改成"本协定签署之后生效的"多边协定。这是仅仅出现在 1992 年范本中的表述。较之 1991 年范本,该 BIT 第 2 条第 9 款(a)项规定的关税同盟例外似乎保持不变,而有关美国政治分支机构提供国民待遇的表述则规定于第 2 条第 8 款,且未做改动。

美国的 BIT 谈判人员关切的是,斯里兰卡实施的投资激励计划可能对外来投资构成壁垒。因此,该 BIT 议定书第 4 段其中规定"斯里兰卡的法律与法规向那些从事出口或者贡献新技术的国民与公司提供了某些激励。每个缔约方同意应缔约另一方要求,就此类法律与法规产生的负面影响进行磋商,以消除这些影响"。这些表述默示地承认,这些激励措施并不违反禁止履行要求的规定。

美国—斯里兰卡 BIT 附有一份换文,斯里兰卡在该换文中指出,根据该 BIT,斯方欢迎美国投资,但对美国投资者投资于个人服务业与小型零售业表示关切。斯里兰卡进一步指出,到时如有必要,它希望就这些领域内的投资与美国进行磋商。

十五、美国—捷克 BIT

美国—捷克 BIT 中的一般待遇条款——规定于第 2 条第 1 ~ 2 款——是根据 1991 年范本订立的。美国—捷克 BIT 于 1991 年 10 月 22 日签署,是 1992 年 12 月 19 日生效的美国—捷克和斯洛伐克 BIT 的继承条约。1993 年 1 月 1 日,捷克和斯洛伐克联邦共和国解体,此后美国—捷克和斯洛伐克 BIT 分别对捷克共和国和斯洛伐克共和国生效。因此,美国—捷克 BIT 与美国—斯洛伐克 BIT 在各个方面都是一样的。

美国—捷克 BIT 第 2 条第 1 款与 1991 年范本的规定有所不同,因为它用"基于非歧视"取代了要求给予国民待遇或最惠国待遇中较优者的冗长表述。虽然美国—捷克 BIT 没有界定"基于非歧视"的含义,但第 1 条第 1 款(f)项对"非歧视"做了界定,它的意思是"至少与国民待遇或最惠国待遇中较优者同等优惠的待遇"。该 BIT 第 1 条第 1 款(g)项也把"国民待遇"界定为"至少与缔约一方给予类似情形下的该缔约方国民或公司的最优待遇同等优惠的待遇"。第 1 条第 1 款(h)项把"最惠国待遇"界定为"至少与缔约一方给予类似情形下的第三国的公司与国民同等优惠的待遇"。这些变化纯粹只是文体上的变化。类似的变化也存在于美国与波兰、俄罗斯、斯洛伐克以及保加利亚缔结的 BITs。

美国与捷克于 1991 年 10 月 22 日达成的换文对于美国—捷克 BIT 规定的最惠国待遇标准与国民待遇标准做了限制，该换文是与该条约同时签署的，它反映了捷克从共产主义向市场经济的转变。在国民待遇方面，美国与波兰以及俄罗斯缔结的 BITs 也包含了某些与市场经济过渡有关的限制。

该换文允许捷克要求美国投资者在捷克并购或设立投资时，在两种情形下必须获得政府的批准：第一种情形是，美国投资者寻求投资于捷克国家拥有多数股权的公司或者与此类公司一起投资。国务院卿詹姆斯·贝克提交的呈报函把这种情形描述成"美国国民或公司购买国家公司的多数股权"。[89] 然而，与贝克的呈报函相反的是，美国与捷克达成的这一换文似乎并未把第一种情形限定于并购多数股权。相反，换文的规定更为宽泛，涵盖了国家在其中拥有多数股权的国家的任何投资。第二种情形是，美国投资试图并购捷克政府在一家公司中的权益。

不过，该换文对于捷克在这些情形下审查美国投资者的权利施加了某些限制。一个条件是，不得为限制或阻碍来自美国投资者的竞争而驳回投资者提出的批准请求，除非针对的是被列入附件的那些部门。另一个条件是，应当在最惠国待遇基础上给予此种批准。缔约方也同时在两年内进行磋商，以减少并最终取消本换文允许的批准做法。

该换文不会影响美国投资者设立新投资或并购现有私人拥有的投资的权利。不过，捷克希望保留其有权力把参与自由的凭证式私有化（free voucher privatization）计划的权利限于其本国公民，并且保留某些政府资产只向捷克人出售。保留这一权力被认为可以鼓励私有化以及向市场经济过渡，这是美国在东欧地区实施 BIT 计划的一个目标。事实上，为了鼓励捷克发展市场经济，美国在国民待遇要求方面做出了让步。

该换文也援引了缔约方的谅解，即捷克政府将批准新的商事法典，据此政府以一种符合条约的方式放宽外资批准程序。在附加条款中提及商事法典——这是应捷克和斯洛伐克的谈判人员要求加入的——其目的是，缓解捷克和斯洛伐克国内存在的政治担忧。更具体地说，它是为了确保捷克和斯洛伐克有机会通过修改商事法典，以便在该条约生效前使其国内法符合条约的规定。新的商事法典已经制定，并于 1992 年 1 月 1 日起生效。

---

[89] Czech Republic BIT submittal letter, at Ⅵ.

美国—捷克 BIT 第 1 条第 1 款(e)项有关“相关活动”的含义与 1991 年范本的对应规定相同。

关于第 2 条第 8 款规定的美国政治分支机构给予的国民待遇,美国—捷克 BIT 采纳了 1987 年范本第 2 条第 8 款的规定——但有一处文体方面的变化,而非 1991 年范本中的规定。具体来说,“根据本条的规定”被简化为“根据本条”。

美国—捷克 BIT 第 2 条第 9 款修改了 1991 年范本中的关税同盟规定,以便其同时适用于条约中的“非歧视”条款和最惠国条款。这一变化可以说是必要的,原因是,在美国—捷克 BIT 中,“非歧视”被用于作为国民待遇与最惠国待遇中较优者的简称。因而,或许可以认为,某些条款属于非歧视条款,但非最惠国条款。这一变化明确了关税同盟例外适用于所有的最惠国条款,包括那些被纳入非歧视条款的最惠国条款。进一步看,虽然 1991 年范本的关税同盟条款适用第 2 条中的最惠国条款,但美国—捷克 BIT 中的关税同盟条款适用整个条约中的非歧视条款与最惠国条款。此外,美国—捷克 BIT 第 2 条第 9 款(a)项规定,关税同盟例外只适用“与投资有关”的具有拘束力的义务。1991 年范本没有包括这一修饰词。最后,美国—捷克 BIT 第 2 条第 9 款(b)项把援引“本协定”改变为援引“本条约”,这使其从文体上与 BIT 的其他部分保持一致。

美国—捷克 BIT 议定书第 3 段规定,如果 BIT 的缔约一方与某个第三国之间的经济关系包含有自由贸易区或关税同盟,则就具备适用关税同盟例外的条件。这一规定的目的是,确保在捷克成为某一超国家实体——涉及超出关税同盟或自由贸易区通常所具有的经济甚至政治一体化,不管是欧盟抑或是东欧国家的某种联盟——的组成部分,这一成员方身份也涵盖在关税同盟例外之内。这一表述只是表明哪个表述很可能是美国在任何情况下持有的理解。类似的表述存在于美国—罗马尼亚 BIT 中。

尽管有上述规定,捷克为了推动加入欧盟而与美国于 2003 年签署的议定书第 2 条规定,美国—捷克 BIT 第 2 条第 9 款(a)项规定的关税同盟例外条款“应当适用于缔约一方因其作为包括自由贸易区或关税同盟(比如欧盟)在内的经济一体协定的缔约方而承担的义务,包括对任何第三国的国民或公司负有的义务”。类似的表述存在于美国与保加利亚、爱沙尼亚、拉脱维亚、立陶宛、波兰、罗马尼亚以及斯洛伐克缔结的 BITs 之议定书中。虽然这一问题在美国与捷克、斯洛伐克以及罗马尼亚缔结的 BITs 中已经做了规定，美国—捷克 BIT 议定书仍然规定了第 2 条第 9 款(a)项以确保所有这些议定书之间的统一性。

美国—捷克 BIT 修改了 1991 年范本第 2 条第 2 款(a)项，据此投资无论如何应当被给予“不低于国际法要求的待遇”的规定被改成“不低于符合国际法原则的待遇”，但这一变化纯粹为文体意义上的。类似地，美国—捷克 BIT 第 2 条第 2 款(b)项在“目的”之前插入了“这些”(the)一词，这一变化无论如何不会影响该表述的含义。

十六、美国—斯洛伐克 BIT

美国—斯洛伐克 BIT 中的一般待遇条款——规定于第 2 条第 1 ~ 2 款——是根据 1991 年范本订立的。该 BIT 是 1991 年 10 月 22 日美国同捷克和斯洛伐克签署、1992 年 12 月 19 日生效的双边投资条约的继承条约。1993 年 1 月 1 日，捷克和斯洛伐克联邦共和国解体，此时，该条约分别对捷克共和国和斯洛伐克共和国生效。因而，美国—斯洛伐克 BIT 与美国—捷克 BIT 在所有方面都是相同的。本章第四节第十五目有关美国—捷克 BIT 的讨论可以准用于美国—斯洛伐克 BIT。

十七、美国—阿根廷 BIT

美国—阿根廷 BIT 中的一般待遇条款——规定于第 2 条第 1 ~ 2 款——是根据 1991 年范本订立的，但其中有几个变化：第一，国民待遇与最惠国待遇例外规定于议定书而非附件。这一变化纯粹是文体意义上的。第二，在规定给予国民待遇或最惠国待遇中较优者时，美国—阿根廷 BIT 规定的是二者中的“较优者”而非像 1991 年范本规定的“最优者”。这一变化只是一种语法上的改正。

1991 年范本第 2 条第 2 款(b)项中的禁止专断与歧视性的措施被修改为适用于“专断或歧视性措施”。使用“或者”而不是“与”预示了 1992 年范本发生的一个变化，但 1994 年范本取消了这一做法。进一步看，在 1991 年范本中插入以处理在 ELSI 案中提出的问题的句子被修正了。1991 年范本的表述是，“尽管事实上当事一方有机会或者已经利用了这一机会在缔约一方的法院或行政法庭审查这些措施”。修正后的条款删除了其中的“事实上当事一方有或者已经利用”。这一变化并不具有实质性意义。利用机会只有在机会存在时才会发生。因此，对利用机会的提及是多余的，因为它已经涵盖在对拥有机会的提及中。删除这些措辞后的句子只提及存在机会的任何情形(无论是否利用),这与删除之后的句子是一样的。在同一句子中出现的援引有关争端解决的第 6 条和第 7 条被修改为援引第 7 条和第 8 条是为了适应这样一个事实,即该条约已经插入了新的第 3 条,即美国—阿根廷 BIT 中类似于投资设立之形式要求的条款。

第 1 条第 1 款(e)项中的"相关活动"的含义沿袭了 1991 年范本中的表述,除了把"知识"产权另行表述为"知识与工业"权利,这一表述出现在 1987 年范本中。美国认为"知识产权"这一措辞包含了工业产权。同样的表述出现于美国—保加利亚 BIT 中。美国—阿根廷 BIT 另外插入了一个连词,但没有实质上的意义。这一连词也出现于 1987 年范本中。

1991 年范本第 2 条第 8 款——对美国的政治分支机构提供的国民待遇进行界定——的表述在美国—阿根廷 BIT 中被未做改动地保留下来,除了在"的"(of)之后添加一个逗号,这改正了 1991 年范本中在使用标点符号方面发生的一个错误(1994 年范本改正了这一错误),但它不影响这一规定的实质。

美国—阿根廷 BIT 第 2 条第 9 款修正并且澄清了 1991 年范本中的关税同盟例外规定。根据这一修正,关税同盟应当是"区域的"。"区域的"一词出现于 1987 年范本以及 1987 年之前缔结的包含关税同盟例外条款的所有 BITs 中,但 1991 年范本删除了这一措辞。事实上,美国—阿根廷 BIT 修正了 1991 年范本中的表述,以至于它影响到此前的 BIT 实践。

根据这一说明,一项安排可以成为区域性关税同盟或自由贸易区,不论"此种安排是否被命名为关税同盟、自由贸易区、共同市场或其他"。据此,美国—阿根廷 BIT 明确规定,具有决定性作用的是一项安排的实质而非其形式上的名称,这是谈判范本中隐含着的一个原则。

美国—阿根廷 BIT 没有包含 GATT 例外,它首先出现于美国—波兰 BIT 中,并在随后被纳入 1991 年范本。据此,美国—阿根廷 BIT 中的一般意义上的最惠国待遇条款要求缔约一方未来根据与 GATT 相关的协定向任何第三国的投资给予的优惠待遇应当给予缔约另一方的投资者。1994 年范本删除了 GATT 例外。

十八、美国—哈萨克斯坦 BIT

美国—哈萨克斯坦 BIT 的一般待遇条款——规定于第 2 条第 1、2

款——与1992年范本中的规定是相同的,区别仅在于文体上的变化。第2条第1款在提及缔约一方必须向缔约另一方通报的法律与法规时插入“此类”(such)一词。第1条第1款(e)项对于“相关活动”的界定与1992年范本中的相关规定是相同的。

1992年范本第2条第9款规定的关税同盟例外被做了修改,据此,美国—哈萨克斯坦BIT提及的是第2条中的最惠国义务,而不是整个条约项下最惠国义务。可见,在这方面,美国—哈萨克斯坦BIT遵循了1992年范本的表述。

美国—哈萨克斯坦BIT第2条第8款在界定政治分支机构提供的国民待遇时在“领土”一词前面加了一个分号。这看来是一个印刷方面的失误。1992年范本没有标点符号,但美国缔结的某些BITs中加了逗号。

十九、美国—罗马尼亚BIT

美国—罗马尼亚BIT中的一般待遇条款,即第2条第1~2款,与1992年范本中的相关规定相同。该协定第1条第1款(e)项采纳了包含于1992年范本中的“相关活动”界定,但在相关活动之清单中另外增加了一些活动类型,这些通常是美国与转型经济体缔结的BITs中的“相关活动”界定的组成部分。[90]

美国—罗马尼亚BIT中的定义也包含了诸如“尤其是”(inter alia)以及“以及也包括”(and also include)之类的表述,这明确了相关清单不是穷尽性的。

美国—罗马尼亚BIT第2条第8款修改了1992年范本中有关政治分支机构给予国民待遇的界定,据此,该待遇由美国政府而非美国给予。虽然BIT的通常实践指向的是国家而非一国的政府,但在其他缔约方希望指向的是政府,美国通常会默认接受这种文体上的偏好,并不会认为这种变化会影响相关条款的实质内容。

美国—罗马尼亚BIT第2条第8款(a)项规定的关税同盟例外只适用于第2条规定的最惠国条款,而1992年范本适用于整个BIT的最惠国条款。在这方面,美国—罗马尼亚BIT的规定与1987年范本及1991年范本的规定是一致的。美国—罗马尼亚BIT议定书第2段规定,如果BIT的缔约一方

---

[90] 参见第十二章第一节。

与第三国之间的经济关系包括关税同盟或自由贸易区,则适用关税同盟例外条款。这一规定与美国—捷克 BIT 和美国—斯洛伐克 BIT 的规定类似,并且具有类似的目的。它确认存在这样的安排,即在范围上超出了关税同盟或自由贸易区,但仍然不适用关税同盟例外条款。

尽管有这一规定,为了推动罗马尼亚加入欧盟,2003 年时美国与罗马尼亚签署了一份议定书。该议定书第 2 条规定,美国—罗马尼亚 BIT 第 2 条第 9 款(a)项规定的关税同盟例外"应当适用于缔约一方因其作为包括自由贸易协定或关税同盟(比如欧盟)在内的经济一体化协定之缔约方身份而承担的所有义务,包括对任何第三国的国民或公司的义务"。类似的表述也存在于美国与保加利亚、捷克、爱沙尼亚、拉脱维亚、立陶宛、波兰,以及斯洛伐克缔结的 BITs 的议定书中。虽然这一问题在美国——罗马尼亚 BIT(以及在美国—捷克 BIT 和美国—斯洛伐克 BIT)中已经考虑到了,但该 BIT 附件纳入这一规定可以使不同 BITs 项下的议定书之间保持一致性。

二十、美国—俄罗斯 BIT

美国—俄罗斯 BIT 中的一般待遇条款——规定于第 2 条第 1 ~ 2 款——是根据 1991 年范本订立的。第 2 条第 1 款修改了 1991 年范本中的表述,据此要求"在非歧视基础上"给予待遇,而不是明确要求国民待遇与最惠国待遇。虽然对于"基于非歧视"未作界定,但第 1 条第 1 款(g)项把"非歧视"待遇界定为"至少与国民待遇或最惠国待遇中较优者同等优惠的待遇"。第 1 条第 1 款(h)项进而把"国民待遇"界定为"至少与缔约一方在类似情势下向其国家企业,或其他公司或国民给予的最优待遇中之较好待遇同等优惠的待遇",而第 1 条第 1 款(i)项把"最惠国待遇"界定为"至少与缔约一方在类似情势下向第三国的公司或国民给予的同样优惠的待遇"。这些变化纯粹是文体意义上的,但它们集中关注的是这样一个事实,即衡量国民待遇的标准包括给予国家企业的待遇。类似的表述出现在美国与波兰、捷克、斯洛伐克,以及保加利亚缔结的 BITs 中。另一个文体意义上的变化是,("除非本附件中另有说明除外"unless specified otherwise in the Annex)被改写为("本附件中另有声明除外"except as stated otherwise in the Annex)。

美国—俄罗斯 BIT 第 1 条第 1 款(e)项包含有 1991 年范本中出现过的"相关活动"的界定,区别在于"知识产权权利"被缩减为"知识产权",但实质内容没有发生变化。美国—立陶宛 BIT 中有类似的变化。美国与转型经济体缔结的 BITs 中的“相关活动”界定通常增加了相关活动的类型，从而扩张了这一界定。

美国—俄罗斯 BIT 中有关政治分支机构给予国民待遇的内容规定于第 2 条第 8 款。第 2 条第 8 款没有明确规定“投资及相关活动”是指俄罗斯的国民与公司，因为这一限制隐含于该条款中。美国—俄罗斯 BIT 在“的”（of）之后增加了一个逗号，这纠正了 1991 年范本中标点符号存在的错误（1994 年范本修正了这一错误），但不影响该条款的实质。

美国—俄罗斯 BIT 第 2 条第 2 款（a）项修改了有关根据国际法给予待遇的表述，据此禁止“不符合国际法规则与原则的待遇”。1991 年范本禁止“低于国际法要求”的待遇。这两个表达从实质内容来说是一致的。二者都要求东道国必须始终根据习惯国际法对待投资。

美国—俄罗斯 BIT 第 2 条第 2 款（b）项修改了有关禁止采取专断“与”歧视性措施的表述，据此指向专断“或”歧视性措施。新的表述与 1992 年范本中的表述是一致的，但这种表述在 1994 年范本中被放弃了。在同一句中，“disposal”（处置）被“disposition”（处置地）所取代，这一变化没有实质意义。第 2 条第 2 款（b）项第二句——针对 ELSI 案中提出的问题——中有几处不具有实质影响的文体性变化。

义务条款被插入了——在第 2 条第 2 款（c）项——相关内容，据此澄清“投资”一词系指“缔约另一方的国民或公司的投资”。这体现了 1991 年范本的意图，因而这一变化明示化了以往隐含着的东西。

美国—俄罗斯 BIT 议定书第 4 段（a）项保留了俄罗斯要求 1991 年 7 月 4 日通过的《俄罗斯联邦外国投资法》所界定的“大规模”投资应当获得事先许可的权利。不过，这一权利的有效期限为五年。“大规模投资”开始时指的是 80 万美元或超过 80 万美元的投资。在该条约生效一年内，审查门槛将提高到约 5600 万美元或超过 5600 万美元。在该条约生效五年后，俄罗斯将不进行审查。[91]在谈判过程中，俄罗斯谈判人员告诉美国谈判人员，就他们所知，部长委员会（the Council of Ministers）从未拒绝过任何外国投资的设立。[92]然而，该条约并未生效。

在允许投资审查的五年期内，除非针对被列入附件的经济部门，俄罗斯不得以限制或阻碍特定经济部门内的竞争为目的拒绝美国投资者的投资设

---

[91] 1992 Hearings, *supra* chap. 2 note 67, at 9.

[92] *Id.*, at 48.

立。美国分别与土耳其和波兰缔结的 BIT 允许根据国内法进行投资审查，但其分别与巴拿马、摩洛哥及突尼斯缔结的 BIT 规定根据现行法律进行投资审查。

美国—俄罗斯 BIT 议定书第 5 段(a)项包含着缔约双方的共识，即俄罗斯与苏联的其他加盟共和国之间存在某些现行经济安排与关系，据此这些国家的投资者在该 BIT 附件所列经济部门内的投资享有国民待遇。该议定书第 5 段(b)项包含着进一步的共识，该条约规定的一般最惠国待遇义务不应当使美国投资者获得最惠国待遇。然而，该条约规定的最惠国待遇义务适用于未来的任何此类安排，除非此类安排属于该议定书第 5 段(c)项规定的关税同盟或自由贸易区之列。

美国—俄罗斯 BIT 的规定超越了 1991 年范本的规定，据此允许基于与某些国家之间的现行安排——即便并不存在正式的关税同盟或自由贸易区——减损最惠国待遇。美国—俄罗斯 BIT 的这些规定在美国 BIT 实践中并不完全是前所未有的。美国—埃及 BIT 议定书第 4 段把任何“根据某一特定的安全或区域安排，包括区域关税同盟或自由贸易区”而给予附件所列部门的利益排除在最惠国待遇义务之外。由此，美国—埃及 BIT 也允许未能满足建立关税同盟或自由贸易之正式条件的安排——只要它属于特定的安全或区域性安排——导致的最惠国待遇减损。美国—俄罗斯 BIT 的规定较为严格，这是因为它只适用于与作为苏联组成部分的加盟共和国之间的相关安排项下的最惠国待遇减损。

美国—俄罗斯 BIT 第 2 条第 9 款把关税同盟例外扩大适用于该条约规定的最惠国待遇义务，而非第 2 条规定的最惠国待遇义务。“一个”自由贸易区或关税同盟也被“任何现行或未来的”自由贸易区或关税同盟所取代。后者的变化只是明确了隐含于 1991 年范本中的意思：例外适用于缔约一方加入的关税同盟与自由贸易区，不管在 BIT 生效之前还是之后加入。

美国—俄罗斯 BIT 把 GATT 例外条款移到该 BIT 议定书第 6 段，并做了重新表述。在美国—俄罗斯 BIT 中，GATT 例外适用于签署该 BIT 之后“缔结”的 GATT 框架下的多边国际协定。在 1991 年范本中。GATT 例外条款适用于该 BIT 之后“加入”(enter into)的协定，1992 年范本对这一表述做了澄清，据此 GATT 例外条款适用于该 BIT 签署之后生效的协定。

在美国—俄罗斯 BIT 附件第 6 段中，缔约方也同意“讨论进行磋商以确定是否存在相互有利的基础”，以便把 GATT 相关的协定项下的利益赋予俄罗斯的投资者。简言之,美国展示了这样一种可能性,即针对俄罗斯的投资者,美国可能拒绝——至少部分地——援引 GATT 例外。1994 年范本中没有 GATT 例外条款。

二十一、美国—亚美尼亚 BIT

美国—亚美尼亚 BIT 中的一般待遇条款——规定于第 2 条第 1 ~ 2 款——与 1992 年范本的相关规定相同。第 1 条第 1 款 e 项中对“相关活动”的界定与 1992 年范本中的相关规定也相同。

修改了第 2 条第 9 款规定的关税同盟例外,据此其提及的是第 2 条规定的最惠国义务,而不是作为整体的条约项下的义务。可见,在这方面,美国—亚美尼亚 BIT 遵循了 1987 年范本和 1991 年范本的表述。

第 2 条第 8 款中有关规定政治分支机构给予国民待遇的表述在“领土”一词后增加了一个逗号。这一变化纯粹是文体意义上的。

二十二、美国—保加利亚 BIT

美国—保加利亚 BIT 中的一般待遇条款——规定于第 2 条第 1 ~ 2 款——沿袭了 1992 年范本的表述。1992 年范本第 2 条第 1 款被修改为要求给予“非歧视待遇”,据此可以省略有关规定国民待遇与最惠国待遇的表述。美国—保加利亚 BIT 第 1 条第 1 款(f)项把“非歧视待遇”界定“至少与国民待遇或最惠国待遇中较优者同样优惠的”待遇。因此,这一变化的影响是,要求给予“至少同等优惠于”(at least as favorable as)而不是“优惠程度不低于”(no less favorable)国民待遇或最惠国待遇中较优者的待遇。这两种表达方式从实质上说是一样的。美国分别与波兰、捷克与斯洛伐克,以及俄罗斯缔结的 BIT 中有类似的表述。保加利亚的谈判人员要求做出这种修改的原因是,他们相信这一修改使关于一般待遇条款的文本变得简化了。

美国—保加利亚 BIT 第 1 条第 1 款(g)项把“国民待遇”界定为“至少与缔约一方在类似情势下向该缔约方的公司或国民给予的待遇中最优惠者同等优惠的”待遇。“至少同等优惠”的措辞明确了通常蕴含于 BIT 的含义,即国民待遇设定了最低标准,而非最高标准。因而,东道国可以向涵盖国民或公司给予优于其给予本国国民与公司的待遇。类似的界定也出现在美国—捷克 BIT 和美国—斯洛伐克 BIT 中。

美国—保加利亚 BIT 第 1 条第 1 款(f)项把“最惠国待遇”界定为“至少

与缔约一方在类似情势下向第三国的公民或国民给予的同等优惠的"待遇。该界定再次使用"至少同等优惠"明确了最惠国待遇是一项最低标准,而不是最高标准。类似的界定出现于美国—捷克 BIT 和美国—斯洛伐克 BIT 中。

第 1 条第 1 款(e)项中的"相关活动"界定与 1992 年范本的相关规定相同,区别在于,"知识产权"被修改成"知识产权与工业产权",这一变化没有实质性意义,它只是纳入了在 1987 年范本中曾经出现过的表述。美国—阿根廷 BIT 中也有类似的表述。

在针对政治分支机构界定国民待遇时,美国—保加利亚 BIT 第 2 条第 8 款沿袭了 1992 年范本的表述,区别仅在于在"的"(of)之后增加一个逗号,这纠正了 1992 年范本中的标点符号错误(这一错误在 1994 年范本中得到了改正),但该条款的实质内容未受影响。

美国—保加利亚 BIT 第 2 条第 9 款规定的关税同盟例外与 1992 年范本中的相关规定不同,因为它适用于该条约中的最惠国条款,而非第 2 条中的最惠国条款,后者是 1987 年范本和 1991 年范本中的做法。第 2 条第 9 款也用连字符把"most favored nation"(最惠国)连接起来。

为了推动保加利亚加入欧盟,2003 年时美国与保加利亚签署了一份议定书,对美国—保加利亚 BIT 做了修改。该议定书第 2 条规定,美国—保加利亚 BIT 第 2 条第 2 款(a)项规定的关税同盟例外"应当适用于缔约一方因其作为包括自由贸易协定或关税同盟(比如欧盟)在内的经济一体化协定之缔约方身份而承担的所有义务,包括对任何第三国的国民或公司的义务"。这一表述的目的是,确保关税同盟例外适用于欧盟规定的义务,这一问题被认为有必要加以澄清,因为欧盟——虽然它包含着一个关税同盟——具有通常的关税同盟协定所没有的政治与经济一体化特征。类似的表述也存在于美国与捷克、爱沙尼亚、拉脱维亚、立陶宛、波兰、罗马尼亚以及斯洛伐克缔结的 BITs 的议定书中。

二十三、美国—吉尔吉斯斯坦 BIT

美国—吉尔吉斯斯坦 BIT 中的一般待遇条款——规定于第 2 条第 1 ~ 2 款——与 1992 年范本中的对应规定相一致。吉尔吉斯斯坦没有保留制定任何国民待遇与最惠国待遇例外措施的权利,并且该 BIT 附件第 3 段明确指出了这一事实。第 1 条第 1 款(e)项对"相关活动"的界定与 1992 年范本中的相关规定一致。

在美国—吉尔吉斯斯坦 BIT 第 2 条第 9 款中，关税例外条款被做了修改，据此它提及的是第 2 条规定的最惠国待遇义务而非整个 BIT 规定的最惠国待遇义务。可见，美国—吉尔吉斯斯坦 BIT 在这方面沿袭了 1987 年范本和 1991 年范本中的相关规定。

美国—吉尔吉斯斯坦 BIT 第 2 条第 8 款界定政治分支机构给予的国民待遇的表述在“领土”后增加了一个逗号。这一变化纯粹是文体意义上的。

二十四、美国—摩尔多瓦 BIT

美国—摩尔多瓦 BIT 中的一般待遇条款——规定于第 2 条第 1、3 款——与 1992 年范本中的对应规定一致。然而，该 BIT 议定书第 2 段规定，尽管有该 BIT 第 2 条第 1 款规定的国民待遇义务，缔约方“确认国民待遇在摩尔多瓦领土的实施可以被要求参与其私有化进程”。第 1 条第 1 款 e 项界定的“相关活动”与 1992 年范本中的对应规定相一致。较之 1992 年范本，该 BIT 第 2 条第 9 款有关界定政治分支机构给予国民待遇的表述以及第 2 条第 10 款有关关税同盟例外的表述都未做修改。

二十五、美国—厄瓜多尔 BIT

美国—厄瓜多尔 BIT 中的一般待遇条款——规定于第 2 条第 1、3 款——沿袭了 1992 年范本的对应规定，区别在于，该 BIT 在议定书而非在附件中规定了国民待遇与最惠国待遇例外。这一区别纯粹是语义学意义上的。较之 1992 年范本，该 BIT 第 2 条第 9 款中有关界定美国政治分支机构给予国民待遇的表述以及第 2 条第 10 款中有关关税同盟例外的表述均未做改变。

美国—厄瓜多尔 BIT 附有一份签署日期为 1993 年 8 月 27 日的换文，在该换文中，厄瓜多尔确认该 BIT 具有满足投资设立所需某些授权之要求的作用，除非那些厄瓜多尔保留有权实施或维持实施国民待遇例外的部门或事项。

二十六、美国—白俄罗斯 BIT

美国—白俄罗斯 BIT 中的一般待遇条款——规定于第 2 条第 1、3 款——与 1992 年范本中的对应规定相一致。该 BIT 第 1 条第 1 款 e 项中的“相关活动”界定与 1992 年范本中的对应规定也一致。有关美国政治分支机构给予国民待遇的条款规定于该 BIT 第 2 条第 9 款,并且与 1992 年范本中的相关规定是一致的,区别在于在“领土”后面加了一个逗号,这是一个纯粹文体上的变化。较之 1992 年范本,该 BIT 第 2 条第 10 款规定的关税同盟例外没有变化。

二十七、美国—牙买加 BIT

美国—牙买加 BIT 中的一般待遇条款——规定于第 2 条第 1 ~ 2 款——调整了 1991 年范本中的相关表述,但整体来说没有任何实质性的变化。

一般的相对待遇条款中的第一句,即确保给予国民待遇与最惠国待遇,被作为独立的第 2 条第 1 款(a)项。在创设了这些义务后,该条约随即在文本中插入了“国民待遇”和“最惠国待遇”这两个词组,据此在协定中使这两个词组成为被加以界定的术语。

相对待遇条款的最后一句——规定根据附件中的例外给予的待遇应当是最惠国待遇,除非另有规定——被做了没有任何实质性变化的改写,并且也置于第 2 条第 1 款(a)项中。相对待遇条款的其余部分置于第 2 条第 1 款(b)项,并且没有做出改动。把美国—牙买加 BIT 呈送给参议院的国务卿呈报函解释认为,重新组织该条款的目的是“为了更加明确”。[93]

美国—牙买加 BIT 的议定书第 1 段指出,缔约方理解,该段中的“法规”——要求通报附件所列部门或事项的法律与法规——在适当的情况下包括该 BIT 缔约一方已经接受的某一条约中的相关规定。

较之 1991 年范本,美国—牙买加 BIT 第 1 条第 1 款(e)项有关“相关活动”的界定发生了细微变化。1991 年范本规定,该界定“包括”某些列举出的活动。“包括”一词意味着该列举不是穷尽性的。美国—牙买加 BIT 用“意指”取而代之,这可能意味着该列举是穷尽性的。然而,在界定的末尾,该 BIT 增加了“及其他类似的活动”这一短语。所增加的短语表明,该列举不是穷尽性的,但它也指出其他相关活动与所列举的活动必须是“类似的”。

专断与歧视性措施条款——规定于第 2 条第 2 款(b)项——提及“不合理或歧视性”措施。美国—牙买加 BIT 把在 ELSI 案中增加的表述——规定一项措施可能是专断或者歧视性的,但缔约一方有机会对其进行司法或行政复审——从第 2 条第 2 款(b)项中予以删除。国务卿提交的呈报函解释

---

[93] Jamaica BIT submittal letter, at Ⅷ.

指出，使用“不合理或歧视性”措辞以取代在 ELSI 案后插入的相关表述。1994 年范本草案——完成于美国—牙买加 BIT 签署后两个月——刚好也使用了“不合理”一词，并且省略了涉及 ELSI 案的表述，虽然 1994 年范本使用“与”（and）而非“或”（or），后者是 1992 年范本使用的表述。

有关美国政治分支机构给予国民待遇的界定规定于第 2 条第 8 款，并且与 1991 年范本中的对应规定是一致的，除了插入一个逗号——这纠正了 1991 年范本中出现的一个疏忽，并且最终在 1994 年范本中获得了纠正。

美国—牙买加 BIT 第 2 条第 9 款规定的关税同盟例外沿袭了 1992 年范本中的对应规定，但有三处变化值得注意。

第一，第 2 条第 9 款明确把缔约一方根据其承担的源于“符合 GATT 第 24 条规定的自由贸易区或关税同盟要求的某些其他关系”的拘束性义务而向任何第三国的投资给予的利益排除在该 BIT 的最惠国条款之外。这一应牙买加要求做出的改动与 1991 年范本蕴含的意图并不抵触。

第二，与 1992 年范本不同，第 2 条第 9 款针对缔约一方基于 GATT 框架下的任何多边协定承担的拘束性义务而向任何第三国的投资者给予的利益规定的最惠国待遇例外不限于在该 BIT 签署后生效的协定。美国—牙买加 BIT 签署于 1994 年 2 月 4 日，刚好在乌拉圭回合谈判结束之前。乌拉圭回合期间达成的新的 WTO 协定如期在 1995 年 1 月 1 日生效。考虑到美国缔结的 BIT 要生效通常需要三年或者更长的时间，可以合理地认为美国—牙买加 BIT 直到乌拉圭回合谈判协定签署后也不会生效。应牙买加的要求，对于 1992 年范本相关表述所作的修改确保了 GATT 例外适用于乌拉圭回合谈判签署的协定。事实上，直到 1997 年 3 月，美国—牙买加 BIT 都尚未生效。

第三，关税同盟例外适用于该条约中的最惠国待遇义务，而不仅仅是第 2 条规定的最惠国待遇义务。这一变化预示着 1992 年范本中的表述。

二十八、美国—乌克兰 BIT

美国—乌克兰 BIT 中的一般待遇条款——规定于第 2 条第 1 ~ 3 款——与 1992 年范本中的对应规定相同，第 1 条第 1 款（e）项对于“相关活动”的界定也是如此。界定政治分支机构给予的国民待遇的表述规定于第 15 条第 1 款（b）项，它与 1992 年范本中的对应规定也相同。关税同盟例外规定于第 2 条第 10 款，它与 1992 年范本中的相关规定相一致。

二十九、美国—格鲁吉亚 BIT

美国—格鲁吉亚 BIT 中的一般待遇条款——规定于第 2 条第 1 ~ 3 款——与 1994 年范本中的对应规定相同。界定政治分支机构给予的国民待遇的表述规定于第 15 条第 1 款(b)项,它与 1994 年范本中的对应规定相同。

三十、美国—爱沙尼亚 BIT

美国—爱沙尼亚 BIT 的一般待遇条款——规定于第 2 条第 1 ~ 3 款——是根据 1992 年范本的表述起草的。第 1 条第 1 款(e)项针对"相关活动"的界定与 1992 年范本中的对应规定相一致。界定政治分支机构给予的国民待遇的表述出现于第 2 条第 9 款,除了字母大小写外,其内容与 1992 年范本的规定相一致。

美国—爱沙尼亚 BIT 修改了任何缔约一方向缔约另一方通报在该条约生效前该缔约方知悉的所有涉及附件所列事项或部门的法律与法规的义务。根据美国—爱沙尼亚 BIT 的表述,通报义务只存在于缔约另一方提出请求之时。美国—爱沙尼亚 BIT 也删除了缔约一方负有就其未来的任何例外主动向缔约另一方做出通报的义务。因而,任何缔约一方都可以通过在该条约生效之前要求缔约另一方做出通报,并且直到做出通报时拒绝交换批准文件的方式要求该缔约另一方做出通报。美国—爱沙尼亚 BIT 没有规定通报必须做出的期间,但一般的条约解释原则要求通报国应该善意地做出回应。

美国—爱沙尼亚 BIT 也删除了把通报义务局限于通报国知悉的那些法律与法规的限制性语言。这一删除行为产生的影响是,使通报国有义务进行考察,据此可以向缔约另一方通报经由善意努力可以确定的所有义务,而非只是其轻易地知悉的那些义务。由此,在这方面,美国—爱沙尼亚 BIT 规定的通报义务似乎较之 1992 年范本更加严格,但是,它转而规定由东道国请求做出通报使得发生通报义务的可能性降低了。

美国—爱沙尼亚 BIT 中的关税同盟例外出现于第 2 条第 10 款,除了用连字符把"most favored nation"(最惠国)连接在一起外,其内容与 1992 年范本中的对应规定相一致。2003 年,为了促进爱沙尼亚加入欧盟,美国与该国签署了一份议定书对美国—爱沙尼亚 BIT 做了修改。该议定书第 2 条规定，关税同盟例外“应当适用于缔约一方因其作为包括自由贸易协定或关税同盟（比如欧盟）在内的经济一体化协定之缔约方身份而承担的所有义务，包括对任何第三国的国民或公司而承担的义务”。这一表述的目的是，确保关税同盟例外适用于欧盟规定的义务，这一问题被认为有必要加以澄清，因为欧盟——虽然它包含着关税同盟——具有通常的关税同盟协定所没有的政治与经济一体化特征。类似的表述也存在于美国与保加利亚、捷克、立陶宛、波兰、罗马尼亚以及斯洛伐克缔结的 BITs 的议定书中。

三十一、美国—特立尼达和多巴哥 BIT

美国—特立尼达和多巴哥 BIT 中的一般待遇条款——规定于第 1 款至第 3 款——与 1994 年范本中的对应规定相一致，只有一个非常细微的变化，即在规定国民待遇义务与最惠国待遇义务等的表述后插入诸如“国民待遇”与“最惠国待遇”术语时，用“在下文中指”（hereinafter referred to）取代“在下文中”（hereinafter）。界定政治分支机构给予国民待遇的表述规定于第 15 条第 1 款（b）项并且与 1994 年范本中的相关规定是一致的，除了第 15 条的标题中的单词全部使用英文大写首字母：Application of this Treaty to Political Subdivisions and State Enterprises of the Parties（本条约适用于缔约方的政治分支机构与国家企业）。同样的标题出现于美国—阿尔巴尼亚 BIT，而美国—约旦 BIT 中也有类似的标题。

三十二、美国—蒙古 BIT

美国—蒙古 BIT 中的一般待遇条款——规定于第 1 条第 1 ~ 2 款——与 1992 年范本中的对应规定相一致，区别在于有关专断与歧视性措施条款中的两处变化：第一，该 BIT 用“不合理”替代“专断”。第二，作为对 Electronica Sicula 案判决的回应，该 BIT 省略了因该案而加之于 1991 年范本中的句子。这两处变化预示着 1994 年范本发生的变化，该范本在该 BIT 签署之前制定完成。

美国—蒙古 BIT 议定书确认缔约双方的理解是，该 BIT 第 2 条第 1 款规定的国民待遇与最惠国待遇义务适用于投资设立与取得（acquisition），也适用于投资的扩大、管理、实施、运作，以及出售或其他处置行为。当然，这一措辞也揭示着 1994 年范本中的相关规定。

美国—蒙古 BIT 第 1 条第 1 款（e）项中对于“相关活动”（associated

activities)的界定与1992年范本中的相关规定相同。

美国—蒙古BIT第2条第8款界定了由政治分支机构给予的国民待遇的含义,并且与1992年范本中的相关规定相同。

美国—蒙古BIT第2条第9款规定的关税同盟例外修改了1992年范本中的表述,据此关税同盟例外适用第2条规定的最惠国条款,而不是整个条约中的最惠国条款。在这方面,美国—蒙古BIT沿袭了1987年范本和1991年范本的做法。

三十三、美国—乌兹别克斯坦BIT

美国—乌兹别克斯坦BIT中的一般待遇条款——规定于第2条第1~3款——与1994年范本中的对应规定相同。界定政治分支机构给予的国民待遇的表述——规定于第15条第1款(b)项——与1994年范本中的对应规定也相同。

三十四、美国—阿尔巴尼亚BIT

美国—阿尔巴尼亚BIT中的一般待遇条款——规定于第2条第1~3款——与1994年范本中的规定相同。界定政治分支机构给予的国民待遇的表述——规定于第15条第1款(b)项——与1994年范本中的规定也相同,除了第15条标题的每个单词都使用大写英文首字母:Application of this Treaty to Political Subdivisions and State Enterprises of the Parties(本条约对于缔约方的政治分支机构与国家企业的适用)。这一标题也出现于美国—特立尼达和多巴哥BIT中,美国—约旦BIT中也有类似的标题。

三十五、美国—拉脱维亚BIT

与第1条第1款(e)项中对于“相关活动”的界定一样,美国—拉脱维亚BIT中的一般待遇条款——规定于第2条第1款和第3款——与1992年范本中的对应规定相同。

关税同盟例外与GATT例外规定于美国—拉脱维亚BIT第2条第1款,这些例外与1992年范本中的相关规定相同。为了促进拉脱维亚加入欧盟,2003年美国与该国签署议定书对美国—拉脱维亚BIT做了修改。该议定书第2条规定,关税同盟例外“应当适用于缔约一方因其作为包括自由贸易协定或关税同盟(比如欧盟)在内的经济一体化协定之缔约方身份而承担的所有义务,包括对任何第三国的国民或公司承担的义务"。这一表述的目的是,确保关税同盟例外适用于欧盟规定的义务,这一问题被认为有必要加以澄清,因为欧盟——虽然它包含着关税同盟——具有通常的关税同盟协定所没有的政治与经济一体化特征。类似的表述也存在于美国与保加利亚、捷克、爱沙尼亚、立陶宛、波兰、罗马尼亚以及斯洛伐克缔结的 BITs 的议定书中。

三十六、美国—洪都拉斯 BIT

美国—洪都拉斯 BIT 中的一般待遇条款——规定于第 2 条第 1 ~ 3 款——与 1994 年范本中的对应规定相一致。第 15 条第 1 款(b)项界定政治分支机构给予的国民待遇的表述与 1994 年范本中的对应规定也相一致。

三十七、美国—尼加拉瓜 BIT

美国—尼加拉瓜 BIT 中的一般待遇条款——规定于第 2 条第 1 ~ 3 款——与 1994 年范本中的对应规定相一致。第 15 条第 1 款(b)项界定政治分支机构给予的国民待遇的表述与 1994 年范本中的对应规定也相一致。

三十八、美国—克罗地亚 BIT

美国—克罗地亚 BIT 中的一般待遇条款——规定于第 2 条第 1 ~ 3 款——与 1994 年范本中的对应规定相一致。第 16 条第 1 款(b)项界定政治分支机构给予的国民待遇的表述与 1994 年范本中的规定也相一致。

三十九、美国—约旦 BIT

美国—约旦 BIT 中的一般待遇条款——规定于第 2 条第 1 ~ 3 款——与 1994 年范本中的对应规定相一致,区别在于用"缔约各方"(Contracting Parties)取代"各方"(Parties)。第 15 条第 1 款(b)项界定政治分支机构给予的国民待遇的表述与 1994 年范本中的对应规定也相一致,区别在于第 15 条标题所有单词都使用大字英文首字母:"Application of This Treaty to Political Subdivisions and State Enterprises of the Contracting Parties"(本条约适用于缔约方的政治分支机构与国家企业)。美国—特立尼达和多巴哥及美国—阿尔巴尼亚 BIT 都使用类似的标题。

四十、美国—阿塞拜疆 BIT

美国—阿塞拜疆 BIT 中的一般待遇条款——规定于第 2 条第 1 ~ 3 款——与 1994 年范本中的对应规定相一致。第 16 条第 1 款(b)项界定政治分支机构给予的国民待遇的表述与 1994 年范本中的对应规定也相一致。

四十一、美国—立陶宛 BIT

美国—立陶宛 BIT 中的一般待遇条款——规定于第 2 条第 1 ~ 3 款——与 1992 年范本中的对应规定相一致,区别在于,在第 2 条第 3 款(a)项中,范本中的“低于国际法要求的待遇”被改写为该 BIT 中的“优惠程度低于国际法要求的待遇”,这纯粹只是文体上的变化。第 1 条第 1 款(e)项中的“相关活动”界定与 1992 年范本的对应规定相一致,区别在于“知识产权权利”被缩写为“知识产权”,但实质内容没有变化。美国—俄罗斯 BIT 中有类似的变化。第 2 条第 9 款界定政治分支机构给予的国民待遇的表述与 1992 年范本中的对应规定也相一致。

美国—立陶宛 BIT 第 2 条第 10 款规定的关税同盟例外与 GATT 例外以及 1992 年范本中的相关规定相一致。为了推动立陶宛加入欧盟,2003 年美国与立陶宛签署议定书,对该 BIT 做了修改。该议定书第 2 条规定,美国—立陶宛 BIT 规定的关税同盟例外“应当适用于缔约一方因其作为包括自由贸易区或关税同盟(比如欧盟)在内的经济一体化协定之缔约方身份而承担的所有义务,包括对任何第三国的国民或公司承担的义务”。这一表述的目的是确保关税同盟例外适用于欧盟规定的义务,这个问题被认为必须加以澄清,因为欧盟的政治与经济一体化超越关税同盟协定通常规定的内容,尽管欧盟包含着关税同盟。类似的表述也存在于美国与保加利亚、捷克、爱沙尼亚、拉脱维亚、波兰以及斯洛伐克缔结的 BITs 的议定书中。

四十二、美国—玻利维亚 BIT

美国—玻利维亚 BIT 中的一般待遇条款——规定于第 2 条第 1 ~ 3 款——与 1994 年范本中的对应规定是一致的。第 15 条第 1 款(b)项界定政治分支机构给予的国民待遇的表述与 1994 年范本中的对应规定也相一致。该 BIT 议定书第 4 段指出美国确认“其联邦政府体系提供切实的保护以防止对商务活动——包括美国一个州内来自另外一个美国州的投资者的投资——造成的负担”。这一表述是应玻利维亚要求增加的。正如国务卿呈报函解释指出的,虽然玻利维亚承认美国拥有“整体上开放的投资环境”,但它担心,在未来投资条约谈判期间,实行联邦制的其他国家可能会寻求订立类似于本条约第 15 条第 1 款(b)项的条约条款,以便维持歧视性的投资制度。该 BIT 议定书的表述旨在“强调”美国《宪法》中包含的防范州内贸易中存在的歧视。[94]

四十三、美国—莫桑比克 BIT

美国—莫桑比克 BIT 中的一般待遇条款——规定于第 2 条第 1 ~ 3 款——与 1994 年范本中的对应规定是一致的,区别在于“涵盖投资”被改写为“根据本条约的涵盖投资”。第 15 条第 1 款(b)项界定政治分支机构给予的国民待遇的表述与 1994 年范本中的规定也相一致。

美国—莫桑比克 BIT 附有一个落款日期为 1998 年 12 月 1 日的换文,在该换文中,缔约方确认他们的共同理解,即莫桑比克将实施第 19.97 号法律(土地法)中的规定以及涉及实质上相同主题的任何其他法律,据此“向涵盖投资提供在类似情形下向本国自然人以及被认为拥有莫桑比克国籍的法人给予的待遇与机会”。

四十四、美国—厄瓜多尔 BIT

美国—厄瓜多尔 BIT 中的一般待遇条款——规定于第 2 条第 1 ~ 3 款——与 1994 年范本中的对应规定相一致。第 15 条第 1 款(b)项界定政治分支机构给予的国民待遇的表述与 1994 年范本中的规定也相一致。

四十五、美国—巴林 BIT

美国—巴林 BIT 中的一般待遇条款——规定于第 2 条第 1 ~ 3 款——与 1994 年范本中的对应规定是一致的,区别仅在于使用阿拉伯数字取代罗马数字。第 16 条第 1 款(b)项界定政治分支机构给予的国民待遇的表述与 1994 年范本中的规定也是一致的,区别仅在于使用阿拉伯数字取代罗马数字。

---

[94] Bolivia BIT submittal letter, at XVII.

四十六、美国—乌拉圭 BIT

美国—乌拉圭 BIT 中的一般待遇条款——规定于第 2 条第 1 ~ 3 款——与 2004 年范本中的相关规定相同。第 4 条规定的不符措施条款与 2004 年范本中的相关规定也相同,除了它不使用带括号的标题——置于相互援引 2004 年范本中其他的条款之后,这是美国—乌拉圭 BIT 文体上的一个变化。

在附件 I 中,美国保留其有权利维持不符合国民待遇、最惠国待遇、履行要求,或者雇佣条款的所有现行地区层面上的措施。美国签署的所有的 FTAs 与此类似。

美国—乌拉圭 BIT 中关于金融服务的附件 F 包括新的表述。附件 F 第 1、2 段规定,在把国民待遇与最惠国待遇条款适用于金融机构时,所要适用的标准是在类似情形下分别向东道国或任何第三国的金融机构中的投资者、金融机构中的投资,或者金融机构给予的待遇。附件 F 规定的根据国民待遇与最惠国待遇条款给予的保护适用于三类实体:缔约另一方的投资者、投资,以及金融机构。根据附件 F 第 3 段,金融机构是指“一个位于缔约一方领土内但被缔约另一方的人所控制的金融机构及其分支机构。”

附件 F 第 4 段进一步规定,与投资者有关的金融服务措施违反国民待遇或最惠国待遇条款的诉求不能诉诸投资者—国家仲裁。由此,此类诉求只能诉诸国家—国家仲裁。就第 4 段而言,“金融机构”一词意味着“位于缔约方领土内根据其法律被授权从事业务,并且被作为金融机构进行规制或监督的任何金融媒介或其他企业”。进一步看,除了涉及贷款与债务票据,第 4 段中使用的“投资”一词与第 1 条——BIT 的定义条款——中的界定是一样的。金融机构发放的贷款或者债务票据只有在金融服务所在的缔约方领土内被视为受监管的资本时才属于金融机构的投资。除非满足前一句规定的条件,否则金融机构提供的贷款或者拥有的债务证券不属于金融机构的投资。该第 4 段是根据同时包含金融服务章与投资章的 FTAs 中的相关规定起草的。

第 4 段并不意味着美国做出了让步。相反,美国在个案基础上决定是否提出第 4 段中的内容。美国在做出这一决定时考虑的因素包括美国投资者的利益、缔约另一方金融监管制度的性质、缔约另一方的偏好、美国金融监管机构的关切,以及在缔约另一方的金融机构中的美国投资者是否需要这样一种权利,即据此把基于国民待遇与最惠国待遇条款的诉求诉诸投资者—国家仲裁以保护其利益。[95]

美国—乌拉圭 BIT 议定书第 4 段也包含了新的表述，据此乌拉圭需要提供某些“纯粹为了透明度之目的的描述性与解释性信息”。该信息是指乌拉圭政府此前针对某些部门内的投资给予的许可或授权设定的限制。这些许可与授权是根据“合法性、时机、便利，或者业绩”给予的，并且适用乌拉圭的投资法，即禁止基于国籍实施歧视的第 16.906 号法律。

第五节　已经签署的 FTAs

美国签署的所有 FTAs 都包含着 2004 年范本规定的一般待遇标准。

这些 FTAs 在文体方面有别于 2004 年范本，因为它们不使用带括号的标题——置于相互援引的其他条款之后，并且用“协定”取代“条约”，而条款的编号也不相同。

除两个 FTAs 外，美国缔结的其他 FTAs 中有关政治分支机构给予的国民待遇的界定都不同于 2004 年范本。FTA 模式是由 NAFTA 设定的。2004 年范本第 3 条第 3 款把政治分支机构给予的国民待遇界定为，某一政治分支机构向居住于其他政治分支机构的自然人或根据其他政治分支机构的法律成立的企业给予的最优惠待遇，据此允许政治分支机构区别对待以便有利于该政治分支机构的投资者。NAFTA 第 1103 条第 3 款把缔约一方的某一政治分支机构给予的国民待遇界定为给予该缔约一方的任何投资的最优惠的待遇。美国的 BIT 谈判人员把 NAFTA 的做法称为“最佳州内待遇”(best in-state treatment)。据此，较之 2004 年范本的规定——美国的 BIT 谈判人员称为“最佳外州待遇”(best out-of-state treatment)，NAFTA 规定了更高的标准。NAFTA 的做法受到美国与新加坡(第 15.4 第 2 款)、智利(第 10.2 第 3 款)、摩洛哥(第 10.2 第 3 款)、中美洲国家—多米尼加(第 10.2 第 3 款)、秘鲁(第 10.2 第 3 款)缔结的 FTAs 的遵循。美国—澳大利亚 FTA 中没有这一条款，该问题通过解释该 FTA 投资章中的其他内容而加以解决，而美国—安曼 FTA 则遵循了 2004 年范本的做法。

2002 年之后美国缔结的 FTAs 中的不符措施条款与 2004 年范本的相关

---

[95] 2006 hearings, *supra* chap. 2, note 160, at 26.

规定之间存在共同的区别。第一个区别是,2002 年之后美国缔结的 FTA 中只有附件 I——而不是附件Ⅲ——规定金融服务部门中的不符措施,因为这些 FTAs 包括了金融服务专章,该章处理该部门中的投资问题。第二个区别是,2004 年范本规定国民待遇与最惠国待遇条款不适用于为《TRIPs 协定》第 3 条或第 4 条项下任何义务之例外或减损所涵盖的措施,而 2002 年之后缔结的 FTAs 却提及它们的知识产权章中的一个条款。该条款是指美国—新加坡 FTA 第 16.1 第 3 款、美国—智利 FTA 第 17.1 第 6 款、美国—澳大利亚 FTA 第17.1 第 6款、美国—摩洛哥 FTA 第 15.1 第 5 款、美国—中美洲国家—多米尼加 FTA 第 15.1 第 8 款、美国—秘鲁 FTA 第 16.1 第 8 款、美国—安曼 FTA 第 15.1 第 5 款、美国—哥伦比亚 FTA 第 16.1 第 8 款。第三个区别是,2002 年之后缔结的 FTAs 没有包括"涵盖"(covered by),2004 年范本插入"涵盖"作为一种技术性的改进,但相关表述的含义是相同的。

与美国—乌拉圭 BIT 一样,在所有的 FTAs(美国—新加坡 FTA 附件 8A 和 NAFTA 附件九)中,美国保留有权采取或维持根据任何在 NAFTA 生效前签署的国际协定向相关国家给予差别待遇的任何措施。因而,涵盖投资者或投资无权根据一般的最惠国待遇条款,主张获得与之前缔结的 BIT 或 FTA 确保的同样优惠的待遇。

在 2002 年之后缔结的所有 FTAs(除了美国—新加坡 FTA 附件 8A 和 8B)的附件 I 和附件 II 中,美国保留其有权维持不符合国民待遇、最惠国待遇、履行要求或者雇佣条款的地区层面上的所有现行措施。美国—乌拉圭 BIT 的规定与此类似。在 NAFTA 中,所有现行的地区性不符措施在两年内被豁免适用雇佣条款,两年后则只有被列入附件的此类不符措施才是被允许的。在两年期届满前,NAFTA 的三个缔约方同意保留所有现行的地区层面上的不符措施。

一、NAFTA

NAFTA 第 1102 条第 1、2 款——确保给予国民待遇——与 2004 年范本第 3 条第 1、2 款从实质上说是相同的,但在文字方面存在细微的差别。NAFTA 提及的是"另外一个缔约方"而非"缔约另一方",因为 NAFTA 是一个三方协定而非双方协定。2004 年范本中包含着限定于向"在其领土内",即东道国领土内的投资提供保护的表述。这一表述被认为是多余的因而没有包含在 NAFTA 第 1102 条中,因为关于适用范围与涵盖事项的 NAFTA 第

1101 条明确规定，NAFTA 投资章适用于东道国领土内的投资，因而在第 1102 条没有必要重复这一限制。2004 年范本使用了经界定的“涵盖投资”一词，而 NAFTA 则使用较为冗长的“另外一个缔约方的投资者的投资”。

NAFTA 也包含着新的第 1102 条第 4 款，它规定“为了更加明确”，任何缔约一方都不能要求另外一个缔约方的投资者必须由该缔约一方的国民持有某个最低限度的股份——除了作为董事或创办人应该以他们的名义持有的资格股份以外，或者要求另外一个缔约方的投资者基于国籍原因出售在东道国领土内的投资或者予以另行处置。

NAFTA 第 1103 条——确保给予最惠国待遇——与 2004 年范本第 4 条的规定从实质上说是相同的。首先，某些文字上的差别是存在的，但不影响相关条款的实质。其次，NAFTA 提及“另外一个缔约方”，而 2004 年范本提及的是“缔约另一方”。再次，2004 年范本使用“涵盖投资”取代上文描述过的更为冗长的措辞。2004 年范本只向东道国领土内的投资给予保护，这一表述没有规定于 NAFTA 中，因为这一限制规定于第 1101 条。最后，由于 NAFTA 是一个三方协定，因而最惠国待遇被界定为向“任何其他缔约方或某一非缔约方的国家”的投资者或投资给予的待遇，而 2004 年范本把最惠国待遇界定为向“任何非缔约方的国家”的投资或投资者给予的待遇。

NAFTA 第 1104 条的标题是“待遇标准”，它规定每个缔约方应当向缔约另一方的投资者与投资给予国民待遇与最惠国待遇中的较优者。明确要求给予两种标准中较优者的表述一直出现至 2004 年示范谈判文本中，2004 年被删除，原因是，要求同时提供两种待遇自动地要求应当给予二者中较优者。

NAFTA 中的不符措施条款——第 1108 条——确立了为后续美国缔结的 FTAs 以及 2004 年范本所采纳的概念表达方法（conceptual format），尽管这些后续的法律文件中的不符措施条款的第 1 款做了一些文体方面的完善。与这些后续的法律文件一样，NAFTA 针对国民待遇与最惠国待遇、雇佣以及履行要求条款允许采取附件 Ⅰ 或 Ⅲ 规定的不符措施。不过，NAFTA 中的一个区别在于，所有地区层面（at regional level）的现行不符措施被允许存在两年，不管它们是否被规定于附件中。两年后，只有规定于附件中的不符措施才被允许存在。与 2004 年范本一样，NAFTA 也允许所有地方层面（at local level）的现行不符措施，不管它们是否被规定于附件。另一个区别是，虽然 2004 年范本附件 Ⅲ 规定了缔约方在金融服务部门中的现行不符措施，但 NAFTA 附件 III 规定了墨西哥根据宪法要求采取的例外措施。[96]

2004 年范本把《TRIPs 协定》第 3、4 条项下义务之例外所涵盖的任何措施排除在国民待遇与最惠国待遇条款之外，而 NAFTA 第 1108 条第 5 款则把 NAFTA 第 1703 条项下义务之例外所涵盖的措施排除在 NAFTA 知识产权章中的最惠国待遇条款之外。NAFTA 开创性地确立了把在某一之前协定中做出的承诺排除在最惠国待遇条款之外的政策，但它把这种例外规定于独立的附件Ⅳ。后续的法律文件把这种例外规定于附件Ⅰ。第 1108 条第 7 款——它包含着国民待遇、最惠国待遇，以及针对采购的雇佣条款、补贴与补助例外——明确适用于国家企业进行的采购和给予的补贴与补助。最后，NAFTA 第 1108 条第 8 款包含了履行要求条款项下义务的一系列例外，这些例外在后续法律文件中被规定于履行要求条款，作者在本书第六章第四节第九目第一项中对此将加以讨论。

第 1105 条——标题为“最低待遇标准”——第 1 款与 2004 年范本的规定是类似的，它要求涵盖投资应当获得“符合国际法的待遇，包括公平与公正待遇及充分的保护与安全”。起草人考虑过把本款项下的保护也扩大到投资者保护，但后来选择不这么做，部分原因是，担心确保为投资者提供保护可能导致个人根据 NAFTA 提起损害诉求。[97]

NAFTA 没有用“习惯”来限定“国际法”，但起草人的意图是援引习惯国际法。不过，2000 年以后，在 NAFTA 仲裁中作出的一系列裁决表明，仲裁庭倾向于更宽泛地解释第 1105 条中的“国际法”一词。比如，2000 年 8 月 30 日，*Metalclad v. Mexico* 案仲裁庭注意到 NAFTA 第 102 条第 1 款规定透明度是 NAFTA 的一个目标，并认定墨西哥因其未能为涵盖投资提供足够的透明度违反了第 1105 条。类似地，2000 年 11 月 12 日，*S. D. Myers v. Canada* 案仲裁庭认定，违反 NAFTA 规定的国民待遇义务了构成对第 1105 条的违反。

进一步看，仲裁庭看起来也有意漠视第 1105 条的规定，该条规定 NAFTA 中的公平与公正待遇是习惯国际法的构成要素。2001 年 4 月 10

---

[96] Daniel M. Price, “An Overview of the NAFTA Investment Chapter: Substantive Rules and Investor-State Dispute Settlement,” 27 *International Lawyer* 727, 731 (1993).

[97] Daniel M. Price & P. Bryan Christie III, “An Overview of the NAFTA Investment Chapter: Substantive Rules and Investor-State Dispute Settlement,” in Judith H. Bello, Alan F. Holmer, and Joseph J. Norton, *The North American Free Trade Agreement: A New Frontier in International Trade and Investment in the Americas* 173 (2004).

日,*Pope & Talbot v. Canada* 案仲裁庭认定,公平与公正待遇独立于,而非包含于根据习惯国际法的待遇要求。

在这些裁决作出后的 2001 年 7 月 31 日,NAFTA 自由贸易委员会(FTC)做出了一个解释,确认第 1105 条援引的国际法只是指习惯国际法,并且公平与公正待遇是习惯国际法的一个构成要素,而不是独立的条约标准。该解释规定:

“1. 第 1105 条第 1 款规定习惯国际法中的外国人最低待遇标准是指给予缔约另一方之投资者的投资的最低待遇标准。

2. ‘公平与公正待遇’与‘充分的保护与安全’概念不要求给予超出或高于习惯国际法中的外国人最低待遇标准要求的待遇。

3. 不能根据认定 NAFTA 的另一条款或者另一个国际协定被违反而认定第 1105 条第 1 款被违反了。”

2001 年根据 NAFTA 针对美国提起的投资者—国家仲裁案件——包括 Loewen 案、Mondev 案、ADF Group 案以及 Methanex 案——中的每个申请人都声称,做出该解释时已经具体考虑了该仲裁申请人的案件。[98]一个共同的批评是,美国与加拿大、墨西哥一起在仲裁进程中修改了 NAFTA,从而挫败了仲裁申请人的诉求。事实上,Pope & Talbot 案仲裁庭指出,如果要求它对 FTC 的声明做出属于修改或解释的定性,它会把该声明定性为修改。诚然,如果该声明属于修改,它就不能溯及地适用于待决案件中。仲裁庭接着认为,它没有必要认定该声明的性质,原因是,不管该声明是否被看作该待决案件的适用法律,其结果都是一样的。根据 1967 年 OECD 起草的《关于保护外国人财产的公约》(草案),仲裁庭认定习惯国际法已经发生了演变,而它影响了仲裁庭在此前所做裁决中适用的标准。美国认为,NAFTA 没有允许投资者—国家仲裁庭审查 FTC 做出的解释,或者把它作为对 NAFTA 的修改而不予适用,[99]而事实上审理这四个针对美国的在该解释发布时尚处于待决状态的案件的仲裁庭遵守了 FTC 所作的解释。

无论如何,美国的意图是,NAFTA 第 1105 条第 1 款与 2004 年范本第 5 条第 1 款具有完全相同的含义。进一步强调要求应当给予符合国际法的待

---

[98] For an account of the reaction to the July 31 interpretation, see Ian A. Laird, “Betrayal, Shock, and Outrage—Recent Developments in NAFTA Article 1105,” in Todd Weiler, ed., *NAFTA: Investment Law and Arbitration: Past Issues, Current Practice, Future Prospects* 49 (2004).

[99] *ADF Group v. United States*, Post-Hearing Submission of Respondent United States of America on Article 1105(1) and *Pope & Talbot*, page 12.

遇并不是要求根据其他条约给予待遇,2004 年范本新增第 5 条第 3 款规定,不能根据违反 BIT 或其他协定来认定第 5 条被违反。这一规定没有出现于 NAFTA 中,但它完全符合 NAFTA 起草人的意图。

类似地,NAFTA 也没有包含 2004 年范本中有关习惯国际法含义的附件 A,因而也没有包含 2004 年范本第 5 条的脚注——该脚注规定第 5 条应当根据附件 A 进行解释。

NAFTA 附件九保留了美国的一项权利,即美国可以根据在 NAFTA 生效前缔结或生效的任何国际协定采取或维持对不同国家给予不同待遇的任何措施。因此,涵盖投资无权根据 NAFTA 中的一般最惠国待遇条款要求同样获得之前美国签署的 BIT 或 FTA 给予的待遇。这一规定是美国 BIT 的新实践,被并入了美国与乌拉圭缔结的 BIT 和美国随后缔结的所有 FTAs 中。

二、美国—新加坡 FTA

美国—新加坡 FTA 中的一般国民待遇条款规定于第 15.4 条。它与 2004 年范本的相关规定非常类似。在 2004 年范本中,针对投资与投资者的国民待遇义务被分别规定在两款中,而它们在美国—新加坡 FTA 中被合并为一款,并且增加了一个句子:"每个缔约方根据本款应当给予的待遇是'国民待遇'"。

这使得在交叉援引第 15.4 条第 2 款——它规定了政治分支机构给予国民待遇问题——中的那些款项时必须有所变动。进一步看,该第 2 款提及的是"州、领土,或者属地"而不是 2004 年范本中提及的"地区层面的政府"。这一措辞上的变动无意造成实质意义上的差别。正如作者在第五章第五节中指出,第 15.4 条第 2 款在界定政治分支机构给予的国民待遇方面与 2004 年范本有着实质意义上的差别。

美国—新加坡 FTA 中的一般最惠国待遇条款规定于第 15.4 条第 3 款。它与 2004 年范本中的规定基本上相同。与一般国民待遇条款一样,美国—新加坡 FTA 把针对投资与投资者的最惠国待遇义务合并在同一款中,而不像 2004 年范本那样分别规定在不同的款中。美国—新加坡 FTA 在该第 3 款后增加一句"每个缔约方根据本款应当给予的待遇是'最惠国待遇'"。

美国—新加坡 FTA 第 15.4 条第 4 款规定"每个缔约方应当向缔约另一方的投资者及其涵盖投资给予国民待遇或最惠国待遇中的较优者"。虽然 2004 年范本中没有这一句,但明确要求给予国民待遇或最惠国待遇中的较优者的表述出现于2004年前的范本中，而2004年范本中没有这一句的原因是，要求给予国民待遇与最惠国待遇中的较优者是要求同时提供这两种待遇的应有之义。

美国—新加坡FTA中的一般绝对待遇条款规定于第15.5条。除了一些细微的文体上的变化，其表述与2004年范本的相关规定是相同的。美国—新加坡FTA中有一个脚注，规定该第5条"根据关于习惯国际法的函件进行解释"。2004年范本也有一个相应的脚注，规定一般的绝对待遇条款"应当根据附件A进行解释"。作为美国—新加坡FTA补充的关于习惯国际法的函件中的实施性文字与2004年范本附件A的内容实际上相同。

美国—新加坡FTA第15.12条规定的不符措施条款与2004年范本中的相关规定是类似的，但存在此前所述的2002年之后美国缔结的所有FTAs与2004年范本之间存在的共同差别。在美国—新加坡FTA中，不符措施规定在附件8A和附件8B，而不像美国缔结的其他FTAs那样，将之规定于附件I和附件II。

三、美国—智利FTA

美国—智利FTA中的一般最惠国待遇与国民待遇条款——规定于第10.2条—第10.4条第1～3款——与2004年范本中的规定实际上是相同的。

美国—智利FTA第10.7条规定的不符措施条款与2004年范本中的规定非常相似，二者之间的差别与前文讨论过的2002年后美国缔结的FTAs与2004年范本相关规定之间的差别相同。另外，美国—智利FTA第10.7条第5款(a)项规定国民待遇、最惠国待遇以及雇佣条款不适用于"采购"而非"政府采购"，这一文体上的差别与2002年以后美国与除了新加坡、澳大利亚和安曼之外的其他国家缔结的FTAs与2004年范本相关规定之间的差别相同。美国—智利FTA第2.1条把"采购"界定为政府获得商品或服务的过程，美国与摩洛哥、秘鲁及哥伦比亚缔结的FTAs第2.1条以及美国与智利、中美洲国家—多米尼加缔结的FTA第2.1条的做法与此一样，这就明确了"采购"的意思就是"政府采购"。

美国—智利FTA的脚注以"为了更加明确"开始，规定第10.4条规定的一般的绝对待遇条款应当根据该FTA投资章的附件A进行解释。2004年范本中没有"为了更加明确"这一短语，因为它被认为是没有必要的。

四、美国—澳大利亚 FTA

美国—澳大利亚 FTA 中的一般的国民待遇与最惠国待遇条款——规定于第 11.3 条至第 11.4 条——与 2004 年范本的相关规定是一致的，区别在于该 FTA 不包含有关政治分支机构给予的国民待遇的界定。

美国—澳大利亚 FTA 中的一般的绝对待遇条款，即第 11.5 条有别于 2004 年范本，因为前者要求给予符合“习惯国际法中有关外国人待遇的最低标准”，而非“习惯国际法”的待遇。从措辞上说，这一变化使得该条第 2 款第一句变得没有必要，该第一句指出第 1 款要求的标准是国际最低待遇标准。

除了前文所述的 2002 年后美国缔结的所有 FTAs 都具有的差别，美国—澳大利亚 FTA 中的不符措施条款，即第 11.13 条与 2004 年范本的相关规定非常类似。

五、美国—摩洛哥 FTA

美国—摩洛哥 FTA 中的一般的国民待遇与最惠国待遇条款——规定于第 10.3 条与第 10.4 条——与 2004 年范本的相关规定是一致的，区别在于作者在第五章第五节中提出的，对于政治分支机构给予的国民待遇的界定。

美国—摩洛哥 FTA 中的一般的绝对待遇条款——规定于第 10.5 条第 1 ~ 3 款——与 2004 年范本中的相关规定是一致的。

美国—摩洛哥 FTA 第 10.12 条规定的不符措施条款与 2004 年范本中的规定非常相似，二者之间的差别与前文讨论过的 2002 年后美国缔结的 FTAs 与 2004 年范本相关规定之间的差别相同。另外，美国—摩洛哥 FTA 第 10 条第 12 款 5 项规定国民待遇、最惠国待遇以及雇佣条款不适用于“采购”而非“政府采购”，这一文体上的差别与 2002 年以后美国与除了新加坡、澳大利亚和安曼之外的其他国家缔结的 FTAs 与 2004 年范本相关规定之间的差别相同。美国—摩洛哥 FTA 第 1.3 条把“采购”界定为政府获得商品或服务的过程，美国与秘鲁以及哥伦比亚缔结的 FTAs 第 1.3 条以及美国与智利、中美洲国家—多米尼加缔结的 FTAs 第 2.1 条的做法与此相同，这就明确了“采购”的意思就是“政府采购”。

六、美国—中美洲国家—多米尼加 FTA

美国与中美洲国家—多米尼加签署的 FTA（CAFTA-DR）中的国民待遇

与最惠国待遇条款——规定于10.3~10.4条——与2004年范本中的规定相同,除了在界定政治分支机构给予的国民待遇——第五章第五节讨论过的—— 存在的差别,以及为促使多个缔约方能够遵守协定而做出的必要改动。比如,两个条款都把保护扩大适用于"另外一个缔约方的投资者"而非"缔约另一方的投资者"。第10.4条,即一般的最惠国待遇条款中的表述要求给予不低于向"任何其他缔约方或非缔约方的国家"给予的待遇。

在美国—中美洲国家—多米尼加FTA谈判过程中,缔约方插入了一个脚注,该脚注规定,本协定中的最惠国待遇条款在适用范围方面明确限制适用于"投资的设立、并购、扩大、管理、实施、运作,以及出售或其他处置行为"。缔约方拥有共同的理解与意图,即本条款不涵盖诸如在本章C部分中包含的国际争端解决机制,因而不能合理地得出类似于Maffezini案那样的结论。

正如作者在第五章第六节第一目所说的,Maffezini案裁决认为,投资者可以援引某一BIT中的最惠国待遇条款获得另外一个BIT中的投资者—国家争端解决条款项下的利益。该脚注最终被删除了,但缔约方同意它仍然是谈判史的组成部分。[100]此外,美国与秘鲁及哥伦比亚缔结的FTAs中也有类似的脚注。

美国—中美洲国家—多米尼加FTA第10.5条规定的一般的绝对待遇条款沿袭了2004年范本的规定。

美国—中美洲国家—多米尼加FTA第10.13条规定的不符措施条款与2004年范本中的规定非常相似,差别与前文讨论过的2002年后美国缔结的FTAs与2004年范本相关规定之间的差别相同。另外,美国—中美洲国家—多米尼加FTA第10.13条第5款(a)项规定国民待遇、最惠国待遇以及雇佣条款不适用于"采购"而非"政府采购",这一文体上的差别与2002年以后美国与除了新加坡、澳大利亚和安曼之外的其他国家缔结的FTAs与2004年范本相关规定之间的差别是一样的。美国—中美洲国家—多米尼加FTA第2.1条把"采购"界定为政府获得商品或服务的过程,美国与摩洛哥、秘鲁以及哥伦比亚缔结的FTAs第1.3条以及美国—智利FTA第2.1条的做法与

---

[100] Meg. N. Kinnear, Andrea K. Bjorklund, & John F. G. Hannaford, *Investment Disputes Under NAFTA: An Annotated Guide to Chapter* 11, 1103 – 22 (2006). *See also* Rajesh Singh, "The Impact of the Central American Free Trade Agreement on Investment Treaty Arbitrations: A Mouse that Roars?" 21 *Journal of International Arbitration* 329 (2004).

此一样，这就明确了“采购”的意思就是“政府采购”。

七、美国—秘鲁 FTA

除三个方面外，美国—秘鲁 FTA 中的一般的国民待遇与最惠国待遇条款——规定于第 10.3～10.4 条——与 2004 年范本中的规定是一致的。

第一，由于预期美国—秘鲁 FTA 可能成为多边性的安第斯 FTA（Andean FTA）的组成部分，美国—秘鲁 FTA 规定东道国给予的待遇不低于向“任何其他缔约方或非缔约方的国家”给予的待遇。第 10 条第 1 款规定的保护被扩大适用于给予“另外一个”（another）缔约方，而非“缔约另一方”的投资者的待遇。美国与中美洲国家—多米尼加以及哥伦比亚缔结的 FTA 中有类似的规定。

第二，正如作者在第五章第五节中讨论的，对于政治分支机构给予的国民待遇的界定遵循的是 NAFTA 的做法，而不是 2004 年范本的做法。

第三，美国—秘鲁 FTA 包含了新的脚注 2，该脚注解释指出“为了更加明确，第 10 .4 条第 1、2 款中‘投资设立、并购、扩大、管理、实施、运作，以及出售或其他处置行为’方面的待遇不包括国际投资条约或贸易协定中规定的争端解决机制，比如 B 节规定的机制。”该脚注中的表述只是明确了在美国缔结的所有 BITs 和 FTAs 中隐含着的意思，它沿袭了 1994 年及之后范本中的表述。美国—中美洲国家—多米尼加 FTA 中也曾包含过类似的脚注，但在签署协定时被删除了，尽管如此，它仍然是谈判史的一个组成部分。

美国—秘鲁 FTA 第 10.5 条规定的一般的绝对待遇条款与 2004 年范本的相关规定是一致的。

美国—秘鲁 FTA 第 10.13 条规定的不符措施条款与 2004 年范本中的规定非常相似，差别与前文讨论过的 2002 年后美国缔结的 FTAs 与 2004 年范本相关规定之间的差别相同。另外，美国—秘鲁 FTA 第 10.13 条第 5 款（a）项规定国民待遇、最惠国待遇以及雇佣条款不适用于“采购”而非“政府采购”，这一文体上的差别与 2002 年以后美国与除了新加坡、澳大利亚和安曼之外的其他国家缔结的 FTAs 与 2004 年范本相关规定之间的差别是一样的。美国—秘鲁 FTA 第 1.3 条把“采购”界定为政府获得商品或服务的过程，美国与摩洛哥及哥伦比亚缔结的 FTAs 第 1.3 条以及美国—智利 FTA 第 2.1 条的做法与此一样，这就明确了“采购”的意思就是“政府采购”。

八、美国—安曼 FTA

美国—安曼 FTA 中的一般国民待遇与最惠国待遇条款,即第 10 条第 3、4 款与 2004 年范本的对应规定是相同的。

美国—安曼 FTA 中的不符措施条款,即第 10 条第 12 款,与 2004 年范本中的对应规定非常类似,不同之处在于前文讨论过的 2002 年后美国缔结的所有 FTAs 与 2004 年范本间都存在的差别。

美国—安曼 FTA 中的一般绝对待遇条款,即第 10 条第 5 款第 1 ~ 3 款与 2004 年范本的对应规定是相同的。

九、美国—哥伦比亚 FTA

除三个方面外,美国—哥伦比亚 FTA 中的一般的国民待遇与最惠国待遇条款——规定于第 10.3 ~ 10.4 条——与 2004 年范本中的规定是一致的。

第一,由于预期美国—哥伦比亚 FTA 可能成为多边性的安第斯 FTA 的组成部分,美国—哥伦比亚 FTA 规定东道国给予的待遇不低于向"任何其他缔约方或非缔约方的国家"给予的待遇。第 10 条第 1 款规定的保护被扩大适用于给予"另外一个"(another)缔约方,而非"缔约另一方"的投资者的待遇。美国—中美洲国家—多米尼加以及秘鲁缔结的 FTA 中具有类似的规定。

第二,正如作者在第五章第五节中讨论的,对于政治分支机构给予的国民待遇的界定遵循的是 NAFTA 的做法,而不是 2004 年范本的做法。

第三,美国—哥伦比亚 FTA 包含了新的脚注 2,该脚注解释指出"为了更加明确,第 10 .4 条第 1、2 款中给予'投资设立、并购、扩大、管理、实施、运作,以及出售或其他处置行为'方面的待遇不包括国际投资条约或贸易协定中规定的争端解决机制,比如 B 节规定的机制。"这一脚注中的表述只是明确了美国缔结的所有 BITs 和 FTAs——它们遵循 1994 年及其之后范本中的表述——中隐含的意思。美国—秘鲁 FTA 中有类似的表述。

美国—哥伦比亚 FTA 第 10.5 条中的一般的绝对待遇条款与 2004 年范本中的相关规定相同。

美国—哥伦比亚 FTA 第 10.3 条中的不符措施条款与 2004 年范本中的相关规定是非常类似的,不同之处在于前文讨论过的 2002 年后美国缔结的所有 FTAs 与 2004 年范本之间共同存在的差别。另外,美国—哥伦比亚

FTA 第 10.13 条第 5 款规定，国民待遇、最惠国待遇以及雇佣条款不适用于“采购”而非“政府采购”，这一文体上的差别与 2002 年以后美国与除了新加坡、澳大利亚和安曼之外的其他国家缔结的 FTAs 与 2004 年范本相关规定之间的差别相同。美国—哥伦比亚 FTA 第 1.3 条把“采购”界定为政府获得商品或服务的过程，美国与摩洛哥及秘鲁缔结的 FTAs 第 1.3 条以及美国与智利、中美洲国家—多米尼加缔结的 FTAs 第 2.1 条的做法与此一样，这就明确了“采购”的意思就是“政府采购”。

在附件 II 中，根据哥伦比亚《宪法》的规定，针对基于公共秩序原因而采取的任何措施，哥伦比亚纳入了国民待遇义务保留。根据美国—哥伦比亚 FTA，这些措施的合法性取决于几个条件。哥伦比亚必须向其他每一个缔约方（这一表述反映的真实意图是，美国—哥伦比亚 FTA 可能会成为多边性的安弟斯 FTA 的组成部分）作出书面通报；相关措施的实施必须符合哥伦比亚《宪法》及其实施法律规定的某些程序性要求，并且只在哥伦比亚社会的其中一种根本利益遭到真正的和非常严重的威胁时才能采取；不能以一种专断或不合理的方式实施；不得构成一种伪装的投资限制；是相关措施实现目标所必要的和成比例的。针对哥伦比亚根据这一国民待遇保留采取并做出通报，并且仲裁申请人或其投资由此而遭受损失的措施的情况，附件 II 也明确授权把涉及此类措施的诉求提交投资者—国家仲裁。然而，如果哥伦比亚能够证明所述所列条件业已具备，则仲裁庭不会作出裁决支持仲裁申请人。针对美国希望把相关措施未能满足所要求条件的诉求提交国家—国家仲裁，附件 II 也规定了要适用的程序。

第六节　仲 裁 实 践

一、国民待遇与最惠国待遇

国民待遇标准项下产生的第一个问题是，涵盖投资是否没有获得与国内投资同样的优惠。在一些案例中，仲裁申请人无法证明与国内投资相比其投资被给予较低的待遇。

在 *ADF Group v. United States* 案中，根据美国的法律，加拿大的投资者被要求在美国的公路建设项目中使用原产于美国的钢材。仲裁庭指出，从表面上看该措施不具有歧视性，因为所有的承包商——不论其国籍——都被要求使用原产于美国的钢材。仲裁庭认为，通过证明美国的投资某种程度上会由于要求使用原产于美国的钢材而受益，作为仲裁申请人的承包商有可能能够证明美国违反了国民待遇义务。然而，在该案中，仲裁申请人未能提供此类证明。因而，加拿大投资者未能表明其投资较之美国国内投资被给予较低的待遇。无论如何，仲裁庭认定 NAFTA 规定的国民待遇义务不适用于政府采购计划，比如该案中的讼争高速公路项目。

类似地，在 *International Thunderbird v. Mexico* 案中，仲裁申请人——墨西哥政府对其博彩活动采取了执法行动——未能证明墨西哥违反了国民待遇义务。仲裁庭认为，墨西哥此前已经试图关闭由墨西哥投资者拥有的博彩企业，但成效差强人意。至于那些仍然在营业的博彩企业，仲裁庭认为没有足够的证明“认定墨西哥知道那些博彩企业的存在，并且有意允许其经营”。[101]换言之，仲裁庭认定没有足够的证据证明，Thunderbird 公司的投资较之其他投资获得更低的待遇或者任何此类待遇差别是有意为之。仲裁庭最后提出了反驳有关墨西哥违反国民待遇义务之指控的另一个理由，即纵使墨西哥在执法过程中缺乏一视同仁，仲裁庭认为允许当事一方根据 NAFTA 的国民待遇条款“在被缔约一方认定为非法的活动范围内维护不执法的平等”是“不妥当的”。[102] 显然，这一替代性的理由在 NAFTA 文本中是没有依据的。仅仅根据东道国有关外国投资待遇的法律文件具有刑事法律的地位的这一事实，不应该当然地把国民待遇排除在非歧视性条款的保护之外。无论如何，仲裁庭似乎已经针对国民待遇要求取消了公共政策例外，但相关表述只是法官的附带意见。

然而，在另一些案例中，仲裁申请人能够证明国民待遇条款被违反。在讼争措施并未公然地基于国籍区别对待投资，但涵盖投资较之国内投资受到更大的负面影响情况下，仲裁庭会考虑制定讼争投资措施是否出于歧视性的动机。

比如，在 *S. D. Myers v. Canada* 案中，加拿大禁止出口被称之为多氯联苯（PCBs）的有毒物质。当该禁令遭到美国的仲裁申请人——其寻求把 PCBs 出口到其位于美国俄亥俄州的工厂进行处理时，加拿大认为，该禁令不是歧视性的，因为它禁止所有投资者出口 PCBs。仲裁庭认为，如果表面上看属于中立的某项措施对涵盖投资造成了不成比例的影响，那就可能违反了

[101] Award, para. 180.

[102] Award, para. 183.

国民待遇义务。在该案中,禁令只是对一项涵盖投资产生了消极影响。在认定讼争措施违反了国民待遇义务时,仲裁庭指出,加拿大制定的法律专门针对涵盖投资以关闭其市场。换言之,一项具有歧视性动机的措施造成的歧视性影响违反了国民待遇义务。仲裁庭指出,如果从影响上看讼争措施并没有不利于涵盖投资,则歧视性的意图本身并不足以构成对国民待遇的违反。

仲裁申请人并非总是能够证明,表面上具有歧视性的措施是基于歧视性的动机而采取的。在 *Feldman v. Mexico* 案中,这一问题就被提了出来。该案仲裁庭认为,一旦仲裁申请人能证明一项措施对其产生歧视性影响,则举证责任转向被申请人,即证明其在采取措施时并非出于歧视性动机。在缺乏此类证据的情况下,仲裁庭可能会认为,较不利的待遇是歧视性动机导致的。在该案中,墨西哥未能说清楚被指控的措施是否是基于非歧视性目的而采取的。

在 *Champion Trading v. Egypt* 案中,仲裁申请人指控认为,埃及拒绝向作为其投资的一家棉花贸易公司支付补偿款,而其他由埃及人拥有的棉花贸易公司却获得了此项补偿款,因而认为埃及违反了国民待遇义务。仲裁庭指出,即使认为仲裁申请人的投资与东道国的投资在类似情形下受到不同对待,"问题是,是否存在基于其他客观的理由可以允许在类似情形下给予不同待遇"。[103]换言之,仲裁庭似乎承认待遇的差别不会违反国民待遇义务,如果这种差别根据国籍以外的理由是正当的,即它并非基于歧视性动机的结果。然而,仲裁庭没有必要进一步推理,原因是,正如下文要讨论的,仲裁庭发现获得更优惠待遇的公司中没有一家与仲裁申请人的投资处于类似情形中。

在一些案件中,东道国说服仲裁庭被指控的措施并非出于歧视性动机而采取的。在 *GAMI Investments v. Mexico* 案中,墨西哥征收了一些制糖厂,其中包括仲裁申请人作为少数股东的一家制糖厂。仲裁庭发现,征收行为合理地涉及了一项正常的经济政策,即确保制糖厂掌握在具有清偿能力的企业手中。虽然这一政策可能是错了,但这并不重要,只要采取征收措施的理由不具有歧视性。

在诉求中未能证明存在歧视性动机是否是一个缺陷在一起案件中并不

---

[103] Award, para. 134.

明确。在 *International Thunderbird v. Mexico* 案中，仲裁申请人诉称，它是墨西哥选择性的反赌博法执法行动的受害者。仲裁庭首先解释指出：

"从 Thunderbird 公司的角度看，不能寄望它能够自行说明较低的待遇是受到国籍因素的影响。NAFTA 第 1102 条没有规定要说明这一点。相反，该文本适用于案件的情形是，外国投资者较之本国投资者获得较低的待遇。外国投资者不仅要证明其获得的待遇较低，也要证明存在较低待遇的原因。"[104]

可见，仲裁庭开始时似乎是认为没有必要证明存在歧视性动机，但它马上接着认为，外国投资必须说明获得较低待遇的原因。但无论如何，如前所述，仲裁庭认为 Thunderbird 公司未能证明在类似情形下较之其他投资被给予较低的待遇。在 *Occidental v. Ecuador* 案中，仲裁庭没有要求要证明存在歧视性动机。在该案中，厄瓜多尔实施增值税制度的方式导致仲裁申请人在类似情形下较之厄瓜多尔投资者获得较低的待遇。具体来说，仲裁申请人没有获得针对出口的增值税返还，而厄瓜多尔的本国公司则获得了此项税收返还。仲裁庭认定这一差别待遇违反了国民待遇义务，但它确认造成这一差别待遇的原因并非是东道国有意歧视外国投资，而是实施了复杂的规制体系的努力。

如果东道国向本国的部分投资给予较之其他的本国投资更好的待遇，这时产生的问题是，国民待遇义务是否要求向外国投资给予在类似情形下的本国投资获得的最优待遇。至少有一起案件涉及了这个问题。在 *Pope & Talbot v. Canada* 案中，仲裁庭指出，国民待遇要求给予在类似情形下向任何国内投资给予的"最好"待遇。不过，这一要求是基于 NAFTA 的特殊规定，即 NAFTA 在针对政治分支机构时把国民待遇界定为意味着向东道国投资者的任何投资，而非向特定政治分支机构之投资者的投资给予的最优待遇。仲裁庭认为要求政治分支机构，而非中央政府提供最优待遇的做法是不恰当的。然而，就美国缔结的 BITs 而言，同样的推理并不当然可以得出同样的结论。这些 BITs 通常把政治分支机构提供的国民待遇界定为只是意味向其他政治分支机构的投资者之投资提供的待遇，而非向本政治分支机构的投资者之投资提供的待遇。无论如何，*Pope & Talbot v. Canada* 案涉及的问题与仲裁庭所根据的 NAFTA 条款旨在处理的问题有所不同。政治分支

---

[104] Award, para. 177.

机构所提供国民待遇的定义提出的问题是,政治分支机构是否被允许基于住所地对其投资者提供更好的待遇。在美国缔结的 BITs 中,对这一问题的回答通常是肯定的,但 NAFTA 的回答则是否定的。NAFTA 的条款规定应该向外国投资给予东道国投资者的任何投资所获得的最优待遇,这在本质上意味着排除以地方性或地区性住所为由采取的歧视性措施,而美国缔结的 BITs 则允许采取此类歧视性措施,以便避免出现这样一种情形,即外国投资在某个州被给予较之在其他 49 个州更优惠的待遇。与国民待遇义务是否要求向住所地都在同一个政治分支机构的投资者之投资给予最优惠待遇相比,这是一个独立的问题。因而,仲裁庭所根据的 NAFTA 条款并非旨在解决本案仲裁庭面临的问题。

在 *Methanex v. United States* 案中,仲裁庭认为 *Pope & Talbot v. Canada* 案中针对 NAFTA 规定的解读是"有道理的"。[105]不过,这一主张只是仲裁庭的附带意见,因为采取被指控措施的加利福尼亚州并没有在美国国内投资之间采取歧视性措施。然而,在 *Feldman v. Mexico* 案中,仲裁庭似乎质疑这种解释是否是正确的,但它认为没有必要处理这一问题。[106]

如前所述,BITs 和 FTAs 中都包含着由政治分支机构提供的国民待遇的定义,但二者是不同的。[107] 在 *Loewen v. United States* 案中,适用 NAFTA 规定的仲裁庭认定,密西西比州的一家法院向加拿大人给予的待遇不得低于其向密西西比州的人或者美国任何其他州的人给予的待遇。[108]

涉及 BITs 中的最惠国待遇条款的仲裁案件鲜有基于这样的诉求,即东道国向涵盖投资或投资者给予的待遇低于其给予第三国的投资或投资者的待遇。相反,一般最惠国待遇条款通常被援引用于主张东道国与第三国缔结的条约中的某一条款项下的利益。

在这一问题上最具影响的裁决并没有涉及美国缔结的 BIT,但由于该裁决对于未来涉及美国缔结的 BITs 或 FTAs 的案件的裁决具有潜在的影响,在此有必要加以讨论。在 *Maffezini v. Spain* 案中,阿根廷籍的仲裁申请人根据阿根廷—西班牙 BIT,提出针对西班牙的仲裁请求。该 BIT 允许投资者提出仲裁请求的条件是,投资者必须首先把诉求提交给东道国法院并且诉求

---

[105] Award, part IV, chapter B, para. 21.

[106] Award, paras. 185 – 186.

[107] 参见第五章第二节第一目。

[108] Award, para. 139.

提交给法院后已经历时十八个月。申请人未能满足这一条件。然而,西班牙与智利缔结的 BIT 并未规定十八个月的期间。仲裁申请人主张,阿根廷—西班牙 BIT 中的最惠国待遇条款——该条款确保在“适用本协定的所有事项方面”向涵盖投资给予最惠国待遇——要求西班牙应当向申请人赋予同样的权利,即把诉求提交仲裁且无须先行寻求为期十八个月的当地救济。仲裁庭认为,最惠国待遇只适用于“基础条约”规定的主题事项,即申请人据以提出诉求的条约规定的主题事项。仲裁庭认为,争端解决与作为 BIT 之宗旨的保护外国投资是不可分割的,因而最惠国待遇条款适用于与争端解决有关的条款。仲裁庭强调指出,最惠国待遇条款不应该被用于推翻缔约方的公共政策考量,即可能被缔约方作为其接受协定的至关重要的条件,但仲裁庭认为西班牙并没有要求诉诸当地救济的基本公共政策,其证据是,西班牙缔结的 BITs 并不总是要求诉诸当地救济。因此,根据最惠国待遇条款,申请人有权获得西班牙在智利—西班牙 BIT 项下规定的待遇,并且在无须先行诉诸当地救济的情况下将争端提交仲裁。在是否遵循 Maffezini 案的做法——即把最惠国待遇条款适用于确保为投资或投资者提供实体保护的条款以外的其他条款——问题上,仲裁裁决是不一致的,但多数裁决遵循 Maffezini 案的做法。

在美国根据 1994 年或 2004 年范本缔结的 BITs 项下,这一问题被认为不太可能会出现。1994 年范本规定,每个缔约方在“投资的设立、并购、扩大、管理、实施、运作、出售或其他处置行为”方面应当“给予”国民待遇与最惠国待遇。由于这一规定被认为是明确了 1994 年范本的最惠国待遇条款不适用于对投资者所提诉求进行仲裁方面的待遇,2004 年范本保留了这一规定。

不过,在 *Suez & Vivendi v. Argentina* 案中,仲裁庭认为,英国—阿根廷 BIT 中的最惠国待遇条款——该条款适用于投资的“管理、维护、使用、利用,以及处置”——包含着争端解决,仲裁庭如此认为的原因尤其是该条款中的“维护”(maintenance)一词。[109]但被仲裁庭极为仰赖的“维护”一词并未出现于美国缔结的 BITs 中,因而区别 *Suez & Vivendi v. Argentina* 案裁决与涉及美国缔结 BIT 的争端的文本依据显然是存在的。尽管如此,*Suez & Vivendi v. Argentina* 案裁决确实表明,仲裁庭可能会愿意在与美国 1994 年范本和

---

[109] Suez & Vivendi v. Argentine Republic, Decision on Jurisdiction, para. 57.

2004 年范本措辞类似的最惠国待遇条款背景中解读出"争端解决"。

无论如何,这一问题在根据 1994 年之前的 BIT 范本缔结的 BITs 中可能会出现。比如,在 *CMS v. Argentina* 案中,该案所涉美国—阿根廷 BIT 是根据 1991 年范本缔结的,而阿根廷之前已经缔结了另外一个不包含不加禁止措施条款的 BIT。仲裁申请人试图主张,根据最惠国待遇条款,其有权获得阿根廷缔结的不包含有不加禁止措施条款的 BIT 给予的保护。仲裁庭驳回了申请人的这一主张,认为不加禁止措施条款在该案中可以适用,但它没有规定于其他 BITs 中。

在 NAFTA 仲裁案件中,一些仲裁庭讨论了出现于 FTAs 之国民待遇与最惠国待遇条款中的并且与 BITs 中的"在类似情形中"(in like situations)相类似的"在类似情势中"(in like circumstances)的含义问题。一般来说,在这些仲裁案件中,仲裁庭在开始分析时会考察涵盖投资与比较对象是否在同一经济部门,仲裁庭基本上会推定位于相同部门的投资是在类似情势中。不过,两项投资是否在相同部门可能并非取决于宽泛抑或严格地界定部门。无论如何,即便不同的投资属于相同部门,但如果东道国有正当、非歧视性的原因区别对待它们,仲裁庭也愿意认为它们不处于类似情势中。

S. D. Myers v. Canada 案体现了这种思路。该案中的仲裁申请人的业务是从事被称为多氯联苯(PCB)的有毒物质的处理,其主张加拿大给予自身的待遇低于给予从事同样业务的加拿大公司的待遇。仲裁庭首先指出,在解释"在类似情势中"时应该铭记包括相关协定追求的政策目标在内的"整体的法律语境"。在 S. D. Myers 案中,这些政策目标是指希望在避免扭曲贸易的同时保护环境,以及有必要保护公共利益。仲裁庭认为,"在类似情势中"通常是针对在同一经济部门中的投资。不过,仲裁庭指出,如果采取差别待遇的原因是并未违背国民待遇原则的公共政策考量,则位于相同部门的两项投资可能被认为并不处于类似的情势中。在该案中,仲裁庭认为,仲裁申请人与加拿大投资者的投资位于相同部门,并且彼此间直接竞争,因而它们处于类似情势中。

在 *ADF Group v. United States* 案中,美国在其提交的答辩状中批评了 *S. D. Myers v. Canada* 案仲裁庭在认定哪些投资者或投资处于类似情势时采取的思路。美国指出,讼争投资,即 Myers Canada 公司的业务并非是提供 PCB 废料修复服务,而是销售此类服务。据此,美国认为仲裁庭把 Myers Canada 公司与从事提供修复服务的加拿大公司进行比较是错误的,因为提供修复服务的公司与从事销售此种服务的公司并不处于类似情形中。进一步看，在 S. D. Myers 公司从事提供 PCB 废料修复业务期间，加拿大并未阻止其在加拿大提供修复服务。加拿大只是损害了 S. D. Myers 公司把 PCB 废料进口到美国以便在美国进行修复的能力。换言之，加拿大采取的适用于 S. D. Myers 公司的措施并不构成 S. D. Myers 公司在加拿大的投资所受到的待遇。虽然美国批评了 *S. D. Myers v. Canada* 案仲裁庭的推理，但对于在准确分析 NAFTA 第 1102 条后能否认定该条款被违反或者仲裁庭推理中的瑕疵能否导致仲裁裁决被撤销，美国没有表态。

在 *Pope &Talbot v. Canada* 案中，向美国出口软木的仲裁申请人指控认为，在分配给它的出口配额方面，它被给予的待遇要低于其他软木出口商获得的待遇。仲裁庭认为，不应该把申请人与处于相同经济部门中的公司进行比较。在该案中，仲裁申请人与推定的比较对象，即其他软木出口商明显处于相同的经济部门中。不过，该案仲裁庭同意 *S. D. Myers v. Canada* 案仲裁庭的意见，即“在类似情势中”应该根据整体法律语境加以解释，并认为也应该要考虑事实方面的语境。该案源于加拿大为试图解决与美国就软木出口发生的贸易争端而采取的措施。仲裁庭随后认定，整体的法律语境包括 NAFTA 确立的贸易自由化目标与软木贸易争端。仲裁庭认为，待遇的差别可以被推定认为违反了 NAFTA 中的国民待遇条款，除非它们与政府的合理政策——这些政策从表面上或者影响上都未区分外国公司与本国公司，并且没有不正当地损害 NAFTA 确立的贸易自由化目标——之间存在合理的联系。仲裁庭认为，加拿大采取的各种措施与消除美国采取贸易制裁之威胁的合理政策之间存在合理的联系。这些措施对众多加拿大公司的影响与对申请人的影响一样，因而不是受到歧视性动机的驱使而采取的。换言之，正当的非歧视性的政策看来可以使差别化的待遇具有合法性。因此，虽然处于相同的经济部门，但仲裁申请人与从加拿大采取的措施中受益的加拿大公司并不处于类似情势中。

在 *Champion Trading v. Egypt* 案中，当事方一致认为，仲裁申请人——一家棉花贸易公司——与其他公有或私有棉花贸易公司处于类似情形中。所有这些公司购买、轧压及销售棉花。申请人指控埃及违反了国民待遇义务，因为其中某些公司从埃及政府获得了某些款项，而另一些公司则没有。然而，仲裁庭认定，申请人与获得相关款项的那些棉花贸易公司其实并非处于类似情形中。相关款项是付给两组公司。第一类款项是为了偿还 1994

年——早于申请人的投资存在之时——之前发生的债务而向相关公司支付的。之所以产生这些债务，是因为 1994 年前埃及政府控制了棉花公司向棉农购买棉花的价格，以及棉花公司销售棉花的价格，有时候甚至迫使棉花交易公司蒙受损失。当然，一般来说，公司成立时间可能构成两项投资之间存在的细微差别，但在本案中，申请人的投资在 1994 年之后才存在的事实对于埃及政府实施国家采取的向所有公司偿还 1994 年前由于政府定价制所生债务的正当、非歧视的政策是有影响的。由此，对于第一类型的支付来说，这一事实可以把申请人的投资与相关款项接受者区别开来。1994 年以后，政府允许棉花贸易公司选择在棉花交易所按照政府确定的价格购买与销售棉花，或者在公开的市场上购买与销售棉花。第二类款项是支付给选择通过棉花交易所从事棉花购销的公司。申请人的投资选择不通过指定之交易中心从事棉花购销。仲裁庭认定，不能把仲裁申请人的投资与通过交易中心购买棉花的其他棉花贸易公司进行比较。相关款项是为了弥补相关公司由于通过交易中心购买棉花而遭受的损失，因而仲裁庭可能可以说，这项措施与正当、非歧视的政策之间有合理的联系。由于发现没有一家与申请人的投资处于类似情形的公司以获得款项支付的方式被给予更好的待遇，仲裁庭认定埃及没有向处于类似情形中的本国投资提供更好的待遇。

在 *Methanex v. United States* 案中，仲裁申请人是一家生产甲醇的加拿大公司，该公司指控加利福尼亚州禁止在汽油中使用甲基叔丁基醚(MTBE)——甲醇是其成分之一——的做法违反了国民待遇义务，因为该禁令允许使用乙醇。仲裁庭认为，美国生产甲醇的企业与仲裁申请人处于类似情势中，但这些企业与申请人之间不存在歧视性对待，因为它们获得待遇是相同的。Methanex 公司主张，正确的比较对象应该是从禁止使用 MTBE 的禁令中获益的美国乙醇生产商，因为它们生产的乙醇是 MTBE 的替代品。仲裁庭驳回了这一主张，认为申请人与乙醇生产商并不处于类似情势中，因为甲醇不是被用于作为燃料而乙醇则是被用于作为燃料。当然，甲醇只是作为乙醇替代品的 MTBE 的成分之一。在讨论过程中，仲裁庭指出“在类似情势中”与贸易协定中使用的“同类产品”(like products)是不同的，虽然在解释“在类似情势中”时可以考虑把针对相关贸易争端做出的决定作为可能的指导。

在 *Feldman v. Mexico* 案中，争端当事方一致认为，购买香烟用于出口的公司位于类似情势中。仲裁庭对此表示认同，并进一步指出，生产香烟的公司与那些购买香烟用于出口的公司不在类似情势中。[110] 可能由于争端当事方达成一致意见，仲裁庭并没有细致地讨论这一问题。

在所有这些案件中，仲裁庭都没有认为在不同部门的投资不可能处于类似情势中。并且，至少在一个案件中，仲裁庭准备对在不同经济部门的投资进行比较。在 *Occidental v. Ecuador* 案中，仲裁庭在从事石油出口的仲裁申请人与其他经济部门中从事出口的厄瓜多尔公司进行比较。仲裁庭认为，如果比较仅仅限于相同经济部门内的投资，就会损害投资条约规定的保护外国投资之宗旨。

人们可以提出的一种观点是，分析不应该立足于形式化地评估两项投资是否在相同的经济部门，因为部门之间的界限是可以调整的。比如，在 S. D. Myers 案中，仲裁庭对于 PCB 修复部门中的投资做了比较，但美国认为仲裁申请人与被选定用于比较的企业不处于类似情势中，因为它从事的是为此种修复服务招揽订单的业务，而比较对象从事的是提供修复服务的业务。在相同部门中的涵盖投资是否被作为比较对象取决于在何种水平上描述相关部门的共通性。如果相关部门被描述成 PCB 修复业，则仲裁申请人的投资与比较对象处于类似情势中。如果相关部门被更具体地描述成为修复服务订单者的招揽或者履行，则仲裁申请人的投资与比较对象就不在同一部门中。

正是在这个问题上，*UPS v. Canada* 案仲裁庭内部产生了分歧。在该案中，仲裁申请人是一家隔夜快递公司，其诉称获得的待遇低于加拿大邮政公司获得的待遇。仲裁庭认定两家公司不在类似情势中，它指出了隔夜快递服务与邮政服务之间存在的区别，包括需要更快速地处理快递物品、更可靠的快速装船安全保障、快递公司与客户之间存在契约关系，以及快递公司提供更详细的单证。仲裁庭指出，仲裁申请人与加拿大的隔夜快递公司处于类似情势中，申请人与这些公司被给予的待遇是一样的。罗纳德·卡斯庭长撰写了一份异议意见，他认为在某些产品方面仲裁申请人与加拿大邮政公司处于类似情势中。据此，卡斯庭长想对两家企业在这些类似方面获得的待遇进行比较，但仲裁庭是从整体上对两家企业进行比较。加拿大邮政公司在快递服务方面与仲裁申请人处于类似情势中，但仲裁庭认为两者在普通的邮政服务方面不处于类似情势中。仲裁庭可能受到这样一个事实的

---

⑩ Award, paras. 170 – 172.

影响，即加拿大的隔夜快递公司被给予的待遇与仲裁申请人被给予的待遇相同，但低于加拿大邮政公司获得的待遇。换言之，在仲裁申请人与最接近的比较对象之间并不存在歧视。

NAFTA具有决定性意义的案件，即*Loewen v. United States*案涉及一系列非同寻常的情势。在该案中，来自加拿大的仲裁申请人同时是一起在美国被一个美国投资者提起的民事诉讼案件的被告。在案件审理期间，法院允许原告律师一再提及仲裁申请人的国籍问题，据此仲裁申请人认为法院违反了对其应当负有的国民待遇义务。不过，仲裁庭认定，民事诉讼中的原告与被告并非"处于类似情势中"，因而不能证明美国违反了国民待遇条款。

当然，针对某些部门或事项，BITs规定了非歧视条款例外。在*UPS v. Canada*案中，仲裁庭认定，加拿大的邮政进口协定（Canada's postal imports agreement）没有违反NFATA中的国民待遇条款，因为它属于NAFTA第1108条第7款（a）项规定的政府采购例外。

二、公平与公正待遇

美国缔结的所有BITs都规定东道国应当向涵盖投资提供公平与公正待遇。2004年之前缔结的BITs在规定向涵盖投资给予公平与公正待遇之后，进一步规定东道国给予的待遇无论如何不得低于习惯国际法规定的待遇。根据这一义务结构，仲裁申请人在投资者—国家争端中主张，公平与公正待遇标准是独立于习惯国际法规定的国际最低待遇标准。

关于公平与公正待遇与最低待遇标准之间的关系，美国只在NAFTA——其规定与美国缔结的几乎所有BITs中的规定都不同——项下的投资仲裁案件中才阐明它的观点。NAFTA第1105条规定应该提供"符合国际法的待遇，包括公平与公正待遇和充分的保护与安全"。可见，NAFTA明确指出公平与公正待遇只是习惯国际法的一个构成要素。这就是美国在所有NAFTA仲裁案中的主张，在这些案件中，美国就此问题提交了一份书面意见。在*ADF Group v. United States*案中，美国也认为，NAFTA与BITs中的公平与公正待遇标准之间没有实质性的区别。[11]

---

[11] U.S. Rejoinder, at pp. 40–44.

在众多案件中,仲裁庭都在寻求界定“公平与公正待遇”的含义。[112]在界定该标准方面,NAFTA 案件中的第一批裁决采取了三种做法。

第一种做法是,不去企图从整体上界定公平与公正待遇,而只是在为裁判待决案件所必要的范围内确定公平与公正待遇的含义。在 2000 年 8 月 30 日作出裁决的 *Metalclad v. Mexico* 案中,仲裁庭采取了这种做法。仲裁庭认为,公平与公正待遇标准对东道国施加了透明度义务。更具体地说,仲裁庭认为:

“所有针对启动、完成,以及成功运作投资的法律规定……应该要能够让缔约另一方的所有受到影响的投资便利地获悉。针对这些事项的法律规定不应该存在任何疑问或不确定。一旦任何缔约一方的中央政府的当局……意识到在这方面存在任何程度上的误解或混淆,它们就有义务确保及时地确定正确的含义,以便投资者可以在进行所有适当的考察后着手开展工作,并且相信他们的行为符合所有相关的法律。”[113]

在该案中,有关允许经营污水处理厂的规定不明确以及缺乏受理许可批准的确定程序构成了对于仲裁庭认为 NAFTA 规定的透明度义务的违反。仲裁庭进一步指出,根据整体情势,以不恰当的理由拒绝仲裁申请人的许可申请也违反了公平与公正待遇。美国认为,它不能同意 *Metalclad v. Mexico* 案仲裁庭的做法,因为该案裁决在适用公平与公正待遇标准时似乎没有考虑到习惯国际法的内容。[114]

第二种做法是,界定公平与公平待遇的含义,但由于极为笼统因而实际上没有增加新的内容。在 *S. D. Myers v. Canada* 案——*Metalclad v. Mexico* 案裁决作出后不到三个月该案裁决出炉——中,仲裁庭认为,公平与公正待遇标准和充分的保护与安全标准必须与习惯国际法一并加以理解。仲裁庭认为,只要“投资者被给予的待遇是不公正或专断的以至于上升到从国际视角看不可接受的程度”,就违反了这些标准。[115]由此,*S. D. Myers v. Canada* 案裁决根本上是对第 1105 条进行同义反复地界定,即如果相关待遇

---

[112] For a discussion of the arbitral jurisprudence not limited to cases under U. S. agreements, see Christoph Schreuer, “Fair and Equitable Treatment in Arbitral Practice,” 6 *J. World Inv. & Trade* 357 (2005); Ioana Tudor, *The* Fair and Equitable Treatment Standard *in the International Law of Foreign Investment* (2007).

[113] Award, para. 76.

[114] U. S. Counter-Memorial, at 174.

[115] Partial Award of November 13, 2000, para. 263.

违反了国际法律标准,它就违反了国际法。仲裁庭进一步指出,对于不法性的认定"必须本着高度的尊重,即国际法一般来说允许国内当局有权规制在本国境内的事项"。[116]仲裁庭此前已经指出,投资者—国家仲裁庭:

"没有不受限制的职责去揣测政府决策。政府不得不做出许多可能引发争议的抉择。在这么做的时候,它们可能会犯错误,误判事实,根据错误的经济与社会理论开展工作,过度强调某些社会价值,以及采取最终证明是无效的甚至适得其反的解决方法。如果这些问题存在的话,在现代政府中一般是通过诉诸内部的政治与法律途径,包括选举来纠正错误。"[117]

在该案中,仲裁庭认为,拒绝给予国民待遇违反了国际最低标准。在 *Loewen v. United States* 案中,美国在其提交的答辩状中指出,S. D. Myers 案裁决明显误读了 NAFTA 第 1105 条,据此认为没有违反习惯国际法的行为也可能违反第 1105 条第 1 款。[118]具体来说,由于习惯国际法并未规定东道国负有向外国投资给予国民待遇或最惠国待遇的一般义务,因而,就 S. D. Myers 案仲裁庭根据对于国民待遇条款(或者 NAFTA 中并非构成编纂习惯国际法规则的其他条款)之违反认定对于第 1105 条之违反而言,它的做法是错误的。[119]

第三种做法界于前两种方法之间,它对该标准做了界定,同时该界定有足够的精确性从而为该标准增加了某些内容。在 *Waste Management v. Mexico* 案中,仲裁庭认定有害的国家行为违反了公平与公正待遇标准,这些行为是:

"专断、完全不公平、不公正的或者乖张的,是歧视性的,使仲裁申请人遭受阶层或种族偏见,或者缺乏正当程序从而损害了司法妥当性,这可能就像在司法程序中明显违反自然正义或者在行政程序中完全缺乏透明度与公正。在适用这一标准方面,重要的一点是,相关待遇违反了东道国做出的表态,而这些表态可以被仲裁申请人合理地信赖。"[120]

仲裁庭指出,公平与公正待遇标准是一项弹性标准,应当适应案件所处的情势。虽然可能较之前的两份裁决更加有帮助,但 Waste Management 案裁决本质上提供的是一份公平与公正待遇标准可能遭到违反的方式清单,

---

[116] *Id.* .

[117] *Id.* ,at para. 261.

[118] Counter-Memorial of the United States of America,page 175.

[119] *See also Pope & Talbot v. Canada*, Fifth Submission of the United States of America,para. 5.

[120] Award,para. 98.

而不是提供清晰一致的公平与公正待遇理论。

在 *Pope & Talbot v. Canada* 案中，仲裁庭遵循了第一种做法，即 Metalclad 案仲裁庭采取的做法，这一做法只是在裁判待决案件所必要的范围内为该标准增加内容。仲裁庭认为，虽然有 NAFTA 第 1105 条的规定，但公平与公正待遇独立于习惯国际法项下的国际最低待遇标准，也不能被该国际最低待遇标准所替代。[121] 仲裁庭得出这一结论部分是基于这样一个事实，即美国缔结的 BITs 文本似乎要把公平与公正待遇确立为一项独立的标准；并且，根据 NAFTA 规定，美国要为美国境内的加拿大和墨西哥的投资提供这种更高标准的保护。仲裁庭认为，美国根据第 1105 条把无论如何根据 NAFTA 条款给予的待遇予以排除的做法是没有道理的。在冗长的讨论中，仲裁庭认为，被仲裁申请人指控的加拿大软木出口配额制的许多方面是加拿大针对与美国贸易争端做出的合理应对。[122]尽管如此，仲裁庭确实认定加拿大违反了公平与公正待遇。在 Pope & Talbot 公司通报加拿大政府，指出其正在把关于配额的争端提交给 NAFTA 下的投资者—国家仲裁机制，加拿大为此采取了一系列的行动，而这些行动被仲裁庭认定是对 Pope & Talbot 公司的报复。具体来说，加拿大政府对该公司规定了不必要的、繁琐的报告要求，并且拒绝通过合作找到对公司造成较低损害的其他做法。加拿大政府还威胁该公司会对其不遵守这些要求提出刑事指控，并且在其内部记录中错误描述相关事态，从而破坏了公司声誉。仲裁庭认定，这种行为一并违反了公平与公正待遇，[123]为此它提及了加拿大政府实施该行为缺乏依据，[124]并且是不坦率的。[125]

仲裁庭无视 NAFTA 第 1105 条的字面规定的做法困扰着 NAFTA 的三个缔约方，第 1105 条清楚地规定公平与公正待遇和充分的保护与安全是习惯国际法的构成要素，而不是独立的待遇标准。2001 年 7 月 31 日，NAFTA 自由贸易委员会（FTC）发布了一份解释，指出第 1105 条规定的公平与公正待遇不要求给予超过习惯国际法规定的待遇。从效果上说，自由贸易委员会的声明只是重申了第 1105 条的字面规定，明确了该条中使用的公平与公正待遇标准只是习惯国际法的一个构成要素。这从第 1105 条的文本看本该

---

[121] *Id.*, at para. 113.

[122] *Id.*, at paras. 121, 123, 125, 128.

[123] *Id.*, at para. 181.

[124] 124 *Id.*, at paras. 173 – 174.

[125] 125 *Id.*, at paras. 177 – 179.

是明确的；但如果不明确的话，则在2001年7月31日时就是明确的了。

在其作出的损害赔偿裁决中，Pope & Talbot 案仲裁庭针对自由贸易委员会的解释做出了回应。在该裁决中，仲裁庭指出，习惯国际法会演进发展。它认为加拿大的行为违反了习惯国际法中的公平与公正待遇要素。

在自由贸易委员会解释发布后，NAFTA 仲裁庭解释第1105条的焦点很大程度上变成了如何确定习惯国际法的含义。在数起案件中，尤其在 *Mondev v. United States* 案和 *Pope & Talbot v. Canada* 案中，仲裁庭认为，在 *Neer v. Mexico* 案中提出的标准之外，[126]国际最低标准——NAFTA 规定的公平与公正待遇标准是其中的组成部分——已经发生了变化。Neer 案仲裁庭认为，要认定构成违法行为，相关待遇“应当是恶劣、恶意、故意无视所承担义务的，或者政府行为的缺失远远落后于国际标准以至于任何理性与公正的人都会轻而易举地认识到这种缺失”。[127] 不过，存在的共识是，根据第1105条适用的待遇标准是当代的标准，而不是 Neer 案确立的标准。由此提出的问题是，公平与公正待遇标准要求的内容是什么。

在适用美国以外的国家缔结的 BITs——包括没有明确援引习惯国际法——中的公平与公正待遇标准时，仲裁庭通常认为，公平与公正待遇包含五个更加具体的原则：合理性，一致性，透明度，非歧视，以及善意。本书作者在其他地方曾经认为，这些原则密切相关，因为它们是法治的构成要素。[128]这些原则也可以解释仲裁庭作出的涉及 NAFTA 与 BITs 中的公平与公正待遇标准的裁决。经常发生的情况是，在一起案件中东道国被指控违反了不止一个原则。

在适用合理性原则的案件中，仲裁庭通常会考虑东道国的行为是否是专断的或者受到政治因素的驱使，尤其是否不利于外国投资，而不是出于正当的政策关切。仲裁庭通常的做法是，不轻易认为东道国的行为是不合理的，除非它受到政治因素的驱使。如果有证据表明东道国的行动是基于正当的政策关切，仲裁庭会倾向于不认定该行为是不合理的，即便东道国行事不明智或不胜任。

在 *Waste Management v. Mexico* 案中，仲裁申请人与阿卡普尔科市签署

---

[126] *U. S. A. (L. F. Neer) v. United Mexican States*, (United States-Mexico), October 15, 1926, 3 I. L. R. 213.

[127] *Id.*, at 214.

[128] See Kenneth J. Vandevelde, "A Unified Theory of Fair and Equitable Treatment," (forthcoming).

了一份合同,据此申请人将回收并处理固体废物。然而,一些公众反对该回收计划,因为他们不愿意支付分摊费用从而为该计划提供资金。由于这些反对意见,阿卡普尔科市最终停止履行合同项下义务,包括应当付给投资者的款项。仲裁庭认定,该市没有履行其合同义务。[129] 不过,仲裁庭认为,该市没有违反公平与公正待遇。该市的行为并非"完全专断或极为不公平"。[130] 该市没有支付相关款项是由于其面临财政危机,而并非由于任何的阶层或地域偏见。[131]仲裁庭也认为,没有清偿债务并不会违反第 1105 条,"只要它没有达到彻底、没有正当理由地取消交易,并且债权人可以获得某种救济以解决这一问题"。[132]

在 *ADF Group v. United States* 案中,仲裁庭认定,美国政府针对公路建设项目——仲裁申请人是该项目的分包商——规定当地成分要求的做法没有违反公平与公正待遇要求。仲裁申请人指控认为,美国政府在实施当地成分要求时未能遵守此前作出的司法判决,从而损害了仲裁申请人对于法律适用的正当期待。仲裁庭认定这不是"完全不公平或不合理"——因为此前的判决是对其他法律的解释,并且仲裁申请人的任何期待遭受挫折的都不是美国造成的。仲裁申请人还认为,实施公路建设项目的美国政府机构越权行事。仲裁庭回应指出,即便东道国未能遵守自己的法律,在"仅仅违法性"之外还需要"更多的一些东西"才能构成对公平与公正待遇的违反。仲裁申请人认为,美国的行为违反了习惯国际法规定的善意行事的义务。仲裁庭拒绝细致地考虑这一主张,它认为抽象的"善意"一词在解释"公平与公正待遇"一词方面只能提供"可以忽略不计的帮助"。不过,仲裁庭对此确实指出,仲裁申请人没有说明国内成分要求是专断的,或者具有歧视性。

NAFTA 自由贸易委员会没有解决的问题是,公平与公正待遇标准在 BITs 中是否具有不同的含义,2004 年之前的 BITs 没有明确规定公平与公正待遇是涵盖在习惯国际法中的。碰巧的是,就在 NAFTA 自由贸易委员会发布解释的一个多月前,适用 BIT 规定的公平与公正待遇标准的第一份裁决作出了。2001 年 6 月 25 日,Genin v. Estonia 仲裁庭作出了裁决。仲裁庭认为,公平与公正待遇标准提供了一种最低待遇标准,但它的内容不确切。违

---

[129] Award, at para. 109.

[130] *Id.* , at para. 115.

[131] *Id.* .

[132] *Id.* .

反公平与公正待遇的行为包括故意无视义务、行为的不适当性远低于国际标准,或者存在主观恶意。仲裁庭认定,被 Genin 公司指控的有关监管的裁定从相关情势来看并非是不合理的,因而没有违反公平与公正待遇标准。

在 *Noble Ventures, Inc. v. Romania* 案中,仲裁庭认定公平与公正待遇"是一种更加一般性的标准,在具体适用时其中包括有义务提供充分的保护与安全、禁止采取专断与歧视性措施,以及有义务遵守针对投资者的合同义务"。[133] 仲裁庭指出,它已经认定所有这些其他规定无一被违反,但它接着指出"这本身并不能得出这样一个结论,即该更一般的公平与公正待遇标准没有被违反"。[134] 仲裁庭接着考虑被仲裁申请人指控的罗马尼亚在寻求对其公司进行司法重组中的行为是否不是为了商业目的,而是为了解除罗马尼亚与仲裁申请人签订的私有化协议从而重新控制公司而采取的。仲裁庭随后指出,它发现作出提起诉讼的决定不是专断的,而似乎是解决公司倒闭以及无法向 4000 名雇员支付薪资的唯一办法。

前已指出,认定存在不合理行为的裁决更经常基于这样一个认定,即东道国的行为完全是没有理性的。比如,在 *Azurix Corp. v. Argentina* 案中,仲裁申请人获得了在布宜诺斯艾利斯经营配水系统的许可。然而,随后围绕着收费标准发生了分歧。部分由于省政府的不当行为,藻类暴发破坏了水的外表与味道,省政府拒绝承担任何责任、谴责外国投资,并且呼吁消费者不要支付账单。在这一点上,仲裁庭认为投资者要求双方达成协议以终止许可具有合理性,但省政府予以拒绝并且坚持以外国投资者放弃投资为由终止许可。[135] 在指出这一合理的要求被拒绝并且事实上阿根廷已经把收费制度政治化了后,[136]仲裁庭认为公平与公正待遇标准——被仲裁庭认为是基于条约但独立于习惯国际法的标准[137]——被违反了。

涉及 NAFTA 与美国缔结的 BITs 的案件中更常见的诉求是,东道国因其行为前后不一致违反了公平与公正待遇。仲裁庭认为公平与公正待遇标准并未规定东道国在不同时期负有始终行动一致的一般义务。东道国有权改变政策。然而,如果投资者或投资有权利要求东道国行动一致的话,则东道国前后不一致的行为就会违反公平与公正待遇。这一权利产生于东道国

---

[133] Award, at 182.

[134] *Id.*.

[135] *Id.*, at para. 374.

[136] *Id.*, at para. 375.

[137] *Id.*, at para. 361.

已经承诺以一种确定的方式行事,或者向投资者或投资提供了可以被合理信赖的保证。一些仲裁庭把这些情势看作是投资者或投资对于一致行为的一种“正当期待”。除了东道国在面对存在有权要求其行动一致时行事前后矛盾情形外,在东道国同时采取相互矛盾的态度时,仲裁庭会作出违反公平与公正待遇标准的认定。

有关在不同时期行为不一致的案件通常涉及的情形是,东道国修改一项或者更多的政策。比如,阿根廷在 21 世纪初为应对不利的经济情势而采取经济措施,由此诱发多起根据阿根廷缔结的 BITs 而提起的案件。*CMS v. Argentina* 案是早期的此类案件之一,在该案中,一家美国公司在阿根廷私有化过程中投资了一家天然气输气公司。阿根廷公司劝说美国投资者进行投资,并提供了一份描述了可以适用于该公司的收费制度的备忘录。该收费制度包括以美元计费,并且在费用数额方面未来可以做一些调整。然而,由于爆发金融危机,阿根廷修改了收费制度。它冻结了收费标准,并且停止以美元计价。在考虑了投资条约的目的与宗旨后,仲裁庭认为“公平与公正待遇与稳定性和可预见性是不可分割的”。[138] 仲裁庭解释认为“它不是一个是否必须冻结法律框架的问题,因为它总是在发展演变以适应变化着的情势,但也不是一个在做出不符该法律框架的具体承诺后是否可以全然摒弃该框架的问题”。[139]因而,仲裁庭认为,在收费制方面发生的违反提议备忘录中所说承诺的变化违反了公平与公正待遇标准。[140]仲裁庭最终指出,在该案中,公平与公正待遇是否与最低国际标准或者更高的条约标准相同并不重要,因为条约标准——它“要求商业环境的稳定性与可预见性,系基于严肃的法律与合同义务”——与国际法最低标准及其在习惯法中的发展并无差别。[141] 在该案中,仲裁庭也认为,违反专断与歧视性待遇标准的行为也违反了公平与公正待遇标准。

基本相同的事实发生在 *Enron v. Argentina* 案中。仲裁庭认为,有关投资的法律框架可以发生变化,但不得彻底摒弃。因此,阿根廷拒绝信守在收费制度方面做出的承诺违反了公平与公正待遇。这些事实也发生于 *LG &E v. Argentina* 案,仲裁庭在该案中也认定阿根廷违反了在收费制度方面做出

---

[138] Award, para. 276.

[139] *Id.*, at para. 277.

[140] *Id.*, at para. 281.

[141] *Id.*, at para. 284.

的承诺违反了公平与公正待遇。

在 *Occidental v. Ecuador* 案中，仲裁申请人与一家国家企业签署了一份参与合同，据此从事石油勘探与生产。申请人通常提出申请并会获得返还公司缴纳的增值税。然而，两年后，厄瓜多尔突然拒绝再返还增值税，理由是，合同规定的参与公式已经考虑了返还增值税问题。与厄瓜多尔的理解相反，仲裁庭认定该合同并未考虑增值税返还问题。[142] 厄瓜多尔的政策变化并不当然是基于“偏见或偏好，而不是基于理性或事实”。[143]相反，真正的混乱不堪存在于厄瓜多尔税收机构内部，而该机构正在寻求解决这一问题。[144]仲裁庭认定仲裁申请人据以谈判以便签订合同的税收政策发生了变化。厄瓜多尔未能向仲裁申请人提供稳定性，因而违反了公平与公正待遇标准。[145] Occidental 案裁决可能被解读为禁止东道国改变外国投资政策，但那是一种更加宽泛的超出该裁决本应有的解读。厄瓜多尔税收政策变化的结果是，改变了厄瓜多尔与仲裁申请人签订的参与合同的条件。

在 *PSEG v. Turkey* 案中，仲裁庭认定土耳其违反了公平与公正待遇标准，但仲裁庭并未清晰地界定其适用的标准的内容。仲裁庭提到了滥用权力，但具体的行为由多个行动——牵涉东道国立场的变化——构成。土耳其也以一种被称为“严重的行政疏忽与前后矛盾的方式”进行谈判。[146]构成疏忽的具体行为似乎很大程度上是由于谈判期间缺乏透明度所致的，比如没有披露分歧所在或者没有就通报作出回应。土耳其曾经要求应该重新谈判协议，并且重新考虑已经达成一致的问题。行政机构忽视了法律赋予的权利。仲裁庭也认定，被它称为“过山车”式的法律变化违反了公平与公正待遇标准。[147]由此，该案裁决似乎是基于土耳其前后矛盾的行为，缺乏透明度则使其变得更加严重。

有时候，仲裁庭认定东道国事实上并未做出承诺。比如，在此前讨论过的 *Waste Management v. Mexico* 案中，仲裁庭认为仲裁申请人提出的指控，即墨西哥公共工程银行（Banobras）未能对仲裁申请人的投资的月收入提供担保。然而，仲裁庭发现，该银行从未同意提供此类担保。虽然仲裁庭并未

---

[142] Award, para. 110.
[143] *Id.*, at para. 163.
[144] *Id.*.
[145] *Id.*, at para. 186.
[146] Award, para. 246.
[147] Award, para. 250.

以公平与公正待遇的措辞进行阐述,但它认为该银行行事没有前后不一致,进而未违反承诺。

在一些案件中,仲裁庭认定东道国的态度变化与仲裁申请人合理信赖的承诺或任何保证并不矛盾。比如,在 *International Thunderbird v. Mexico* 案中,仲裁申请人指控墨西哥针对其博彩经营活动实施反赌博法,但墨西哥政府出具了该经营合法的法律意见。事实上,仲裁申请人指控墨西哥行事前后矛盾。然而,仲裁庭认定政府的意见是在仲裁申请人错误陈述其经营的游戏的性质基础之上。因此,仲裁申请人不能合理地信赖政府的意见。

在 *Lauder v. Czech Republic* 案中,仲裁庭把公平与公正待遇标准描述成这样一种标准,即它取决于个案的事实,但它接着分析东道国是否从事足以构成不公平或不公正待遇的前后矛盾的行为。在该案中,东道国批准了一个协议,据此涵盖投资与一家东道国公司设立了一家合营企业以经营一个电视台,其中涵盖投资提供专业技术而东道国公司提供播放许可。后来,东道国指控涵盖投资在没有获得许可的情况下经营一家广播电台,据此要求对协议进行重组,这一重组使得东道国公司可以把涵盖投资排除在合营企业之外。仲裁庭认定,东道国的行动是为了实施法律,因而在不存在相反的特定承诺情况下,这种行为不会违反公平与公正待遇。在 *CME v. Czech Republic* 案中,类似的争端被提交到根据荷兰—捷克 BIT 成立的仲裁庭。在该案中,仲裁庭认定违反了公平与公正待遇标准。

在 *MCI Power v. Ecuador* 案中,仲裁庭认定,撤销经营许可并没有违反公平与公正待遇标准。该许可允许经营一家发电厂,而仲裁申请人的投资不再拥有或经营该发电厂。

在涉及公平与公正待遇的案件中,透明度原则从概念上说是最困扰人的问题,描述所要求的透明度应该到什么程度的规则目前尚付阙如。然而,认定由于缺乏透明度因而违反美国缔结的某个 BIT 或 NAFTA 的裁决很少见。如前所述,PSEG 案裁决至少部分是建立在透明度基础上的,但仲裁庭主要根据的是土耳其前后矛盾的行为,而缺乏透明度使之变得更严重。

在 *Champion Trading Company v. Egypt* 案中,东道国签署了一系列协议,据此为埃及棉花部门中的某些公司提供财政援助,但仲裁申请人没有被纳入这一财政援助计划。仲裁申请人开始时诉称,这一计划违反了公平与公正待遇标准,但后来放弃了该诉求,而支持这样一种主张,即这些协议违反了国际法项下的透明度原则。仲裁申请人认为存在透明度原则的权威依据是与保护外国投资无关的一个 WTO 案例,[148]以及 *Tecmed v. Mexico* 案——基于西班牙—墨西哥 BIT 产生的——裁决。Tecmed 案裁决认为透明度要求的基础是公平与公正待遇标准。Champion Trading 案仲裁庭并不怀疑存在透明度原则,但认定仲裁申请人"所处的位置可以使其事先知道调整其未来所从事投资的所有规则与法规"。[149] 因此,没有违反透明度原则。

在 *Metalclad v. Mexico* 案中,圣路易斯波托西州拒绝向仲裁申请人的投资颁发其经营有毒废物处理场所必需的建设许可。最初,仲裁申请人从事投资是基于选址已经获得批准的保证,但随后被告知必须取得建设许可。在仲裁申请人未获通知的一次会议上,该建设许可最终被拒绝。由此,在要适用的规则或者适用规则的程序方面,墨西哥未能提供透明度。仲裁庭认定缺乏透明度违反了公平与公正待遇标准。不过,这部分的裁决随后被英属哥伦比亚最高法院撤销,后者认为习惯国际法并未要求透明度,因而透明度不是公平与公正待遇标准的构成部分。

在涉及美国缔结的 BITs 或者 NAFTA 的仲裁裁决中,非歧视原则也并不突出。该原则是 *Loewen v. United States* 案诉求的核心。在该案中,一家美国公司在密西西比州的法院对加拿大投资者提起诉讼。审判的突出特点是很多次提及投资者的加拿大国籍,并且陪审团最终裁决投资者支付 5 亿美元赔偿。仲裁庭认为,根据 NAFTA 第 1105 条,美国有义务提供公正,不受任何阶层或区域性偏见的审判。然而,仲裁申请人没有就对其不利的判决提出上诉。仲裁庭认为,BIT 针对性的是作为整体的司法体系,而非单个法院的不当行为,为外国投资及投资者提供保护。仲裁申请人没有让美国的司法体系有机会纠正在审判中存在的任何缺失,因而不能指控美国违反了条约。

在 *Methanex v. United States* 案中,仲裁庭在附带意见部分指出,歧视性的投资待遇一般来说不会违反 NAFTA 第 1105 条,但基于阶层或种族偏见的歧视可能构成对该条的违反。由此,Methanex 案仲裁庭质疑,公平与公正待遇是否要求给予非歧视待遇。无论如何,正如上文提及的,这些评估是在附带意见部分中提出的。进而,仲裁庭认定加利福尼亚针对 MTBE 发布的禁令——这是诱发争端的基础——一体适用于所有投资,因而不存在歧视。

---

[148] United States—Restrictions on Imports of Cotton and Man-made Fibre Underwear,(WT/DS24/AB/R),February 10,1997.

[149] Award,para. 164.

根据 *ADF Group v. United States* 案仲裁庭的说法，善意原则在解释公平与公正待遇标准只具有"可以忽略不计的帮助"。事实上，美国的立场是，"国际法中的善意原则调整着法律义务的创设与履行；在不存在任何义务的情况下，它本身不是义务的渊源"。[150]虽然多个仲裁庭讨论过善意原则，但它在涉及美国缔结的 BIT 或 FTA 的仲裁中鲜有成为对仲裁申请人有利之裁决的依据。如果它确实成为对仲裁申请人有利之裁决的依据，另一个原则同样可以解释这一结果。在 *Sempra Energy v. Argentina* 案中，仲裁庭把善意原则看作为"普遍的指南以指导理解与解释"公平与公正待遇义务。[151] 仲裁庭认定，公平与公正待遇条款提供的保护的实质针对的是会影响投资者的基本期待——这是投资者在进行投资时所考虑的——的待遇。该案是阿根廷在 21 世纪初时为应对经济危机采取的措施诱发的又一起案件。更具体地说，阿根廷拒绝履行其与投资者签署的许可协议中的条款，它采取的措施改变了设定收费的方式。仲裁庭认定，这是投资法律框架发生的一个重大变化。阿根廷不再遵守它给予的保证。因此，阿根廷违反了公平与公正待遇标准。虽然仲裁庭把一致性原则看作是善意的一种，但在本案中善意原则没有为一致性原则增加任何新的内容，而在类似案件中，其他仲裁庭根据一致性原则作出裁决。

在 Waste Management 案中，仲裁庭认为政府机构间"无正当理由地损害投资协议的宗旨"的共谋违反了 NAFTA 第 1105 条规定的"善意行事"的义务。[152] 然而，仲裁申请人未能证明存在这种共谋。[153]

在 *MCI Power v. Ecuador* 案中，仲裁庭认为厄瓜多尔在拒绝签署仲裁协议方面并未恶意行事。厄瓜多尔没有义务同意进行仲裁。厄瓜多尔在某个争端中拒绝接受投资者的主张也不构成恶意。再者，厄瓜多尔也没有义务同意投资者的主张。在 *PSEG v. Turkey* 案中，仲裁庭没有认定存在恶意，但认定土耳其因其前后不一致和不透明的行为违反了公平与公正待遇标准。

简言之，就这些案件而言，虽然仲裁庭讨论了若干原则，但根据 NAFTA 或美国缔结的 BITs 中的公平与公正待遇标准支持投资者的裁决事实上几乎

---

[150] *Grand River Enterprises v. United States*, Statement of Defense of Respondent United States of America, para. 114.

[151] Award, para. 297.

[152] Award, para. 138.

[153] *Id.*, at para. 139.

都是源于两种情势之一:第一,东道国实施的造成损害的行为是基于政治企图,而非正当的政策考量。第二,东道国行事前后不一,违反了其之前做出的承诺或担保,或者至少行事反复无常、缺乏可预见性。仲裁裁决也援引了其他可能的理由,但这些理由在裁决中一般来说不会得出支持仲裁申请人的结论。

三、充分的保护与安全

根据美国缔结的BIT中的投资者—国家争端解决条款被提交仲裁的第一个争端部分就是基于充分的保护与安全条款。在*American Manufacturing and Trading v. Zaire*案中,仲裁申请人针对暴乱对其投资造成的损害要求赔偿。仲裁庭认为,该标准对东道国设定的谨慎义务水平至少相当于习惯国际法要求的水平。更具体地说,东道国"必须采取任何必要的措施保护与确保投资安全"。[154] 在该案中,仲裁申请人的投资在严重的国内骚乱中遭受损害。政府在面对蔓延的暴力时可以合理地采取什么应对措施可能是一个困难的问题,但在该案特定的情势下这不是一个困难的问题。刚果政府不仅没有采取任何措施保护投资,军事人员还积极参与导致破坏的活动。因此,仲裁庭认定刚果违反了提供充分的保护与安全的义务。该裁决及其推理方法表明,违反充分的保护与安全标准不仅是由于未能尽到合理的注意防止发生损害,并且包括由于故意为之从而产生损害的行为。该裁决援引此前引用过的裁决中的"任何必要的措施"似乎意味着,该标准是一种严格责任标准,但该标准只要求给予合理的注意或者——其有时表述的——谨慎勤勉。

在*Noble Ventures v. Romania*案中,仲裁申请人诉称罗马尼亚未能采取足够的措施防止其设施被侵占、发生恐吓行为,以及其管理人员被强制拘禁并遭到殴打,所有这些都是由于工人发生骚乱的结果。仲裁庭认为,国际法院针对ELSI案作出的判决表明,违反充分的保护与安全"是不容易认定的"。[155]无论如何,仲裁庭发现其无法认定罗马尼亚的任何具体行为未尽谨慎勤勉,或者这种谨慎勤勉可以避免发生仲裁申请人声称的损害与损失。

裁判美国缔结的BITs项下诉求的一些仲裁庭拒绝把充分的保护与安全标准适用于非物理性损害。比如,在*Enron v. Argentina*案中,仲裁庭认为,

---

[154] Award, para. 6:25.

[155] Award, para. 165.

从历史上说,该标准是在物理性保护的背景下发展起来的,虽然对其进行更宽泛的解释是有道理的,但这种解释将导致该标准及公平与公正待遇标准之间区别的消失。最终,仲裁申请人未能根据充分的保护与安全标准证成自己的主张,因而仲裁庭拒绝了根据该标准提出的主张,也没有认定该标准的确切范围。

类似地,在 *Sempra Energy v. Argentina* 案中,仲裁庭认为"历史地看,这一特殊标准是在为公司的高级职员、雇员以及设施提供物理性保护与安全的背景下发展起来的"。[156] 仲裁庭不排除有可能更加宽泛地适用该标准,但认为这种情况是对该标准之传统理解的一种例外。在该案中,仲裁申请人未能根据这一标准证成其主张,因而仲裁庭没有考虑这一问题。

在 PSEG v . Turkey 案中,仲裁庭再次指出,提出该标准是为了促进物理性安全,因而只有在例外情形下才应该被给予更广泛的适用范围。在本案而言,考虑这种例外是没有必要的,因为仲裁申请人的关切可以在公平与公正的待遇项下获得处理。

但是,另有少数裁判美国缔结的 BITs 项下争端的仲裁庭愿意把充分的保护与安全标准适用于非物理性损害。在 *Occidental v. Ecuador* 案中,仲裁庭认为"一项不公平与不公正的待遇自动地造成对于投资的充分保护与安全"的缺位。[157]在 *Azurix v. Argentina* 案中,仲裁庭认为"安全的投资环境提供的稳定性[与物理性安全]同样重要",[158]指出没有任何限制性的语言把该条款的内容限制于物理性安全,进而认为阿根廷未能提供公平与公正的待遇也违反了充分的保护与安全标准。

在 *Lauder v. Czech Republic* 案中,东道国批准了一项协议,据此仲裁申请人投资于当地一家公司,成立了一家经营电视台的合营企业。随后,东道国指控仲裁申请人在未获得许可证的情况下从事广播业务,并要求合营企业调整该协议。这一要求使该当地公司可以要求终止与涵盖投资的关系。仲裁庭认为,充分的保护与安全要求勤勉尽职地保护投资,意味着东道国的行为在相关情势下是合理的。虽然仲裁庭有意就仲裁申请人受到的物理性的损害认定东道国违反了充分的保护与安全标准,但仲裁庭认定东道国的行为是基于正当的监管关切,而仲裁申请人遭受的任何损失是由私人公司

---

[156] Award, para. 323.

[157] Award, para. 187.

[158] Award, para. 408.

决定终止商业关系导致的，并非政府行动导致的。仲裁庭认定，充分的保护与安全不要求国家介入私人争端，而只是确保司法体系可资利用以解决争端。

仲裁庭的认定，即东道国没有义务避免发生损害，而只有义务为之后的救济提供途径，与人们对于充分的保护与安全标准之要求的一般理解是不相符合的。原因可能是因为这样一个事实，即仲裁庭处理的是一种非物理性的损害。这一裁决可以被解读为仲裁庭的意见是，在发生非物理性损害的情况下，东道国的唯一义务就是避免出现拒绝司法。

值得注意的是，在 *CME v. Czech Republic* 案中，同样的诉求被提交到根据荷兰—捷克 BIT 设立的另一个仲裁庭。在该案中，仲裁庭认为，如果东道国撤回其同意向投资给予的保护或者降低保护水平，它就违反了这一标准。因此，东道国取消政府通过的作为投资业务之依据的法律框架违反了该 BIT 规定的充分与完备的保护标准。

和公平与公正待遇标准——其含义在裁决中经常被大篇幅地进行讨论——相反，对于充分的保护与安全标准的理论讨论很少。这至少反映了给予合理的关注以保护投资免受物理性损害之习惯国际法义务获得了普遍承认。然而，随着一些仲裁庭试图把充分的保护与安全标准适用于非物理性损害，它们意识到如此适用该条款将逐步消除它和公平与公正待遇标准之间的区别。由于充分的保护与安全从未在缺乏公平与公正待遇条款的情况下出现于美国缔结的 BIT 或 FTA，仲裁庭倾向于只有在讨论公平与公正待遇标准之后才讨论充分的保护与安全标准。如果认定违反了公平与公正待遇标准，则大量地讨论充分的保护与安全就显得没有必要。利用这种方式，仲裁庭在对于充分的保护与安全标准的传统理解——即要求合理地关注以保护投资免受物理性损害——之外，无须去确定该标准中不同的内容。实际上，在美国缔结的 BITs 项下，似乎没有在一起案件中，充分的保护与安全标准为非物理性损害的责任承担提供了唯一的依据。相反，只有在东道国的行为也违反了公平与公正标准的情况下，在美国缔结的 BITs 项下才会作出针对非物理性损害的裁决。

四、符合习惯国际法的待遇

基于美国缔结的 BITs，在讨论公平与公正待遇或充分的保护与安全之外适用习惯国际法中的最低待遇标准的案件的数量并不多。所有这三个标准出现于美国缔结的几乎所有 BITs 和 FTAs 中。在根据 2004 年范本缔结的 FTAs 和 BITs 中，后两个标准明确地被作为是第一个标准的组成部分。此前缔结的 BITs 没有明确规定这些标准之间的关系。无论如何，正如 *Lauder v. Czech Republic* 案仲裁庭解释的，如果三个标准都出现，仲裁庭倾向于解决东道国的行为是否违反了表述更具体的公平与公正待遇或者充分的保护与安全问题，而不是更加宽泛地提及国际最低标准的表述。讨论国际最低标准的案件大都基于 NAFTA 第 1105 条产生的，该第 1105 条规定东道国应当遵守国际最低标准，但明确把公平与公正待遇作为该标准的组成部分。这些案件倾向于淡化宽泛的国际最低标准与较为具体的公平与公正待遇之间的区别，因而下文讨论某种程度上重复了有关公平与公正待遇标准的讨论。

阐述习惯国际法要求的保护标准的一个早期案例是 *Neer v. Mexico* 案。Neer 案法庭认为，要认定存在违法行为，相关待遇"应当是恶劣、恶意、故意无视所承担义务的，或者政府行为的缺失远远落后于国际标准以至于任何理性与公正的人都会轻而易举地认识到这种缺失"。[159] 这一标准被认为设定了一个对于求偿人来说相对较难达到的证明标准，即要求相关行为应当达到"恶劣"或"恶意"。

在 *Mondev v. United States* 案中，仲裁庭指出了反对把 Neer 案确立的标准适用于涉及 NAFTA 项下争端的案件的两个理由：第一，Neer 案处理的不是外国投资保护，而是外国的人身安全。并且，该案涉及的是东道国未能调查私人当事方实施的不能归咎于国家的谋杀。因而，仲裁庭质疑，Neer 案确立的残暴行为的标准是否是适当地衡量东道国对待外国投资的标准。第二，仲裁庭发现，无论如何，自 20 世纪 20 年代以来国际法已经发展变化了，而 NAFTA 第 1105 条中接受的标准就是当代国际法的标准。仲裁庭发现，这一当代标准已经受到规定公平与公正待遇和充分的保护与安全的 2000 多个 BITs 以及许多 FCNs 的塑造。因此，习惯法当前要求给予公平与公正待遇和充分的保护与安全。

在 *ADF Group v. United States* 案中，仲裁庭同意 Mondev 案仲裁庭的两个意见，即 Neer 案确立的标准不能被推定适用于外国投资待遇，并且国际最低标准无论如何是一个发展演变中的标准。然而，ADF 案仲裁庭不认同公

---

[159] *U. S. A. (L. F. Neer) v. United Mexican States*, (United States-Mexico), October 15, 1926, 3 I. L. R. 213, 214.

平与公正待遇和充分的保护与安全已经被纳入习惯法的主张。考虑到NAFTA的文本已经明确规定习惯国际法包含公平与公正待遇和充分的保护与安全,该仲裁庭的这一声称非常奇怪。尽管如此,由于仲裁申请人基于公平与公正待遇标准提出诉求,仲裁庭继续在该标准项下考虑仲裁申请人的诉求。正如前文指出的,仲裁庭认定"在纯粹的根据国内法不具有合法性或者缺乏权威之外还需要某些东西才使得某个行为或措施违反[第1105条所指的]习惯国际法"。[160]

其他仲裁庭同意认为国际最低标准是一个演进发展着的标准。[161] 在针对NAFTA项下诉求提交的书状中,美国承认习惯国际法会随着时间的流逝而演进。[162] 然而,美国拒绝接受这样一种观念,即国际最低标准是适用于一切语境的单一的标准。相反,在其提交给投资者—国家仲裁庭的书状中,美国主张,国际最低标准包括一系列的规则,每个规则适用特定类型的情形。这些规则包括诸如征收必须以支付补偿为条件,以及要求针对犯罪行为提供合理的警察保护等。美国把国际最低标准类比成侵权法,侵权法"区别若干可能针对特定行为的不同侵权行为"。[163]

尽管如此,仲裁庭有时候会试图阐述可以适用于判断东道国行为之国际最低标准的一般表述。然而,此项工作殊非易事,迄今为止,任何单一的标准似乎尚未出现。

解释国际最低标准——成文化于NAFTA第1105条——的第一个案件是*Azinian v. Mexico*案。在该案中,仲裁申请人诉称,撤销其为墨西哥瑙卡尔潘市提供废物处置服务的合同违反了这一标准。然而,仲裁申请人只做了被仲裁庭描述成"薄弱的努力"以证成其根据第1105条提出的主张,因而仲裁庭几乎不予考虑。[164] 仲裁庭认为"第1105条中可以想到的唯一的相关实体性原则是,不应当以一种违反国际法的方式对待NAFTA投资者",[165]这

---

[160] Award, para. 190.

[161] *See, e. g.*, *Pope & Talbot v. Canada*; *Waste Management v. Mexico.*

[162] *See, e. g.*, *ADF Group v. United States*, Post-Hearing Submission of Respondent United States of America on Article 1105 (1) and *Pope & Talbot*, *page* 20; *Mondev v. United States*, Rejoinder on Competence and Liability of Respondent United States of America, p. 15.

[163] *See, e. g.*, *ADF Group v. United States*, Post-Hearing Submission of Respondent United States of America on Article 1105 (1) and *Pope & Talbot*, *page* 4; *Glamis Gold v. United States*, Counter-Memorial of Respondent United States of America, p. 221.

[164] Award, para. 92.

[165] *Id.*.

一说法根本上说只是对第 1105 条的诠释。然而,为了驳回根据第 1105 条提出的诉求,仲裁庭认为"就本案情势而言,如果第 1110 条[征收条款]没有被违反,那么第 1105 条中的任何规定也没有被违反"。仲裁庭接着驳回了征收诉求。因而,在确定第 1105 条的含义方面,Azinian 案裁决几乎没有提供什么指导。

在 *S. D. Myers v. Canada* 案中,仲裁申请人是一家美国公司,该公司希望把一种名叫多氯联苯(PCBs)的有毒物质用船从加拿大运到其在美国俄亥俄州的工厂进行处理。然而,加拿大禁止出口该种物质。仲裁庭认为:

"只有在有证据表明投资者被以不公正或专断地对待以至于从国际视野看是不可接受的情况下,第 1105 条才会被违反。做出这一认定时必须依据很高程度的遵从,即国际法通常赋予国内当局有权规制其本国境内的事项。这一认定也必须考虑到可以适用于案件的任何特定的国际法规则。"[166]

在获得多数成员的支持下,仲裁庭认定"基于本案的事实,对于第 1102 条[国民待遇标准]的违反本质上也构成对第 1105 条的违反"。[167]

在 *Metalclad v. Mexico* 案中,仲裁申请人诉称,根据业已获得的必要许可之保证,其投资建设了一个有毒废物处理厂,但该许可随后被地方政府否决。该许可是在市政会的一次会议上被否决的,并且仲裁申请人未获通知。仲裁庭认定,对许可的否决没有提及该项目的建筑物,而这被认为是据以做出否决决定的依据。仲裁庭根据 NAFTA 的目的——其中之一就是促进透明度——来解释第 1105 条。仲裁庭认为:

"它把这理解为包括这样一种观念,即根据本协定,所有针对启动、完成,以及成功地运作已经作出或即将作出的投资的相关法律规定都应当让缔约另一方的所有受到影响的相关投资者便利地获悉。在这些事项方面不应当存在什么疑问或不确定性。任何缔约方中央政府的当局(前一节已经讨论了它们在这些问题上的国际责任)一旦意识到在这方面存在任何误解或混淆,它们就有义务确保及时地确定正确的含义并且清晰地陈述,以便投资者在进行所有适当的考察后着手开展工作,并相信它们的行为符合所有相关的法律。"[168]

仲裁庭认为,否决许可过程中存在的实体与程序性缺陷违反了第 1105

---

[166] Award, para. 263.

[167] *Id.*, at para. 266.

[168] Award, para. 76.

条,尤其其中的公平与公正待遇。然而,裁决中的这一部分内容被英属哥伦比亚最高法院撤销了,理由是,习惯国际法并没有包含着透明度义务。

在 *Pope &Talbot v. Canada* 案中,仲裁庭在 2001 年 4 月 10 日作出的裁决中首先认为,公平与公正待遇是附加于 NAFTA 第 1105 条规定的符合习惯国际法的待遇要求的。仲裁庭认定,加拿大采取的行动大都是合理的,因而没有违反公平与公正待遇标准。然而,加拿大政府采取的行动中包括规定非常烦琐的文件要求、威胁采取刑事调查、在政府内部纪要中虚假陈述有关投资状况的事实,仲裁庭认定这些行为违反了公平与公正待遇标准。数周后的 2001 年 7 月 31 日,NAFTA 缔约方发布了一份联合解释,该解释指出第 1105 条只是确保习惯国际法要求的待遇,而公平与公正待遇是习惯法项下国际最低标准的一个构成要素。因此,在其损害赔偿裁决中,仲裁庭同意重新解释第 1105 条。加拿大主张,国际最低标准是 *Neer v. Mexico* 案中确立的标准。然而,仲裁庭认为,自 1920 年 Neer 案裁判以来国际法已经发生了演变,因而第 1105 条要求适用演变着的标准,而不是存在于 20 世纪 20 年代的标准。仲裁庭随后提及国际法院在 ELSI 案中对于专断的界定:

"与其说专断是违反某一法律规则的东西,不如说是违反法治的东西……它蓄意无视法律的正当程序,是一种撼动,至少是一种冲击司法妥当性的行为。"[169]

仲裁庭得出结论认为,ELSI 案已经把判断专断的标准从恶劣(outrage)降低为震惊(surprise)。然而,仲裁庭随后认为,它必须确定当代国际最低标准的确切表达方式,因为加拿大的行为甚至也满足加拿大自己主张的较高的标准,它们"震惊并激怒了任何理性的人"。[170]

在 *Waste Management v. Mexico* 案中,仲裁庭考察了涉及该点问题的已决 NAFTA 案件,认定一个一般性的标准已经出现。在该案中,仲裁申请人与阿卡普尔科市签署了一份合同,据此从事收集与处理固体废料。然而,社会公众反对该项收集项目,因为他们不愿意支付分摊的费用以便为项目融资。最终,由于这一反对意见,该市终止履行其在合同项下的义务,包括应该付给仲裁申请人之投资的款项。在确定第 1105 条项下可适用的标准时,仲裁庭考察了截至当时的若干裁决,尤其包括著名的 S. D. Myers 案裁决、Mondev 案裁决和 ADF 案裁决,以及下文将要讨论的另一个案件,即 *Loewen*

---

[169] Case concerning Elettronica Sicula(United States v. Italy),1989 I. C. J. Rep. 15.

[170] Award,para. 68.

v. United States 案裁决。仲裁庭指出，虽然强调的东西有所不同，如果可归咎于国家并且对仲裁申请造成损害的行为是专断、严重不公平或荒谬的，是歧视性的，使仲裁申请人受到阶层或种族的偏见，或者缺乏正当程序从而侵害了司法妥当性——可能是在司法程序中显然地缺乏自然正义，或者在行政程序中完全缺乏透明度与公平性，则它违反了最低待遇标准和公平与公正待遇。在适用这一标准时，相关待遇违反了东道国做出的并且为仲裁申请人合理信赖的陈述是重要的考虑因素。[171]

仲裁庭指出，这一标准“某种程度上是一个弹性的，必须适应个案情势的标准”。[172] 正如上述引文表明的，仲裁庭没有认真地区别第 1105 条第 1 款规定的国际最低标准和公平与公正待遇要求的标准，后者在第 1105 条第 1 款中被当作前者的一个构成要素。因此，援引该裁决作为揭示第 1105 条第 1 款之内容以及公平与公正待遇标准之内容的证据。

无论如何，仲裁申请人也指控认为，由于未能遵守可以确保向仲裁申请人的投资付款的信贷额度，墨西哥公共工程银行（Banobras）违反了第 1105 条第 1 款规定的标准。然而，仲裁庭认定，它没有必要认定墨西哥公共工程银行是否符合该标准，因为墨西哥法院提供了可资利用的救济，并且基于前文讨论过的原因，法院认定并不存在拒绝司法的情形。除协议以外，墨西哥公共工程银行没有义务提供信贷额度，因而拒绝向仲裁申请人提供授信并没有违反这一待遇标准。

仲裁庭确实发现，阿卡普尔科市没有履行其合同义务。[173]然而，仲裁庭认定不存在违反第 1105 条第 1 款的情形。阿卡普尔科市的行为并非“完全专断或严格不公平的”。[174] 该市未能支付款项是由于其面临的金融危机，而不是基于部门或地域偏见。[175] 仲裁庭也认为，没有清偿债务并不违反第 1105 条，条件是“只要它没有构成赤裸裸的和没有理由的废除交易，并且只要向债权人提供了某种救济以解决问题”。[176]

在 *GAMI Investments v. Mexico* 案中，墨西哥规制糖生产、出口以及定价方面的计划实施不当违反了习惯国际法。仲裁庭认为这一标准是灵活性

---

[171] Award, para. 98.
[172] *Id.*, at 99.
[173] Award, para. 109.
[174] *Id.*, at para. 115.
[175] *Id.*.
[176] *Id.*.

的,持续地发展演变,并且必须适应个案的情况。仲裁庭认为,NAFTA 第 1105 条并没有要求必须存在粗暴的待遇,并且采用了前面引用的 Waste Management 案中的表述。在适用这一标准时,仲裁庭引用了 *S. D. Myers v. Canada* 案中的表述,即在解释与适用“最低标准”时,[根据 NAFTA 第十一章设立的仲裁庭]并不拥有无限的权限从而臆测政府决策。政府不得不做出许多可能会引发争议的抉择。在这么做的时候,它们可能会犯错误,误判事实,根据错误的经济与社会理论开展工作,过度强调某些社会价值,以及采取最终证明是无效的甚至适得其反的解决方法。如果这些问题存在的话,在现代政府中一般是通过诉诸内部的政治与法律途径,包括选举来纠正错误。[177]

仲裁庭指出,政府的计划未能实现其目标并不当然构成违反国际法,其未能遵守国内法也并不当然地违反国际法。相反,在纯粹的不法性之外还需要某些东西,比如“赤裸裸的和没有理由的废除”相关法规。[178]

仲裁庭认定,虽然墨西哥的糖生产制度实施得很糟糕,但其行为并没有违反国际法。该制度并未如预期般地发生作用,但没有证据支持这样一种结论,即墨西哥有意寻求破坏该制度。进一步看,该制度的成功取决于多种因素的作用,并且没有证据表明仲裁申请人遭受的损失可以归咎于墨西哥的行为。

在 *International Thunderbird v. Mexico* 案中,仲裁庭声称,墨西哥最初出具了仲裁申请人的博彩业务符合法律规定的意见,但之后又认定该博彩业务违反了墨西哥的法律,墨西哥的做法就违反了 NAFTA 第 1105 条第 1 款。仲裁庭承认,自 Neer 案裁判以来,国际法的最低标准已经发生了变化,但在援引了 *Genin v. Estonia and Waste Management* 案裁决后,它发现“认定违反最低待遇标准的门槛仍然是很高的”。[179] 仲裁庭认为,就本案而言,可能违反该标准的行为是指那些“构成严重的拒绝司法或低于可接受之国际标准的显著的专断”。[180]针对墨西哥无视其之前出具的意见,仲裁庭指出,该意见是在仲裁申请人的投资进行错误陈述的基础上作出的,因而仲裁申请人不能合理地信赖该意见。关于仲裁申请人的业务被认定违反了行政程序,仲裁

---

[177] Award, paragraph 93, quoting S. D. Myers v. Canada, First Partial 166 Award of 13 November 2000, paragraph 260.

[178] Award, paragraph 103.

[179] *Id.*, at para. 194.

[180] *Id.*.

庭没有发现存在专断或缺乏正当程序。仲裁申请人获得了听取其意见的机会，而所做出的决定提到了其赖以做出的事实与法律依据。仲裁申请人还有机会针对该行政决定提请司法审查，但它撤回了上诉。虽然行政程序可能受到某种不规范性的影响，但这些不规范性并未“严重到震动司法妥当性”，[181]从而违反了国际最低待遇标准。

简言之，NAFTA 第 1105 条规定的待遇标准出现了三种表现模式：Myers 案模式要求在国际层面被认为不可接受的专断；基于 ELSI 案判决的 Pope & Talbot 案标准寻找震动，至少冲击司法妥当性的行为；以及适用时间更长的 Waste Management 案标准，该标准反对任何概括性的尝试。较近的 NAFTA 案件遵循一个标准或三个标准的某种结合。在美国缔结的 BITs 项下出现的案件中，鲜能找到确定国际最低标准的含义的指导，这是因为——如前指出的——这些案件中仲裁庭倾向于适用较为具体的公平与公正待遇或者充分的保护与安全表述。在一些案件中，仲裁庭简要讨论了习惯法是否包括一般性地禁止对外国投资给予歧视性待遇。在 *Genin v. Estonia* 案中，在讨论美国—爱沙尼亚 BIT 中有关禁止采取专断与歧视性措施的规定时，仲裁庭认为：

然而，习惯国际法并不要求平等地对待所有的外国人（以及外国人的财产），或者同等地对待外国人与本国人。其实，“即便没有理由的区别对待也是不可诉的”。[182]

无论如何，仲裁庭没有发现本案中存在歧视的证据。

与此不同，在 *Loewen v. United States* 案中，仲裁庭认为一项判决“违反了国内法并且歧视外国诉讼当事方，根据国际法就构成了显著不公正”。[183]正如下文要指出的，虽然仲裁庭认定该案中已经满足这一标准，但仲裁申请人提出的救济诉求由于其他原因被驳回。

最后，在 *Methanex v. United States* 案中，仲裁庭认为：

“国际法是明确的。在缺乏约束国家当事方的国际法规则——条约或习惯——的情况下，一国可以区别对待本国人与外国人。”[184]

仲裁庭接着认为，习惯国际法针对这一宽泛的规则确立了某些例外。

---

[181] *Id.*，at para. 200.

[182] Award para. 368. The internal quotation was from Rudolf Dolzer and Margrete Stevens，Bilateral Investment Treaties 61 – 62（1995）.

[183] Decision on Jurisdiction，para. 135.

[184] Award of August 3，2005，Part IV，Chapter C，para. 25.

仲裁申请人引用了早前从 Waste Management 案裁决中援引的表述——提及习惯国际法禁止采取歧视性并且使投资或投资者受到阶层或种族偏见的行为,该表述被仲裁庭认为对 Loewen 案裁决具有借鉴意义。仲裁庭拒绝讨论 Waste Management 案裁决主张存在这种禁止性规定是否是正确的,因为无论如何 Methanex 案仲裁申请人未能证明其是歧视性措施的受害者。

正如人们已经看到的,在此前讨论的案件中,仲裁申请人大都败诉。仲裁申请人获得胜诉的案件的共同点是,东道国的行动是基于政治动机而非正当的政策关切。因此,在 S. D. Myers 案中,仲裁申请人因其国籍而成为东道国的行动目标。在 Pope & Talbot 案中,加拿大对仲裁申请人实施报复。在 Loewen 案中,仲裁申请人成了民族主义偏见的受害者,但由于其他原因而败诉了。

多个裁决涉及了拒绝司法问题。[185] 仲裁庭一致认为,拒绝司法违反了习惯国际法。因而,在这些案件中,问题在于东道国的行为是否构成了拒绝司法。正如下文将要看到的,在这些案件中,仲裁申请人通常都未能胜诉。只有在一起案件中,仲裁申请人成功地证明国际最低标准遭到了违反,但在该案中其仍然败诉,因为其没有行使上诉的权利。正如美国所说的,“独立的司法机构的行为有权被推定为合乎规定的,因而应被给予极大的尊重……国际法庭只是在非常罕见的情形中会以自己的判决取代国内法院的判决”。[186] 美国认为,习惯国际法承认拒绝司法发生的两种主要方式:

法院的行为可能构成“程序性”拒绝司法,即外国人可能被错误地拒绝诉诸法庭,或者法庭行事极为不公正或拖沓以至于看不到正义的前景,或者它们可能构成“实体性”拒绝司法,即法院可能作出一份“显然不公正”,因而违反了国际法要求的最低待遇标准的判决。[187]

在拒绝司法方面,被援引最多的裁决之一是 *Azinian v. Mexico* 案。在该案中,由于被认为未能开展业务以及不当陈述开展业务的能力,瑙卡尔潘市终止了与仲裁申请人的公司签署的合同。在被诉诸墨西哥法院时,该终止

---

[185] On the denial of justice doctrine, see Jan Paulsson, *Denial of Justice in International Law* (2005); Andrea K. Bjorklund, "Reconciling Investor Protection and State Sovereignty in Denial of Justice Claims," 45 *Va. J. Int' l L.* 809 (2005).

[186] *Mondev v. United States*, Counter-Memorial on Competence and Liability of Respondent United States of America, page 43. *See also Loewen v. United States*, Counter-Memorial of the United States of America, pages 130 – 131 (the burden of proof is "exceptionally high.")

[187] *Id.*.

行为获得法院的支持。实际上,仲裁申请人并没有指控墨西哥法院的行为构成拒绝司法。然而,仲裁庭没有只言片语提及仲裁申请人未获胜诉的原因纯粹是因为诉状出现了错误,而是选择考察仲裁申请人能否认定墨西哥法院的行为构成拒绝司法。仲裁庭解释认为:

"可以诉称存在拒绝司法,如果相关法院拒绝受理诉讼,如果它们不正当地拖延诉讼,或者如果它们以一种严重不恰当的方式进行司法活动……存在第四种类型的拒绝司法,即显著与蓄意的适用法律。"[188]

在适用这一标准时,仲裁庭并非作为一家上诉法院而行事:

"然而,认定一国要为司法判决承担国际责任的可能性并不会使得仲裁申请人有权针对国内法院的判决寻求国际层面上的审查,申请人所诉诸的国际法庭似乎拥有不受限制的上诉管辖权。一般而言,这不是事实,NAFTA 也不是如此。"[189]

仲裁庭接着考察墨西哥法院的判决是否构成"明显与蓄意的错误适用法律"。[190] 仲裁庭认定,根据墨西哥法律,错误地陈述公司的履行能力就足以构成终止合同的理由,因而不存在错误适用法律的情况。因此,仲裁庭认定不存在拒绝司法。因而,Azinian 案裁决处理的是可能存在的实体性拒绝司法问题。碰巧的是,实体性的拒绝司法是美国缔结的 BITs 和 FTAs 项下发生的多数案件中的争议问题。

在 *Mondev v. United States* 案中,波士顿市终止了与仲裁申请人的公司签署的从事都市再生事业(urban redevelopment work)的合同。该公司在马萨诸塞州的法院对波士顿市提起诉讼,法院判决原告败诉,后者上诉到马萨诸塞州最高法院,但同样败诉。在考虑马萨诸塞州法院的判决是否构成拒绝司法时,仲裁庭引用了此前从 Azinian 案中援引的有关描述拒绝司法的四种类型的表述。仲裁庭随后指出,国际法院在 ELSI 案判决中把专断界定为"蓄意无视法律的正当程序……它动摇,至少是冲击司法的妥当性",并且认为这是衡量拒绝司法的一条有益的标准。仲裁庭随后认为:

"标准不是一个特定的结果是否是令人震惊的,而是对公正的法庭的动摇或冲击使人们在思量后有理由担心裁判结果的司法妥当性,并且认识到一方面国际法庭不是上诉法院,另一方面 NAFTA 第十一章(像保护投资的

---

[188] Award, paras. 102 – 103.

[189] *Id.*, at para. 99.

[190] *Id.*, at para. 103.

其他条约一样)旨在提供真正的保护措施。最终的问题在于,在国际层面上并且考虑到普遍接受的司法运行的标准,仲裁庭在考虑了所有可以获得的事实后是否可以得出结论认为,被质疑的判决是否显然是不妥当和丧失信誉的,其结果是使投资受到不公平与不公正的待遇。"[191]

仲裁庭承认这一标准"某种程度上[是]开放性的",但认为可能不存在更精确的表达形式以涵盖所有的可能性。[192] 仲裁申请人主张马萨诸塞州的法院作出判决时依据的四个理由构成了拒绝司法。四个理由中的三个涉及的指控是,法院适用新的法律或者错误适用了程序法。仲裁庭认定所谓的新的法律属于普通法裁判范围之内,并且程序问题也是东道国法院的裁量范围之内。第四个理由是,马萨诸塞州的法院认定公共机构就其干涉合同关系的侵权行为可以豁免诉讼。广义地说,这是一个各国可以决定的事项,因而未能说服仲裁庭马萨诸塞州法院在本案中所做的判决构成拒绝司法。

在 *Loewen v. United States* 案中,仲裁申请人指控密西西比州的一家法院——申请人在该法院进行的诉讼中作为被告——的陪审团进行的审判由于偏袒美国人当事方、不利于外国当事方并判定申请人支付 5 亿美元赔偿而败诉。仲裁庭首先援引 ELSI 案中对专断的界定:

"专断与其说是违反某一法律规则的东西,不如说是违反法治的东西……它蓄意无视法律的正当程序,是一种动摇,至少是冲击司法妥当性的行为。"[193]

仲裁庭解释指出:

"国家实践、国际法庭的判决以及学者的意见都不支持这样一种观点,即恶意或蓄意的意图是不公平与不公正待遇或者达到违反国际正义的拒绝司法的基本要素。从导致违反司法妥当性之结果的正当程序缺失的意义上说,显著的不公正即足矣。"[194]

仲裁庭接着采纳了 Mondev 案中确立的标准。然而,仲裁庭认为国际法尤其重视歧视性地违反国内法,并认为同时违反国内法以及对外国人诉讼存在歧视判决,构成了显著的司法不公正。考虑到多次提及仲裁申请人的外国国籍并且陪审团后来裁定仲裁申请人赔偿损失 5 亿美元,仲裁庭认为审

---

[191] Award, para. 127.

[192] *Id.*.

[193] Award of June 26, 2003, para. 131, quoting *Case Concerning Elettronica Sicula SpA (ELSI) (United States v. Italy)*, 1989 I. C. J. 15, 76.

[194] *Id.*, at para. 132.

判不符合国际法最低标准。正如仲裁庭进一步解释指出的,“一国的法院有责任确保诉讼中不会出现针对外国诉讼当事人的歧视,并且外国人诉讼不应成为阶层或地域性偏见的牺牲品”。[195] 虽然仲裁庭此前说过,它只把差别性地违反国内法看作是拒绝司法,但它认为受派别(sectional)或地方性歧视的审判在美国与其他国家历来是受到谴责的,并且属于无效审判。然而,由于下文所说的原因,仲裁申请人的诉求最终失败。

在 *Waste Management v. Mexico* 案中,仲裁申请人的公司寻求把其与阿卡普尔科市之间发生的合同争端提交仲裁。该市拒绝预付其应承担的仲裁费用分摊份额,而仲裁申请人的公司由于不愿意独自承担全部仲裁费用而中止仲裁程序。仲裁庭认定墨西哥在拒绝预付仲裁费用方面并无不法行为。仲裁请求人的公司在墨西哥的法院针对此前提供授信额度的银行提起两起独立的诉讼,以确保合同项下款项获得支付,但它在两起诉讼中都败诉了,部分原因是墨西哥的法院认为该公司在把争议诉诸法院之前必须进行仲裁。仲裁庭认定,墨西哥法院的判决并非专断、不公正或者荒谬的。相反,这些判决是经过推理并且及时作出的。因此,拒绝司法并不存在。

仲裁申请人也指控认为,阿卡普尔科市的诉讼策略等同于拒绝司法。仲裁庭认为,诉讼遭遇困难与干扰并非鲜见,但某一诉讼当事方不会实施拒绝司法,除非其行为受到法院的支持,或者法院向其赋予某种特别权利从而导致正当程序丧失。仲裁庭认定本案中不存在此类事实。通过比较本案与 Loewen 案,仲裁庭指出没有证据表明存在歧视、基于阶层或地域性偏见的歧视,或者明显丧失正当程序。

一些案件涉及对行政机构的拒绝司法提出的诉求。在 *International Thunderbird v. Mexico* 案中,仲裁申请人质疑认定其博彩业务违反法律的行政程序。仲裁庭指出“行政正当程序的要求低于司法过程的正当程序要求”。[196] 仲裁庭随后认定,虽然行政程序“可能受到某些不规范性的影响”,但没有一个“严重到足以动摇司法的妥当性”。[197] 进一步看,对行政决策可以进行司法审查,但投资人的投资撤回了上诉。因此,拒绝司法的情形并未发生。

在 *Genin v. Estonia* 案中,爱沙尼亚银行监管部撤销了向仲裁申请人的

---

[195] *Id.* ,at para. 123.

[196] Award,para. 200.

[197] *Id.* .

投资,即一家爱沙尼亚银行给予银行业经营许可。该机构通知该银行有可能撤销其银行业许可证,但未能就拟撤销行为向银行提供表达异议意见的机会。撤销的理由是基于这样的事实,即公司文件把“欧洲资本集团有限公司”(Eurocapital Group Limited)列为主要股东,但实际被允许购买有限股权时注明的是“欧洲资本集团公司”(Eurocapital Group Company)。仲裁庭认定,这一理由是“过于形式化”和“极为机械的”,因为这两个实体的名称类似并且它们被注明拥有同一股权的事实表明,两个实体实际上是同一个。[198]尽管如此,仲裁庭认为爱沙尼亚有理由认定一个主要股东是不适格的,这表明银行未能满足出资要求。仲裁庭指出,爱沙尼亚的决定是在合理地担心作为金融机构的该银行的管理、运作以及稳健性的背景下做出的。更一般地说,这一背景也是一个新独立的寻求监管现代金融机构的国家所处的背景,是一个投资者有意选择在那里从事投资的背景。

拒绝司法只是在作为整体的司法体系从事不适当行为的情况下才存在。只有在作为整体意义上的法院体系所作最终决定时,某一法院的决定才可能构成拒绝司法。因此,在指控存在拒绝司法时,仲裁申请人必须利用可以进行的上诉,除非它们明显是徒劳或者显然无效的。[199]比如,在前述 *Loewen v. United States* 案中,仲裁庭认定法院的行为不符合国际法中的最低待遇标准。然而,由于仲裁申请人没有上诉,因而不能认定存在司法拒绝。虽然 BITs 与 FTAs 没有要求投资者在把诉求提交投资者—国家仲裁之前用尽当地救济,但要求仲裁申请人应当利用可以进行的上诉被认为是指控存在拒绝司法的实质性因素。[200]

五、专断与歧视性待遇

仲裁庭通常把“专断”和“歧视性”看作是两个需要分别界定的术语。不同于“公平与公正待遇”和“充分的保护与安全”标准,“专断与歧视性待遇”中的连接词往往似乎被认为创设了一个独立的标准。正如 *Lauder v. Czech Republic* 案仲裁庭指出的,本条(就本案而言)的字面表述要求相关措施应当

---

[198] Award, paras. 359 – 361.

[199] *See Loewen v. United States*, Response of the United States of America to the November 9, 2001, Submission of the Governments of Canada and Mexico Pursuant to NAFTA Article 1128, p. 8 (quoting C. F. Amerasinghe, *Local Remedies in International Law* 195(1990).

[200] *See Loewen v. United States*, Counter-Memorial of the United States of America, pp. 109 – 110.

同时是专断与歧视性的。[201] 与此同时，在 *Azurix v. Argentina* 案——该案涉及美国缔结的极少数在专断与歧视性待遇标准中使用“或者”(or)作为连接词的 BITs 中的一个——中，仲裁庭认为，专断的措施违反了该标准，即便它不是歧视性的。然而，两个裁决都认为两个概念是不同的。

对于“专断”一词，仲裁庭倾向于使用词典中的含义。通常使用的界定出现于 *CMS Gas Transmission v. Argentina* 案中，该案仲裁庭援引了《布莱克法律词典》中该词的含义。在此基础上，仲裁庭发现该词的含义“取决于个人的偏见或偏好，而非推理或事实基础上的裁量”。[202] 这表明，禁止采取“专断”措施某种程度上重复了根据公平与公正待遇标准提供的保护。事实上，仲裁庭拒绝分析阿根廷的行为是否违反了专断与歧视性待遇标准，认为对于专断或歧视的任何认定在权衡阿根廷是否违反公平与公正待遇标准时应当被作为事实问题。正如作者在第五章第六节第二目中所说的，合理性原则与非歧视性原则有时被作为公平与公正待遇标准的构成要素分别加以讨论。

LG &E v. Argentina 案仲裁庭引用了同样的“专断”含义。仲裁庭认为，BIT 缔约方旨在禁止影响投资且未经“理性的决策过程”予以实施的措施。[203] 这一过程包括平衡国家利益与相关措施对投资造成的负担。仲裁庭认定，阿根廷针对 2001 ~ 2003 年的金融危机采取的措施是理性判断，而非无视法治的结果。因此，它们不是专断的。仲裁庭审慎地把这一标准同公平与公正待遇标准区别开来，仲裁庭认为阿根廷违反了后一个标准，因为阿根廷没有遵守其向投资者做出的承诺。

类似地，在 *Sempra Energy v. Argentina* 案——该案是另一起涉及同样的紧急措施的案件——中，仲裁庭认定，虽然阿根廷采取的措施不合法，但“它们不是……专断的，因为它们是阿根廷相信并且理解为应对恶化着的危机的最好办法”。[204] 仲裁庭没有界定“专断”的含义。

CMS 案的界定在 *Occidental v. Ecuador* 案中也获得采纳。在该案中，厄瓜多尔改变了向仲裁申请人就其石油生产业务返还增值税的做法。仲裁庭认为，厄瓜多尔的行为并非基于偏见或偏好，而是基于推理或事实。厄瓜

---

[201] Award, para. 219.

[202] Award, para. 291.

[203] Award, para. 158.

[204] Award, para. 318.

多尔只是试图解决有关增值税返还的名目繁多的操作规程、条例与规则诱发的混乱状况。尽管如此,仲裁庭认定这种混乱与缺乏明确性造成了“某种专断”,但它从未界定所发生的专断的表现形式。[205]

在 *Lauder v. Czech Republic* 案中,仲裁庭也采用了该界定。在该案中,仲裁申请人与一家捷克公司成立了一家经营电视台的合营企业。在批准了合营企业的架构后,捷克政府随后要求重组公司,理由是,现行结构使仲裁申请人在没有获得许可证的情况下可以从事播放业务。重组方案使该捷克公司可以把仲裁申请人排除出合营企业之外。仲裁庭认定,捷克政府作出的除非作为合营企业的构成部分否则就禁止仲裁申请人参与业务的决定——虽然此前声称会允许仲裁申请人以作为捷克公司的普通股东实现参与——违反了专断与歧视性待遇标准,因为该决定不是基于推理或事实,而只是纯粹的一种担心,体现了捷克政府偏好由捷克人拥有播放许可证。不过,仲裁庭认定捷克政府的这一行为并未对仲裁申请人造成损害。仲裁庭也认定,捷克政府要求重组合营企业的行为没有违反专断与歧视性待遇标准,因为该行为是基于政治性的监管考虑。

CME v. Czech Republic 案仲裁庭面临类似的事实,该案仲裁庭适用的是荷兰—捷克 BIT。然而,仲裁庭认定,捷克政府的行为是不合理的,因为它是受到捷克政府与当地公司共谋以剥夺外国投资者的投资之企图的驱使,但仲裁庭没有进一步界定“不合理”的含义。仲裁庭指出,捷克政府的行为也“带有歧视的样子”。[206]

仲裁案件中出现的对“专断”的第二种界定——虽然较不常见——是根据国际法院在 ELSI 案中的意见。在该案中,国际法院把专断界定为“与其说是违反某一法律规则的东西,不如说是违反法治的东西……它蓄意无视法律的正当程序,是一种动摇,至少是冲击司法妥当性的行为”。[207]

LG &E v. Argentina 案仲裁庭援引了这一界定,该案仲裁庭认定,讼争措施并非表明了对法治的藐视,而是缜密判断的结果。如前指出的,仲裁庭在该案中也使用了《布莱克法律词典》中的定义。

在 *Azurix v. Argentina* 案中,仲裁庭引用了《布莱克法律词典》中的定义,但它接着认为,ELSI 案中的界定“接近于专断的通常含义,因为它强调了

---

[205] Award, para. 163.

[206] Partial Award of September 13, 2001, para. 612.

[207] Case Concerning Elettronica Sicula (United States v. Italy), 1989 I. C. J. Rep. 15.

有意藐视法治的因素”。[208] 仲裁庭随后认定,阿根廷怂恿仲裁申请人之水务公司的客户拒绝支付账单、威胁向公司客户开出账单的公司高级职员、拒绝遵守许可协议规定的收费安排,并且拒绝向公司提供其被处罚所依据的文件的行为属于专断的行为,在法律或许可协议中均没有依据。

至少一起案件采用了 *Neer v. Mexico* 案中的界定。[209]在 *Genin v. Estonia* 案——该案裁决是根据美国缔结的 BIT 针对违反这一标准作出的第一份裁决——中,爱沙尼亚撤销了给予属于仲裁申请人的银行的许可,但没有遵循普遍接受的银行与监管做法,比如提供撤销意向的正式通知,或者在发布撤销公告前为银行提供诉诸法院的机会以质疑该撤销行为。然而,仲裁庭认定,要达到违反 BIT 的程度,此类不规范性必须达到“恶意、有意藐视法律的正当程序,或者行为极度不妥当”。[210] 仲裁庭认定,东道国的行为不是专断的,因为它是为了监管原因而采取,并且根据当时的经济情势——尤其包括爱沙尼亚向市场经济过渡及其努力发展私人金融业遇到的困难——是正当的。为了支持这一结论,仲裁庭也援引了 ELSI 案中的界定,认为爱沙尼亚的任何行为没有违反“司法妥当性”。[211] 仲裁庭认定,没有证据表明爱沙尼亚以一种歧视性的方式针对仲裁申请人的投资,或者与爱沙尼亚人拥有的银行相比给予较低的待遇。因此,爱沙尼亚没有违反有关禁止采取专断与歧视性行为的条款。

仲裁庭也并非总是去界定“专断”或“不合理”的含义。比如,在 *Enron v. Argentina* 案中,仲裁庭认为,阿根廷采取的经济措施不是专断的,因为它们“是政府相信并且理解为应对恶化的危机的最好办法”。[212] 在 *ADF Group v. United States* 案中,仲裁庭认为,美国制定的法律,即要求获得联邦资金支持的公路建设项目使用的钢材必须在美国生产,没有违反禁止采取专断与歧视性措施的条款。

在非常少的案件中,仲裁庭在本条款的意义上讨论了“歧视性”的含义。在本条款适用于任何形式的歧视抑或只适用于基于国籍的问题方面,仲裁庭出现了分歧。然而,它们仅在歧视系基于国籍基础的案件中裁决支持仲

---

[208] Award of July 14,2006,para. 392.

[209] *U. S. A.* (*L. F. Neer*) *v. United Mexican States*, (United States-Mexico),October 15,1926,3 I. L. R. 213.

[210] Award,para. 371.

[211] Award,para. 37.

[212] Award,para. 281.

裁申请人的诉求。

在 *CMS Gas Transmission Company v. Argentina* 案中，阿根廷为应对经济危机而修改了适用于仲裁申请人之投资的收费结构。仲裁庭指出只有在处于类似情形下的不同投资被不同对待的情况下才能认为存在歧视，但本案事实表明并不存在歧视。类似地，在同样涉及经济危机的 *Enron v. Argentina* 案中，仲裁庭认定"与其他实体或部门相比，给予仲裁申请人的待遇不存在恣意的、无道理的，或者荒谬的区别对待"。[213] 因而，在所有这些案件中，仲裁庭都没有把考察范围局限于基于国籍原因的歧视，在所有这些案件中也没有认定违反了专断与歧视性待遇标准。

在 *Lauder v. Czech Republic* 案中，仲裁庭把歧视性待遇等同于违反了国民待遇标准的待遇。仲裁庭认为，东道国要求仲裁申请人以一种与当地公司成立合资企业而非股权投资的方式参与经营电视台的做法是歧视性的，因为这一要求是基于申请人的外国国籍。捷克对公众的反对意见做出了反应，仲裁庭认为，假若仲裁申请人是捷克本国投资者，这种反对就不会出现。

在 *LG &E v. Argentina* 案中，仲裁庭认为，专断与歧视性待遇标准规定的义务是不得歧视外国投资者，而"如果相关措施的目的是为了歧视或者它具有歧视性效果，该措施就会被认为是歧视性的。"[214]在援引了 ELSI 案后，仲裁庭认为，要认定构成歧视，就必须存在刻意的有利于本外国投资者而不利于外国投资者的歧视做法，而这种歧视在类似的情势下不针对其他的本国投资者。

较之其他公用事业，仲裁庭认定阿根廷对待天然气分销公司更为苛刻，但也认为仲裁申请人未能证明歧视是基于申请人的外国国籍。

在 *Genin v. Estonia* 案中，仲裁庭没有界定"歧视性"一词的含义，但认定没有迹象表明爱沙尼亚"以一种歧视性的方法专门针对目标[投资]，或者与爱沙尼亚人拥有的银行相比给予更低的待遇"。[215] 仲裁庭当时引用了伊恩·布朗利的观点，大意是"判断歧视的标准就是政府的意图"。[216]

在 *ADF Group v. United States* 案中，仲裁申请人主张，根据 NAFTA 的

---

[213] Award, para. 319.

[214] Award, para. 146 (citing Kenneth J. Vandevelde, *United States Investment Treaties: Policy and Practice* (1992), p. 77.

[215] Award, para. 369.

[216] *Id.*, (citing Ian Brownlie, Principles of Public International Law, 5th ed. 541 n. 96.)

最惠国待遇条款,其有权获得美国—爱沙尼亚 BIT 中的专断与歧视性措施条款规定的保护。仲裁庭推定——但没有认定——这一标准独立于国际最低标准,但认定美国作出的规定,即要求获得联邦资金的公路建设项目应当使用原产于美国的钢材,根据该案情势,不能合理地认为美国违反了专断与歧视性措施标准。仲裁庭没有讨论该标准是否限制于指基于国籍的歧视,尽管那正是仲裁申请人指控的歧视类型。

由于专断与歧视都可以被认定违反了公平与公正待遇标准,仲裁庭并不总是分别讨论专断与歧视性待遇标准。在一些案件中,仲裁庭把处理基于该标准提出的诉求作为一个更广泛的讨论公平与公正待遇标准的组成部分。[217]在两个标准下,概念的实质似乎是一样的。换言之,根据一个标准被认定为专断或具有歧视性的一个行为在另一个标准下几乎肯定也会被认定为是专断的和歧视性的。

六、遵守义务

在阿根廷为应对 2001 ~ 2003 年爆发的经济危机而采取的措施从而诱发的争端中,遵守义务条款成为多份仲裁裁决中的主要问题。对于遵守义务条款的范围,仲裁庭没有达成一致意见。虽然多数仲裁裁决试图运用该条款的字面规定,但两个仲裁庭——组成成员有重叠——错误地把该条款解释成为仅仅适用于投资协议。

遵守义务条款的字面规定在 *Enron v. Argentina* 案中被适用。仲裁庭认为,“任何义务”(any obligation)意味着不论其性质为何的任何义务。仲裁庭认定阿根廷的天然气法律——保证仲裁申请人的投资,即一家天然气输气公司在某些收费方面可以获得待遇——属于一项义务。因而,废除该收费制度就违反了该义务条款。仲裁庭也认定,经由政府法令批准的许可证中的规定属于一项义务,因而废除那些规定构成了另外的对遵守义务条款的违反。

在 *Noble Ventures v. Romania* 案中,仲裁庭提出的一个问题是,是否应该对遵守义务条款的适用范围施加某种限制。然而,仲裁庭认定罗马尼亚没有违反在投资方面对仲裁申请人负有的任何义务。在指出仲裁庭的这一结论引发了针对履行义务条款的适用范围是否存在限制的问题后,仲裁庭

---

[217] *See*, *e. g.*, *PSEG v. Turkey*; *MCI Power v. Ecuador.*

接着推定当事方有意“使国内法调整的合同义务相当于体现于它们缔结的BIT中的国际条约义务。”[218]

在*LG &E v. Argentina*案中,仲裁庭把履行义务条款的适用范围限缩为针对外国投资的特定义务。仲裁庭认为,阿根廷的天然气法律与法规——它们规定的收费制度旨在确保仲裁申请人在私有化天然气分销公司中的投资的价值,并且被广而告之以吸引投资者参与私有化计划——不是一种具有一般性的义务,而是针对该投资的特定义务。由于这些天然气法律与法规是针对外国投资者的,它们属于履行义务条款所指的义务。

在*CMS Gas Transmission Company v. Argentina*案中,仲裁庭把具有商业性质的义务从履行义务条款中排除出去。仲裁庭认为,东道国违反其在许可证中做出的在收费制度方面向投资者的投资的承诺不具有商业性质,而是“涉及政府决策”,[219]这一决策违反了条约规定的标准。因此,违反在许可证中做出的承诺确实违反了遵守义务条款。

在两起案件中,仲裁庭认为遵守义务条款只适用于投资协议。首先,在*El Paso Energy v. Argentina*案中,仲裁庭认为,遵守义务条款不应该适用于任何未能明确且令人信服地表明当事方意图的义务。在试图确定美国—阿根廷BIT中缔约方的意图时,本案仲裁庭考察了2004年美国范本,该范本没有规定遵循义务条款,但根据该范本,投资者可以援引其中的投资者—国家争端解决条款以执行投资协议。因此,本案仲裁庭的结论是,美国—阿根廷BIT的缔约方只是有意于执行BITs中业已做出界定的“投资协议”。此外,仲裁庭认为,可能认定未能履行合同义务违反了BIT,因为它违反了BIT中的其他条款,比如征收条款。

正好三个月后,*Pan American Energy v. Argentina*案仲裁庭作出了初步反对决定。巧合的是,El Paso案仲裁庭中的两位成员也是Pan American Energy案仲裁庭的成员。果不其然,Pan American Energy案仲裁庭采取同样的推理方式,并得出与El Paso案同样的结论,即遵守义务条款只适用于投资协议。

事实上,两个仲裁庭的推理都是错误的。正如作者在第四章第五节中指出的,BITs中的“投资协议”一词的含义要窄于“任何义务”的含义。El Paso案和Pan American Energy案仲裁庭把2004年范本作为解释美国—阿

---

[218] *Id.*,at para. 61.

[219] Award,para. 301.

根廷 BIT 的指南，但该 BIT 其实是根据 1991 年范本缔结，因而反映的是 1994 年之前的政策。1994 年该遵守义务条款被删除，而这距离体现在 2004 年范本中的政策变迁显然还有很长的时间。

在 *Azurix v. Argentina* 案中，仲裁庭拒绝适用遵守义务条款。然而，仲裁庭的决定并非根据相关合同的性质，而是直接根据仲裁申请人不是该合同的当事方。虽然诉求是由投资者向阿根廷提出的，但阿根廷与投资者并没有签订合同。

在 *Sempra Energy v. Argentina* 案中，仲裁庭认为，只有在东道国以主权身份而非以普通的合同当事方身份违反义务时，才可能违反履行义务条款。仲裁庭指出，这一差别在一些案件中可能难以认定，但本案并非如此。阿根廷对它的管制政策做了重大变更，这些变更违反了不得冻结收费或者实施价格管制，以及未经被许可人同意不得修改许可证的特定义务，因而违反了履行义务条款。

最后，在 *PSEG v. Turkey* 案中，东道国只违反合同性义务是指没有遵守进度表的规定，仲裁庭认定这一合同条款并不是很重要。因此，东道国没有违反履行义务条款。

正如本书第五章第六节第二目指出的那样，一些仲裁庭认为，东道国做出的有悖于之前所做承诺或保证的行为违反了公平与公正待遇。因此，如果东道国未能遵守其针对外国投资承担的义务，公平与公正待遇就可以作为要求东道国承担责任的另一个依据。吊诡的是，为了寻求限缩地解读履行义务条款——前述两案中仲裁庭把该条款限制适用于投资协议就是如此，较之东道国在公平与公正待遇标准——该标准没有明确要求东道国遵守义务——项下的义务，仲裁庭就得要缩小东道国在履行义务条款——该条款明确要求东道国遵守义务——项下的义务的适用范围。

第六章　特定待遇条款

第一节　入境与居留条款

为便利投资者管理他们的投资，双边投资条约规定了相互联系的两个条款：其一为入境与居留条款，该条款授予投资者与投资的某些雇员有条件地入境东道国的权利，以便设立或管理投资。其二为雇佣条款，该条款确保投资有权自主选用某些关键岗位的职员。本节讨论其中的第一个条款，下一节讨论其中的第二个条款。

虽然用语存在相当大的变化，但 19 世纪签署的 FCNs 通常已经确保任何缔约一方的国民有权入境缔约另一方并在其境内居留。① 不过，20 世纪 20 年代，国会针对移民制定了一个数量限制的制度，这一政策与条约伙伴国的国民享有不受限制地入境的权利是不符合的。为了给这些人员的入境规定某种权利，《1924 年移民法》(Immigration Act of 1924)②第 3 条第 6 款授权以非移民理由接受纯粹为了从事现有商业与航海条约条款规定之贸易活动的外国人入境。1932 年的一个修正案③把这一该条款扩大到适用于 1924 年之后生效的条约。针对“条约贸易商”(treaty traders)的这一条款——该条款经由《1952 年移民与国籍法》(Immigration and Nationality Act of 1952)④修改并继续适用——允许为了贸易，而非投资目的入境美国。

《1952 年移民与国籍法》针对希望为从事投资而入境美国的外国人规定

---

① 关于这些早期条款的详细讨论，see Wilson 1960, supra chap. 2, note 53, at 44 – 50. See generally Wilson, "'Treaty Merchant' Clause in Commercial Treaties of the United States," 44 Am. J. Int'l L. 145(1950)。

② 43 Stat. 153.

③ 47 Stat. 607.

④ 66 Stat. 166, codified at 8 U. S. C. section 1101 et seq.

了单独条款。具体来说，该法规定，在外国人根据美国与其母国签订的 FCN 入境时，其入境美国的唯一目的应该是经营(develop)与指导(direct)在美国已经或正在积极地投入大量(substantial amount)资本的企业。⑤ 这些外国人被称为“条约投资者”(treaty investor)，他们可以获得条约投资者签证入境美国，并且签证可以无限次地更新。

《1952 年移民与国籍法》颁布后，现代 FCNs 的谈判范本中插入了新的表述，据此明确允许任何缔约一方的国民“为经营与指导在其中已经或者正在积极投入大量资本的企业之目的”入境并停留在缔约另一国的领土。⑥ 不过，现代 FCNs 进一步规定，这一入境与居留条款应该受到任何缔约一方拥有的为维护公共秩序或者保护公共健康、道德与安全而采取必要措施之权利的限制。从结果上看，这一权利保留意味着条约规定的权利仍然要受到美国移民法律的限制。条约的表述精确地遵循移民法的表述之事实表明，现代 FCNs 的作用就在于触发美国移民法中关于条约投资者的条款的适用。随后数年，美国把 1952 年以前签署的一些 FCNs 解释为规定了入境，从而允许这些早期 FCNs 的缔约方的国民可以作为条约投资者入境美国。

移民法与 FCNs 的表述中的一个可能会产生疑问的限制是，两者只规定了投资者的入境，而没有规定投资者雇佣的人员的入境。根据这一表述的字面解读，来自 FCN 之条约伙伴国在美国的公司中拥有重要数额股份的股东有权入境美国，但该公司的首席执行官不能入境美国，除非该首席执行官恰好也是投资者。不过，相关的联邦行政法规规定，如果投资者的雇员从事具有执行或监督性质的职责，或者具有对企业有效运作不可或缺的特殊资质，则可以向这些雇员赋予条约投资者身份。⑦ 由于根据移民法的规定，条约投资者身份只给予那些根据条约入境的人员，因此这些行政法规体现了对于 FCNs 的宽泛解释。⑧

在美国条约实践中，入境与居留权条款在一个关键的方面有别于与投

---

⑤ 8 U. S. C. section 1101(a)(15)(E)(ii).

⑥ See, e. g., Netherlands FCN, supra chap. 5, note 4, Art. Ⅱ(1); Pakistan FCN, supra chap. 4, note 42, Art. Ⅱ(1); France FCN, supra chap. 5, note 4, Art. Ⅱ(1). See generally Wilson, "Treaty Investor Clauses in Commercial Treaties of the United States," 44 Am J. Int'l L. 366(1950). 7 22 C. F. R. section 41.51(b).

⑦ 22 C. F. R. section 41.51(b).

⑧ Cf. Nice v. Turnage, 752 F. 2d 431. (9th Cir. 1985)(认为根据移民法的表述，移民归化局可以要求寻求条约投资者地位的外国人确保投资者本人已经投资了大量资本)

资相关的其他条款。由于现代美国对于条约伙伴国来说通常作为资本输出方,因而美国可以从多数与投资相关的条款中获得更迅速且直接的利益,而美国的条约伙伴国在美国可能并没有大规模的投资。此外,美国政治稳定与美国法律对私人财产的保护实际意味着,FCNs 中的投资条款为在美国的外国投资者提供的保护与在缺乏这些投资条款情况下外国投资者可以获得的保护相比好不了多少。因此,对条约伙伴国的投资而言,多数与投资有关的条款对它们的主要好处是,鼓励美国投资者在那些国家从事投资,但这些条约条款多大程度上具有——如果有的话——这种效果从来都不清楚。除了向在那些国家中已经投资或计划进行投资的美国国民和公司赋予更多的权利,这些条款在其他国家可能不会产生更多的效果。

现代 FCNs 中的入境与居留条款有所不同,原因是,这些条款向美国的条约伙伴国赋予及时而直接的利益。授予条约伙伴国的国民有权入境与居留美国的条约条款为这些外国国民提供了有用的好处,而这一好处是外国国民不能通过任何其他方式获得的。与此同时,在其他国家不会限制以商业目的的入境的情况下,这些条款不会向美国投资者授予什么利益。事实上,即便在其他国家确实对以商业目的的入境施加限制时,这些条款仍然不能向美国投资者赋予什么利益,原因是,这些条款要遵循各个国家的移民法。正是由于这些原因,美国认为入境与居留条款主要是构成其他国家愿意与美国签署 FCNs 的一项激励。[9]

如上所述,BITs 谈判代表着与现代 FCNs 谈判时期相比的一种基本观念上的变化。美国不再认为,它可以称心如意地敦促其他国家确保给予其不愿给予的投资保护。尽管如此,由于投资者的入境与居留权利与投资有关,因此,BITs 中规定了实际上非常类似于现代 FCNs 中的入境与居留条款的条款。与此相比,除了美国与波兰签署的 BIT 外,美国签署的 BITs 并没有规定现代 FCNs 中的条约贸易者条款。[10]

现代 FCN 与 BIT 条款的一个主要的文体性差别是,后者使入境与居留条款适用东道国的移民法的意图相当明确。在"投资待遇"标题下,1983 年范本第 2 条第 5 款(a)项规定的入境与居留条款一开始就规定,为投资目的而入境与居留东道国的权利"适用与外国人入境与居留有关的法律"。使用术语"居留"(sojourn)反映了这样一个事实,即某些国家适用移民法以外的

---

⑨ Wilson Postwar Treaties, supra chap. 2, note 53, at 286.

⑩ 参见第十二章第六节。

其他法律控制外国国民入境。因此,入境与居留条款也要遵循这些其他法律。

不过,假设东道国法律并不禁止特定投资者的入境与居留,第 2 条第 5 款(a)项规定,为了设立、经营、指导、管理或建议投资运作之目的,任何缔约一方的国民应被允许入境并居留于缔约另一方。投资必须是缔约另一方的国民或雇佣该国民的公司已经投入大量资本或正处于投入大量资本或其他资源的那个投资。因此,通过向投资者的雇员明确地赋予条约投资者的身份,BITs 完善了现代 FCNs 中的表述。

入境与居留的权利仅限于赋予 BIT 缔约方中非东道国的国民。因此,比如该条款不能向美国公司赋予权利,使其可以让第三国的国民入境东道国,从而协助管理公司在该国的投资。

美国的一个担心是,BIT 或 FCN 伙伴国的国民会利用虚构或者可以忽略不计的投资作为获得入境的借口。[11] 因此,只有在伙伴国的国民或雇佣这些国民的公司在美国的投资中已经投入大额资本或其他资源情况下,该投资才可能使这些国民获得入境美国的资格。作为该条款中最关键的短语,"大量"(substantial amount)源自国内法和现代 FCNs,因此,现行法律制度可以为确定其含义提供一些指南。例如,联邦行政法规规定,那些"在收支基本相抵的企业中纯粹为了谋生而投入少量资本"的外国人不能被视为条约投资者。[12] 但尽管如此,投资规模本身可能不具有决定性意义。比如,对小企业是其典型特征的某些经济部门的小企业进行投资,则投资者满足条约投资者的标准。

在 1984 年范本中,入境与居留条款规定于第 2 条第 3 款,虽然该范本第 2 条并没有像 1984 年范本对应条款一样有一个标题。除了从规定为指导活动而允许国民入境与居留的条款中删除了"指导"(directing)一词外,该条款与 1983 年范本中的对应条款是一样的。这一变化非常有意思,原因是,给予条约投资者签证的国内法规定是适用于那些被许可从事"经营与指导"投资者在其中已经或正在从事投资的企业的人员,因此,这一变化弱化了条约与国内法用语之间明确的文本联系。不管怎样,1984 年范本保留了术语"管

---

⑪ See H. R. Rep. No. 1365, 82 Cong. 2d Sess. 44(1952), reprinted in 1952 U. S. Code Cong. & Admin. News 1653, 1697.

⑫ 22 C. F. R. section 41. 51. See, e. g., Kun Young Kim v. District Director of the U. S. Immigration and Naturalization Service, 586 F. 2d 713(9th Cir. 1978)(profit of $1000 a month from a drive-in restaurant did not qualify an alien as a treaty investor).

理”（administering），这一个术语宽泛到足以涵盖指导。

1987 年、1991 年及 1992 年范本第 2 条第 3 款都规定了入境与居留条款。它们与 1984 年范本中的对应条款是一样的。

1994 年范本把入境与居留条款移至新的第 7 条——该条实质上规定的是人员流动——并把它规定于第 7 条第 1 款（a）项。1994 年范本也把该条款转换成为主动态，这是 1994 年范本整体性文体变化，它明确了以往隐含着的东西，即条约创设的义务适用于当事方。

1994 年范本增加了一项，即第 7 条第 1 款（b）项，该项规定，在根据第 7 条第 1 款（a）项授予准入时，禁止缔约一方规定劳工证书检验或其他具有类似效果的程序，或者规定任何数量限制。质言之，缔约双方同意根据入境与居留条款项的入境不应受到劳工证书或数量的限制。新的该项是以业已被纳入 NAFTA 的相关表述为基础。⑬ 而 NAFTA 中的这一表述则继承了已经禁止劳工证书检验的加拿大—美国 FTA 中的表述。⑭从政策方面看，美国没有针对条约投资者的签证设置劳工证书检验或数量限制。

2004 年范本删除了入境与居留条款。NAFTA 和智利—新加坡 FTA 规定了临时入境条款，其内容超越了传统的条约投资者签证。由于工会的反对，这些条款在国会引发了争议。此外，在 2001 年“9 · 11 事件”后，被强化的安全关切也影响了是否需要在 BITs 中规定入境权的考虑。尽管 BITs 中的入境与居留条款的范围要窄于美国签署的上述三个 FTAs 中的临时入境条款，但基于国会与安全方面的关切，美国的 BIT 谈判人员仍然决定删除该类条款。不过，以 2004 年范本为基础签署的 BIT 项下涵盖投资者仍然可能有权利根据 MFN 条款主张其他 BITs 规定的入境与居留利益，除非 MFN 条款的适用范围明确排除了这一权利。

美国签署的 4 个 BITs 一成不变地遵循了 1983 年范本的表述，分别是美国—巴拿马 BIT 第 3 条第 1 款、美国—喀麦隆 BIT 第 2 条第 2 款（a）项、美国—孟加拉国 BIT 第 2 条第 4 款（a）项，以及美国—海地 BIT 第 2 条第 5 款（a）项。

美国—民主刚果 BIT 第 5 款（a）项没有提及“经营”与“管理”投资，这一变化几乎不会产生什么后果，原因是，这些功能非常可能被仍然存在的其他术语，诸如“设立”“指导”与“建议”等完全涵盖。该 BIT 在其他方面重写

---

⑬ Annex 1603, Section B, para. 2.

⑭ Annex 1502. 1.

了该条款,但可以认为不会产生什么后果。

美国—塞内加尔 BIT 第 2 条第 5 款把入境与居留条款适用国内法的一款放在单独的一个句子中,从而改写了入境与居留条款。该 BIT 增加了一个单独的句子,明确规定入境与居留条款应受到任何缔约一方为维护公共秩序,以及保护公共健康、安全、道德以及国家安全而拥有的拒绝或驱逐外国人的权利的限制。由于该 BIT 的所有条款都受到其中第 10 条规定的类似保留权利的限制,因此入境与居留条款的这一变化几乎不具有重要性。这一表述是美国应塞内加尔的要求提出的,后者要求明确缔约方的移民法应优先于入境与居留条款。

美国—埃及 BIT 第 2 条第 5 款(a)项把"留下"(remain)更改为"居留"(reside),这意味着较少的持久性(permanence),这一做法与范本的文本并非不一致。美国—埃及 BIT 还把"运作"(operation)与"公司"(company)都改为复数,这反映了"国民"(nationals)是复数的事实。

在入境与居留条款方面,美国—埃及 BIT 确实包括了一项重要修改。具体而言,该 BIT 没有要求雇佣缔约另一方之国民的公司必须是该缔约另一方的公司。换言之,理论上说,该 BIT 的入境与居留条款可以适用于母国的国民,而该国民受雇于第三国的公司且其进入东道国是为了在东道国设立或管理其所在公司在东道国的投资。因此,比如说,该条款可以适用于受雇于法国公司而试图入境美国为该法国公司在美国的投资提供建议的埃及国民。不过,由于投资者不是 BIT 缔约一方的公司,因此投资者不能通过投资者—国家仲裁条款实施该条款。由此,该 BIT 为违反该条款创设的唯一可以利用的法律救济就是国家—国家争端解决条款。

美国签署的 20 个 BITs 包含了与 1984 年、1987 年、1991 年以及 1992 年范本相同的表述。这些 BITs 的相对缔约方包括土耳其、格林纳达、刚果、突尼斯、捷克、斯洛伐克、阿根廷、哈萨克斯坦、罗马尼亚、亚美尼亚、保加利亚、吉尔吉斯斯坦、白俄罗斯、乌克兰、爱沙尼亚、蒙古、拉脱维亚、立陶宛、摩尔多瓦以及厄瓜多尔。美国—俄罗斯 BIT 在"管理"(administering)后加了一个逗号,这是一个纯文体上的变化。在所有这些 BITs 中,除了在美国与突尼斯、白俄罗斯、乌克兰、爱沙尼亚、拉脱维亚、立陶宛、摩尔多瓦以及厄瓜多尔签署的 BITs 中被规定于第 2 条第 4 款,入境与居留条款在其他 BITs 中都被规定于第 2 条第 3 款。

美国—厄瓜多尔 BIT 附带着日期记载为 1993 年 8 月 27 日的换文,在该换文中,厄瓜多尔确认该 BIT 应当有助于满足厄瓜多尔针对美国国民——他们入境是为了他们自己或作为其雇主的美国公司在其中已经或正在投入大量资本,根据其国内法或其他资源之投资的设立、经营、管理或提供建议——入境并居留给予任何许可所需要具备的条件。比如,对美国国民而言,应该放弃某些培训要求。不过,美国国民应该被要求履行与入境或居留相关的有限手续,比如提供签证申请和相关文件。

美国—摩洛哥 BIT 第 2 条第 4 款(a)项遵循了 1984 年范本中的表述,它稍微重构了入境与居留条款,但不影响其中使用的用语。

美国—波兰 BIT 第 2 条第 2 款采纳了 1987 年范本中的表述,但有一处变化:明确规定条约投资者的“家庭成员”(families)的入境。假设这一术语指的是配偶与子女,这一表述符合美国的现行政策,即该政策在没有这一表述的情况下仍然适用。⑮

美国—斯里兰卡 BIT 第 2 条第 3 款遵循了 1991 年范本中的表述,但该 BIT 的议定书第 3 段规定“与外国人入境与居留有关的法律”的短语应当被理解为包括“缔约一方的相关法规以及其他行政程序”。当然,这与 1991 年范本的意图是一致的。

美国—牙买加 BIT 第 2 条第 3 款把 1991 年范本中的“与外国人入境与居留有关的法律”的表述修改为“每个缔约方与外国人入境、居留与雇佣有关的法律”。增加“每个缔约方的”短语只是明确了以往默示存在的含义。正如国务卿提交的呈报函指出的,援引雇佣法是必要的,因为牙买加不只通过雇佣法,也通过移民法规范外国人的入境。⑯ 因此,这些变化不表明 1991 年范本所根据的政策发生了任何变化。如下所述,相同的变化也出现于美国同特立尼达和多巴哥、约旦签署的 BITs 中。

美国签署的 10 个 BITs 一成不变地包含了 1994 年范本中的表述,它们是美国与格鲁吉亚、乌兹别克斯坦、拉脱维亚、洪都拉斯、尼加拉瓜、克罗地亚、阿塞拜疆、萨尔瓦多、莫桑比克以及巴林签署的。除了美国—克罗地亚 BIT 把入境与居留条款规定于第 8 条第 1 款外,上述其他 BITs 均把入境与居留条款规定于第 7 条第 1 款。

美国—特立尼达和多巴哥 BIT 第 7 条第 1 款(a)项修改了 1994 年范本,使入境与居留条款受到与雇佣以及入境与居留有关的法律的约束。类

---

⑮ See 22 C. F. R. section 41.51(d).

⑯ Jamaica BIT submittal letter, at Ⅷ.

似的变化规定于美国与牙买加、约旦签署的 BITs 中。美国—特立尼达和多巴哥 BIT 第 7 条第 1 款(b)项完全源自于 1994 年范本中的对应规定。美国—特立尼达和多巴哥 BIT 在第 7 条开始时插入了使用大写英文首字母的标题,即"外国人的入境、居留与雇佣"(Entry, Sojourn and Employment of Aliens)。

美国—阿尔巴尼亚 BIT 第 7 条第 1 款规定的入境与居留条款与美国 1994 年范本中的对应条款是一样的,但插入了使用大写英文首字母的标题,即"外国人的入境、居留与雇佣"。

美国—约旦 BIT 第 7 条第 1 款规定的入境与居留条款修改了美国 1994 年 BIT 范本中的表述,使入境与居留东道国的权利要适用东道国的雇佣法律以及与入境与居留相关的法律。类似的变化还规定于美国与牙买加、特立尼达和多巴哥签署的 BITs 中。国务卿提交的呈报函表明,援引雇佣法是应约旦的请求而增加的,旨在确认双方的理解,即"普遍适用的雇佣法与本条约本质上说不是不一致的"。[17] 国务卿的呈报函进一步解释认为,这一变化没有修改缔约双方根据第 7 条第 1 款(b)项承担的义务,即禁止对入境与居留规定劳工证书要求并设定数量限制。美国—约旦 BIT 也插入了使用大写英文首字母的标题,即"外国人入境、居留与雇佣",并且用"缔约方"(Contracting Party)替代了"当事方"(Party)。

美国—乌拉圭 BIT 是以美国 2004 年 BIT 范本为基础的,因此没有规定入境与居留条款。

美国签署的 FTAs 都没有规定 BITs 中的入境与居留条款。不过,NAFTA 以及美国与新加坡、智利签署的 FTAs 其实规定了规范外国商务人士临时入境的单独的章节,分别为 NAFTA 第十六章[18]、美国—新加坡 FTA 第十一章以及美国—智利 FTA 第十四章。

通过举例说明 FTAs 与 BITs 的方法之间的差别,以下简述美国—新加坡 FTA 中有关外国人入境的部分内容。

美国—新加坡 FTA 第 11.4 条第 1 款规定,任何缔约一方应当准许根据附件 11A 列明的,根据可适用的公共卫生安全以及国家安全方面的措施可

---

[17] Jordan BIT submittal letter, at Ⅹ.

[18] 有关 NAFTA 第十六章的分析, see Ellen Ginsberg Yost, "The North American Free Trade Agreement: Chapter Sixteen, 'Temporary Entry for Business Persons' A United States Perspective," in Judith H. Bellow, Alan F. Holmer, and Joseph J. Norton, eds., The North American Free Trade Agreement: A New Frontier in International Trade and Investment in the Americas 247(2004)。

以入境的商务人士临时入境。附件11A第2(1)条进一步规定,每个缔约方向"寻求……(b)为具有监管、执行能力或涉及核心技术的商务人士或商务人士的企业已经投入或正在投入大额资本设立、经营、管理投资,或为其提供建议或关键技术服务的商务人士[给予临时入境,并且提供确认文件],只要这些商务人士能够遵守适用于临时入境的移民措施"。这一表述与美国1994年范本中的表述是类似的,虽然它增加了"关键技术服务"(key technical service)条款作为应当允许入境的另一个目的。不过,这一表述不同于1994年范本,原因是,它限定于具有监管、执行的能力或涉及核心技术,但这一限制没有出现于BIT范本中。

重要的是,美国—新加坡FTA中的表述并非根据缔约各方的有关入境与居留的法律而制定的。第11.3条第2款规定,"为了更加明确",关于临时入境的第十一章中的任何条款不应当阻止缔约一方适用:

"规范自然人入境或临时居留其领土的措施,包括那些为保护领土完整以及确保自然人有序穿越边界的措施,只要这些措施没有以一种不正当地损害或延迟本协定项下的货物或服务贸易,或者投资活动的方式实施。"

因此,东道国可以让关于条约投资者的条款从属于该国的移民法,只要这么做不会不正当地损害投资的实施。在这方面,较之美国签署的BITs,美国—新加坡FTA为条约投资者提供了更强有力的保护,这些BITs完全要适用东道国的移民法。

1994年范本第7条第1款(b)项在美国—新加坡FTA中也有相对应的条款。该FTA附件11A第2条第2款规定,任何缔约一方不能"(a)把劳工证书检验或其他具有类似效果的程序作为第1款允许的临时入境的条件;或者(b)设定或维持与第1款项下与临时入境有关的任何数量限制"。这一表述与美国1994年范本中的表述基本上是一样的。

美国—新加坡FTA附件11A的其他部分规定了更多的关于商务人士临时入境的条款,这些条款没有规定于BITs中,并且这些条款超越了美国签署的BITs和FCNs中传统的条约投资者和条约贸易者签证条款。类似地,美国—智利FTA中也规定了超越美国签署的这些BITs和FCNs中的条款。为此,美国与新加坡、智利签署的FTAs的实施法律对《1952年移民与国籍法》做了修改,以适用于协定的存续期间。[19]

---

[19] The implementing acts are codified in the notes to 19 U. S. C. A. section 3805.

在任何已经公布的仲裁裁决中，BITs 中的入境与居留条款没有成为讼争问题。

第二节 雇佣条款

上一节讨论的入境与居留条款确立了投资者入境与居留东道国的权利。BIT 中的一个单独条款确保投资者有权雇佣某些工作人员，而无论这些工作人员的国籍，但推定他们是合法地处在东道国境内。1992 年 3 月以来，美国国务院开始把该条款视为 BITs 能够提供的六类核心保护的条款之一。不过，1993 年 8 月，美国停止了此类实践，但在美国—乌拉圭 BIT 被提交参议院听取意见与同意批准期间，美国国务院再次把雇佣条款表述为 BITs 提供的核心保护之一。[20]

一、美国 BITs 之前的实践

美国签署的现代 FCNs 通常规定，任何缔约一方的国民或公司应当被允许在缔约另一方领土内按照自己的意愿聘任“会计和其他技术专家、执行人员、律师、代理人以及其他专业人员”。[21] 一些现代 FCNs 的规定更加宽泛，允许投资者雇佣“自行选择的其他雇员”，而不只是专业人员。[22] 领土限制的目的在于澄清雇佣工作人员的权利限于针对那些已经位于东道国境内的人员。此外，该条款无意优先于东道国与职业许可证相关的法律，但许多现代 FCNs 确实确保投资者为了实施某些临时性的服务——比如财务审计——有权雇佣会计和其他技术专家，而无须考虑与专业资格相关的东道国法律。[23]

作为对东道国法律限制东道国中的美国投资者所雇佣人员中可以是美

---

⑳ 参见第二章第五节。

㉑ See, e. g, Japan FCN, supra chap. 4, note 42, Art. Ⅷ(1); Greece FCN, supra chap. 4, note 42 Art. Ⅻ(4); Israel FCN, supra chap. 4, note 42, Art. Ⅷ(1).

㉒ See, e. g. , Greece FCN, supra chap. 4, note 42, Art. Ⅻ(4).

㉓ See, e. g. , Netherlands FCN, supra chap. 5, note 4, Art. Ⅷ(1); Greece FCN, supra chap. 4, note 42 Art. Ⅻ(4); Japan FCN, supra chap. 4, note 42, Art. Ⅷ(1).

国国民的数量的回应,雇佣条款被插入了现代 FCNs。[24] 因此,雇佣条款旨在禁止东道国限制美国公司针对某些特定职位——这些职位通常要求具有特定的专业知识——雇佣美国人的特权。确保美国国民有权管理其投资并雇佣自行选定的某些雇员的条款已经规定于 19 世纪时美国签署的某些 FCNs 中。[25]

由于这些 FCNs 条款实际上是允许投资者倾向于雇佣与其具有同样国籍的人员,它们可能会与禁止以国籍理由实施歧视的与公民权利有关的法律相冲突。这一冲突恰恰出现于 *Sumitomo Shoji America, Inc. v. Avagliano* 案中,[26]该案判决作出时美国正在制定早期的 BIT 范本。

住友商事美国公司(Sumitomo Shoji America, Inc.)是一家纽约公司,由一家日本贸易公司全资拥有。该纽约公司的一群离职与在职女性秘书雇员在联邦区法院提起了集体诉讼,她们指控公司只雇用日本男性公民担任执行、管理以及营销类岗位的做法违反了某些有关雇佣歧视的法律。[27] 纽约公司认为,公司的雇佣实践是行使美国—日本 FCN 规定的自行聘任某些职员的权利。

联邦最高法院认为,由于该公司是根据纽约州的法律设立的,因此它是一家美国公司而非日本公司,这一观点同时获得美国和日本政府的支持。联邦最高法院认为,其裁决只是适用美国—日本 FCN 第 22 条第 3 款的字面含义,该第 3 款规定,根据缔约一方法律成立的公司应该被视为各该国的公司。因此,FCN 中的雇佣条款不适用于住友商事美国公司。

由于最高法院认为住友商事美国公司无权获得现代 FCN 中的雇佣条款提供的保护,因此最高法院没有考虑该条款与涉及公民权利的法律之间的关系。因此,Sumitomo 案没有就 FCNs 或 BITs 中的雇佣条款多大程度上优于美国有关就业歧视的法律提供任何法律指南。

二、1983 年范本

在 1983 年范本中,根据投资者意愿雇佣工作人员的权利规定于第 2 条第 5 款(b)项,第 2 条的标题是"投资待遇"。(b)项把受保护的人员分为两

㉔ SeeWalker Company Provisions, supra chap. 2, note 52, at 386; Walker Present Practice, supra chap. 2, note 53, at 234.

㉕ See, e. g., 1867 Dominican Republic FCN, supra chap. 2, note 42, Art. 3.

㉖ 457 U. S. 176(1982).

㉗ See 42 U. S. C. sections 1981 and 2000e et seq.

种类型，并把他们分别规定于两个独立的句子中。如前所述，该条款创设两类不同的受保护人员的做法是对 Sumitomo 案的直接回应。

第一类受保护的人员包括缔约一方的国民和公司。根据 1983 年范本第 2 条第 5 款(b)项第一句的规定，缔约一方的国民和公司应该被允许在缔约另一方领土内雇佣三类人员，而不论这些人员的国籍为何。这三类人员包括专业人员、技术人员以及高层管理人员(top managerial personnel)。雇佣这些人员——无论其国籍——的权利限定于雇佣这些人员是为了特定的目的，即提供为规划与运作投资所必需的专业、技术以及管理帮助。该句继承了现代 FCN 条约中的雇佣条款。

由于提及雇用缔约另一方"领土内"的人员，该句创设了只能雇佣已经在东道国境内的人员的权利。该句子并没有规定投资者有权把技术、专业以及高层管理人员引进东道国领土。直言之，雇佣条款适用东道国的移民法。

"不论国籍"(regardless of nationatity)这一短语旨在界定，并且限制该条款创设的权利。这一表述明确了，涵盖投资者没有义务针对本条款所指的职位类型不雇佣拥有特定国籍的人员。质言之，在作出雇佣决定时，投资者可以根据国籍进行歧视性地选择，也可以拒绝根据国籍进行歧视性选择，投资者甚至可以完全不考虑国籍。与此同时，该条款没有允许实施任何其他形式的歧视。比如，该条没有允许涵盖投资者根据性别、种族、年龄或民族血统实施歧视待遇，而只是允许基于国籍的歧视。

国务卿解释认为，该条"并没有针对美国有关平等就业的法律创设例外"。[28]国务卿的评论特别提及了《1964 年公民权利法》(Civil Right Act of 1964)第七篇，该篇标题为"就业机会平等"[29]，该篇第 703 条禁止以"种族、肤色、宗教、性别或民族血统(national orgian)"为理由实施歧视。其中，作为被禁止实施歧视的一个理由的"民族血统"指一个人的种族或民族，而"国籍"指个人所效忠的国家。因此，虽然雇佣条款允许基于国籍的歧视，但不允许该法第七篇的基于民族血统的歧视。事实上，在可以发现基于国籍的歧视实际上实行基于民族血统的歧视之借口的情况下，条约不应该提供保护，原因是，歧视的实际基础不是国籍，而是民族血统。

尽管没有明确规定于 BITs 中，但条约起草者无意于利用该条款损害东

---

[28] Honduras BIT submittal letter, at X.

[29] P. L. 88 – 352, 78 Stat. 241, 42 U. S. C. section 2000e.

道国制定专业性许可要求的权力。不过,正如埃及—美国 BIT 的议定书澄清的,尽管存在专业性许可要求,但其意图是为了允许国民或公司为了内部规划或运作而雇佣人员。

1983 年范本第 2 条第 5 款(b)项涵盖的第二类受保护的人员包括根据缔约一方法律组建但由缔约另一方的国民或公司拥有或控制的公司。创设该第二类受保护的人员的主要原因是为了回应 Sumitomo 案。Sumitomo 案判决认为,基于 FCN 的目的,根据东道国法律组建但由缔约另一方国民或公司控制的公司不能被视为该缔约另一方的公司。由于 1983 年范本也规定公司拥有设立地国的国籍[但有另一个条件,即设立地国或其国民或公司在该公司中具有重要(substantial)利益],同样的结果也适用于根据 1983 年范本第 2 条第 5 款(b)项所指的第一类受保护的人员。[30]在 BIT 项下可能出现的至少某些情形中,美国的 BIT 谈判寻求避免出现 Sumitomo 案那样的结果。

为确保美国公司的外国子公司至少有权自行聘任雇佣某些高层管理人员,美国签署的 BITs 创设了第二类受保护的人员。属于第二类范围内的公司有权根据第 2 条第 5 款(b)项的第二句,在该公司的设立地国领土内自行雇佣高层管理人员,而不需要考虑他们的国籍。第二类受保护的人员所拥有的雇佣人员的权利略少于第一类受保护人员所拥有的权利,因为该权利只限于雇佣高层管理人员。与此同时,针对雇佣这些高层管理人员的目的,不存在明确的限制。与第一类受保护的人员一样,第 2 条第 5 款(b)项没有规定第二类受保护的人员有权利把相关人员引入东道国。这一条款也适用东道国的移民法。

三、1984 年范本

1984 年范本的雇佣条款规定于第 2 条第 4 款,该条不像 1983 年范本中的对应条款那样有一个标题。1984 年范本的该条款实际上复制了 1983 年范本的雇佣条款的第二句,但删除了第一句。质言之,1984 年范本的雇佣条款只保护 1983 年范本的雇佣条款所保护的第二类人员,即根据东道国的法律组建的公司。美国 BIT 谈判人员试图压缩 1983 年范本的文本内容,并认为最重要的保护实际上是提供给在当地组建的公司的保护。在外国组建的公司被认为可以利用入境与居留条款从而使其专业、技术及管理人员入境

---

[30] 参见第四章第三节第二目。

东道国,而这种保护在多数情况下是足够的。当然,雇佣条款要遵循入境与居留条款的规定。因此,如果不能入境,雇佣条款无论如何都没有任何用处。因此,从1984年范本开始,BIT雇佣条款只保护未获现代FCNs保护的某些人员。

从其规定上看,1984年范本第2条第4款适用于单一类型的受保护人员:根据缔约一方可适用的法律或法规依法组建,并且构成投资的公司。要成为1984年范本意义上的投资,第1条第1款(b)项要求公司必须"在"(in)缔约一方领土内,但为缔约另一方的国民拥有或控制。合并来看,这些标准似乎把1984年范本的雇佣条款限定适用于根据东道国法律组建但被缔约另一方的国民拥有或控制的公司——事实上,这些公司恰恰就是那些1983年范本的雇佣条款所界定的第二类受保护的公司。因此,虽然有关该条款适用于哪些公司的表述被修改了,但这一变化不具有实体性意义。

1984年范本规定的权利是公司聘任雇佣高层管理人员,并且不考虑他们的国籍。这一权利与1983年范本第2条第5款(b)项向第二类受保护的人员赋予的权利是一样的。

1984年范本删除了雇佣"在缔约另一方领土内"人员的规定,因为这一规定被认为是没有必要的。由于入境权利是由更具体的入境与居留条款规定,因此,可以默示地认为雇佣条款没有授权让雇员入境一个国家。此外,由于投资只有在东道国境内时才能够被条约所涵盖,以公司构成了投资作为给予保护之条件的表述默示地要求试图获得雇佣条款保护的公司应当位于东道国的领土内。

四、1987年范本

1987年范本中的雇佣条款规定于第2条第4款,与1984年范本中的对应条款是一样的。

五、1991年范本

1991年范本中的雇佣条款规定于第2条第4款,与1984年、1987年范本中的对应条款是一样的。

六、1992年范本

1992年范本中的雇佣条款规定于第2条第4款,与1984年、1987年以及1991年范本中的对应条款是一样的。

七、1994年范本

1994年范本把雇佣条款移至新的第7条,该条实质上规定的是人员流动。雇佣条款规定于第7条第2款。雇佣条款的表述被转变成为主动时态,这一纯语体上的变化贯穿于整个1994年范本。

1994年范本也改变了该义务的受益人。雇佣高层管理人员的权利成为任何投资拥有的一项权利。以往的范本已经把该权利授予了构成投资的缔约另一方的公司,虽然起草者认为术语"公司"足够宽泛以至于可能涵盖雇佣个人的任何实体,从而关于雇佣的表述可以适用于构成涵盖投资的任何雇主。因此,修改范本时删除了一个本质上没有意义并且不必要的限制。

1994年范本修改了雇佣条款的表述,据此它可以适用于"涵盖"投资。这一变化明确了以往范本中隐含着的东西,即该条款只适用于缔约一方的投资者拥有的位于在缔约另一方领土内的投资,而非所有投资。

八、2004年范本

2004年范本把雇佣条款移至新的第9条,标题为"高级管理层与董事会"。第9条分为两款。

第9条第1款继承了以往范本中的雇佣条款。它再次改变了描述义务之受益人的方式,恢复了1994年之前的范本中采取的做法。质言之,任命高层管理人员的权利是"构成涵盖投资的[东道国]的企业"拥有的权利。因此,术语"企业"替代了"公司"。这体现了这样一个事实,即2004年范本使用"企业"全部替代了"公司"。用"涵盖投资"替代了"投资"。

第9条第1款也修改了权利的表述方式。以往范本规定缔约各方应该允许投资"自行聘用高层管理人员,并且无论这些人员的国籍"。其意图在于防止缔约一方要求投资雇佣拥有某一国籍的人员,但它规定得比较隐晦。2004年范本明确规定了这一原则,它规定"没有缔约一方可以为构成涵盖投资的缔约另一方的企业指定拥有任何特定国籍的自然人担任高级管理职位"。2004年范本也用"高级"(senior)替代了"高层"(top)。这两个术语都不是特别精确,但"高级"被认为表达的意图比"高层"稍微更清晰些,而后者可能被某些人识以为只是指那些最高级别的人员。

2004年范本增加了新的一款,即第9条第2款。该条为第9条第1款规定的董事会成员数量创设了例外。该第 2 款允许缔约一方要求企业的董事会,或者其中的委员会的多数成员具有特定国籍或居住在该缔约方领土内,只要这一要求不会“重大地损害投资者控制其投资的能力”。该第 2 款允许美国保留其国内法规定的某些居住要求。例如,美国的法律要求国有银行董事会的多数成员应该是美国公民并且是银行所在州的居民。此外,50 个州中的一些已经针对公司董事规定了居住要求。第 9 条第 2 款规定的例外源于 NATFA,NAFTA 是使金融服务自由化的一份协定,因此它特别关注涉及金融服务部门中的投资的限制。董事会成员的国籍要求问题在 OECD 的《多边投资协定》(MAI)谈判中也出现过,虽然 2004 年范本采取的做法有别于 MAI(草案)采取的做法。

2004 年范本也修改了以往范本的实践,原因是,它授权缔约双方可以在条约的附件中规定不符合雇佣条款的现行措施,同时列举东道国保留有权在未来采取不符合该条款之措施的经济部门。这一授权规定于新的标题为“不符措施”的第 14 条,该条也适用于背离最惠国待遇、国民待遇及履行要求条款的措施。

第 14 条第 2 款的规定创设了附件 II,该附件实质上继承了美国早期 BIT 范本的附件,该附件只允许针对国民待遇和最惠国待遇做出保留。具体来说,第 14 条第 2 款规定雇佣条款不应当适用于缔约一方针对附件 II 承诺表中规定的“部门、分部门或活动”采取或维持的任何措施。

第 14 条第 1 款(a)项为现行不符措施创设了其他两个附件,分别是“附件 I”和“附件 III”。除了附件 III 系专门适用于金融服务部门的不符措施,而附件 I 则适用于所有其他不符措施,它们是一样的。第 14 条第 1 款(a)项规定,雇佣条款不能适用于中央或地区(regional)政府维持并规定于附件 I 中的任何现行不符措施,也不能适用于在缔约一方的地方(local)政府层面维持的任何不符措施。直言之,第 14 条为雇佣条款创设了一项普遍例外,使雇佣条款不能适用于地方政府维持的任何现行不符措施,不管这些措施是否规定于附件 I 或附件 III 中。只有在被规定于附件情况下,中央或地区政府维持的现行不符措施才不适用国民待遇与最惠国待遇。第 14 条第 1 款(b)项规定,例外规定也适用于任何现行不符措施的延续或“及时”(prompt)更新。这一表述明确了一项措施临时失效不会导致其从现行措施的范畴中被排除出去,只要其被及时更新。第 14 条第 1 款(c)项处理了现行不符措施的修改问题。该条规定一项修改也不会导致其从现行措施的范畴中被排除出去，只要该修改没有降低该措施与国民待遇或最惠国待遇条款、雇佣条款或履行要求条款之间的相符性。

因此，第 14 条第 1 款（c）项采用了一种有时被称为“单向棘轮”（one-way ratchet）的方法，东道国可以修改一项措施以增加该措施与 BIT 义务的相符性。但是，这些修改不能降低这种相符性。

这表明，在某些方面，较之附件 II，调整现行不符措施的附件 I 和附件 III 的限制性更强，这是因为，附件 I 和附件 III 不只使现行措施不适用雇佣条款，只要这些措施失效后被及时更新；而且使现行措施的修改也不适用雇佣条款，只要这些修改没有降低措施的相符性。不过，这一更大限制性的实际效果似乎是有限的，原因是，通过把适用这些措施的部门或活动规定于附件 II——该附件没有类似的限制，任何现行措施也可以不适用雇佣条款规定的义务。附件 II 允许在任何时候针对所列举的部门或活动采取新的不符措施。

有关禁止缔约一方未来由于投资者国籍而采取要求撤销某项投资的措施之表述限定于附件 II 允许的措施。当然，附件 I 和附件 III 只适用于现行措施以及现行措施的修改——只要修改后的措施不降低其与国民待遇条款、最惠国待遇条款、雇佣条款或履行要求条款的相符性。

第 14 条第 5 款把政府采购、补贴与补助排除在雇佣条款规定的义务之外。这些补贴与补助包括政府支持性贷款、担保与保险。与规定政府管制措施相反，这些例外实质上为东道国提供了更大的灵活性，以便针对公共资金开支制定当地雇佣法。

九、已经签署的 BITs

（一）以 1983 年范本为基础签署的 BITs

美国—海地 BIT 第 2 条第 2 款（b）项规定了雇佣条款，它与 1983 年范本中的对应条款是一样的。

美国—喀麦隆 BIT 第 2 条第 5 款（b）项规定了雇佣条款，它遵循了 1983 年范本的表述，没有做出任何实质性的改变。在签署该 BIT 时，喀麦隆政府希望确保雇佣条款不会阻止其排除南非人或来自喀麦隆的某些其他民族。[31] 如上所述，雇佣条款创设了只能雇佣合法地处于东道国境内的人员的权利，

---

[31] Cameroon BIT submittal letter, at X – XI.

因此喀麦隆希望保留的这一特权完全没有不符合雇佣条款。无论如何,为了回应喀麦隆的关切,美国—喀麦隆 BIT 对 1983 年范本做了两处修改:第一,1983 年范本雇佣条款的第二句——规定根据东道国法律组建但由缔约另一方的国民或公司控制的公司——被增加了一个限制性短语,它明确规定雇佣条款要遵循入境与居留条款。第二,1983 年范本雇佣条款的第一句——关于缔约另一方的国民与公司——在修改时被删除了"不论国籍"这一短语。被删除的短语以前被纳入范本中,据此确保为 BIT 涵盖的美国境内的外国投资者——除了有权考虑国籍——要适用关于就业歧视的美国法律。虽然这一短语从第一句中被删除了,但缔约双方同意喀麦隆的国民或公司在美国雇佣技术、专业以及高层管理人员的权利要适用美国有关就业歧视的法律。[32]

美国—塞内加尔 BIT 第 2 条第 6 款规定了雇佣条款,它遵循了 1983 年范本的表述。不过,该 BIT 的议定书第一段规定,雇佣条款不应当被解释为对任何缔约一方领土内的人员赋予入境与居留缔约另一方领土的任何权利,除非国内法有此规定。这一声明与美国雇佣条款的解释是完全一致的。美国—塞内加尔 BIT 的议定书第 2 段记录了双方的谅解,即在塞内加尔的国民具有相同于或优于其他申请者的资质情况下,在塞内加尔的美国投资者雇佣其国民有助于实现塞内加尔的发展目标。显然,这一认知显然"不妨碍"雇佣条款规定的权利,因此也绝不会减损雇佣条款包含着的权利。

美国签署的 4 个 BITs(与埃及、巴拿马、民主刚果以及孟加拉国)把 1983 年范本规定的两类被保护人员合并成一类:缔约一方的国民与公司和他们拥有或控制的公司。这一新类型只是 1983 年范本包含的两个类型的综合。

这一再分类的效果在于,较之 1983 年范本确保的权利,这一再分类允许对雇佣技术与专业人员的权利做出某些减损。1983 年范本确保受保护的两类人员有权利自行聘任高层管理人员,但只有第一类人员有权利自行聘任雇佣专业与技术人员。为了处理雇佣高层管理人员的权利,美国与埃及、巴拿马、民主刚果以及孟加拉国签署的 BITs 合并了这两个类型。由此,它们把雇佣技术与专业人员规定在一个单独的句子中。这有利于我们在讨论这 4 个 BITs 时首先考虑高层管理人员的雇佣,其次考虑技术和专业人员的雇佣。

美国—巴拿马 BIT 第 3 条第 2 款一开始采取了上述 4 个 BITs 中某种程

---

[32] *Id.*.

度上属于普遍性的做法。该条规定缔约各方的国民或公司以及他们拥有或控制的公司应该可以在缔约另一方领土内自行聘任高层管理人员,而不需要考虑其国籍。因此,1983 年范本规定的两类受保护人员聘任高层管理人员的权利保持不变。

除了规定高层管理人员的聘任应该是为了筹划或运作投资,美国—民主刚果 BIT 第 2 条第 5 款(b)项中的其他内容与 1983 年范本的规定是一样的。该 BIT 增加了一个句子,据此澄清有关高层管理人员的条款没有规定有关人员有权入境并居留于任何缔约一方的领土,除非该国的国内法这么规定。这与美国的理解是完全一致的。最后,该 BIT 的议定书第 6 段规定"高层管理人员……应当包括单独或集体地负责就投资设立或营运做出重要决策的执行人员(executive personnel)"。使用"应当包括"(shall include)而非"意味着"(means)旨在表明对该术语的界定不必然是穷尽性的。虽然该术语在任何其他 BIT 中都没有被做出解释,但对该术语的描述似乎与美国的理解并非是不一致的。

在这一点上,美国—孟加拉国 BIT 第 2 条第 4 款(b)项与美国—巴拿马 BIT 的做法是相同的,但前者删除了"不论国籍"这一短语。不过,通过在签署美国—孟加拉国 BIT 时的一个换文,缔约双方澄清了可以"根据国籍"选择雇员。美国理解认为,该换文导致的结果是,美国—孟加拉国 BIT 中与高层管理人员雇佣有关的表述具有了与假定在包含有"不论国籍"这一短语情况下该表述所具有的相同的含义。[33]

美国—埃及 BIT 第 2 条第 5 款(b)项在三个方面背离了美国—巴拿马 BIT 中的表述:第一,该条规定,任何缔约一方的国民或公司和他们拥有或控制但处于缔约另一方领土内的公司应当有权自行聘任"总经理"(managing director)。这缩小了 1983 年范本提供的保护,因为 1983 年范本允许两类人员自行聘任"高层管理人员",而不只是总经理。第二,该条没有提及东道国的领土。不过,如前所述,这一表述是没有必要的。第三,与美国—孟加拉国 BIT(包括前面讨论过的美国—喀麦隆 BIT)一样,该条删除了"不论国籍"这一短语。国务卿提交的呈报函指出,这一短评能够确保公司"遵守美国的反歧视就业法"。[34]该呈报函也指出,尽管删除了该短语,但缔约双方认

---

[33] Bangladesh BIT submittal letter, at Ⅹ.

[34] *Id.*.

为雇佣高层管理人员的权利仍然要适用美国有关就业歧视的法律。[35] 国务卿的呈报函中提及的“高层管理人员”可能会造成混淆，原因是，如上所述，美国—埃及 BIT 提及的是“总经理”，而不是“高层管理人员”。

简言之，除了把有权自行聘任的人员缩小到只包括总经理的美国—埃及 BIT 这一例外，所有这 4 个 BITs 实质上都保留了 1983 年范本规定的雇佣高层管理人员的权利。不过，这 4 个 BITs 中的任何一个都对 1983 年范本规定的雇佣技术与专业人员的权利做了重要修改。虽然这相对于 1983 年范本来说是一些让步，但从比较的目的看，应该想到 1984 年及后续范本完全删除了涉及技术与专业人员雇佣的表述。

美国—巴拿马 BIT 再次提供了一个适当的比较样本。该 BIT 第 3 条第 2 款第 2 句规定，为了提供为筹划或营运投资所必须的专业、技术以及其他管理协助，任何缔约一方的国民或公司应该被允许在缔约另一方领土内自行聘用专业、技术以及其他管理人员，并且不论其国籍。不过，这一权利受到缔约各方的雇佣法律的调整。

除了删除“不论国籍”这一短语以外，美国—孟加拉国 BIT 第 2 条第 4 款(b)项与美国—巴拿马 BIT 的对应条款实际上是相同的。这一删除无法通过换文加以弥补，因为该换文只提及基于国籍的高层管理人员雇佣。美国—孟加拉国 BIT 中的雇佣条款要适用“关于外国人雇佣的法律与行政法规”。

美国—埃及 BIT 第 2 条第 5 款(b)项也遵循了美国—巴拿马 BIT 的表述，包括规定 BIT 权利要适用“缔约各方的雇佣法律”。与美国同孟加拉国、喀麦隆签署的 BITs 一样，美国—埃及 BIT 删除了“不论国籍”这一短语。

美国—民主刚果 BIT 第 2 条第 5 款(b)项根本就没有规定涉及雇佣技术与专业人员的权利的条款。

美国与巴拿马、埃及以及孟加拉国签署的 BITs 还包含了涉及雇佣专业与技术人员的另一个表述。美国—巴拿马 BIT 在经缔约双方同意的会议纪要第 3 段界定了这一雇佣权利所要适用的“雇佣法律”的含义。“雇佣法律”系指调整雇佣的条款与条件的所有法律，包括公平雇佣机会法、优先性(preferential)雇佣法与反歧视法，以及涉及训练当地员工以使其胜任专业技术和管理职位的法律。巴拿马特别希望把调整律师从业许可的法律包括在

---

[35] *Id.*.

内。第3段进一步规定,必须在非歧视的基础上适用这些雇佣法。此外,要求针对某些职位雇佣东道国的国民或者要求在涉及涵盖投资相关的某些职位方面雇佣一定比例的东道国国民的法律应该弹性地实施,要考虑投资的性质、相关职位的要求以及具备资质的东道国国民的可获得性(availability)等在内的因素。最后一句也出现于美国—孟加拉国BIT的议定书第3段。

作为雇佣条款的一个补充,美国—巴拿马BIT在经缔约双方同意的会议纪要第1(b)段把"相关活动"界定为包括投资者为了筹划与运作投资而提供专业、技术以及管理协助的特定目的而自行聘任专业技术与管理人员,而不考虑他们的国籍。把它列为一项相关活动的效果是,确保在有权利雇佣这些人员方面给予国民待遇与最惠国待遇。[36]

就美国—埃及BIT而言,关于雇佣专业与技术人员的另外的表述规定于该BIT的议定书第5段。具体来说,该段记录了缔约双方的谅解,即该BIT不损害任何缔约一方为专业性活动规定任职资格——包括国籍要求——的权利。不过,第5段接着指出,任何许可要求都必须是非歧视的,并且不能损害为聘用经过选择的为投资的内部筹划与运作所必要的专业与技术人员的权利。因此,比如,一家美国公司有权利为了内部税收筹划而在埃及雇佣美国的税务律师,尽管该美国律师没有获得埃及法律的许可。美国—埃及BIT是唯一的明确保留为了内部目的而雇佣人员之权利的BIT,但该BIT的议定书的表述与1983年范本隐含的意图是一致的。

美国与埃及、孟加拉国签署的BITs分别在它们的议定书第6和第3段规定了雇佣条款要适用共同第10条的表述。诚如作者在本书其他地方讨论的,[37]第10条规定条约中的任何内容不禁止缔约一方采取某些措施,包括那些为维持公共秩序或保护其根本安全利益所必要的措施。议定书的表述是完全多余的,因为第10条被理解为优先于BIT规定的所有义务。

特别就美国—孟加拉国BIT而言,议定书的表述是对孟加拉国的关切做出的回应,孟加拉国担心雇佣条款不能起到阻止那些与孟加拉国没有外交关系的国家的国民入境的效果。当然,BITs的意图是,雇佣条款应该适用缔约一方的移民法。不过,孟加拉国对这一做法不能完全满意,因为它的移民法比较宽松,因此它要根据雇佣法筛选掉那些不受欢迎的人入境孟加拉国。该议定书的表述——源于现代FCNs并且最早被使用于美国—埃及

---

[36] 参见第五章第二节第一目。

[37] 参见第四章第十一节第二目。

BIT——实际上是允许孟加拉国适用该国的雇佣法律排除某些国籍的人，尽管存在雇佣条款。

（二）以1984年、1987年、1991年或者1992年范本为基础签署的BITs

美国签署的19个BITs采取了与1984年、1987年、1991年或者1992年范本相同的表述。这些BITs是美国与格林纳达、刚果、斯里兰卡、捷克、斯洛伐克、阿根廷、哈萨克斯坦、罗马尼亚、亚美尼亚、保加利亚、吉尔吉斯斯坦、摩尔多瓦、厄瓜多尔、乌克兰、白俄罗斯、爱沙尼亚、蒙古、拉脱维亚以及立陶宛签署的。除了美国与摩尔多瓦、厄瓜多尔、乌克兰、白俄罗斯、爱沙尼亚、拉脱维亚以及立陶宛签署的BITs中的雇佣条款规定于第2条第5款外，其他BITs中的雇佣条款都规定于第2条第4款。

美国—厄瓜多尔BIT附带了日期记载为1993年8月27日的一个换文。在该换文中，厄瓜多尔确认该BIT应当满足国内法授权聘用外国人作为高层管理人员所必要的要求。

美国—摩洛哥BIT第2条第4款规定雇佣条款创设的权利的适用涉及外国人入境与居留的法律。如前所述，美国无意利用雇佣条款创设使任何让被雇佣人员入境东道国的权利。为了进一步澄清这一理解，该BIT提及了雇佣"在[东道国]领土内"的雇员。

美国与摩洛哥、土耳其签署的BITs都包括了这样的表述，据以澄清受雇佣条款保护的公司属于"缔约另一方的国民或公司的投资"，该缔约另一方系指该公司不是根据其法律设立的那个缔约方。这只是确认了美国与摩洛哥、土耳其签署的BITs——与作为它们的基础的1984年范本一样——的雇佣条款只适用于根据东道国法律组建但由缔约另一方国民或公司拥有或控制的公司。

美国—波兰BIT第2条第3款采取了稍微压缩版的1987年范本表述，同时做了一个实质性的修改。具体来说，该确保的权利是有权雇佣"专业、技术与管理人员"，而不只是范本中规定的高层管理人员。美国—波兰BIT规定了一个单独条款，即第12条第5款，该款规定本条约不禁止任何缔约一方有权为专业性活动规定任职资格。

美国—突尼斯BIT第2条第5款修改了1987年范本，使该条要遵循任何缔约一方有权针对高层管理人员雇佣制定的"公正的程序"。这一变化使选拔高层管理人员的权利要适用东道国的法律，只要后者满足"公正性"标准。因此，这一变化是对1987年范本的实质性背离，虽然美国谈判人员认为术语“公正性”可以提供足够的保护,从而确保任何此类程序都不会损害投资的运作。

美国—牙买加 BIT 第 2 条第 4 款修改了 1991 年范本,使该条要适用“任何缔约一方制定的涉及外国人入境、居留与雇佣的法律”。表面上看,这一变化似乎违背了 1991 年范本,原因是,它允许东道国根据国内法在雇佣高层管理人员方面设定国籍限制。不过,这一问题很大程度上经由该 BIT 的议定书第 2 段得到了纠正,该第 2 段规定“缔约双方都不应当适用本国法律与规则要求其国民被雇佣为投资的高层管理人员”。因此,该议定书第 2 段禁止东道国要求投资应该雇佣东道国的国民作为高层管理人员,这也是雇佣条款的目的所在。该议定书第 2 段确实允许东道国要求投资应该雇佣外国国民作为高层管理人员,但这是一种罕见的一国会愿意这么做的情况。因此,对 1991 年范本的表述所做修改的实际效果似乎非常小。

美国—俄罗斯 BIT 第 2 条第 4 款在一个方面修改了 1991 年范本。1991 年范本把该条款适用于根据缔约一方依法律组建并且“构成了投资”的公司。该 BIT 替换了经常被引用的表述,即“并且由缔约另一方的国民或公司拥有或控制”。不过,该 BIT 的表述并无意于改变该条款的含义,相反,可以认为是为了更明确地规定其含义。该 BIT 的议定书第 2(a)段确认了双方间的谅解,即“被控制”的投资包括缔约一方的国民、公司或缔约一方直接控制的投资,以及这些国民或公司通过第三方的国民或公司间接控制的投资。该段进一步规定,前述规定也适用于“被拥有”(owned)——就像第 2 条第 4 款中使用的术语——的投资。第 2(a)段与美国对 1991 年范本的理解是一致的。在议定书第 2(b)段,美国—俄罗斯 BIT 规定了认定是否存在“控制”要考虑的一些因素。[38]

(三)以 1994 年范本为基础签署的 BITs

共有 9 个 BITs 采取了 1994 年范本的表述。这些 BITs 包括美国与格鲁吉亚、特立尼达和多巴哥、乌兹别克斯坦、阿尔巴尼亚、洪都拉斯、尼加拉瓜、克罗地亚、阿塞拜疆以及巴林签署的。除了美国—克罗地亚 BIT 的雇佣条款规定于第 8 条第 2 款,上述其余 BITs 的雇佣条款都规定于第 7 条第 2 款。这些 BITs 中的两个 BITs,即美国—特立尼达和多巴哥 BIT 以及美国—阿尔巴尼亚 BIT 在雇佣条款开头处插入了全部使用大写英文首字母的标题,即

---

[38] 参见第四章第一节第八目第六点。

“外国人的入境、居留与雇佣”。

美国—约旦 BIT 的雇佣条款——规定于第 7 条第 2 款——与 1994 年范本中的对应条款是一样的，但使用“缔约方”替代了“当事方”，并插入了全部使用大写英文首字母的标题，即“外国人的入境、居留与雇佣”。

美国—玻利维亚 BIT 的雇佣条款——规定于第 7 条第 2 款——与 1994 年范本中的对应条款是一样的。该 BIT 的议定书第 2 段规定，玻利维亚政府“确认根据本条约，玻利维亚《劳工法》第 3 条不应当适用于高层管理人员”。诚如国务卿提交的呈报函解释的，玻利维亚《劳工法》第 3 条“规定在玻利维亚的外国公司中的外国工作人员不能超过全部工作人员的 20%”。[39] 该议定书的表述在于“强调[雇佣条款]义务意味着玻利维亚《劳工法》第 3 条不能适用于高层管理人员”。[40]

美国—莫桑比克 BIT 的雇佣条款——规定于第 7 条第 2 款——与 1994 年范本中的对应条款是一样的，除了术语“涵盖投资”被修改为“本条约项下涵盖投资”，这是一个纯粹语体上的变化。在该 BIT 的议定书第 2 段，莫桑比克“确认条约 BIT 应当有助于达到国内法允许聘用外国人作为高层管理人员必需具备的条件”。正如国务卿提交的呈报函解释的，这一段是应美国要求加入的，“以满足莫桑比克雇佣法的规定”。[41]

美国—萨尔瓦多 BIT 第 7 条第 2 款重写了雇佣条款，新条款规定“缔约双方都不能要求涵盖投资指定拥有任何特定国籍的个人担任高级管理职位”。这一表述是以 NAFTA 中的雇佣条款为基础，也是应萨尔瓦多的要求而采用的。除了用“高级管理人员”替代“高层管理人员”外，该 BIT 表述实质上等同于 1994 年范本中的表述。2004 年范本使用的也是“高级”而非“高层”。

（四）以 2004 年范本为基础签署的 BITs

美国—乌拉圭 BIT 的雇佣条款——规定于第 9 条——与 2004 年范本中的对应条款是一样的。

十、已经签署的 FTAs

NAFTA 的雇佣条款——规定于第 1107 条——实质上等同于 2004 年范

---

[39] Bolivia BIT submittal letter, at XVI.

[40] *Id.*.

[41] Mozambique BIT submittal letter, at XVI.

本的雇佣条款。由于 NAFTA 是一个三方条约，因而它使用“没有任何缔约一方”，而非“缔约双方都不”。2004 年范本使用“涵盖投资”而 NAFTA 使用“缔约另一方的投资者的投资”反映了这样一个事实，即直到 NAFTA 签署时，都没有使用“涵盖投资”这一文体上的创新做法。2004 年范本使用了“自然人”而不是“个人”——也是一个语体上的创新，个人是 NAFTA 中使用的术语。不过，这些修改无意产生含义上的差别。

美国—新加坡 FTA 第 15.9 条、美国—智利 FTA 第 10.6 条、美国—澳大利亚 FTA 第 11.10 条、美国—摩洛哥 FTA 第 10.9 条、美国—秘鲁 FTA 第 10.10 条、美国—阿曼 FTA 第 10.9 条、美国—哥伦比亚 FTA 第 10.10 条以及美国—中美洲国家—多米尼加 FTA 第 10.10 条都采取了 2004 年范本的表述，只有少数例外。

第一，美国与新加坡、智利签署的 FTAs 使用的术语是“个人”，而非“自然人”。

第二，美国—新加坡 FTA 第 15.9 条第 2 款规定的涵盖投资者是“缔约另一方”的投资者，这与美国签署的所有 FTAs 的意图是一致的。

第三，美国—澳大利亚 FTA 规定缔约一方可以要求“多数或略少于多数”（majority or less）的董事会成员应当拥有特定国籍。2004 年范本直接规定“多数”。该 FTA 的表述与 2004 年范本的意图是一致的。

第四，美国—中美洲国家—多米尼加 FTA 以及美国与秘鲁、哥伦比亚签署的 FTAs 规定“没有缔约一方”而不是“缔约双方都不”，这反映了这样一个事实，即在谈判时有意使这些协定涵盖超过两个以上的成员方。

第五，美国与智利、摩洛哥、秘鲁以及哥伦比亚签署的 FTAs 以及美国—中美洲国家—多米尼加 FTA 规定雇佣条款不能适用于“采购”，而不是“政府采购”。美国—智利 FTA 与美国—中美洲国家—多米尼加 FTA 共同第 2.1条以及美国与摩洛哥、秘鲁以及哥伦比亚签署的 FTAs 共同第 1.3 条把“采购”界定为系指政府购买商品或服务的过程，由此明确了“采购”意指“政府采购”。

在 2002 年后美国签署的所有 FTAs 的附件 1 和附件 3（除了美国—新加坡 FTA 附件 8A、8B）中，美国保留了维持所有与国民待遇、最惠国待遇、履行要求条款或雇佣条款不符的现行地区层面的措施（regional measures）。美国—乌拉圭 BIT 的规定与此相似。

NAFTA 在两年内把所有地区层面现行的不相符措施排除在雇佣条款

的适用范围之外,两年后,这些措施只有在其被规定于附件中时才是被允许的。在两年期届满前,NAFTA 的三个缔约方同意保留地区层面的所有现行不符措施。

十一、仲裁实践

在已经发布裁决的任何仲裁程序中,美国签署的 BITs 和 FTAs 中的雇佣条款都没有成为讼争问题。

第三节 竞争平等条款

1983 年范本第 2 条第 6 款中包含了旨在禁止任何缔约一方为国有企业或国家控制的投资提供相对于缔约另一方国民或公司的竞争性优惠的规定。第 2 条第 6 款以一种肯定式的方式规定,缔约方应该在涵盖投资和国有或国家控制的投资之间维持竞争平等。第 2 条第 6 款出现在标题"投资待遇"之下。

竞争平等条款可以追溯至 GATT。GATT 第 17 条第 1 款禁止缔约方在进出口商品的销售或购买方面实施歧视以优待国家企业(state enterprises)。这一条款进一步规定国家企业只能根据商业考量进行购买与销售。

GATT 提供的保护是显然有限的。GATT 同时禁止国家与国家企业在购买商品方面采取歧视性做法,以优待国家企业,但它并没有涉及其他形式的歧视。后来在 GATT 主持下谈判的《政府采购守则》要求缔约方在政府采购方面向另一缔约方的货物给予国民待遇与最惠国待遇。[42]

现代 FCNs 包含了类似的禁止国家或国家拥有或控制的国家企业在商品采购方面歧视涵盖投资的规定。[43] 不过,现代 FCNs 增加了一个条款,从而超越了 GATT,该条款规定在任何缔约一方公共拥有或控制(publicly owned or controlled)的贸易或生产企业与缔约另一方的国民或私人拥有或控制的公司进行竞争时,它们之间"竞争平等的条件"应该得到维护。通过更加具体的表述规定该私人企业有权获得任何给予公共企业的"具有经济性质的任何特定优惠",这一敦促性的表述得到了强化。这一要求的例外是在政府

---

[42] Agreement on Government Procurement, April 12, 1979, T. I. A. S. No. 10403.

[43] See, e. g., Pakistan FCN, supra chap. 4, note 42, Art. XVIII(2).

采购以及某些社会福利计划方面给予的特殊优惠。

1983年范本第2条第6款包含两个句子,第一个句子确立了敦促性原则,第二个句子规定了拘束性义务。第一个句子确认,缔约双方认识到当缔约一方拥有或控制的投资与缔约另一方领土内的涵盖投资相竞争时,"应该维护竞争平等的条件"。这一句子还包含了一个分句,它规定竞争平等原则符合第2条第1、2款,这一分句只是作为一种提醒,即BITs的国民待遇条款禁止在相同情形下歧视外国投资而优待东道国政府拥有的公司。

短语"竞争条件的平等"取自于现代FCNs。整体上说,该表述要求,在涵盖投资与国家拥有或国家控制的投资相竞争的情形下,缔约方该应避免为国家拥有或国家控制的投资提供任何形式的竞争优势。

1983年范本的竞争平等条款施加的唯一具有拘束力的义务规定在第二句。该句规定,在缔约一方拥有或控制的投资在其领土内与涵盖投资进行竞争时,涵盖投资"在任何特定的经济优惠方面应当获得相同于"国家拥有或国家控制的投资的所获得的。

由于BITs中的其他地方确保了国民待遇,因而竞争平等条款被认为没有必要,因而在1984年范本中被删除了。质言之,要求缔约双方为涵盖投资提供与国家企业同样的优惠被认为是第2条规定的一般国民待遇的一个特殊情形。[44]诚如下文所解释的,竞争平等条款也被删除了,因为它被证明是一个很难与潜在BIT伙伴国进行谈判的条款。

不过,第2条第6款规定的保护的范围稍微不同于一般国民待遇条款规定的保护范围,因为这两个条款在措辞方面至少存在三个差别。第一个——迄今为止也是最重要的——差别是,一般性相对待遇条款允许缔约双方针对附件所列的部门或事项规定国民待遇例外。竞争平等条款不允许任何此类例外。第二个差别在于为竞争公平之目的对国家投资所作的界定与为国民待遇之目的对缔约一方的公司所作的界定。在1983年范本中,"缔约一方的公司"(company of a Party)被第1条(b)项界定为包括根据缔约一方或其政治分支机构的法律组建并且缔约一方或其政治分支机构在其中拥有重要利益的公司,而第2条第6款要求涵盖投资与东道国"拥有或控制的"任何投资之间应该是平等的。第三个差别在于竞争平等条款使用中的"相竞争"(in competition)与国民待遇条款使用的"相同情形下"(in like

---

[44] 参见第五章第二节。

situations)。虽然两个短语都颇为宽泛,但后者可能具有不同于前者的适用范围。[45]

实践中,竞争平等条款被证明是很难进行谈判的。某种意义上说,这可能令人吃惊,因为一般的国民待遇条款已经规定了本质上相同的义务。如前指出,一种可能的解释是,国民待遇条款在很多部门方面允许存在例外,而竞争平等条款不允许存在例外。另一个可能的解释是,竞争平等条款更清楚地要求政府投资与外国投资之间的待遇平等,因而它成了反对这一平等的焦点。

无论如何,只有美国—孟加拉国 BIT 第 2 条第 5 款遵循了 1983 年范本。顺便指出的是,交叉援引国民待遇条款只及于第 2 条第 1 款,而不及于第 2 条第 1、2 款。因为在美国—孟加拉国 BIT 中,整个国民待遇条款被合并成为一款。

美国与塞内加尔、民主刚果以及土耳其签署的 BITs 分别在第 2 条第 7 款、第 2 条第 6 款以及第 2 条第 6 款包含了竞争平等条款中敦促性的第一句,但没有包含命令性的第二句。

美国与巴拿马、海地签署的 BITs 分别在第 2 条第 3 款和第 2 条第 6 款采取了一种不同的做法。这两个 BITs 规定缔约各方应该为那些在其领土内与其国家拥有或控制的投资进行竞争的涵盖投资提供"公平与公正待遇"。当然,这两个 BITs 的共同第 2 条一般来说要求涵盖投资在所有事项方面获得公平与公正待遇。[46] 一个额外的短语规定,这一待遇尤其应该包括第 2 条规定的国民(和最惠国)待遇。美国—巴拿马 BIT 增加了一个条款,它规定这一待遇无论如何不能有别于东道国给予那些与东道国拥有或控制的投资相竞争的东道国境内的国民或公司私人拥有或控制的投资的待遇。因此,在东道国给予国家企业的待遇优于与这些国家企业相竞争的私人企业时,美国—巴拿马 BIT 只规定涵盖投资获得东道国给予其国民或公司投资的待遇。美国—海地 BIT 包括了相对应的条款,规定这一待遇无论如何不能低于与东道国的投资相竞争的东道国之国民或公司私人拥有或控制的投资所获得的待遇。因此,在美国—海地 BIT 中,涵盖投资至少获得相同于东道国国民或公司所获得的待遇。

竞争平等条款没有规定于美国签署的任何其他 BITs 或任何 FTAs 中。

㊺ 参见第五章第二节第一目。

㊻ 有关"公平与公正"的讨论,参见第五章第三节第一目。

不过,美国与智利、澳大利亚、秘鲁以及哥伦比亚签署的 FTAs 包括了单独的竞争政策章。

在任何已经发布裁决的仲裁中,竞争平等条款都没有成为讼争问题。

为了支持竞争平等,1994 年范本引入了一个条款,该条款规定,在提供货物或服务时,国家企业应向涵盖投资给予国民待遇与最惠国待遇。国家企业条款在本书第六章第十二节中加以讨论。

第四节　履行要求条款

在 BITs 谈判人员准备早期 BIT 范本时,履行要求条款逐渐成为美国投资者关注的焦点问题。履行要求条款——宽泛地界定的话——是指东道国针对外国投资的运作制定的规制措施。它们旨在确保外国投资者的运作有利于东道国,东道国通常利用这些投资增加当地就业、获得新技术或促进良好的贸易平衡。履行要求可以包括——比如——要求应该使用源于当地的供应品、应该出口一定比例或一定数量其生产的商品,以及应该雇佣东道国国民等。这些履行要求降低了投资的盈利性,或者增加了与投资有关的风险。它们也会扭曲投资与其供应商或消费者之间的贸易。例如,由于美国公司的外国子公司是美国出口商品的重要购买者,针对这些子公司规定的当地成分要求可能减少了美国出口,同时减少了东道国的进口。因此,履行要求既反映缔约双方的贸易政策,也反映了它们的投资政策。

BITs 之前的美国条约实践没有明确涉及履行要求。当然,某些履行要求可能会被 FCNs 的一般条款,比如国民待遇或最惠国待遇或人员雇佣条款所禁止。

一、1983 年范本

1983 年范本第 2 条第 7 款——第 2 条的标题是“投资待遇”——禁止规定某些履行要求以作为“缔约另一方的国民或公司设立、扩大或维持投资的条件”。被禁止的履行要求指那些要求承诺出口所生产的商品、规定货物或服务应该在当地采购,或者规定任何其他“类似”的要求。1983 年范本没有界定“履行要求”的含义,但它无意限制缔约一方的一般性的经济规制权力,比如反垄断或证券规则,或者涉及健康安全或环境的法律。与 FCNs 一样,

1983 范本中的其他条款也禁止特定的履行要求。

二、1984 年范本

1983 年范本的履行要求条款被保留在 1984 年范本中，并被规定于第 2 条第 5 款，但有一个非实质性的改动。具体来说，新的表述没有提及缔约另一方的国民或公司。这一变动只具有语体上的含义，因为作为缩减冗长重复的 1983 年范本的努力的组成部分，1984 年范本把对缔约另一方的国民或公司的提及纳入"投资"定义中。因此，履行要求条款在这两个范本中实质上是一样的。与 1984 年范本的整体做法一样，1983 年范本第 2 条的标题在 1984 年范本中被删除了。

三、1987 年范本

1987 年范本的履行要求条款——规定于第 2 条第 5 款——与 1984 年范本中的对应条款是一样的。

四、1991 年范本

1991 年范本的履行要求条款——规定于第 2 条第 5 款——与 1984 年、1987 年范本中的对应条款是一样的。

五、1992 年范本

1992 年范本的履行要求条款——规定于第 2 条第 5 款——与 1984 年、1987 年、1991 年范本中的对应条款是一样的。

六、1994 年范本

1994 年范本大幅扩展了履行要求条款。它也是第一次把履行要求条款移到独立的一条，即新的第 6 条。履行条款内容的扩展与其成为独立的一条是受 NAFTA 文本的影响，而后者又是受到世界贸易组织《与贸易相关的投资措施协定》(Agreement on Trade-Related Investment Measures, TRIMs)的影响，[47]《TRIMs 协定》与 NAFTA 是同时进行谈判的。当然，NAFTA 和

---

[47] Agreement on Trade Related Investment Measures, April 15, 1994, Agreement Establishing the World Trade Organization, Annex 1B, Legal Instruments—Results of the Uruguay Round, Vol. 31, 33 I. L. M. 1125(1994).

《TRIMs 协定》都是美国与具有强大谈判能力的其他缔约方谈判达成的协定,因而从美国的角度看这两个协定都不是理想化的表述。此外,NAFTA 与《TRIMs 协定》的履行要求条款是作为主要处理贸易问题的更大的法律文件或系列法律文件的组成部分而进行谈判的。制定 1994 年范本为美国的 BIT 谈判人员提供了一个机会,从而完善 NAFTA 中的表述,并把它置于纯粹处理与投资有关的问题并且规定通过投资者—国家仲裁予以执行的文件中。

虽然以往范本禁止把履行要求作为投资设立、扩大或维持的一个条件,但 1994 年范本第 6 条禁止把此类要求作为投资"设立、取得、管理、经营或运作"的一个条件。除了在履行要求条款中没有提及某一投资的销售或其他处置行为,这一表述遵循了 1994 年范本的国民待遇和最惠国待遇条款所使用的表述。此外,早期的范本规定,缔约双方不能在那些情形下"规定"履行要求。1994 年范本用"授权或执行"替代了"规定",这一变化不会被认为具有实质性。"授权或执行"根据的是《TRIMs 协定》中的表述。

被禁止的履行要求的清单相当长。新的清单包括六类履行要求。1994 年范本与以往范本是不同的,因为它更准确地界定了被禁止的履行要求。以往范本已经禁止了某些特定的要求与"任何其他类似的要求"。这一引语从 1994 年范本起被删除了,其结果是,只有那些被明确规定于履行要求条款中的履行要求才被禁止,其他可能是"类似"的要求则没有被禁止。

第一类履行要求包括要求当地成分达到一定水平或比例,或者购买、使用或倾向于在当地生产或利用当地资源的产品或服务。以往的表述已经包含类似的禁止这样的履行要求,即"规定商品和服务必须在当地购买,或者规定任何其他类似的要求"。因此,新的表述更加详尽,但似乎不像旧的表述那么宽泛。不过,在某些情形下,更加详尽在确保这一类的履行要求被赋予其所预想的范围是有益的。

第二类履行要求包括要求投资的进口必须与投资生产的产品价值、数量、出口及外汇收入相联系。以往的范本没有涉及进口限制。《TRIMs 协定》禁止规定限制进口的某些履行要求,1994 年范本中有关第二类履行要求的表述是以《TRIMs 规定》之附件中的表述为基础。

第三类履行要求包括要求向全面或特定的市场区域出口特定类型、标准或比例的产品或服务。以往的范本禁止这样的履行要求,即"要求或执行出口所生产的产品的承诺……或者规定其他类似的要求"。从范围上看,关于出口要求的新表述也没有更宽泛于以往的表述。

第四类履行要求包括要求根据投资的产出数量或价值、出口或创汇来限定产品或服务在缔约一方领土内的销售。以往范本没有明确涉及当地销售的限制。不过,以往范本已经禁止东道国要求投资者出口他们的商品或服务。禁止当地销售往往具有与要求出口相同的效果,因此它可能属于以往范本的规定范围之内。

第五类履行要求包括要求把技术或专有知识转让给东道国领土内的国民或公司,但不包括纠正被声称或被裁定违反竞争法而导致的转让。以往的范本没有涉及技术转让要求。

第六类履行要求包括要求在东道国领土内开展特定类型、水平或比例的研发。以往的范本也没有涉及研发要求。

1994 年范本包含了一个说明性句子,规定某一"要求"包括涉及获得政府许可或授权的义务或承诺。换言之,在投资者或投资为获得政府许可或授权已经接受某一要求的情况下,东道国应当被视为已经执行或实施了该要求作为涵盖投资之设立、取得、扩大、管理、经营或运作的条件。美国的 BIT 谈判人员认为,这一新增表述只是澄清了以往范本以及以其为基础的条约中业已存在的意图。

最后,1994 年范本履行要求条款的结束句规定,履行要求不包括"针对获得或持续性获得优惠的条件"。因而,东道国不能把接受被禁止的履行要求作为获得政府许可或授权的条件,但可以把接受被禁止的履行要求作为获得"优惠"的条件。它的意思是,国家可以通过向投资者或投资提供某些优惠以换取投资者或投资接受履行要求条款。"优惠"(advantage)被用于标志着较之通常可资利用的条件下更有利的利益,如补贴或免税期。这一新的句子没有被视为一种政策上的变化,而只是澄清了以往范本的意图。

七、2004 年范本

2004 年范本把履行要求条款移至新的标题为"履行要求"的第 8 条。新条款的结构更加复杂,而实体内容在若干方面也有所改变。

第 8 条第 1 款包含了以往范本确立的基本规则。1994 年范本引入的"授权"(mandate)被修改为"施加"(impose),后者被使用于 1994 年之前的范本,并且也出现于 NAFTA 以及 OECD 的 MAI(草案)中。如上所述,两个词语的使用无意产生实质内容的差别。2004 年范本中的这一变化只是使

BITs 与 FTAs 之间在文体方面保持协调。

第 8 条第 1 款删除了声称被禁止之履行要求包括"与获得政府许可或授权有关的任何义务或承诺"的附带性表述。不过，这一表述被替换为规定缔约双方都不能"实施属于[被禁止的履行要求类型中的任何一类中的]任何义务或承诺"的新表述。

第 8 条第 4 款插入了一个新表述，它规定履行要求规定的禁止只适用于下文将要讨论的第 8 条第 1、2 款规定的要求。直言之，被禁止的履行要求的清单是穷尽式的。第 8 条第 5 款中插入了一个新的表述，它规定履行要求条款不能禁止实施并非由缔约一方设定或规定的私人间的任何义务、承诺或要求。这两个变化只是明确 1994 年范本中隐含的含义。

2004 年范本中的履行要求条款的范围被扩大了，据此该条款适用于某投资的"出售或其他处置行为"。1994 年范本没有把履行要求条款适用于与投资有关的出售或处置。履行要求条款的这一扩张与 MAI(草案)采取的做法是一致的。

第 8 条第 1 款的表述也被修改为规定被禁止的履行要求是指那些所施加或实施的"关于"(in connection with)投资之设立、取得、扩大、管理、经营、运作、销售或处置的履行要求。1994 年范本表述已经规定，被禁止的履行要求是指那些被授权作为涵盖投资之设立、取得、扩大、管理、经营或运作的"一个条件"(as a condition of)的履行要求。"关于"一词此前出现于 NAFTA 与 MAI(草案)中。

1994 年范本中的履行要求条款被做了修改，据此用"缔约一方或非缔约方领土内的投资者"替代了"涵盖投资"。这一修改拓宽了履行要求条款的适用范围，由此保护了来自非缔约方之投资者的投资。直言之，2004 年范本禁止针对任何投资规定某些履行要求，而不只针对涵盖投资。这一变化遵循了 NAFTA 与 MAI(草案)中的履行要求条款采取的做法。

第 2 条第 1 款(c)项强化了第 8 条的适用范围，根据该(c)项，履行要求条款适用于缔约一方针对其领土内所有投资采取或维持的措施，而不只是涵盖投资。这是 2004 年范本中可以适用于东道国领土内所有投资的三个条款中的一个，其他两个是环境条款与劳工条款。除了为保护投资者以外，三个条款中的每个条款都服务于投资者保护之外的利益，这些利益有理由把履行要求条款适用于所有投资。环境与劳工条款显然旨在促进保护环境与劳工权利，而履行要求条款通过禁止国内成分要求或进口限制——它们阻止了美国海外子公司进口在美国生产的零部件——促进了美国出口。相对于这些条款只能适用于美国投资，如果东道国的其他投资有机会进口在美国生产的零部件，那么，针对东道国所有投资规定履行要求条款可以更大程度地促进美国的出口。这三个条款也有共同之处，它们都旨在——至少部分地——阻止缔约一方利用某些方式——通常意味着为特定投资者或投资提供更优惠待遇——吸引投资。针对特定投资的更优惠待遇当然使涵盖投资处于不利地位。为了确保涵盖投资不处于不利地位，这三个条款中规定的被禁止之履行要求被扩大适用于所有投资。正如下文会看到的，履行要求条款禁止为任何投资提供优惠——比如更优惠的税收待遇——以换取投资遵守某些履行要求。由于 BIT 的伙伴国不能再把投资激励与某些履行要求相挂钩，该条款减少了 BIT 的伙伴国提供投资激励的可能性，从而阻止了东道国运用向特定投资赋予竞争优势的机制。

第 8 条第 1 款列举了七类被禁止的履行要求。这七类履行要求几乎一成不变地取自 MAI（草案）中的对应条款，但该草案还禁止了某些在 2004 年范本中不被禁止的其他履行要求。

在 2004 年范本中，源于 1994 年范本的第一类履行要求——当地成分要求——被分为两类。第一类规定于第 8 条第 1 款（b）项，包括要求“国内成分达到特定程度或比例”，这一表述与 MAI（草案）中的表述完全相同。第二类规定于第 8 条第 1 款（c）项，包括要求“购买、使用在其领土内生产的产品或向其给予优惠，或者向在其领土内的人员购买货物”。MAI（草案）同时提及缔约一方领土内“所提供的服务”和“所生产的货物”。不过，提及服务可能会在这一表述与 GATS 中服务的涵盖范围之间的关系方面造成混淆。诚如上文指出的，2004 年范本没有提及所提供的服务。值得注意的是，“人员”包括自然人与企业。因此，以往的表述与新的表述之间的差别是非常小的。

源于 1994 年范本的第二类履行要求，即进口限制，被规定于 2004 年范本第 8 条第 1 款（d）项，并被做了修改。在 2004 年范本中，产出的价值或数量作为一种被禁止使用的衡量基准被删除了。新的表述禁止把进口限制与出口数量或价值，或者“与该投资有关的外汇流入数额”相挂钩。这里的引语较之 1994 年范本中宽泛地提及“外汇收入”更加准确，它确实更加明晰了以往表述中的意图。第 8 条第 1 款（d）项的表述与 MAI（草案）中的对应表述是一样的。

源于 1994 年范本中的第三类履行要求，即出口限制，被移至 2004 年范本第8条第1款(a)项,并做了修改。2004年范本中的新表述——要求“出口特定水平或比例要求的产品或服务”——原原本本地取自于MAI(草案)。由此,2004年范本没有提及要求出口特定“类型”的产品与服务。同时,“向全面或者特定市场或地区”的限定性表述也被删除了。2004年范本第8条第1款(g)项创设了一个新的履行要求类型,即要求“把全部来自缔约一方领土内投资生产的货物或投资提供的服务供应给特定的区域性市场或世界市场”,以代替第二个被删除的短语。这表明,在2004年范本中使用的术语是“产品”而不是“货物”,后者是1994年范本中使用的术语。这一新的履行要求类型也以MAI(草案)中的表述为基础。

源于1994年范本的第四类履行要求,即限制当地销售要求,被规定于2004年范本第8条第1款(e)项,并且删除了把产出作为衡量的基准。这一变化与针对进口限制类型所做的改动是同步的。短语“产品或服务”再次替换为“货物或服务”。这一表述也密切沿袭了MAI(草案)的表述,但二者间存在一些细微的文体上的差别。

源于1994年范本的第五类履行要求,即技术转让要求,被规定于2004年范本第8条第1款(f)项。在2004年范本中,把纠正被声称或被裁决的违反竞争法而导致的禁止要求技术转让要求之例外移至新的第8条第3款(b)项(ii)点,并修改了以往的表述。类似地,这一例外也被做了修改,从而只适用于纠正由司法机关或行政程序认定的违反竞争法的履行要求,而不适用于纠正被声称违反竞争法的履行要求。该例外的脚注规定“缔约方承认专利不必然赋予市场权力”。插入这一句旨在确保联邦政府对待国内法问题的姿态。禁止技术转让之履行要求的第二个例外规定于第8条第3款(b)项(i)点。当缔约一方“根据《TRIPs协定》第31条授权使用某一知识产权或要求披露专有信息的措施属于《TRIPs协定》第39条的范围并且符合该规定”时,这一例外得以适用。在MAI谈判中,已经有观点认为需要一个符合《TRIPs协定》的知识产权转让例外,但与规定于2004年范本中一样精确的表述在MAI谈判终止前没有达成。

1994年范本中的第六类履行要求是要求在东道国开展研发。2004范本删除了这一要求。MAI(草案)规定了类似的履行要求,但美国对于本国的实践是否符合这些禁止性规定仍然有一些担心,因此最终决定把这一要求从2004年范本中予以删除。如下所述,2004年范本第8条第3款明确允许东道国把在其领土内开展研发作为获得优惠的条件。

第8条第2款处理了履行要求被作为获得优惠的条件的情形。以往范本允许在此种情况下规定履行要求。对此给出的解释是，税收事项很大程度上被排除出BITs的适用范围，因而BITs不能禁止东道国把履行要求作为获得税收激励或其他优惠的条件。不过，NAFTA与MAI(草案)禁止了某些履行要求，即便它们被作为获得优惠的条件，2004年范本遵循了这一较具限制性的做法。第8条第2款不适用于第8条第1款适用的全部履行要求。具体说，该条适用于与1994年范本中第一类、第二类和第四类履行要求相对应的四类履行要求。具体而言，它们是当地成分要求(在2004年范本中被分为两类)、进口限制与当地销售限制。MAI(草案)也禁止把出口要求作为获得优惠的条件，但2004年范本在这方面没有遵循MAI(草案)的做法。为了强化这样的事实，即第8条第2款已经处理了被规定作为获得优惠的条件的履行要求，第8条第1款包含了一个脚注，它规定"为了更加明确，第2款规定的获得或持续获得优惠的条件不构成第1款意义上的'义务或承诺'"。

谈判中，美国BIT谈判人员解释认为，这些履行要求为第8条第2款所禁止，原因是，它们如此地扭曲贸易，以至于不能允许它们被作为获得优惠的条件。比如，当地成分要求与进口限制限制了美国的海外投资购买美国产零部件的能力，对美国出口的负面影响是存在的，不管这些履行要求是东道国强加的，抑或投资接受其作为获得优惠税收待遇的条件。在特定情况下，某一美国投资事实上会发现接受税收优惠待遇是有利的，即便要以接受当地成分要求作为代价。因此，某种意义上说，禁止那些作为获得优惠之条件的履行要求反映了这样一种决定，即把美国货物或服务出口者的利益置于美国资本输出者的利益之上，而这一决定反映的一个事实是，虽然现在的国际环境对美国海外投资非常有利，但进入2000年以来的十几年间美国出现了历史上最大的贸易赤字。此外，2004年范本极大地受到了美国签署的FTAs投资章的影响，而在国会与选民看来，这些FTAs的正当性在于它们能够为美国的货物与服务开拓市场。

第8条第3款(a)项进一步处理了履行要求被作为获得优惠之条件的情形。该条规定，第8条第2款不应当被解释为禁止缔约一方把当地化生产、提供服务、训练和雇佣工人、建设或扩大特定设施或在东道国开展研发作为接受优惠的条件。第8条第2款中的禁止只适用于被明确列举的履行要求，因而东道国可以把第8条第2款中未列举的任何履行要求——无论其是否被规定于第8条第3款(a)项——作为获得优惠的条件。第8条第3款

(a)项旨在确保某些履行要求可以被明确地允许作为获得优惠的条件。这一表述基本上是以MAI(草案)的解释性脚注中的表述为基础的,它为美国保留了有权采取某些措施,否则这些措施将会不符合第8条第2款。

2004年范本也修改了履行要求条款,允许东道国在某些情形下自行裁量适用被禁止的履行要求。第一,第8条第3款(c)项允许缔约一方适用两种类型的当地成分规则——直言之,指第8条第3款(b)、(c)项禁止的履行要求,无论它们是由缔约一方规定或被接受作为获得优惠的条件,同时允许适用技术转让要求,只要三个条件得以满足。这些条件指这些要求不能武断或不正当地实施、不能对国际贸易或投资构成伪装的限制,并且必须是:(1)确保遵守与条约一致的法律与法规所必需;(2)保护人类、动物、植物生命或健康所必需;(3)或与保护生物或非生物可用竭自然资源有关。该项是以NAFTA第1106条第6款及后来的MAI(草案)中的表述为基础的,与GATT第20条中的表述是类似的。规定这一表述使BITs与FTAs保持了一致。

第二,根据第8条第3款(d)项,对两种当地成分要求——不管是缔约一方规定的或者被接受作为获得优惠的条件——的禁止,以及对要求出口特定水平或比例的货物或服务(即被第8条第1款(a)项禁止的履行要求)的禁止,不适用于在促进出口与对外援助项目方面针对货物或服务设定的资格要求。促进出口与对外援助计划例外已经出现于MAI(草案)。

第三,根据第8条第3款(e)项,对两种当地成分要求——不管是缔约一方规定的或者被接受作为获得优惠的条件——的禁止、对技术转让要求的禁止,以及对于把缔约一方领土内的投资生产的货物或其提供的服务全部供应到特定区域市场或世界市场的要求的禁止,不能适用于政府采购。政府采购例外已经规定于MAI(草案)中。

第四,根据第8条第3款(f)项,对两种当地成分要求——它们被接受作为获得优惠的条件——的禁止不适用于进口国针对获得特惠关税或特惠配额所必须的货物成分而规定的要求。这一例外已经被规定于MAI(草案)中。

2004年范本也修改了以往范本的实践,因为2004年范本授权缔约方在条约附件中列明与履行要求条款不符的现行措施,同时列明东道国保留有权未来采取与该条款不符之措施的部门。这一授权规定于新的标题为“不符措施”的第14条,该条也处理背离最惠国待遇、国民待遇与雇佣条款的措施。以往范本已经允许缔约方在附件中只保留背离国民待遇与最惠国待遇的权利。

第14条第2款规定设立附件II,该附件实质上继承了美国BIT早期范本规定的附件。更具体地说,第14条第2款规定,履行要求条款不应当适用于缔约一方针对附件II之承诺表中规定的"部门、分部门或活动"采取或维持的任何措施。

第14条第1款(a)项针对现行不符措施另行创设了两个附件,分别是附件I与附件III。除了附件III专门处理金融服务部门的不符措施外,而附件I被用于处理所有其他的不符措施,这些附件的内容是一样的。第14条第1款(a)项规定,履行要求条款不适用于中央或地区层面的政府(regional level of government)维持并且规定于附件I、附件III中的任何现行不符措施,或者缔约一方在地方层面的政府(local level of government)维持的任何不符措施。由此,第14条针对地方层面的政府维持的任何现行不符措施——无论这些措施是否规定附件I或附件III中——创设了不适用履行要求条款的一般例外。如果中央或地区层面的政府维持的现行不符措施被具体规定于某一附件,它们就不适用履行要求条款。第14条第1款(b)项进一步规定,这一例外也适用于任何现行不符措施的延续或"及时"更新。这一表述明确了,某一措施的临时失效不会导致其被排除出现此措施的范围,只要其被及时更新。第14条第1款(c)项涉及现行不符措施的修改问题。该条规定某项修改也不会导致某一措施被排除出现行措施的范围,只要该修改没有降低该措施与履行要求条款、国民待遇、最惠国待遇或雇佣条款之间的相符性。因此,第14条第1款(c)项采取了一种有时被称为"单向棘轮"的做法。东道国可以修改某一措施,从而增加该措施与BIT义务的相符性,但它不能降低该措施与BIT义务间的相符性。

这表明,在某些方面,关于现行不符措施的附件I、附件III较之关于未来措施的附件II更具限制性,原因是,它们把那些失效但被及时更新的措施和没有降低现行措施与某些BITs义务相符性的修改排除在履行要求条款之外。不过,它的实际效果是很有限的,原因是,通过把某些措施所适用的部门或活动规定于附件II——附件II没有规定类似的限制——中,任何现行措施也可以被排除出履行要求条款。附件II允许在任何时候对这些被列举的部门或活动采取新的不符措施。

有关禁止缔约一方未来采取一项措施——它要求某项投资因投资者的

国籍原因而撤资——的表述被限定于针对附件 II 允许采取的措施。当然，附件 I、附件 III 只适用于现行措施以及在不降低与国民待遇条款、最惠国待遇条款、雇佣条款或履行要求条款间相符情况下对现行措施的修改。

针对政府采购、补贴以及补助，第 14 条第 5 款豁免了履行要求条款项下义务。这些补贴与补助包括政府支持的贷款、担保与保险。与采取政府管制措施不同，这些例外实质上为东道国针对公共开支规定履行要求提供了更大的灵活性。

八、已经签署的 BITs

在 BIT 计划的早些年，禁止履行要求条款是最难达成一致的棘手问题之一。在某些情形下，潜在的 BIT 伙伴国已经采取了为 BIT 范本禁止的不符措施。在其他情形下，潜在的 BIT 伙伴国直接希望保留规定履行要求的灵活性。[48] 其结果是，在第一波 BITs 谈判中，谈判人员有时会在履行要求条款方面做出妥协。在针对最早的 8 个 BITs——参议院提出了意见并同意批准——撰写赞成性的报告时，参议院外交关系委员会评论了在谈成强有力的履行要求条款方面面临的困难。外交关系委员会认为，它"倾向于"所有 BITs 都应该包含禁止履行要求的表述，并敦促在未来的条约中纳入禁止履行要求。[49] 在第二波 BITs 谈判中，美国的谈判人员在达成履行要求条款方面较之第一波更加成功，而参议院也没有进一步继续推进此事项。

(一) 以 1983 年范本为基础签署的 BITs

美国与喀麦隆、塞内加尔签署的 BITs——分别在第 2 条第 6 款和第 2 条第 8 款——采取了 1983 年范本中的表述。不过，美国—塞内加尔 BIT 的议定书第 3 段规定，认可购买在价格、品质和交货时间方面具有竞争优势的当地货物或服务可以促进缔约方的经济目标。不过，这一认可不会"损害第 2 条第 8 款项下义务"，因此，这一认可绝不会背离履行要求条款创设的义务。

另一个以 1983 年范本为基础签署的 BIT 纳入了稍经修改后的禁止履行要求条款。这就是美国—巴拿马 BIT 第 2 条第 4 款，该条款禁止把履行要求作为投资设立的条件，但没有规定履行要求是否适用于投资设立之后。经缔约方同意的纪要第 2 段指出，巴拿马制定有激励性的法律，这些法律向同

---

[48] Turkey BIT submittal letter, at X; Morocco BIT submittal letter, at X.

[49] S. Exec. Rept. 100 – 32, supra chap. 3, note 11, at 3.

意接受某些条件的公司给予优惠。

美国签署的其他遵循1983年范本中的表述的BITs——包括与埃及、摩洛哥、民主刚果、孟加拉国、海地以及土耳其签署的BITs——弱化了范本的表述，该条款从禁止履行要求转向采取更灵活的要求，即缔约方寻求避免规定履行要求。

美国—埃及BIT第2条第6款规定，缔约方应当"寻求避免"规定履行要求。该BIT的议定书第7段把履行要求界定这样的条件，即"要求投资者出口某一最低比例的最终产品，或者使用当地成分"。

美国—摩洛哥BIT第2条第5款也规定，缔约方应当"寻求避免"把履行要求作为投资设立的一个条件。该条适用的履行要求是指那些规定有义务出口产品或购买当地产品的要求。在美国—摩洛哥BIT谈判时，摩洛哥已经存在以进口控制形式存在的一些履行要求，它们是摩洛哥为应对20世纪70年代末面临的严重国际收支问题而规定的。摩洛哥认为，履行要求应该由东道国与投资者间的投资协议——如果有的话——加以规范。

美国—民主刚果BIT第2条第7款规定，任何缔约方都应当"努力避免"履行要求。这一条款只适用于要求出口生产产品或购买当地货物或服务的履行要求。该BIT还认为，这一条款不能阻止任何缔约一方限制进口。在该BIT签署时，如果当地生产的替代品品质足够好的话，民主刚果就限制某些产品进口。该BIT的表述是最早规定于美国—埃及BIT中的表述的修改版。

美国—孟加拉国BIT第2条第6款规定，缔约各方应当"努力避免"规定履行要求。孟加拉国强烈认为，外国投资主要目的中的两个是，创汇与利用当地资源。[50] 因此，孟加拉国坚持规定软性的履行要求条款，而美国同意采取美国—埃及BIT中的表述的修改版。有意思的是，美国—孟加拉国BIT没有包含界定履行要求的表述，因而可能扩大了履行要求条款的适用范围。

与美国—孟加拉国BIT一样，美国—海地BIT第2条第7款规定，双方应当"努力避免"履行要求，同时没有对履行要求进行任何界定。海地已经存在针对出口行业与区域发展的，可能不符合禁止采取履行要求之条款的激励计划。[51]

美国—土耳其BIT第2条第7款条规定，缔约双方应当"寻求避免"规

---

[50] Bangladesh BIT submittal letter, at XI.

[51] Haiti BIT submittal letter, at IX.

定履行要求。对履行要求的界定遵循了范本的表述。土耳其的谈判人员向美国谈判人员保证,土耳其无论如何不会把履行要求作为投资设立的条件,而只是把它们作为获得某些激励的条件。

(二)以1984年、1987年、1991年或者1992年范本为基础签署的BITs

美国签署的17个BITs完全采纳了与1984年、1987年、1991年以及1992年范本之表述的履行要求条款。这些BITs是美国与格林纳达、刚果、捷克、斯洛伐克、哈萨克斯坦、罗马尼亚、亚美尼亚、保加利亚、吉尔吉斯斯坦、摩尔多瓦、厄瓜多尔、白俄罗斯、乌克兰、爱沙尼亚、蒙古、拉脱维亚以及立陶宛签署的。除了美国与摩尔多瓦、厄瓜多尔、白俄罗斯、乌克兰、爱沙尼亚、拉脱维亚以及立陶宛签署的BITs规定于第2条第6款,以及美国—波兰BIT规定于第2条第4款并且其表述在文体上略有变化外,上述其他BITs的履行要求条款都规定于第2条第5款。

不过,美国与波兰、保加利亚、捷克、斯洛伐克、罗马尼亚、爱沙尼亚、拉脱维亚以及立陶宛签署的BITs经由2003年签署议定书时被做了修改,以便这些国家加入欧盟。美国—波兰BIT经由2004年1月签署的一份议定书被做了修改。这些议定书规定,履行要求条款不应当限制这些国家针对两个部门规定履行要求的能力。第一,农业部门方面,不应当对这些国家在以下方面规定履行要求的能力:农业和加工农产品的生产、加工与贸易;实施配额,或者要求购买或使用在欧盟生产的货物或提供的服务,或者要求生产的产品或提供的服务中有特定水平或比例的成分源于欧盟。第二,视听部门方面,不应当限制这些国家在以下方面规定履行要求的能力:视听作品的生产、分销与利用;实施配额,或者要求购买和使用欧洲理事会的国家生产的货物或提供的服务,或者生产的货物或提供的服务中特定水平或比例的成分来源于欧洲理事会的国家。这些议定书还附属了一系列的换文:记载日期为2003年11月25日的美国—保加利亚换文、记载日期为2003年12月16日的美国—捷克换文、记载日期为2003年12月18日的美国—斯洛伐克换文、记载日期为2003年10月21日的美国—罗马尼亚换文、记载日期为2003年12月11日的美国—拉脱维亚换文、记载日期为2003年12月16日的美国—立陶宛换文、记载日期为2003年11月3日的美国—爱沙尼亚换文以及记载日期为2004年1月21日的美国—波兰换文。这些换文确认了缔约双方的谅解,即禁止履行要求条款"不扩及获得或持续获得某些优惠的条件,比如由于针对农产品设立市场组织及其稳定市场的效果所产生的任何优惠”。

美国—突尼斯 BIT 的禁止业绩条款——规定于第 2 条第 6 款——被弱化了，以至于缔约双方只被要求“努力不规定”履行要求。在该 BIT 被提交给参议院时，美国政府认为突尼斯没有再采取履行要求，除了《突尼斯服务业法典》(Turnish Service Industry Code)中的一个条款规定，服务企业只在其全部面向出口市场时才能由外资全资拥有，而那些面对国内市场的公司必须由突尼斯人拥有多数股份。虽然突尼斯在签署该条约时几乎消除了履行要求，但突尼斯不愿意承诺未来不规定履行要求。

美国—斯里兰卡 BIT 的履行要求条款——规定于第 2 条第 5 款——与 1991 年范本中的对应条款是一样的。该 BIT 的议定书第 4 段规定，斯里兰卡存在为从事出口或贡献新技术的国民或公司提供激励的法律。美国担心斯里兰卡的激励计划可能对美国的投资构成障碍。因此，该议定书规定，如果这些法律产生了“负面影响”，则缔约方同意应缔约另一方请求进行磋商以便消除这些负面影响。在参议院就该 BIT 举行听证会期间，国务院认为“这些基于激励的承诺不应被视为第 2 条第 5 条项下的履行要求，因此不需要立即消除。此类激励是任何国家的经济政策中的可以接受的组成部分，它们在美国也被相当宽泛地使用”。[52]

斯里兰卡可能没有考虑到它的激励计划会违反禁止履行要求的一般规定，因为该项目只对实施特定行为给予激励，而不是要求投资从事该行为。美国—巴拿马 BIT 的做法与此类似，它指出了巴拿马为企业提供某些激励，但没有规定巴拿马有义务终止激励计划。

美国—阿根廷 BIT 的履行要求条款——规定于第 2 条第 5 款——与 1991 年范本的对应条款是一样的。不过，该 BIT 的议定书中有两段涉及履行要求。第 9 段允许阿根廷在满足某些条件下可以维持——但不能强化——汽车行业中的现行履行要求。具体说，阿根廷必须尽最大努力在尽可能短的时间内——最长不超过八年——消除这些履行要求，并且相对于汽车部门的新进入者来说，这些履行要求不能以一种使现有投资处于竞争劣势的方式实施。此外，缔约方被要求应任何缔约一方请求时就这些承诺的执行问题进行磋商。这一条款反映的事实是，在条约谈判期间，福特汽车公司在阿根廷拥有大量投资，并且该公司已经根据以往的履行要求进行运

---

[52] Sri Lanka BIT submittal letter, at 44.

营。如果新投资者马上可以在没有这些履行要求的情况下运营,福特公司可能处于不利境地。

第 11 段阐述了缔约方的一致意见,即他们将尽最大努力——包括通过磋商——确保对履行要求条款的错误理解不会对阿根廷各行业造成负面影响,比如公用事业的私有化进程。阿根廷关心的是,它在一家公司实行私有化时可能希望在投资运作方面对新的拥有者施加若干限制。比如,一个被私有化的公用事业可能被要求提供某些类型的服务。由于 1991 年范本表明美国不愿意编纂一份穷尽式的被它认为构成履行要求的清单,阿根廷不能确定这些限制中是否有一些会被视为履行要求。因此,议定书的表述回顾了这样一个事实,即缔约方在谈判中讨论了这一关切并形成了共同预期,即 BIT 对履行要求的禁止不会被解释为阻碍阿根廷筹划好的私有化进程。

美国—俄罗斯 BIT 第 2 条第 5 款把履行要求条款中的“履行要求”予以删除。相反,它禁止采取在 1991 年范本中被禁止类型中的“任何措施”。使用单数形式替代复数形式有必要改动本条款其他部分的语法。对该条款的这些修改不会产生实质性的影响。在 1991 年范本中,如果,并且只有在其属于该条款的表述所规定的类型时,一项措施才会构成被禁止的履行要求。“履行要求”只是属于被描述的类型包含的措施附带的一个标签。因此,其判断标准是一项措施是否属于所描述的类型,而不是它是否被认为是履行要求。美国—俄罗斯 BIT 的表述明确了这一问题。

美国—牙买加 BIT 第 2 条第 5 款增加了一个但书,该但书规定“本款的任何部分不应当禁止缔约一方对那些出口所生产之部分产品的投资提供利益与激励”。正如国务卿的呈报函指出,但书只在于澄清该 BIT 所根据的范本的表述——“这一协定不禁止作为获得优惠的条件的此类措施”——中隐含的含义。[53]

(三)以 1994 年范本为基础签署的 BITs

美国签署的 6 个 BITs 中的履行要求条款遵循了 1994 年范本的表述。这些 BITs 是美国与格鲁吉亚、乌兹别克斯坦、洪都拉斯、克罗地亚、阿塞拜疆以及萨尔瓦多签署的。除了在美国—克罗地亚 BIT 中被规定于第 7 条,履行要求条款在上述其他 BITs 中都被规定于第 6 条。

除了在第 6 条开始处插入全部以大写英文首字母的标题,即“履行要

---

[53] Jamaica BIT submittal letter, at Ⅸ.

求”,第七个 BIT,即美国—阿尔巴尼亚 BIT 的履行要求条款——第 6 条——与 1994 年范本的对应条款是一样的。

除了使用表述“缔约国”替代了“当事方”并且插入全部使用大写英文首字母的标题,即“履行要求”,第八个 BIT,即美国—约旦 BIT 的履行要求条款——第 6 条——与 1994 年范本中的对应条款是一样的。

美国—特立尼达和多巴哥 BIT——第 6 条——完全遵循了 1994 年范本的表述,但它做了两处格式上的改动。第一,在第 6 条开头插入了全部使用大写英文首字母的标题,即“履行要求”。第二,把第 6 条分成两款。第 6 条第 1 款规定了对各种履行要求的禁止。第 6 条第 2 款包含的一个句子允许缔约一方规定履行要求作为获得优惠的条件。不过,这一句子被修改为“第 1 款的任何部分不应当禁止缔约一方把施加此类要求作为提供某些利益或激励的条件”。虽然表述被完全重写,但实质内容不变。如下所述,美国—尼加拉瓜 BIT 的做法与此是一样的。

美国—尼加拉瓜 BIT 的履行要求条款——规定于第 6 条——与 1994 年范本的对应条款从实质内容上说是一样的,但该条被分为两款。第 6 条第 1 款一成不变地规定了对各种履行要求的禁止。第 6 条第 2 款包含的一个句子允许缔约一方把规定履行要求作为获得优惠的条件。该句子被修改为“第 1 款的任何部分不应当禁止缔约一方把获得此类要求作为提供某些利益或激励的条件”。如上所述,这一表述非常类似于美国—特立尼达和多巴哥 BIT 中的表述,并且,它与后者一样没有改变 1994 年范本的本质。

除了第 6 条第 2 款禁止采取某些“限制(restrict)”而非“限定(limit)”出口之履行要求,以及第 6 条第 4 款禁止采取某些“限制(restrict)”而非“限定(limit)”在东道国领土销售之履行要求,美国—玻利维亚 BIT 的履行要求条款——第 6 条——与 1994 年范本中的对待条款是一样的。这两个变化都不影响该履行要求条款的实质。该 BIT 议定书第 1 段确认了双方共同的理解,即“第 6 条不禁止在政府采购项目中对国内供应商给予优惠”。正如国务卿提交的呈报函指出的,这一新的表述澄清了 1994 年范本的表述隐含的含义。[54]

除了“涵盖投资”被修改为“本条约涵盖投资”——这一纯文体的变化外,美国—莫桑比克 BIT 的履行要求条款——规定于第 6 条——与 1994 年

---

[54] Bolivia BIT submittal letter, at XVI.

范本中对应条款是一样的。该 BIT 的议定书第 1 段确认了他们共同的理解,即“第 6 条的任何部分不能被解释为禁止缔约双方实施环境影响评价、环境管理计划或其他与公共健康与安全相关的措施的要求,只要这些措施符合条约中的其他条款”。正如国务卿提交的呈报函解释的,这一表述是应莫桑比克的请求,即“确保这些要求不被解释为构成第 6 条规定的履行要求”而做出的。[55] 这一表述没有背离 1994 年范本的意图。

除了一处变化外,美国—巴林 BIT 的履行要求条款——规定于第 6 条——与 1994 年范本的对应条款是一样的。短语“包括(including)涉及获得政府许可或授权的任何义务或承诺”中的“包括”后面插入了“但不限于”(but not limited to)。这一变化只是明确了 1994 年范本的表述中隐含着的含义。这是美国—巴林 BIT 的典型的语体特征。

(四)以 2004 年范本为基础签署的 BITs

除了一个例外,美国—乌拉圭 BIT 履行要求条款——规定于第 8 条——遵循了 2004 年范本的表述。2004 年范本第 8 条第 4 款规定,第 8 条第 1、2 款——禁止某些履行要求——不适用于该两款规定以外的任何“义务、承诺或要求”。美国—乌拉圭 BIT 的表述规定,第 8 条第 1、2 款不适用于它们规定之履行要求以外的任何“要求”。这似乎是对乌拉圭在语体方面的偏好做出的一个让步。这一改动无意于使相关表述具有不同的差别。

九、已经签署的 FTAs

在 2002 年以后美国签署的所有 FTAs 的附件 1、附件 3(除了美国—新加坡 FTA 附件 8A 和 8B 外)中,美国保留了维持所有现行不符合国民待遇、最惠国待遇、履行要求条款或雇佣条款的地区性措施(regional measures)的权利。美国—乌拉圭 BIT 的做法与此是相同的。

NAFTA 规定在两年内把所有地区层面的现行不符措施排除在雇佣条款之外,两年过后这些措施只有在被规定于附件中时才是被允许的。NAFTA 的三个缔约方同意在这一期限届满前保留地区层面的所有现行不符措施。

(一)NAFTA

NAFTA 履行要求条款——第 1106 条——极大地背离了以往 BIT 范本

---

[55] Mozambique BIT submittal letter, at XVI.

中的表述。它独具特色，但较之任何其他范本都更类似于 2004 年范本。与 2004 年范本第 8 条第 1 款一样，NAFTA 第 1106 条第 1 款禁止规定或执行任何要求、义务或承诺以遵守某些被列举的履行要求。NAFTA 不同于 2004 年范本，因为它不禁止在投资的出售或其他处置行为方面规定履行要求，而只是禁止在投资的设立、扩大、管理、经营或运作方面规定履行要求。在不提及投资的出售或处置方面，NAFTA 的表述与 NAFTA 谈判时使用的范本谈判文本是一致的。

NAFTA 中被禁止的履行要求清单与 2004 年范本中的对应清单颇为相似，反映了 NAFTA 对 1994 年、2004 年范本的影响，但有某些明显的不同。第一，NAFTA 把要求“购买、使用在东道国领土内生产的货物或提供的服务，或者给予优惠，或者向在东道国领土内的人员购买货物或服务”作为被禁止之履行要求中的一种。然而，2004 年范本没有提及服务。

第二，NAFTA 用“提供”（provides）替代了“供应”（supplies），这是一个纯语体上的差别。在 NAFTA 之后签署的《服务贸易总协定》提及的是服务的“供应”，因而 2004 年范本中使用的“供应”（supplies）一词与 WTO 的术语是一致的。

第三，相较于 NAFTA，转让技术方面的履行要求在 2004 年范本被做了修改，后者提及的是“转让特定技术”而非“转让技术”。通过例外地允许规定或执行要求、义务或承诺“以纠正被指控的违反竞争法行为，或者以一种与本协定条款并非不相符的方式行事”，NAFTA 对禁止履行要求做了限制。2004 年范本也为纠正反竞争行为而规定了禁止履行要求例外，但它被放在第 8 条第 3 款（b）项（ii）点，而不是放在被禁止之履行要求的清单的表述中。此外，2004 年范本为第 8 条第 3 款（b）项（ii）点增加了一个脚注，该脚注规定缔约双方“承认一个专利不当然地授予市场权力”，但该脚注没有出现于 NAFTA 中。2004 年范本规定了一个新的禁止技术转让要求例外。这一新的例外规定于 2004 年范本 8 条第 3 款（b）项（i）点，并且适用缔约一方根据《TRIPs 协定》第 31 条的授权使用某一知识产权，或者一项措施要求披露专有信息，属于《TRIPs 协定》第 39 条的范围且符合该第 39 条之情形。NAFTA 中没有相对应的例外。NAFTA——几乎在《TRIPs 协定》签署两年前就签署了——中没有针对该例外的对应条款。NAFTA 第 1106 条第 2 款规定，要求投资使用达到普遍适用的公共健康、安全或环境之要求的某项技术的措施不应该被解释为与禁止技术转让履行要求不符。该款进一步规定,为了更加明确,国民待遇与最惠国待遇适用于该措施。

最后,NAFTA 第 1106 条(g)项禁止某一履行要求"以使其成为自己生产的产品或提供的服务针对特定区域或世界市场的独家供应商"。这一规定起草得看来很糟糕,它表现不出字面上所说的含义。由于国家不能在其领土外执行反垄断法,因而,实际上没有国家会要求一家企业成为某一货物或服务在世界市场上的独家供应商。在以往任何 BITs 范本中,从来没有纳入这一履行要求的先例。NAFTA 中的表述被 2004 年范本的新表述所取代,即"该投资从该缔约方领土内提供针对特定区域性市场或世界市场生产的货物或提供的服务"。这一表述似乎更准确地传递了 NAFTA 的表述所要表达的意图。

和 2004 年范本一样,NAFTA 禁止两份不同的履行要求清单。第一份清单——如前所述,规定于 NAFTA 第 1106 条第 1 款和 2004 年范本第 8 条第 1 款——包括针对某一投资规定的义务或承诺。第二份清单——规定于 NAFTA 第 1106 条第 3 款和 2004 年范本第 8 条第 2 款——包括那些被禁止作为获得或继续获得优惠之条件的履行要求。NAFTA 没有包含 2004 年范本中的脚注,即规定"为了更加明确",获得优惠或持续获得优惠要满足的条件不构成义务或保证,但这是 NAFTA 蕴含的意图。

NATFA 中被禁止之履行要求的第二份清单与 2004 年范本中的清单颇为类似。2004 年范本中要求"向其领土内的人员购买"在 NAFTA 中表述为"向其领土内的生产商购买货物"。2004 年范本再次提及的投资"供应"(supplies)而非"提供"(provides)服务。不过,NAFTA 与 2004 年范本间有一个差别,即 2004 年范本的禁止履行要求受限于短语"与投资相关的设立、并购、扩大、管理、经营、运作、出售以及其他处置",而 NAFTA 中的对应表述只提及"与投资有关"的要求。可以认为,2004 年范本中新增的表述——在其同时出现于 2004 年范本与 NAFTA 情况下——不必然与 NAFTA 第 1106 条第 1 款的范围是一样的,因为该第 1 款适用于投资自愿同意接受履行要求以换取某种利益的情形。无论如何,2004 年范本的表述宽泛到与 NAFTA 范本之间没有差别;即便有,也不是实质性的。

NAFTA 规定了一个相对应于 2004 年范本第 8 条第 3 款(a)项的条款,即第 1106 条第 4 款,该款允许缔约方把遵循当地生产、供应服务、训练和雇佣工人、建设或扩大特定设施或开展研发作为获得或持续获得优惠的条件。除了一些细微的文体性变化,如使用短语"提供(provides)服务"替代短语

“供应(supplies)服务”,NAFTA 第 1106 条第 4 款的表述与 2004 年范本第 8 条第 3 款(a)项的表述是一样的。

NAFTA 第 1106 条第 5 款规定,第 1106 条第 1、3 款规定的禁止履行要求不适用于该两款规定的履行要求以外的任何要求。换言之,被禁止之履行要求的清单是穷尽式的。2004 年范本中的对应表述,即第 8 条第 4 款规定“为了更加明确,第 1、2 款不能适用于该两款规定以外的任何其他承诺、保证或要求”。2004 年范本表述的含义实质上等同于 NAFTA 的表述,但前者优于后者,原因是,它明确提及了承诺、保证或要求,而这些正是 NAFTA 的意图。

NAFTA 第 1106 条第 6 款规定了一个例外,它对应的是 2004 年范本第 8 条第 3 款(c)项。该例外规定,对要求国内成分达到特别水平或比例;购买、使用东道国生产的产品或提供的服务,或者给予优待,或向东道国领土内的人员购买货物或服务的禁止不应当被解释为阻止缔约一方为遵守符合该协定的保护人类、动物、植物生命或健康,或为保护生物或非生物的可用竭自然资源的法律与法规而采取必要措施,只要这些措施没有以一种武断或不正当的方式实施,并且不对贸易或投资构成伪装的限制性措施。除了该例外也适用于与技术转让相关的履行要求外,2004 年范本的表述与 NAFTA 的表述本质上是相同的。2004 年范本予以排除的是与保护可用竭自然资源“有关”的措施,而不是对于此类保护“所必须”的措施。因此,较之 NATFA 中的例外,2004 年范本中的例外看起来略微宽泛些。

2004 年范本履行要求条款中的某些款项出现于 NAFTA 的不符措施条款中。因此,2004 年范本第 8 条第 3 款(d)(e)以及(f)项分别规定于 NAFTA 第 1108 条(a)(b)和(c)项。

NAFTA 的最后脚注 41 规定“第 1106 条不禁止私人间任何义务、承诺或要求的执行”。该条对应于 2004 年范本第 8 条第 6 款,它规定,在 BIT 的缔约一方没有设定或规定相关义务、承诺或要求时,履行要求条款不禁止在私人间执行该义务、承诺或要求。

(二)美国—新加坡 FTA

美国—新加坡 FTA 的履行要求条款规定于第 15.8 条。它重新安排了起始处术语的顺序,使之区别于 2004 年范本,但表述本身实际上是一样的。针对特定履行要求的规定也是相同的,除了最后一个要求,即美国—新加坡 FTA 采取了“这些投资生产的货物”的表述,而非 2004 年范本采取的“它生产的货物”的表述。美国与智利、澳大利亚签署的 FTAs 的做法是相同的。

2004 年范本第 1 款包括了一个脚注，规定“为了更加明确，第 2 款提及的作为获得或持续获得优惠的条件不构成第 1 款意义上的‘承诺或义务’”。这一脚注没有出现于美国与新加坡、智利签署的 FTAs 或者美国—中美洲国家—多米尼加 FTA 中，但它与这些 FTAs 的意图是一致的。

美国—新加坡 FTA 第 10.5 条第 2 款——处理接受履行要求作为条件的优惠——与 2004 年范本中的对应条款实际上是一样的。虽然 2004 年范本禁止属于某些种类的“任何措施”，但美国—新加坡 FTA 使用了短语“任何以下要求”，这是一种纯粹文体上的差别。美国—智利 FTA 的做法与此类似。

2004 年范本第 8 条第 3 款（b）项（i）点——它规定，在缔约一方根据《TRIPs 协定》第 31 条的授权使用某一知识产权时，禁止技术转让之要求不能适用——的修正版出现于美国—新加坡 FTA 中。在该 FTA 第 15.8 条第 3 款（b）项（i）点中，提及《TRIPs 协定》被替换为提及“美国—新加坡 FTA 的专利章第 16.7 条第 6 款”。美国—澳大利亚 FTA 的做法与此是同样的。

美国—新加坡 FTA 第 15.8 条第 3 款（b）项（ii）点没有包含 2004 年范本第 8 条第 3 款（b）项（ii）点附带的脚注，该脚注规定缔约双方承认一项专利并不当然授予市场权力。

美国—新加坡 FTA 第 15.8 条第 3 款（c）项——把某些措施排除出履行要求条款予以禁止的范围——有别于 2004 年范本，这是因为该款项没有 2004 年范本规定的两个条件。根据 2004 年范本，这些措施要遵循的条件是，它们不能以一种武断或非正当的方式实施，并且它们不能构成对贸易的伪装的限制。

美国—新加坡 FTA 第 10.5 条第 4 款规定“为了更加明确，第 1、2 款不适用于这些款项规定之外的任何其他要求”。由于承诺、保证或要求这三个术语都出现于第 1 款，因此 2004 年范本修改后的表述规定了“承诺、保证或要求”。这一修改只是澄清了该 FTA 的表述中的含义。美国—新加坡 FTA 的表述也出现于美国与智利、澳大利亚以及摩洛哥签署的 FTAs 以及美国—中美洲国家—多米尼加 FTA 中。

美国—新加坡 FTA 没有在条约文本中包含 2004 年范本履行要求条款最后 1 款中的表述。该款规定，在缔约方没有设定或规定相关承诺、保证或要求时，履行要求条款不禁止私人设定此等承诺、保证或要求。相反，美国—新加坡 FTA 附件 15B 中包含了实际上相同的表述。该附件增加了 2004 年范本中所没有的表述,该表述规定,为了附件 15B 之目的,在没有行使被授予的政府权威时,被指定的垄断机构或政府企业包含在私人实体内。

美国—新加坡 FTA 也为履行要求条款适用于所有投资这一基本原则规定了一个例外。附件 15C 规定,对新加坡而言,禁止规定技术转让要求的款项——第 15.6 条第 1 款(f)项——不适用于新加坡领土内非缔约方之投资者的投资的出售或其他处置行为。

与美国签署的其他所有 FTAs 一样,在美国—新加坡 FTA 中,2004 年范本中提及的“本条约”被修改为“本协定”。

(三)美国—智利 FTA

美国—智利 FTA 把履行要求条款——第 10.5 条——分为三个部分,并分别辅以标题“强制性履行要求”“接受履行要求的优惠”以及“例外与排除”。这些标题无意于影响这些部分的实质内容。

美国—智利 FTA 第 10.5 条第 1 款对于起始句中的短语顺序安排不同于 2004 年范本第 8 条第 1 款,但表述本身实际上是一样的。除了最后一个履行要求——在美国—智利 FTA 中指向的是“这些投资生产的商品”,而 2004 年范本指向的是它生产的商品——外,具体履行要求的措辞也是一样的。美国与新加坡、澳大利亚签署的 FTAs 的做法是同样的。

2004 年范本针对第 8 条第 1 款规定了一个脚注,它规定“为了更加确定计,第 2 款提及的获得优惠或持续获得优惠的条件不构成第 1 款意义上的‘承诺或义务’”。这一注解没有出现于美国与新加坡、智利签署的 FTAs 或者美国—中美洲国家—多米尼加 FTA 中,虽然它与这些 FTAs 的意图是一致的。

美国—智利 FTA 第 10.5 条第 2 款——处理接受履行要求作为条件的优惠——与 2004 年范本中的对应条款实际上是一样的。2004 年范本禁止属于某些种类内的“任何要求”,而美国—智利 FTA 使用的则是短语“任何以下要求”,这是一个纯粹文体上的差别。

美国—智利 FTA 第 10.5 条第 3 款(b)项(1)点包含了一个脚注,该脚注澄清指出“[文本中]援引《TRIPs 协定》第 31 条包括该第 31 条的脚注 7”。这一脚注是没有必要的,原因是,对条约条款的援引默示地包括了该条款的任何脚注。因此,这一脚注在 2004 年范本以及美国后续签署的其他 FTAs 中没有出现。

美国—智利FTA第10.5条第3款(c)项的表述有别于2004年范本第8条第3款(c)项。第10.5条第3款(c)项开始时的一个句子规定“只要此类措施不以一种武断或不正当的方式实施,或者不对国际贸易或投资构成伪装的限制”。2004年范本的表述是“只要此类措施不以一种武断或不正当的方式实施,并且只要此类措施不对国际贸易或投资构成伪装的限制”。2004年范本更清晰地表达了美国—智利FTA中的表述实际上所要追求的含义。

美国与智利、摩洛哥、秘鲁以及哥伦比亚签署的FTAs以及美国—中美洲国家—多米尼加FTA第3条(e)项使用的是“采购”而非“政府采购”,后者是2004年范本使用的。这两个术语所被追求的含义是相同的。

美国—智利FTA第10.5条第4款规定“为了更加明确,第1款、第2款不能适用于这些款规定之外的任何其他要求”。由于承诺、保证或要求这三个术语都出现于第1款,因此2004年范本修改后的表述规定了“承诺、保证或要求”。这一修改只是在于澄清该FTA的表述中的含义。该FTA的表述也出现于美国与新加坡、摩洛哥以及澳大利亚签署的FTAs,以及美国—中美洲国家—多米尼加FTA中。

与美国签署的其他所有FTAs一样,在美国—智利FTA中,2004年范本中提及的“本条约”被表达为“本协定”。

(四)美国—澳大利亚FTA

美国—澳大利亚FTA的履行要求条款规定于第11.9条。它在某些细微的文体方面背离了2004年范本,比如把介词“于”(to)放在起首句,而不是在每个被列举的履行要求中,以及其他一些细微的标点符号变化。这一变化似乎使文本变得流畅,但它也导致第1款(c)项和第2款(b)项的后半部分出现了多余的介词“于”(to)。

除了在最后一个履行要求——在美国—澳大利亚FTA中指向的是“这些投资生产的商品”,而2004年范本指向的是“它生产的商品”——外,该FTA与2004年范本中的特定履行要求措辞也是一样的。同样的表述出现在美国与新加坡、智利签署的FTAs中。

2004年范本第8条第3款(b)项(i)点——它规定,在BIT的缔约一方根据《TRIPs协定》第31条授权使用某一知识产权时,禁止技术转让之要求不予适用——的修正版出现于美国—澳大利亚FTA。在美国—澳大利亚FTA第15.9条第3款(b)项(i)点中,提及《TRIPs协定》被替换为提及“美国—澳大利亚FTA专利章第16.7条第6款”。美国—新加坡FTA的做法与此类似。

美国—澳大利亚 FTA 第 11.9 条第 3 款(b)项(ii)点在提及缔约一方的“竞争法”时被做了修改,据此它提及的是缔约一方的“涉及预防反竞争行为的法律”。这是一种纯粹文体上的变化。

美国—澳大利亚 FTA 第 11.9 条第 3 款(c)项——把某些措施排除出履行要求条款禁止的范围——在一个方面背离了 2004 年范本。2004 年范本要求这些措施不应该对“国际贸易或投资”构成伪装的限制。该 FTA 要求这些措施不应该对“投资或国际贸易”构成伪装的限制。这一改动的效果是,使“国际”一词不会被用来解释为修改“投资”。履行要求条款适用于所有投资,因为作为基础的 BIT 政策中没有任何部分要求该 FTA 第 11.9 条第 3 款(c)项中的“投资”应该被限于国际投资。

美国—澳大利亚 FTA 第 11.9 条第 4 款规定,“为了更加明确,第 1、2 款不适用于它们规定之外的任何其他要求”。由于承诺、保证或要求这三个术语都出现于第 1 款,因此 2004 年范本的履行要求条款规定了“承诺、保证或要求”。这一修改只是在于澄清该 FTA 的履行要求条款的含义。同样的表述也出现于美国与新加坡、智利、摩洛哥签署的 FTAs 以及美国—中美洲国家—多米尼加 FTA 中。

与美国签署的所有 FTAs 一样,在美国—澳大利亚 FTA 中,2004 年范本中提及“本条约”被表述为提及“本协定”。

(五)美国—摩洛哥 FTA

美国—摩洛哥 FTA 履行要求条款规定于第 10.8 条。

美国—摩洛哥 FTA 第 10.8.3(b)条规定了一个脚注,用以表明“为了更加明确,第 3 款(b)项(i)点提及的《TRIPs 协定》包括缔约方间生效的有关 WTO 成员方根据 WTO 协定对《TRIPs 协定》中的任何条款给予的豁免”。同样的脚注出现于美国—中美洲国家—多米尼加 FTA 中。在 2004 年范本中,这一脚注规定于脚注 7,即作为第 1 条中的“《TRIPs 协定》”界定的脚注。

与美国同智利、秘鲁、哥伦比亚签署的 FTAs 以及美国—中美洲国家—多米尼加 FTA 中的履行要求条款一样,美国—摩洛哥 FTA 第 10.8 条第 3 款(e)项提及的是“采购”而不是“政府采购”,但 2004 年范本使用“政府采购”的表述。不过,这些 FTAs 中表述的意义与 2004 年范本表述的意义是相同的。

美国—摩洛哥 FTA 第 10.5 条第 4 款规定“为了更加明确,第 1、2 款不适用于它们规定之外的任何其他要求”。由于承诺、保证或要求这三个术语都出现于第1款，因此2004年范本把相关表述修改为“承诺、保证或要求”。这一修改只是澄清了该FTA的履行要求条款的含义。类似的表述也出现于美国与新加坡、智利、澳大利亚签署的FTAs以及美国—中美洲国家—多米尼加FTA中。

与美国签署的其他所有FTAs一样，在美国—摩洛哥FTA中，2004年范本中提及的“本条约”被表述为提及“本协定”。

（六）美国—中美洲国家—多米尼加FTA

美国—中美洲国家—多米尼加FTA的履行要求条款规定于第10.9条。它用“没有一方”（no party）替代“双方都不”（neither party）表述禁止履行要求。美国与秘鲁、哥伦比亚签署的FTAs的做法与此相同。

2004年范本针对第8条第1款增加了一个脚注，该脚注规定“为了更加明确，第2款提及的获得优惠或持续获得优惠的条件不构成第1款意义上的‘承诺或义务’”。这一脚注没有规定于美国—中美洲国家—多米尼加FTA以及美国与新加坡、智利签署的FTAs中，但它符合这些FTAs的意图。

美国—中美洲国家—多米尼加FTA第10.9条第2款处理了要接受履行要求的优惠，它实际上等同于2004年范本中的对应条款。虽然2004年范本禁止属于某些类别的“任何措施”，但美国—中美洲国家—多米尼加FTA使用了短语“任何以下要求”，这是一个纯粹文体上的差别。美国—智利FTA的做法与此是相同的。

美国—中美洲国家—多米尼加FTA为第10.9条第3款(b)项增加了一个脚注，该脚注规定“为了更加明确，第3款(b)项(i)点提及的《TRIPs协定》包括缔约方间生效的有关WTO成员方根据WTO协定对《TRIPs协定》中的任何条款给予的豁免”。同样的脚注也出现于美国—摩洛哥FTA中。在2004年范本中，这一脚注规定于脚注7，并增加到第1条对“《TRIPs协定》”的界定中。

与美国同智利、摩洛哥、秘鲁、哥伦比亚签署的FTAs中的履行要求条款一样，美国—中美洲国家—多米尼加FTA第10.9条第3款(e)项提及的是“采购”而不是“政府采购”，后者是2004年范本使用的表述。正如本书第五章第五节第六目解释的那样，它们的含义是相同的。

美国—中美洲国家—多米尼加FTA第10.5条第4款规定“为了更加明确，第1段和第2段不能适用于这些段落规定之外的任何其他要求”。修改后的2004年范本的表述规定了“承诺、保证或要求”，由于这三个术语都规定于第1段，因此这一修改只是澄清了美国—中美洲国家—多米尼加FTA表述中的含义。美国—中美洲国家—多米尼加FTA的表述也规定于美国与新加坡、智利、澳大利亚以及摩洛哥签署的FTAs中。

与所有FTAs一样，在美国—中美洲国家—多米尼加FTA中，2004年范本中提及的“本条约”被表述为“本协定”。

（七）美国—秘鲁FTA

美国—秘鲁FTA的履行要求条款规定于第10.9条。它用“没有一方”(no party)替代“双方都不”(neither party)以表述禁止履行要求，原因是，缔约双方预期该FTA会成为多边化的《安第斯自由贸易协定》(Andean FTA)的组成部分。美国—中美洲国家—多米尼加FTA以及美国—哥伦比亚FTA的做法与此类似。

美国—哥伦比亚FTA第10.9条第1款(f)项针对禁止采取强制性技术转让做了一个澄清，规定“为了更加明确”，第1款的任何部分不能被解释为禁止缔约一方规定或实施在东道国领土内培训工人的要求、承诺或保证，只要这一培训不要求向东道国领土内的个人转让特定技术、生产工艺或其他专有知识。美国—哥伦比亚FTA的做法与此类似。

美国—秘鲁FTA第10.9条第3款(e)项提及的是“采购”而不是“政府采购”，后者是2004年范本使用的表述。美国与智利、摩洛哥、哥伦比亚签署的FTAs和美国—中美洲国家—多米尼加FTA中的履行要求条款与此类似，正如第五章第五节第七目解释的，这一改动无意于使相关术语的含义发生变化。

与美国签署的其他所有FTAs一样，在美国—秘鲁FTA中，2004年范本中提及的“本条约”被表述为“本协定”。

（八）美国—阿曼FTA

美国—阿曼FTA的履行要求条款规定于第10.8条。它与2004年范本的履行要求条款实质上是一样的。与美国签署的其他所有FTAs一样，在美国—阿曼FTA中，2004年范本中提及“本条约”被表述为提及“本协定”。

（九）美国—哥伦比亚FTA

美国—哥伦比亚FTA的履行要求条款规定于第10.9条。它用“没有一方”(no party)替代“双方都不”(neither party)以表述禁止履行要求，因为缔约双方预期该FTA会成为多边化的《安第斯自由贸易协定》(Andean FTA)

的组成部分。美国—中美洲国家—多米尼加 FTA 以及美国—秘鲁 FTA 的做法与此类似。

美国—哥伦比亚 FTA 第 10.9 条第 1 款(f)项针对禁止采取强制性技术转让做了一个澄清,规定“为了更加明确”,第 1 款的任何部分不能被解释为禁止缔约一方规定或实施在东道国领土内培训工人的要求、承诺或保证,只要这一培训不要求向东道国领土内的个人转让特定技术、生产工艺或其他专有知识。美国—秘鲁 FTA 的做法与此类似。

美国—哥伦比亚 FTA 第 10.9 条第 3 款(e)项提及的是“采购”而不是“政府采购”,后者是 2004 年范本中使用的表述。美国与智利、摩洛哥、秘鲁签署的 FTAs 以及美国—中美洲国家—多米尼加 FTA 与美国—哥伦比亚 FTA 的做法是一样的。正如本书第五章第五节第九目解释的,这一改动无意于使相关术语具有不同的含义。

与美国签署的其他所有 FTAs 一样,在美国—哥伦比亚 FTA 中,2004 年范本中提及的“本条约”被表述为“本协定”。

十、仲裁实践

履行要求条款只在有限的几起案例中成为投资者—国家仲裁的主题。[56]在 *Pope &Talbot v. Canada* 案中,仲裁申请人质疑加拿大采取的要求出口商为超配额的软木出口数量支付费用的措施。该措施是加拿大根据与美国签署的协定而采取的,旨在限制软木出口。仲裁庭认为,该措施不在任何禁止性的履行要求条款的范围内。第一,措施没有要求仲裁申请人出口限定水平或比例的软木数量;确实,该措施限制了出口。第二,该措施没有限制仲裁申请人在加拿大领土内的销售。

在 *S. D. Myers v. Canada* 案中,仲裁申请人是在美国拥有从事 PCBs 处理业务的工厂的一家美国公司,该公司试图从加拿大向美国出口一种名为多氯联苯(polychlorinated biphenyls)的有毒物质。为把处理 PCB 的业务保留给加拿大公司,加拿大发布了禁止 PCBs 出口的禁令。仲裁申请人认为,这一禁止实质上违反了 NAFTA 中有关禁止使用当地成分或购买当地货物或服务的履行要求条款。不过,仲裁庭认定,出口禁令显然不属于国内成分

---

[56] see generally Rajeev Sharma, “The Jurisprudence Interpreting NAFTA Article 1106: The Prohibition Against Performance Requirements,” in Todd Weiler, ed., NAFTA: Investment Law and Arbitration: Past Issues, Current Practice, Future Prospects 77(2004).

要求,也并非属于购买当地货物服务要求。不过,仲裁员布莱恩 · 施瓦茨(Bryan Schwartz)发表了异议意见。

在 *ADF Group v. United States* 案中,美国承认,其要求在使用联邦资金的高速公路建设项目中使用的钢铁必须产于美国的法律属于国内成分要求,因此属于 NAFTA 项下的禁止性履行要求。尽管如此,仲裁庭认定,正如美国主张的,这一要求没有违反 NAFTA 的履行要求条款,因为 NAFTA 的履行要求条款包含政府采购措施例外。

第五节　诉诸司法条款

一、BITs 之前的美国实践

美国的条约实践一开始寻求获得的权利之一就是使美国的国民有权利诉诸其他国家的法院。19 世纪早期开始,这一权利就被规定于 FCNs。[57] 虽然习惯国际法确保外国人诉诸东道国法院的权利,但国际法学者间针对该权利内容存在的分歧促使美国寻求条约保护。[58]

总体上说,19 世纪时签署的 FCNs 规定缔约各方的国民在诉诸缔约另一方的法院以及自行聘请律师方面有权获得国民待遇。[59] 在某些情形中,诉诸法院的权利是根据绝对标准,而非相对标准衡量的。比如,美国签署的一个 FCN 确保缔约各方的法院对缔约另一方的公民是"自由而开放的"。[60]

两次世界大战期间美国签署的 FCNs 改变了美国的主导性实践,即在诉诸法院方面,从寻求相对待遇标准转向寻求绝对待遇标准。典型的条款在提起诉讼以及为诉求进行辩护方面授权缔约各方的国民"利用[缔约另一方]法院的自由"。[61]

---

[57] 对这些条款的详细讨论,see Wilson 1960, supra chap. 2, note 53, at 224 – 243; Wilson Court Access, supra chap. 2, note 53。

[58] Wilson 1960, supra chap. 2, note 53, at 209 – 214.

[59] See, e. g., 1832 Chile FCN, supra chap. 2, note 42, Art. 10; 1839 Ecuador FCN, supra chap. 2, note 42, Art. 13; 1824 Colombia FCN, supra chap. 2, note 40, Art. Tenth; 1825 Central American Federation FCN, supra chap. 2, note 42, Art. 12th; 1850 El Salvador FCN, supra chap. 2, note 42, Art. 13th; 1867 Dominican Republic FCN, supra chap. 2, note 42, Art. 3.

[60] See, e. g., 1851 Costa Rica FCN, supra chap. 2, note 41, Art. Ⅶ.

[61] See, e. g., 1925 Estonia FCN, supra chap. 4, note 40, Art. Ⅰ; 1926 El Salvador FCN, supra chap. 4, note 40, Art. Ⅰ; 1934 Finland FCN, supra chap. 4, note 40, Art. Ⅰ.

现代 FCNs 开始恢复了 19 世纪时的相对待遇标准。它们要求在诉诸法院、行政法庭以及政府机构(agencies)寻求及维护权利方面,缔约各方向缔约另一方的国民或公司给予最惠国待遇与国民待遇。[62] 现代 FCNs 的一个创新是把准入权扩大到诉诸行政法庭和政府机构。这是对行政机构在裁判个人与公司的权利方面的重要性与日俱增做出的回应。

现代 FCNs 中的同样条款表达了双方的理解,即位于缔约另一方领土内,没有从事相关活动的缔约一方公司在诉诸司法方面有权获得国民待遇与最惠国待遇,不要求任何的注册或归化(registration or domestication)。虽然后一句本应该是默示的,但它被纳入以回应墨西哥在 1929 年时提出的一个主张,即墨西哥认为一家美国公司在没有登记为墨西哥公司前不能提起商标侵权诉讼。[63]正如下文所述,BITs 没有包含类似的表述,这正是因为它隐含于诉诸司法权的要求中。

与它们在 19 世纪时的前身一样,现代 FCNs 也规定了国民或公司自行聘请律师的权利。不过,这一权利是更一般的雇佣条款的组成部分,并非特别涉及诉诸司法。[64]

二、BIT 范本

BITs 有别于以往的与投资有关的条约,原因是,它为投资者提供了诉诸具有拘束力的投资者—国家投资争端仲裁的权利。虽然这一救济旨在给投资者提供一种替代在东道国法院进行法律诉讼的方法,但由于若干原因,利用东道国法院对投资者仍然非常重要。第一,"投资争端"的界定排除了在投资者与东道国之间可能产生的许多类型的争端。第二,在与私人而非东道国发生投资争端时,一般来说不能适用投资者—国家争端条款。第三,投资者可能与东道国达成一致把所有争端都提交东道国法院,即便投资者仍然有权进行国际仲裁,但政治或其他原因可能使投资者倾向于选择东道国法院裁判争端。国务卿解释指出"像它们(BIT 计划继承了 FCN 计划)的前身 FCNs 一样,BITs 使缔约另一方的国民或公司得以在美国提起诉讼,诉称

---

[62] See, e. g., Pakistan FCN, supra chap. 4, note 42, Art. Ⅴ(1); Japan FCN, supra chap. 4, note 42, Art. Ⅳ(1); Israel FCN, supra chap 4, note 42, Art. Ⅴ(1); Greece FCN, supra chap. 4, note 42, Art. Ⅵ(1); Netherlands FCN, supra chap. 5, note 4, Art. Ⅴ(1).

[63] See III Green Hackworth, Digest of International Law 711 - 713(1942).

[64] 参见第六章第二节第一目。

条约被违反”。[65]

1983 年范本的诉诸司法条款规定于第 2 条第 8 款，第 2 条款的标题是“投资待遇”。在诉诸司法方面，它向投资者赋予三个独立的权利。第一，“为了维持良好的投资环境”，缔约各方必须提供“主张与实现与投资协议、投资授权和财产权有关的权利的有效方式”。因此，第一句为衡量实现实体权利的救济与程序的有效性创设了绝对标准。类似的条款没有出现在以往的美国条约实践中。条约没有进一步界定“有效”的含义。

诉求与权利必须通过有效的方式得以实现意味着其在很大程度上与可以通过投资者—国家仲裁条款进行仲裁的诉求与权利是重叠的。后一个条款适用于涉及任何投资协定、授权或者违反 BIT 本身的解释或适用的争端。诉诸司法条款的第一个句子适用于与投资协议或授权有关的权利，但它没有明确提及与 BIT 有关的权利。不过，提及“与……财产有关的权利”足够宽泛，据此可以涵盖与财产权有关的任何 BIT 权利，可以认为它包括了投资者根据 BIT 享有的多数权利。

第二，1983 年范本第 2 条第 8 款规定，在利用东道国的法院、行政法庭或其他行使裁判权力的政府机构以主张诉求以及实现与投资相关的权利方面，缔约各方要向处在相同情形下的缔约另一方的国民给予国民待遇与最惠国待遇中的较优者。该第二句继承了 FCNs 中的诉诸司法条款。

在非歧视基础上的“准入”(access)权足够宽泛，以至于可以禁止对投资者的救济或程序权利造成负担或减少这些救济或程序权利的任何形式的歧视。在这个意义上看，它可以与现代 FCNs 中的同类术语类似的方法加以解释。不过，这一权利限定于在投资方面主张诉求与实现权利。FCNs 没有包含类似的限制。

1983 年范本第 2 条第 8 款的第三句——也是最后一句——要求缔约各方在缔约另一方的国民与公司为在投资方面主张诉求与实现权利而自行聘用人员方面给予国民待遇与最惠国待遇中的较优者。所雇佣的人员“不论国籍”，只要他们根据应适用的法院地法能够提供他们被雇佣应该提供的服务。

很大程度上说，上述最后一句复制了雇佣条款规定的投资者自行聘任专业、技术和高层管理人员的权利。除了诉诸司法条款的范围被限定从事

---

[65] See Trinidad and Tobago BIT submittal letter, at XI n. 1.

某种形式的法律代表(legal presentation)——宽泛地理解——的人员外,这两个条款间最明显的区别在于雇佣条款采用了绝对标准,而诉诸司法条款采用了相对待遇标准。与雇佣条款相似,诉诸司法条款中的第三句授权雇佣"不论国籍"的人员,从而澄清了投资者可以在国籍基础上采取歧视性做法,但要遵循就业歧视法的规定。不过,诉诸司法条款的这一句澄清了只是隐含于雇佣条款中的含义:雇佣这些人员的权利要遵守有关专业许可的法律。正如针对入境与居留条款所讨论的,选择法律代表的权利也要遵守东道国的移民法。

1984 年范本的诉诸司法条款——规定于第 2 条第 6 款——只包括 1983 年范本的诉讼司法条款的第一句,即确保主张诉求与权利的"有效方式",而没有包含有关良好投资环境的引导性表述。这一引导性表述以及要求给予国民待遇与最惠国待遇的两句被认为没有必要,因而被删除了。获得有效方式的权利与一般的投资国民待遇与最惠国待遇的结合使那些涉及诉诸司法的句子显得多此一举。类似地,与最惠国待遇及国民待遇再次结合的雇佣条款看来导致没有任何必要为了主张诉求与实现权利而规定单独的人员雇佣条款。与在 1984 年范本中的整体做法一样,第 2 条同样没有使用标题。

1987 年范本的诉诸司法条款——规定于第 2 条第 6 款——与 1984 年范本中的对应条款是一样的。

通过把提及"财产"替代成提及"投资",1991 年范本第 2 条第 6 款修改了诉诸司法条款。提及"财产"始终就是不正常的,因为协定提及的是保护投资,而非保护财产。

1992 年范本的诉诸司法条款——规定于第 2 条第 6 款——与 1991 年范本的对应条款是一样的。

通过把提及"投资、投资协议与投资授权"简化为提及"涵盖投资",1994 年范本第 2 条第 4 款修改了诉诸司法条款。当然,涉及投资协议或投资授权的多数诉求也与涵盖投资有关,因而这一改动的实际效果可能并不大。最重要的结果可能在于涉及投资设立的诉求。投资者可能指控东道国违反了投资授权,从而使其无法设立经由协议获得许可的投资。由于不存在投资,投资者可能难以主张有关于涵盖投资的诉求。

2004 年范本删除了诉诸司法条款。美国范本的起草者认为,禁止拒绝司法的习惯国际法原则可以提供充分的保护,因而没有必要规定单独的条约义务。尽管如此,为了明确 BITs 旨在保护诉诸司法权——但已默示地经由国际最低标准赋予了此项权利,2004 年范本的序言被修改为规定缔约双方"确认在投资方面根据国内法提供主张诉求与实现权利的有效方法的重要性"。

在美国,在某些情形下,诉诸司法条款可能不符合有关外国人诉诸司法权的联邦或州的法律。比如,外国人在索赔法院(Court of Claims)针对美国提起的讼诉需要遵守互惠原则。[66] 直言之,外国人只有在其本国政府允许美国国民针对该国提起诉讼的情况下才能够提起针对美国政府的讼诉。

三、已经签署的 BITs

诉诸司法条款被证明比较容易谈判。谈判的结果会稍微偏离范本的规定。

美国—孟加拉国 BIT 与美国—海地 BIT 的诉诸司法条款——分别在第 2 条第 7 款与第 8 款——与 1983 年范本中的对应条款是一样的。美国—喀麦隆 BIT 与美国—塞内加尔 BIT——分别在第 2 条第 7 款和第 9 款——规定了实际上与 1983 年范本的对应条款一样的表述,只有非常细小并且非实质性的改动。比如,美国—喀麦隆 BIT 中的一个改动是在该条款第三句的"法院(forum)"后面由于疏忽少了一个逗号,发现这一错误时已经太迟以至于无法改变,但它无意于改变该条款的含义。此外,与雇佣条款的做法一致,[67]美国—喀麦隆 BIT 也删除了 1983 年范本该条款第三句中的"不论国籍"的表述。

美国—摩洛哥 BIT 第 2 条第 7 款遵循了 1983 年范本,但有细微的改动。第一,该 BIT 不是规定为投资者提供主张诉求与实现权利的"有效方式",而是规定缔约各方必须"采取必要的措施以实现"与投资协定、授权及财产有关的权利。第二,为了主张与实现权利而雇佣人员的权利被表述为"使用[那些人员]的技术"的权利。第三,从诉诸司法条款的第三句中删除了"不论国籍"的表述,这一改动令人费解,因为在更为宽泛的雇佣条款中仍然保留着这一措辞。

美国—民主刚果 BIT 第 2 条第 8 款在一个重要方面修改了 1983 年范本的诉诸司法条款。首先,该 BIT 把要求缔约方提供"有效措施"重写为要求缔约各方提供"所有必要的途径"以便缔约另一方的国民和公司主张他们的

---

[66] 28 U. S. C. section 2505.

[67] 参见第六章第二节第九目。

权利。这一变化似乎是纯文体的。较为重要的是，该 BIT 把 1983 年范本中诉诸司法条款第 2、3 句规定的相对待遇标准转变为绝对待遇标准。尤其是，民主刚果指出，缔约各方必须提供的必要措施尤其包括诉诸该国法院的权利以及为实现这些权利而自行雇佣人员的权利，这是对该条款的一种强化。在这些权利方面的国民待遇与最惠国待遇由该 BIT 中有关一般国民待遇与最惠国待遇的表述提供。

美国—巴拿马 BIT 没有包含诉诸司法条款，但它规定了诉诸法院与雇佣人员——不论其国籍——的权利，以便在经缔约双方同意的纪要第 1(j)段所指相关活动之定义的范围内主张诉求。它的效果在于确保了 1983 年范本规定的最惠国待遇与国民待遇权利，但没有要求提供主张这些诉求的有效方式。

美国—埃及 BIT 第 2 条第 7 款遵循了 1983 年范本，但有两处差别。第一，也是最重要的，第一句——要求缔约各方提供实现该 BIT 权利的有效方式——只规定，缔约各方“应该”(should)提供此种有效的方式。直言之，该 BIT 使用了敦促式而非命令式的表述。第二，与雇佣条款的做法一致，该 BIT 在诉诸司法条款的第 3 句中删除了“不论国籍”这一短语。

美国—土耳其 BIT 第 2 条第 8 款、美国格林纳达和刚果缔结的 BITs 共同第 2 条第 6 款规定了与 1984 年、1987 年范本中一样的诉诸司法条款。

美国—波兰 BIT 第 2 条第 7 款采取了 1987 年范本中表述的修改版，具体说，该 BIT 从诉诸司法条款的涵盖范围中删除了投资授权拒绝这一事项。实际上，波兰保留了这样一种权利，即对投资授权的拒绝在当地法院是不可复审的。此外，该 BIT 在诉诸司法条款中使用“本条约项下投资”取代了“财产”。这一变化预示着这一表述将被引入 1991 年范本。

美国—突尼斯 BIT 第 2 条第 7 款重新拟定了 1987 年范本的诉诸司法条款，修改后的条款规定，“在出现与投资相关的争端时，缔约各方应当规定缔约另一方的国民和公司有权利为主张诉求与实现权利而诉诸行政程序与司法机关”。该条款与 1987 年范本的对应条款间的区别是删除了“有效”。1987 年范本要求东道国应该提供“主张诉求与实现权利的有效方法”，而美国—突尼斯 BIT 要求“诉诸权”(right of recourse)。美国的 BIT 谈判人员认为该 BIT 的表述与范本中的表述实质上是一样的。[68] 事实上，国务卿的呈报

---

[68] 1992 hearings, supra chap. 2, note 67, at 46.

函指出“BIT 缔约方……同意提供主张诉求与实现与投资相关权利的有效方式”。[69] 正如国务卿呈报函表明的，该 BIT 条款适用于与投资相关的争端，而 1987 年范本条款适用于与投资协定、投资授权及财产有关的争端。在该 BIT 中，第 6 条第 1 款把“投资争端”界定为涉及投资协议的解释、适用，或者被声称违反了 BIT 针对投资创设的任何权利的争端。“与投资有关的争端”至少与“投资争端”一样宽泛，因而诉诸司法条款显然适用于涉及投资协定项下权利的争端。在诉诸司法条款中没有提及投资授权的原因是，在签署该 BIT 签署时，突尼斯并没有使用投资授权。[70] 在提及“投资”而非“财产”时，该 BIT 预示着 1991 年范本中的一个变化。

美国签署的 12 个 BITs 毫无变化地规定了与 1991 年、1992 年范本中对应条款一样的诉诸司法条款。这些 BITs 是美国与哈萨克斯坦、罗马尼亚、亚美尼亚、吉尔吉斯斯坦、摩尔多瓦、厄瓜多尔、白俄罗斯、乌克兰、爱沙尼亚、拉脱维亚、蒙古以及立陶宛签署的。除了美国与摩尔多瓦、厄瓜多尔、白俄罗斯、乌克兰、爱沙尼亚、拉脱维亚和立陶宛签署的 BITs 把该条款规定于第 2 条第 7 款，上述其他 BITs 都把诉诸司法条款规定于第 2 条第 6 款。

除了把“investment”修改为“investments”——这是一个纯文体的变化外，美国与阿根廷、保加利亚签署的 BITs 的诉诸司法条款——都规定于第 2 条第 6 款——与 1991 年范本中的对应条款是一样的。此外，在同一系列 BITs 中的其他术语，比如“投资协议”与“投资授权”都采取了复数形式。

美国与捷克、斯洛伐克以及俄罗斯签署的 BITs 共同第 2 条第 6 款重写了 1991 年范本中的诉诸司法条款，使其能够适用于与“投资及与投资有关的授权和投资协议”有关的诉求与权利，而不是“投资、投资协议以及投资授权”。这一变化只是纯粹语体上的。

美国—牙买加 BIT 第 2 条第 4 款修改了 1991 年范本，据此澄清投资授权是“缔约一方的外国投资当局授予的”。这预示了 1994 年范本中出现的一个变化。此外，该 BIT 也把“investment”修改成为“investments”，这是一个纯粹文体上的变化。

共有 11 个 BITs 一成不变地采纳了 1994 年范本的诉诸司法条款，它们是美国与格鲁吉亚、特立尼达和多巴哥、乌兹别克斯坦、阿尔巴尼亚、洪都拉斯、尼加拉瓜、克罗地亚、玻利维亚、阿塞拜疆、萨尔瓦多以及巴林签署的。

---

[69] Tunisia BIT submittal letter, at Ⅷ.

[70] 参见第六章第三节第十三目。

这些BITs中的诉诸司法条款都规定于第2条第4款。

除用术语“缔约方”替代了“当事方”,美国—约旦BIT的诉诸司法条款——规定于第2条第4款——与1994年范本的对应条款是一样的。

除了把“涵盖投资”修改为“本条约涵盖投资”——这是纯粹文体上的改动,美国—莫桑比克BIT的诉诸司法条款——规定于第2条第4款——与1994年范本的对应条款是一样的。

诉诸司法条款没有被规定于美国—乌拉圭BIT——因为该BIT根据的是2004年范本——或者FTAs中。

四、仲裁实践

至少在一个已经公布裁决的案件中,诉诸司法条款成为讼争问题。在*Link-Trading v. Moldova*案中,东道国主张诉诸司法条款要求投资者利用当地救济。仲裁庭拒绝了这一观点,认为该条款只是向受害方赋予权利,而不是创设了利用当地救济的义务。

第六节 公开条款

BITs的许多条款是通过促进稳定性和透明度来保护投资者的。直言之,这些条款确保为投资者提供可资信赖的、确定的保护标准,同时确切地澄清了可以适用的规则是什么。不过,一些BIT条款很大程度上直接针对单一的透明度目标。其中之一就是本节讨论的公开条款。其他的包括第六章第七节讨论的信息交换条款以及第六章第九节讨论的金融服务信息透明度条款。

公开条款的前身是现代FCNs要求中缔约各方“及时公布”与关税有关法律与进口法规。不过,FCNs中并没有涉及投资的透明度条款。

1983年范本第2条——标题是“投资待遇”——第9款规定,缔约各方应当“公布”所有涉及或影响其领土内的缔约另一方国民或公司的投资的法律、法规、行政实践与程序以及裁判性决定。

术语“公开”似乎只要求信息应该是可以获得的——可以认为是以书面形式,但信息不当然要公布或散发。即便在法律资料可以广泛获得的美国,许多行政性与司法性的决定,尤其上诉层面以下的决定,是不公开的。该表述没有明确规定公布法律的行为必须及时,但蕴含于每个条约的善意义务要求公布应该在合理的时间内完成。

1984 年范本第 2 条第 7 款修改了 1983 年范本,删除了对于缔约一方领土的提及。这一变化是由于这样一个事实,即在 1984 年范本中对领土的提及是界定"投资"的组成部分,因此在公开条款中没有必要重复这一表述。1984 年范本还删除了 1983 年范本中该条款的标题。

1987 年、1991 年和 1992 年范本的公开条款——在共同第 2 条第 7 款——与 1984 年范本中的对应条款是一样的。

1994 年范本第 2 条第 5 款要求,与投资有关的某些法律应该"及时发布或者是公开可以获得的"。前已指出,以往范本没有明确要求公布法律的及时性。不过,1994 年范本增加了短语"普遍适用",以限定那些必须发布或使之可以公开地获得的行政实践与程序。1994 年范本还要求缔约各方应该"确保"公布法律或使之可以获得。以往范本也要求缔约双方公布"所有的"法律。1994 年范本要求缔约各方公布"它的"法律。所有这些改动被认为只是澄清了以往范本中的意图。在与组成前社会主义阵营,从而是封闭式社会的那些国家,尤其俄罗斯进行谈判过程中,有关该义务的范围问题引发了争议,从而促使美国的谈判人员澄清了以往范本中使用的表述。

1994 年范本也规定,这些法律必须是那些涉及或影响"涵盖投资"而非"投资"的法律。这一变化只是明确了以往范本中隐含的意图。

2004 年范本把公开条款移至新的第 10 条,该标题为"与投资有关的法律与决定的公布"。第 10 条第 1 款重新规定了出现于 1994 年范本中的条款,但做了几处修改。"普遍适用的行政实践与程序"的表述被修改为"程序与普遍适用的行政裁决"。因此,"行政实践"的表述被删除了,这可能是因为该表述并没有为"程序"增加任何实质内容。同时,"程序"不再限于行政程序,还包括任何法律程序。这一变化遵循了已经规定于 OECD 的 MAI(草案)中的表述。2004 年范本引入了"普遍适用的行政裁决"这一新术语——这是 MAI(草案)中出现过的一个表述的节略本,并且插入了一款——第 10 条第 2 款——用来界定该术语。具体说,这一术语意味着"适用于所有在其范围内的个人或事实情形并且可以确立行为规则的行政裁决或解释"。不过,第 10 条第 2 款接着规定,这一术语不包括在行政或准司法程序中作出的适用于特定个案中缔约另一方的特定涵盖投资或投资者的决定或裁决,或者针对特定行为或实践作出裁判的裁决。

虽然以往范本已经规定应该可以获得的法律是那些"涉及或影响涵盖投资"的法律，但根据2004年范本，那些必须及时公布或使之可以公开获得的是"关于本条约涵盖的任何事项"的法律。2004年范本在履行要求条款、环境和劳工条款中规定的义务适用于所有投资，而不仅仅是涵盖投资，由此这些条款的涵盖范围被适当地扩大，从而超越了适用于涵盖投资的法律。MAI（草案）中的对应条款适用于"可能影响本协定运作的"法律。

两个新的透明度条款对2004年范本的公布条款构成了补充，这两个条款分别在第六章第八、九节中加以讨论。

BIT伙伴国鲜有反对公布条款。没有BIT伙伴国反对公开原则，但有几个国家担心公布条款可能导致需要巨额支出用于公布法律资料。

美国与孟加拉国、海地签署的BITs分别在第2条第8、9款采取了1983年范本的表述。

除了增加相关表述明确规定缔约各方的政治分支机构有义务公布法律；并且，就喀麦隆而言，其行政分支机构也负有此项义务，美国与埃及、喀麦隆签署的BITs共同第2条第8款遵循了1983年范本。一般来说，BIT义务适用于缔约方的政治分支机构，因此，这一出现于以1982年范本为基础的早期谈判文本中的表述严格地说是没有必要的。[71]

美国—摩洛哥BIT第2条第6款一方面区分了法律与法规，另一方面区分了行政实践和程序与裁判性决定。根据该BIT，缔约双方同意公布前者。他们进一步同意，缔约另一方的投资者可以就后者提出"咨询"。不过，前已指出，BITs并未规定缔约双方应该公布或发行法律资料，而只要使其处于实际可获得的状态。因此，美国—摩洛哥BIT没有减损这一BIT权利的实质内容。

美国—民主刚果BIT第2条第9款遵循了1983年范本，但没有提及裁判性决定。

美国—塞内加尔BIT第2条第10款采取了1983年范本的表述，但增加了一个限定性短语，即这些法律材料只需要"通过现行官方途径"加以公布。塞内加尔试图把该条款规定的义务冻结在该国当前实践的水平上，从而把这一条款的要求所引发的附加成本降低到最低限度。美国—俄罗斯BIT采取了类似的做法。

---

[71] 参见第四章第七节。

美国—波兰 BIT 第 8 条第 2 款纳入了修正版的 1984 年、1987 年范本中的表述，从而形成了一个更大的处理信息交换与透明度的条款。对于范本表述所做的第一个修改是插入了“及时地”，从而修改了缔约方公布其制定的与投资有关的法律的义务，这一表述预示着在 1994 年范本文本中出现的变化。第二个修改是，把要求公布的裁判性决定限定于那些“普遍适用的”的裁判性决定，这一变化预示着 2004 年范本中的变化。美国—斯里兰卡 BIT 做出了同样改动。第三个修改是，把公开条款扩大适用于涉及或影响商业活动，而不只是投资的法律。这一最后的变化是由于这样的事实，即与美国签署的其他 BITs 不同，美国—波兰 BIT 为与投资无关的商业活动规定了保护。

由于巴拿马的法律“始终处于很容易获得的状态”，因而公开条款没有必要存在，美国—巴拿马 BIT 中就没有公开条款。[72]

共 17 个 BITs 一成不变地规定了与 1984 年、1987 年、1991 年以及 1992 年范本中相同的公开条款。这些 BITs 是美国与土耳其、格林纳达、刚果、阿根廷、哈萨克斯坦、罗马尼亚、亚美尼亚、保加利亚、吉尔吉斯斯坦、摩尔多瓦、厄瓜多尔、白俄罗斯、乌克兰、爱沙尼亚、蒙古、拉脱维亚以及立陶宛签署的。除了在美国—土耳其 BIT 中被规定于第 2 条第 9 款，以及在美国与摩尔多瓦、厄瓜多尔、白俄罗斯、乌克兰、爱沙尼亚、拉脱维亚及立陶宛签署的 BITs 中被规定于第 2 条第 8 款外，公开条款在上述其他 BITs 中都被规定于第 2 条第 7 款。

美国—突尼斯 BIT 在第 2 条第 8 款修改了公开条款，即“任何缔约一方应当公布涉及或影响领土内缔约另一方的国民或公司在其领土内的投资的所有法律和法规，缔约另一方的投资者可以就缔约一方的实践、行政程序与裁决提出咨询”。因此，该 BIT 中的公布义务只适用于法律与法规。不过，缔约方有义务使投资者可以获得“实践、行政程序与裁决”。由于“公布”（make public）要求的是使信息可以获得，而不当然是传播信息，因此该 BIT 的表述并没有修改该条款的实质内容。

美国—斯里兰卡 BIT 第 2 条第 7 款为公开涉及或影响投资的裁判性决定设定了条件。要求公开的裁决限定于“普遍适用的”裁判性决定。这一变化预示着 2004 年范本中的变化。美国—波兰 BIT 中做出类似的改动。

---

[72] Panama BIT submittal letter, at Ⅹ.

美国—捷克 BIT 与美国—斯洛伐克 BIT 共同第 2 条第 7 款修改了 1991 年范本的表述,据此要求缔约各方应该使该条款所针对的信息“可以被公众获得”(available to the public),而不是“公开”(public)。这一变化只是语体上的。美国—牙买加 BIT 的做法与此相似。

美国—俄罗斯 BIT 第 2 条第 7 款使用“以习惯的方式”对“公布”做了限定,因此修改了 1991 年范本中的表述。这一改动推定认为,以习惯的方式公布足以满足公布法律的义务。因此,该条款的效果是要求缔约方继续以习惯的方式公布法律,而没有要求更多。这一做法类似于美国—塞内加尔 BIT 的做法。

美国—牙买加 BIT 第 2 条第 7 款修改了 1991 年范本的表述,规定该条项下缔约方的义务是使该条款针对的信息“可以被公众获得”,而不是“公开”,由于使信息可以公开地获得实际上就是公布信息,因此这是一种纯粹文体上的变化。美国—捷克 BIT 与美国—斯洛伐克 BIT 的做法与此类似。

共有 11 个 BITs 一成不变地规定了 1994 年范本中的公开条款。这些 BITs 包括美国与格鲁吉亚、特立尼达和多巴哥、乌兹别克斯坦、阿尔巴尼亚、洪都拉斯、尼加拉瓜、克罗地亚、玻利维亚、阿塞拜疆、萨尔瓦多以及巴林签署的。这一条款规定于第 2 条第 5 款。

除了用“缔约方”替代了术语“当事方”——这是一个纯粹文体的变化,美国—约旦 BIT 的公开条款——第 2 条第 5 款——与 1994 年范本的对应条款是一样的。

除了“涵盖投资”被修改为“本条约项下涵盖投资”这一纯文体的变化外,美国—莫桑比克 BIT 的公开条款——第 2 条第 5 款——与 1991 年范本的对应条款是一样的。

美国—乌拉圭 BIT 的公开条款——第 10 条——与 2004 年范本的对应条款是一样的。

虽然美国签署的 FTAs 设有专门的透明度章——本书第六章第八节将详细研究,但 FTAs 的投资章没有公开条款。透明度章通常包括一个公开条款,但它适用于整个 FTA,而不只适用于投资章。因此,这些条款通常提及的是本“协定”,而非本“条约”涵盖的事项。

美国—新加坡 FTA 的公开条款——第 19.3 条第 1 款——与 2004 年范本中的对应条款是类似的。它们在两个重要的方面有所不同。第一,其不适用于裁判性决定,因此,第 19.3 条第 1 款没有被分成(a)项和(b)项。第二,美国—新加坡 FTA 不是规定法律应当“可以公开地可获得”;相反,它规定了更具体的要求,即“法律应该以能够使利益相关人与缔约另一方可以知悉它们的方式而获得”。美国与智利、澳大利亚签署的 FTAs 共同第 20.2 条第 1 款、美国与摩洛哥、阿曼签署的 FTAs 共同第 18.1 条第 1 款与美国—新加坡 FTA 中的对应条款是一样的。除了使用“缔约方”而非“另一方”外,美国—中美洲国家—多米尼加 FTA 第 18.2 条第 1 款以及美国与秘鲁、哥伦比亚签署的 FTAs 共同第 19.2 条第 1 款与美国—新加坡 FTA 的规定是一样的。

出现于 2004 年范本第 10 条第 2 款的“普遍适用的行政裁决”的定义规定于所有 FTAs 中,但有一处变化。在 2004 年范本中,该定义是指适用于缔约另一方的特定涵盖投资或投资者的认定或裁决,但它在 FTAs 中是指适用于缔约另一方或另一个缔约方之特定的人、货物或服务的决定或裁决,这反映了 FTAs 同时调整贸易与投资的事实。这一界定出现于 NAFTA 第 1806 条、美国—新加坡 FTA 第 19.1 条、美国与智利、澳大利亚签署的 FTA 共同第 20.6 条,美国与摩洛哥、阿曼签署的 FTA 与美国—中美洲国家—多米尼加 FTA 共同第 18.6 条、以及美国与秘鲁、哥伦比亚签署的 FTA 共同第 19.6 条。

公布条款在 *Azurix v. Argentina* 案中是一个讼争问题。仲裁庭在该案中认定,投资者的诉求实际是基于管制框架的适用,而不是阿根廷没有公布法规。虽然仲裁庭注意到该案中法规的公布本应该有一个令人满意的改善,但阿根廷没有公布法规的行为不足以构成违反公布条款。

第七节　信息交换条款

另一个尤其旨在促进与投资直接有关的法律与程序的透明度的条款是 1983 年范本第 6 条第 2 款,该第 6 条的标题是“咨询与信息交换”。该条寻求鼓励涉及缔约另一方国民或公司在东道国领土内“关于投资”的信息交换。它规定,在缔约一方书面要求东道国提供其掌握的任何信息时,根据其准据法与“适当考虑商业秘密”,东道国应当“努力为提供任何此等信息制定适当的程序与安排”。

虽然被请求的信息的范围很宽泛,但提供这些信息的义务相当的薄弱。东道国只被要求“努力”为信息交换制定程序。不过,根据习惯国际法,双方必须善意地履行条约义务——由此规定努力不只是文字游戏，但对这一要求的其他限制进一步弱化了该条款。

比如，信息交换的程序必须符合东道国的法律。以美国为例，1974 年《隐私权法》[73]禁止披露某些信息，并且该法的义务优先于信息交换条款项下的义务。

类似地，这一义务针对信息交换制定了适当的程序。《信息自由法》(Freedom of Information Act，FOIA)[74]确立了从美国政府获得信息的程序，这些程序至少在某些情形下是适当的。该法包括了许多根据该规定可获得之信息的类型的例外。如果信息披露不为《隐私权法》或其他法律所禁止，那么，BIT 伙伴国可以主张，由于 FOIA 没有授权信息披露，应该建立适当的遵守商业秘密的其他程序。无论如何，禁止披露的东道国法律优先于信息交换条款规定的义务。

最后，进行交换的信息限于缔约一方拥有的那些信息。这包括缔约一方的机关(agencies)、协助机构(instrumentalies)以及政治分支机构拥有的信息。不过，信息交换条款不要求缔约方从私人个人或实体处获得信息。

信息交换条款确实偶尔遭到 BIT 伙伴国的反对。不过，鉴于其规定的义务有限，因此多数 BIT 伙伴国愿意不加修改地接受该条款。无论如何，美国的谈判人员决定从 1984 年范本中删除这一条款。2004 年范本的透明度条款规定了信息交换机制，本书第六章第八节将加以讨论。此外，正如本书第十二章第二、九节讨论的，美国与若干个转型经济体签署的 BITs 规定了促进信息交换条款。

美国与埃及、喀麦隆、摩洛哥、民主刚果、孟加拉国、塞内加尔以及土耳其签署的 BITs 分别在第 6 条第 3 款、第 6 条第 2 款、第 5 条第 2 款、第 6 条第 2 款、第 6 条第 2 款、第 6 条第 2 款以及第 5 条第 2 款采取了 1983 年范本的表述。

虽然美国—海地 BIT 的基础是 1983 年范本，但海地的谈判人员担心，在某些情形下信息交换条款实际上可能阻碍了投资，因此他们反对规定该条款。以银行保密法著称的巴拿马也反对规定信息交换条款。

在任何已公开裁决的仲裁中，信息交换条款都没有成为讼争主题。

---

[73] Pub. L. 93-579, 88 Stat. 1896, codified at 5 U.S.C. section 552a.

[74] Pub. L. 89-487, 80 Stat. 250, codified at 5 U.S.C. section 552.

第八节　透明度条款

2004年范本经由新的第11条——标题为“透明度”——补充了公开条款。新的第11条是以出现于NAFTA以及此后美国签署的FTAs中的表述为基础的,它纳入BITs以便确保BIT项下的投资者与投资在透明度方面能够获得与FTAs项下投资者与投资相同水平的保护。

在NAFTA中,2004年范本第11条的前身没有出现于NAFTA投资章,而是出现于第十八章,标题为“法律的公布、通报与实施”。美国签署的后续FTAs保留了这一做法。因此,2004年范本第11条的前身不适用NAFTA或其他FTAs投资章中的投资者—国家争端解决条款。因此,实现FTAs与BITs间一致性的目标不利于允许通过投资者—国家争端条款实施透明度条款。因此,那些由于被指控违反透明度条款产生的争端不在投资者—国家争端条款的管辖范围之内,但它们在国家—国家间争端条款的管辖范围之内。

新的透明度条款扩大了透明度的含义,从而超越了以往的范本。虽然公开条款要求东道国根本上公布它们的法律,新的透明度条款试图确保投资者现在拥有有限的参与造法过程的权利。它也纳入了可能更准确地被视为正当程序构成要素的权利,即被告知与被倾听的机会。

2004年范本第11条第1款规定,缔约各方指定联系点,以便利缔约双方就条约涵盖之事项进行通报。应缔约另一方的要求,缔约一方的联系点应该确定负责特定事项的部门或人员,并且促进与缔约另一方之间的通报。这一条款继承了1983年范本中出现的信息交换条款,以尽可能寻求促进缔约方之间的信息流动。其较为直接的前身则是NAFTA第1801条。

2004年范本第11条第2款规定,除了裁判性决定外,缔约各方“在可能的范围内”事先公布条款中所指的该缔约方拟定采取的任何措施,并向利害关系方及缔约另一方提供评论拟定措施的合理机会。这些措施指关于任何BIT涵盖事项的法律、规则、程序以及普遍适用的行政裁决。这一条款是以NAFTA第1802条为基础的。

根据2004年范本第11条第3款,应缔约一方的要求,缔约另一方必须及时提供信息,并且对请求方提出的涉及其认为可能严重影响条约运作或实质性影响缔约一方在条约项下利益的任何措施的问题做出回应。该第3款项下的通报系通过相关联系点进行，并且与相关措施是否符合条约的问题无关。第3款是以NAFTA第1803条为基础的。

2004年范本第11条第4款为缔约双方规定了正当程序要求。该条规定"为了一致、公正且合理地实施"第10条第1款(a)项规定的所有措施，缔约各方应该确保把这些措施适用于缔约另一方的特定的人、货物或服务的行政程序应该满足三个要求。第一，在某一程序开始时，"在任何可能的情况下"，缔约另一方的受该程序直接影响的人应该根据国内程序获得合理的告知。这一告知必须包括对程序之性质的描述、该程序据以启动的法律权限的声明，以及对任何争议问题的大致描述。第二，"在时间、程序的性质以及公共利益允许时"，在采取任何行政行动前，这些人必须获得合理的机会陈述事实与主张，以支持他们的立场。第三，这些程序必须遵守国内法。该条根据的是NAFTA第1804条。

2004年范本第11条第5款针对审查(review)权与上诉权规定了正当程序义务。具体来说，它要求缔约各方设立与维持司法、准司法或行政仲裁庭或程序，以便进行及时审查，并且在"有正当理由时"纠正涉及条约涵盖事项的最终行政行为。任何此等法庭必须是公正的，独立于行政执法的部门或当局，并且在相关事项的处理结果中不具有任何"重要利益"(substantial interest)。任何缔约一方必须确保，在任何此等法庭或程序中，程序当事方被规定有权利获得合理的机会，根据证据与提交的档案，或者——在国内法规定的情况下——由行政当局编辑的档卷，支持他们的立场或为他们的立场进行辩护。最后，缔约各方应该确保，除国内法规定的任何上诉或进一步复审外，此类决定应该由采取讼争行政行为的部门或当局实施，并约束这些部门或当局的行为。该第5款是以NAFTA第1805条为基础的。

美国—乌拉圭BIT的透明度条款在一些方面修改了2004年范本的表述。第一，该BIT第11条第3款(a)项的标题为"信息的通报与提供"，而不是"信息提供"。标题的变化体现了新插入的第11条第1款(a)项，该项要求缔约各方在最大可能的范围内，向缔约另一方通报该通报方认为可能严重影响BIT运作或实质性地影响缔约另一方在BIT项下利益的任何拟议措施或既有措施。

第二，2004年范本第11条第3款(a)项规定的义务规定于美国—乌拉圭BIT第11条第3款(b)项。正如在2004年范本中出现的那样，该(b)项规定,应缔约另一方的要求,任何缔约方应该及时提供信息,并且对与“请求方认为可能严重影响 BIT 运作或实质性地影响缔约另一方在 BIT 项下利益的任何拟议措施或既有措施”有关的问题做出回应。在美国—乌拉圭 BIT 中,上述所引用的表述被替换为“(a)项规定的任何现有措施或拟议措施,无论该措施是否已经事先通报给缔约另一方”。从字面上理解,援引第 11 条第 3 款(a)项表明第 11 条第 3 款(b)项适用的措施是那些通报方认为可能严重影响 BIT 运作或严重影响缔约另一方在 BIT 项下利益的措施。不过,这一字面解读不可能是一种正确的解读。当然,重要的是请求方对于这些措施所产生影响的理解。可以说,相互援引只是旨在提及影响条约运作或请求通报方的利益的措施的特征。

第三,2004 年范本第 11 条第 3 款(b)和(c)项——关于第 11 条规定的通报——在美国—乌拉圭 BIT 中被重新编目为第 11 条第 3 款(c)、(d)项,并且它们的文本被做了修改,以便它们可以适用于第 11 条第 3 款(a)项下的通报。

第四,第 11 条第 4 款(a)项被做了修改,据此缔约一方有义务向“缔约另一方的人”通报影响他们的某些程序。2004 年范本要求缔约一方把此类程序通报给缔约另一方的涵盖投资或投资者。美国—乌拉圭 BIT 的表述较之 2004 年范本的表述更为可取,这是因为,“涵盖投资”包括从字面上看无法进行通报的资产。此外,美国—乌拉圭 BIT 的表述从文体上看符合第 11 条第 4 款(b)项,后者提及“那些人员”(such persons)。2004 年范本的表述类似地提及“那些人员”,但在提及“人员”(persons)时没有先行词。

美国—乌拉圭 BIT 包含了其他一些很细微的文体上的变化。在该 BIT 第 11 条第 1 款(b)项,2004 年范本中的“contact point(s)”成为“contact points”。在该 BIT 中,2004 年范本第 11 条第 4 款经由在起始处后插入了“that”而被做了修改。美国—乌拉圭 BIT 第 11 条第 5 款(c)项提及的是“负责”(responsible for)讼争行政行为的部门或当局,而 2004 年范本提及的则是与讼争行政行为“有关”(with respect to)的部门或当局。美国—乌拉圭 BIT 只是澄清了该条款的含义。

较之 2004 年范本,美国签署的 FTAs 的透明度章更接近于美国—乌拉圭 BIT,但如前所述,美国—乌拉圭 BIT 本身与 2004 年范本之间只存在细小的差别。这些 FTAs 之所以不同于美国—乌拉圭 BIT,原因是,它们使用的是“有关”,而不是美国—乌拉圭 BIT 第 11 条第 5 款(c)项中的对应表述,即

“负责”。这些 FTAs 与美国—乌拉圭 BIT 以及 2004 年范本之间也存在某些共同的差别。比如,这些 FTAs 使用的表述是“本协定”而不是“本条约”。在有关行政程序的条款中,这些 FTAs 提及适用于缔约一方或缔约另一方“特定的个人、商品或服务”措施,这反映了它们作为贸易协定的性质,而美国—乌拉圭 BIT——与 2004 年范本一样——提及了适用于缔约另一方的“特定涵盖投资或投资者”的措施。信息通报与提供条款提及根据“本条”要求的通报与信息,而不是美国—乌拉圭 BIT 以及 2004 年范本中要求的根据“本款”要求的通报与信息。此外,NAFTA、美国—中美洲国家—多米尼加 FTA,以及美国与秘鲁、哥伦比亚签署的 FTAs 包括了许多变化,它们反映的事实是,在起草这些协定时的意图是它们将会是多边的而不是双边的。因此,它们提及的是“另一缔约方”或“缔约各方”,而非“缔约另一方”。

NAFTA 的透明度章——第十八章——与美国—乌拉圭 BIT 的透明度条款间只存在几处细微的差别。第 1801 条提及指定单一联系点,而不是可能的多个联系点,并且它没有被分成几款。在关于事先公布拟议措施的第 1802 条第 2 款中,NAFTA 透明度章提及的是“任何种类的措施”,而不是“[公布条款]提及的任何措施”,这是一个纯粹文体上的差别。在标题为“信息通报与提供”的第 1803 条中,向另一缔约方通报拟议措施的义务限于该另一缔约方“具有利益的事项”,这一表述没有出现于美国—乌拉圭 BIT 中。在表述必须提供信息的措施时,NAFTA 第 1803(2)款避免了在美国—乌拉圭 BIT 出现的造成混淆的交叉援引第 11 条第 3 款(a)项的做法;相反,它规定的是“任何现有或拟议措施”。由于没有对“措施”进行任何形式的限定,因此,这一义务要宽泛于美国—乌拉圭 BIT 规定的义务。NAFTA 没有规定任何请求、通报或信息都应当通过联系点进行。在标题为“行政程序”的第 1804 条中,NAFTA 提及了应该持续、非歧视并且合理地管理“所有普遍适用、影响本协定涵盖事项的措施”的目标。相反,与 2004 年范本一样,美国—乌拉圭 BIT 提及的是“第 10 条第 1 款(a)项所指的所有措施”。进而,NAFTA 把第 1804 条规定的义务适用于公开条款所指的措施,相反,美国—乌拉圭 BIT——在第 10 条第 1 款(a)项已经提及了公开条款——提及的是“那些措施”。这里的差别纯属是文体上的。

美国—新加坡 FTA 的透明度章是第十九章。在该 FTA 第 19.2 条第 2 款——关于联系点——中,其不同之处仅在于使用“communications”,而不是“communication”。第 19.3 条第 2 款把事先公布的义务适用于“任何此类法律、规则、程序以及行政裁决”,“此类”(such)指向美国—新加坡 FTA 中对应于公开条款的条款。然而,与2004 年范本一样,美国—乌拉圭BIT 提及的是“第 10 条第 1 款(a)项所指的任何措施”,而该第 10 条第 1 款(a)项就是公开条款。第 19.4 条——“信息通报与提供”——非常类似于美国—乌拉圭 BIT 中的对应款项。第 19.4 条第 1 款提及“现有或拟议”措施,而非“拟议或现有”措施。在表述必须提供信息的措施时,美国—新加坡 FTA 第 19.4 条第2 款避免了在美国—乌拉圭 BIT 出现的造成混淆的交叉援引第11 条第3 款(a)项的做法,相反,它规定的是“任何现有或拟议措施”,由于没有对“措施”作出任何形式的限定,因此这一义务要宽泛于美国—乌拉圭 BIT 规定的义务。美国—新加坡 FTA 确实增加了一个新脚注,即 19 - 1,该脚注规定“为了更加明确,最终行政行为的纠正包含把相关行动退回采取该措施的机构以便进行纠正”。

除了没有规定通知义务只适用于“对该事项具有利益”的缔约一方;并且(不重要地)把关于联络点的条(article)细分为款(paragraph),美国—智利 FTA 的透明度章——第二十章——遵循了前述 NAFTA 的表述。在标题为“复审与上诉”的第 20.5 条中,该 FTA 提及的是单数形式的“部门”(office)或“当局”(authority),而 NAFTA、美国—乌拉圭 BIT 以及 2004 年范本使用了复数形式的“部门”或“当局”。在同一条款中,美国—智利 FTA 提及的是“作为决定的主题事项”的行政行为,而不是“讼争”行政行为。这些差别只是文体上的。

与美国—乌拉圭 BIT 相比,美国—澳大利亚 FTA 的透明度章——第二十章——有一些细微的文体上的变化。比如,该 FTA 第 20.1 条第 2 款提及的是“缔约一方的联络点”,而不是“联络点”。在关于信息通报与提供的第 20.3 条第 2 款中,在描述必须提供信息的措施时,该 FTA 采取了 2004 年范本的表述,而不是美国—乌拉圭 BIT 采取的造成混乱的相互援引以及 NAFTA、美国与新加坡、智利签署的 FTAs 中较为扩张性的表述。不过,美国—澳大利亚 FTA 增加规定,无论相关措施是否事先已经向请求通报方做出了通报,被请求方仍然负有提供信息的义务。这一表述没有出现于 2004 年范本,因为该范本没有规定告知要求。在第 20.3 条第 4 款,“措施”变成了“争议措施”,这是一种纯粹文体上的变化。在关于“行政机关流程”(Administrative Agency Processes)的第 20.4 条中,美国—澳大利亚 FTA 用“与本协定涵盖的任何事项相关的法律、规则以及普遍适用的行政裁决”取代了通过交叉援引提及公开条款所指的措施，这当然也正是美国—乌拉圭BIT与2004年范本中交叉援引的表述。在同一条款中，美国—澳大利亚FTA做出了一些改动，这些改动是指相关表述的被动时态转化成为主动时态，这是一种文体上的完善。虽然美国—乌拉圭BIT与2004年范本提及了特殊情形下相关措施的适用，但美国—澳大利亚FTA提及的是特殊情形下相关措施“通过裁判、规则制定、许可、确认以及批准程序”的适用。“流程”取代了“程序”，提及“程序”被替换为提及“一个机构的流程”。提及根据“国内”法的程序变成提及根据“它的”(its)法律程序。美国—澳大利亚FTA针对第20.4条增加了脚注20-1，该脚注规定“为了消除疑虑，‘在任何可能时’不应当被解释为要求缔约一方为缔约另一方的人员、货物或服务提供优于该缔约另一方提供给本国国民、货物或服务的待遇”。在共同第20.5条——“复审与上诉”——中，2004年范本与美国—乌拉圭BIT规定，缔约各方“制定与维持”某些程序，美国—澳大利亚FTA只规定“维持”，从而消除了任何关于此类程序事前尚不存在的含意。新的脚注20-2规定，“为了避免疑问，‘复审’只在缔约一方的法律有此规定时才包括实体(重新)复审”。在第20.5条第2款(b)项中，提及“国内法”变成了提及“缔约一方的法律”。在第20.5条第3款中，提及“它的国内法”变成了“它的法律”。

美国—摩洛哥FTA的透明度章——第十八章——与美国—乌拉圭BIT的透明度条款有很大的不同。该FTA没有联络点条款。在要求事先公布的第18.1条第2款中，该FTA增加了一个限定，即义务“在[任何缔约方]的宪法框架内”。针对同一条款，该FTA增加了脚注1，该脚注规定“为了更加明确，缔约一方可以通过诸如在国内发行的杂志上公布拟议措施或者在因特网上把拟议措施公布给公众等机构满足这一要求”。在描述那些必须事先公布的措施时，第18.1条第2款提及的是“任何此类措施”，而美国—乌拉圭BIT以及2004年范本提及的是“第10条第1款(a)项所指的任何措施”，这只是一种文体上的差别。在标题为“信息通报与提供”的第18.2条中，美国—摩洛哥FTA省略有关规定通报、请求与信息应该通过联络点提供的款项，以及任何通报与信息不影响该措施是否违反本协定的款项。在描述其相关信息需要被提供的措施时，美国—摩洛哥FTA采取了修改版的2004年范本的表述，而不是美国—乌拉圭BIT中采取的造成混乱的交叉援引或者NAFTA、美国与新加坡、智利签署的FTAs中更加扩张性的表述。这一修改的结果是扩大了义务，原因是，为了使某项措施属于该条款的范围之内，该项措施必须是可能“影响”而非“重要地影响”协定的实施,或者可能“影响”而非“重要地影响”协定项下缔约方的利益。美国—摩洛哥 FTA 进一步规定,无论相关措施是否事先已经向请求通报方做出通报,被请求方仍然负有提供信息的义务。这一表述没有出现于 2004 年范本,因为该范本没有规定通报要求。在关于行政程序的第 18.4 条中,美国—摩洛哥 FTA 规定了应该一致、非歧视并且合理地实施“普遍适用且影响本协定涵盖事项的所有措施”的目标。与 2004 年范本一样,美国—乌拉圭 BIT 提及的是“第 10 条第 1 款(a)项所指的所有措施”。进而,美国—摩洛哥 FTA 把第 18.4 条规定的义务适用于公布条款提及的措施,而美国—乌拉圭 BIT 提及的是“这些措施”,由于第 10 条第 1 款(a)项已经提及了公布条款。这一差别纯粹是文体上的。美国—摩洛哥 FTA 规定相关通报应该根据“缔约一方的”程序而非“国内”程序进行,同时这些程序要符合“缔约一方的”法律而非“国内”法律。在标题为“审查与上诉”的第 18.4 条中,美国—摩洛哥 FTA 规定,“在法律规定时”而非“国内法规定时”拥有获得案卷的权利(a right to a record)。类似地,提及“国内法规定”的上诉权被修改为提及“其法律规定”的上诉权。在提及涉及争议行政行为的“offices”(部门)或“authorities”(当局)时,美国—摩洛哥 FTA 则把上述词语改成了单数形式,可以认为这是一个文体上的变化,因为此前在援引上述术语时已经采用了单数形式。

除了把第 18.1 条——标题为“联系点”——细分为几款,美国—中美洲国家—多米尼加 FTA 的透明度章——第十八章——遵循了上述 NAFTA 中的表述。此外,与在美国—摩洛哥 FTA 一样,在该 FTA 的复审与上诉条款——第 18.5 条——中,“office”(部门)与“authority”(当局)都被改成了单数形式。

美国与秘鲁、哥伦比亚签署的 FTAs 的透明度章却规定于第十九章,它们遵循了美国—中美洲国家—多米尼加 FTA 中的表述。

美国—阿曼 FTA 的透明度章——第十八章——包括了一些在其他 FTAs 中出现的变化。它没有规定联络点条款。在关于公布的第 18.1 条第 2 款中,提及的是“任何此等措施”,而不是“第 10 条第 1 款(a)项所指的任何措施”,这是一个纯粹文体上的变化。在标题为“行政程序”的第 18.3 条中,它采纳了最早出现于 NAFTA 中的,同样也是文体性的改动。在同一条中,美国—阿曼 FTA 要求根据“缔约一方”的程序而非“国内”程序进行告知,并且程序应该遵循“它的”(its)法律而非“国内”法律。这些变化类似于在美国与澳大利亚、摩洛哥签署的 FTAs 中出现的变化。在标题为“审查与上诉”的第 18.4 条中，美国—阿曼 FTA 在提及“任何此类法庭或程序”中删除了“任何”，这是一个纯粹文体上的变化。在提及根据“它的国内法”（its domestic law）获得行政案卷时，美国—阿曼 FTA 删除了“它的国内”（its domestic）。同一条中的“office”（部门）和“authority”（当局）都采取了单数形式。不过，美国—阿曼 FTA 中最大的变化出现于规定信息通报与提供的第 18.2 条中。该条没有包括美国—乌拉圭 FTA 的透明度条款全部四款中的三款，它只有一款，要求在应要求时提供信息。与美国签署的多数 FTAs 一样，它适用于“任何拟议措施或现有措施”。有意思的是，虽然美国—阿曼 FTA 其实并没有规定通报义务，但它规定“无论该措施是否事先已经向缔约另一方做出了通报”，该义务依然存在。

在任何已经发布裁决的仲裁中，透明度条款都没有成为讼争主题。

第九节 金融服务透明度条款

2004 年范本的金融服务条款——第 20 条——针对金融服务规制规定了特别的透明度条款。该条款最早出现于美国签署的 FTAs 的金融服务章中。

具体来说，2004 年范本第 20 条第 6 款规定，缔约各方应当“在可行的范围内”事先公布其拟定采取的普遍适用的涉及金融服务的任何法规，并且向任何利害关系方以及 BIT 的缔约另一方提供合理的机会对这些拟定措施做出评论。尽管有第 11 条第 2 款——该款是一般透明度条款中的公布条款，但第 20.6 条的要求仍然存在。

金融服务的透明度条款紧密遵循了 2004 年范本第 11 条第 2 款的表述，该第 11 条第 2 款要求公布任何涉及被 BIT 所涵盖之事项的普遍适用的法律、规则、程序、行政裁决，并且提供合理的评论机会。直言之，第 11 条第 2 款处理的是涉及条约涵盖的任何事项的拟定措施，而第 20 条第 6 款则是用类似的措辞处理涉及金融服务的拟定法规。二者间的一个差别是，第 20 条第 6 款要求在“可行（practical）的范围内”公布并提供合理的评论机会，而第 11 条第 2 款要求“在可能（possible）的范围内”。这一表述上的差别似乎是由于这样的事实，即第 20 条第 6 款和第 11 条第 2 款在 FTA 中的前身分别规定在非常冗长的协定的不同章节中,并且是美国国内不同部门的主要关切对象。每个部门都会采用他们偏爱的表述,这样就出现了两个措辞不同的款项。第20条第6款也适用于拟定法规,而第11条第2款则适用于拟定措施——一个更宽泛的术语。

美国—乌拉圭BIT的金融服务透明度条款——第20条第6款——与2004年范本中的对应条款是一样的,但在援引第11条第2款后删除了带括号的标题,即“透明度—公开”。

美国签署的FTAs的金融服务透明度条款规定于这些协定的金融服务章中。虽然2004年范本的金融服务透明度条款只有简单的一款(paragraph),这些FTAs则是在金融服务章中用长长的一条(article)规定透明度。因此,FTAs在金融服务规制方面规定了一系列更详细的透明度义务。这些义务中包含有与2004年范本中的条款相对应的。除了三个不重要的方面外,FTAs中的金融服务透明度条款整体上遵循了2004年范本中的表述。第一,它们要求公布的是涉及“本章主题”(the subject matter of this Chapter),而非“金融服务”的法规。第二,它们规定,它们“取代”(in lieu of)透明度章中的公开条款,而2004年范本的表述使用的是“尽管”(notwithstanding)有BIT透明度条款第2款的规定。第三,它们在金融服务透明度条款的两项间加入连接词“和”(and),这只是确认了2004年范本中的含义。美国—新加坡FTA第10.11条第2款、美国—智利FTA第12.11条第2款以及美国—摩洛哥FTA第10.11条第2款与2004年范本中的表述是一样的。美国—澳大利亚FTA第13.11条第3款以及美国与阿曼、秘鲁、哥伦比亚签署的FTAs共同第12.11条第3款要求也要公开拟议法规的目的。美国—中美洲国家—多米尼加FTA第12.11条第2款以及美国与秘鲁、哥伦比亚签署的FTAs共同第12.11条第3款要求应该向“有利益关系的……缔约方”而不是“缔约另一方”提供评论的机会,这表明缔约方有意使相关协定成为多边协定。后两个FTAs也援引了“该”(the)拟议法规,而不是“此等”(such)法规,这显然只是一种文体上的变化。

从文体上说看,NAFTA的金融服务透明度条款——第1411条第1款——是很特别的。从实质内容上看它在若干细微的方面有别于2004年范本。它适用于普遍适用的“措施”而非“规则”,前者是一个更加宽泛的术语。NAFTA的条款要求那些措施应该事先“被提供”(provided)给所有的“利害关系方”(interested persons),而不是事先公布。NAFTA的表述也规定了这些应当被提供的措施所采取的提供方式。这些方式包括通过官方公布、其他书面形式,或者允许利益方充分地评论拟议措施。

在已经发布裁决的任何仲裁中,金融服务透明度条款尚未成为讼争问题。

第十节 战争与内乱条款

一、BIT 以前的美国实践

早期的 FCNs 规定了敌对期间对外国人财产的保护。典型的条款是禁止在战争期间扣押或没收银行账户上的资金或者缔约一方的个人针对缔约另一方的个人的到期债务。[75] 19 世纪的某些 FCNs 也规定了在"友好交往中断"期间外国人在财产方面有权获得国民待遇。[76] 不过,在两次世界大战期间签署的 FCNs 以及现代 FCNs 中,这些条款被删除了。根据《1954 年共同安全法》[77]签署的某些投资保证协定规定已投保之美国投资者在缔约另一国针对战争损失的赔偿方面享有国民待遇。[78]

二、BIT 范本

1983 年范本——在标题为"针对战争或类似事件引发损害的赔偿"的第 4 条中——针对缔约一方的国民或公司在缔约另一方领土内的投资遭受了可归因于两类事件其中之一的损害规定了某些保护。第一类事件包括东道国与第三国间的战争或其他武装冲突。因此,这一条款不适用于 BIT 的两个缔约方之间的冲突或两个或以上非 BIT 缔约方之间的冲突。提及"武装冲突"确保该条款不会被解释为只适用于正式宣战的情形。第二类包括发

---

[75] See, e. g., 1824 Colombia FCN, supra chap. 2, note 40, Art. Twenty-Fourth; 1825 Central American Federation FCN, supra chap. 2, note 42, Art. 26th; 1832 Chile FCN, supra chap. 2, note 42, Art. 24; 1839 Ecuador FCN, supra chap. 2, note 42, art. 27; 1850 El Salvador FCN, supra chap. 2, note 42, Art. 28th; 1851 Costa Rica FCN, supra chap. 2, note 41, Art. XI; 1870 El Salvador FCN, supra chap. 2, note 40, Art. 27th.

[76] See, e. g., 1851 Costa Rica FCN, supra chap. 2, note 41, Art. XI; 1870 El Salvador FCN, supra chap. 2, note 40, Art. 27th.

[77] Pub. L. No. 83 - 665, 68 Stat. 832.

[78] See, e. g., Exchange of Notes dated May 3, 1957, United States-China, clause C, 8 U. S. T. 753, T. I. A. S. No. 3831.

生在东道国境内的革命、国家紧急状态、暴乱或者恐怖行为。第 4 条第 1 款要求东道国在针对此等损害进行恢复原状、补偿、赔偿以及做出其他处理时，应该向缔约另一方的国民或公司提供国民待遇与最惠国待遇中的较优者。

BIT 的战争与内乱条款不要求必须支付赔偿。相反，它只是要求，涵盖投资者在东道国制定——如果有的话——的任何赔偿计划时应该被给予国民待遇与最惠国待遇。换言之，这一条款只是复制第 2 条规定的一般性国民待遇与最惠国待遇中的一部分保护。此外，美国认为，在针对由于战争或内乱导致的损害赔偿方面，习惯国际法要求给予非歧视待遇。[79] 因此，这一要求也隐含于第 2 条的要求，即投资应该获得不低于习惯国际法要求的待遇。这一条款是 BIT 范本，尤其是 1983 年范本，在制定过程中过度谨慎的绝好例证。

1983 年范本第 4 条第 1 款的适用不受造成损害的人员或实体的身份的影响。不过，当东道国不支付赔偿是东道国维护公共秩序或保护该国根本安全利益的必要措施时，东道国被免除本条款规定的义务。

1983 年范本第 4 条第 2 款要求在两种具体情形下要给予赔偿。第一种情形是，损害是由东道国的武装力量或政府机关征用财产造成，第二种情形是，损害系由于东道国的武装力量或政府当局损害财产造成，并且损害不是在战斗造成的或者为"形势危急"所必须。第 4 条第 2 款规定，在上述任何一种情形下，应该根据征收条款进行赔偿或恢复原状。直言之，赔偿必须充分、及时、有效。

根据美国的观点，对非因战斗或形势危急而被政府的武装力量和当局征收或损毁的财产支付赔偿是习惯国际法的要求。[80] 因此，这一隐含于第 2 条规定的更为一般性的要求，即必须根据国际法条款对待投资，也隐含于第 3 条有关针对夺取(taking)给予充分、及时、有效赔偿的一般要求中。

1983 年范本第 4 条第 2 款描述的两种情形与第 4 条第 1 款规定的更为一般的情势是不同的，这不只是因为前者要求支付赔偿，也体现在其他方面。虽然第 4 条第 1 款规定国民待遇与最惠国待遇的适用不考虑是谁造成

---

[79] *Methanex v. United States*, Amended Statement of Defense, 161 – 162. *See also Standard Oil Co.* (U. S. v. Germany), 2 R. I. A. A. 781, 794 – 795 (1926).

[80] See, e. g., Louis Sohn and Richard Baxter, "Model Convention on International Responsibility of States for Injuries to Aliens", Art. 9, 55 Am J. Int'l L. 545, 551 (1961); V Green Hackworth, Digest of International Law 682 – 706 (1943); Gudgeon, supra chap. 2, note 66, at 128, n. 83.

了损害,但第4条第2款规定的赔偿义务只有在征用或损害系由东道国的武装力量或政府当局实施时才适用。当然,如果这些私人代表或者在国家武装力量或政府当局指令下行事,或政府武装力量或政府当局在接受了被征用财产的收益后认可该私人当事方的行为,那么,私人当事方实施的征用或毁损也会被第4条第2款涵盖在内。

另一个表述——规定于1983年范本第4条第3款——要求任何根据战争或内乱条款支付的赔偿、补偿或和解金额应该可以自由转移。这一额外的表述实质上是多余的,因为汇兑条款宽泛到足以要求财产损害的赔偿应该是可以自由汇兑的。

战争与内乱条款规定于1984年范本第3条第3款,它紧接在征收条款之后。因此,它不再是单独的一条。该第3款在几个方面修改了1983年范本中的对应条款。其中最明显的是,由于BITs的其他条款也规定了类似义务,出现于1983年范本第4条第2、3款的条款被认为没有必要因而在1984年范本中被删除了。[81] 1984年范本只保留了国民待遇与最惠国待遇要求。不过,即便是这些相对待遇标准在1984年范本中也被做了修改。

第一,1984年范本明确了该条款只适用于在东道国领土内部遭受的损失,但它不限制内乱的行为必须发生在什么地点。1983年范本已经规定内乱行为必须发生在东道国领土内,但没有规定损失发生的地点。为了实施上的便利,1983年范本的做法有很多值得赞赏的地方。一般来说,相较于确定无形财产权的损失或减少,确定暴力行为的领土位置似乎更为容易。

第二,1984年范本没有要求战争或其他武装冲突必须发生在东道国与第三国之间。换言之,1984年范本的条款适用于第三国与第四国之间,或者两个BIT缔约方之间的武装冲突行为。

第三,1984年范本要求在针对武装冲突或内乱造成损失而采取的任何措施方面给予国民待遇或最惠国待遇。较之1983年范本中的"恢复原状、补偿、赔偿以及其他适当的和解",这一表达方式更加宽泛,当然也更精简。

第四,在1984年范本中,第1款规定的内乱类型的清单被稍微做了精简。不过,1984年范本在精简后的清单后插入了"类似事件"。由于1983年范本中的清单没有包括这一更广泛的表述,因此可以认为1984年范本中的清单较之以往范本更加宽泛。

---

[81] Panama BIT submittal letter, at IX.

除了1992年范本纠正了一个印刷错误,即文本第一行中由于疏忽插入了“该(the)”,战争与内乱条款在1987年、1991年以及1992年范本中没有发生变化。它规定于所有这三个范本的第3条第3款。

1994年范本把战争与内乱条款移动至新的第4条。该条约的表述被做了修改,据此它适用于“涵盖投资”而非“投资”,这一变化是1994年范本的特点,它只是澄清了以往隐含的含义。要求对损失赔偿给予国民待遇与最惠国待遇的表述——规定于第4条第1款——被转变为主动时态,这一变化是1994年范本的一个特点。相关表述在被简化的同时没有影响该条款的实质内容。

新的第4条第2款规定,当战争或内乱导致的损失系由于缔约一方的武装力量或政府当局征用了全部或部分投资,或当损失系由于缔约一方的武装力量或政府当局在非形势危急情形下毁损了全部或部分投资时,缔约各方应该给予损失恢复原状或赔偿。在使用赔偿代替恢复原状时,该赔偿必须遵循有关征收的第3条第2段至第4段的规定。这些款项规定了充分、及时、有效赔偿要求。因此,1994年范本恢复了在1984年范本中被删除的条款,但表述被做了大幅度修改。

在BIT范本恢复这一表述是在*American Manufacturing and Trading v. Zaire*案中相关诉求被提请仲裁的结果。该诉求——首次根据美国签署的BIT诉诸仲裁——于1993年1月被提请仲裁,它涉及对刚果军队的一些士兵的暴力行为造成损害提出的指控。美国谈判人员也知悉根据BIT提交给投资者——国家仲裁的第一个指控,即*AAPL v. Sri Lanka*案——该案根据英国—斯里兰卡BIT提起并已经于1991年作出裁决——也是源于军事敌对行为导致了投资毁损。这些指控表明,投资确有可能被东道国武装力量毁损,因而明确地保护在此种情形下的投资是重要的。

2004年范本把战争与内乱条款纳入标题为“最低待遇标准”的第5条。因此,该条款不再作为单独一条(article)加以规定。

1994年范本中规定的在与损失有关的措施方面给予国民待遇与最惠国待遇的义务——现在规定于2004年范本第5条第4款——被做了修改。新的表述要求缔约各方向缔约另一方的投资者以及涵盖投资给予非歧视待遇。两个变化值得注意。第一,新的表述保护投资者与涵盖投资,这与以往的表述只保护涵盖投资是不同的。第二,新的表述要求给予“非歧视待遇”而不是国民待遇与最惠国待遇,但根据以往范本,这不表明新的表述体现了一种政策上的变化,而只是一种精简语言的努力。2004 年范本也缩短了适用战争与内乱条款的事件的清单。在以往范本中,这一清单包括战争或其他形式的武装冲突、革命、国家紧急状态、叛乱、内乱以及类似事件。新的清单只是简单地规定“武装冲突或内乱”。这一变化看来也是代表了精简表述的努力,而不是表明含义方面的变化。2004 年范本也规定,该条款适用于“[缔约一方]采取或维持的措施”。1994 年范本规定适用于“措施”,它默示地认为这些措施是缔约一方采取或维持的措施。

2004 年范本增加了一项例外新条款并由此引发了一个变化。具体来说,2004 年范本第 14 条第 5 款(b)项其中规定,第 3 条规定的国民待遇和第 4 条规定的最惠国待遇不适用于缔约一方提供的补贴或补助,包括政府支持的贷款、担保与保险。从措辞上看,第 14 条第 5 款(b)项没有针对第 5 条创设任何例外。尽管如此,出于谨慎的考虑,范本起草者在第 5 条第 4 款插入了相关表述,该表述明确规定,尽管有第 14 条第 5 款(b)项的规定,但获得非歧视性待遇的权利仍然存在。起草者希望确保涉及因战争或内乱造成损害而采取措施的非歧视义务能够适用于政府奖励与补助,包括贷款、担保与保险。不过,2004 年范本第 5 条第 6 款针对关于补贴或补助的现行措施——它们不符合规定一般性国民待遇义务的第 3 条——创设了一项例外。换言之,在涉及补助或与补贴的现行措施方面,2004 年范本为战争与内乱条款项下的国民待遇义务创设了一项例外。这一例外出现于 NAFTA 中,并且此后作为维持 BITs 与 FTAs 之间的一致性的组成部分而被纳入 2004 年范本。比如,根据该条款,针对诸如 2001 年世界贸易中心恐怖攻击的现行赔偿计划不适用第 5 条第 4 款规定的义务。

此前在 1994 年范本第 4 条第 2 款中要求对征用或毁损的投资恢复原状或给予赔偿的表述被放在 2004 年范本第 5 条第 5 款。文字被做了大幅改写,但只有一处改动是重要的。具体来说,2004 年范本规定第 5 条第 5 款适用于投资者遭受的损失,并且应该对投资者恢复原状或给予赔偿。而以往的范本只规定在投资遭受损失时有权要求恢复原状或给予赔偿。第 5 条第 5 款的新表述——包括提及投资者——是基于,但不完全等同于 OECD 的 MAI(草案)中的对应条款。

一个更好的做法可能是把第 5 条第 5 款同时适用于涵盖投资与投资者。征用或毁损投资的组成部分可能不会给投资者造成损失,或者投资者的损失较之投资的损失更加难以证明。不过,目前的表述表明,根据第 5 条第 5

款,只有投资者遭受的损失才可以获得赔偿。因此,可以认为所有第 5 条第 5 款项下的诉求都必须由投资者自行提起,即便直接遭受损失的是投资,这意味着东道国避免了第 34 条第 2 款项下向投资支付赔偿的义务。由于第 5 条第 4 款同时适用于投资者与涵盖投资,第 5 条第 5 款也应该如此。

2004 年范本增加了一个但书,即"尽管"(notwithstanding)存在第 5 条第 4 款——该条旨在防止提出这样一种主张,即把该款中的相对待遇标准解读为减损了第 5 条第 5 款规定的绝对待遇标准的主张,这一关切让人感到纳闷,因为条约中的任何其他地方都不存在相对待遇标准会减损绝对待遇标准的关切。不过,类似的但书已经出现于 MAI(草案)的对应条款中。2004 年范本也恢复了 1983 年范本使用的做法,因为要求赔偿的第 5 条第 5 款再次交叉援引非歧视条款,以至于只有把前者与后者联系在一起时才能理解其含义。MAI(草案)也采取了这一做法。

第 5 条第 5 款的最后一段规定,"任何赔偿应当符合第 6 条[征收和赔偿]第 2 款至第 4 款规定——准用(mutatis mutandis)——的充分、及时、有效标准"。所引用的款项详细规定了东道国在发生征收情形下的赔偿义务。由于这三款规定的义务至少与充分、及时、有效标准一样严格,因此明确增加该标准似乎不会改变所提供的保护,但它是一个语体上的完善,由此明确了赔偿应该充分、及时、有效,并且使征收条款与战争与内乱条款实现了语言上的对称性。明确援引充分及时有效赔偿标准和相互援引征收条款的某些部分也规定于 MAI(草案)的相应条款中。短语"准用"反映了这样的事实,即根据第 5 条第 5 款,征收条款确立的原则被适用于投资的征用或毁损,而不是第 6 条规定的投资征收。比如,东道国可以征用财产以便暂时使用,然后返还,从而排除了投资者提出征收诉求,但其仍然可以根据第 6 条第2 ~ 4 款要求东道国给予赔偿。

三、已经签署的 BITs

美国与潜在的 BIT 伙伴国很容易就战争与内乱条款进行谈判。没有一个与美国签署 BIT 的国家拒绝规定战争与内乱条款,或试图对该条款做出重大修改。所做出的改动通常集中于该条款适用的事件之清单,比如战争与叛乱。在某些情形下,美国的 BIT 伙伴国试图纳入其与美国之间的 BIT 主要依据的范本之外的其他范本中的表述,这一要求通常会获得美国的接受。

美国—民主刚果 BIT 第 4 条实际上稍微扩大了 1983 年范本提供的保护。具体来说,第 4 条第 2 款中提及的财产毁损系“形势危急所要求”被删除了。因此,根据该 BIT,形势危急导致的毁损是可以获得赔偿的,而这一毁损在 1983 年范本项下是不能获得赔偿的。具有讽刺意味的是,根据美国签署的 BIT 提起诉求的第一起案件,即针对民主刚果的 *American Manufacturing and Trading v. Zaire* 案,根据的就是战争与内乱条款。此外,该 BIT 第 4 条第 3 款规定,本条项下赔偿的自由汇兑应该“遵循”汇兑条款,由此明确了所规定的内容。类似的表述已经出现于基于 1982 年范本的某些谈判文本中。

除了 1983 年范本第 4 条第 1 款做了若干细微的文体性变化,美国—塞内加尔 BIT 第 4 条遵循了 1983 年范本。除了从 1983 年范本第 4 条第 1 款适用之事项的清单中删除了“恐怖行为”的表述,美国—海地 BIT 第 4 条采纳了 1983 年范本中的表述。

美国—孟加拉国 BIT 第 4 条也遵循了 1983 年范本的表述。不过,该 BIT 的议定书第 5 段规定,该 BIT 的条款无意适用于任何涉及条约生效前发生的损失的诉求。议定书的表述是应孟加拉国的要求插入的,旨在排除基于 1971 年战争与相关内乱——促使孟加拉国独立——造成的损害的赔偿请求。[82] 此外,与美国—民主刚果 BIT 一样,美国—孟加拉国 BIT 第 4 条第 3 款规定,任何根据战争与内乱条款给予的赔偿的自由汇兑必须遵循汇兑条款。这一改动的效果是澄清了自由汇兑的方式,而没有认为战争与内乱条款适用该 BIT 的议定书针对销售或清算所得规定的可自由汇兑之例外。这一改动是源于孟加拉国的请求,旨在消除汇兑条款与征收条款之间在基于征收之所得的可汇兑性方面存在的累赘。一旦汇兑条款没有提及征收赔偿后,美国谈判人员就尽力确保在征收与战争与内乱条款中分别保障自由汇兑。

美国—埃及 BIT 第 4 条第 1 款采纳了 1983 年范本中的战争与内乱条款规定的国民待遇和最惠国待遇要求,但有两个细微的改动。第一,该 BIT 条款适用于“投资或回报”的损害,这一表述已经出现于早期的范本中,并且可以说扩大了 1983 年范本对应条款的范围。第二,通过把各种类型之内乱的列举缩减为“内乱或叛乱”,该 BIT 的条款变得更加流畅。不过,这两个术语

---

[82] Bangladesh BIT submittal letter, at Ⅺ.

似乎足够宽泛,因而可以把被删除的术语涵盖在内。此外,该 BIT 遵循了 1984 年范本的做法,即删除了 1983 年范本第 4 条第 2、3 款,这两款分别涉及征用或毁损财产的赔偿以及自由汇兑。

美国—巴拿马 BIT 第 5 条大幅度重写了 1983 年范本中的战争与内乱条款中的国民待遇与最惠国待遇表述,但实质内容没有产生任何变化。该条款适用的事件之清单删除了"叛乱"(revolt)和"革命"(revolution),但保留了更宽泛的术语"暴动"(insurrection)。基于文体方面的原因,巴拿马在一个方面重新拟定了该条款,其意在于删除"恐怖行为"造成的损害。后来,它在排除"恐怖行为"造成的损害的态度方面趋于温和。因此,该 BIT 的独特措辞只是从文体方面进行重新拟定的结果,并无意于使其实质内容发生变化。不过,与美国—埃及 BIT 一样,美国—巴拿马 BIT 效仿了 1984 年范本的做法,即删除了 1983 年范本的第 4 条第 2、3 款。

美国—喀麦隆 BIT 第 4 条遵循了 1983 年范本的表述,但有两处变化。第一,它增加了一个句子,该句子规定缔约双方的一致意见是,对那些自身对其投资遭受损害负有责任的国民或公司不给予赔偿。加入这一句是为了回应这样一个事实,即从字面上解释,1983 年范本可以适用于战争或内乱造成的损害,不论是由哪个当事方或实体造成了损害。这一新增句子体现了美国自身对于战争与内乱条款的意图的理解。[83] 第二,要求对被征用或毁损的财产恢复原状或赔偿被重新表述为要求"恢复原状或充分的赔偿",这一表述已经出现于基于 1982 范本的某些谈判文本中。不过,这一变化不是实质上的,因为这一句接着规定赔偿应该符合征收条款。因此,这一赔偿仍然必须满足第 3 条规定的充分、及时、有效标准。

共有 17 个 BITs 的共同第 3 条第 3 款条采取了与 1984 年、1987 年、1991 年及 1992 年范本中相同的条款。这些 BITs 是美国分别与格林纳达、刚果、突尼斯、斯里兰卡、哈萨克斯坦、罗马尼亚、亚美尼亚、吉尔吉斯斯坦、摩尔多瓦、厄瓜多尔、白俄罗斯、乌克兰、牙买加、爱沙尼亚、蒙古、拉脱维亚以及立陶宛签署的。

美国—波兰 BIT 第 7 条第 3 款采纳了 1987 年范本的表述,只有一处文体上的变化:最惠国待遇与国民待遇的表述被简化为非歧视性待遇。除了把该条适用之事件的清单精简为"战争、暴动、内乱或其他类似事件"——这

---

[83] Cameroon BIT submittal letter, at Ⅹ.

些术语似乎足够宽泛以涵盖被删除的术语，美国—土耳其 BIT 第 3 条第 4 款采纳了 1984 年范本。

美国—摩洛哥 BIT 第 3 条第 5 款遵循了 1984 年范本，但把事件清单精简为“战争或其他武装冲突或内乱”，这一表述也宽泛到足以涵盖删除的术语。它把主张最惠国待遇与国民待遇的权利限定适用于“恢复原状或赔偿”。精简清单是为了回应摩洛哥对于明确提及革命或暴动的敏感性。

美国—俄罗斯 BIT 在第 3 条第 3 款对战争与内乱条款做了几处文体上的变化。“其他类似事件”被修改为“其他类似情形”。并在“内乱”后插入了一个逗号。使用“非歧视性待遇”取代了更加繁琐的规定给予国民待遇或最惠国待遇中更优者的表述。最后，缔约一方采取的与损失有关的“任何措施”被修改为“恢复原状、补偿、赔偿或任何其他措施”。上述变化完全没有影响条约的实质内容。

美国与捷克、斯洛伐克以及保加利亚签署的 BITs 中的战争与内乱条款分别规定于第 4 条、第 4 条以及第 3 条第 3 款，它们是以 1991 年范本的表述为基础的。“缔约另一方给予的待遇……不低于其给予本国国民或任何第三方国民或公司的待遇中的较优者”被修改为“该缔约另一方给予非歧视性待遇”。这些 BITs 的共同第 1 条第 1 款(f)项把“非歧视性”待遇界定为一种至少同国民待遇与最惠国待遇中较优的待遇一样的待遇。因此，修改战争与内乱条款表述无意于修改该条款的实质内容。

除了要求把最惠国待遇或国民待遇的表述——“待遇中最优惠者”——修改为“待遇中更优者”，美国—阿根廷 BIT 的战争与内乱条款——规定于第 4 条第 3 款——与 1991 年范本的表述是一致的。这一改动只是从语法上纠正了表述。该 BIT 也纠正了 1991 年范本中的一处印刷错误，即出现于该条款第一行的多余的“这一”(the)。

共有 8 个 BITs 的战争与内乱条款——规定于共同第 4 条——采纳了 1994 年范本的表述。这些 BITs 是美国与乌兹别克斯坦、洪都拉斯、尼加拉瓜、克罗地亚、阿塞拜疆、玻利维亚、萨尔瓦多以及巴林签署的。

两个 BITs——即美国—特立尼达和多巴哥 BIT 和美国—阿尔巴尼亚 BIT——的战争与内乱条款与 1994 年范本中的表述是一样的，除了该条款所在的第 4 条在开头时加入了全部使用大写英文首字母的标题，即“战争或类似事件的损害赔偿”。

两个 BITs 采纳了 1994 年范本的表述，但做了若干细微的文体上的改动——这是这两个 BITs 的特征。美国—约旦 BIT 第 4 条使用“缔约方”替代了“当事方”——这是个不具有实质内容的改动，而美国—莫桑比克 BIT 第 4 条使用“本条约项下涵盖投资”——这一表述使用于该 BIT 全文中——替代了“投资”。美国—约旦 BIT 也加入了全部使用大写英文首字母的标题，即“战争或类似事件的损害赔偿”。

除了插入“该”(such)用于限定“投资”——这是一个纯粹文体的变化，美国—格鲁吉亚 BIT 第 4 条采纳了 1994 年范本中的表述。

除了删除被援引的条款的标题——这一语体变化是美国—乌拉圭 BIT 的特征——以外，美国—乌拉圭 BIT 的战争与内乱条款——第 5 条第 4 ~ 6 款——与 2004 年范本的表述是一样的。

四、已经签署的 FTAs

NAFTA 的战争与内乱条款——规定于第 1105 条第 2、3 款——与 2004 年 BIT 第 5 条第 4 款的表述非常类似，而该第 5 条第 4 款是 2004 年 BIT 的战争与内乱条款的非歧视待遇组成部分。质言之，NAFTA 删除了对征收投资或者在某些情况下毁损投资给予赔偿的要求，而只要求东道国在选择采取或维持任何措施时给予非歧视待遇。与 2004 年范本一样，NAFTA 第 1105 条的表述——在第 3 款——把有关补贴或补助的任何现行措施排除在外。NAFTA 的表述也规定，它不损害要求给予符合国际法的待遇的第 1105 条第 1 款。如上所述，针对战争或内乱导致的损失，习惯国际法规定了某些义务，NAFTA 表述明确了战争与内乱条款不得减损这些义务。这符合美国对于所有 BITs 与 FTAs 的理解。

美国签署的其他 FTAs 实质上遵循了 2004 年范本的做法。一个文体上的差别就是这些 FTAs 在相互援引相关条款时没有包含相应的标题。

美国—智利 FTA 的战争与内乱条款——出现于第 10. 4 条第 4 ~ 6 款——使用了与 2004 年范本相同的表述，除该 FTA 第 10. 4 条第 5 款要求“恢复原状或赔偿”，而 2004 年范本要求“恢复原状、赔偿，或者适当时二者合并适用”。2004 年范本的表述只澄清了该 FTA 之表述的意图。类似地，如上文解释的那样，2004 年范本中增加了“准用”，该短语没有出现于美国—智利 FTA。

美国—新加坡 FTA 第 15. 5 条第 4 款规定了非歧视义务，后者是 2004 年范本中的战争与内乱条款的组成部分。除了该 FTA——与 NAFTA 一样——规定非歧视性义务不损害一般的绝对待遇条款，这一表述与2004年范本中的表述基本是一样的。不过，美国—新加坡FTA没有要求对征用或毁损投资给予赔偿的款项。在这一方面，该FTA遵循了1984年、1987年、1991年和1992年范本中的做法。

美国—中美洲国家—多米尼加FTA把战争与内乱条款放在单独的第10.6条，该条的标题为"冲突时的待遇"。该条款遵循了美国—智利FTA中的表述。美国—中美洲国家—多米尼加FTA针对第10.6条第2款增加了一个新脚注，该脚注规定"附件10-D规定的限制适用于根据B节(Section B)提出的指控违反本款的仲裁请求"。附件10-D针对根据战争与内乱条款，针对危地马拉提起的投资者—国家仲裁诉求施加了限制。该附件第1段禁止以违反因武装运动或内乱导致的赔偿义务为由提出诉求。第3段规定，这一限制不损害危地马拉法律规定的其他限制。第2段禁止危地马拉的投资者把针对东道国的武装力量或政府当局毁损涵盖投资的任何赔偿诉求诉诸投资者—国家仲裁。不过，危地马拉投资者针对征收投资提起诉求是被允许的。附件10-D不限制战争与内乱条款的非歧视条款。

美国—澳大利亚FTA把战争与内乱条款移至一个单独的第11.6条，标题为"冲突时的待遇"。并修改了第11.6条第1款的表述，用明确要求给予国民待遇与最惠国待遇的表述取代了提及"非歧视性待遇"的表述，这是一个非实质性的变化。这一变化与2004年以前的范本出现的表述是一致的。

2004年范本的表述被美国与摩洛哥、阿曼签署的FTAs所采用，并规定于共同第10.5条第4~6款。美国与秘鲁、哥伦比亚签署的FTA也采用了2004年范本的表述，但该条款被放在单独的第10.6条，该条标题为"冲突时的待遇"。

五、仲裁实践

战争与内乱条款是第一起根据美国签署的BIT提起的投资者—国家仲裁案件，即*American Manufacturing and Trading v. Zaire*案的主题。该案中，仲裁申请人的投资在内乱中遭到损害。作恶者中包括身着制服的士兵。不过，仲裁庭认为东道国"武装力量"的表述是指有组织的武装力量，而不是自行其是的士兵。因此，不能根据该条款要求民主刚果支付赔偿。正如本书第五章第六节第三目指出的，民主刚果被认为违反了充分的保护与安全条款而要承担责任。

自 1984 年范本开始,战争与内乱条款只要求对由于战争或内乱导致的损害赔偿给予非歧视待遇。在 *CMS Gas Transmission Company v. Argentina* 案中,这一版本的条款成为讼争问题。该案中,阿根廷采取了一系列措施应对 2001 ~2003 年发生的严重经济危机。在非常简要的讨论中,仲裁庭认定,阿根廷的措施对处于类似情形中的投资并没有歧视性。从阿根廷已经区别对待不同的企业——它不能借由经济紧急状况而获得合法性——方面看,仲裁庭认为,更恰当的是把这些区别对待视为违反了公平与公正待遇。在 *LG&E v. Argentina* 案——源于阿根廷在经济危机后采取的措施——中,仲裁庭也认定阿根廷采取的措施"非常全面"(across the board),因此这些措施没有违反战争与内乱条款中的非歧视性要求。在 *Enron v. Argentina* 案——这是第三起源于阿根廷经济危机的案件——中,仲裁庭拒绝了阿根廷提出的主张,即战争与内乱条款为减损 BIT 的其他条款提供了理由,相反它认为该条为东道国在赔偿某些损失方面规定了非歧视义务。

第十一节 税收条款

一、BITs 之前的美国实践

18 世纪以来,税收限制已经规定于 FCNs 中,虽然最早的条款针对的是关税。[84] 要求在税收方面给予国民待遇的表述出现于 19 世纪中期,[85]而后来的 FCNs 规定税收与所拥有的财产应当是成适当比例的。[86]

现代 FCNs 根本上确保了在缔约另一方领土内从事贸易或有偿活动,或者从事科学、教育、宗教或慈善活动的缔约一方的国民或公司在纳税收方面享有国民待遇。[87] 它们进一步确保在任何缔约一方领土内的缔约另一方的

---

[84] Wilson 1960, supra chap. 2, note 53, at 162.

[85] *Id.*, at 163. See also 1851 Costa Rica FCN, supra chap. 2, note 41, Art. Ⅸ; 1867 Dominican Republic FCN, supra chap. 2, note 42, Art. 2; 1870 El Salvador FCN, supra chap. 2, note 40, Art. 29th; 1891 Congo FCN, supra chap. 2, note 46, Art. Ⅰ.

[86] Wilson 1960, supra chap. 2, note 53, at 166.

[87] See, e. g., Japan FCN, supra chap. 4, note 42, Art. Ⅺ(1); Netherlands FCN, supra chap. 5, note 4, Art. Ⅺ(1); Pakistan FCN, supra chap. 4, note 42, Art. Ⅺ(1).

国民或公司在纳税收方面享有最惠国待遇。[88]通过规定税基与在东道国领土内发生的营业数量之间保持合理的关系，另外的表述针对双重征税提供了某些保护，[89]为了避免与避免双重征税的条约间的潜在冲突，现代 FCNs 规定避免双重征税条约优先于这些 FCNs 中的税收条款。[90]

二、BIT 范本

很大程度上是由于美国与某些潜在的 BIT 伙伴国之间存在双边税收条约，BIT 谈判人员决定把税收事项从若干 BIT 条款的适用范围中排除出去。一般来说，BIT 计划在开始时的目标是防止利用税收措施侵害条约在征收与转移方面规定的权利的内容，但没有在税收事项方面规定一般待遇条款和若干其他条款，其中突出的是信息交换条款。国民待遇与信息交换条款尤其被认为最有可能与美国签署的双边税收条约发生潜在冲突。[91]

1983 年范本的税收条款规定于第 11 条，标题为"税收"。第 11 条第 2 款规定，BIT 条款尤其投资者—国家和国家—国家争端条款只在条约的三个部分适用于税收事项。1983 年范本可以适用的第一个税收事项是征收。1983 年范本中的征收条款明确规定"征税"是一种可能等同于征收的措施。在发生这一情形时，税收措施要遵循征收条款的规定。此外，任何把征收条款适用于税收措施引发的解释或适用争端可以提交给投资者—国家或国家—国家争端条款进行仲裁，只要该争端属于这些条款的适用范围内。

1983 年范本可以适用的第二个税收事项是汇兑。直言之，东道国不能利用税收措施阻碍与投资有关的支付的自由汇兑。汇兑条款第 3 款确实授权为所得税之目的进行税款扣缴。与发生征收情形一样，投资者提出的税收措施损害了自由汇兑权利的指控可以根据投资者—国家或国家—国家争端解决条款提请仲裁，如果该争端属于这些条款的适用范围之内。

1983 年范本可以适用的第三个税收事项是投资协议或投资授权的遵守与执行。直言之，认为东道国的税收法律违反了投资协议或投资授权的投

---

[88] See, e. g. , Japan FCN, supra chap. 4, note 42, Art. XI(3); Netherlands FCN, supra chap. 5, note 4, Art. XI(3); Pakistan FCN, supra chap. 4, note 42, Art. XI(3).

[89] See, e. g. , Japan FCN, supra chap. 4, note 42, Art. XI(4); Netherlands FCN, supra chap. 5, note 4, Art. XI(4); Pakistan FCN, supra chap. 4, note 42, Art. XI(4).

[90] See, e. g. , Japan FCN, supra chap. 4, note 42, Art. XI(5); Netherlands FCN, supra chap. 5, note 4, Art. XI(5); Pakistan FCN, supra chap. 4, note 42, Art. XI(5).

[91] See Cameroon BIT submittal letter, at XI.

资者可以通过投资者—国家争端条款寻求救济。与此同时,税收条款第 2 款中的另外表述针对投资授权与协议的普遍适用性规定了一个例外。具体来说,有关投资授权或协议适用于税收事项方面引发的争端不在 BIT 的争端解决条款管辖范围,如果这些争端已经受缔约双方间的双边税收条约的争端条款调整。美国缔结双边税收条约的一个主要目的是,设立由相关国家税收当局组成的争端解决机制。虽然美国的税收当局不希望这一机制被 BIT 所取代,但国务院希望能够确保那些寻求执行投资授权或投资协议的投资者能够获得有效的救济。因此,经过妥协,1983 年范本承认了税收事项例外的一个例外情形。当此种争端根据双边税收条约中的争端解决条款进行解决但在合理期间内未获解决时,该争端可以提交给 BIT 项下的仲裁进行解决。通常来说,税收争端是通过相互合意的程序,由缔约双方的税收主管机关进行磋商解决的。

根据 1983 年范本,BIT 的所有条款都适用于征收、汇兑以及投资协议与授权的执行。因此,在被指控发生征收时,征收条款并非唯一可以适用的 BIT 条款。争端条款显然是可以适用的,因为 1983 年范本明确规定可以适用。因此,BIT 中的其他条款,比如定义条约术语的条款,或者规定条约义务例外情形的条款,也是可以适用的。

在税收事项方面,除了可以据以获得某些 BIT 保护的特定权利之外,1983 年范本第 11 条第 1 款规定,在税收政策方面,缔约各方在涵盖投资的待遇方面“应该努力赋予公平与公正”。这一款反映了公平与公正的税收政策对于促进外国投资的重要性。不过,使用“应该努力”使这一条款只是敦促性的,而非命令性的。

1984 年范本对 1983 年范本的表述做了实质性修改。提及双边税收条约的争端解决条款的表述被做了修改,由此该条款不只可以适用于涉及投资协议与授权的遵守与执行的争端,也可以适用于涉及征收与汇兑的争端。因此,根据 1984 年范本,可以适用 BIT 的所有税收事项要适用这样一个但书,即针对这些事项援引 BIT 之前,相关争端应该提交给双边税收条约规定的任何可以适用的争端解决条款,在合理的期间内加以解决。

与 1984 年范本中的一般性做法一样,税收条款也被删除了标题。

美国双边税收条约的一个主要目的是,设立一个由相关国家的税收主管部门组成的争端解决机制。根据双边税收条约,税收争端通常是利用相互同意程序,通过缔约双方的税收主管当局之间进行磋商解决的。此种程序具有灵活性，并且成本要低于仲裁，但它不能确保可以解决争端。税收条约网络使不同国家间税收当局间已经形成了协作的传统。美国的税务当局不想这一传统被 BIT 所取代，但国务院则希望投资者拥有不依赖于其母国介入的有效救济。妥协最终达成了。根据 1983 年范本，在涉及声称投资条约或投资授权被违反——这些违反行为不涉及核心 BIT 权利——的诉求情况下，双边税收条约的争端解决条款得到了部分维持。在这些情形下，投资者被要求利用双边税收条约的争端解决条款，由此创设了有效解决争端应该不能依赖投资者母国介入之原则的例外。不过，要求利用税收条约程序只是持续一段合理期间，如果争端在该期间届满后仍然未获解决，则这些争端可以提交给投资者—国家仲裁程序。通过要求在指控违反征收或汇兑条款的案件中也应该在合理期间内利用税收条约争端条款，1984 年范本扩大了双边税收条约的可能的作用。

1987 年、1991 年和 1992 年范本保留了 1984 年范本中的表述。

国务卿解释认为，1992 年范本在三个方面适用于税收事项，如果这些方面不适用税收条约争端解决条款；或者，在适用的情况下，已经根据税收条约争端解决条款提起相关税收事项并且在合理的期间内未获得解决。国务卿进一步解释认为，这三个方面对投资者是重要的，并且税收条约通常不处理其中的两个，即征收性税收以及投资条约与投资授权中的税收条款。[92]

1994 年范本——税收条款规定于第 13 条——体现了一个政策方面的发展。BITs 总是试图把多数税收事项排除 BIT 之外，而 1994 年范本更进一步缩小了 BIT 对于税收事项的适用。首先，它删除了充其量只是敦促性的表述，该表述规定缔约各方在税收政策方面“应该努力”向涵盖投资给予公平与平等待遇。此外，根据 1994 年范本第 13 条第 1 款(a)项，除了征收条款(第 3 条)、投资者—国家争端条款(第 9 条)以及国家—国家争端条款(第 10 条)外，BIT 中的任何其他条款都不能针对税收事项规定义务。不过，即便这些条款也只适用于涉及征收的税收事项。因此，根据 1994 年范本第 13 条第 1 款(a)项，BIT 中能够在税收事项方面规定义务的唯一实体性条款是征收条款。与以往范本相反，1994 年范本中的汇兑条款不再针对税收事项规定义务。这一变化与 NAFTA 是一致的。

除了没有提及汇兑而体现出的反映的适用范围变化外，1994 年范本的

---

[92] See, e. g., Kazakhstan BIT submittal letter, at XII.

新表述旨在澄清税收条款。它明确了 BIT 在税收事项方面规定了两类义务。第一,东道国必须以一种符合征收条款的方式实施征收,并且同意可以把任何征收诉求提交给投资者—国家或国家—国家仲裁程序。第二,东道国应该同意把涉及违反投资协议或授权的任何诉求提交给投资者—国家仲裁程序。那些没有规定义务的条款也可以适用,比如,权利保留条款——它没有规定义务,而只是确保其他法律文件规定的义务不受损害——继续适用于税收事项。类似地,界定条约适用范围的条款,比如定义条款以及规定条约义务适用于政治分支机构的条款,也适用于税收事项。条约的例外条款也是如此。

1994 年范本增加了新的表述——规定于第 13 条第 2 款,根据该表述,只有在投资者已经先把某一税收事项是否涉及征收的问题提交给缔约双方的税收主管机关,并且这些税收当局在投资者提交该问题后的九个月内不能共同认定该事项不构成征收情形下,投资者才可以把这一涉及可能构成征收之税收事项的争端提交投资仲裁。[93] 换言之,投资者必须为 BIT 缔约双方提供九个月的期限,缔约双方在该期间内可以共同认定该税收事项不构成征收。如果双方做出这样的认定,则不能把某一税收事项是否构成征收的问题提交仲裁。如果九个月的期限届满后,缔约双方未就此做出认定,则该问题可以提交仲裁。根据美国缔结的双边税收条约,针对双重征税为纳税人提供的救济是向其母国政府的税收主管当局提出抗议,后者接下来可能与缔约另一方的税收主管当局进行磋商,从而努力避免任何双重征税。就涉及税收的 BIT 违反行为而言,1994 年范本试图在 BIT 中纳入各国税收当局间协作的这一传统。在东道国与母国一致认为投资者提出某一税收事项构成征收属于无效诉求情形下,投资者无权把该诉求提交投资者—国家仲裁。这一变化也背离 BIT 长期奉行的投资争端去政治化——至少要求母国只介入某种有限的投资争端——的政策。

1994 年范本也修改了 BIT 与双边税收条约之间的关系。根据 1994 年范本的新表述——规定于第 13 条第 2 款,把相关争端提交税收主管机关的义务不依赖于可适用的双边税收条约是否生效。只有在提出诉求的国民或公司指控税收事务构成征收时,才适用把争端提交给主管税务当局的义务。因此,投资者—国家争端解决的例外只适用于征收诉求,但其适用不需要是

---

[93] See William W. Park,"Arbitration and the Fisc:NAFTA's 'Tax Veto'",2 Chi. J. Int'l L. 231(2001).

否存在双边税收条约。[94] 此外,唯一要提交给税收当局的问题是,税收事项是否涉及征收。根据以往范本,如果争端在经过合理期间后仍然未获解决,那么,它可以被提交给投资者—国家仲裁。根据1994年范本,如果税收主管机关收到诉求九个月后仍然不能认定税收事项并不构成征收,那么,争端可以被提交投资者—国家仲裁。换言之,投资者必须为BIT双方提供9个月的期限,在该期限内,他们可以共同认定税收事项不构成征收。如果他们做出此种认定,则税收事项是否构成征收的问题不能提交仲裁。如果缔约双方在9个月期限届满时未能做出这一认定,则该问题可以被提交仲裁。

基于税收条款的目的,美国的税收主管机关系指主管税收政策的财政部副部长。根据1994年范本第13条第2款,在与关于征收的机构间人员协调小组(Inter-Agency Staff Coordinating Group on Expropriations)磋商后,副部长才能做出任何认定。

根据1994年范本第13条第1款(b)项,投资者—国家争端条款适用于涉及投资协议或投资授权的税收事项。因此,投资者可以利用投资者—国家争端条款执行与税收事项有关的投资协议或投资授权的条款。投资者不需要指控东道国的税收待遇违反了BIT,只需要指控涉及税收的争端源于投资协议或投资授权,或者与投资协议或投资授权有关。

最后,没有提及双边税收条约的争端解决条款。因此,BIT适用于税收事项不再取决于是否适用双边税收条约的争端解决条款。由于根据1994年范本,只有在征收诉求首先被提交给缔约双方的税收主管机关,并在经过9个月后才可以被提交给BIT项下争端解决机制,因此,这一变化的重要性可能没有看起来的那么大。由于双边税收条约项下争端解决包括税务主管当局之间的磋商,在发生征收情形下,这一要求实际上重复了以往范本中的要求,即必须利用双边税收条约的争端解决条款。不过,差别在于,1994年范本应当允许在9个月内完成磋商,而以往范本规定在合理期间内完成磋商。在税收事项涉及投资协议或投资授权的执行时,1994年范本没有要求应该把这些事项提交给税收主管当局。

因此,在争端解决方面,1994年范本完全推翻了1983年范本的政策。根据1983年范本,双边税收条约的争端解决条款,即缔约双方税收主管机关之间的磋商,只要求被用于解决涉及执行投资协议或投资授权的争端。根

---

[94] See generally William W. Park, "Arbitration and the Fisc: NAFTA's 'Tax Veto'", 2 Chi. J. Int'l L. 231 (2001).

据1984年范本，这一要求被扩大至适用于适用BIT的所有税收事项，这本质上是把涉及征收和转移的争端纳入这一要求。不过，根据1994年范本，涉及执行投资协议或授权的争端被移出到这一要求之外，但涉及征收的争端仍然会遵循这一要求，这就推翻了1983年范本的要求。根据1994年范本，汇兑条款不再适用于税收事项。

1998年，美国修改了1994年范本。1994年第13条第2款被分成新的两款，即第13条第2、3款。在修改过程中，虽然相关表述被做了大幅修改，但实质内容完全没有变化。

2004年范本把税收条款移至第21条，第21条的标题是“税收”，包括四款。

第21条第1款规定，除了税收条款规定的之外，A节（Section A）的任何条款不应当针对税收事项规定义务。B节（Section B）和C节（Section C）继续适用于税收事项，因此，可以援引B节或C节中的任何争端条款执行A节中适用于税收事项的实体性条款，此外，可以利用——虽然只是默示地——B节的投资者—国家争端条款执行任何涉及税收事项的投资协议或投资授权。1994年范本也采用了相同做法：确定的基本原则是，BIT只规定载于税收条款的义务。

2004年范本第21条第2款规定，征收条款，即第6条应当适用于“税收措施”。因此，只有在东道国的行为构成“措施”时，征收条款才能适用于税收事项。第21条第2款保留了这一要求，即投资者只有在争端先提交给缔约双方的税收当局以后才能把税收措施是否构成征收的问题提交给投资者—国家仲裁，除了把9个月期间缩短为180天外，该第2款中没有其他实质性的变化，而现在的表述规定应当以书面形式把这一问题提交给税收当局。一个新的脚注表明了负责税收政策的财政部副部长是美国的税收主管当局，并且也确定了BIT缔约另一方的税收主管当局。

要求诉求人在诉诸仲裁前把争端提交给税收主管机关有两个好处。第一，在诉求缺乏依据的案件中，它使税收主管机关可以在仲裁程序启动前解决这一问题。第二，它使投资者认识到，在他启动仲裁并因此放弃针对被质疑措施的当地救济前，他根据BIT提出的诉求不能继续进行。因此，如果征收诉求被税收主管机关否定，投资者仍然有权在东道国法院提起根据国内法可以提起的任何诉求。这与金融服务条款项下的做法是相反的，在金融服务条款中，在投资者提起诉求后，东道国可以把争端提交金融服务主管机关。如果这些金融机构做出不利于投资者的认定,投资者就不能诉诸投资者—国家仲裁庭,但那时它也已经放弃了针对被质疑措施寻求当地救济的权利。

2004 年范本第 21 条第 3 款规定,履行要求条款,即第 8 条的第 2、3、4 款应当适用于税收事项。这是履行要求条款的所有部分第一次适用于税收事项。第 8 条第 2 款是履行要求条款中禁止以遵守某些履行要求作为获得某些优惠的一个部分。当然,这些优惠包括特定的税收待遇。在没有第 21 条第 3 款情形下,把给予特殊税收待遇作为遵守与第 8 条第 2 款不符的某些履行要求之条件的东道国可能主张,第 8 条第 2 款规定的禁止并不适用于从表现上看被第 8 条第 2 款禁止的措施,原因是,它是一项税收措施,因而根据第 21 条第 1 款这些措施不适用条约规定的义务。通过把税收措施纳入第 8 条第 2 款的禁止性措施,第 21 条第 3 款杜绝了这种主张。第 8 条第 3、4 款在第 21 条第 3 款中也被援引,原因之一是,它们对第 8 条第 2 款构成了限制。直言之,他们是禁止把获得优惠与某些履行要求条款相联系的 BIT 体制的组成部分,因此必须与第 8 条第 2 款一起被纳入第 21 条第 3 款。

最后,2004 年范本第 21 条第 4 款规定,BIT 中没有任何规定"会影响任何缔约一方在任何税收条款项下的权利与义务"。此外,在 BIT 与任何税收条约之间出现不一致时,在该不一致的范围内优先适用税收条约。认定 BIT 与税收条约间是否存在任何不一致方面,税收条约项下的税收主管机关应当负有唯一的职责。

第 21 条第 4 款强化了税收当局在 BIT 制度中的作用。根据 1983 年范本,只有在税收事项涉及投资协议或投资授权情形下,适用 BIT 的税收事项才必然地处于税收当局的权限范围内。在 1984 年范本中,税收当局的权限范围扩大至包括汇兑与征收。在 1994 年范本中,它的权限被缩减从而把投资协议或授权的执行排除在外,因而这一权限本质上限定于单一的征收事项。虽然 2004 年范本中税收当局的法定介入仍然被限定于指控构成征收的税收事项,但第 21 条第 4 款授予了税收当局第二种、裁量性的角色。他们具有完全的权力认定 BIT 与税收条约间是否存在任何不一致;在出现不一致时,优先适用税收条约。

如上所述,把税收措施排除在 BIT 之外的一个目的是,避免 BIT 与税收条约,尤其双边税收条约发生冲突。因此,第 21 条第 4 款与长期的 BIT 政策是完全一致的,但它反映了这样一个决定,即把协定文本的政策明确化,并且赋予税收当局有权确保避免 BIT 与税收条约之间的冲突。

三、已经签署的 BITs

税收条款几乎没有遭到潜在 BIT 伙伴国的反对,原因可能是,其主要功能在于把某些可能被涵盖的东道国活动排除在 BIT 涵盖事项之外。从它规定新的义务以及税收事项方面的公平与公正看,新的表述不是义务性的。如下所述,只有一个 BIT 删除了税收条款,那就是美国—摩洛哥 BIT,但该 BIT 的议定书的表述部分解决了该 BIT 对于税收事项的可适用性问题。

美国与孟加拉国、海地以及塞内加尔签署的 BITs 共同第 11 条采取了 1983 年范本中的表述。美国与格林纳达、刚果签署的 BITs 共同第 11 条采取了与 1984 年、1987 年范本中一样的表述。

美国—波兰 BIT 第 6 条遵循了 1987 年范本中的表述,但做了一处修改。要求缔约双方在税收政策方面努力给予公平与公正的表述被扩大适用于缔约另一方国民或公司从事的商业活动。该 BIT 是唯一试图保护与投资无关的商业活动的 BIT。[95]

美国—巴拿马 BIT 第 11 条删除了涉及双边税收协定项下争端解决的表述。在谈判该 BIT 时,美国国务院与财政部正在讨论在双边税收协定项下争端解决与 BIT 争端解决之间要确立什么样的关系。当时,巴拿马与美国之间没有一个生效的综合性税收条约,并且在可预见的将来两国看来也不会签署这样的条约。由于这个原因,美国—巴拿马 BIT 签署时并没有提及双边税收条约。此外,该 BIT 也删除了明确要求 BIT 争端解决程序可以适用于涉及征收、汇兑或执行投资协议和授权的税收事项。不过,这一变化不是实质性的,因为争端条款的可适用性隐含在规定"本条约应当(shall)适用"于涉及那三个领域的税收事项的表述当中。

美国—民主刚果 BIT 第 11 条采取了 1983 年范本的表述,除了对于双边税收条约的援引被限定于指该条约是缔约双方之间"未来可能签署的",这反映了这样一个事实,即在签署该 BIT 时美国与民主刚果之间尚不存在生效的双边税收协定。此外,该 BIT 的议定书第 2 段解释指出,第 11 条第 1 款中的"公平与公正待遇"不应当被当然地解释为意味着国民待遇。这与美国的观点是完全一致的。

---

[95] 参见第十二章第五节。

通过排除而非纳入税收事项的做法,美国—埃及 BIT 第 11 条重塑了 1983 年范本第 11 条第 2 款的表述,从而界定了 BIT 对税收事项的可适用性。具体来说,该 BIT 规定,除了被征收或汇兑条款所涵盖的措施外,"与缔约一方的国民或公司[或涵盖投资]的税收有关的所有事项都应当从该条约中予以排除"。这一变动的结果是,把违反投资协议的税收措施排除在 BIT 保护之外。要注意的是,该 BIT 规定的是投资协议而非投资授权。[96] 违反征收条款与汇兑条款的税收措施没有从 BIT 中被排除。换言之,税收措施必须遵守这些条款。此外,虽然该 BIT 没有这么明确声明,但涉及这些措施的投资争端也适用争端解决条款,因为这些税收措施没有被排除出条约的适用范围。

在东道国的税收方面,这三个 BITs 事实上强化了对投资者的保护。美国—摩洛哥 BIT 完全删除了税收条款,这实际上是拒绝对 BIT 适用于税收事项——作为一个一般性事项——进行限制,但它也删除了在税收事项方面给予公平与公正的鼓励性表述。与美国的立场——某些税收事项最好由单独的双边税收条约调整——一致,该 BIT 的议定书第 7 段规定,对于由于第 2 条(包含特定与一般待遇条款)引发的税收问题或者第 5 条(包含磋商与信息交换条款)引发的税收信息提供问题,应当优先适用美国与摩洛哥间的税收条约。[97]

美国与土耳其、喀麦隆签署的 BITs——共同第 11 条——保留了税收条款第 1 款,它与 1983 年、1984 年范本中的对应条款是一样的,但它们完全重写了第 2 款。新的第 2 款简洁地规定"本条约第 2 条、第 5 条[美国—土耳其 BIT 第 6 条]不适用于税收事项"。与规定哪些事项包含在内的做法相反,美国与土耳其、喀麦隆签署的 BITs 规定哪些事项不包含在内。其结果是,除了那些不适用待遇条款、磋商条款与信息交换条款的措施外,税收措施与东道国的任何其他行为被一体对待。

这一变化源于美国—喀麦隆 BIT。在针对美国 1982 年范本提出的草案中,喀麦隆的谈判人员认为税收条款没有必要,因而把它们删除了。美国试图纳入的表述是最终看来可以确保任何缔约一方在税收事项方面不会被要

---

[96] 参见第九章第三节第一目。

[97] Convention between the Government of the United States of America and the Kingdom of Morocco for the Avoidance of Double Taxation and the Prevention of Fiscal Evasion with Respect to Taxes on Income, August 1, 1977, T. I. A. S. No. 10194.

求给予国民待遇、进行磋商或信息交换。如上所述,美国的意图是,在单独的税收协定中谈判这些事项。

美国签署的 13 个 BITs 采取了 1984 年、1987 年、1991 年以及 1992 年范本中的表述。这些 BITs 是美国与哈萨克斯坦、罗马尼亚、亚美尼亚、保加利亚、吉尔吉斯斯坦、摩尔多瓦、厄瓜多尔、白俄罗斯、乌克兰、爱沙尼亚、蒙古、拉脱维亚以及立陶宛签署的。除了在美国与摩尔多瓦、厄瓜多尔、白俄罗斯、乌克兰、爱沙尼亚、拉脱维亚和立陶宛 BITs 中被规定于第 10 条,在上述其他 BITs 中,这一条款都被规定于第 11 条。美国—保加利亚 BIT 中税收条款被规定为,双边税收协定项下有关争端解决条款的表述看来只适用于涉及投资协议或投资授权的争端,但这似乎是措辞方式的错误,而不是美国政策上的一个变化。

除了对交叉援引进行重新编号,美国与捷克、斯洛伐克以及阿根廷签署的 BITs 中的税收条款遵循了 1991 年范本的表述。

美国—突尼斯 BIT 的税收条款——第 11 条第 2 款(c)项——以 1987 年范本中的表述为基础。在提及遵守与执行投资协议或投资授权条款时,该 BIT 删除了对第 6 条第 1 款(b)项——这是 1987 年范本中的一款,它把投资争端界定为包括涉及投资授权的争端——的援引。原因是,在该 BIT 中,第 6 条第 1 款没有提及投资授权。在谈判过程中,突尼斯提出它不使用投资授权。奇怪的是,第 11 条第 2 款(c)项确实规定根据投资者—国家争端解决条款执行投资授权。显然,在第 11 条第 2 款(c)项继续提及投资授权是一个差错。

通过规定任何缔约一方"应当"(shall),而非"应该"(should)努力向涵盖投资给予公平与公正待遇,美国—斯里兰卡 BIT 第 11 条修改了 1991 年范本中的表述。这一改动创设了一种义务,但该义务只是努力给予公平与公正待遇。尽管如此,这一改动的结果是,东道国恶意地不给予公平与公正待遇会违反条约规定的义务。美国—斯里兰卡 BIT 也删除了一个逗号,并且在援引避免双重征税公约时没有使用大写首字母的"convention"(公约)。不清楚这个词在 1991 年范本中为什么要使用大写首字母。

美国—牙买加 BIT 第 11 条也修改了 1991 年范本第 10 条第 1 款的表述,修改后的表述规定缔约各方"应当"而非"应该"努力向缔约另一方投资者的投资给予公平与公正待遇。它的效果是再次在税收事项方面规定了至少要善意地努力给予公平与公正待遇的义务。

美国—俄罗斯 BIT 的税收条款——第 11 条——以 1991 年范本为基础，但做了几个方面的修改，包括某些纯文体性的变化。有几个改动值得注意。第一，1991 年范本规定，在税收政策方面，针对涵盖投资，缔约各方“应该（should）努力给予公平与公正待遇”。美国—俄罗斯 BIT 用“应当”替换“应该”，从而强化了该表述。与美国同斯里兰卡、牙买加签署的 BITs 一样，美国—俄罗斯 BIT 中的这一改动在税收事项方面规定了至少要善意地努力给予公平与公正待遇的义务。

第二，“公平与公正地对待投资”的要求被改写为在涵盖投资的税收方面“给予公平与公正待遇”。因此，美国—俄罗斯 BIT 强化了 1991 年范本第 2 条规定的公平与公正待遇义务与第 11 条规定的在税收事项方面努力给予公平与公正待遇义务之间的联系。

美国—俄罗斯 BIT 在第 11 条第 1 款插入了一个新句子，规定缔约双方“应该鼓励各自的国民或公司自行利用主管机关的程序”，这些程序是双边税收条约为了解决任何涉及税收的争端而规定的。因此，新的表述只是要求缔约方“鼓励”使用这些程序。

美国—俄罗斯 BIT 第 11 条第 2 款推翻了 1991 年范本中的推定。1991 年范本规定，本条约的条款，尤其第 6、7 条（分别关于投资者—国家和国家—国家争端解决）只有在涉及征收、转移以及投资协议或授权时才能适用于税收事项，这表明，除此之外，该 BIT 不适用于税收事项。美国—俄罗斯 BIT 规定，除了第 3 条（征收条款）、第 4 条（转移条款）以及第 7 条（投资者—国家争端条款）可以适用于税收事项——如果税收或是具有相当于征收的效果，或是影响了缔约一方在第 4 条项下义务，或是影响了缔约一方遵守与执行投资协议或授权——以外，该 BIT 不适用于税收事项。其效果是缩小了条约对于税收事项的适用。根据 1991 年范本，如果税收事项涉及征收、损害自由汇兑的权利或者未能遵守投资协议或授权项下的义务，则整个条约可以适用于税收事项。根据美国—俄罗斯 BIT，只有第 3、4 条以及第 6 条针对税收事项规定了义务，但适用这些条款的情形与 1991 年范本所列举的是相同的：征收、违反自由汇兑的权利或者未能遵守投资协议或授权。这一变动造成的效果中最明显的是，在这些情形下，不能适用国家—国家争端解决条款以及第 2 条规定的一般待遇条款，但第 2 条经由援引被纳入第 3 条第 1 款，因此仍然可以适用于征收。从字面含义看，新的表述表明，除了那些明确提及的条款，BIT 中的其他条款不适用于税收事项，如定义条款。不过，这种解释近乎是荒谬的。这意味着规范征收的条款可以适用于税收事项,但界定"投资"含义的条款不能适用。"本条约的条款"这一短语应该被理解为是指条约中那些针对缔约方规定义务的条款。其他条款,如定义条款、权利保留条款、例外条款以及最后条款,应该被解释为可以适用于税收事项。这些条款对于确定那些明确适用于税收事项的相关条款——比如征收条款——的范围是必要的。

最后,在美国—俄罗斯 BIT 中,1991 年范本第 11 条第 2 款中的表述——规定只有在税收事项不适用双边税收协定项下争端解决条款(或已经根据这些条款提起但在合理期限内未获解决)情况下,BIT 条款才应当适用于税收事项——被移到了新的第 11 条第 3 款,并做了改写。新的表述规定,如果涉及第 11 条第 2 款规定之事项的争端适用双边税收协定项下争端解决条款,并且已经在合理期间获得解决,则不能适用第 6 条。换言之,如果争端在合理时间内未获解决,则可以根据美国—俄罗斯 BIT 第 6 条,而非第 7 条提请仲裁。

美国与格鲁吉亚、特立尼达和多巴哥、乌兹别克斯坦、阿尔巴尼亚、洪都拉斯、尼加拉瓜、克罗地亚以及约旦签署的 BITs 遵循了 1994 年范本的税收条款。不过,美国同特立尼达和多巴哥、阿尔巴尼亚以及约旦签署的 BITs 在该条款开头插入了全部使用大写英文首字母的标题,即"税收"。此外,美国—约旦 BIT 用"缔约方"替代了"当事方"。美国—阿尔巴尼亚 BIT 的税收条款第 2 款确认缔约双方共同的谅解,即除非投资协议或投资授权明确规定,否则任何缔约一方在税收事项方面都没有义务给予国民待遇,这一表述与 1994 年范本的意图显然是一致的。除了美国—克罗地亚 BIT 的税收条款规定于第 14 条,在上述其他 BITs 中,税收条款都规定于第 13 条。

美国与阿塞拜疆、玻利维亚、莫桑比克、萨尔瓦多以及巴林签署的 BITs 遵循了在 1998 年修改后的 1994 年范本,但在美国—巴林 BIT 中使用了阿拉伯数字,而非罗马数字。

美国—乌拉圭 BIT 第 21 条的表述在某些方面是以 FTAs 中的税收条款,而非 2004 年范本为基础。美国是在个案的基础上决定提出 2004 年范本中的表述抑或采用 FTA 中的表述。影响这一决定的因素中包括投资者希望获得 FTA 表述规定的额外保护的程度,以及美国与谈判伙伴国之间的税收条约是否规定了类似条款。[98] 美国—乌拉圭 BIT 的表述从实质内容上看有别于 2004 年范本，这主要因为它在税收措施方面规定了有限的非歧视义务。

美国—乌拉圭 BIT 第 21 条第 1 款规定了一般规则：除第 21 条中规定的以外，BIT 不适用于税收事项。与此不同，2004 年范本规定，除第 21 条中规定的以外，A 节规定的任何义务都不能适用于税收事项。正如下文所述，在如何表述一般规则方面存在的差别有必要对美国—乌拉圭 BIT 的税收条款中的其他内容做出调整。

在对 2004 年范本做出最重要的实体性背离时，美国—乌拉圭 BIT 第 21 条第 2 款规定，除了那些涉及直接税的措施以外，一般国民待遇与最惠国待遇条款应该适用于税收措施。就第 21 条的目的而言，直接税被界定为针对收入、资本利得、公司或个人应税所得、不动产税、遗产、赠予以及财产隔代转移等税收措施。以往，没有 BIT 把国民待遇与最惠国待遇条款适用于税收事项。不过，即便把非歧视待遇条款有限地适用于税收措施，它仍然存在某些例外。具体来说，国民待遇与最惠国待遇条款不能适用于任何涉及下列事项的最惠国义务：(1)根据税收条约赋予的优惠；(2)任何不符之现行税收措施条款，以及该不符条款的延续、及时更新或者修改，只要修改不会减少该条款与国民待遇或最惠国待遇的相符性；(3)采取或实施税收措施以确保 GTAS 第 14 条(d)项所允许的公平或有效地定税或征税；(4)规定年金信托、基金或提供退休金或类似利益的安排获得与注资或收入有关的收取或优惠的条件是缔约方对这些信托、基金或其他安排应该维持持续的管辖权。

与以往范本一样，2004 年范本规定征收条款应当适用于税收措施，美国—乌拉圭 BIT 与这一做法是一致的。该 BIT 第 21 条第 3 款遵循了 2004 年范本中有关征收条款适用于税收措施的表述，但在援引第 6 条后删除了方括号内的标题，即“征收”。

2004 年范本也把履行要求条款部分地适用于税收措施。除了在援引第 8 条时删除了该条方括号内的标题，即“履行要求”，以及在交叉援引条款时的一个非实质性的条款序号变化，美国—乌拉圭 BIT 也采纳了 2004 年范本中的相应表述。

由于 BIT 的任何部分不适用于税收措施是美国—乌拉圭 BIT 规定的一般原则，因此，如果该 BIT 要规定不低于 2004 年范本规定的保护水平，就有

---

[98] 2006 hearings, supra chap. 2, note 160, at 26.

必要增加有关把争端解决条款适用于税收事项的表述。因此,该 BIT 第 21 条第 6 款规定,B 节与 C 节应当适用于被指控违反了国民待遇、最惠国待遇、征收以及履行要求条款——在这些条款适用于税收事项的范围内——的税收措施。此外,由于 2004 年范本 B 节适用于税收措施,它提供了一种执行投资协议或投资授权——适用于税收措施——的途径。为了维持这一保护水平,美国—乌拉圭 BIT 第 21 条第 5 款规定,B 节应该适用于被指控违反了投资授权或投资协议的税收措施。

2004 年范本第 21 条第 4 款规定,BIT 的任何条款都不应当影响缔约双方在税收条约项下的权利与义务,并且税收条款在二者间出现任何不符情况下都应当获得优先适用。这一表述规定于美国—乌拉圭 BIT 第 21 条第 7 款。不过,该 BIT 有别于 2004 年范本,原因是,该 BIT 在第 1 条对"税收条约"做了界定。该税收条约系指"避免双重征税条约或其他国际税收协定或有关税收的安排"。

四、已经签署的 FTAs

美国签署的 FTAs 设立了专门的例外章,该章包含着税收条款。税收条款处理了整个 FTA,而不只是投资章对于税收事项的可适用性问题。这些协定中的税收条款的措辞以 NAFTA 的表述为基础,[99]它较之 BITs 对东道国利用税收措施规定了更多的限制。FTA 的税收条款一般包括 6 款。

第 1 款规定,除了本条规定的以外,本协定的任何条款都不能适用于税收。这与 2004 年范本的做法是一致的,原因是,它创设了 BIT 不能适用于税收事项的一般原则。不过,在 2004 年范本中,只有实体性义务被声称不能适用于税收事项。

第 2 款规定,本协定的任何条款不影响任何缔约一方在税收条约项下的权利与义务。在出现 FTA 与税收条约不一致时,优先适用税收条约。就缔约双方间的税收条约而言,条约项下的税收主管机构在认定 FTA 与税收条约间是否存在任何不符方面应当具有唯一的责任。同样的表述也出现于 2004 年范本第 21 条第 4 款。

第 3 款规定,关于市场准入的某些贸易条款可以适用于税收事项。美国

---

[99] 对 NAFTA 中税收条款的简要分析,参见 Kenneth P. Freiberg, "Exceptions" in Judith H. Bello, Alan F. Holmer, and Joseph J. Norton, eds., The North American Free Trade Agreement: A New Frontier in International Trade and Investment in the Americas 341 (1994)。

签署的 BITs 中没有这些规定，因此，2004 年范本中没有与该第 3 款相对应的款项。

第 4 款规定，除了关于所得、资本利得、公司应税资本、不动产税、遗产、赠与或财产隔代移转的税收措施以外，FTA 中的一些国民待遇与最惠国待遇条款适用于税收事项。不过，第 4 款也适用于美国—乌拉圭 BIT 中出现的例外条款。根据 2004 年范本，国民待遇与最惠国待遇条款的任何部分都不能适用于税收事项。因此，在税收事项方面规定非歧视义务是美国投资协定实践的一个创新。不过，美国签署的 FTAs 没有把争端条款适用于被指控违反了非歧视条款的税收措施。

第 5 款规定，履行要求条款的第 2 款至第 4 款适用于税收事项。2004 年范本第 23 条第 4 款也规定履行要求条款中的同样款项可以适用于税收事项。不过，与 2004 年范本不同的是，FTAs 没有把争端条款适用于被指控违反履行要求条款的税收措施。FTA 履行要求条款中的这一款要遵循税收条款第 3 款，这一表述没有出现于 2004 年范本，因为范本本身就没有包含与 FTA 税收条款第 3 款相对应的款项。

第 6 款规定，征收条款与授权把诉求提交投资者—国家仲裁的条款应当适用于被指控构成征收或违反投资协议或投资授权的税收措施。不过，虽然征收诉求可以提交仲裁，但只有诉求人首先已经把该措施是否构成征收的问题提交给缔约双方的税收主管机关，并且该税收机关在 6 个月内未就该措施是否构成征收达成一致。2004 年范本第 21 条第 2 款的表述——关于征收诉求——从实质内容上看与第 6 款是类似的。从实质内容上看，FTA 中的投资者—国家仲裁条款适用于被控违反投资协议或授权的税收措施的规定类似于 2004 年范本第 21 条第 1 款，根据后者，BIT 的 B 节整体上适用于税收措施。

美国签署的不同 FTAs 中有一些差别。美国—澳大利亚 FTA 没有规定投资者—国家争端条款，因此，它不能把这一条款适用于任何税收措施。该 FTA 第 22. 3 条第 5 款规定，某一税收措施是否构成征收问题可以提交国家—国家争端解决程序，除非被认定的税收当局一致认为，在此问题上做出的肯定性认定会不符合缔约双方之间的税收条约。

美国—摩洛哥 FTA 附带了记载日期为 2004 年 6 月 14 日的附函，该附函确认了摩洛哥政府的某些理解。第一个理解是，任何缔约一方可以要求获得与服务购买或消费（包括训练、研发）有关的税收优惠的条件是，该服务是在缔约一方领土内提供的。第二个理解是,FTA 不改变任何缔约一方根据双边税收协定,在涉及年金信托或年金计划方面享有的任何权利或救济。第三个理解是,摩洛哥没有预期要采取任何可能构成征收或违反投资协定或授权的税收措施。

五、仲裁实践

在美国签署的多数 BITs 中,税收条款第 1 款的表述——规定在税收事项方面"应该努力给予公平与公正"——在多起案件中成为讼争问题。在 *Occidental v. Ecuador* 案中,仲裁庭认为,该条款——正如它出现于美国—厄瓜多尔 BIT 一样——从法律上说并非不重要。仲裁庭解释认为,从内容上看,它与公平公正待遇的基本要求是一样的,只不过它"命令性较低"(less mandatory)。[100] 下面讨论的 *El Paso Energy v. Argentina* 案仲裁庭提到了 *Occidental v. Ecuador* 案仲裁庭在试图解释这一条款的含义时遇到的"尴尬"。无论如何,*Occidental v. Ecuador* 案仲裁庭最终认定它不需要确定该条款的含义。它认定争端是基于投资协议产生的。根据税收条款第 2 款,投资者—国家争端条款适用于涉及执行投资协议条款的争端。仲裁庭得出结论认为,在投资者—国家争端条款适用于某一争端时,规定了一般性的公平与公正待遇的 BIT 第 2 条也要予以适用。仲裁庭认为,由于适用了公平与公正待遇条款的一般要求,就没有必要处理要求缔约方努力给予公平与公正待遇之表述的含义。

也应当指出,*Occidental v. Ecuador* 案仲裁庭在这方面的推理是存在瑕疵的。美国—厄瓜多尔 BIT 第 10 条第 2 款规定投资者—国家(国家—国家)争端条款适用于投资协议与投资授权之执行的只是旨在允许投资者执行投资协议与投资授权中涉及税收的义务。它不意味着把全部的条约义务适用于所有被指控违反投资协议或投资授权的情形。

在 *Enron v. Argentina* 案中,仲裁庭在管辖权决定中也指出,虽然仲裁庭在管辖权阶段没有必要确定该条款的准确含义,但要求各方努力给予公平与公正待遇的条款并非"无意义的提及"(meaningless reference)。*Enron v. Argentina* 案也处理了税收条款第 2 款的适用,该第 2 款规定 BIT 的征收条款可以适用于税收事项。在该案中,仲裁申请人主张阿根廷征收了他的投

---

[100] Award, para. 70.

资。仲裁庭认为,根据征收条款,任何征收必须符合第2条项下的一般性绝对待遇标准,包括给予公平与公正待遇的义务。

在 *Pan American Energy v. Argentina* 案中,仲裁庭也认为税收条款的第1款具有"某些法律意义",虽然它的分量不如规定了第2条——一般性的绝对待遇条款——规定的公平与公正待遇。[101] 不过,仲裁庭认为,它不需要确定该条款的效力,原因是,根据税收条款第2款,BIT的征收条款适用于税收事项。此外,征收条款要求任何征收应该符合第2条规定的一般性绝对待遇标准,包括公平与公正待遇要求。因此,仲裁申请人的征收诉求已经使第2条规定的公平与公正待遇成为讼争问题。

在 *El Paso Energy v. Argentina* 案中,仲裁庭也认为税收条款第1款具有"某些法律意义"。[102] 仲裁庭把考察该标准的内容推迟至实质问题审理阶段。

Occidental v. Ecuador 案仲裁庭的裁决也处理了"税收"是否指所有形式的税收的问题。仲裁申请人认为税收例外只适用于直接税。不过,仲裁庭拒绝了这一主张。在 *Link-Trading v. Moldova* 案中,仲裁庭认为"税收"足够的宽泛,以至于它可以包括关税以及国家权力范围内增加国库收入的其他形式。因此,仲裁庭拒绝对"税收"进行限制性的解释。

Link-Trading v. Moldova 案裁决也考虑了该案中税收措施是否构成征收的问题。该裁决的这一方面将在本书第七章第五节加以讨论。

第十二节　国家企业条款

20世纪90年代早期,美国的BIT谈判人员认定,东欧与苏联转型经济体中存在大量的国家企业(state enterprises)说明有必要在BIT中规定相关表述以确保这些国家企业不会被用于规避BIT规定的义务。他们起草了一个统一条款,该条款规定于美国以1992年范本为基础签署的7个BITs,即美国与摩尔多瓦、厄瓜多尔、白俄罗斯、乌克兰、爱沙尼亚、拉脱维亚以及立陶宛签署的BITs共同第2条第2款。这一统一条款包括三款,为了分析之目的,最好把它们看作3个独立的条款。此外,这7个BITs包含着对"国家

---

[101] Award, para. 132.

[102] Decision on Jurisdiction, para. 110.

企业”所做的界定。

1994 年、2004 年范本继承了这 7 个 BITs 的共同第 2 条第 2 款。

一、界定国家企业

第一个国家企业条款简单地界定了“国家企业”的含义。这一界定出现于美国以 1992 年范本为基础签署的 7 个 BITs 中。这些 BITs 是美国与摩尔多瓦、厄瓜多尔、白俄罗斯、乌克兰、爱沙尼亚、拉脱维亚以立陶宛签署的。所有这 7 个 BITs 的共同第 1 条第 1 款(f)项把国家企业界定为“缔约一方拥有,或者通过所有权权益控制的一家企业”。这一定义也出现于 NAFTA 第 1505 条,但 NAFTA 的定义规定它适用于“附件 1505 规定以外”的国家企业,附件 1505 包含针对加拿大与墨西哥的国家企业界定。

“国家企业”的定义被纳入 1994 年范本。1994 年范本第 1 条第 1 款(f)项把国家企业界定为意指“缔约一方拥有,或者通过所有权权益控制的一家公司”。因此,1994 年范本的表述与上述 7 个 BITs 中出现的表述是一样的,区别只在于前者用“企业”替代了“公司”。

2004 年范本第 1 条采纳了上述 7 个 BITs 所采用的、1994 年范本之前表述所使用的国家企业定义。

1994 年范本的表述规定于美国与格鲁吉亚、特立尼达和多巴哥、乌兹别克斯坦、洪都拉斯、克罗地亚、阿塞拜疆、玻利维亚、萨尔瓦多、莫桑比克以及巴林签署的 BITs 共同第 1 条(f)项,以及美国与阿尔巴尼亚、尼加拉瓜签署的 BITs 共同第 1 条第 1 款(f)项。1994 年范本的国家企业定义出现于美国—约旦 BIT 第 1 条(f)项,除了后者使用“缔约方”而非“当事方”。美国与约旦、阿尔巴尼亚以及特立尼达和多巴哥签署的 BITs 共同第 1 条一开始增加了使用大写英文首字母的标题,即“定义”(definitions)。

2004 年范本的表述规定于美国—乌拉圭 BIT 第 1 条。该 BIT 的议定书第 1 段规定,这一定义无意于扩大乌拉圭法律中使用的“公共企业”(empresa pública)的含义。根据乌拉圭法律,公共企业是指由国家拥有或控制,并且受到国内公法调整的企业。

2004 年范本的表述出现于美国与摩洛哥、阿曼签署的 FTAs 共同第 1.3 条,并在做了一些细微的文体性修改后出现于美国—智利 FTA 和美国—中美洲国家—多米尼加 FTA 共同第 2.1 条,以及美国与秘鲁、哥伦比亚签署的 FTAs 共同第 1.3 条。与上述 4 个 FTAs 中相类似的“国家企业”定义也规定于美国—澳大利亚 FTA 第 1.2 条,但该 FTA 的国家企业定义明确了企业可能被中央或地方政府控制或拥有,这一点隐含于“国家企业”(state enterprise)的其他定义中。

二、国家企业适用条款

第二个国家企业条款,即国家企业适用条款规定,它们在行使被授予的权威时,国家企业要遵循 BIT 或 FTA 规定的义务。这一条款最早出现于美国以 1992 年范本为基础签署的 7 个 BITs 中,包括美国与摩尔多瓦、厄瓜多尔、白俄罗斯、乌克兰、爱沙尼亚、拉脱维亚以及立陶宛签署的 BITs。这些 BITs 的共同第 2 条第 2 款(b)项规定“缔约各方都应当确保其设立或维持的国家企业无论在任何地方行使缔约一方授予的任何规制、行政或其他政府权威,比如征收权、授予许可权、批准商业交易、规定配额、费用或其他费用,以一种符合该缔约方在本条约项下义务的方式行事”。对于构成行使政府权威的权力类型所做的列举是列举性的,而不是穷尽性的。

同样的表述没有出现于美国签署的其他任何 BITs 中,但它确实出现于美国签署的五个 FTAs 的竞争政策章中。NAFTA 的规定——第 1503 条第 2 款——与这 7 个 BITs 的表述有所不同,原因是,它在“确保”后插入了短语“通过规制性控制、行政监管或者其他措施的适用”。NAFTA 的表述也提及了“第十一章(投资)和第十四章(金融服务)项下”,而非“本条约项下”的义务,并且删除了一个不具有实质重要性的逗号。此外,NAFTA 第 1116、1117 条规定,投资者—国家争端条款适用于行使政府权威的国家企业采取的措施。

这一表述出现于美国—智利 FTA 第 16.4 条第 2 款,但做了一些细微变化。该 FTA 使用的是“协定”而非“条约”,保持了“维持”与“设立”的先后顺序,并增加了一个没有实质性影响的逗号。此外,该 FTA 在投资者—国家争端条款中增加了一个条款,进一步澄清指出投资章规定的义务适用于国家企业。具体来说,第 10.15 条第 2 款规定:“为了更加确定,仲裁申请人可以根据本部分[指 B 节(Section B)——译者注]提起仲裁请求,指控被诉方通过第 16.3 条第 3 款(a)项(指定垄断机构)或者第 16.4 第 2 款(国家企业)分别规定的行使所授予政府权威的被指定垄断机构或国家企业的行为违反了 A 节(Section A)或者附件 10-E 规定的义务”。这一表述大致是以 NAFTA 第 1116、1117 条的表述为基础的。

美国—澳大利亚 FTA 第 14.4 条第 1 款念及双方的认知,即“国家企业不能以一种对贸易与投资构成障碍的方式运作”。该 FTA 接着规定“在那个方面”缔约各方应当确保其设立或维持的任何国家企业以一种不违反该缔约方在 FTA 项下义务的方式行事。这一表述与出现于美国—智利 FTA 第 16.4 条第 2 款的表述是相同的,虽然表达方式有所差别。美国—秘鲁 FTA 和美国—哥伦比亚 FTA—在共同第 13.6 条第 1 款——采取了与美国—澳大利亚 FTA 相同的表述。如下所述,美国与秘鲁、哥伦比亚签署的 FTAs 在它们的投资章中也规定了以 2004 年范本为基础的类似的条款。

国家企业适用条款被插入 1994 年范本第 15 条第 2 款。该条规定“本条约项下缔约一方的义务应当适用于该缔约方赋予行使任何规制、行政或其他政府权威的国家企业”。虽然被表述为规定条约适用范围而非创设义务的条款,但该条款与上述 7 个 BITs 共同第 2 条第 2 款(b)项——行使政府权威的国家企业必须遵守 BIT 规定的义务——要求具有同样的实体性效果。这一条款似乎只是陈述根据习惯国际法所适用的归责原则。直言之,即便没有这一条款,行使政府权威的国家企业的行为也会被归因于国家。因此,该条款并不是对以往范本的实质性背离,而只是澄清了美国签署的所有 BITs 都具有的意图。

2004 年范本把国家企业适用条款放在第 2 条第 2 款,第 2 条的标题是“范围与事项”。第 2 条第 2 款规定“缔约一方在 A 节(Section A)项下的义务应当适用于……该缔约授予其行使任何管制、行政或其他政府权威的国家企业或其他人员”。因此,2004 年范本的表述不只为行使政府权威的国家企业,也为行使此种权力的任何“其他人员”规定了 BIT 义务。这一变化与 MAI(草案)是一致的,MAI(草案)适用于已经被授予政府权威的“任何实体”。由于 2004 年范本涉及国家企业以外的人员,本书第四章第十节中也对此做了讨论。

1994 年范本的国家企业适用条款一成不变地规定于美国与格鲁吉亚、特立尼达和多巴哥、乌兹别克斯坦、阿尔巴尼亚、洪都拉斯、尼加拉瓜、克罗地亚、阿塞拜疆、玻利维亚、莫桑比克、萨尔瓦多以及巴林签署的 BITs 共同第 15 条第 2 款。这一条款也一成不变地规定于美国—约旦 BIT 第 15 条第 2 款,但后者使用“缔约方”(Contracting Party)替代了“当事方”(Party)。美国与阿尔巴尼亚、特立尼达和多巴哥签署的 BITs 中的国家企业条款在开头增加了一个使用大写英文首字母的标题,即“本条约适用于缔约方的政治分支机构与国家企业”，而美国—约旦 BIT 的国家企业条款前面也采用了相同的标题，但它用复数的“缔约方”（Contracting Parties）取代复数的“双方”（Parties）。

2004 年范本的表述也一成不变地出现于乌拉圭 BIT 第 2 条第 2 款。国家企业适用条款的表述也出现于美国—中美洲国家—多米尼加 FTA，以及美国与秘鲁、阿曼、哥伦比亚签署的 FTAs 共同第 10.1 条。这 4 个协定中的表述有别于 2004 年范本中的表述，原因是，这些协定指的是“本节”（this Section）而非“A 节”（Section A）规定的义务。美国与秘鲁、哥伦比亚签署的 FTAs 包含了例举政府权威类型的表述。这一新的表述规定“例如实施征收、授予许可证、批准商业交易、规定数量、费用以及其他费用的权力”。这一表述取自于美国与摩尔多瓦、厄瓜多尔、白俄罗斯、乌克兰、爱沙尼亚、拉脱维亚以及立陶宛签署的 BITs 的共同第 2 条第 2 款（b）项，区别在于这些 BITs 使用的是“权力”（power）而非“权威”（authority）。前已指出，美国与秘鲁、哥伦比亚签署的 FTAs 在它们的竞争政策章中规定了类似条款。

为了澄清国家企业适用条款的含义，美国与摩尔多瓦、厄瓜多尔、白俄罗斯、爱沙尼亚、拉脱维亚以及立陶宛签署的 BITs 包含着对于“授予”（delegation）的界定。这一词汇并没出现于这 7 个 BITs 的任何一个，但所有 7 个 BITs 在共同第 2 条第 2 款（b）项都有“被授予的”（delegated），而界定“授予”旨在澄清“被授予的”的含义。这 7 个 BITs 规定“授予”包括“立法性许可（legislative grant）、政府命令、指令或者向国家企业或垄断机构授予政府权威，或者授权国家企业或垄断机构行使政府权威的其他行为”。这一定义使用“包括”一词，这表明所列举的授予的类型不是穷尽性的。这一定义出现所有这 7 个 BITs 的共同第 1 条第 1 款（g）项，但美国—拉脱维亚 BIT 中最后一个逗号被错误地放在“的”（of）的前面，而非后面。

在 *UPS v. Canada* 案中，美国根据 NAFTA 第 1128 条提交了一份陈述（submission），美国在该陈述中认为，“政府权威”——正如该词组在 NAFTA 第 1502 条所使用中——系指一国依其主权资格所具有的权威，因此，“只因为作为市场上的商业参与者采取行为”，国家企业并没有行使政府权威。[103] 此外，美国解释认为，在“权威——国家企业据以采取行为的——是国家企业固有的，或者是国家企业在国家没有确定地授予政府权威时僭越取得”[104]

---

[103] Second Submission of the United States of America, para. 8.

[104] *Id.*, at para. 9.

情况下，并不存在权威的授予。

三、国家企业非歧视条款

第三个国家企业条款，即国家企业非歧视条款，禁止国家企业在货物与服务销售时实施歧视。这一条款也是第一次规定于美国以 1992 年范本为基础签署的 7 个美国 BITs，即美国与摩尔多瓦、厄瓜多尔、白俄罗斯、乌克兰、爱沙尼亚、拉脱维亚以及立陶宛签署的 BITs。具体来说，这 7 个 BITs 共同第 2 条第 2 款(c)项规定“缔约各方应当确保其设立或维持的任何国家企业在该缔约方的领土内，在销售货物或在提供服务方面提供国民待遇与最惠国待遇中的较优者”。习惯国际法把那些在国家控制或指令下实施的行为归因于国家责任。从习惯国际法把国家企业在销售货物或提供服务引发的责任归因于东道国的意义上说，这一条款是多余的，因为根据这些 BITs 的国民待遇与最惠国待遇条款会产生同类的义务。

国家企业非歧视条款被规定于 1994 年范本。该范本第 2 条第 1 款规定“缔约各方应当确保其国家企业在提供货物或服务方面向涵盖投资给予国民待遇与最惠国待遇”。这一条款有别于上述所列 7 个 BITs 中的条款，因为它只适用于针对涵盖投资的货物或服务销售，而 7 个 BITs 中的表述从字面上看适用于国家企业在拥有或控制它们的国家的领土内的任何销售行为，不管购买者的身份是什么。不过，1994 年范本中的表述只是澄清这 7 个 BITs 中所使用表述的意图。

2004 年范本删除了国家企业非歧视条款。该条款也没出现于 NAFTA 投资章以及美国后来签署的 FTAs 中，该条款被认为处理的是更适合在 FTAs 其他章节中加以处理的事项。当然，这一方面的某种保护已经由一般性国民待遇与最惠国待遇条款——当行使所授予的政府权威时，国民待遇与最惠国待遇就会适用于国家企业——所提供。

1994 年范本中的国家企业非歧视条款一成不变地规定于美国与格鲁吉亚、特立尼达和多巴哥、乌兹别克斯坦、阿尔巴尼亚、洪都拉斯、尼加拉瓜、克罗地亚、阿塞拜疆、玻利维亚、萨尔瓦多以及巴林签署的 BITs 共同第 2 条第 1 款。它也规定——有一些非实质性的改动——于美国与约旦、莫桑比克签署的 BITs 共同第 2 条第 1 款。美国—约旦 BIT 用“缔约方”取代了“当事方”，并在第 2 条开头增加了使用大写英文首字母的标题——“投资待遇与保护”，而美国—莫桑比克 BIT 提及的是“本条约项下涵盖投资”而不是“涵盖投资”。虽然美国同阿尔巴尼亚、特立尼达和多巴哥签署的 BITs 中的文本与 1994 年范本相比没有发生变化,但这两个 BITs 的第 2 条在开头时增加了全部使用英文首字母的标题,即“投资待遇”。这些变化只是体现了这些 BITs 的文体性特征。

NAFTA 的国家企业非歧视条款——规定于第 1503 条第 3 款——有别于上面列举的以 1992 年范本为基础签署的 7 个 BITs 中的对应条款,因为它只适用于针对“缔约另一方投资者在缔约一方领土内的投资”的货物或服务销售。这 7 个 BITs 使用“缔约一方领土内”替代了上述括号内引用的表述。因此,与 1994 年范本一样,NAFTA 明确了该条款只适用于针对涵盖投资的销售。NAFTA 第 1503 条第 3 款也用“非歧视性待遇”取代了有关国民待遇与最惠国待遇的表述。

美国—智利 FTA 第 16.4 条第 3 款规定了国家企业非歧视条款,该条款从语体上说是很特别的。该条规定“任何缔约一方应当确保其设立或维持的任何国家企业在货物与服务销售方面,向涵盖投资给予非歧视性待遇”。这一表述整体遵循了 NAFTA 的表述,但使用“涵盖投资”一词使其与 1994 年范本又有相似之处。美国—智利 FTA 也对调了 NAFTA 中“设立”与“维持”的相对顺序,这是一个并不重要的变化。

美国—澳大利亚 FTA 第 14.4 条第 1 款一开始就忆及缔约双方的认知,规定“国家企业不应该以一种对贸易与投资构成障碍的方式运作”。第 14.4 条第 1 款进而规定,“从那方面”,缔约各方“应当确保其设立或维持的任何国家企业……在货物与服务销售方面给予非歧视性待遇”。因此,美国—澳大利亚 FTA 的表述与美国—智利 FTA 的表述相同,但美国—澳大利亚 FTA 的表述不限于针对涵盖投资的销售,或者东道国领土内的销售。正如上述省略号表指明的,美国—澳大利亚 FTA 在表述方式上也不同于美国—智利 FTA。

美国与秘鲁、哥伦比亚签署的 FTAs 共同第 13.6 条第 1 款采取了美国—澳大利亚 FTA 中的表述,除了——与美国—智利 FTA 一样——它们的国家企业非歧视条款只限于针对“涵盖投资”的销售。因此,美国与秘鲁、哥伦比亚签署的 FTAs 与美国—智利 FTA 实质上是一样的,但在语体上则类似于美国—澳大利亚 FTA——念及(memorize)缔约双方的共同认知,即国家企业不能对贸易与投资创设障碍。

四、国家企业设立条款

美国与摩尔多瓦、厄瓜多尔、白俄罗斯、乌克兰、爱沙尼亚、拉脱维亚以及立陶宛签署的 BITs 也明确保留了缔约各方设立或维持国家企业的权利。具体来说,这些 BITs 的共同第 2 条第 2 款(a)项规定:“本条约的任何条款不能被解释为阻止缔约一方设立或维持国家企业”。这一表述并没有实质性地背离 BIT 范本,它只是明确了默示的含义。只有 7 个 BITs 规定了这一条款。

国家企业设立条款出现于 NAFTA 第 1503 条第 1 款,该条与这 7 个 BITs 中的表述是一样的,但 NAFTA 使用的是“协定”而不是“条约”。

国家企业设立条款规定——有一些细微变化——于美国—智利 FTA 第 16.4 条第 1 款。该 FTA 使用的是“协定”而非“条约”,它也对调了“维持”与“设立”的先后顺序。

美国—智利 FTA 的表述也规定于美国与秘鲁、哥伦比亚签署的 FTAs 共同第 13.6.2 条,除了美国与秘鲁、哥伦比亚签署的 FTAs 中的条款没有援引本“章”而非“协定”中的任何规定。这些协定的共同第十三章处理竞争政策、指定的垄断机构以及国家企业等问题。

第七章 征收条款

第一节 BITs之前的美国实践

早在19世纪中期,美国政府就寻求为其国民拥有但位于其他国家的财产被征收时提供条约保护。除非支付“公正与足够的补偿”(equitable and sufficient compensation)[①]或“足够赔偿”(sufficient indemnification),[②]那个时期签署的FCN条约禁止征收缔约另一方国民的“船舶、货物、商品和财物”。后来签署的条约把这种保护扩大至一般意义的财产,[③]并且有时要求事先支付“充分与公正的补偿”。[④] 因此,在征收问题上,美国的外国投资政策一开始就强调确保在发生征收情况时获得补偿。

如果撇开它们的历史背景,“公平”或“充分”这些术语可能意味着低于充分补偿(full compensation)的某种补偿水平。正如本书其他地方所讨论的那样,[⑤]国际社会,特别在20世纪七八十年代,对于习惯国际法针对征收要求给予充分补偿抑或只给予某种形式的公平或“适当”补偿,发生了争论。不过,美国的立场看来始终是,补偿应该是充分的。比如,早在1794年美国—英国FCN中,美国同意对其造成的英国国民无法实现他们的债权做出

---

① See, e. g. , 1846 Columbia FCN, supra chap. 2, note 44, Art. 8th; 1870 El Salvador FCN, supra chap. 2, note 40, Art. 8th.

② See, e. g. , 1824 Columbia FCN, supra chap. 2, note 40, Art. Fifth; 1832 Chile FCN, supra chap. 2, note 42, Art. 5; 1825 Central American Federation FCN, supra chap. 2, note 42, Art. 7th; 1839 Ecuador FCN, supra chap. 2, note 42, Art. 8.

③ See, e. g. , 1891 Congo FCN, supra chap. 2, note 46, Art. Ⅲ.

④ See, e. g. , 1870 El Salvador FCN, supra chap. 2, note 40, Art. 29th.

⑤ See section 2. 3.

“充分与完全的补偿”(full and complete compensation)。[⑥]

20世纪二三十年代,美国针对发生征收时应该给予补偿的数额的论述似乎已经定形。在这二十多年间,美国谈判缔结的FCNs在投资保护方面规定了一个统一条款,该条款规定“涵盖投资不得在缺乏正当程序和没有支付公正补偿情况下被剥夺(taken)”。[⑦]

通过要求给予“公正补偿”,两次世界大战期间美国签署的FCNs试图把这些条约要求的补偿水平等同于《美国宪法》之第五修正案中的剥夺条款(taking clause)规定的水平。在那些年——与现在一样,第五修正案被理解为要求支付公平的市场价值(fair market value)。[⑧] 谈判史表明,这些条约中的公正补偿标准被理解为要求支付自剥夺之日起至支付补偿之日期间的利息。[⑨] 两次世界大战期间美国签署的FCNs针对征收规定了第二个条件:它们要求征收必须遵循法律的正当程序。

20世纪二三十年代,征收必须支付公正补偿的要求不局限于条约实践。例如,1922年,时任美国国务卿的查尔斯·埃文·休斯(Charles Evan Hughes)向美国驻中国公使建议认为,美国承认中国有权剥夺美国国民在中国的财产,但要支付“公正补偿”。[⑩]

然而,在外交实践中,要求给予“公正”补偿逐渐被要求给予“充分”补偿所取代。1924年,国务卿休斯通知美国驻罗马尼亚大使馆,罗马尼亚可以对美国国民的财产实施国有化,但要支付充分补偿。[⑪]

1938年,在给墨西哥政府的照会中,国务卿科德尔·赫尔(Cordell Hull)阐述了已经成为美国在发生征收时根据习惯国际法应该给予的补偿之标准问题上的既定表述。[⑫] 国务卿赫尔声称,“无论出于何种目的,任何政府在未

---

⑥ See Treaty of Amity, Commerce and Navigation, United States-Great Britain, November 19, 1794, Art. Ⅴ, 8 Stat. 16, T. S. No. 105.

⑦ See, e. g., treaty provisions cited at chap. 4, note 38.

⑧ See, e. g., United States v. Miller, 317 U. S. 369, 374(1943).

⑨ Wilson 1953, supra chap. 2, note 53, at 98.

⑩ Ⅲ Green. Hackworth, Digest of International Law 654(1942).

⑪ V Green. Hackworth, Digest of International Law 702 – 05(1943).

⑫ 被美国政府所仰赖的判例包括Chorzow Factor(Germany v. Poland), 1928 P. C. I. J. (Ser. A) No. 17; Lena Goldfields, Ltd. (1930) (unpublished opinion) discussed in 36 Cornell L. Q. 42(1950); Shufeldt Case(U. S. v. Guatemala), 2 R. Int'l L. Arb. Awards 1080(1929); Norwegian Shipowners Claim (Norway v. United States), 1 R. Int'l Arb. Awards 308(1922); Cape Horn Pigeon Case(U. S. v. Russia) 9 R. Int'l Arb. Awards 63(1902)。

提供充分、及时、有效补偿的情况下,均无权征收私人财产”。[13]

在此后多年发布的一系列声明中,美国政府略微解释了其认为的充分、及时、有效补偿原则所要求的内容。[14] 充分补偿等同于两次世界大战期间美国签署的 FCNs 要求的公正补偿,因而国务卿赫尔提出的标准并未背离美国此前在补偿数额方面的政策。不过,“及时”和“有效”增加了新的要求,即补偿必须不得延误,并且使用可自由使用的货币。因此,“赫尔公式”扩大了美国的外国投资政策关切范围,即在补偿数额之外把时间与可兑换问题也包括在内。前已指出,19 世纪时美国签署的某些 FCNs 也关心时间问题,它们要求事先支付补偿。

虽然条约的起草人员多年来仍然青睐使用“公正补偿”而非“充分补偿”,但充分、及时、有效标准很快找到了进入美国条约实践的方法。美国于第二次世界大战结束后很快开始并直至 20 世纪 60 年代中期谈判缔结的现代 FCNs 规定,征收国“及时支付公正的补偿……以一种有效的可实现的方式”。[15] 由此,现代 FCNs 接受了充分、及时、有效标准,虽然措辞略有不同。

更近一些年,美国在习惯国际法方面的观点是,征收只有在给予充分、及时、有效补偿;并且,如果征收是为了公共目的,则其应该是非歧视的、遵循法律正当程序,以及遵守在财产方面的任何合同义务情况下才是合法的。[16]上述新增条件中除了最后一个外,现代 FCNs 明确提及了上述所有其他条件。[17] 不过,所有这些条件都隐含于应该根据国际法对待投资的要求中。

在放大“及时”和“公正”的要求时,现代 FCNs 进一步规定,补偿应当体现被剥夺财产的全部价值,并且“在剥夺之时或之前应当做出充分补偿以便就此进行确定并支付”。现代 FCNs 也把可允许的剥夺限定于那些“为了公共目的”的剥夺。在此情况下,在发生剥夺时不需要支付补偿,但东道国至

---

⑬ Note of August 22,1938,reprinted in Ⅲ Green Hackworth,Digest of International Law 658 – 659(1942).

⑭ See sources cited infra at note 31.

⑮ See,e. g. ,Netherlands FCN,supra chap. 5,note 4,art. Ⅵ(4);Pakistan FCN,supra chap. 4,note 42,art. Ⅵ(4).

⑯ See OECD Draft Convention on the Protection of Foreign Property,Art. 3,7 Int'l Leg. Mat. 117 (1968).

⑰ See,e. g. ,Israel FCN,supra chap. 4,note 42,Art. Ⅵ(3);Netherlands FCN,supra chap. 5,note 4,Art. Ⅵ(4);Pakistan FCN,supra chap. 4,note 42,Art. Ⅵ(4);Luxembourg FCN,supra chap. 5,note 4,Art. Ⅳ(3);Japan FCN,supra chap. 4,note 42,Art. Ⅵ(3);Greece FCN,supra chap. 4,note 42,Art. Ⅶ(3);Belgium FCN,supra chap. 5,note 4,Art. Ⅳ(3).

少必须制定进行支付补偿的程序。

现代 FCNs 中的一个单独条款规定，在征收方面，缔约各方的国民或公司在缔约另一方领土内应该被给予不低于国民待遇和最惠国待遇的待遇。[18] 直言之，征收不能以一种歧视性的方式实施。

在征收方面，现代 FCNs 不仅扩大了实体性的条约保护，也扩大了这些保护可以明确适用的投资的种类。许多现代 FCNs 规定，针对把私人企业剥夺成为公有或把它们置于公共控制之下给予的国民待遇和最惠国待遇权利扩大适用至这些企业，[19]即那些位于东道国领土内，但缔约另一方的国民或公司在其中具有重要利益(substantial interest)的企业。[20] 一些现代 FCNs 增加了议定书，其中用一整款把征收限定于那些为了公共目的的征收，并要求针对任何缔约一方的国民或公司直接或间接拥有，在缔约另一方领土内被剥夺的利益提供充分、及时、有效的补偿。[21]

第二节 BIT 范本

一、1983 年范本

1983 年范本的征收条款——第 3 条——承认缔约双方可以对涵盖投资实施征收，只要满足五个条件。1983 年范本实质上编纂了美国的见解，即征收只有满足以下条件才是合法的，这些条件包括：为了公共目的；非歧视；遵守法律的正当程序；支付充分、及时、有效补偿；遵守投资者与东道国之间的协议。虽然五个条件必须获得满足，但第 3 条的标题是“征收补偿”，因而，补偿问题对于范本的起草人员更重要。

征收条款适用于征收和国有化，两者统称为“征收”。虽然 1983 年范本并未界定“征收”和“国有化”的含义，但范本起草人员把二者，以及经常使用

---

[18] See, e. g., Netherlands FCN, supra chap. 5, note 4, Art. Ⅵ(5); Japan FCN, supra chap. 4, note 42, Art. Ⅵ(4); Pakistan FCN, supra chap. 4, note 42, Art. Ⅵ(5).

[19] 关于此种背景下“企业”含义的讨论，参见“The Immunity Waiver for State-Controlled Business Enterprises in United States Commercial Treaties,”1961 Am. Soc. Int'l L. Proc. 89, 93 - 97。

[20] See, e. g., Netherlands FCN, supra chap. 5, note 4, Art. Ⅵ(5); Japan FCN, supra chap. 4, note 42, Art. Ⅵ(4); Pakistan FCN, supra chap. 4, note 42, Art. Ⅵ(5).

[21] See, e. g., Pakistan FCN, supra chap. 4, note 42, protocol para. 3; Japan FCN, supra chap. 4, note 42, protocol para. 2; Netherlands FCN, supra chap. 5, note 4, protocol para. 6.

的“剥夺(taking)”视为同义词。在制定1983年范本时,国际法语境中的剥夺已经被《美国对外关系法第二次诠释》界定为“可归因于国家的行为,这些行为旨在或已经有效剥夺了外国人在财产中的利益所具有的几乎所有收益,即便这些国家没有剥夺外国人在财产中的全部法律利益”。[22] 因此,这个界定与1983年范本采纳的方法并非不一致。

BIT征收条款不仅适用于个别的征收行为,而且适用于作为大规模经济或部门重建之组成部分的征收,比如政府征收所有石油公司或银行。那些对财产权的干预尚未达到剥夺程度的行为由BIT中的其他条款调整,比如一般待遇和汇兑条款。

BIT征收条款明确适用于直接征收与间接征收。在直接征收情形下,国家取得了投资的权利或者至少占有了投资。在间接征收情形下,国家剥夺了所有人在投资中的利益所具有的几乎所有收益,但这不必然影响所有人对投资的法律权利,或者拥有投资。

征收条款规定其适用于“相当于征收的措施”。使用这一短语是没有必要的,原因是,条约文本已经明确规定征收条款适用于直接征收和间接征收。纳入这一表述是一种过度谨慎的后果,目的是确保“征收”与“国有化”不会被过度狭义地解释。比如,这一短语明确了征收条款适用于“渐进式征收”。通常,渐进式征收是指,国家通过一系列措施影响投资者的财产,虽然其中任何一项措施本身只构成对财产权的干预。换言之,这是一种在一段期间内发生的征收。在把美国—哈萨克斯坦BIT提交美国总统的国务卿呈报函中,将“渐进式征收”表述为“实质上剥夺了投资的利益但并未剥夺投资的所有权”。[23] 此后,把美国—格鲁吉亚BIT提交总统的呈报函把“渐进式征收”界定为“一系列实质上达到了对涵盖投资的征收但没有剥夺所有权的措施”。[24]

1983年范本第3条第1款也提供了一份可能相当于征收的措施的列举式清单。这些措施包括但不限于针对公司的课税、[25]强制销售、损害公司的管理、控制或经济价值。正如该列举式清单所明确的,税收措施与管制措施

---

[22] Restatement(Second)Foreign Relations Law of the United States section 192(1965). See generally Christie,“What Constitutes a Taking of Property Under International Law?”1976 Brit. Y. B. Int’l L. 307.

[23] Kazakhstan BIT submittal letter, at Ⅸ.

[24] Georgia BIT submittal letter, at Ⅸ.

[25] See, e. g., Corn Products Refining Co., 1955 I. L. R. 333, 334, 在该案中,美国外国人求偿解决委员会(United States Foreign Claims Settlement Commission)认为过度税收可能构成征收。

都可能相当于征收。当东道国的行为具有相当于征收的效果时，这些行为就构成第3条意义上的征收，而不论东道国采取这些行为时的意图以及描述这些行为的方式。

然而，国家的意图并不当然是无关紧要的。一项行动的采取具有剥夺所有人对其投资的所有权、占有或获利性的利用之事实有助于得出该行动构成征收的结论。尽管如此，即便国家并没有这样的意图，具有征收效果的行动仍然构成征收。

征收条款也适用于部分征收。虽然BITs并未明确提及部分征收，但"征收"一词旨在包括针对投资之组成部分的征收。例如，如果国家征收了投资者在东道国领土拥有的作为投资的土地的部分而非全部，就会发生第3条意义上的征收，尽管投资者仍然拥有一部分的土地。不过，只有国家的这些行动对于投资的干预足以构成直接或间接征收时，国家行动才属于第3条所指的行为。例如，某个国家规制措施禁止投资者以某种特定方式使用土地，但投资者仍然可以对土地进行其他形式的获利性使用，则该国家规制不构成征收，原因是，国家并未剥夺土地的所有权或占有，并且也没有剥夺所有权人对土地的几乎所有的获利性使用。

如果满足五个要件，则征收涵盖投资就不违反BIT征收条款。第一，征收必须为了公共目的。公共目的被宽泛地解释，并且BITs和习惯国际法都没有为界定公共目的的含义提供许多指南。[26]不过，BITs旨在禁止那些只是把某一私人的财产转移给另一方但无益于公众，或只是为了政治报复而实施的征收。

第二，征收必须通过正当法律程序实施。这意味着，征收必须遵循征收国的法律和最低的国际正当程序标准。该国际标准包括非任意性以及可以诉诸司法审查。[27] 司法审查的权利至少必须包括公正的通知以及有机会在中立的法庭质疑征收的合法性。如下所述，虽然第2条一般性地要求给予符合国际法的待遇，但第3条第3款规定了一项独立要求，即应该对征收进行司法审查。[28]

---

[26] "国际法中几乎没有确立任何有用的标准的权威，据此可以质疑相关国家自行对于公共目的的认定"。Restatement (Second) Foreign Relations Law of the United States section 185, comment b (1965). See generally 8 M. Whiteman, Digest of International Law 1036 – 62 (1967).

[27] See OECD Draft Convention on the Protection of Foreign Property, Art. 3, Comment 5, 7 Int'l Leg. Mat. 117 (1968); Treaty Protection, supra chap. 5, note 82, at 63 note 39.

[28] 参见第五章第三节。

第三,征收必须是非歧视性的。直言之,征收不得以投资所有人的国籍为基础或某种任意的基础而定点地损害一项或多项投资。第 2 条规定的国民待遇与最惠国待遇条款单独要求应该以非歧视的方式向涵盖投资提供待遇。[29] 第 2 条还一般性地禁止任意性或歧视性待遇。[30]

第四,1983 年范本明确规定"征收不能违反相关国民或公司与实施征收的国家之间签署的投资协议中规定的关于合同稳定性或征收的特定条款"。这一条款禁止 BIT 缔约一方把撤销一份投资协议视为征收涵盖投资行为的组成部分。

第五,征收必须支付充分、及时、有效补偿。[31] 为避免对于这一要求的内容的任何疑问,第 3 条第 1 款包含了几个句子,其目的就是为了较为详细地阐明"充分、及时、有效"的含义。参与制定 BIT 范本早期过程的人们考虑使用一个更简短而不另行增加句子的条款,但最终决定纳入详细的规定,其部分原因是受瑞士与德国签署的 BITs 的影响。

一般来说,及时支付意味着合理时间内的支付,即在必要手续完成后尽快支付。在解释充分、及时、有效的含义时,第 3 条第 1 款规定,支付应当是"没有迟延的"。这两个术语推定征收国政府在征收时应该有能力补偿投资者,因而实际的支付只不过是要快速地履行手续而已。

传统上,充分补偿意味着支付被征收财产在截至被征收之日时的公平市场价值,[32]包括自征收之日至支付补偿之日期间的利息。[33] 通过明确要求支付公平市场价值以及自征收日起计算的利息,第 3 条第 1 款排除了对于该术语之含义的所有疑问。

BITs 也规定了征收补偿所适用的利率。1983 年范本要求适用"等同于当前国际汇率"的利率。在迟延支付补偿期间,利率必须是一种能够确保补

㉙ 参见第五章第二节第一目。

㉚ 参见第五章第三节第一目。

㉛ 关于美国对于充分、及时、有效补偿之含义的主张,see Treaty Protection supra chap. 5, note 82, at 62 - 63; Department of State GIST, July 1978, excerpted in 1978 Digest of United States Practice in International Law 1226 - 1227; Address of Richard Smith, Director of the Office of Investment Affairs, Department of State, at Vanderbilt University, April 9, 1976, excerpted in 1976 Digest of United States Practice in International Law 443 - 444; 8 Marian Whiteman, Digest of International Law 1143 - 86 (1967)。

㉜ See Treaty Protection, supra chap. 5, note 82, at 62 - 63.

㉝ See id. at 67 n. 52; 8 Marian Whiteman, Digest of International Law 1186 - 92(1967). OECD Draft Convention supra note 16, Art. 3.

偿的真正价值的利率。换言之,使用的利率应该使投资者处于一种假设征收发生时投资者就被支付补偿情况下本应可以处于的相同位置。

前已指出,被征收投资要按照截止征收日时计算其价值。基于这一要求的目的,计算必须不考虑任何因为征收国政府实施征收的行为或者公众获悉征收而导致的投资价值减少。本质上说,财产是按照假设没有发生征收情况下的价值进行估价的。

这个要求的目的之一是,避免征收国政府在实施征收以前压低公司价值,从而减少应该补偿给原公司所有人的补偿数额。虽然美国政府认为这一要求隐含于充分、及时、有效中,[34]但第3条第1款仍然对此做了明文规定。1983年范本规定,"这种补偿的计算不应反映由于事先向公众通报、宣布征收行为,或者发生构成或导致征收行为的事件而导致此种公平市场价值的任何减少"。

根据不同情势,公平市场价值的计算可以使用多种方法。比如,对于正在经营中的商业企业而言,该企业的公平市场价值通常被视为是"持续盈利"(going concern)企业的价值。对于其他类型的投资而言,它们可以采取重置成本计算;或者在较少情况下,采取账面价值计算。[35]

总体而言,公平市场价值反映的是有意出售者与有意购买者在双方知悉合理的事实情况下可能达成的投资出售价格。在被征收财产的交易市场不存在情况下,投资者与征收国必须通过间接方式获得一个假设的公平市场价值。其中的一种方法是现金流量折现法,通过这种方法,把企业的未来纯收入总额经由金钱的时间价值、推定的通货膨胀率以及此种收入实际上可以获得的可能性进行折现,从而得出资产之未来收入的当前价值。另一种方法是参照晚近被视为代表公平市场价值的其他可比资产进行资产估值。

有效补偿通常被理解为应该以可自由使用的货币支付补偿,并且适用征收日的主导市场汇率。换言之,投资者必须能够不被迟延地汇出补偿。

不过,为了消除针对有效补偿之含义的任何疑问,第3条第1款对该术语做了明确界定。1983年范本要求,补偿应该"可以有效地实现的……并且……

---

[34] Treaty Protection, supra chap. 5, note 82, at 63; OECD Draft Convention supra note 16, Art. 3, comment 9(a); Restatement(Second) Foreign Relations Law of the United States section 188, comment b (1965).

[35] Treaty Protection, supra chap. 5, note 82, at 6; 1976 Digest of U. S. Practice in International Law 444.

按照征收当日的主导市场汇率可以自由转移的”。使用征收当日汇率是为了保护投资者免于遭受汇率发生不利变化导致的风险。转移条款确立了一项独立的自由转移与投资有关的支付——包括征收补偿的转移——的权利。

1983 年范本第 3 条第 2 款包含了一个规定,其目的是确保缔约一方的投资者可以获得缔约另一方因其征收了根据该国法律组建的公司中的投资而给予的补偿。第 3 条第 2 款规定,如果任何缔约一方征收了在其领土内组建的任何公司的投资,而缔约另一方的国民或公司在被征收公司的股份拥有权利,则实施征收的缔约一方应该根据第 3 条第 2 款向缔约另一方的国民或公司支付补偿。这一规定适用于任何股东,包括不具有控制性利益的小股东。任何股东都有权获得与其在被征收公司中的利益成比例的补偿。作为一种替代措施,东道国可以通过向当地公司支付补偿的方式以履行其在本条款项下的责任。如前文解释的那样,现代 FCNs 中包含类似条款,这显然是 BITs 纳入本条款的动力。

不过,第 3 条第 2 款又是表现 BIT 冗余性的一个例子。因为在第 1 条(c)项中界定的投资定义包括“一家公司……或……公司中的利益”,缔约一方的国民或公司持有的任何公司都是该国民或公司的投资,缔约另一方征收此种投资会触发第 3 条第 1 款规定的补偿请求权。进而,由于第 3 条第 2 款规定的补偿请求权只适用于那些在被征收公司中持有股权利益的人员,因此,虽然第 1 条(c)项规定的投资定义包括公司中的任何利益,但第 3 条第 2 款实际上所保护的利益范围要窄于第 1 条(c)项与第 3 条第 1 款相结合而提供的保护。由于这些原因,第 3 条第 2 款在 1984 年范本中被删除了。

最后条款,即 1983 年范本第 3 条第 3 款授予缔约一方的国民或公司——他们指控其位于缔约另一方领土内的全部或部分投资被征收了——有权及时地获得对征收行为的司法或行政审查。这一审查应当确定征收是否已经发生;如果发生征收的话,征收及由此产生的补偿是否符合征收条款规定的国际法原则。

第 3 条第 3 款旨在确保投资者可以针对非法征收诉诸当地救济,但它没有要求投资者在把争端提交投资者—国家争端解决前应该诉诸当地救济。第 3 条第 3 款没有规定这一审查所适用的程序标准,但 BIT 的一般标准会适用于这一审查,就像它们适用于影响投资的所有国家行为那样。例如,审查必须符合公平与公正待遇标准、符合习惯国际法的待遇(包括正当程序),而国民待遇与最惠国待遇标准不得表现出禁止任意性与歧视性待遇。同样地,第2条规定的利用法院条款也应予以适用。第3条第3款的表述也把第3条第1款规定的要求与习惯国际法规定的要求等同起来,据此再次确认充分、及时、有效标准是习惯国际法的组成部分。

1983年范本中的征收条款明确要适用任何可适用协议中的争端解决条款。由此,如果投资者与东道国签署了一份包含争端解决条款的投资协议,并且该协议中的争端解决条款可以被用于确定征收是否发生或是否合法,那么,该投资协议中的争端解决条款应该优先于BITs中的征收审查条款。当然,在投资者此前同意某一争端解决机制,但其提供的保护低于征收审查条款给予的保护情况下,从投资者的角度看这种做法并非理想。这表明此前同意的程序较之BIT提供的救济获得更多的遵从,而这正是此前BIT范本的特点。[36]

征收审查条款补充了第2条规定的利用法院条款。[37] 与援引根据第2条规定的诉诸当地救济的投资者一样,把征收争端提交给征收审查条款规定的司法或行政审查的投资者可能丧失根据投资者—国家争端条款拥有诉诸具有拘束力的第三方仲裁的权利。[38]正如下文会看到的,该条款在1994年范本中被删除了。

二、1984年范本

1984年范本的征收条款规定于第3条第1~2款,第3条不像1983年范本的第3条设有标题。该条款的表述在很多方面发生了变化,但不影响该条款的涵盖范围或者针对东道国施加的义务。

第一,1984年范本采取交叉援引第2条第2款的做法规定一般待遇标准,取代了明确的规定,即征收不得"违反相关国民或公司与实施征收的国家之间签署的投资协议中规定的关于合同稳定性或征收的特定条款"。这些标准包括要求"缔约各方……遵守其在投资方面承担的义务"。由此,虽然1984年范本的表述不甚明确,但两个范本在这个方面的实质内容是相同的。

第二,在规定必须支付的利息时,1984年范本要求适用"商业上的合理利息",而非"等同于当前国际利息"的利率。这两个术语的含义是相同的。

---

[36] 参见第九章第二节第一目。
[37] 参见第六章第五节第一目。
[38] 参见第九章第二节第一目。

第三,1984 年范本修订了条约规定的据以确定征收补偿数额的方式,即征收补偿的数额"不应当反映由于事先向公众通报、宣布征收行为,或者发生构成或导致征收行为的事件而导致此种公平市场价值的任何减少"。这一引用自 1983 年范本的表述被另一个实质上相同的表述所替代,该表述规定补偿应该在截至"马上采取征收行为或征收行为被公众获悉时"计算补偿。

第四,1983 年范本的要求,即补偿应该"可以有效实现的……并且……以征收之日的主导市场汇率,可自由汇兑的",被改写为要求补偿应该是"充分实现的,并且以征收之日的主导市场汇率,可自由汇兑的"。修改并无意使实质内容发生变化。

第五,1983 年范本第 3 条第 2 款在 1984 年范本中被完全删除了。1983 年范本规定第 3 条第 2 款的唯一原因是现代 FCNs 中规定有类似的条款。然而,起草人员逐步认识到这一条款是多余的,因而以没有必要为由予以删除。事实上,由于第 3 条第 2 款提供的保护只不过是第 3 条的剩余内容所提供的保护的缩小版,该条的存在诱发了风险,即可能被不正确地解释从而弱化了征收条款的其他部分提供的保护。

1984 年范本中的征收审查条款规定于第 3 条第 2 款,但有两处修订。第一处修改为,有关征收审查条款适用任何可适用的协议中的争端解决条款的表述在 1984 年范本中被删除了。这明显地强化了征收审查条款,原因是,它允许投资者主张征收审查条款所给予的保护,虽然此前存在一个比较不利的争端解决机制。与其同时,在此前存在投资者希望援引的规定有更优惠之争端解决机制的协议时,1984 年范本没有免除东道国遵守此前协议之要求的义务。事实上,第 9 条(c)项规定的权利保留条款明确保存了任何此种机制。[39] 这与 BIT 范本中采取的做法,即保留此前达成一致的程序,如果投资者希望适用该程序的话;同时确保诉诸投资者—国家仲裁的权利,如果投资者愿意继续适用该程序,是一致的。[40]

1984 年范本针对征收审查条款做出的第二处修改是,把"本条规定的国际法标准"改写为直接提及"国际法标准"。这一变化产生了双重结果。第一,它打破了第 3 条第 1 款规定的标准与习惯国际法之间的明确联系。征收条款规定的标准与习惯国际法之间的明确联系在 2004 年范本中得到了恢

---

[39] 参见第十一章第二节。

[40] 参见第九章第二节。

复。第二,作为这一改动的一个结果,这种表述没有要求征收审查必须遵循习惯国际法确定的任何标准,无论这些标准是否规定于第 3 条中。由于 1983 年范本第 2 条一般性地要求东道国给予涵盖投资的所有待遇必须符合习惯国际法,因此第二个结果没有什么实际影响。

三、1987 年范本

1987 年范本将征收条款规定于第 3 条第 1 ~ 2 款,除了对调了征收条件条款规定的补偿应该包括利息与无迟延地支付补偿的列举顺序外,其与 1984 年范本相比并无变化。

四、1991 年范本

1991 年范本的征收条款规定于第 3 条第 1 ~ 2 款。它采纳了 1987 年范本的表述,但有两处修订。第一,在要求以“刚刚发生征收时或征收被获悉时”为准进行投资估价后,1991 年第 3 条第 1 款范本增加了短语“以二者中更先者为准”。这一新短语只是澄清了始终隐含着的意图,而并未改变条款的实质。第二,1991 年范本删除了“non-discriminatory”(非歧视)之间的连字符。

五、1992 年范本

1992 年范本将征收条款规定于第 3 条第 1 ~ 2 款。除了插入一个冒号外,第 3 条第 1 款做出的唯一改动是,修改了用以规定如何确定补偿所适用的汇率的表述。此前的表述规定“适用征收之日的主导市场汇率的可自由转移的”,1992 年范本将该表述分成两款。第一款——恰好插在要求不迟延地支付补偿前——规定,补偿应该“在当时的主导市场汇率基础上以可自由使用的货币计算”。第二款要求补偿“应该可以自由汇兑的”。此前表述的措辞没有这么巧妙,并且似乎把补偿支付的可汇兑性与征收之日的汇率相联系。新的表述明确了补偿应该以征收之日或征收被获悉之日为截止日进行计算,而且确保支付之日(在发生征收后必须及时进行)时的可自由汇兑性。任何的延误将通过支付利息加以补偿,且该利息根据可自由使用货币的持有人可资利用的商业上合理的利率进行计算。因此,1991 年范本与 1992 年范本之间的变化并非一种实质性的变化,而只是一种澄清。

使用术语“可自由使用的货币”符合汇兑条款的表述。“可自由使用的货币”是国际货币基金组织的标准术语。根据《国际货币基金协定》第30条(f)项的规定,它是指“一个成员国的货币,基金组织认定……事实上被广泛使用于国际交易支付,而且……在外汇市场被广泛地进行交易”。当前,这种货币有四种,即英镑、欧元、日元和美元。

新表述中的“其时”(at that time)的含义可能被认为是模糊的。与此前的范本一样,1992年范本的原则是,投资者应该处于一种假设东道国在征收日已经根据当时的主导汇率使用可自由使用的货币支付补偿的情况下本应处于的相同位置。换言之,投资者不应该被要求承担汇率不利变化导致的风险。在1994年范本中有一个更加细致的表述,以试图解释这一原则。

1992年范本对于第3条第2款,即征收审查条款也做了一处细微的文体方面的修订。在规定投资者有权要求及时地审查征收补偿的充分性,1992年范本把“相关的补偿”替换为“由此导致的补偿”。

六、1994年范本

1994年范本的征收条款规定于第3条。该条在文体上的两个变化体现了1994年范本的特征。1994年范本将征收条款转变成为主动语态。1994年范本也修改了征收条款的表述,据此使其适用于“涵盖投资”,但这一变化不影响该条款的实质内容。

1994年范本重构了征收条款。规定征收条件的基本规则被规定于第3条第1款的单独一段中。澄清“充分、及时、有效”含义的表述被规定于第3条第2款的第2段。关于如何确定汇率的讨论被规定于新设的第3条第3、4款中。在1984年至1991年的范本中,第3条第3款处理的是战争与内战状况问题。与1983年范本规定的一样,1994年范本把战争与内战条款移走作为独立的第4条。

1994年范本对征收条款的表述做了众多修改,但基本上没有改变该条款的实质内容。例如,由于此前的范本要求被征收投资的估价应该以刚刚发生征收之日或征收被获悉之日作为截止日进行,但1994年范本没有提及征收被获悉之日,而是增加了一个新的句子,该句子规定“公平市场价值不应反映任何由于征收行为在征收日前被知悉而导致的价值减少”。因此,这一变化只是文体性的。

与此前的范本一样,1994年范本要求征收必须满足一般性绝对待遇标准,但由于第2条第2款被重构,交叉援引第2条第2款规定的绝对待遇标准被修改为援引第2条第3款。不过,由于1994年范本删除了要求缔约方应该遵守他们在征收方面承担的任何承诺之标准,一般性绝对待遇标准条款不再能够针对征收的合法性施加单独的条件。换言之,在1994年之前的范本中,征收会纯粹由于东道国做出不实施征收之承诺而明确地是非法的。1994年范本不再明确地规定这一限制。然而,这一变化不具有实质性,由于一般性绝对待遇标准仍然纳入根据习惯国际法给予待遇的要求,也由于——根据美国的观点——习惯国际法禁止违反合同义务的征收,因此,这一限制仍然默示地存在。国务卿向美国总统提交的关于美国—格鲁吉亚BIT的呈报函明确了这个问题,该呈报函表明"投资者有权使任何征收按照缔约一方此前做出的承诺进行"。[41]

1994年范本删除了征收审查条款,该条款要求那些主张认为其财产被征收的国民或公司有权利要求东道国及时进行审查,以确定是否发生了征收;如果是的话,征收是否符合习惯国际法的原则。NAFTA也删除了这一表述,而美国的BITs谈判人员也逐步认识到这一表述对投资者并没有太多实际价值;并且,这一表述在实践中的唯一作用可能是,成为东道国延迟支付补偿的借口。

第3条第1款删除了这一表述,即要求补偿"应该根据当时的主导市场汇率,并且以可自由使用的货币计算",以及补偿应该"加上以市场主导汇率为基础计算的自征收之日起的利息"。这些事项被规定于两个新的款项中,即第3条第3、4款。在全面评估1992年范本以及制定1994年范本的过程中,美国的BIT谈判人员意识到1992年范本的表述存在技术上的缺陷,为此有必要进行修订,从而明确隐含于该条款的基本意图。因此,1994年修订版本并非表明政策上的变化,而只是为了增强范本措辞技术上的准确性与清晰度。

与以往的范本一样,1994年范本遵循的原则是,所支付的补偿应该能够使投资者处于一种假设投资者在征收发生日已经获得了征收国以主导汇率为基础并使用可自由使用的货币计算的补偿情况下本应所处的相同位置。1994年范本的表述试图澄清这一原则,但也考虑了这样一个事实,即在某些情形中,征收之日当时的补偿数额可能不是以可自由使用的货币表示的。第3条第3款规定,如果公平市场价值是以可自由使用的货币表示的,则补

---

[41] Georgia BIT submittal letter, at Ⅸ.

偿不得低于征收日的公平市场价值,并加上这种货币以商业上合理的利率计算的利息,计息日期始于征收之日而终于支付补偿之日。第3条第4款规定,如果公平市场价值不是以可自由使用的货币表示,则补偿数额不应低于征收日的公平市场价值,并且把这一公平市场价值按照当日市场汇率转化为可自由使用的货币,并加上该可自由使用的货币以商业上合理的利率计算的利息,计息日期自征收之日始至支付补偿之日止,并且按支付日的主导市场汇率把全部数额的利息转化为支付货币。

1998年,美国BIT谈判人员从文体方面修订了征收条款援引的第2条第3款规定的一般性绝对待遇标准。具体来说,"Article Ⅱ(3)"被修改为"Article Ⅱ,paragraph 3"。

七、2004年范本

2004年范本把征收条款移至新的第6条,其标题为"征收与补偿"。该条款被做了若干文体上的修订。第一,不是规定缔约两方都不"应当"(shall)在未满足某些条件下征收涵盖投资,该措辞被修改为缔约双方都不"可以"(may)在未满足这些条件下征收涵盖投资。

第二,"相当于"(tantamount)被修改成"等同于"(equivalent),后者具有与"相当于"相同的含义。这一文体上的变化是针对围绕着NAFTA投资章所发生的争论的一种回应。NAFTA第1110条第1款规定"没有缔约一方可以直接或间接地国有化或征收缔约另一方的投资者在其领土境内的投资,或者采取相当于征收或国有化的措施"。在*Metalclad v. Mexico*案中,被提出的问题是,NAFTA是否承认存在三种类型的征收,即直接征收、间接征收,以及相当于征收的措施。1999年11月9日,美国向仲裁庭提交了一份声明,美国主张NAFTA的征收条款"反映了习惯国际法中关于征收的分类",而且"关于征收的习惯国际法只承认两种类型的征收:直接征收,如强制性转移讼争财产的所有权;间接征收,如通过一个或一系列措施实施的征收,即便不存在正式的所有权转移或直接剥夺"。[42] 正如美国的书面陈述所明确的,NAFTA缔约各方已经表示只承认存在直接征收和间接征收,但该表述措辞拙劣。美国的书面陈述还承认NAFTA的表述"可能并不精巧"。[43] 同样的问题也出现于*Pope & Talbot v. Canada*案中,美国在根据NAFTA第

---

[42] Submission of the Government of the United States of America, para. 10.

[43] *Id.*, at para. 12.

1128 条提交的一份声明中确认了美国在 *Metalclad v. Mexico* 案中的观点。同样的问题还出现在 *Loewen v. United States* 案中，但美国再次确认了此前观点。[44] 最终，仲裁庭驳回了认为 NAFTA 创设了第三种类型的征收的主张。[45]

在制定 2004 年范本的过程中，BIT 谈判人员试图明确征收条款只涵盖两种类型的征收，即直接征收和间接征收。由于“相当于”(tantamount)一词已经与所谓的第三类征收联系在一起，因此 BIT 谈判人员删除了该术语而以“等同于”(equivalent)取而代之，希望由此可以排除 2004 年范本可能再次让人提出存在第三种类型的征收并且为 2004 年范本所涵盖的主张的可能性。

在措辞方面，2004 年范本对征收条款做了一些细微改动，主要是使得这一表述与 NAFTA 的表述相一致。例如，以往的范本规定，补偿不应反映由于因为征收行为在征收日前被知悉而导致的价值减少。2004 年范本修订了这一表述，据此规定补偿不应该反映由于“拟定征收提前被知悉”而导致的任何价值变化，这一表述来源于 NAFTA。从技术上说，NAFTA 的表述更加准确，原因是，一个行为不可能在其发生前被提前获悉，因此，只有征收的意图有可能在征收发生前被获悉。类似地，此前的范本要求按照马上要按照“征收行为”之日的投资价值进行估价，而 NAFTA 要求按照刚刚要“发生征收”之日的投资价值进行估价。另外，NAFTA 的表述在技术基础上更为可取，原因是，提及“该征收行为”可能意味着这样一种情形，即征收是单个行为的结果，但实际上它可能是多个行为的结果。无论如何，这些变化无意表明政策方面发生了变化，而只是协调 BIT 的表述与 NAFTA 的表述。

与以往的范本一样，2004 年范本第 6 条第 1 款(d)项要求，任何征收必须符合一般性绝对待遇标准，尤其公平与公正待遇、充分的安全与保护，以及符合习惯国际法规定的待遇。由于 2004 年范本删除了“不合理与歧视性的措施”条款(在以往的范本中该条款处理的是“任意与歧视性措施”)，该条款不再针对征收的合法性规定额外的条件，但诚如作者在第五章第三节第七目中指出的，美国已经声明禁止不合理与歧视性的措施条款是习惯国际法的一个构成要素。无论如何，征收条款本身已经要求征收应该是非歧视

---

[44] Counter-Memorial of the United States of America, page 183.

[45] *Id.*.

性的。再者,如前所述,习惯国际法包含征收不得是任意的要求。[46] 因此,删除不合理与歧视措施条款对征收条款不会产生实质性的影响。

2004 年范本改动了一些措辞,由此把"支付的补偿"修改为"第 1 款 c 项所指的补偿",而第 1 款(c)项所指的补偿实际上就是要求"充分、及时、有效的补偿"。这一变化强化了这样的一个观念,即第 6 条第 2 ~ 4 款规定的各种要求只是对充分、及时、有效补偿概念所做的阐述而已。

2004 年范本中征收待遇的最重要变化是纳入了处理"征收"含义的表述。这一变化在条约文本中的体现是第 6 条标题附带的脚注 8。该脚注规定"第 6 条[征收]应该根据附件 A 与 B 进行解释"。

附件 B——标题为"征收"——规定,缔约方在两个事项方面"确认它们的共同理解"。附件 B 第 1 段处理的是第一个事项,它涉及的是征收条款与习惯国际法之间的关系。该段规定"第 6 条[征收与补偿]第 1 款旨在反映国家在征收方面的义务的习惯国际法"。这一句的效果是,所有接受 2004 年范本的国家明确接受了充分、及时、有效补偿标准是习惯国际法的一项要求。把这个标准确立为习惯国际法是美国 BIT 计划的一个重要目标。那些质疑充分、及时、有效标准构成习惯国际法之组成部分的国家有意愿与美国缔结把该标准接受为条约法义务的 BITs,同时保留他们对该标准在习惯国际法中的地位问题上的立场。附件 B 第 1 段规定所有缔约方确认这样的立场,即该标准也是习惯国际法的组成部分。

附件 B 处理的第二个事项是"征收"的定义问题。几起仲裁,尤其那些根据 NAFTA 第十一章提起的仲裁——投资者在其中试图就所谓的东道国的管制行为构成征收而主张补偿——导致的结果是,征收的定义成为引发美国与其他国家的某种担心的一个问题。这种担心源自于某些只是降低了投资价值的管制行为可能被认为构成对所降低价值的征收。因此,附件 B 代表了一种确立用以识别国家行为构成征收的标准的努力。

附件 B 第 2 段规定,一个(或一系列)行为不构成征收,除非它"干预了投资中的有形或无形财产权,或者财产利益"。这一表述是为了回应 *Pope & Talbot v. Canada* 案、*S. D. Myers v. Canada* 案以及 *Methanex v. United State* 等案而插入的,在这些案件中,仲裁申请人声称,减少或消灭市场份额的管制措施构成征收,美国对此持反对态度。根据这一表述,征收概念只适用于

---

[46] See text at note 27.

被识别为财产的利益,质言之,体现某种类型的权利的利益。由此,这一表述无意于把合同权利排除出征收条款的适用范围。合同可以创设被征收的权利。美国不认为这一表述实质性地背离了之前的 BIT 范本。美国始终认为,征收条款只是编纂了习惯国际法的要求。在美国看来,根据习惯国际法,只有在财产权或利益被剥夺情况下才能发生征收。[47]

最初,征收条款被美国视为是确保把《美国宪法》之第五修正案中的剥夺条款创设的标准适用于投资保护的一种努力。当然,剥夺条款只适用于财产。与此不同,由于作为整体的条约保护的是投资,因而征收条款也适用于投资。因此,把征收条约的适用限定于财产权或利益符合该条款背后蕴含的最初的政策目标。

附件 B 第 3 段进一步解释认为,征收条款处理两种情形:直接征收和间接征收。在这一点上,正是这个附件 B 明确反驳了前述的主张,即美国投资条约适用于第三种类型的征收。

附件 B 以一种略显重复的方式把直接征收界定为这样一种情形,即"投资通过正式转移所有权或公然剥夺的方式被国有化或直接地征收"。除了同义反复外,这个句子包含一个可以清晰地理解的意思。在东道国剥夺投资的所有权或占有投资时,直接征收发生。直接征收的发生与东道国行为的最终受益者无关。直言之,即便东道国将投资的所有权或占有权转移给第三方,而非自行拥有,直接征收仍然存在。

间接征收在"缔约一方实施的一个或一系列没有正式地转移权利或公然剥夺,但具有等同于直接征收的效果的行为时"发生。这一解释紧紧遵循了条约文本中征收条款的表述,它规定征收条款适用的征收是直接或者间接地通过相当征收的措施实施的。不过,附件 B 规定,只有在东道国转移投资的权利、公然剥夺投资,或者采取了从效果上看相当于转移权利或公然剥夺投资的行为时,才会存在征收(无论直接还是间接的)。

附件 B 第 4 段处理的什么构成间接征收的问题。该段没有包括什么与不包括什么值得人们同等关注。一些仲裁庭已经开始试图形成一个标准,以确定构成征收所必须的干预程度。第 4 段避免使用所有此类量化标准,这些标准似乎是要确立单一的尺度以评估东道国的行为是否构成征收。

---

[47] Methanex v. United States, Amended Statement of Defense of Respondent United States of America, para. 392. See also Grand River Enterprises v. United States, Statement of Defense of Respondent United States of America, para. 120.

相反，在借鉴了 *Penn Central Transportation Company v. New York City* 案[48]——在 1978 年作出判决的该案中，美国联邦最高法院考虑了认定一项管制措施是否构成征收时应该考虑的因素——中的表述后，第 4 段（a）项提出了三项标准，据以确定一个或一系列行为在什么时候构成间接征收。利用美国联邦最高法院的判例法符合《美国贸易促进权限法》确立的谈判目标，即美国签署的 BITs 不应该向在美国的外国投资者赋予优于在美国的美国投资者能够获得的实体权利，而他们可以确保获得相当于根据美国法律原则可以获得的权利。

第 4 段（a）项规定，征收的认定"要求逐案地、以事实为基础的考察，并且考虑其他因素"，包括被列明的三个因素。第一，政府行为的经济影响。不过，第 4 段（a）项警告认为，缔约一方采取的一个或一系列"对投资的经济价值产生不利影响的措施的[事实]本身不能确定发生了间接征收"。这一表述旨在排除这样一种认定，即三个要素中的第一个要素，即经济影响自身就足以表明存在间接征收。相反，经济影响只有与第二个或第三个因素相结合时才应该被认定构成间接征收。第二个因素指东道国政府行为干预"明显、合理的投资预期"的程度。第三个因素是"政府行为的性质"。第三个因素考察的是——比如——政府行为是否构成对投资的物理性干预。物理性干预的事实会有利于做出存在征收的认定。政府行为属于给仲裁请求人带来利益之管制性措施的事实会降低认定存在征收的可能性。

附件 B 第 4 段（b）项以明确的措辞处理了促使制定附件 B—管制性征收——一个重要关切。它规定"除非在罕见情况下，缔约一方制定与实施的旨在保护正当的公共福利目标——比如公共健康、安全与环境等——的非歧视性管制行为不构成间接征收"。第 4 段（b）项只是构成一种暂时的考察。它并没有排除缔约一方制定并实施的保护正当的公共福利目标的非歧视性管制行为仍然会被认定构成间接征收。相反，它确实认为，作为一个经验事项，此类行为只有在极罕见情形下才会被认定为构成间接征收。在 *Methanex v. United State* 案的抗辩中，美国主张"在经济损害系源自东道国在警察权范围内采取的善意管制情况下，不要求给予补偿，这是习惯国际法的

---

[48] Methanex v. United States, Amended Statement of Defense of Respondent United States of America, para. 392. See also Grand River Enterprises v. United States, Statement of Defense of Respondent United States of America, para. 120.

一个规则"。[49] 第4段(b)项的表述表明,美国的见解不像此前其在 *Methanex v. United State* 案中提交的书面陈述中的表述那么的绝对。第4段(b)项明确了国家警察权范围内的非歧视性管制实际上仍然有可能构成征收,即便发生这种情况是罕见的。

附件A规定,缔约各方"确认他们共同的理解",即习惯国际法"源自普遍而一致的,国家基于一种法律义务感而予以遵循的国家实践"。因此,附件A明确了国家实践自身不能创设习惯国际法规则。这一表述是以《美国对外关系法第三次诠释》第102条为基础的。

最后,2004年范本增加了一款,即第6条第5款,该款规定征收条款不适用于根据《TRIPs协定》授予的知识产权强制许可。[50]质言之,授予强制许可不构成征收。第1条规定的"TRIPs"定义有一个脚注,该脚注规定"为了更加明确,《TRIPs协定》包括WTO成员方根据《WTO协定》,在缔约各方之间生效的豁免适用TRIPs的任何条款"。根据《TRIPs协定》第31条(f)项规定,只有在根据强制许可之授权生产的发明主要在授予强制许可的国家内使用时,一国才可以授予强制许可。这一限制性规定把强制许可限定为应对严重公共健康问题,如艾滋病、疟疾、肺结核以及其他流行性疾病的药品专利。2003年8月30日,WTO总理事会通过了一项决议,该决议规定在特定条件下豁免适用《TRIPs协定》第31条(f)项。这一脚注可以确保根据弃权条款授予的强制许可不会被视为构成征收。该脚注的起头式短语,即"为了更加明确"表明,该脚注旨在澄清即使在没有该脚注的情况下也会达致的结果。

第三节 已经签署的BITs

自美国启动BIT计划以来,征收条款,尤其该条款的第1款,就是BITs实体条款的真正核心所在。整个BIT计划的一个首要目的就是构建一个与美国在有关征收的习惯国际法原则问题上的主张相一致的条约实践网络。在征收条款中的补偿款中接受任何妥协都会严重损害这一目标。从美国的

---

[49] Amended Statement of Defense of Respondent United States of America, para. 410.

[50] See Carlos M. Correa, "Investment Protection in Bilateral and Free Trade Agreements: Implications for the Granting of Compulsory Licenses", 26 Mich. J. Int'l L. 331 (2004).

角度看，缔结一个体现了在征收投资待遇上做出妥协的 BIT，还不如根本不缔结 BIT。为此，美国签署的所有 BITs 在这个问题上都没有做出妥协。

一、美国—埃及 BIT

美国—埃及 BIT 的征收条款规定于第 3 条。虽然有许多具有细微或非实质性效果的改动，但整体上说，该条款的表述与 1983 年范本中对应条款的表述是一致的。

第一，美国—埃及 BIT 第 3 条第 1 款中删除了那些可能相当于征收的国家行为的列举性清单。之前的这一清单包括课税、强制销售以及对管理的破坏。BITs 中更为宽泛的表述，即规定第 3 条适用于"任何……措施……相当于征收"足够宽泛，可以涵盖被删除的列举性清单中任何构成剥夺的国家行为。这一删除是应埃及的要求作出的，目的是避免在国内引发政治争议，并无意改变征收条款的本质。

第二，短语"充分、及时、有效补偿"被"及时与充分的补偿，并且可以自由实现的"取代。虽然后一种表述较少使用，但与前一个短语实质上是一样的。[51]

第三，1983 年范本中的冗长条款，即要求征收涵盖投资不应该违反任何投资协议中的稳定条款，被一个更宽泛的要求所取代，即对涵盖投资的征收不能违反任何"特定的合同约定"，这一表述类似于埃及—比利时—卢森堡经济联盟 BIT 中使用的表述。这一表述与 1984 年范本以及后续若干范本中采取的做法也是相符合的。

第四，要求补偿必须根据"主导市场汇率"并且可自由转移的条款被做了修订。在美国—埃及 BIT 中，该条款被修订为"根据当前交易使用的主导汇率"。

第五，"有效实现的"被更改为"自由实现的"。这一变化并没有做出实质性修改的意图。

第六，美国—埃及 BIT 用实质上相同的要求，即补偿"应该包括根据国际法是适当的针对延期的支付"取代了这一要求，即补偿应该包括根据相当于当前国际汇率的利率所产生的利息。美国与摩洛哥、土耳其以及突尼斯签署的 BITs 规定了类似条款，是为了尊重伊斯兰对于收取利息的敏感性。

---

[51] Egypt BIT submittal letter, at XIII.

美国—埃及 BIT 也包括一些新变化,这些变化只是明确了美国认为在 1983 年范本中默示存在的事项。例如,美国—埃及 BIT 中规定,征收补偿应该根据征收日当时被征收财产的价值计算。前已指出,美国政府认为这一要求是“充分、及时、有效”中默示存在的含义,因此没有明确规定于 1983 年 BIT 范本中。为了明确起见,1984 年范本确实明确规定,即计算补偿的日期应该是“紧接着”征收日之前的日期。正如 1983 年范本明确规定的那样,补偿不应该反映由于征收行为本身或征收信息的公布而导致的投资价值的任何减少是一个原则。实际上,这正是美国—埃及 BIT 的表述所要求的。美国与摩洛哥、土耳其签署的 BITs 包含了类似表述。

类似地,美国—埃及 BIT 明确把第 3 条第 1、2 款适用于缔约一方的政治分支机构对涵盖投资实施的征收。正如本书其他地方指出的,[52]BITs 义务通常适用于缔约各方的政治分支机构的行为。

美国—埃及 BIT 议定书第 8 段规定,“‘立即’一词不当然意味着即时”。相反,第 8 段解释认为,该术语的意图在于要求征收方“勤勉、迅速地履行任何必要的手续”。这一表述与上述美国对“立即”的理解是完全一致的。[53]美国与塞内加尔、约旦签署的 BITs 规定了类似条款。

议定书第 9 段的规定澄清了计算公平市场价值的方法。1983 年范本规定,这种计算不应该考虑“由于构成或导致征收的事件”导致的价值降低。第 9 段解释认为,这一短语只是指那些可归属于征收方的行为,而不是指国民或公司的行为。埃及担心会被要求就投资者自身行为导致的投资价值的损失向投资者给予补偿。该议定书的表述明确了缔约各方仅在投资价值的损失是由其行为造成情况下才需要对损失承担补偿责任。因此,在计算公平市场价值时,应该考虑由于投资者自身造成的投资价值减少的数额。

第 9 段还规定,纳入第 3 条第 1 款(e)项——它规定征收不应该违反任何合同条款——“不影响征收时应当给予的补偿的计算”。该条是应埃及的要求增加的。埃及反对在征收发生时第 3 条第 1 款(e)项会产生这样一个诉求,即投资者在充分、及时、有效补偿之外提出给予额外的补偿,以此作为对违反合同义务的补偿。美国谈判人员对此的回应是,任何要求给予损害补偿的请求系源于合同的存在,而不是源自第 3 条第 1 款(e)项。因此,双方同意在议定书的表述中规定第 3 条第 1 款(e)项不影响发生征收时补偿

---

[52] 参见第四章第七节。

[53] Egypt BIT submittal letter, at XIII.

额的计算。

美国—埃及 BIT 包括了日期记载为 1985 年 3 月 11 日的一个换文。通过这个换文,美国和埃及同意,在发生征收,补偿“应该以一种符合国际法规则和标准,而不是根据特定国内法律体系的特殊规则与标准的方式确定”。

该换文是由于埃及希望排除使用现金流量折现法计算征收补偿。埃及的谈判人员似乎把该种方法看作美国法律中特有的计算方法。美国的谈判人员认为,现金流量折现方法是国际法和会计实践中业已确立的组成部分,仲裁员在适当的案件必须可以利用这种计算方法估算被征收财产的价值。通过换文,埃及事实上同意,如果仲裁员认为现金流量折现法符合国际法律规则和标准,那他们就可以使用这种方法。无论如何,换文中的声明默示存在于 1983 年范本的要求,即应该根据国际法向投资提供待遇。[54]

美国—埃及 BIT 第 3 条第 3 款与 1983 年范本中的征收审查条款存在两个方面的区别。美国—埃及 BIT 把该条款置于缔约双方或缔约一方与缔约另一方的国民之间达成的任何协议之下。1983 年范本把征收审查条款置于任何此前的“可适用的”协议之下。美国—埃及 BIT 的表述实际上采用了 1982 年范本的表述,而 1982 年范本则是美国与埃及进行初期谈判的基础。在制定 1983 年范本时,美国简化了 1982 年范本中冗长的表述。美国—埃及 BIT 中对征收审查条款做出的第二个改动是,没有提及国际法原则与征收条款之间的联系,这一做法在 1984 年范本及一些后续范本中也被采用。

二、美国—巴拿马 BIT

美国—巴拿马 BIT 征收条款规定于第 4 条。虽然该 BIT 是根据 1981 年和 1982 年范本进行谈判的,但征收条款却遵循了 1984 年范本第 3 条的表述,同时做了许多细微修改。在这些细微修订中,只有一处影响了该条款所赋予权利的内容。因此,1984 年范本为分析美国—巴拿马 BIT 的征收条款提供了便利的参照点。

第一,起草人员改写了征收应该是为了公共目的的要求,将之改为“公共或社会目的”。“公共目的”已经足够宽泛,以至于重写不会产生任何实质性的变化。事实上,美国与尼加拉瓜签署的现代 FCN 中的类似条款规定了

---

[54] *Id.* ,at XIV.

“法律规定的社会公用事业的公共目的与理由”。[55] 在参议院针对美国—尼加拉瓜 FCN 举行的听证会上，美国国务院的立场是，该表述与人们更熟悉的公共目的之间不存在“重要的差别”。[56]

第二，美国—巴拿马 BIT 规定征收补偿应该体现投资的“全部价值”，而非“公平市场价值”。当然，全部价值是现代 FCNs 使用的表述，与公平市场价值具有相同的含义。[57] “全部价值”被使用于《希肯路伯修正案》（Hickenlooper Amendment）中，该修正属于联邦立法，它规定总统应该中止向那些对美国国民或公司的财产实施征收但拒不支付“充分、及时、有效”补偿的国家提供援助。[58] 无论如何，美国—巴拿马 BIT 保留了“充分、及时、有效”的表述，这无疑确立了公平市场价值要求。[59] 美国与摩洛哥以及土耳其签署的 BITs 中也使用了术语“全部价值”。

第三，美国—巴拿马 BIT 要求支付利息，但没有规定利息应该自征收日起计算。不过，这不会产生实质性的效果。利息的计算自征收之日起至支付日止是充分、及时、有效补偿的默示要求。

第四，美国—巴拿马 BIT 没有规定缔约方应该按照主导市场汇率支付征收补偿。由于该 BIT 规定使用美元，因此这一条款并无存在必要。[60]

第五，经缔约双方同意的会议纪要第 4 段记录了双方的谅解，即根据具体情势，全部价值的评估可以使用几种不同的计算方法。美国—海地 BIT 中规定了类似条款。前已指出，这一理念长期以来就是美国外国投资政策的组成部分，并且默示地存在于美国签署的所有 BITs 中。[61]

第六，美国—巴拿马 BIT 规定补偿计算的日期应该是征收行为为公众“知悉”的前一天。1984 年范本的规定的是征收“已经采取或被知悉”的时候。这种变化本身不具有重要影响，原因是征收或征收被公众知悉而导致

---

[55] Treaty of Friendship, Commerce, and Navigation, United States-Nicaragua, January 21, 1956, Art. Ⅵ(4), 9 U. S. T. 449, T. I. A. S. No. 4024, 367 U. N. T. S. 3.

[56] Wilson 1960, supra chap. 2, note 53, at 120 – 121.

[57] See Treaty Protection, supra chap. 5, note 82, at 62.

[58] Section 620(e) of the Foreign Assistance Act of 1961, Pub. L. No. 87 – 195, 75 Stat. 424, enacted by the Foreign Assistance Act of 1962, section 301(d)(3), Pub. L. No. 87 – 565, 76 Stat. 255, 260 – 261 (1962) (current version codified at 22 U. S. C. section 2370(e)). See generally Kenneth J. Vandevelde, “Reassessing the Hickenlooper Amendment,” 29 Va. J. Int'l L. 115 (1988).

[59] Panama BIT submittal letter, at Ⅹ.

[60] *Id.*, at Ⅹ.

[61] *Id.*, 也可参见第七章第三节第二目。

的投资价值减少不影响被征收投资的估价这一基本要求已经默示地存在于充分、及时、有效补偿原则中，而美国—巴拿马 BIT 保留了这一原则。[62] 即便这一要求并未隐含于美国—巴拿马 BIT 中，从实际的角度看，这种变化应该也不重要，因为征收必然会影响财产的公平市场价值是一个常识。美国—海地 BIT 中有类似的表述。

第七，美国—巴拿马 BIT 第 4 条第 2 款包含对应于 1983 年范本第 3 条第 2 款的条款，该条款确保为缔约一方的国民和公司持有的根据缔约另一方的法律组建而被征收的公司中的股份的利益提供补偿。考虑到投资定义的宽泛性，谈判人员认为这个条款纯属多余，因此该 BIT 开始就规定“根据第 1 条(d)项”，而该项界定了“投资”的含义。

第八，美国—巴拿马 BIT 完全没有规定征收审查条款。对于拉美国家而言，这是一个特别令人感到惊奇的变化。作为卡尔沃主义的追随者，拉美国家通常是抵制国际仲裁协议的，它们倾向于通过东道国法院解决国家与投资者之间的争端。没有规定这一条款就是把确认当地救济重要性的表述从美国—巴拿马 BIT 中去除了。诚如本书其他地方指出的，[63]虽然这一条款赋予的某些权利通过把诉诸法院作为一般待遇条款中的相关活动的组成部分得以继续保留，但由于没有规定单独的司法救济条款，巴拿马也不再强调当地救济。此外，习惯国际法禁止对涵盖投资与投资者拒绝司法。

三、美国—喀麦隆 BIT

美国—喀麦隆 BIT 的征收条款规定于第 3 条。该条款遵循了 1984 年范本的对应条款，但也有几处非实质性的修订。

例如，1984 年范本规定，征收条款适用于“直接或间接地——通过相当于征收的措施——”实施的征收。美国—喀麦隆 BIT 缩短了上述表述，将之修改为“直接或间接”。不过，这个变化不会影响该表述的含义，因为被删除的短语根本就不能界定“间接”——这个词仍然保留着——的含义。

类似地，明确禁止歧视性征收的表述也被删除了。不过，这一删除并不重要，原因是，美国—喀麦隆 BIT 确实要求征收应该“根据……第 2 条第 4 款列举的原则”。第 2 条第 4 款规定应该根据国际法向投资给予待遇，而国

---

[62] Treaty Protection, supra chap. 5, note 82, at 63.

[63] 参见第六章第五节第三目。

际法禁止歧视性征收。[64] 第 2 条第 4 款也禁止那些损害投资之使用或行使的任意或歧视性措施，因而也就禁止歧视性征收。第 2 条第 2 款规定的一般最惠国待遇和国民待遇条款进一步禁止基于国籍的歧视性投资待遇。

此外，美国—喀麦隆 BIT 删除了要求补偿必须可充分实现的表述。不过，这一要求已经被保留于该 BIT 中的充分、及时、有效公式的第三个因素所涵盖。

根据美国—喀麦隆 BIT 的征收条款，被征收的投资应该按照"采取措施之日的前一天，或根据案件具体情况，按照拟定措施为公众获悉之日的前一天"的价值进行估价。与此相反，1984 年范本采取了"刚要采取征收行动或征收行动被获悉"的表述。虽然美国—喀麦隆 BIT 中的表述不够简练，但从含义上说是难以区别的。

美国—喀麦隆 BIT 规定，征收补偿的利息应该根据"当前国际利率"，而非 1984 年范本规定的"商业上合理的利率"。1983 年范本使用了"当前国际利率"，并且无意使之实质性地有别于 1984 年范本。[65]

此外，1984 年范本规定，征收补偿的汇兑应该根据"征收日时主导市场汇率"。与此不同，美国—喀麦隆 BIT 规定采取"IMF 在当天通常使用的汇率"，这一变化无意使之具有实质性的效果。[66] 当然，"那日"(that date)指的是征收日。[67] 需要注意的是，该 BIT 的汇兑条款[68]也规定货币汇兑适用 IMF 汇率。

最后，与 1984 年、1987 年范本相同，美国—喀麦隆 BIT 的征收审查条款没有提及国际法与第 3 条第 1 款之间的联系，而使用了一种稍微不同的方法。该 BIT 规定，审查应该认定征收与补偿是否符合第 3 条第 1 款。换言之，该 BIT 使用第 3 条第 1 款，而非国际法作为标准。当然，这种做法不影响这样的主张，即第 3 条第 1 款的要求与国际法的要求可以部分或全部地并存。美国与摩洛哥、塞内加尔以及土耳其签署的 BITs 规定了类似条款。

四、美国—摩洛哥 BIT

美国—摩洛哥 BIT 谈判导致征收条款被完全重新起草，该条款规定于

---

[64] See Restatement (Third) Foreign Relations Law of the United States section 712 (1987).

[65] Cameroon BIT submittal letter, at Ⅸ.

[66] *Id.*.

[67] *Id.*.

[68] 参见第八章第三节第三目。

第3条。虽然进行了大量重写,但缔约双方的义务与1983年范本项下义务并无不同。

谈判人员重写了充分、及时、有效补偿要求,据此在第3条第2款中规定征收国"应该及时支付公正与有效的补偿"。"公正补偿"通常出现于美国签署的现代FCNs中,与美国政府使用的充分补偿与公平市场价值是同义词。[69]

不过,为了消除任何疑虑,美国—摩洛哥BIT第3条第3款进一步规定,"补偿应该等同于征收日时被征收投资的全部价值"。美国与巴拿马、突尼斯签署的BITs也使用了"全部价值"的表述。正如本书针对这方面指出的,[70]"全部价值"与各BIT范本中使用的对应术语是同义词。

美国—摩洛哥BIT第3条第3款规定按照征收日当时的价值对投资进行估价。1984年范本规定按照"刚刚要"(immediately before)实施征收时的价值进行估价。不过,这一偏离不会产生实质性的效果,原因是该BIT议定书第4段规定"全部价值不应受实施征收的政府此前通报或宣布征收事件的影响"。当然,确保估价不考虑征收或者宣布征收是1984年范本规定按照马上要实施征收前的投资价值进行估价的唯一目的。美国与埃及、土耳其签署的BITs规定了类似条款,规定按照征收日的投资价值进行估价。

为了缓解穆斯林的敏感性,美国—摩洛哥BIT没有明确提及征收国应该支付补偿的利息。[71] 这一要求被更加谨慎地规定于该BIT的议定书第4段,第4段规定"补偿应该包括……自征收日起发生的迟延支付而应当给予补偿的数额"。这一规定的作用相当于1984年范本中规定的支付利息之要求,它也包括要求支付一定数额的款项,以补偿汇率发生的变化。美国与埃及、土耳其以及突尼斯签署的BITs采取了类似做法。

自由地转移征收补偿的权利隐含于第3条第2款规定的"有效补偿"要求中。然而,为了排除任何怀疑,该BIT的议定书第4段规定"为了保持补偿的价值,应该确保补偿数额能够以基于商业目的而使用的汇率及时汇兑"。美国—突尼斯BIT在其议定书中规定了类似条款。

---

[69] Morocco BIT submittal letter, at Ⅹ. See also Treaty Protection, supra chap. 5, note 82, at 62. For international authorities linking just compensation with fair market value see Norwegian Shipowners Claim (Norway v. United States) 1 R. Int'l Arb. Awards 308 (1922); OECD Draft Convention, supra note 27, Art. 3, comment 9 (a); Louis Sohn and Richard Baxter, "Model Convention on the International Responsibility of States for Injuries to Aliens," 55 Am. J. Int'l L. 548 (1961).

[70] 参见第七章第四节(section 7.04)。

[71] Morocco BIT submittal letter, at Ⅹ.

美国—摩洛哥 BIT 没有明确规定适用征收之日的汇率还是汇兑补偿汇兑之日的汇率。不过,前已指出,该 BIT 的议定书中有关要求给予足够支付以补偿任何迟误的条款要求为投资者提供保护,使其免受汇率不利变化造成的影响。使用征收之日而非补偿汇兑之日的汇率也是该 BIT 中有关“公正和有效补偿”——确保“征收之日被征收投资的全部价值”——之表述所要求的。

美国—摩洛哥 BIT 中没有规定 1983 年范本第 3 条第 2 款中的表述,该表述要求对于根据征收国的法律组建的公司的征收给予补偿。前已指出,由于征收条款已经提供了这种保护,因此这一表述纯属多余。

最后,美国—摩洛哥 BIT 第 3 条第 4 款包括了与 1984 年范本中的表述实质上是一样的征收审查条款。不过,该 BIT 使用了征收条款的规定,而非习惯国际法作为审查机关认定征收行为以及补偿是否具有合法性的标准。美国与喀麦隆、塞内加尔以及土耳其签署的 BITs 采取了相同的做法。正如在讨论美国—喀麦隆 BIT——美国签署的所有 5 个 BITs 也是如此——时指出的一样,这一做法并不影响习惯国际法已经被纳入征收条款的主张。

五、美国—民主刚果 BIT

美国—民主刚果 BIT 的征收条款——第 3 条——与 1983 年范本中的对应条款非常相似。

几处并非实质性的变化值得注意。例如,1983 年范本包含一个附带性说明,以此说明某些间接的相当于征收的措施的行为类型。该 BIT 稍微重写了附带性说明,并把它移到该 BIT 的议定书第 5 段。

此外,美国—民主刚果 BIT 也稍微改写了 1983 年范本第 3 条第 1 款中的表述——该表述要求补偿应该不迟延地支付且应该可以有效实现的表述,并把它移到该 BIT 的议定书第 1 段(c)项。“充分、及时、有效补偿”被表述为“充分、及时、有效实现的补偿”。当然,“有效实现”的表述直接取自于 1983 年范本第 3 条第 1 款。

美国—民主刚果 BIT 在两个地方扩大了 1983 年范本的表述。第一,1983 年范本第 3 条第 2 款被改写,据此要求对缔约一方的国民与公司在根据缔约一方的法律组建且被征收的公司中“持有股份或具有任何被承认的权利”给予补偿。1983 年范本的对应条款仅适用于持有被征收公司之股份利益的国民或公司。不过,前已指出,1983 年范本第 3 条第 2 款提供的保护完全多余，因为已经存在于第3条第1款规定的保护中，因此，美国—民主刚果BIT第3条第2款的扩大并不会提供超出第3条第1款所能提供的保护。

第二，修改了1983年范本第3条第3款，即征收审查条款，据以规定该条款要遵守美国—民主刚果BIT规定的争端解决条款。质言之，该BIT的征收审查条款不受投资者和东道国之间之前签署的协议的拘束，这一做法与1984年范本是一致的。此外，通过删除征收条款与习惯国际法之间的关系，并且规定审查征收及其补偿适用的标准是国际法原则，该BIT在征收审查条款方面也遵循了1984年范本的做法，从而将国际法原则确立为审查征收与补偿的标准。

六、美国—孟加拉国BIT

美国—孟加拉国BIT征收条款——第3条——采取了1983年范本的表述，但有两处细微修订。

第一，通过插入"根据第5条的规定"，美国—孟加拉国BIT第3条第1款修订了要求补偿应该可自由汇兑的条款。第5条是汇兑条款。正如本书其他地方指出的，[72]该BIT的汇兑条款规定，除了某些可适用的销售或清算费用——但不包括征收补偿——以外，所有与投资相关的支付均应该可以自由地兑换。因此，交叉援引第5条绝对没有降低第3条规定的可自由汇兑性。这一改动是应孟加拉国的主张做出的，该国认为同时用征收条款与汇兑条款处理征收补偿的可自由汇兑性是多余的。经孟加拉国提议，美国同意在第5条中不提及征收补偿，从而消除了这种冗余。随后，在征收条款中插入对第5条的交叉援引，从而明确了第5条规定的有关自由汇兑的所有保证实际上都适用于征收补偿。

第二，美国—孟加拉国BIT重写了有关补偿应该"不迟延"地支付的明确要求，将之修改为"及时"。这两个术语属于同义词，因此这一变化不重要。它只是使受影响的句子的措辞符合"充分、及时、有效"之一般要求。

七、美国—海地BIT

美国—海地BIT第3条是征收条款。该条款以1983年范本第3条为基础，但有值得注意的三处变化。

---

[72] 参见第八章第三节第六目。

第一,美国—海地 BIT 第 3 条第 1 款明确规定,补偿数额应当等于"根据对于具体特殊案件而言是适当的不同计算方法"而确定的投资的公平市场价值。正如本书其他地方解释的那样,[73]这一表述与美国外国投资政策一致,并没有减损 BIT 规定的权利。美国—巴拿马 BIT 中有类似的条款。

第二,虽然 1983 年范本规定补偿不应反映征收或者构成征收的事件事先被知悉导致的任何公平市场价值的减少,美国—海地 BIT 只是把第一个因素从估价过程中予以排除。这一变化没产生什么效果,因为该 BIT 仍然保留着充分、及时、有效补偿之一般标准,该一般标准要求在计算被征收财产的价值时不应考虑征收的发生与公开这两个因素。[74] 无论如何,由于公平市场价值的减少通常只是在市场获悉负面事件——比如征收——时才会发生,在实践中要区分这两个因素是不可能的。因此,即便没有充分、及时、有效补偿之一般标准,这一变化可能也不具有实际的重要性。美国—巴拿马 BIT 中有类似的条款。

在谈判中,海地支持这一改动,理由是,有关此前发生的事件的表述对海地来说是没有必要的。美国答复认为,如果这一表述是没有必要的,那么海地政府就不应该反对保留它。海地政府反驳认为,该条约对海地具有特殊性,并且海地不愿意遵循"标准化的表述",海地政府最终成功地坚持了自己的主张,即删除了美国 BIT 范本中的表述。换言之,海地政府没有显示出任何明确的修订条约含义的意图,而只是反对程式化地纳入范本的内容。

第三,美国—海地 BIT 第 3 条第 1 款规定征收补偿应该根据"官方市场"汇率进行自由地汇兑。1983 年范本采取了"主导市场"汇率。

八、美国—塞内加尔 BIT

美国—塞内加尔 BIT 第 3 条规定了征收条款。这一条款与 1983 年范本第 3 条非常类似。不过,该 BIT 的议定书中的新的表述在两个细微的方面扩大了 1983 年范本。

议定书第 4 段更加详细地界定了征收补偿应该"不迟延"地支付之要求的含义。该段规定,必须在征收日之前做出"充分提供"(adequate provision),以便确认与支付补偿数额。此外,支付必须"在不超出可以迅速完成所有必要手续的期间内"完成。这当然完全符合美国的外国投资政策,

---

[73] 参见第七章第二节第一目。

[74] Treaty Protection, supra chap. 5, note 82, at 63. 也可参见第七章第二节第一目。

也是默示存在于美国签署的所有 BITs 中。[75] 美国与埃及、约旦签署的 BITs 采取了类似表述。

该议定书第 4 段还规定,实施征收的政府必须支付根据商业上合理的利率计算的利息,这是 1984 年范本中使用过的表述。1983 年范本使用了"当前国际利率"的表述。第 4 段进一步规定,当塞内加尔政府征收时,"西非国家中央银行在征收与支付补偿期间确定的折扣利率"应该被视为商业上合理的利率。塞内加尔认为"商业上合理的利率"非常不精确,因此希望另行增加表述。美国—塞内加尔 BIT 没有要求使用中央银行折扣利率,而只是规定该利率确实满足了商业上合理的利率之要求。

此外,美国—塞内加尔 BIT 的征收审查条款——第 3 条第 3 款——遵循了 1984 年范本的做法,即删除了条约规定与习惯国际法原则之间的联系。该 BIT 把征收条款的规定,而非国际法,作为审查征收与补偿的标准。塞内加尔的谈判人员提出这一表述以努力增强条约的确定性,他们认为在这方面这一表述要好于把国际法原则作为审查的标准。美国与喀麦隆、摩洛哥以及土耳其签署的 BITs 采取了类似做法。

九、美国—土耳其 BIT

美国—土耳其 BIT 的征收条款规定于第 3 条。该条以 1984 年范本第 3 条为基础,同时有三处不影响该条约实质内容的细微修订。[76]

根据第 3 条第 2 款,补偿数额应该等同于被征收投资在"征收发生时或被公开时"的公平市场价值。1984 年范本也规定了"刚刚要"(immediately before)实施征收或者征收被获悉的表述。美国与埃及、摩洛哥签署的 BITs 规定了类似表述。

1984 年范本使用紧邻征收之前的日期旨在确保在计算补偿数额时不考虑由于公众获悉征收行为或者由于征收行为本身导致的被征收财产价值的数额减少。由于修订后的句子仍然体现了这样一种理念,即估价过程不应该考虑征收及公众获悉征收,因此这一变化不具有实质性意义。无论如何,这一理念默示存在于作为一般标准的充分、及时、有效补偿中,而美国—土耳其 BIT 保留了这一标准。[77]

---

[75] Egypt BIT submittal letter, at Ⅸ-Ⅹ. 也可参见第七章第二节第一目。

[76] Egypt BIT submittal letter, at Ⅸ-Ⅹ. See also section 7.2.1.

[77] Treaty Protection, supra chap. 5, note 82, at 63. 也可参见第七章第二节第一目。

对1984年范本的第二处修订旨在避免明确提及支付征收补偿的利息。第3条第1款删除了1984年范本中明确要求支付利息以及使用征收日之市场利率的表述。取而代之的是第3条第2款中的一个新句子，该句子要求“在发生补偿支付被延误的情况下，这一被支付的补偿的数额应该是使投资者能够处于不低于假设补偿能够在征收日时被立即支付情况下投资者本应所处的位置”。美国与埃及、摩洛哥以及突尼斯签署的BITs规定了类似条款。

将投资者置于假设在没有发生延误情况下其本应所处的情形要求针对金钱的时间价值以及防范汇率的不利变动提供补偿。因此，美国—土耳其BIT实际上要求支付自征收之日起的利息，同时也要求根据当时的市场利率支付补偿。

在针对目前出现于美国—土耳其BIT中的表述达成一致前，土耳其的谈判人员提议了一个纳入土耳其宪法所规定之要求的表述。根据这些谈判人员所说，土耳其宪法要求在发生征收时应该支付利息，并且其数额——按照他们的意见——足以涵盖货币的时间价值与汇率风险。这一提议对于美国的谈判人员来说是不能接受的，美国谈判人员的关切是，在某些情形下土耳其的汇率可能被证明是不充分的，他们无论如何都不愿意在这一点上把土耳其的法律纳入该BIT中，尽管这一法律在特定时间是多么的优惠。

美国—土耳其BIT最终采取的表述倾向于接受土耳其谈判人员的主张，而非1984年范本中的表述，因为避免了任何迟延都会产生的影响。这一表述对美国来说是可以接受的，因为它明确了在发生迟延时，会支付利息，并且可以避免汇率风险。

第三处修订是，征收审查条款——规定于第3条第3款——使用征收条款而非习惯国际法的要求，以确定用来衡量征收与补偿的标准。美国与喀麦隆、摩洛哥以及塞内加尔签署的BITs采取了的类似做法。

十、美国—格林纳达BIT

美国—格林纳达BIT的征收条款规定于第3条。该条与1984年范本第3条是一样的，而1984年范本则是该BIT谈判的基础。

十一、美国—刚果BIT

美国—刚果BIT的征收条款规定于第3条。该条与1987年范本第3条是一样的,而 1987 年范本则是该 BIT 谈判的基础。

十二、美国—波兰 BIT

虽然美国—波兰 BIT 的征收条款——第 7 条——与 1987 年范本非常相似,但仍然存在不具有实质性效果的细微修订。

第一,在描述被征收投资的估价时,美国—波兰 BIT 第 7 条第 1 款规定,应该以马上就要实施征收或者"公开地"被知悉之时——"二者中较早者"——对投资进行估价。所引用的内容并未出现在 1987 年范本中,但它与 1987 年范本的意图完全是一致的。征收的事实在其发生时才会为人们所知悉,但正是公众对征收行为的知悉往往会影响投资的公平市场价值。

第二,为了说明什么是适用于计算征收补偿利息的商业上合理的利率,美国—波兰 BIT 第 7 条第 1 款提及了诸如"伦敦银行同业拆借利率(London InterBank Offered Rate,LIBOR)加适当利润"。当然,该 BIT 没有要求使用 LIBOR。美国与乌克兰、立陶宛签署的 BITs 也使用了 LIBOR 加适当利润的表述。

第三,美国—波兰 BIT 第 7 条第 1 款将汇率规定为"针对商业交易"的主导市场汇率,由此增加了一个 1987 年范本中没有出现的短语。

美国—波兰 BIT 的征收审查条款——规定于第 7 条第 2 款——规定审查应该确定征收及任何补偿是否符合"本条约的条款与国际法的原则"。1983 年范本规定了"本条规定的国际法原则",但后续的 BIT 范本没有提及国际法与 BIT 条款之间的联系,而只是直接规定审查应该确定征收及补偿是否符合国际法原则。该 BIT 要求征收同时要符合两者,但对于二者出现重叠的问题没有表明明确的立场。

十三、美国—突尼斯 BIT

美国—突尼斯 BIT 的征收条款——第 3 条第 1 ~ 2 款——以 1987 年范本的对应条款为基础。虽然条约文本没有规定支付自征收之日起至支付补偿之日的利息,但议定书第 2 段确保被征收的投资者能够获得"一定的数额以补偿可能发生的迟延支付征收补偿",这实质上相当于要求支付利息。由于在穆斯林国家中明确提及利息可能会诱发宗教上的敏感性,因此美国与其他穆斯林国家,包括埃及、摩洛哥和土耳其签署的 BITs 也采取了这种做法。美国—突尼斯 BIT 也删除了有关要求补偿应该根据征收之日的市场汇率,没有延误、可充分实现及自由汇兑地给予支付的表述。这一表述——无论如何,它只是阐述了充分、及时、有效补偿所要求的内容——被在议定书第2段中新插入的一个句子所取代,该句规定“为了维持补偿的价值,应该根据征收之日基于商业目的而使用的汇率,及时汇兑补偿”。类似的表述也出现于美国—摩洛哥 BIT 中。由于在第2条中插入了新的第2款,因此提及第2条第2款规定的一般待遇标准被更改为提及第2条第3款规定的一般待遇标准。

美国—突尼斯 BIT 也有别于1987年范本,因为该 BIT 规定补偿应该等同于被征收投资的“全部价值”,而非“公平市场价值”。根据副国务卿劳伦斯·伊格尔伯格(Lawrence Eagleburger)提交给总统的呈报函,突尼斯要求做出这种改动,原因是突尼斯缺乏充分发达的市场经济。不过,使用术语“全部价值”并没有改变条款的实质。美国与巴拿马、摩洛哥签署的 BITs 中也使用了同样的术语。

十四、美国—斯里兰卡 BIT

美国—斯里兰卡 BIT 的征收条款——第3条第1~2款——与1991年范本的对应条款是一样的,但“商业上合理的利率”被修改成“商业利率”。该 BIT 的议定书第5段规定,“被知悉”这一短语“旨在指向任何导致投资的公平市场价值减少的信息”。这与1991年范本的意图是完全一致的,后者规定补偿数额不应该由于征收被知悉导致投资价值降低而减少。该议定书的表述中存在一处印刷错误,即应该把“become known”更改为“became known”。

十五、美国—捷克 BIT

美国—捷克 BIT 征收条款——第3条——以1991年范本的表述为基础。它与美国—斯洛伐克 BIT 中的征收条款是一样的。

在美国—捷克 BIT 第3条第1款中,征收条件的列举顺序被重新做了安排,但条件本身的实质内容并未发生变化。短语“两者之间更先者”从应该根据征收行为发生或被公众知悉前的投资价值进行估价的句子中被删除了,但不存在改变该条款的含义的意图。事实上,这一短语甚至就没有出现在1991年之前的 BIT 范本中。“商业上合理的利率”被修改为“合理的市场利率”。

美国—捷克 BIT 也修订了 1991 年范本第 3 条第 2 款的表述，该款规定任何缔约一方应该让被征收的投资者有机会诉诸司法或行政审查，以确定征收是否“符合国际法原则”。新的表述规定审查应该确定征收是否“符合反映了习惯国际法的本条约的条款”。虽然这一修订乍看起来稍微缩小了所提供的保护——因为它只要求审查征收是否符合条约，而非符合国际法，但该 BIT 第 2 条第 2 款要求给予不“低于符合国际法原则的待遇”，因此，符合条约的待遇也必须符合国际法。这一表述的重要性在于它确认至少某些条约条款反映了习惯国际法，尽管它并未指出这是条约中的哪些条款。

十六、美国—斯洛伐克 BIT

美国—斯洛伐克 BIT 的征收条款——第 3 条——以 1991 年 BIT 范本的表述为基础，它与美国—捷克 BIT 实质上是一样的。

十七、美国—阿根廷 BIT

美国—阿根廷 BIT 的征收条款——第 4 条第 1 ~ 2 款——以 1991 年范本的对应条款为基础，但有几处细微修改，比如去掉了“non—discriminatory”（非歧视）之间的连字符。更重要地，在征收审查条款——规定于第 4 条第 2 款——中，该 BIT 规定，审查征收的权利包括认定征收是否符合国际法原则与“本条约的条款”。1991 年范本没有提及本条约的条款。

十八、美国—哈萨克斯坦 BIT

美国—哈萨克斯坦 BIT 的征收条款——第 3 条第 1 ~ 2 款——以 1992 年范本的对应条款为基础，除第 3 条第 1 款规定征收补偿应该以“任何”而非“一种”可自由使用的货币计算。1992 年范本设想，使用任何可自由使用的货币支付征收补偿可以满足东道国在第 3 条第 1 款项下的义务，因此这一变化是纯文体上的。同样的变化也出现于美国与罗马尼亚、吉尔吉斯斯坦以及亚美尼亚签署的 BITs。

十九、美国—罗马尼亚 BIT

美国—罗马尼亚 BIT 的征收条款——第 3 条第 1 ~ 2 款——以 1992 年范本的对应条款为基础。与美国同哈萨克斯坦、吉尔吉斯斯坦以及亚美尼亚签署的 BITs 一样，该 BIT 第 3 条第 1 款规定征收补偿应该以“任何”货币而非“一种”可自由使用的货币支付。正如第七章第三节第十八目中解释的那样,这种变化只是文体上的。

二十、美国—俄罗斯 BIT

美国—俄罗斯 BIT 的征收条款——第 3 条第 1 ~2 款——要求使用“在市场基础上确定的商业利率”,而非“商业上合理的利率”计算利息。国务卿的呈报函解释认为,该 BIT 的表述“并未固定某个利率,只不过允许选择一个商业上合理的利率”。[78] 此外,在提及“主导市场汇率”时删除了“主导”一词。

征收审查条款被做了两个方面的修订。第一,该条款被引导性短语,即“符合第6 条第3 款”,做了限定。第6 条第3 款规定投资者有权把争端诉诸投资者—国家仲裁,但需要满足某些条件,其中的一个条件是该诉求没有被提交给缔约一方的法院或行政法庭。插入这一表述是为了确保有关征收审查的第 3 条第 2 款不会被解释为不符合第 6 条第 3 款的一般性表述,或者构成该表述的一项例外。第二,征收审查的表述也被修改为规定有权诉诸审查的投资者也可以“决定与此相关的所有其他事项”。后一种短语旨在扩大投资者的权利。换言之,它没有要求投资者把所有与征收相关的其他事项提交给东道国当局,它只是要求东道国当局在投资者选择把这些事项提交给它们的时候对这些事项做出决定。

二十一、美国—亚美尼亚 BIT

美国—亚美尼亚 BIT 的征收条款——第 3 条第 1 ~2 款——与 1992 范本是一样的。与美国和罗马尼亚、哈萨克斯坦以及吉尔吉斯斯坦签署的 BITs 一样,该 BIT 第 3 条第 1 款明确规定征收补偿应该以“任何”而非“一种”可自由使用的货币支付。正如第七章第三节第十八目中解释的那样,这一改动纯粹是文体上的。

二十二、美国—保加利亚 BIT

美国—保加利亚 BIT 的征收条款——第 3 条第 1 ~2 款——以 1991 年范本为基础,但有几处细微的文体上的变化,比如在列举发生征收必须满足

---

[78] Russia BIT submittal letter, at Ⅷ.

的条件之前插入了一个冒号。更为明显的是，在第 3 条第 1 款中，“相当于[征收]的措辞”被改写为“效果上相当于[征收]的措施”。保加利亚的谈判人员认为这个较长的版本更加清晰，但无意使其发生实质性的变化。

二十三、美国—吉尔吉斯斯坦 BIT

美国—吉尔吉斯斯坦 BIT 的征收条款——第 3 条第 1 ~ 2 款——与 1992 年范本相同，除了该 BIT 第 3 条第 1 款中的表述，即征收补偿应该以“一种”可自由使用的货币进行计算，被修订为“任何”可自由使用的货币。同样的改动也出现于美国与罗马尼亚、哈萨克斯坦以及亚美尼亚签署的 BITs。正如第七章第三节第十八目中解释的那样，这一变化是文体上的。

二十四、美国—摩尔多瓦 BIT

美国—摩尔多瓦 BIT 的征收条款——第 3 条第 1 ~ 2 款——与 1992 年范本相同，但重新规定了一般性绝对待遇条款的条款序号，这是由于该 BIT 第 2 条增加了有关国有企业的一款而导致的。

二十五、美国—厄瓜多尔 BIT

美国—厄瓜多尔 BIT 的征收条款——第 3 条第 1 ~ 2 款——与 1992 年范本相同，但重新规定了一般性绝对待遇条款的条款序号，这是由于该 BIT 第 2 条增加了有关国有企业的一款而导致的。

二十六、美国—白俄罗斯 BIT

美国—白俄罗斯 BIT 的征收条款——第 3 条——与 1992 年范本的对应条款是一样的，但有两处修订。第一，“主导”市场汇率被修改为“当前”市场汇率。第二，由于美国—白俄罗斯 BIT 第 2 条增加了有关国有企业的一款，因此在交叉援引一般性绝对待遇条款时对条款序号做了重新规定。

美国—白俄罗斯 BIT 的议定书第 1 段确认了双方对于该 BIT 第 3 条第 1 款的理解，即根据当初投资所使用的货币，白俄罗斯可以用可自由使用的货币或白俄罗斯卢布为被征收的美国投资者支付补偿。因此，如果当初投资时使用的货币是白俄罗斯卢布，则支付征收补偿就应该使用白俄罗斯卢布。不过，对白俄罗斯而言，这一权利要遵守“第 4 条，包括有义务允许以可自由使用的货币，自由、不迟延地进行汇兑”。当然，第 4 条是汇兑条款，该条明确规定缔约各方应该允许“采取汇兑拟汇兑货币日现货交易的当前市场汇率，使用可自由使用的货币，自由、不迟延地”汇兑征收补偿。因此，议定书第1段的效果是允许白俄罗斯采取本国货币支付，条件是本国货币是当初投资时使用的货币，但白俄罗斯应该根据第4条规定的市场汇率，使用可自由使用的货币，不迟延地进行补偿的汇兑。

二十七、美国—牙买加 BIT

美国—牙买加 BIT 的征收条款——第3条第1~2款——非常接近于1991年范本。1991年范本要求应该根据“即刻要征收行为发生或被知悉时”的被征收投资进行估价。该 BIT 重新把它表述为“当局即刻实施征收或告知实施征收时”。这一表述可能引发疑虑，即在意向征收在政府公布前已经被人知悉情况下，政府可能会推迟宣布征收信息，以便让人知道即将实施的征收，从而在计算补偿前降低投资的价值。不过，通过插入了一个新的句子——该句规定“公平市场价值的确定不应当反映在征收发生或政府公布征收前由于征收行为本身或公众知悉征收行为导致的价值变化”，任何此种疑虑可以消除。因此，根据该 BIT 进行的补偿估价与1991年范本应该是相同的。国务卿提交的呈报函使用标准的表述对该条款进行简要介绍，这表明国务卿不认为实质内容发生了变化。[79]

美国—牙买加 BIT 修改了第3条第2款，修订后的条款规定，针对征收的司法或行政审查应该确定征收补偿与任何相关的补偿是否符合“本条约的条款”，而不是“习惯国际法”。由于该 BIT 第2条第2款(a)项要求给予不低于国际法规定的待遇，条约的条款就纳入了国际法原则。因此，这一修订根本没有弱化条约的表述。

二十八、美国—乌克兰 BIT

美国—乌克兰 BIT 的征收条款——第3条第1~2款——非常接近于1992年范本。有关补偿应该包括商业上合理的利率计算的利息被修改为插入“比如伦敦银行间拆借利率加适当的利润”这一短语。这一变化不影响协定的实质，而只是提供了商业上合理的利率的一个例子。由于除了规定“适当的”利润外并未规定数额——可以说这是一个不会引起任何人争议的标

---

[79] Jamaica BIT submittal letter, at Ⅸ.

准,因此,增加的表述根本就没有界定“商业上合理的”含义,“商业上合理的”仍然是确定应该支付之利息的利率的标准。美国与波兰、立陶宛签署的BITs同样增加了LIBOR加适当利润的表述。

二十九、美国—格鲁吉亚BIT

美国—格鲁吉亚BIT的征收条款——第3条——与1994年范本的对应条款是一样的。

三十、美国—爱沙尼亚BIT

美国—爱沙尼亚BIT的征收条款——第3条第1~2款——与1992年范本的对应条款几乎相同,但对一般性绝对待遇条款重新予以编序,这是由于该BIT第2条增加了有关国有企业的一款导致的。

三十一、美国—特立尼达和多巴哥BIT

美国—特立尼达和多巴哥BIT的征收条款——第3条——非常接近于1994年范本,但有一些细微的文体上的改动,其中最显著的改动在是征收条款的开头增加了大写英文字母的标题“征收”。

三十二、美国—蒙古BIT

美国—蒙古BIT的征收条款——第3条第1~2款——非常接近于1992年范本。第3条第1款规定了补偿应该如何计算,但删除了“用可自由使用的货币”。不过,国务卿的呈报函确认,第3条第1款确实要求补偿必须用可自由使用的货币计算。[80]

三十三、美国—乌兹别克斯坦BIT

美国—乌兹别克斯坦BIT的征收条款——第3条——与1994年范本中的对应条款是一样的。

三十四、美国—阿尔巴尼亚BIT

美国—阿尔巴尼亚BIT的征收条款——第3条——与1994年范本中的

---

[80] Mongolia BIT submittal letter, at Ⅸ.

对应条款是一样的,但插入使用大写英文字母的标题“征收”。

三十五、美国—拉脱维亚 BIT

美国—拉脱维亚 BIT 的征收条款——第 3 条第 1 ~2 款——非常接近于 1992 年范本。该 BIT 针对一般性意义上的绝对待遇条款重新编写了序号,这是由于该 BIT 第 2 条中增加有关国家企业的一款造成的。在提及“可自由使用的货币”后,该 BIT 插入了“根据《国际货币基金协定》第 30 条(f)项界定的”的表述。该第 30 条 f 项把一种“可自由使用的货币”界定为国际基金组织认定的该组织成员的这样一种货币,即它在国际交易中可以广泛用于支付,并且在主要外汇市场中可以广泛进行交易。美国—阿尔巴尼亚 BIT 也删除了“公共目的”前面的“一种”(a),这显然是一个印刷错误。

三十六、美国—洪都拉斯 BIT

美国—洪都拉斯 BIT 的征收条款——第 3 条——与 1994 年范本中的对应条款是一样的。

三十七、美国—尼加拉瓜 BIT

美国—尼加拉瓜 BIT 的征收条款——第 3 条——与 1994 年范本中的对应条款是一样的。

三十八、美国—克罗地亚 BIT

美国—克罗地亚 BIT 的征收条款——第 3 条——非常接近于 1994 年范本中的对应条款。第 3 条第 2 款在“投资”前插入“涵盖”。由于第 3 条第 2 款术语“投资”指的是第 3 条第 1 款所指的“涵盖投资”,因此,第 3 条第 2 款中使用该修饰词是隐含于 1994 年范本中的。所以,这一改动不影响该条款的实质。

三十九、美国—约旦 BIT

美国—约旦 BIT 的征收条款——第 3 条——与 1994 年范本的表述几乎是一样的。该 BIT 增加了全部大写英文字母的标题“征收以及因此引发的补偿”,并用“缔约方”替代了“当事方”,这些变化并未影响该条款的实质。此外,该 BIT 的议定书第 2 段规定,该 BIT 第 3 条第 2 款中的“不迟延”这一术语“不必然意味着立即”。此外,该段还规定“其意在于,缔约方应该勤勉、迅速地履行必要的手续”。这一表述与条约文本的潜在意图是完全一样的,不代表实质内容上有任何变化。在美国与埃及、塞内加尔签署的 BITs 中都可以看到类似的表述。

四十、美国—阿塞拜疆 BIT

美国—阿塞拜疆 BIT 的征收条款——第 3 条——与 1994 年范本中的对应条款是一样的。

四十一、美国—立陶宛 BIT

美国—立陶宛 BIT 的征收条款的文本——第 3 条第 1 ~ 2 款——非常接近于 1992 年范本,仅仅存在几处变化。第一,援引第 2 条第 2 款被修改为援引第 2 条第 3 款,原因是第 2 条插入了关于国有企业的新的一款。

第二,在第 3 条第 1 款中,在“商业上合理的利率”之后增加了“比如 LIBOR 加适当利润”的表述。这一也出现在美国与波兰以及乌克兰签署的 BITs 中的改动并不影响条约的实质,因为它只是提供了在某些情况下什么属于商业上合理的利率的例子而已。

第三,第 3 条第 2 款中的“任何此等征收”变成“此等征收”,而后者则变成了“任何此等征收”,这些改动都是纯文体性的。

四十二、美国—玻利维亚 BIT

美国—玻利维亚 BIT 的征收条款——第 3 条——与经过 1998 年时修订后的 1994 年范本中的对应条款是一样的。

四十三、美国—莫桑比克 BIT

除了“涵盖投资”被替换为“本条约涵盖投资”——这是一种纯文体上的变化,美国—莫桑比克 BIT 的征收条款——第 3 条——与经过 1998 年时修订后的 1994 年范本中的对应条款是一样的。

四十四、美国—萨尔瓦多 BIT

美国—萨尔瓦多 BIT 的征收条款——第 3 条——与经过 1998 年时修订的 1994 年范本是一样的。该 BIT 的议定书第 1 段确认双方的理解,即适用于自由可汇兑货币的"商业上合理的利率""包括针对这种可以自由使用的货币的商业上合理的银行利率以及针对这种可自由使用的货币的商业上合理的政府债券利率"。国务卿的呈报函解释认为,该条是应萨尔瓦多要求而做出修改的,旨在澄清"商业上合理的利率"包括萨尔瓦多的某些国内法律规定的银行或政府债券利率,如果这些利率从商业上是合理的话。[81] 由于该议定书最后终要求利率必须具有商业上的合理性,因此它并未背离 BIT 范本确立的原则。

四十五、美国—巴林 BIT

美国—巴林 BIT 的征收条款——第 3 条——与经过 1998 年时修订的 1994 年范本中的对应条款是一样的,但使用了阿拉伯数字而非罗马数字。

四十六、美国—乌拉圭 BIT

美国—乌拉圭 BIT 的征收条款——第 6 条——非常接近于 2004 年范本,但删除了那些援引 2004 年范本相关条款的其他条款所附带的带括号的标题,这是该 BIT 的文体方面的一个特点。该 BIT 议定书第 3 段规定,"为了更加明确",附件 B 第 4 段(b)项对于正当的公共福利目标所作的列举不是穷尽性的。在规定除非在极罕见情况下缔约一方采取的保护正当的公共福利目标的非歧视性措施不构成间接征收的句子中,这些目标被做了列举。非穷尽式列举包括了"公共健康、安全与环境"。第 3 段并未实质性地背离 2004 年范本。

附件 A——标题是"习惯国际法"——与 2004 年范本附 A 是一样的,但删除了交叉援引其他条款后附带的带括号的标题。

附件 B——标题是"征收"——与 2004 年范本附件 B 是类似的。美国—乌拉圭 BIT 也删除了带括号的标题。类似地,在第 2、3 段,在界定"直接"和"间接"时,该 BIT 规定,某些行为"被认为"(known as)是直接或间接征收,而这一短语并未出现在 2004 年范本中。

---

[81] El Salvador BIT submittal letter, at XVI.

第四节 已经签署的 FTAs

美国签署的所有 FTAs 都包括了从实质内容看类似于 2004 年范本中的征收条款。不过,与 2004 年范本的区别在于,这些征收条款删除了 2004 年范本中在交叉援引其他条款后的带括号的标题。当然,各条款的序号也有所不同。

2004 年范本第 8 条第 5 款——规定征收条款不适用于根据《TRIPs 协定》赋予的知识产权强制许可,或者撤销、限制或创设,如果这种强制许可、撤销、限制或创设知识产权符合《TRIPs 协定》的话——在美国签署的所有 FTAs 中都被做了修订。由于 FTAs 设有专门的知识产权章,各个 FTA 章都要求知识产权的撤销、限制与创设要符合知识产权章。

下面阐述美国签署的特定 FTA 背离 2004 年范本的地方。

一、NAFTA

第 1110 条——标题为"征收与补偿"——从文体上看非常特别。起草人员试图完善 1991 年范本和 1992 年范本的风格,但两个范本的表述在 1994 年范本中又被做了修订,其结果是,NAFTA 的表述非常接近但又不同于 1994 年以及以后范本的表述。与所有这些范本一样,NAFTA 第 1110 条禁止采取直接和间接征收,除非为了公共目的、基于非歧视、支付充分、及时、有效的补偿,并且遵循法律的正当程序,以及 NAFTA 规定的一般待遇标准。最后一项要求导致了 NAFTA 与各个 BIT 范本间的实体性差异。NAFTA 框架下的唯一的一般待遇标准就是根据习惯国际法的待遇标准,在 NAFTA 内它包括公平与公正待遇以及充分的安全与保护。BITs 范本中有时包含其他的一般待遇标准,如遵守合同义务、避免任意和歧视性的待遇等,因此某些 BITs 中要求征收必须遵守一般待遇标准会明确纳入这些其他待遇。正如本书第五章第三节第七目指出的,美国已经确认习惯国际法涵盖了这些标准。

NAFTA 第 1110 条(a)项规定"没有一方可以"(no Party may)征收涵盖投资,而 1994 年范本则规定"双方都不应当"(Neither Party shall)征收涵盖投资。使用"没有一方"(No)而非"双方不"(Neither)的原因是,NAFTA 是三方条约而非双边条约。“可以”(may)比“应当”(shall)更准确地反映该条款的意图,而“可以”(may)在2004年范本中被采用,但两词之间无意具有实体性的差别。1994年范本使用“涵盖投资”系指受保护的投资,该词在签署NAFTA时尚未被美国的投资条约实践所采用,因此,NAFTA表述受保护投资的文字较为笨拙,但实质上与1994年范本中的表述是一样的。

与BITs一样,NAFTA包含了澄清“充分、及时、有效”补偿的表述。这一表述非常类似于1994年范本中的表述,并且有意使它们在本质上是相同的,但在计算征收补偿时使用的汇率方面有不同之处。NAFTA和1994年范本都包含描述如何计算征收补偿汇率的表述。在1994年范本中,这一表述区分了利用可自由使用的货币表示的补偿和任何其他货币表示的补偿。与此不同,NAFTA区分了G7货币和任何其他货币。虽然NAFTA中使用的如何计算补偿的表述有别于2004年范本,但它们意在产生相同的效果,只是用G7货币概念取代了可自由使用的货币。

NAFTA第1110条第2款规定,被征收投资的价值不应该反映由于“意向征收被提前知悉”导致的任何价值变化。1994年范本第3条第2款规定,公平的市场价值不应当反映由于“征收行为在征收日前被知悉”导致的任何价值变化。这两种不同的表述方式却具有相同的含义。可自由汇兑——规定于1994年范本第3条第2款——被规定于NATFA新的第1110条第6款。

NAFTA独特地规定“估价标准应该包括持续盈利企业价值、包括有形资产课税价格在内的资产价值,以及其他适当的确定公平市场价值的标准”。长期以来,美国认为持续盈利企业价值是评估被征收财产的适当方法,而一些发展中国家则认为,投资者不能为了税收目的声称某项资产具有某个价值,而在资产被征收时主张一个更高的价值。这一独特的表述使美国实现了使持续盈利企业价值的有效性获得明确认可的目标,但同时也不排除投资者所声称的价值有可能被给予考虑。最终,征收必须给予公平的市场价值的补偿,因此,投资者声称的税收价值只有在它体现了公平的市场价值时才是适当的。

最后,NAFTA第1110条第8款包含了一个独特条款,它规定“为了更加明确”,不能仅仅因为一项普遍适用的措施给债务人造成了成本并导致其债务违约而认定该措施构成对债券(debt security)或贷款的征收。虽然该条款符合美国的BIT政策,但它涉及的是其他谈判中尚未出现的一个细小的关切。整体而言,其目的是表明,普遍适用的措施不应该仅仅因其增加了从事商业活动的成本并因此导致债务人违约就被认定为构成征收。[82]

与美国和新加坡、智利签署的 FTAs 一样,NAFTA 没有包含在 2004 年范本中出现的有关 WTO 成员方在《TRIPs 协定》方面豁免义务的脚注。该豁免是在这些 FTAs 缔结后给予的。然而,脚注中的表述规定它是为了更加明确,这意味着该脚注只是把在没有它的情况下已经默示存在的含义加以明确而已。

二、美国—新加坡 FTA

美国—新加坡 FTA 的征收条款——第 15.6 条——与 2004 年范本中的对应条款是类似的,但有几处细微变化。虽然该条款与 2004 年范本一样也调整补偿问题,但它的标题为"征收",而不是"征收与补偿"。美国—新加坡 FTA 使用了《TRIPs 协定》的全称,而不是它的缩略语。

第 15.6 条第 1 款(c)项规定,实施征收要求"根据第 2 ~4 款支付充分、及时、有效的补偿"。虽然 2004 年范本删除了交叉援引第 2 ~4 款——这旨在确立这样一个原则,即第 2 ~4 款描述了充分、及时、有效之补偿标准的含义,但 2004 年范本通过在第 2 ~4 款中包含把其中所描述的补偿确定为"第 1 条(c)项所指的补偿"的表述从而获得了同样的效果。在这方面,美国—智利 FTA、美国—中美洲国家—尼加拉瓜 FTA 与美国—新加坡 FTA 的做法是类似的。美国—新加坡 FTA 要求补偿数额为被征收财产在刚要"发生征收行为"之前的公平的市场价值,但 2004 年范本规定的是"征收发生时"。美国—新加坡 FTA 对调了有关补偿的最后两项要求的顺序。第 15.6 条第 1 款(d)项规定,补偿不应该反映由于"征收行为在征收日前被知悉"而导致的任何价值变化。相反,2004 年范本规定"意向征收更早地被知悉"。

美国—新加坡 FTA 没有包含分别用于处理习惯国际法与征收问题的附件 A 和附件 B。相反,它包括了处理相关问题的三个换文。因此,征收条款附带的脚注规定"第 15.6 条应该根据有关习惯法和征收的换文进行解释,并且适用有关土地征收的换文"。日期记载为 2003 年 5 月 6 日的两份换文实际上几乎原封不变地纳入了附件 A 和 B 中的表述。

第三份换文——记载日期同样为 5 月 6 日——第 1 段规定,"新加坡没

---

[82] Daniel M. Price, "An Overview of the NAFTA Investment Chapter: Substantive Rules and Investor-State Dispute Settlement," 27 Int'l L. 727, 730 (1993).

有征收美国投资者拥有的任何土地或者涵盖投资的任何计划。新加坡有义务在本协定生效 3 年内不征收美国投资者拥有的任何土地或涵盖投资”。当出现违反第 1 段情况时,换文第 2 段赋予美国投资者和美国有权诉诸 FTA 规定的争端解决程序。如果新加坡被认定违反了第 1 段,新加坡应该根据征收条款按被征收土地的公平市场价值支付补偿。该换文第 3 段规定,在宣称违反第 1 段的第一个诉求被提起之日前,第 2 段不发生效力,但换文第 4 段规定,就土地征收而言,征收条款在本协定生效 3 年后才能生效,除非在此前新加坡被认定违反了第 1 段。因此,该换文实际上是规定,除非针对土地征收的诉求被提交给投资者—国家仲裁(在这种情况下征收条款发生效力),否则征收条款在本协定生效 3 年内不能适用于土地征收。新加坡是美国尝试与之缔结 BIT 的第一个国家,但谈判最终失败。这些换文处理了一些高度敏感的问题,因此使得双方可以就 20 年前没有解决的投资保护问题达成了协定。

与 NAFTA 及美国—智利 FTA 一样,美国—新加坡 FTA 没有包含 2004 年范本出现的有关 WTO 成员方在 TRIPs 方面豁免义务的脚注。该豁免是在这些 FTAs 缔结后给予的。然而,脚注中的表述规定它是为了更加明确,这意味着该脚注只是把在没有它的情况已经默示存在的含义加以明确而已。

三、美国—智利 FTA

美国—智利 FTA 征收条款——第 10.9 条——非常类似于 2004 年范本的征收条款。第 10.9 条第 1 款规定,实施征收要求“根据第 2 ~ 4 款支付充分、及时、有效的补偿”。虽然 2004 年范本删除了交叉援引第 2 ~ 4 款——这旨在确立这样一个原则,即第 2 ~ 4 款描述了充分、及时、有效之补偿标准的含义,但 2004 年范本通过在第 2 ~ 4 款中包含把其中所描述的补偿确定为“第 1 款(c)项所指的补偿”的表述从而获得了同样的效果。在这方面,美国—新加坡 FTA、美国—中美洲国家—多米尼加 FTA 与美国—智利 FTA 的做法是类似的。

第 10.9 条第 5 款在一个细微的方面有别于 2004 年范本。2004 年范本规定,征收条款不适用于知识产权的撤销、限制或创设,如果这种撤销、限制或创设符合《TRIPs 协定》,而美国—智利 FTA 则规定,如果知识产权的撤销、限制与创设符合本协定的知识产权章时,则征收条款不予适用。

与NAFTA以及美国—新加坡FTA一样，美国—智利FTA没有包含2004年范本出现的有关WTO成员方在《TRIPs协定》方面给予豁免的脚注。该豁免是在这些FTAs缔结后给予的。然而，脚注中的表述规定它是为了更加明确，这意味着该脚注只是把在没有它的情况已经默示存在的含义加以明确而已。

最后，2004年范本把征收条款的脚注中的短语“为了更加明确”予以删除，该脚注规定征收条款的解释应当根据有关习惯国际法与征收的两个附件。

四、美国—澳大利亚FTA

美国—澳大利亚FTA的征收条款——第11.7条——在多数方面与2004年范本是一样的，但也有几处显著的变化。

第11.7条第1款删除了有关任何征收应该符合最低待遇标准的表述。这一表述之所以没有必要，是由于第11.5条单独规定应该根据习惯国际法向投资提供待遇。

第11.7条第3款——处理征收补偿的计算问题——规定，以澳元表示的补偿应该采取与以可自由使用的货币表示的补偿相同的方式进行计算。2004年范本中的对应条款只规定了根据可自由使用的货币计算的补偿。然而，第11.7条第4款处理的是这样的一种情形，即公平的市场价值以澳元表示，但澳元在支付时不是可自由使用的。在这种情形下，补偿的数额应该在假定补偿已经以另外一种不可自由使用的货币表示的基础上进行计算。

在美国—澳大利亚FTA中，2004年范本中出现TRIPs定义的脚注被规定于第11.7条第5款。该条规定“为了更加明确，第5款援引的《TRIPs协定》包括WTO成员方根据《WTO协定》授予的缔约方之间豁免适用《TRIPs协定》的任何条款”。同样的表述出现于美国—摩洛哥FTA和美国—中美洲国家—尼加拉瓜FTA中。该脚注也出现于美国与哥伦比亚、阿曼以及秘鲁签署的FTAs中，但它被添加到第1.3条中《TRIPs协定》的定义中。

澳大利亚也修改了附件11-B第4段(b)项。在2004年范本中，该款规定，除非在极罕见情况下，缔约一方采取的旨在“保护”正当公共福利目标的非歧视性管制行动不构成间接征收。美国—澳大利亚FTA用“实现”取代了“保护”，这一改动符合2004年范本的基础意图。

五、美国—摩洛哥 FTA

美国—摩洛哥 FTA 的征收条款——第 10.6 条——非常类似于 2004 年范本的征收条款。美国—摩洛哥 FTA 在 10.6 条第 4 款(a)项增加了一个新脚注,该脚注规定“为本款和第 10.7 条第 2 款计,在签署本协定之日时实施的摩洛哥外汇体制产生一个类似于‘市场汇率’的汇率”。

在美国—摩洛哥 FTA 中,2004 年范本出现的“TRIPs”之定义的脚注被规定于第 10.6 条第 5 款。该脚注规定“为了更加明确,第 5 款援引的《TRIPs 协定》包括 WTO 成员方根据《WTO 协定》允许的缔约方之间豁免适用《TRIPs 协定》的任何条款”。同样的表述出现于美国—澳大利亚 FTA 和美国—中美洲国家—尼加拉瓜 FTA 中。该脚注也出现于美国与哥伦比亚、阿曼以及秘鲁签署的 FTAs 中,但它被添加到第 1.3 条中《TRIPs 协定》的定义中。

六、美国—中美洲国家—多米尼加 FTA

美国—中美洲国家—尼加拉瓜 FTA 的征收条款——第 10.7 条——与 2004 年范本非常接近,但有一些细微变化。

美国—中美洲国家—尼加拉瓜 FTA 第 10.7 条第 1 款规定,实施征收要求“根据第 2 ~4 款支付充分、及时、有效的补偿”。虽然 2004 年范本删除了交叉援引第 2 ~4 款——这旨在确立这样一个原则,即第 2 ~4 款描述了充分、及时、有效之补偿标准的含义,但 2004 年范本通过在第 2 ~4 款中包含把其中描述的补偿确认为是“第 1 款(c)项所指的补偿”的表述从而获得了同样的效果。在这个方面,美国与新加坡、智利签署的 FTAs 与美国—中美洲国家—尼加拉瓜 FTA 的做法是类似的。

美国—中美洲国家—尼加拉瓜 FTA 的西班牙语文本第 107.1 条为“公共目的”(propósito público)增加了一个脚注。该脚注规定“Para mayor certeza, este término se refiere a un concepto de Derecho Internacional Consuetudinario”。将之翻译为英语后,该脚注规定“为了更加明确,该术语系指习惯国际法中的一个概念”。该脚注并未被编号,而是增加了一个星号,意在表明它不影响投资章中其他脚注的顺序。该协定的英文文本没有对应的脚注或者援引该脚注。插入该脚注的原因是,在一些法律体系没有使用“公共目的”这一术语。这一脚注——另外加上一个句子——出现于美国与哥伦比亚、秘鲁签署的 FTAs 中。

在美国—中美洲国家—尼加拉瓜 FTA 中,2004 年范本中出现的《TRIPs 协定》定义的脚注被置于第 10.7 条第 5 款。脚注的表述与美国与摩洛哥、澳大利亚签署的 FTAs 中的脚注的表述是一样的。该脚注同样出现于美国与哥伦比亚、阿曼以及秘鲁签署的 FTAs 中,但它被添加到第 1.3 条中《TRIPs 协定》的定义之后。

由于是一个多边协定,美国—中美洲国家—尼加拉瓜 FTA 使用短语“没有任何一方”(No Party)取代“双方都不”(Neither Party)。在这个方面,美国与秘鲁、哥伦比亚签署的 FTAs 与美国—中美洲国家—尼加拉瓜 FTA 是类似的。

七、美国—秘鲁 FTA

美国—秘鲁 FTA 征收条款——第 10.7 条——与 2004 年范本中的对应条款几乎是一样的。美国—秘鲁 FTA 增加了一个新脚注 5,该脚注规定“为了更加明确,就本条而言,‘公共目的’系指习惯国际法中的一个概念,国内法可以使用不同术语,诸如‘公共必要性’‘公共利益’‘公共用途’等,表述相同或类似概念”。该脚注处理这样的事实,即一些法律体系中没有使用术语“公共目的”。同样的注解也出现在美国—哥伦比亚 FTA 中。脚注的第一句也出现于美国—中美洲国家—尼加拉瓜 FTA 西班牙语文本中。

2004 年范本中出现并且要求应该根据附件 A 和 B 解释征收条款的该条款定义之脚注被修改为规定征收条款的解释应该根据附件 10-B,但没有提到附件 10-A。此外,关于习惯国际法的附件 10-A 并未提及征收条款,而只是提及一般待遇条款。附件 10-B 被做了修改,从而删除了第 1 段,该段规定征收条款第 1 段旨在“体现有关国家在征收方面的义务的习惯国际法”。这些变化删除了征收条款规定的征收条件与习惯国际法之间的任何明确的联系。征收条款仍然要求征收必须遵守一般待遇标准条款,而后者进一步要求应该根据习惯国际法向投资提供待遇。因此,这一变化保留了秘鲁的一个主张,即征收条款施加的条件——包括要求充分、及时、有效补偿——是秘鲁已经在 FTA 中同意接受,但并非反映习惯国际法的一项条约标准。与此同时,秘鲁受习惯国际法针对征收规定的限制的拘束。因此,美国获得了秘鲁同意接受充分、及时、有效补偿标准并且遵循习惯法针对征收施加的限制,而秘鲁则避免承认充分、及时、有效补偿是习惯国际法规定的条件之一。在这个方面，美国—哥伦比亚 FTA 的做法是一样的。

2004 年范本中出现的《TRIPs 协定》定义之脚注也出现在美国—秘鲁 FTA 中，但它出现于该协定的一般定义条款，即第 1.3 条。美国与阿曼、哥伦比亚签署的 FTAs 采取了相同的方法。这一脚注也出现在摩洛哥、澳大利亚和美国—中美洲国家—尼加拉瓜 FTA 的征收条款中。

美国—秘鲁 FTA 修订了附件 10-B，并增加了一个脚注，该脚注规定“为了更加明确，本项中对‘正当的公共福利目标’的列举不是穷尽性的”。正当的公共福利目标清单由 2004 年范本引入，美国—秘鲁 FTA 利用“诸如”(such as)澄清了该清单是非穷尽性的。因此，该脚注完全多余。美国—秘鲁 FTA 包括了相同脚注。

与美国—中美洲国家—尼加拉瓜 FTA 和美国—哥伦比亚 FTA 一样，美国—秘鲁 FTA 使用“非任何一方”取代了“双方均不能”的表述。

八、美国—阿曼 FTA

除了上述例外，美国—阿曼 FTA 的征收条款——第 10.6 条——遵循了 2004 年范本的表述。

2004 年范本中出现的《TRIPs 协定》定义的脚注也出现在美国—阿曼 FTA 中，但它出现于该协定的一般定义条款，即第 1.3 条。美国与秘鲁、哥伦比亚签署的 FTAs 采取了同样做法。该脚注也出现在美国与摩洛哥、澳大利亚签署的 FTAs 以及美国—中美洲国家—多米尼加 FTA 的征收条款中。

九、美国—哥伦比亚 FTA

美国—哥伦比亚 FTA 的征收条款——第 10.7 条——与 2004 年范本几乎是一样的。与美国—秘鲁 FTA 一样，美国—哥伦比亚 FTA 增加了一个新脚注，即脚注 5，该脚注规定“为了更加明确，并且就本条而言，‘公共目的’系指习惯国际法中的一个概念。国内法可以使用不同的术语，诸如‘公共必要性’‘公共利益’‘公共用途’等表述这个或类似的概念”。该脚注处理的是这样的事实，即在一些法律体系中没有“公共目的”这一术语。该脚注第一句也出现在美国—中美洲国家—多米尼加 FTA 的西班牙语文本中。

2004 年范本中出现的《TRIPs 协定》这一术语的脚注也出现于美国—哥伦比亚 FTA，但该定义被规定于该 FTA 的一般定义条款，即第 1.3 条。美国与阿曼、秘鲁签署的 FTAs 采取了类似做法。该脚注也出现在美国与摩洛哥、澳大利亚签署的 FTAs 以及美国—中美洲国家—尼加拉瓜 FTA 的征收条款中。

2004 年范本中出现并且要求应该根据附件 A 和 B 解释征收条款的该条款定义之脚注被修改为规定征收条款的解释应该根据附件 10-B，但没有提到附件 10-A。此外，关于习惯国际法的附件 10-A 并未提及征收条款，而只是提及一般待遇条款。附件 10-B 被做了修改，从而删除了第 1 段，该段规定征收条款第 1 段旨在“体现有关国家在征收方面的义务的习惯国际法”。这些变化删除了征收条款规定的征收条件与习惯国际法之间的任何明确的联系。征收条款仍然要求征收必须遵守一般待遇标准条款，而后者进一步要求应该根据习惯国际法向投资提供待遇。在这个方面，美国—秘鲁 FTA 的做法是相同的。

美国—哥伦比亚 FTA 通过增加一个脚注修改了附件 10-B，该脚注规定“为了更加明确，本项中对‘正当的公共福利目标’的列举不是穷尽性的”。2004 年范本引入了正当的公共福利目标清单，美国—哥伦比亚 FTA 利用“诸如”(such as)澄清了该清单的非穷尽性。因此，该脚注纯属多余。美国—秘鲁 FTA 包括了相同脚注。

与美国—中美洲国家—尼加拉瓜 FTA 及美国—秘鲁 FTA 一样，美国—哥伦比亚 FTA 使用“没有任何一方”(No Party)取代“双方都不”(Neither Party)。

第五节 仲裁实践

基于征收条款引发并且在国际仲裁实践中成为最受关注之对象的问题是，确定什么行为构成了征收。更具体地说，这种关注集中于东道国的管制行为何时构成了征收。在一些 NAFTA 案件提出的主张，即 NAFTA 承认了第三种类型的征收——“相当于”(tantamount)征收的措施——遭到了驳回。[83]

前已指出，2004 年范本附件 B 规定，除非东道国已经干预了投资者的财产权或利益，否则就不存在任何形式的征收。此外，在这种干预是间接——

[83] See, e. g., Pope & Talbot v. Canada, Interim Award, para. 96; S. D. Myers v. Canada, Partial Award at pages 70 – 71.

比如通过管制措施——实施情况下，附件 B 列出了在认定此类干预是否构成间接征收时必须考虑的三个因素。几乎所有裁决都可以借助这一分析框架加以解释。

在几起案件中，仲裁庭认定仲裁申请人没有丧失任何类型的财产权。比如，在 *Noble Ventures v. Romania* 案中，仲裁申请人认为对其投资实施强制性司法重组构成了征收。然而，仲裁庭认为，在司法重组时，仲裁申请人不再拥有任何有价值的财产能够被征收。因此，司法重组不可能构成征收。

在 *Generation Ukraine v. Ukraine* 案中，仲裁申请人是一家美国公司。在试图开发其在基辅的建造项目中，公司遭遇了众多官僚问题，并最终导致其放弃了该项目。比如，市政当局未能帮助其获得使用临近地产作为储存区的权利。然而，由于仲裁申请人并未证明其对该土地拥有任何权利。直言之，并无财产权被剥夺。因此，市政府未能为其提供帮助并不构成征收。

在 *MCI Power v. Ecuador* 案中，仲裁庭认为撤销许可不构成征收。该许可被用于经营一个电站，但仲裁申请人不再拥有或经营一个电站。此外，由于没有针对撤销行为寻求行政审查，仲裁申请人默认了撤销决定。

在 *Fireman's Fund v. Mexico* 案中，仲裁庭驳回了仲裁申请人提出的主张，即墨西哥政府废除资本重组计划构成征收。仲裁庭认定，由于双方未能就该计划达成最终协议，因此没有什么权利被剥夺。

在 *PSEG v. Turkey* 案中，仲裁申请人认为其享有的合同权利被征收。然而，仲裁庭认为不存在征收，因为合同权利不是"完整的"。

在待决的 *Glamis Gold v. United States* 案中，美国认为仲裁申请人拥有的在联邦土地上的非专有性(unpatented)采矿权要遵守各种联邦、州以及地方的法规，包括根据联邦和州法中有关宗教场所的既有原则以及根据州法的文化、环境、健康及安全方面的既有限制。由此，美国主张，如果仲裁申请人不履行这些措施规定的复垦义务，则仲裁申请人不享有进行采矿的财产权。

在一些被确认存在财产权的案件中，仲裁庭首先考察三个相关因素中的第一个，即东道国行为对财产权的干预造成的经济影响。在最早的一起案件中，虽然东道国的管制措施没有干预财产的所有权或持有，但仍然实质地毁损了投资对于投资者的价值。比如，在基于 NAFTA 发生的 *Metalclad v. Mexico* 案中，墨西哥的一个州颁布了宣布仲裁申请人拥有的垃圾处理厂所在区域为环境保护区的法令。虽然仲裁申请人仍然持有和拥有该土地，但法令使这种投资变得毫无价值。仲裁庭认定该法令构成对土地的征收,虽然投资者保留了财产,但不能以一种经济上可以获益的方式使用该财产。[84]

在 *Lauder v. Czech Republic* 案中,申诉者的投资的价值同样遭到了毁损,但仲裁庭拒绝把这种毁损归因于东道国的行为,因而拒绝认定存在征收。该案中,仲裁申请人与一家捷克公司共同参与一家合资企业,据此经营一家电视台。捷克公司持有播放许可证,而仲裁申请人则拥有资本和必要技术。捷克政府最初批准了这一安排,但随后指控仲裁申请人没有播放许可证,因此要求重组原先的安排。这个重组程序允许捷克公司终止其与仲裁申请人之间的安排,因此毁损了仲裁申请人的企业。然而,仲裁庭认为,导致仲裁申请人的企业遭到毁损的是捷克公司终止与仲裁申请人间的安排的行为,而非捷克政府的行为。因此,*Lauder v. Czech Republic* 案仲裁庭并不怀疑损害投资价值的管制构成征收。相反。该案仲裁庭只是认为,只有在价值减少可归因于东道国行为时,征收才会存在。当然,捷克政府的行为是仲裁申请人蒙受损失的原因之一,因为它促使私人一方终止了合同安排。仲裁庭认为,东道国的促进式行为并不构成征收,因为该行为并未使国家获益,而且也非为了公共目的。仲裁庭在这方面的认定似乎是错误的。事实上,*Metalclad v. Mexico* 案和 *Fireman's Fund v. Mexico* 案仲裁庭均认为,征收不需要使国家获益。[85]行为并非为了公共目的事实不意味着其不具有美国 BIT 意义上的征收性质。它只是意味着,如果行为具有征收性质,这种行为本身就是非法的。此外,为了构成美国 BIT 项下的征收,东道国行为不需以任何方式使其获益。比如,强制性地将财产从一个私人转移给另一个私人的行为构成了征收,即便国家并未从中获益。简言之,Lauder 案的结果似乎是建立在错误地解释美国—捷克 BIT 的基础之上的。当这个案件发生时,

---

[84] Metalclad 案仲裁庭也认为,认定征收存在单独、独立的依据。仲裁庭认定,墨西哥允许市政府以环境理由——尽管事实是,该项目已经获得惟一有权批准设立危险废物处理场所之机构的联邦政府的批准——剥夺了 Metalclad 公司经营垃圾填埋场的权利的行为,加之墨西哥错误陈述该项目所需的审批事项以及未能及时、有序地拒绝该项目或者为该拒绝行为提供实体性依据,共同构成了相当于征收的措施。这一争端是基于本案所特有的大量的一系列情势,而这些情势并不能成为形成在后续案件中可以适用的一般原则的现成基础。无论如何,不列颠哥伦比亚最高法院撤销了该理由,认定仲裁庭部分地是根据其对于公平公正待遇之含义的见解。这一见解使公平公正待遇被解释为包含透明度要求,因此是不正确的。不列颠哥伦比亚法院并未否定仲裁庭基于生态法令作出的存在征收的认定。

[85] Metalclad v. Mexico, Award, para. 191; Fireman's Fund v. Mexico, Award, para. 174.

类似的诉求也被提交给根据荷兰—捷克 BIT 设立的 *CME v. Czech Republic* 案仲裁庭。*CME v. Czech Republic* 案仲裁庭认为，捷克政府在毁损仲裁申请人的企业中发挥的作用确实构成了征收。

在仲裁申请人根据美国签署的某一 BIT 或 FTA 声称发生了管制性征收的多数案件中，仲裁庭认定不存在征收，原因是，东道国的行为只是减少了投资的价值。比如，在 *S. D. Myers v. Canada* 案中，仲裁申请人在美国经营一家工厂，以便安全处理名为多氯联苯（Polychlorinated Biphenyls，PCBs）的有毒物质，并且寻求获得处理来自加拿大实体的 PCBs 的合同。然而，加拿大政府颁布了一项禁止 PCBs 出口的禁令，因此使仲裁申请人不可能在加拿大经营此类业务。此后，加拿大政府废止了出口限制，据此允许仲裁申请人在加拿大恢复此项业务。仲裁庭首先指出，管制性行为不太可能构成征收，虽然它不能"排除这种可能性。"[86]仲裁庭接着认为："征收通常要达到对持有者利用经济权利之能力的永久剥夺，虽然在某些语境和情势下把剥夺视为相当于征收可能更恰当，即便这种剥夺是部分或临时性的。"[87]

仲裁庭认定，仲裁申请人进入加拿大市场被延迟了大概 18 个月。此外，没有发生财产或利益被直接转移给其他人的情况。仲裁庭认定，这种对仲裁申请人的商业活动的临时性干预不构成征收。虽然这种延迟降低了仲裁申请人的竞争优势，但这种成本可以通过作为加拿大政府因违反 NAFTA 的其他条款而应支付的损害赔偿的组成部分而获得弥补。

在 *Pope & Talbot v. Canada* 案中，仲裁申请人的投资从加拿大出口软木材至美国。为了解决与美国间的贸易争端，加拿大对软木出口的数额实施限制，仲裁申请人认为这一限制征收了他的市场份额。仲裁庭认定这种限制不构成征收。正如仲裁庭所解释的，"投资者仍然控制着投资，就投资的日常运作发布指令，并且该投资的管理人员和雇员并未由于该制度受到拘禁。加拿大并未监控该投资的管理人员或雇员的工作，也未剥夺公司的销售收入（扣税收后）和干预公司管理及股东的行为，也没有阻止该投资向股东派发红利，没有干预董事和管理层的指定，也没有采取任何其他驱逐投资者完全持有或控制该投资的行为……它仍然持续向美国出口大量软木并从这些销售中获得大量收益"。[88]

---

[86] Partial Award of November 12, 2000, para. 281.

[87] *Id.*, at para. 283.

[88] Interim Award of June 26, 2000, paras. 100 – 101.

在 *S. D. Myers v. Canada* 案中，美国在其根据 NAFTA 第 1128 条向仲裁庭提交的书面陈述中认为，市场份额不是 NAFTA 中投资术语所指的投资，从仲裁庭在 Pope & Talbot 案中作出的决定可以做相反解读的方面看，那个决定是被误解了。[89]

在 *GAMI Investments v. Mexico* 案中，墨西哥征收了仲裁申请人拥有的几家糖厂，但墨西哥正在归还糖厂或者为其提供补偿过程中。由于仲裁申请人是公司的投资者，而非公司本身，仲裁庭面临的问题是，仲裁申请人持有某个公司的股份的价值由于墨西哥政府行为导致降低是否可以构成征收。仲裁庭认定仲裁申请人不具有征收诉求。仲裁申请人仍然控制着该公司。虽然公司的主要资本被剥夺了，但墨西哥法律正在为这种剥夺提供救济。

在 *Generation Ukraine v. Ukraine* 案中，仲裁申请人是一家美国公司。在开发公司的建造项目时，该公司遭受了东道国的官僚问题，导致公司最终放弃了该项目。例如，基辅市政府未能提供修订后的准确反映可用于该项目建设之区域的土地租赁协议。这一协议需要满足土地规划的要求。仲裁庭指出，虽然仲裁申请人“经历了各种形式的官僚主义的无能和顽执导致的挫折和延误”，但仲裁申请人还是“设法获得了一个位于基辅市中心的租赁期达到 49 年的重要商业财产，并且没有经过竞标，也没有向乌克兰政府支付大额款项”。[90] 根据这些情况，仲裁庭认定不存在征收。虽然这一租赁被故意撤销了，但撤销行为超越了实施该行为的官员的权限，因此不具有法律效力。

在 *Azurix v. Argentina* 案中，仲裁申请人获得了在布宜诺斯艾利斯省经营饮用水和污水处理服务的特许权。仲裁申请人主张，出于政治方面的原因，省政府没有遵守特许合同的条款，包括那些涉及费用支付的条款，并且在仲裁申请人进行融资时未能给予必要的支持。在部分可归因于省政府行为的藻花影响了水质和水外表时，省政府不仅禁止消费者支付账单，而且怂恿消费者不要支付已经收到的账单。仲裁庭驳回了仲裁申请人对于特许协议的解释，并认为导致仲裁申请人无法获得融资的原因是仲裁申请人所主张的因素之外的其他因素。在考虑了所有情势后，仲裁庭认为不存在征收。仲裁申请人从未丧失所有权的各个属性。他仍然控制着自己的投资，并且

---

[89] Submission of the United States of America, para. 5.

[90] Award of September 16, 2003, para. 20. 37.

他在投资中所持有股份的所有权并未受到影响。对投资管理造成的影响尚不足以构成征收。

其他几个认定不存在管制性征收的裁决源自一系列情况类似的争端。20 世纪 90 年代,阿根廷实施私有化改革,向外国投资者授予经营各种公共设施的特许合同,比如天然气和电力分销。然而,20 世纪末的不利经济环境导致阿根廷政府修订了适用于这些特许权的税收制度,从而违反了阿根廷在投资者投资该国时给予的保证。然而,在所有这些案件中,没有一个仲裁庭认定存在征收。比如,在 *CMS Gas Transmission Company v. Argentina* 案中,仲裁庭认定,虽然蒙受重大损失,但仲裁申请人持续地持有和控制自己的天然气分销企业。在 *LG &E v. Argentina* 案中,阿根廷政府修订收费结构的行为导致仲裁申请人的天然气分销业务赢利能力下降以及股票价值波动,但并未严重或永久地剥夺仲裁申请人的财产权。仲裁申请人仍然持有其所投资的股份,并控制公司的日常运作。在 *Enron v. Argentina* 案中,一个附带性诉求也是源自阿根廷政府在经济危机期间对于天然气分销的收费结构所做的修改。仲裁庭认为,前述 Pope & Talbot 案裁决的表述辨析了管制性行为会被视为征收的情势。然而,所有这些情势均未出现在本案中。虽然"海外私人投资保险公司"(Overseas Private Investment Corporation, OPIC)认定发生了征收,但仲裁庭不考虑这一认定,仲裁庭的理由是,OPIC 的认定是根据不同的程序,在不同的语境中作出的。在 *Sempra Energy v. Argentina* 案中,仲裁庭认定间接征收需要"投资者不再控制自己企业的运作,或者企业的价值实际上已经被毁损了"。[91] 虽然阿根廷在经济危机期间采取的措施对投资产生了"非常不利的影响",但这种影响尚不足以构成间接征收。[92]

一些案件涉及由于税法变化导致投资价值下降。然而,这些变化导致的经济后果同样不足以构成征收。在 *Occidental v. Ecuador* 案中,东道国拒绝应该为仲裁申请人提供退税的主张,后者主张其获得退税的权利被征收了。仲裁庭认定不存在征收,原因是,退税在投资者的投资中不是一个非常重要或实质性的组成部分。换言之,仲裁申请人投资的价值并未被毁损。相反,它只是减少了。因此,在评估是否发生征收时,仲裁庭应该考虑仲裁申请人的整体投资,而不是只考虑受东道国行为影响的个别权利。

税收措施在 *Link-Trading v. Moldova* 案中也引发了争议。该案中,摩尔

---

[91] Award, para. 286.

[92] *Id.*, at para. 285.

多瓦取消了投资可以利用的关税和增值税例外措施。仲裁庭认为，如果一项税收措施是滥用的、任意的或歧视性的，它可能相当于征收。然而，该案中的措施并未满足这一标准。原因是，这些措施是普遍、非歧视的措施，并非针对仲裁申请人，并且与其他国家制定的措施是类似的。仲裁庭指出，只有在税法发生的变化违反了特定义务时，它们才可能构成征收，但本案中不存在这种义务。最后，仲裁庭认为，如果税收措施剥夺了投资者的投资，则这种税收措施具有征收性。然而，在该案中，仲裁申请人并未表明经营下降是由税法发生变化造成的。虽然可以推定税收措施对仲裁申请人产生了不利影响，但这种影响不足够，因为任何税收措施都会给纳税人造成一定的成本。

在一些案件中，仲裁庭认定投资价值的减少是由于东道国行为以外的情势造成的。比如，在 *Fireman' s Fund v. Mexico* 案中，仲裁庭驳回了强制参与资本重组计划构成征收的主张。作为首要的一个问题，仲裁庭质疑是否存在任何强制。最终，仲裁庭认定资产重组计划旨在援救投资，而非剥夺投资。类似地，墨西哥政府控制投资者所投资的银行是股东基于毫无希望的经济状况后决定对银行进行清算的结果。

2004 年范本附件 B 表明，负面经济影响本身不足以认定存在征收。根据附件 B，与负面经济影响一并考虑的因素是东道国的行为是否干预了投资者基于投资的合理预期。在某些案件中，虽然东道国管制行为可能降低了仲裁申请人的投资的价值，但仲裁庭认为仲裁申请人不存在其投资不受东道国管制活动控制的合理预期。

比如，在 *Methanex v. United States* 案中，关键因素是投资者并未失去合理预期。该案中，出于担心可能造成负面环境影响，加利福尼亚州禁止在汽油中使用一种名为甲基叔丁基醚（Methyl Tertiary-Butyl Ether，MTBE）的化学物质。梅塞尼斯（Methanex）是一家生产甲醇的加拿大公司，而甲醇是生产 MTBE 的一种成分。禁止添加 MTBE 的禁令实际上毁坏了甲醇在加利福尼亚州的销售市场。仲裁庭认为，梅塞尼斯公司知悉加利福尼亚政府对这些可能具有危险的物质实施管制，因而该公司不能合理地预期自身产品不会受到这些管制规则的约束。因此，梅塞尼斯公司并未丧失其根据合理预期可能获得的经济收益。

梅塞尼斯案仲裁庭甚至进一步认为，管制行为不构成征收，除非它们违反了特定承诺。不过，这一附带意见不符合美国 BITs 的意图。BITs 中的任何内容都没有把管制性征收限定于东道国的管制行为违反了特定承诺的情形。

Feldman v. Mexico 案裁决同时基于不足够的影响和没有干预投资者的合理预期。在该案中,墨西哥政府拒绝返还仲裁申请人的公司由于出口烟草而缴纳的消费税。在没有退税情况下,从经济上说出口烟草是不可行的。与 *S. D. Myers v. Canada* 案中东道国颁布出口 PCBs 的禁令不同,*Feldman v. Mexico* 案中烟草出口受阻的期限是不确定的。尽管如此,仲裁庭认定这一管制行为不构成征收。支持做出本裁决的因素包括:第一,国际法不要求一个国家应该允许仲裁申请人的公司从事其试图从事的商业活动,而国家则有合理的理由禁止这些商业活动。第二,在仲裁申请人试图出口烟草之前,东道国的这些管制税收措施就已经存在,只是尚未实施。所有发生的变化只是现在实施这些措施而已。仲裁申请人无权预期这种法律不会被实施。简言之,这种机会的丧失并没有剥夺投资者的任何合理的经济预期。第三,虽然仲裁申请人丧失了出口烟草的机会的价值,但仍然拥有并充分掌握其企业,并且可以继续营运该企业并出口除烟草外的其他产品。因此,对仲裁申请人的投资造成的经济影响不足以构成征收。

类似的推理也出现在 *Fireman's Fund v. Mexico* 案中。仲裁申请人主张,墨西哥歧视性地不援救它的投资,却援救了墨西哥人拥有的投资。仲裁庭认为,由于并未达成资本重组计划,投资者不拥有基于投资的合理预期,即墨西哥会援救它的投资。进一步讲,无论如何,投资在当时只具有很低的价值,或者根本就没有价值。因此,仲裁庭的结论是,"东道国的歧视性地未能努力援救几乎没有价值的投资的行为不构成对该投资的剥夺"。[93] 虽然仲裁庭确实承认这种行为不符合国民待遇原则,但仍然驳回了仲裁申请人的主张,即墨西哥政府的行为违反了征收条款规定的任何征收都应该是非歧视性的要求,而由于不存在征收,因此这一要求也就不适用。

在同一案件中,另一项不同的诉求被基于类似的理由予以驳回。政府把一个非赢利的贷款组合返回给银行——仲裁申请人投资了该银行——的行为不构成征收。原因是,当时银行实际上已经破产,墨西哥政府在贷款方面并未创设合理的预期。

在 *International Thunderbird v. Mexico* 案中,仲裁庭认为墨西哥并未征

---

[93] Award, para. 207.

收仲裁申请人经营一个赌博设施的权利。由于赌博是非法的,仲裁申请人没有从事此类活动的合理预期。正如仲裁庭解释的那样,“如果能够确定投资者或投资从来就没有拥有从事后来被禁止的商业活动的既得权利,就没有义务为了管制性夺取(regulatory takings)而给予补偿”。[94]

在一些案件中,投资者的预期是建立在被东道国违反的合同基础上的。仲裁庭考虑了违反投资者与东道国签署的合同是否构成征收的问题。通常来说,仲裁庭认为东道国废除合同确实会构成征收,但仅仅违反合同不构成征收。在前一种情况下,东道国实际上是宣告这种义务不存在,而在后一种情况下,东道国只是违反了义务。这些认定基于主权权力与私人权力间的区分。在东道国实际上废除了合同时,它是以一种只有主权者才能够那么做的方式行事。质言之,只有主权者才能够废除合同。与此不同,在东道国让合同保持有效但违反了合同时,东道国的行为与私人行为者是类似的,即违反合同义务但不能废除合同。

揭示这种差别的是 *Waste Management v. Mexico* 案裁决。该案中,仲裁申请人的公司和阿卡普尔科市签署了收集和处理垃圾的特许协议。然而,当地居民不欢迎该特许协议,他们认为该项服务的价格太高,因而表示反对。由于当地居民普遍反对,该市政府未能履行其在合同下的义务。比如,市政府未能实施特许协议中的排他性条款,也未能提供建设垃圾处理厂的所需土地等。但是,仲裁庭认为,在国家没有“公然撤销”合同情况下,仅仅违反合同本身不能构成征收。[95] 仲裁申请人的公司始终维持对其财产的使用,并且能够向消费者提供服务并收取费用。东道国未能提供土地的行为不构成征收。虽然该市政府的行为具有剥夺仲裁申请人的公司对于市政府按月支付费用之合理预期的经济收益的效果,但这只是一个违反合同的事件。仲裁申请人蒙受的利益损失没有达到构成征收的标准。

仲裁庭将这种状况与正常商业企业做了比较,在正常商业企业中,任何企业始终存在失败的风险。本案中,在试图以超出消费者愿意支付的价格提供服务的过程中,仲裁申请人的公司根据的是一份糟糕的商业计划。墨西哥负有不得实施不支付补偿之征收的条约义务并不是为糟糕的商业判断提供的保险。

在 *Azinian v. Mexico* 案——另一起涉及合同权利丧失的案件——中,仲

---

[94] Award, para. 208.

[95] Award, paras. 160, 175.

裁庭同样拒绝认定存在征收。本案中,墨西哥的瑙卡尔潘市终止了其与仲裁申请人的公司签署的有关收集与处理垃圾的特许合同。仲裁申请人的公司在墨西哥法院质疑该终止行为,但当地法院支持了该终止行为。仲裁庭认为,政府不能因其以法院认定合法的方式行事而被认为违法,除非法院本身的行为就是违法的。前已指出。仲裁庭最终认定,根据墨西哥合同法,终止行为是合法的,并且也不存在拒绝司法行为的情形。因此,虽然终止合同行为完全消灭了仲裁申请人在合同项下的权利,但它不构成征收。

一系列裁决已经表明,应该综合平衡管制行为的影响与国家的管制权力,这与附件B确立的分析框架是不相符合的。无论如何,这些案件的最终结果并非依赖于任何形式的平衡,但它们可以在符合附件B所列因素的基础上加以解释。比如,在 *LG & E v. Argentina* 案中,仲裁庭援引了基于西班牙—墨西哥 BIT 提起的 *Tecmed v. Mexico* 案裁决,仲裁庭认为国家有权采取管制措施,除非这些措施与所针对的必要性之间不成比例。虽然存在这种表述,但前已指出,仲裁庭最终认定不存在征收,原因是,不存在严重、永久性地剥夺投资者权利的情形。质言之,虽然仲裁庭讨论了进行平衡的必要性,但结果似乎只是根据对投资者所造成的影响的程度。

审查诉请撤销 *Patrick Mitchell v. Democratic Republic of Congo* 案裁决的法院拒绝撤销该裁决,该裁决纯粹以讼争措施的效果原则认定存在征收,而不考虑到措施的目的。法院认为,考虑东道国行为的效果而非目的在仲裁庭的自由裁量范围内。不过,法院在附带意见中认为,某些权威人士建议也应该考虑措施的目的。无论如何,仲裁庭最终根据其他原因撤销了该裁决。

附件B最后一段规定,"除非在极其例外的情况下,否则缔约一方采取的旨在保护正当的公共目标——诸如公共健康、安全以及环境等——的非歧视性管制措施不构成间接征收"。一些案件似乎采取了更加绝对的做法。在 *Lauder v. Czech Republic* 案中,仲裁庭认为"对于财产经济价值产生的损害效果不足够。缔约方不需要对于在可以接受的国家警察权的范围内实施的善意管制而造成的经济损害承担责任"。[96]在 *Methanex v. United States* 案中,仲裁庭认为"这是习惯国际法的一个基本原则,即如果经济损害系因在国家警察权范围内的管制行为导致的,不需要给予补偿"。[97]像这些绝对化的

---

[96] Award, para. 198.

[97] Award, part IV. chapter D. para. 7.

认定与附件 B 中的明确规定是不相符的。

迄今为止,所有审理的案件涉及的都是政府部门——行政或立法机关——的行为。不过,投资者也可以主张司法机关的行为构成征收。比如在 *Loewen v. United States* 案中,加拿大投资者被美国的竞争者在美国提起诉讼。在陪审团审理过程中,加拿大投资者的国籍成为美国原告众多评论的对象,最终陪审团裁定投资者应该向原告支付 5 亿美元的赔偿。投资者主张法院的判决构成了征收。然而,仲裁庭认为,只有在存在拒绝司法的情况下,司法机关的行为才可能构成征收。其原因正如作者在本书其他地方讨论的,[98]仲裁庭认定不存在拒绝司法,因此也就不存在征收。

一些案件涉及剥夺的条件问题。例如,在 *Feldman v. Mexico* 案中,仲裁庭简要讨论了公共目的要件,[99]但它认定不存在征收。此外,虽然 *Feldman v. Mexico* 案是基于税收措施提起的;并且,根据 NAFTA,一般性绝对待遇标准不适用于税收措施,但仲裁庭认定,征收条款中的表述——要求征收应该符合一般性绝对待遇标准,在该案中系指 NAFTA 第 1105 条——使在征收发生时可以适用第 1105 条。在 *Mondev v. United States* 案中,仲裁庭解释认为,及时给予补偿的要求意味着在发生征收时必须存在一个可资利用的获得征收补偿的机制。

---

[98] See section 5.6.4.

[99] Award, paras. 135 – 146.

第八章　汇 兑 条 款

第一节　BITs 之前的美国实践

习惯国际法并不要求国家应该允许外国投资者自由地把货币转出或转入东道国。[①] 不过，针对汇兑施加过度繁琐的限制可能构成征收，从而导致东道国向投资者做出赔偿的义务。[②] 即便不构成可赔偿(compensable)的征收，对汇兑的规制仍然会给投资者造成重大损失。

在现代 FCNs 时期之前，保护美国投资者不受汇兑限制的条款比较少见。1881 年美国—塞尔维亚 FCN 保障"汇出财产出售收入"的权利，而不需要支付较之东道国或任何第三国的国民更高的费用。[③] 因此，这一最早期的保护只规定有权获得国民待遇与最惠国待遇。此外，这一保护仅限于对汇兑规定义务。

两次世界大战期间，FCNs 中的普遍化的投资保护条款没有特别提及汇兑。不过，至少一个 FCN，即美国—利比里亚 FCN，确实确保在某些汇兑方面提供最惠国待遇。[④]

美国首先在一个多边条约中获得针对汇兑的广泛的条约保护，该条约就是《国际货币基金协定》。[⑤] 根据该协定第 8 条第 2 款，只有在获得国际货

---

① See, e. g., West v. Multilbanco Comermex, S. A., 807 F2. d 820(1987).

② 8 MarianWhiteman, Digest of International Law 981 – 982 1967; B. Wortely, Expropriation in Public International Law 107(1977).

③ 1881 Serbia FCN, supra chap. 2, note 48, Art. Ⅱ.

④ Treaty of Friendship, Commerce and Navigation, United States-Liberia, August 8, 1938, Art. Ⅹ, 94 Stat. 1739, T. S. No. 956.

⑤ 60 Stat. 1401, T. I. A. S. No. 1501, 2 U. N. T. S. 39, entered into force December 27, 1945. For a good general discussion of the IMF Agreement, see Kenneth Dam, The Rules of the Game(1982).

币基金组织(International Monetary Fund,IMF)事先批准情况下,IMF 成员国才可以对经常国际交易施加汇兑限制。根据第 8 条第 3 款,IMF 成员国只有在获得此种批准后才可以采取歧视性货币安排或多种货币实践(multiple currency practice)。强调经常交易反映了这样一个事实,即上述协定主要针对的是涉及国际贸易的交易。换言之,上述协定并不禁止资本汇兑方面的外汇限制。

多年来,并非所有的成员国都受到《国际货币基金协定》第 8 条的约束之事实进一步限制了该协定在促进投资所得的自由汇兑方面的有效性。由于认识到这样一个事实,即一些 IMF 成员国面临国际收支平衡困难——第二次世界大战后一段期内尤其如此,该协定第 14 条允许成员国采取某些“过渡性安排”,从而使其不适用第 8 条。采取过渡性安排的成员国可以“维持或调整”它们在加入 IMF 时生效的限制性措施。早期,大量的成员国利用了第 14 条例外,但截至 2007 年只有约 20 个成员国还没有接受第 8 条规定的义务。

美国寻求通过现代 FCNs 对一国实施汇兑管制的特权施加独立、双边的限制。现代 FCNs 要求,缔约各方在汇兑方面应该为来自缔约另一方的国民或公司提供国民待遇或最惠国待遇。[6] 此外,缔约方不得采取没有必要地损害,或者任意地歧视来自缔约另一方的国民或公司的汇兑管制。[7] 最后,现代 FCNs 也规范了对汇兑采取即便非歧视性的限制的情形。不过,相关的表述并不统一。

现代 FCNs 的一个常规做法是,禁止任何缔约一方实施汇兑限制,除非“为了避免货币储备降至极低水平或者在货币储备处在极度水平情况下适度增加货币储备所必要”。[8] 另一个规定是,禁止实施外汇限制,除非“为了维持或充分恢复[缔约一方]的货币储备所必要”。[9]

---

⑥ See, e. g., Greece FCN, supra chap. 4, note 42, Art. XV(1); Pakistan FCN, supra chap. 4, note 42, Art. XII(1); Japan FCN, supra chap. 4, note 42, Art. XII(1); Netherlands FCN, supra chap. 5, note 4, Art. XII(1).

⑦ See, e. g., Greece FCN, supra chap. 4, note 42, Art. XV(4); Pakistan FCN, supra chap. 4, note 42, Art. XII(4); Japan FCN, supra chap. 4, note 42, Art. XII(4); Netherlands FCN, supra chap. 5, note 4, Art. XII(4).

⑧ See, e. g., Greece FCN, supra chap. 4, note 42, Art. XV(2); Pakistan FCN, supra chap. 4, note 42, Art. XII(2); Japan FCN, supra chap. 4, note 42, Art. XII(2).

⑨ See, e. g., Luxembourg FCN, supra chap. 5, note 4, Art. XI(2); Belgium FCN, supra chap. 5, note 4, Art. X(2); Netherlands FCN, supra chap. 5, note 4, Art. XII(2).

当缔约一方根据上述任何一种规定的授权采取非歧视性的汇兑管制时，现代 FCNs 在性质与持续时间方面对这些被授权的管制做出了限制。在确保具有足够的外汇以获取对其人民的健康与福利至关重要且必需的商品与服务之后，在考虑其他交易的特殊需求情况下，实施管制的国家必须以其他国家的货币提供"合理的供应"，以备征收之补偿、分期偿还贷款之收益或额度、直接投资之折旧以及资本汇兑的提款。在存在一个以上的可用利率时，提款应该适用 IMF 批准的利率。如果不存在 IMF 批准的利率，则缔约双方应该使用"公正而合理"的"有效利率"。⑩

从规定上看，现代 FCNs 中涉及汇兑管制的条款要适用 IMF 协定。⑪ 因此，尽管存在上述条款，现代 FCNs 的缔约一方仍然可以对汇兑施加经 IMF 批准的限制。

一些现代 FCNs 没有规定对汇兑管制的有条件禁止。不过，这些协定通常要求在金融交易方面提供最惠国待遇与国民待遇。⑫ 这些协定还要求，任何缔约方在实施任何汇兑管制时，不能"消极地影响[缔约另一方的国民或公司]的竞争地位"。⑬

第二节 BIT 范本

一、1983 年范本

汇兑条款在 1983 年范本中被规定于标题为"汇兑"的第 5 条。第 5 条第 1 款实际上禁止几乎所有针对与投资有关的支付汇兑设定的限制。该条要求缔约双方应该允许与投资有关的汇兑"自由且不迟延地"进行。

---

⑩ See, e. g., Greece FCN, supra chap. 4, note 42, Art. XV (3); Pakistan FCN, supra chap. 4, note 42, Art. XII (3); Netherlands FCN, supra chap. 5, note 4, Art. XII (3).

⑪ See, e. g., Greece FCN, supra chap. 4, note 42, Art. XV (2); Pakistan FCN, supra chap. 4, note 42, Art. XII (2); Japan FCN, supra chap. 4, note 42, Art. XII (1); Netherlands FCN, supra chap. 5, note 4, Art. XII (1).

⑫ See, e. g., Treaty of Friendship, Commerce and Navigation, United States-Italy, August 23, 1951, ("Italy FCN") Art. XVII (2) – (3), 63 Stat. 2255, T. I. A. S. No. 1965, 79 U. N. T. S. 171; Ireland FCN, supra chap. 5, note 4, Art. XVII (2) – (3). The Ireland FCN also included at article XVII (5) a requirement of "reasonable provisions" for certain withdrawals.

⑬ See, e. g., Italy FCN, supra note 12, Art. XVII (4); Ireland FCN, supra chap. 5, note 4, Art. XVII (4).

不过，短语“不迟延”不要求立即汇兑，而是旨在允许合理的时间以快速完成手续。由于提及“自由”汇兑就意味着——除合理的手续以外——汇兑是没有迟延的，因而，事实上，这一术语对于该条款严格地说并非必要。这一短语表明，1983 年范本的谨慎而保守的起草风格到了多此一举的程度。

自由且不迟延地汇兑的权利适用于资金转入以及转出东道国。在资金仍在东道国领土内时，东道国给予这些资金的待遇由 BITs 中的其他条款加以调整。

1983 年范本没有界定短语“与投资有关的汇兑”的含义。不过，第 6 条第 1 款确实包含了一份非穷尽式的汇兑清单，该清单可以表明该短语的含义。这一汇兑“包括以下：收益；补偿；源自投资争端的支付；根据合同的支付，包括根据贷款协议进行的本金及所生利息的分期支付；支付与投资管理有关的支出的款项；根据许可、特许获得的版税与其他款项，或者源自于许可、特许或其他权利的授予，或者源于管理或技术辅助协议的其他款项，包括管理费；源于出售部分或全部投资以及有关公司的部分或全部清算的收入，包括任何的增值；维持或发展投资所必需或适当的新增出资”。这一清单旨在确保那些对美国投资者至关重要的汇兑能够被涵盖在该条中，但不限制该条款的概括性。

基于其只是说明性的特征，这一清单显得略微冗余。例如，这一清单中的第一个要素，即收益已经在第 1 条中被界定为源于或与投资有关的款项，包括利润、分红、利息、资本利得、版税支付、管理费、技术辅助费，或其他费用以及实物返还等。这一“收益”定义中包含的项目与该清单中某些要素存在重叠。

1983 年范本第 5 条第 2 款要求，除非东道国与投资者另有协议，汇兑应该使用投资者选择的货币，并且采取汇兑当天该种汇兑货币现货交易中的通行市场汇率进行汇兑。在有关国家并没有可用于国际交易的货币，因而不存在市场汇率情况下，有必要采取一种不同的汇率公式。术语“现行”（prevailing）旨在阻止东道国针对不同类别的汇兑采取不同的汇率。相反，所有涵盖汇兑必须被允许根据“这一”（the）现行市场汇率。在尊重东道国与投资者之间达成的其他安排方面，1983 年范本的汇兑条款采取了与早期范本的征收复审条款[14]以及投资者—国家争端条款[15]相并行的做法。

---

⑭　参见第七章第二节第一目。

⑮　参见第九章第二节第一目。

如前指出，汇率是汇兑日的现行汇率。与此相比，1983 年范本的征收条款要求，在把征收补偿汇兑出东道国时，汇率应该是征收日的现行汇率，而非汇兑日的汇率。[16]

第 5 条第 2 款——规定投资者有权选择用于汇兑的货币——旨在澄清自由汇兑之权利的含义。从字面上看，该款似乎处理的是汇兑出东道国的问题。但是，汇兑条款旨在处理进出东道国的汇兑问题。这一意图是第 5 条第 2 款的基本原则——自由的可汇兑性推定使用的是市场汇率——适用于对内与对外汇兑。

第 5 条第 3 款为自由的可汇兑性这一基本原则规定了三个有限的例外。第一个例外允许任何缔约一方可以要求就汇兑做出报告。因为自由汇兑之要求默示有一段时间快速完成必要手续——可以认为这些手续包含合理的报告要求，因而这一例外实际上在很大程度上说是没有必要的。比如，在《货币与对外交易报告法》(Currency and Foreign Transactions Reporting Act)中，[17]美国规定了报告要求，这一例外旨在确保该报告要求不会被解释为违反了汇兑条款。

第二个例外允许任何缔约一方采取诸如预提税——适用于分红或其他汇兑——征收所得税。这一例外显然旨在允许采取预提税制度——据此美国联邦及州的税收当局征收所得税——并向 BITs 伙伴方赋予类似的征收预提税的权利。根据税收条款，条约中的其他条款规定的最惠国待遇与国民待遇的一般要求[18]——它们一般禁止缔约双方采取歧视涵盖投资的预提税制度——不适用于税收事项。[19]不过，第 3 条第 1 款条确实适用于税收事项，由此对国家根据该例外征收预提税的自由裁量施加了外部限制。

第三个例外允许任何缔约方“通过公正、非歧视和善意地适用法律，保护债权人权利或确保司法程序中作出的判决获得执行”。这一例外旨在确保法院对财产权施加的限制，比如留置权或附着物，不会被视为对汇兑的非法限制，只要它们是根据普遍适用的非歧视性法律善意地实施。

二、1984 年范本

1984 年范本的汇兑条款规定于第 4 条。与 1984 年范本中的其他条款

[16] 参见第七章第二节第一目。

[17] Pub. L. 91 – 508, 84 Stat. 1118, codified at 31 U. S. C. section 5311 et seq.

[18] 参见第五章第二节第一目。

[19] 参见第六章第十一节第二目。

一样，第 4 条中没有在 1983 年范本汇兑条款之前所具有的标题。

虽然为了简练而稍微缩短了说明性的非穷尽汇兑清单，尤其删除了其中多余的部分，1984 年范本没有改变 1983 年范本第 4 条第 1 款确立的自由汇兑权利的实质内容。不过，清单的缩短没有影响汇兑条款的实质内容，该条款继续适用于“与投资有关的所有汇兑”，不管其是否被列于清单中。

1984 年范本第 4 条第 2 款的限制性不如 1983 年范本中的对应条款。该条没有要求东道国应该允许投资者选择货币，而只是要求其应该允许使用“可自由汇兑的货币”进行汇兑。可自由汇兑的货币是一种可以在主要外汇市场自由汇兑为其他货币的货币。1984 年范本也没有明确确认缔约方就某一不同的汇率达成了一致，这符合 1984 年范本中的一般趋势，即没有明确维护那些相较于 BITs 可能对投资者不利的此先协议。[20]

三、1987 年范本

除了要求汇兑应该使用可自由“使用”而非“汇兑”的货币，1987 年范本的汇兑条款——规定于第 4 条——与 1984 年范本的对应条款是一样的。“可自由使用的货币”（freely usable currency）是国际货币基金组织的标准。根据《国际货币基金协定》第 30 条（f）项，可自由使用的货币指“一国货币，基金组织认定……是，事实上，广泛使用于国际交易支付，并且……在主要外汇市场广泛交易”。目前，可自由使用的货币有四种：英镑、欧元、日元和美元。前已指出，“可自由汇兑”本质上具有同样的含义，尽管它不是一个在《国际货币基金协定》中被界定的术语，因而，即便某一货币没有被 IMF 正式指定为可自由使用的货币，它也可能是可自由汇兑的货币。

四、1991 年范本

1991 年范本的汇兑条款——规定于第 4 条——与 1987 年范本中的对应条款是一样的。

五、1992 年范本

除了通过删除导致第 4 条第 2 款从属于第 3 条第 1 款的开头短语从而对第 4 条第 2 款——要求使用可自由使用的货币进行汇兑——做了修改，

---

[20] 参见第九章第二节第二目。

1992 年范本的汇兑条款——规定于第 4 条——与 1987 年、1991 年范本的对应条款是一样的。1992 年范本把第 3 条第 1 款修改为要求使用可自由使用的货币支付补偿,从而就没有必要规定在两个条款发生冲突的情况下何者优先的表述。为此,该从属性表述被视为多余而删除了。

六、1994 年范本

1994 年范本的汇兑条款规定于第 5 条。它适用于所有"关于"(relating)投资而非与投资"有关的"(related)(与 1992 年范本一样),这是一个纯粹文体上的变化。

1994 年范本第 5 条第 1 款修改了说明性、非穷尽性的汇兑清单,该条要求缔约各方应该允许自由、不迟延的汇兑。1992 年范本的清单中列举的第一项是"收益"(returns),它在第 1 条第 1 款(d)项中被界定为"源于投资或与投资有关的款项,包括利益;分红;利润;资本利得;版税支付;管理费;技术辅助费与其他费用;或实物返还(return in kind)"。1994 年范本没有把"收益"作为一个术语加以界定,而是将该定义中的要素直接放入第 5 条的汇兑条款文本。因此,1994 年范本包括两种类型的支付,而非简单地提及"收益"。

第一类规定于第 5 条第 1 款(b)项,包括"利润、分红、资本利得,以及源于出售部分或全部投资,或者清算部分或全部投资的收入"。因此,第一类综合了某些收益与出售或清算投资的收益。第一类主要是指股权股东获得的支付。

除了一项外,旧类型的"收益"中的其他项目,即利息、版税支付、管理费、技术辅助费以及其他费用成为规定于第 5 条第 1 款(c)项的新的一个类型。源于投资的这些款项通常由股东之外的投资者获得。

旧类型"收益"中的最后一项,即"实物返还"在第 5 条第 1 款中被删除了。BIT 谈判人员认识到"实物返还"不能很好地被纳入汇兑条款——它规定的是汇兑时的汇率——的框架。比如,一个投资可以产生石油出口,而石油出口可以作为实物返还。为此,范本起草人插入了新的第 5 条第 3 款,用以处理实物返还。该款规定"任何缔约方应该允许缔约一方与涵盖投资或者缔约另一方的国民或公司间达成的投资授权、投资协议或其他书面协议授权或规定的实物返还"。因此,那些预期接受某些实物返还的投资者可以通过获得一份有关可自由汇兑的书面保证从而确保这种可汇兑性。随着

1994 年范本的生效,“投资协议”与“投资授权”已经成为第 1 条被界定的术语,但东道国与涵盖投资或投资者之间达成的任何书面协定足以确立自由汇兑返还实物的权利。

说明性汇兑清单中的第二项,即根据第 3 条获得的补偿,被放在第 5 条第 1 款(e)项,并被修改为“根据第 3、5 条获得的补偿”。这一改动是必要的,因为 1994 年范本的战争与内乱条款已经从第 3 条移到了单独的第 4 条。

说明性汇兑清单中的第三项,即源于某项投资争端的支付,得以保留,但被放在第 5 条第 1 款(e)项,与征收赔偿与战争或内乱损失补偿并列。因此,第 5 条第 1 款(e)项本质上规定了补偿支付的一个类别。

说明性汇兑清单中的第四项,即“根据合同的支付,包括根据贷款合同进行的本金与孳息的分期支付”,被放在第 5 条第 1 款(d)项,并被简化为“根据合同——包括贷款合同——的支付”。这一改动是基于这样的推定,即贷款合同下的支付包括本金和孳息是显而易见的,因而额外的表述是没有必要的。

说明性汇兑清单中的第五项,即“源于全部或部分出售或清算投资的收入”,与股东的收益一并被放在第 5 条第 1 款(b)项,对此前文已经指出了。其表述也被修改为“源自于全部或部分出售投资或源自于全部或部分清算的收入”。这一改动系源于这样的担心,因为限定词“全部或部分投资”可能会被解释为只是针对投资的清算。这一改动明确了该条也适用于投资出售,因此,出售部分投资的收入也是受保护的汇兑。

说明性汇兑清单中的最后一项,即“为了维持或发展投资的新增出资”,被放在第 5 条第 1 款(a)项,并被修改为“出资”。“新增”(additional)一词被删除了,因为它已经被默示存在。短语“为了维持或发展投资”也被删除了,原因是,鉴于汇兑条款适用所有与投资有关的汇兑,因此这一短语是没有必要的,而且可能造成混乱。

1994 年范本也修改了汇兑条款的第 2 款,该款是关于应该使用何种汇率。第一,1992 年范本已经规定“应该使用可自由使用的货币进行汇兑”,而 1994 年范本则规定“任何缔约方应该允许使用可自由使用的货币进行汇兑”。新的表述澄清了始终存在的意图:禁止东道国干预把相关款项汇兑成可自由使用的货币。第二,在短语“市场汇率”之前的“现行”一词被放在该短语后面,这是一种纯粹文体上的变化。第三,1994 年范本没有提及“现货交易”,可以认为这一含义是隐含的。

1994年范本对汇兑条款的例外做了重要修改。第5条第4款的新表述明确规定，缔约一方有权通过“公正、非歧视以及善意地适用其法律”的方式“阻止”涉及四个事项中的任何一个事项的汇兑。这四个事项是破产、倒闭或债权人权利保护；债券发行、交易与买卖；犯罪或刑事违法行为；或确保在司法程序作出的命令或判决获得执行。新的表述密切遵循，但并不完全等同于NAFTA第1109条第4款使用的表述。

以往范本已经涉及了上述四个事项中的第一个和最后一个事项，即保护债权人与执行判决，因而1994年范本在这方面没有做出实质性的修改，尽管有一些文体上的变化。比如，1994年范本提及“确保[在司法程序中作出的]命令或裁决获得遵守”，而1992年范本提及的是确保“执行[在裁判程序中作出的]判决”。新的表述意在澄清1992年范本中的表述所要达到的适用范围。保留为实施证券或刑事法律而禁止进行汇兑的权利则是新的规定。根据以往范本，要证明对这些汇兑实施限制是合法的，缔约一方可以根据BIT的公共秩序例外。不过，公共秩序例外在1994年范本中已经被删除了。[21] 在没有这一例外可资利用时，范本起草者们增加了一个明确的例外，以便在汇兑条款方面实施证券法与刑事法律。

1994年范本也删除了有关授权任何缔约一方维持有关要求进行报告汇兑以及征收所得税的法律与法规的表述。1994年范本第8条第1款规定“本条约的任何条款不应当在税收事项方面规定义务”，但包括与这里所讨论问题无关的某些例外。因此，与以往范本不同，1994年范本的汇兑条款并没有在税收方面创设义务，因而规定预提税例外就不再有必要了。这一变化的结果是，1994年范本没有包含明确的保留有权要求报告汇兑的条款，虽然美国对汇兑条款的解释是，美国规定此类报告义务完全符合该条款。

1994年范本修改了汇兑条款，使其适用于“涵盖投资”而非“投资”。BIT的意图始终是，它只适用于缔约另一方领土内的来自缔约一方的投资者的投资。因此，这一改动只是澄清了此前隐含的意图。

七、2004年范本

2004年范本把汇兑条款移至新的第7条，该条的标题为“汇兑”。2004年范本对说明性、非穷尽性汇兑清单的措辞做了细微但不影响实际效果的

---

[21] 参见第四章第十一节第七目。

改动,比如每次在提及投资时加上限定词“涵盖的”(covered),修改交叉援引条款的序号以便考虑到战争与内乱条款已经被移至关于最低待遇标准条款的第 5 条中,以及修改了征收条款的条款序号。2004 年范本也推翻了 1994 年范本中做出的一处改动,并把“源自于争端的支付”作为单独一类并规定于第 7 条第 1 款(f)项。通过删除以往范本中作为“争端”之限定词的“投资”,这一支付类别被扩大了。由于各种类别只是说明性的,所以从理论上说这一改动并不重要。尽管如此,这一改动可能具有重要的实践意义,原因是,通过澄清源自于任何争端——即便不在投资争端的定义范围内——的支付都是与投资有关的汇兑,相关表述被误解的可能性就降低了。如上所述,在 1994 年范本中,源自于投资争端的支付已经被规定于第 1 条(e)项,与征收以及战争与内乱补偿并列。

汇兑条款第 2 款,即第 7 条第 2 款被修改为明确规定了此前隐含着的含义,即该条适用于与涵盖投资有关的汇兑,而非一般意义上的汇兑。汇率指汇兑“时”(at the time)而非汇兑“日”(on the date)的通行汇率。

汇兑条款第 3 款,即在确保实物返还方面享有自由汇兑之权利的第 7 条第 3 款被修改以明确该条款此前隐含的含义,即该条款适用于与涵盖投资有关的实物返还。对投资授权与投资协议的明确提及被认为没有必要而被删除了,原因是汇兑条款已经适用于东道国与涵盖投资或涵盖投资者之间签署的所有书面协议。第 3 款也采取了 2004 年范本在文体方面的习惯做法,即提及缔约另一方的“投资者”而非缔约另一方的“国民或公司”。

汇兑条款的最后一款——创设汇兑条款之例外的第 7 条第 4 款——在 2004 年范本中也被做了修改。除细微的标点符号改动外,第二个例外,即证券发行、交易与买卖例外被扩大到包括“期货、期权与衍生品”。OECD 的 MAI(草案)中的对应条款已经提及了“期货与衍生品”,因此这一改动稍微阐述并纳入了 MAI(草案)中的表述。规定与“裁判”程序中做出的命令与判决有关的第四个例外被修改为提及“司法或行政”程序,它只是更加明确了此前表述中的意图。MAI(草案)的相应条款中已经提及了行政程序。最后,第 7 条第 4 款增加了一个例外,以便“在为协助法律实施或金融监制当局所必须时进行关于汇兑的财务报告或保持汇兑的记录”。这恢复了 1992 年范本及以前范本中已经使用但在 1994 年范本被删除了的报告要求例外。这一例外的新的表达样式要窄于以往范本中出现的版本。如上所述,尽管一段时间里这一例外被删除了,美国并没有把汇兑条款解释为禁止美国规定此类报告要求。

第三节 已经签署的 BITs

在 BIT 谈判的早些年,汇兑条款是所有 BIT 条款中最难谈判的条款。第一,某些发展中国家面临切实的外汇收支平衡困难,这使发展中国家无法允许汇兑大量的可汇兑货币。第二,即便有足够的外汇,发展中国家鼓励外国投资的一个主要原因是吸引外国资本。投资利益、出售或清算投资的所得大量地被汇出东道国事实上导致了资本的净损失。因此,发展中国家寻求鼓励再投资,而不是把投资利润汇回本国。

对于这些困难中的第一个,即缺乏外汇,美国谈判人员表示理解。实际情况是,并非所有国家都能够遵循 BIT 规定的可自由汇兑义务。在此问题上,拒绝妥协意味着或者许多国家可能根本就不会缔结 BIT,由此使投资者在这些国家中不能获得任何条约保护,或者 BIT 的伙伴国最终不得不被迫违反条约。即便维护 BIT 要付出很大的代价,在某些情形下稳健的债务管理可能使伙伴国不需要动用稀缺的外汇储备以允许美国投资者汇回利润。因此,从美国经济政策的角度看,就此做某些让步可以说是恰当的。

结果是,在与埃及、民主刚果、孟加拉国、土耳其、突尼斯、斯里兰卡以及牙买加签署的 BITs 中,美国最终接受了在特殊的低外汇储备期间的可自由汇兑例外。不过,即便在低外汇储备期间,例外条款仍然包含了对外国投资者的最低保护。类似的条款也出现在现代 FCNs 条约中,[22]并且它被认为不可避免因而已经被纳入了 FCNs 范本中。在谈判 BITs 时,美国认为在决定这一例外条款是否要纳入特定 BIT 时要考虑的因素包括有关国家是否遵守 IMF 制定的方案,或者任何此类方案是否已经终止。

一、美国—埃及 BIT

美国—埃及 BIT 的汇兑条款——规定于第 5 条——的表述与 1983 年范本之间有很大的不同。

美国—埃及 BIT 缩小了缔约方必须允许进行自由汇兑的范围。虽然

㉒ 参见第八章第一节。

1983年范本确保与投资有关的所有汇兑可以自由进行的权利,并随后规定了一份说明性的汇兑清单,但美国—埃及BIT第5条第1款明确规定,任何缔约方针对某些特定类型的资金应该授予自由汇兑的权利。因此,该BIT中的清单是穷尽性的,而不只是说明性的。不仅如此,该BIT中的穷尽性清单修改了1983年范本之说明性清单中包括的某些类型。美国—民主刚果BIT采取了类似做法,即用穷尽性清单替代了1983年范本中的说明性清单。

与1983年范本不同,美国—埃及BIT没有要求汇兑应该允许用投资者选择的货币进行。相反,第5条第2款只要求东道国应该允许涵盖汇兑以初始投资所使用的货币或任何其他可自由汇兑的货币进行,除非投资者与东道国另行达成协议。这一表述允许东道国可以选择允许汇兑使用初始投资所使用的货币,抑或某一可自由汇兑的货币。这一表述——以埃及—德国BIT中的表述为基础——类似于1984年范本中的规定,后者规定汇兑应该被允许以任何可自由汇兑的货币进行。美国—喀麦隆BIT中采取了类似的措辞。

美国—埃及BIT项下的汇兑被允许使用"现行汇率"而非"现行市场汇率",后者是1983年范本的要求。美国—民主刚果BIT也省略了术语"市场"。美国与埃及、民主刚果签署的BITs中使用的这一表述方式已经出现在此前范本中,但在1981年11月及后续范本中该表述被加上"市场"一词加以限制。删除"市场"一词并非旨在排除使用市场汇率,相反,只反映可能不存在市场汇率的现实。在没有市场汇率情况下,现行汇率就是官方汇率。美国—埃及BIT把汇率界定为"当前"而非"现货"交易,但这一改动无疑具有实质性含义。

美国—埃及BIT删除了使汇兑条款从属于征收赔偿条款的表述。不过,这一删除并不重要,原因是特别法优于一般法的规则要求,在征收条款与汇兑条款之间存在不一致情况下由前者规范——即便没有该从属性表述——征收补偿的可汇兑性问题。美国与摩洛哥、民主刚果以及土耳其签署的BITs也删除了从属性规定。不过,就美国—民主刚果BIT而言,该BIT的议定书中的一个特定条款确保了征收条款的优先性。在美国—孟加拉国BIT中,在汇兑条款中删除了所有对征收赔偿的提及,因为这些汇兑由征收条款加以规范是非常清楚的。

美国—埃及BIT也包含了一个逃避条款(escape clause),美国与民主刚果、孟加拉国、土耳其、突尼斯、斯里兰卡以及牙买加签署的BITs中也有相对应的条款。根据该 BIT 的议定书第 10 条,在其外汇储备处于非常低的水平时,埃及可以暂时迟延投资出售或清算所得的汇兑。

"非常低的水平"(very low level)是以 GATT 第 12 条第 2 款第 1 项(ii)点为基础的,该条允许在"一缔约方的外汇储备处于非常低的情况下",该缔约方采取某些进口限制措施。一些现代 FCNs 采纳了与此实质上相同的表述,从而允许缔约方采取"为避免[缔约一方]的外汇储备降至非常低的水平"而采取外汇限制。㉓

不过,与 FCN 的表述不同,美国—埃及 BIT 的汇兑条款不允许缔约方为避免本国外汇储备降至非常低的水平而采取限制措施,而只允许在已经降到该水平之后恢复外汇储备水平。美国—孟加拉国 BIT 的汇兑条款中有同样的表述。在外汇储备"不允许汇兑"时,美国与民主刚果、牙买加签署的 BITs 的汇兑条款就会被触发而加以适用。"与外汇有关的极端财政或经济情势"也会触发适用美国与土耳其、突尼斯以及斯里兰卡签署的 BITs 中的汇兑条款。

即使埃及的外汇储备降低到非常低的水平,该议定书允许的暂时迟延投资出售或清算所得的汇兑也必须满足三个条件。美国与孟加拉国、民主刚果、土耳其、突尼斯、斯里兰卡以及牙买加签署的 BITs 在各自的"逃避条款"中规定了类似条件。

第一,迟延汇兑必须采取"以一种不低于给予第三国投资者的可比较的汇兑待遇的方式",直言之,应该在最惠国基础上进行实施。同样的表述出现在美国与—孟加拉国 BIT 的类似条款中。美国与民主刚果、斯里兰卡以及牙买加签署的 BITs 中的类似条款也要求给予最惠国待遇,但它们没有提及可比较的交易。美国—土耳其 BIT 中的类似条款规定任何迟延汇兑必须以一种符合第 2 条——要求给予最惠国待遇与国民待遇——的方式实施。美国—突尼斯 BIT 也要求给予国民待遇与最惠国待遇。

第二,迟延汇兑只能在恢复储备至最低的可接受水平所必需的程度与时间内,但无论如何不能超过美国—埃及 BIT 签署之日埃及第 43 号法律允许的时间。短语"最低的可接受水平"似乎并非出自任何其他国际法律文件,其含义只能通过美国—埃及 BIT 规定的磋商与争端解决条款,在逐案基础上加以阐明。

㉓ See Greece FCN, supra chap. 4, note 42, Art. XV(2); Pakistan FCN, supra chap. 4, note 42, Art. XII(2); Japan FCN, supra chap. 4, note 42, Art. XII(2).

在针对美国—埃及 BIT 提交给总统的呈报函中，美国国务院描述了其对于埃及第43号法律的理解。该函件解释认为，"根据43号法律第21条，除非在'例外情况下'，投资者在把资本输入埃及后五年内不能汇出或处置其所投资的资本。（在五年法定期内，投资者可以按照'最高的现行汇率，并且每年分五次按可自由汇兑的外国货币计算的平均数'把资本汇出埃及）"。[24]

美国—孟加拉国 BIT 中的"逃避条款"规定了类似的内容。它针对五年的迟延期规定了外部界限，即在每一年间，孟加拉国必须允许汇兑至少20%的被迟延汇兑的数额。美国—土耳其 BIT 中的"逃避条款"也规定，如果外汇储备恢复至最低可接受的水平，就应该允许汇兑，但它对三年迟延期规定了外部限制。较之美国与埃及、孟加拉国签署的 BITs，美国—土耳其 BIT 的规定稍微宽松些，原因是该 BIT 没有把外汇限制的范围限于恢复外汇储备到最低可接受水平所必要的程度。美国—土耳其 BIT 也没有要求土耳应该在三年的迟延期内允许特定比例的被迟延汇兑资金进行汇兑。美国与民主刚果、突尼斯签署的 BITs 中的"逃避条款"允许东道国用三年时间完成全部汇兑，不管该期间内外汇储备的恢复水平。美国与斯里兰卡、牙买加签署的 BITs 允许三年迟延期，但要求东道国在三年间的每年都允许汇兑三分之一的数额。

最后，在迟延期内，埃及必须使投资有机会以一种确保其被迟延汇兑的资金免受汇率风险而维持其真实价值的方式把此等资金用于再投资。美国—斯里兰卡 BIT 的规定与此类似。美国与民主刚果、孟加拉国、土耳其、突尼斯以及牙买加签署的 BITs 的"逃避条款"也与此类似，但它们删除了短语"免受汇率风险"。不过，应该允许免受汇率风险地进行汇兑的要求隐含于确保投资价值的要求中，而这明确规定于所有5个 BITs 中。因此，被删除的短语是没有必要的。

二、美国—巴拿马 BIT

美国—巴拿马 BIT 的汇兑条款是第5条。由于巴拿马使用美元，缔约双方决定认为没有必要针对可汇兑性问题规定详细的保证。[25] 第6条简单地规定"经常项目与资本项目交易应该不受限制，并且与这些交易有关的支

㉔ Egypt BIT submittal letter, at XIII.

㉕ Panama BIT submittal letter, at X.

付或其他汇兑应该保持自由”。

美国—巴拿马BIT保留——有一个改动——了1983年范本规定的自由汇兑之一般要求的三个例外,但缔约双方通过把三个例外移至经缔约方同意的纪要第5段淡化了这些例外的重要性。这一改动是,美国而非巴拿马保留有权维持与经常项目交易报告有关的法律。这一权利仅限于美国,从而避免造成这样一种印象,即允许以银行保密著称的巴拿马可能要求任何信息披露。

三、美国—喀麦隆BIT

美国—喀麦隆BIT第5条——关于货币自由的可汇兑性——对1983年范本做了几处细微修改。第一,该BIT明确承认该条款适用的说明性汇兑清单不是穷尽性的。1983年范本的表述是“此类汇兑包括以下”。相反,该BIT第5条第1款规定“此类汇兑其中包括以下”。

第二,该BIT第5条第2款把汇率规定为“IMF使用的现行汇率”,而不是1983年范本使用的“现行市场汇率……现货交易方面”。美国—喀麦隆BIT在规定第3条项下征收赔偿的可汇兑方面也采取了同样的表述方式。

第三,该BIT第5条第2款规定,喀麦隆应该允许使用投资设立使用的货币进行汇兑,或者在没有该种货币时,应该允许以任何其他可自由汇兑的货币进行汇兑。这一改变使该BIT更为接近于1984年范本的表述——只要求汇兑应该以可自由汇兑的货币进行,而偏离了1983年范本——范本允许投资者选择货币据此对相关资金进行汇兑。类似的表述出现在美国—埃及BIT,虽然该表述同时适用于缔约双方。美国—喀麦隆BIT要求美国允许以任何可自由汇兑的货币进行汇兑。

在货币选择方面,国务卿针对美国—喀麦隆BIT提交给总统的呈报函可能会让人产生误解。呈报函指出“如果投资者选择的自由货币不存在”,与投资有关的汇兑会被允许以投资设立时使用的货币或者任何可自由汇兑货币进行汇兑。[26] 事实上,该BIT并没有要求喀麦隆允许以投资者选择的货币——如果有这种货币的话——进行汇兑。即便在这种货币可以获得的情况下,根据条约,喀麦隆仍然可以被允许以投资最初设立时使用的货币或任何其他可自由汇兑的货币进行汇兑。

㉖ Cameroon BIT submittal letter, at X.

第四,该 BIT 第 5 条第 3 款(a)项规定,尽管存在第 5 条——汇兑——中的任何其他规定,任何缔约一方可以维持规定汇兑程序的法律与法规,只要这些程序被"迅速地"(expeditiously)实施,并且不会减损第 5 条中的其他要求。该项规定只是明确了 BITs 中显然隐含的含义:国内法可以规范汇兑,只要这些国内法符合 BITs 的规定。类似的款项也出现在美国与民主刚果、塞内加尔以及土耳其签署的 BITs 中,虽然后两者使用了"不迟延"替代了"迅速地"。美国—摩洛哥 BIT 也明确承认缔约双方有权规定与汇兑有关的程序性手续。

四、美国—摩洛哥 BIT

美国—摩洛哥 BIT 第 4 条几乎完全重写了 1983 年范本的汇兑条款。汇兑条款的第 1 款,即第 4 条第 1 款颇为简单地规定"缔约各方应该允许及时汇兑投资所得"。摩洛哥在提及汇兑时拒绝使用"自由"一词,因为所有的汇兑都需要履行某种程度的手续,因此,在那个意义上说,汇兑不是自由的。不过,使用"及时"(prompt)而非"自由且不迟延"无意于改变汇兑条款的实质内容。

及时汇兑的权利适用于"投资所得"而不是"与投资有关的汇兑"。"所得"(proceeds)在第 1 条第 7 款中被界定为"直接或间接源于投资的款项"。该条也包含一份被认为属于所得的各种支付的说明性清单,该清单颇为紧密地遵循了 1983 年范本第 1 条(f)项采用的,旨在表明"收益"(returns)之范围的清单。虽然"所得"(proceeds)的界定——与"收益"(returns)的界定不同——没有明确提及与"投资有关"(而不是"源于")的款项(因而前一术语较之后一术语略窄些),包含在每个术语中的说明性项目清单表明它们之间的差异是很小的。

美国—摩洛哥 BIT 第 4 条第 2 款修改了 1983 年范本的表述,从而要求汇兑应该被允许使用"可汇兑货币"而非"可自由汇兑货币",这一表述方式与摩洛哥的主张——汇兑从来就不是"自由的"——是一致的。该款进一步规定,汇兑应当"采用为商业目的而使用的现行汇率",而非"现行市场汇率……在现货交易方面"。这一改动是必须的,因为在摩洛哥存在的事实是,在 BIT 谈判之时汇率由政府而非市场确定。

美国—摩洛哥 BIT 第 4 条第 2 款删除了 1983 年范本中使汇兑条款在汇兑征收赔偿方面从属于征收条款的表述。不过,这一删除并不重要,原因是特别法优于一般法的规则要求，在征收条款与汇兑条款之间存在不一致的范围内优先适用前者，即便没有该从属性表述。美国与埃及、民主刚果以及土耳其签署的 BITs 也删除了类似表述。

美国—摩洛哥 BIT 第 4 条第 3 款授予任何缔约一方制定或维持与投资有关的汇兑的“程序性手续”。如下所述，摩洛哥向美国确保，摩洛哥无意于使用程序性手续损害汇兑条款的实质内容。类似的条款也出现在美国与喀麦隆、民主刚果、塞内加尔以及土耳其签署的 BITs 中。

美国—摩洛哥 BIT 的议定书第 5 段在三个方面对自由汇兑的权利做出了限制。前两项限制略微实质性修改了 1983 年范本。第一，在进行某些种类的投资前，美国投资者必须要获得摩洛哥政府的批准。第二，某些其他投资无须批准，但应该及时向摩洛哥负责外汇管制的部门报告。如果不遵守这些程序，则摩洛哥没有义务根据该 BIT 把汇兑条款提供的保护适用于与这些投资有关的汇兑。第三，居住在摩洛哥的美国国民进行与投资有关的汇兑应该在遵守摩洛哥现行法律的基础上进行。当然，“现行法律”是指该 BIT 生效日前业已存在的摩洛哥的国内法。摩洛哥利用这一最后规定以便有权继续使用该 BIT 谈判时已经存在的程序性手续。摩洛哥向美国确保这些手续只是确保摩洛哥的税法获得遵守，无意于减损及时汇兑的权利。

五、美国—民主刚果 BIT

美国—民主刚果 BIT 第 5 条，即汇兑条款是以 1983 年范本的对应条款为基础的，但有许多不重要的细微改动。比如，第 5 条第 1 款确保“自由汇兑”，而非“自由且不迟延地进行”汇兑，这是一种纯修饰性的变化。

更重要的改动是，与美国—埃及 BIT 中的对应条款一样，美国—民主刚果 BIT 的汇兑条款只适用于被列举的某些汇兑。直言之，1983 年范本包含的说明性清单成为该 BIT 中的穷尽式清单。进而，该 BIT 中的清单——美国—埃及 BIT 中的清单非常相似——修改了 1983 年范本中规定的某些类别。

根据第 5 条第 2 款，汇兑应该采用被汇兑货币的正常（而不是“现货”）交易的“现行”（而不是“现行市场”）汇率。美国—埃及 BIT 中也删除了“市场”一词。

在美国—民主刚果 BIT 中，被允许用于进行汇兑的货币问题被移到该 BIT 的议定书第 1(d)段。第 1(d)段规定，民主刚果应当“在可能的范围内”

尊重投资者的货币选择权，只要这一货币是可以获得的。如果无法获得这一货币，民主刚果必须允许以某一种可自由汇兑的货币进行汇兑。这一改动反映的事实是，在BIT谈判时并非所有的货币在民主刚果都可以使用。[27]在这方面，该BIT类似于1984年范本，后者要求以可自由汇兑的货币进行汇兑。美国—民主刚果BIT没有规定美国必须允许进行的自由汇兑所使用的货币。

与美国同埃及、摩洛哥以及土耳其签署的BITs相同，美国—民主刚果BIT删除了使汇兑条款在征收赔偿汇兑方面从属于征收条款。如前文所解释的，这一改动并不重要。[28]

与美国同喀麦隆、塞内加尔以及土耳其签署的BITs相同，美国—民主刚果BIT第5条第3款(a)项规定，尽管有汇兑条款中的任何其他规定，任何缔约一方可以维持规定汇兑程序的法律与法规，只要这些程序能够快速地实施，并且不会减损汇兑条款的其他要求。正如作者在本书其他地方解释的，[29]这一改动并不重要。

美国—民主刚果BIT的议定书对汇兑条款做出了两个重要变化。第一，该议定书第1(a)段授权可以在不超过三年——从"批准日"开始——的期限内迟延适用汇兑条款。第二，在这三年期间，民主刚果被允许实施外汇管制，但要遵守某些限制。

作为一个前提性问题，针对批准日的含义引发某些困扰。美国认为这一日期应该自条约生效日开始计算，并为此寻求民主刚果对此做出澄清。[30]美国—民主刚果BIT于1989年7月28日生效。虽然在不同的语境中，但美国—巴拿马BIT也提及了批准日。[31] 美国显然把美国—巴拿马BIT中的批准日解释为系指批准文书的交换日，这会使BIT在30日之后生效。[32]

针对民主刚果在三年期限内实施外汇管制权施加的第一个限制是该议定书第1(a)段规定的一个要求，即美国国民或公司在与投资有关的所有汇兑方面应该获得最惠国待遇与国民待遇。虽然美国—民主刚果BIT整体上

---

[27] D. R. Congo BIT submittal letter, at Ⅹ. 呈报函规定，民主刚果BIT认识到"所有可自由汇兑的货币始终是可以获得的"，显然，该BIT在"是"(are)之前由于疏忽遗漏了"不"(not)。

[28] 参见第八章第三节第一目。

[29] 参见第八章第三节第三目。

[30] D. R. Congo BIT submittal letter, at Ⅹ.

[31] Panama BIT, art. XⅢ(2).

[32] Panama BIT submittal letter, at Ⅹ.

只适用于某些被列举的汇兑,但在三年期限内最惠国待遇与国民待遇适用于与投资有关的所有汇兑。

第二,三年期限内,民主刚果必须向美国的国民与公司提供“合理数量的外汇”。这在该议定书第1(a)段中被界定为“不低于投资自设立或取得以来可归属于它的利润此前未获汇兑的数量的三分之一”。

第三,根据议定书第1(a)段,在三年期限内,民主刚果必须确保美国国民与公司有机会以一种可以保持其价值的方式把尚未汇兑的货币进行再投资。同样的表述方式也出现在下面讨论的该议定书第1(b)段中。

第四,该议定书第1(a)段规定,汇兑最终必须以申请汇兑日现行市场汇率进行。就汇兑条款本身而言,汇率是指汇兑日的现行汇率。条约文本中的推定是汇兑在申请提交后很快会进行。为此,条约使用了汇兑日的汇率,它与申请日的汇率相差很小。在这一短暂的期间内,投资者承担汇率变化的风险。不过,议定书第1(a)段适用于被允许延迟汇兑的三年期间。在该期间内,使用申请日的汇率以避免对投资者由于在延期汇兑期间发生的汇率变化而受到损失。

另外,美国—民主刚果 BIT 对1983年范本重要地减损的内容是例外条款,该条款与美国—埃及、孟加拉国、土耳其、突尼斯、斯里兰卡以及牙买加签署的 BITs 中包含的对应条款是类似的。[33] 具体来说,该 BIT 的议定书第1(b)段规定,即便在第1(a)段规定的最初三年期届满,该规定授权民主刚果可以要求在三年后汇兑出售或清单投资所得,如果民主刚果的外汇储备“不允许这种汇兑”,那么要遵循两个条件。

较于美国与埃及、孟加拉国、土耳其、突尼斯以及斯里兰卡签署的 BITs 中的对应条款,美国—民主刚果 BIT 中的例外条款似乎要求更充分地显示紧急情况。触发适用那些 BITs 中的例外条款的条件是外汇储备降至非常低的水平或出现了与外汇有关的特殊情况,[34]而只有在外汇储备低到事实上无法汇兑时才能触发适用美国—民主刚果 BIT 中的例外条款。美国—牙买加 BIT 中的例外条款类似于美国—民主刚果 BIT 的例外条款。

在民主刚果针对出售或清算投资所得实施迟延汇兑时,它要满足的第一个条件是,民主刚果在迟延汇兑方面必须为美国的国民与公司提供最惠国待遇。美国与斯里兰卡、牙买加签署的 BITs 规定了类似条款。美国与埃

---

[33] 关于这些条款的比较,参见第八章第三节第一目。

[34] 参见第八章第三节第一目。

及、孟加拉国签署的 BITs 中的类似条款要求在“可比的”(comparable)汇兑方面给予最惠国待遇。[35]与此不同,美国与民主刚果、斯里兰卡签署的 BITs 没有提及可比性。可以认为这强化了该条款,原因是它使民主刚果或斯里兰卡不能以汇兑不具有可比性为由让第三国的国民或公司较之美国的国民或公司可以更自由地汇兑资金。尽管如此,最惠国待遇条款概念固有地包含至少某种含义的可比性似乎是可能的。在这方面,美国与土耳其、突尼斯签署的 BITs 要求给予最惠国待遇与国民待遇。

第二个条件是,民主刚果必须确保被迟延汇兑的美国的国民或公司有机会以一种保护被迟延汇兑的所得的价值——直到汇兑发生时——的方式把该所得用于投资。与美国同埃及、斯里兰卡签署的 BITs 不同,美国—民主刚果 BIT 没有提及保护这些价值免受汇率风险,这一要求隐含于保护价值的概念中。

美国—民主刚果 BIT 没有明确要求民主刚果应该允许迟延汇兑的所得的任何部分要在三年期限内汇兑。虽然美国谈判人员同意不明确地纳入这一要求,但他们理解认为,民主刚果会做出善意的努力以允许在三年期的每年间进行有意义的汇兑。美国与土耳其、突尼斯签署的 BITs 中的类似条款也允许三年迟延汇兑期。美国与斯里兰卡、牙买加签署的 BITs 允许三年迟延汇兑,但在该期间内东道国必须允许汇兑应该支付数额的三分之一。美国与埃及、孟加拉国签署的 BITs 允许五年迟延汇兑,并且美国—孟加拉国 BIT 中的例外条款要求孟加拉国应该允许每年汇兑 20% 的款项。

为了确保美国—民主刚果 BIT 的议定书包含的对 1983 年范本的两个减损都不会以任何方式损害美国投资者在征收赔偿方面的权利,该 BIT 的议定书第 1(c)段规定,议定书的任何部分不得减损民主刚果的义务,即让征收赔偿“不迟延地,以一种实际可实现,自由与及时可汇兑的,并采用征收日的现行汇率的方式”获得支付。质言之,议定书只是为民主刚果在汇兑条款项下义务创设例外,而不是授权民主刚果有权减损其在征收条款项下的义务。因此,民主刚果支付充分、及时、有效赔偿的义务仍然是绝对的。

类似地,议定书第 1(c)段进一步规定,议定书没有免除任何缔约一方在国际法、本国法,或者任何投资协议、授权或许可项下的义务。因此,不愿承担民主刚果规定三年迟延汇兑之风险的投资者可以通过与民主刚果签署单

---

[35] 参见第八章第三节第一目。

独的协议以针对这一迟延获得法律保护,该单独协议——尤其是,如果它构造为一份投资协议——可以根据美国—民主刚果 BIT 中的争端解决条款获得执行。当然,即便没有议定书的表述,也会出现类似的情况,尤其是考虑到权利保留条款包含更为一般性的表述——它规定民主刚果不得减损东道国其中承担的向投资者提供较之该 BIT 提供的更优惠待遇的义务。[36] 此外,该 BIT 第 2 条第 4 款要求每个缔约方遵守其在涵盖投资方面已经承担的任何义务。

该议定书第 1 段是一个特殊的规定,根据该规定,缔约双方"同意应任何缔约一方请求就第 5 条与本段的实施进行磋商"。当然,该条款是美国—民主刚果 BIT 中第 6、7 条以及第 8 条规定的磋商与争端解决条款之外的规定。

六、美国—孟加拉国 BIT

美国—孟加拉国 BIT 第 5 条,即汇兑条款与 1983 年范本中的对应条款相比只有一处细微的修改。具体来说,第 5 条从说明性的支付——该支付之汇兑系由该第 5 条所涵盖——清单中删除了征收赔偿。这一改动直接反映的事实是,该 BIT 的征收条款,即第 3 条确保了征收赔偿的自由可汇兑性。[37] 在谈判中,孟加拉国指出 1983 年范本中有关征收赔偿的可汇兑待遇是多余的,并提议予以删除,美国对此表示了同意。

美国—孟加拉国 BIT 的议定书有一个与美国同埃及、民主刚果、土耳其、突尼斯、斯里兰卡以及牙买加签署的 BITs 包含的类似例外条款。[38] 事实上,美国—孟加拉国 BIT 的议定书的条款是以美国—埃及 BIT 的有关条款为样板的。

该议定书第 4 段规定,在孟加拉国的外汇储备处于"非常低的水平"时,允许孟加拉国临时迟延汇兑出售或清算投资所得,只要满足三个条件。美国—埃及 BIT 的类似条款也规定了触发适用机制。美国与土耳其、突尼斯以及斯里兰卡签署的 BITs 中的例外条款在存在与外汇有关的极端财政和经济情势时被触发适用。美国与民主刚果、牙买加签署的 BITs 中的例外条款在相关国家的外汇储备不允许进行汇兑时被触发适用。

---

[36] 参见第十一章第二节。

[37] 参见第七章第三节第六目。

[38] 参见第八章第三节第一目。

第一，在迟延汇兑方面，至少必须向美国国民或公司的“可比”（comparable）汇兑给予最惠国待遇。美国—埃及 BIT 规定了类似条款。美国与民主刚果、斯里兰卡以及牙买加签署的 BITs 也要求给予最惠国待遇，但没有提及可比性，虽然这一可比性似乎隐含于最惠国待遇中。美国与土耳其、突尼斯签署的 BITs 的例外条款要求给予最惠国待遇与国民待遇。

第二，迟延汇兑被限于恢复外汇储备至最低可接受标准所必要的程度与时间之内。短语“最低可接受”没有被做出界定，因此，有关其含义的任何争议必须通过美国—孟加拉国 BIT 中的磋商与争端解决条款在个案基础上解决。不过，无论如何，孟加拉国的迟延汇兑期不得超过五年。此外，在五年间的每一年，孟加拉国应当允许投资者汇兑不少于被迟延汇兑的所得之价值的五分之一。在五年期内，如果外汇储备恢复至最低可接受水平，孟加拉国必须允许不迟延地、自由地汇兑全部未获汇兑的数额。美国—埃及 BIT 允许五年迟延汇兑期。美国与斯里兰卡、牙买加签署的 BITs 允许三年迟延汇兑期，在迟延汇兑期间，东道国必须允许汇兑应汇兑之款项的三分之一。美国与民主刚果、土耳其以及突尼斯签署的 BITs 允许三年迟延汇兑期。

第三，只有在投资者有机会以一种保持出售或清算投资所得之价值——直到汇兑发生时——的方式把此类所得进行投资的情况下，孟加拉国才能迟延此种所得的汇兑。美国与民主刚果、土耳其、突尼斯以及牙买加签署的 BITs 中的表述和美国—孟加拉国 BIT 的表述是类似的。美国与埃及、斯里兰卡签署的 BITs 的对应表述规定，必须保持被迟延汇兑之所得的充分价值“免受汇率风险”。不过，美国与埃及、斯里兰卡签署的 BITs 中的表述显然多此一举，同样的要求已经被默示存在。

七、美国—海地 BIT

美国—海地 BIT 的汇兑条款——规定于第 5 条——与 1983 年范本的对应条款是一样的。

八、美国—塞内加尔 BIT

虽然为了简练与清晰而做了修改，美国—塞内加尔 BIT 的汇兑条款——规定于第 5 条——整体遵循了 1983 年范本的表述。其中一些修改值得指出。

第一，第 5 条第 2 款中的一个新增的句子授权任何缔约一方允许使用东道国选择的“任何可自由使用货币”汇兑投资清算所得。1983 年范本确保投资者有权选择作为被允许汇兑的货币。进而，对于投资清算所得，该 BIT 遵循了 1984 年范本采取的更为灵活的做法，该做法默许东道国可以选择汇兑货币，只要它是可自由汇兑的。应塞内加尔的请求，东道国选择货币的权利被明确规定于该 BIT 中。虽然“可自由使用货币”是《国际货币基金组织协定》界定的技术性术语，但该 BIT 使用了该术语，因为塞内加尔认为，这是在塞内加尔通常使用的法语术语的最好翻译。

第二，第 5 条第 3 款(a)项中增加了表述，该表述规定，尽管存在第 5 条中的其他规定，任何缔约一方可以维持有关规定汇兑程序的法律与法规，包括某些验证，只要这些程序可以“不迟延地”实施，并且不会损害汇兑条款中其他要求的实质内容。使用精确的术语旨在遵循塞内加尔的投资法典中的措辞。由于明确规定那些程序不能损害 BITs 规定的权利，因此，这对美国来说也是可以接受的。相似或类似表述也出现于美国与喀麦隆、民主刚果、土耳其以及摩洛哥签署的 BITs。

九、美国—土耳其 BIT

美国—土耳其 BIT 的汇兑条款——规定于第 4 条——是以 1984 年范本的表述为基础。它对范本的表述做了几处修改，但这些修改都没有实质性的影响。不过，该 BIT 的议定书的附加表述确实构成了对该 BIT 项下投资者的汇兑权利的实质性修改。

非实质性地修改汇兑条款的例子之一是，从该条涵盖的说明性汇兑清单中删除了两个项目。不过，由于第 4 条第 1 款仍然保留着界定汇兑涵盖之范围的短语，即“与投资有关的所有汇兑”，因此，第 4 条的适用范围没有受到影响。无论如何，这一清单只是说明性的。

第一个被删除的涉及短语“根据合同的支付”，这一短语出现于 1984 年范本第 4 条第 1 款(d)项。删除这一短语是为了满足土耳其的希望，即从第 4 条的适用范围中排除基于正常商业合同项下的支付，这些支付不属于与投资有关的汇兑。BITs 从来无意涵盖与投资无关的汇兑，因此，这一修改没有影响美国—土耳其 BIT 的实质内容。

不过，删除该短语确实引发了对一个事实的关注，即特定的汇兑是否与投资有关有时候会在东道国与投资者之间产生分歧。在被删除的项目所处的地方，谈判人员在第 4 条第 1 款(d)项增加了一个新的涉及源于贷款协议的本金与利息支付的项目。这是一种根据合同进行的支付,土耳其愿意承认这属于与投资有关的汇兑。至于是否确保其他任何合同项下的支付是可自由汇兑的,这取决于汇兑是否被认为与投资有关,而这一认定需要诉诸磋商与争端解决条款。

第二个被删除的涉及短语“为了维持与发展投资的新增出资”,该短语出现于1984年范本第4条第1款(f)项。新增出资构成投资的组成部分,因此土耳其的谈判人员认为,汇兑条款没有必要提及他们,因为这么做是多此一举。

美国—土耳其BIT第4条第2款也删除了使汇兑条款在征收赔偿的汇兑方面从属于征收条款的短语。同样的短语在美国与埃及、摩洛哥以及民主刚果签署的BITs中也被删除,而美国—孟加拉国BIT删除了类似的短评。这一删除并不影响该BIT条款的实质内容。[39]

美国—土耳其BIT增加了一项,即第4条第3款(a)项,该项规定,尽管有汇兑条款中的其他内容,任何缔约方可以维持有关规定汇兑手续的法律与法规,只要这些程序以一种“不迟延”(without delay)的方式实施,并且不会减损汇兑条款的其他要求。美国—土耳其BIT的议定书第2(a)段包含了一个规定,它把“不迟延”界定为“根据正常的商业交易程序尽可能快地进行,并且从申请日起无论如何不超过两个月”。类似的规定出现在美国与喀麦隆、民主刚果以及塞内加尔签署的BITs中。虽然前两个BITs使用了术语“快速地”(expeditiously)而非“不迟延”。类似的表述也出现在美国—摩洛哥BIT中。

美国—土耳其BIT在其议定书第2(b)段包含了一个例外条款,该条款与美国同埃及、民主刚果、孟加拉国、突尼斯、斯里兰卡以及牙买加签署的BITs中的对应条款是类似的。[40] 该条款允许土耳其在出现与外汇有关的“极端财政或经济情势”时,可以暂时迟延汇兑出售或清算投资之所得,但该迟延要满足三个限制性条件。“极端”形势是指外汇已经降至最低可接受标准下的情势。美国与突尼斯、斯里兰卡签署的BITs中的例外条款与美国—土耳其BIT中的例外条款是类似的。美国与埃及、孟加拉国签署的BITs规定,只有在外汇储备降至非常低的水平时才能触发适用例外条款。美国与民主刚果、牙买加签署的BITs规定,只有在外汇储备无法进行汇兑时才能触

---

[39] 参见第八章第三节第一目。

[40] 参见第八章第三节第一目。

发适用例外条款。

援引例外条款的第一个条件是，任何此种迟延都必须以符合第2条的方式进行。因此，这种推迟必须向投资者提供国民待遇与最惠国待遇中的较优者，并且不得违反东道国向投资者承诺的与投资有关的任何义务。第2条规定之义务中的第二个要素尤其重要，因为它明确BITs中隐含着的内容：投资者可以通过与东道国间的合同，尤其那些可以通过投资者—国家仲裁争端解决条款予以明确执行的投资协议而获得保证，从而避免东道国的外汇管制。美国—突尼斯BIT在被迟延的汇兑方面也要求给予国民待遇与最惠国待遇。美国与埃及、民主刚果、孟加拉国、斯里兰卡以及牙买加签署的BITs都要求给予最惠国待遇。

援引例外条款的第二个条件是，对土耳其而言，迟延汇兑只能持续到恢复其外汇储备至"最低的可接受水平"所必要的时间，并且无论如何不超过三年。短语"最低的可接受水平"的含义必须通过美国—土耳其BIT中的磋商与争端条款在逐案基础上加以确定。美国与民主刚果、突尼斯、斯里兰卡以及和牙买加签署的BITs规定了三年迟延期，但后两者要求东道国每年应该允许汇兑被迟延汇兑数额的三分之一。美国与埃及、孟加拉国签署的BITs允许五年迟延期。

援引例外条款的第三个条件是，只有在投资者有机会以一种保持出售或清算投资之所得之价值——直到汇兑发生时——的方式把此类所得进行投资情况下，土耳其才能迟延此类所得的汇兑。虽然土耳其政府没有被要求提供这一机会，但除非投资者可以获得这种机会，否则土耳其不能援引例外条款。正如作者在本书其他地方指出的，[41]必须被予以保持的价值是指免受汇率风险的投资的价值。美国签署的其他BITs中的例外条款是类似的，但只有美国与埃及、斯里兰卡签署的BITs中的例外条款明确提及免受汇率风险。

十、美国—格林纳达 BIT

美国—格林纳达BIT的汇兑条款——规定于第4条——采用了1984年范本中的表述。

---

[41] 参见第八章第三节第一目。

十一、美国—刚果 BIT

美国—刚果 BIT 的汇兑条款——规定于第 4 条——采用了 1987 年范本中的表述。

十二、美国—波兰 BIT

美国—波兰 BIT 的汇兑条款——第 5 条——整体了采用了 1987 年范本中的表述,但有两处重要变化。此外,如下文解释的那样,该 BIT 的议定书第 4 段中的表述允许波兰在 1996 年 1 月前推迟全面履行针对"源自于投资的利润"的自由的可汇兑性要求。这是针对波兰货币兹罗提(zloty)在签署条约时不能充分可汇兑之事实做出的一个让步。

针对 1987 年范本的汇兑条款做出的第一个重要变化是,涵盖汇兑是指那些"与投资或商业活动"有关的汇兑。[42] 美国—波兰 BIT 中的术语"商业活动"在该 BIT 第 1 条第 1 款(i)项中被界定为包括"涉及商品与服务买卖、许可协议项下特许权或权利授予——它们不是投资或与投资有关的活动——的"活动。与此前的范本以及美国签署的其他 BITs 一样,1987 年范本只涵盖与投资有关的汇兑。因此,较于其他 BITs 中的对应条款,美国—波兰 BIT 的汇兑条款适用于范围更加宽泛的汇兑。

针对 1987 年范本的汇兑条款做出的第二个重要变化是,美国—波兰 BIT 第 5 条适用的非穷尽性汇兑清单明确地不仅包括 1987 年范本规定的源自于投资争端的支付,也包括源自于商业争端的支付。该 BIT 第 3 条第 6 款规定,"商业争端"包括波兰的国民或公司与美国的国民或公司之间发生的商业争端。可以认为它也包含投资者与东道国间发生的,但不在术语"投资争端"范围内的某些争端。因此,这一改动进一步体现了该 BIT 相当大地扩大了汇兑条款的涵盖范围。

该 BIT 议定书第 2 段记录了缔约双方的谅解,即汇兑条款中使用的术语"不迟延"意指汇兑"应该遵循正常的银行与商业实践"。该段进一步承认,在波兰,正常商业与银行实践通常是由波兰国家银行规范的,而根据当时的银行监管法规,如果外汇系从被许可从事外汇交易的银行获得,那么,

[42] 提交给参议院的条约文本规定,"与商业活动的(of)投资有关"是一个显而易见的印刷错误(加重部分)。使用"的"不仅篡改了表述的含义,并且在国务卿针对该 BIT 提交给总统的呈报函中也引用了使用"或"(or)的条约文本。参见 Poland BIT submittal letter, at Ⅷ。

构成投资的公司可以在三个工作日内获得外汇。第2段规定，在与进口货物或相关服务的支付有关的所有其他情形下，可以在八个工作日内获得外汇。

针对1996年之前的期间，该BIT的议定书第4段允许波兰根据特定方案——该方案为美国投资者提供优于波兰法规定的待遇，但低于自由可汇兑——迟延汇兑“源于投资的利润”。BIT签署时的波兰法律只允许投资者每年汇兑利润的某一部分。国务院就美国—波兰BIT提交给总统的呈报函指出：

波兰的外汇法律规定，公司可以获得外汇以汇兑其在每公历年份里赚取的利润，数额以当年出口创汇减去进口支出后的结盈为限。此外，公司在出口结盈之外还可获得当年任何利润的15%的外汇。除了再投资的利润在出售投资后才可以实际地汇兑成可汇兑货币，对于剩下的85%都将不提供外汇。如果投资者接受了兹罗提用于出售或清算投资的支付，投资者只有在投资登记十年后才可获得外汇以汇兑这些所得。[43]

该BIT的议定书确保了投资者有权根据某一方案，把超出波兰法律允许的数额的“源于投资的利润”进行汇兑。截至1992年1月，投资者被允许汇兑1990年或之后“赚取”但未获汇兑的剩余利润的20%。1993年1月，这一数字提高至35%，1994年1月提高至50%，1995年1月提高至80%，1996年1月提高至100%。截至1996年1月，所有利润都是可以自由汇兑的。该议定书进一步规定，如果波兰在1996年1月前实现了其货币的充分可汇兑，那么，从充分可汇兑之日起应该允许利润不受限制地进行汇兑。

议定书第5段确保，在利润不可自由地汇兑期间，投资者应该有机会把这些未能汇兑的利润进行再投资。该段规定，波兰应当确保某一银行账户——它会产生“积极的实际利率”(positive real rate of interest)——中的这些利润有机会进行投资。

议定书中包含的充分实施汇兑条款的例外只针对源于投资的利润的汇兑。所有其他涵盖汇兑自该条约生效之日起应该被允许可以自由进行，即便现行波兰法可能有不同的规定。

十三、美国—突尼斯BIT

美国—突尼斯BIT的汇兑条款——第4条——是以1987年范本为基础

---

[43] Poland BIT submittal letter, at XI.

的。该BIT修改了范本表述，把自由汇兑的权利只适用于某些被列举的支付，而非1987年范本规定的与投资有关的所有支付。自由汇兑权利适用的被列举的支付清单与1987年范本的说明性清单相同。不过，1987年范本第1条第1款(d)项中的“收益”界定被修改为指工业产权与知识产权特许使用费，而不是一般意义上的版税。不过，这不被认为是一种限制，相反，只是明确了1987年范本中的意图。无论如何，虽然美国—突尼斯BIT的说明性清单是穷尽性的而非列举性的，但该清单足够宽泛，从而能够确保为涵盖投资提供有力的保护。

美国—突尼斯BIT也在几处细微的地方修改了1987年范本的汇兑条款中的表述。在第4条第1款，1987年范本要求缔约方允许“自由且不迟延”地汇兑。美国—突尼斯BIT要求缔约方允许“自由且及时”汇兑，这显然是一个纯粹文体上的变化。该BIT也删除了明确规定汇兑是指“进出”东道国领土的汇兑的表述，尽管保留下来的表述中没有任何内容会把汇兑条款限定适用于对外汇兑。该BIT增加了限制性表述，它规定自由汇兑的权利适用于“缔约另一方的国民或公司的投资”。这一表述只是明确了隐含着的意图。它预示着1994年范本将做出的一个改动，1994年范本把这一表述修改为适用于与涵盖投资有关的汇兑。

第4条第2款规定，汇兑应该使用“可自由汇兑的货币”，而非“可自由使用的货币”。在签署美国—突尼斯BIT时，突尼斯正处于迈向可自由汇兑货币的进程中，前一个术语在1984年范本中使用，因此没有偏离美国的实践。此外，在第4条第2款，短语“商业交易的现行汇率”取代了“现行市场汇率”，并且删除了应该计算“拟汇兑货币的现货交易的”汇率的要求。这些变化使该BIT的表述与美国—摩洛哥BIT的表述非常相似。在提交给总统的呈报函中，美国副国务卿劳伦斯·伊格尔伯格(Lawrence Eagleburger)指出，这些改动旨在“反映突尼斯货币的实际状况”，并且美国政府不认为这些改动实质性改变了这些条款。美国—摩洛哥BIT做出改动的原因与此是类似的。第4条第2款也删除使该款从属于第3条第1款——该款对征收设定了条件——的表述。美国—突尼斯BIT也删除了明确处理征收赔偿之汇率的表述，从而没有必要明确地处理第4条第2款与第3条第1款间的任何冲突。

除了删除一个分号外，美国—突尼斯BIT在一个地方修改了1987年范本第4条第3款。通过删除“善意地”，保留有权通过公正、非歧视并且善意地适用法律以保护债权人权利或确保判决获得执行的规定被做了修改。由于国际法要求所有条约均应善意履行，因而，即便在没有明确提及善意情况下，任何缔约方都有只能善意地援引这一权利保留的义务。

议定书第 3 段包含了一个类似于美国与埃及、民主刚果、孟加拉国、土耳其、斯里兰卡以及牙买加签署的 BITs 中的例外条款。因为收支平衡困难，突尼斯寻求更为宽泛的例外，包括适用于投资收益汇兑的例外，但它最终同意接受一个受到某些限制的例外。美国认为，这一例外足以满足突尼斯的需要。该条款允许突尼斯“处在与外汇有关的极端财政与经济情势时”可以暂时迟延支付出售或清算投资所得，这一表述也出现在美国与土耳其、斯里兰卡签署的 BITs 中。美国与埃及、孟加拉国签署的 BITs 中的例外条款只有在外汇储备降至非常低的水平时才适用，而美国与民主刚果、牙买加签署的 BITs 例外条款在外汇储备不能允许汇兑时才能适用。

不过，迟延汇兑受到三个条件的限制。第一个条件是，迟延汇兑必须满足第 2 条规定，这尤其指意味（而非只是）着它必须在国民待遇与最惠国待遇的基础上适用，这一条款类似于美国—土耳其 BIT 中规定的条件。美国与埃及、民主刚果、孟加拉国、斯里兰卡以及牙买加签署的 BITs 都要求给予最惠国待遇。当然，美国—突尼斯 BIT 第 2 条要求的不仅仅是非歧视待遇。

援引例外条款的第二个条件是，迟延汇兑只能持续到突尼斯恢复其外汇储备至“最低的可接受水平”所必需的时间内，并且从要求汇兑之日起无论如何不超过三年。美国与民主刚果、土耳其、斯里兰卡以及牙买加签署的 BITs 规定了三年迟延期，虽然后两者要求在每年应该允许投资者汇兑三分之一。美国与埃及、孟加拉国签署的 BITs 允许五年迟延期。

第三个条件是，在迟延汇兑期间，投资者必须有机会以一种保持出售或清算投资之所得之价值——直到汇兑发生时——的方式把此类所得进行投资。所有规定例外条款的 BITs 都要求投资者应该有机会以一种保持他们的价值——直到汇兑发生时——的方式把此类所得进行投资。美国与埃及、斯里兰卡签署的 BITs 明确要求这些所得的价值应该免受汇率风险，但这一要求已经被默示存在于所有的例外条款中。

美国也试图要求土耳其应该允许每年汇兑三分之一的投资，但遭到土耳其的拒绝。土耳其予以拒绝的理由是，美国—土耳其 BIT 的例外条款没有规定这一要求。

十四、美国—斯里兰卡 BIT

美国—斯里兰卡 BIT 的汇兑条款——在第 4 条——与 1991 年范本中的对应条款是一样的。

美国—斯里兰卡 BIT 的议定书第 6 段包括了类似于出现在美国与埃及、民主刚果、孟加拉国、土耳其以及牙买加签署的 BITs 中的例外条款。“在收支平衡出现极端困难，并经与缔约另一方磋商情况下”，该条款允许任何缔约一方暂时迟延汇兑出售或清算投资所得的汇兑。美国与土耳其、突尼斯签署的 BITs 规定了类似的触发适用机制。美国与埃及、孟加拉国签署的 BITs 的例外条款只有在外汇储备降低至非常低的水平时才可触发适用，不过，美国与民主刚果、牙买加签署的 BITs 例外条款只有在外汇储备不能允许进行汇兑时才可触发适用。斯里兰卡寻求也适用于投资收益汇兑的例外，但美国没有同意，它认为斯里兰卡并不需要这样的例外。

迟延汇兑需要满足三个条件。第一个条件是，迟延汇兑自请求汇兑之日起不超过三年，并且每年必须允许投资者汇兑所得的三分之一。同样的要求出现于美国—牙买加 BIT 中。美国与民主刚果、土耳其以及突尼斯签署的 BITs 允许三年迟延汇兑期，但不要求允许每年进行最低限额的汇兑。美国与埃及、孟加拉国签署的 BITs 条款允许五年迟延汇兑期。

第二个条件是，东道国必须为投资者提供机会以一种可以保持被迟延汇兑的所得之价值，而免受汇率风险的方式把被延迟汇兑的所得用于投资。这一条款只能在斯里兰卡恢复其外汇储备至“最低的可接受水平”所必要的时间与程度内适用。美国签署的 BITs 中的所有例外条款都要求东道国为投资者提供保持其所得的价值的机会，尽管只有美国与埃及、斯里兰卡签署的 BITs 明确要求这些价值应该有机会免受汇率风险。

第三个条件是，任何被迟延的汇兑必须获得最惠国待遇。美国与埃及、民主刚果、孟加拉国以及和牙买加签署的 BITs 也要求迟延汇兑应该基于最惠国待遇。美国与土耳其、突尼斯签署的 BITs 要求迟延汇兑应该基于国民待遇与最惠国待遇。

十五、美国—捷克 BIT

除了在第 5 条第 2 款中的短语“第 4 条第 1 款”中插入了一个逗号，美国—捷克 BIT 的汇兑条款——规定于第 5 条——与 1991 年范本中的对应条款是一样的。

十六、美国—斯洛伐克 BIT

除了在第 5 条第 2 款中的短语“第 4 条第 1 款”中插入了一个逗号,美国—斯洛伐克 BIT 的汇兑条款——规定于第 5 条——与 1991 年范本中的对应条款是一样的。

十七、美国—阿根廷 BIT

除了几处细微的改动,美国—阿根廷的 BIT 汇兑条款——规定于第 5 条——与 1991 年范本中的对应条款是一样的。第一,应阿根廷请求做出的一个细微变化是,在第 5 条第 1 款中,汇兑条款所涵盖的汇兑之说明性清单被稍微做了修改,据此“根据贷款协议进行的支付”被修改为“根据直接与投资有关的贷款协议进行的支付”。由于除非某一汇兑与“投资有关”,否则不会有汇兑被汇兑条款所涵盖,因此,这一改动不具有实质性效果,尤其考虑到该清单无论如何不是穷尽性的。

第二个细微的变化是,在第 5 条第 2 款插入了新表述,它允许任何缔约一方制定汇兑的程序,只要这些程序不损害条约中规定的权利。无论如何,一个没有损害条约规定之权利的程序不会被条约所禁止,因此,这一新表述无论如何不会弱化 BIT 提供的保护。虽然美国的谈判人员认为要求东道国的程序不损害条约规定的权利已经隐含于条约中,但阿根廷的谈判人员希望明确规定保留东道国制定此种程序的权利。

第三,由于插入了新的第 3 条——该条包含了美国—阿根廷 BIT 中的类似于投资设立手续条款的规定,因此,交叉援引第 3 条被修改成交叉援引第 4 条。

该 BIT 的议定书第 10 段包含了一个新规定,它实际上允许投资者在特定状况下放弃汇兑条款给予的保护。根据第 10 段,缔约双方同意美国投资者与阿根廷政府可以同意修改自由汇兑涉及部分投资——它通过债务—股份置换计划获得融资——出售与清算所得的权利。不过,在相同情况下,阿根廷无论如何不得否定美国的投资者在汇兑投资收益或者出售或清算投资所得方面享有的国民待遇与最惠国待遇。

在没有第 10 段情况下,该条约中没有任何规定会阻止投资者放弃自由汇兑的权利。不过,从技术上讲,阿根廷在美国—阿根廷 BIT 项下的义务是针对美国的。因此，即便投资者放弃条约给予的保护，美国仍然有权坚持应该给予此种保护。因此，该议定书第10段的重要性在于，它构成了美国对投资者在有限情况下放弃自由汇兑之权利的同意。美国建议纳入这一规定，以作为鼓励债务—股权置换的一种方法。根据债务—股权转换协议，投资者以折扣价格购买债务，但以债务账面价格获得当地货币，但投资者一般必须同意迟延汇兑与使用当地货币收购的投资有关的支付。议定书中这一表述的结果是，此类协议不会被认为违反了汇兑条款。美国—厄瓜多尔 BIT 中有类似的条款。

十八、美国—哈萨克斯坦 BIT

美国—哈萨克斯坦 BIT 的汇兑条款——规定于第4条——与1992年范本中的对应条款是一样。除了修改了第4条第2款中原先的表述，即“汇兑应该以现行市场汇率计算的可自由汇兑货币进行”，改动后的该规定在“货币”之后插入“计算的”。这一改动没有影响表述的含义。同样的改动也出现在美国与罗马尼亚、亚美尼亚以及吉尔吉斯斯坦签署的 BITs 中。

十九、美国—罗马尼亚 BIT

除了在第4条第2款插入了“计算的”(calculated)以表述所使用的汇率——这一改动纯粹是文体性的，类似的改动也出现在美国与哈萨克斯坦、亚美尼亚以及吉尔吉斯斯坦签署的 BITs 中，美国—罗马尼亚 BIT 的汇兑条款——规定于第4条——与1992年范本中的对应条款是一样的。

在谈判美国—罗马尼亚 BIT 时，罗马尼亚正处在实现莱乌(Leu)充分汇兑的过程中。当时，延误汇兑利润的情况经常发生。因此，该 BIT 的议定书第3段规定，“在不损害第4条之要求的情况下，罗马尼亚政府在莱乌迈向充分汇兑的过渡期内应该努力采取适当的措施以提高投资收益的汇兑程序的效率”。

二十、美国—俄罗斯 BIT

美国—俄罗斯 BIT 的汇兑条款——在第4条——与1991年范本的表述非常相似。该 BIT 修改了短语“源于投资争端的支付”，即在“投资争端”后增加修饰性的“第6条所界定的”。“投资争端”是一个在第4条中被界定的术语，这一改动明确了该术语与第4条中的投资争端具有同样的含义，这符合 1991 年范本的意图。

美国—俄罗斯 BIT 为第 4 条第 1 款增加了一个新句子，它规定"任何缔约一方的公司或国民应该被允许根据他们选择的可自由汇兑货币进行汇兑"。这一新句子扩大了 1991 年范本规定的权利。1991 年范本允许投资者使用"可自由使用的货币"进行汇兑，并不当然是投资者选择的货币。

在第 4 条第 2 款中，"可自由使用的货币"被修改成为"可自由汇兑的货币"，后者是 1984 年范本中使用的术语。"现行"被从"现行市场汇率"中删除了。短语"除非第 3 条第 1 款另有规定"从开头被移动至句子的中间，由此它只限定"拟汇兑货币现货交易的汇兑日市场汇率"。征收条款——第 3 条第 1 款——要求使用征收日市场汇率。因此，汇兑条款明确了在汇兑征收赔偿时采取的是征收条款而非汇兑条款规定的汇率。

第 4 条第 3 款被做了修改，以明确其援引的"第 1、2 款"是指援引"本条"第 1、2 款，这是 1991 年范本中所隐含的含义。第 4 条第 3 款的布局被重新做了安排，被分成(a)项和(b)项的该款被做了不同的编排，但实质内容没有变化，并且文字上也只有细微的变化。

正如国务卿提交的呈报函指出的，在美国—俄罗斯 BIT 签署的 1992 年 6 月 7 日，两国签订了一份协定，它规定，在把 BIT 提交给俄罗斯最高苏维埃进行批准时，[44]如果俄罗斯没有达成统一汇率，则美国有权提出重新谈判汇兑条款。美国的关切是，在没有统一汇率时，投资者在撤回资本与收益时可能要适用有别于设立投资时的汇率，这显然对投资者是不利的。1992 年 7 月 1 日，俄罗斯宣布实行统一汇率，并很快付诸实施。

二十一、美国—亚美尼亚 BIT

美国—亚美尼亚 BIT 的汇兑条款——规定于第 4 条——与 1992 年范本的对应条款是一样的，除了该范本第 4 条第 2 款——"汇兑应该以通行市场汇率计算的可自由汇兑的货币进行"——在"货币"(currency)后面插入了"计算的"(calculated)。这一修改没有改变表述的含义。同样的变化也出现于美国与哈萨克斯坦、罗马尼亚以及吉尔吉斯斯坦签署的 BITs 中。

二十二、美国—保加利亚 BIT

除了援引第 3 条第 1 款中的文体变化，美国—保加利亚 BIT 的汇兑条

---

[44] Russia BIT Submittal Letter, at Ⅶ.

款——规定于第5条——与1991年范本中的对应条款是一样的。

二十三、美国—吉尔吉斯斯坦BIT

美国—吉尔吉斯斯坦BIT的汇兑条款——规定于第4条——与1992年范本中的对应条款是一样的,除了该范本第4条第2款——“汇兑应该以通行市场汇率计算的可自由汇兑的货币进行”——在“货币”(currency)后面插入了“计算的”(calculated)。这一修改没有改变表述的含义。同样的变化也出现在美国与哈萨克斯坦、罗马尼亚以及亚美尼亚签署的BITs中。

二十四、美国—摩尔多瓦BIT

美国—摩尔多瓦BIT的汇兑条款——规定于第4条——与1992年范本的对应条款是一样的。该BIT的议定书第1段规定“在不损害第4条之要求的情况下,摩尔多瓦在实现充分汇兑之前应该尽最大努力提高与投资有关的支付汇兑与汇兑程序的有效性与及时性”。此外,在此期间,摩尔多瓦不得采取不符合第4条的措施。

二十五、美国—厄瓜多尔BIT

美国—厄瓜多尔BIT的汇兑条款——规定于第4条——与1992年范本的对应条款是一样的。该BIT议定书第1段承认厄瓜多尔可以设立债务—股权互换计划,根据该计划,美国投资者可以选择通过折价购买债务的方式在厄瓜多尔进行投资。正如国务卿的呈报函解释的,虽然债务是以折扣价格购买,投资者获得的当地货币的数额等同于债务的账面价值(face value),但通常要遵循一项要求,即投资者必须“迟延汇回利用转化方式获得的当地货币进行的投资”。[45] 该BIT的议定书第1段规定,缔约双方同意,美国的投资者与厄瓜多尔间达成的债务—股份互换协议可以对该BIT第4条第1款规定的适用于出售或清算投资所得的汇兑权利做出修改。其结果是,投资者与厄瓜多尔间达成的债务—股份互换协议——据此投资者同意迟延汇兑——不会被BIT中的汇兑条款所取代。不过,无论如何,投资收益或出售或清算投资所得的汇兑应当获得最惠国待遇与国民待遇。该第1段是在美国——它支持债务—股权转化计划——的建议上增加的。美国—阿根廷

---

[45] Ecuador BIT submittal letter, at XIII.

BIT 中有类似的规定。

二十六、美国—白俄罗斯 BIT

除了“现行”市场汇率被修改为“当前”市场汇率,美国—白俄罗斯 BIT 的汇兑条款——规定于第 4 条——与 1992 年范本中的对应行是一样的。美国国务卿提交的呈报函把所要求的汇率表述为“现行”市场汇率,这表明其无意产生实体内容方面的变化。[46]

二十七、美国—牙买加 BIT

美国—牙买加 BIT 的汇兑条款——规定于第 4 条——是以 1991 年范本为基础,但有一些新变化,比如标点符号方面的一个细微变化。

美国—牙买加 BIT 第 4 条第 3 款被修改为允许任何缔约一方通过公正、非歧视并且善意地适用法律以“防止欺诈性的汇兑”。虽然第 10 条——该条规定,条约不应该排除适用为维持公共秩序所必需的措施——使为避免欺诈而“公正、非歧视、善意地”干预自由汇兑具有合法性是可能的,但 1992 年范本没有明确允许这一例外。比如,1994 年范本删除了公共秩序例外,但针对刑事或刑罚法律规定了汇兑例外。

议定书第 3 段包含了收支平衡例外,类似的条款也出现在美国与埃及、民主刚果、孟加拉国、土耳其、突尼斯以及斯里兰卡签署的 BITs 中,虽然其适用仅限于与出售或清算投资所得有关的汇兑。这一例外规定,如果牙买加的外汇储备“不允许”汇兑第 4 条第 1 款(e)项所规定的出售或清算投资所得,则牙买加应当在汇兑申请提出之日起不超过 3 年的时间内允许汇兑。

美国—民主刚果 BIT 的条款与此类似,原因是,该 BIT 的例外条款在该国外汇储备不允许汇兑时才能适用。美国与埃及、孟加拉国签署的 BITs 的例外条款只有在相关国家的外汇储备降至很低水平时才能适用。美国与土耳其、突尼斯以及斯里兰卡签署的 BITs 中的例外条款只有在出现与外汇储备有关的极端财政状况时才能适用。

牙买加应当确保在最初两年的每年,为投资者所需至少三分之一的必备资金提供可自由使用的货币。类似的条款出现在美国—斯里兰卡 BIT

---

[46] Belarus BIT submittal letter, at XI.

中。美国与民主刚果、土耳其以及突尼斯签署的 BITs 也允许三年迟延汇兑期，但没有要求每年必须允许最低数额的汇兑。美国与埃及、孟加拉国签署的 BITs 中的例外条款允许 5 年迟延汇兑期。

牙买加还应该在汇兑方面向美国的投资者提供最惠国待遇。美国与埃及、民主刚果、孟加拉国以及斯里兰卡签署的 BITs 也要求给予最惠国待遇。美国与土耳其、突尼斯签署的 BITs 要求同时给予国民待遇与最惠国待遇。

牙买加还应当确保投资者有机会以一种旨在保护出售或清算投资所得的价值——直到汇兑进行时——的方式把该所得用于投资。其他 BITs 中的例外条款也有同样的要求。美国与埃及、斯里兰卡签署的 BITs 明确要求此种机会应该是免受汇率风险的一种机会，但这一要求隐含于美国签署的其他 BITs，包括美国—牙买加 BIT 中。

最后，根据第 5 条——磋商条款，缔约双方同意应任何缔约一方请求时应该就第 4 条及该 BIT 的议定书第 3 段的实施问题进行磋商。这一磋商义务不损害投资者—国家争端条款与国家—国家争端条款确立的程序。美国签署的其他 BITs 中的例外条款没有明确要求磋商，但它们都包含适用于例外条款的磋商条款。

二十八、美国—乌克兰 BIT

美国—乌克兰 BIT 的汇兑条款——规定于第 4 条，与 1992 年范本的对应条款是一样的。

二十九、美国—格鲁吉亚 BIT

美国—格鲁吉亚 BIT 的汇兑条款——规定于第 5 条——与 1994 年范本的对应条款是一样的。

三十、美国—爱沙尼亚 BIT

美国—爱沙尼亚 BIT 的汇兑条款——规定于第 4 条——与 1992 年范本的对应条款是一样的。

三十一、美国—特立尼达和多巴哥 BIT

除了该汇兑条款开始插入全部使用大写英文字母的标题，即“汇兑”，美国—特立尼达和多巴哥 BIT 的汇兑条款——规定于第 5 条——与 1994 年范本的对应条款是一样的。

三十二、美国—蒙古 BIT

美国—蒙古 BIT 的汇兑条款——规定于第 4 条——以 1992 年范本为基础，但具有两个显著变化。第一，1992 年范本第 4 条第 2 款被修改为在术语“可自由使用的货币”后插入了把该术语界定为指“《国际货币基金协定》第 30 条所界定的”。术语“可自由使用的货币”取自《国际货币基金协定》，因而这一改动只是明确了该术语的来源。同样的条款也出现在美国—拉脱维亚 BIT 中。

第二，插入了新的第 4 条第 4 款，它规定，在缔约一方与缔约另一方的投资者或投资间的投资许可、投资协议或其他书面协议授权或规定允许实物返还情况下，该缔约方应该允许实物返还的汇兑。这一条款是以 1994 年范本——制定于美国—蒙古 BIT 签署前——的汇兑条款为基础，虽然它的表述与 1994 年范本的表述不完全一致。

三十三、美国—乌兹别克斯坦 BIT

美国—乌兹别克斯坦 BIT 的汇兑条款——规定于第 5 条——与 1994 年范本的对应条款是一样的。

三十四、美国—阿尔巴尼亚 BIT

美国—阿尔巴尼亚 BIT 的汇兑条款——规定于第 5 条——与 1994 年范本的表述非常接近，但有三个变化。第一，在第 5 条开始时插入了全部使用大写英文字母的标题，即“汇兑”。第二，第 5 条第 1 款(a)项中的术语“出资”被修改为“与投资有关的初始出资和新增出资”。这些修改不影响该条款的实质内容。第三，提及“实物返还”被修改为提及“实物汇兑”，这扩大了汇兑的范围。

三十五、美国—拉脱维亚 BIT

美国—拉脱维亚 BIT 的汇兑条款——规定于第 4 条——遵循了 1992 年范本中的对应条款，但有一处例外。具体说，1992 年范本第 4 条第 2 款被修改为在术语“可自由使用的货币”后插入了把该术语界定为指“《国际货币基金组织协定条款》第 30 条所界定的”。术语“可自由使用的货币”取自《国际货币基金协定》,因而这一改动只是明确了该术语的来源。同样的表述出现在美国—蒙古 BIT 中。

三十六、美国—洪都拉斯 BIT

美国—洪都拉斯 BIT 的汇兑条款文本——规定于第 5 条——与 1994 年范本中的对应条款是一样的。该 BIT 的议定书第 1 段确认缔约双方的谅解,即第 5 条第 4 款(a)项允许缔约一方适用与破产、倒闭或债权人保护有关的法律阻止汇兑。这些法律包括洪都拉斯公正、非歧视并且善意地适用与优先债权人保护有关的劳动法。

三十七、美国—尼加拉瓜 BIT

美国—尼加拉瓜 BIT 的汇兑条款——规定于第 5 条——与 1994 年范本的对应条款是一样的。

三十八、美国—克罗地亚 BIT

美国—克罗地亚 BIT 的汇兑条款——规定于第 6 条——与 1994 年范本的对应条款是一样的。

三十九、美国—约旦 BIT

美国—约旦 BIT 的汇兑条款——规定于第 5 条——是以 1994 范本的对应条款为基础的,但在若干方面修改——不影响该条款规定的权利——了范本中的表述。第一,在汇兑条款开始前插入全部使用大写英文字母的标题,即"汇兑"。第二,使用"缔约方"替代了"当事方",这是一种纯粹文体上的变化。第三,在自由汇兑之权利适用的说明性、非穷尽性的汇兑清单中新增两个类别的收益。第一类——规定于第 5 条第 1 款(f)项——是"缔约一方的国民在缔约另一方领土内,在该国民的涵盖投资方面赚取的报酬"。第二类——规定于第 5 条第 1 款(g)项——是"其他形式的收入"。此类其他形式的收入的汇兑当然在汇兑条款的涵盖范围内,只要它们与涵盖投资有关。涵盖投资方面的收入与报酬都应该被认为"与涵盖投资有关的汇兑",因此,在说明性清单中新增两类收入没有扩大汇兑条款的涵盖范围。

四十、美国—阿塞拜疆 BIT

美国—阿塞拜疆 BIT 的汇兑条款——规定于第 5 条——与 1994 年范本

中的对应条款是一样的。

四十一、美国—立陶宛 BIT

美国—立陶宛 BIT 的汇兑条款——规定于第 4 条——与 1992 年范本中的对应条款是一样的。

四十二、美国—玻利维亚 BIT

美国—玻利维亚 BIT 的汇兑条款——规定于第 5 条——与 1994 年范本中的对应条款是一样的。

四十三、美国—莫桑比克 BIT

除了"涵盖投资"被替代为"本条约涵盖投资"——这是一个纯文体上的变化，美国—莫桑比克 BIT 的汇兑条款——规定于第 5 条——与 1994 年范本中的对应条款是类似的。这也是美国—莫桑比克 BIT 的整体特征。

四十四、美国—萨尔瓦多 BIT

美国—萨尔瓦多 BIT 的汇兑条款——规定于第 5 条——1994 年范本的对应条款是一样的。

四十五、美国—巴林 BIT

美国—巴林 BIT 的汇兑条款——规定于第 5 条——与 1994 年范本的对应条款非常相似。该 BIT 在两个规定说明性清单的地方使用了短语"但不限于"，该表述只是旨在明确说明性清单的性质。该 BIT 也使用阿拉伯数字替代罗马数字。

四十六、美国—乌拉圭 BIT

除了在援引 2004 年范本中其他条款时删除了这些条款的带括号的标题——这一文体上的改动是美国—乌拉圭 BIT 的特征，该 BIT 的汇兑条款——规定于第 7 条——与 2004 年范本中的对应条款是一样的。

除了那些根据国民待遇与最惠国待遇提起的诉求，该 BIT——在附件 G——把某些类型的主权债务重组排除在投资者—国家争端解决程序之外。这被认为是向乌拉圭提供某种灵活性以应对财政紧急状况的一种方式。[47]

第四节 已经签署的 FTAs

美国签署的所有 FTAs 都包含着类似于 2004 年范本中的汇兑条款。它们之间的所有不同之处在于,这些 FTAs 在交叉援引 2004 年范本中其他条款时删除了这些条款的带括号的标题,而条款编号也有所不同。

一、NAFTA

从文体上说,NAFTA 的汇兑条款——规定于第 1109 条——是独特的。NAFTA 是在 1991 年、1992 年范本尚在使用时进行谈判的,但它的一些表述预示着 1994 年范本中的变化。为了分析,1992 年范本将被作为主要的参照点。

第 1109 条第 1 款创设了自由汇兑的一般权利,从实质内容上说它与 1992 年范本中的对应条款是一样的,尽管存在一些文体上的差别。1992 年范本的表述规定,涵盖汇兑(coverered transfer)是指"进出"缔约一方领土的汇兑。NAFTA 删除了这一引语,但保留着短语"所有的汇兑",它宽泛到足以包括转入东道国的汇兑与转出东道国的汇兑。正如美国针对 NAFTA 发布的《行政行动声明》(Statement of Administrative Action)所解释的,"资本与利润将会在北美范围内自由汇兑"。[48] 美国的 NAFTA 谈判代表之一的丹・普瑞斯(Dan Price)已经指出,对于潜在的投资者而言,NAFTA 投资章回答的其中一个问题是"我们是否可以把资金转出或转入国家?"[49]无论如何,美国谈判人员重新考虑了这一被删除的短语,并把它规定于后续签署的 FTAs 中。NAFTA 明确把投资——汇兑必须与投资有关——限定于"缔约另一方的投资者在缔约一方领土内的投资"。这一限定性表述没有出现于 1992 年范本第 4 条第 1 款,因为它被纳入第 1 条第 1 款(a)项对投资的界

---

[47] 2006 hearings, at 20.

[48] Statement of Administrative Action, page 5.

[49] Daniel M. Price & P. Bryan Christie Ⅲ, "An Overview of the NAFTA Investment Chapter: Substantive Rules and Investor-State Dispute Settlement," in Judith H. Bello, Alan F. Holmer, and Joseph J. Norton, The North American Free Trade Agreement: A New Frontier in International Trade and Investment in the Americas 165, 172 (2004).

定中。

NAFTA 的说明性汇兑清单在一些方面与 1992 年范本有所不同。由于该清单只是说明性的,因而这些差别不是实质性的。1992 年范本的说明性清单包含了“收益”,该术语在 1992 年范本被做了界定。NAFTA 没有提及“收益”,因此,NAFTA 的说明性汇兑清单纳入了出现于“收益”界定中的许多文字。由于“根据合同的支付”出现在 NAFTA 中,NAFTA 明确了这一短语包括投资者或投资签署的合同,这一表述没有出现在 1992 年范本中。1992 年范本明确规定“为了维持与发展投资的新增出资”,但这一项目没有出现在 NAFTA 的清单中,尽管该清单也不是穷尽性的。

NAFTA 第 1109 条第 5 款并入了新表述,它规定,尽管存在第 1109 条第 1 款,在根据协定可以对实物汇兑进行限制的情况下,缔约一方可以限制此类汇兑。

NAFTA 第 1109 条第 2 款处理了在允许汇兑时使用的汇率问题。该款中的表述与 1994 年范本中的相关表述相同,除了 NAFTA 增加了短语“拟汇兑货币的现货交易方面”。该短语在 1994 年范本中被删除,但它出现于 1992 年范本中。

NAFTA 第 1109 条第 4 款包含了一般汇兑之权利的例外。相对而言,该条款更接近于 1994 年范本,而不是 1992 年范本。不过,该条与 1994 年范本不同,原因是该条增加了“与货币或其他货币工具汇兑报告”有关的法律的新例外。进而,1994 年范本把与“确保遵守司法程序作出的命令或判决”有关的法律作为例外,而 NAFTA 则使用源自于 1992 年范本中的提及确保“在司法程序作出的判决的执行”的表述。

在汇兑条款中,NAFTA 还规定了一些特殊款项。第 1109 条第 3 款规定,任何缔约方不能要求其投资者进行汇兑,或对那些未能把那些源于或可归属于在缔约另一方领土的投资的收入、报酬、利润或其他款项进行汇兑的投资者给予处罚。第 1109 条第 5 款规定,第 1109 条第 3 款不应被解释为优于第 1109 条第 4 款规定的例外。

NAFTA 第 2104 条规定了外汇收支困难例外。根据第 2104 条第 1 款,在东道国“正在经历严重的收支困难或其他由此引发的威胁”时,它可以援引这一例外。该例外适用于整个协定,而不只是投资章中的汇兑条款,因此,较之 BITs 中的对应条款,该条要复杂得多,结构也有所不同。原则上说,根据第 2104 条第 2 款,限制必须避免对缔约另一方的商业、经济或金融利益造成不必要的损害；不能超出应对外汇收支困难或由此引发的相应威胁所必要的程度，从而造成更加沉重的负担；必须是暂时的，并且随着状况的好转逐步取消限制；必须符合《国际货币基金协定》，以及经与IMF磋商后采取的任何政策。根据第2104条第5款(b)项，对“国际资本项目交易”施加的限制应该符合《国际货币基金协定》第6条，并且只能结合针对国际经常项目交易采取的措施——它们本身要受到其他限制，尤其是向IMF做出通报并与其进行磋商——适用。根据第2104条第5款(c)项，针对NAFTA汇兑条款所涵盖的汇兑施加的限制“不得实质性地阻碍根据市场汇率计算的可自由使用的货币进行汇兑”。

二、美国—新加坡FTA

美国—新加坡FTA的汇兑条款是第15.7条。该FTA是在2004年范本通过前签署的，事实上2004年范本部分地是以美国与新加坡、智利签署的FTAs为基础的。因此，美国—新加坡FTA的汇兑条款类似，但不等同于2004年范本的汇兑条款。

与美国—智利FTA一样，美国—新加坡FTA第15.7条第1款(d)项规定，根据合同进行的支付是指那些根据投资者或涵盖投资签署的合同进行的支付，这一表述在2004年范本中被删除了。汇兑条款适用于与某一投资有关的所有汇兑，这些汇兑可能包括根据某一合同进行的支付，即便涵盖投资或投资者并不是合同的当事方。与2004年范本相比，在该FTA的汇兑说明性清单中也存在若干细微的文体上的差别。此外，与2004年范本相比，美国—新加坡FTA第15.7条第4款——规定缔约各方保留在某些情形下阻止进行汇兑的权利——也存在若干细微的文体上的差别。

更重要地，美国—新加坡FTA增加了脚注15-10，该脚注规定汇兑条款要遵循附件15A。自由汇兑问题是该FTA谈判中最后解决的一个问题。美国希望确保新加坡不会像马来西亚那样在亚洲经济危机期间实施外汇管制，而新加坡则希望保留某些灵活性。美国—智利FTA谈判中也出现了同样问题，该问题通过智利财政部长与美国贸易代表罗伯特·佐利克(Robert Zoellick)直接介入谈判才得以解决。通过增加一个附件——该附件随后被提交给新加坡并且也构成了与新加坡解决自由汇兑问题的基础，自由汇兑问题获得了解决。以美国—智利FTA中的对应条款为基础的附件15A规定了特殊的争端解决条款，以处理指控新加坡由于针对支付与汇兑采取限制性措施进而导致违反义务的诉求，但基于一般最惠国待遇条款提起的诉求被排除在外。这些特殊的争端解决条款本质上是对该 FTA 的投资章之 B 节规定的一般意义上的投资者—国家争端解决条款所作的一系列修改。这些修改包括以下：(1)诉求只能在有关措施采取一年以后提起；(2)如果代表企业提出诉求，则诉求方只能对其所代表企业中自己具有收益权的份额主张损害赔偿；(3)一年的等待期不适用于那些由于限制经常项目交易、外国直接投资（不包括那些旨在进入金融市场的投资）所得的汇兑，或者根据某项贷款或债券（不包括涉及银行间贷款的资本账户交易）进行的支付而引发的诉求；(4)除上述(3)提及的汇兑外，针对新加坡对向境外的支付采取的限制措施并且该支付发生在该限制措施采取后的一年之内，新加坡也不接受由此提起的损害赔偿之诉求，只要这些限制措施没有实质性地阻碍了汇兑；(5)除非新加坡同意，对于由于新加坡因针对向境外的支付施加的限制措施所引发的诉求不适用投资者—国家争端条款规定的合并程序。此外，除非新加坡采取的限制向境外支付的措施已经经过一年，美国不能把涉及这些限制措施的诉求提交国家—国家争端解决。在确定是否应该裁决给予赔偿或利益中止时，专家组应当考虑这些限制措施是否应 IMF 的要求而实施。

美国—新加坡 FTA 附带了一份日期记载为 2003 年 5 月 6 日的换文，该换文表述了缔约双方针对附件 15A 的某些原则达成了一致。该换文旨在为审理换文中所涉任何问题的任何解决争端专家组提供解释的指南。缔约双方意在使任何专家组都应当该根据该换文来决定这些问题。

换文的第一个原则是，缔约双方同意，一个可反驳的假定是，针对向境外的支付与汇兑的限制性措施不会被视为实质性地阻碍汇兑，如果它们是在国民待遇与最惠国待遇基础上适用；以价格为基础；不具有征收性；在任何期间内没有实质性地阻碍汇兑；不构成双边或多边的汇率政策；不限制把资产出售或转化为以新加坡元表示的任何其他资产；不干预投资者在新加坡利用被限制的资产获取市场回报率的能力。如果理性投资者可以向境外支付与汇兑，则限制性措施不会被认为有效限制了汇兑。不能仅仅根据这样的事实，即该措施有赖于针对往境外支付与汇兑规定的批准程序——只要这些批准程序是基于客观与透明的规则，并且投资者拥有通过价格为基础的机制进行支付与汇兑的其他办法，某项措施就被认为实质性地阻碍了汇兑。

第二，如果某项措施被发现实质性地阻碍了汇兑，投资者有责任证明该措施造成其财产价值减少的事实与程度。如果投资者只是猜想汇率在其准备汇兑资金时可能更有利,而新加坡提供了如果没有采取这些措施则汇率可能更不利的证据,投资者就没有满足其举证责任。

第三,如果某项措施实质性地阻碍了汇兑,该项措施不应当阻碍投资者利用在新加坡的被限制的资产赚取市场回报率。对投资者而言,他有义务减少损害,他无权在他有合理的机会减少损害的范围内要求损害赔偿。此外,在汇兑受到限制的一年内,只要投资者有合理的机会通过投资以新加坡元定值的其他资产减少其损失,则投资者不能要求从前述替代性投资获得机会成本的赔偿。

三、美国—智利 FTA

美国—智利 FTA 的汇兑条款规定于第 10.8 条。该 FTA 是在 2004 年范本——该范本实际上部分地是以美国与新加坡、智利签署的 FTAs 为基础的——通过之前签署的。因此,该 FTA 的汇兑条款与 2004 年范本的汇兑条款实质上是类似的,但有几处细微变化。比如,作为一个格式问题,相对于在 2004 年范本中的顺序,该 FTA 第 10.8 条第 2、3 款的顺序被做了对调。

美国—智利 FTA 构造说明性汇兑清单的方式与 2004 年范本的稍微不同。在 2004 年范本中,出售或清算投资所得与利润、分红以及资本利得一并规定于第 7 条第 1 款(b)项,但该 FTA 把它规定于第 1 款(c)项。2004 年范本第 1(c)段所指的利息、版税支付以及费用出现在该 FTA 第 10.8 条第 1 款(b)项。与美国—新加坡 FTA 一样,该 FTA 第 10.8 条第 1 款(d)项规定,根据合同进行的支付是指根据投资者或涵盖投资签署的合同进行的支付,但这一表述在 2004 年范本中被删除了。汇兑条款适用于与投资有关的所有汇兑,这些汇兑可能包括根据某合同进行的支付,即便涵盖投资或投资者并不是合同的当事方。该 FTA 的说明性汇兑清单与 2004 年范本中的对应清单也存在若干细微的文体上的不同。

在处理实物返还的第 10.8 条第 2 款,美国—智利 FTA 要求缔约各方应该根据“投资授权或其他书面协议的授权或规定”允许实物返还,并增加了一个脚注,它规定“尽管有本章中的其他条款,本款在本协议生效日发生效力”。根据该 FTA,投资协议是指该 FTA 生效两年后生效的协议。这一脚注确保,尽管有关于投资协议的界定,但从该 FTA 生效之日起,投资者在实物返还方面的权利是有效的和可执行的。2004 年范本把引语缩短为“书面协议授权或规定”，并删除了脚注。此外，该FTA增加了一款，即第10.8条第6款，该款规定“尽管［有第10.8条第2款］，缔约一方在根据本协定可以限制的情形——包括第10.8条第5款规定的情形——下仍然可以限制实物返还汇兑”。后一个款项出现在2004年范本中，它允许缔约各方有权通过公正、非歧视并且善意地适用与特定事项有关的法律，如破产、债券交易或刑事犯罪等法律禁止汇兑进行。

在规定汇率的第10.8条第3款中，美国—智利FTA提及的是“汇兑日”市场汇率。2004年范本提及的是“汇兑时”汇率。

美国—智利FTA纳入了新的第10.8条第4款，该款规定“缔约双方都不能要求其投资者进行汇兑，或对那些未能把那些源于或可归属于在缔约另一方领土的投资的收入、报酬、利润或其他款项进行汇兑的投资者给予处罚。”该款是以NAFTA第1109条第3款为基础。

在有关保留任何缔约一方通过与各个支付项目有关的法律禁止汇兑的权利的第10.8条第5款中，美国—智利FTA包括与“证券、期货或衍生品”有关的法律。2004年范本在汇兑清单中增加了“期权”。

在谈判中，汇兑问题是最后解决的投资问题之一，解决这一问题要求智利财政部长与美国贸易代表的参与。这一问题最终通过在美国—智利FTA增加附件而得以解决。该附件是经由新的脚注6引入的，该脚注规定“为了更加明确，第10.8条要遵循附件10-C”。附件10-C（在美国—新加坡FTA中有相对应的附件）确立了特殊争端解决条款，以处理指控智利由于针对支付与汇兑采取限制性措施进而导致违反义务的诉求，但基于一般最惠国待遇条款提起的诉求被排除在外。这些特殊的争端解决条款本质上是对该FTA的投资章之B节规定的一般意义上的投资者—国家争端解决条款所作的一系列修改。这些修改包括以下：（1）诉求人只能在有关措施采取一年以后提起；（2）如果代表企业提出诉求，则诉求人只能对所代表的企业中自己具有受益权的份额主张损害赔偿；（3）因限制资本流入措施引发的损失应该限于汇兑价值的减少，而把利润损失以及任何类似的后续或附带损失排除在外；（4）一年的等待期不适用于那些由于限制经常项目交易、外国直接投资（不包括那些旨在进入金融市场的投资）所得的汇兑，或者根据某项贷款或债券（不包括涉及银行间贷款的资本账户交易）进行的支付而引发的诉求；（5）除上述（4）提及的汇兑外，针对智利对向境外的支付采取的限制措施并且该支付发生在该限制措施采取后的一年之内，智利也不接受由此提起的损害赔偿之诉求,只要这些限制措施没有实质性地阻碍汇兑;(6)智利在支付方面采取的符合附件限制性措施不能被认为违反了一般待遇条款,只要根据智利现行法的规定没有在进行同样交易的投资者之间造成歧视;(7)除非智利同意,对于由于智利因针对向境外的支付施加的限制措施所引发的诉求不适用投资者—国家争端条款规定的合并程序。此外,除非智利针对向境外支付采取的限制措施已经经过一年,美国不能把涉及这些限制措施的诉求提交国家—国家争端解决。最后,与附件项下诉求有关的针对支付与汇兑的限制性措施应当适用可适用的国内法。附件 10-C 被提交给智利,并成为该协定中解决自由汇兑问题的基础。

四、美国—澳大利亚 FTA

美国—澳大利亚 FTA 的汇兑条款——规定于第 11.8 条——与 2004 年范本的对应条款非常相似,但有三处修改。

第一,在第 11.8 条第 1 款规定的说明性汇兑清单中,该 FTA 规定出资"包括首次出资"。虽然这一表述没有出现在 2004 年范本中,但被推定隐含于 2004 年范本中。

第二,在规定实物返还的第 11.8 条第 3 款中,这一返还只限于特定书面文件——"在本协定生效时或生效后"——授权或规定的实物返还。这一所引用的表述没有出现在 2004 年范本中,因此,2004 年范本的表述比较宽泛。

第三,第 11.8 条第 4 款授权缔约各方通过适用某些特殊的法律"阻止或迟延汇兑"。2004 年范本没有包含"迟延"一词。阻止汇兑的权利包括迟延汇兑的权利,因而"迟延汇兑"一词没有必要。尽管如此,由于汇兑条款要求缔约各方允许汇兑自由且"不迟延"地进行,澳大利亚的谈判人员认为"迟延汇兑"应该也包括在例外条款中。

五、美国—摩洛哥 FTA

美国—摩洛哥 FTA 的汇兑条款——规定于第 10.7 条——遵循了 2004 年范本中的表述。

六、美国—中美洲国家—多米尼加 FTA

除了第 3 款中使用的是"另一个缔约方"(another party)而非"缔约另一方"(the other party),美国—中美洲国家—多米尼加 FTA 的汇兑条款——规定于第 10.8 条——采纳了 2004 年范本中的表述。类似的变化出现在美国与秘鲁、哥伦比亚签署的 FTAs 中。

七、美国—秘鲁 FTA

除了第 3 款使用术语“缔约另一方”而非术语“缔约另一方”,美国—秘鲁 FTA 的汇兑条款——规定于第 10.8 条——遵循了 2004 年范本中的表述。类似的变化出现在美国—中美洲国家—多米尼加 FTA 以及美国—哥伦比亚 FTA 中。

与美国同智利、新加坡以及哥伦比亚签署的 FTAs 一样,美国—秘鲁 FTA 也包含了规定特殊争端解决条款的附件,以处理那些由于针对支付与汇兑采取限制措施而指控违反投资章的诉求。不过,该 FTA 附件 10-E 在一些方面有别于美国与智利、新加坡签署的 FTAs 中的对应条款。根据该 FTA,这些特殊程序适用于被声称违反除了普遍国民待遇与最惠国待遇条款以外的条款的任何诉求。整体而言,这一条款有三个重要原则。第一个原则是确立了提请仲裁前的等待期。该附件第 1(a)段规定,在引发诉求的事件不满一年时,投资者不能提起针对秘鲁的诉求,但根据第 1(c)段,一年等待期不适用于由于对经常项目交易的支付或汇兑——它们股权投资的支付或汇兑,或者根据贷款或债券进行的支付——施加限制而引发的诉求。一个脚注澄清指出“根据贷款或债券进行的支付”不包括与设立在东道国境内的金融机构的银行间借款的资本账户交易。此外,第 2 段确立了把与秘鲁针对支付与汇兑采取的限制性措施有关的诉求提交国家—国家争端解决程序的一年等待期,并且该一年等待期不存在例外。根据第 1(b)段,第二个原则是,由于限制资本流入的措施造成的损失或损害应该限于汇兑价值的减少,而把利润或营业损失,以及类似的后续或附带损害排除在外。根据第 1(d)段,第三个原则是,限制向境外汇兑与支付的措施不应该阻止投资者在东道国赚取市场回报率,东道国应该向投资者提供合理机会,使其投资者能够减轻这些措施造成的任何损失,并且在第 1(d)段的两个限制同时具备时,诉请人不能获得机会成本的赔偿或任何后续或附带损害赔偿。美国—秘鲁 FTA 附件 10-E 与美国—哥伦比亚 FTA 中的对应条款是一样的。

八、美国—阿曼 FTA

美国—阿曼 FTA 的汇兑条款——规定在第 10.7 条——遵循了 2004 年

范本中的表述。

九、美国—哥伦比亚 FTA

除了第 3 款使用了“缔约另一方”而非“对方”，美国—哥伦比亚 FTA 的汇兑条款——规定于第 10.8 条——采纳了 2004 年范本的表述。类似的变化也出现于美国—中美洲国家—多米尼加 FTA 以及美国—秘鲁 FTA 中。

与美国同智利、新加坡以及秘鲁签署的 FTAs 一样，美国—哥伦比亚 FTA 包括了一个附件，该附件规定了特殊的争端解决条款，以处理由于哥伦比亚针对支付与汇兑采取限制性措施而被指控违反投资章的诉求。这个附件是附件 10-E，该附件与本书第八章第四节第七目讨论的美国—秘鲁 FTA 的对应附件是一样的。

第五节 仲裁实践

迄今为止，在已经公布仲裁裁决的投资者—国家仲裁程序中，美国签署的 BITs 与 FTA 中的汇兑条款均未成为讼争问题。

第九章　投资者—东道国争端解决条款

第一节　美国签署BITs的实践

在没有投资协定的情况下，遭遇外国政府征收或侵害的投资者只有很少的救济途径。第一，他可以在东道国寻求其提供的任何当地行政或司法救济，这实际上是直接向被他提出诉求的东道国政府寻求救济。由于授权实施违法行为的法律可能没有为投资者规定救济或只规定很少的救济，或者东道国的官员在处理外国投资者与东道国政府之间发生的争端时不愿意判定外国投资者胜诉，当地救济不是有效的途径。

第二，投资者可以尝试与东道国通过谈判达成和解。这种争端解决包括由第三方对争端进行仲裁。不过，这一救济显然只有在东道国同意达成协议时才能获得。

第三，投资者把东道国诉至投资者母国或第三国的法院。然而，此类诉讼往往受阻于外国主权豁免原则，根据该原则，一国国内法院对于针对外国主权国家提起的某些诉求没有管辖权。在美国，《1976年外国主权豁免法》(Foreign Sovereign Immunities Act, FISA)规定了外国政府豁免。① 该法对于违反国际法的夺取财产的有限情形规定了例外，②这在发生征收时对投资者可能有帮助，但对不构成征收的损害无法提供救济。另一个例外情形是，外国放弃主权豁免。③ 在其他国家，外国主权豁免可能更加绝对，即便在发生不合法征收的情形下也不提供救济。④

---

① Pub. L. No. 94 – 583, 90 Stat. 2891, *codified at* 28 U. S. C. sections 1602 – 1611.

② 28 U. S. C. section 1605(a)(3).

③ 28 U. S. C. section 1605(a)(1).

④ See Ian Brownlie, *Principles of Public International Law* 325 – 335(5th ed. 1998).

把外国政府诉至国内法院的诉讼,可能还会受阻于国家行为原则或与之相当的原则。在美国,联邦最高法院在 *Underhill v. Hernandez*[5] 案中首次阐述了国家行为原则,法院在该案中认为:"每个主权国家都应当尊重任何其他主权国家的独立性,一国的法院不得对另一国的政府在其本国境内实施的行为作出裁判。由这些行为导致的损害必须由主权者利用它们自己之间可获得的途径进行救济。"

在 *Banco Nacional de Cuba v. Sabbatino*[6] 案中,联邦最高法院重申国家行为原则适用于外国政府实施征收的情形。法院在该案中判决指出:"由于在具有支配性影响的法律原则方面不存在条约或者其他清晰的协定,即便原告声称夺取(taking)行为违反了习惯国际法,司法机关不审查某一外国主权政府——在诉讼当时美国承认该政府——在其本国领土内对财产实施的夺取行为的合法性。"[7]

1964 年,美国国会针对外国政府实施的征收提供了某些救济,以便不适用国家行为原则。在名为《萨巴蒂诺修订案》(Sabbatino Amendment)或《希肯卢珀第二修订案》(Second Hickenlooper Amendment)的法律中,国会指令美国法院不得以国家行为原则为由,拒绝对违反国际法而征收财产的所有权或其他财产权利的诉求的实质问题作出裁判。[8] 尽管美国法院认定了据以在某些情形下拒绝适用国家行为原则的其他理由,[9]并且联邦立法也规定不得以国家行为原则为由拒绝执行仲裁协议或裁决,[10]但该原则对投资者在美国法院起诉外国政府——尤其没有涉及征收的案件——寻求救济仍然构成了限制。[11] 其他国家的法律中也有类似的国家行

⑤ 168 U. S. 250,252(1897).

⑥ 376 U. S. 398(1964).

⑦ 376 U. S. at 428.

⑧ 22 U. S. C. section 2370(e)(2).

⑨ See,e. g. ,*First National City Bank v. Banco Nacional de Cuba*,406 U. S. 956(1968);*Alfred Dunhill of London v. Cuba*,425 U. S. 682(1976);*Kalamazoo Spice Extraction Co. v. Provisional Military Government of Socialist Ethiopia*,729 F. 2d 422(6th Cir. 1984).

⑩ Federal Arbitration Act,9 U. S. C. section 15.

⑪ See,e. g. ,*Hunt v. Coastal States Gas Producing Co.* ,583 S. W. 2d 322(Tex. 1979),*cert. den.* 444 U. S. 992 (1979), *reh. den.* 444 U. S. 1103 (1980). *See generally* Hulberstam, "Sabbatino Resurrected:The Act of State Doctrine in the Revised Restatement of U. S. Foreign Relations Law," 79 *Am. J. Int'l L.* 68(1985).

为原则。[12]

在没有投资协定的情形下，投资者可能获得的最后救济途径是请求本国政府支持其诉求，即政府把投资者的诉求视为自己的诉求，进而经由外交途径寻求救济。不过，国际法与美国的法律都没有要求本国政府支持其公民提出的诉求。如果选择支持，美国可以以其所希望的依据解决它所支持的该诉求。经由争端解决获得的任何所得属于美国政府的财产，尽管实践中这些所得通常是根据国会通过的法律分给受到损害的当事人。[13]

从某些方面看，母国的支持对投资者来说并非令人满意的一种救济。首先，除非能够说服本国政府采取行动，否则投资者无法获得救济。但是，由于担心投资争端会损害其与征收国之间的关系或者干扰其他外交政策目标，美国可能不愿意予以支持。[14]

其次，在政府确实支持投资者的诉求时，投资者就丧失了对解决诉求的控制。基于外交政策的考虑，政府可能会同意接受较低数额的补偿以结束投资者提出的整个诉求。[15]

再次，根据国际法上的一种观点，在用尽东道国提供的当地救济，即寻求东道国的法律规定的救济之前，外国国民不能对东道国提出诉求。[16] 因此，在投资者母国考虑是否给予支持前，投资者会被要求首先寻求上述救济，根据东道国的法律提出诉求。尽管用尽当地救济的要求不适用于无效的救济，但为寻找借口不卷入与他国政府之间的投资争端的政府较之投资者可能更加乐观地看待投资者可以利用的当地救济。用尽当地救济要求最终会造成在处理诉求所必要的时间之外再耗费数年时间。

用尽当地救济要求的确切性质是一个备受争议的问题。关于用尽当地救济的一种主张认为，它是一个实体性法律规则，因而投资者在用尽当地救

---

[12] See, e. g., *Buttes Gas and Oil Company v. Hammer*, 3 *All E. R.* 616 (1981). *Michael Singer*, "*The Act of State Doctrine of the United Kingdom: An Analysis, with Comparison to United States Practice*", 75 *Am. J. Int' l L.* 283 (1981); *Donna Lee*, "*Discrepancy between Theory and Reality: Hong Kong' s Court of Final Appeal and Acts of State Doctrine*", 35 *Colum. J. Trans. L.* 175 (1997).

[13] See *Restatement (Third) Foreign Relations Law of the United States* section 443, note 12 (1987).

[14] 有关美国外交政策目标与美国海外投资者利益之间冲突的描述，参见 Arthur Schlesinger, Jr., *Robert Kennedy and His Times* 625 – 629 (1978). *See generally* Kenneth J. Vandevelde, "Reassessing the Hickenlooper Amendment", 29 *Va. J. Int' l L.* 281 (1988)。

[15] 美国政府在支持本国国民提出的诉求中向他国政府做出妥协，结果被本国国民在国内提起诉讼，认为美国政府征收其财产的案例，参见 *Shanghai Power v. United States*, 4 Ct. Cl. 237 (1983)。

[16] See generally 8 Marian Whiteman, Digest of International Law 769 – 807 (1967).

济之前不能根据国际法提出诉求。另一种主张认为，它是程序性法律规则，因而，尽管一项诉求已经产生，但在用尽当地救济前，该诉求只能在不要求用尽当地救济的场所寻求实现。[17] 在 *Lowen v. United States* 案的答辩状中，美国认为，把用尽当地救济要求看作一项实体性规则的主张是不能接受的，"用尽当地救济是纯粹的程序性规则，它独立于任何国际法诉求的实体性问题"。[18] 然而，把用尽当地救济要求视为程序性规则并不必然地消除其对母国支持投资者的诉求构成的障碍。出于政策的考虑，投资者母国可能也把用尽当地救济要求其作为支持诉求的先决条件。当然，母国可以诉诸的机构可能会要求用尽当地救济。

此外，母国的支持不当然确保能够成功。投资者母国可能会发现东道国根本无意进行谈判或者把争端提交给中立的第三方进行解决。无论如何，投资者母国政府可能希望从东道国政府那里听到与从投资者那里听到的不同版本的事实，其结果是，在投资者的母国努力认定到底发生了什么事情之前已经耗费了大量时间。

美国试图通过在现代 FCNs 中规定任何缔约方有权就条约适用或解释引起的争端诉诸国际法院（International Court of Justice，ICJ），从而试图消除征收国由于不愿意进行谈判或提请仲裁所导致的问题。[19] 因此，如果对美国投资者的损害违反了 FCNs 中投资保护条款其中之一时，美国可以诉请国际法院对诉求作出裁判，即使东道国提出反对。1986 年以前，如果采取征收行为的国家接受了《国际法院规约》第 36 条第 2 款规定的国际法院强制管辖权，那么美国就有权诉诸国际法院。[20] 不过，美国于 1986 年撤销了对接受国际法院之强制管辖权的同意，因此，它不再能够依靠其他国家对国际法院的强制管辖权的同意。

不过，诉诸国际法院的权利并没有改变母国支持固有地存在的其他问题。投资者仍然要靠美国政府提出诉求，美国政府继续控制裁判本身，而投资者仍然被要求用尽当地救济。进而，国际法院作出的判决一般来说只有

---

⑰ *Id.*，更进一步的讨论，see Special Rapporteur John Dugard，Second Report on Diplomatic Protection，U. N. Doc. A/CN. 4/514（2001）。

⑱ Rejoinder of the United States of America，*Loewen v. United States of America*，at 89.

⑲ See，e. g.，Luxembourg FCN，*supra* chap. 5，note 4，Art. XVII；Israel FCN，*supra* chap. 4，note 42，Art. XXIV；Ireland FCN，*supra* chap. 5，note 4，Art. XXIII；Italy FCN，*supra* chap. 8，note 12，Art. XXVI.

⑳ 参见本书第十章第一节。

通过联合国安理会的行动才可以强制执行。[21]

认识到美国海外投资者的财产尤其在面临征收时的脆弱性，国会从1959年开始先后颁布了一系列法律，旨在对那些征收美国国民的财产但不给予充分、及时、有效补偿的国家采取各种制裁。[22] 这些法律要求美国政府中止对外援助，[23]在贸易方面拒绝给予最惠国待遇，[24]以及反对诸如世界银行[25]之类的多边金融机构向这些国家提供贷款。

这些制定法规定未能解决母国支持暴露出来的主要问题，即美国政府可能拒绝向投资者提供帮助。虽然法律最初旨在敦促使总统采取积极行动，但多数法律在后来被修改为允许豁免总统采取制裁的义务。[26] 进而，只要东道国正在采取适当步骤以便支付补偿，有关对外援助与贸易的法律就不要求采取制裁，而关于多边金融机构的法律——如果其中包含类似表述——在实践中也是这么适用的。由于"采取步骤"(taking steps)的含义具有弹性，在美国启动BIT计划前，根据这些法律只采取过一次经济制裁，即1963年针对斯里兰卡(时称锡兰)的制裁。[27] 1979年，当美国正在制定BIT范本时，它采取了第二次制裁，这次针对的是埃塞俄比亚。[28]

与母国支持一样，有关制裁的法律很大程度上也使争端脱离了投资者的控制。美国政府认定外国政府是否已经采取适当步骤；如果没有的话，是否彻底豁免适用这些法律。由于不能确定可以实施制裁，投资者无法总是有效地威胁使用这一筹码。进而，如果实施征收的国家向美国承诺采取被后者认为是适当的步骤，制裁可能就会被取消，而不管投资者对这一承诺的看法。

无论如何，制裁的有效性都值得怀疑。由于鲜有被运用，它们的威慑力似乎很低。另外，即使频繁地被运用，它们是否可以威慑东道国不采取征收

㉑ United Nations Charter, article 94(2), 59 Stat. 1031, T. S. No. 993, 3 Bev. 1153. 有关国内法院应该执行国际法院所做判决的主张，see Francke, "Review Essay: The Case of the Vanishing Treaties," 81 *Am J. Int' l L.* 763, 770 – 771(1987)。

㉒ 有关立法的更细节的讨论，see Vandevelde, *supra* note 14。

㉓ See legislation cited *supra* chap. 2, note 21, 31.

㉔ See legislation cited *supra* chap. 2, notes 23 – 27, 31.

㉕ See legislation cited *supra* chap. 2, notes 28 – 30.

㉖ 参见第二章第一节。

㉗ 关于在这两个案例中导致适用《希肯鲁珀修正案》的事件的讨论，see Vandevelde, *supra* note 14, at 144 – 48。

㉘ *Id.*.

行为或者迫使其给予补偿也尚未可知。在任何情况下,各国政府会防止出现被认为已经屈服于某一外国政府的压力的表象,而且促使实施征收的政策考量可能也使其看起来不可能屈服于美国的制裁。在斯里兰卡与埃塞俄比亚两个案例中,制裁没有立即导致两个国家给予补偿。相反,只是在美国与这两个国家之间政治外交关系整体上改善以后,后者才支付补偿。㉙

即使推定制裁在特定案例中可能确实有效,制定法主要针对的是征收争端。对于外国政府通过尚不构成征收的外汇管制、歧视性待遇等其他措施侵害投资者,这些法律没有规定对该外国政府施加制裁。因此,在启动BIT计划时,美国BIT的谈判人员认为,美国的投资者在面对东道国采取损害其投资的不法行为时缺乏有效救济,除非美国政府愿意支持他们的诉求,但之后那些救济的意义也是不确定的。

第二节 谈判范本

一、1983年范本

BITs反映了美国外国投资政策发生了根本性变化。美国政府缔结的条约首次规定为投资者提供的救济不需要依赖于母国政府参与争端。其实,BITs最初就是为了解决限制FCNs中争端解决条款的有效性问题。

具体来说,1983年范本规定,投资者有绝对的权利把其与东道国间发生的投资争端向解决投资争端国际中心(International Center for Settlement of Investment Dispute,ICSID)提起具有拘束力的仲裁。ICSID是一个根据其缔约方超过140个国家——包括美国在内——的公约而成立的国际组织。㉚虽然作为一个机构的ICSID本身并不仲裁或调解投资争端,但它拥有调解员与仲裁员名册,并且为仲裁程序进行提供规则。《ICSID公约》也针对仲裁裁决的执行做了规定。

1983年范本中的投资者—东道国争端解决条款没有要求,甚或没有考虑过投资者母国政府——一旦BIT生效后——的参与。由于投资者母国的

㉙ *Id.*.

㉚ Convention on the Settlement of Investment Disputes between States and Nationals of Other States, March 18, 1965, 17 U.S.T. 1270, T.I.A.S. No. 6090.

政府不会参与投资者—东道国争端仲裁,因此投资者不会担心母国政府会控制争端解决进程。投资者—东道国争端解决条款也没有要求用尽当地救济,但规定了仲裁裁决的司法执行。现代 FCNs 中争端解决条款中存在的不足一一被克服了。

与此同时,1983 年范本并没有删除以往可以利用的任何救济。投资者仍然可以在东道国或其他国家的国内法院寻求救济,也可以尝试通过谈判或特设仲裁解决争端,或者向母国政府寻求支持。美国投资者还可以敦促美国政府采取法律规定的制裁。另外,如果投资者母国希望参与特定争端解决程序的话,1983 年范本还规定国家间因解释或适用 BIT 引发的争端可以提交给国家—国家争端仲裁。[31]

从美国政府的角度看,1983 年范本中的投资者—国家争端解决条款的最重要之处在于,为投资者在母国不参与情况下提供了有效救济。如果投资者—东道国争端解决条款有效,它也减少了美国政府承担的对实施征收的国家采取制裁的压力。其实,当采取征收行为的国家正在参与处理投资者所提征收补偿诉求的国际仲裁程序时,美国政府一般不会被要求采取制裁。由此,1983 年范本的投资者—东道国争端解决条款实现了投资争端去政治化,使美国政府在明显更少地受到特定投资者的干扰情况下开展外交关系。

1983 年范本的投资者—东道国争端解决条款——规定于第 7 条——的标题是“缔约一方与缔约另一方的国民或公司间的投资争端解决”。它适用于“投资争端”(investment dispute)。第 7 条第 1 款把“投资争端”界定为:基于(a)缔约一方与缔约另一方的国民或公司间签署的投资协议(investment agreement)的解释或适用;(b)缔约一方的“外国投资管理当局”(foreign investment authority)向缔约另一方的国民或公司给予的投资授权(investment authorization)的解释或适用;或(c)被指控违反 BIT 赋予的权利而引发的争端。

“投资协议”旨在涵盖与投资设立或运营有关的协议,同时它旨在排除普通的商业合同。

“外国投资管理当局”被理解为意指国家层面的投资管理当局,因此,投资争端不包括涉及由缔约一方的政治分支机构签订的投资协议或颁发的投

---

[31] 参见第十章第二节第一目。

资授权。“投资授权”不包括国家层面上但并非专门负责投资事项的政府机构颁布的授权。由此,比如说,授权进行并购的同意令(consent order)从字面含义上看确实批准了投资授权,但它不会被认为构成投资授权。它也不在“投资协议”被有意赋予之含义的范围之内。

“投资争端”的定义旨在排除涉及国内法——诸如反垄断法、税法、证券法——的解释或适用的争端,除非这些法律侵害了条约规定的权利。这一界定部分是为了避免在美国的外国投资者利用投资者—东道国争端解决条款阻挠正常的商业规制行为。该界定也旨在排除一般性的商业纠纷,例如要求支付货物或服务销售款项的诉讼。

1983 年范本中的“投资争端”定义中有一个模糊之处需要加以澄清。投资争端的第三个类型包括那些与被声称违反 BIT“授予”的权利有关的争端。“授予”(conferred)应当被理解为“授予或承认”(conferred or recognized)。由于 BIT 经由援引方式纳入了习惯国际法,[32]因而违反习惯国际法也就是违反了 BIT,由此引发的争端也属于 BITs 所指的“投资争端”。即便投资者根据习惯国际法享有某些待遇的权利独立存在于 BITs 之外,因而严格地说该权利并不是 BITs 授予而只是其确认的权利,但违反习惯国际法引发的争端也属于 BITs 的“投资争端”这一结论仍然成立。

多个 BITs 条款明确把某些争端类型排除在投资者—东道国争端解决条款的涵盖范围之外。1983 年范本第 7 条第 6 款把任何由于美国进出口银行的出口信贷、担保或保险收益项目,或者其他官方信贷、担保或保险安排引发,并且当事方已经就争端程序作出规定的争端,排除在投资者—东道国争端解决条款的涵盖范围之外。美国的海外私人投资公司(Overseas Private Investment Corporation, OPIC)尤其希望确保其签署的投资担保协议——该协议通常规定了具有拘束力的仲裁——中规定的争端解决程序的优先性。与此不同,美国进出口银行签署的协议往往规定由美国法院解决争端。因此,1983 年范本被精心制定从而不适用于已经被这些计划中的争端解决条款所涵盖的争端。另外,税收条款也把与税收有关的某些争端排除在争端解决条款的涵盖范围之外。[33]

当投资争端出现时,1983 年范本第 7 条第 2 款要求投资者与东道国应该先通过谈判与磋商解决争端。该第 2 款还授权——但不是要求——争端

---

[32] 参见第五章第三节第一目。

[33] 参见第六章第十一章第二节。

当事方利用不具有拘束力的第三方争端解决机制解决争端。可见,较之具有拘束力的第三方争端解决机制,BITs 鼓励争端当事方优先通过谈判解决争端。

1983 年范本明确提到了 ICSID 附设机制(Additional Facility)中的事实查明(fact-finding)程序,该程序是不具有拘束力的第三方争端解决程序的一个例子。1978 年时创设的附设机制是一种用以解决不在 ICSID 管辖权内的某些争端的机制。[34] 附设机制涵盖了在其中投资者母国或东道国——但并非投资者母国与东道国——不是《ICSID 公约》的缔约方的争端,以及争端并非与投资直接相关的争端。

1983 年范本没有规定谈判或磋商必须采取什么形式。向争端另一当事方通报争端存在之事实以及愿意解决该争端似乎就足够了。

1983 年范本规定,如果争端不能通过谈判或磋商解决,当事方应当把争端提交给任何此前达成一致的争端解决程序。这与第 2 条规定的东道国应当遵守针对投资承担的义务是一致的。[35] 1983 年范本没有规定东道国与投资者在启动此前达成一致的争端解决程序之前最少要谈判或磋商多长时间。

如果东道国拒绝遵守已经被投资者援引的此前达成一致的争端解决程序规定,东道国的拒绝行为显然将违反 BIT 中的投资者—东道国争端解决条款,并且根据国家间争端解决条款会产生一个诉求。不过,投资者不是 BIT 的缔约方,因此从技术上来说他不受国家间争端解决条款的约束。

就由于征收引发的投资争端而言,1983 年范本第 7 条第 2 款规定,东道国与投资者签订的投资协议中的任何争端解决程序,根据该投资协议的规定与可适用的法律,仍然具有拘束力,是可执行的。第 7 条第 2 款属于稳定条款,旨在确保在投资被征收甚至是投资协议被撤销或废止情形下,投资协议中的争端解决程序条款依然有效。提及"适用法律"(applicable law)旨在不允许东道国变更国内法而使此前达成一致的争端解决程序不具有拘束力或者不可执行。此种解释将导致第 7 条第 2 款的目的落空。

鉴于缔约方根据 1983 年范本第 2 条负有遵守其在投资方面的义务之一般义务,并且投资者有权根据第 7 条执行投资协议与投资授权——但要求遵

---

[34] 附设机制的规则规定于 ICSID, Additional Facility, Doc. No. ICSID/11, 21 *Int' l Leg. Mat.* 1443(1982)。

[35] 参见第五章第三节第一目。

守义务的条款在 1994 年范本中被删除了，稳定条款可能是没有必要的。无论如何，由于以往涉及废除投资协议的征收案件的数量众多，稳定条款最终还是被纳入 1983 年范本。它体现了 1983 年范本比较重视合同神圣。

1983 年范本第 7 条第 3 款授权投资者在满足三个条件情况下可以把投资争端提交 ICSID 或附设机制，以便进行调解或进行具有拘束力的仲裁。根据第 7 条第 3 款(b)项，某一 BIT 生效使东道国把投资争端提交 ICSID 仲裁的同意以及对附设机制的默示同意也生效了。

第一个需要满足的条件是，投资者没有把投资争端提交给此前达成一致的争端解决程序。如前所述，BITs 规定任何此前达成一致的争端解决程序都“应当”(shall)予以利用。因此，第一个条件的作用似乎是，如果存在此前达成一致的争端解决程序，则投资者不得寻求进行 BIT 项下的投资者—东道国仲裁。不过，把投资者限定于使用可能较弱的救济不符合 BITs 的一般政策，即为所有涵盖投资提供最低标准的待遇。BITs 在处理这一明显的冲突时所采取的方式在不同时期是不同的。

1981 年到 1982 年的早期范本规定，如果投资争端已经被提交到此前达成一致的争端解决程序，则不能向 ICSID 提起仲裁。实际上，东道国可以通过援引此前达成一致的争端解决程序排除 BIT 中的投资者—东道国争端解决条款的利用。因此，投资者—东道国争端解决条款并不是取代此前达成一致的争端解决程序，而是在不存在后者情况下可以适用前者。[36] 如果投资者与东道国都没有提出适用此前达成一致的程序，则可以利用 BIT 中的投资者—国家争端解决条款。这一早期表述出现于美国与埃及、巴拿马、海地以及塞内加尔签署的 BITs。

不过，参与美国 BIT 谈判的许多人认为，由此造成投资者无权诉诸 BIT 项下投资者—东道国仲裁的结果是不妥当的。他们认为，不管是否存在此前达成一致的争端解决程序，投资者都应该可以利用 BIT 项下投资者—东道国仲裁。

因此，在起草 1983 年范本时，范本谈判人员把第 7 条第 3 款(a)项修改为规定，如果投资者已经把投资争端提交给此前达成一致的争端解决程序，那么就不能诉诸 BITs 项下的投资者—东道国仲裁。直言之，赋予投资者有权选择此前达成一致的争端解决程序，或是提起 BIT 项下的投资者—东道

---

[36] See Gudgeon, *supra* chap. 2, note 65, at 47.

国仲裁。这一表述出现于美国与喀麦隆、摩洛哥、民主刚果、孟加拉国、土耳其以及格林纳达签署的 BITs。这一政策上的转变，即从以牺牲 BIT 提供的保护为代价给予此前达成一致的争端解决程序优先地位，转变到确保 BIT 给予的保护，尽管此前达成一致的争端解决程序也体现于征收审查条款的演变进程中。[37]

这一修订使范本的文本陷于混乱。1983 年范本一方面规定争端当事方“应当”(shall)利用此前达成一致的争端解决程序，另一方面规定如果投资者实际上没有利用此前达成一致的争端解决程序，则他仍然可以诉诸 ICSID 仲裁。正如作者在第九章第二节第三目讨论的，为了消除这一混乱，美国在 1987 年范本中再次修改了相关表述，从而澄清了 1983 年范本的含义。这一选择救济条款(election-of-remedies clause)——据此投资者把争端提交投资者—东道国仲裁以外的争端解决方式之后就不得再把同一争端提请投资者—东道国仲裁——就是人们通常所说的“岔路口”(fork in the road)条款。

投资者同意投资者—国家仲裁的第二个条件是，投资者必须没有把争端提交给东道国的法院或行政机关。换言之，投资者没有寻求用尽当地救济。因此，1983 年范本不仅没有要求用尽当地救济，而且投资者诉诸这些当地救济会导致其放弃诉诸 BIT 项下投资者—东道国仲裁的权利。

第二个条件的作用显然是不鼓励诉诸当地救济。不过，美国的 BIT 谈判人员不希望同一争端被提交给多个机构解决。因此，1983 年范本被设计以允许投资者规避——如果他们愿意的话——当地救济，但阻止他们在选择当地救济后再诉诸投资者—国家仲裁。

选择利用当地救济而放弃诉诸投资者—东道国仲裁之权利的投资者有权利获得利用司法(judicial-access)条款的保护。该条款要求缔约方为投资者提供“有效的途径”以便投资者提出与投资协议、投资授权以及财产有关的诉求并实现权利，并且——在 1983 年范本中——确保有权在最惠国待遇与国民待遇基础上利用东道国的法院。[38] 此外，虽然征收审查条款没有要求投资者诉诸当地救济，但它赋予投资者有权就征收补偿是否充分在东道国提请司法审查。[39]再者，根据习惯国际法，在投资者选择把争端提交给当地法

---

[37] 参见第七章第二节第二目。

[38] 参见第六章第五节第二目。

[39] 参见第七章第二节第一目。

院但被拒绝给予某种标准的待遇情形下,东道国要为拒绝司法而承担责任。[40] 最后,1983 年范本第 2 条第 5 款(b)项与第 2 条第 8 款规定,投资者有权自行雇佣律师——不论其国籍——代表其寻求当地救济。[41] 违反上述任何 BIT 条款,或者违反习惯国际法,将单独构成对 1983 年范本的违反,对此投资者根据 BIT 中的投资者—国家争端解决条款可以获得救济。另一个做法是,投资者母国可以通过国家间争端解决条款寻求救济。因此,在选择当地救济的情况下,投资者仍然可以获得 BIT 规定的某些保护。

最后,有些人会批评 BIT 阻碍了当地救济,理由是,这与美国在缔约另一方内促进强有力的法治方面的努力是不相符合的。不过,利用司法条款旨在创设单独的建成有效司法体制的义务,并且以此种方式促进法治。美国的 BIT 谈判人员也认为,司法体制完善的东道国会发现投资者往往会诉诸该司法体制,而不是诉诸投资仲裁。直言之,只有在投资者认为当地救济是无效的情况下,BITs 才会不利于当地救济的利用。通过规定当地救济作为投资者的另一种选择,1983 年范本为东道国强化国内法院创设了激励。以那种方式,1983 年范本实际上促进了东道国法治的发展。

如果东道国在其国内法院中启动争端解决程序,投资者仍然有权利根据投资者—东道国争端解决条款进行仲裁或调解。在投资者把某项争端提交给东道国法院以作为东道国所提诉求的反请求——只有在反请求被允许的情况下——的案件中,投资者应该被认为已经把投资者—国家争端解决条款规定的争端提交给东道国的法院。[42]

另外,《ICSID 公约》第 26 条规定,除非另有规定,同意 ICSID 仲裁被视为排除任何其他救济。一旦投资者向 ICSID 提请仲裁,东道国进行的由其国内法院裁判争端的努力会违反《ICSID 公约》第 26 条以及 1983 年范本第 7 条第 3 款(c)项。当与美国发生的投资争端被提交国际仲裁情况下,美国法院有权中止诉讼程序以等待作出仲裁裁决。[43]

同意投资者—国家仲裁的第三个条件是,从争端发生时起必须已经经过六个月。这一条件旨在提供“冷却”期,以便投资者与东道国有机会通过

---

[40] 参见第五章第六节第四目。

[41] 参见第六章第二节第二目、第六章第五节第二目。

[42] See Pamela Gann,“The U. S. Bilateral Investment Treaty Program,”21 *Stan. J. Int'l L.* 373, 418, n. 193(1985).

[43] See *Landis v. North American Co.*, 299 U. S. 248, 254 – 55(1936).(“中止诉讼程序的权力附带于……任何法院的固有权力。”)

磋商或谈判解决争端。1983 年范本没有规定任何认定何时发生争端的方法。

前已指出,签署 BIT 本身构成了东道国同意在 ICSID 进行仲裁。不过,ICSID 的管辖权受到《ICSID 公约》条款的限制。该公约第 25 条第 4 项允许一国根据其加入该公约的条款限制 ICSID 对该国的管辖权。由此,如果争端或经由《ICSID 公约》或东道国的加入条款被排除在 ICSID 管辖权之外,BIT 规定的诉诸 ICSID 仲裁的权利可能被证明是虚幻的。不过,条约必须信守使缔约方有义务不得导致条约宗旨落空。[44]由此,BITs 默示地要求缔约方不得利用在其加入《ICSID 公约》时所做的保留,使投资者—东道国争端解决条款归于无效。另外,根据《ICSID 公约》第 72 条,退出 ICSID 不影响此前作出同意仲裁所产生的义务。

一旦投资者同意仲裁,争端当事双方均可视情况选择启动 ICSID 或附设机制。ICSID 程序的形式可以是调解,也可以是具有拘束力的仲裁。在使用磋商还是仲裁解决争端方面出现分歧时,第 7 条第 3 款(a)项规定投资者的意愿优先。当然,这一表述只是明确了已经隐含的要求。由于投资者—东道国仲裁在投资者给予同意之前无法启动,投资者——即便没有上述规定——也可以根据其同意的内容决定选择仲裁抑或调解。无论如何,投资者鲜有选择调解方式。1983 年范本没有明确规定投资者是否要先进行调解,然后诉诸仲裁。

《ICSID 公约》第 7 条第 3 款(c)项规定,在 ICSID 进行的仲裁应当符合《ICSID 公约》及 ICSID 的仲裁规则与条例。1983 年范本进一步规定,附设机制应当符合附设机制的仲裁规则与条例。因此,东道国不遵守《ICSID 公约》,或 ICSID 仲裁规则与条例,或附设机制的仲裁规则与条例——也违反了 BIT。

《ICSID 公约》还规定了投资者—东道国仲裁条款项下裁决的执行。该公约第 54 条规定该公约的所有缔约方应该承认与执行仲裁庭作出的任何仲裁裁决。根据一部特别的联邦法律,ICSID 裁决在美国是可以执行的。[45]

附设机制不受《ICSID 公约》的调整,其仲裁规则在承认与执行仲裁裁决方面的规定没那么详尽。不过,附设机制的仲裁规则第 20 条确实规定,附

---

[44] Vienna Convention on the Law of Treaties, Art. 27, U. N. Doc. A/CONF. 39/27(1969), 8 *Int'l Leg. Mat.* 679(1969).

[45] 22 U. S. C. section 1650a.

设机制裁程序应当在《承认与执行外国仲裁裁决公约》——被称为《纽约公约》——的缔约国境内进行。[46] 根据《纽约公约》的规定,在缔约一方境内作出的仲裁裁决可以在任何缔约国境内执行。作为《纽约公约》的缔约国,美国通过《联邦仲裁法》确保执行《纽约公约》所指的仲裁裁决。[47] 不过,ICSID裁决(而非根据附设机制作出的裁决)无法根据《联邦仲裁法》在美国获得执行,[48]但——如前提出——可以根据其他法律获得执行。

除了两个例外,1983 年范本中的国家间争端解决条款——规定于第 8 条第 9 款——禁止对 ICSID 仲裁裁决不满意的投资者请求母国政府通过国家间争端解决机制重新对争端提起诉讼。第一个例外是东道国不遵守 ICSID 裁决,第二个例外是国家—国家仲裁庭仲裁的事项有别于 ICSID 仲裁庭仲裁的事项,尽管它们都源于同样的争端。该第 9 款的内容没有被纳入 1981 年、1982 年范本,但它在巴拿马于 1982 年进行的美国—巴拿马 BIT 谈判期间提出巴拿马版本该款后被纳入 1983 年范本。

美国签署的 BITs 纳入了在美国国内法中被称为"间接来源规则"(collateral source rule)的条款。根据这一规则,被侵害人从第三方获得的赔偿不得被用于减轻侵害人的侵害责任。[49] 1983 年范本第 7 条第 4 款禁止东道国以投资者根据投资保险协议获得补偿为由,提出抗辩、反诉、抵销权及其他主张。该款还禁止东道国主张获得赔偿的投资者不再是真正的利益关系方,因而不存在诉求。这一规定源于欧洲国家签署的 BITs 及《ICSID 示范条款》(ICSID Model Clause)第 8 条。

换言之,1983 年范本第 7 条第 4 款允许投资者在通过保险获得赔偿后仍然提出诉求。在经由保险获得赔偿后,投资者可以决定不再提出诉求。BITs 一般不会规定保险人在此情形下是否可以提出诉求。尽管如此,至少在美国政府经由 OPIC 作为保险人情况下,OPIC 与东道国签署的协议明确保留 OPIC 有权通过仲裁取得支付给投资者的赔偿。

在投资者确实选择提出诉求——尽管已经获得赔偿——情况下,BITs 几乎没有规定针对保险人的救济问题。前已指出,1983 年范本规定,在投资者把争端诉诸 ICSID 仲裁的情况下,同样的争端原则上不得根据国家间争

---

[46] 21 U. S. T. 2517, T. I. A. S. No. 6997, 330 U. N. T. S. 3.

[47] 9 U. S. C. section 1 *et seq.*

[48] 22 U. S. C. section 1650a.

[49] See *generally Gypsum Carrier, Inc. v. Handelsmann*, 307 F. 2d 525, 4 A. L. R. 3d 517 (9th Cir. 1962); *Restatment (Second) Law of Torts*, section 920A(2) (1965).

端解决条款进行仲裁。此外,《ICSID 公约》第 27 条第 1 款规定,除非东道国拒绝遵守最终裁决,一国不得给予外交保护,或者针对已经诉诸 ICSID 仲裁的争端提起国际诉求。不过,1983 年范本中没有任何规定禁止 OPIC 或其他保险人寻求其他协议规定的救济。

对于根据东道国法律设立的投资来说,1983 年范本第 7 条第 5 款使其有可能自行把针对东道国的诉求诉诸 ICSID 仲裁。因此,虽然通常提及的是"投资者—东道国"(investor-state)仲裁,但 1983 年范本也授权进行"投资—东道国"(investment-state)仲裁。根据《ICSID 公约》的规定,一家公司不得针对其国籍国提出诉求。不过,《ICSID 公约》第 25 条第 2 款(b)项规定,如果一家公司被《ICSID 公约》的另一个缔约方的国民拥有或控制,并且东道国与另一国家同意这么做,则该公司可以针对国籍国提起仲裁。第 7 条第 5 款构成了东道国与另一国之间的此种同意。第 7 条第 5 款明文规定其适用于 ICSID 程序与附设机制程序。

1983 年范本第 7 条第 5 款给起草投资者—东道国争端解决条款的表述造成了一个问题。根据该款规定,东道国境内由母国投资者拥有或控制的投资也被视作母国的法人。然而,在规定把争端提交仲裁的程序时,第 7 条第 2 款规定投资争端是指"与该缔约方的此等自然人或法人的投资有关"的争端。换言之,第 7 条第 2 款认为,投资争端涉及的是与母国的公司在东道国境内的投资。不过,在某项投资代表自身自行提出诉求时,则其不得提出涉及其投资的诉求,而只能是涉及其自身的诉求。因此,第 7 条第 2 款及接下来的款项——返回提及第 7 条第 2 款所描述的投资争端——的表述从字面上看不能适用于某项投资自身提出的诉求。这一问题可以直接这么解决,即把某项投资就其自身利益受到的损失自行提出的请求视为该投资"在投资方面"提出的诉求。此种解释使第 7 条第 5 款具有了其所想要的效果。无论如何,除了 2004 年范本以及遵循 2004 年范本的做法的 FTAs 外,这里针对投资者—东道国仲裁的讨论应当被理解为以相同的方式适用,不管诉求系由投资者或由投资提起。2004 年范本只允许由投资者提出仲裁请求。

1983 年范本第 7 条第 5 款中有关法人国籍的规定与美国签署的 BITs 条款的做法不同。一般来说,BIT 第 1 条为 BIT 的其他条款规定了一般规则,该第 1 条规定,要被认为是一国的国民,一家公司必须是根据该国法律设立的。[50]根据1983年范本,设立国国民或者国家本身(或其政治分支机构)必须在公司中拥有重要利益。第7条第5款根据所有权或控制权确定公司国籍。

1983年范本没有明确加以解决的一个问题是,如何把投资者—东道国争端解决条款适用于投资者与东道国的政治分支机构间发生的争端。1983年范本第12条规定,BIT应当适用于缔约方的政治分支机构。与此同时,《ICSID公约》规定,只有在取得政治分支机构特别同意情况下,ICSID仲裁才能对其行使管辖权。[51] 在政治分支机构没有针对ICSID仲裁表示同意情况下,投资者必须针对东道国本身提出诉求。在政治分支机构给予此种同意情况下,投资者可以选择对该分支机构或东道国,抑或二者同时提出诉求。在政治分支机构没有给予同意情况下,投资者可以以政治分支机构的违法行为为由把东道国诉诸ICSID。从政策上说,美国的意图是,在任何基于投资者—东道国争端解决条款提起的诉讼中,作为被告人的是美国,而非其政治分支机构。[52]

投资者—东道国争端解决条款对于实现BITs把投资争端解决去政治化的目的是不可或缺的。确实,该条款体现了BITs较之现代FCNs取得的最重要的进步。虽然针对投资者—东道国争端解决条款做出妥协产生消极后果的方式可能不同于针对征收补偿标准做出的妥协,但仍然意味着BITs意欲提供的保护被严重地弱化。

因此,美国的立场是,它在投资者通过具有拘束力的第三方仲裁投资争端的权利方面不会妥协。因此,美国签署的所有46个BITs都包含了这一权利。BITs在仲裁据以进行的机构方面有必要表现出灵活性,并且在一个BIT中要求投资者在限定的时间内把投资争端提交到东道国法院。除此之外,美国在所有这些BITs中的投资者—东道国争端解决条款都没有做出实质性的让步。除了美国—澳大利亚FTA外,此类投资者—东道国争端解决条款都出现于NAFTA以及此后美国签署的包含投资章的FTAs中。

二、1984年范本

1984年范本的投资者—东道国争端解决条款——规定于第6条——对

---

[50] 参见第四章第三节第二目。

[51] ICSID Convention, *supra* note 34, Art. 25(3).

[52] Panama BIT submittal letter, at XI.

1983 年范本的表述做了大幅修改，但很少修改影响到该条款的实质内容。1984 年范本的所有各条都删除了标题。在第 7 条第 1 款(b)项中，短语“它的外国投资管理当局”(its foreign investment authority)被修订为“缔约一方的外国投资管理当局”(a Party's foreign investment authority)，这纯粹是文体上的改动。

1984 年范本做出的第一个实质性修订是，该范本把东道国的同意扩大到包括——在无法利用 ICSID 仲裁机制时——根据 ICSID 仲裁规则进行的特设仲裁。由于范本制定工作的疏忽，1984 年范本——虽然规定东道国在无法利用 ICSID 同意利用 ICSID 仲裁规则进行特设仲裁——没有明确规定投资者可以同意把争端提交特设仲裁，尽管投资者显然享有这一权利。1987 年范本纠正了这一疏忽。

第二个实质性修订是，根据 1984 年范本，在争端发生六个月后投资者可以同意进行仲裁或调解。此后，如果投资者没有把争端交由此前达成一致的争端解决程序解决或寻求当地救济，任何争端当事一方均可启动争端解决程序。1983 年范本已经规定，只有在其没有把争端提交此前达成一致的争端解决程序解决或寻求当地救济时，投资者才能同意诉诸 ICSID 程序。最终而言，两种做法的最终结果是一样的。

其他值得注意的非实质性改动包括以下方面。第一，1983 年范本第 7 条第 6 款规定的投资者—东道国争端解决条款不适用于由于出口信贷、担保或保险计划引发的投资争端这一内容在 1984 年范本中被移到了第 8 条，但实质内容不受影响。一个类似的例外也出现在国家—国家争端解决条款，这一条款组织方式上的改动使新的第 8 条取代了分别位于两个争端解决条款的独立的两款。

第二，1983 年范本第 7 条第 2 款中出现的事实查明(fact-finding)程序——是没有拘束力的第三方争端解决程序的一个例子——被认为没有必要而在 1984 年范本中被删除。诉诸这些程序仍然由依然存在于 1984 年范本中的一般性规定授权启动。事实上，即便没有该一般性规定，投资者也可以自由地在谈判中同意利用事实查明程序。

第三，在规定只有国民或公司没有根据此前达成一致的争端解决程序把争端提请解决才能诉诸 ICSID 时，1984 年范本删除了短语“由于任何原因”(for any reason)。由于该短语没有对投资者可能选择不提出诉求的原因作出限定，因而从技术上说它没有增加任何东西。

第四,1983 年范本第 6 条第 5 款——该款授权在东道国设立的公司把针对东道国的诉求提交给仲裁庭,只要该公司由 BIT 缔约另一方的投资者拥有或控制——被做了大幅修改,但基本上只是精简表述而非改变其含义。1984 年范本在"前"(before)的前面加上"立即"(immediately)加以限定,以便通过表明那些在导致争端的事件发生之前——而不是发生之时——的一段时间里曾经拥有法人或控制公司的人的国籍并不重要,从而澄清了 1983 年范本的明显意图。新的表述也明确规定,向在东道国设立的公司赋予外国国籍的做法"符合"《ICSID 公约》第 25 条第 2 款(b)项,该项表明第 6 条第 5 款构成了第 25 条第 2 款(b)项所指的一致同意,这一事项隐含在 1983 年范本中。

第五,正如第十章第二节第二目所讨论的,1984 年范本从国家—国家争端解决条款中删除了曾经作为 1983 年范本第 8 条第 9 款的规定,该第 9 款规定提请 ICSID 仲裁的争端一般不得适用国家—国家争端解决条款。考虑到《ICSID 公约》第 27 条第 1 款规定,除非东道国拒绝履行裁决,母国不得支持已经提请 ICSID 仲裁的诉求,该第 9 款是没有必要的。不过,《ICSID 公约》不适用于调整根据附设机制规则进行的仲裁,因而删除 1983 年范本的第 8 条第 9 款可能使得母国支持根据 ICSID 附设机制规则已经诉诸投资者—国家仲裁的诉求。此外,正如下文指出的,从 1992 年范本开始,投资者也可以选择根据联合国国际贸易法委员会(United Nations Commission on International Trade Law,UNCITRAL)的仲裁规则提请特设仲裁,该仲裁规则中也没有类似于《ICSID 公约》第 27 条第 1 款那样的规定。

三、1987 年范本

1987 年范本的争端解决条款是第 6 条。它对 1984 年范本的争端解决条款的表述做了一些改动。首先,1987 年范本试图消除在投资者是否拒绝援用此前达成一致的争端解决程序而把投资争端提交根据 BIT 中的投资者—东道国争端解决条款项下仲裁方面存在的任何混淆。1987 年范本第 6 条第 2 款明确把应该援用此前达成一致的争端解决程序之要求从属于投资者有权援用投资者—东道国争端解决条款提请仲裁——只要投资者没有把争端提交到此前达成一致的争端解决程序——之规定。由此,第 6 条第 2 款毫无疑义地表明,如果投资者选择适用此前达成一致的程序,那么该程序对东道国具有拘束力,但投资者有权放弃这些程序而援引 BIT 中的投资者—

东道国争端解决条款。虽然这是 1983 年、1984 年范本的意图，但这两个范本中的表述不完全清晰。

其次，第 6 条第 2 款中的稳定条款——规定关于征收且规定于投资协议中的争端解决程序条款应当是最终的和具有拘束力的——被扩大到适用于“包括涉及征收的任何争端解决程序”。这一扩大的效果是，重申了投资者有权援用此前在投资协议中达成一致的任何争端解决程序。同时，投资者没有被要求援用该程序，而是可以选择 BIT 中的投资者—东道国仲裁条款。

最后，1987 年范本第 6 条第 3 款(a)项纠正了 1984 年范本制定过程中的一个疏忽。具体来说，1984 年范本包含了东道国同意适用 ICSID 仲裁规则与程序的特设仲裁，但没有明确规定投资者可以同意把争端提交特设仲裁，尽管投资者拥有该权利是相当清楚的。1987 年范本增加了表述，明确赋予投资者同意特设仲裁，据此明确了原来隐含的内容。不过，它没有提及 ICSID 附设机制。

四、1991 年范本

1991 年范本的投资者—东道国争端解决条款规定于第 6 条。它与 1987 年范本中的对应条款是一样的。第 8 条——把由于出口信贷、担保及保险计划引发的争端排除在第 6 条的适用范围之外——也没有改变 1987 年范本中的对应条款。

五、1992 年范本

1992 年范本——在第 6 条——大幅修改了投资者—东道国争端解决条款。1992 年范本对 1991 年范本等第 6 条第 1 款做了一些文体方面的改动。1992 年范本规定，投资争端指 BIT 的缔约一方与缔约另一方的自然人或公司之间发生的争端。以往范本并没有这么限定“投资争端”(investment dispute)的含义，而是在第 2 款规定条约规定只适用于 BIT 的缔约一方与缔约另一方的投资者之间发生的投资争端。因此，1992 年范本与以往范本的实质效果完全是一样的。1992 年范本使用短语“产生于……或与……相关”(arising out of or relating to)取代了“涉及”(involving)一词。它在提及投资协议与投资授权之前删除了短语“解释或适用”(interpretation or application)。这些改变中没有一个体现了政策上的变化，而只是旨在更清晰地规定以往始终存在的意图。

通过把“应当”(shall)改为“应该”(should),1992 年范本弱化了 1991 年范本第 6 条第 2 款规定了在发生争端时当事方进行磋商或谈判的义务。通过磋商与谈判解决争端被替换为“友好地”(amicably)解决争端。1992 年范本删减了限定性短语,即磋商与谈判“包括使用不具拘束力的第三方程序”。在以往范本中,这一表述的作用是澄清了不具拘束力的第三方程序解决争端满足了争端当事方通过磋商与谈判解决争端的义务。随着“应该”(should)取代“应当”(shall),这一短语不再体现任何目的。条约中没有任何规定排除适用这些程序,任何的条约授权都是不必要的,只要争端当事方希望这么做。

1992 年范本删除了 1991 年范本第 6 条第 2 款中的规定,即任何争端解决程序都应当具有拘束力与可执行的。这一规定没有必要,原因是,BIT 的其他条款要求缔约方遵守它们在投资方面承担的义务,并且根据东道国—投资者争端解决条款执行投资协议与投资授权。这一变化体现了 BITs 的一般发展趋势,即逐渐强调投资者—东道国仲裁机制,而非争端当事双方先前达成一致意见的争端解决程序,后者往往包括把争端提交给东道国的法院。

1992 年范本重新调整了投资者可资利用的替代性争端解决方式在 1991 年范本第 6 条第 2 款中的规定方式。以往范本中的表述,即争端应当根据此前达成一致的可适用的争端解决程序解决,被删除了。相反,1992 年范本允许投资者在三种方式中进行选择:(1)东道国的法院或行政法庭;(2)此前达成一致意见的可适用的争端解决程序;(3)投资者—东道国争端解决条款项下仲裁。与以往范本一样,根据 1992 年范本,如果投资者选择利用此前达成一致意见的程序或寻求当地救济,他就不能再诉诸投资者—东道国争端解决条款项下的仲裁。

虽然 1992 年范本没有明确规定,但它的意图是,如果投资者选择了上述三种方式的一种,那么他就被排除利用其他两种方式中的任何一种。不过,在针对根据 1992 年范本签署的几乎所有 BITs 提交的呈报函中,国务卿认为,“投资者可以做出排他和不可撤销的选择”。[53] 正如下文指出的,该范本

---

[53] Kazakhstan BIT submittal letter, at Ⅹ; Armenia BIT submittal letter, at Ⅹ; Kyrgyzstan BIT submittal letter, at Ⅹ; Moldova BIT submittal letter, at Ⅹ.; Ecuador BIT submittal letter, at Ⅺ; Belarus BIT submittal letter, at Ⅺ; Jamaica BIT submittal letter, at Ⅺ; Ukraine BIT submittal letter, at Ⅺ, and Estonia BIT submittal letter, at Ⅺ. 国务卿针对美国—立陶宛 BIT 提交的呈报函(第 12 点)提及的是“排他的”(exclusive),但删除了“不可撤销的”(irrevocable)。国务卿就美国与蒙古、拉脱维亚签署的 BITs 提交给总统的呈报函没有提到投资者的选择是“排他的”或“不可撤销的”。

中的表述在 1994 年范本中被进一步修订,以使其含义更加明确。虽然规定提请 ICSID 仲裁的《ICSID 公约》第 26 条是为了排除其他救济方式,但附设机制规则与 UNCITRAL 仲裁规则中没有类似的规定。

1992 年范本第 6 条第 3 款修改了 BIT 项下可以被用于进行投资者—国家仲裁的争端解决机制清单。1991 年范本规定了诉诸 ICSID 进行调解或具有拘束力的仲裁,或者适用 ICSID 仲裁规则的临时仲裁。1992 年范本规定了 ICSID 仲裁、ICSID 附设机制(在无法利用 ICSID 仲裁情况下)、适用 UNCITRAL 仲裁规则的特设仲裁、任何其他仲裁机构的仲裁,或者适用争端当事双方相互同意的其他仲裁规则。因此,1992 年范本在没有提及适用 ICSID 规则的磋商与特设仲裁的同时,增加了适用 UNCITRAL 仲裁规则进行的仲裁以及根据争端当事方同意的任何其他仲裁规则进行的仲裁。

1992 年范本删除了 1991 年范本第 6 条第 3 款中的这一表述,即在争端当事方无法就磋商或具有拘束力的仲裁达成一致时投资者的意愿应当优先。这一表述不再是必要的,原因是,第 6 条第 3 款不再把磋商列为可选择的争端解决方式之一;并且,正如下文指出的,BIT 不再构成东道国对进行调解的同意。由此,第 6 条中没有规定调解使得投资者无法从作为一项权利的角度寻求调解。如果争端当事双方同意的话,调解仍然是可以适用的一种友好的争端解决方法。

1992 年范本删除了曾经的第 6 条第 3 款,后者规定调解或具有拘束力的仲裁受《ICSID 公约》及 ICSID 的条例与规则(Regulations and Rules)调整。首先,由于 1992 年范本允许通过 ICSID 以外的其他机制进行仲裁,因此,仲裁的进行必须符合《ICSID 公约》、ICSID 的条例与规则就不再符合事实了;其次,就 ICSID 仲裁而言,默示适用《ICSID 公约》、ICSID 条例与规则。

1992 年范本把 BIT 缔约方同意仲裁的规定移至新的第 6 条第 4 款。第 6 条第 4 款规定,每个缔约方“在此同意根据第 3 款规定的国民或公司在书面同意中做出的选择,把任何投资争端提交具有拘束力的仲裁加以解决”。该款更进一步规定,BIT 缔约方的同意,连同投资者的书面同意,应当满足《ICSID 公约》第二章、附设机制的仲裁规则所指的争端当事方的书面同意要求以及《纽约公约》第 2 条所指的“书面协议”要求。这始终是美国签署的 BITs 的意图,但美国的 BIT 谈判人员认定把该意图予以明确是一种审慎的做法,据此防止提出任何相反的主张。

1992 年范本在第 6 条第 5 款中增加了一个新规定,即除 ICSID 仲裁外,投资者—东道国争端解决条款项下任何仲裁都应当在《纽约公约》的缔约国内进行。这一规定是必要的，原因是，根据《纽约公约》的规定，只有在该公约缔约国境内进行的仲裁所作出的裁决才是可执行的。根据《ICSID 公约》，ICSID 仲裁裁决是可以执行的，因此范本的制定者们没有要求 ICSID 仲裁在《纽约公约》的缔约方境内进行。

1992 年范本增加了新的第 6 条第 5 款，它规定，根据第 6 条作出的任何仲裁裁决“应当是终局的，并且对争端当事方具有拘束力”。这一规定源于 UNCITRAL 仲裁规则第 32 条，该条规定“裁决应当以书面形式作成，它应当是终局性的，并且对争端当事双方具有拘束力”。《ICSID 公约》第 53 条规定——该条适用于 ICSID 仲裁，但不适用于 ICSID 附设机制——裁决应当对争端当事双方具有拘束力；并且，除非该公约另有规定，裁决不得诉诸上诉或其他救济。因此，第 6 条第 5 款中的这一新内容并无必要，因为仲裁所适用的规则已经规定了裁决的终局性与拘束力。

终局性表明对裁决进行上诉是不可能的。不过，《ICSID 公约》第 52 条创设了在下列情形下撤销 ICSID 裁决的程序：仲裁庭组成不适当；仲裁庭明显超越权限；仲裁庭成员受贿；严重背离基本程序规则；或仲裁裁决没有阐述裁决理由。在裁决系由非 ICSID 仲裁庭作出情况下，仲裁地的法律可以成为撤销裁决的根据，其理由与《ICSID 公约》规定的允许撤销裁决的理由往往类似。此外，仲裁裁决执行地国家的法律可能会允许本国法院基于某些缺陷——比如仲裁庭超越权限——拒绝执行裁决，由此实际上也撤销了裁决。

裁决的拘束性表明裁决产生了国际法义务。进而，不遵守裁决就构成违反 BIT，并且产生国家—国家争端解决条款项下的诉求。第 6 条第 5 款也规定“缔约各方承诺不迟延地执行任何此类裁决中的规定，并准备在其境内执行裁决”。因此，缔约一方未能执行裁决单独地构成对 BIT 的违反，从而使该缔约方基于国家—国家争端解决条款被提起诉求。

1991 年范本中关于法人国籍的款项——现规定于 1992 年范本第 6 条第 8 款——被修改为规定其“系为了根据本条第 3 款进行的仲裁”。以往范本的表述是“就本条而言”。新的表述更加精确，但该款的实质内容没有改变。第 6 条第 8 款适用于该条第 3 款允许的全部的类型更多的仲裁。

第 8 条——把由于出口信贷、担保或保险计划引发的争端排除在争端解决条款适用范围外——与 1987 年、1991 年范本中的规定是一致的。不过，这一规定被置于括号中,这表明美国的 BIT 谈判人员愿意把它删除掉,而实际上它没有出现于美国以 1992 年范本为基础签署的若干 BITs 中。

六、1994 年范本

由于插入了规定其他事项的条款,1994 年范本把投资者—东道国争端解决条款的序号重新编定为第 9 条。1994 年范本第 9 条第 1 款首先规定,界定“投资争端”(investment dispute)是为了整个条约,而不只是为了第 9 条。第 1 款中的“投资争端”定义被缩短了,因为“投资协议”与“投资授权”是 1994 年范本第 1 条界定过的两个术语,这使没有必要把许多的定义性文字纳入投资者—东道国争端解决条款中。

把“投资协议”的定义——规定于第 1 条第 1 款(h)项——限定为书面协议,这一要求在以往范本中所没有的。它也把该术语限定为应由缔约一方的国内当局签署的协议,这与以往范本中表述的意图是一致的。1994 年范本还规定投资协议是指某项投资发生以及协议展期的依据,这与以往范本的意图是一致的。新的表述规定,投资协议是指据以从事投资的协议或者该协议的展期。这也是对此前范本中蕴含的意图的一种明确规定。不过,1994 年范本与以往范本是不同的,原因是,前者把投资协议限定在赋予有权取得由国内当局控制的自然资源与其他财产。以往范本没有出现部门限制。1994 年范本有别于此前范本的另一个原因是,它允许涵盖投资或投资者作为当事方的投资协议,而以往范本规定投资协议应该是诉求人与东道国之间的协议。因而,根据以往范本,只要投资(investment)本身是诉求人,其签署的协议也可以成为争端解决条款所指的投资协议。要求投资协议应该是诉求人与东道国之间的协议并没有政策考量。在投资协议恰好是与某项投资签署情况下,以往范本规定是由该投资本身,而不是投资者提起诉求,尽管美国的 BIT 谈判人员一般认为诉求通常会由投资者提起。因此,以往范本的表达存在明确缺陷,未能实现 BIT 蕴含着的政策。1994 年范本纠正了这一问题。类似地,“投资授权”——规定于第 1 条第 1 款(g)项——被修改为包括投资者或投资作为当事方的授权。第四章第五节对这些术语的含义做了进一步的讨论。

在提及“投资协议”与“投资授权”时,1994 年范本对调了二者的位置,即把后者放在第一位,这一变化贯穿于整个范本。它还把“投资”(investment)换成“涵盖投资”(covered investment),据此明确了投资争端是那些产生于或关于被声称违反了条约针对涵盖投资——而非一般意义上的投资——规定的权利的争端,这一事项隐含于以往范本中。类似的变化贯穿于 1994 年范本,但在这里这一改动或许并无必要,因为只有条约赋予、创设或承认的权利是那些与“涵盖投资”有关的权利。

“投资争端”的定义的篇幅也被扩大了,原因是,第三类争端,即那些与被声称违反某项条约权利有关的争端被修订为包括所有被声称违反条约所“承认”的关于投资的权利。这一修订旨在明确,那些产生于或者与被声称违反了习惯国际法项下的权利有关的争端也属于投资争端,尽管条约没有创设或赋予此类权利。当然,条约中的一般性绝对待遇条款——规定投资者应该获得不低于国际法要求的待遇——承认了习惯国际法中的权利。这一改动没有改变相关表述的含义,只是明确了始终存在的意图。

1994 年范本第 9 条第 3 款(a)项把条约规定的投资争端在提交仲裁前需要经过 6 个月的“冷却期”缩短为 3 个月。这一改动旨在加快利用投资者—东道国仲裁机制。第 9 条规定,一旦 3 个月的等待期届满,则争端中的“有关自然人或公司”可以把争端提请仲裁。虽然东道国提起仲裁的情形极为罕见,但以往范本仍然规定投资者或东道国都可以把投资争端提交仲裁。因此,1994 年范本没有规定东道国提起仲裁只是确认了实际情况。不过,在应当适用的仲裁规则允许的情况下,第 9 条中没有任何内容禁止东道国提出反请求。

1992 年范本中的表述,即争端当事双方应该通过磋商与谈判解决投资争端,被认为多此一举因而在 1994 年范本第 9 条第 2 款中被删除了。但 1992 年范本中的表述并未要求必须进行磋商与谈判,而如果争端当事方希望选择磋商或谈判,则这一表述就是没有必要的。可以认为,无论范本是否规定磋商与谈判,如果争端当事方认为该解决方式是有利的,他们自然会选择这种途径;如果他们认为该解决方式的价值还不足,则就不会选择此种方式。

第 9 条第 2 款——规定投资者可以利用的争端解决方式——删除了规定投资者可以在三种具有拘束力的争端解决方式中作出选择的表述之前出现的限制性短语,即“如果争端不能获得友好解决”。与缩短“冷却期”的规定一样,这一改动旨在加快解决投资者—东道国争端。它防止提出这样一种主张,即诉诸仲裁要求投资者应该证明争端无法友好地获得解决。这一要求从来就不是范本的意图,1994 年范本做出的这一改动澄清了这一点。

第9条第2款明确规定,作为争端当事方的自然人或公司可以在三种解决方式中选择其中“一种”(one)提请解决争端:交由当地法院;根据此前达成一致的争端解决程序;或根据第9条第3款进行仲裁。插入“一种”表明,投资者必须在三种方式中作出排他性的选择,国务卿针对以1994年范本为基础签署的BITs而提交的所有呈报函都提到,投资者在这三种方式——当地救济、此前达成一致的程序,或者BIT项下的投资者—国家仲裁——中做出的选择是排他性的。[54]

与1992年范本一样,1994年范本第9条第3款(a)项规定了同样的一系列仲裁机制。不过,它修改了把诉求提请仲裁的程序。1992年范本规定,在冷却期结束后,允许投资者以书面形式表示同意仲裁,随后,任何争端当事一方都可以根据投资者同意仲裁的规定把争端提交仲裁。1994年范本规定投资者在“冷却期”届满后有权提起仲裁。质言之,投资者同意仲裁与提起仲裁是同时进行的。1994年范本没有规定东道国提起仲裁。这一改动使得BIT的规定与BIT的基本实践相符合。质言之,争端是由投资者提交仲裁,而投资者一般是通过提交仲裁通知——而非做出单独的同意——表示其同意仲裁。

1994年范本第9条第3款(a)项缩短了列举可利用仲裁机制的表述,原因是,“中心”(centre)与UNCITRAL仲裁规则在第1条(j)、(k)项已经分别被做了界定,因而在投资者—东道国争端解决条款中有必要使用较少的概念性文字。1994年范本规定投资者可以把争端提交给ICSID,如果“中心”可以利用的话。与此不同,1992年范本规定“如果该当事国是《ICSID公约》的缔约国”,则投资者可以选择提请ICSID仲裁。1994年范本的规定更为可取,原因是,ICSID仲裁机制是否可以利用并非只是取决于东道国是否是《ICSID公约》的缔约国。1994年范本针对该款做了文体上的一些细微改动,但不影响该款的实质内容。与1992年范本一样,1994年范本明确规定,如果投资者已经把争端提交当地救济或此前达成一致的争端解决程序,则不得利用投资者—东道国仲裁。

1994年范本在第9条第3款(b)项增加了新的规定,它明确规定投资者

---

[54] Georgia BIT submittal letter, at XI; Trinidad and Tobago BIT submittal letter, at XI; Uzbekistan BIT submittal letter, at XI; Albania BIT submittal letter, at XI; Honduras BIT submittal letter, at XI; Nicaragua BIT submittal letter, at XI; Croatia BIT submittal letter, at XI; Jordan BIT submittal letter, at XI; Azerbaijan BIT submittal letter, at XI; Bolivia BIT submittal letter, at XI; Morocco BIT submittal letter, at XI; El Salvador BIT submittal letter, at XI; Bahrain BIT submittal letter, at XI.

向东道国寻求不涉及损害赔偿的临时性救济不影响投资者把争端——涉及诉请救济——诉诸仲裁的能力。这一规定考虑到条约规定的一个要求——投资者应该在仲裁与包括东道国的法院在内的其他争端解决机制争端之间做出选择——造成的一个实际问题。这一实际问题是,仲裁庭并不是持续存在的任何时候可以提供救济的机构。进而,由于仲裁庭通常由来自不同国家的兼职仲裁员组成,因而仲裁庭鲜能快速采取行动。事实上,条约要求投资者把争端提请仲裁前必须至少经过三个月的"冷却期"。因此,一旦产生争端,在仲裁庭组成并采取行动以前,好几个月时间可能就流逝了,在这期间发生的情势——包括东道国采取的行动——可能会严重损害投资者。即便仲裁庭能够采取行动,它也只是对争端当事方有管辖权,而临时性救济可能要求做出影响非争端当事方的命令。这一新规定使投资者在仲裁庭组成前或仲裁程序中止期间可以向东道国法院寻求临时救济,而不会丧失根据条约诉诸仲裁的权利。不过,该项规定并非旨在限制仲裁庭建议或命令采取其认为适当的任何临时措施的权力。该项规定以 NAFTA 第 1121 条第 1、2 款为基础。虽然美国的 BIT 谈判人员在制定以往范本时没有认识到这一新增规定所处理的问题,但这一新的款项与以往范本所蕴含的政策是一致的。

修订把诉求提请仲裁的程序,据此投资者在把诉求提请仲裁前无须以书面形式表示同意也要求在 1994 年范本第 9 条第 4 款中对之前的表述进行重写,新的表述规定投资者把争端提交仲裁就满足了《ICSID 公约》、ICSID 附设机制规则以及《纽约公约》项下的书面同意要求。这一表述规定,东道国在条约中给予的同意表示以及投资者提交仲裁的行为满足了这些要求。即使根据之前的表述,投资者也没有被要求在把诉求提请仲裁之外另行以书面形式给予同意。投资者可以自由地提请仲裁,其视该项行为构成必要的同意。由于 1994 年范本中没有任何条款明确提及投资者必须给予同意,第 9 条第 4 款中的新表述澄清了存在的意图,即表达同意可以通过提出诉求的方式。第 9 条第 4 款在文体方面还有若干改动,但不具有实质性效果。

1994 年范本修改了 1992 年范本第 9 条第 5 款,据此规定 ICSID 仲裁以外的仲裁程序应该在《纽约公约》的缔约国境内进行,并且用该公约的全称取代了以往范本使用的"《纽约公约》"。这一改动显然只是文体上的。

此前有关争端当事方"保证"(undertake)执行仲裁裁决的规定并且为执行裁决准备条件的表述在 1994 年范本第 9 条第 6 款被修订为争端当事方

“应当”(shall)执行裁决的规定并为执行裁决准备条件。起草者选择了语气更强的“应当”一词,但此前表述使用的“保证”也具有同样强的语气。

1992 年范本中的间接来源规则(collateral source rule)——规定于 1994 年范本第 9 条第 7 款——在文体上被做了修改,但这一改动没有实质性的后果。

1994 年范本也修改了 1992 年范本中有关公司国籍的表述,该表述目前规定于第 9 条第 8 款。1992 年范本中的表述被缩短,但其含义没有变化。修改后的表述仍然明确其构成《ICSID 公约》第 25 条第 2 款(b)项规定的同意,但也适用于根据第 9 条进行的任何仲裁。

此外,1994 年范本删去了 1992 年范本第 8 条。该条把由于出口信贷、保险及担保协议——根据这些协议,当事方已经同意利用其他方式解决争端——引发的任何投资争端排除在投资者—国家及国家—国家争端解决条款之外。美国进出口银行与 OPIC 向国务院提出,没有必要再规定这一条款了。[55]

最后,在 1998 年时,“冷却期”从三个月变为 90 天,这一表述更为可取,因为它规定每个案件中的“冷却期”的天数都是一样的,而不会随着月份的变化而变化。

七、2004 年范本

2004 年范本对投资者—东道国争端解决条款做了大幅修改,[56]该条款被置于范本新设的 B 节中,该节共有 14 条,与以往范本相比,修订后的范本为争端当事方与仲裁庭提供了更多更细的指引,并规定了此前未予规定的内容,例如快速审查仲裁请求、非争端当事方参加仲裁、合并相关请求等事项。总体而言,这些变化试图让 BIT 缔约方对仲裁庭适用的法律拥有更大的控制权,强化仲裁程序的透明度,以及更公正和有效地裁决仲裁请求。

(一)把争端提交仲裁

2004 年范本新设的 B 节的第一个条款是第 23 条,该条标题为“磋商与谈判”。该条只是重新规定了敦促性表述,即投资争端当事方应该首先寻求通过磋商与谈判解决争端。虽然磋商与谈判条款在 1994 年范本中被删除了,但它又规定于 NAFTA 第 1118 条以及美国与智利、新加坡签署的 FTAs

---

[55] 1993 hearings, *supra* chap. 2, note 119, at 36.

[56] 有关 2004 年范本的简述, see Mark Kantor, “The New Draft Model U. S. BIT: Noteworthy Developments,” 21 *Journal of International Arbitration* 383(2004)。

中。因此,作为协调 BITs 与 FTAs 之努力的组成部分,该条款重新被规定于 2004 年范本。自相矛盾的是,在把敦促性的磋商表述纳入投资者—国家争端解决条款时,2004 年范本删除了以往所有范本中有关调解的规定。[57] 2001 年,负责抗辩针对美国提出国际求偿的美国国务院官员指出,除一个案件外,所有针对美国提出诉求的仲裁申请人都曾经寻求与美国通过谈判解决争端。[58]

B 节随后直接规定诉诸仲裁的机制。第 24 条——标题为"把争端提交仲裁"——一开头就处理磋商与谈判条款引发的关切,即该条款可能导致这样一种主张,那就是,除非证明争端无法通过谈判与磋商解决,否则投资者不得提请仲裁。第 24 条规定"在争端当事一方认为投资争端不能通过谈判或磋商解决情况下",投资者可以把诉求提交仲裁。因此,投资者——东道国也是如此——认定争端无法通过磋商或谈判机制解决使得这一问题到此为止。仲裁申请人必须要证明争端不能通过友好方式解决从来就不是 BIT 范本的意图所在。争端没有友好地获得解决之事实就是它们无法被友好地解决的充分证据。因此,2004 年范本的表述只是澄清了以往范本始终存在的意图。

虽然 B 节在不同条款中继续使用"投资争端"一词,但它不再界定"投资争端"的含义。相反,第 24 条第 1 款只是简单地规定投资者可以根据 B 节把东道国违反投资授权、投资协议,以及 2004 年范本第 3 ~ 10 条项下义务——关于国民待遇、最惠国待遇、最低待遇标准、征收、汇兑、履行要求、高级管理人员与董事会成员,以及法律的公布等要求——的行为提交仲裁。这种具体的列举取代了以往更为宽泛地提及条约创设、赋予以及承认的权利。这一改动从一个方面看是实质性的:这一列举没有包括条约创设的某些权利。具体来说,它没有包括关于透明度的第 11 条、关于环境的第 12 条以及关于劳工权利的第 13 条。这些权利没有被提及很大程度上使 BITs 与 2002 年之后美国签署的 FTAs 间实现了协调。那些 FTAs 有专门的透明度章、劳工章以及环境章,而所有这些章都不在投资者—国家争端解决条款的适用范围内。进而,劳工与环境条款主要是服务于投资保护以外的价值,即保护劳工与环境,因而没有规定这些条款构成投资者对东道国提出诉求的

---

[57] 参见第十一章第一节。

[58] Mark Clodfelter, "U. S. State Department Participation in International Economic Dispute Resolution",42 *South Texas L. Rev.* 1273,1279(2001).

依据。

B 节向"仲裁申请人"(claimant)赋予诉诸仲裁的权利。2004 年范本界定了"仲裁申请人"的含义。具体而言,第 1 条把它界定为"作为与缔约另一方间发生的投资争端之当事方的缔约一方的投资者"。2004 年范本也把"仲裁被申请人"(respondent)界定为"作为投资争端当事一方的缔约方"。因此,与 1994 年范本一样,2004 年范本明确规定可以把争端提交仲裁的只有投资者,而不是东道国。这种措辞的变动看来不会妨碍仲裁被申请人在可适用的仲裁规则允许的情况下提出反请求。

根据 2004 年范本,投资争端只能由投资者,而不能由投资本身诉诸仲裁。这一做法源于 NAFTA,继而为美国与智利、新加坡签署的 FTAs 所遵循,最终被纳入 2004 年范本,从而使 BITs 与 FTAs 保持了一致性。其结果是,2004 年范本删除了以往范本条款中的规定,即允许根据东道国法律设立的投资基于《ICSID 公约》第 25 条第 2 款(b)项规定之目的,主张具有该投资的拥有者所属国的国籍。这一规定始终是对 BITs 的一般原则——国籍是基于设立地——的一种减损。因而,删除该条款并且只允许投资者提请仲裁被认为更符合该国籍原则。令人费解的是,通过允许分支机构——即便它们是根据另一个国家的法律设立的实体的组成部分——作为投资者主张它们从事营业活动所在国的国籍,2004 年范本同时又规定了这一国籍原则的例外。[59]

第 24 条第 1 款规定,投资者可以代表自己或代表其直接或间接拥有或控制的东道国企业提请仲裁。这一规定的基本假定是,在投资者已经遭受直接损失或损害情况下,投资者会自行提请仲裁。比如,在东道国征收了投资者拥有或该投资者拥有之企业所拥有的土地情况下,投资者遭受了损失,因而会提出仲裁请求。类似地,当投资者在企业中的利益受到直接损害时,比如东道国拒绝投资者获得已公布的红利或行使股东投票权时,投资者也会自行提出仲裁请求。[60] 当企业本身受到侵害时,拥有所有权或控制权的投资者可以代表企业提请仲裁。比如,在东道国征收企业拥有的土地情况下,企业的损失诉求可以由投资者代表提出。在特定投资者完全拥有企业时,企业遭受的损害可以视为就是投资者遭受的损害。由此,投资者可以代表

---

[59] 参见第四章第三节第八目。

[60] See, e. g., *International Thunderbird v. Mexico*, Submission of the United States of America, paras. 10 – 15.

其全资拥有的子公司提请仲裁。当然,东道国的行为可能分别对投资者与企业造成了损害,这使投资者可以代表自己,也可以代表企业提请仲裁。比如,外汇管制既会影响投资的权利,也会影响投资者的权利。

在根据 NAFTA 中的类似条款提请仲裁的案件中,美国对这种区分做出了评论。比如,在 *S. D. Myers v. Canada* 案中,美国认为,投资者遭受的直接损失的例子包括征收投资者的股权凭证,或者投资者由于被拒绝行使投票权而遭受的损失。[61] 在 *GAMI v. Mexico* 案中,美国列举了投资者遭受损失的又一个例子,即东道国征收投资者拥有的企业。[62] 与此不同,禁止出口货物或服务的措施通常只是让从事贸易的实体遭受损失的措施。[63]

2004 年范本不允许投资者代表任何他在其中拥有投资的企业提请仲裁。相反,投资者必须拥有或控制企业。2004 年范本没有界定"拥有"(own)或"控制"(control)的含义。显然,只要股东能够证明它控制着企业,那么少数股东也可以代表企业提请仲裁。2004 年范本没有要求控制应该是最终的控制。因而,比如,控制某一企业的美国投资者可以代表该企业提请仲裁,即便该美国投资者本身被具有另一国籍的投资者所控制。同时,控制既可以是直接的也可以是间接的,因而,在美国的投资者与该投资者控制的企业之间存在中介(intermediaries)不妨碍投资者代表企业提请仲裁。比如,拥有根据第三国法律设立且拥有位于缔约另一方领土内的企业的美国投资者可以代表该企业提请仲裁。2004 年范本允许投资者利用任何方式确立与企业的所有权或控制关系。在某些情况下,不止一个投资者与企业间存在控制关系。

这表明,2004 年范本与此前的实践是一致的,原因是,在东道国实施的违反条约的行为损害了其本国国民——具体来说,是指根据东道国法律设立但由母国的国民拥有或控制的公司——的情况下,它允许该东道国国民对本国提起诉求。根据以往范本,此类诉求可以由企业自行提起,即根据《ICSID 公约》第 25 条第 2 款(b)项对其本国提出诉求。2004 年范本要求此类诉求应该由拥有或控制企业的投资者提出。所提出的违法行为相同,但主张诉求的当事方不同。采取这一做法使 2004 年范本与 NAFTA 以及 2002 年后美国签署的 FTAs 保持了一致。

---

[61] Submission of the United States of America, para. 9.

[62] Submission of the United States of America, para. 9.

[63] *Id.*, at para. 10.

2004 年范本不同于以往的范本,原因是,第 24 条第 1 款明确规定,仲裁申请人或其代表的企业“已经由于或基于违反行为遭受了损失或损害”。这一表述对仲裁申请人提请仲裁设定了三个条件:损失、违反行为,以及二者之间的因果关系。当然,这些是诉权的传统构成要件。不过,NAFTA 以及美国与智利、新加坡签署的 FTAs 都规定了这一条款,而 BIT 的谈判人员也认识到了明确规定这些要素的某些好处,例如,它们有助于避免仲裁申请人提出不成熟的诉求,因为损失不存在。

诚如第九章第五节第五目进一步讨论的,第 24 条第 1 款规定的条件也是诉因的传统构成要素。比如,美国认为短语“由于……”(by reason of)或“基于……产生”(arising out of)所要求的因果关系指的是习惯国际法中的近因(proximate cause)规则。[64] 类似地,在 *Methanex v. United States* 案中,美国主张,加利福尼亚州颁布的禁止使用 MTBE 添加剂的禁令与仲裁请求人——其生产的甲醇 MTBE 添加剂的成分之一——无关,因为该禁令对仲裁申请人的影响是间接的并且过于轻微。[65] 正如这一表述同样明确的,损失必须可归因于东道国的行为,而非投资者的自身行为。[66]

在仲裁请求针对的是东道国违反投资协议情况下,第 24 条第 1 款规定了另一个条件,即诉求的主题事项与所求偿的损害应当“与根据投资协议设立或取得,或者寻求设立或取得的涵盖投资有直接关系”。2004 年范本对“投资协议”(investment agreement)做了界定。这一界定把该术语限定为投资者或涵盖投资与东道国的国家机关签署的书面协议,该协议是投资者设立投资的依据,并且向投资者或涵盖投资赋予三种权利中的一种。这些权利包括涉及自然资源有关的权利、代表东道国为公众提供服务的权利,以及建设主要不是为了政府使用或受益的基础设施项目的权利。该定义的脚注规定“书面协议”(written agreement)是指以书面形式签署并由当事方履行——不论它存在于一份单独法律文件中或是多份法律文件中,为当事方彼此创设权利与义务,并且根据第 30 条——规定投资者—国家仲裁中的适用法律——规定的可适用法律对协议当事方都具有拘束力的协议。该脚注还规定,“为了更加明确”,东道国的行政或司法机关实施的单方行为,比如

---

[64] GAMI Investments v. Mexico, Submission of the United States of America, para. 19. See also Methanex v. United States, Reply on Jurisdiction, Admissibility and Proposed Amendment, pages 9 – 14, and Rejoinder on Jurisdiction, Admissibility and the Proposed Amendment, pages 11 – 14.

[65] Amended Statement of Defense, paras. 227 – 228.

[66] *Id.*, at para. 239.

当事方纯粹以规制者身份颁发的准许、许可或授权，或者法令、命令或判决本身不构成书面协议。行政命令或司法同意令(judicial consent order)也不构成书面协议。

在参议院针对美国—乌拉圭 BIT 举行的听证会上，副国务卿丹尼尔·威廉姆斯(Daniel Williams)在解释第 24 条第 1 款时指出：

"这一条款明确了对于那些因投资协议被违反提起的仲裁请求来说，仲裁申请人必须主张诉求的主题和损害应当与根据投资协议做出的涵盖投资之间存在'直接关系'。换言之，如果主题事项和损害与涵盖投资相关(比如，主张东道国的不履行影响了涵盖投资——涵盖投资依赖于该履行——，并且给涵盖投资造成损害)，则可以以投资协议被违反为由提出诉求，但如果它们涉及投资协议中与涵盖投资不具有重要并联的内容(比如，纯粹基于东道国未能根据投资协议的特定条款——该条款并非涵盖投资设立与取得的重要依据——履行造成的合同损害而提起的诉求)，那么，仲裁申请人不可以提出投资协议被违反之请求。"[67]

根据 2004 年范本 34 条第 2 款，在投资者代表企业提起仲裁情况下，任何裁决的赔偿应当直接向企业支付。企业随后以其认为适当的方式分派赔偿金额，这包括把部分或全部的赔偿金分派给它的投资者。这一条款旨在防止投资者侵占其他人——比如企业的债权人——可能提出诉求的企业资产。

2004 年范本规定了在提请仲裁前必须满足的另一个形式要求。具体来说，根据第 24 条第 2 款，投资者必须在提请仲裁前 90 天向东道国发出书面通知，表明其有意把诉求提交仲裁。仲裁意向通知应当载明仲裁申请人的名字与地址，或者在诉求系代表企业提出时，载明企业的名称、地址以及设立地；指控被违反的条约、投资授权或投资协议中的条款，以及任何其他相关条款；各请求的法律与事实根据；所寻求的救济以及求偿的大致金额等。此种条款最早出现于 NAFTA 第 1119 条，美国 BIT 的谈判人员保留了这一条规定。此种条款的价值在于，提醒东道国存在争端这一事实，从而使东道国有机会在进行仲裁程序之前进行有意义的谈判。2004 年范本还在附件 C 中规定通知文件应当递交给东道国政府的特定机构。

这一规定引发的一个问题是，仲裁申请人最终提交的诉求在多大程度

---

[67] 2006 hearings, supra chap. 2, note 140, at 22.

上受到仲裁意向通知规定的内容的限制？在 *Methanex v. United States* 案中，美国认为，在增加新的诉求情况下，如果该诉求涉及的一系列重要事实不同于仲裁意向通知所载明的事实，则该诉求应当被认为不在仲裁被申请人同意仲裁的范围之内。[68]

比如，仲裁申请人是否主张某一条约条款被违反——这在仲裁意向通知中并未载明——的问题可能就会出现。美国在 NAFTA 项下仲裁中的立场是，仲裁庭的管辖权仅限于根据投资者—国家争端解决条款，包括要求提交仲裁意向通知之条款提交的诉求，因而没有在仲裁意向通知中载明的诉求就不在仲裁庭的管辖范围内。[69] 正如美国在 *Pope &Talbot v. Canada* 案中根据 NAFTA 第 1128 条提交的意见中指出的，仲裁被申请人同意仲裁的内容"显然包括把诉求提交仲裁的程序性前提条件"，因此，除非这些条件获得满足，任何诉求不得被提交仲裁。[70] 虽然国际仲裁规则通常确实允许修改仲裁请求，但美国认为任何此类修改都不得扩大仲裁庭的管辖权，因此某项修改不得允许把没有载明于仲裁意向通知的诉求提交仲裁。在许多情形下，美国立场的作用可能只是要求仲裁申请人应该提出新的仲裁请求，这导致了资源浪费以及裁决不一致，但新的请求可能会与初始提出的诉求进行合并，从而可能缓解其中的某些问题。正如第九章第五节第三目讨论的，在仲裁被申请人所受损害可以获得救济情况下，仲裁庭可能会允许仲裁申请人通过修改从而纳入新的仲裁请求。

在某项诉求没有载明于仲裁意向通知但纳入仲裁通知情况下，基于政策依据反对美国立场的主张甚至更加有力，但美国的逻辑表明这些诉求也不在仲裁庭的管辖范围内。如果仲裁庭采纳了美国的立场，其结果可能是鼓励仲裁申请人尽可能宽泛地制作仲裁意向通知，以便把遗漏诉求的风险降低到最低程度，因为仲裁申请人会由于仲裁意向通知的涵盖性不足而承担不利后果，而不会由涵盖性过大而承担不利后果。这反过来降低了仲裁意向通知的价值。从政策依据上看，可取的做法似乎是，不把这一程序性要求作为仲裁庭行使管辖权的一个条件，但允许仲裁庭在仲裁申请人恶意起草仲裁意向通知书或者不完善的仲裁意向通知对仲裁被申请人造成的损害

---

[68] Amended Statement of Defense of Respondent United States of America, para. 422.

[69] See, e. g., Mondev International v. Untied States, Counter-Memorial on Competence and Liability of the Respondent United States of America, page 68; ADF Group v. United States, Rejoinder on Competence and Liability of Respondent United States of America, pages 35 – 40.

[70] Third Submission of the United States of America, para. 7.

无法获得救济情况下拒绝受理相关诉求,并且无论如何在关于仲裁费用的最终裁决中对于该不完善的仲裁意向通知书给仲裁被申请人造成的额外负担予以考虑。没有对制作不充分的仲裁意向通知规定严重的不利后果会鼓励投资者把仲裁意向通知当作不重要的手续,也损害了仲裁意向通知的目的。

但是,修改诉求要受到限制,即修改后的诉求应当像初始诉求一样都在仲裁庭的管辖权范围内,即该诉求应当在争端当事方同意提交仲裁的事项范围内。

由于要求在提请仲裁前90天应该提交仲裁意向通知,2004年范本第24条第3款延长提出诉求前的“冷却期”就可以理解了。以往的范本规定了六个月的等待期,这一期限在1994年范本中被缩短为三个月(1998年时被缩短为90天)以便仲裁申请人可以更快地利用投资者—国家仲裁。与此不同,受到美国作为被告或潜在被告——而不是原告的母国——的经历的影响,2004年范本重新重视鼓励争端当事方友好地解决争端。新的“冷却期”为“从导致提出诉求的事由发生后”的六个月。90天的仲裁意向通知期限可以与六个月的“冷却期”同时适用。由此,只要在六个月“冷却期”届满前至少30天提交仲裁意向通知,在提交诉求方面,要求提交仲裁意向通知在重新设立的六个月“冷却期”之外不会导致额外的拖延。

2004年范本增加了新条款,它规定了诉求在什么时候应当被认为已经被提请仲裁。在*Feldman v. Mexico*案中,仲裁被申请人抗辩认为,诉求没有在NAFTA规定的三年期限内提出,从而引发了诉求被认为在何时被提交仲裁的问题。NAFTA的表述——规定于第1116条第2款、第1117条第2款——规定仲裁申请人应当在三年内“提出诉求”。新的条款对于诉求被提请仲裁的时间给出了明确答案。第24条第4款规定,在仲裁请求人的仲裁通知或请求被接收——在ICSID仲裁或ICSID附设机制仲裁情形下,由ICSID秘书长接收;在其他仲裁情形下,由东道国接收——时诉求应当被认为已经提请仲裁。这完全符合所有此前范本的意图以及美国在*Feldman v. Mexico*案中的主张。在*Feldman v. Mexico*案中,美国根据NAFTA第1128条提交了一份声明,在该声明中,美国主张短语“提出仲裁请求”指的是把争端事项提交仲裁,而不是发出仲裁意向通知。允许通过发出仲裁意向通知从而宣告遵守了起诉期限会导致该起诉期限制的目的落空,因为NAFTA没有限定从发出仲裁意向通知到提请仲裁之间的期间。

第24条第4款也规定,构成把请求提交仲裁的通知或请求是指《ICSID公约》第36条第1款、ICSID附设机制规则C项安排(Schedule C)第2条、UNCITRAL仲裁规则第3条所指的通知或请求以及UNCITRAL仲裁规则第18条所指的请求之声明(statement of claim),或者争端当事方共同选择的其他仲裁规则所指的通知或请求。由于BIT允许争端当事方可以选择仲裁机制,因此,在某些情形下,它在提及仲裁过程的许多方面——比如把请求提交仲裁——有时候使用一般性的表述。因而,第24条第4款只是规定,根据各个可能适用的仲裁规则可以构成提请仲裁的行为也构成了2004年范本意义上的提请仲裁。由于预计到关于诉求的声明有时会被修改,第24条第4款也规定,在提交仲裁通知之后第一次主张的仲裁请求应当被认为是在该仲裁请求被收到之日提交的。仲裁请求的接收人是前文提过的第24条第4款规定的那些人,即在ICSID仲裁或ICSID附设机制仲裁情况下,接收人是ICSID秘书长;在其他情况下,接收人是仲裁被申请人。

2004年范本改变了投资者在其间必须指定仲裁员的期限。第24条第6款规定仲裁通知应该载明仲裁申请人指定的仲裁员名字,或者书面同意ICSID秘书长为其指定仲裁员。此前的范本允许投资者在提请仲裁后再指定仲裁员,而不同的范本对指定期限的规定是不同的。这一改动是为了应对NAFTA项下投资者—国家仲裁暴露出来的问题。这一改动的目的被解释为:

"根据NAFTA,如果在提请仲裁之后的90天内仲裁庭仍未成立,那么,任何争端当事一方都可以请求仲裁员指定机构指定仲裁庭中尚未获指定的仲裁员。不过,一些仲裁申请人会等到这一期限临近届满时才指定仲裁员,然后马上向ICSID申请组建仲裁庭。这一策略使仲裁被申请人没有足够的时间在指定仲裁员时做出深思熟虑的选择。有些仲裁申请人提交了仲裁通知,但从不指定仲裁员。这一做法迫使仲裁被申请人不得不在两类不利的行为中做出选择:主动组建仲裁庭,抑或实际上使得仲裁申请人可以通过在规定期限内通过提出仲裁请求的方式废弃了NAFTA规定的三年期时效限制。要求仲裁申请人在提交仲裁通知的同时指定仲裁员可以解决这两个问题。"[71]

较之东道国,仲裁申请人很早以前就知道自己提起仲裁请求的意向,因

---

[71] Andrea J. Menaker, "Benefiting from Experience: Developments in the United States' Most Recent Investment Agreements," 12 *U.* C. Davis J. Int'l L. & Pol'y 121, 126 – 7 (2005).

而较之仲裁被申请人有长得多的时间考虑潜在的仲裁员人选。第 27 条第 3 款规定组建仲裁庭只有 75 天，如果未能组建的话，此后指定机构将有权指定仲裁员。美国的 BIT 谈判人员认为，如果美国政府在接到仲裁通知时知道仲裁申请人指定的仲裁员身份，那么，东道国就能够更快地指定己方所希望的仲裁员，从而有助于确保在 75 天内组建仲裁庭。

BIT 缔约方对仲裁的同意规定于 2004 年范本第 25 条——标题为“缔约各方对仲裁的同意”。第 25 条第 2 款规定——与 1992 年以来的范本一样——规定同意仲裁与提请仲裁构成了《ICSID 公约》、ICSID 附设机制规则以及《纽约公约》要求的书面形式。第 25 条第 2 款的括号内有关在适当情况下可以纳入条约的表述也包含《美洲国家国际商事仲裁公约》第 1 条。

第 26 条第 2 款也规定了诉诸 B 节项下仲裁的一个条件，即投资者根据条约规定的程序以书面形式表达对仲裁的同意。不过，对于这种同意系可以做出或者必须做出，2004 年范本没有作出规定。因此，投资者可以在诉求声明中表达对仲裁的同意。事实上，投资者—国家仲裁中的普遍实践是，认为投资者把诉求提请仲裁是对仲裁的默示同意。

最后，如果仲裁申请人“第一次获得或应当获得违反义务的消息”，以及仲裁申请人以及——视情况而定——企业已经蒙受损失或损害之日起已经过了三年，则第 26 条第 1 款禁止根据 B 节提起诉求。由此，2004 年范本规定了三年期限，仲裁请求必须在该期限内提起。这一期间从投资者知道或应当知道东道国的违反行为及其遭受损失之日起开始计算。质言之，第 26 条第 1 款规定根据仲裁申请人事实上知道或推定知道违反行为与损失起算该期限。[72] 此外，这一期限被“严格执行”，这意味着该期限不能中止、延长或限制。[73] 该期限在投资者知悉违反行为与损失起算，即便投资者并不知道损失的程度。[74] 该条款首先出现于 NAFTA，并且被 BIT 谈判人员在制定 2004 年范本时保留了下来。该条款规定应该在三年内把诉求提请仲裁。第 24 条第 4 款界定了提请仲裁之行动的含义。仅仅发送提出诉求之意向通知是不够的。由于上述意见通知必须在提请仲裁前 90 天提交，因此，仲裁申请人

---

[72] Grand River Enterprises v. United States of America, Objection to Jurisdiction of Respondent United States of America, page 28.

[73] Id. , See also Feldman v. Mexico, Award, para. 63.

[74] Grand River Enterprises v. United States, Objection to Jurisdiction of the Respondent United States of America, at 36. See also Mondev v. United States, Award, para. 87.

实际上必须在请求产生之日起的两年九个月内通过提交意向通知启动仲裁过程。

（二）选择仲裁机制

2004年范本第24条第3款规定的四种仲裁形式与在1994年范本中规定的是一样的。第24条第3款只是修订了1994年范本的表述以明确只有当BIT的缔约双方都是《ICSID公约》的缔约方时才可以利用ICSID，并且有且只有BIT的一个缔约方是《ICSID公约》的缔约方时才可以利用ICSID附设机制。1994年范本已经规定可以利用——“如果是可资利用的”——这些机制，但没有明确规定在哪些情势下可以利用或者不能利用。新的表述只是做出了某种澄清，并且在这么做的过程中部分恢复了曾经出现于1994年范本中的表述。新的表述也规定，就ICSID仲裁而言，《ICSID公约》以及《ICSID仲裁程序规则》都适用。类似的表述出现于1992年以前的范本，但1992年范本删除了这一表述。

2004年范本还处理了与仲裁机制选择有关的一个问题：如何处理仲裁规则中的改动问题。第24条第5款规定，仲裁应适用诉求被提请仲裁之日有效的仲裁规则，除非该仲裁规则被条约作出修正。考虑到2004年范本采取的程序创新——下文对此加以讨论，这一限制特别重要。

（三）投资者—国家仲裁与其他救济之间的关系

如果投资者已经把争端提交东道国法院或此前达成一致的其他争端解决程序，此前的BIT范本都规定不得进行BIT项下仲裁。2004年范本第26条——标题为“缔约各方之同意的条件与限制”——规定了BIT仲裁与具有拘束力的其他救济之间的关系。第26条第2款规定，针对任何被指控违反投资授权、投资协议或者A节第3至9条的措施，投资者不得把某一诉求提请仲裁，除非投资者以书面形式放弃提起或继续进行其他争端解决程序。如果诉求系由投资者代表企业，投资者也必须提交企业的书面放弃声明。因此，根据2004年范本，在把诉求提请B节项下仲裁时，投资者或企业都没有被禁止诉诸其他救济。这一点经由提及“继续”（continuing）进行争端解决程序而获得了明确。不过，一旦诉求被诉诸条约项下仲裁，投资者（以及企业——如果投资者代表企业提请仲裁的话）针对被指控措施必须放弃任何其他救济，并且放弃在未来针对被指控的措施寻求任何其他救济的权利。在仲裁申请人提交放弃声明但随后未能遵守该声明情况下，其结果是使放弃声明变得无效，从而导致仲裁申请人未能满足仲裁庭据以行使管辖权的条件之一。[75]

第 26 条反映了美国 BIT 政策的变化。此前 BIT 范本均允许投资者根据 BIT 选择当地救济或者投资者—国家仲裁。如果争端已提交当地仲裁，同样的争端随后不得被提交给投资者—国家仲裁，即便投资者终止当地救济程序。这一规定阻碍了投资者诉诸当地救济。

2004 年范本试图消除阻碍把诉求诉诸当地救济的这一不利因素。根据 2004 年范本，把争端诉诸当地救济不妨碍随后把该争端提交投资者—国家仲裁。不过，为了避免多种救济程序，把争端提交投资者—国家仲裁要求投资者针对同样的措施放弃启动或继续任何其他救济程序。避免同时存在多种救济程序是美国长期的 BIT 政策，也是以往范本规定投资者诉诸当地救济就丧失了援引 BIT 中的投资者—东道国争端解决条款的权利的原因所在。

2004 年范本中没有任何条款禁止投资者用尽——如果在三年内可以这么做的话——当地救济，然后把同一争端提交投资者—东道国仲裁。因此，2004 年范本较之以往范本较少强调避免同时存在多种救济程序，而是更多地强调鼓励投资者寻求当地救济。这一新做法也减少了这样一种可能性，即投资者在认识到 BIT 救济可资利用之前经由把争端提交给东道国法院，从而无意间放弃了诉诸投资者—国家仲裁的权利。不过，即便根据以往的范本，并非所有的诉诸当地救济都会导致无意地放弃诉诸投资者—国家仲裁的权利。根据以往范本，只有在同样的争端已经被诉诸当地救济情况下，诉诸 BIT 项下仲裁才会被禁止。如果被提交仲裁的争端是不同当事方之间的争端，或者与此前被提交当地救济的争端的案由不同，那么，它就是一个不同的争端，因而可以根据 BIT 的投资者—国家争端解决条款进行仲裁。允许投资者把争端提交当地救济并在随后把同样的争端提交投资者—国家仲裁——只要放弃进一步诉诸其他救济——的条款通常被称为“不得掉头”(no U-turn)条款，原因是，一旦投资者把诉求诉诸投资者—国家仲裁，他就不能回到东道国的法院。

把诉求诉诸东道国的法院而随后又提请投资者—国家仲裁的投资者可能会发现，东道国会抗辩认为，投资者可以向仲裁庭提出的唯一诉求是东道国的法院构成了拒绝司法。这一主张与 BITs 的意思是相悖的。比如，如果

[75] Tembec v. United States, Objections to Jurisdiction of Respondent United States of America, page 36.

东道国征收了投资但支付赔偿，法院未能判决给予赔偿只是意味着没有利用这一机会履行 BIT 规定的义务。根据 2004 年范本，投资者仍然可以把指控东道国违反征收条款的诉求提请投资者—国家仲裁。它向仲裁庭提出的诉求并不限于拒绝司法。

习惯国际法不允许裁决超过损失的赔偿，因此，在东道国法院已经对某一争端作出裁判而该争端又被提交仲裁情况下，任何仲裁裁决确定的赔偿数额应当扣减投资者经由当地救济已经获得的赔偿数额。不过，如果当地救济未能提供充分的赔偿，2004 年范本不禁止投资者有权通过诉诸投资者—东道国仲裁寻求其他的赔偿。

尽管投资者放弃诉诸其他救济，第 26 条第 3 款保留了投资者向东道国法院寻求临时救济的权利。在投资者代表企业提出诉求情况下，投资者或企业都可以寻求此种临时救济，以保护投资者或企业的权利或利益。临时救济必须纯粹是为了保护仲裁程序进行期间投资者或企业的权利与利益，并且限于临时的禁令性救济。

（四）选择仲裁员

新的第 27 条——标题为"选任仲裁员"——第 1 款规定，除非争端当事方另有约定，仲裁庭应当由三名仲裁员组成，争端当事双方各指定一名仲裁员，而第三名仲裁员经争端当事方达成一致指定的"首席仲裁员"。这与根据国家—国家争端解决条款设立的机制是类似的。此前的范本把仲裁员的指定机制交由可适用的仲裁规则加以确定。

与国家—国家争端解决条款相似，第 27 条第 3 款规定，如果自某一请求被提请仲裁之日起 75 日内未能组建仲裁庭，应争端当事一方请求，ICSID 秘书长应当指定一名或多名尚未被指定的仲裁员。第 27 条第 2 款——稍微有点多余——规定 ICSID 秘书长应当作为 2004 年范本 B 节项下仲裁员指定机构。这一表述不完全是多余的，因为指定机构在仲裁庭组建后一旦发生仲裁员死亡或辞职而出现空缺时就是必要的。

2004 年范本把 90 天组建仲裁庭的期限缩短为 75 天，在该期限届满后，可以请求指定机构指定任何尚未指定的仲裁员。这一改动源于《2002 年两党贸易促进权限法》（Bipartisan Trade Promotion Authority Act，TPA），该法要求更快捷的争端解决程序。[76]

---

[76] 参见第二章第五节第三目。

第27条第4款规定了东道国同意指定根据《ICSID公约》或ICSID附设机制仲裁规则组建的仲裁庭中的每位仲裁员。进而，仲裁申请人行使把某项诉求诉诸ICSID或ICSID附设机制，或者继续此项诉求之权利的一个条件是，仲裁申请人以书面形式同意仲裁庭各成员的指定。如果投资者代表企业提出仲裁请求，仲裁申请人行使提起或继续提起某项诉求之权利的一个条件是，企业以书面形式同意仲裁庭各成员的指定。第27条第4款是针对《ICSID公约》第39条和ICSID附设机制仲裁规则第7条所作的一个回应。根据不同的ICSID法律文件中的这两个条款，第39条调整的是利用ICSID进行的仲裁，而第7条调整的是利用ICSID附设机制进行的仲裁，仲裁员的多数必须是非BIT缔约方的国家的国民，除非仲裁员系由争端当事双方达成协议而指定。第27条第4款规定了指定仲裁员的此种同意，由此解除了上述第39条和第7条规定的国籍限制。第27条第4款以NAFTA第1125条为基础。加拿大与墨西哥表示，只有在被获准向投资者—国家仲裁庭指定本国国民作为仲裁员前提下，它们才同意ICSID仲裁以及ICSID附设机制仲裁。[77] 第27条第4款不适用于根据UNCITRAL仲裁规则进行的仲裁，因为该仲裁规则不像《ICSID公约》第39条那样限制仲裁员的国籍。当然，第27条第4款不禁止以国籍以外的原因对仲裁员的资格提出——在可适用的规则允许的范围内——异议。

(五)适用法律

2004年范本第30条——标题为"适用法律"——规定了仲裁庭要适用的法律。如果仲裁请求系基于指控东道国违反第3条至第10条，仲裁庭应当根据BIT与其他可适用的国际法规则进行裁判。第30条是以NAFTA第1131条的表述为基础的。

如果仲裁请求是基于东道国被指控违反了投资授权或投资协议，仲裁庭应当适用相关投资协议或投资授权中规定的法律，抑或争端当事方达成一致要适用的法律。如果投资协议或投资授权没有规定要适用的法律规则并且争端当事方对此也未能达成一致，则仲裁庭应当适用仲裁被申请人的法律，包括冲突法规则以及可适用的国际法规则。第30条遵循了《ICSID公约》第42条第1款。第30条附带的脚注30把"仲裁被申请人的法律"界定为具有管辖权的国内法院或法庭在同样的案件所适用的法律。

---

[77] Meg. N. Kinnear, Andrea K. Bjorklund, & John F. G. Hannaford, *Investment Disputes under NAFTA: An Annotated Guide to Chapter* 11, 1125 - 1(2006).

所有这些法律选择规则要遵循第30条第3款，如下文所说的，该第3款规定由BIT缔约方对BIT做出有权解释。另外，适用于根据投资协议或投资授权提出的仲裁请求的表述是“遵循……本节的其他条款”。比如，第34条第3款规定的禁止裁决给予惩罚性赔偿适用于仲裁。

（六）快速审查反对

另一套规则针对诉求的法律基础或者仲裁庭的管辖权限提出的反对规定了快速审查。这些条款中的第一个——规定于第28条第4款——规定仲裁庭“应当把仲裁被申请人提出的反对——从法律上说，被提交的诉求不是根据第34条可能裁决仲裁申请人胜诉的诉求——视为先决问题加以处理并作出裁定。”任何此等反对应当在仲裁庭组成后“尽快”提交给它，并且无论如何不得迟于仲裁庭确定的仲裁被申请人提交答辩状的日期。如果仲裁申请人修改了仲裁通知，那么，提交反对的最迟时间应当是仲裁庭确定的仲裁被申请人就该修订提交答辩的日期。在收到异议后，仲裁庭“应当”中止任何实质问题程序，并且确定一个时间表——与为审查任何其他先决问题而确定的时间表一致——审查先决问题，并且就该反对作出决定或裁决，包括作出决定或裁决的理由。在根据第28条第4款对反对作出裁决时，仲裁庭应当推定仲裁申请人在仲裁通知中提出的支持其诉求的事实方面的主张是真实的。如果仲裁申请人修订了仲裁通知，那么仲裁庭应当推定修订后仲裁通知的事实方面的主张是真实的。如果诉求是根据UNCITRAL仲裁规则提起，那么仲裁庭应当推定仲裁申请人在该仲裁规则第18条所指的诉求声明中提出的事实方面的主张是真实的。仲裁庭也可以考虑不存在争议的任何相关事实。

建立快速的初步审查机制是《2002年两党贸易促进权限法》规定的谈判目标之一。在起草该法时，有人表达了这样一种关切，即某些根据NAFTA第十一章诉诸仲裁的诉求是没有根据的（frivolous）。此等诉求之一就是*Methanex v. United States*案，该案中的投资者指控加利福尼亚州禁止汽油添加剂的措施是歧视性的，尽管它同时适用于美国生产商和外国生产商；构成了征收，尽管加州长期以来一直对有毒物质实施管制，并且该措施对投资的唯一影响是销售减少。缺乏反驳投资者所提诉求具有法律上的充分性的程序意味着美国被迫参加耗时长达六年的仲裁；投资者的诉求是如此没有根据以至于仲裁庭认定其没有管辖权；推定仲裁庭具有管辖权，在实质问题方面也会作出不支持申请人请求的裁决；仲裁申请人被要求承担全部仲裁费用，并且向美国支付其支出的约 300 万美元的法律费用。*Methanex v. United States* 案是一个经典的案例，在该案中，如果有反驳投资者所提诉求具有法律充分性的机制，就有望节省大量的资源。在 *ADF Group v. United States* 案中，虽然国民待遇条款与履行要求条款都规定了政府采购计划例外，但仲裁申请人仍然主张获得联邦财政支持的高速公路修建项目使用原产于美国的钢铁违反了这两个条款。虽然书面抗辩清楚明了，但由于没有快速审查机制，仲裁程序仍然耗时三年。鉴于此，美国 BIT 的谈判人员寻求针对仲裁请求的法律充分性问题设立快速审查机制。

从观念上看，这一机制效仿了《联邦民事诉讼规则》之规则 12(b)(6)，该条款允许法院在不可能给予救济情况下驳回诉讼请求，并规定法院在决定是否驳回诉讼请求时应该推定原告主张的事实是真实的。这一机制的优点是，它允许仲裁庭确定作出事实认定对于裁判仲裁请求是否是必要的，从而避免争端当事方在收集与提交证据——无论如何，认定这些证据是没有必要的——方面支出费用。

针对根据第 28 条第 4 款提出的初步反对，或者对于仲裁庭的管辖权提出的任何反对，第 28 条第 5 款规定了快速处理方法。如果仲裁被申请人在仲裁庭组建后 45 日内提出反对，仲裁庭应当快速作出裁定。具体而言，仲裁庭应当中止任何实质问题程序，并且在提出反对之日起的 150 天内针对反对作出决定或裁决。该决定或裁决应当说明理由。如果争端当事一方要求举行听证，则仲裁庭可以延长 30 天作出决定或裁决。另外，不论争端当事方是否要求举行听证，在显然存在特殊事由时，仲裁庭可以短暂地——不超过 30 天——延迟作出决定或裁决。2004 年范本的字面表述——它规定仲裁庭审查根据第 28 条第 4 款项提出的反对“和”(and)其他关于管辖权的反对——可以被理解为意指只有在同时提出两种反对情况下才能适用第 28 条第 5 款规定的快速审查程序。不过，考虑到第 28 条第 5 款的目的，并且它是独立于第 28 条第 4 款，对“和”(and)一词的更好解读应该是“和/或”(and/or)。直言之，仲裁被申请人可以根据第 28 条第 4 款提出反对、管辖权反对，或者同时提出两种反对。实际上，美国与智利、新加坡签署的 FTAs——它们是在 2004 年范本起草前签署的——使用的是连词“或”(or)。连词的变化可能反映了范本起草者们的矛盾心理，即哪一个连词能够最好地表达立法意图，即两种反对或其中之一都可以提出以适用第 28 条第 5 款。

2004 年范本没有要求仲裁被申请人在第 28 条第 4 款或第 5 款可以适

用情况下应该加以利用。为了明确仲裁被申请人不会因没有提出先决问题作为抗辩而受到任何损害,第 28 条第 4 款(d)项规定仲裁被申请人不会因为根据或没有根据第 28 条第 4 或 5 款提出反对而放弃对仲裁庭管辖权的反对,或者放弃在任何实质问题上的主张。另外,快速审查机制不影响仲裁庭处理作为先决问题的其他反对的权力。

在投资者—国家仲裁方面,快速审查机制如何有效地节约时间、人力、资金还有待观察。从 BIT 谈判人员的方面看,一个关切是,仲裁被申请人可能会认为它必须援引第 28 条第 4 款提出初步反对,以免在仲裁申请人在事实方面提出的主张被证明的情况下被认为其承认仲裁申请人的诉求是具有法律依据的。如果仲裁被申请人持有这一观念,那么第 28 条第 4 款的影响可能是促使仲裁被申请人在每个仲裁案件都提出初步反对,因而只是在每个案件中额外增加新一轮的文书提交,导致在每个案件中——在仲裁庭就此问题裁定支持仲裁申请人的情况下——增加时间与费用。

为了解决这一关切,第 28 条第 6 款规定,在裁定仲裁被申请人根据第 28 条第 4 款或 5 款提出的反对时,仲裁庭——如有合理理由——可以裁决向胜诉的争端当事一方支付在提出与反驳反对过程中支出的合理成本与律师费。在确定这一裁决是否有理由时,仲裁庭应当考虑仲裁请求或反对是否是没有根据的(frivolous),并且应当允许争端当事方有机会发表意见。第 28 条第 6 款旨在遏制随意援引第 28 条第 4 款或第 5 款,从而把这些援引限定于那些反对是有根据的情形。虽然仲裁庭被指示应该考虑仲裁请求或反对是否有根据,对律师费用的裁决并不取决于该仲裁请求或反对是没有根据的。类似地,如果仲裁请求或反对部分是没有根据的,仲裁庭也可以针对部分的律师费用作出裁决。2004 年范本有意不界定“没有根据”的含义,全部的认定交由仲裁庭自行裁量,但它被要求在作出决定时考虑这一“没有根据”。第 34 条第 1 款允许仲裁庭根据可适用的仲裁规则针对就律师费作出裁决,因而,即便在没有第 28 条第 6 款之规定情况下也可以获得律师费补偿。尽管如此,第 28 条第 6 款确保在仲裁规则没有作出相应规定情况下,允许仲裁庭针对没有根据的初步反对作出关于律师费的裁决,并且也会鼓励在适当案件中作出关于律师费的裁决。

(七)非争端当事方参加仲裁

2004 年范本以不同方式规定了非争端当事方——包括作为非争端当事方的 BIT 缔约方在内的非争端当事方、专家,以及一般公众——对仲裁的某种参与。允许作为非争端当事方的缔约方参与仲裁旨在让缔约方更好地控制仲裁庭对法律的适用,而允许其他非争端当事方的私主体参与仲裁旨在让仲裁庭获得更多的信息并且提高仲裁过程的透明度。其中,提高仲裁程序的透明度是《2002 年两党贸易促进权限法》明确规定的谈判目标之一。

参与仲裁的一种方式是向仲裁庭提交意见。第 28 条第 2 款允许作为非争端当事方的 BIT 缔约方可以就条约解释问题向仲裁庭提交口头与书面意见。NAFTA 中也有类似的条款。具体来说,NAFTA 第 1128 条规定"经书面通知争端当事方,缔约一方可以就本协定的解释问题向仲裁庭提交意见。"2004 年范本认为书面通知争端当事方是没有必要的因而没有规定该要求,它规定作为非争端当事方的 BIT 缔约方提交的意见既可以是口头的也可以是书面的。因此,作为非争端当事方的 BIT 缔约方似乎有权利参加任何口头程序,虽然至少从理论上说其参与仲裁仅限于就 BIT 的解释问题提交意见。[78]

除了作为非争端当事方的 BIT 缔约方单方提交意见,2004 年范本允许 BIT 缔约双方作出有效约束仲裁庭的联合决定。事实上,2004 年范本中的若干条款允许缔约双方解决至少某些涉及投资者所提诉求的问题。

此类条款中最宽泛的是允许 BIT 缔约双方就任何 BIT 条款向仲裁庭提供具有拘束力之解释的条款。具体而言,第 30 条第 3 款规定,BIT 缔约方——它们经由第 30 条之目的而指定的代表——作出的宣称它们对条约之解释的联合决定对于根据投资者—东道国争端解决条款设立的仲裁庭具有拘束力。仲裁庭作出的任何裁决都必须符合该联合决定。第 30 条第 1、2 款中的法律选择条款明确规定要遵循第 30 条第 3 款,这表明 BIT 缔约方的联合认定效力高于任何其他法律规则。

第 30 条第 3 款以 NAFTA 第 1131 条第 2 款中的规定为基础。2004 年范本第 30 条第 3 款有别于 NAFTA 的规定,原因是,NAFTA 的条款提及的是 NAFTA 缔约方的"解释",而 2004 年范本第 30 条第 3 款提及的是 BIT 缔约方"宣称它们[对某 BIT 条款]的解释"的联合决定。在 NAFTA 自由贸易委员会(Free Trade Commission,FTC)于 2001 年 7 月 31 日针对 NAFTA 条款发布解释后,*Pope &Talbot v. Canada* 案仲裁申请人认为,FTC 作出的所谓

---

[78] 关于 NAFTA 缔约方有时超过这一限制的观点,see Martin Hunter and Alexei Barbuk, "Procedural Aspects o Non-Disputing Party Interventions in Chapter 11 Arbiration," in Todd Weiler, ed., *NAFTA: Investment Law and Arbitration: Past Issues, Current Practice, Future Prospects* 151(2004)。

解释与 NAFTA 的表述之间存在重大的不一致,以至于不应该把它看作解释条约,而是修订条约,而后者对于待决争端不具有溯及力。缔约方做出的声称属于解释的联合决定对任何仲裁庭都应当具有拘束力,而不论仲裁庭或其他人认为该联合决定从实质内容上看属于解释抑或修订。在若干后续案件中,仲裁庭驳回了仲裁申请人提出的主张,即对 FTC 的解释应该不予理会。[79]

第二个此类条款是第 31 条,该条标题为"附件的解释"。第 31 条规定,在仲裁被申请人抗辩认为被指控构成违反行为的措施系在附件Ⅰ、附件Ⅱ或附件Ⅲ规定的不符措施范围内情况下,应仲裁被申请人请求,仲裁庭应当请求 BIT 缔约方对此作出解释。在仲裁庭发出请求 60 天内,BIT 缔约方应当以书面形式向仲裁庭提交有关解释的任何决定。根据第 31 条第 2 款,BIT 缔约方为第 31 条之目的而指定的代表作出的联合决定对仲裁庭应当具有拘束力。因此,仲裁庭作出的任何裁决必须与该决定相符。如果缔约方在 60 天内未作出联合决定,则仲裁庭应当就该问题作出决定。2004 年范本包含的专门针对附件的第 31 条与关于条约解释的第 20 条第 3 款是不同的,因为附件是另行谈判达成的,并且附件内容涉及的是缔约方的国内法问题,它们与数十或数百个 BITs 中的标准化表述是不同的。这一条款源于 NAFTA 第 1132 条,被美国的 BIT 谈判人员插入 BIT 作为协调 BITs 与 FTAs 的组成部分。

第三个此等条款要求涉及税收措施构成征收的诉求应该提交给缔约双方的税收主管部门,他们可以作出不存在征收的联合决定,从而解决这一问题。第六章第十一节第二目针对最早出现于 1994 年范本中的这一条款做了讨论。

第四个此等条款规定,在东道国援引金融服务规制条款作为抗辩情况下,这一问题应当被交给缔约双方的金融主管部门,由后者联合认定该条款是否提供有效抗辩,从而解决这一问题。如果缔约双方未能作出联合认定,仲裁庭可以就此作出认定,但要遵循特别的程序。本书第四章第十三节对该条款做了讨论。

2004 年范本也规定了专家对仲裁的参与。第 32 条——标题是"专家报告"——规定,仲裁庭可以指定一名或多名专家就争端当事一方在仲裁程序

---

[79] *Mondev v. United States*, Award, at paras. 120 – 122; *UPS v. Canada*, Award on Jurisdiction, para. 96; *ADF Group v. United States*, Award, at para. 176; *Loewen v. United States*, Award, at para. 126.

中提出的关于环境、健康、安全或其他科学事项的任何事实问题,以书面形式向仲裁庭做出汇报。这些专家可以应争端当事一方请求进行指定;或者,除非争端当事双方不同意,仲裁庭可以自行指定。专家的指定应该遵循争端当事双方同意的条件,并且不得影响可适用的仲裁规则允许的其他专家的指定。2004 年范本第 32 条系以 NAFTA 第 1133 条为基础,是协调 BITs 与 FTAs 的组成部分之一。NAFTA 中类似于 2004 年范本第 32 条的规定源于早期有关环境条款的谈判,尽管它后来被移入投资者—东道国争端解决条款。[80]

2004 年范本还规定了公众对仲裁过程的参与。2004 年范本第 28 条第 3 款允许仲裁庭接受并考虑作为非争端当事方的个人或实体提出的法庭之友意见。在 *Methanex v. United States* 案中,来自加拿大与美国的多个非政府组织寻求获准向仲裁庭提交法庭之友意见。在 *UPS v. Canada* 案中,非政府组织也寻求提交法庭之友意见。非政府组织的这些努力提出的问题是,仲裁庭能否考虑法庭之友意见。美国的立场是,在 UNCITRAL 仲裁中,仲裁庭被允许接受此类意见,[81]这一立场获得上述两个案例中的仲裁庭的支持。为了确保此类意见在任何投资者—国家仲裁中被接受,《2002 年两党贸易促进权限法》把纳入有关允许提交法庭之友意见的条款确立为谈判目标之一。在经过一些讨论后,美国 BIT 谈判人员决定不规定仲裁庭在决定是否允许提交法庭之友意见时所适用的条件。2003 年 10 月 7 日,NAFTA 自由贸易委员会针对 NAFTA 通过了一个解释,该解释允许提交法庭之友意见,并规定了若干标准,以指导仲裁庭决定是否允许提交特定法庭之友意见。[82] 该解释指引仲裁庭在作出决定过程中应该考虑某些明确规定的因素。这些因素包括:通过提供有别于争端当事方的角度、特定知识或见解,法庭之友意见在多大程度上有助于仲裁庭认定事实或法律问题;法庭之友意见是否涉及争端范围内的事项;非争端当事方是否在仲裁中具有重要利益;仲裁的主题

---

[80] Kinnear, Bjorklund & Hannaford, *supra* note 73, at 1133 - 1.

[81] *UPS v. Canada*, First Submission of the United States of America, para. 3. *See* Andrea J. Menaker, "Benefiting from Experience: Developments in the United States' Most Recent Investment Agreements," 12 *U. C. Davis J. Int'l L. & Pol'y* 121, 125 (2005); Chris Tollefons, "Games Without Frontiers: Investor Claims and Citizen Submissions under the NAFTA Regime," 27 *Yale J. Int'l L.* 141, 164 (2002).

[82] FTC 解释可以在美国国务院的网站找到,载 http://www. state. gov/documents/organization/38791. pdf。

事项是否涉及公共利益等。进而,仲裁庭应当确保任何法庭之友意见不会干扰仲裁进程,也不会对任何争端当事方造成不正当的负担或不公正的影响。虽然这些标准对于根据 BIT 组建的仲裁庭不具有拘束力,但它们可以作为指导仲裁庭实践的渊源。

另一种参与方式是仲裁程序监督。2004 年新的第 29 条——标题是"仲裁程序的透明度"——允许非争端当事方评论文件,以及观摩听证。具体而言,第 29 条第 1 款要求仲裁被申请人及时把下列文书送达给 BIT 的缔约另一方并予以公开:仲裁意向通知;仲裁通知;争端当事方提交给仲裁庭的起诉状、答辩状及案情摘要;作为非争端当事方的 BIT 缔约方或法庭之友提交的书面意见;基于合并诉求提交的文书;仲裁听证会——如果有的话——的会议记录或记录;仲裁庭的命令,裁决与决定。

第 29 条第 1 款是美国 BIT 实践的一个创新。此前的 BIT 范本与 NAFTA 都没有这样的规定。由于非政府组织一再要求公开有关若干 NAFTA 仲裁的文书,NAFTA 缔约方已经自愿把关于 NAFTA 案件的许多文书公布在各自网站上。纳入确保公布所有文书与裁决之条款是《2002 年两党贸易促进权限法》明确确立的谈判目标之一,该条款在起草 2004 年范本之前已经出现于美国与新加坡、智利签署的 FTAs 中。

同时,第 29 条还规定了争端当事方期待的机密信息保护。为此目的采取的机制——规定于第 29 条第 4 款是以反倾销诉讼——在这方面通常需要保护专有信息——中的行政程序为基础。根据第 29 条第 4 款(b)项,主张某些信息属于受保护之信息的任何争端当事方在向仲裁庭提交此类信息时应当明确予以指明。根据第 29 条第 4 款(c)项,在提交包含着声称受保护之信息的文件时,争端当事方应当向仲裁庭提交删除推定属于受保护信息后的编辑版文件。第 29 条第 4 款(a)项禁止争端当事方与仲裁庭向公众或作为非争端当事方的其他 BIT 缔约方披露根据第 29 条第 4 款(b)项被明确指定的受保护的信息。不过,这一禁止要遵循第 29 条第 4 款(d)项的规定。根据第 29 条第 4 款(d)项,针对指定某信息属于受保护信息提出的异议应当由仲裁庭作出认定。如果仲裁庭认定信息被不当地指定,那么,提交该信息的争端当事方或是撤回包含该信息的全部或部分文书,或是同意重新提交完整并且经过编辑——根据仲裁所作裁定指定受保护的信息——的文件。在任何必要的时候,争端当事另一方也应当或是重新提交完整并且经过编辑的文件——或是删除该争端当事方寻求保护的信息,或是根据仲裁庭的裁定重新指定受保护的信息。第 29 条第 5 款规定,B 节中没有任何条款要求仲裁被申请人可以拒绝公开根据其国内法要求应当披露的信息。插入这一条款的原因是,《信息自由法》[83]要求美国政府应该公开某些信息,而美国的 BIT 谈判人员则希望遵循该法不会导致美国违反 BIT。进而,第 29 条第 3 款规定,B 节中没有任何条款要求仲裁被申请人应该披露受保护的信息或允许获取仲裁被申请人根据关于根本安全利益的第 18 条[84]以及关于信息披露的第 19 条[85]而掌握的信息。

2004 年范本还规定了公众观摩听证。在 *UPS v. Canada* 案中,争端当事双方同意向公众公开听证,但投资者—东道国仲裁中的通常做法则不是如此。不过,在国会审议《2002 年两党贸易促进权限法》时,NAFTA 投资者—东道国投资仲裁的封闭性受到严厉批评。因此,纳入有关向公众公开所有听证的条款被规定为《2002 年两党贸易促进权限法》明确的谈判目标之一。2003 年 10 月 7 日,在 NAFTA 自由贸易委员会(FTC)针对法庭之友发表声明的当天,美国针对 NAFTA 仲裁中的公开听证发布一份声明。该声明指出:

"在审视根据 NAFTA 第十一章进行的仲裁程序之后,美国确认其同意并且将要求作为争端当事方的投资者同意,并且在合适情况下要求仲裁庭也同意应该公开其作为第十一章项下争端之当事一方的听证,除了要确保保护机密信息,包括商业机密信息。美国建议仲裁庭与争端当事方,针对公开听证磋商以确定适当的后勤安排。这些安排包括诸如闭路电视系统、网络播放或其他获取听证的形式。"[86]

同一天,加拿大也发布了类似声明。2004 年 7 月 16 日,FTC 宣布,墨西哥也同意公开仲裁听证会。

第 29 条第 2 款要求仲裁庭公开听证会,并与争端当事方磋商确定适当的后勤安排。仲裁庭应当采取适当安排以防止经争端当事一方指定受到保护的信息被披露。

最后一个此等条款旨在提高仲裁裁决的质量,并规定非争端当事方只是在最有限的意义上参加仲裁。它的真正重要性在于,争端当事双方本身

---

[83] 5 U. S. C. section 552.

[84] 参见第四章第十一节第九目第六点。

[85] 参见第四章第十四节。

[86] 美国的声明重印于 Kinnear, Bjorklund, & Hannaford, supra chap. 5, note 100, at Appendices – 13。

参与了仲裁。第28条第9款(a)项规定,应争端当事一方请求,在发布关于责任认定的拟定裁决前,仲裁庭应当把它提供给争端当事双方以及作为非争端当事方的BIT缔约方。在收到拟定裁决的60天内,争端当事方可以就拟定裁决中的任何问题向仲裁庭提交书面评论意见。因而,虽然作为非争端当事方的BIT缔约方收到拟定裁决的副本,但根据第28条第9款(a)项,它没有被邀请提交意见,但作为非争端当事方的缔约方可以向争端当事一方提供评论以便提交给仲裁庭。本书第九章第二节第七目第十点对此做了讨论。

(八)合并诉求

2004年范本在新的第33条——标题是"合并"——增加了把相关诉求进行合并的机制。合并条款在美国的投资协定实践中最早出现为NAFTA第1126条,它也规定于美国与新加坡、智利签署的FTAs中。由此,寻求使2004年与FTAs相协调的美国BIT谈判人员在2004年范本中加入了第33条。虽然那些参与制定2004年范本的人们整体上说对合并诉求概念有很好的评价,但他们确实对NAFTA中的表述做了重大改写。

第33条第1款规定,当两个或更多的诉求根据投资者—东道国争端解决条款提起仲裁,而在法律或事实方面存在共同之处,并且产生于相同的事由或情势,那么任何争端当事方可以向仲裁庭寻求作出合并仲裁的命令。在两个或更多的案件在法律或事实方面存在共同点时,NAFTA的合并仲裁条款允许把相关诉求进行合并,这实质上是《联邦民事诉讼程序规则》第42条(a)项——允许对相关诉求进行合并——采用的标准。美国的BIT谈判人员决定缩小可以进行合并仲裁的范围。因此,2004年范本要求争端应该具有法律上或事实上的共同点,并且争端系产生于同样的事由或情势。这一规定本质上是《联邦民事程序规则》第20条(a)项规则采用的据以确定多个原告何时可以作为共同原告参加同一个诉讼的标准,但第20条(a)规则提及的是同一交易(transaction)或事件(occurrence),而不是同样的事由(events)或情势(circumstances)。

作出合并裁决的决定可以是根据所有寻求被纳入合并仲裁的争端当事方达成协议,或者根据第33条第2到第10款的规定。换言之,争端当事方在所有他们之间达成合并仲裁的协议。不过,在没有该协议情况下,争端当事一方或多方争端当事方也可以迫使其他争端当事方参加一个合并仲裁案件。

根据第 33 条第 2 款，寻求作出合并仲裁之决定的争端当事一方应当向 ICSID 秘书长以及所有会被该决定所涵盖的争端当事方发出书面请求。请求应当注明所有被寻求纳入合并仲裁的争端当事方的姓名、住址、所寻求之决定的性质，以及寻求作出该决定的理由。

除非 ICSID 秘书长在收到该请求的 30 天起认为其“显然不成立”(manifestly unfounded)，第 33 条第 3 款要求应当成立合并仲裁庭。第 33 条第 3 款以及“显然不成立”的想法系以 ICSID 第 36 条第 3 款为基础，根据该第 3 款，向 ICSID 提请仲裁的诉求首先应该由 ICSID 秘书长进行审查，后者如果发现诉求属于“显然超出仲裁管辖权”，则可以拒绝成立仲裁庭。在起草这一条款过程出现的关切是，合并仲裁条款可能会被仲裁被申请人滥用以拖延仲裁程序，或者被某一争端当事方寻求用于让一项或更多的诉求由另一个仲裁庭进行审查。因此，插入该条款是把它作为过滤器，以便驳回明显不成立的合并请求。不过，考虑到判断“显然不成立”之标准，该条款可能只会过滤掉那些最严重地滥用合并仲裁的情形。

第 33 条第 4 款规定了合并仲裁庭的组建方式。该条款允许被寻求由合并仲裁决定所涵盖的所有争端当事方就仲裁庭的组成达成一致。如果争端当事方没有另行达成一致，则仲裁庭应当由三名仲裁员组成：一名由所有仲裁申请人达成一致后指定；一名由仲裁被申请人指定；首席仲裁员由 ICSID 秘书长指定。首席仲裁员不能是 BIT 的任何缔约方的国民。

2004 年范本针对争端当事方未能指定一名或两名本应由其指定之仲裁员的情形作出了规定。第 33 条第 5 款规定，如果仲裁被申请人或仲裁申请人在 ICSID 秘书长收到请求指定仲裁员之通知的 60 日内未能指定仲裁员，那么应任何被寻求由合并仲裁决定所涵盖的争端当事方的请求，秘书长应当指定尚未被指定的一名或两名仲裁员。如果仲裁被申请人未能指定仲裁员，则秘书长应当指定作为争端当事方之缔约方的国民作为仲裁员。如果仲裁申请人未能指定仲裁员，秘书长应当指定作为非争端当事方之缔约方的国民作为仲裁员。

指定仲裁员的机制有一个有意思的特点，即在某项诉求被提交给合并仲裁庭时，仲裁被申请人仍然保留有独立的指定仲裁员的权利，而每个仲裁申请人都丧失了独立的指定仲裁员之权利。取代该独立之权利的是，仲裁申请人只是有机会参与集体性的指定过程。如果仲裁申请人之间无法达成一致，则指定仲裁的权力就转移给了指定机构。因此，合并对仲裁申请人影响仲裁庭组成的能力可能会有相当大的影响。当然,争端当事方能够选择决策者往往被认为是仲裁的主要优点之一。因此,合并仲裁带来的效率是以牺牲仲裁申请人的权利作为代价的。

事实上,进一步分析会发现,只要仲裁申请人同意诉诸仲裁庭时,2004年范本就允许某项诉求被提交仲裁。合并仲裁条款的存在意味着,在一个有新增的可能没有预料到的当事人提出不同的可能是没有预料到的诉求——但它们也产生于同样的事由或情势——的程序中,同意把该诉求提请仲裁的仲裁申请人也默示地同意把该诉求诉诸合并仲裁庭(仲裁庭成员无一由仲裁申请人指定)。许多诉求并不存在有可能把多个诉求进行合并的情势。因此,合并仲裁条款只在少数案件中才会被援用,但它会对这些诉求中的当事方产生重大影响。

第33条第6款规定了合并仲裁庭的职能。在合并仲裁庭确认根据投资者—东道国争端解决条款,被提诉仲裁的两个或更多诉请求在法律或事实方面存在共同点,并且产生于同样的事由或情势,那么,为有利于公平与有效率地解决争端并在听取争端当事方的意见后,合并仲裁庭可以作出任何以下决定。

第一,根据第33条第6款(a)项,合并仲裁庭可以作出决定,据此对全部或部分诉求行使管辖权,仲裁庭随后将一并审理这些诉求并作出裁判。

第二,根据第33条第6款(b)项,合并仲裁庭可以作出对一项或多项诉求行使管辖权的决定,并认为这一决定有助于解决其他诉求,合并仲裁庭随后将审理这些诉求并作出裁判。

第三,根据第33条第6款(c)项,合并仲裁庭可以作出决定,指示根据第27条(关于指定仲裁员)此前组建的仲裁庭对全部或部分诉求行使管辖权,并且一并审理这些诉求并作出裁判。不过,在这种情况下,应任何仲裁申请人——不是此前设立的仲裁庭中的仲裁申请人——的请求,此前设立的仲裁庭应当重新组建。除了由申请人指定的仲裁员应当是诉诸合并仲裁的所有仲裁申请人一致同意指定的仲裁员,重新组建的仲裁庭也应当由同样的仲裁员组成。如果合并仲裁后仲裁申请人无法达成一致,则ICSID秘书长应任一仲裁申请人的请求应当代表所有仲裁申请人指定一名仲裁员。新组建的仲裁庭随后应当决定是否要重复此前已经举行过的听审程序。第33条第6款(a)和(b)项系以NAFTA为基础,而第33条第6款(c)项代表了NAFTA之后的一项创新。

除了增加第33条第6款(c)项以便处理某一案件在合并仲裁之请求提出前已经进行到非常深入的情形，第33条第6款遵循了NAFTA的规定。此种情势可能发生于——比如——第二个仲裁申请人——可能在等待第一个仲裁申请人是否克服了在管辖权方面面临的某种反对——效仿第一个仲裁申请人提出仲裁请求时。虽然第26条第1款规定的三年期限对于提起基于同样的事由或情势的仲裁案件设定了某种时间限制，但在针对第一个诉求的仲裁程序进行到非常深入的时候提出第二个诉求的可能性仍然是存在的。

根据第33条第10款，合并仲裁庭——根据第33条第6款其尚未作出决定——可以命令根据第27条设立的仲裁庭中止其进行的程序，除非此前设立的仲裁庭已经中止程序。另外，根据第33条第9款的规定，根据第27条设立的仲裁庭不得对根据第33条设立或接受指示的仲裁庭已经行使管辖权的某一诉求或部分诉求行使管辖权。第33条第9、10款都遵循了NAFTA的做法。

第33条第7款处理的情形是，没有被合并仲裁之请求所寻求涵盖的仲裁申请人希望被纳入合并仲裁。第7款规定，任何根据投资者—东道国争端解决条款把诉求提请仲裁并且在寻求合并仲裁之请求中没有被列入的仲裁申请人可以向合并仲裁庭提交书面请求，请求其应该被该仲裁庭纳入根据第33条第6款作出的任何命令中。该请求应当载明仲裁申请人的姓名、住址、所寻求决定的性质以及所寻求作出决定的理由。仲裁申请人应当向ICSID秘书长递交该请求的一份副本。这同样借鉴了NAFTA的做法。

根据第33条第8款，除非被BIT的B节所修改，合并仲裁庭应当根据UNCITRAL仲裁规则进行仲裁程序。选择UNCITRAL仲裁规则的原因是，该仲裁规则具有灵活性，可以容纳合并仲裁机制。

第33条没有处理多个仲裁申请人请求ICSID秘书长作出不同的合并仲裁命令的情形。除非请求“显然不成立”，秘书长被要求应该准许每一项此种请求，这可能导致成立多个合并仲裁庭并作出相互冲突的命令。虽然合并仲裁庭有权中止根据第27条设立的仲裁庭进行的仲裁程序，但第33条没有授权它中止另一个合并仲裁庭进行的仲裁程序。不过，在断定指定另一个可能具有重叠管辖权的合并仲裁庭是否显然缺乏理由时，ICSID秘书长可能会把此前已经存在一个合并仲裁庭作为一个因素加以考虑，进而，第33条第6款没有把合并仲裁庭的权力限定于那些被合并仲裁请求试图纳入的诉求。相反,一旦被指定,合并仲裁庭有权对根据 BIT 第24条提交的所有诉求行使权力。因此,在多数情况下,设立第一个合并仲裁庭应该会使得设立其他的合并仲裁庭变得没有必要。

(九)救济

2004年范本新的第34条处理了以往范本没有处理的若干问题。第34条第1款——以 NAFTA 第1135条为基础——规定仲裁庭只能裁决仲裁被申请人支付金钱损害赔偿、任何可适用的利息,以及恢复原状。该条款还规定,在仲裁庭裁决恢复原状时,该裁决应当指出仲裁被申请人可以用支付金钱赔偿与利息以替代恢复原状。后一项规定是加拿大在 NAFTA 谈判期间提出的一项创新,它被纳入 NAFTA 中。[87]

第34条第1款也规定,仲裁庭可以根据 BIT 和可适用的仲裁规则裁决由谁承担仲裁费用与律师费用。第34条第1款不能够独立地成为仲裁庭裁决仲裁费用与律师费用的根据,直言之,只有在 BIT 的另一条款或者可适用的仲裁规则的某一条款允许仲裁庭对仲裁费用与律师费用作出裁决时,仲裁庭才能这么做。换言之,这一条款本质上说是多余的,因为它只是允许仲裁庭做那些根据其他条款可以那么做的事情。

根据第34条第3款,仲裁庭不得作出惩罚性赔偿的裁决。虽然第3款没有明确针对惩罚性赔偿,但第3款的表述旨在排除这样一种主张,即除支付金钱以外,仲裁庭还可以命令 BIT 的缔约方采取或不得采取某一行为。例如,仲裁庭无权命令东道国不得制定或实施某项法律。第34条第3款以 NAFTA 第1135条为基础,是对批评者提出的投资者—东道国仲裁庭将有权撤销美国国内法或者推翻美国法院所作判决的担心的一种回应。

第34条第2款处理的是仲裁庭在投资者代表企业提出请求情况下如何作出裁决。在这种情况下,关于恢复原状的裁决应当指出该裁决是向企业作出的,而关于金钱损害赔偿与利息的裁决也应该指出该赔偿与利息应该支付给企业。裁决应当指出该裁决并不影响任何人根据国内法在这一救济中所享有的权利。直言之,一旦财产已经恢复,或者企业已经获得金钱赔偿,国内法可以认定所恢复的财产或所支付的资金是否全部或部分属于其他人,比如企业中的投资者。该条款也是以 NAFTA 第1135条规定为基础。

---

[87] Kinnear, Bjorklund & Hannaford, *supra* note 86, at 1135 – 2.

该条款旨在防止某一个投资者不当占有企业的资产，而诸如公司债权人之类的其他人可能在这些资产中具有法律利益。[88]

2004 年范本创设了一个机制以补充投资者在国内法院可以获得的临时救济，而该范本已经允许投资者向国内法院寻求临时救济。具体而言，第 28 条第 8 款规定，仲裁庭可以命令采取临时保护措施，以保留争端当事一方的权利，或者确保仲裁庭充分有效地行使管辖权。这些临时救济命令保存争端当事一方拥有或控制的证据。不过，这些措施不包括扣押令，或者命令禁止实施被指控的违反投资授权、投资协议或第 3 条至第 10 条的行为。为实现第 28 条第 8 款的目的，仲裁庭作出的命令可以包括建议。这一句表明的事实是，《ICSID 公约》第 47 条授权 ICSID 仲裁庭"建议"采取临时措施。

第 28 条第 8 款基本上照搬了 NAFTA 第 1134 条。在协调 2004 年范本与 FTAs 的过程中，BIT 谈判人员没有改动该条款的实质内容。第 8 款没有限制仲裁庭拥有的可以命令采取临时救济的权力。例如，《ICSID 公约》第 47 条——适用于众多的投资者—东道国仲裁——授权 ICSID 仲裁庭建议采取临时措施。与仲裁庭作出的最终裁决——根据《ICSID 公约》或《纽约公约》，这些裁决是可以执行的——不同，2004 年范本没有规定执行仲裁庭根据第 28 条第 8 款所作临时保护措施的机制，但争端当事一方不履行该临时措施可能在最终裁决中会被加以考虑。

2004 年范本保留间接来源规则。它规定于第 28 条第 7 款，较之以往范本中的该规则没有实质上的改动。

（十）裁决的终局性与执行

1994 年范本要求，除了 ICSID 仲裁外，仲裁地点应该在作为《纽约公约》缔约国的领土内。2004 年范本新的第 28 条——标题为"仲裁的进行"——其中涉及仲裁地点问题。第 28 条第 1 款允许争端当事方根据可适用的仲裁规则选择任何仲裁地点，而没有要求应该在作为《纽约公约》缔约国的领土内。实际上，即便作出的裁决不能根据《纽约公约》获得执行，投资者仍然可以同意选择某一仲裁地。比如，争端当事方可以就进行 ICSID 仲裁的地点达成一致，并规定将根据《ICSID 公约》执行裁决。在争端当事方无法就仲裁地点达成一致时，仲裁庭有权指定仲裁地点，但它必须选择《纽约公约》缔约国内的某一地点。换言之，如果只是投资者就仲裁地点达成一致，仲裁庭

---

[88] *Pope & Talbot v. Canada*, Seventh Submission of the United States of America, para. 7; *GAMI Investments v. Mexico*, Submission of the United States of America, para. 17.

所作裁决无法根据《纽约公约》获得执行。

2004 年范本的新的第 34 条——标题为“裁决”——取代了在 1992 年范本中插入的有关裁决终局性与可执行性的表述。1992 年范本中的表述——规定裁决应当具有拘束力——被 2004 年范本第 34 条第 4 款所取代,该第 4 款规定“除对本案以及本案争端当事方外,仲裁庭所作裁决不具有拘束力”。换言之,裁决具有拘束力,但只针对争端当事方以及仲裁庭审理的诉求。这与以往范本的意图是一致的,无意使之成为一个实质性改动。新的规定是以 NAFTA 第 1136 条第 1 款为基础。正如前述,[89]《ICSID 公约》第 53 条、ICSID 附设机制仲裁规则第 52 条第 4 款,以及 UNCITRAL 仲裁规则第 32 条第 2 款都规定了裁决的终局性。

以往范本中有关争端当事方应当遵守裁决的表述在 2004 年范本中被第 34 条第 5 款所取代,该第 5 款规定“争端当事一方应当不迟延地遵守并履行裁决”,这一表述源自 NAFTA 第 1136 条第 2 款。“不迟延地履行裁决”之规定没有出现于以往的 BIT 范本中,但起草者的意图就是应该及时履行裁决。无论如何,第 34 条第 5 款规定的不迟延履行裁决的义务要遵守“针对临时裁决的可适用的审查程序”的规定。2004 年范本没有规定针对临时裁决的审查程序是什么,而是指向任何此类审查程序,比如仲裁地所在国家的法律规定的审查程序。不迟延地履行裁决的义务也不妨碍 2004 年范本第 34 条第 6 款的适用。该款规定,只有到仲裁裁决做出之日后 120 天,并且没有争端当事方要求修改或撤销仲裁裁决,或者任何修改或撤销程序已经完成,争端当事一方才可以根据《ICSID 公约》寻求执行仲裁裁决。根据《ICSID 公约》第 52 条第 2 款,在仲裁裁决作出 120 天后不得请求撤销裁决(除非撤销是以腐败为由提出)。因此,2004 年范本确保争端当事方不得 ICSID 裁决有可能被撤销的期间寻求执行该裁决。第 34 条第 6 款进一步规定,直到仲裁裁决作出之日起 90 日,并且争端当事方没有启动修改、中止或撤销裁决的程序,或法院已经驳回或允许修改、中止或撤销裁决之申请,并且没有进一步的上诉机会,争端当事一方不得寻求执行在不适用《ICSID 公约》——直言之,根据的是 ICSID 附设机制的仲裁规则、UNCITRAL 仲裁规则或者其他争端当事方根据第 24 条第 3 款彼此同意的仲裁规则——的案件中作出的最终裁决。《联邦仲裁法》——适用于在美国执行非 ICSID 仲裁裁决——规定争端

---

[89] 参见第九章第二节第五目。

当事方只能在三个月内申请撤销、修改或纠正裁决。[90] 因此，2004 年范本实际上确保在非 ICSID 仲裁裁决有可能在美国法院被审查的情况下不得寻求执行该裁决。

1994 年范本中有关要求缔约方应该准备在其境内执行裁决的表述没有做出任何实质性改动。它被规定于 2004 年范本第 34 条第 7 款。

1983 年范本第 8 条第 9 款明确规定，在东道国未能履行根据投资者—东道国争端解决条款所做裁决情况下，投资者母国被允许援引国家—国家间争端解决条款对东道国提出诉求，但该表述被认为没有必要因而在 1984 年范本中被删除了。2004 年范本第 34 条第 8 款重新采纳了 1983 年范本的做法。它规定，在仲裁被申请人未能履行最终裁决时，在收到缔约另一方的请求后，应当根据国家—国家间争端解决条款设立一个仲裁庭。该条款还规定，提出请求的缔约方可以在该程序中寻求仲裁庭认定，被告不履行裁决违反了 BIT 项下义务，并建议被告履行最终裁决。规定这些救济不影响提出请求的缔约方获得可适用的国际法规则规定的其他救济。第 34 条第 8 款只是更加明确了以往范本中的意图。它遵循了 NAFTA 第 1136 条第 5 款中的表述。

根据第 34 条第 9 款，不管某项国家—国家诉求是否根据第 34 条第 8 款被提起，争端当事方都可以根据《ICSID 公约》或《纽约公约》（或在特定案件中，根据《美洲国家间国际商事仲裁公约》）寻求执行裁决。这也符合以往范本中的意图，因而并非是具有实质内容的改动。第 34 条第 10 款规定，根据投资者—东道国争端解决条款提出的诉求，应当被视为产生于《纽约公约》第 1 条和《美洲国家间国际商事仲裁公约》第 1 条所指的商事关系或商事交易——这是根据这两个公约执行裁决的前提条件。

2004 年范本提前考虑到可能设立的上诉机构。《2002 年两党贸易促进权限法》把设立上诉机构作为自由贸易协定谈判的一个目标，不过，设立此种机制面临的阻力是相当大的。虽然一些裁决引发了争议，但认为必须有一个上诉机构的共识尚未形成。许多人认为，设立上诉机构对于提高裁决质量可能有的贡献不足以抵销由于增加决策层级造成的额外成本与程序迟延。实际上，那些最担心投资者—东道国仲裁程序的国家更可能重新审视它们对该程序的参与，而不是支持设立上诉机构。

---

[90] 9 U. S. C. section 12.

为了努力实现《2002 年两党贸易促进权限法》的谈判目标，美国的 BIT 谈判人员确实在 2004 年范本中增加了两个条款，即通过后续签署多边或双边协定，以对裁决进行可能的上诉审查。首先，第 28 条第 10 款规定，如果缔约方签署了规定设立上诉机构——以审查根据国际贸易或投资协定组建的仲裁庭所作出的裁决——的多边协定，缔约方应该努力达成一致，以便该上诉机构审查在该多边协定在 BIT 缔约方之间生效起开始的仲裁中，根据 2004 年范本第 34 条作出的裁决。

第二，附件 D——标题为“设立双边上诉机制的可能性”——规定，在 BIT 生效三年内，缔约方“应当考虑是否设立双边上诉机构或类似的机制，以审查根据第 34 条作出的裁决”。上诉机构只审查那些在上诉机构或类似的机制设立之后进行的仲裁中所作出的裁决。值得注意的是，附件 D 只是简单地规定，缔约方“应当考虑”设立上诉机制，因此它规定的义务微乎其微。

进而，预计近期不会设立上诉机构，作为实现《2002 年两党贸易促进权限法》规定的设立上诉机制之谈判目标的又一努力，美国的 BIT 谈判人员在 2004 年范本中增加了另一个条款，该条款规定争端当事方自行审查裁决，从而提供了上诉审查的替代性机制，这至少可以避免在事实方面出现错误。第 28 条第 9 款(a)项规定，应争端当事一方要求，仲裁庭应当把关于责任的拟定裁决递交给争端当事方以及作为非争端当事方的 BIT 缔约方。在递交拟定裁决后的 60 天内，争端当事方可以就该拟定裁决中的任何方面向仲裁庭提交书面评论。因此，虽然作为非争端当事方的缔约方会收到拟定裁决的副本，但根据第 28 条第 9 款(a)项它没有被邀请提交评论。第 28 条第 9 款(a)项的主要目的是，允许争端当事方纠正在事实方面出现的错误，而不是简单地重复此前其在书状中提出并且仲裁庭已经考虑过的法律主张，但该条款既没有禁止争端当事方提出进一步的法律主张，也没有禁止仲裁庭根据此类法律主张对裁决作出修订。当然，作为非争端当事方的 BIT 缔约方不可能获得有关案件事实的有助于该缔约方对拟定裁决做出评论的任何具体信息。在它确实掌握此种信息情况下，BIT 并不禁止该缔约方向争端当事一方提供信息，以便纳入向仲裁庭提交的意见中。无论如何，仲裁庭应当考虑基于第 28 条第 9 款(a)项收到的任何评论，并在 60 天评论期届满后 45 天内发布裁决。第 28 条第 9 款(b)项规定，第 28 条第 9 款(a)项规定的程序不适用于根据第 28 条第 10 款或附件 D 可以对裁决进行上诉的仲裁。因此，上诉机制的设立实际上使第 28 条第 9 款(a)项变得没有用了。

第三节　已经签署的BIT

一、美国—埃及 BIT

美国—埃及 BIT 的投资者—东道国争端解决条款是第 7 条。该条与 1983 年范本中的表述总体上是一样的，但有一些值得注意的差异。

作为一个前提性事项，根据美国—埃及 BIT，争端解决条款适用于“法律性投资争端”，而不是“投资争端”。这一改动是应埃及要求作出的，但它无意于影响该条款的适用范围。事实上，《ICSID 公约》第 25 条第 1 款把 ICSID 的管辖权限定于“由投资直接产生的法律争端”。

第 7 条第 1 款中的“法律性投资争端”定义没有明确提及与投资授权的适用或解释有关的争端。不过，这一定义仍然涵盖与投资协议的适用或解释有关的争端。“协议”一词似乎宽泛到足以涵盖投资授权，因而这一改动没有实际的重要性。[91] 同样的改动出现于美国—摩洛哥 BIT。

进而，虽然根据 1983 年范本，只有在其没有把争端提交给此前达成一致的争端解决程序情况下，投资者才有权把争端提交给 ICSID 解决，而根据美国—埃及 BIT 第 7 条第 3 款(a)项，只有在争端没有被东道国或投资者“基于任何善意的原因”提交给此前达成一致的程序情况下，投资者才有权把争端提交 ICSID 解决。正如上一节指出的，提及东道国或投资者的条款与更早些的 1981 年、1982 年范本是一致的。美国与巴拿马、海地以及塞内加尔签署的 BITs 采取了同样的做法。

不过，提及善意是美国—埃及 BIT 所特有的。它似乎表明，如果——除非——善意地避免诉诸此前达成一致的程序，投资者才有权诉诸 ICSID 解决争端。

美国—埃及 BIT 第 7 条第 4 款对间接来源规则(collateral source rule)做了两项值得注意的修正。第一个修正把该规则限定适用于从“任何第三方”(third Party whatsoever)，而非从“任何来源”(any source whatever)获得的赔偿。因此，与 1983 年范本相反，根据与东道国签署的投资保险协议获得的赔偿可以被用于减少东道国的责任。出现于美国—埃及 BIT 的这一短语源自

---

[91] Egypt BIT submittal letter, at XIV.

1983年之前使用的范本,它们是美国与埃及间早期谈判的基础。同样的表述出现在与美国巴拿马、喀麦隆以及民主刚果签署的BITs中。顺便应该指出的是,所引用短语中的"party"中的字母"p"被大写可能是一个错误,因为带大写"P"的"Party"在BITs指的是条约的两个国家缔约方。在1982年范本中该词的首字母没有使用大写。

对间接来源规则的第二个修正是,插入了规定投资者无权获得"超出其受影响资产的价值[的赔偿],并考虑源于负有责任的缔约方领土内的所有赔偿来源"。换言之,从东道国境内的所有来源获得的赔偿——不只是从东道国政府那里获得的保险收益——应当抵扣东道国应当支付的数额。实际上,第二项修正旨在防止投资者从东道国获得双重赔偿。埃及的谈判人员尤其关注的是,美国投资者不应当就同一诉求的价值既从埃及的保险公司又从埃及政府那里获得赔偿。虽然国务卿的呈报函特别指出,埃及的国内保险公司可能由公众拥有,但这一条款当然防止了投资者从埃及境内——不管是否由政府拥有——获得双重赔偿。[92] 不过,该条款并不影响美国投资者从埃及以外的来源获得赔偿。直言之,这一赔偿不能减少埃及本身应该支付的赔偿。美国—喀麦隆BIT包含类似的表述。

美国—埃及BIT还从两个方面修改了1983年范本第7条第5款的表述,该表述规定一家公司具有在产生争端的事由发生之前拥有或控制该公司的那些人的国籍。第一,该BIT在"……之前"(prior)的前面插入"立即"(immediately),这一改动与1984年范本,以及美国与巴拿马、摩洛哥、孟加拉国以及土耳其签署的BITs是一致的。

第二,美国—埃及BIT规定,为了把东道国诉诸仲裁,某一公司必须是"缔约另一方的公司",该BIT第1条对"缔约另一方的公司"做了界定。换言之,公司必须是根据缔约另一方的法律设立的。这一改动的最终效果是,公司可以根据投资者—东道国争端解决条款迫使东道国接受把投资争端诉诸仲裁,只要(1)公司是根据缔约另一方的法律设立;和(2)缔约另一方的国民或该缔约方本身在公司中拥有重要利益。1983年范本允许公司援引投资者—国家争端解决条款创设的仲裁机制,如果公司系根据缔约各方的法律设立,并且被作为非争端当事方的缔约方的国民拥有或控制。

美国—埃及BIT的议定书第11段确认缔约双方达成谅解,即争端当事

---

[92] Egypt BIT submittal letter, at XIV.

方可以在此前达成一致把争端提交给国内法院。不过，第 11 段要求缔约方在把任何此等条款纳入任何“投资协议”或实施此等条款时应该坚持非歧视政策。但 1983 年范本已经默示允许争端当事方向东道国寻求达成协议，即争端将由东道国法院加以解决，埃及坚持要在 BIT 中纳入明确的条款这一举动在美国谈判人员中引发了关切，他们认为埃及可能在每个个案中都会坚持达成把争端提交国内法院解决的协议。因此，美国提议增加新的表述，规定缔约方在投资协议中纳入此等条款或实施此等条款应该坚持非歧视政策。不过，由于该 BIT 第 2 条已经针对投资设立的权利或设立后的投资规定了非歧视待遇，因此这一表述在很大程度上说是多余的。

美国—埃及 BIT 完全没有提及 ICSID 附设机制。这是对埃及抱怨争端解决条款过于复杂做出的部分回应。美国与喀麦隆、摩洛哥以及土耳其签署的 BITs、1987 年与 1991 年范本，以及以这些范本为基础签署的 BITs 的争端解决条款都没有提及附设机制。与此不同，虽然后来被做了修订，但美国—巴拿马 BIT 最早规定了诉诸 ICSID 附设机制，而非 ICSID 解决争端。美国—塞内加尔 BIT 规定的是，只有东道国退出《ICSID 公约》后，才可以利用附设机制。

美国—埃及 BIT 还删除了 1983 年范本中的一个款项，该款项规定在投资者与东道国针对是否把争端提交调解或仲裁发生分歧时以投资者的选择为优先。不过，该 BIT 本身就构成了东道国同意诉诸 ICSID 进行调解或仲裁，而投资者可以自由裁量是否同意诉诸 ICSID 程序。可以说，通过只同意一种或另一种，投资者仍然可以控制调解与仲裁之间的选择。因此，该 BIT 没有这一表述不会产生实际作用。美国与巴拿马、喀麦隆、摩洛哥以及土耳其签署的 BITs 也没有包含这一表述。

二、美国—巴拿马 BIT

美国—巴拿马 BIT 的投资者—东道国争端解决条款是第 7 条。该条款与美国 1983 年范本的表述是类似的，但有若干修正。在巴拿马加入《ICSID 公约》后，两国于 2000 年 6 月 1 日签署了议定书，该议定书对该 BIT 中的争端解决条款做了修订。下文首先分析该 BIT 中原来的争端解决条款，接着分析议定书对该条款的修订。

由于巴拿马在该 BIT 签署时不是《ICSID 公约》的缔约方，因此该 BIT 第 7 条第 3 款起初规定，利用 ICSID 附设机制进行调解、具有拘束力的仲裁，或者同时进行二者。美国签署的其他 BIT 都没有规定此等条款，但美国—塞内加尔 BIT 规定任何缔约一方退出《ICSID 公约》时可以利用 ICSID 附设机制，而美国—海地 BIT 则规定向国际商会（ICC），而非 ICSID 或 ICSID 附设机制提起仲裁。与此不同，美国与埃及、喀麦隆、摩洛哥以及土耳其签署的 BITs 都没有提及 ICSID 附设机制，以 1987 年范本和 1991 年范本为基础签署的 BITs 也没有提及附设机制。

ICSID 附设机制规则第 3 条规定，有关把争端提请 ICSID 附设机制进行调解或仲裁的协定在调解或仲裁程序启动前应该获得 ICSID 秘书长的批准。在 1982 年 10 月 15 日的函件中，时任 ICSID 秘书长的赫伯特·戈尔松批准了美国—巴拿马 BIT 中有关适用附设机制的条款，从而满足了未来所有根据该 BIT 的投资者—东道国争端解决条款利用 ICSID 附设机制的批准条件。[93]

美国—巴拿马 BIT 第 7 条第 2 款确认，此前达成一致的争端解决程序——如果被援用的话，则不得诉诸投资者—东道国争端解决条款解决争端——包括诉诸美洲国家商事仲裁委员会（Inter-American Commercial Arbitration Commission）进行的仲裁。当然，美国签署的 BIT 没有具体限制投资者与东道国达成一致的争端解决形式，因而该第 2 款明确了这些 BITs 已经隐含的内容。它也是向潜在的投资者表明巴拿马倾向于在美洲国家商事仲裁委员会进行仲裁。美洲国家商事仲裁委员会根据《美洲国家间关于国际商事仲裁的公约》作出的裁决是可以执行的。

与美国同埃及、海地以及塞内加尔签署的 BITs 一样，美国—巴拿马 BIT 第 7 条第 3 款（a）项规定，如果投资者或者东道国援用此前达成一致的争端解决程序，则将丧失援引投资者—东道国争端解决条款的权利。这体现于 1983 年之前的 BIT 范本，美国—巴拿马 BIT 是以 1983 年范本为基础签署的。1983 年范本规定，只有在投资者把争端提交给此前达成一致的争端解决程序时，诉诸 ICSID 解决争端的权利才丧失。

如果投资者在六个月的"冷却期"内把争端提交给东道国或其母国的法院，美国—巴拿马 BIT 第 7 条第 3 款（a）项也排除了诉诸投资者—东道国仲裁。不过，该 BIT 没有禁止投资者在第三国提起诉讼，以及启动投资者—东道国仲裁。由于没有提及投资者的母国与第三国，因此，1983 年范本使投资

---

[93] 21 *Int' l Leg. Mat.* 1244（1982）.

者可能在其母国或第三国的法院提起诉讼,同时也启动 ICSID 程序。《ICSID 公约》第 26 条实际上规定,同意 ICSID 仲裁就排除了任何其他救济方式。不过,第 26 条不适用于适用 ICSID 附设机制规则进行仲裁的案件。

美国—巴拿马 BIT 删去了 1983 年范本第 7 条第 3 款中的表述,即规定在投资者与东道国针对是把争端提交调解或仲裁发生分歧时以投资者的选择为优先。正如作者在第九章第三节第一目中解释的,这一改动没有实际的重要性,因为投资者仍然可以控制调解与仲裁之间的选择。同样的改动出现于美国与埃及、喀麦隆、摩洛哥以及土耳其签署的 BITs 中。

美国—巴拿马 BIT 修订了 1983 年范本第 7 条第 4 款规定的间接来源规则。虽然 1983 年范本规定投资者不管从什么来源获得的保险赔偿都不得被用于抵扣东道国向投资者支付的赔偿,但该 BIT 只规定投资者从第三方获得的保险赔偿。因此,投资者从东道国(而非投资者母国)获得的保险赔偿可以被用于抵扣东道国要向投资者支付的赔偿。从任何第三方来源获得保险赔偿的规定是以 1983 年之前的 BIT 范本中的表述为基础的,而 1983 年范本就是谈判美国—巴拿马 BIT 的基础。美国与埃及、喀麦隆以及民主刚果签署的 BITs 采取了同样的做法。

美国—巴拿马 BIT 第 7 条第 5 款——规定为适用投资者—东道国争端解决条款之目的的公司国籍——也有别于 1983 年范本的表述。根据该 BIT 的表述,公司的国籍是指引发争端的事由"刚刚"(immediately)发生之前拥有或控制公司的人的国籍,只要该公司系根据 BIT 的某一缔约方的法律设立。同样的表述出现于美国与埃及、孟加拉国、摩洛哥以及土耳其签署的 BITs,并且被纳入 1984 年范本中。

1996 年,巴拿马加入了《ICSID 公约》。加入该公约的实际影响是排除了投资者—国家争端解决条款提供的救济,原因是,如果投资者母国与东道国都是该公约的缔约方,则不能利用 ICSID 附设机制。为了解决这一问题,2000 年 6 月 1 日,美国与巴拿马签署了一个议定书,用新的第 7 条第 3 款取代该 BIT 中原来的规定。除了规定投资者可以在两种争端解决机制中做出选择外,新的第 7 条第 3 款与旧的表述实质上是一样的。第一,允许投资者选择利用 ICSID 的调解或仲裁机制,或者在无法利用其中之一情况下选择利用 ICSID 附设机制。第二,允许投资者适用 UNCITRAL 仲裁规则选择特设仲裁。

新的第 7 条第 3 款(b)项——包含缔约方对仲裁的同意——与旧的条

约一样规定了同意不利用 ICSID 附设机制进行调解或仲裁,而是同意根据投资者的选择解决争端。它还增加了表述,缔约方根据第 7 条第 3 款(b)项明确给予的同意与投资者把争端诉诸仲裁的规定满足了《ICSID 公约》与 ICSID 附设机制规则中有关争端当事方应该给予书面同意以及《纽约公约》中有关书面协议的要求。类似的表述被加入 1992 年范本,它只是明确了以往范本中隐含的内容。

第 7 条第 3 款(c)项——原来规定仲裁或调解应该根据 ICSID 附设机制规则进行——被修改为规定,如果投资者做出选择,调解或仲裁应该根据 ICSID 的条例与规则或 ICSID 附设机制的规则进行。

第 7 条第 3 款(d)项——原来规定缔约各方应该准备在其领土内执行利用 ICSID 附设机制作出的仲裁裁决——被修改为规定缔约方应该准备在其领土内执行根据第 7 条作出的仲裁裁决。

新增加的第 7 条第 3 款(e)项规定利用 ICSID 附设机制或根据 UNCITRAL 仲裁规则进行的仲裁应该在《纽约公约》的缔约国境内进行。类似的表述也出现在美国与海地、波兰、阿根廷、捷克、斯洛伐克、俄罗斯以及保加利亚签署的 BITs,并被纳入 1992 年 BIT 范本。

议定书也用新的第 7 条第 5 款取代了此前的规定。第 7 条第 5 款允许投资以自己的名义提出仲裁请求。根据原来的表述,该条款适用于根据第 7 条在 ICSID 附设机制进行的任何程序。新的表述则适用于《ICSID 公约》和第 7 条进行的任何程序。

三、美国—喀麦隆 BIT

美国—喀麦隆 BIT 的投资者—东道国争端解决条款是第 7 条。它遵循了 1983 年范本的表述,但有一些修改。

第一,它删除了 1983 年范本中的表述,即把投资者—东道国争端解决条款明确限定于涉及缔约一方领土内的投资的争端。不过,这一删除并无必要,因为"投资"一词在第 1 条第 1 款(b)项中被界定为缔约一方领土内的投资,因而"投资争端"仅指与该投资有关的争端。

美国—喀麦隆 BIT 对 1983 年范本第 7 条第 4 款规定的间接来源规则做了两项修改。第一,虽然 1983 年范本规定投资者不管从什么来源获得的保险赔偿都不得被用于抵扣东道国要向投资者支付的赔偿,但该 BIT 只规定投资者从第三方获得的保险赔偿。因此,从东道国(而非投资者母国)获得的保险赔偿可以被用于抵扣东道国要向投资者支付的赔偿。该 BIT 中的表述以 1983 年以前的范本为基础，而 1983 年范本也是该 BIT 早期谈判的基础。美国与埃及、巴拿马以及民主刚果签署的 BITs 中可以看到同样的表述。

第二，第 7 条第 4 款还规定，投资者不得获得“超出其受影响资产的价值[的赔偿]，并考虑源于负有责任的缔约方领土内的所有赔偿来源”。换言之，从东道国境内的所有来源获得的赔偿——不只是从东道国政府那里获得的保险收益——应当抵扣东道国应当支付的数额。实际上，这一修正旨在防止投资者从东道国获得双重赔偿。美国—埃及 BIT 包含类似的表述。

国务卿的呈报函对这一条款的描述看来是错误的。呈报函指出，投资者不能“通过保险或其他途径获得超过其遭受的实际损失的赔偿”。[94]不过，该 BIT 的表述似乎只是旨在防止投资者在喀麦隆获得双重赔偿。即便投资者已经从喀麦隆以外的来源获得部分或全部的损失赔偿，它仍然可以从喀麦隆方面就全部损失获得赔偿。

美国—喀麦隆 BIT 还删除了 1983 年范本中的一个款项，该款项规定在投资者与东道国针对是否把争端提交调解或仲裁发生分歧时以投资者的选择为优先。正如作者在第九章第三节第一目中指出的，这一变动并不重要，因为投资者仍然可以通过同意利用 ICSID 解决争端的形式从而控制选择调解或仲裁。同样的改动出现于美国与埃及、巴拿马、摩洛哥以及土耳其签署的 BITs。

最后，美国—喀麦隆 BIT 完全没有提及 ICSID 附设机制。美国与埃及、摩洛哥以及土耳其签署的 BITs，以及以 1987 年、1991 年范本为基础签署的 BITs 也没有提及 ICSID 附设机制。美国—巴拿马 BIT 原来规定了利用 ICSID 附设机制，而非 ICSID 解决争端，但它后来做了修改。

美国—塞内加尔 BIT 规定，如果任何缔约一方退出《ICSID 公约》，则利用 ICSID 附设机制解决争端。

四、美国—摩洛哥 BIT

美国—摩洛哥 BIT 的投资者—东道国争端解决条款是第 6 条。它采用了 1983 年与 1984 年范本中的表述，但有一项重要修订与若干细微修订。为了分析需要，在此把 1984 年范本作为基本的参照点。

---

[94] Cameroon BIT submittal letter, at Ⅹ.

该重要修订是指纳入了“用尽当地救济要求”的规定。具体来说，美国—摩洛哥 BIT 第 6 条第 3 款(a)项规定，美国投资者不得把其与摩洛哥间发生的投资争端诉诸 ICSID，除非满足两个条件。第一，投资者必须已经把争端提交由根据摩洛哥法律拥有优先管辖权的适当司法或行政机关解决；第二，该相关摩洛哥机构已经作出最终判决，或者投资者启动国内救济程序业已经过一年。这一条款实际上是要求美国投资者在诉诸 ICSID 前已进行了为期一年的当地救济，或者已经用尽这些当地救济，二者中不管哪个先发生。美国—土耳其 BIT 在把争端诉诸 ICSID 方面也规定了一年推迟期，虽然该 BIT 条款在构造方面有所不同。

虽然该条款规定了用尽当地救济要求，但美国—摩洛哥 BIT 从两个方面确保投资者有权利用第三方解决争端，而不受当地救济要求造成的至少两个重要障碍。第一，不管东道国当局如何处理争端，投资者在一年后都拥有把争端提交给 ICSID 解决的绝对权利。考虑到 1984 年范本已经规定六个月的“冷却期”，一年的推迟期要求就没那么重要了。第二，一旦争端被提交给 ICSID，当地救济程序必须终止。

要求必须利用当地救济是为了回应摩洛哥的关切，即摩洛哥不应该被迫接受那些鲜有或没有实质基础的诉求被诉诸仲裁，并且剥夺了摩洛哥法院的管辖权。摩洛哥的谈判人员认为，要求投资者采取某种努力以利用当地救济可以遏制没有实质基础的仲裁需求。

美国—摩洛哥 BIT 第 6 条第 1 款在“投资争端”定义中删除了明确提及与投资授权的适用或解释有关的争端。不过，该定义仍然把涉及投资协议的解释或适用的争端包含在内。“协议”一词看来宽泛到足以涵盖投资授权，因而删除没有实际意义。同样的删除也发生于美国—埃及 BIT 中。

美国—摩洛哥 BIT 第 6 条第 2 款修订了 1984 年范本中有关争端当事方应当首先寻求通过磋商与谈判解决争端的表述。具体而言，它删除了磋商与谈判“包括利用不具有拘束力的第三方争端解决程序”的表述。由于 BITs 中没有任何规定排除争端当事方利用不具有拘束力的第三方程序，并且一般性地提及磋商与谈判已经默示地允许利用这些第三方程序，因此这一删除不会造成什么后果。

美国—摩洛哥 BIT 的投资者—东道国条款在三个方面遵循了 1983 年范本中的规定。第一，第 6 条第 3 款规定，作为利用 ICSID 解决争端的一个条件，投资者应该没有“基于任何原因”把争端提交给此前达成一致的争端解决程序。该引语被认为没有必要因而在1984年范本中被删除了。美国—土耳其BIT——类似地也是以1984年范本为基础——重新插入了该短语。

第二,美国—摩洛哥BIT第6条第3款(a)项也遵循了1983年范本的规定,即在投资者同意进行仲裁之前,诉诸ICSID进行仲裁或调解的条件应当获得满足。1984年范本允许同意可以任何时候作出,但规定在ICSID程序启动前必须满足这些条件。

第三,美国—摩洛哥BIT第6条第3款(b)项构成了缔约方对诉诸ICSID仲裁的同意。与此不同,1984年范本构成了缔约方对ICSID仲裁的同意;如果不能利用ICSID的话,则构成对使用ICSID规则与程序的特设仲裁的同意。在这方面,美国—摩洛哥BIT与美国—土耳其BIT的规定是类似的。

与美国同埃及、巴拿马、喀麦隆以及土耳其签署的那些BITs一样,美国—摩洛哥BIT删除了1984年范本第6条第3款中的表述,即在投资者与东道国针对是否把争端提交调解或仲裁发生分歧时以投资者的选择为优先。正如作者在第九章第三节第一目中指出的,这一变动并不重要,因为投资者仍然可以通过同意利用ICSID解决争端的形式控制对于调解或仲裁的选择。

美国—摩洛哥BIT第6条第4款对就间接来源规则做了细微改动。1984年范本规定,东道国不得把投资者获得补偿作为一项"抗辩、反诉、抵销权或其他"。该BIT只使用了属概念"抗辩"(defense),它被认为包含了其他术语。同样的改动出现于美国与民主刚果、塞内加尔签署的BITs。

最后,美国—摩洛哥BIT完全没有提及ICSID附设机制。美国与埃及、喀麦隆以及土耳其签署的BITs也没有提及该附设机制。美国—巴拿马BIT原来规定了利用ICSID附设机制,而非ICSID解决争端,但它后来做了修改。美国—塞内加尔BIT规定,如果BIT的某个缔约方退出《ICSID公约》,则利用ICSID附设机制解决争端。

随着美国—摩洛哥FTA的生效,美国—摩洛哥BIT的投资者—东道国争端解决条款被中止适用。[95]

五、美国—民主刚果BIT

美国—民主刚果BIT的投资者—东道国争端条款是第7条。该条款以

---

[95] 参见第十二章第四节。

1983 年范本的表述为基础,但它改编并略微改写了——不影响相关权利的实质内容——该表述。

美国—刚果 BIT 删去了 1983 年范本第 7 条第 2 款中的表述,即投资者与东道国间关于征收的既有争端解决程序在发生征收时仍然是具有拘束力和可执行的。不过,该 BIT 第 7 条第 3 款实际上规定,投资者有权援用此前达成一致的争端解决程序,并且第 2 条第 4 款规定缔约方应该遵守其针对涵盖投资承担的义务。因此,关于征收的特定条款并无必要,删除这一规定并不会减少投资者拥有的权利。

美国—刚果 BIT 略微修改了把投资争端提交 ICSID 调解或仲裁解决的顺序。1983 年范本第 7 条第 3 款规定投资者同意把争端提交 ICSID 进行调解或仲裁前应该经过六个月的"冷却期"。不过,一旦同意做出,争端各方可以随时启动程序。该 BIT 第 7 条第 4 款规定,投资者可以在任何时间同意进行仲裁,但在争端发生之日起六个月内不得启动 ICSID 程序。在这方面,该 BIT 更多地遵循的是 1984 年范本采取的做法。

美国—刚果 BIT 第 7 条第 5 款对 1983 年范本第 7 条第 4 款规定的间接来源规则做了两项修改。第一,虽然 1983 年范本规定投资者不管从什么来源获得的保险赔偿都不得被用于抵扣东道国要向投资者支付的赔偿,但该 BIT 只规定投资者从第三方获得的保险赔偿。因此,从东道国(而非投资者母国)获得的保险赔偿可以被用于抵扣东道国要向投资者支付的赔偿。该 BIT 中的表述以 1983 年以前的范本为基础,类似的表述出现于美国与埃及、巴拿马以及喀麦隆签署的 BITs。

第二,1984 年范本规定,东道国不得把投资者获得补偿作为一项"抗辩、反诉、抵销权或其他"。该 BIT 只使用了属概念"抗辩"(defense),它被认为包含了其他术语。同样的改动出现于美国与摩洛哥、塞内加尔签署的 BITs。

六、美国—孟加拉国 BIT

美国—孟加拉国 BIT 的投资者—东道国争端条款是第 7 条,它以 1983 年范本的表述为基础。

谈判期间,孟加拉国代表团为第 7 条第 5 款的表述所困扰,该第 5 款规定,为适用投资者—东道国争端解决条款的目的,根据缔约一方的法律设立但由缔约另一方的国民拥有或控制的公司具有该缔约另一方的国籍。孟加拉国开始时反对这一条款,因为它实际上使美国公司在孟加拉国的子公司可以把孟加拉国诉诸仲裁。孟加拉国的关切是,要避免孟加拉国的一些公司(美国公司的子公司)较之其他的公司获得更好的待遇。美国在这一议题上最终取得胜利,但缔约方选择使用的是1984年范本的表述。

第7条第5款新增的一个句子重申投资者—东道国争端解决条款“不应当适用于解决缔约一方与其国民之间的投资争端”。这一新的句子不影响第7条第5款的实质内容,其原因有二:第一,第1条(e)项把“国民”界定为自然人,因而新增句子不涉及公司国籍问题,后者是第7条第5款所要平衡的对象;第二,无论如何,美国的意图是把投资者—东道国争端解决条款只适用于缔约一方与缔约另一方的国民或公司之间的争端。新增句子没有触及如何确定国籍,因而不会减损投资者在投资者—东道国争端解决条款项下的权利。

七、美国—海地BIT

美国—海地BIT的投资者—东道国争端解决条款是第7条,它以1983年范本为基础,但有两个重要修订。

第一,美国—海地BIT规定应当把投资争端提交给ICC,而不是ICSID或ICSID附设机制进行仲裁。海地坚持这一改动的原因是,它不是《ICSID公约》的缔约国。正如第九章第二节第一目指出的,ICSID设立附设机制是为了给投资者与不是《ICSID公约》之缔约国的东道国提供争端解决机制。海地不愿意接受ICSID附设机制,因为那似乎间接修正了其不加入《ICSID公约》的决定。虽然海地于1985年1月30日签署了该公约,但它从未缴存批准书,因此它不是该公约的缔约国。

ICC仲裁规则没有要求仲裁必须在《纽约公约》的缔约国境内进行。因此,为了确保ICC裁决的可执行性,美国—海地BIT要求仲裁庭应该在《纽约公约》的缔约国境内作出仲裁裁决,并进而要求BIT的缔约方准备在其领土内执行ICC裁决。海地与美国都是《纽约公约》的缔约国。关于裁决的可执行性的类似规定出现在美国与巴拿马、波兰、阿根廷、捷克、斯洛伐克、俄罗斯以及保加利亚签署的BITs中,并且被纳入1992年范本。

对1983年范本所做的第二个重要修订是,虽然1983年范本规定,如果投资者把争端提交给此前达成一致的争端解决程序,投资者就丧失诉诸ICSID解决争端的权利,然而,根据美国—海地BIT第7条第3款(a)项,如果东道国或者投资者把争端提交此前达成一致的争端解决程序,那么就丧失诉诸国际商会仲裁的权利。正如第九章第二节第一目指出的，对 1983 年范本的这一偏离与早前的 1981 年、1982 年范本是一致的。美国与埃及、巴拿马以及塞内加尔签署的 BITs 采取了同样做法。

一些细微的变动也值得注意。比如，在美国—海地 BIT 第 7 条第 1 款的“投资争端”的定义中，“投资主管部门”前面的“外国”(foreign)一词被删除了，因为海地的投资主管部门同时负责国内投资与外国投资。另外，在该 BIT 第 7 条第 2 款中，1983 年范本的表述略被修改为要求争端当事方即便在诉诸不有具拘束力的第三方争端解决程序前也应该首先进行磋商与谈判。

八、美国—塞内加尔 BIT

美国—塞内加尔 BIT 的投资者—东道国争端解决条款是第 7 条。它以 1983 年范本为基础，有一处重要修订和一些细微修订。

这一重要修订遵循了同样出现于美国与埃及、巴拿马以及海地签署的 BITs 中的表述。具体而言，虽然 1983 年范本规定，如果投资者把争端提交给此前达成一致的争端解决程序，投资者将丧失诉诸 ICSID 解决争端的权利，然而，根据美国—塞内加尔 BIT 第 7 条第 3 款(a)项，如果东道国或者投资者把争端提交此前达成一致的争端解决程序，那么将丧失诉诸国际商会仲裁的权利。正如第九章第二节第一目指出的，对 1983 年范本的这一偏离与早前的 1981 年、1982 年范本是一致的。它也出现于美国与埃及、巴拿马以及海地签署的 BITs 中。

美国—塞内加尔 BIT 第 8 条第 3 款完全没有提及利用 ICSID 附设机制。不过，缔约双方签署的议定书第 5 段规定，如果 BIT 的缔约一方退出《ICSID 公约》或由于任何原因导致无法利用 ICSID 时，则应当利用 ICSID 附设机制。美国与埃及、喀麦隆、摩洛哥以及土耳其签署的 BITs 也没有提及 ICSID 附设机制。虽然后来做了修订，但美国—巴拿马 BIT 原来规定的是利用 ICSID 附设机制，而不是 ICSID。

美国—塞内加尔 BIT 就第 7 条第 4 款对间接来源规则做了细微修订。1983 年范本规定，东道国不得把投资者获得某些补偿作为一项“抗辩、反诉、抵销权或其他”。该 BIT 只使用了属概念“抗辩”(defense)，其意显然在于简化文本的规定，而非修订其含义。

九、美国—土耳其 BIT

美国—土耳其 BIT 的投资者—东道国争端解决条款是第 6 条。它借鉴了 1983 年、1984 年范本中的表述,与美国—摩洛哥 BIT 的规定最为接近。为了分析需要,在此把 1984 年范本作为主要的参照。

美国—土耳其 BIT 在一个重要的方面对 1984 年范本做了修订。投资者同意把争端提交 ICSID 程序之前必须经过六个月的“冷却期”经由该 BIT 第 6 条第 3 款延长到一年。土耳其谈判人员希望确保争端当事方可以利用可能的机会在诉诸第三方争端解决程序——不管其是否具有拘束力——之前通过双边谈判解决争端。虽然在内容构造上与美国—土耳其 BIT 有所不同,但美国—摩洛哥 BIT 也针对美国投资者(但不针对摩洛哥的投资者)诉诸 ICSID 规定了一年的“冷却期”。

根据土耳其的意愿,1984 年范本第 6 条第 2 款被修订为规定,投资者与东道国在诉诸不具有拘束力的第三方程序或者此前达成一致的争端解决程序之前,应该“善意地”寻求通过双边谈判或磋商解决争端。这一规定有别于 1984 年范本,后者明确规定早期的谈判与磋商包括不具有拘束力的第三方程序。

美国—土耳其 BIT 第 6 条第 3 款只规定 ICSID 仲裁,而没有规定 ICSID 调解。因而,规定在投资者与东道国就利用仲裁抑或调解发生分歧时以前者的选择优先条款是没有必要的,因而它删除了 1984 年范本中的相关表述。美国与埃及、巴拿马、喀麦隆以及摩洛哥签署的 BITs 中也有相应的改动。

与美国同埃及、喀麦隆以及摩洛哥签署的 BITs 一样,美国—土耳其 BIT 没有提及 ICSID 附设机制。就土耳其而言,这一改动特别值得注意,因为土耳其在签署该 BIT 时不是《ICSID 公约》的缔约国。不过,土耳其的谈判人员向美国谈判人员保证,土耳其有意加入《ICSID 公约》。缔约双方当时达成的谅解是,土耳其将在该 BIT 生效前加入《ICSID 公约》。事实上,土耳其确实于 1987 年 6 月 24 日签署了《ICSID 公约》,该公约于 1989 年 4 月 2 日对土耳其生效,刚好在该 BIT 生效前一年。

美国—土耳其 BIT 从三个方面修正了 1984 年范本,这使该 BIT 更接近于 1983 年范本。同样的三个改动也出现于美国—摩洛哥 BIT,该 BIT 的投资者—东道国争端解决条款总体上也遵循了 1984 年范本的对应条款。

第一,1983 年范本规定诉诸 ICSID 解决争端的一个条件,是投资不得“出于任何原因”把争端提交给此前达成一致的争端解决程序。虽然这一短语被认为没有必要因而在 1984 年范本中被删除了,但美国—土耳其 BIT 第 6 条第 3 款重新插入了该短语。

第二,美国—土耳其 BIT 规定在投资者同意 ICSID 仲裁之前必须满足所有条件。1984 年范本允许投资者在任何时间同意诉诸仲裁,但规定在仲裁程序开始之前应该满足所有条件。

第三,美国—土耳其 BIT 第 6 条第 3 款(b)项只是构成缔约方对 ICSID 仲裁的同意。美国—摩洛哥 BIT 也有类似的规定。1984 年范本中的相应条款构成对 ICSID 仲裁的同意;如果 ICSID 仲裁不可用,则构成对 ICSID 规则与程序进行的特设仲裁的同意。

美国—土耳其 BIT 对 1984 年范本做的一些修饰性,不值得加以讨论的变动。比如,1984 年范本第 6 条第 2 款中规定的任何争端解决程序——包括那些与征收有关的投资协议中规定的——应当是具有拘束力和可执行的内容被移到了美国—土耳其 BIT 第 6 条第 4 款。

类似地,美国—土耳其 BIT 第 5 条第 6 款删除了 1984 年范本第 6 条第 5 款中对《ICSID 公约》第 25 条第 2 款(b)项的明确援引,但没有以任何方式改变该第 6 款的实质内容。1983 年范本没有明确提及第 25 条第 2 款(b)项,而 1984 年予以提及只是明确了 1984 年范本第 6 条第 5 款构成《ICSID 公约》第 25 条第 2 款(b)项所指的"同意"(agreement)。这是相关措辞没有规定于 1983 年范本但被加入 1984 年范本的极少数情形之一。

十、美国—格林纳达 BIT

美国—格林纳达 BIT 的投资者—东道国争端解决条款是第 6 条。该条款与 1984 年范本中的对应条款是一样的。该 BIT 第 8 条——把由于出口信贷、担保与保险事项引发的争端排除在争端解决条款的适用范围之外——与 1984 年范本的规定也是一样的。

十一、美国—刚果 BIT

美国—刚果 BIT 的投资者—东道国争端解决条款是第 6 条。该条款与 1987 年范本的对应条款是一样的。该 BIT 第 8 条——把由于出口信贷、担保与保险事项引发的争端排除在投资者—东道国争端解决条款的适用范围之外——与 1987 年范本中的对应条款也是一样的。

十二、美国—波兰 BIT

美国—波兰 BIT 的投资者—东道国争端解决条款是第 9 条。该条整体上遵循了1987年范本第6条的规定。

美国—波兰BIT第9条第1款明确规定“投资争端”包括投资者与缔约方的代理或管道(instrumentality)之间的争端。同时,该条款明确把缔约方拒绝投资准入的决定排除在“投资争端”外,这与美国—波兰BIT规定有限的投资设立权的基本政策是一致的。[96]它也与该BIT中的利用司法条款相协调,后者把拒绝投资授权排除在其适用范围之外。[97]

美国—波兰BIT第9条第2款规定,缔约方应该鼓励其国民及公司利用东道国的法院解决争端,尤其是那些涉及行政行为的争端。不过,该BIT没有规定投资者应该诉诸东道国的法院。进而,该BIT规定,投资者诉诸东道国法院就放弃了诉诸投资者—东道国争端解决条款项下仲裁的权利。

较之1987年范本,美国—波兰BIT为投资者在投资者—国家仲裁方面提供了一系列不同的选择。第9条第3款(a)项规定投资者可以同意利用ICSID、ICSID附设机制进行仲裁,或者使用UNCITRAL仲裁规则的特设仲裁。根据1987年范本,投资者有权坚持利用ICSID仲裁;如果无法利用ICSID仲裁,则利用适用ICSID规则的特设仲裁。另外,该BIT允许投资者利用争端当事方间相互达成一致的任何仲裁机构的仲裁规则进行的特设仲裁。最后的内容严格地说是没有必要的,因为BITs始终规定争端当事方可以就条约没有专门提及的争端解决方法达成一致。这一系列的选择最终被纳入1992年范本。

不过,投资者的选择受到这样一个事实的限制,即美国—波兰BIT没有规定波兰应该同意,也不是波兰同意上述所有选择——投资者被允许同意这些选择。第9条第3款(b)项规定,只有在波兰成为《ICSID公约》的缔约国情况下,该BIT才构成对缔约方对ICSID仲裁或调解的同意。奇怪的是,虽然该BIT没有明确提及ICSID附设机制,但第9条第3款仍然以隐晦的方式表明波兰同意ICSID附设机制程序。第9条第3款(b)项进一步规定,无论如何,该BIT都构成了缔约方对于根据UNCITRAL仲裁规则——缔约方彼此同意对此做出修改——设立的仲裁庭进行的特设仲裁的同意。根据UNCITRAL仲裁规则,仲裁员的指定机构应当是ICSID秘书长。谈判期间,波兰确实暗示其近期有意加入《ICSID公约》,[98]但它从未加入。

---

[96] 参见第五章第四节第十二目。

[97] 参见第六章第五节第三目。

[98] Poland BIT submittal letter, at IX.

为了确保裁决可以根据《纽约公约》获得执行，美国—波兰 BIT 第 9 条第 3 款(d)项规定，根据投资者—东道国争端解决条款进行的仲裁的地点应当是《纽约公约》的缔约国。第 9 条第 3 款(e)项也规定，缔约方应该准备在其领土内执行所有此类裁决。类似的条款出现在美国与巴拿马、海地、波兰、阿根廷、捷克、斯洛伐克、俄罗斯以及保加利亚签署的 BITs 中，并被纳入 1992 年范本。为了进一步确保裁决应当是可执行的，第 9 条第 3 款(e)项规定，缔约方承诺不迟疑地执行根据投资者—东道国争端解决条款进行的仲裁所作出的裁决。这一表述严格地说并无必要，因为同意诉诸具有拘束力的仲裁隐含有义务遵守裁决。

美国—波兰 BIT 对于间接来源规则增加了一个重要限制。第 9 条第 4 款规定，在缔约一方基于代位或转让承继了投资者的权利或诉求情况下，除非被允许代表该缔约方外，投资者不得继续寻求实现其诉求。因此，在间接来源是投资者母国情况下，与 BIT 范本不同，该 BIT 确实阻止投资者继续追求实现其诉求，除非投资者代表其母国。

除了交叉援引的条款系指第 9、10 条而不是第 7 条，较之 1987 年范本，第 9 条规定的由于出口信贷、担保和保险事项引发的争端不适用争端解决条款的规定与 1987 年范本相比没有发生变化。

十三、美国—突尼斯 BIT

美国—突尼斯 BIT 的投资者—东道国争端解决条款是第 6 条，它以 1987 年范本为基础。

美国—突尼斯 BIT 修订了“投资争端”的定义，删除有关提及由于投资授权的解释或适用引发的争端的款项。删除这些内容的原因是突尼斯的谈判人员向美国谈判人员表示突尼斯没有使用投资授权。

美国—突尼斯 BIT 第 6 条第 2 款删除了磋商与谈判“包括利用不具有拘束力的第三方程序”。这只是预示了 1992 年范本中出现的变化。

美国—突尼斯 BIT 第 6 条第 2 款中删除了有关规定任何争端解决程序——包括那些与征收有关以及在投资协议中规定的程序——应当是有拘束力与可执行的内容。这一删除预示了 1992 年范本中的变化。

美国—突尼斯 BIT 第 6 条第 3 款删除了允许投资者选择适用 ICSID 仲裁规则的特设仲裁的内容。这是被纳入 1992 年范本的另一个变化。第 6 条第 3 款还删除了作为“仲裁”限定词的“具有拘束力的”(binding)的规定。

这一删除不具有实质意义，原因是根据《ICSID公约》第53条第1款，ICSID仲裁是具有拘束力的。

美国—突尼斯BIT修订了1987年范本第6条第3款(a)项的表述，该表述规定投资者在选择调解抑或仲裁方面有最终选择权，但这一修订不影响该表述的实质内容。

美国—突尼斯BIT第6条第3款(b)项再次删去了作为"仲裁"限定词的"具有拘束力的"的内容，也删除有关使用ICSID仲裁规则的特设仲裁的内容。1987年第6条第3款(c)项规定的仲裁应当根据《ICSID公约》、ICSID条例与规则进行的表述被移到——不影响其实质内容——美国—突尼斯BIT第6条第3款(b)项，由此删除了第6条第3款(c)项。

最后，美国—突尼斯BIT在第6条第5款插入了表述，以明确第6条所指的公约是《ICSID公约》，这纯粹只是文体上的改动。

美国—突尼斯BIT第8条——把由于出口信贷、担保和保险事项引起的争端排除在投资者—东道国争端解决条款适用范围之外——与1987年范本相比没有发生变化。

十四、美国—斯里兰卡BIT

美国—斯里兰卡BIT的投资者—东道国争端解决条款是第6条，该条与1991年BIT范本中的对应条款是类似的。除了标点符号方面的一个细微差别，该BIT第8条中的表述——把出口信贷、担保与保险计划项下产生的争端排除在争端解决条款的适用范围外——与1991年范本中的对应条款也是一样的。

十五、美国—捷克BIT

美国—捷克BIT的投资者—东道国争端解决条款是第6条，它以1991年范本为基础。除了一些对文本进行的不具有实质影响的改编和措辞改动外，对1991年范本做了一些修改的表述系由于这样的事实，即在美国与捷克和斯洛伐克签署BIT时后者还不是《ICSID公约》的缔约国。

在第6条第3款(a)项中，该BIT允许投资者同意在ICSID或ICSID附设机构进行仲裁、适用UNCITRAL仲裁规则进行的仲裁，或者根据缔约方彼此同意的任何其他仲裁规则进行的仲裁。这些选择被纳入1992年范本，也出现于美国与波兰、俄罗斯、阿根廷以及保加利亚签署的BITs中。第6条第

3 款(b)项也包含缔约方同意在 ICSID——只要捷克和斯洛伐克联邦共和国成为《ICSID 公约》的缔约国——进行的仲裁、在 ICSID 附设机制进行的仲裁,或者根据经争端当事方修改的 UNCITRAL 仲裁规则——且该规则指定 ICSID 秘书长作为指定仲裁员的机构——设立的仲裁庭进行的仲裁。由于捷克是捷克和斯洛伐克的继承国之一,第 6 条第 3 款(b)项可能会被解读为捷克同意上述三种仲裁方式中的任何一种,但同意 ICSID 仲裁需要捷克加入《ICSID 公约》。1993 年,捷克加入了该公约。

1991 年范本规定调解或仲裁应该遵循《ICSID 公约》以及 ICSID 的条例与规则。与 1991 年范本不同,由于美国—捷克 BIT 提及了 ICSID 附设机制,该 BIT 第 6 条第 3 款(c)项中增加了短语"或者——视情况而定——利用附设机制"。

美国—捷克 BIT 第 6 条第 3 款(d)项也规定仲裁应该在《纽约公约》的缔约国境内进行,以确保裁决可以根据该公约从而在国内法院获得执行,而第 6 条第 3 款(e)项规定缔约方应该准备在其领土内执行裁决类似的规定也出现于美国与巴拿马、海地、波兰、斯洛伐克、阿根廷、俄罗斯以及保加利亚签署的 BITs 中。这一规定也被纳入 1992 年范本。

美国—捷克 BIT 第 8 条——把由于出口信贷、担保以及保险计划引发的争端排除在争端解决条款的适用范围之外——与 1991 年范本中的对应条款是一样的。

美国—斯洛伐克 BIT 中的投资者—东道国争端解决条款与美国—捷克 BIT 的对应条款是一样的。

十六、美国—斯洛伐克 BIT

美国—斯洛伐克 BIT 的投资者—东道国争端解决条款是第 6 条,它以 1991 年范本的表述为基础。除了一些对文本进行的不具有实质影响的改编和措辞改动外,对 1991 年范本做了一些修改的表述系由于这样的事实,即在美国与捷克和斯洛伐克签署 BIT 时后者还不是《ICSID 公约》的缔约国。

在第 6 条第 3 款(a)项中,该 BIT 允许投资者同意在 ICSID 或 ICSID 附设机构进行仲裁、适用 UNCITRAL 仲裁规则进行的仲裁,或者根据缔约方相互同意的任何其他仲裁规则进行的仲裁。这些选择被纳入 1992 年范本,也出现于美国与波兰、俄罗斯、阿根廷以及保加利亚签署的 BITs 中。第 6 条第 3 款(b)项也包含缔约方同意在 ICSID——只要捷克和斯洛伐克联邦共和国成为《ICSID 公约》的缔约方——进行的仲裁、在 ICSID 附设机制进行的仲裁,或者根据经争端当事方修改的 UNCITRAL 仲裁规则——且该规则指定 ICSID 秘书长作为指定仲裁员的机构——设立的仲裁庭进行的仲裁。由于斯洛伐克是捷克和斯洛伐克的继承国之一,第 6 条第 3 款(b)项可能会被解读为斯洛伐克同意上述三种仲裁方式中的任何一种,但同意 ICSID 仲裁需要斯洛伐克加入《ICSID 公约》。1993 年,斯洛伐克加入了该公约。

1991 年范本规定调解或仲裁应该遵循《ICSID 公约》以及 ICSID 的条例与规则。与 1991 年范本不同,由于美国—斯洛伐克 BIT 提及了 ICSID 附设机制,该 BIT 第 6 条第 3 款(c)项中增加了短语"或者——视情况而定——利用附设机制"。

美国—斯洛伐克 BIT 第 6 条第 3 款(d)项也规定仲裁应该在《纽约公约》的缔约国境内进行,以确保裁决可以根据该公约从而在国内法院获得执行,而第 6 条第 3 款(e)项规定缔约方应该准备在其领土内执行裁决类似的规定也出现于美国与巴拿马、海地、波兰、捷克、阿根廷、俄罗斯以及保加利亚签署的 BITs 中。这一规定也被纳入 1992 年范本。

美国—斯洛伐克 BIT 第 8 条——把出口信贷、担保和保险计划引发的争端排除在适用范围外——与 1991 年范本中的对应表述是一样的。

美国—捷克 BIT 中的投资者—东道国争端解决条款与美国—斯洛伐克 BIT 的对应条款是一样的。

十七、美国—阿根廷 BIT

美国—阿根廷 BIT 的投资者—东道国争端解决条款是第 7 条。考虑到阿根廷是"卡尔沃主义"的长期拥趸并且是卡尔沃博士的祖国,与阿根廷谈判包含投资者—东道国争端解决条款的 BIT 被认为是一个相当大的成就。最终,在美国没有做出实质让步的情况下,阿根廷接受了在 BIT 中纳入投资者—东道国争端解决条款。1991 年谈判范本——作为美国—阿根廷 BIT 的基础——中的表述被做了大幅修订。与阿根廷谈判最终达成的该条款几乎一成不变地被纳入 1992 年范本。

美国—阿根廷 BIT 与 1992 年范本间的一个细微差别是,前者第 7 条第 1 款(b)项包含了一个分句,它把投资争端界定为包括产生于或者关于投资授权——并插入短语"如果存在任何此种授权的话"——的争端。显然,只有存在投资授权时,基于投资授权的投资争端才会发生,因而这一改动只是明确了1992年范本中隐含的含义。

没有被纳入1992年范本的一个新颖的条款成为美国—阿根廷BIT议定书第1段。该第1段规定,在仲裁期间投资者可以被要求提供其对投资的所有权或控制的证据。当然,这隐含于此前所有的BITs中。作为争端当事方的投资者的所有权或控制权关系到仲裁庭的管辖权,因而与任何相关事实一样应当由以此该事实为基础提出诉求的当事方予以证明。

除了交叉援引的条款从第6、7条变成第7、8条以便考虑到美国—阿根廷BIT插入新的第3条——类似于投资设立程序条款,美国—阿根廷BIT第9条有关把出口信贷、保险与担保计划引发的争端排除在争端解决条款适用范围之外的规定与1992年范本的对应条款是一样的。

十八、美国—哈萨克斯坦BIT

美国—哈萨克斯坦BIT的投资者—东道国争端解决条款是第6条,它与1992年范本的对应条款是一样的。该BIT第8条——把由于出口信贷、保险以及担保计划引发的争端排除在争端解决条款的适用范围之外——与1992年范本的对应条款也是一样的。

十九、美国—罗马尼亚BIT

美国—罗马尼亚BIT的投资者—东道国争端解决条款是第6条,密切遵循了1992年范本的规定。该BIT第7条2款——规定争端当事方应该首先寻求通过磋商与谈判解决争端——增加了短语"包括利用不具有拘束力的第三方程序,比如调解"。1992年范本中没有任何内容禁止争端当事方诉诸不具有拘束力的第三方争端解决程序,包括调解。事实上,直到该规定在1992年范本中被删除为止,此前的范本明确允许利用这些程序。所以,美国—罗马尼亚BIT只是明确了1992年范本中默示存在以及1991年及此前的BIT范本中明示存在的内容。

美国—罗马尼亚BIT在第7条第4款(a)项增加新的规定,即"缔约各方应当自行承担参加仲裁程序的费用"。该规定只是澄清了1992年范本的意图,而不是做出实质性改动。

第8条——把由于出口信贷、保险与担保引发的争端排除在争端解决条款的适用范围之外——与1992年范本的对应条款是一样的。

二十、美国—俄罗斯 BIT

美国—俄罗斯 BIT 的投资者—东道国争端解决条款——规定于第 6 条——以 1991 年范本为基础。该 BIT 第 6 条第 1 款中的“投资协议”术语被缩短了，原因是，与在 1991 年范本中不同，该 BIT 在术语条款中已经界定了“投资协议”的含义，因而更简洁地提及“投资协议”已经够了。“投资授权”也变更为“授权”，从而删除了“授权”前面中的“投资”一词。该 BIT 也删除了具体的要求，即授权必须是赋予缔约另一方的国民或公司。有关被指控违反条约权利的争端被修改为规定“被指控违反[条约权利]的存在与后果”。

1991 年范本第 6 条第 2 款也被做了细微修订。1991 年范本明确规定，“任何争端解决程序——包括那些与征收有关的以及在投资协议中规定的——应当具有拘束力”。美国—俄罗斯 BIT 修改了其中表述，据此它规定：“任何争端解决条款——包括与征收有关的以及在投资协议中规定的——应当具有拘束力……”该 BIT 的表述确实更准确地抓住了 1991 年范本的意图。1991 年范本的表述是差强人意的，而美国—俄罗斯 BIT 则消除了这种模糊性。

美国—俄罗斯 BIT 第 6 条第 3 款对 1991 年范本的措辞做了若干细微、无关宏旨的改动。六个月的“冷却期”规定被移至该款的开头，这一改动不会产生实质性的影响。描述谁有权把诉求诉诸仲裁的短语“有关国民或公司”被修改为“缔约一方的国民或公司”，这是 1991 年范本中的表述所想要具有的含义。“争端”被修改为“投资争端”，这也是 1991 年范本所想要具有的含义。由于俄罗斯在签署该 BIT 时还不是《ICSID 公约》的缔约国，因此允许 ICSID 仲裁受到短语“在俄罗斯联邦成为[《ICSID 公约》]缔约国”的限定。根据《ICSID 公约》，只有当东道国与母国都是该公约缔约方时才能启动 ICSID 仲裁。虽然俄罗斯于 1992 年 6 月 16 日签署了《ICSID 公约》，但它从未缴存批准书，因而它不是该公约的缔约方。

1991 年范本第 6 条第 3 款发生了一个重要变化。虽然 1991 年范本只规定 ICSID 仲裁或者使用 ICSID 规则进行的特设仲裁，美国—俄罗斯 BIT 则规定了四种仲裁形式，即 1992 年范本中规定的四种。由于——如前所述——只有在母国与东道国都加入《ICSID 公约》时才能诉诸 ICSID 仲裁，也因为第四种仲裁需要当事方之间在未来签署协议，因此，不需要投资者与俄罗斯达成进一步协议就可以利用的仲裁形式只有 ICSID 附设机制进行的仲裁以及根据 UNCITRAL 仲裁规则进行的仲裁。

1991 年范本第 6 条第 3 款(b)项——包含缔约方对仲裁的同意——在美国—俄罗斯 BIT 中被做了修改,据此它构成了对 ICSID 进行的仲裁、利用 ICSID 附设机制进行的仲裁,以及经由争端当事方彼此同意——其中规定仲裁员指定机构是 ICSID 秘书长——予以修改的 UNCITRAL 仲裁规则设立的特设仲裁庭进行的仲裁的同意。与此不同,1991 年范本规定缔约方同意 ICSID 调解或仲裁,或者使用 ICSID 规则进行的特设仲裁。

1991 年范本第 6 条第 3 款(c)——规定根据《ICSID 公约》、ICSID 条例与规则进行调解或仲裁——在美国—俄罗斯 BIT 中被修改为只适用于 ICSID 调解或仲裁,或利用 ICSID 附设机制进行的调解或仲裁。这一改动是必要的,原因是,与 1991 年范本不同,该 BIT 也允许根据 UNCITRAL 仲裁规则或争端当事双方达成协议的其他仲裁规则进行的仲裁。该 BIT 的表述也规定,在诉诸 ICSID 附设机制解决争端时,应当适用 ICSID 附设机制的条例与规则。1991 年范本没有规定使用 ICSID 附设机制。

美国—俄罗斯 BIT 第 6 条第 3 款(d)项也规定,仲裁应该在《纽约公约》的缔约国境内进行,以确保仲裁裁决能够根据该公约获得国内法院执行,而第 6 条第 3 款(e)项要求缔约各方不迟疑地在其领土内执行根据第 6 条进行的仲裁所作出的任何仲裁裁决,并且在其领土内准备执行仲裁裁决。这一表述没有出现于 1991 年范本中,因为仲裁裁决根据《ICSID 公约》被认为是可以执行的。由于美国—俄罗斯 BIT 允许选择非 ICSID 机制项下的仲裁,因此,纳入有关根据《纽约公约》执行裁决的条款被认为是必要的。同样的条款也出现在美国与巴拿马、海地、波兰、阿根廷、捷克和斯洛伐克,以及保加利亚等国签署的 BITs 中,并最终被纳入 1992 年范本。

1991 年范本第 6 条第 5 款——为适应《ICSID 公约》的规定,把根据东道国法律设立但由缔约另一方投资者拥有的公司视为该缔约另一方的国民——被移到美国—俄罗斯 BIT 的议定书,并在若干非实质性方面做了修改,包括标点符号的变动。最为引人关注的是,该 BIT 缔约方在第 5 款的开头插入了一个表述,据此缔约方“确认”(confirm)第 5 款规定的实质内容。

美国—俄罗斯 BIT 从若干方面对 1991 年范本第 8 条做了改动。第一,1991 年范本第 8 条(b)项提及的“官方”(official)信贷、保险与担保安排被修改为“政府”(governmental)信贷、保险或担保安排,这一改动看起来不是实质性的。第二,增加了一个表述据以澄清 1991 年范本第 8 条(b)项适用于任何缔约方的相关安排,这是隐含于 1991 年范本中的含义。这一澄清可能被认为是必要的,因为第 8 条(a)项只适用于美国的相关安排。最后,在 1991 年范本中,第 8 条适用于 BIT 缔约方同意的其他争端解决方法。在美国—俄罗斯 BIT 中,第 8 条适用于争端当事双方同意的其他争端解决方法。当然,对于国家—国家争端解决条款项下争端来说,争端当事方也就是 BIT 的缔约方,因而这一改动只是可能会影响投资者—东道国争端解决条款的适用范围。

二十一、美国—亚美尼亚 BIT

美国—亚美尼亚 BIT 的投资者—东道国争端解决条款是第 6 条。除了由于排版错误导致第 6 条第 3 款(a)项(iii)点少了一个分号外,该第 6 条与 1992 年范本的对应条款是一样的。该 BIT 第 8 条——把由于出口信贷、担保和保证协议引发的争端排除在争端解决条款的适用范围之外——与 1992 年范本的对应条款是一样的。

二十二、美国—保加利亚 BIT

美国—保加利亚 BIT 的投资者—东道国争端解决条款——规定于第 6 条——以 1991 年范本的表述为基础。第 6 条第 1 款改动了构成投资争端的争端类别的排列顺序,据此涉及投资授权的争端被放在(c)项而不是(b)项加以规定。关于投资授权的文本还被插入了一个表述,它规定“拒绝作出投资授权本身并不构成投资争端,除非这一拒绝涉及被指控违反条约确认或创设的投资者权利”。由于根据 1991 年范本投资争端是指涉及违反条约权利,或者投资协议或投资授权的解释或适用的争端,因而,直到投资者获得授权时,投资授权不会引发投资争端。根据 1991 年范本,只有在违反条约或现行某一投资协议或投资授权中的某一条款情况下,拒绝投资授权才会产生投资争端。不过,违反投资协议或投资授权也会构成对 BIT 的违反,因为第 2 条第 2 款(c)项规定缔约方应该遵守它在投资方面承担的义务。因此,违反某一投资协议或投资授权,或者 BIT 的某一条款,比如投资设立方面的国民待遇与最惠国待遇,拒绝投资授权仍然构成投资争端。简言之,第 6 条第 1 款(c)项中的新表述并不影响该条款的实质。该条款是应保加利亚的要求纳入的,以明确拒绝投资授权不会产生争端,除非这种拒绝违反了 BIT,

包括 BIT 规定的遵守义务条款。

美国—保加利亚 BIT 的规定有别于美国—波兰 BIT 的规定，后者第 2 条第 1 款规定缔约方在投资设立方面保留拒绝给予国民待遇与最惠国待遇的权利，进而在第 9 条第 1 款中规定拒绝给予投资授权不构成投资争端。因此，美国—波兰 BIT 的表述是对 BIT 范本的实质性偏离。

美国—保加利亚 BIT 对 1991 年范本的第 6 条第 3 款(a)项做了若干文体上的改动。从实质内容上看，与 1991 年范本不同，该 BIT 允许诉诸 ICSID、ICSID 附设机制、适用 UNCITRAL 仲裁规则设立的特设仲裁庭，或者争端当事方同意的其他机制解决机制的仲裁。这与美国此前同波兰、俄罗斯以及阿根廷签署的 BITs 规定的一系列选择——它们成为 1992 年范本的组成部分——是一样的。与这些其他的 BITs 一样，在非美国的缔约方尚未加入《ICSID 公约》或者缺乏进一步的规定东道国之同意的协议情况下，投资者只能诉诸利用 ICSID 附设机制进行的仲裁或根据 UNCITRAL 仲裁规则进行的特设仲裁。2001 年 5 月 13 日，保加利亚加入《ICSID 公约》。

美国—保加利亚 BIT 修改了 1991 年范本第 6 条第 3 款(b)项——关于缔约方对仲裁的同意——的表述。新的表述规定缔约方同意把争端提交在 ICSID(在保加利亚加入《ICSID 公约》后)、ICSID 附设机制，以及根据 UNCITRAL 仲裁规则设立的特设仲裁庭进行的仲裁。与美国同波兰、捷克、斯洛伐克以及俄罗斯签署的 BITs 一样，美国—保加利亚 BIT 第 6 条第 3 款(b)项(iii)点规定，在根据 UNCITRAL 仲裁规则进行仲裁情况下，仲裁员指定机构应当是 ICSID 秘书长。

1991 年范本第 6 条第 3 款(c)项被做了修改，以考虑到可以利用的争端解决机制增加了。1991 年范本规定，应该适用《ICSID 公约》、ICSID 的条例与规则进行调解或具有拘束力的仲裁。新的表述规定，ICSID 或 ICSID 附设机制的调解或仲裁应当适用《ICSID 公约》的条款、ICSID 的条例与规则或——视情况而定——ICSID 附设机制的条例与规则。

与美国—波兰 BIT 一样，美国—保加利亚 BIT 确保根据投资者—东道国争端解决条款进行的仲裁所作出的裁决是可以执行的。第 6 条第 3 款(d)项规定仲裁所在地国家应该是《纽约公约》的缔约国。

第 6 条第 3 款(e)项中的新表述规定，缔约方承诺不迟延地执行根据投资者—东道国争端解决条款进行的仲裁所作出的裁决。该条款还规定缔约方应该准备在其领土内执行仲裁裁决。同样的规定也出现于美国与海地、巴拿马、捷克和斯洛伐克、阿根廷以及俄罗斯签署的 BITs 中,并被纳入 1992 年范本。

美国—保加利亚 BIT 也规定,缔约方应该自行承担参加仲裁程序的费用,这一规定只是明确了隐含的内容。美国—罗马尼亚 BIT 也有类似的规定。

美国—保加利亚 BIT 第 8 条——把由于出口信贷、保险以及担保计划引发的争端排除在争端解决条款的适用范围之外——与 1991 年范本的对应条款是一样的。

二十三、美国—吉尔吉斯斯坦 BIT

美国—吉尔吉斯斯坦 BIT 的投资者—东道国争端解决条款是第 6 条,该条与 1992 年范本的对应条款是一样的。第 8 条——把由于出口信贷、保险以及担保协议引发的争端排除在争端解决条款的适用范围之外——与 1992 年范本的对应条款是一样的。

二十四、美国—摩尔多瓦 BIT

美国—摩尔多瓦 BIT 的投资者—东道国争端解决条款是第 6 条,该条与 1992 年范本的对应条款是一样的。该 BIT 删除了 1992 年范本第 8 条中的规定,即把由于出口信贷、保险以及担保协议引发的争端被排除在投资者—东道国争端解决条款的适用范围之外。这一规定在 1994 年范本被删除了。

二十五、美国—厄瓜多尔 BIT

除了两处改动外,美国—厄瓜多尔 BIT 的投资者—东道国争端解决条款——规定于第 6 条——沿用了 1992 年范本的规定。第一,1992 年范本第 6 条第 2 款——规定投资者可以把争端提交当地救济、此前达成一致的争端解决机制,或者 BIT 项下仲裁——被增加了短语"根据以下可供选择的方式之一"。这一短语旨在明确投资者只能选择其中一种方法,这是 1992 年范本的意图,因而增加该短语没有改变该条款的实质内容。第二,美国—厄瓜多尔 BIT 第 6 条第 8 款——关于《ICSID 公约》第 25 条第 2 款(b)项——删除了"但是"(but)一词,这一文体上的变化不影响第 8 款的含义。

美国—厄瓜多尔 BIT 删除了 1992 年范本第 8 条的规定,即把由于出口信贷、保险以及担保协议引发的争端被排除在投资者—东道国争端解决条款的适用范围之外。这一规定在1994年范本被删除了。

二十六、美国—白俄罗斯 BIT

除了在字母大小写方面的一个细微改动外，美国—白俄罗斯 BIT 的投资者—东道国争端解决条款——规定于第6条——与1992年范本中的对应条款是一样的。该 BIT 删除了1992年范本第8条的规定，即把由于出口信贷、保险以及担保协议引发的争端被排除在投资者—东道国争端解决条款的适用范围之外。这一规定在1994年范本被删除了。

二十七、美国—牙买加 BIT

除下文所列六点，美国—牙买加 BIT 的投资者—东道国争端解决条款——规定于第6条——与1992年范本的对应条款是类似的，虽然该 BIT 的许多谈判是以1991年范本及1990年临时范本——后者没有成为美国签署的任何 BIT 的基础。

第一，美国—牙买加 BIT 于第6条第2款增加了新的表述，规定选择第2款提及的三种程序——当地救济、此前达成一致的争端解决程序，或者 BIT 项下投资者—东道国仲裁——其中之一的缔约方“在这么做的同时排除了其他程序”。这符合1992年范本的意图，因此不代表美国政策上的变动。

第二，美国—牙买加 BIT 删除了1992年第6条第3款(a)项(ii)点，该点规定把投资争端诉诸 ICSID 附设机制。这与1990年临时范本以及1991年范本规定是一致的，二者都被用于谈判中。

第三，美国—牙买加 BIT 第6条第4款规定，为了适用《ICSID 公约》第二章，争端当事方对仲裁的同意仲裁应当满足书面同意的要求，但删除了为适用 ICSID 附设机制的规则计此种同意应当满足书面同意的要求，原因是该 BIT 没有规定诉诸附设机制规的仲裁。它还删去了有关为适用《纽约公约》第2条计此种同意应当构成“书面协议”，这可能是因为在签署该 BIT 时牙买加还不是《纽约公约》的缔约国。2002年，牙买加加入了《纽约公约》。

第四，美国—牙买加 BIT 删去了1992年范本第6条第5款，该第5款规定第6条项下的非 ICSID 仲裁应该在《纽约公约》的缔约国境内进行。这一删减使争端有可能在不是《纽约公约》之缔约国的国家进行仲裁，这可能导致仲裁裁决无法根据《纽约公约》获得执行。像第6条第4款删除对《纽约公约》的提及那样，如果仲裁地位于《纽约公约》的缔约国领土内，这一改动不妨碍利用《纽约公约》执行根据投资者—东道国仲裁裁决条款作出的裁决，但它放弃了利用条约使裁决执行更加确定的机会。

第五，美国—牙买加 BIT 在 1992 年范本第 7 条第 7 款——关于公司国籍——中增加“两者之一”(either)一词。增添该词不影响该第 7 款的实质内容。

第六，美国—牙买加 BIT 增加了新的第 6 条第 8 款，该款规定缔约双方均不得针对其投资者已经同意根据《ICSID 公约》诉诸仲裁的争端提供外交保护，或提出国际求偿，除非被告国不执行所做出的裁决。就第 6 条第 8 款而言，外交保护应当不包括纯粹旨在促进争端解决的非正式外交交流。第 6 条第 8 款实质上重申了《ICSID 公约》第 27 条的规定，该条款无论如何都适用于适用该公约提请仲裁的任何争端。因此，第 6 条第 8 款没有改变投资者—东道国争端解决条款的实质内容。类似的条款出现于 1983 年范本，但在 1984 年范本中被删除了。

美国—牙买加 BIT 第 8 条——把由于出口信贷、保险与担保协议引发的争端排除在投资者—东道国争端解决条款的适用范围之外——与 1991 年、1992 年范本中的对应条款是一样的。

二十八、美国—乌克兰 BIT

美国—乌克兰 BIT 的投资者—东道国争端解决条款——规定于第 6 条——与 1992 年范本的对应条款是一样的。不过，该 BIT 删除了 1992 年范本第 8 条的规定，即把由于出口信贷、担保以及保险计划引发的争端被排除在争端解决条款的适用范围之外。这一规定在 1994 年范本被删除了。

二十九、美国—格鲁吉亚 BIT

美国—格鲁吉亚 BIT 的投资者—东道国争端解决条款是第 9 条，非常接近于 1994 年范本的规定，除了在公司国籍规定中把“缔约另一方”(“the” other party)英语表中的定冠词“the”改为“such”，这纯粹是文体上的改动。

三十、美国—爱沙尼亚 BIT

除了在标点符号方面存在细微改动，美国—爱沙尼亚 BIT 的投资者—东道国争端解决条款——规定于第 6 条——与 1992 年范本的对应条款是一样的。该 BIT 删除了 1992 年范本第 8 条，该第 8 条把由于出口信贷、保险以及担保协议引发的争端被排除在投资者—东道国争端解决条款的适用范围之外。1994 年范本删除了该第 8 条。

三十一、美国—特立尼达和多巴哥 BIT

美国—特立尼达和多巴哥 BIT 的投资者—东道国争端解决条款——规定于第 9 条——以 1994 年范本的规定为基础，但有一些改动。第一，它插入了使用大写英文首字母的标题，即“缔约一方与缔约另一方的国民或公司间的争端解决”（Settlement of Disputes Between One Party and a National or Company of the Other Party）。

第二，第 9 条第 2 款——允许投资者把投资争端诉诸仲裁——以 1992 年范本的对应条款为基础，但有细微的文体上的改动。它规定，在发生投资争端时，争端当事方首先应该寻求通过磋商与谈判解决争端。如果争端无法友好地解决，则投资者“只能”根据 1992 年、1994 年范本所列的三种选择——东道国法院、此前达成一致的程序，或者根据投资者—东道国争端解决条款——解决争端。乍看起来，“只能”一词似乎排除了争端当事方寻求其他救济方法，但争端当事方显然始终可以自由地就某一其他争端解决方法达成一致。因此，该词只是指条约并不要求争端当事方利用任何其他机制，这完全符合 1992 年、1994 年范本的潜在意图。第 9 条第 2 款也明确规定要遵循第 9 条第 3 款（b）项，该（b）项允许争端当事方寻求临时救济。换言之，“只能”一词无意于禁止争端当事方根据第 9 条第 3 款（b）项寻求禁令性救济。

三十二、美国—蒙古 BIT

美国—蒙古 BIT 的投资者—东道国争端解决条款——规定于第 6 条——与 1992 年范本的对应条款是一样的。该 BIT 第 8 条——把由于出口信贷、保险及担保协议引发的争端排除在投资者—东道国争端解决条款的适用范围之外——与 1992 年范本的规定是一样的。

三十三、美国—乌兹别克斯坦 BIT

美国—乌兹别克斯坦 BIT 的投资者—东道国争端解决条款——规定于第 9 条——与 1994 年范本的对应条款是一样的。

三十四、美国—阿尔巴尼亚 BIT

除了插入了使用大写英文首字母的标题,即“缔约一方与缔约另一方的国民或公司间的争端解决”(Settlement of Disputes Between One Party and a National or Company of the Other Party),美国—阿尔巴尼亚 BIT 的投资者—东道国争端解决条款——规定于第 9 条——与 1994 年范本的对应条款是一样的。

三十五、美国—拉脱维亚 BIT

除了第 6 条第 1 款表达方式上的改动,美国—拉脱维亚 BIT 的投资者—东道国争端解决条款——规定于第 6 条——与 1992 年范本的对应条款是一样的。该 BIT 删除了 1992 年范本第 8 条中的规定,即把由于出口信贷、保险以及担保协议引发的争端被排除在投资者—东道国争端解决条款的适用范围之外。1994 年范本也删除了这一规定。

三十六、美国—洪都拉斯 BIT

美国—洪都拉斯 BIT 的投资者—东道国争端解决条款——规定于第 9 条——与 1994 年范本的对应条款是一样的。随着美国—中美洲国家—多米尼加 FTA 在美国与洪都拉斯之间生效,该 BIT 投资者—国家争端解决条款中止适用。[99]

三十七、美国—尼加拉瓜 BIT

美国—尼加拉瓜 BIT 的投资者—东道国争端解决条款——规定于第 9 条——与 1994 年范本的对应条款是一样的。

三十八、美国—克罗地亚 BIT

除了两处改动,美国—克罗地亚 BIT 的投资者—东道国争端解决条款——规定于第 10 条——与 1994 年范本的对应条款是一样的。

第一,美国—克罗地亚 BIT 第 10 条第 1 款末尾增加了一句,该句规定“在发生投资争端时,争端当事方应该首先寻求通过磋商与谈判解决争端”,

---

[99] 参见第十二章第四节。

该规定出现于1992年范本。新的句子只是反映了该BIT缔约方的期待,即投资争端应该被友好地加以解决。它并不要求在根据投资者—东道国争端解决条款把争端提交解决之前努力进行磋商或谈判。因此,它不影响1994年范本第10条创设的权利的实质内容。

第二,美国—克罗地亚BIT在第10条第6款中插入了一个新句子,它规定"缔约各方应当根据国内法在其领土内执行仲裁裁决"。这一句子完全没有减少缔约方在其各自领土内准备执行裁决的义务。相反,正如国务卿提交的呈报函解释的,它"只是确认,由于每个缔约方必须充分地本条约规定的执行仲裁裁决,因而执行裁决的途径是缔约各方的国内法"。[100]比如,在美国执行ICSID仲裁裁决的方式是由《1966年投资争端解决公约法》(Convention on the Settlement of Investment Dispute Act of 1966)规定,[101]而在美国执行其他外国仲裁裁决的方式则由《联邦仲裁法》规定。[102] 因此,这一句与1994年范本的意图是完全一致的。

三十九、美国—约旦BIT

美国—约旦BIT的投资者—东道国争端解决条款——规定于第9条——以1994年范本为基础,但对范本做了一些细微、无关宏旨的改动。第一,它插入了全部使用大写英文首字母的标题,即"缔约一方和缔约他方国民或公司间的争端解决"(Settlement of Disputes Between One Party and a National or Company of the Other Party)。第二,它用"缔约方"(Contracting Party)代替"当事方"(Party)。第三,它为第9条第1款增加了一句,规定"在发生投资争端时,争端当事方应该首先寻求通过磋商与谈判解决争端在",这一句曾经出现于1992年范本中。新的句子只是反映了该BIT缔约方的期待,即应该友好地解决投资争端。它并没有要求在根据投资者—东道国争端解决条款把争端提交解决之前努力进行磋商或谈判。因此,它不影响1994年范本第9条创设的权利的实质内容。

四十、美国—阿塞拜疆BIT

除了一处细微,不具有实质效果的改动——也出现于美国与玻利维亚、

---

[100] Croatia BIT submittal letter, at XI.

[101] 22 U.S.C, 1650 – 1650a.

[102] 9 U.S.C. 1 *et seq.*

萨尔瓦多以及巴林签署的 BITs,美国—阿塞拜疆 BIT 的投资者—东道国争端解决条款——规定于第 9 条——与 1994 年范本的对应条款是一样的。

四十一、美国—立陶宛 BIT

除了把 1992 年范本第 6 条第 3 款(b)项中的"party"首字母改为大写——但这一改动无意于使该(b)项的含义发生变化,美国—立陶宛 BIT 的投资者—东道国争端解决条款——规定于第 6 条——与 1992 年范本的对应条款是一样的。不过,该 BIT 还删除了 1992 年范本第 8 条中的规定,即把由于信贷、担保以及保险安排引发的争端排除在该 BIT 的争端解决条款的适用范围之外。

四十二、美国—玻利维亚 BIT

除了一处不具实质影响的标点符号改动——该改动也出现于美国与阿塞拜疆、萨尔瓦多以及巴林签署的 BITs 中——外,美国—玻利维亚 BIT 的投资者—东道国争端解决条款——规定于第 9 条——与 1994 年范本的对应条款是一样的。美国—玻利维亚 BIT 的议定书第 3 段确认,缔约双方一致同意第 9 条"不适用于政府的契约纠纷,除非(i)该契约包含投资授权;(ii)该合约构成了投资协议;或者(iii)争端产生于被指控的对本条约针对涵盖投资授予、创设或认可的权利的违反或与此相关"。第 3 段的表述无意于缩小第 9 条规定的适用范围。第 3 段规定的把第 9 条适用于政府契约的三种情形就是第 9 条第 1 款所界定的三种类型的投资争端,第 9 条无论如何只能适用于这些争端。实际上,第 3 段旨在确定第 9 条不适用于政府契约争端,除非该争端同时构成投资争端。

四十三、美国—莫桑比克 BIT

除了把"涵盖投资"换为"本条约涵盖投资"——这一变动是美国—莫桑比克 BIT 的特点,美国—莫桑比克 BIT 的投资者—东道国争端解决条款——规定于第 9 条——与 1994 年范本的对应条款是一样的。

四十四、美国—萨尔瓦多 BIT

除了在标点符号方面有一处细微、不具有实质内容的改动——也出现于美国与阿塞拜疆、玻利维亚以及巴林等签署的 BITs,美国—萨尔瓦多 BIT

的投资者—东道国争端解决条款——规定于第 9 条——与 1994 年范本的对应条款是一样的。

四十五、美国—巴林 BIT

除了在标点符号方面有一处细微并没有实质内容的改动——也出现于美国与阿塞拜疆、玻利维亚以及巴林等签署的 BITs，美国—巴林 BIT 的投资者—东道国争端解决条款——规定于第 9 条——与 1994 年范本的对应条款是一样的。该 BIT 通篇使用的是阿拉伯数字，而不是罗马数字。

四十六、美国—乌拉圭 BIT

美国—乌拉圭 BIT 的投资者—东道国争端解决的规定非常类似于 2004 年范本中的对应条款。一个实质性的区别，是该 BIT 关于仲裁庭组成的第 27 条以及关于合并仲裁庭组成的第 33 条规定的仲裁员指定机构是 ICSID 行政理事会主席，而不是 ICSID 秘书长。第 27 条、第 33 条只提及"主席"，而第 1 条已经对该词做了界定。ICSID 行政理事会主席由世界银行主席担任。

美国—乌拉圭 BIT 对 2004 年范本做了两处不重要的变化。第一，该 BIT 第 28 条第 9 款(b)项——规定所作裁决已经可以上诉的仲裁不要遵守这样一个要求，即拟定裁决在仲裁员签字前应该提交给缔约方——提及的是附件 E，而不是附件 D，原因是，该 BIT 包含了新的附件 C。第二，在援引条约中的其他条款时，该 BIT 删除了这些条款中的带括号的标题，而 2004 年范本中有此类标题。

美国—乌拉圭 BIT 的议定书第 2 段确认了缔约方达成的谅解，即"根据可以适用于国际仲裁的一般法律原则"，仲裁申请人"应该证明其诉求的所有要素，包括其主张的损害系由于或源于所指控的违法行为"。缔约方还达成谅解，"在仲裁申请人证明了在试图从事投资方面东道国违反了本条约 A 节项下义务，那么，能够裁决的损害赔偿只能是仲裁申请人证明在试图从事投资过程遭受的损害，只要仲裁申请人同时能够证明违反行为是导致那些损害的近因"。这些谅解与 2004 年范本的潜在意图完全一致。

美国—乌拉圭 BIT 对 2004 年范本的东道国—投资者争端解决条款的实质内容做出的重要改动体现于该 BIT 的附件 C、附件 F 及附件 G。附件 C 第 1 段规定，美国投资者本身或其直接或间接拥有或控制的，作为法人的企业不能根据东道国—投资者争端解决条款针对乌拉圭就其违反该 BIT 第 3 条至第 10 条项下义务提出仲裁请求，如果"该投资者或企业已经分别[在乌拉圭的法院或行政法庭]指控该违反行为"。因此，针对乌拉圭提起的诉求方面，附件 C 重新采用了 2004 年之前的 BIT 范本的做法，即此前把争端提交当地救济导致把争端诉诸投资者—东道国仲裁的权利丧失。不过，只有在被提交当地救济的诉求指控东道国违反了 BIT，并且同样的指控构成了诉诸投资者—东道国仲裁之诉求的基础情况下，投资者—东道国仲裁才会被阻止。因此，投资者可以诉诸东道国法院，比如指控乌拉圭政府违反了国内法，并以其违反 BIT 为由诉诸投资者—东道国仲裁，即便两项请求源于同样的措施。如果诉诸东道国法院的诉求针对的措施正是诉诸仲裁的诉求针对的措施，那么，根据该 BIT 第 26 条第 2 款，东道国法院的诉讼程序在诉求被提交仲裁时应该中止。这一规定以 NAFTA 第 1120 条第 1 款为基础，该第 1 款只适用于针对墨西哥提起的仲裁请求。在这方面，美国与智利、哥伦比亚以及秘鲁签署的 FTAs 及美国—中美洲国家—多米尼加 FTA 与美国—乌拉圭 BIT 的规定是类似的。

附件 C 第 2 段规定似乎完全是多余的。它规定："为了更加明确，如果美国投资者选择把本附件第 1 段所描述的争端类型提交给乌拉圭的法院或行政法庭，则该选择应当是终局的，随后就不得根据 B 节把争端诉诸仲裁。"这只不过重申了第 1 段规定的法律效果。第 2 段同样不禁止投资者把指控国内法的诉求诉诸法院，同时把指控违反 BIT 的诉求诉诸国际仲裁。

附件 C 可能会引发一个问题，即企业诉诸当地救济是否会阻止投资者诉诸投资者—东道国仲裁。附件 C 采用"分别"(respectively)一词表明，企业把诉求诉诸当地救济只会阻止投资者代表企业诉诸仲裁，而不妨碍投资者自行诉诸仲裁。类似地，投资者以自己的名义诉诸当地救济也不妨碍其代表企业诉诸仲裁。

附件 F 第 4 段把这样一种诉求，即指控与缔约一方的投资者或位于缔约另一方领土的金融机构中的涵盖投资有关的措施违反国民待遇或最惠国待遇条款，排除在投资者—东道国争端解决条款的适用范围之外。这一表述是以 FTAs 中的表述为基础。[103]

附件 G 第 1 段把这样一种诉求，即指控谈判达成的重组乌拉圭发行债

---

[103] 参见第五章第四节第四十六目。

务票据(debt instrument)违反了该 BIT 第 5 条至第 10 条,排除在投资者—东道国争端解决条款的适用范围外。进而,如果任何这些被排除的诉求已经被提交,则必须予以中止。因而,附件 G 允许有关重组违反了该 BIT 的国民待遇或最惠国待遇义务的诉求——但不是其他诉求——根据投资者—国家争端解决条款诉诸仲裁。如果重组是在诉求被提出之时或之后谈判达成的,则适用排除诉求的这一规定。根据附件 G 第 2 段,“谈判完成的重组”是指根据获得不低于本附件第 2(b)段规定之比例的债权人同意的条款、债务置换或其他做法,通过修改债务票据中的关键支付条款已经实施的债务重组或重新安排。第 2(b)段规定的比例指修改最近广泛发行的外部主权债务——乌拉圭在被指控的违反行为发生之前发行、适用纽约州法律,并且允许所持的未偿付债券之本金总额不到 100% 的持有人修改关键性支付条款——中的单一系列债券(a single series of bonds)的关键支付条款所必须的比例。最后,第 3 段规定,在美国投资者根据第 1 段可以提出债务重组违反了该 BIT 第 5 条至第 10 条之诉求情况下,该诉求也只有在导致该诉求的事由发生之日起 270 天后才能提出。美国认为,附件 G 是有助于确保有序债务的一种办法重组,符合投资者与债务人的利益。[104]

第四节　已经签署的 FTAs

除了 NAFTA 与美国—澳大利亚 FTA 外,美国签署的 FTAs 中的投资者—东道国争端条款与 2004 年范本中的对应条款非常类似。除了 NAFTA 与美国—澳大利亚 FTA 外,这些协定与 2004 年范本之间几乎没有实质性的区别。

与 2004 年范本在文体上存在若干差别在这些 FTAs 中是普遍存在的。比如,2004 年范本中的某条在援引另一条时通常包含后者带括号的标题,而 FTA 通常没有这么做。是否加上带括号的标题不具有任何形式的重要性。类似地,2004 年范本把自身称为“条约”,而 FTA 使用的则是“协定”(Agreement)。名称的这一差别也不会影响相关条款的实质内容。类似地,因为 FTA 包含与投资无关的许多条款,投资条款一般指及的是“本节”(this

---

[104] 2006 hearings, *supra* chap. 6, note 97, at 20.

Section),而不是“本条约”。

除了美国—澳大利亚 FTA,美国在 2002 年以后签署的所有 FTAs 都授权投资者可以把涉及违反投资协议、投资授权,以及 FTA 中针对缔约方规定的实体性义务的投资章中的节(section)——除了在美国—新加坡 FTA 中被规定于 B 节,这些实体性义务在美国签署的其他 FTAs 中都规定于 A 节——的争端提请仲裁。与此不同,2004 年范本中用第 3 条至第 10 条,而不是用一整节的篇幅规定实体性义务。不过,2002 年以后美国签署的 FTAs 规定实体性内容的节中只有一个条款被排除在 2004 年范本之投资者—东道国争端解决条款的涵盖范围之外。这就是环境条款,该条款在这些 FTAs 中没有创设义务。因而,虽然采取不同的做法,这些 FTAs 中的投资者—东道国争端解决条款的适用范围实际上不会超过 2004 年范本。界定投资者—国家争端解决条款适用范围的规定出现于美国—新加坡 FTA 第 15. 15 条第 1 款、美国与智利、摩洛哥以及阿曼签署的 FTAs 共同第 10. 15 条、美国—中美洲国家—多米尼加 FTA 以及美国与秘鲁、哥伦比亚签署的 FTAs 共同第 10. 16条。

在规定仲裁员指定机构在仲裁请求被提请仲裁后 75 日内未能任命仲裁员的情况下有权指定仲裁员时,美国签署的 FTAs 一般没有包含规定 2004 年范本第 27 条第 3 款中那样的引导性内容——它使第 3 款要遵循金融服务条款。由于 FTA 投资章没有包含金融服务条款,因而上述遵循金融服务条款的表述并无必要。除了美国—澳大利亚 FTA——该 FTA 没有包含投资者—国家争端解决条款——以外,美国签署的所有其他 FTAs 在这方面的做法都是类似的,这些条款出现于美国—新加坡 FTA 第 15. 18 条第 3 款、美国与智利、摩洛哥以及阿曼签署的 FTAs 共同第 10. 18 条第 3 款、美国—中美洲国家—多米尼加 FTA 以及美国与秘鲁、哥伦比亚签署的 FTAs 共同第 10. 19 条第 3 款,以及 NAFTA 第 1124 条——但 NAFTA 第 1124 条规定的期限是 90 天而非 75 天。

美国签署的 FTAs 关于对附件做出有权解释的机制的条款通常提及的是联合委员会或自由贸易委员会做出的决定,而 2004 年范本提及的是缔约方做出的共同决定,这是因为 2004 年范本没有设立像联合委员会或自由贸易委员会那样的常设机构。除了美国—澳大利亚 FTA——该 FTA 没有包含投资者—国家争端解决条款——以外,其他 FTAs 的做法是类似的。除美国—澳大利亚 FTA 外,美国在 2002 年以后签署的所有 FTAs 提及的都是对两个附件,而非三个附件的解释,因为这些 FTAs 的投资章只有两个附件。所缺乏的第三个附件是关于金融服务部门例外的,这些例外规定于 FTAs 的金融服务章中。关于附件之共同解释的条款出现于 NAFTA 第 1132 条、美国—新加坡 FTA 第 15.22 条、美国与智利、摩洛哥以及阿曼签署的 FTAs 共同第 10.22 条、美国—中美洲国家—多米尼加 FTA 以及美国与秘鲁、哥伦比亚签署的 FTAs 共同第 10.23 条。

除了美国—澳大利亚 FTA 外,美国签署的所有其他 FTAs 中有关协定联合解释的条款都类似地提及联合委员会或自由贸易委员会,而不是像 2004 年范本第 30 条第 3 款那样指的是缔约方的联合解释。这些款项规定 NAFTA 第 1131 条第 2 款、美国—新加坡 FTA 第 15.21 条第 2 款、美国与智利、摩洛哥以及阿曼签署的 FTAs 共同第 10.21 条第 3 款、美国—中美洲国家—多米尼加 FTA 以及美国与秘鲁、哥伦比亚签署的 FTAs 共同第 10.22 条第 3 款。

除了美国—澳大利亚 FTA 外,美国签署的所有其他 FTAs 中都包含相当于 2004 年范本第 34 条第 8 款那样的规定,该规定允许在东道国不履行投资者—东道国仲裁裁决时把诉求诉诸国家—国家争端解决程序。不过,二者在一些方面有所不同。比如,在提及国家—国家争端解决时,FTAs 使用的术语是是"专家组"(panel)而不是"仲裁庭"(tribunal)。FTAs 有专门的国家—国家争端解决章,它同时适用于投资争端与贸易争端,并且也使用"专家组"——这是 WTO 贸易争端解决中使用的术语。FTAs 没有包含 2004 年范本中的表述,即把争端诉诸国家—国家争端解决机制"不影响根据可适用的国际法规则可以获得的其他救济"。这一表述只是明确了隐含的内容,因而 FTAs 中没有这一表述不会产生实质性影响。FTAs 规定把争端诉诸国家—国家争端解决条款应当符合国家—国家争端章中有关专家组报告的条款,但 2004 年范本中则没有这一表述,因为 2004 年范本的国家—国家争端解决条款没有规定做出专家组报告。这些条款规定于 NAFTA 第 1136 条第 5 款、美国—新加坡 FTA 第 15.25 条第 8 款、美国与智利、摩洛哥以及阿曼签署的 FTAs 共同第 10.25 条第 8 款、美国—中美洲国家—多米尼加 FTA 以及美国与秘鲁、哥伦比亚签署的 FTAs 共同第 10.26 条第 8 款。

一、NAFTA

NAFTA 的投资者—东道国争端解决条款是一项重要的成就。这是墨西哥首次签署的同意投资者—东道国仲裁的国际协定,也是该条款首次出现于两个OECD成员国间签署的协定。[105] NAFTA促使美国在2004年范本中对投资者—东道国争端解决条款做了许多修改。尽管如此,2004年范本与NAFTA在许多方面是不同的。

第1115条规定了NAFTA第十一章B节的目的。该B节旨在建立"解决投资争端的机制,以确保根据国际互惠原则平等地对待缔约方的投资者,以及中立仲裁庭中的正当程序"。2004年范本中没有与此相对应的规定。

第1118条规定,争端当事方"应该首先尝试通过磋商或谈判解决诉求"。2004年范本第23条的规定与此基本一样。

NAFTA投资者—东道国争端解决条款的适用范围要窄于2004年范本中的对应条款。具体而言,NAFTA没有规定对因声称违反投资协议或投资授权引发的争端进行仲裁。进而,第1138条第1款把东道国根据第2102条——关于国家安全——采取的禁止或限制另一个缔约方的投资者或投资在其境内并购投资的行动排除在该条款的适用范围之外。第1138条第2款也允许缔约方在第1138条第2款的附件中规定不适用投资者—东道国争端解决条款的其他事项,其中加拿大与墨西哥已经这么做了。NAFTA也规定,投资者—东道国争端解决条款适用于行使被指定之政府权威的国有企业或垄断机构实施的行为,这只是明确了习惯国际法规则。

NAFTA创设了新概念,即明确规定投资者可以以自己的名义或代表企业提出诉求。前者是第1116条规定的,而后者则是第1117条规定的,这两条在2004年范本中的对应条款是第24条。换言之,NAFTA没有采用《ICSID公约》第25条第2款(b)项的规定,根据该(b)项规定,根据东道国的法律设立但由另一缔约方的投资者拥有或控制的公司可以对东道国提出诉求。在谈判NAFTA时,美国是NAFTA缔约方中唯一加入《ICSID公约》的,因此,直到NAFTA的另一个缔约方加入《ICSID公约》,NAFTA投资章项下任何仲裁请求不能适用该公约第25条第2款(b)项。因此,NAFTA缔约方认识到,至少在近期内,诉诸ICSID仲裁的所有请求都会是由投资者提出。因此,第1116、1117条明确了投资者可以以自身名义或者代表投资——只要其拥有或控制该投资——提请仲裁。加拿大事实上于2006年签署了《ICSID公约》,但截至2007年12月1日尚未缴存批准书。

---

[105] Daniel M. Price, "An Overview of the NAFTA Investment Chapter: Substantive Rules and Investor-State Dispute Settlement," 27 *International Lawyer* 727, 731 (1993).

NAFTA 要求投资者证明东道国违反了义务,并且投资者或企业因此遭受了损失或损害。这类似于 2004 年范本采取的做法。不过,差异也是存在的。与 2004 年范本不同,NAFTA 没有规定就违反投资协议或投资授权提出仲裁请求,而只是规定针对违反第十一章 A 节与第十五章——国有企业——中的两个条款提出仲裁请求。另外,NAFTA 第 1117 条第 4 款明确规定,某一投资不得根据 B 节提出诉求,这一点在 2004 年范本中是隐含的。

NAFTA 第 1119 条规定,仲裁申请人至少在提交仲裁前 90 日内以书面形式把提请仲裁的意向通知给仲裁被申请人。这一规定与 2004 年范本第 24 条第 2 款实质上是一样的,区别在于,2004 年范本还要求该在通知中注明公司设立地点。同样地,由于 2004 年范本——与 NAFTA 不同——允许针对东道国违反投资协议或投资授权的行为提请仲裁,它必须包含投资授权或协议中被声称违反了的条款,而 NAFTA 没有规定这一要求。2003 年 10 月 7 日,NAFTA 自由贸易委员会发布了 NAFTA 项下仲裁意向通知的拟定格式。[106] 但使用这一格式不是一种义务。

NAFTA 第 1120 条规定了 ICSID 仲裁、ICSID 附设机制,或者适用 UNCITRAL 仲裁规则的特设仲裁庭。与 2004 年范本第 24 条第 3 款相反,NAFTA 没有规定其他仲裁机构,或适用其他仲裁规则进行仲裁。与 2004 年范本一样,NAFTA 要求在导致诉求的事由发生六个月后才能提起仲裁。NAFTA 的规定要遵循第 1120.1 条的附件,墨西哥在该附件中附加了其同意进行仲裁的条件,这主要旨在确保同一争端不会既被诉诸当地救济,又被诉诸国际仲裁庭。根据墨西哥国内法,NAFTA 属于自执行协定,因此投资者可以在墨西哥法院就墨西哥政府违反 NAFTA 规定提起诉讼。[107] 美国—乌拉圭 BIT、美国与智利、秘鲁以及哥伦比亚签署的 FTAs,以及美国—中美洲国家—多米尼加 FTA 中包含类似的表述。与 2004 年范本第 24 条第 5 款一样,NAFTA 第 1120 条第 2 款规定,除非条约修订了仲裁规则,否则仲裁应当由可适用的仲裁规则加以调整。2004 年范本还规定,拟适用的仲裁规则的版本应当以仲裁请求被提出之日生效的为准,NAFTA 中没有这一规定。

NAFTA 第 1116 条第 2 款与第 1117 条第 2 款规定了三年诉讼时效,它与 2004 年范本第 26 条第 1 款相比没有实质性的改动。

---

[106] 这一格式可以在美国国务院网站上找到,http://www.state.gov/documents/organization/38792.pdf。

[107] Kinnear, Bjorklund & Hannaford, *supra* note 77, at 10 – 1120.

除了没有针对提请 ICSID 仲裁、ICSID 附设机制或者根据 UNCITRAL 仲裁规则进行仲裁的诉求以外的诉求作出规定，NAFTA 第 1137 条第 1 款与 2004 年范本第 24 条第 4 款的表述基本上是一样的，它规定了请求应当被认为提请仲裁的日期。NAFTA 也没有包含 2004 年范本第 24 条第 6 款中的表述，即要求仲裁申请人应该在仲裁通知中注明其指定的仲裁员的名字或者同意由 ICSID 秘书长指定仲裁员。这一表述在 NAFTA 之后的美国条约实践中是一个创新。

像 2004 年范本第 26 条第 2 款一样，NAFTA 第 1121 条规定仲裁申请人同意进行仲裁的条件是，以书面形式提交——连同仲裁通知——放弃在另一个争端解决场所继续进行或提出诉求之权利的声明。NAFTA 把仲裁申请人“根据争端当事国的国内法，在行政法庭或法院寻求不涉及给付损害赔偿的禁令、确权或其他特别救济”排除在这一权利放弃之外。创设这一例外的原因是，仲裁庭只被允许就赔偿作出裁决，因此，NAFTA 谈判人员不认为投资者应该被要求放弃寻求其他救济的权利。[108]与此不同，2004 年范本把“从被告国的司法或行政法院寻求临时的禁令救济以及不涉及给付金钱损害赔偿的诉讼——只要保护仲裁申请人或企业在仲裁程序进行期间的权利与利益是提起该诉讼的唯一目的”排除在这一放弃权利之外。NAFTA 第 1121 条第 4 款规定，在东道国剥夺了投资者对企业的控制情况下，不应该要求投资者放弃权利。2004 年范本中没有与 NAFTA 第 1121 条第 4 款相对应的条款，原因是，在投资者被剥夺了对企业的控制情况下，可以认为投资者可以用自己的名义就全部损失提起直接的诉求，而不需要代表企业提出仲裁请求。

2004 年范本第 25 条中的表述，即规定缔约方同意投资者—东道国争端解决条款项下仲裁并且该同意应该符合《ICSID 公约》、ICSID 附设机制的仲裁规则、《纽约公约》和《美洲国家国际商事仲裁公约》中的程序性要求，出现于 NAFTA 第 1122 条并且二者间没有任何实质性的差别。

2004 年范本第 27 条规定的仲裁员指定程序与 NAFTA 第 1123、1124 条规定类似，但有两个重要差别。第一，NAFTA 规定，如果仲裁庭在诉求被提请仲裁后 90 天内未能成立，争端当事各方都可以请求指定机构指定仲裁员。考虑到《贸易促进权限法》规定的加速仲裁程序之谈判目标，2004 年范本把

---

[108] Price, *supra* note 105, at 733.

这一期限缩短为75天。第二,与2004年范本不同,NAFTA第1124条第4款要求缔约方建立一份拥有45名符合《ICSID公约》、ICSID附设机制的仲裁规则以及UNCITRAL仲裁规则的要求并且谙熟国际法与投资事务的首席仲裁员名册。这一名册中的仲裁员经协商一致指定,并且不考虑其国籍。根据第1124条第3款,指定机构应当从该名册中指定首席仲裁员,被指定人不得是投资东道国或母国的国民。如果没有这样的仲裁员,指定机构应当从ICSID仲裁员名册中指定非NAFTA缔约方之国民的仲裁员作为首席仲裁员。与2004年范本第27条第4款一样,NAFTA第1125条规定东道国同意根据《ICSID公约》或ICSID附设机制的仲裁规则指定仲裁庭的各个仲裁员,并且投资者(如果诉求系代表企业提出,则为企业)只有在其以书面方式同意根据《ICSID公约》或ICSID附设机制的仲裁规则指定仲裁庭的各个仲裁员时才可以提请或继续仲裁。不过,NAFTA的规定与2004年范本是不同的,原因是,前者允许争端当事方以指定机构所指定之仲裁员的国籍为由反对该指定。

NAFTA第1130条对关于仲裁地点的规定与2004年范本第28条第1款的规定实质上是一样的。

由于NAFTA没有规定与东道国违反投资协议或投资授权有关的争端的仲裁问题,NAFTA中的法律适用条款就不如2004年范本中的对应条款那么精细。NAFTA第1131条第1款只规定这一问题应当根据NAFTA以及可适用的国际法规则加以裁判,这与2004年范本第30条第1款规定的规则——适用于与指控违反BIT有关的争端——实质上是一样的。2004年范本还针对东道国被指控违反投资协议或投资授权时的法律适用做了规定,而NAFTA对此没有作出规定。NAFTA第1131条规定,自由贸易委员会(Free Trade Commission,FTC)针对NAFTA某一条款做出的解释对于根据B节设立的仲裁庭具有拘束力,与之相对应的表述出现于2004年范本第30条第3款,该第3款规定缔约方做出的联合决定——宣布它们对BIT某一条款的解释——对任何仲裁庭应当都具有拘束力。NAFTA第1132条也规定了对附件的解释,它与2004年范本第31条实质上是一样的,不同之处在于BIT提及的是缔约方共同决定做出解释,而NAFTA提及的是自由贸易委员会做出解释。NAFTA第1133条——关于专家报告——与2004年范本第32条几乎是一样的,只存在细微的文体上的差别。

NAFTA第1126条包含合并仲裁规定,它是2004年范本第33条的基础。如果相关诉求具有共同的法律或事实问题,NAFTA 允许把这些诉求进行合并,这一要求不如 2004 年范本第 33 条规定得那么严格,后者要求相关诉求具有共同法律或事实问题,并且产生于共同的事件或情势。2004 年范本与 NAFTA 都规定,只有在有利于公平、有效地解决争端的情况下,合并仲裁庭才具有管辖权并就相关诉求作出裁判。NAFTA 要求 ICSID 秘书长在收到合并请求后 60 天内组建合并仲裁庭。2004 年范本把这一期限缩短到 30 天,但更重要的是,它授权秘书长在认为合并请求"显然没有理由"时拒绝组建仲裁庭。较之 2004 年范本,NAFTA 在指定仲裁员方面赋予争端当事方较少的控制权。NAFTA 第 1126 条第 5 款规定,ICSID 秘书长应当从第 1124 条第 4 款规定的仲裁员名册中指定所有三名仲裁员;或者,如果此类仲裁员不能任职的话,从 ICSID 仲裁员小组中指定。就两名非首席仲裁员而言,如果没有一名来自 NAFTA 仲裁员名册或 ICSID 仲裁员名册,该仲裁员得由 ICSID 秘书长裁量选定。仲裁庭的一位成员应当是被告国的国民,而另一位成员应当是投资者所属缔约国的国民。因而,与 2004 年范本相反,在 NAFTA 中,多个仲裁申请人没有机会就指定一位仲裁员进行商定,仲裁被申请人也没有机会指定一名仲裁员,而由争端当事方指定的仲裁员也没有机会共同选择首席仲裁员。与 2004 年范本一样,NAFTA 允许不在关于合并仲裁的命令涵盖范围内的仲裁申请人要求其应该被加入合并仲裁。与 2004 年范本一样,NAFTA 也要求合并仲裁庭应当根据 UNCITRAL 仲裁规则(除了被 NAFTA 修改以外)进行仲裁程序。较之 2004 年范本,NAFTA 的规定给予合并仲裁庭的行动选择更少了。NAFTA 的规定没有允许合并仲裁庭指示此前设立的仲裁庭一并对所有或部分诉求行使管辖权并作出裁判。与 2004 年范本一样,NAFTA 规定根据投资者—国家争端解决条款设立的仲裁庭对于合并仲裁庭已经行使管辖权的某一诉求或该诉求的部分不具有管辖权,并且合并仲裁庭可以命令根据投资者—国家争端解决条款设立的另一仲裁庭中止程序。

NAFTA 还包含一个类似合并仲裁条款的条款。第 1117 条第 3 款规定,如果某一投资者根据 1117 条提出仲裁请求,而企业中的投资者或非控股投资者以与导致根据 1117 条提出仲裁请求同样的事由,根据第 1116 条提出仲裁诉求,并且这些诉求中的两个或两个以上已经根据第 1120 条被提请仲裁,则这些诉求应该由根据第 1126 条——关于合并仲裁——设立的仲裁庭一并审理,除非仲裁庭认定争端当事一方的利益会因此受到损害。

NAFTA 第 1126 条规定应该把请求进行 NAFTA 项下仲裁通知秘书处，BIT 没有规定这一要求，因为它没有设立秘书处。

NAFTA 第 1134 条——规定临时保护措施——与 2004 年范本第 28 条第 8 款实质上是一样的，只是在措辞方面有一些不重要的改动。

NAFTA 第 1135 条——从条款内容上看与 2004 年范本第 34 条几乎一样——只授权仲裁庭就金钱损害赔偿、恢复原状，并且根据应该适用的仲裁规则就仲裁费用作出裁决，而明确禁止作出惩罚性赔偿之裁决。不过，与 2004 年范本不同，NAFTA 没有明确授权仲裁庭针对任何争端中的律师费用作出裁决。NAFTA 也规定——从条款的内容上看与 2004 年范本中的规定几乎一样——在就代表企业提出的诉求作出裁决时，恢复原状或金钱损害赔偿应当给予企业。

NAFTA 第 1136 条——从条款内容上看与 2004 年范本第 34 条又几乎一样——规定，裁决只对争端当事方和特定案件具有拘束力，并要求东道国应当不迟延地遵守裁决。NAFTA 中有关要求迟延执行裁决的规定与 2004 年范本的规定略有不同，原因是，针对根据 UNCITRAL 仲裁规则或 ICSID 附设机制的仲裁规则规定的 90 天期限在 NAFTA 中被规定为 3 个月。进而，对于 ICSID 仲裁或 ICSID 附设机制，或者根据 UNCITRAL 仲裁规则进行的仲裁所做裁决的执行，NAFTA 没有作出规定。与 2004 年范本一样，NAFTA 规定缔约各方应当准备在其境内执行裁决。2004 年范本第 34 条中的规定，即如果东道国不履行最终裁决，则可以诉诸国家—国家仲裁，出现于 NAFTA 第 1136 条，只不过，NAFTA 的表述体现了这样一个事实，即它的投资者—国家争端解决条款与 BIT 中的对应条款是不同的。在东道国不履行国家—国家仲裁专家组做出的报告情况下，投资者母国可以中止 NAFTA 项下的利益。[109] NAFTA 也没有包含 2004 年范本中的表述，即把诉求提交给国家—国家仲裁并不影响国际法项下的其他救济，但这一表述完全符合 NAFTA 的意图。与 2004 年范本一样，NAFTA 规定把争端提交国家—国家仲裁不会停止根据《ICSID 公约》《纽约公约》或《美洲国家国际商事仲裁公约》执行裁决，并且根据投资者—东道国争端解决条款诉诸仲裁的请求应当被认为源于《纽约公约》与《美洲国际商事仲裁公约》共同第 1 条所指的商业关系。

---

[109] Price, *supra* note 105, at 735. *See also NATA article* 2019.

NAFTA 第 1137 条第 3 款规定了间接来源规则。

较之 2004 年范本,NAFTA 的透明度条款简单得多。第 1127 条确实规定东道国应该向 NAFTA 的其他缔约方书面通知相关诉求已经被提请仲裁并提供在仲裁中提交的所有文书副本。进而,第 1129 条规定 NAFTA 的缔约方有权自行付费从东道国那里获取业已提交的证据以及书面主张(loritter argaments)的副本。前已指出,2004 年范本第 29 条要求东道国及时把与仲裁有关的几乎所有文书转交给 BIT 的缔约另一方,并且——更重要地——应该公开这些文书。NAFTA 第 1137 条第 4 款规定,缔约各方应该在附件 1137.4 中规定是否应当公开该缔约方作为仲裁被申请人的裁决。美国与加拿大指出,在它们中的任何一国是争端当事方时,投资者或东道国都可以公开裁决,而墨西哥则认为在墨西哥作为争端当事一方的争端中应当根据所适用的仲裁规则确定是否公开仲裁裁决。2004 年范本要求向公众公开听证。由于要求相关仲裁文书应该公开并且应该向公众开放听证,2004 年范本第 29 条中包含了保护秘密信息不被披露的表述。

NAFTA 中有关非争端当事方参加仲裁的规定也没有 2004 年范本的规定那么多。NAFTA 第 1128 条确实规定缔约方有权就 NAFTA 的解释问题向仲裁庭提交书面意见。2004 年范本第 28 条也允许缔约方提交口头意见。

NAFTA 中没有出现 2004 年范本中的某些创新性规定。这些包括 2004 年范本第 28 条规定的把拟定的决定或关于责任的裁决提交给缔约方进行评论;接受法庭之友提交的意见;把东道国提出的反对,即某项诉求不是一项可能被裁决有利于投资者的诉求,作为先决问题加以考虑;同意尽力根据未来任何设立审查投资争端裁决之上诉机构的多边协定对裁决进行审查。

从条款内容看,NAFTA 第 1137 条中有关文件送达服务的规定与 2004 年范本中的规定是类似的。

二、美国—新加坡 FTA

美国—新加坡 FTA 是在 2004 年范本通过之前谈判的,因而其表述在一些方面有别于 2004 年范本,包括文体与标点方面的细微变动,下文不涉及这些变动。

美国—新加坡 FTA 第 15.15 条第 1 款没有包含此后规定于 2004 年范本第 24 条第 1 款中的表述,该表述对于以违反投资协议为由提出诉求设置了一个条件。该条件是,请求的主题事项以及所求偿的损害必须“与根据相关投资协议已经设立或取得,或者寻求设立或取得的投资直接有关”。美国与智利、摩洛哥签署的 FTAs,以及美国—中美洲国家—多米尼加 FTA 也没有规定这一条件。

美国—新加坡 FTA 第 15.15 条中还有两款规定是 2004 年范本中所没有的。第 15.15 条第 2 款规定,“为了更加明确”,仲裁申请人可以提交诉求,指控东道国经由行使被授予政府职权之指定垄断机构或政府企业的行为违反了 B 节规定的义务。这一表述——以 NAFTA 第 1116、1117 条为基础——在 2004 年范本中并无必要,因为该范本包含了第 2 条第 2 款(a)项,该(a)项规定 A 节规定的义务同样适用于行使被授予政府职权的国家企业或其他主体。第 15.15 条第 3 款规定,在不影响第 10.1 条第 2 款——关于金融服务章的适用范围与涵盖事项——的前提下,除非违反了 A 节或关于土地征收的换文规定的义务,仲裁申请人不得根据 B 节提出诉求以指控东道国违反了该协定的任何条款。这一条款被认为做出了有益的澄清,因为投资章的部分内容已经被纳入关于金融服务的第十章中。这一表述明确了涉及指控违反第十章的争端不能诉诸投资者—东道国仲裁。美国—智利 FTA 也有类似的两款规定。

在第 15.15 条第 5 款——关于是否可以利用 ICSID 仲裁和 ICSID 附设机制——中,美国—新加坡 FTA 提及的是“仲裁申请人所属缔约方”,而不是“作为非争端当事方的缔约方”。NAFTA 中的对应条款,即第 1120 条提及的是“投资者所属缔约方”,而美国—新加坡 FTA 直接遵循了这一做法,只不过用“仲裁申请人”取代“投资者”,以便与该 FTA 其他条款中使用的术语保持一致。虽然原因不同,但美国—中美洲国家—多米尼加 FTA 中也做出了类似变动。

美国—新加坡 FTA 第 15.15 条第 6 款——2004 年范本中的对应条款是第 24 条第 4 款——没有包含这样的表述,即规定仲裁申请人在提交仲裁通知后第一次主张的仲裁请求应当在该仲裁请求被收到之日被认定业已提请仲裁。2004 年范本的表述旨在明确规定范本起草人认为属于隐含的内容。因此,美国—新加坡 FTA 应该以一种符合 2004 年范本中的表述的方式加以解释。美国—智利 FTA 规定与此类似。

在一些地方,美国—新加坡 FTA 把仲裁通知限定为第 15.15 条第 6 款“提及的仲裁通知”,或者把意向通知限定为第 10.15 条第 4 款“提及的意向通知”。考虑到投资章只提及一种仲裁通知与一种意向通知,这些限定是没有必要的。2004 年范本对此不做限定。在这方面,美国—智利 FTA 与美国—新加坡 FTA 的规定是类似的。

美国—新加坡 FTA 第 15.15 条第 8 款把由仲裁申请人指定的仲裁员称为“仲裁申请人的仲裁员”(claimant's arbitrator)。虽然这一短语的含义清楚,但从文体上说该词汇是拙劣的,因为它微妙地暗示当事方指定的仲裁员在某种程度上依附于该当事方,而实际上所有仲裁员都被要求应该是中立的。美国—智利 FTA 的规定与此类似。但 2004 年范本则使用了短语“该仲裁员”。

除了根据 ICSID 仲裁规则进行的仲裁以外,美国—新加坡 FTA 第 15.19 条第 1 款允许争端当事方在任何案件中可以商定进行仲裁的法律上的场所。美国—智利 FTA 的规定与此类似。2004 年范本修改了相对应的条款,即在第 28 条第 1 款中允许争端当事方在所有案件中都可以商定进行仲裁的法律上的场所。美国—新加坡 FTA 与 2004 年范本也有不同,原因是,在争端当事方无法达成一致意见情况下,它允许仲裁庭指定任何缔约一方或者是《纽约公约》之缔约国的第三国家的领土作为仲裁地。2004 年范本没有提及在 BIT 的缔约方境内进行仲裁。

在第 15.19 条第 3 款——规定法庭之友提交意见——中,美国—新加坡 FTA 规定这些法庭之友意见可以来自该 FTA 缔约方境内或境外的个人与实体。如果个人或实体在缔约方境外,他们必须对案件“有利益”(interested)。2004 年范本中没有类似的表述。

在第 15.19 条第 5 款——2004 年范本第 28 条第 5 款的对应条款——中,美国—新加坡 FTA 允许仲裁庭应被告国的要求,针对根据第 10.19 条第 4 款提出的反对“或者”有关仲裁庭对争端不具有管辖权的反对快速作出裁定。美国—智利 FTA 的规定与此类似。2004 年范本把“或者”改成了“和”。正如本书第九章第二节第七目第六点指出的,最好的连词似乎应该是“或/和”。直言之,被告国可以提出第 15.19 条第 5 款项下一种或两种反对。连词的变化可能反映了起草者不确定使用哪个连词可以最好地表达所想要的含义。与美国—智利 FTA 一样,美国—新加坡 FTA 允许仲裁庭在特别情况下迟延作出决定或裁决,以争取额外的“短暂时间”(brief period of time),但迟延时间不得超过 30 天。2004 年范本没有包含“of time”,这一改动只是缩短了文本长度。第 15.19 条第 4 款(d)项把第 15.19 条第 5 款称为“下一款”,而 2004 年范本中的对应条款,即第 28 条第 4 款(d)项指的是“第 5

款”,这只是不重要的文体性变化。美国—智利 FTA 规定与此类似。

一些差别表现在签署美国—新加坡 FTA 后美国谈判人员在制定 2004 年范本时针对文体做出的改进。比如,2004 年范本第 28 条第 9 款要求仲裁庭在签字前把有关赔偿责任的“裁定或裁决”送达给争端当事方。美国—新加坡 FTA 第 15. 19 条第 9 款(a)项只提及“裁决”,美国—智利 FTA 的规定与此类似。美国谈判人员还提及“裁定”是为了确保任何有关责任的解决结果都会送达给争端当事方,不管该解决结果形式上的名称是什么。因此,2004 年范本只是澄清了美国—新加坡 FTA 的意图。2004 年范本第 28 条第 9 款(b)项规定,前述(a)项规定不适用于根据该第 28 条第 10 款或附件 D 已经可以上诉的仲裁案件。正如下文指出的,美国—新加坡 FTA 以换文替代该附件 D,但该 FTA 第 15. 19 条第 9 款(a)项只提及关于多边上诉机构的第 10 款,而没有提及有关双边机制的该换文。

2004 年范本第 28 条第 10 款规定,如果缔约方间达成的“单独、多边的”设立上诉机制的协定生效,则缔约方应当努力达成一致以准备对裁决进行上诉审查。美国—新加坡 FTA 在上述引语没有使用英文逗号,这一标点符号失误可能让人误以为该 FTA 是一个多边协定。在 2004 年范本中插入了一个逗号从而更正了这一失误。在同一款项中,美国—新加坡 FTA 规定,任何此类上诉审查适用于“上诉机构设立”后开始的仲裁。2004 年范本把这一引用的表述替换成短语“该多边协定在缔约方间生效后”,因为这是一个可以精确确定的日期,而上诉机构设立的时间可能成为一个争端事项。在签署此等多边协定并且“上诉机构设立”的日期成为一个争端事项时,仲裁庭应该选择以协定生效的时间作为最清楚地表达起草人意图的日期,这体现于 2004 年范本的后续表述中。在这方面,美国—智利 FTA 与美国—新加坡 FTA 的规定是类似的。美国—新加坡 FTA 附有一份日期记载为 2003 年 5 月 6 日的换文,在该换文中,缔约方确认他们的共同理解是,在该 FTA 生效三年内,缔约方应当考虑是否设立双边上诉机构或类似的机制,这一表述与 2004 年范本附件 D 中的表述实质上是一样的。

透明度条款,即美国—新加坡 FTA 第 15. 20 条与 2004 年范本中的对应条款,即第 29 条之间存在一些细微的文体上的差别。不过,一个值得注意的差别是,该 FTA 第 15. 20 条第 5 款规定,投资者—东道国争端解决条款中没有任何规定“允许东道国拒绝披露根据其国内法应当公开的信息”。美国—智利 FTA 的规定与此类似。2004 年范本中的对应规定使用的是“要求”

(requires),而不是"允许"(authorizes)。

法律适用条款,即美国—新加坡 FTA 第 15.21 条包含与 2004 年范本第 30 条第 1 款中的几乎一样的表述,它规定有关违反该 FTA 的争端应当适用该 FTA 以及可适用的国际法规则进行裁判。不过,该 FTA 没有包含 2004 年范本第 30 条第 2 款中的表述,即规定指控违反投资协议或投资授权的争端所适用的法律,因此,针对所有根据投资者—东道国争端解决条款诉诸仲裁的争端,该 FTA 只有单一的法律选择条款。

在前文提及的那些差别之外,第 15.25 条第 8 款——处理东道国未能执行仲裁庭所做裁决问题——在若干方面有别于 2004 年范本中的对应条款,即第 34 条第 8 款。美国—新加坡 FTA 规定,在母国"书面通报"后应当成立"专家组"。2004 年范本提及的是应母国"要求"应当成立"仲裁庭"。该 FTA 规定,任何有关东道国应该遵守最终裁决的建议应该"根据[第 20 条第 4 款 5(b)项]规定的程序",该第 20 条第 4 款 5(b)项规定专家组的报告应该基于缔约方提交的书状及主张,并且应缔约方要求可以提出解决争端的建议。2004 年范本中没有援引第 20.4 条第 5 款(b)项,也没有与此相对应的条款,这是因为美国签署的 BITs 没有包含此等条款。

美国—新加坡 FTA 附件 15A 针对因境外转移被施加限制产生的诉求对投资者—东道国争端解决条款做了修改。第八章第四节第二目对该附件做了讨论。

美国—新加坡 FTA 包含一个有关土地征收的换文,2004 年范本中没有与之相对应的规定。因此,该 FTA 脚注 15－12 规定,关于把诉求提请仲裁的第 15.15 条要遵循该换文的规定。日期记载为 2003 年 5 月 6 日的该换文第 1 段规定"新加坡没有计划对美国的投资者或者涵盖投资拥有的土地实施征收。新加坡承诺其有义务在本协定生效后三年内不对美国的投资者或者涵盖投资拥有的土地进行征收"。换文第 2 段授权美国的投资者以及美国在新加坡违反第 1 段的义务时诉诸该 FTA 规定的争端解决程序。如果新加坡被认定违反了第 1 段规定,它应当根据征收条款支付被征收土地的公平市场价值。换文第 3 段规定,第 2 段在指控新加坡违反换文第 1 段的第一个诉求被提出时才生效,而换文第 4 段则规定直到本协定生效三年之后征收条款才对土地征收生效,除非在此之前新加坡被认定违反了第 1 段的规定。因此,该换文实际上是规定征收条款在该 FTA 生效后三年内不适用于土地征收情形,但在关于土地征收的请求被诉诸投资者—国家仲裁情况下适用征收条款。新加坡是第一个美国试图与之谈判 BIT 的国家,但谈判归于失败。这一换文解决了一个极为敏感的问题,由此使缔约方能够就二十多年前困扰两国的投资保护问题达成一致。

三、美国—智利 FTA

美国—智利 FTA 是在 2004 年范本通过之前谈判的,因而在一些方面与 2004 年范本有所不同。

美国—智利 FTA 第 10.15 条中有两款是 2004 年范本所没有的。第一,第 10.15 条第 2 款规定,“为了更加明确”,仲裁申请人可以提出诉求,指控东道国经由指定垄断机构或国家企业行使政府权威从而违反 A 节或者附件 10-F 规定的义务。诚如该引导性短语表明的,这一句只是确认了习惯国际法或者该 FTA 第 16.4 条第 2 款中隐含的内容。诚如作者在本书第六章第十二节第二目中讨论的,2004 年范本第 2 条第 2 款——美国—智利 FTA 第 16.4 条第 2 款的对应条款——规定,BIT 规定的义务适用于行使被授予政府职权的国家企业。第二,该 FTA 第 10.15 条第 3 款规定,在不影响第 12.1 条第 2 款——关于金融服务章的适用范围与涵盖事项——的前提下,除非针对违反 A 节或附件 10-F 规定的义务,仲裁申请人不得针对违反 B 节的规定提出诉求。这一条款被认为做出了有益的澄清,因为投资章的部分内容已经被纳入关于金融服务的第十二章。这一表述明确了涉及指控违反第十二章的争端不能被提交投资者—东道国仲裁。美国—新加坡 FTA 也有类似的规定。

美国—智利 FTA 没有纳入 2004 年范本第 24 条第 1 款中的表述,该表述针对以违反投资协议为由提出诉求设置了一个条件。该条件是,请求的主题事项以及所求偿的损害与根据相关投资协议已经设立或取得,或者寻求设立或取得的涵盖投资必须“直接”有关。美国与新加坡、摩洛哥签署的 FTAs 以及美国—中美洲国家—多米尼加 FTA 中的投资者—东道国争端解决条款都没有包含这一条件。

美国—智利 FTA 第 10.15 条第 5 款(a)项规定 ICSID 仲裁应该根据《ICSID 公约》进行。2004 年范本中的对应条款——第 24 条第 3 款——也提及 ICSID 仲裁的程序规则。2004 年范本的制定者开始认为这一要求隐含于此前范本中,但他们决定还是明确规定相关仲裁规则的可适用性。该 FTA 也应该被解释为包含这一表述。该 FTA 第 10.15 条第 5 款也提及仲裁被申请人与作为非争端当事方的缔约国,但它们的顺序与在 2004 年范本中的顺序是相反的,这一差别显然没有什么影响。该 FTA 包含的表述明确规定,如果缔约一方——“而不是双方”——是《ICSID 公约》的缔约国,则可以诉诸 ICSID 附设机制。这一引语被认为没有必要,因而在 2004 年范本中被删除了。ICSID 附设机制的仲裁规则规定,如果母国与东道国均为《ICSID 公约》的缔约国,则不适用附设机制。加入“而不是双方”这一表述从文体上说是可取的,因为它使该条款更清晰,而并没有增加过多的篇幅。该 FTA 第 10 条第 15 款 5(d)项提及的是“争端当事方”,而不是“仲裁申请人”与“仲裁被申请人”,这也是纯粹的文体上的改动。

美国—智利 FTA 第 10. 15 条第 6 款中没有包含 2004 年范本第 24 条第 4 款中的对应,即规定仲裁申请人在提交仲裁通知后第一次主张的仲裁请求应当在该仲裁请求被收到之日被认定已经提请仲裁。2004 年范本中的这一表述旨在明确范本起草人认为隐含的内容。因此,美国—新加坡 FTA 应该以一种符合 2004 年范本中的表述的方式加以解释。美国—新加坡 FTA 的规定与此类似。

美国—智利 FTA 第 10 条第 15 款第 8 项把仲裁申请人任命的仲裁员称为“仲裁申请人的仲裁员”。虽然这一短语的含义清楚,但从文体上说该词汇是拙劣的,因为它微妙地暗示当事方指定的仲裁员在某种程度上依附于该当事方,但实际上所有仲裁员都被要求应当中立。美国—新加坡 FTA 的规定与此类似。但 2004 年范本则使用了短语“该仲裁员”

在一些地方,美国—智利 FTA 把仲裁通知限定为第 15. 15 条第 6 款“提及的仲裁通知”,或者把意向通知限定为第 10. 15 条第 4 款“提及的意向通知”。考虑到投资章只提及一种仲裁通知和一种意向通知,这些限定是没有必要的。2004 年范本对此不作限定。在这方面,美国—新加坡 FTA 与美国—智利 FTA 的规定是类似的。

在当地救济与投资者—国家仲裁的关系方面,美国—智利 FTA 与 2004 年范本之间存在实质上的不同。该 FTA 包含了附件 10-E,这在 2004 年范本中是没有的。该附件第 1 段规定,美国的投资者或其企业不得根据投资者—国家争端解决条款就智利违反某项义务提起诉求,如果该投资者或企业已经在智利法院或行政法庭的诉讼中“指控该违反义务”。为了进一步强化这一点,该附件第 2 段规定,“为了更加明确”,如果美国的投资者把“本附件所规定类型的”请求提交给智利的法院或行政法庭,“该选择应当是终局的,投资者此后不得把该请求提请仲裁”。短语“为了更加明确”表明,第 2 段并非旨在对投资者把争端提请仲裁的权利设置更多的限制,而只是澄清附件第 1 段规定的限制的范围。由此,智利希望确保针对它提出的诉求不被提交投资者—国家仲裁,如果该诉求已经诉诸当地救济的话,而美国则希望遵循 2004 年范本将采取的做法,即针对美国提出的诉求在诉诸当地救济后可以提请仲裁,只要当地救济被停止。在这方面,美国与乌拉圭、哥伦比亚、秘鲁签署的 FTAs 以及美国—中美洲国家—多米尼加 FTA 与美国—智利 FTA 的做法是类似的。作为 2004 年范本第 24 条的对应条款,美国—智利 FTA 第 10. 15 条——规定了在哪些情形下某一诉求可以被提请仲裁——包括了脚注 9,该脚注规定“为了更加明确”,第 10. 15 条“遵循附件 10-E”。该附件 10-E 在 2004 年范本中没有相对应的规定,该范本也没有那样的脚注。

美国—智利 FTA 规定的放弃当地救济的范围与 2004 年范本的规定也不同。该 FTA 第 10. 17 条第 2 款规定,除非仲裁通知附有仲裁申请人(如果诉求是代表企业提起的话,则也应附有企业的声明)放弃在任何其他争端解决程序中提起或继续“与被声称产生所指控之违反行为的事由有关的任何程序”的声明,任何请求不得被提请仲裁。这一表述可能导致该权利放弃被过度解释,因为扩张性的“事由”(events)定义可以包括投资设立,而要是没有投资,就不会存在投资争端。这种扩张性解释不是该 FTA 所想要的,因而意识到这一表述可能被错误解释的美国谈判人员在 2004 年范本中把该表述修改为“与被声称构成第 24 条所指违反行为的措施有关的任何程序”,该第 24 条规定了可以根据投资者—东道国争端解决条款提交仲裁的争端。关键性的改动是用“措施”(measures)代替了“事由”(events)。作为一个被界定的术语,“措施”包括“法律、法规、程序、要求或做法”(practice)。这澄清了美国—智利 FTA 的意图,即那些导致诉求的“事由”系指东道国实施的违反其对仲裁申请人所负义务的行动。

除了根据 ICSID 仲裁规则进行的仲裁以外,美国—智利 FTA 第 10. 19 条第 1 款允许争端当事方在任何案件中可以商定进行仲裁的法律上的场所。美国—新加坡 FTA 的规定与此类似。2004 年范本修改了相对应的条款,即在第 28 条第 1 款中允许争端当事方在所有案件中都可以商定进行仲裁的法律上的场所。

美国—智利 FTA 中处理法庭之友提交意见的条款,即第 10. 19 条第 3 款不同于 2004 年范本第 28 条第 3 款。该 FTA 包含了 2004 年范本中所没有的表述,它规定法庭之友提交的任何意见都应当使用西班牙文与英文,并且应当注明提交人,以及提交人以外已经或将会为撰写此类意见提供任何经济支持或其他支持的条约的任何缔约方、其他政府、个人或组织。美国与秘鲁、哥伦比亚签署的 FTAs 中包含了有点类似的表述。

在提及仲裁庭有权把反对作为先决问题加以解决时,美国—智利 FTA 第 10. 19 条第 4 款包含了短语"比如认为争端不在仲裁庭管辖范围内的反对意见"。美国与秘鲁、哥伦比亚签署的 FTAs 中也有类似的规定。这一短语在 2004 年范本第 28 条第 4 款中被删除了,原因是,它被认为是并无必要的,并且可能导致混淆——因为列举一两个例子可能会促使仲裁庭适用诸如指明其一即排除其他原则(exclusio unius)或同类原则(ejusdem generis)之类的原则,从而可能削弱该条款适用的普遍性。

在第 15. 19 条第 5 款——2004 年范本第 28 条第 5 款的对应条款——中,美国—智利 FTA 允许仲裁庭应被告国的要求,针对根据第 10. 19 条第 4 款提出的反对"或者"有关仲裁庭对争端没有管辖权提出的反对快速作出裁定。美国—新加坡 FTA 的规定与此类似。2004 年范本把"或者"改成了"和"。正如本书第九章第二节第七目第六点指出的,最好的连词似乎应该是"或/和"。直言之,被告国可以提出第 10. 19 条第 5 款项下的一种反对或两种反对。连词的变化可能反映了起草者不确定使用哪个连词可以最好地表达所想要的含义。与美国—新加坡 FTA 一样,美国—智利 FTA 允许仲裁庭在特别情况下迟延作出决定或裁决,以争取额外的"短暂时间"(brief period of time),但迟延期限不得超过 30 天。2004 年范本没有包含"of time",这一改动只是缩短了文本篇幅。第 15. 19 条第 4 款(d)项把第 15. 19 条第 5 款称为"下一款",而 2004 年范本中的对应条款,即第 28 条第 4 款(d)项指的是"第 5 款",这只是不重要的文体性变化。美国—智利 FTA 规定与此类似。

一些差别表明了在签署美国—新加坡 FTA 后美国谈判人员在制定 2004 年范本时在文体方面做出的改进。比如,2004 年范本第 28 条第 9 款要求仲裁庭在签字前把有关赔偿责任的"裁定或裁决"送达给争端当事方。美国—智利 FTA 第 10. 19 条第 9 款(a)项只提及"裁决",美国—新加坡 FTA 的规定与此类似。美国谈判人员增加提及"裁定"是为了确保任何有关责任的解决结果都会送达给争端当事方,美国—智利 FTA 在同款中规定,"只有"争端当事方才可以向仲裁庭就裁决书初稿提交评论。"只有"一词被认为没有必要,因而在2004年范本中被删去。类似地,2004年范本第28条第9款(a)项——规定在发布前对裁决书初稿进行评议与评论——的开头是限制性的短语“在根据本节(section)进行的任何仲裁中”,而第28条第9款(b)项规定该(a)项规定不适用于“根据本节进行”的任何可以提出上诉的仲裁。这两个被引用的短语都没有出现于美国—智利FTA第10.19条第9款,该第9款与2004年范本第28条第9款是相对应的。这两个短语似乎没有必要,因为2004年范本第28条第9款的语境表明它只适用于根据该节进行的仲裁,但它们仍然被加到2004年范本中。

美国—智利FTA第10.20条——关于仲裁程序的透明度——多处提及“秘密的商业信息,或者根据缔约一方的法律被特许或被保护不受披露的信息”。2004年范本第29条——与该第10.20条相对应的条款——用“受保护的消息”取代了上述冗长的表述,并且在第1条中对其做了界定。2004年范本对这一术语的界定与美国—智利FTA中的表述是一样的。因此,2004年范本中的修正只是简化了该FTA中的文本,而没有改变其含义。该FTA第10.20条与2004年范本第29条在文体方面有一些细微差别。不过,一个值得注意的差别是,第10条第20款第5项规定,投资者—东道国争端解决条款中没有任何内容“允许东道国不披露根据其国内法应当公开的信息”。美国—新加坡FTA的规定与此类似。2004年范本中的对应条款使用的是“要求”(requires),而不是“允许”(authorizes)。

美国—智利FTA第10.21条——标题为“适用法律”——与2004年范本中的对应条款,即第30条是不同的。具体而言,第10.21条第2款——处理在当事方没有规定所适用的规则情况下根据投资协议或投资授权提起之诉求的仲裁——规定,仲裁庭应当适用“被告国的国内法(包括其冲突法规则)、投资协议或投资授权的条款、可适用的国际法规则,以及本协定”。2004年范本中的对应条款规定适用“被告国的国内法,包括冲突法规则,以及……可适用的国际法规则”。换言之,2004年范本没有提及投资协议或投资授权条款以及BIT本身。2004年范本增加了美国—智利FTA中所没有的一个脚注,它把“被告国的国内法”界定为具有管辖权的国内法院或仲裁庭在审理同样案件时适用的法律,这正是该FTA中的上述短语所想要的含义。因此,美国—智利FTA的表述无意于被解释为有别于2004年范本中的表述。

在第10.22条——关于附件的解释——中,美国—智利FTA提到了附件中的争端解决“不符措施”，而2004年范本提到的是附件中的“进入”(entry)。这一差别纯粹是文体上的。在这方面，美国—中美洲国家—多米尼加FTA与美国—智利FTA是类似的。

美国—智利FTA第10.25条第8款(b)项——对应于2004年第34条第8款，该款涉及的是东道国不遵守投资者—国家仲裁所作裁决的情形——规定，“如果缔约方同意的话”，国家—国家争端解决仲裁庭有权作出有关被告东道国应该遵守或遵循最终裁决的建议。这仿效了第22.12条第2款的表述，根据该第2款，如果争端当事方同意的话，根据国家—国家争端解决条款组建的专家组可以在其初步报告中就争端解决提出建议。

2004年范本第28条第10款规定，如果缔约方间达成的“单独、多边的”规定上诉机制的协定生效，则缔约方应当努力达成一致以便对裁决进行上诉审查。美国—智利FTA在上述引用的表述中没有使用英文逗号，这一标点符号失误可能使人误以为该FTA是一个多边协定。在2004年范本中插入了一个逗号从而更正了这一失误。在同一款中，美国—智利FTA规定，任何此类上诉审查适用于“上诉机构设立”后开始的仲裁。2004年范本把这一引用的表述替换成短语“该多边协定在缔约方间生效后”，因为这是一个可以精确确定的日期，而上诉机构设立的时间可能成为一个争端事项。在签署此等多边协定并且“上诉机构设立”的日期成为一个争端事项时，仲裁庭应该选择以协定生效的时间作为最清楚地表达起草人意图的日期，这体现于2004年范本的后续表述中。在这方面，美国—智利FTA与美国—新加坡FTA的规定是类似的。

第10.24条第5款——处理东道国未能向合并仲裁庭任命仲裁员的情形——中，美国—智利FTA规定“如果被告国未能指定仲裁员，秘书长应当指定被告国的国民作为仲裁员”。2004年范本把该这一引语中的“被告国”替换为“作为争端当事方的BIT缔约方”，这体现了范本在文体方面的偏好的变化。

美国—智利FTA包含了附件10-C，该附件对于由针对汇兑施加限制措施引发的争端规定了特别争端解决程序，本书第八章第四节第二目对该附件做了讨论。

美国—智利FTA附件10-G——关于文书服务——适用于“B节项下争端中”的仲裁通知以及其他文书。2004年范本删除了引号中的内容。

最后，美国—智利FTA包含了附件10-F，2004年范本中没有相对应的条款。附件 10-F 处理的是根据 1974 年智利第 600 号法令,即《外商投资法》,投资合同之当事方的投资者或投资应该被给予的待遇。

四、美国—澳大利亚 FTA

美国—澳大利亚 FTA 在美国签署的 FTAs 中的投资章以及 BITs 中是独一无二的,它没有包含投资者—东道国争端解决条款。缔约双方同意,考虑到两国都拥有高度发达的法律制度,没有必要规定该条款。较之缔约一方是普通法系国家而缔约另一方是大陆法系国家这种情形,由于美国与澳大利亚都是普通法系国家,缔约各方的投资者在发生争端时更熟悉东道国的法律制度。[110]

美国—澳大利亚 FTA 确实有一个标题是"有关解决投资者—国家争端的磋商"的条款,即第 11.16 条。该条规定,如果缔约一方认为影响该 FTA 投资章适用范围内的事项方面所生争端之解决的情形发生了变化,并且根据该变化缔约方应该考虑允许投资者把争端提请投资者—东道国仲裁,则该缔约方可以请求就此主题进行磋商,包括制定适当的程序。应请求,缔约另一方应当及时地进行磋商,以便允许提出仲裁请求并制定程序。该条款还规定,为了更加明确,第 11.16 条中没有任何规定禁止缔约一方根据该 FTA 的国家—国家争端解决条款提出投资章项下出现的任何事项,或者禁止投资者在东道国法律允许的程度内,把针对东道国的诉求提请仲裁。

五、美国—摩洛哥 FTA

美国—摩洛哥 FTA 没有包含此后被加入 2004 年范本第 24 条第 1 款的表述,该表述针对以违反投资协议为由提出诉求规定了条件。该条件是,请求的主题事项以及所求偿的损害必须"与根据相关投资协议已经设立或取得,或者寻求设立或取得的投资直接有关"。美国与新加坡、智利签署的 FTAs 以及美国—中美洲国家—多米尼加 FTA 都没有规定这一条件。

美国—摩洛哥 FTA 附件 10-E 规定,在美国投资者或其拥有或控制的企业针对其声称的违反 A 节、投资授权或投资协议的行为利用了当地救济,则除非当地救济程序提起后已经经过了一年,投资者不得把同样的违反行为

---

[110] *See generally* William S. Dodge, " Investor-State Dispute Settlement between Developed Countries: Reflections on the Australia-United States Free Trade Agreement," 39 *Vand. J. Trans. L.* 1 (2006).

诉诸 B 节项下的投资者—东道国仲裁。2004 年范本中没有此类限制。

诚如在第九章第三节第四目讨论的,美国—摩洛哥 BIT 要求投资者在诉诸投资者—东道国仲裁前把投资争端诉诸当地救济,并且为期一年。该 FTA 第 10.17 条第 3 款——关于仲裁申请人在东道国法院寻求临时救济的权利——增加一句规定:“此等救济——如果被给予——对于仲裁庭审理的争端中的问题绝对不是决定性的,也不会中止仲裁庭的程序。”虽然这一句没有出现于 2004 年范本但完全符合 2004 年范本的意图,后者确实明确规定在当地法院进行的程序完全是为了保护仲裁申请人在仲裁待决期间的权益。在第 10.19 条第 8 款——关于仲裁庭命令采取临时保护措施的权力——中,该 FTA 提及的是“该”(the)仲裁庭,而不是像在 2004 年范本中那样提及的是“一个”(a)仲裁庭。这一差别只是文体上的。2004 年范本的表述旨在指根据 B 节组建的仲裁庭。

在第 10.19 条第 10 款——关于可能进行谈判据以设立上诉机构的协定——中,美国—摩洛哥 FTA 提及的是“单独的区域或多边协定”。2004 年范本提及的是“单独、多边的协定”。2004 年范本使用术语“多边”旨在指包括两个以上缔约方的任何协定,因而 2004 年范本中提及的“多边”协定包括了区域性协定。

在第 10.25 条——标题是“裁决”——中,美国—摩洛哥 FTA 通篇提及的是“损害赔偿与适当的利益”。2004 年范本提及“损害赔偿与任何可适用的利息”作出裁决。正如第七章第三节第四目所讨论的,在与摩洛哥的协定中提及利息是一个敏感问题。不过,从这两种表述方式所想要表述的实质内容上看,并无不同。

美国—摩洛哥 FTA 有一些文体上的特殊性。比如,2004 年范本有许多地方使用的是“otherwise agree”(另行达成一致),而在美国—摩洛哥 FTA 中则变更为“agree otherwise”(另行达成一致),这显然纯粹是一个文体上的变化。

六、美国—中美洲国家—多米尼加 FTA

作为 2004 年范本第 23 条——要求缔约方通过磋商与谈判解决争端——的对应条款,美国—中美洲国家—多米尼加 FTA 第 10.15 条增加了提及第三方救济程序的表述,即“比如调解与调停”。这一短语没有出现于 2004 年范本中。增加的这一短语不影响该条款的含义。直到 1992 年的范本,调解都是被明确允许使用的,但之后的范本没有提及调解。

美国—中美洲国家—多米尼加 FTA 第 10.16 条第 1 款没有包含后来出现于 2004 年范本第 24 条第 1 款中的表述,该表述针对以违反投资协议为由提出诉求规定了一个条件。该条件是,请求的主题事项以及所求偿的损害必须"与根据相关投资协议已经设立或取得,或者寻求设立或取得的投资直接相关"。美国与新加坡、智利以及摩洛哥签署的 FTAs 中的投资者—东道国争端解决条款也没有规定这一条件。

美国—中美洲国家—多米尼加 FTA 附件 10-E 的规定没有出现于 2004 年范本中。该附件第 1 段规定,美国的投资者或其企业不得根据投资者—国家争端解决条款就某一中美洲国家违反义务提起诉求,如果该投资者或企业已经在该国的法院或行政程序中"指控该违反行为"。为了进一步强化这一点,该附件第 2 段规定,"为了更加明确",如果美国的投资者把"本附件所规定类型的"请求提交给中美洲国家或多米尼加的法院或行政法庭,"该选择应当是终局的,投资者此后不得把该请求提请仲裁"。短语"为了更加明确"表明,第 2 段并非旨在对投资者把争端提请仲裁的权利设置更多的限制,而只是澄清了附件第 1 段规定的限制的范围。美国—智利 FTA 也有类似的附件,不过它还在第 10.15 条第 24 款增加了脚注 9,该脚注规定"为了更加明确",第 10.15 条——关于提请仲裁——"应遵循附件 10-E"。美国—中美洲国家—多米尼加 FTA 没有类似的脚注,但附件 10-E 显然是该条约的内在组成部分。美国—乌拉圭 BIT 以及美国与哥伦比亚、秘鲁签署的 FTAs 都有类似的规定,据此把已经提交给当地救济的诉求排除在投资者—东道国仲裁之外。与在 2004 年范本中一样,指控美国违反美国—中美洲国家—多米尼加 FTA 的诉求可以提交当地救济或其他争端解决机制,随后还可以诉诸投资者—东道国仲裁,只要投资者(如果是代表公司提起诉求的话,放弃主体应当是公司)放弃继续进行此前针对被声称违反美国—中美洲国家—多米尼加 FTA 的措施已经启动的任何争端解决程序。

附件 10-E 第 3 段也规定,除非引发诉求的事由自发生之日起已经经过了一年期限,否则美国投资者不得把在到期日低于一年之主权债券方面的投资有关的诉求诉诸 B 节项下的投资者—国家仲裁。

在第 10.18 条——对应于 2004 年范本第 26 条——中,美国—中美洲国家—多米尼加 FTA 增加了新的第 4 款,该款规定,即针对该 FTA 的任何缔约方的有关其违反投资授权或投资协议的诉求不得被诉诸仲裁,如果仲裁申请人或企业“此前已经把同样的违反行为提交给仲裁被申请人的行政法庭或法院,或任何具有拘束力的其他争端解决程序以便进行裁判或仲裁”。当然,2004 年范本允许把在投资者—国家仲裁庭管辖范围内的任何投资争端提交当地救济,然后再诉诸投资者—东道国仲裁。

美国—中美洲国家—多米尼加 FTA 第 10.16 条第 3 款——对应于 2004 年范本第 24 条第 3 款——删去了争端解决的第四种方式,即仲裁申请人与仲裁被申请人同意的诉诸任何仲裁机构或利用任何仲裁规则的仲裁。这一改动没什么重要性,原因是,即使条约中没有规定,仲裁申请人与仲裁被申请人也可以自由商定选择其他争端解决机制。其实际的影响是,根据 2004 年范本,在仲裁申请人与仲裁被申请人确实就通过另一个争端解决机制解决争端达成一致情况下,该机制将由 2004 年范本 B 节中的其他程序性条款——适用于 B 节项下的争端解决——加以调整。根据该 FTA,如果争端当事方同意通过其他争端解决程序解决争端,除非仲裁申请人与仲裁被申请人明确达成一致,否则该机制一般不适用 B 节中的其他规定。

由于不再包含有第四种争端解决形式,美国—中美洲国家—多米尼加 FTA 第 10.16 条第 4 款——规定某项诉求何时应该被认为已经提交——也没有提及该第四种争端解决形式。在该款中处理提交仲裁通知后第一次所主张之诉求的句子中,美国—摩洛哥 FTA 删去了“由仲裁申请人主张的诉求”这一短语中“由仲裁申请人”的表述,这可能是因为它们被摩洛哥认为是没有必要的。类似地,美国—中美洲国家—多米尼加 FTA 第 10.26 条第 6 款——规定执行裁决的时间——也没有提及根据第四种争端解决机制作出的裁决。

在第 10.20 条第 10 款——对应于 2004 年范本第 28 条第 10 款——中,美国—中美洲国家—多米尼加 FTA 删除了提及可能签署规定有设立上诉机构的“单独、多边的条约”之表述中的逗号。这一删减是断句方面出现的细微失误,2004 年范本对此做了更正。

美国—中美洲国家—多米尼加 FTA 在若干方面稍微背离了 2004 年范本的表述,原因是,与 2004 年范本不同,该 FTA 是一个多边协定。比如,在第 10.16 条第 3 款——规定了 ICSID 与 ICSID 附设机制的可适用性问题——中,该 FTA 提及的是“仲裁申请人所属的缔约方”而非“作为非争端当事方的缔约方”,原因是,该协定项下任何争端会有多个作为非争端当事方的缔约方。虽然原因不同,但美国—新加坡 FTA 的规定与此类似。美国—中美洲国家—多米尼加 FTA 第 10. 21 条——关于仲裁程序的透明度——提及的是“non-disputing Parties”(非争端当事方的缔约方),而不是“the non-disputing Party”(该非争端当事方的缔约方)。第 10. 25 条第 5 款——规定合并仲裁庭的仲裁员指定机制——规定“如果仲裁申请人未能指定一位仲裁员,秘书长应当指定仲裁申请人所属国的国民担任仲裁员”。2004 年范本规定,如果仲裁申请人未能指定仲裁员,秘书长应当指定“作为非争端当事方的缔约国”的国民作为仲裁员。

作为对应于 2004 年范本第 34 条第 8 款的条款,美国—中美洲国家—多米尼加 FTA 第 10. 26 条第 8 款——允许把有关被告国不执行最终裁决的诉求诉诸国家—国家仲裁——要求“在仲裁申请人所属缔约方提出请求时”设立专家组。2004 年范本要求“在非争端当事方的缔约方提出请求时”设立仲裁庭。这一改动是必要的,因为美国—中美洲国家—多米尼加 FTA 是一个多边协定,存在多个作为非争端当事方的缔约方。

美国—中美洲国家—多米尼加 FTA 中的有些改动看起来比较奇怪。比如,第 10. 26 条第 3 款规定“仲裁庭不被允许裁决惩罚性损害赔偿”。与此不同,2004 年范本第 34 条第 3 款提及的是“仲裁庭不得作出裁决惩罚性损害赔偿”。该 FTA 的表述——表明条约不允许惩罚性损害赔偿——容易造成误解,即虽然该 FTA 不允许惩罚性损害赔偿,但如果某一习惯国际法规则允许这么做的话,则仲裁庭仍然可以裁决给予惩罚性损害赔偿。2004 年范本的规定更为可取,原因是,它明确仲裁庭在任何情形下都无权作出此类裁决。类似地,美国—中美洲国家—多米尼加 FTA 第 10. 22 条——在于适用法律——在提及“投资协议”与“投资授权”时对调了二者的先后顺序。

在另一项奇怪的改动中,美国—中美洲国家—多米尼加 FTA 第 10. 23 条——关于附件的有权解释的机制——规定仲裁庭在东道国主张被指控违反该 FTA 的措施属于某一附件的“范围内”时请求应该要求该东道国做出解释。2004 年范本第 31 条规定,在东道国主张相关措施属于某一附件所指“规定之准入的范围”时要求该东道国做出解释。美国—智利 FTA 的规定与美国—中美洲国家—多米尼加 FTA 的规定是类似的。

美国—中美洲国家—多米尼加 FTA 附件 10-F——关于上诉机制——比 2004 年范本中的对应规定更为有力。根据附件 10-F,在该协定生效后 3 个月内,自由贸易委员会应当成立一个谈判小组筹划上诉机构或类似的机制,以便审查根据投资章作出的裁决。上诉机构或类似的机制应该被设计为在解释投资条款方面“提供一致性”。自由贸易委员会应当指导该谈判小组考虑某些具体的问题，包括上诉机构或类似机制的性质、审查标准、程序透明度、上诉机构或类似机制所作决定的效力、审查与被选定在仲裁中使用的仲裁规则之间的关系，以及关于执行裁决的现行国内法与国际法。进而，自由贸易委员会还应当指导谈判小组在设立后的一年内，向该委员会提交有关修改 FTA 以设立上诉机构或类似机制的草案。

美国—中美洲国家—多米尼加 FTA 附件 10-D 对于仲裁庭受理由于东道国内乱引发的争端的管辖权做了限制。本书第六章第十节第四目对该附件做了讨论。

七、美国—秘鲁 FTA

美国—秘鲁 FTA 中的投资者—国家争端解决条款与 2004 年范本的规定非常相似。该 FTA 谈判的期待是，它能够成为多边的《安第斯自由贸易协定》——哥伦比亚也是该协定的缔约方——的组成部分。因此，美国与秘鲁、哥伦比亚签署的 FTAs 中的投资者—东道国争端解决条款是相同的。

美国—秘鲁 FTA 第 10.18 条第 3 款新增了脚注 9，它对于在东道国法院寻求临时禁令性救济做了规定。这一新的脚注规定，在寻求此类救济的诉讼中，东道国的法庭应当适用东道国的法律，包括冲突法规则以及可以适用的国际法规则。这只是澄清了 2004 年范本的意图。

美国—秘鲁 FTA 第 10.20 条第 4 款也增加了脚注 10，它针对快速处理东道国提出的反对——从法律上说，不可能作出支持仲裁申请人提出的诉求——的机制做了规定。该脚注规定“为了更加明确”，此项反对——就基于投资协议的诉求而言——包括基于国内法提出的反对。正如提及“为了更加明确”这一短语表明的，这一新表述只是确认了此前隐含着的内容。

在第 10.20 条第 3 款——规定法庭之友的意见——中，美国—秘鲁 FTA 插入了一个新句子，该句规定法庭之友提交的意见应当注明其作者，以及已经或将要撰写法庭之友意见提供经济资助或其他资助的个人或实体。美国—智利 FTA 中的规定与此类似。

美国—秘鲁 FTA 第 10.20 条第 4 款允许仲裁庭考虑一个先决性反对，即仲裁申请人提出的诉求不是仲裁庭可能作出支持仲裁申请人之裁决所根据的诉求，该 FTA——与美国 2004 年范本一样——指出，这一权力不影响仲裁庭处理作为初步问题的其他反对。不过，与 2004 年范本不同，该 FTA

插入了一个说明性短语，即“比如关于争端超越仲裁庭管辖范围之反对”。美国—智利 FTA 的规定与此类似。

最后，美国—秘鲁 FTA 第 10.16 条第 3 款(b)项提及的是“仲裁申请人所属国”，而不是作为非争端当事方的缔约方。这一改动体现了秘鲁的本意，即该 FTA 将成为多边的《安第斯自由贸易协定》的组成部分。类似地，该 FTA 第 10 条第 25 款第 5 项——规定合并仲裁庭指定仲裁员的机制——规定“如果仲裁申请人未能指定一位仲裁员，秘书长应当指定仲裁申请人所属国的国民担任仲裁员”。2004 年范本规定，如果仲裁申请人未能指定仲裁员，秘书长应当指定“作为非争端当事方的缔约国”的国民作为仲裁员。

美国—秘鲁 FTA 与 2004 年范本间的一个重要差别是，根据前者附件 10-G 第 1 段，如果美国投资者或由投资者代表其提出诉求的企业已经在秘鲁的法院或行政法庭指控秘鲁违反了该 FTA 投资章 A 节，则他们不得诉诸投资者—东道国仲裁。该附件第 2 段规定，“为了更加明确”，把诉求提交东道国的国内救济应当是终局的，并且该诉求随后不得被提请投资者—东道国仲裁。美国—乌拉圭 BIT、美国—中美洲国家—多米尼加 FTA 以及美国—智利 FTA 的规定与此是类似的。

美国—秘鲁 FTA 也包含附件 10-E，它规定针对由于对汇兑施加限制性措施引发的争端规定了特别的争端解决程序；附件 10-F 处理的是基于公共债务重组引起的诉求。第八章第四节第七目与第十二章第十一节分别对此做了讨论。

八、美国—阿曼 FTA

除了 2002 年以后签署的所有 FTAs 共有的某些改动——第九章第四节对此做了讨论，美国—阿曼 FTA 中的投资者—东道国争端解决条款与 2004 年范本的规定是相同的。

九、美国—哥伦比亚 FTA

美国—哥伦比亚 FTA 中的投资者—东道国争端解决条款与 2004 年范本中的对应条款是非常类似的。该 FTA 谈判的期待是，它能够成为多边的《安第斯自由贸易协定》——哥伦比亚也是该协定的缔约方——的组成部分。因此，美国与哥伦比亚、秘鲁签署的 FTAs 中的投资者—东道国争端解决条款是相同的。

美国—哥伦比亚 FTA 第 10.18 条第 3 款新增加脚注 9，它针对在东道国法院寻求临时禁令性救济做了规定。这一新的脚注规定，在寻求此类救济的诉讼中，东道国法院应当适用东道国的法律，包括冲突法规则以及可以适用的国际法规则。这只是澄清了 2004 年范本的意图。

美国--哥伦比亚 FTA 针对第 10.20 条第 4 款增加了脚注 10，它针对快速处理东道国提出的反对——从法律上说，不可能做出支持仲裁申请人提出的诉求——的机制做了规定。该脚注规定“为了更加明确”，此项反对——就基于投资协议的诉求而言——包括基于国内法提出的反对。正如提及“为了更加明确”这一短语表明的，这一新的表述只是确认了此前隐含的内容。

第 10.20 条第 3 款——规定法庭之友的意见——中，美国—哥伦比亚 FTA 插入了一个新句子，该句子规定法庭之友提交的意见应当注明其作者，以及已经或将要为制作法庭之友意见提供经济资助或其他资助的个人或实体。美国—智利 FTA 中的规定与此有点类似。

美国—哥伦比亚 FTA 第 10.20 条第 4 款允许仲裁庭考虑一个先决性反对，即仲裁申请人陈述的诉求不是仲裁庭可能作出支持仲裁申请人之裁决所根据的诉求，该 FTA——与美国 2004 年范本一样——指出，这一权力不影响仲裁庭处理作为初步问题的其他反对。不过，与 2004 年范本不同，该 FTA 插入了一个说明性短语，即“比如关于争端超越仲裁庭管辖范围之反对”。

美国—哥伦比亚 FTA 第 10.16 条第 3 款(b)项提及的是“仲裁申请人所属国”，而不是作为非争端当事方的缔约方。这一改动体现了哥伦比亚的本意，即该 FTA 将成为多边的《安第斯自由贸易协定》的组成部分。类似地，该 FTA 第 10 条第 25 款第 5 项——规定合并仲裁庭指定仲裁员的机制——规定“如果仲裁申请人未能指定一位仲裁员，秘书长应当指定仲裁申请人所属国的国民担任仲裁员”。2004 年范本规定，如果仲裁申请人未能指定仲裁员，秘书长应当指定“作为非争端当事方的缔约国”的国民作为仲裁员。

美国—哥伦比亚 FTA 与 2004 年范本间的一个重要差别是，根据前者附件 10-G 第 1 段，如果美国投资者或由投资者代表其提出诉求的企业已经在哥伦比亚的法院或行政法庭指控哥伦比亚违反了该 FTA 投资章 A 节，则他们不得诉诸投资者—东道国仲裁。该附件第 2 段规定，“为了更加明确”，把诉求提交东道国的国内救济应当是终局的，并且该诉求随后不得被提请投资者—东道国仲裁。美国—乌拉圭BIT、美国—中美洲国家—多米尼加FTA以及美国—智利FTA的规定与此是类似的。

美国—哥伦比亚FTA也包含附件10-E，它规定针对因对汇兑施加限制措施引发的争端规定了特别的争端解决程序；附件10-F处理的是基于公共债务重组引发的诉求。第八章第四节第七目与第十二章第十一节分别对此做了讨论。

第五节 仲裁实践

一、适格仲裁申请人

美国签署的BIT项下的第一起仲裁案件确认，即便是以2004年范本之前的范本为基础签署的BITs，在投资者是公司多数股权的持有人情况下，投资者也可以以东道国的行为对公司造成损害为由对东道国提起诉求。在*American Manufacturing and Trading v. Zaire*案中，一家公司——根据美国法律组建，因此是美国的投资者——拥有民主刚果（时为扎伊尔）的一家当地公司的94%股权。因此，美国公司有权就该当地公司遭受的损害提请仲裁。正如仲裁庭在*Continental Casualty v. Argentina*案中解释的，投资者可以提出诉求，即便投资也具有诉权。这一原则——否定了Barcelona Traction案采取的做法[111]——经过涉及美国所签署协定的案件后已经明确确立下来了。[112] 控股性投资者也可以提起产生于投资与东道国签署的协议的诉求，即便该投资者并不是该协议的当事方。[113]

如果某股东通过与其他股东间的协议获得对投资的控制，即便该股东单独未能控制投资，其也可以被视为控股股东。在*Sempra Energy v. Argentina*案中，作为投资中一个少数股东的仲裁申请人与大股东——与该少数股东拥有不同的国籍——签署了一份协议。仲裁庭在附带意见中指出，如果两个股东具有相同国籍并因此被同一个BIT所涵盖，那么就不存在管辖权异议问题。在两个股东拥有不同国籍——本案就是如此——情况

---

[111] 1970 I. C. J. Rep. 3.

[112] *See, e. g., Continental Casualty v. Argentina; Pan American Energy v. Argentian; Azurix v. Argentina; AES v. Argentina; Genin v. Estonia; Pope & Talbot v. Canada.*

[113] *See, e. g., Azuriz v. Argentina.*

下,仲裁庭认为,只有在两个股东"共同经营"(operating jointly)时,少数股东才能根据股东协议作为控股股东从而提起诉求。[114] 仲裁庭随后认为该案中两个股东满足了共同经营的要求。

根据美国签署的 BIT 提起的第二起作出裁决的案件涉及的是投资者在一家公司中只拥有少数股票,而对投资遭受的损失提起诉求。在 *Lanco v. Argentina* 案中,投资者在投资中只拥有 18.3% 的股票。该案仲裁庭允许投资者就针对投资的不法行为提出仲裁请求,尽管该案中投资者并不是作为该请求之依据的特许协议的当事方。在 *Lanco v. Argentina* 案后,其他仲裁庭裁决,少数股东可以提出仲裁请求,但只能基于投资者本身遭受的损失。[115] 比如,如果东道国违反投资协议导致少数股东持有的公司股票贬值,则投资者可以就其遭受的损失提请仲裁。正如 *CMS v. Argentina* 案仲裁庭指出的,保护少数股东的权益通常是被允许的,它是 BITs 的普遍实践。[116] 同时,正如美国在 *GAMI Investment v. Mexico* 案中根据 NAFTA 第 1128 条提交的陈述中指出的,少数、非控股股东不能代表公司就公司遭受的损害提请仲裁。

少数股权可能是通过中间公司(intermediaries)拥有的股票。在 *Enron v. Argentina* 案中,仲裁申请人通过中间公司拥有投资约 35% 的股票。仲裁庭认为,少数投资者可以提请投资者—东道国仲裁,即便他们是通过中间公司拥有股票。直言之,这些投资者不需要是因东道国违反 BIT 的行为而遭受损害的公司的股东,只要他们在该公司至少拥有间接的所有权权益。这一裁决与 BIT 明确规定涵盖直接或间接拥有的投资是相符合的。

中间公司的国籍也不重要。在 *Waste Management v. Mexico* 案中,作为仲裁申请人的美国公司拥有一家在开曼群岛设立的公司,该公司拥有在开曼群岛的第二家公司,后者在墨西哥境内拥有投资。仲裁申请人对墨西哥提出诉求,仲裁庭认为它具有管辖权。仲裁庭解释认为,仲裁申请人具有必须具备的国籍,他拥有或控制——虽然通过间接公司——该投资。NAFTA 中没有任何规定要求中间公司应该具有 NAFTA 缔约国的国籍。正如仲裁庭所说的,"任何中间性的持股公司的国籍对本诉求并不重要"。[117]

---

[114] Decision on Objections to Jurisdiction, May 11, 2005, para. 54.

[115] *See, e. g., Enron v. Argentina; CMS Gas Transmission v. Argentina; LG&E v. Argentina; GAMI Investments v. Mexico.*

[116] *See, e. g., ADF Group v. United States; Sempra Energy v. Argentina; El Paso Energy v. Argentina; LG&E v. Argentina.*

[117] Award, para. 85.

在许多案件中，提出诉求的争端当事方不止一个。比如，在 *Sempra Energy v. Argentina* 案中，仲裁庭指出，投资可以提出诉求这一事实并不排除投资者也提出诉求。[118] 在 *Pan American Energy v. Argentina* 案中，投资者与他们在其中拥有投资的当地公司都提出了诉求。

Waste Management v. Mexico 案提出了一个问题，即投资者是否必须披露其国籍，从而让东道国知悉投资者有权获得条约的保护。仲裁庭认为，东道国不知道投资者的国籍是不重要的。

为了提出诉求，仲裁申请人必须具有作为非争端当事方的 BIT 缔约方的国籍。若干个案件涉及投资者在什么时候必须具备该缔约方的国籍问题。在 *Loewen v. United States* 案中，在解决针对美国提出的诉求之前，来自加拿大的仲裁申请人作为一家美国公司已经根据美国破产法自行进行了重整。考虑到作为美国公司不能针对美国提出仲裁请求，该公司在重组之前把诉求转让给其新设立的一家加拿大公司，后者拥有的诉求就是其唯一的资产，因而实现诉求也是其唯一的业务活动。当然，仲裁请求的受益人是新重组建的美国公司，而该公司则拥有并控制该新设立的加拿大公司。仲裁庭认为，习惯国际法要求自诉求产生之日起到诉求被裁判之日止应该持续地满足国籍要求。[119] 仲裁庭认为，该习惯国际法规则可以经由协定而放宽，但 NAFTA 没有针对这一问题作出规定。在缺乏具有此种作用的明确表述情况下，仲裁庭拒绝把 NAFTA 解释为修正了该习惯国际法规则。当然，仲裁请求名义上仍然由该加拿大公司拥有，但仲裁庭认为该仲裁请求是由其受益人，即美国公司所拥有。由于仲裁庭对美国国民针对美国提起的仲裁请求没有管辖权，仲裁庭认为，作为一家美国公司的加拿大诉求人重整公司的做法导致仲裁庭对该请求没有管辖权。

不过，在 *El Paso Energy v. Argentina* 案中，仲裁庭拒绝 *Loewen v. United States* 案确立的管辖权规则，它认为确定投资者的仲裁当事方资格的时间应该截止至启动仲裁程序之日，因而投资者在仲裁启动后出售其投资不会剥夺仲裁庭的管辖权。仲裁庭认为，投资者出售投资是为了减少其损失，这表明投资者在启动仲裁后自行出售投资是适当的。

---

[118] Decision on Objections to Jurisdiction, May 11, 2005, para. 42.

[119] *But see* Matthew S. Duchesne, "The Continuous-Nationality-of-Claims Principle: Its Historical Development and Current Relevance to Investor-State Investment Disputes," 36 *Geo. Wash. Int'l L. Rev.* 783(2004).

Loewen v. United States 案与 *El Paso Energy v. Argentina* 案中的问题同样出现于 *Mihaly v. Sri Lanka* 案。在 *Mihaly v. Sri Lanka* 案中,一家加拿大公司把拟对斯里兰卡提出的诉求转让给一家美国公司,后者根据美国—斯里兰卡 BIT 提请仲裁。仲裁庭认为它对仲裁请求没有管辖权。不具有美国国籍的该加拿大公司不受美国—斯里兰卡 BIT 的保护,因而在该 BIT 项下不能提出诉求。由于针对美国的诉求并不存在,因而加拿大公司不能把不存在的诉求转让给美国公司。

一旦投资结束,已经产生的一个问题是,投资者是否丧失提起诉求的资格。在 *Mondev v. United States* 案中,仲裁庭的回答是否定的。只要投资者在该投资中仍然具有利益,他就可以提出仲裁请求。因此,比如,东道国对投资实施了征收,投资者仍然有资格提出诉求,尽管他已经不再拥有该投资。

在 *Link-Trading v. Moldova* 案中,停止存在的是投资者,而不是投资。该案仲裁申请人系由美国投资者控制的一家摩尔多瓦的公司。在仲裁提请后,母公司终止了经营业务。仲裁庭认为,"决定仲裁申请人——作为美国投资者控制的公司——提起指控的资格的关键性时间是被声称发生征收的那一天"。[120] 因此,仲裁申请人的母公司终止存在之事实并不重要。

2004 年以前的美国 BIT 范本中有一个条款规定了特别公司国籍规则。具体而言,根据《ICSID 公约》第 25 条第 2 款(b)项规定,根据东道国的国内法设立的公司被允许对东道国提起仲裁,只要该公司在导致仲裁请求的事由发生之前由 BIT 缔约另一方的国民所有。这一规定在 *PSEG v. Turkey* 案中引发了争议。该案中,特许经营协议由美国投资者拥有的一家荷兰公司的分支机构实施。由于该分支机构不是根据当地法律设立,因而它不在美国—土耳其 BIT 第 6 条第 6 款——它是《ICSID 公约》第 25 条第 2 款(b)项的实施条款——的涵摄范围之内。不过,出于税收方面的考虑,该分支机构由美国投资者拥有的一家在土耳其当地成立的公司取得。该当地公司主张它有权根据第 6 条第 6 款提出仲裁请求。土耳其认为,第 6 条第 6 款要求该公司应该在导致争端的事由发生之前由投资者拥有或控制,但该公司直到争端发生之时尚未设立。仲裁庭认为,该分支机构系根据土耳其的法律设立,并且土耳其把它视为被授权实施特许经营协议的实体。该分支机构的

---

[120] Award, para. 55.

利益随后被转移给了当地公司。仲裁庭得出结论认为，由于这种连续性，公司在争端发生后设立之事实并无实质性效果。仲裁庭也认为，无论如何，即便公司的设立日期很重要，后续发生的某些事件“涉及当事方之间的争端”。[121]

二、投资者—东道国仲裁与其他救济方式之间的关系

正如第九章第二节第一目所说的，BIT 没有规定在提交投资者—东道国仲裁之前应该用尽当地救济。在 *Generation Ukraine v. Ukraine* 案中，仲裁庭确认在 BIT 项下不存在用尽当地救济要求。[122] *Metalclad v. Mexico* 和 *Feldman v. Mexico* 案确认在 NAFTA 中不存在该规则。在 *General Ukraine v. Ukraine* 案中，仲裁庭也认为，用尽当地救济并非提交 ICSID 仲裁的条件，除非包含当事方同意进行仲裁的文件规定了这一要求。[123] 实际上，《ICSID 公约》第 26 条排除了用尽当地救济要求，除非 BIT 规定必须用尽当地救济。进而，仲裁庭解释认为，一旦投资者接受了东道国在 BIT 中表达的同意进行仲裁的提议，任何争端当事方不能单方针对仲裁设定更多的条件。在该案中，美国—乌克兰 BIT 没有明确规定用尽当地救济，因此仲裁庭认为投资者不需要用尽当地救济。

虽然 BIT 或 FTA 中没有规定用尽当地救济，但在一种情况下要求用尽当地救济：针对拒绝司法提起诉求时。在 *Loewen v. United States* 案中，来自加拿大的请求人被美国公司诉至美国法院，后者判决该请求人败诉。该请求人没有选择针对初审法院的判决提起上诉，而是与美国公司达成了和解。随后，该请求人提出拒绝司法之诉求并诉诸国际仲裁。仲裁庭援引了传统规则，即请求人不能指控拒绝司法，除非其已经用尽可获得的救济。正如作者在第五章第六节第四目中指出的，只有在作为整体的司法系统对请求人构成拒绝司法时，才能认为存在拒绝司法。因此，在请求人没有用尽该司法系统提供的所有救济时，不能提出拒绝司法之诉求。不过，在此要求用尽当地救济是为了确定诉求的实质问题，而不是仲裁庭的管辖权。

除了任何的用尽当地救济要求外，东道国主张在两种情形下只有当地司法机关才具有管辖权。第一种情形是，诉求人已经把诉求提请当地救济，

---

[121] Decision on Jurisdiction, June 4, 2004, para. 185.

[122] Award, para. 20.33.

[123] Award, paras. 13.4 – 13.5. *See also AES v. Argentina*, Decision on Jurisdiction, para. 69.

因而东道国主张，根据 BIT 的规定，这一选择排除了把诉求提交国际仲裁。在 *Azinian v. Mexico* 案中，仲裁庭认为，在条约没有规定投资者应该在当地救济与国际仲裁之间做出唯一选择情形下，把争端提交当地司法机关解决并不会排斥仲裁庭的管辖权。虽然美国在 2004 年以前签署的 BITs 包含此种选择条款，但实践中该条款通常不会成为排除仲裁庭管辖权的根据。同时诉诸东道国司法机关与国际仲裁庭的诉求人通常会成功地主张，提交仲裁的争端不同于提交给当地司法机关的争端，因此，援用当地救济并不影响仲裁庭的管辖权。

例如，在 *Genin v. Estonia* 案中，仲裁申请人是一家爱沙尼亚银行的股东。该银行代表所有股东、储户、借款人以及雇员在东道国唯一的可以利用的法院提起诉讼。与此同时，仲裁申请人提请投资者—东道国仲裁，主张东道国违反 BIT 使其遭受了损失。因此，把争端诉诸当地法院的诉求人与把争端诉诸仲裁庭的诉求人是不同的，并且诉诸当地法院的争端系由于违反东道国的国内法，而被提请仲裁的争端是由于东道国被指控违反了条约。因此，仲裁庭认为它对该诉求具有管辖权。仲裁申请人也在多个美国法院起诉，但仲裁庭认为在美国进行的诉讼涉及的问题与仲裁庭处理的诉求不同。

类似地，在 *Lauder v. Czech Republic* 案中，东道国主张仲裁申请人不应该被允许同时在东道国法院与国际仲裁庭寻求相同的救济。仲裁庭驳回了这一主张，指出不同程序涉及不同当事方，以及不同诉因。如果第二次进行裁判的法院或仲裁庭在评估补偿时考虑了任何此前的判决或裁决，就可以避免双重救济。

在 *Azurix v. Argentina* 案中，仲裁庭再次指出，被诉诸当地救济的争端被另一个请求人以不同的诉因针对另一个被告提起。因此，该争端与诉诸仲裁庭的争端是不同的。

在 *Champion Trading v. Egypt* 案中，仲裁庭认为，投资在当地法院提起的诉求不会剥夺仲裁庭对投资者提起的仲裁请求所具有的管辖权。

在 *Enron v. Argentina* 案中，仲裁庭也认为，投资诉诸当地法院不会剥夺仲裁庭对投资者提起的仲裁诉求所具有的管辖权。在该案中，仲裁庭指出，提交给当地法院的争端与提交给仲裁庭的争端是不同的，该投资的诉求主要是防御性的，以反对东道国对其实施的某些税收措施。

在 *Occidental v. Ecuador* 案中，仲裁庭认为，如果两个争端涉及同样的当事方、客体以及诉因,那么二者可以被视为是相同的争端。在该案中,被提交给当地法院的争端系由于厄瓜多尔被指控违反了税法,而提交给仲裁庭的争端则是源于东道国被指控违反了 BIT 义务。仲裁庭还指出了允许把争端提请仲裁的另一个理由。仲裁庭认为,BIT 中的救济选择条款使诉求人可以自由地选择救济。不过,根据厄瓜多尔的法律,纳税人应当在影响他的决定做出后 20 天内向当地法院寻求救济。因此,在仲裁庭看来,投资者只能先把争端提交当地法院,而救济选择条款不应该被允许用于剥夺仲裁庭的管辖权。

再次地,在 *Pan American Energy v. Argentina* 案中,投资者拥有的阿根廷当地公司向阿根廷法院提起诉讼,以寻求获得这样一个认定,即在美国法院中针对投资者提出的诉求完全在阿根廷法院的管辖范围内。仲裁庭认定,把该争端诉诸阿根廷法院不会禁止投资者把争端提交国际仲裁。该案中两个争端的当事方不同,原因是阿根廷不是该当地诉讼的当事方。诉因也不同,原因是在当地法院进行的诉讼并非基于被声称的 BIT 违反行为。

在 *MCI Power v. Ecuador* 案中,某一投资以违反合同为由向当地法院提起诉求。投资者认为把争端诉诸当地法院并不排除仲裁,原因是当地诉讼程序被终止并且从未就实质问题作出判决。仲裁庭认为,选择当地救济是不可撤销的,排除了仲裁庭的管辖权,即便东道国的法院没有作出最初判决。尽管如此,仲裁庭具有管辖权,因为东道国法院审查的诉求针对的是违反合同,而不是违反美国—厄瓜多尔 BIT。事实上,在该诉求提交给东道国的法院时该 BIT 还没有生效。

把争端被东道国提交当地救济的情况下,该提交行为不排除 BIT 项下仲裁。在 *CMS Gas Transmission v. Argentina* 案中,在阿根廷法院进行的诉讼程序是由阿根廷检控官(Ombudsman)提起,而投资参与诉讼程序只是一种防御性措施。仲裁庭认定不适用 BIT 中的救济选择条款,原因是投资者没有向当地法院提起诉讼。进而,即便投资把争端提交给东道国的法院,仲裁庭后管辖权并不会被排除,因为争端当事双方、诉因与相关的法律都是不同的。

即使投资者把同一诉求提交东道国的法院,2004 年范本及美国签署的 FTAs 还是允许投资者把诉求诉诸仲裁。不过,在把争端提交国际仲裁时,投资者必须放弃把争端提交当地救济解决的权利。

少数几个案件涉及放弃当地救济权利的充分性问题。在 *Waste*

Management v. Mexico 案中，仲裁庭以不具有管辖权为由驳回仲裁申请，因为投资者放弃当地救济权利不够充分、不够明确。[124] 更具体地说，投资者在放弃声明中保留了把由于东道国国内法引发的争端提交当地救济解决的权利。仲裁庭认为，放弃当地救济权利旨在于防止仲裁申请人把同一措施引发的争端寻求当地救济，即便这些请求针对的是违反国内法而非违反 BIT。仲裁庭认为，仲裁申请人放弃当地救济权利没有达到条约规定之要求的程度。在仲裁请求被驳回后，投资者放弃了当地救济，并重新把争端提请仲裁，由此争端被进行了仲裁。在 *Pope & Talbot v. Canada* 案中，美国援引了 *Waste Management v. Mexico* 案，支持这样一种主张，即“除非符合 NAFTA 规定的提请仲裁的前提条件，不得提起 NAFTA 第十一章项下请求”。[125]

在 *Methanex v. United States* 案中，仲裁申请人试图指控在仲裁请求提出两年后——但仲裁程序仍在进行中——通过的法规违反了 NAFTA。仲裁庭认为，这些请求不能被认为在两年前仲裁申请人提交的放弃当地救济的范围内，宽泛地解释这种放弃行为会使这种放弃变得没有确定性。

不过，在若干案件中，仲裁庭不认为有瑕疵地放弃当地救济权利会排除仲裁庭的管辖权。在 *International Thunderbird v. Mexico* 案中，仲裁庭认为，没有提交放弃当地救济权利的声明不会排除仲裁庭的管辖权，只要这一缺失后来获得弥补。仲裁庭指出，放弃当地救济权利旨在防止不一致的裁决与双重救济，而这两个目标通过仲裁申请人随后提交放弃当地救济声明已经得以实现。在同一个仲裁中允许仲裁申请人弥补瑕疵而非驳回仲裁申请，再由仲裁申请人在做出更好的放弃当地救济权利声明后重新提交仲裁申请也符合最有效地利用资源的原则。在 *Ethyl Corp v. Canada* 案中，仲裁庭允许仲裁申请人用提交诉求声明的方式，而不是——根据 NAFTA 所要求的——提交仲裁通知的方式放弃当地救济，但仲裁庭确实要求仲裁申请人应该承担处理延迟提交的放弃当地救济权利声明是否充分之仲裁程序发生的费用。在 *Pope & Talbot v. Canada* 案中，在公司合并后，仲裁申请人代表新公司提交了新的放弃当地救济声明。加拿大认为，由于该放弃行为是提交诉求的一个条件，因而该诉求直到放弃当地救济声明提交时才得以提交，

---

[124] *See* Andrea K. Bjorklund, “Waive and the Exhaustion of Local Remedies Rule in NAFTA Jurisprudence,” in Todd Weiler, ed., *NAFTA Investment Law and Arbitration: Past Issues, Current Practice, Future Prospects* 253(2004).

[125] Third Submission of the United States of America, para. 7.

而事实是该放弃声明是在诉求提出三年多后做出的，因而三年期阻止了仲裁申请人提出诉求。尽管有 NAFTA 第 1121 条的规定，但仲裁庭不接受加拿大的主张，仲裁庭认为放弃当地救济权利并非提请仲裁申请的前提条件。在 *Methanex v. United States* 案中，在最早放弃当地救济权利的声明被发现存在瑕疵后，争端当事方同意仲裁申请人可以提交新的声明，因而，虽然仲裁庭已经成立，但仲裁请求被认为是在第二次提交放弃当地救济权利之声明的时候提出的。

东道国试图排除仲裁庭管辖权的第二种情形所依据的理由是，在争端系因合同——该合同规定了排他性的争端解决场所选择条款并且指定了东道国的争端解决场所——而发生的情形下，当地法院具有排他性管辖权。不过，仲裁庭一再认为，如果仲裁请求是基于违反 BIT，投资者就可以把涉及合同的该仲裁请求提交投资者—东道国仲裁，即便该违反 BIT 的行为包含违反合同。

比如，在 *Lanco v. Argentina* 案中，争端系由于一份特许协议而发生，根据该协议，当事方基于该协议的所有宗旨“同意[由阿根廷法院]管辖”。仲裁庭认定，特许协议中的该规定只是确认，即便没有该规定，法院也具有管辖权。进一步看，《ICSID 公约》第 26 条规定，除非另有规定，同意接受 ICSID 管辖权就排除了任何其他救济。对 ICSID 管辖的同意没有包含这种另有规定，而即便特许协议被认为属于另有规定，它也不会排除仲裁庭的管辖权，而只是削弱了 ICSID 仲裁管辖具有排他性的推定。

在这方面，最经常被援引的一个案件并非涉及美国签署的 BIT，但该案的权威性地位要求我们必须提到它。在 *Vivendi Universal v. Argentina* 案——该案基于法国—阿根廷 BIT 产生——中，特许协议规定：“就本合同的解释与适用而言，合同当事方自身承认图库曼省行政法庭对争端具有排他管辖权。”仲裁庭认为，所有诉求都是产生于涉及所指控之不履行合同的争端，而根据合同中的争端解决场所选择条款，此类争端只能提交给东道国的法院。仲裁申请人只有在其诉求面临拒绝司法情况下才能诉诸 ICSID 仲裁。不过，ICSID 的一个裁决撤销委员会援引了 *Lanco v. Argentina* 案，认为解决争端解决场所选择条款不影响仲裁庭对于根据 BIT 提起的诉求的管辖权。裁决撤销委员会接着认为：“在被提交给国际仲裁庭的诉求根本上是基于违反合同的案件中，仲裁庭要让合同规定的争端解决场所选择条款生效。”[126]与此同时,如果“诉求的根本根据”是规定了独立标准——据此评判争端当事方的行为——的条约,诉求人与东道国或其下属机构签署的合同中的排他性管辖权条款不能阻止条约规定的标准的适用。[127] 这是业已确立的规则。[128] 在管辖权阶段,在确定相关诉求是否指控BIT遭到违反时,仲裁庭会接受仲裁申请人对其所指诉求的定性。[129]

正如上文所讨论的,在这一问题上,最早一批案例涉及的是阿根廷作为当事一方的合同。为了应对 *Lanco v. Argentina* 案及 *Vivendi Universal v. Argentina* 案第一份裁决,阿根廷在争端解决场所选择条款中增加了表述,明确排除了所有其他争端解决场所。比如,在 *Azurix v. Argentina* 案中,特许协议第 16.7 条规定“在协议的解释或执行方面发生争端时”,争端当事双方“应该把涉及拉普拉塔市的引发争议的行政事项提交给法院,明确放弃其他任何争端解决机构或管辖权——针对任何原因的”。不过,仲裁庭认为,这一新增表述并没有实质性影响。指定一个具有排他性的争端解决机构本质上意味着排除任何其他争端解决机构,因而有关弃权的表述是多余的。仲裁庭还指出,争端当事双方对于私人当事方是否有资格放弃条约规定的权利是有分歧的,但鉴于仲裁庭对于争端解决场所选择条款的解释,它认为没有必要解决这一问题。

在诉求人主张违反合同同时也构成对 BIT 的违反时,诉求人在向东道国的法院主张合同方面的诉求的同时有可能向国际仲裁庭提起 BIT 方面的诉求。若干仲裁庭认为,只有在争端当事方与诉因相同情况下,禁止重复诉讼原则(lis pendens)才会阻止与合同诉求同时提出的 BIT 诉求。[130] 在向仲裁庭提交的请求系主张违反 BIT(即便这种违反是通过违反合同进行的),而向当地法院则指控违反东道国的法律或合同情况下,诉因是不同的,因而禁止重复诉讼原则不能排除两个请求。

一些 BIT 提及把争端提交“此前达成一致的”的争端解决程序,这使东道国主张此类争端解决程序对争端拥有排他性管辖权。在 *PSEG v. Turkey*

---

[126] Decision on Annulment, para. 98.

[127] *Id.*, at para. 101.

[128] *See, e. g.*, *CMS v. Argentina*; *Azurix v. Argentina*; *PSEG v. Turkey*; *Enron v. Argentina*; *Occidental v. Ecuador*; *Sempra Energy v. Argentina*; *AES. Argentina*; *LG&E v. Argentina.*

[129] *Occidental v. Ecuador*, Final Award, para. 57.

[130] *See, e. g.*, *Lauder v. Czech Republic*(争端当事方不同,诉因也不同);*Azurix v. Argentina*(争端当事方不同,诉因也不同).

案中,BIT 第 6 条第 2 款规定,在无法友好解决情况下,争端“应当”(shall)被提交给此前达成一致的争端解决程序解决。第 6 条第 3 款接着规定,如果争端没有被提交给此前达成一致的争端解决程序,投资者可以把争端提交仲裁。仲裁庭正确地认为,这些规定并不要求争端当事方应该把争端提交给此前达成一致的争端解决程序。相反,“应当”一词只是意指,在投资者援用此类程序时,东道国有义务受其拘束。不过,投资者可以自行裁量是否放弃此类争端解决程序,而根据 BIT 把争端提请仲裁。否则,该表述将导致 BIT 的基本特征之一,即诉诸投资者—国家仲裁的权利归于无效。在 *Lanco v. Argentina* 案中,仲裁庭认为,“此前达成一致”是指争端当事双方在争端发生之前达成一致的争端解决程序,而不是 BIT 生效之前达成一致的争端解决程序。

同样的诉求也可能被不同的仲裁申请人提交给不同的投资者—东道国仲裁。这种情况发生在 *Lauder v. Czech Repblic* 案与 *CME v. Czech Republic* 案中。前者的诉求由投资者根据美国—捷克 BIT 提请仲裁,后者由投资根据荷兰—捷克 BIT 提请仲裁。仲裁申请人主张,应该由同一个仲裁庭审理这两个案件,但捷克拒绝合并仲裁。两个案件的仲裁庭认为它们对相关诉求具有管辖权,并且任何一个仲裁庭都没有因为另一个仲裁庭的仲裁程序正在进行而中止自身程序。*Lauder v. Czech Repblic* 案仲裁庭认为不会允许双重救济,第二个作出裁决的仲裁庭应当考虑业已作出的第一份裁决。实际情况是,*Lauder v. Czech Repblic* 案仲裁庭作出了支持东道国的裁决,而 *CME v. Czech Repblic* 案仲裁庭则作出了支持仲裁申请人的裁决。

三、提请仲裁的程序性条件

BITs 与 FTAs 要求某项诉求被提交仲裁前应经过通常为 6 个月的“冷却期”。这一要求旨在使争端当事双方有机会通过谈判解决争端。在 *Ethyl Corporation v. Canada* 案中,仲裁庭认定仲裁申请人由于策略性原因故意在冷却期届满之前提请仲裁。仲裁庭没有驳回诉求,原因是,在仲裁庭作出决定时“冷却期”已经届满,因而仲裁申请人可以立刻重新提交仲裁请求。因而,要求重新提交仲裁请求是浪费时间。另外,仲裁申请人提前提交仲裁申请并没有使加拿大因此遭受损害。尤其是,加拿大无意废除仲裁申请人所指控的措施,因而“冷却期”不会提供友好解决争端的机会。不过,仲裁庭确实要求由仲裁申请人承担审理“冷却期”是否属于仲裁庭行使管辖权的条件所发生的费用。

在 *Lauder v. Czech Republic* 案中，仲裁庭认为，“冷却期”不是其行使管辖权的条件。尽管仲裁申请人在第一次向东道国通报——据此计算冷却期以及把诉求提交仲裁的时间——与其存在争端的 17 天后就提请仲裁，仲裁庭仍然允许仲裁申请人提交请求。仲裁庭指出，没有证据表明东道国有意与仲裁申请人进行谈判，在此情况下坚持必须经过 6 个月的“冷却期”“就是不必要的过分强调形式主义的做法，它无助于保护争端当事双方的正当利益”。[131] 正如下文针对友好解决争端之义务所讨论的，在 *Link-Trading v. Moldova* 案中，仲裁庭也没有要求仲裁申请人遵守“冷却期”。

不过，在 *Enron v. Argentina* 案中，仲裁庭认为“冷却期”是其行使管辖权的一个条件，但它认定该条件已经获得满足。至少其他两个涉及阿根廷所签署的 BIT 的案件，即 *El Paso v. Argentina* 案与 *Pan American Energy v. Argentina* 案，都提出了“冷却期”是否属于仲裁庭行使管辖权的条件的问题。不过，在这两个案件中，仲裁庭都认为它不需要解决这一问题。本书第九章第二节第七目第一点指出，在 Pope & Talbot 案中，美国根据 NAFTA 第 1128 条提交的陈述指出，美国认为提交诉求的每个前提条件都涉及管辖权问题。

在认定“冷却期”条件是否具备时，需要确定“冷却期”从何时开始。在 *Lauder v. Czech Republic* 案中，BIT 规定诉求可以“在争端发生之日起六个月后的任何时间”提起。仲裁庭认为，“冷却期”始于投资者通报东道国违反义务之日，而非违反义务行为发生之日。[132] 这一解释符合该条款允许进行有意义的谈判的目的——如果东道国不知道存在争端，就不可能进行谈判。这一解释也符合 BIT 的通常宗旨，即提高可预见性。确定东道国收到有关发生争端的日期较之确定违反条约的日期要容易得多，在违反条约系由一个持续性的行为过程所导致的情况——渐进式征收就是如此——下尤为如此。

发生争端的通报可能由东道国做出。在 *Link-Trading v. Moldova* 案中，仲裁庭认为，最近发生的争端是针对摩尔多瓦通报投资者其决定对仲裁申请人的客户停止免税——这一决定被诉求人认为违反了 BIT——的日期。该决定在争端发生八天前已经生效，因而仲裁庭认为争端系发生于争端当事双方知悉被指控的不法行为发生之时，而不是行为发生之时。

---

[131] Final Award, para. 190.

[132] *Accord*: *El Paso Energy v. Argentina*, Decision on Jurisdiction, para. 36.

在 *Ethyl Corporation v. Canada* 案中,NAFTA 规定“产生诉求的事由”发生后必须经过 6 个月。对于此类事由包含提交诉求必备的所有要素或是部分要素,争端当事方存在分歧。恰巧,仲裁庭认定它不需要处理这一问题。

当多项仲裁请求被提出时,产生的问题为是否每项诉求的“冷却期”都要届满? 在 *Enron v. Argentina* 案中,在仲裁申请人最早提出仲裁请求后,东道国实施了其他类似的被指控的不法行为。仲裁庭认为,要求针对每个行为提出新的诉求会导致资源浪费。因此,仲裁庭认为,那些与最早提起的诉求具有相同性质与范围的后续诉求不需要遵守“冷却期”要求。类似地,在 *Metalclad v. Mexico* 案中,仲裁庭认为,“冷却期”并非旨在修订可适用的有关变更诉求的程序性规则,以至于要求每次变更仲裁请求都需要遵守新的“冷却期”要求。

一些仲裁庭处理了争端当事方提请仲裁前是否寻求友好地解决争端的问题。在 *Ethyl Corp. v. Canada* 案中,仲裁庭认为仲裁申请人已经寻求友好地解决争端,即便仲裁申请人在与加拿大官员举行会议前收到后者发来的传真件指出“显然,应该澄清的是,我方认为今天的会议并不是一种磋商”,并且出席会议的加拿大官员没有一人认为有权进行磋商或谈判。[133]

仲裁庭尚未完全处理进行磋商的义务是否涉及管辖权问题。在 *LG & E v. Argentina* 案中,争端当事双方没有进行谈判,但仲裁庭认为只要 6 个月的“冷却期”届满,就不能阻止仲裁庭行使管辖权。换言之,不要求争端当事双方必须进行谈判。在 *Link-Trading v. Moldova* 案中,仲裁庭认为,在东道国显然拒绝了仲裁申请人的主张情况下,遵守 6 个月的“冷却期”只能是加重损害。因此,在该案中,仲裁庭准许谈判失败免除了仲裁申请人在提请仲裁前遵守“冷却期”的义务。不过,在 *Generation Ukraine v. Ukraine* 案中,仲裁庭解释指出,它无意把磋商义务看成只是程序性的,但它不需要处理这一问题,因为仲裁申请人为解决争端而付出的努力足够了。

在谈判已经进行情况下,即便其尚未结束,仲裁庭也可以对争端行使管辖权。在 *AES v. Argentina* 案中,阿根廷认为,由于为达成和解的谈判还在进行中,因此提起仲裁请求的条件尚不成熟。仲裁庭拒绝了这一主张,认为 6 个月的“冷却期”在提交仲裁请求之前已经届满,而 BIT 并没有要求“先用尽当地谈判”。[134]

---

[133] Award on Jurisdiction, para. 78.

[134] Decision on Jurisdiction, April 26, 2005, para. 65.

四、仲裁庭的管辖权

BIT 对于在仲裁庭管辖范围内的争端的类型做了界定。正如 *Waste Management v. Mexico* 案仲裁庭解释指出的，“在条约详细、精确地规定提请仲裁的条件情况下，不存在条约中隐含其他条件的余地，不管这些条件是否基于外交保护或其他领域中一般国际法中被声称存在的要求”。[135]

针对争端当事方表达同意的形式，仲裁庭很少提出要求，只要该同意用书面形式予以了证明。在 *American Manufacturing & Trading v. Zaire* 案中，仲裁庭认为，东道国同意进行仲裁与投资者在仲裁通知中默示同意进行仲裁共同构成了必须具备的对仲裁之同意，尤其《ICSID 公约》第 25 条第 6 款规定的书面同意。这是一项普遍获得遵循的规则。东道国对于仲裁的同意——即便该同意是在其加入《ICSID 公约》前做出——是有效的，但它只有在该国加入《ICSID 公约》后才生效。[136] 同意一旦做出，它不得被单方撤销[137]，BIT 缔约方也不得对其做出的同意——一旦做出——设定其他条件。[138]

为了确立仲裁庭的管辖权，仲裁申请人必须主张东道国行为——如果真实的话——构成了对 BIT 的违反。仲裁庭通常认为，在认定它是否具有管辖权时，仲裁庭应当推定仲裁申请人的指控是真实的。不过，一些仲裁庭认为，这不意味着仲裁庭必须当然地认为相关事实是真实的。正如 *El Paso v. Argentina* 案与 *Pan American Energy v. Argentina* 案仲裁庭解释的，仲裁庭在管辖权阶段庭要进行足够的审查以认定相关诉求是否是骚扰性的或滥用的，但更多的深入调查应该推迟到实质问题审理阶段。如果东道国在管辖权阶段能够证明管辖权所依据的事实是不真实的，则仲裁庭将拒绝行使管辖权。[139]

显然，BIT 项下仲裁庭的管辖权限于 BIT 投资者—东道国争端解决条款的适用范围。[140] 根据投资者—东道国争端解决条款，仲裁庭只对“投资争端”具有管辖权。虽然投资争端的定义随着时间的推移已经发生了变化，但它

---

[135] Award, para. 85.

[136] *Generation Ukraine v. Ukraine.*

[137] *Lanco v. Argentina*, Preliminary Decision on Jurisdiction, para. 41; *Generation Ukraine v. Ukraine*, Award, para. 12. 6.

[138] *Generation Ukraine v. Ukraine.*

[139] *Continental Casualty v. Argentina.*

[140] *Generation Ukraine v. Ukraine*, Award, para. 8. 10.

通常指与被声称违反投资协议、投资授权或 BIT 有关的争端。一些案件涉及"投资协议"或"投资授权"的含义，这些问题在第四章第五节中做了讨论。

就 ICSID 仲裁而言，根据《ICSID 公约》第 25 条第 1 款，仲裁庭只有在仲裁请求系基于"法律争端"时才具有管辖权。在众多案件中，仲裁庭处理了某一诉求是否涉及争端的问题。在多数案件中，争议涉及的是是否存在《ICSID 公约》界定的"法律争端"，而非 BIT 界定的"投资争端"。

与其他案件中的仲裁庭一样，在 *Lanco v. Argentina* 案中，本案仲裁庭根据的是世界银行执行董事会关于《ICSID 公约》的报告中的表述。[141]该表述指出"'法律争端'这一措辞被用于明确关于权利的冲突在'中心'管辖范围内，而纯粹关于利益的冲突则不是。争端必须涉及权利或义务的存在或其范围，或者由于违反法律义务而承担的赔偿的性质或程度"。[142] 本案仲裁庭认为，由于仲裁申请人主张东道国违反了 BIT 规定的多项义务，因此存在法律争端。

另一个被广泛援引的关于法律争端的定义是在 *AES v. Argentina* 案中采用的。这一定义取自于常设国际法院在 Mavrommatis 案中所做的判决，[143]且随后在 *Case concerning East Timor* 案中也被国际法院所采纳。[144] 该判决把"争端"界定为"当事方之间在法律或事实方面出现的分歧，以及在法律主张或利益方面存在的冲突"。[145] 仲裁申请人声称东道国违反了 BIT 的多个条款，因而仲裁庭认定存在法律争端。在 *El Paso Energy v. Argentina* 案中，仲裁庭拒绝了阿根廷提出的主张，即涉案争端并非法律争端，因为涉及合同权利。仲裁申请人把他的诉求表达成诉称东道国违反了 BIT，这就足以构成一项法律争端，也可以构成管辖权意义上的争端。在 *Pan American Energy v. Argentina* 案中，仲裁庭——三名仲裁庭中有两位系 *El Paso Energy v. Argentina* 案仲裁员——得出了同样的结论。

这些裁决表明，争端不能只是假设的，而必须造成某些实际后果。[146] 比如，在 *AES v. Argentina* 案中，在援引这一要求后，仲裁庭认为阿根廷被声称违反美国—阿根廷 BIT 的行为被指控已经对仲裁申请人的 10 亿美元投资

---

[141] *See, e. g., Azuriz v. Argentina.*

[142] Preliminary Decision: Jurisdiction of the Tribunal, para. 47.

[143] (Greece v. Great Britain), Judgment of August 30, 1924, PCIJ Ser. A, No. 2.

[144] 1995 ICJ Rep. 89, para. 90.

[145] *See also El Paso Energy v. Argentina; Pan American Energy v. Argentina.*

[146] *See* Christoph H. Schreuer, *The ICSID Convention: A Commentary* 102(2001).

造成了负面影响,给投资者造成了某些损失。仲裁庭认为仲裁申请人的这些指控足以满足争端应该具有实际后果的要求。2004 年范本第 24 条明确投资者行使把诉求提请仲裁之权利的条件是其已经遭受了损失。

在 *Enron v. Argentina* 案中也出现了争端是否只是假设的问题,该案中,仲裁申请人质疑阿根廷确定的税额,而此前阿根廷最高法院已经禁止该征税行为。阿根廷认为,争端只是假设的,因为该项税尚未征收,并且可能永远不会征收。仲裁庭认为,在税额被确定并被命令缴纳后,不论是否实际征收,阿根廷的责任产生了。因而,争端不是假设的。

在 *Pan American Energy v. Argentina* 案中,阿根廷认为争端是假设的,因为实际损害并未发生。仲裁庭认为,投资争端往往源于对仲裁申请人具有持续性负面影响的情形,而并非对仲裁申请人的损害都已经发生。不过,在本案中,仲裁申请人提供的表面证据证明某些损害已经发生,而全部损害则是实质问题阶段要处理的事项。因此,仲裁申请人不限于针对在考虑管辖权问题时已经发生的损害主张赔偿。

争端不仅必须是已经发生了的,它也不能发生得太早。第一,争端可能不在仲裁庭管辖范围内,因为它发生于 BIT 生效之前。第四章第九节对此做了讨论。

第二,就那些以 2004 年 BIT 范本为基础签署的 BITs 与 FTAs 来说,争端可能不在仲裁庭管辖范围内,因为它发生于被提请仲裁三年之前。这一问题出现于 *Feldman v. Mexico* 案中,仲裁庭认为,在仲裁申请人于三年内提交仲裁通知的情况下,仲裁申请人满足了必须在三年内"提出诉求"的条件,美国赞成式地援引了这一意见。[147]在 *Feldman v. Mexico* 案中,虽然仲裁庭承认时效在某些情况下可能会中止,但它也拒绝了仲裁申请人提出的主张,即其与墨西哥达成的一份协议使时效被中止。[148] 仲裁庭确认在 6 个月的冷却期内可以提交仲裁意向通知,因而要求提交仲裁意向通知并不当然会迟延提交诉求。

三年时效问题在 *Grand River Enterprises v. United States* 案中也引发了争议,该案仲裁庭驳回了仲裁申请人针对其在该期间开始知道或应当知道

[147] *Grand River Enterprises v. United States*, Objection to Jurisdiction of Respondent United States of America, page 27.

[148] Award, para. 65.

的措施提起的仲裁。由此,仲裁庭采纳了推定知悉(constructive notice)原则。[149]仲裁庭允许针对三年期限内东道国作出的法律修正提出仲裁请求,即便这些请求要求要考虑在三年期开始之前发生的事件。在该认定过程中,仲裁庭依赖常设国际法院在The Electricity Company of Sofia and Bulgaria案中作出的决定,[150]法院在该案中认为"由某一争端可以推定此前发生了某一情形或事实……不能由此认为争端的产生与该情形或事实有关"。[151] 因此,在评估在三年时效期内采取的措施的合法性时,仲裁庭可以考虑在三年时效期之外发生的事件。

在*Mondev v. United States*案中,美国提出了三年时效期抗辩,该案中,仲裁申请人在马萨诸塞州法院针对波士顿发展局(Boston Development Authority)在NAFTA生效之前以及三年时效期以前实施的被声称的不法行为对该机构提起诉讼但遭败诉。仲裁庭认为,NAFTA规定的义务不适用于在该协定生效之前发生的行为,因而它只对在马萨诸塞的法院——它们在NAFTA生效后对仲裁申请人提起的诉讼作出了裁判——的拒绝司法提出的诉求具有管辖权。由于所声称的拒绝司法都发生三年时效期内,因此仲裁庭认为在针对拒绝司法提起的诉求方面不存在时间上的障碍。在待决的*Glamis Gold v. United States*案中,美国也提出了类似抗辩。

在*UPS v. Canada*案中,仲裁庭处理的是时效适用于持续发生的行为问题。仲裁庭认为,持续性的行为要重新计算时效期间,从而允许仲裁申请人提出诉求,即便从行为开始时已经经过三年了。不过,拟裁决给予的赔偿数额应当限于在三年时效期内遭受的损失,而非从行为开始以来遭受的损失。[152]

《ICSID公约》第25条第1款把ICSID仲裁庭的管辖权限定在"由投资直接引起的"争端,这一限定适用于任何根据BIT诉诸ICSID仲裁的请求。在一些案件中,阿根廷主张仲裁庭没有管辖权,原因是争端涉及阿根廷采取的普遍适用的措施,而不是专门针对投资采取的措施。在*CMS Gas Transmission v. Argentina*案中,仲裁庭拒绝了这一主张,认定其对于直接影响投资并且违反在法律上具有拘束力之义务的措施具有管辖权。[153]

---

[149] Decision on Jurisdiction, para. 83.

[150] PCIJ Series A/B No. 77, p. 64 at p. 82.

[151] Decision on Objections to Jurisdiction, para. 86.

[152] Award, paras. 23 – 30.

[153] Accord: *LG & E v. Argentina*.

以2004年范本为基础签署的FTAs与BITs要求，仲裁申请人在提交仲裁申请前应该先向东道国提交诉诸仲裁的意向通知，说明拟提出的诉求的依据。在*ADF Group v. United States*案中，仲裁申请人没有在仲裁意向通知中指出仲裁请求根据的是最惠国待遇条款，但在仲裁过程中则依赖的是该条款。美国反对认为，仲裁庭对于关于最惠国待遇条款的诉求没有管辖权，因为该诉求在仲裁意向通知中没有按照NAFTA的要求进行确定；并且，满足所有程序性要求是美国同意仲裁的一个条件。不过，基于以下情势，仲裁庭拒绝了美国的主张。第一个情势是提出关于最惠国待遇条款的诉求是由于2001年7月31日NAFTA自由贸易委员会对第1105条做出了具有拘束力的解释，该解释削弱了仲裁申请人根据第1105条提出的仲裁请求。这一情势——没有任何要对美国实施突袭或延迟提出诉求以获取任何策略上的好处的考虑——可以解释仲裁申请人为何迟延提出适用最惠国待遇条款。第二个情势是仲裁申请人指控东道国违反国民待遇，这一诉求提出了一个不仅是根据第1102条——据此东道国要给予国民待遇，而且是根据第1104条——据此东道国应该向投资者给予国民待遇与最惠国待遇中更优者——项下的问题。进而，这使最惠国待遇条款成为讼争条款。无论如何，美国没有受到不利影响。仲裁庭确实以在仲裁意向通知中明确提出某些事项为由宣称仲裁申请人的诉求是不可受理的，但仲裁申请人在这些事项方面根本没有提供证据。

另一个涉及诉求存在瑕疵的是*Mondev v. United States*案，该案中投资者开始时是根据NAFTA第1116条确定其诉求，直言之，以自己的名义提出仲裁请求。美国认为该诉求应该根据第1117条提出，因为它针对的是对投资造成的损害。不过，投资者在提出诉求时已经代表投资放弃了东道国的当地救济，而仲裁庭考虑到没有给美国造成损害，因而允许投资者把该诉求视为根据第1117条提出的诉求。

在*UPS v. Canada*案中，仲裁申请人再次根据第1116条提请仲裁，而加拿大认为应当根据第1117条提请仲裁。仲裁庭支持UPS，认为根据1116条提出诉求是妥当的，但指出至少在该争端语境下第1116条与第1117条之间的差别“几乎完全是形式上的”。[154]

---

[154] Award, para. 35.

五、诉求的构成要素

有些案件涉及 2004 年范本第 24 条规定的诉求的构成要素问题。仲裁申请人必须主张其已经由于东道国违反义务而遭受了损失。东道国是否违反义务最好在 BITs 与 FTAs 的个别实体条款语境中予以处理。

在 *Lauder v. Czech Republic* 案中,仲裁庭处理了因果关系问题。仲裁庭认为,东道国只有在其行为系造成损害的直接原因情况下才要承担责任。[155] 该案中,仲裁庭认为非国家当事方的参与性行为是仲裁申请人遭受损害的原因,因而东道国不承担责任。

仲裁庭在 *Methanex v. United States* 案中也处理了因果关系问题。仲裁庭认为,加利福尼亚州禁止销售作为氧化剂的甲醇禁令没有使仲裁申请人遭受损失,因为仲裁申请人在加州并没有销售该类甲醇。

损失的含义在 *Grand River Enterprises v. United States* 案中被做了讨论。该案仲裁庭认为,损失在东道国必须承担责任时就产生,即便当时没有发生支付行为。[156] 因此,要求投资者支付资金的法律导致了损失,即便该资金尚未支付。即使最终的损失还不能确定,仲裁申请人也可以提出诉求。[157] 在 *UPS v. Canada* 案中,仲裁庭认为,根据 NAFTA,仲裁申请人只有在其在东道国境内遭受损失时才能提出仲裁请求。[158] 在 *Ethyl Corporation v. Canada* 案中,出现的一个问题是某些损失系发生在东道国境外之事实的重要性。这一问题在管辖权阶段未获解决,但该案在仲裁庭就实质问题作出决定前实现了和解。

正如本书第九章第二节第七目第一点中指出的,这些要求同样被视为仲裁申请人当事方资格的要素。

六、仲裁的进行

涉及仲裁进行的多数程序性问题一般来说不是根据 BITs 或 FTAs,而是

---

[155] Award, para. 234.

[156] Decision on Jurisdiction, para. 77.

[157] *Continental Causualty v. Argentina*, Award, para. 92. 仲裁申请人也还寻求仲裁庭裁定宣告性裁决(declaratory relief),这一事实强化了仲裁庭在这一问题上作出的裁决。

[158] *See, e. g., Feldman v. Mexico; Metalclad v. Mexco. See also Ethyl Corp. v. Canada* (NAFTA 没有修订 UNCITRAL 仲裁规则中有关变更仲裁请求的规定). *See also Pope and Talbot*, Award, paras. 22 – 29.

根据所适用的仲裁规则处理的。由于这些仲裁规则不涉及 BITs 或 FTAs,而涉及其他法律文件的解释,因而这些程序性问题在此不予讨论。

BIT 通常规定适用某些仲裁规则,除非 BIT 做出修改。一般来说,仲裁庭不会轻易地推定存在某一意图以修改已经规定了的仲裁规则。比如,仲裁庭拒绝了这样一种主张,即 NAFTA 的若干条款修改了 ICSID 附设机制的仲裁规则中关于附带性请求的第 48 条,而 NAFTA 的这些条款完全没有规定附带性请求。[159] 在 *Mondev v. United States* 案中,仲裁庭认为,程序上存在的瑕疵不应该要求启动新的程序,[160]尽管如前文指出的,美国认为某些程序性要求是东道国同意进行仲裁的前提条件,而这些瑕疵可能使该同意归于无效。[161]

仲裁庭普遍认为 BIT 要根据《维也纳条约法公约》第 31、32 条——它们宣示了习惯国际法规则——进行解释。[162]一些仲裁庭绕开了被它们认为是对 BIT 进行“过于技术性”或“形式性”的解释,而考虑条约的目的与宗旨。[163] 仲裁庭还认为,不应当以一种倾向于或不倾向于投资者或投资的方式解释 BIT,而应当只根据习惯法中的解释规则进行解释。[164] 在 *Canfor and Terminal Forest Products v. United States* 案中,仲裁庭认为,应该限缩地解释条约规定的例外情形,[165]但这一主张不符合主流观点,即解释不得倾向投资者,并且 BITs 的谈判史也不支持这一主张。虽然仲裁庭有时候会考虑并依赖另一条约中的类似或相同的条款在不同案件中是如何解释的,[166]但 *Methanex v. United States* 案仲裁庭认为,由于语境、谈判史以及嗣后实践不同,同样或类

---

[159] *See, e. g., Feldman v. Mexico; Metalcald v. Mexico. See also Ethyl Corp. v. Canada* (NAFTA 没有修订 UNCITRAL 有关变更仲裁请求的规则). *See also Pope and Talbot*, Award, paras. 22 – 29.

[160] Award, at 101.

[161] 参见第九章第二节第七目第一点。

[162] *See, e. g., Ethyl Corp. v. Canada, Award on Jurisdiction, para.* 52; *Mondev v. United States, Award, para.* 43; *Methanex v. United States*, Ⅱ *B, para.* 16; *Sempra Energy v. United States, Decision on Jurisdiction, para.* 141; *LG&E v. Argentina, para.* 122; *Petrobart v. Kyrgyzstan, page* 69; *UPS v. Canada, para.* 46; *Grand River v. United States, para.* 34; *Patrick Mitchell v. Congo, para.* 43; *Fireman's Fund v. Mexico, para.* 63.

[163] *Mondev v. United States; Methanex v. United States; International Thunderbird v. Mexico, para.* 117 – 118; *UPS v. Canada, para.* 40; *El Paso Energy v. Argentina, Decision on Jurisdiction, para.* 70; *Pan American Energy v. Argentina, Decision on Jurisdiction, para.* 97 – 99.

[164] *Azurix v. Argentina, para.* 307.

[165] Decision on Preliminary Question, para. 187.

[166] *See, e. g., Enron v. Argentina*, para. 47. *Sempra Energy v. Argentina*, Decision on Jurisdiction, para. 146.

似的条款可能会产生不同的解释。[167]当然,无论特定条款根据一般的解释规则被如何解释,缔约方针对 NAFTA 做出的具有拘束力的解释都应当具有效力。[168] 另外,仲裁庭也一致认为,除非在争端当事双方之间,[169]其在此前案件中作出的裁决不具有拘束力,但仲裁庭在后续案件中应该予以考虑。[170] 审慎地依赖具有说服力的判例可以促进实现 BIT 确立的为投资者创设可预见的法律环境的目标。[171]

若干案例中出现了仲裁申请人可否变更仲裁请求的问题。虽然本书考察的是解释与适用 BIT 的仲裁裁决,而非各种仲裁规则,但与变更请求之权利有关的决定值得探讨,因为美国认为仲裁申请人根据所适用的仲裁规则变更仲裁请求的权利应该受到东道国同意进行仲裁之条件——比如,必须把诉求列入仲裁意向通知和仲裁通知,并且针对该诉求提交放弃当地救济的声明——的限制。

在 *Ethyl Corp. v. Canada* 案中,仲裁申请人提起的仲裁请求指控正在制定中的立法违反了 NAFTA 的规定。该法在仲裁通知提交 6 个月后颁布,其时仲裁申请人对其诉求的诉求做了修改,提到了该新颁布的法律。仲裁庭认为,新的资料并未增加新的仲裁请求,只是变更了既有请求。根据 UNCITRAL 仲裁规则第 20 条,除非仲裁庭认为,变更会导致可能的损害、迟延或其他情势因而是不适当的,否则这种变更请求是被允许的。考虑到仲裁程序尚处于早期阶段,仲裁庭没有发现存在可以反驳 UNCITRAL 第 20 条中的"推定可变更"(presumption of amendability)的情势。[172] 加拿大认为,仅仅是拟议立法并不构成 NAFTA 规定的"措施",因而在法案成为法律前不能提起诉求。法案已经成为法律之事实使加拿大的主张变得没有实际意义,但可以认为,对于 Ethyl 公司陈述其诉求来说,提及该立法行为是有必要的。本案中,拒绝仲裁申请人有权变更诉求将导致其提出新的诉求,从而浪费时间与其他资源。

---

[167] *See also*, *Sempra Energy v. Argentina*, Decision on Jurisdiction, para. 143.

[168] *Methanex v. United States*, Award, Ⅱ H para. 23.

[169] *AES v. Argentina*, Decision on Jurisdiction, para. 23; *Grand River Enterprises v. United States*, Decision on Jurisdiction, para. 36; *Fireman's Fund v. Mexico*, para. 172.

[170] *El Paso Energy v. Argentina*, Decision on Jurisdiction, para. 42; *Sempra Energy v. Argentina*, para. 63; *Methanex v. United States*, Part Ⅱ B para. 6.(从 GATT 案件中寻找指引)

[171] *Fireman's Fund v. Mexico*, para. 172.

[172] Award on Jurisdiction, para. 95.

类似地，在 *Pope & Talbot v. Canada* 案中。对于加拿大制定的限制软木出口到美国以解决双方贸易纠纷的制度，仲裁申请人提出了质疑。在诉状中，仲裁申请人提到了加拿大在其提交诉求声明后规定的“超级费”(super fee)。加拿大请求仲裁庭拒绝处理“超级费”问题，理由是它是一个新的诉求，而修改诉求声明是不允许的。仲裁庭驳回了加拿大的主张，认定仲裁申请人质疑的是不断被修改的整个软木出口限制制度。因而，超级费问题是最初提出的诉求的组成部分，修改诉求并无必要。关于仲裁申请人针对超级费没有放弃当地救济的问题，仲裁庭指出“针对(投资者—东道国仲裁)程序设置诸多强制性的前提条件，不顾它们的语境便予以适用，将导致(提供确保正当程序的争端解决机制)目的落空，如果热衷于适用这些条件时尤其如此”。[173] 仲裁庭指出，无论如何，如果加拿大的请求获得接受，投资者还是可以向另一个仲裁庭提出新的仲裁申请，这不符合投资者—东道国争端解决条款的目的。

与此不同，在根据 UNCITRAL 仲裁规则进行仲裁的另一起案件，即 *Methanex v. United States* 案中，仲裁申请人试图变更仲裁请求，以便涵盖在其提交仲裁申请后东道国采取的新措施。不过，仲裁申请人是等了一年多之后——其时听证会的第一周已经结束并且许多证人已经经过质证——才试图变更请求。仲裁申请人没有解释迟延提出变更诉求的原因，而实际上此前仲裁申请人在回复中确认不会提出新的诉求。考虑到可能对美国造成损害，仲裁庭裁量决定不允许仲裁申请人变更请求。[174] 此外，仲裁申请人没有主张它由于该措施遭受了损害，而损害对于根据 NAFTA 第 1116、1117 条提出诉求是至关重要的。因此，基于这进一步的理由，仲裁庭也会行使自由裁量权而拒绝变更仲裁请求。[175]

在 *Metalclad v. Mexico* 案中，仲裁申请人指控墨西哥禁止其运营有毒垃圾填埋场的行为违反了 NAFTA。在提交仲裁请求后，圣路易斯波托西市市长颁布了一个生态法令，据此永久禁止仲裁申请人运营填埋场。当 Metalclad 试图变更请求以便把该生态法令纳入请求时，该变更获得仲裁庭的允许。仲裁庭认为，ICSID 附设机制的仲裁规则允许作出修改以包括一项

---

[173] Award Concerning the Motion by Government of Canada Repect the Cliam Based upon Imposition of the“Super Fee”, para. 26.

[174] Award, part Ⅱ, chapter 6, para. 28.

[175] *Id.*, at para. 27.

附带性请求,而 NAFTA 也没有对该仲裁规则作出修订。仲裁庭认为,该生态法令涉及讼争投资,仲裁申请人早在提交诉状时就依据了该法令,而墨西哥拥有充足机会做出回应且没有遭受损害。让人觉得讽刺的是,仲裁庭基于环境法令发布前墨西哥的行为判定仲裁申请人胜诉的裁决被撤销了,原因是仲裁庭错误地依据对规定了透明度的国际规范的违反,但基于该环境法令作出的裁决却得到了维持。因此,与在 Ethyl 案中一样,变更对于诉求的成功至关重要,但依据不同法律依据的某一仲裁庭可能会根据环境法令发布之前墨西哥的行为裁决仲裁申请人胜诉。

在 *Feldman v. Mexico* 案中,仲裁申请人试图变更请求,这不是为了涵盖后来发生的事件,而是要采用新的法律依据。事实是,仲裁申请人在提请仲裁的意向通知中指控东道国违反了有关国民待遇的 NAFTA 第 1102 条,但在仲裁通知中却不是根据第 1102 条。仲裁庭认为,根据第 1102 条提出的请求属于 ICSID 附设机制的仲裁规则——没有被 NAFTA 所修改——允许的附带性请求。仲裁庭注意到,即便没有明确根据第 1102 条,仲裁申请人在仲裁通知中已经指控东道国实施了歧视措施,而仲裁申请人当时尚未提交诉状。[176]

在 *ADF v. United States* 案中,仲裁申请人试图利用其在仲裁意向通知或仲裁通知中都没有援引的法律依据。在该案中,仲裁申请人着重根据的是 NAFTA 第 1105 条,只是 NAFTA 自由贸易委员会于 2001 年 7 月 31 日针对第 1105 条做出的解释弱化了他的主张。但是,新的依据——具体地说,是主张东道国违反了关于最惠国待遇的第 1103 条——直到仲裁申请人答辩时才提出。仲裁庭允许仲裁申请人提出该主张,但在随后的实质问题阶段驳回了该主张。不过,在该案中,仲裁申请人采用新的依据没有被作为变更诉求而进行明确讨论。相反,仲裁庭直接拒绝了美国提出的主张,即在仲裁意向通知与仲裁通知中都没有提及的诉求不在仲裁庭根据第 1121 条具有的管辖权内。

类似地,在 *Grand River Enterprises v. United States* 案中,在管辖权阶段,仲裁申请人显然注意到他们开始时在仲裁通知中提出的请求可能会由于时效而受阻。因此,仲裁申请人更多地强调最初诉求所依赖的事由之后——但不再是仲裁程序启动之后——发生的其他事由所产生的诉求。

---

[176] Interim Decision on Preliminary Jurisdictional Issues, para. 58.

仲裁庭认为："在投资者—东道国仲裁中应当避免过度的形式主义，在提出请求的形式与手续方面尤其如此；国际法不会强调纯粹形式性的问题。与此同时，基本的公平与良善秩序要求争端当事方应该收到充分的关于诉求——他被期待做出答复——的通知。"[177]

仲裁庭指出，拟定变更应该在仲裁程序仍处于管辖阶段时提出，并且由于迟延告知给美国造成的不利影响可以通过调整案件办理日程表(briefing schedule)而给予救济。拒绝仲裁申请人变更请求只是导致了另一起仲裁，这不符合"司法经济、效率与一致性"。[178]

一些案件涉及 NAFTA 合并程序的适用问题。2004 年 9 月 8 日，墨西哥要求合并 *Corn Products v. Mexico* 案与 *Archer Daniels Midland v. Mexico* 案，两案中的请求都是质疑墨西哥针对含果葡糖浆的酒水饮料征收消费税。两个案件中的仲裁申请人都反对合并，合并仲裁庭拒绝了墨西哥的请求。由于两个案件的仲裁申请人是竞争者，合并仲裁需要精细的程序以保护各仲裁申请人的商业秘密信息，这就削弱了人们所设想的合并仲裁所带来的效率提高。

2005 年 3 月 7 日，美国请求合并 *Canfor v. United States* 案、*Terminal Forest Products v. United States* 案以及 *Tembec v. United States* 案，所有三个案件的诉求都是质疑美国针对加拿大软木出口规定的税收。所有三个案件的仲裁申请人都反对合并，但仲裁庭同意了美国的请求。美国寻求合并是为了避免出现不一致的裁决。后来，Tembec 向合并仲裁庭撤回请求。虽然仲裁庭终止了涉及 Tembec 的仲裁程序，但它没有裁定 Tembec 是否有权利在另一个程序中寻求救济，而是把这一问题留给了 Tembec 可能提请仲裁的任何其他仲裁庭。

2005 年 3 月起，加拿大肉牛饲养场场主以及与肉牛相关产业的商人针对美国提出超过 100 项仲裁请求，质疑美国限制销售来自加拿大的活牛。限制措施是在加拿大阿尔伯塔州发现一只奶牛被感染牛脑海绵状病(也被称为"疯牛病")之后采取的。仲裁申请人的代理人是一样的，他们的仲裁请求经争端当事方同意后合并入 *Casttle Cases v. United States* 案。2008 年 2 月 28 日，仲裁庭发布裁决，认定仲裁庭对诉求没有管辖权，因为仲裁申请人并不是在美国国内从事投资的投资者。

---

[177] Decision on Jurisdiction, para. 94.

[178] *Id.*, at para. 100.

七、救济

虽然 BIT 规定了适用于涵盖投资的实体条款,但它们很大程度上没有针对违法行为规定所要采取的适当救济。征收条款确实要求给予及时、充分与有效的补偿,但那是针对合法征收的补偿。[179] 该条款没有规定非法征收的后果。其他可适用的程序性规则也没有规定这一问题。

在 *CMS v. Argentina* 案中,仲裁庭较为详细地讨论了 BIT 项下的赔偿问题。仲裁庭认为,赔偿(reparation)有三种形式:清偿(satisfaction)、恢复原状(restitution)与补偿(compensation)。在国家遭受损害时,赔偿损失是通常采取的救济。

在可能并且给被告造成的负担较之替代恢复原状的补偿数额并非不成比例的情况下,恢复原状实现了"先前状态"(status quo ante)。一般来说,恢复原状之要求可以追溯到常设国际法院在 Chorzow Factory 案中作出的判决,[180]法院认定投资者应当被恢复到东道国没有实施不法行为时所处的状态。不过,投资者—东道国仲裁庭并没有作出要求真正恢复原状的裁决。相反,这些仲裁庭遵循 Chorzow Factory 案确立的原则,裁定采取第三种形式,即给予足以消除不法行为造成之后果的数额的补偿。[181]

消除不法行为造成之后果一般是指裁决赔偿所遭受损失的数额。[182] 就丧失的资产而言,仲裁庭一般会裁决赔偿该资产的公平市场价值。[183]比如,在 *American Manufacturing and Trading v. Zaire* 案中,仲裁庭认为东道国应该为其违反充分的保护与安全条款导致财产被摧毁而支付该财产的实际市场价值。市场值被界定为有意愿且有能力,合理地了解各种事实的买方与卖方独立在公开与不受限制的市场情况下独立地达成一致的价格。[184]

根据恢复原状原则,如果申请人针对同一个损害提出多项请求,仲裁庭

---

[179] 关于间接征收情形下如何计算价值的问题,*see* W. Michael Reisman and Robert D. Sloane, "Indirect Expropriation and Its Valuation in the BIT Generation," 74 *Brit. Y. B. Int'l L.* 115(2003)。

[180] (Germany v. Poland), 1928 P. C. I. J., (Ser. A) No. 17.

[181] *S. D. Myers v. Canada*, para. 315; *Enron v. Argentina*, para. 359. *See generally Todd Weiler and Luis Miguel Diaz, "Causation and Damages in NAFTA Investor-State Aritration," in Todd Weiler, ed., NAFTA Investment Law and Arbitration: Past Issues, Current Practice, Future Prospects* 179(2004).

[182] *See, e. g., Feldman v. Mexico*, Award, para. 194; *Azurix v. Argentina*, Award, para. 432.

[183] *CMS v. Argentina*, Award, para. 402.

[184] *Id.*, *see also Azurix v. Argentina*, para. 424.

不会裁决要求东道国给予双重补偿。[185]

如果确定损害缺乏合理的确定性，仲裁庭不会裁决给予补偿。[186] 因此，仲裁庭同意采用现金流折算法确定持续经营企业（going concern）的价值，[187] 但在公司没有盈利或者业绩表现不佳时不采用该方法。[188] 但同时，损害的认定不需要精确，仲裁庭因而有权估算补偿数额。

少数几个仲裁庭讨论了征收条款规定的充分、及时、有效补偿标准与违反其他条款而适用的补偿标准之间的关系。在 *Feldman v. Mexico* 案中，仲裁庭拒绝针对持续经营企业裁决给予补偿，原因是虽然墨西哥违反了 NAFTA 的国民待遇条款，但它并没有对投资实施征收。不过，在 *Metalclad v. Mexico* 案中，仲裁庭认为，由于违反第 1105 条——一般性绝对待遇条款——而给予的补偿与由于违反第 1110 条——征收条款——而给予的补偿是一样的，因为投资者都失去了其投资的所有价值。

补偿裁决通常要求东道国支付足以消除投资者迟延收到补偿之影响的利息。不过，仲裁庭不得给予惩罚性损害赔偿，并且不得以惩罚性目的裁决给付利息。[189]

2004 年范本第 34 条规定，投资者—东道国仲裁庭只能裁决恢复原状或给予补偿。在 *Enron v. Argentina* 案中，仲裁庭在管辖权决定中认为，国际仲裁庭有权命令采取宣告性或强制性救济，即命令停止不法行为。[190] 不过，仲裁庭把对这种救济方式的进一步的考虑推迟到实质问题阶段，仲裁庭在实质问题阶段裁决给予补偿，而不是宣告性或强制性的救济。

---

[185] *Azurix v. Argentina*；*Occidental v. Ecuador*，para. 209.

[186] *Occidental v. Ecuador*，para. 210.

[187] *Metalclad v. Mexico*，Award，para. 119；*CMS v. Argentina*，Award，para. 403；*Enron v. Argentina*，Award，para. 385.

[188] *Metalclad v. Mexico*，Award，para. 120；*Feldman v. Mexico*，Award，para. 200.

[189] *CMS v. Argentina*，Award，para. 404.

[190] Decision on Jurisdiction，paras. 79 – 81.

第十章 国家—国家争端解决条款

第一节 BIT 计划之前的美国实践

“仲裁”是解决国家间争端的一种重要方法，自独立以来美国实际上就开始使用这种方法。《杰伊条约》，即美国与英国于 1794 年签署的 FCN[①] 包含一个仲裁条款，该条款涵盖了涉及财产没收的内容。1799 年到 1804 年间，根据该条款作出了 500 多个仲裁裁决。[②]

整个 19 世纪，美国一直把“仲裁”作为解决财产争端的一种临时性方法加以使用。例如，1868 年成立的美国—墨西哥混合求偿委员会在 1871 年至 1876 年对超过 2000 个求偿案件进行了仲裁。[③] 一位评论家估算，1829 年至 1910 年，美国仅仅与拉美国家就进行了约 40 次仲裁。[④]

尽管如此，美国在 19 世纪的主要实践是设立那些仅仅处理业已存在的争端的仲裁庭。美国的政策还不同意把尚未产生的争端诉诸仲裁。因此，19 世纪美国签署的 FCNs 通常不包含任何通过使用具有约束力的第三方程序解决与条约有关的争端的仲裁条款或方法。

尽管如此，这些 FCNs 的确考虑过未来会发生涉及声称条约中各种条款遭到违反的争端。不过，它们似乎预想的争端解决方法是战争，而不是仲裁。就这些 FCNs 处理发生争端的可能性而言，它们的做法是要求双方在诉诸战争之前寻求通过谈判达成解决争端的方案。因此，19 世纪签署的众多 FCNs 中的一个典型条款规定：“如果——不幸地——本条约包含

---

① Treaty of Amity, Commerce and Navigation, November 19, 1794, 8 Stat. 116, T. S. No. 105.

② Mark Janis, An Introduction to International Law 92(1988).

③ *Id.*, at 93.

④ Summers, “Arbitration and Latin America”, 3 Cal. W. Int’l L. J. 1, 7(1972).

的任意条款以任何方式被违反或侵害,本条约明确要求,缔约双方均不得下令或授权采取任何暴力报复行动,也不得对另一方宣战……直到被认为受到侵犯的一方已经向另一方提交此类伤害或损害的声明……要求公道和赔偿,而这些要求遭到了拒绝——这违反了法律,侵犯了国家权利——的时候。"[5]

19 世纪末 20 世纪初,美国的政策开始发生转变。例如,1891 年美国与刚果签署的 FCN 规定,如果双方针对条约中任何条款的"有效性、解释,以及适用或执行"发生的任何争端未能通过外交手段加以解决,则可以提交给仲裁庭,仲裁庭作出的决定对双方具有约束力。[6] 美国开始认识到,在争端发生之前约定接受具有约束力的第三方争端解决机制是明智之举。

在 1899 年常设仲裁法院(The Permancent Court of Arbitration,PCA)于海牙设立后,美国签署的许多条约规定,未能通过外交手段解决的"具有法律实质或者与涉及条约解释"的争端将被提交给 PCA。[7]与此后美国同意接受强制性管辖权的做法一样,美国在这些早期条约中对 PCA 管辖权的同意也包含有例外。此外,这些例外不仅模糊,并且宽泛。被排除的是那些影响双方"核心利益、独立或尊严",或者第三方利益的争端。

虽然 20 世纪初的数十年里,美国签署的众多仲裁公约可能表明争端解决条款会成为此后条约的常规性实践,但事实上,美国在两次世界大战期间签署的 FCNs 针对争端解条款不置一词。19 世纪时签署的条约中要求在诉诸战争前进行磋商的表述被放弃了,然而并没有仲裁条款取而代之。虽然大量国家已经接受了 1921 年成立的常设国际法院的强制管辖权,但美国并非其中之一。因此,只有在当事国达成单独协定或者争端被某个普遍性仲裁公约所涵盖情况下,涉及两次世界大战期间签署的 FCNs 的争端才能够利用具有拘束力的第三方解决方法加以解决。

第二次世界大战结束后,美国终于在其签署的 FCNs 中把接受具有约束力的第三方争端程序作为一项基本政策。现代 FCNs 条约包含一个条

---

⑤ 1870 El Salvador FCN, *supra* chap. 2, note 40, Art. 37th.

⑥ 1891 Congo FCN, *supra* chap. 2, note 46, Art. XIII.

⑦ *See, e. g.*, Arbitration Convention, United States-Peru, December 5, 1908, Art. I, 36 Stat. 2169, T. S. No. 528; Arbitration Convention, United States-Norway, April 4, 1908, Art. I, 35 Stat. 1994, T. S. No. 499; Arbitration Convention, United States-Netherlands, May 2, 1908, Art. I, 36Stat. 2148, T. S. No. 519.

款,即缔约方之间发生任何涉及条约解释或适用且未能通过外交手段解决的争端"应当"被提交给国际法院,除非各方同意采用其他和平方式解决争端。[8]类似的条款还出现于美国根据《1948 年经济合作法》与其他国家签署的对外援助协定。[9]

在开始签署现代 FCNs 的同时,美国同意接受国际法院根据"任择条款",即《国际法院规约》第 36 条第 2 款拥有的强制性管辖权,从而为美国利用具有强制性的第三方程序解决投资争端提供了另一个可能的依据。根据 1946 年 8 月 14 日做出的声明,美国承认国际法院此后针对所有由于条约与任何国际法问题的解释、任何如经确认则构成违反国际法义务之事实的存在,以及针对违反国际义务采取的报复的性质与程度所发生的争端都拥有管辖权。但是,此项接受有三个例外:争端已经由当事国交由其他法庭解决;涉及经美国判定本质上属于美国国内管辖之事项的争端;基于某一多边条约产生的争端,除非受国际法院所做决定影响的所有该多边条约的缔约方也是国际法院所审理案件的当事方,或者美国对国际法院的管辖权给予特别同意。[10]

接受国际法院的强制管辖权意味着,美国投资者可以以违反国际法义务为由向与美国之间没有生效的 FCNs 的国家主张法律救济,只要该国也接受了国际法院的强制管辖权。当然,与那些在与美国签署了现代 FCN 的国家进行投资的美国投资者相比,这些投资者处于相对不利的境地,因为前者已经获得 FCNs 的实体性条款的保护。

任择条款确实为国际法院针对涉及 19 世纪早期美国与摩洛哥签署的 FCN 的争端行使管辖权提供了依据。[11] 尽管如此,美国从未根据任择条款把投资争端交由国际法院裁判。不管怎样,1985 年 10 月 7 日,美国通报其终止接受根据任择条款项下国际法院的强制管辖权。[12]根据美国当时接受任择条款时的表述,该通报于 6 个月后生效。因此,这种由国际法院强制性地裁

---

⑧ See, e. g., Italy FCN, supra chap. 8, note 12, Art. XXVI; Japan FCN, supra chap. 4, note 42, Art. XXIV (2); Nicaragua FCN, supra chap. 7, note 55, Art. XXIV (2); Netherlands FCN, supra chap. 5, note 4, Art. XXV (2).

⑨ 参见第二章第一节。

⑩ 61 Stat. 1218, T. I. A. S. No. 1598, 4 Bev. 140.

⑪ Case Concerning Rights of Nationals of the United States of America in Morocco (France v. U. S.) 1952 I. C. J. Rep. 176.

⑫ See Leich, "Contemporary Practice of the United States Relating to International Low", 80 Am. J. Int'l L. 161, 163 – 65 (1986).

判投资争端的方法也就不复存在了。

在基于美国签署的现代 FCNs 产生的争端中，有四个争端根据这些条约中的仲裁条款被提交到国际法院。其中，只有一个涉及投资争端。尽管如此，这些案例对于 BITs 的后续发展产生了影响。

四个案例中的第一个，即 1979 年 11 月 4 日由于美国驻德黑兰大使馆被占领及外交人员被扣押而致使美国对伊朗提起的 Concerning United States Diplomatic and Consular Staff in Tehran 案。伊朗拒绝出庭，理由是国际法院没有管辖权。1980 年 5 月 24 日，国际法院作出不利于伊朗的判决，判令伊朗释放美国外交人员并认定伊朗有义务给予赔偿。[13] 1981 年，美国从国际法院撤回该案，以此作为其与伊朗通过《阿尔及尔协定》（Algiers Accords）达成和解的一个组成部分。[14]

第二个案例，即 Concerning Military and Paramilitary Activities In and Against Nicaragua 案，是尼加拉瓜于 1984 年 4 月 9 日在国际法院针对美国提起的，其原因是美国在反政府的游击队叛军与左翼桑地诺政府的武装冲突中为前者提供援助。为了反对国际法院拥有管辖权，美国曾经出庭，但拒绝参加实质问题阶段的诉讼。1986 年 6 月 27 日，国际法院作出判决，认定美国的行为是非法的，并且有义务做出赔偿。[15] 1990 年 2 月，尼加拉瓜进行选举，左翼桑地诺政府被美国支持的一个政党击败。1991 年 9 月，应尼加拉瓜政府的请求，案件被终止。在该案中，美国未能成功主张 FCNs 中的根本安全权益例外是自我判断的，这种自我判断意味着 FCN 缔约一方是其所采取措施是否属于根本安全利益例外范围内的唯一判断者，并且援引该例外将导致条约项下的某项争端是不可裁判的。后来，美国认为，同样的解释适用于 BITs 的根本安全利益例外。[16]

四个案例中的第三个案例，即 Concerning Elettronica Sicula, S. P. A. (ELSI) 案，是美国于 1987 年 2 月 6 日向国际法院提起的。在该争端中，美国诉称意大利对待雷神公司的意大利子公司的做法违反了两国间签署的 FCN。美国与意大利都同意，根据该 FCN 中的仲裁条款，该案在国际法院的管辖范围内。1989 年 7 月 20 日，国际法院作出判决，认定意大利并未违反

---

⑬ (United States v. Iran), 1980 I. C. J. Rep. 3

⑭ *Supra* chap. 2, note 8.

⑮ (Nicaragua v. United States) 1986 I. C. J. Rep. 14.

⑯ 参见第四章第十一节。

条约。[17] 美国不同意国际法院的推理，并于法院作出判决后在BIT谈判范本中加入相关表述，以免BIT缔约一方在未来案件中援用该推理中的某一方面，但这些表述后来被删除了。[18]

第四个案例，即Concerning Oil Platforms案，[19]是伊朗于1992年11月2日针对美国提起的，其诱因是美国海军军舰在1987年、1988年间摧毁了伊朗国家石油公司在波斯湾拥有的三座海上石油生产设施。美国同时参加了管辖权与实质问题阶段的审理。2003年11月6日，国际法院驳回伊朗提出的美国的行为违反了伊朗—美国FCN的主张，但法院也驳回了美国提出的该摧毁行为系基于条约中的根本安全利益例外因而具有合法性的主张。根据Nicaragua案的判决，美国意识到它难以胜诉，因此美国并未主张援引该例外会使争端不具有可裁判性，而是辩称对该例外的援引应当被给予极大的尊重。然而，与此同时，美国在参加Concerning Oil Platforms案审理期间发表了许多份公开声明，主张BIT中的根本安全利益例外是自我判断的，并且在1998年修改BIT范本时纳入了这一主张。国际法院还驳回了美国提出的反诉，该反诉声称伊朗在波斯湾针对美国船只采取的军事行动违反了伊朗—美国FCN。

现代FCNs项下利用国家—国家仲裁解决投资争端的最成功的例子是伊—美求偿庭。该仲裁庭是根据美国与伊朗为解决由于伊斯兰革命以及两国关系破裂引发的财产争端于1981年签订的《阿尔及尔协定》(Algiers Accords)而设立的。在成立后的超过四分之一个世纪里，该求偿庭裁判了超过3900个案件。虽然《阿尔及尔协定》——与现代FCNs和BITs不同——达成的协议是只对此前发生的争端进行仲裁，但它证明了国家—国家仲裁对于与投资有关的争端来说是一种有效的救济。仲裁庭已经作出了大量裁决，但根据BITs设立的仲裁投资者—国家争端的仲裁庭尚未大量援引这些裁决。[20]

---

⑰ (United States v. Italy), 1989 I. C. J. Rep. 15.

⑱ 参见第五章第三节第六目。

⑲ (Iran v. United States) 2003 I. C. J. Rep. 161.

⑳ *See generally* Christropher R. Drahozal & Christopher S. Gibson, eds., *The Iran-U. S. Claims Tribunal at 25* (2007); Richard B. Lillich & Daniel B. McGraw, eds., *The Iran-United States Claims Tribunal: Its Contribution to the Law of State Responsibility* (1998); Rahmatullah Khan, *The Iran-United States Claims Tribunal: Controversies, Cases and Contribution* (1990).

第二节　BIT 范本

一、1983 年范本

1983 年范本中的国家—国家争端解决条款，即第 8 条，适用于缔约双方就 BIT 的解释与适用发生的任何争端。前述“解释与适用”的表述出现于现代 FCNs 的争端解决条款中。第 8 条的标题是“缔约双方间就本条约的解释与适用发生的争端的解决”。

第 8 条明确把两类争端排除在适用范围之外。第一，根据 1983 年范本第 8 条第 9 款，根据投资者—国家争端条款把某争端提交至 ICSID 或附设机制进行调解或仲裁一般会导致该争端被排除在国家—国家争端解决条款的适用之外。[21] 不过，如果投资者—国家仲裁庭作出的裁决未获东道国执行，或争端涉及一个实际上并未被主张或者未经 ICSID 仲裁或附设机制仲裁庭裁判的事项，则该争端适用国家—国家争端解决条款。把投资者—国家争端排除在外符合《ICSID 公约》第 27 条第 1 款的规定，该第 1 款禁止缔约一方代表其国民或公司提起国际求偿，如果后者已经根据该公约把争端诉诸仲裁。与此不同，附设机制的仲裁规则没有类似地禁止已经提交给它的争端再被投资者母国诉诸另一个争端解决场所。不论如何，第 8 条第 9 款也适用于诉诸附设机制的争端。

第二类被排除出国家—国家争端解决条款适用范围的争端是那些基于美国进出口银行的出口信用、担保或保险计划，或者根据任何其他官方信贷、担保或保险安排——这些当事方已经同意适用其他的争端解决方法——而发生的争端。第二类争端同样被 1983 年范本第 7 条第 6 款排除在投资者—国家争端机制之外。

1983 年范本的国家—国家争端解决条款明确鼓励，但并不要求当事方通过磋商或其他外交途径解决争端。第 8 条第 1 款规定，本条所涵盖的争端“应该——如果可能——”通过这些方式加以解决。不过，与此同时，1983 年范本中的一般磋商条款确实明确规定，应任何一方要求解决涉及 BIT 的任何争端时，缔约方有义务“及时磋商”。[22] 因此，如果任何一方要求以磋商替

---

[21] 参见第九章第二节。

[22] 参见第十一章第一节。

代仲裁时,则磋商条款要求当事方进行善意的磋商。这符合贯穿于整个1983年范本的政策,即鼓励通过非正式途径,而非具有约束力的第三方程序解决争端。

根据1983年范本第8条第2款,如果争端无法通过磋商或其他外交途径解决,双方可以选择把争端提交给国际法院,或者提交给特设仲裁庭进行仲裁。1983年范本没有限制所使用的外交渠道的性质。1983年范本也没有针对通过磋商或外交手段试图解决争端规定最低的时间要求。因此,从理论上说,具有约束力的第三方程序可以成为第一位的救济。

1983年范本中的国家—国家争端条款并未赋予任何一方有权利把争端提交给国际法院。相反,它规定只有在双方同意时才能把争端提交给国际法院。1983年范本并未规定在双方同意诉诸国际法院裁判时所适用的程序。这些程序由《国际法院规约》及《国际法院规则》决定。一个可供双方选择的替代性做法是把争端提交给国际法院的"分庭"(chamber),即由国际法院的少数法官,而非所有法官对争端作出裁判。例如,美国与意大利在Elettronica Sicula案中适用的就是这种程序。

如果他们没有把争端提交至国际法院,那么,根据1983年范本第8条第2款,应任一方请求,当事双方同意把争端提交给具有约束力的仲裁。换句话说,一旦一方要求仲裁,仲裁庭就会设立并作出裁决,不管另一方是否进一步同意或参与仲裁。拒绝参加仲裁违反了BIT,但不会导致仲裁庭丧失管辖权,或者妨碍对争端进行仲裁。

1983年范本第7条第8款规定,除非双方另行约定,特设仲裁庭应当使用1958年由联合国国际法委员会颁布的《仲裁程序示范规则》(以下简称《示范规则》)。[23]如果BIT的某一条款与《示范规则》相冲突,1983年范本的意图是BIT优先。1983年范本第8条第7款规定仲裁庭以多数票表决方式对所有事项作出决定。

不管适用哪种争端解决程序,可以明确的是,争端将根据国际法,而不是特定国家的法律进行裁判。当争端被提交给国际法院时,《国际法院规约》第38条第1款规定根据国际法裁判争端。当争端被提交给特设仲裁时,1983年范本第8条第2款规定,仲裁庭根据"可适用的国际法规则和原则"裁判争端。在当事方没有达成相反的约定时,《示范规则》第10条——除非

---

[23] 53 Am. J. Int'l L. 239(1959).

当事方另有约定,第 10 条将规范仲裁的进行——也要求仲裁庭适用国际法。即使都没有这些规定,1983 年范本第 2 条也规定了一般性要求,即投资应该被给予不低于习惯国际法要求的待遇。[24]换言之,尽管国内法有相反的规定,但东道国给予投资的待遇一般必须满足国际法规定的最低标准。因此,任何涉及适用 BIT 的审判或仲裁必然优先适用国际法。

1983 年范本第 7 条第 8 款规定,BIT 或《示范规则》没有规定的任何程序性事项应当由仲裁庭解决。无论如何,习惯国际法认为,仲裁庭拥有确立程序规则的固有权力。[25]

1983 年范本第 8 条第 3 款规定,仲裁庭由三名仲裁员组成,选任方式如下:任何一方在收受仲裁请求后两个月内,应当各指定一名仲裁员。两名仲裁员在被选任后两个月内应当进一步共同选任第三名仲裁员并作为庭长。第三名仲裁员必须是第三国的国民。1983 年范本没有明确,除了是第三国的国民外,第三个仲裁员是否可以是争端当事一方的国民。不过,按照协定的精神,仲裁庭庭长不应当是任何争端当事一方的国民。

1983 年范本并未明确规定仲裁员的资格问题。不过,《示范规则》第 3 条第 5 款处理了该问题,它规定应该从“在国际法领域中具有被认可之能力的人们中”选任仲裁员。

指定程序可能会遇到两个明显的困难。第一,当事一方——可能是并未寻求进行仲裁的那一方——可能直接就拒绝指定仲裁员。第二,双方指定的仲裁员可能无法就庭长人选达成一致意见。

1983 年范本第 8 条第 4 款采取的一个统一的方法同时解决了这两个问题。无论如何,在三位仲裁员中的任何一位未能在规定时间内完成指定,或者当事方未就该指定达成一致的情况下,任何一方均可以要求国际法院院长做出必要指定。换言之,在选任仲裁员的其他机制失灵时,国际法院的院长就作为指定机构。如果国际法院院长是其中当事一方的国民或者由于任何原因进行指定的,任何当事一方可以要求国际法院副院长替代院长进行指定。如果副院长是其中当事一方的国民或者无法指定的,应当请求由国际法院中在院长、副院长之外最资深的、不是当事一方的国民,并且能够进行指定工作的法官指定仲裁员。这一程序与《示范规则》第 3 条第 2 款非常类似。

---

[24] 参见第五章第三节第一目。

[25] J. Ralston, *International Arbitration from Athens to Locarno* 76 – 77(1929).

1983 年范本第 8 条第 5 款规定了仲裁员辞退或者由于任何原因导致无法履行职责时的更换办法。在出现这种情形时，应当使用指定原仲裁员时使用的方法，在 30 天内完成指定。这一程序沿袭了《示范规则》第 5 条。如果未能在 30 天内完成仲裁员的更换，那么任何一方均可以依上述方式请求国际法院院长、副院长或者除此之外国际法院中的最资深法官作为指定机构，完成仲裁员的更换。

为了确保争端解决机制的便捷性，1983 年范本第 8 条第 6 款规定所有书状提交和所有听证都应当在第三个仲裁员选定之日起的六个月内完成。此外，仲裁庭应当在最后一份书状提交之日或者听证结束之日中的较晚者之后两个月内作出裁决。不过，当事方可以通过达成一致更改这些截止日期。

假定一方被允许至少提交一份主要的书状，而一方或双方被允许做出答辩，那么，根据这一进度，双方准备书状的时间只有一两个月略多一点，而准备任何形式的听证的时间也与此类似。这一时间对于政府要做出应对来说是非常短的，因此，可以预见，在实际案件中双方通常都会同意设定一个较慢的进度。尽管如此，这些截止时间的用处在于，避免出现超过任何双方都接受的拖延。

1983 年范本第 8 条第 7 款规定，任何一方应自行承担出庭费用。包括庭长与其他两位仲裁员费用在内的仲裁庭费用由争端当事双方平均分担，除非仲裁庭作出另外的裁决。1983 年范本没有规定，仲裁庭可能裁决争端当事一方承担更多份额的仲裁庭费用的理由，而只是简单地规定应当“由［仲裁庭］裁量”。

与基于投资者—国家争端条款解决作出的裁决相比，基于国家—国家争端解决条款作出的裁决的执行面临更大的困难。如果争端系由国际法院作出判决，它只有通过联合国安理会采取行动才是可以执行的。然而，如果争端由特设仲裁庭裁判，它可以是根据《纽约公约》，由国内法院进行执行。[26]

通过具有约束力的第三方程序解决国家—国家争端的原则在启动 BIT 计划时美国的实践中并不是一个创新。不过，与现代 FCNs 的不同之处在于，BITs 主要依靠的是特设仲裁，而非国际法院的审判。其结果是，BITs 有必要纳入现代 FCNs 的相对应条款中所没有的细致规定。虽然签订 BITs 的

㉖ 参见第九章第二节第一目。

国家通常不会反对国家—国家争端解决条款背后所蕴含的原则，这一条款的细致程度在早些年的 BIT 谈判中有时会引发争议，尤其许多细节规定就是复制《示范规则》已经涵盖的事项。正如下文看到的，美国此后的 BIT 范本变得流畅，删除了许多多余的文字。在谈判中，只要利用具有约束力的第三方解决方式这一原则能够得到保留，美国在国家—国家仲裁条款的细节方面也试图展示其灵活性。在这方面，美国看起来取得了相当大的成功，但这种灵活性在美国—土耳其 BIT 中可能达到了极限。无论如何，由于美国成功地获得其他国家同意接受具有拘束力的投资者—国家争端解决机制，相对于其在现代 FCNs 中，国家—国家争端解决条款在 BITs 中的重要性相对下降了。

二、1984 年范本

1984 年范本的国家—国家争端条款规定于第 7 条。总体上与 1984 年范本一样，1984 年范本第 7 条的标题被删除。在许多方面，1984 年范本也修改了 1983 年范本的表述。

第一，1984 年范本删除了此前出现于 1983 年范本第 8 条第 9 款中的表述，该表述明确把任何已经提交给 ICSID 仲裁的争端排除出国家—国家争端解决条款的适用范围。前已指出，针对提交给 ICSID 的争端，《ICSID 公约》第 27 条第 1 款作出了同样排除。由于 1984 年范本投资者—国家争端条款的第 3 款(c)项规定，ICSID 仲裁应该遵守《ICSID 公约》和 ICSID 仲裁规则，[27]因此，1983 年范本的上述明文表述被认为是没有必要的。然而，删除这些表述删除使提交给 ICSID 附设机制的争端有可能根据国家—国家争端解决条款被重新提请解决。正如作者在本书别处解释的，[28]美国寻求纳入具有约束力的第三方投资者—国家争端解决机制部分是为了避免卷入美国国民或公司与美国的 BIT 伙伴之间发生的投资争端。因此，某个诉求在投资者—国家争端解决机制下存在救济情况下，美国投资者要求美国政府通过国家—国家争端解决机制支持其诉求可能会遭到冷遇。

第二，把与出口信用、担保或保险项目相关的争端排除出国家—国家争端解决条款适用范围的表述被移到单独的第 8 条中。第 8 条从实质上说与 1983 年范本的对应条款是一致的，它把这些争端同时排除出投资者—国家

㉗ 参见第九章第二节第一目。

㉘ 参见第二章第四节。

争端解决条款和国家—国家争端解决条款的适用范围。

第三,1984 年范本删除了 1983 年范本第 8 条第 1 款中有关鼓励各方通过磋商或其他外交渠道解决争议的敦促性表述。考虑到争端当事方根据磋商条款有义务进行磋商以及 BIT 中没有任何规定禁止争端当事方寻求通过非正式方法解决争端,这一表述似乎没有必要。因此,1984 年范本第 7 条第 1 款规定,如果涉及 BIT 的解释或适用的争端未能通过磋商或其他外交手段解决,则应任何一方请求,该争端应当被提交进行具有约束力的仲裁。

第四,1984 年范本没有提及——被认为没有必要——国际法院。1983 年范本中的表述并没有包含缔约方同意接受国际法院的管辖。1983 年范本规定,有关可以利用国际法院的规定既没有创设权利,也没有创设义务,因此删除不会产生实质性的影响。当然,1983 年范本中也没有任何表述禁止争端当事方达成一致把争端提交给国际法院裁判。

第五,1983 年范本第 7 条第 8 款有关争端事项应当依照多数票作出裁决的表述被认为并无必要,因而在 1984 年范本中被删除了。《示范规则》第 12 条包含类似的指南。

第六,1984 年范本也删除了 1983 年范本第 7 条第 8 款中有关任何 BIT 和《示范规则》未予规定的事项都应当由仲裁庭作出决定的明确表述。鉴于《示范规则》第 12 条规定"仲裁庭有权制定或完善程序规则",第 7 条第 8 款是没有必要的。进而,正如本章第十章第二节第一目中提及的,即使没有《示范规则》第 12 条的规定,习惯法也赋予仲裁庭具有决定其程序的固有权力。

第七,1984 年范本删除了有关两个月内指定第三名仲裁员的规定。它也删除了 1983 年范本第 8 条第 4 款中有关指定机构的表述。《示范规则》第 3 条第 2 款规定的指定机构事项与 1983 年范本中的规定从实质内容上看几乎是相同的,因而在 BIT 中重复规定被认为必要。

第八,1984 年范本删除了 1983 年范本第 8 条第 5 款中有关更换辞职或无法履职的仲裁员的方法的表述。在这方面,《示范规则》第 3 条第 2 款和第 5 条包含了与 1983 年范本中实质上是相同的条款。

第九,1984 年范本第 7 条第 4 款规定仲裁庭费用应当由各方平摊,除非仲裁庭另有指示。《示范规则》第 2 条则规定,争端当事各方可以在成立仲裁庭的协议中的规定费用问题。1984 年范本明确规定各方必须各自承担费用。

三、1987 年范本

1987 年范本中的国家—国家争端解决条款规定于第 7 条，它在一些重要的方面修改了 1984 年范本的表述。首先，1987 年范本规定仲裁应当适用《联合国国际贸易法委员会仲裁规则》（以下简称 UNCITRAL 仲裁规则），[29]除非各方之间另有约定。截至 1987 年，美国与伊—美求偿庭使用的修正版 UNCITRAL 仲裁规则已经打了多年交道，已经熟悉了如何运用这些规则，并且认为这些规则是有效的。另外，根据《示范规则》，仲裁员指定机构是国际法院院长，而根据 UNCITRAL 仲裁规则，指定机构是常设国际仲裁院的秘书处。1987 年范本是在国际法院就 Nicaragua 案作出判决几个月后开始制定，并且在美国终止接受国际法院的强制管辖权仅仅两年后完成了制定。以 UNCITRAL 仲裁规则取代《示范规则》使美国与国际法院的距离更远了。提及由仲裁员及当事各方修改仲裁规则反映了这样一个事实，即 UNCITRAL 仲裁规则被设计用于商事仲裁，并且在做出修改后被伊—美求偿庭所使用。1983 年范本和 1984 年范本没有规定为仲裁国家—国家间争端而制定的《示范规则》可以由当事各方或仲裁庭作出修改。

第二，关于指定机构，1987 年范本第 7 条第 2 款规定，UNCITRAL 仲裁规则中有关指定仲裁庭三名仲裁员的内容应当准用于仲裁庭成员的指定，但有一个例外。根据 1987 年范本，指定机构应当是 ICSID 秘书处，而不是 UNCITRAL 仲裁规则第 6、7 条规定的常设国际仲裁院的秘书处。

UNCITRAL 仲裁规则第 40 条第 2 款规定，合理的法律代理费用（legal presentation）可以由仲裁庭在当事方之间进行分配，如果仲裁庭认为这种分配是合理的话。1984 年范本规定，各方应当自行支付各自的代理费。

1984 年范本中有关基于出口信用、担保和保险计划发生的争端的内容不作变动地规定于 1987 范本第 8 条。

四、1991 年范本

1991 年范本中的国家—国家争端解决条款规定在第 7 条。它与 1987 年范本是一样的。1987 年范本中有关基于出口信用、担保和保险计划发生的争端的内容不作变动地规定于 1991 年范本第 8 条。

---

[29] 15 Int'l Leg. Mat. 701（1976）.

五、1992 年范本

1992 年范本中的国家—国家争端解决条款规定于第 6 条。它与 1987 年、1991 年范本的规定是一样的。有关基于出口信用、担保和保险计划发生的争端的内容不作变动地规定于 1992 年范本第 8 条,但它被放在括号里面,这表明谈判人员有意删除它。事实上,正如在第九章中所讨论的,这一条款在根据 1992 年范本签署的 7 个 BITs 中被删除了,这 7 个 BITs 是美国与摩尔多瓦、厄瓜多尔、白俄罗斯、乌克兰、拉脱维亚、爱沙尼亚以及立陶宛签署的。

六、1994 年范本

由于插入规定其他事项的新条款,1994 年范本把国家—国家争端解决条款移至第 10 条。由于文体上的原因,该条款在表述方面有一些细微的改动。例如,把两处"仲裁庭"(tribunal)修改为"仲裁小组"(arbitral panel)。其他的此类改动,包括移动单词或短语,修改标点符号,以及把规定仲裁庭的主席"是"第三方国的国民修改为主席"应当是"第三方国的国民。

实质上,1994 年第 10 条第 1 款被修改为规定,如果任何争端当事一方表示反对,仲裁员对 UNCITRAL 仲裁规则的修正就是无效的。这一变化代表了政策方面的另一种发展。1987 年以前,美国已经指出,仲裁适用《示范规则》,但没有规定仲裁庭修改该规则的问题。在 1987 年用 UNCITRAL 仲裁规则取代《示范规则》后,美国允许仲裁庭修改仲裁规则。通过 1994 年范本,美国在此前的两种政策中选择了中间路线,即允许仲裁庭修改规则,但争端当事各方有权反对任何修改。正如下文看到的,在 2004 年范本中,美国又恢复了最初的政策,即全部删除了允许仲裁庭修订 UNCITRAL 仲裁规则的表述。

1994 年范本的投资者—国家争端条款中的一项改动可能会扩大根据国家—国家仲裁条款成立的仲裁庭的管辖权。1983 年范本第 8 条第 9 款规定,已经提交给投资者—国家仲裁的争端不能再提交至国家—国家仲裁,除非东道国未能执行裁决,或者争端中存在在投资者—国家仲裁中未被提出或未被裁决的事项。该表述在 1984 年范本中被删除了。由于提交至 ICSID 的争端不能获得投资者母国的支持,除非东道国未能执行裁决,因此,删除该表述不会对 ICSID 裁决产生什么影响,但它确实产生了这样一种可能性,即提交给 ICSID 附设机制的争端可能成为国家—国家争端程序的审理对象。1994 年范本把东道国同意 UNCITRAL 仲裁规则项下的特设仲裁纳入投资者—国家争端解决条款,因而根据这些规则提交的争端被重新提交给国家—国家争端解决机制的可能性是存在的。1994 年范本允许投资者和东道国就其他争端解决方式达成协议,但在这种情况下东道国有机会在协议中坚持纳入避免争端被重新诉诸国家—国家争端解决的条款。

最后,1992 年范本第 8 条中有关排除由于出口信用、担保和保险项目发生的争端的表述在 1994 年范本中被删除了。美国的相关机构,尤其进出口银行(Export-Import Bank)和海外私人投资公司(Overseas Private Investment Corporation),向国务院表明该条款并无必要。

七、2004 年范本

2004 年范本新增了协定的 C 节,该部分的唯一内容就是第 37 条,标题为“国家—国家争端解决”。2004 年范本通篇使用术语“仲裁庭”,使条款的文体保持一致。此前的范本有时使用术语“仲裁小组”。

第 37 条第 1 款条延续了始于 1994 年范本的趋势,即限制仲裁员的程序性权限。尤其是,它删除了有关授权仲裁员修改 UNCITRAL 仲裁规则的表述。因此,UNCITRAL 仲裁规则应当适用,除非 BIT 缔约双方或 BIT 本身对其做出修订。

第 37 条第 1 款也做出了一些不影响该款实质内容的技术性变动。比如,之前的表述规定,应当提交争端以获得“具有约束力的决定”,但 2004 年范本的规定是,应当提交争端以获得“具有约束力的决定或裁决”。这些表述的变更只是表明了这样一个事实,即从技术上说,仲裁庭作出的最终决定通常被称为“裁决”。1994 年范本规定争端应该被提交给“仲裁庭”,而 2004 年范本则规定争端应当被提交“仲裁”,这二者之间显然没有实质性的变化。类似地,如前所述,2004 年范本规定,UNCITRAL 仲裁规则在其被条约的相关表述所修改的范围内将不再适用,这一点隐含于此前的范本中。

2004 年范本第 37 条第 2 款修改了规定仲裁庭组成的规定。第一,2004 年范本规定仲裁庭应当由三名仲裁员组成,“除非各方另有约定……”而此前的范本没有考虑到仲裁员数量上的变化。第二,第三名仲裁员在 2004 年范本中被称为“仲裁庭庭长”而非“主席”,并且他应当通过争端当事方达成一致来指定,而不是此前范本中规定的由两名仲裁员达成一致来指定。“仲裁庭庭长”就是 UNCITRAL 仲裁规则使用的术语。第三，仲裁庭庭长必须是第三国国民的要求被删除了。因为仲裁庭庭长是由争端当事各方达成一致指定的，在乎仲裁庭庭长的国籍的国家可以拒绝同意指定具有特定国籍的仲裁员，但在争端当事各方无法达成一致时，这个防护措施就不存在了，因为庭长将由指定机构进行指定。UNCITRAL 仲裁规则没有限制仲裁庭庭长的国籍。第四，修改了仲裁庭组建的进度。以往的范本规定争端当事各方应该在收到指定仲裁员要求后两个月内完成指定，并且 UNCITRAL 仲裁规则应当适用于仲裁员的指定，除非指定机构是 ICSID 秘书处。2004 年范本废除了两个月的期限，而为仲裁庭所有成员的指定规定了 75 天的期限。75 天的期限始于仲裁请求被提出，而不是收到要求指定仲裁员的日期。75 天期限的采用使国家—国家争端解决条款与投资者—国家争端条款保持了一致，后者针对仲裁庭组建也规定了 75 天的期限。

第 37 条第 2 款删除了有关应当适用 UNCITRAL 仲裁规则——适用于指定三名仲裁员——的表述。不过，这一删除没有实质性意义，原因是根据 37 条第 1 款，这些规则是可以适用的，除非争端当事各方或条约对其做了修改。2004 年范本没有援引 UNCITRAL 仲裁规则，该范本第 37 条第 2 款规定，在 75 天期限结束时，应任何一方请求，ICSID 秘书长应当自行裁量指定任何尚未获得指定的仲裁员。

2004 年范本删除了 1994 年范本第 10 条第 3 款，该款规定了提交书状、听证以及做出最终决定的期限。根据 UNCITRAL 仲裁规则，这些期限是由仲裁庭决定的。

除不再单列仲裁庭庭长的费用外，2004 年范本中关于费用的规定——现第 37 条第 3 款——沿袭了 1994 年范本中的表述。如前所述，术语“仲裁小组”被术语“仲裁庭”取代了。

2004 年范本新增第 37 条第 4 款，该款规定投资者—国家争端条款中的部分内容应当准用于国家—国家争端解决条款。这些部分包括如下：第 29 条，该条规定与仲裁有关的许多文件向公众开放，以及开放公证；第 28 条第 3 款，该款规定仲裁庭有权接受并考虑作为非争端当事方的个人或组织提交的法庭之友意见；第 30 条第 1 款，该款规定仲裁的适用法律；第 30 条第 3 款，该款规定通过各方发表联合声明，针对 BIT 做出具有约束力的解释；以及第 31 条，该条规定对附件的联合解释。就两个条款而言，其目的在于确保缔约方针对投资者—国家仲裁做出的联合解释对于国家—国家仲裁也具有约束力。

最后,2004 年范本新增第 37 条第 5 款,该款规定国家—国家争端解决条款不适用于基于第 12 条产生的环境问题和基于第 13 条产生的劳工问题。这些条款也被排除出投资者—国家争端条款适用范围。传统上,BIT 没有包含环境与劳工条款,因而把这些条款排除在 BIT 争端解决条款之外并不表明条约减少了其所提供的保护。

第三节　已经签署的 BITs

如前所述,在 1984 年、1991 年和 1992 年范本中,有关把基于出口信用、担保或保险项目发生的争端排除在投资者—国家以及国家—国家争端解决条款之外的内容都放在单独的第 8 条中。第九章讨论了在根据这三个范本签署的 BITs 中对该条款的修改与删除问题。

一、美国—埃及 BIT

美国—埃及 BIT 中的国家—国家争端解决条款规定于第 8 条,它在很多方面背离了 1983 年范本的规定,这些背离可以归结于这样一个事实,即美国—埃及 BIT 最初是根据 1981 年和 1982 年范本进行谈判的。

美国—埃及 BIT 把国家—国家争端解决条款分成四款,这一结构是早期范本所使用的。第 8 条第 1 款规定,涵盖争端应当通过外交途径加以解决,但没有明确提及磋商。它使用的表述与 1983 年前的范本的表述是一样的。在磋商问题上,由于外交途径就是磋商的一种方式,并且不管怎样美国—埃及 BIT 保留了磋商条款,即第 6 条第 1 款,因此美国—埃及 BIT 与 1983 年范本之间的差别只是文体上的。美国与孟加拉国及塞内加尔签署的 BITs 也与此类似。

第 2 款规定,如果争端不能通过外交途径解决,经双方同意,应当把争端提交给国际法院。从实质内容上看,这完全照搬了 1983 年范本的规定,这也是 1983 年以前的范本所使用的表述。

第 3 款规定了使用特设仲裁解决国家—国家争端的条款。尽管措辞与结构有所不同,特设仲裁条款的实质内容与 1983 年范本的对应条款之间只存在一些细微差别。比如,美国—埃及 BIT 第 8 条第 3 款(b)项规定,应当在请求仲裁之日起 90 日内指定仲裁庭主席，这一期限是 1982 年的一些范本规定的。1983 年范本规定应当在国家指定仲裁员后两个月内指定仲裁庭主席，并且国家在请求仲裁之日起两个月内应该完成指定仲裁。

类似地，在规定指定机构的选择方式时，美国—埃及 BIT 第 8 条第 3 款(c)、(d)项规定，如果国际法院院长或副院长系仲裁当事一方的国民或无法履职，国际法院中除他们之外的最资深法官将成为指定机构。这是 1982 年的一些谈判文本采取的做法。与这些文本一样，美国—埃及 BIT 没有针对第二资深的国际法院成员也有可能无法履职或者是仲裁当事一方的国民这一问题作出明确规定。这个起草过程中出现的疏忽在 1983 年范本中得到了修正，1983 年范本把美国的意图明确规定为，在国际法院院长和副院长系仲裁当事一方的国民或者无法履职情况下，国际法院中最资深、不是仲裁当事一方的国民并且可以履职的法官应当做出指定。

美国—埃及 BIT 也加快了仲裁进程。提交书状和听证应当自第三个仲裁员选定后的 120 天内(而非 6 个月内)完成，这也是采纳了 1982 年的一些谈判文本规定的仲裁进程。仲裁庭应当自最后一次提交书状之日或听证结束之日中较晚者以后的 30 日(而非 2 个月)内作出裁决，这是源于 1982 年谈判范本的另一个条款。

与 1983 年范本相比，美国—埃及 BIT 的确采取了一种不同的仲裁员计费方法。根据该 BIT 第 8 条第 3 款(g)项，任何一方应当向其指定的仲裁员支付费用并承担自身的费用，这也是美国—塞内加尔 BIT 采取的一种方法。仲裁庭主席的费用以及仲裁程序发生的其他费用由争端当事双方平摊。与 1983 年范本一样，仲裁庭可以裁量决定争端当事方中的一方承担较高比例的费用。

美国—埃及 BIT 删除了 1983 年范本第 8 条第 9 款，即根据投资者—国家争端条款被提交至 ICSID 或附加仲裁的争端不在国家—国家争端解决条款适用范围内。在 1981 年和 1982 年范本并未出现的该第 9 款在 1984 年范本中被删除了。在根据 1983 年范本签署的 BITs 中，美国—孟加拉国 BIT 也删除了这一款。

美国—埃及 BIT 第 8 条第 4 款，也是最后一款，把基于出口信用、担保和保险项目发生的特定争端排除出该条款的适用范围。虽然第 4 款没有明确提及美国进出口银行，但其所用的属概念表述足够宽泛，可以涵盖那些机构。

二、美国—巴拿马 BIT

美国—巴拿马 BIT 中的国家—国家争端解决条款是第 8 条。它几乎复制了 1983 年范本的表述。一处改动是针对第 8 条第 4 款规定的指定机构的选择。在提及国际法院院长时,美国—巴拿马 BIT 用短语"不能履行他的职责"取代了"不能采取行动"(unable to act)。在 1983 年范本中,这两个短语交叉使用,因而这一改动完全是文体意义上的。美国与民主刚果、孟加拉国及塞内加尔签署的 BITs 也做了类似修正。

第二处改动是在第 8 条第 9 款,该款规定把此前已经提交给 ICSID 或 ICSID 附设机制的争端排除在国家—国家争端解决条款之外。由于美国—巴拿马 BIT 中的投资者—国家争端条款规定只是有权把争端诉诸 ICSID 附设机制,因此第 9 款没有提及 ICSID。

三、美国—喀麦隆 BIT

美国—喀麦隆 BIT 中的国家—国家争端解决条款是第 8 条。它以 1983 年范本的相应条款作为基础。不过,由于预计将要制定 1984 年范本,美国—喀麦隆 BIT 做出了若干修正,以便使文字更加流畅。

为了强调非正式争端解决的重要性,美国—喀麦隆 BIT 第 8 条第 1 款规定,缔约双方之间任何涉及 BIT 的解释或适用的争端"应当"通过磋商解决;如果磋商失败,则通过其他外交途径解决。较之 1983 年范本中使用的"应该"(should),"应当"(shall)一词意在表达更强烈的意思。同时,由于美国—喀麦隆 BIT 保留了诉诸第三方仲裁的权利,使用"应当"一词显然只是要求善意地努力通过磋商或外交途径解决争端。

美国—喀麦隆 BIT 第 8 条第 4、5 款对于有关选择指定机构的文字重新做了稍微不同的表述。新的措辞——较之原来的文字更为流畅——似乎只有在国际法院副院长不能履职时才使其丧失作为指定机构的资格,而没有考虑到他可能是争端当事一方的国民。如果国际法院的其他成员包括院长是任何争端一方的国民,则他们就没有资格作为指定机构。谈判人员可能认为,在这个语境中隐含的意思是,副院长由于这些原因丧失作为指定机构的资格。

美国—喀麦隆 BIT 也简化了第 8 条第 7 款中有关支付仲裁庭费用的表述。它没有明确提及仲裁员的费用,而是一般性地提及仲裁程序的费用。

在规定仲裁庭可以指示由争端当事一方支付较高比例的费用时,美国—喀麦隆 BIT 也删除了其中的“裁量”的表述,可以认为他们认为这是隐含的。美国与摩洛哥以及孟加拉国签署的 BITs 中也删除了这一表述。

美国—喀麦隆 BIT 第 8 条第 8 款也删除了有关仲裁应当处理 BIT 和《示范规则》未予处理的程序性问题的表述。该表述被删除似乎也正是因为它是隐含的。由于这个原因,该表述从 1984 年范本起被删除了。[30]同样的修改也出现于美国—民主刚果 BIT 中。

最后,美国—喀麦隆 BIT 第 8 条第 9 款,即关于此前根据投资者—国家争端条款被提交给 ICSID 的争端,完全没有提及 ICSID 附设机制。这一变化只是使国家—国家争端解决条款与投资者—国家争端解决条款保持了一致,后者同样也没有提及 ICSID 附设机制。美国与塞内加尔以及土耳其签署的 BITs 也是如此。

四、美国—摩洛哥 BIT

美国—摩洛哥 BIT 中的国家—国家争端解决条款规定于第 7 条。它沿袭了 1984 年范本的表述,但有两处修订,其中一处可能很重要,另一处则不重要。前者是关于特设仲裁适用的程序,规定于第 7 条第 1 款。美国—摩洛哥 BIT 规定“仲裁庭应当自行制定程序规则”。《示范规则》在“仲裁庭或本条约没有解决,并且不存在缔约双方达成一致的任何其他仲裁程序情况下”才能适用。比如,美国—摩洛哥 BIT 没有规定仲裁员指定机构,因而在争端当事一方未能指定仲裁员时将根据《示范规则》解决仲裁庭的组建问题。1983 年范本规定,除非争端当事双方有相反的约定,否则《示范规则》具有约束力。事实上,美国—摩洛哥 BIT 规定,除非 BIT 另有规定,或者仲裁庭另有裁决,否则《示范规则》具有约束力。美国与孟加拉国及土耳其签署的 BITs 完全没有提及《示范规则》。

可能无法由仲裁庭解决的一个重要问题是指定机构的选择。比如,如果争端当事一方拒绝指定仲裁员,就没有仲裁庭来决定要采用哪一种程序规则。如果争端当事各方选择的仲裁员无法就第三个仲裁员达成一致,类似的状况也会出现。在出现这些情形时,除非双方另有约定,否则将适用《示范规则》中有关国际法院院长作为指定机构的条款。

---

[30] 参见第十章第二节第二目。

另一个值得注意的变化是,第 7 条第 4 款中有关仲裁庭可以"裁量"决定由争端当事一方较之另一方承担较高比例的仲裁庭费用的表述被删除了。同样的变化也出现于美国与喀麦隆及孟加拉国签署的 BITs 中,这显然是因为被删除的表述被认为是隐含的。

随着美国—摩洛哥 FTA 的生效,美国—摩洛哥 BIT 的国家—国家争端解决条款被中止适用。[31]

五、美国—民主刚果 BIT

美国—民主刚果 BIT 中的国家—国家争端解决条款是第 8 条。它非常接近于 1983 年范本的表述,只有一些细微的修订。唯一可能重要的修改是第 8 条第 5 款中有关仲裁员更换的规定。在新仲裁员的指定方式不同于仲裁员的更换方式情况下,美国—民主刚果 BIT 指定国际法院院长作为指定机构。为此目的,国际法院院长是争端当事一方的国民看来不会导致其丧失作为指定机构的资格。美国—民主刚果 BIT 没有就担当这一特殊身份的国际法院院长发生无法履职时的情形作出规定。通过删除就相对不可能发生的事件制定的颇为复杂的条款,这一变化似乎是为了简化协定。无论如何,在国际法院院长无法履职时以副院长或国际法院的另一成员作为指定机构似乎是《示范规则》第 5 条及第 3 条第 2 款允许的。

美国—民主刚果 BIT 也做了少数文体性的修改。比如,在提及指定机构的选择时,美国—民主刚果 BIT 第 8 条第 4 款提到的国际法院副院长"无法履职"。1983 年范本在同样位置使用的表述是"无法履行其职责"。这一改动纯粹是文体性的,因为这两个短语在 1983 年范本中是交叉使用的。美国与巴拿马、孟加拉国以及塞内加尔签署的 BITs 也做了类似修改。

类似地,美国民主刚果 BIT 第 8 条第 6 款用"收到请求"(introduction of requests)来指向仲裁庭提交书状。另外,美国—民主刚果 BIT 第 8 条第 8 款没有明确规定应当由仲裁庭解决 BIT 和《示范规则》没有处理的程序性问题,这一变化同样出现在美国—喀麦隆 BIT 中。这一删除似乎是基于这样一种认识,被删除的表述被认为是隐含的,事实上它在 1984 年范本中以同样的原因被删除了。

最后,国家—国家争端解决条款的最后一款——排除某些基于出口信

---

[31] 参见第十章第三节。

用、保证和保险项目发生的争端——被移到议定书第3段。议定书中这一单独的规定同时适用于投资者—国家争端解决程序和国家—国家争端解决程序。利用统一、独立的一个条款把同样的情形同时排除在两个争端解决程序之外的做法,充其量预示着这一做法最终被1984年范本所采纳。

六、美国—孟加拉国 BIT

美国—孟加拉国 BIT 中的国家—国家争端解决条款是第8条。它沿袭了1983年版本的表述,但有许多改动,其中一些改动有点重要。与美国同埃及、塞内加尔签署的 BITs 一样,美国—孟加拉国 BIT 第8条一开始就规定,如有可能,所有涵盖争端应当通过外交途径加以解决。它也沿袭了1984年及以后范本的做法,即没有提及诉诸国际法院,但不排除争端当事方彼此同意诉诸国际法院。美国与塞内加尔、土耳其签署的 BITs 也有类似的做法。

美国—孟加拉国 BIT 在若干方面改写了1983年范本第8条第4、5款中有关选择仲裁员指定机构的表述。比如,在规定允许争端当事双方选择国际法院中一位非争端当事方之国民的法官作为指定机构时,它交叉使用"无法履职"及"未能履行所指职责"。美国与巴拿马、民主刚果以及塞内加尔签署的 BITs 都做了类似的文体性修订。

或许更重要地,美国—孟加拉国 BIT 微妙地区别了为进行首次指定仲裁员进行的指定机构选择与为更换仲裁员进行的指定机构选择。在后一种情形下,它沿袭了1983年范本的做法,即在国际法院的院长和副院长因国籍或其他原因无法履职时,允许争端当事各方指定国际法院中有能力履职并且不会因国籍而丧失指定资格的最资深法官作为指定机构。然而,在前一种情形下,美国—孟加拉国 BIT 允许争端当事各方只能指定国际法院中最资深并且不会因国籍失去资格的法官作为指定机构。从文义上看,该款规定表明,如果国际法院中最资深并且没有因国籍丧失指定资格的法官无法指定初始仲裁员时,争端当事方无权选择下一位最资深的法官作为指定机构。这一让人感到费解的条款——不同于1983年范本的做法——实际上遵循的是1983年范本对应条款所依据的《示范规则》第3条第2款。美国—塞内加尔 BIT 中也有类似的表述。

美国—孟加拉国 BIT 第8条第6款规定,特设仲裁庭应该在其"组建"——被认为是第三位仲裁员被指定之日——后的一年内作出最终裁决。1983年范本规定,最后一次书状提交以及任何听证都应该在第三名仲裁员指定后的六个月内完成,并在此后的两个月内作出裁决。美国—孟加拉国BIT没有针对最后一次书状提交或结束听证规定暂时性的截止期限。与美国和喀麦隆、摩纳哥签署的BITs一样,美国—孟加拉国BIT也没有提及这样的事实,即命令争端当事一方支付较大比例的仲裁费用应当"由[仲裁庭]裁量"。这被认为是隐含的。

美国—孟加拉国BIT第8条第6款完全没有提及《示范规则》。它只是规定,除非双方另有约定,否则仲裁庭有权自行决定程序。美国—摩洛哥BIT的规定是类似的,因为它授权仲裁庭决定其程序,但保留在仲裁庭未能决定程序情形下适用《示范规则》。就美国—摩洛哥BIT而言,为此目的指定适用《示范规则》尤其有必要,原因是,与作为谈判基础的1984年范本一样,美国—摩洛哥BIT没有针对指定仲裁员的机构作出明确规定。美国—土耳其BIT也没有提及《示范规则》。

在删除有关把根据投资者—国家争端条款被提交给ICSID的争端排除出国家—国家争端解决条款适用范围的表述方面,美国—孟加拉国BIT沿袭了1984年及此后范本的做法。

七、美国—海地BIT

美国—海地BIT中的国家—国家争端解决条款是第8条。它采用了1983年范本的表述,只有一处修订。由于该BIT的投资者—国家争端条款规定的权利是向国际商会,而非ICSID提起仲裁,作为国家—国家争端解决条款的第8条第9款修订了1983年范本的对应条款,从而把已经提交到国际商会的争端排除出条款的适用范围。

八、美国—塞内加尔BIT

美国—塞内加尔BIT中的国家—国家争端解决条款是第8条。它基本沿袭了1983年范本的表述,并做出了几处不影响条款实质内容的文体性修改。例如,美国—塞内加尔BIT在提及特设仲裁庭时例用的表述是"庭长"而非"主席"。

与美国和埃及、孟加拉国签署的BITs一样,美国—塞内加尔BIT第8条第1款没有明确提及磋商。它也沿袭了1984年及此后范本的做法中,即在不提及国际法院的同时,并不排除双方一致同意诉诸国际法院。美国与孟加拉国及土耳其签署的BITs的做法也与此类似。

美国—塞内加尔 BIT 大幅改写了 1983 年范本中有关选择仲裁员指定机构的表述。具体来说,它合并了关于仲裁员指定的各款组成单独的第 8 条第 4 款,该款同时适用于指定机构指定初始仲裁员和替代仲裁员。与美国和巴拿马、民主刚果以及孟加拉国签署的 BITs 一样,1983 年范本中有关描述国际法院的法官被取消作为指定机构之资格的情形的表述也被做了修改,在该 BIT 中被规定为"如果他因任何原因无法履行上述职责",但这一修改并不影响该条款的实质内容。

美国—塞内加尔 BIT 与美国—孟加拉国 BIT 是类似的,因为它没有明确允许争端当事方在国际法院最资深的法官无法履职时指定法院中资历仅次于资深的法官作为指定机构。相反,除国际法院院长和副院长外,美国—塞内加尔 BIT 似乎只是以国籍理由让国际法院中的其他法官丧失作为指定机构的资格。正如针对美国—塞内加尔 BIT 指出的,该 BIT 在这方面更多的是遵循《示范规则》第 3 条第 2 款——作为 1983 年范本相关内容的基础——的规定,而非 1983 年范本相关内容本身。

美国—塞内加尔 BIT 对 1983 年范本的一个重要背离之处是,除了仲裁员指定外,它没有针对任何最终决定,或者——实际上——国家—国家争端解决过程中的任何步骤规定最后期限。塞内加尔反对规定最后期限,原因是,考虑到在仲裁庭进行的工作的重要性,该最后期限可能无法提供足够的时间。

另一个值得注意的背离之处是美国—塞内加尔 BIT 第 8 条第 6 款,它规定各方负担其指定的仲裁员的费用。美国—埃及 BIT 作出同样的规定。有关仲裁庭费用支付的条款遵循了 1983 年范本的规定。

此外,要求根据可适用的国际法规则与原则做出决定的表述在美国—塞内加尔 BIT 第 8 条第 6 款中被改写为"根据本条约条款、缔约方之间相关与可适用的其他协定,以及根据国际法规则与原则"。美国—波兰 BIT 也明确提及 BIT 条款,但没有提到其他条约的条款。

最后,第 8 条第 7 款把此前根据投资者—国家争端条款已经提交至 ICSID 的争端排除出国家—国家争端解决条款的适用范围。与 1983 年范本不同,它没有排除此前提交给 ICSID 附设机制的争端。这被认为归结于这样一个事实,即美国—塞内加尔 BIT 中的投资者—国家争端解决条款没有明确提及利用 ICSID 附设机制进行拘束力的仲裁,而这规定于 1983 年范本中。美国与喀麦隆、土耳其签署的 BITs 在国家—国家争端解决条款中也没有提及 ICSID 附设机制。

九、美国—土耳其 BIT

美国—土耳其 BIT 中的国家—国家争端解决条款是第 7 条。第 7 条很大程度上重写了 1983 年范本中的对应条款。该条的适用范围较之 1983 年范本并没有发生变化。不过，土耳其的谈判人员非常坚持地认为，利用具有约束力的第三方仲裁解决争端当事方之间的争端始终应该是最后的手段，是留待努力通过谈判解决争端但失败后使用的。因此，美国—土耳其 BIT 中的国家—国家争端解决条款一开始，即在第 7 条第 1 款中规定，缔约方"应当本着善意与合作精神寻求迅速而公平地解决"涵盖争端。该条款接着规定缔约方进一步同意"为达成此种解决进行直接而有意义的谈判"。这明显强化了 1983 年范本的规定，即"应当——如有可能"通过磋商或其他外交途径解决争端。从一定意义上说，它甚至超越了磋商条款的要求，因为它似乎是要求，即使在没有任何一方提出请求情况下也要尝试进行谈判。其结果是，任何一方不能简单地以没有任何一方请求进行磋商或谈判为理由不尝试进行磋商或谈判。善意地努力通过谈判解决争端是援引国家—国家争端解决条款的一个前提条件。事实上，正如下文所述，除非认定争端当事方已经尝试通过直接、有意义的谈判以解决争端，根据本条款组建的仲裁庭不能继续进行程序，对实质问题作出裁判。

美国—土耳其 BIT 没有规定争端当事方在有权提请仲裁之前要经过一定的等候期。如果谈判不成功，任何一方都"可以"把争端提交给特设仲裁庭进行具有约束力的仲裁。使用"可以"一词表明，没有任何一方被要求提请仲裁。不过，一旦一方确实要求仲裁，另一方就有义务参加。美国—土耳其 BIT 第 7 条第 1 款沿袭了 1983 年范本中对应条款的实质内容，规定仲裁应当"根据可适用的国际法规则作出具有约束力的决定"。

美国—土耳其 BIT 第 7 条第 2 款规定的选任仲裁员程序沿袭了 1983 年范本中要求争端当事各方在收到任何一方提出仲裁请求后两个月内选任仲裁员的表述。它也沿袭了 1983 年范本中要求两位仲裁员选择来自第三国家的国民作为第三个仲裁员与仲裁庭主席。最后，与 1983 年范本一样，美国—土耳其 BIT 规定了一个指定机构，让该机构在任何争端当事一方未能在规定时间内选任仲裁员时选任仲裁员。

不过，美国—土耳其 BIT 规定的仲裁庭组成过程至少在四个方面有别于1983年范本的规定。第一,美国—土耳其BIT允许各方只能指定国际法院院长作为指定机构。院长可能是争端当事一方的国民之事实不影响其作为指定机构的地位。在院长无法指定仲裁员情况下,美国—土耳其BIT没有针对替代性做法作出规定。当然,如果院长不能履职并非暂时性的,国际法院可能会规定让副院长或国际法院的另一位法官以院长身份行事或者成为院长,从而最终产生一个能够履职的指定机构。

在仲裁庭组建程序方面,美国—土耳其BIT有别于1983年范本的第二个地方在于,该BIT并未针对争端当事双方指定的两位仲裁员选任仲裁庭主席规定最后期限。因此,整个国家—国家争端解决机制可能会由于两位仲裁员无法就他们的第一项工作达成一致而被搁浅。

第三个,也是更为重要的区别是,美国—土耳其BIT中缺乏有关指定机构以便选任仲裁庭主席的条款。因此,实践中,在由争端当事方指定的两位仲裁员无法就仲裁庭主席人选达成一致意见时,国家—国家争端程序可能陷入全面、长期的停滞。

第四处,也是最后的背离之处是,针对仲裁员辞职或者无法履行职责时如何指定替换仲裁员,美国—土耳其BIT没有作出任何规定。可以认为,一国首次指定仲裁员的权利蕴含着它有权利更换其指定的仲裁员。因此,1983年范本规定争端当事方更换仲裁员的目的是明确争端当事方有义务,而不是有权利更换仲裁员。不过,为了消除疑虑,仲裁庭在其最早采取的行动中应该针对仲裁员更换制定程序规定明确,包括规定时间期限与指定机构。

就仲裁庭适用的程序而言,与美国同摩洛哥、孟加拉国签署的BITs一样,美国—土耳其BIT第7条第3款授权仲裁庭通过程序规则。事实上,美国—土耳其BIT特别规定,仲裁庭应该在仲裁庭主席选任后的三个月内通过此类程序规则。美国—土耳其BIT明确规定此类规则应当符合条约的条款,这一表述没有出现于美国与摩洛哥以及孟加拉国签署的BITs中,原因是,可以认为那些BITs中隐含的是仲裁庭不会改变或无视创设它的条约的条款。与1984年范本及之后范本一样,美国—土耳其BIT把所有决定都必须根据多数票做出作为一种默示事项,删除了1983年范本中在此问题上的相关表述。

在争端当事双方对程序规则无法达成一致情况下,仲裁庭应该根据美国—土耳其BIT第7条第3款请求国际法院院长"考虑普遍接受的国际仲裁程序规则",指定仲裁庭适用的程序规则。由于未能就使用《示范规则》作为程序规则达成一致，美国试图达成这样的一致，即如果仲裁庭无法另行达成一致，则适用《示范规则》。土耳其谈判人员不愿意接受任何特定的程序规则。在规定国际法院院长将考虑普遍接受的程序规则时，谈判人员估计国际法院院长会从业已存在的成文化程序规则中选择一个，比如《示范规则》或 UNCITRAL 仲裁规则。

除了通过程序规则，根据美国—土耳其 BIT 第 7 条第 4 款，仲裁庭要认定要求进行仲裁的争端当事方是否"已经尝试通过直接和有意义的谈判解决争端"。在做出肯定性的认定后，仲裁庭应当对争端的实质问题进行仲裁。

除非另有约定，美国—土耳其 BIT 第 7 条第 5 款规定所有书状的提交及所有听证都应当在第三个仲裁员选定后的 8 个月内完成，这比 1983 年范本规定的时间多了 2 个月。与 1983 年范本规定一致，美国—土耳其 BIT 规定仲裁庭应当在提交书状和进行听证的截止期后的两个月内作出裁决。

美国—土耳其 BIT 第 7 条第 6 款沿用了 1983 年范本的规定，即规定争端当事各方平摊仲裁庭费用，并授权仲裁庭可以裁量决定由争端当事一方支付更高比例的费用。美国—土耳其 BIT 没有明确规定争端当事方必须支付其自身的费用，认为这是隐含的意思。

美国—土耳其 BIT 也修订了 1983 年范本中有关把已经提交至 ICSID 的争端排除出国家—国家争端解决条款所涵盖争端的表述。具体来说，美国—土耳其 BIT 第 7 条第 7 款规定，根据投资者—国家争端条款"已经被提交并且仍在[ICSID]待决"的争端不应当适用国家—国家争端解决条款。经修改，这一表述表明，只要 ICSID 程序已经结束，提交给 ICSID 的争端也可以适用国家—国家争端解决条款。虽然美国—土耳其 BIT 因此并不禁止重新提起诉求，但《ICSID 公约》规定，已经提交给 ICSID 的争端无论如何都不应当成为投资者母国后续提起的诉求的标的，除非东道国拒绝遵守裁决。[32]根据《ICSID 条约》的规定，BIT 中有关重新提起诉求的条款被认为没有必要，并且它在 1984 年范本及后续范本中事实上全部被删除了。

一个相关的问题是，由于美国—土耳其 BIT 中的投资者—国家争端条款没有提及 ICSID 附设机制，国家—国家争端解决条款也类似地没有提到该附设机制。美国与喀麦隆、塞内加尔签署的 BITs 中的国家—国家争端解

---

[32] 参见第十章第二节第一目。

决条款也没有提及 ICSID 附设机制。

美国—土耳其 BIT 采用了 1984 年范本和后续范本的做法，即没有明确提及不妨碍争端当事方达成一致由国际法院解决争端，据此把涵盖争端提交给国际法院。美国与孟加拉国、塞内加尔签署的 BITs 采用了类似做法。

美国—土耳其 BIT 也采用了 1984 年范本和后续范本的做法，把涉及有关出口信贷、担保或保险项目的争端排除出国家—国家争端解决条款涵盖范围的表述移至另外一个条款。这一表述——一并适用于国家—国家争端解决条款和投资者—国家争端解决条款——规定于第 8 条。

十、美国—格林纳达 BIT

美国—格林纳达 BIT 的国家—国家争端解决条款是第 7 条。它采用了 1984 年范本中对应条款的表述。

十一、美国—刚果 BIT

美国—刚果 BIT 的国家—国家争端解决条款为第 7 条。它采用了 1987 年范本中对应条款的表述。

十二、美国—波兰 BIT

美国—波兰 BIT 的国家—国家争端解决条款规定于第 10 条第 2 款至第 5 款。它高度遵循了 1987 年范本的表述，但有三处修订，其中只有一处修改可能比较重要。

美国—波兰 BIT 中对 1987 年范本内容的重要修订是第 10 条第 2 款没有规定任何争端当事方有权提起国家—国家仲裁，除非从争端发生已经经过了 6 个月。这使争端有机会通过磋商或外交途径获得解决。美国—特立尼达和多巴哥 BIT 中有类似的条款。

另外，美国—波兰 BIT 第 10 条第 4 款重新纳入了出现于 1983 年范本，但在后续范本中被删除了的明确规定任何一方应当自行承担出席仲裁庭的费用的表述。由于 BIT 没有其他规定强制任何争端当事一方为另一方支付费用，这一表述在 1983 年以后的 BIT 范本中被认为没有必要而被删除了。美国与捷克和斯洛伐克、保加利亚、特立尼达和多巴哥，以及立陶宛签署的 BITs 也重新纳入了这一表述。

最后,美国—波兰 BIT 第 10 条第 2 款明确规定,国家—国家仲裁庭应当根据国际法与 BIT 裁判争端。各 BIT 范本规定应当根据国际法做出决定。由于仲裁庭的管辖权限定于与 BIT 的解释或适用有关的争端,因而 BIT 范本默示地规定争端必须根据 BIT 的条款做出决定。美国—塞内加尔 BIT 也有类似的表述。

十三、美国—突尼斯 BIT

美国—突尼斯 BIT 中的国家—国家争端解决条款是第 7 条。它采用了 1987 年范本中的表述。

十四、美国—斯里兰卡 BIT

美国—斯里兰卡 BIT 中的国家—国家争端解决条款是第 7 条。它采用了 1991 年范本中的表述。

十五、美国—捷克 BIT

美国—捷克 BIT 中的国家—国家争端解决条款是第 7 条,它沿用了 1991 年范本,只有几处非常细微的文体性修订,比如取消拉丁文短语的斜体格式或标点符号。美国—捷克 BIT 与美国—斯洛伐克 BIT 的国家—国家争端解决条款是相同的。

一个实质性的变动是美国—捷克 BIT 第 7 条第 2 款规定仲裁员指定机构应当是常设仲裁院秘书长,而不是 ICSID 秘书长。这一表述与 UNCITRAL 仲裁规则的内容是一致的。同样的变动出现在美国与阿根廷、俄罗斯、罗马尼亚以及保加利亚签署的 BITs。另外,第 7 条第 4 款被分成两项。除了提及的是仲裁庭的“费用与支出”(cost and expense),而不仅仅是“费用”(expense)——这是纯粹的文体性变化——以外,第 7 条第 4 款(b)项沿用了 1991 年范本第 7 条第 4 款的表述。类似地,在规定仲裁庭可以指示争端当事一方支付更高比例的费用的句子中,美国—捷克 BIT 使用“这样的”(such)花销而不是“这一”(the)花销。美国—罗马尼亚 BIT 中也有类似的文体性修改。美国—捷克 BIT 中新的第 7 条第 4 款(a)段规定,争端当事各方应当自行承担参加仲裁程序的支出,这一规定完全符合 BIT 范本的意图。美国与波兰、保加利亚、特立尼达和多巴哥,以及立陶宛签署的 BITs 也重新纳入了曾经规定于 1983 年范本的这一表述。

十六、美国—斯洛伐克 BIT

美国—斯洛伐克 BIT 中的国家—国家争端解决条款是第 7 条，它沿用了 1991 年范本中的规定，只有一些非常细微的文体性修订，比如取消拉丁文短语的斜体格式或拼写修改。美国—斯洛伐克 BIT 与美国—捷克 BIT 的国家—国家争端解决条款是相同的。

一个实质性的变动是美国—斯洛伐克 BIT 第 7 条第 2 款规定，仲裁员指定机构应当是常设仲裁院秘书长，而不是 ICSID 秘书长。这一改变与 UNCITRAL 仲裁规则的内容是一致的。同样的修订出现在美国与阿根廷、俄罗斯、罗马尼亚以及保加利亚签署的 BITs 中。另外，第 7 条第 4 款被分成两项。除了提及的是仲裁庭的"费用与支出"而不只是"费用"——这纯粹是文体性修改——以外，第 7 条第 4 款(b)项沿用了 1991 年范本第 7 条第 4 款的规定。类似地，在规定仲裁庭可以指示争端当事一方支付更高比例的费用的句子中，美国—捷克 BIT 使用"这样的"(such)而不是"这一"(the)支出。美国—罗马尼亚 BIT 中也有类似的文体性修改。美国—斯洛伐克 BIT 中新的第 7 条第 4 款(a)项规定，争端当事各方应当自行承担参加仲裁程序的支出，这一规定与谈判文本的意图完全相符。美国与波兰、保加利亚、特立尼达和多巴哥，以及立陶宛签署的 BITs 同样纳入了曾经出现于 1983 年范本中的这一表述。

十七、美国—阿根廷 BIT

美国—阿根廷 BIT 中的国家—国家争端解决条款是第 7 条，它沿用了 1991 年范本，但做了一些细微修订。第一，仲裁员指定机构是常设仲裁院秘书长，而不是 ICSID 秘书长。这一改动显然是为了体现这样一个事实，即阿根廷还没有加入《ICSID 公约》，因而不愿意让 ICSID 的官员发挥作用。进而，UNCITRAL 仲裁规则指定常设仲裁院秘书长为指定机构。美国与捷克、斯洛伐克、俄罗斯、罗马尼亚以及保加利亚签署的 BITs 做了类似的改动。

第二个改动是删除了授权仲裁庭指示其中争端当事一方支付更高比例的仲裁庭费用的内容。相反，美国—阿根廷 BIT 第 8 条第 4 款明确规定，仲裁程序的费用由双方平摊。美国—保加利亚 BIT 规定了类似内容。

十八、美国—哈萨克斯坦 BIT

美国—哈萨克斯坦 BIT 中的国家—国家争端解决条款是第 7 条。除了拉丁语词组没有使用斜体格式,它与1992年范本的相应条款是一样的。

十九、美国—罗马尼亚BIT

美国—罗马尼亚BIT中的国家—国家争端解决条款是第7条,它几乎完全遵循了1992年范本中的表述,只有些细微的修订,比如取消了拉丁语词组的斜体格式。但有两项修订值得注意。

第一,与UNCITRAL仲裁规则一样,美国—罗马尼亚BIT第7条第2款规定仲裁员指定机构应当是常设仲裁院秘书长,而不是ICSID秘书长。美国与捷克、斯洛伐克、阿根廷、俄罗斯,以及保加利亚签署的BITs都做了类似修订。

第二,第8条第4款被分为两项。第7条第4款(a)项包含了争端当事各方自行承担仲裁费用的表述。这一表述是早期BIT范本中的标准条款,但它从1984年范本开始被删除了,理由是它是隐含的。美国与波兰、捷克、斯洛伐克、保加利亚、特立尼达和多巴哥,以及立陶宛签署的BITs也重新纳入了这一表述。除了提及的是仲裁庭的"费用与支出"而不只是"支出"外,第7条第4款(b)项纳入了1992年范本中有关费用的表述。在1992年范本中,"费用"与"支出"两个术语是交叉使用的。美国—罗马尼亚BIT同时使用这两个术语被认为纯属多余。在提及可以由仲裁庭分配费用时,美国—罗马尼亚BIT指的是"这样的"支出,而不是"这一"支出。美国—捷克BIT和美国—斯洛伐克BIT也有类似的文体性变动。

二十、美国—俄罗斯BIT

美国—俄罗斯BIT中的国家—国家争端解决条款,即第7条系以1991年范本的表述为基础。美国—俄罗斯BIT稍微修改了第7条第1款,从而缩短对UNCITRAL仲裁规则——它已经规定于第6条第3款(a)项,因而没有必要再次界定——的援引。1991年范本系首次援引UNCITRAL仲裁规则,因而在该范本中有必要进行更全面的描述。

第7条第1款在一个方面改变了1991年范本的实质内容。它删除了允许仲裁庭修订UNCITRAL仲裁规则的内容。因此,除非经BIT缔约方一致同意做出修改,否则仲裁庭应当适用UNCITRAL仲裁规则。美国—保加利亚BIT的规定与此类似。美国—牙买加BIT规定仲裁规则的修订需经BIT缔约方同意。

第 7 条第 2 款中也有一处对 1991 年范本做了重要修订。具体来说,仲裁员指定机构是常设仲裁院秘书长,而不是 ICSID 秘书长。这一变动与 UNCITRAL 仲裁规则的表述是一致的。美国与捷克、斯洛伐克、阿根廷、罗马尼亚以及保加利亚签署的 BITs 中也有类似的改动。第 7 条第 2 款第 2 句——规定应当适用 UNCITRAL 仲裁规则——被做了修改,删除了有关准用(mutatis mutandis)的短语。在这个句子中增加了一个逗号,这一变化不具有实质性作用。

第 7 条第 4 款对 1991 年范本的表述做了文体性修改。具体来说,它提到的是仲裁庭"的"(of)费用,而不是仲裁庭"产生"(incurred by)的费用。

二十一、美国—亚美尼亚 BIT

美国—亚美尼亚 BIT 的国家—国家争端解决条款是第 7 条。除了拉丁语短语没有使用斜体,它与 1992 年范本的相应条款是一样的。

二十二、美国—保加利亚 BIT

美国—保加利亚 BIT 中的国家—国家争端解决条款是第 7 条,它在一些细微方面对 1991 年范本的表述做出修订。第一,1991 年范本第 7 条第 1 款——规定仲裁应当适用 UNCITRAL 仲裁规则,除非由 BIT 缔约方或仲裁员做出修改——没有提及仲裁员。因此,除非 BIT 缔约双方允许有所背离,否则仲裁员就应当遵守 UNCITRAL 仲裁规则。美国—俄罗斯 BIT 的规定与此类似。美国—牙买加 BIT 规定仲裁规则的修订须经缔约各方同意。

第二,与 1991 年范本一样,根据美国—保加利亚 BIT 第 7 条第 2 款,仲裁员指定机构应当是常设仲裁院秘书长,而不是 ICSID 秘书长。这与 UNCITRAL 仲裁规则的表述是相符的。美国与捷克、斯洛伐克、阿根廷、俄罗斯以及罗马尼亚签署的 BITs 包含类似的改动。

第三,有关授权仲裁庭可以要求争端当事一方支付更高比例的费用的表述在美国—保加利亚 BIT 第 7 条第 4 款中被删除了,第 7 条第 4 款规定仲裁费用应当在争端当事方之间平摊。类似的变动出现于美国—阿根廷 BIT 中。

最后,第 7 条第 4 款也明确规定,任何争端一方自行承担参加仲裁程序的费用。这隐含于 1991 年范本中。这一表述曾经出现于 1983 年范本,并且被重新纳入美国与波兰、捷克和斯洛伐克、特立尼达和多巴哥以及立陶宛签署的 BITs。

二十三、美国—吉尔吉斯斯坦 BIT

美国—吉尔吉斯斯坦 BIT 中的国家—国家争端解决条款是第 7 条,它采用了 1992 年范本中的表述。

二十四、美国—摩尔多瓦 BIT

美国—摩尔多瓦 BIT 中的国家—国家争端解决条款是第 7 条,它采用了 1992 年范本的表述。

二十五、美国—厄瓜多尔 BIT

美国—厄瓜多尔 BIT 中的国家—国家争端解决条款是第 7 条,它采用了 1992 年范本中的表述。

二十六、美国—白俄罗斯 BIT

美国—白俄罗斯 BIT 中的国家—国家争端解决条款是第 7 条,除了拉丁语短语没有使用斜体,它与 1992 年范本中的表述一致。

二十七、美国—牙买加 BIT

除了两处改动,美国—牙买加 BIT 中的国家—国家争端解决条款,即第 7 条与 1992 年范本的对应规定是一样的。第一,第 7 条第 1 款允许仲裁员只需取得 BIT 缔约方的同意就可以修订 UNCITRAL 仲裁规则。1992 年范本没有规定要取得 BIT 缔约方的同意。根据 1994 年范本,如果缔约一方反对,则修订不发生效力。美国—牙买加 BIT 更进了一步,它规定修订在获得缔约方的同意后才发生效力。美国—俄罗斯 BIT 和美国—保加利亚 BIT 规定,如果没有 BIT 缔约方提出反对,仲裁庭可以修改 UNCITRAL 仲裁规则。第二,美国—牙买加 BIT 提到的是 ICSID 的全称,而不是“中心”(Centre)。

二十八、美国—乌克兰 BIT

除了在“三个成员”(three members)短语中加了连字符,美国—乌克兰 BIT 中的国家—国家争端解决条款,即第 7 条与 1992 年范本中的对应条款是一样的。带连字符的该短语被纳入 1994 年范本,该范本是在与美国—乌克兰 BIT 谈判的同时制定的。

二十九、美国—格鲁吉亚 BIT

美国—格鲁吉亚 BIT 中的国家—国家争端解决条款是第 10 条,它与 1992 年范本中的对应条款是一样的。

三十、美国—爱沙尼亚 BIT

美国—爱沙尼亚 BIT 中的国家—国家争端解决条款是第 7 条,它采用了 1992 年范本的表述。

三十一、美国—特立尼达和多巴哥 BIT

美国—特立尼达和多巴哥 BIT 中的国家—国家争端解决条款是第 10 条,它沿用了 1994 年范本的表述,但有一些变化。

第一,该 BIT 第 10 条第 1 款规定,只有在"相关事项被首次提出之日"起经过 6 个月后,争端当事方才可以把争端提交仲裁。虽然投资者—国家争端条款一般都会规定冷却期,但国家—国家争端解决条款则很少这么规定。唯一包含这种冷却期的另一个 BIT 是美国与波兰签署的。

第二,该 BIT 第 10 条第 2 款规定,争端当事方指定的仲裁员应当在他们被指定后 2 个月内选择仲裁庭主席。1994 年范本采用了 UNCITRAL 仲裁规则,后者允许争端当事方指定的仲裁员必须在 30 天内就首席仲裁员达成一致。

第三,该 BIT 第 10 条第 4 款规定,争端各方应当自行承担参加仲裁程序的费用。这一点已经隐含于 1994 年范本中,因而这一改动只是明确了规则。国务卿的呈报函指出,这一改动"只是明确了基于习惯国际法所理解的东西"。[33]类似的表述曾经出现于 1983 年范本,并且被重新纳入美国与波兰、捷克和斯洛伐克、保加利亚以及立陶宛签署的 BITs。

第四,该 BIT 第 10 条第 4 款中的规定,即仲裁庭可以裁量指令争端当事一方支付更高比例的费用,被修改为规定,在这么做的时候,仲裁庭应当"考虑案件的情况",并且应当"重新分配这一费用,如果它认为重新分配是合理

---

[33] Trinidad and Tobago BIT submittal letter, at XII.

的话”。虽然1994年范本没有规定仲裁庭要考虑案件的情况或者指出合理性标准，但这一新增表述完全符合1994年范本的意图。

最后，该BIT包含了一些纯粹文体性的修订。比如，它以全部使用大写英文字母方式插入了标题“缔约方之间的争端解决”。它也在标点符号与大小写方面做了一些改动，比如删去了“three-member”之间的连接符以及把第10条第2款中的“主席”（chairman）英文单词的首字母改成大写。

三十二、美国—蒙古BIT

美国—蒙古BIT的国家—国家争端解决条款是第7条，它采用了1992年范本中的表述。

三十三、美国—乌兹别克斯坦BIT

除了两处文体性修正，即第10条第2款把英文单词“主席”（chairman）的首字母改成大写以及删除了“three-member”中的连接符，美国—乌兹别克斯坦BIT中的国家—国家争端解决条款，即第10条与1994年范本的对应条款是一样的。

三十四、美国—阿尔巴尼亚BIT

除了三处文体性修正，即第10条第2款把“主席”（chairman）英文单词的首字母改成大写、删除了“three-member”中的连接符，以及以全部使用大写英文首字母方式插入了标题“缔约方之间的争端解决”，美国—阿尔巴尼亚BIT的国家—国家争端解决条款，即第10条与1994年范本的对应条款是一样的。

三十五、美国—拉脱维亚BIT

美国—拉脱维亚BIT中的国家—国家争端解决条款是第7条，它与1992年范本的对应条款是一样的。

三十六、美国—洪都拉斯BIT

美国—洪都拉斯BIT中的国家—国家争端解决条款是第10条，它与1994年范本中的对应条款是一样的。自洪都拉斯与美国签订的美国—中美洲国家—多米尼加FTA生效后，美国—洪都拉斯BIT中的国家—国家争端解决条款中止适用。[34]

三十七、美国—尼加拉瓜 BIT

美国—尼加拉瓜 BIT 中的国家—国家争端解决条款是第 10 条，它与 1994 年范本中的对应条款是一样的。

三十八、美国—克罗地亚 BIT

除了第 11 条第 2 款增加规定仲裁庭主席应当是与 BIT 缔约双方均保持外交关系的国家的国民，美国—克罗地亚 BIT 的国家—国家争端解决条款——第 11 条——与 1994 年范本中的对应条款是一样的。

三十九、美国—约旦 BIT

除了两处文体性修订，即插入全部使用英文大写首字母的标题“缔约方之间的争端解决”，以及使用“缔约方”(Contracting Party)的条款代替了“当事方”(Party)，美国—约旦 BIT 的国家—国家争端解决条款，即第 10 条与 1994 年范本中的对应条款是一样的。

四十、美国—阿塞拜疆 BIT

美国—阿塞拜疆 BIT 中的国家—国家争端解决条款是第 10 条，它与 1994 年范本中的对应条款是一致的。

四十一、美国—立陶宛 BIT

美国—立陶宛 BIT 中的国家—国家争端解决条款是第 7 条，它沿袭了 1992 年范本，只有一处修改，即用连接符把“three members”分开。美国—立陶宛 BIT 第 7 条第 4 款插入新的一个句子，该句子规定“任何当事方应当自行支付参与仲裁程序的费用”。这一点隐含于 1992 年范本中。类似的表述曾经出现于 1983 年范本，并且重新被纳入美国与波兰、捷克和斯洛伐克、保加利亚以及特立尼达和多巴哥签署的 BITs。

四十二、美国—玻利维亚 BIT

美国—玻利维亚 BIT 中的国家—国家争端解决条款是第 10 条，它与

---

[34] 参见第十二章第三节。

1994 年范本中的对应条款是一样的。

四十三、美国—莫桑比克 BIT

美国—莫桑比克 BIT 中的国家—国家争端解决条款是第 10 条,它与 1994 年范本中的对应条款是一样的。

四十四、美国—萨尔瓦多 BIT

美国—萨尔瓦多 BIT 中的国家—国家争端解决条款是第 10 条,它与 1994 年范本中的对应条款是一样的。

四十五、美国—巴林 BIT

美国—巴林 BIT 中的国家—国家争端解决条款是第 10 条,除了全部使用阿拉伯数字而不是罗马数字,它与 1994 年范本中的对应条款是一样的。

四十六、美国—乌拉圭 BIT

美国—乌拉圭 BIT 中的国家—国家争端解决条款是第 37 条,它密切遵循用了 2004 年范本中的表述。一个实质性的差别在于,美国—乌拉圭 BIT 规定的仲裁员指定机构是 ICSID 行政理事会主席,而不是 ICSID 秘书长。这一主席位置是由世界银行行长兼任的。其他的改动是删除了第 37 条第 1 款中两个没必要的逗号,以及删除了援引 2004 年范本中的其他条款后的带括号标题,这一变化是整个美国—乌拉圭 BIT 的特点。

第四节　已经签署的 FTAs

美国签署的 FTAs 中的投资章没有包括国家—国家争端解决条款。相反,涉及包括投资章在内的协定之任何部分的解释或适用的争端都可以提交根据 FTAs 中的各章设立的争端解决机制。在构造这些 FTAs 中的争端解决机制时的一个推定是,诉诸该争端解决机制的案件几乎都是贸易争端而非投资争端。因此,它们的设计与 BITs 中的国家—国家争端解决条款之间存在相当大的差别。作为贸易争端解决机制——与投资有关的争端可以提交给该机制,它们不那么像投资争端解决机制。由于它们是主要与贸易相关的争端解决机制,并且有别于美国的投资条约实践,因此这里不予以分析。

第五节 仲裁实践

迄今为止,没有一起仲裁诉求根据美国签署的 BITs 被提交至国家—国家仲裁。

第十一章　BIT 范本中的其他条款

第一节　磋 商 条 款

美国投资协定的一贯目标是尽可能通过磋商解决争端；如果磋商失败，则保留其他救济。争端双方进行磋商的条款可以追溯至19世纪时最早缔结的那些FCNs，这些FCNs通常规定，在发生违反条约情况下，在没有提交损害声明以及要求进行诉讼之前，任何一方不得采取报复或宣布战争。[①] 现代FCNs规定争端双方有义务就任何影响条约履行的事项进行磋商，这一措辞源于GATT第22条。[②]

BITs维持了这一政策。为了强调就涉及条约的任何事项进行磋商的重要性，2004年之前使用的范本都包含独立的磋商条款。1983年范本第6条——标题为"磋商与信息交换"——第1款规定，应任何一方请求，缔约方应该同意及时进行磋商以解决与条约相关的任何争端，或者就任何涉及BIT解释或适用的问题进行讨论。1983年范本并未特别规定提出磋商请求的方式，因此口头或书面方式均可。磋商义务并不依赖于有关条约已经被违反的主张。

除了一个地方外，1984年范本的磋商条款——第5条——与1983年范本的规定是一致的。1983年范本——繁琐是该范本的特点——包含一个附加条款，该条款规定任何一方应请求均有义务进行磋商的事项包括涉及任何缔约一方的法律、法规、行政实践及程序——它们关系到或者影响到缔约

---

① *See*, *e. g.*, 1824 Colombia FCN, *supra* chap. 2, note 40, Art. Thirty-First; 1825 Central American Federation FCN, *supra* chap. 2, note 42, Art. 33rd; 1839 Ecuador FCN, *supra* chap. 2, note 42, Art. 35; 1850 El Saluador FCN, *supra* chap. 2, note 42, Art. 35th.

② *See*, *e. g.*, Greece FCN, *supra* chap. 4, note 42, Art. XXVI(1); Netherlands FCN, *supra* chap. 5, note 4, Art. XXV(1); Pakistan FCN, *supra* chap. 4, note 42, Art. XXIII(1).

另一方的国民或公司的投资——的事项。这一表述被认为没有必要，因而在 1984 年范本中被删除了。与 1984 年范本中的整体做法一致，1983 年范本中磋商条款的标题在 1984 年范本中也被删除了。

1987 年、1991 年和 1992 年范本的磋商条款与 1984 年范本是一致的，并且都规定于各个范本的第 5 条。

由于增添了规定其他事项的新条款，1994 年范本修改了磋商条款——规定于第 8 条——的范围。新的表述规定磋商义务适用于任何涉及与“实现条约目标”有关的事项。修改条款是为了扩张磋商的义务，以便把所有涉及条约目标的事项囊括在内，即使这些事项与履行条约义务无关。条约目标至少部分地可以通过参考序言加以确定，第二章第六节对这一问题做了讨论。

2004 年范本删除了磋商条款。该条款此前在 NAFTA 中已经被删除，并且没有规定于 2002 年之后签署的所有 FTAs 中。实践表明，它几乎毫无价值。即使没有它，争端当事方也可以进行磋商；如果争端一方没有磋商意愿，磋商条款的存在也不能确保争端双方进行有意义的磋商。进一步来说，磋商条款的存在始终会造成这样一种可能性，即在投资者—国家仲裁或国家—国家仲裁中，被告会认为应该中止仲裁以便缔约方有机会就争端进行磋商。奇怪的是，投资者—国家争端解决条款中规定“应该”（should）试图友好地解决争端的表述——1994 年范本删除了该表述——却重新被纳入 2004 年范本的投资者—国家争端条款。不过，1994 年范本中的那个表述显然是建议性的，而磋商条款中的表述则是强制性的。

虽然磋商条款显然不能要求争端当事方解决争端，但它仍然对他们规定了进行磋商的义务。然而，根据习惯国际法，某一条约的缔约方被要求针对该条约的条款善意行事。[3] 因此，从最低的意义上说，根据磋商条款，争端当事方必须善意地进行磋商；并且，根据 BITs 的明确规定，他们必须及时进行磋商。如前所述，[4]BITs 中的及时性要求一般是规定缔约方有义务如同快速地完成手续那样快速地采取行动。

除了磋商条款，有些范本规定争端当事方在进行磋商后才能诉诸第三方程序。为了确保磋商有足够的时间，投资者—国家争端条款规定了投资

---

③ 此义务编纂于《维也纳条约法公约》第 27 条，U. N. Doc. A/CONF. 39/27（1969），8 *Int'l Leg. Mat.* 679（1969）。

④ 参见第七章第二节第一目。

者—国家仲裁开始前的一段冷却期。

美国潜在的 BITs 伙伴非常青睐磋商条款。与第三方争端程序相比,这些 BITs 伙伴更倾向于磋商。[5] 对于磋商的这种偏好体现在对投资者—国家争端解决条款所做的修改,这一修改规定在诉诸第三方程序前需要经过更长的冷却期。[6]这种偏好也体现为插入旨在强化磋商条款的相关表述。

美国与孟加拉国及海地签署的 BITs 的磋商条款分别规定于第 6 条第 1 款和第 6 条,它们均采用了 1983 年范本的表述。美国—波兰 BIT 第 10 条第 1 款最初采用了 1987 年范本的表述,只有几处文体性的改动。

除了稍微压缩说明性的事项——可能涵盖在磋商中的——清单,美国—塞内加尔 BIT 遵循了 1983 年范本的表述。美国—塞内加尔 BIT 新增了一款,即第 6 条第 3 款。该款规定缔约双方有意就 BIT 的地位与适用“定期”进行磋商。该条款接着规定,为此目的,自该 BIT 生效之日起每两年“举行磋商”。磋商将在双方一致同意的时间和地点举行。美国—塞内加尔 BIT 的特殊之处在于,举行磋商并不以争端当事一方提出请求为前提。塞内加尔坚持规定这一条款的原因是它想让 BIT 成为促进投资的一个积极工具,而不是被人遗忘的一纸文书。

美国与埃及以及喀麦隆签署的 BITs 的磋商条款都规定于第 6 条第 1 款,它们大体沿用了 1984 年范本的表述。两个 BITs 都规定缔约方应请求“应当”进行磋商,而不是 1984 年范本中规定的它们“同意”进行磋商。1981 年和 1982 年范本中也使用“应当”一词。

美国与埃及以及喀麦隆签署的 BITs 稍微重写了磋商条款的范围,据此,该条款适用于“[BIT]的解释或适用,或者任何与此相关的争端”,这只是再次使用了 1983 年之前范本中使用过的表述。细微的变化在于,在 1983 年范本及后续范本中,磋商条款适用于与条约相关的任何争端,而它在美国与埃及以及喀麦隆签署的 BITs 中只适用于与条约解释或适用相关的争端。由于“解释或适用”这一短语的宽泛性,很难想象什么东西——如果有的话——被之前的表述所排除。

与美国—摩洛哥 BIT 一样,美国与埃及以及喀麦隆签署的 BITs 规定,磋商请求必须以书面形式提出。这也是效仿 1983 年之前的 BITs 范本的

---

⑤ 参见第九章第二节第一目、第九章第二节第五目、第九章第二节第六目、第九章第二节第七目。

⑥ 参见第九章第六节、第九章第十一节。

做法。

美国与埃及以及喀麦隆签署的 BITs 针对特定事项规定了进一步的磋商。美国—埃及 BIT 增加了一款,即第 6 条第 2 款,该条款规定,为了评估 BITs 在鼓励投资方面的运作情况,缔约方"应该"每两年进行一次磋商。该条款规定,磋商应当交换有关投资进展的信息与意见。

美国—喀麦隆 BIT 第 6 条第 1 款进一步规定,缔约一方以其国际性利益受到或可能受到缔约另一方采取的关系到前者在后者领土内的国民或公司之投资的法律、法规、行政实践或程序——包括针对投资设立规定的条件——的不利影响为由提出磋商要求的,应当进行磋商。换言之,美国—喀麦隆 BIT 规定,应请求举行的磋商直接针对与投资相关的某些事项,但可能并不直接涉及 BIT 义务。类似的表述也出现于 1981 年和 1982 年范本。

与美国—埃及 BIT 类似的,美国—喀麦隆 BIT 也新增了一款,即关于投资促进的第 6 条第 3 款。喀麦隆试图在 BIT 中针对成立一个正式的联合经济委员会规定一个条款。[7] 美国并未接受该提议,但作为让步,美国同意在第 6 条第 3 款中另行作出规定。该条款规定,为了评估 BIT 在促进与保护投资方面的有效性,磋商"可以在双方间定期进行"。与美国—埃及 BIT 不同,美国—喀麦隆 BIT 没有规定应任何缔约一方请求提出的磋商是强制性的。

美国—摩洛哥 BIT 的磋商条款规定于第 5 条第 1 款,它基本延续了 1984 年范本,但规定磋商请求必须以书面形式提出,并且双方"应当"进行磋商。两项修改也规定于美国与埃及以及喀麦隆签署的 BITs 中。

美国签署的 24 个 BITs 的磋商条款完全遵循了 1984 年、1987 年、1991 年和 1992 年范本中的表述。这些 BITs 是美国与民主刚果、土耳其、格里纳达、刚果、突尼斯、斯里兰卡、捷克、斯洛伐克、阿根廷、哈萨克斯坦、罗马尼亚、俄罗斯、亚美尼亚、保加利亚、吉尔吉斯斯坦、摩尔多瓦、厄瓜多尔、白俄罗斯、牙买加、乌克兰、爱沙尼亚、蒙古、拉脱维亚以及立陶宛签署的。除了美国与民主刚果以及阿根廷签署的 BITs 规定于第 6 条以及美国与捷克和斯洛伐克签署的 BITs 规定于第 12 条,磋商条款在上述其他 BITs 中都规定于第 5 条。

美国签署的另外 10 个 BITs 的磋商条款沿用了 1994 年范本的表述。这些 BITs 是美国与格鲁吉亚、乌兹别克斯坦、洪都拉斯、尼加拉瓜、克罗地亚、

---

⑦ Cameroon BIT submittal letter, at X.

阿塞拜疆、玻利维亚、莫桑比克、塞内加尔以及巴林签署的。除了在美国—克罗地亚 BIT 中规定于第 9 条外，磋商条款在其他上述 BITs 都规定于第 8 条。

美国与特立尼达和多巴哥以及阿尔巴尼亚签署的 BITs 的磋商条款都规定于第 8 条，除了加入"磋商"的标题外，它们与 1994 年范本的表述一致。不过，美国—阿尔巴尼亚 BIT 议定书第一段规定，缔约双方确认它们的共同理解是，各个缔约方"应当像信息提供方那样对待在磋商过程中交换的机密信息与专有信息"。

美国—约旦 BIT 的磋商条款规定于第 8 条，除了插入"磋商"这一标题以及使用"缔约各方"（Contracting Parties）取代"各方"（Parties），它与 1994 年范本的表述一致。

有两个 BITs 完全没有规定磋商条款。美国—巴拿马 BIT 没有规定磋商条款的原因是，争端解决条款已经规定了广泛的磋商义务，因而就没有必要设置单独的磋商条款。美国—乌拉圭 BIT 没有规定磋商条款的原因是，它是以 2004 年范本为基础，而该范本没有规定磋商条款。美国签署的 FTAs 也没有磋商条款。当然，即便没有磋商条款，各方也可以自由地磋商。[8]

美国—智利 FTA 第 10 条第 13 款包含了一个类似磋商条款的以"实施"为标题的条款。它规定各方应当每年举行磋商、评估投资章的执行情况以及讨论双方具有共同利益的任何投资事项，包括增强修订投资措施之程序的透明度。美国—澳大利亚 FTA 第 11.15 条包含了类似条款，据此，各方应当每年举行磋商、评估投资章的执行情况，并且讨论包括各自投资运行体制在内的涉及共同利益的事项。与 BITs 中的磋商条款不同，这些实施条款主要不是用来解决争议，而是为了实施协定。

2003 年年末到 2004 年年初，为了推动保加利亚、捷克、爱沙尼亚、拉脱维亚、立陶宛、波兰、罗马尼亚以及斯洛伐克加入欧盟，美国与这些国家签署的 BITs 都增加了议定书，这些议定书的第 3 段全部删除了磋商条款，并以下列表述予以取代："当缔约一方提出请求时，缔约另一方应当及时同意磋商解决与该条约相关的争议、讨论与条约解释或适用相关的事项。当缔约一方认为有必要采取措施以确保本条约符合《建立欧洲共同体条约》时，缔约另一方应当及时同意进行磋商。"

---

⑧ *See* Gudgeon, *supra* chap. 2, note 66, at 119, n. 58.

如上所述,修约目的是创设能够解决 BITs 与任何欧盟协定规定的义务之间相冲突的机制。

迄今为止,在已经公布的仲裁裁决中,美国签署的 BITs 中的磋商条款均未成为讼争问题。

第二节 权利保留条款

BITs 规定,由于其他协定或法律条款的原因,涵盖投资可以获得较之 BITs 规定的更优惠的待遇。在这种情况下,美国签署的所有 BITs 规定,投资者在其他协定或法律条款项下享有的权利应当获得保留。

1983 年范本第 9 条——标题为“权利保留”——是权利保留条款,它规定,东道国不得废止、损害或减损其承担的三类义务,根据这三类义务,缔约另一方的国民或公司的投资或相关活动有权获得 BITs 在类似情形下规定的更优惠的待遇。这三类义务是:第一,东道国的法律法规、行政实践或程序、行政或司法裁判;第二,国际法律义务;第三,东道国承担的义务,包括投资协议或授权规定的义务。1983 年范本明确规定,无论上述义务是产生于 BITs 生效日之前还是之后,这三类义务所创设的权利都获得保留。这里提及的“国际法律义务”包括那些由习惯国际法与条约国际法创设的义务。提及“国际法律义务”对于第 2 条——规定投资应该获得不低于习惯国际法要求的待遇——规定的一般性要求来说略显多余。[9]

当然,权利保留条款并不是对东道国规定任何确定的义务,以使其向涵盖投资赋予超过 BITs 规定的权利。它只是排除任何这样一种主张,即 BITs 会减少或消灭业已存在的权利。权利保留条款仅适用于那些较之 BITs 在“类似情形”下规定的更优惠的待遇。[10]

权利保留条款也规定于 1984 年范本第 9 条。除为了简洁而做了一些细微的文体修订外,1984 年范本与 1983 年范本的表述实质上是一样的。第一,BIT 开篇就去除了赘语,即把“废止、损害或减损”简洁地规定为“减损”。第二,1984 年范本删除了有关明确规定上述三类义务包括在 BIT 生效日及之后产生的义务的表述。这个道理隐含于该条款中,没有必要另行规定。

---

⑨ 参见第五章第三节第一目。

⑩ 关于这一短语的含义,参见第五章第二节第一目和第五章第六节第一目。

第三，1984 年范本并未明确规定，投资及其相关活动必须是缔约另一方的国民或公司的，因为这一限制已经包含在“投资”定义中。最后，1984 年范本删除了 1983 年范本第 9 条的标题。

1987 年范本、1991 年范本以及 1992 年范本的权利保留条款与 1984 年范本是一样的。它规定于各个范本的第 9 条。

因为增加了规定其他事项的新条款，权利保留条款在 1994 年范本中被转移到第 11 条。除了一些文体性修改，1994 年范本对该条款的两个重要方面的表述也做了修改。

第一，删除了“相关活动”，因为它在 1994 年范本中不再是一个需要界定的术语，并且它也没有出现于范本的其他地方。因此，只有投资才有权利获得权利保留条款的保护。

第二，删除了只保留其他协定在“类似情形”下规定的更优惠待遇的限制性规定。这一限制性短语在这一语境中从来就没有什么意义。这一条款只是确保 BIT 不减损投资根据另一份法律文件已经获得的权利。由于投资本身已经拥有了这些权利，就没有理由规定这些权利只是投资在“类似情形”下拥有的权利。权利保留条款与最惠国待遇或国民待遇条款是不同的，人们在后者中会经常发现“类似情况”的限制性规定，原因是，权利保留条款并不寻求向某一投资给予与另外一个投资所获相同的权利，而只是保留该某一投资本身已经拥有的权利。

1994 年范本修订了权利保留条款，规定它仅适用于“涵盖投资”，而非一般意义上的投资。这一改变贯穿整个 1994 年范本，它只是明确了隐含的内容，即权利保留条款只适用缔约一方的投资者在缔约另一方领土内的投资，而非所有投资。

2004 年范本将权利保留条款移至第 16 条，标题为“不减损”。由于增加了规定其他事项的新条款，该条款的序号发生了变化。2004 年范本明确规定，BIT 不应当减损投资者或涵盖投资有权利享有的更优惠的待遇。之前的范本只提及适用于投资（在有些范本中也提及适用于相关活动）有权利获得的更优惠待遇。不过，2004 年范本的意图从来就不是暗示 BIT 应该被解释为减损投资者有权享有的更优惠的待遇。事实上，整个权利保留条款被认为只是把隐含的内容加以明确化。因此，2004 年范本提及投资者只是在之前范本的基础上澄清了此前范本中的意图。2004 年范本在提及投资协议与投资授权时把二者的顺序做了调整，即把投资授权放在前面，这是一个纯粹文体性的修改。

美国所有的 BITs 伙伴都接受了权利保留条款。有时,出于文体方面的原因,在表述第一类义务时做了两个并不重要的改动。第一个改动是删除了“法律”和“法规”中间的“和”(and)字。第二个改动是删除了“行政性和司法性决定”短语中“行政性”(administrative),原因是行政性决定已经被“行政实践和程序”所涵盖。

美国与喀麦隆、扎伊尔、孟加拉国、海地以及塞内加尔签署的 BITs 的权利保留条款规定于第 9 条,它们遵循了 1983 年范本的规定。

美国与埃及以及巴拿马签署的 BITs 的权利保留条款规定于第 9 条第 1 款,而美国—摩洛哥 BIT 的权利保留条款规定于第 8 条第 1 款,它们也遵循了 1983 年范本的表述。不过,上述 BITs 在权利保留条款中增加了第 2 款,该款规定各 BIT 不应当减损或终止缔约双方之间在该 BIT 生效时存在的已经生效之任何其他协定。该第 2 款曾经规定于 1981 年和 1982 年早期的范本中——这是上述三个 BITs 开始谈判的基础,但它没有出现于 1983 年以及之后的范本中。不过,美国—摩洛哥 BIT 议定书第 8 段把 BIT 的适用限定适用于现行投资,因此只有在“这种适用符合在投资做出时业已获批的协议或合同中的特定条款”时才能适用权利保留条款。[11]

美国签署的 22 个 BITs 完全沿用了 1984 年、1987 年、1991 年和 1992 年范本的表述。这些 BITs 是美国与土耳其、格里纳达、刚果、突尼斯、斯里兰卡、捷克、斯洛伐克、俄罗斯、阿根廷、哈萨克斯坦、罗马尼亚、白俄罗斯、亚美尼亚、保加利亚、吉尔吉斯斯坦、摩尔多瓦、厄瓜多尔、乌克兰、爱沙尼亚、蒙古、拉脱维亚,以及立陶宛签署的,但美国与突尼斯以及俄罗斯签署的 BITs 对标点符号做了细微改动。除了美国与摩尔多瓦、厄瓜多尔、白俄罗斯、乌克兰、拉脱维亚以及立陶宛签署的 BITs 的权利保留条款规定于第 8 条,以及美国—阿根廷 BIT 的权利保留条款规定于第 5 条,上述其他 BITs 的权利保留条款都规定于第 10 条。

美国—波兰 BIT 的权利保留条款规定于第 7 条第 1 款,它采用了 1987 年范本的表述,但扩大了所保留权利的范围,从而涵盖了适用于商业活动以及投资和相关活动的权利。与美国签署的其他 BITs 不同,这一改动是由于这样一个事实,即美国—波兰 BIT 把某些保护扩大适用于与投资无关的商业活动。

---

⑪ 参见第四章第八节。

美国—牙买加 BIT 的权利保留条款规定于第 9 条第 1 款(c)项,它修订了 1992 年范本的表述,据此把投资授权限定为缔约一方的外国投资主管部门赋予的投资授权。

美国与格鲁吉亚、乌兹别克斯坦、洪都拉斯、尼加拉瓜、克罗地亚、阿塞拜疆、玻利维亚、萨尔瓦多签署的 BITs 沿用了 1994 年范本中的表述。除了美国—克罗地亚 BIT 规定于第 12 条,权利保留条款在其他上述 BITs 中都规定于第 11 条。

美国与特立尼达和多巴哥以及阿尔巴尼亚签署的 BITs 的权利保留条款规定于第 11 条,除了加入使用大写英文首字母的"权利保留"标题外,它与 1994 年范本的表述是一样的。美国—约旦 BIT 的权利保留条款规定于第 6 条,除了使用大写英文首字母的"权利保留"标题和以"缔约方"(Contracting Party)取代"当事方"(Party)外,它与 1994 年范本的表述也是一样的。在一个明显印刷错误的地方,用"缔约各方"(Contracting Parties)替代了"当事方"(Party)。

美国—莫桑比克 BIT 的权利保留条款规定于第 11 条,除了"涵盖投资"的表述被"本条约涵盖投资"所取代——这一文体性修改是美国—莫桑比克 BIT 的特色,它与 1994 年范本的表述是一样的。

美国—巴林 BIT 的权利保留条款规定于第 11 条,除了第 11 条(c)项用"包括但不限于"替换了"包括"——这一改动只是把 1994 年范本中隐含的内容明确化,它与 1994 年范本的表述是一样的。

美国—乌拉圭 BIT 的权利保留条款规定于第 16 条,它与 2004 年范本的表述是一样的。

权利保留条款未规定于任何 FTAs 的投资章。

权利保留条款是 *LG&E v. Argentina* 案的讼争焦点,在该案中,阿根廷通过提出管辖权异议的方式提出权利保留问题。仲裁庭认为,由于所保留的权利是投资者而非东道国的权利,因此权利保留条款与仲裁庭的管辖权无关。

第三节　环 境 条 款

2004 年范本引入了新的环境条款,即第 12 条,该条款的标题是"投资与环境"。该条款以 NAFTA 第 1114 条为基础,在 2004 年范本中纳入环境条款是在 BITs 与 FTAs 之间实现协调性的各种努力的组成部分。

第 12 条第 1 款表明缔约各方认识到“通过削弱或降低国内环境法规定的保护鼓励投资是不适当的”。因此,该条款规定,缔约各方应当“努力确保不[以削弱或降低这些法律规定的保护的方式]放弃或减损,或者提出放弃或减损”国内环境法,以此“鼓励在其领土内的投资设立、取得、扩张与保持”。如果缔约一方认为缔约另一方提供了此种鼓励,它可以要求磋商,并且双方“应当进行磋商,以避免使用任何此类鼓励”。

第 12 条脚注解释指出,对美国而言,第 12 条所指的“法律”是指国会制定的法律,或者根据国会制定的法律颁布并由中央层级的政府采取行动予以实施的法规。直言之,第 12 条不适用于为吸引外国投资而根据州或者地方法律实施的削弱环境保护的行为。

如上所述,环境保护条款规定的防止通过削弱环境法以鼓励外国投资的义务是软性的。该义务只是“努力”防止使用此类投资鼓励。该条款确实规定,当缔约一方认为缔约另一方提供此类鼓励并要求磋商时,缔约另一方有义务进行磋商。

根据环境保护条款,缔约各方应当努力避免放弃或减损环境法。因此,该条款没有涉及东道国修订环境法的情形,包括此类修订被视为削弱法律的情形。因此,该条款旨在避免放弃或减损业已生效的环境法。进一步来说,只有被这一最低义务所涵盖的那些削弱和减损法律的行为才构成为吸引或保留外国投资而采取的削弱或减损法律的行为。根据该条款,东道国可以修订其环境法,即便这种修订在某种程度上弱化了环境法,并且是为了创设更具有吸引力的投资环境而采取的。不过,这种表述试图防止东道国向特定投资者或投资提供特殊待遇,而该待遇放弃或减损了普遍适用的环境措施。

第 12 条第 2 款规定,该 BIT 中的任何内容都不应当被解释为阻止缔约一方采取、维持以及实施符合该 BIT,该缔约一方认为这些措施对于确保其领土内的投资活动以一种关注环境关切的方式实施是适当的任何措施。换言之,第 12 条第 2 款只是规定了显而易见的事项。它规定 BITs 不阻止一国采取符合该 BIT 的环境措施。它并没有为该 BIT 增加任何实质内容。“否则”(otherwise)一词可能造成混淆,可以认为,如果删除了该词,则相关文字可以更好地表达该条款所期待的含义。“否则”一词旨在说明,缔约一方可以采取符合任何其他 BIT 条款的环境措施,如果该缔约一方认为这些措施对于确保投资活动以一种关注环境关切的方式实施是适当的。

根据第 2 条第 1 款(c)项,环境条款适用于缔约一方针对其领土内的所有投资,而非只是涵盖投资采取或维持的措施。这是 2004 年 BIT 范本中适用于东道国境内所有投资的三个条款中的一条,另外两个条款是履行要求条款和劳工条款。这些条款的共同之处在于,它们都促进了保护美国投资以外——或者至少除了保护美国投资以外——的其他目标。环境条款旨在促进环境保护,而东道国减损环境法的行动——不管该行动旨在吸引的投资的所有者的国籍为何——将破坏环境保护。环境条款也禁止缔约一方采取某些形优惠待遇吸引投资,比如降低环境标准。对所选定的投资给予优惠待遇自然使涵盖投资处于不利的地境。

主张违反环境条款的诉求既不能根据投资者—国家争端条款提起,也不能根据国家—国家争端条款提起。理由在于,环境条款的主要目的是保护环境而不是保护美国投资者,因而环境条款无意为投资者向东道国提起诉求提供依据。由于 2004 年之前美国签署的 BITs 没有包含环境条款,因此该条款并不被视为削弱了 BITs 对投资提供的传统保护。不仅投资者无法在仲裁中指控东道国为了竞相争取投资而放弃环境标准,东道国也不能在投资者—国家仲裁中抗辩认为,由于它认为某一环境措施对于确保在其领土内的投资活动以一种关注环境关切的方式实施是适当的,因而是被允许的。

美国—乌拉圭 BIT 的环境条款规定于第 12 条,它与 2004 年范本的表述是一样的。

2004 年范本第 12 条的表述与 NAFTA 第 1114 条——后者是前者的基础——的表述非常相似。与 NAFTA 第 1114 条相比,2004 年范本第 12 条两款的顺序是相反的,并且在文字方面也有所差别。NAFTA 第 1114 条第 2 款不同于 2004 年范本第 12 条第 1 款,原因是,NAFTA 使用的是“健康、安全[以及]环境措施”,而不是“环境法”。因此,尽管第 1114 条的题目是“环境措施”,但第 1114 条第 2 款的适用范围更广。就美国而言,第 1114 条第 2 款不只适用于联邦法律,而是适用于任何措施。从某些方面说,NAFTA 使用“措施”(measures)这一术语不尽如人意,原因是,根据第 201 条,该术语系指“任何法律、法规、程序、要求或惯例(practice)”。惯例可能是不一致的。因此,在认定不一致的惯例是否有所缓解时可能会出现概念性问题。NAFTA 第 1114 条第 2 款规定缔约方“不应该”放弃或减损此类措施,这与 2004 年范本是不同的,后者规定缔约一方“应当努力”确保不放弃或减损此类措施。

在表述方面存在的其他差别从本质上说是技术性的,它们反映了这样一个事实,即 NAFTA 是三边而非双边协定,并且与投资有关的义务是一个更大的协定中的一章,而不是一个完整的协定。同时,NAFTA 环境条款提及的是“投资者的”投资,这一表述在 2004 年范本中毫无必要,因为该范本中“投资”的定义限于投资者的投资。在有关 NAFTA 的行政行动声明(Statement of Administrative Action)中,美国声称 NAFTA 第 1114 条第 2 款要适用强制磋商条款,但不适用国家—国家争端条款。[12]

美国与新加坡、智利、摩洛哥、阿曼、澳大利亚、中美洲国家与多米尼加、秘鲁、哥伦比亚签署的 FTAs 的环境条款分别规定于第 15.10 条、第 10.12 条、第 10.10 条、第 11.11 条、第 10.11 条、第 10.11 条以及第 10.11 条。除了使用投资章而非条约外,上述条款与 2004 年范本第 12 条第 2 款的表述是一样的。这些 FTAs 的投资章中没有与 2004 年范本第 12 条第 1 款相对应的条款。2002 年之后美国签署的 FTAs 一般单独设置环境章,以此在环境保护方面对缔约双方规定各种义务,并且至少可以有限地利用国家—国家争端解决条款。这些 FTAs 规定,在投资章与环境章之间出现任何不一致时,优先适用环境章。不过,其意图不是要把环境措施排除在投资章适用之外。例如,东道国采取的歧视性环境措施可能违反投资章中的非歧视条款,这就要求东道国给付赔偿或撤销措施。虽然环境章一般规定环境措施应该获得实施,但它不允许可以制定违反投资章的措施。东道国采取的环境保护措施必须符合投资章项下的义务。

在仲裁实践中,美国签署的 BITs 和 FTAs 中的环境条款只是被做了无关紧要的讨论。在 *S. D. Myers v. Canada* 案中,仲裁员布赖恩·施瓦兹(Bryan Schwartz)指出,诸如 NAFTA 第 1114 条那样的条款被认为只是前后重复或外交辞令,本质上并不是法律条款。不过,他认为,没有必要把第 1114 条看作“空洞的修辞”。[13] 相反,第 1114 条提醒解释者“缔约方同时非常重视环境与开放贸易,应该发现协调这两个目标的途径并且——如有可能——使它们相互支撑”。[14]仲裁裁决没有采纳施瓦兹博士的解释。不过,在撤销程序中,加拿大联邦法院认为,第 1114 条“允许加拿大可以不考虑第十一章而采取正当的措施”,但它指出该案中的措施被仲裁庭认定属于经济保

---

[12] U. S. Statement of Administrative Action, at 145.

[13] Seperate Opinion of Bryan Schwartz, para. 118.

[14] *Id.*.

护主义措施,而非正当的环境措施。[15] 因此,加拿大联邦法庭似乎认为环境条款是环境措施的一个例外。

在 *Metalclad v. Mexico* 案中,仲裁庭作出的认定,即墨西哥拒绝允许建设危险废弃物处理设施违反 NAFTA 第 1105 条,不受环境条款的影响,“该条款允许缔约一方确保投资活动以一种关注环境保护的方式进行”。[16] 仲裁庭认为,墨西哥发放某些联邦许可表明,墨西哥对于该项目符合且关注环境保护关切是满意的。

第四节　劳工条款

2004 年范本新增了劳工条款,即第 13 条,其标题是“投资与劳工”,它以环境条款第 1 款,即第 12 条第 1 款为基础。二者之间的差别实际上是劳工条款提到的是“国内劳工法”而非“国内环境法”。

由此,2004 年范本第 13 条第 1 款规定,缔约双方认识到“通过削弱或降低国内劳工法提供的保护鼓励投资是不适当的”。据此,第 13 条规定,缔约各方“应当努力确保不[以一种削弱或降低第 2 款所指的国际公认的劳工权利的方式]放弃或减损,或者试图放弃或减损”国内劳工法,从而“鼓励在其领土投资的设立、取得、扩张以及保持”。与第 12 条第 1 款的表述一样,第 13 条第 1 款的表述针对的是放弃或减损普遍适用的法律,而非修改法律。如果缔约一方认为缔约另一方提供了此类鼓励,它可以要求进行磋商,并且双方“应当进行磋商以避免采取任何此类鼓励”。第 13 条第 2 款包含脚注 13,该脚注规定,对美国而言,第 13 条所指的“法律或法规”是指国会通过的法律,或者根据国会的法律颁布并且由中央层面的政府采取行动予以实施的法规。

第 12 条第 1 款规定缔约双方努力确保在任何方面都不放弃或减损国内环境保护法,而第 13 条第 1 款规定,只有在放弃或减损国内劳工法会削弱了对国际公认的某些劳工权利的遵守时,缔约方才应当努力确保不放弃或减损国内劳工法。第 13 条第 1 款寻求维护的并非所有的劳工法,而只是那些保护国际公认的劳工权利的劳工法。因此,第 13 条第 2 款把“劳工法律”界

---

⑮ *Attorney General of Canada v. S. D. Myers, Inc.* ,2004 F. C. 38 at para. 30.

⑯ Award, para. 98.

定为是指任何缔约方制定的与国际公认的特定劳工权利直接相关的法律或法规。这些特定权利是指结社权;组织权与集体谈判权;禁止使用任何形式的强迫或强制劳动、青少年和儿童的劳动保护,包括儿童用工的最低年龄、禁止与消除更恶劣的儿童用工形式,以及在最低工资、工作时间、职业安全与健康方面的可接受的工作条件。第13条只规定了非常软性的义务,即有义务“努力”确保对于国际公认的劳工权利的遵守不被削弱。

根据2004年范本第2条第1款(c)项,劳工条款适用于缔约一方针对其领土内的所有投资,而不只是涵盖投资采取或维持的措施。这是2004年BIT范本中适用于东道国领土内所有投资的三个条款中的一条,另外两个条款是履行要求条款和环境条款。这些条款的共同之处在于,都促进保护美国投资以外的其他目标。劳工条款旨在促进劳工权利,它们会由于东道国减损劳工法而受到损害,不论东道国试图鼓励的投资来自哪个国家。这些条款也反对缔约一方使用某些优惠待遇吸引投资,比如降低劳工标准。向被选定的投资提供优惠待遇自然会让涵盖投资处于不利的境地。

有关东道国违反劳工条款的诉求既不能根据投资者—国家争端条款,也不能根据国家—国家争端条款提出。理由是,最终而言,劳工保护条款的主要目的是保护劳工权利,而不是保护美国投资者,因而缔约方无意让劳工条款成为投资者向东道国主张诉求的依据。由于2004年之前美国签署的BITs中并没有包含劳工条款,因此该条款不会被认为削弱了传统BIT为投资提供的保护。

美国—乌拉圭BIT的劳工条款规定于第13条,它与2004年范本的表述是一样的,除了该BIT增加了一款,即第13条第3款,该第3款直接效仿了2004年范本第12条第2款。第13条第3款规定,BIT中的任何内容都不应当解释为阻止缔约一方采用、维持或者实施符合BITs的,该缔约一方认为对于确保其领土内的投资活动以一种关注劳工关切的方式实施是适当的任何措施。换言之,第13条第3款只是规定了显而易见的事项,即BIT不禁止符合它的法律。它并没有为BIT增加实质的内容。

劳工条款没有出现于NAFTA投资章以及美国与新加坡、智利、摩洛哥、阿曼、澳大利亚、秘鲁、哥伦比亚以及中美洲国家与多米尼加签署的FTAs。2002年之后美国签署的FTAs一般设立单独的劳工章,据此在保护劳工权利方面对缔约方规定各种义务,并且至少可以有限地利用国家—国家争端条款。这些FTAs规定,在投资章与劳工章间出现冲突时,劳工章优先适用。

不过,这并不意味着要把劳工法排除在投资章适用之外。正如 2002 年以后美国签署的 FTAs 的环境章那样,一个国家采取的保护劳工措施可能违反了投资章,这要求东道国要撤销措施或者向受有损害的投资者支付赔偿。直言之,东道国采取保护劳工权利措施必须符合投资章项下义务。

在任何已经公布的仲裁裁决中,美国签署的 BITs 中的劳工条款均未成为讼争问题。

第五节 最后条款

BITs 的最后条款涉及 BITs 的生效方式、生效期间以及终止方式。一些 BITs 也明确规定了修改条款。

1983 年范本第 13 条——标题是"生效、期间和终止"——规定条约"应当由[缔约各方]批准"并且应当尽快交换"批准"(ratifications)。条约自双方交换批准之日起 30 后生效。这与现代 FCNs 的做法是一样的。[17]

BIT 的第一个生效期为十年,十年期结束时任何缔约一方都可以予以终止。终止经由缔约一方向另一方发出的书面通知一年后生效。因此,为确保 BIT 在十年期结束时终止,缔约一方必须在不迟于第九年结束时向另一方发出通知。在十年期间届满后,除非被终止,否则 BIT 将确定地继续生效。

条约的生效期间与终止条款旨在为投资者提供投资者可以利用已经生效的 BITs 条款的最短期间。这些条款与现代 FCNs[18] 以及两次世界大战期间签署的 FCNs[19] 给予投资者的保护是一致的,尽管两次世界大战期间签署的某些 FCNs 规定的首次生效期只有短短的一年。[20]

在任何缔约一方发出终止通知的情况下,第 13 条进一步规定,对于在 BIT 终止适用日期在 BIT 开始适用之前已经做出或取得的投资,BIT 中的所

---

[17] *See*, *e. g.*, Japan FCN, *supra* chap. 4, note 42, Art. XXV (1); Greece FCN, *supra* chap. 4, note 42, Art. XXVIII(1); Netherlands FCN, *supra* chap. 5, note 4, Art. XXVII(1).

[18] *See*, *e. g.*, Japan FCN, *supra* chap. 4, note 42, Arts. XXV (2) and (3); Greece FCN, *supra* chap. 4, note 42, Arts. XXVIII(2) and (3); Netherlands FCN, *supra* chap. 5, note 4, Arts. XXVII(2) and (3).

[19] *See*, *e. g.*, 1925 Estonia FCN, *supra* chap. 4, note 40, Art. XXIX; 1926 El Salvador FCN, *supra* chap. 4, note 38, Art. XXVIII.

[20] *See*, *e. g.*, 1934 Finland FCN, *supra* chap. 4, note 40, Art. XXXII.

有其他条款应当自终止之日起继续生效十年。这一条款确保在条约生效若干年后设立或取得投资的国民或公司至少在十年内仍然可以享有条约提供的保护。

1983 年范本第 13 条没有把条约终止后的投资保护限定于该投资应当是投资者在 BIT 首次十年生效期内或者在条约终止通知发出前已经做出或取得。只要投资者在可适用的 BIT 终止前已经做出或取得投资,投资者就有权从条约终止之日起再获得十年的保护。因此,在首次十年保护期开始后的第二天取得投资的投资者有权获得十年的保护,外加条约终止后另一个为期十年的保护。通过为所有涵盖投资规定统一的终止时间点,BITs 避免造成新的获得更长时间之条约保护的投资者类别,从而简化了条约管理。

除了两个地方外,1984 年范本的最后条款——第 12 条——与 1983 年范本的规定是一样的。第一,用从技术上说更准确的“批准书”(instruments of ratification)代替“批准”(ratifications)一词。第二,1984 年范本没有规定缔约方尽快交换批准书。这就要求对第 12 条包含的各款进行重新编号,这导致 1984 年范本存在一个技术性错误。1984 年范本第 12 条第 1 款指的是“根据本条第 3 款”终止条约。然而,重新编号的结果是,1984 年范本中规定条约终止方法的是第 2 款,而不是像在 1983 年范本中是第 3 款。1984 年范本也删除了 1983 年范本中各条款之前的所有标题。

1987 年范本的最后条款规定于第 13 条第 1 款至第 3 款。除了修正前述技术性错误外,1987 年范本的表述与 1984 年范本是一样的。

1991 年范本的最后条款规定于第 13 条第 1 款至第 3 款,它与 1987 年范本的表述是一样的。

1992 年范本的最后条款规定于第 13 条第 1 款至第 3 款,它与 1987 年、1991 年范本的表述是一样的。

由于增加了规定其他事项的新条款,1994 年范本的最后条款序号被编为第 16 条。在条约生效后“做出”(made)的投资被修改为条约生效后“设立的”(established)的投资,这一改动没有实质内容,它旨在使协定在文体方面保持一致。第 16 条第 1、2 款也被做了几处没有实质内容的文体性修改。

1992 年范本第 13 条第 3 款,即展期条款在 1994 年范本中被做了修正,据此第 3 款不再适用于有关“扩大适用于涵盖投资的设立或取得”的相关规定。由此,投资者设立或取得投资的权利在条约终止后就不会延续。这极大地减少了展期期间内的条约权利。但同时,涵盖投资的扩大会继续受到保护，不论这一扩大是否通过再投资、收购或兼并而发生。与整个条款发生的改动一致地，在条约终止前“做出”的投资也被改为在条约终止前“设立”的投资，这一改动没有实质内容。

1994年范本把“投资”改为“涵盖投资”。这一改变贯穿于整个1994年范本，它只是明确了一个此前隐含的事项，即条约一般适用于缔约一方的投资者在缔约另一方领土内的投资，而非全部投资。该条款还被做了其他几处没有实质效果的文体性修改。1994年范本在1998年被做了修订，通过把第16条第2款中的“treaty”首字母改成大写从而更正了一个印刷错误。

2004年范本把最后条款放在第22条，它的标题是“生效、期间和终止”。涉及生效的第1款被做了文体性修订。新的表述规定该BIT在“缔约方”交换批准书“之日”，而非“交换”批准书“之日”后30天生效。在规定“条约应当在头一个十年期届满后继续生效(continue in force)”的句子中，在“force”之后插入了“thereafter”(此后)一词。第22条第1款中规定条约应当适用于条约生效时业已存在以及此后设立或取得的涵盖投资的句子被删除了，但该句的实质内容被纳入第1条的“涵盖投资”定义中。由此，在2004年范本中，“涵盖投资”的定义规定，其包括“本条约生效时业已存在以及此后设立、取得或扩大的”投资。这一改动只是体现了这样一种认识，即该表述处理的是条约适用范围问题，而非条约生效、期间或终止问题，因而放在其他地方更为恰当。除删除了“ten-year”这一短语之间的连字符外，该条款的其余内容没有发生变化。

美国与孟加拉国、海地签署的BITs的最后条款规定于第13条，它们都采纳了1983年范本的表述。除了少量细微的文体性修改，包括使用“批准书”这一术语，美国—埃及BIT的最后条款，即第13条基本沿用了1983年范本的规定。

除了提及“批准书”外，美国—巴拿马BIT的最后条款，即第13条沿用了1983年范本的表述。另外，第13条第4款明确规定，在条约终止后再获得十年期保护的投资包括在该BIT生效时已经存在的投资。这一明文表述只是明确了范本的含义。

美国—摩洛哥BIT的最后条款规定于第10条，它对1983年范本做了若干不影响实质内容的修订。例如，第10条第1款规定BIT“应当由缔约各方根据其宪法程序加以批准”。1983年范本的言下之意是，批准应当符合缔约各方的宪法。

美国—摩洛哥 BIT 第 10 条中最值得注意的修改是,它明确了条约修正条款。该 BIT 第 10 条第 5 款规定,“在初步交换外交照会后”,经 BIT 双方一致同意可以对条约做出修订,并且这些修订内容应该与最早条约条款一样“在宪法性条件基础上”生效。虽然没有 BIT 谈判文本提及 BITs 修订程序,但《维也纳条约法公约》[21]——美国没有批准但认为该公约在许多方面宣示了习惯国际法[22]——规定了条约修订问题。美国与塞内加尔、土耳其以及特立尼达和多巴哥签署的 BITs 针对条约修订问题做了类似规定。

美国—喀麦隆 BIT 的最后条款规定于第 13 条,它对 1983 年范本做了一些值得注意的修改。第一,美国—喀麦隆 BIT 规定条约“应当进行批准”,这明确了 1983 年范本中有关规定 BIT“应当被批准”的表述的意图。第二,美国—喀麦隆 BIT 把条约生效日期规定为“缔约双方彼此通报完成各自国家批准条约所必要的宪法程序之日 30 天后”。尽管美国将条约生效日理解为交换批准书后 30 天,[23]但随着该条约于 1989 年 4 月 6 日生效,有关其含义的任何问题都被认为是没有意义的。

不过,美国—喀麦隆 BIT 的一个非常重要的修改涉及 BIT 的生效期间。与喀麦隆针对 1982 年范本提出的建议一致地,该 BIT 第 13 条第 3 款规定“除非缔约一方在第一个十年期届满前一年书面通报缔约另一方其有意终止条约,否则条约应当被默示同意顺延另一个十年期”。因此,一旦美国—喀麦隆 BIT 经过九年并且没有任何终止通知,那么投资者可以再获得为期十年的保护,条约在此期间不会被终止。当然,与所有 BITs 一样,即使在 BIT 终止后,投资者也将继续再获得为期十年的保护。

美国—民主刚果 BIT 的最后条款——第 13 条——基本沿用了 1983 年范本的表述,区别在于,与美国—喀麦隆 BIT 一样,它也规定 BIT 应当进行批准,并且应当交换批准书。民主刚果也使用“解约”(denunciation)一词来指代条约终止。

美国—塞内加尔 BIT 的最后条款规定于第 13 条,它基本沿用了 1983 年范本的表述。该 BIT 规定,BIT 应当“根据缔约各方适当的宪法程序”进行批准,并且应当尽快交换批准书。与美国和摩洛哥、土耳其、特立尼达和多巴哥签署的 BITs 一样,美国—塞内加尔 BIT 也规定了 BIT 修正问题。根据

---

[21] U. N. Doc. A/CONF. 39/27(1969),8 *Int'l Leg. Mat.* 679(1969).

[22] *See* Treaty Protection, *supra* chap. 5, note 82, at 64, note 4.

[23] Cameroon BIT submittal letter, at XI.

第 13 条第 4 款,任何缔约一方"可以通过外交途径,以书面形式向缔约另一方提出修订建议"。修订"一经双方一致同意就"应当生效。

美国—格里纳达 BIT 的最后条款规定于第 12 条,它沿用了 1984 年范本的表述,包括款项编号方面的错误。

美国—土耳其 BIT 的最后条款规定于第 12 条,它基本沿用了 1984 年范本的表述,纠正了款项编号方面的错误。与美国与摩洛哥、塞内加尔、特立尼达和多巴哥签署的 BITs 一样,美国—土耳其 BIT 也明确针对条约修订做了规定。根据第 12 条第 3 款,BIT 可以经双方书面一致同意后修订。任何修订应当自缔约一方向缔约另一方通报其已经完成所有让修订生效所需要的"国内程序"时生效。

美国—刚果 BIT 的最后条款规定于第 13 条,它采用了 1987 年范本的规定。

美国—波兰 BIT 的最后条款规定于第 14 条,它总体上沿用了 1987 年范本的规定。与 1983 年范本一样,它规定条约"应当经过批准"。同时,它也规定应当在华沙交换批准书,这是唯一规定批准书交换地点的 BIT。美国—波兰 BIT 与美国的 BIT 范本及其签署的其他 BITs 之间的不同之处还在于,它只对通知条约终止之日,而不是条约终止之日前做出或取得的投资再提供为期十年的保护。最后,美国—波兰 BIT 也为通知条约终止之日前已经从事的商业活动再提供为期十年的保护。与美国签署的其他 BITs 不同,美国—波兰 BIT 把这种保护扩大到与投资无关的商业活动。

美国—突尼斯 BIT 的最后条款规定于第 3 条第 1 款至第 3 款,它沿用了 1987 年范本的表述。正如第四章第八节讨论的,美国—突尼斯 BIT 修改了对现存投资的适用问题。

美国与斯里兰卡、哈萨克斯坦签署的 BITs 的最后条款都规定于第 13 条第 1 款至第 3 款,它们沿用了 1991 年范本的表述。美国与捷克、斯洛伐克、阿根廷签署的 BITs 的最后条款都规定于第 14 条第 1 款至第 3 款,它们沿用了 1991 年范本的表述。

美国—俄罗斯 BIT 的最后条款规定于第 13 条,除了把"做出或取得"(made or acquired)的投资简化为"做出"的投资,它与 1991 年范本的表述是一样的。因为做出一项投资意味着注入资本以取得现有资产,"做出"投资足够宽泛到包含取得现有资产。因而,"取得"(acquired)一词因其多余而被删除。

美国签署的 13 个 BITs 沿用了 1992 年范本的表述。这些 BITs 是美国与亚美尼亚、罗马尼亚、保加利亚、吉尔吉斯斯坦、摩尔多瓦、厄瓜多尔、白俄罗斯、牙买加、乌克兰、爱沙尼亚、蒙古、拉脱维亚以及立陶宛签署的。除了美国与亚美尼亚、吉尔吉斯斯坦、牙买加、蒙古签署的 BITs 的最后条款规定于第 13 条第 1 款至第 3 款,上述其他 BITs 的最后条款均规定于第 12 条第 1 款至第 3 款。

美国签署的 6 个 BITs 沿用了 1994 年范本的表述,即美国与格鲁吉亚、乌兹比克斯坦、洪都拉斯、尼加拉瓜、阿塞拜疆、玻利维亚签署的 BITs,但只有美国—玻利维亚 BIT 正确地把 1994 年范本第 16 条中的"treaty"英文首字母更正为大写。这些 BITs 的最后条款均规定于第 16 条第 1 款至第 3 款。

美国—特立尼达和多巴哥 BIT 的最后条款规定于第 16 条第 1、3 款以及第 4 款,除了在第 16 条开头插入使用大写英文首字母的"生效、期间、修订和终止"标题,它沿用了 1994 年范本的表述。新的第 16 条第 2 款规定"本条约可以经双方同意后修订"。美国与摩洛哥、塞内加尔、土耳其签署的 BITs 也针对条约修正做了规定。

美国—阿尔巴尼亚 BIT 的最后条款规定于第 16 条第 1 款至第 3 款,除了插入使用大写英文首字母的"生效、期间和终止"标题外,它沿用了 1994 年范本的表述。

美国—克罗地亚 BIT 的最后条款规定于第 17 条第 1 款至第 3 款,除了两处修订,它沿用了 1994 年范本的表述。第一,该协定第 17 条第 1 款规定应当"通过外交途径"交换批准书。第二,该协定第 17 条第 2 款规定应当"通过外交途径"发出终止条约的书面通知。两处修改与 1994 年范本的意图均不矛盾。

美国—约旦 BIT 的最后条款规定于第 16 条第 1 款至第 3 款,除了插入使用大写英文首字母的"生效、期间和终止"标题以及用"缔约方"(Contracting Party)替换"当事方"(Party),它与 1994 年范本的规定是一样的。

美国与萨尔瓦多、巴林签署的 BITs 的最后条款规定于第 16 条,它与在 1998 年修改后的 1994 年范本是一样的。

美国—莫桑比克 BIT 的最后条款规定于第 16 条第 1 款至第 3 款,除了"涵盖投资"由"本条约涵盖投资"所取代——这是一个具有莫桑比克特色的文体性修改,它基本沿用了在 1998 年修改后的 1994 年范本。因为"投资"

被修改为单数,所以第 16 条第 1 款出现了语法错误,但这并不影响条款的实质内容。

除了一处细微的文体性修改,美国—乌拉圭 BIT 的最后条款——规定于第 22 条——与 2004 年范本的表述是一样的。2004 年范本规定条约应当自“缔约方交换批准书”后 30 日生效,而美国—乌拉圭 BIT 将前述引号内的表述替换为“交换批准书”。因而,在这方面,美国—乌拉圭 BIT 让人想起了 1994 年范本。

FTAs 的最后条款规定于各协定的单独一章,而不是在投资章中。不过,FTAs 的最后条款与 BITs 的最后条款之间有很大的不同,原因是,FTAs 没有规定十年的初始保护期。它们也没有包含展期条款,据此确保为投资在条约终止后再给予为期十年的保护。相反,典型的 FTAs 规定,协定在缔约一方发出终止通知六个月后即生效。因此,在所提供的保护期间方面,FTAs 明显弱于 BITs。

在现有仲裁裁决中,美国签署的 BITs 和 FTAs 的最后条款均未成为讼争问题。

第十二章　BIT 中的特别条款

许多 BITs 包含一些从来没有纳入 BIT 范本的条款，但它们被插入这些 BITs 是为了处理那些协定产生的特殊关切。这尤其体现在美国与东欧国家以及苏联谈判签署的 BITs 中，在这些国家，向市场经济转型产生了它们所特有的关切。不过，在其他 BITs 中也会发现特别条款。本章描述美国签署的 BITs 中的某些特别条款。

第一节　相关活动的待遇

美国—波兰 BIT——美国与转型经济体签署的第一个 BIT——第 2 条第 8 款处理了美国投资者在东欧的非市场经济体从事商业活动时始终会遇到的一系列非常具体的问题。这些问题往往产生于这样一个事实，即国家控制了外国投资经营所必要的许多服务。即使外国投资获得许可，它也可能成为国家官员的歧视性行为的受害者。

该 BIT 第 2 条第 8 款要求，在进行投资以及涉及十一类事项的与投资相关的活动方面，各缔约方应该向缔约另一方的国民或公司提供最惠国待遇或国民待遇中的更优者。这一规定尤其旨在确保美国投资者在转型经济体中能够获得与国有公司相同的待遇。①

这十一类事项为：(1) 授予特许经营权或者许可项下权利；(2) 注册、执照、许可证以及其他为开展商业活动所必要的批准的发放；(3) 金融机构与信用市场准入；(4) 这些国民或公司在金融机构所持有之资金的使用；(5) 进口与安装正常开展商业事务所必要的设备，包括但不限于办公器材和汽车，以及出口以此方式进口的任何设备与汽车；(6) 传播商业信息；(7) 开展市场

---

① 1992 hearings, *supra* chap. 2, note 67, at 32.

调研;(8)任命商事代理,包括代理商、顾问和分销商以及他们参与贸易展销与推广活动;(9)商品和服务的分销,包括通过内部分销和市场营销,以及与公司和个人直接联系;(10)以非歧视的价格——如果价格是由政府确定或控制的话——使用公共设施、公共服务以及商业租赁区域;(11)以非歧视的价格——如果价格是由政府确定或控制的话——利用原材料、投入要素以及各种形式的服务。

该条款为外国投资提供的保护是有限的,这是因为这种保护整体上说是根据相对标准来衡量的。直言之,波兰只是被要求在这些事项方面避免采取歧视性做法。有关注册、执照、许可证以及其他为开展商业活动所必要的批准的发放是一个例外。第 2 条第 8 款(c)项也针对这个行为规定了绝对标准,即要求这些发放行为应当“迅速”完成。该条款为外国投资提供的保护也是有限的,这是因为它要受限于任何缔约一方有权针对附件所列的部门或事项制定或维持的例外。针对附件所列部门或事项,美国—波兰 BIT 同时允许最惠国待遇例外与国民待遇例外,但最惠国待遇例外只有在附件作出明确规定情况下才会被允许。

美国—波兰 BIT 第 2 条第 9 款规定,在销售、承诺销售及取得股票和其他证券方面,任何缔约一方应当向缔约另一方的国民或公司给予非歧视待遇。然而,享有最惠国待遇与国民待遇的权利受限于缔约一方针对附件所列部门或事项制定或维持的例外措施。

第 2 条第 9 款也要求波兰为美国国民和公司取得任何由政府拥有但正在私有化过程中获得的利益提供最惠国待遇。这项权利不受缔约一方针对附件所列部门或事项制定或维持的例外措施的限制。

继美国—波兰 BIT 后,美国以 1991 年范本或 1992 年范本为基础,与转型经济体签署的一些 BITs 扩大了“相关活动”的含义。事实上,这些扩大版的清单在那些条约中发挥作用的方式与那些以 BIT 范本为基础的清单是一样的,而正如在下文中看到的,一些 BITs 只是加长了最早的清单,但另一些 BITs 则在两款中分别设置清单。这些不同的做法并没有产生实质性的影响。也正如下文中看到的,清单在不同的 BITs 中略有不同。由于清单只是说明性的,那些差异总的来说并不重要。

美国—捷克 BIT 和美国—斯洛伐克 BIT 沿用了美国—波兰 BIT 的表述,这两个 BITs 在第 2 条第 10 款规定了另外一份活动清单,这些活动被视为 BIT 意义上的“相关活动”。该清单与美国—波兰 BIT 中的清单几乎是一样的,尽管它在第八项明确提及了“广告”。值得注意的是,它在提及“注册、执照、许可以及其他批准”之后也包含了一个附带性规定,即“无论如何应当迅速发放”。因此,美国—波兰 BIT 第 2 条第 8 款(c)项规定的绝对义务也规定于美国—捷克 BIT 和美国—斯洛伐克 BIT 共同第 2 条第 10 款。同样的清单也规定于美国与亚美尼亚、保加利亚以及吉尔吉斯斯坦签署的 BITs 的共同第 2 条第 10 项,以及美国与摩尔多瓦、白俄罗斯、乌克兰、爱沙尼亚、拉脱维亚以及立陶宛签署的 BITs 的共同第 2 条第 11 款。

美国—哈萨克斯坦 BIT 第 2 条第 10 款采用了美国—捷克 BIT 和美国—斯洛伐克 BIT 中的规定绝对义务的清单,但增加了一项:使用当地和外国货币为商品和服务支付款项。

美国—罗马尼亚 BIT 沿用了美国—哈萨克斯坦 BIT 中的清单。不过,美国—罗马尼亚 BIT 不是在第 2 条中设立新的一款,而只是把该清单加到对“相关活动”的界定中,这一界定是从 1992 年范本第 1 条第 1 款(e)项中借鉴来的,这一做法似乎是一种文体上的改进。“相关活动”是否被列入一个或两个清单并没有实质性的差别。

美国—俄罗斯 BIT 沿用了美国—罗马尼亚 BIT 的做法,在第 1 条第 1 款(e)项“相关活动”的定义中增加了对相关活动的列举。除细微变化外,这一列举与美国与哈萨克斯坦、罗马尼亚签署的 BITs 中的列举是类似的。然而,其中的两项,即使用公共设施、公共服务以及商业租赁区域以及利用原材料、投入要素以及服务,被移至该 BIT 的议定书第 3 段。

“相关活动”这一术语在 1994 年范本中被删除了,因此,以 1994 年范本或 2004 年范本为基础签署的 BITs 中没有出现扩大版的相关活动清单。

第二节 投资促进

为了帮助美国投资者充分获得美国—波兰 BIT 项下利益,在一份换文中,波兰同意在条约签署日指定该国外国投资局的副局长在投资及相关活动方面为美国投资者提供协助。副局长以“政府协调者和问题解决者”的身份为投资者在注册、许可、非歧视性地利用设施以及其他事项方面遇到困难时提供服务。副局长办公室也提供包括以下在内的服务:现行商业与投资法律信息;此类法律的拟定变化、投资项目以及融资渠道信息;在国家和地区层面与波兰政府部门进行协调以促进投资及解决争端;为投资者在把利润汇回母国及外汇兑换方面遇到的困难提供协助。对于转型经济体来说,设置此类办公室的原因是,从计划经济向市场经济转型中会发生不胜枚举的变动和不确定。

类似地,记载日期为 1991 年 10 月 22 日的换文记录了捷克和斯洛伐克有意指定一个机构以确保美国投资者可以充分获得条约项下的利益。与美国—波兰 BIT 附带的换文相反,该换文没有规定设立此类机构的确切承诺。该机构的拟定功能与美国—波兰 BIT 项下为波兰外国投资局副局长设定的功能是类似的。不过,美国—捷克 BIT 和美国—斯洛伐克 BIT 没有提及将为投资者在把利润汇回母国和外汇兑换方面遇到困难提供协助作为该办公室的职能之一。美国—捷克 BIT 和美国—斯洛伐克 BIT 使用的也是"利用设施",而非"非歧视地使用设施"。

美国—罗马尼亚 BIT 在签署之日附带了一份换文,据此罗马尼亚同意指定一个办公室协助美国国民和公司充分获得条约项下的利益。与美国—波兰 BIT 附带的换文不同,美国—罗马尼亚 BIT 附带的换文没有规定办公室的地点。不过,规定办公室职能的措辞与美国—波兰 BIT 所附带换文中的规定非常相似,虽然在提及使用设施时再次删除了"非歧视"一词。美国与保加利亚、摩尔多瓦、白俄罗斯以及乌克兰 BITs 在签署 BITs 时都附带签署了换文,它们与美国—罗马尼亚 BIT 附带的换文几乎是一样的。

美国—哈萨克斯坦 BIT 没有附带类似的换文。不过,1992 年 6 月 8 日,即在该 BIT 签订后不到三周,哈萨克斯坦设立了国家外国投资局(National Agency for Foreign Investment),该局被赋予有权履行在美国与其他转型经济体签署的 BITs 中规定的监督办公室的许多职能。尽管美国—哈萨克斯坦 BIT 没有要求设立全国外国投资局,但美国的谈判人员认为 BIT 谈判是设立该机构的一个促进因素。

美国—摩洛哥 FTA 附带有一份记载日期为 2004 年 6 月 15 日的补充条款,在其中,美国贸易代表罗伯特·佐利克(Robert Zoellick)指出了在相关州制定的影响投资的措施方面两国政府可以进行合作的领域,包括美国有意向摩洛哥提供技术协助的领域。合作与技术协助的目标是促进落实投资章,并且为摩洛哥私有部门在了解美国的商业机会以及美国相关州采取的措施如何影响这些机会方面提供支持。根据资金情况,合作将包括确定对于摩洛哥的私有部门具有利益的具体投资部门和州;针对美国在这些投资部门和州提供的商业机会为摩洛哥的公司提供辅导；针对在被确定的部门与州存在的影响投资的措施为摩洛哥的公司提供辅导。

第三节　BIT 与 FCN 的关系

美国—阿根廷 BIT 的议定书第 7 段处理了美国—阿根廷 BIT 与 1853 年美国—阿根廷 FCN 之间的可能冲突问题。它规定，当两个条约发生任何冲突时，应当由 BIT 决定。这只是国际法上的一般规则的具体适用，根据《维也纳条约法公约》第 30 条，在同样的缔约国签署的条约间发生冲突时，应当优先适用在后签订的条约。

1853 年美国—阿根廷 FCN 从属于美国—阿根廷 BIT 的一个实际效果是，它解决了 1853 年 FCN 在美国谈判其他 BITs 方面造成的问题。具体来说，1853 年 FCN 第 9 条规定阿根廷国民在美国拥有不动产方面享有国民待遇，这是美国签署的条约中唯一这么规定的条款。不过，美国 50 个州中有许多州针对外国人拥有不动产已经通过立法做了限制。如果某一 BIT 在拥有不动产的权利方面向缔约另一方的国民给予最惠国待遇，这些国民就会取得国民待遇，从而可能导致该 BIT 与相关州设定的某些限制之间发生冲突。因此，美国在签署 BITs 时纳入了把拥有不动产排除在一般最惠国待遇之外的表述。

美国—阿根廷 BIT 的议定书第 2 段明确保留了缔约双方有权在拥有不动产方面规定国民待遇例外。据此，它推翻了在 1853 年 FCN 中做出的在拥有不动产方面享有国民待遇的保证。就像阿根廷人无权再享有国民待遇一样，其他国家的人也无法通过它们缔结的 BITs 中的一般最惠国待遇获得这种权利。这就消除了 BITs 中的最惠国待遇表述与各州对拥有不动产设定的限制之间的潜在冲突。与此同时，它也使美国没有必要把拥有不动产排除在其签署的其他 BITs 的一般最惠国待遇条款之外。它也减少了 1853 年 FCN 与美国许多州的法律之间的潜在冲突。然而，在外国人取得土地所有权方面，为了避免 BITs 和州规定的限制之间的潜在冲突，BITs 仍然必须把拥有不动产排除在享有国民待遇的权利之外，而它们在附件中也是继续这样做的。

第四节 BIT 和 FTA 的关系

美国与五个国家既签订了 BITs 又签订了 FTAs。在美国与这些国家中，相关的两个条约之间的关系也不尽相同。

美国与约旦以及巴林签署的 FTAs 不包含投资章。

美国—摩洛哥 FTA 第 1.2 条第 3 款规定，投资者—国家争端解决条款和国家—国家争端解决条款自该 FTA 生效之日起应当中止适用。然而，根据第 1.2 条第 4 款，对于在该 FTA 生效时已经被 BIT 所涵盖的投资，或者在该 FTA 生效前已经产生并且可以诉诸投资者—国家或国家—国家争端解决的争端，这两个争端解决条款在十年内不应当被中止。最后，根据第 1.2 条第 5 款，当该 FTA 终止时，应当恢复执行 BIT 中的争端解决条款。

美国—中美洲国家—尼加拉瓜 FTA 是美国同已经与其签订了 BITs 的两个国家签订的，这两个国家是尼加拉瓜和洪都拉斯。正如本书第三章第三节第二目指出的，在美国—中美洲国家—尼加拉瓜 FTA 生效时，美国—尼加拉瓜 BIT 还没有收到参议院提出的意见与给予的批准同意，该 BIT 在参议院没有采取行动的情况下将退回给总统，因而它将是一个有缺陷的条约。

美国—洪都拉斯 BIT 在美国—中美洲国家—尼加拉瓜 FTA 签署之前已经生效。因此，在美国—中美洲国家—尼加拉瓜 FTA 签署时附带了一份日期记载为 2004 年 8 月 5 日的换文，在该换文中美国与洪都拉斯同意，在 2006 年 4 月 1 日美国—中美洲国家—尼加拉瓜 FTA 在美国与洪都拉斯之间生效时，美国—洪都拉斯 BIT 中的投资者—国家和国家—国家争端解决条款应当根据美国—摩洛哥 FTA 规定的同样条件中止适用，包括当该 FTA 终止时美国—洪都拉斯 BIT 中的投资者—国家和国家—国家争端解决条款恢复适用。

根据美国—摩洛哥 FTA 以及——就洪拉斯而言——美国—中美洲国家—尼加拉瓜 FTA 的做法，在该 FTA 生效前已经做出投资的投资者在十年内可以继续利用美国—洪都拉斯 BIT 中的投资者—国家争端解决条款，他们还有权——如果他们愿意——援引该 FTA 中的投资者—国家争端解决条款。不过，如果争端是在该 FTA 生效之后发生，那么只能选择该 FTA 的投资者—国家争端解决条款。[②]

第五节　贸易促进

美国—波兰 BIT 第 3 条实际上是针对商业活动待遇的诸条款的集合。这些条款中一些与第 2 条针对投资规定的条款是类似的。第十二章第六节对此进行了分析。本节讨论第 3 条中的其余部分条款,这些条款在贸易促进方面对缔约方规定了某些义务。

第 3 条第 1 款规定,任何缔约一方应该鼓励其国民或公司参与在缔约另一方领土内举办的贸易促进活动,比如交易会、展示会、代表团以及研讨会。该条款也规定缔约各方应鼓励缔约另一方的国民或公司参与其领土内举办的贸易推广活动。

为了促进缔约另一方的国民或公司参与贸易推广活动,第 3 条第 1 款规定,缔约各方应当允许以零关税进口与再出口用于贸易活动推广活动的所有商品。不过,这一义务是有限的,因为该条款明确规定这一义务要适用缔约各方的法律。换言之,任何缔约一方都可以通过颁布国内法消除这种义务。免关税进口与再出口的权利也适用一个但书条款,即商品不得出售或转让。

作为进一步的促进货物与服务贸易的措施,第 3 条第 2 款规定,在所列特定事项方面,任何缔约一方在缔约另一方的国民或公司开展商业活动时应该给予非歧视待遇。该条款的表述沿用了针对投资及相关活动规定同样权利的类似条款[③]的表述。这一获得非歧视待遇的权利要受到缔约各方针对附件所列部门或事项中的任何一个所制定或维持的例外措施的限制。

为第 3 条计,就美国而言,第 3 条第 8 款把国民待遇界定为任何州向其他州的美国国民与公司给予的待遇。为投资条款计,美国—波兰 BIT 使用了同样的国民待遇定义。[④]

---

② 2006 hearings, *supra* chap. 2, note 160, at 22.

③ 参见第十二章第一节。

④ 参见第五章第二节、第五章第四节第十二目。

第六节　贸易待遇

美国—波兰 BIT 第 3 条也包含了关于商业活动的待遇条款，它与美国签署的其他 BITs 中的一般和特定投资待遇条款非常类似。具体来说，第 3 条第 3 款规定，缔约另一方的国民和公司在商业活动中有权获得五种绝对的一般性待遇标准。第一，缔约另一方的国民和公司应当被给予"公平与公正待遇"。第二，他们应当享有"充分的保护和安全"。第三，他们应当"无论如何都不应当被给予低于国际法要求的待遇"。第四，任何缔约一方均不应当"通过任意与歧视性的措施以任何方式损害"商业活动。第五，任何缔约一方都应当遵守可能已经生效的涉及商业活动行为的条约义务。

1987 年范本第 2 条第 2 款已经针对投资规定了这些非常相似的待遇标准，并在美国—波兰 BIT 中被保留作为第 2 条第 6 款。这些条款的起源、含义以及其作为投资待遇标准的使用被做了讨论。⑤

美国—波兰 BIT 中没有条款确保缔约另一方的国民或公司在商业活动方面能够整体上获得最惠国待遇和国民待遇。这与美国—波兰 BIT 中的一般待遇条款是不同的，后者——与 1987 年范本一样——确实针对投资设立以及设立后的投资赋予获得最惠国待遇与国民待遇的一般性权利。在贸易方面，基于 WTO 成员方资格，波兰和美国已经彼此负有提供最惠国待遇与国民待遇的义务。

不过，诚如上一节指出的，在所列事项方面，美国—波兰 BIT 没有针对开展商业活动给予非歧视待遇。该权利要受到缔约方针对附件所列部门或事项设定的例外措施的限制。

第 3 条第 4 款规定，在美国—波兰 BIT 生效之日或之前，缔约各方应该向缔约另一方通报其了解到的与附件所列部门或事项以及未来做设定的例外措施有关的所有法律与法规。未来设定的例外措施应当维持在最低水平，并且不适用于在该例外措施生效时，在该部门或事项方面开展的商业活动。除非附件中另有规定，缔约另一方的国民和公司在附件所列部门或事项方面应当享有最惠国待遇。因此，就附件而言，美国—波兰 BIT 中的商业

⑤　参见第五章第三节。

条款与其投资条款是类似的。[⑥]

美国—波兰 BIT 包含了针对商业活动的利用司法条款,它类似于针对投资事项的利用司法条款。[⑦] 具体来说,第 3 条第 5 款规定,针对与开展商业活动有关的协议,缔约各方应该提供“有效的方法”以主张诉求及实现权利。

美国—波兰 BIT 针对贸易事项也包含了入境—居留条款,它类似于针对投资事项的入境—居留条款。[⑧] 第 3 条第 7 款规定,为了参加贸易和商业活动,任何缔约一方的国民及其家庭应当被缔约另一方允许入境并居留。然而,这一权利要遵守东道国有关入境与居留的法律。该条款是为了限制波兰国民在美国签署的现代 FCNs 项下可以获得的“条约项下的贸易商”(treaty trader)签证,它类似于通常向 BIT 伙伴的国民发放的条约项下的“投资者”(treaty investor)签证。[⑨]

第七节　商事争端解决

与美国签署的其他 BITs 一样,美国—波兰 BIT 中的投资者—国家争端条款仅适用于投资争端,而不适用于商事争端。与此同时,美国—波兰 BIT 包含的各种国家—国家磋商与争端解决条款同时适用于商事与投资事项。[⑩] 因此,举例来说,在美国—波兰 BIT 保证的权利中,如果贸易商指控其基于该 BIT 的某项权利——比如获得充分的保护与安全的权利——被否定了,他可以寻求其母国政府通过国家—国家争端解决条款寻求救济。

美国—波兰 BIT 确实规定了商事争端解决条款,而投资条款中没有对应的内容。第 3 条第 6 款规定,缔约各方接受利用仲裁解决波兰的国民和公司与美国的国民和公司之间的商事争端。当然,接受仲裁的表述只是建议性的。第 3 条第 6 款确实包含了一个强制性条款,即任何缔约一方均不应当要求任何仲裁必须在波兰或美国进行。

---

⑥ 参见第五章第四节第十二目。

⑦ 参见第六章第五节第二、三目。

⑧ 参见第六章第一节。

⑨ 参见第六章第一节。

⑩ 参见第九章第三节第十二目、第十章第三节第十二目、第十一章第一节。

第八节 知识产权保护

在美国—波兰 BIT 签署时,美国的 BIT 范本采取两种方式保护知识产权。第一,投资定义包含知识产权,因而知识产权总体而言可以获得向投资给予的所有保护。[11] BITs 没有规定东道国采取特别的知识产权政策。不过,在国内法创设了知识产权情况下,这些知识产权就构成了投资。第二,知识产权的取得与保护被纳入"相关活动",在这些方面投资者有权获得国民待遇与最惠国待遇。[12]

美国—波兰 BIT 包含详细的确保为知识产权提供更多保护的条款。在美国—波兰 BIT 签订后,美国谈判者认为,像 BIT 这样的自执行条约不是为保护知识产权而创设义务的适当的机制。因此,美国签署的其他 BITs 没有像美国—波兰 BIT 那样包含知识产权条款。不过,美国签署的一些 FTAs 确实包含知识产权章与投资章,因而,在这种情况下,投资保护与知识产权保护是在同一份法律文件中进行处理的。

美国—波兰 BIT 第 4 条规定,缔约各方应当提供"充分与有效的知识产权保护与执行"。该条款进一步规定了一个非穷尽的说明性的具体步骤清单,缔约各方同意按步骤建立对知识产权的保护。该清单所列举的步骤包括:把计算机程序作为文学作品从而把著作权保护扩展到计算机程序;为药物和化学品等产品及制作程序提供专利保护,保护期至少相当于其他专利适格标的所享有的保护期限;对集成电路布图设计提供充分且有效的保护;针对不正当竞争行为提供充分而有效的保护。

在日期记载为 1990 年 3 月 21 日的换文中,波兰同意采取更多、更具体的知识产权保护措施。作为一个首要问题,波兰同意在 1991 年 1 月 1 日前加入《保护文学和艺术作品伯尔尼公约》的《巴黎协定》(Paris Act)[13],并且"建设性地参与"与贸易相关的知识产权保护的乌拉圭回合谈判。波兰也同意在规定的时间内,在若干具体的领域内颁布法律。三个附件说明了立法的一些细节。

---

⑪ 参见第四章第一节。

⑫ 参见第五章第二节。

⑬ July 24,1971,25 U.S.T. 1341,T.I.A.S. No. 7868.

第一个进行立法的涉及计算机程序的著作权保护。波兰同意在 1991 年 12 月 31 日前把著作权保护扩大到计算机程序。给予计算机程序的著作权保护与给予文学作品的保护相同。

第二个进行立法的领域是技术专利。波兰同意在 1991 年 12 月 31 日前为所有技术领域提供 20 年的专利保护。波兰提供的专利保护将具有附件 1 规定的特征。

附件 1 允许缔约各方通过非独占性强制许可限制专利所有权人的专有权。然而,只能基于以下两个原因中的一个给予强制许可:(1)纠正对专有权的滥用,比如违反竞争法;(2)应对已经宣布的国家紧急状态。此外,在给予任何此类许可时,给予许可的一方必须按照许可的市场价值向专利权人提供补偿。给予强制许可也应当接受司法审查。

附件 1 同样允许缔约各方在非独占性基础上为了政府的目的而使用专利。不过,这种政府性使用不会对专利权人的"正当的经济利益造成重大损害"。

最后,附件 1 规定,为了通过当地生产——如果经济上是合理的话——满足波兰市场的目的,波兰应该为根据波兰的现行法律无法获得专利权的特定产品提供过渡期保护。这些产品是指那些在 1992 年 12 月 31 日之后在波兰可以取得专利权的产品;在另一个国家已经取得专利的产品;尚未进入波兰市场的产品。如果专利权人在其他国家首次取得销售许可六个月内在波兰申请销售许可,并且满足波兰的销售许可要求,那么,这些产品的所有权人应当有权在波兰取得独占性注册从而生产与销售这些产品。专利权的期限应当与原始注册的国家未届满的专利期限相同。

第三个进行立法的是食物、药物和化学制品的专利保护。波兰同意在 1992 年 12 月 31 日提供这类保护。这类保护也应当具有附件 1 规定的特征。

第四个进行立法的领域是集成电路布图设计的保护。波兰同意在 1991 年 12 月 31 日提供这类保护。这类保护要具有附件 2 规定的特定特点。

附件 2 规定了一套长长的相当具体的要求。第一,无论布图设计是否固定或编码,任何编入半导体集成电路的原创布图设计都受到保护。

第二,在波兰把注册布图设计作为提供保护的条件情况下,自第一次商业利用布图设计之日起,注册的申请者应当被给予至少 2 年的时间以申请注册。如果波兰要求存放与布图设计相关的任何资料,除非这对于鉴定布图设计必不可少,否则申请者不应当被要求公开敏感或机密信息。

第三,波兰必须提供自注册之日起至少10年的保护期。如果波兰不要求注册,那么保护期应当为自首次商业利用之日起10年。

第四,布图设计的所有权人应当拥有三项专属权利:(1)复制布图设计;(2)在半导体芯片中编入布图设计;(3)进口或分配半导体集成电路芯片编入布图设计,包括编入芯片在内的产品。

第五,波兰没有被要求把保护扩大到在其制作时已经在产业中普遍使用的布图设计。波兰也没有被要求把保护扩大到完全由集成电路的功能完全决定其用途的布图设计。

第六,波兰只能根据附件1规定的原因给予强制许可,换言之,纠正滥用权利或应对国家紧急状态,并且,就附件1而言,这些许可必须接受司法审查。此外,任何时候以国家紧急状态为由而授予强制许可的,波兰必须支付与许可的市场价值相当的补偿。与附件1涵盖的专利一样,波兰可以为了政府的目的,在非独占性基础上使用半导体集成电路设计。与附件1采取的做法相反,附件2并未把政府性使用限定于不侵害专利权人的正当经济利益的情形,而是要求为政府性使用支付补偿。给付补偿要接受司法审查。

第七,波兰保护布图设计的立法应当把特定行为排除在专利侵权责任范围之外。这些行为是:为了教学、研究或在准备布图设计的过程中出于评估目的而复制原始布图设计本身的行为;进口或分销包含受保护之布图设计的半导体集成电路芯片,该布图设计已经由布图设计的所有权人销售或者已经取得所有权人的同意;进口或分销包含受保护之布图设计的半导体集成电路芯片的人确定不知情且没有任何理由相信该布图设计是受保护的,只要该人有责任在收到通知后支付合理的许可费。

进行立法的最后一个领域是提供保护针对反不正当竞争。波兰同意到1991年12月31日前提供这种保护。该保护要具有附件3规定的特征。

附件3仅限于保护专有信息。专有信息被界定为包括“被所有人用于或可以被用于商业,具有实际或潜在经济价值,并且尚未被他人获悉的任何公式、装置、信息汇编、计算机程序、图案、技术或程序”。只有当专有信息满足以下三个条件时,波兰才会提供保护:(1)专有信息必须拥有公众尚未知悉的实际或者潜在的商业价值;(2)专有信息必须是不能轻易获得的;以及(3)专有信息必须由信息权利人根据实际情势采取合理的努力以维持信息的秘密性。

只要持续满足上述三个条件,波兰将保护专有信息。保护必须包括规定未经所有人同意而占用、披露或使用专有信息是非法的,并且在行政法、民法、刑法中提供充分的法律救济以遏制非法挪用、披露以及使用专有信息。保护也必须包括针对非法挪用、披露以及使用专有信息造成的损害提供充分的赔偿。

附件3规定了不利于自愿许可专有信息的两种做法。一是对自愿许可规定过多或歧视性的条件。二是在未经专有信息所有人同意允许被许可人给有权向公众或第三方披露此类信息。

波兰可以要求提交专有信息以履行政府职能,但除了以下三种情形中的任何一种,专有信息所有人以外的政府或任何人都不能为了商业利益或竞争性利益使用这些信息。这三种情形为:(1)取得该所有人的同意;(2)支付了合理的使用价格;或(3)给予该所有人以合理的独占性使用期限。

附件3的最后条款规定,只有在三种情况下,波兰可以公开专有信息,或者要求专有信息的所有人向第三方做出披露:(1)经该所有人同意;(2)在履行必要政府职能所要求的程度内;或者(3)该所有人有机会与任何获得专有信息的非政府组织签订保密协议。

第九节 透 明 度

尽管强化投资法的透明度是BITs的一个重要且普遍的目标,但它对于东欧的非市场经济体来说特别重要,透明度以往在这些国家中特别缺乏。因此,虽然1984年范本删除了信息交换条款,[14]但与美国签署的任何其他BITs不同,美国—波兰BIT重新纳入了单独的信息交换与透明度条款。

透明度条款首先于第8条第1款确认,期待促进缔约一方领土内与投资和商业活动有关的非机密、可以把“非优先”(non-priority)信息的收集和交换。“非优先”理解为“非专有”。

第8条第2款规定,缔约各方应该公开对于投资和商业活动“可能有用的”的所有非机密、非专有的信息。第8条第2款也包含了与其他BITs相类似的公开条款。[15]

---

⑭ 参见第六章第七节。

⑮ 参见第六章第六节。

第 8 条第 3 款规定,缔约各方应该向各自的商业团体发布根据第 8 条第 2 款是可以公开的信息,从而帮助它们的国民和公司最迅捷、更公平地解决基于美国—波兰 BIT 产生,对他们造成影响的争端。该条款进一步规定,“此类信息可能关系到及时地对条约项下权利进行澄清并做出决定”。

第十节 美国—波兰 BIT 中的其他条款

美国—波兰 BIT 包含许多至少值得简要提及的条款。

美国—波兰 BIT 的议定书第 1 段规定,波兰同意美国的国民和公司可以自主选择商业代理人。这些国民和公司也可以与这些代理人自由约定委托费用。

记载日期为 1990 年 3 月 21 日的换文确认有必要促进美国和波兰间与旅游及旅行相关的投资的增长。通过换文,缔约各方同意,在其法律授权的范围内,确保该缔约方拥有、控制或管理的公司或任何与该方成立的合营企业——它们控制着很大部分的旅行或旅游服务——都应当在公平与公正的基础上向缔约另一方的国民或公司提供该服务。该换文也规定,该换文中没有任何内容应当被解释为意味着与旅游和旅行相关的服务不应当与其他行业或部门一样充分地获得美国—波兰 BIT 给予的待遇。

第十一节 公债的重新安排

美国—智利 FTA 附件 10-B 规定,除了一般国民待遇与最惠国待遇条款,智利或其通过所有者权益拥有或控制的特定机构针对美国或债权人的债务的重新安排原则上不适用投资章 A 部分(Section)中的任何条款。这些非歧视义务可以通过争端解决条款执行,它们确实适用于公债的重新安排。除了删除“适当”一词外,美国—中美洲国家—尼加拉瓜 FTA 附件 10-A 的规定与此相同。

美国与秘鲁、哥伦比亚签署的 FTAs 的规定与此颇为不同:它规定于两个 FTAs 的共同附件 10-F。附件第一段重述援引缔约方的认识,即购买缔约一方发行的债券具有商业风险,并且“为了更加明确”,除非仲裁申请人能够证明投资章 A 节的义务被违反了，否则不能根据投资者—国家争端条款作出裁决。第二，除非主张违反了一般国民待遇或最惠国待遇条款，由于除美国以外的缔约方发生的债券的谈判重新安排而提出的诉求都不能根据投资章 B 节进行仲裁。第三，除了违反一般国民待遇或最惠国待遇条款，有关违反 A 部分项下义务的诉求在导致该诉求的事件发生 270 天后就不得提请仲裁。

美国签署的这些 FTAs 中的共同第 10.28 条把“谈判重组”界定为重组或重新安排两种类型其中之一种的债务工具。一种类型是通过根据其条款修改或修正债券工具从而实施重组或重新安排。另一种类型是通过全面债务置换或类似程序——持有不低于未清偿债务本金总额的 75% 的人们同意置换或其他程序——实施重组或重新安排。

第十二节　外交与领事使团

美国—捷克 BIT 和美国—斯洛伐克 BIT 的议定书中有一个特殊条款，该条款规定外交与领事代表团不在 BIT 适用范围内。这两个 BITs 的议定书第 1 段记录了双方的一致意见，即“本条约内的任何规定都不应当被解释为与被确认系缔约一方的某一外交或领事职责之组成部分的实体有关”。

第十三节　代位求偿

美国—突尼斯 BIT 的议定书确保如果突尼斯就某项诉求向突尼斯投资者支付款从而取得了代位求偿权，那么，突尼斯就有权以突尼斯投资者在美国投资的保险人的身份诉诸投资者—国家争端解决。在针对突尼斯提出诉求方面，美国已经通过 OPIC 签署的协议取得了此项权利。因为美国一般是通过 OPIC 签署的协议解决这一问题，因此，美国的所有 BIT 范本都没有规定此类条款。

美国—克罗地亚 BIT 的代位求偿条款规定于第 5 条。第 5 条第 1 款规定，如果缔约一方根据针对涵盖投资的赔偿、保证或保险合同做出了支付，则缔约另一方应当承认已经获得补偿的国民或公司所拥有的任何诉求或权利已经转让给缔约一方。因此,缔约一方有权根据代位求偿主张被转让的诉求,或者行使被转让的权利。第 5 条第 2 款未规定,在其已经代位取得的诉求或权利方面,以及已经获得赔偿的国民或公司根据 BIT 有权获得的任何款项方面,缔约一方应当有权获得同样的待遇。第 5 条的表述以 OPIC 签署的协议为基础。尽管美国一般通过 OPIC 协议取得这些权利,但克罗地亚要求加入这一条款,以便在克罗地亚一旦设立投资担保机构时某个此种协议将会生效。

第十四节　英语优先

对于缔约方来说,BITs 的通常做法是,缔约方使用各自的语言签署文件,而条约的最后条款会规定每种文本"同时具有作准效力"。然而,美国—巴林 BIT 包含一个特殊条款,该条款规定英语文本与阿拉伯语文本都"作准",但"在出现分歧时,英语文本优先"。正如国务卿的呈报函解释的,美国是应巴林要求对这一标准化表述做出修改的,巴林"认识到英语广泛运用于巴林的国际商事交往"。[16]

第十五节　指定日历

美国—巴林 BIT 包含了一个特殊条款,即第 16 条第 5 款,该第 5 款规定"本条约提到的所有日期与期间都应当根据格里高利日历表进行计算"。当然,这符合美国签署的所有 BITs 和 FTAs 的意图。

---

⑯ Bahrain BIT submittal letter, at XIV.

译 后 记

本书是我主持承担的2015年国家社会科学基金重点项目(15AZD081)以及厦门大学国际法创新团队项目(20720161045)的中期研究成果。本书翻译、校译分工如下:

蔡从燕:致谢、第一、四、五章

蔡从燕、刘捷:第二章

蔡从燕、张亮:第三章

朱明新:第六、七、八章

包晋:第九章

王施泽:第十、十一、十二章

全书最后由蔡从燕统一校译。

应该说明的是,该书英文版由牛津大学出版社于2009年出版,因而2004年美国双边投资条约(Bilateral Investment Treaty,BIT)范本是该书考察的最新范本。2012年,美国发布了新的谈判范本,即2012年BIT范本,而该范本显然不在该书考察范围之内。尽管如此,由于2012年BIT范本较之2004年BIT范本没有发生明显变化,因此该书未能考察2012年BIT范本并不降低其重要的价值。

蔡从燕

2017年7月16日

附录　美国投资协定范本文本

附录 1

The 1982 Model

Treaty

between

The United States of America

and

____

Concerning

the Reciprocal Encouragement and Protection

of Investments

THE GOVERNMENT OF THE UNITED STATES OF AMERICA AND______________(each hereinafter referred to as a "Party"),

DESIRING to promote greater economic cooperation between them, particularly with respectto investments by nationals and companies of one Party in the territory of the other Party; and RECOGNIZING that agreement upon the treatment to be accorded such investments will stimulate the flow of private capital and the economic development of both Parties,

AGREEING that discrimination on the basis of nationality by either Party against investments in its territory by nationals or companies of the other Party is not consistent with either a stable framework for investment or a maximum effective utilization of economic resources,

HAVE RESOLVED to conclude a treaty concerning the encouragement and reciprocalprotection of investments, and

HAVE AGREED as follows:

Article 1
Definitions

1. For the purposes of this Treaty,

(a) "company" means any kind of juridical entity, including any corporation, company,association, or other organization, that is duly incorporated, constituted, or otherwise duly organized, regardless of whether or not the entity is duly organized for pecuniary gain,privately or publicly owned, or organized with limited or unlimited liability.

(b) "company of a Party" means a company duly incorporated, constituted or otherwise duly organized under the applicable laws and regulations of a Party or a political subdivision thereof in which

(i) natural persons who are nationals of such Party, or

(ii) such Party or a political subdivision thereof or their agencies or instrumentalities have a substantial interest as determined by such Party.

Each Party reserves the right to deny the benefits of this Treaty to its companies which are owned or controlled by nationals of a third country.

The juridical status of a company of a Party shall be recognized by the other Party and its political subdivisions.

(c) "investment" means every kind of investment, owned or controlled directly or indirectly, including equity, debt, service and investment contracts; and includes, but is not limited to:

(i) tangible and intangible property, including rights, such as mortgages, liens and pledges;

(ii) shares of stock and other interests in a company or interests in the property thereof;

(iii) a claim to money or a claim to performance having economic value due under an investment agreement;

(iv) intellectual and industrial property rights, including, but not limited to, rights with respect to copyrights, patents, trademarks, trade names, industrial designs, trade secrets and know–how; and goodwill;

(v) licenses and permits issued pursuant to law, including those issued for manufacture and sale of products;

(vi) any right conferred by law or contract, including, but not limited to, rights to search for or utilize natural resources, and rights to manufacture, use and sell products.

(d) "own or control" means ownership or control that is direct or indirect, in whole or in part, including ownership or control exercised through subsidiaries or affiliates, wherever located.

(e) "national" of a Party means a natural person who is a national of a Party under its applicable law.

(f) "return" means an amount derived from or associated with an investment, including but not limited to, profit; dividend; interest; capital gain; royalty payment; management,technical assistance or other fee; and payment in kind.

Article 2
Treatment of Investments

1. Each Party undertakes to provide and maintain a favorable environment for investments in its territory by nationals and companies of the other Party and shall, in applying its laws,regulations, administrative practices and procedures, and adjudicatory decisions, permit such investments to be established and acquired on terms and conditions that accord treatment noless favorable than the treatment it accords to investments of its own nationals or companies or to nationals and companies of any third country, whichever is the most favorable.

2. Subject to the laws relating to the entry and sojourn of aliens, nationals of either Party shall be permitted to enter and to remain in the territory of the other Party for the purpose of establishing, developing, directing, administering or advising on the operations of an investment to which they have committed or are in the process of committing a substantial amount of capital or other resources.

3. Each Party shall accord existing or new investments in its territory of nationals or companies of the other Party, and associated activities, treatment no less favorable than that which it accords in like situations to investments and associated activities, of its ownnationals or companies or of nationals or companies of any third country, whichever is themost favorable. Associated activities include, but are not limited to:

(i) the establishment, control and maintenance of branches, agencies, offices–factories orother facilities for the conduct of business;

(ii) the employment of professional, technical and managerial personnel of their choice,regardless of nationality, for the particular purpose of rendering professional, technical andmanagerial assistance necessary for the planning and operation of investments.

(iii) the organization of companies under applicable laws and regulations; the acquisitionof companies or interests in companies or in their property; and the' management, control,maintenance, use, enjoyment and expansion, and the sale, liquidation, dissolution or otherdisposition, of companies organized or acquired;

(iv) the making, performance and enforcement of contracts;

(v) the acquisition (whether by purchase, lease or otherwise), ownership and disposition(whether by sale, testament or otherwise), of personal property of all kinds, both tangible andintangible.

(vi) the leasing of real property appropriate for the conduct of business;

(vii) the acquisition, maintenance and protection of copyrights, patents, trademarks, trade secrets, trade names, licenses and other approvals of products and manufacturing processes,and other industrial property rights; and,

(viii) the borrowing of funds from local financial institutions, as well as the purchase and issuance of equity shares in the local financial markets.

4. Notwithstanding the preceding provisions of this Article, each Party reserves the right to maintain limited exceptions to the standard of treatment otherwise required concerning investments or associated activities if such exceptions fall within one of the sectors listed in the Annex to this Treaty. Both Parties hereby agree to maintain the number of such exceptions to a minimum. In addition, each Party shall notify the other Party of any specific measures in effect prior to the date this Treaty enters into force which constitute exceptions to the standard of national treatment provided herein. In no event, however, shall the treatment to be accorded pursuant to this Article be less favorable than that accorded in like situations to investments and associated activities of nationals or companies of any third country.

5. The treatment, protection and security of investments shall never be less than that required by international law.

6. Subject to the exceptions permitted by Paragraph 4 of this Article, the Parties recognize that conditions of competitive equality should be maintained where investments owned or controlled by a Party or its agencies or instrumentalities are in competition, within the territory of such Party, with privately owned or controlled investments of nationals or companies of the other Party. In such situations, the privately owned or controlled investments shall receive treatment which is equivalent with regard to any special economic advantage accorded the publicly owned or controlled investments.

7. Neither Party shall impose performance requirements as a condition for the establishment, expansion or maintenance of investments owned by nationals or companies of the other Party, which require or enforce commitments to export goods produced, or which specify that goods or services must be purchased locally, or which impose any other similar requirements, and which potentially or actually have an adverse effect on the trade and/or investments of the nationals or companies of the other Party.

8. Each Party recognizes that in order to maintain a favorable environment for investments in its territory by nationals or companies of the other Party, it should provide effective means of asserting claims and enforcing rights with respect to investment

agreements, investment authorizations and properties. Each Party shall grant to nationals or companies of the other Party, on terms and conditions no less favorable than those which it grants in like situations to its own nationals or companies or to nationals or companies of any third country,whichever is the most favorable treatment, the right of access to its courts of iustice,administrative tribunals and agencies, and all other bodies exercising adjudicatory authority,and the right to employ persons of their choice, who otherwise qualify under applicable lawsand regulations of the forum regardless of nationality, for the purpose of asserting claims, and enforcing rights, with respect to their investments.

9. Each Party and its political subdivisions shall make public all laws, regulations, administrative practices and procedures, and adjudicatory decisions that pertain to or affectinvestments in its territory of nationals of companies of the other Party.

Article 3
Compensation for expropriation

1. No investment or any part of an investment of a national or a company of either Party shall be expropriated or nationalized by the other Party or a political subdivision thereof, or subjected to any other measure, direct or indirect (including the levying of taxation, the compulsory sale of all or part of such an investment, or the impairment or deprivation of management, control or economic value of such an investment by the national or company concerned), if the effect of such other measure, or a series of such other measures, would be tantamount to expropriation or nationalization (all expropriations, all nationalizations and all such other measures hereinafter referred to as "expropriation")—unless the expropriation

(a) is done for a public purpose;

(b) is accomplished under due process of law;

(c) is not discriminatory;

(d) is accompanied by prompt, adequate and effective compensation; and

(e) does not violate any specific provision on contractual stability or expropriation contained in an investment agreement between the national or company coqcerned and the Party making the expropriation.

Compensation shall be equivalent to the fair market value of the expropriated investment.The calculation of such compensation shall not reflect any reduction in such fair market value due to either prior public notice or announcement of the expropriatory action, or the occurrence of the events that constituted or resulted in the expropriatory action. Such compensation shall be paid without delay, shall be effectively realizable, shall bear current interest from the date of expropriation, and shall be freely transferable in accordance with the provisions of Article V.

2. If either Party or a political subdivision thereof expropriates the investment of any national or any company duly incorporated, constituted or otherwise duly organized in its territory, and if nationals or companies of the other Party, directly or indirectly, own,hold or have other rights with respect to the equity of such company, then the Party within whose territory the expropriation occurs shall ensure that such nationals or companies of the other Party receive compensation in accordance with the provisions of the preceding paragraph.

3. Except as otherwise provided in an agreement between the parties, or between a Party and a national or company of the other Party, a national or company of either Party that asserts that all or part of its investment in the territory of the other Party has been expropriated shall have a right to prompt review by the appropriate judicial or administrative authorities of such other Party to determine whether any such expropriation has occurred and, if so, whether such expropriation, and any compensation thereof, conforms to the principles of international law as set forth in this Article.

Article 4
Compensation for damages due to war and similar events

Nationals or companies of either Party whose investments or returns in the territory of the other Party suffer

(a) damages due to war or other armed conflict between such other Party and a third country or

(b) damages due to revolution, state of national emergency, revolt, insurrection, riot or act of terrorism in the territory of such other Party,

shall be accorded treatment no less favorable than that which such other Party accords in like situations to its own nationals or companies or to nationals or companies of any third country, whichever is the most favorable treatment, when making restitution,indemnification, compensation or other appropriate settlement with respect to such damages. The determination and payment of any indemnification, compensation or other appropriate settlement pursuant to this paragraph shall be made in accordance with Article III and Article V.

Article 5
Transfers

1. Each Party shall permit all transfers related to an investment in its territory of a national or company of the other Party to be made freely and without delay into and out of its territory. Such transfers include, but are not limited to, the following: returns; compensation;payments made arising out of a dispute concerning an investment; payments made under a contract, including amortization of principal and accrued interest payments made pursuant to a loan agreement; amounts to cover expenses relating to the management of the investment; royalties and other payments derived from licenses, franchises or other grants of rights or from administrative or technical assistance agreements, including management fees;proceeds from the sale of all or any part of an investment and from the partial or complete liquidation of the company concerned, including any incremental value; additional contributions to capital necessary or appropriate for the maintenance or development of an investment.

2. To the extent a national or company of either Party has not made another arrangement with the appropriate authorities of the other Party in whose territory the investment of such national or company is situated, currency transfers made pursuant to Paragraph 1 of this Article shall be permitted in a currency or currencies to be selected by such national or company. Such transfers shall be made at the prevailing market rate of exchange on the date of transfer with respect to spot transactions in the currency or currencies to be transferred.

3. Notwithstanding the preceding paragraphs, either Party may maintain laws and regulations: (a) requiring reports of currency transfer; and (b) imposing income taxes by such means as a withholding tax applicable to dividends or other transfers. Furthermore, either Party may protect the rights of creditors, or ensure the satisfaction of judgements in adjudicatory proceedings, through the equitable, nondiscriminatory and good faith application of its law.

Article 6
Consultations and exchange of information

1. The Parties shall, upon the written request of either of them, promptly hold consultations to discuss the interpretation or application of the Treaty or to resolve any disputes inconnection therewith. Consultations shall be held should one party request consultations on grounds that its national interests are or are likely to be adversely affected by laws,regulations, administrative practices or procedures, adjudicatory decisions, or policies of the other party that pertain to or affect investments of its

national or companies in the territory of such other Party, including conditions imposed on establishment. The consultations will aim to correct the potential adverse effects that laws, regulations, administrative practices or procedures, adjudicatory decisions, or policies may have on the Party requesting the consultations.

2. If one Party requests in writing that the other Party supply information in its possession concerning investments in its territory by nationals or companies of the Party making the request, then the other Party shall, consistent with its applicable laws and regulations and with due regard for business confidentiality, endeavor to establish appropriate procedures and arrangements for the provisions of any such information.

Article 7
Settlement of investment disputes between one Party and a national or company of the other Party

1. For purposes of this Article, an investment dispute is defined as a dispute involving(i) the interpretation or application of an investment agreement between a Party and a national or company of the other Party; (ii) the interpretation or application of any investment authorization granted by its foreign investment authority to such national or company;or (iii) an alleged breach of any right conferred or created by this Treaty with respect to an investment.

2. In the event of an investment dispute between a Party and a national or company of the other Party with respect to an investment of such national or company in the territory of such Party, the parties shall initially seek to resolve the dispute by consultation and negotiation.The parties may, upon the initiative of either of them and as a part of their consultation and negotiation, agree to rely upon non–binding, third–party procedures, such as the fact–finding facility available under the Rules of the Additional Facility ("Additional Facility") of the international Centre for the Settlement of Investment Disputes ("Centre"). If the dispute cannot be resolved through consultation and negotiation, then the dispute shall be submitted for settlement in accordance with the applicable dispute–settlement procedures upon which they have previously agreed. With respect to expropriation by either Party, any dispute–settlement procedures specified in an investment agreement between such Party and such national or company shall remain binding and shall be enforceable in accordance with the terms of the investment agreement and relevant provisions of domestic laws of such Party and treaties and other international agreements regarding enforcement of arbitral awards to which such Party has subscribed.

3. (a) In the event that the dispute is not resolved under procedures specified above, the national or company concerned may choose to consent in writing to the submission

of the dispute to the Centre or the Additional Facility for settlement by conciliation or binding arbitration, if, within six (6) months of the date upon which it arose: (i) the dispute has not been settled through consultation and negotiation; or (ii) the dispute has not, for any reason,been submitted for resolution in accordance with any applicable dispute–settlement procedures previously agreed to by the parties to the dispute; or (iii) the national or company concerned has not brought the dispute before the courts of justice or administrative tribunals or agencies of competent jurisdiction of the Party that is a party to the dispute. Once the national or company concerned has so consented, either party to the dispute may institute proceedings before the Centre or the Additional Facility of the Centre. If the parties disagree over whether conciliation or binding arbitration is the more appropriate procedure to be employed, the opinion of the national or company concerned shall prevail.

(b) Each Party hereby consents to the submission of an investment dispute to the Centre for settlement by conciliation or binding arbitration.

(c) Conciliation or binding arbitration of such disputes shall be done in accordance with the provisions of the Convention on the Settlement of Investment Disputes Between States and Nationals of other States ("Convention") and the Regulations and Rules of the Centre, or,if the Convention should, for any reason, be inapplicable, the Rules of the Additional Facility.

4. In any proceeding, judicial, arbitral or otherwise, concerning an investment dispute between it and a national or company of the other Party, a Party shall not assert, as a defense,counter–claim, right of set–off or otherwise, that the national or company concerned has received or will receive, pursuant to an insurance contract, indemnification or other compensation for all or part of its alleged damages from any third party whatsoever, whether public or private, including such other Party and its political subdivisions, agencies and instrumentalities.

5. For the purpose of any proceedings initiated before the Centre or the Additional Facility of the Centre in accordance with this Article, any company duly incorporated, constituted or otherwise duly organized under the applicable jaws and regulations of either Party or a political subdivision thereof but that, before the occurrence of the event or events giving rise to the dispute, was owned or controlled, by nationals or companies of the other Party, shall be treated as a national or company of such other Party.

6. The provisions of this Article shall not apply to a dispute arising under an export credit,guarantee, or insurance arrangement involving a Party for which other means of settling disputes have been agreed to.

Article 8
Settlement of disputes between the Parties concerning interpretation or application of this treaty

1. Any dispute between the Parties concerning the interpretation or application of this Treaty should, if possible, be resolved through diplomatic channels.

2. If the dispute cannot be resolved through diplomatic channels, it shall, upon the agreement of the Parties, be submitted to the International Court of Justice.

3. (a) In the absence of such agreement, the dispute shall, upon the written request of either Party, be submitted to an arbitral tribunal for binding decision in accordance with the applicable rules and principles of international law.

(b) The Tribunal shall consist of three arbitrators, one appointed by each Party and the third appointed by agreement of the other two arbitrators. In the event that an arbitrator is for any reason unable to perform his duties, a replacement shall be appointed within thirty (30) days of determination thereof by the remaining arbitrators utilizing the same method by which the arbitrator being replaced was appointed. If a replacement is not appointed within the time limit specified above, either Party may, in the absence of agreement to the contrary, invite the President of the International Court of Justice, or in the event he is unable to act due to incompetence or a potential conflict, the Vice President, or the next most senior member of the International Court of Justice to make the appointment.

(c) Unless otherwise agreed to by the Parties to the dispute, all submissions shall be made and all hearings shall be completed within one hundred and twenty (120) days of the date of the selection of the third arbitrator, and the Tribunal shall render its decision within thirty (30)days of the later of the date of the final submissions or the date of the closing of the hearings.

(d) Except as otherwise agreed to by the Parties, arbitration proceedings shall be governed by the Model Rules on Arbitral Procedure adopted by the United Nations International Law Commission in 1958 ("Model Rules") and commended to Member States by the United Nations General Assembly in Resolution 1262(X111). To the extent that procedural questions which are not resolved by this Article or the Model Rules they shall be resolved by theTribunal. Notwithstanding any other provision of this Treaty or the Model Rules, the Tribunal shall in all cases act by majority vote.

(e) The expenses of the arbitrators and of the Tribunal in conducting the arbitration proceedings shall be borne in equal parts by the Parties.

4. The provisions of this Article shall not apply to a dispute arising under an export credit, guarantee, or insurance arrangement involving a Party for which other means of settling disputes have been agreed to.

Article 9
Preservation of rights

1. This Treaty shall not supersede, prejudice, or otherwise derogate from (a) laws,regulations, administrative practices or procedures, or adjudicatory decisions of either Party.(b) international legal obligations, or (c) obligations assumed by either Party, including those contained in an investment agreement or an investment authorization, whether extant at the time of entry into force of this Treaty or thereafter, that entitle investments, or associated activities of nationals or companies of the other Party to treatment more favorable than that accorded by this Treaty in like situations.

2. This Treaty shall not supersede or terminate any other agreement between the two Parties in force on the date on which this Treaty enters into force.

Article 10
Measures not precluded by treaty

1. This Treaty shall not preclude the application by either Party or any political subdivision thereof of (a) any and all measures necessary for the maintenance of public order and morals, the fulfillment of its obligations with respect to the maintenance orrestoration of international peace or security, or the protection of its own essential security interests; or (b) any and all measures regarding the ownership of real property within its territory.

2. This Treaty shall not preclude either Party from prescribing special formalities inconnection with the establishment of investments in its territory of nationals and companies of the other Party, but such formalities shall not impair the substance of any of the rights set forth in this Treaty.

Article 11
Taxation

With respect to its tax policies, each Party should strive to accord fairness and equity in the treatment of investments of nationals or companies of the other Party. Nevertheless, all matters relating to the taxation of nationals or companies of a Party, or their investments in the territories of the other, the other Party or a political subdivision thereof shall be excluded from this Treaty subject, however, to specific provisions of Articles III and V.

Article 12
Application of treaty to political sub-divisions of the Parties

This Treaty shall apply to political subdivisions of the Parties.

Article 13
Entry into force and duration and termination

1. This Treaty shall be ratified by each of the Parties, and the ratifications thereof shall be exchanged as soon as possible.

2. This Treaty shall enter into force thirty (30) days after the date of exchange of ratifications. It shall remain in force for a period of ten (10) years and shall continue in forceunless terminated in accordance with Paragraph 3 of this Article.

3. Either Party may, by giving one (1) year's written notice to the other Party, terminate this Treaty at the end of the initial ten (10) year period or at any time thereafter.

4. With respect to investments made or acquired prior to the date of termination of this Treaty and to which this Treaty otherwise applies, the provisions of all of the other Articles of this Treaty shall continue to be effective for a further period of ten (10) years from such date of termination.

In Witness Whereof, the respective plenipotentiaries have signed this Treaty.

Done in duplicate at ____________ on the day of ____________ in the English and ____________ languages, both texts being authentic, except that in any case in which divergence between the two versions results in different interpretations, the English text shall prevail.

For The Government of The United States of America:

____

For The Government of ______________________ :

____

Annex
The United States of America

With respect to Paragraph 4 of Article II, the following is a list of sectors in which there are limited exceptions to the standard of treatment of Article II:

Air transportation and shipping; Communications; Banking involving depository or fiduciary functions; Government insurance; Government loans; and Government guarantees of loans, Government grants; Utilization or production of atomic energy and fissionable materials, including source and by–product materials; Rights and interests in connection with exploitation of land and other natural resources, including fisheries and hydroelectric and other power production; Customshouse brokerage.

THE GOVERNM ENT OF

______________________ :

Each Party shall notify the other with respect to the details of the abovementioned exceptions.

附录 2

The 1983 Model

Treaty

between

The United States of America

and

____

Concerning

the Reciprocal Encouragement and Protection

of Investment

The United States of America and

(each hereinafter referred to as a "Party"),

Desiring to promote greater economic cooperation between them, particularly with respect to investment by nationals and companies of one Party in the territory of the other Party; and

Recognizing that agreement upon the treatment to be accorded such investment will stimulate the flow of private capital and the economic development of both Parties,

Agreeing that discrimination on the basis of nationality by either Party against investment in its territory by nationals or companies of the other Party is not consistent with either a stable framework for investment or a maximum effective utilization of economic resources,

Having resolved to conclude a treaty concerning the encouragement and reciprocal protection of investment, and

Have agreed as follows:

Article 1
Definitions

For the purposes of this Treaty,

(a) "company" means any kind of juridical entity, including any corporation, company,association, or other organization, that is duly incorporated, constituted, or otherwise duly organized, regardless of whether or not the entity is organized for pecuniary gain, privately or governmentally owned, or organized with limited or unlimited liability.

(b) "company of a Party" means a company duly incorporated, constituted or otherwise duly organized under the applicable laws and regulations of a Party or a political subdivision thereof in which

(i) natural persons who are nationals of such Party, or

(ii) such Party or a political subdivision thereof or their agencies or instrumentalities have a substantial interest as determined by such Party.

The juridical status of a company of a Party shall be recognized by the other Party and its political subdivisions.

Each Party reserves the right to deny to any of its own companies or to a company of the other Party the advantages of this Treaty, except with respect to recognition of juridical status and access to courts, if nationals of any third country control such company, provided that whenever one Party concludes that the benefits of this Treaty should not be extended to acompany of the other Party for this reason, it shall promptly consult with the other Party to seek a mutually satisfactory resolution to this matter.

(c) "investment" means every kind of investment, owned or controlled directly or indirectly, including equity, debt, and service and investment contracts; and includes:

(i) tangible and intangible property, including rights, such as mortgages, liens and pledges:

(ii) a company or shares of stock or other interests in a company or interests in the assets thereof:

(iii) a claim to money or a claim to performance having economic value, and associated with an investment;

(iv) intellectual and industrial property rights, including rights with respect to copyrights,patents, trademarks, trade names, industrial designs, trade secrets and know–how, and goodwill:

(v) licenses and permits issued pursuant to law, including those issued for manufacture and sale of products;

(vi) any right conferred by law or contract, including rights to search for or utilize natural resources, and rights to manufacture, use and sell products; and

(vii) returns which are reinvested.

Any alteration of the form in which assets are invested or reinvested shall not affect their character as investment.

(d) "own or control" means ownership or control that is direct or indirect, including ownership or control exercised through subsidiaries or affiliates, wherever located.

(e) "national" of a Party means a natural person who is a national of a Party under its applicable law.

(f) "return" means an amount derived from or associated with an investment, including profit; dividend; interest; capital gain; royalty payment; management, technical assistance or other fee; and payment in kind.

Article 2
Treatment of investment

1. Each Party shall endeavor to maintain a favorable environment for investments in its territory by nationals and companies of the other Party and shall permit such investments to be established and acquired on terms and conditions that accord treatment no less favorable than the treatment it accords in like situations to investments of its own nationals or companies or to nationals and companies of any third country, whichever is the most favorable.

2. Each Party shall accord existing or new investments in its territory of nationals or companies of the other Party, and associated activities, treatment no less favorable than that which it accords in like situations to investments and associated activities of its own nationals or companies or of nationals or companies of any third country, whichever is the most favorable. Associated activities include:

(a) the establishment, control and maintenance of branches, agencies, offices, factories or other facilities for the conduct of business;

(b) the organization of companies under applicable laws and regulations; the acquisition of companies or interests in companies or in their property; and the management, control, maintenance, use, enjoyment and expansion, and the sale, liquidation, dissolution or otherdisposition, of companies organized or acquired;

(c) the making, performance and enforcement of contracts;

(d) the acquisition (whether by purchase, lease or otherwise), ownership and disposition(whether by sale, testament or otherwise), of personal property of all kinds, both tangible and intangible;

(e) the leasing of real property appropriate for the conduct of business;

(f) the acquisition, maintenance and protection of copyrights, patents, trademarks, tradesecrets, trade names, Licences and other approvals of products and manufacturing processes,and other industrial property rights; and,

(g) the borrowing of funds, the purchase and issuance of equity shares, and the purchase offoreign exchange for imports.

3. (a) Notwithstanding the preceding provisions of this Article, each Party reserves the right to maintain limited exceptions to the standard of treatment otherwise required if such exceptions fall within one of the sectors or matters listed in the Annex to this Treaty. Each Party agrees to notify the other Party of all such exceptions at the time this Treaty enters intoforce. Moreover, each Party agrees to notify the other Party of any future exceptions falling within the sectors or matters listed in the Annex, and to maintain the number of such exceptions at a minimum. Other than with respect to ownership of real property, the treatment accorded pursuant to this subparagraph shall not be less favorable than that accorded in like situations to investments and associated activities of nationals or companies of any third country. However, either Party may require that rights to engage in mining on the public domain shall be dependent on reciprocity.

(b) No exception introduced after the date of entry into force of this treaty shall apply to investments of nationals or companies of the other Party existing in that sector at the time the exception becomes effective.

4. Investment of nationals and companies of either Party shall at all times be accorded fair and equitable treatment and shall enjoy full protection and security in the territory of the other Party. The treatment, protection and security of investment shall be in accordance with applicable national laws, and shall in no case be less than that required by international law.Neither Party shall in any way impair by arbitrary and discriminatory measures the management, operation, maintenance, use, enjoyment, acquisition, expansion, or disposal of investment made by nationals or companies of the other Party. Each Party shall observe any obligation it may have entered into with regard to investment of nationals or companies of the other Party.

5. (a) Subject to the laws relating to the entry and sojourn of aliens, nationals of either Party shall be permitted to enter and to remain in the territory of the other Party for the purpose of establishing, developing, directing, administering or advising on the operation of an investment to which they, or a company of the first Party that employs them, have committed or are in the process of committing a substantial amount of capital or other resources.

(b) Nationals and companies of either Party shall be permitted to engage, within the territory of the other Party, professional, technical and managerial personnel of their choice,regardless of nationality, for the particular purpose of rendering professional, technical andmanagerial assistance necessary for the planning and operation of investments. Companies which are incorporated, constituted, or otherwise organized under the applicable laws or regulations of one Party, and which are owned or controlled by nationals or companies of the other Party, shall be permitted to engage, within the territory of the first Party, top managerial personnel of their choice regardless of nationality.

6. The Parties recognize that, consistent with paragraphs 1 and 2 of this Article, conditions of competitive equality should be maintained where investments owned or controlled by a Party or its agencies or instrumentalities are in competition, within the territory of such Party,with privately owned or controlled investments of nationals or companies of the other Party.In such situations, the privately owned or controlled investments shall receive treatment which is equivalent with regard to any special economic advantage accorded the governmentally owned or controlled investments.

7. Neither Party shall impose performance requirements as a condition of establishment,expansion or maintenance of investments owned by nationals or companies of the other Party, which require or enforce commitments to export goods produced, or which specify that goods or services must be purchased locally, or which impose any other similar requirements.

8. In order to maintain a favorable environment for investments in its territory by nationals or companies of the other Party, each Party shall provide effective means of asserting claims and enforcing rights with respect to investment agreements, investment authorizations and properties. Each Party shall grant to nationals or companies of the other Party, on terms and conditions no less favorable than those which it grants in like situations to its own nationals or companies or to nationals or companies of any third country, whichever is the most favorable treatment, the right of access to its courts of justice, administrative tribunals and agencies, and all other bodies exercising adjudicatory authority, and the right to employ persons of their choice, who otherwise qualify under applicable laws and regulations of the forum regardless of nationality, for the purpose of asserting claims, and enforcing rights, with respect to their investments.

9. Each Party shall make public all laws, regulations, administrative practices and procedures, and adjudicatory decisions that pertain to or affect investments in its territory of nationals or companies of the other Party.

10. The treatment accorded by a Party to nationals or companies of the other Party under the provisions of Paragraphs 1 and 2 of this Article shall in any State, Territory, possession, or political or administrative subdivision of the Party be the treatment accorded therein to companies incorporated, constituted or otherwise duly organized in other States, Territories_possessions, or political or administrative subdivisions of the Party.

Article 3
Compensation for expropriation

1. No investment or any part of an investment of a national or a company of either Party shall be expropriated or nationalized by the other Party or subjected to any other measure or series of measures, direct or indirect tantamount to expropriation (including the levying of taxation, the compulsory sale of all or part of an investment, or the impairment or deprivation of its management, control or economic value), all such actions hereinafter referred to as "expropriation", unless the expropriation:

(a) is done for a public purpose;

(b) is accomplished under due process of law;

(c) is not discriminatory;

(d) does not violate any specific provision on contractual stability or expropriation contained in an investment agreement between the national or company concerned and the Party making the expropriation; and

(e) is accompanied by prompt, adequate and effective compensation.

Compensation shall be equivalent to the fair market value of the expropriated investment.The calculation of such compensation shall not reflect any reduction in such fair market value due to either prior public notice or announcement of the expropriatory action, or the occurrence of the events that constituted or resulted in the expropriatory action. Such compensation shall be paid without delay, shall be effectively realizable, shall bear curren tinterest from the date of the expropriation at a rate equivalent to current international rates,and shall be freely transferable at the prevailing market rate of exchange on the date of expropriation.

2. If either Party expropriates the investment of any company duly incorporated,constituted or otherwise duly organized in its territory, and if nationals or companies of the other Party, directly or indirectly, own, hold or have other rights with respect to the equity of such company, then the Party within whose territory the expropriation occurs shall ensure that such nationals or companies of the other Party receive compensation in accordance with the provisions of the preceding paragraph.

3. Subject to the dispute settlement provisions of any applicable agreement, a national or company of either Party that asserts that all or part of its investment in the territory of the other Party has been expropriated shall have a right to prompt review by the appropriate judicial or administrative authorities of such other Party to determine whether any such expropriation has occurred and, if so, whether such expropriation, and any compensation therefor, conforms of the principles of international law as set forth in this Article.

Article 4
Compensation for damages due to war and similar events

1. Nationals or companies of either Party whose investments in the territory of the other Party suffer

(a) damages due to war or other armed conflict between such other Party and a third country, or

(b) damages due to revolution, state of national emergency, revolt, insurrection, riot or act of terrorism in the territory of such other Party,

shall be accorded treatment no less favorable than that which such other Party accords toits own nationals or companies or to nationals or companies of any third country, whichever is the most favorable treatment, when making restitution, indemnification, compensation or other appropriate settlement with respect to such damages.

2. In the event that such damages result from:

(a) a requisitioning of property by the other Party's forces or authorities, or

(b) destruction of property by the other Party's forces or authorities which was not caused in combat action or was not required by the necessity of the situation, the national or company shall be accorded restitution or compensation consistent with Article III.

3. The payment of any indemnification, compensation or other appropriate settlement pursuant to this Article shall be freely transferable.

Article 5
Transfers

1. Each Party shall permit all transfers related to an investment in its territory of a national or company of the other Party to be made freely and without delay into and out of its territory. Such transfers include the following: returns; compensation; payments made arising out of a dispute concerning an investment; payments made under a contract, including amortization of principal and accrued interest payments made pursuant to a loan agreement:amounts to cover expenses relating to the management of the investment; royalties and other payments derived from licenses, franchises or other grants of rights or from administrative or technical assistance agreements, including management fees; proceeds from the sale of all or any part of an investment and from the partial or complete liquidation of the company concerned, including any incremental value; additional contributions to capital necessary or appropriate for the maintenance or development of an investment.

2. To the extent that a national or company of either Party has not made an other arrangement with the appropriate authorities of the other Party in whose territory the investment of such national or company is situated, currency transfers made pursuant to Paragraph 1 of this Article shall be permitted in a currency or currencies to be selected by such national or company. Except as provided in Article III, such transfers shall be made at the prevailing market rate of exchange on the date of transfer with respect to spot transactions in the currency or currencies to be transferred.

3. Notwithstanding the preceding paragraphs, either Party may maintain laws and regulations: (a) requiring reports of currency transfer; and (b) imposing income taxes by such means as a withholding tax applicable to dividends or other transfers. Furthermore, either Party may protect the rights of creditors, or ensure the satisfaction of judgments in adjudicator proceedings, through the equitable, nondiscriminatory and good faith application of its law.

Article 6
Consultations and exchange of information

1. The Parties agree to consult promptly, on the request of either, to resolve any disputes inconnection with the Treaty, or to discuss any matter relating to the interpretation or application of the Treaty, including any matter relating to the laws, regulations, administrative practices or procedures, adjudicatory decisions, or policies of one Party that pertain to or affect investments of nationals or companies of the other Party.

2. If one Party requests in writing that the other Party supply information in its possession concerning investments in its territory by nationals or companies of the Party making the request, then the other Party shall, consistent with its applicable laws and regulations and with due regard for business confidentiality, endeavor to establish appropriate procedures and arrangements for the provision of any such information.

Article 7
Settlement of investment disputes between one Party and a national or company of the other Party

1. For purposes of this Article, an investment dispute is defined as a dispute involving (a)the interpretation or application of an investment agreement between a Party and a national or company of the other Party; (b) the interpretation or application of any investment authorization granted by its foreign investment authority to such national or company;or (c) an alleged breach of any right conferred or created by this Treaty with

respect to an investment.

2. In the event of an investment dispute between a Party and a national or company of the other Party with respect to an investment of such national or company in the territory of such Party, the parties to the dispute shall initially seek to resolve the dispute by consultation and negotiation. The parties may, upon the initiative of either of them and as a part of their consultation and negotiation, agree to rely upon non–binding, third–party procedures, such as the fact–finding facility available under the Rules of the Additional Facility ("Additional Facility") of the International Centre for the Settlement of Investment Disputes ("Centre").If the dispute cannot be resolved through consultation and negotiation, then the dispute shall be submitted for settlement in accordance with the applicable dispute–settlement procedures upon which they have previously agreed. With respect to expropriation by either Party, any dispute–settlement procedures specified in an investment agreement between such Party and such national or company shall remain binding and shall be enforceable in accordance with the terms of the investment agreement and relevant provisions of domestic laws of such Party and treaties and other international agreements regarding enforcement of arbitral awards towhich such Party has subscribed.

3. (a) The national or company concerned may choose to consent in writing to the submission of the dispute to the Centre or the Additional Facility, for settlement by conciliation or binding arbitration, at any time after six months from the date upon which the dispute arose, provided:

(i) the dispute has not, for any reason, been submitted by the national or company for resolution in accordance with any applicable dispute settlement procedues previously agreed to by the parties to the dispute; and

(ii) the national or company concerned has not brought the dispute before the courts of justice or administrative tribunals or agencies of competent jurisdiction of the Party that is aparty to the dispute.

Once the national or company concerned has so consented, either party to the dispute may institute proceedings before the Centre or the Additional Facility. If the parties disagree over whether conciliation or binding arbitration is the more appropriate procedure to be employed, the opinion of the national or company concerned shall prevail.

(b) Each Party hereby consents to the submission of an investment dispute to the Centre for settlement by conciliation or binding arbitration.

(c) Conciliation or binding arbitration of such disputes shall be done in accordance with the provisions of the Convention on the Settlement of Investment Disputes Between States and Nationals of other States ("Convention") and the Regulations and Rules of the Centre,or, if the Convention should, for any reason, be inapplicable, the Rules of the

Additional Facility.

4. In any proceeding, judicial, arbitral or otherwise, concerning an investment dispute between it and a national or company of the other Party, a Party shall not assert, as a defense,counter–claim, right of set–off or otherwise, that the national or company concerned has received or will receive, pursuant to an insurance contract, indemnification or other compensation for all or part of its alleged damages from any source whatsoever, including such other Party and its political subdivisions, agencies and instrumentalities.

5. For the purpose of any proceedings initiated before the Centre or the Additional Facility in accordance with this Article, any company duly incorporated, constituted or otherwise duly organized under the applicable laws and regulations of either Party or a political subdivision thereof but that, before the occurrence of the event or events giving rise to the dispute, was owned or controlled by nationals or companies of the other Party, shall betreated as a national or company of such other Party.

6. The provisions of this Article shall not apply to a dispute arising (a) under the expor tcredit, guarantee or insurance programs of the Export–Import Bank of the United States or (b)under other official credit, guarantee or insurance arrangements pursuant to which the Parties have agreed to other means of settling disputes.

Article 8
Settlement of disputes between the Parties concerning interpretation or application of this treaty

1. Any dispute between the Parties concerning the interpretation or application of this Treaty should, if possible, be resolved through consultations between representatives of the two Parties, and if this should fail, through other diplomatic channels.

2. If the dispute between the Parties cannot be resolved through the aforesaid means, and unless there is agreement between the Parties to submit the dispute to the International Court of Justice, both Parties hereby agree to submit it upon the request of either Party to an arbitral tribunal for binding decision in accordance with the applicable rules and principles of international law.

3. The Tribunal shall be established for each case as follows. Within two months of receipt of a request for arbitration, each Party shall appoint an arbitrator. The two arbitrators so appointed shall select a third arbitrator as Chairman, who is a national of a third State. The Chairman shall be appointed within two months of the date of appointment of the other two arbitrators.

4. If the required appointments have not been made within the time specified in paragraph 3 of this Article, either of the Parties may, in the absence of any other

agreement, request that the President of the International Court of Justice make the required appointments. If the President is a national of one of the Parties or if he is unable to act, the Vice President shall be asked to make the required appointments. If the Vice President is a national of one of the Parties or if he cannot otherwise perform said duties, the next most senior member of the International Court of Justice who is not a national of one of the Parties and is able to perform said duties shall be asked to make the required appointments.

5. In the event that an arbitrator resigns or is for any reason unable to perform his duties, are placement shall be appointed within thirty days, utilizing the same method by which the arbitrator being replaced was appointed. If the replacement is not appointed within the timelimit specified above, either Party may invite the President of the International Court of Justice to make the necessary appointment. If the President is a national of either of the Parties or is unable to act for any reason, either Party may invite the Vice President, or if he is also a national of either of the Parties or is unable to act for any reason, the next most senior member of the International Court of Justice who is not a national of one of the Parties and is able to perform said duties, to make the appointment.

6. Unless otherwise agreed to by the Parties, all submissions shall be made and all hearings shall be completed within six months of the date of the selection of the third arbitrator, and the Tribunal shall render its decision within two months of the date of the finat submissions or the date of the closing of the hearings, whichever is later.

7. The Tribunal shall decide in all matters by majority vote. Any such decision shall be binding on both Parties. Each Party shall bear the expenses of its own representation in the arbitration proceedings. Expenses incurred by the Chairman, the other arbitrators, and other costs of the proceeding shall be paid for equally by the Parties. The Tribunal may, however,at its discretion, direct that a higher proportion of the costs be paid by one of the Parties.Such a decision shall be binding.

8. The Parties may agree to specific arbitral procedures. In the absence of such agreement,the Model Rules on Arbitral Procedure adopted by the United Nations International Law Commission in 1958 ("Model Rules") and commended to Member States by the United Nations General Assembly in Resolution 1262 (XIII) shall govern. To the extent that procedural questions are not resolved by this Article or the Model Rules, they shall be resolved by the Tribunal.

9. This Article shall not be applicable to a dispute which has been submitted to the Centre or Additional Facility pursuant to Article VII (3), Recourse to the procedures set forth in this Article is not precluded, however, in the event an award rendered in such dispute is not honored by a Party; or an issue exists related to a dispute submitted to the Centre or Additional Facility but not argued or decided in that proceeding.

10. The provisions of this Article shall not apply to a dispute arising (a) under the

export credit, guarantee or insurance programs of the Export–Import Bank of the United States, or (b)under other official credit, guarantee or insurance arrangements pursuant to which the Parties have agreed to other means of settling disputes.

Article 9
Preservation of rights

This Treaty shall not supersede, prejudice, or otherwise derogate from:

(a) laws and regulations, administrative practices or procedures, or administrative or adjudicatory decisions of either Party;

(b) international legal obligations; or

(c) obligations assumed by either Party, including those contained in an investment agreement or an investment authorization, whether extant at the time of entry into force of this Treaty or thereafter, that entitle investments, or associated activities, of nationals or companies of the other Party to treatment more favorable than that accorded by this Treaty inlike situations.

Article 10
Measures not precluded by this treaty

1. This Treaty shall not preclude the application by either Party of any and all measures necessary for the maintenance of public order, the fulfillment of its obligations with respect to the maintenance or restoration of international peace or security, or the protection of its own essential security interests.

2. This Treaty shall not preclude either Party from prescribing special formalities inconnection with the establishment of investments in its territory of nationals and companies of the other Party, but such formalities shall not impair the substance of any of the rights setforth in this Treaty.

Article 11
Taxation

1. With respect to its tax policies, each Party should strive to accord fairness and equib' in the treatment of investment of nationals and companies of the other Party.

2. Nevertheless, the provisions of this Treaty, and in particular Articles VII and VIII, shall apply to matters of taxation only with respect to the following:

(a) expropriation, pursuant to Article III;

(b) transfers, pursuant to Article V; or

(c) the observance and enforcement of terms of an investment agreement or authorizationas referred to in Article VII (l)(a) or (b).

Matters covered by item by [sic] 2(c) shall not be covered to the extent they are subject to the dispute settlement provisions of a convention for the avoidance of double taxation between the two parties, unless such matters are raised under such settlement provisions and are not resolved within a reasonable period of time.

Article 12
Application of this treaty to political sub-divisions of the Parties

This Treaty shall apply to political subdivisions of the Parties.

Article 13
Entry into force and duration and termination

1. This Treaty shall be ratified by each of the Parties, and the ratifications thereof shall be exchanged as soon as possible.

2. This Treaty shall enter into force thirty days after the date of exchange of ratifications. It shall remain in force for a period of ten years and shall continue in force unless terminated in accordance with Paragraph 3 of this Article. It shall apply to investments existing at the time of entry into force as well as to investments made or acquired thereafter.

3. Either Party may, by giving one year's written notice to the other Party, terminate this Treaty at the end of the initial ten year period or at any time thereafter.

4. With respect to investments made or acquired prior to the date of termination of this Treaty and to which this Treaty otherwise applies, the provisions of all of the other Articles of this Treaty shall thereafter continue to be effective for a further period of ten years from such date of termination.

IN WITNESS WHEREOF, the respective plenipotentiaries have signed this Treaty.

DONE in duplicate at ____________ on the day of ____________ in the Englishand ____________ languages, both texts being equally authentic.

FOR THE GOVERNMENT OF THE UNITED STATES OF AMERICA:

____

FOR THE GOVERNMENT OF ______________________:

____

附录 3

The 1984 Model

Treaty

between

The United States of America

and

____

Concerning

the Reciprocal Encouragement and Protection

of Investment

The United States of America and ______________

Desiring to promote greater economic cooperation between them, particularly with respect to investment by nationals and companies of one Party in the territory of the other Party; and

Recognizing that agreement upon the treatment to be accorded such investment will stimulate the flow of private capital and the economic development of the Parties,

Agreeing that fair and equitable treatment of investment is desirable in order to maintain a stable framework for investment and maximum effective utilization of economic resources,and

Having resolved to conclude a treaty concerning the encouragement and reciprocal protection of investment,

Have agreed as follows:

Article 1

1. For the purposes of this Treaty,

(a) "company of a Party" means any kind of corporation, company, association, or other organization, legally constituted under the laws and regulations of a Party or a political subdivision thereof whether or not organized for pecuniary gain, or privately or governmentally owned;

(b) "investment" means every kind of investment in the territory of one Party owned or controlled, directly or indirectly by nationals or companies of the other Party, such as equity,debt, and service and investment contracts; and includes:

(i) tangible and intangible property, including rights, such as mortgages, liens and pledges;

(ii) a company or shares of stock or other interests in a company or interests in the assets thereof;

(iii) a claim to money or a claim to performance having economic value, and associated with an investment;

(iv) intellectual and industrial property rights, including rights with respect to copyrights,patents, trademarks, trade names, industrial designs, trade secrets and know–how, and goodwill; and

(v) any right conferred by law or contract, and any licenses and permits pursuant to law;

(c) "national" of a Party means a natural person who is a national of a Party under its applicable law;

(d) "return" means an amount derived from or associated with an investment, including profit; dividend; interest; capital gain; royalty payment; management, technical assistance or other fee; or returns in kind;

(e) "associated activities" include the organization, control, operation, maintenance and disposition of companies, branches, agencies, offices, factories or other facilities for the conduct of business; the making, performance and enforcement of contracts; the acquisition,use, protection and disposition of property of all kinds including intellectual and industrial property rights; and the borrowing of funds, the purchase and issuance of equity shares, and the purchase of foreign exchange for imports.

2. Each Party reserves the right to deny to any company the advantages of this Treaty if nationals of any third country control such company and, in the case of a company of the other Party, that company has no substantial business activities in the territory of the other Party or is controlled by nationals of a third country with which the denying Party does not maintain normal economic relations.

3. Any alteration of the form in which assets are invested or reinvested shall not affect their character as investment.

Article 2

1. Each Party shall permit and treat investment, and activities associated therewith, on a basis no less favorable than that accorded in like situations to investment or associated activities of its own nationals or companies, or of nationals or companies of any third country, whichever is the most favorable, subject to the right of each Party to make or maintain exceptions falling within one of the sectors or matters listed in the Annex to this Treaty. Each Party agrees to notify the other Party before or on the date of entry into force of this Treaty of all such laws and regulations of which it is aware concerning the sectors or matters listed in the Annex. Moreover, each Party agrees to notify the other of any future exception with respect to the sectors or matters listed in the Annex, and to limit such exceptions to a minimum. Any future exception by either Party shall not apply to investment existing in that sector or matter at the time the exception becomes effective. The treatment accorded pursuant to any exceptions shall not be less favorable than that accorded in like situations to investments and associated activities of nationals or companies of any third country, except with respect to ownership of real property. Rights to engage in mining on the public domain shall be dependent on reciprocity.

2. Investments shall at all times be accorded fair and equitable treatment, shall enjoy full protection and security and shall in no case be accorded treatment less than that required byinternational law. Neither Party shall in any way impair by arbitrary and discriminatory measures the management, operation, maintenance, use, enjoyment, acquisition, expansion or disposal of investments. Each Party shall observe any obligation it may have entered into with regard to investments.

3. Subject to the laws relating to the entry and sojourn of aliens, nationals of either Party shall be permitted to enter and to remain in the territory of the other Party for the purpose of establishing, developing, administering or advising on the operation of an investment towhich they, or a company of the first Party that employs them, have committed or are in the process of committing a substantial amount of capital or other resources.

4. Companies which are legally constituted under the applicable laws or regulations of one Party, and which are investments, shall be permitted to engage top managerial personnel of their choice, regardless of nationality.

5. Neither Party shall impose performance requirements as a condition of establishment,expansion or maintenance of investments, which require or enforce commitments to export goods produced, or which specify that goods or services must be purchased locally, or which impose any other similar requirements.

6. Each Party shall provide effective means of asserting claims and enforcing rights

with respect to investment agreements, investment authorizations and properties.

7. Each Party shall make public all laws, regulations, administrative practices and procedures, and adjudicatory decisions that pertain to or affect investments.

8. The treatment accorded by the United States of America to investments and associated activities under the provisions of this Article shall in any State, Territory or possession of the United States of America be the treatment accorded therein to companies legally constituted under the laws and regulations of other States, Territories or possessions of the United States of America.

Article 3

1. Investments shall not be expropriated or nationalized either directly or indirectly through measures tantamount to expropriation or nationalization ("expropriation") except for a public purpose; in a non–discriminatory manner; upon payment of prompt, adequate and effective compensation; and in accordance with due process of law and the general principles of treatment provided for in Article II (2). Compensation shall be equivalent to the fair market value of the expropriated investment immediately before the expropriatory action was taken or became known; include interest at a commercially reasonable rate from the date of expropriation; be paid without delay; be fully realizable; and be freely transferable at the prevailing market rate of exchange on the date of expropriation.

2. A national or company of either Party that asserts that all or part of its investment has been expropriated shall have a right to prompt review by the appropriate judicial or administrative authorities of the other Party to determine whether any such expropriation has occurred and, if so, whether such expropriation has occurred and, if so, whether such expropriation, and any compensation therefor, conforms to the principles of international law.

3. Nationals or companies of either Party whose investments suffer losses in the territory of the other Party owing to war or other armed conflict, revolution, state of national emergency,insurrection, civil disturbance or other similar events shall be accorded treatment by such other Party no less favorable than that accorded to its own nationals or companies or to nationals or companies of any third country, whichever is the most favorable treatment,as regards any measures it adopts in relation to such losses.

Article 4

1. Each Party shall permit all transfers related to an investment to be made freely

and without delay into and out of its territory. Such transfers include: (a) returns; (b) compensation pursuant to Article III; (c) payments arising out of an investment dispute;(d) payments made under a contract, including amortization of principal and accrued interest payments made pursuant to a loan agreement; (e) proceeds from the sale or liquidation of allor any part of an investment; and (f) additional contributions to capital for the maintenance or development of an investment.

2. Except as provided in Article III paragraph 1, transfers shall be made in a freely convertible currency at the prevailing market rate of exchange on the date of transfer with respect to spot transactions in the currency to be transferred.

3. Notwithstanding the provisions of paragraphs 1 and 2, either Party may maintain laws and regulations; (a) requiring reports of currency transfer; and (b) imposing income taxes by such means as a withholding tax applicable to dividends or other transfers. Furthermore,either Party may protect the rights of creditors, or ensure the satisfaction of judgments inadjudicatory proceedings, through the equitable, nondiscriminatory and good faith application of its law.

Article 5

The Parties agree to consult promptly, on the request of either, to resolve any disputes inconnection with the Treaty, or to discuss any matter relating to the interpretation or application of the Treaty.

Article 6

1. For purposes of this Article, an investment dispute is defined as a dispute involving (a)the interpretation or application of an investment agreement between a Party and a national or company of the other Party; (b) the interpretation or application of any investment authorization granted by a Party's foreign investment authority to such national or company;or (c) an alleged breach of any right conferred or created by this Treaty with respect to an investment.

2. In the event of an investment dispute between a Party and a national or company of the other Party, the parties to the dispute shall initially seek to resolve the dispute by consultation and negotiation, which may include the use of non–binding, third–party procedures. If the dispute cannot be resolved through consultation and negotiation, the dispute shall be submitted for settlement in accordance with previously agreed, applicable dispute–settlement procedures. Any dispute–settlement procedures regarding expropriation and specified in the investment agreement shall remain binding and shall be enforceable in accordance with the terms of the investment agreement,

relevant provisions of domestic laws, and applicable international agreements regarding enforcement of arbitral awards.

3. (a) The national or company concerned may choose to consent in writing to the submission of the dispute to the International Centre for the Settlement of Investment Disputes ("Centre") or under the rules of the Additional Facility of the Centre ("Additional Facility"), for settlement by conciliation or binding arbitration, at any time after six months from the date upon which the dispute arose. Once the national or company concerned has so consented, either party to the dispute may institute proceedings before the Centre or the Additional Facility provided:

(i) the dispute has not been submitted by the national or company for resolution in accordance with any applicable previously agreed dispute settlement procedures; and

(ii) the national or company concerned has not brought the dispute before the courts of justice or administrative tribunals or agencies of competent jurisdiction of the Party that is aparty to the dispute.

If the parties disagree over whether conciliation or binding arbitration is the more appropriate procedure to be employed, the opinion of the national or company concerned shall prevail.

(b) Each Party hereby consents to the submission of an investment dispute to the Centre for settlement by conciliation or binding arbitration, or, in the event the Center [s/c] is not available, to the submission of the dispute to ad hoc arbitration in accordance with the rules and procedures of the Center [sic].

(c) Conciliation or binding arbitration of such disputes shall be done in accordance with the provisions of the Convention on the Settlement of Investment Disputes Between States and Nationals of other States done at Washington March 18, 1965 ("Convention") and the Regulations and Rules of the Centre or, if the Convention should for any reason be inapplicable the Rules of the Additional Facility shall govern.

4. In any proceeding involving an investment dispute, a Party shall not assert, as a defense,counter–claim, right of set–off or otherwise, that the national or company concerned has received or will receive, pursuant to an insurance or guarantee contract, indemnification or other compensation for all or part of its alleged damages.

5. For the purposes of this Article, any company legally constituted under the applicable laws and regulations of either Party or a political subdivision thereof but that, immediately before the occurrence of the event or events giving rise to the dispute, was an investment of nationals or companies of the other Party, shall, in accordance with Article 25 (2)(b) of the Convention, be treated as a national or company of such other Party.

Article 7

1. Any dispute between the Parties concerning the interpretation or application of this Treaty which is not resolved through consultations or other diplomatic channels, shall be submitted, upon the request of either Party, to an arbitral tribunal for binding decision inaccordance with the applicable rules of international law. In the absence of an agreement by the Parties to the contrary, the Model Rules on Arbitral Procedure adopted by the United Nations International Law Commission in 1958 as referred to in U.N. General Assembly Resolution 262 (XIII)shall govern.

2. Within two months of receipt of a request, each Party shall appoint an arbitrator. The two arbitrators shall select a third arbitrator as Chairman, who is a national of a third State.

3. Unless otherwise agreed, all submissions shall be made and all hearings shall be completed within six months of the date of selection of the third arbitrator, and the Tribunal shall render its decision within two months of the date of the final submissions or the date of the closing of the hearings, whichever is later.

4. Expenses incurred by the Chairman, the other arbitrators, and other costs of the proceeding shall be paid for equally by the Parties. The Tribunal may, however, at its discretion, direct that a higher proportion of the costs be paid by one of the Parties.

Article 8

The provisions of Article VI and VII shall not apply to a dispute arising (a) under the export credit, guarantee or insurance programs of the Export–Import Bank of the United States or (b)under other official credit, guarantee or insurance arrangements pursuant to which the Parties have agreed to other means of settling disputes.

Article 9

This Treaty shall not derogate from:

(a) laws and regulations, administrative practices or procedures, or administrative or adjudicatory decisions of either Party;

(b) international legal obligations; or

(c) obligations assumed by either Party, including those contained in an investment agreement or an investment authorization,

that entitle investments or associated activities to treatment more favorable than that accorded by this Treaty in like situations.

Article 10

1. This Treaty shall not preclude the application by either Party of measures necessary in its jurisdiction for the maintenance of public order, the fulfillment of its obligations with respect to the maintenance or restoration of international peace or security, or the protection of its own essential security interests.

2. This Treaty shall not preclude either Party from prescribing special formalities inconnection with the establishment of investments, but such formalities shall not impair the substance of any of the rights set forth in this Treaty.

Article 11

1. With respect to its tax policies, each Party should strive to accord fairness and equity in the treatment of investment of nationals and companies of the other Party.

2. Nevertheless, the provisions of this Treaty, and in particular Articles VI and VII, shall apply to matters of taxation only with respect to the following:

(a) expropriation, pursuant to Article III;

(b) transfers, pursuant to Article IV; or

(c) the observance and enforcement of terms of an investment agreement or authorization as referred to in Article VI (1)(a) or (b), to the extent they are not subject to the dispute settlement provisions of a convention for the avoidance of double taxation between the two Parties, or have been raised under such settlement provisions and are not resolved within a reasonable period of time.

Article 12

1. This Treaty shall enter into force thirty days after the date of exchange of instruments of ratification. It shall remain in force for a period of ten years and shall continue in force unless terminated in accordance with paragraph 3 of this Article. It shall apply to investments existing at the time of entry into force as well as to investments made or acquired thereafter.

2. Either Party may, by giving one year's written notice to the other Party, terminate this Treaty at the end of the initial ten year period or at any time thereafter.

3. With respect to investments made or acquired prior to the date of termination of this Treaty and to which this Treaty otherwise applies, the provisions of all of the other Articles of this Treaty shall thereafter continue to be effective for a further period of ten years from such date of termination.

In Witness Whereof, the respective plenipotentiaries have signed this Treaty.

Done in duplicate at ____________ on the day of ____________ in the English and ____________ languages, both texts being equally authentic.

For The Government of The United States of America:	For The Government of ______________________ :
______________________	______________________

Annex

Consistent with Article II paragraph 1. each Party reserves the right to maintain limited exceptions in the sectors or matters it has indicated below:

The United States of America

Air transportation; ocean and coastal shipping; banking; insurance; government grants;government insurance and loan programs; energy and power production; custom housebrokers; ownership of real estate; ownership and operation of broadcast or common carrier radio and television stations; ownership of shares in the Communications Satellite Corporation; the provision of common carrier telephone and telegraph services; the provision of submarine cable services; use of land and natural resources.

附录 4

The 1987 Model

Treaty

between

The United States of America

and

____

Concerning

The Reciprocal Encouragement and Protection

of Investment

The United States of America and______________, desiring to promote greater economic cooperation between them, with respect to investment by nationals and companies of one Party in the territory of the other Party; and

Recognizing that agreement upon the treatment to be accorded such investment will stimulate the flow of private capital and the economic development of the Parties,

Agreeing that fair and equitable treatment of investment is desirable in order to maintain astable framework for investment and maximum effective utilization of economic resources, and

Having resolved to conclude a Treaty concerning the encouragement and reciprocal protection of investment,

Have agreed as follows:

Article 1

1. For the purposes of this Treaty,

(a) "company of a Party" means any kind of corporation, company, association, or other organization, legally constituted under the laws and regulations of a Party or a political subdivision thereof whether or not organized for pecuniary gain, or privately or governmentally owned;

(b) "investment" means every kind of investment, in the territory of one Party owned or controlled directly or indirectly by nationals or companies of the other Party, such as equity,debt, and service and investment contracts; and includes:

(i) tangible and intangible property, including rights, such as mortgages, liens and pledges;

(ii) a company or shares of stock or other interests in a company or interests in the assets thereof;

(iii) a claim to money or a claim to performance having economic value, and associated with an investment;

(iv) intellectual and industrial property rights, including rights with respect to copyrights,patents, trademarks, trade names, industrial designs, trade secrets and know-how, and goodwill; and

(v) any right conferred by law or contract, and any licenses and permits pursuant to law;

(c) "national" of a Party means a natural person who is a national of a Party under its applicable law;

(d) "return" means an amount derived from or associated with an investment, including profit; dividend; interest; capital gain; royalty payment; management, technical assistance or other fee; or returns in kind.

(e) "associated activities" include the organization, control, operation, maintenance and disposition of companies, branches, agencies, offices, factories or other facilities for the conduct of business; the making, performance and enforcement of contracts; the acquisition,use, protection and disposition of property of all kinds including intellectual and industrial property rights; and the borrowing of funds, the purchase and issuance of equity shares, and the purchase of foreign exchange for imports.

2. Each Party reserves the right to deny to any company the advantages of this Treaty if nationals of any third country control such company and, in the case of a company of the other Party, that company has no substantial business activities in the territory of the other Party or is controlled by nationals of a third country with which the denying Party does not maintain normal economic relations.

3. Any alteration of the form in which assets are invested or reinvested shall not affect their character as investment.

Article 2

1. Each Party shall permit and treat investment, and activities associated therewith,

on abasis no less favorable than that accorded in like situations to investment or asssociated activities of its own nationals or companies, or of nationals or companies of any third country, whichever is the most favorable, subject to the right of each Party to make or maintain exceptions falling within one of the sectors or matters listed in the Annex to this Treaty. Each Party agrees to notify the other Party before or on the date of entry into force of this Treaty of all such laws and regulations of which it is aware concerning the sectors or matters listed in the Annex. Moreover, each Party agrees to notify the other of any future exception with respect to the sectors or matters listed in the Annex, and to limit such exceptions to a minimum. Any future exception by either Party shall not apply to investment existing in that sector or matter at the time the exception becomes effective. The treatment accorded pursuant to any exceptions shall not be less favorable than that accorded in like situations to investments and associated activities of nationals or companies of any third country, except with respect to ownership of real property. Rights to engage in mining on the public domain shall be dependent on reciprocity.

2. Investment shall at all times be accorded fair and equitable treatment, shall enjoy full protection and security and shall in no case be accorded treatment less than that required by international law. Neither Party shall in any way impair by arbitrary and discriminatory measures the management, operation, maintenance, use, enjoyment, acquisition, expansion,or disposal of investments. Each Party shall observe any obligation it may have entered into with regard to investments.

3. Subject to the laws relating to the entry and sojourn of aliens, nationals of either Party shall be permitted to enter and to remain in the territory of the other Party for the purpose of establishing, developing, administering or advising on the operation of an investment towhich they, or a company of the first Party that employs them, have committed or are in the process of committing a substantial amount of capital or other resources.

4. Companies which are legally constituted under the applicable laws or regulations of one Party, and which are investments, shall be permitted to engage top managerial personnel of their choice, regardless of nationality.

5. Neither Party shall impose performance requirements as a condition of establishment,expansion or maintenance of investments, which require or enforce commitments to export goods produced, or which specify that goods or services must be purchased locally, or which impose any other similar requirements.

6. Each Party shall provide effective means of asserting claims and enforcing rights with respect to investment agreements, investment authorizations and properties.

7. Each Party shall make public all laws, regulations, administrative practices and procedures, and adjudicatory decisions that pertain to or affect investments.

8. The treatment accorded by the United States of America to investments and associated activities under the provisions of this Article shall in any State, Territory or possession of the United States of America be the treatment accorded therein to companies legally constituted under the laws and regulations of other States, Territories or possessions of the United States of America.

9. The most favored nation provisions of this Article shall not apply to advantages accorded by either Party to nationals or companies of any third country by virtue of that Party's binding obligations that derive from full membership in a regional customs union or free trade area.

Article 3

1. Investments shall not be expropriated or nationalized either directly or indirectly through measures tantamount to expropriation or nationalization ("expropriation") except for a public purpose; in a non–discriminatory manner; upon payment of prompt, adequate and effective compensation; and in accordance with due process of law and the general principles of treatment provided for in Article II (2). Compensation shall be equivalent to the fair market value of the expropriated investment immediately before the expropriatory action was taken or became known; be paid without delay; include interest at a commercially reasonable rate from the date of expropriation; be fully realizable; and be freely transferable at the prevailing market rate of exchange on the date of expropriation.

2. A national or company of either Party that asserts that all or part of its investment has been expropriated shall have a right to prompt review by the appropriate judicial or administrative authorities of the other Party to determine whether any such expropriation has occurred and, if so, whether such expropriation, and any compensation therefor, conforms to the principles of international law.

3. Nationals or companies of the either Party whose investments suffer losses in the territory of the other Party owing to war or other armed conflict, revolution, state of national emergency, insurrection, civil disturbance or other similar events shall be accorded treatment by such other Party no less favorable than that accorded to its own nationals or companies or to nationals or companies of any third country, whichever is the most favorable treatment, as regards any measures it adopts in relation to such Josses.

Article 4

1. Each Party shall permit all transfers related to an investment to be made freely

and without delay into and out of its territory. Such transfers include: (a) returns; (b) compensation pursuant to Article III; (c) payments arising out of an investment dispute;(d) payments made under a contract, including amortization of principal and accrued interest payments made pursuant to a loan agreement; (e) proceeds from the sale or liquidation of allor any part of an investment; and (f) additional contributions to capital for the maintenance or development of an investment.

2. Except as provided in Article III paragraph 1, transfers shall be made in a freely usable currency at the prevailing market rate of exchange on the date of transfer with respect to spot transactions in the currency to be transferred.

3. Notwithstanding the provisions of paragraphs 1 and 2, either Party may maintain laws and regulations (a) requiring reports of currency transfer; and (b) imposing income taxes by such means as a withholding tax applicable to dividends or other transfers. Furthermore,either Party may protect the rights of creditors, or ensure the satisfaction of judgments inadjudicatory proceedings, through the equitable, nondiscriminatory and good faith application of its law.

Article 5

The Parties agree to consult promptly, on the request of either, to resolve any disputes inconnection with the Treaty, or to discuss any matter relating to the interpretation or application of the Treaty.

Article 6

1. For the purposes of this Article, an investment dispute is defined as a dispute involving(a) the interpretation or application of an investment agreement between a Party and a national or company of the other Party; (b) the interpretation or application of any investment authorization granted by a Party's foreign investment authority to such national or company;or (c) an alleged breach of any right conferred or created by this Treaty with respect to an investment.

2. In the event of an investment dispute between a Party and a national or company of the other Party, the parties to the dispute shall initially seek to resolve the dispute by consultation and negotiation, which may include the use of non–binding, third party procedures. Subject to Paragraph 3 of this Article, if the dispute cannot be resolved through consultation and negotiation, the dispute shall be submitted for settlement in accordance with previously agreed, applicable dispute–settlement procedures; any dispute–settlement procedures including those relating to expropriation and specified in the investment agreement shall remain binding and shall be enforceable in accordance

with the terms of the investment agreement, relevant provisions of domestic laws, and applicable international agreements regarding enforcement of arbitral awards.

3. (a) The national or company concerned may choose to consent in writing to the submission of the dispute to the International Centre for the Settlement of Investment Disputes ("Centre") or to ad hoc arbitration applying the rules of the Centre, for the settlement by conciliation or binding arbitration, at any time after six months from the date upon which the dispute arose. Once the national or company concerned has so consented,either party to the dispute may institute such proceedings provided:

(i) the dispute has not been submitted by the national or company for resolution inaccordance with any applicable previously agreed dispute settlement procedures; and

(ii) the national or company concerned has not brought the dispute before the courts of justice or administrative tribunals or agencies of competent jurisdiction of the Party that is aparty to the dispute.

If the parties disagree over whether conciliation or binding arbitration is the more appropriate procedure to be employed, the opinion of the national or company concerned shall prevail.

(b) Each Party hereby consents to the submission of an investment dispute to the Centre for settlement by conciliation or binding arbitration, or, in the event the Centre is not available,to the submission of the dispute to ad hoc arbitration applying the rules of the Centre.

(c) Conciliation or binding arbitration of such disputes shall be done applying the provisions of the Convention on the Settlement of Investment Disputes Between States and Nationals of Other States done at Washington, March 18, 1965 ("Convention") and the Regulations and Rules of the Centre.

4. In any proceeding involving an investment dispute, a Party shall not assert, as a defense,counter–claim, right of set–off or otherwise, that the national or company concerned has received or will receive, pursuant to an insurance or guarantee contract, indemnification or other compensation for all or part of its alleged damages.

5. For the purposes of this Article, any company legally constituted under the applicable laws and regulations of either Party or a political subdivision thereof but that, immediately before the occurrence of the event or events giving rise to the dispute, was an investment of nationals or companies of the other Party, shall, in accordance with Article 25 (2)(b) of theConvention, be treated as a national or company of such other Party.

Article 7

1. Any dispute between the Parties concerning the interpretation or application of

the Treaty which is not resolved through consultations or other diplomatic channels, shall be submitted, upon the request of either Party, to an arbitral tribunal for binding decision inaccordance with the applicable rules of international law. In the absence of an agreement by the Parties to the contrary, the arbitration rules of the United Nations Commission on International Trade Law (UNCITRAL), except to the extent modified by the Parties or by the arbitrators, shall govern.

2. Within two months of receipt of a request, each Party shall appoint an arbitrator. The two arbitrators shall select a third arbitrator as Chairman, who is a national of a third State.The UNCITRAL Rules for appointing members of three member panels shall apply mutatismutandis to the appointment of the arbitral panel except that the appointing authority referenced in those rules shall be the Secretary General of the Centre.

3. Unless otherwise agreed, all submissions shall be made and all hearings shall be completed within six months of the date of selection of the third arbitrator, and the Tribunal shall render its decisions within two months of the date of the final submissions or the date of the closing of the hearings, whichever is later.

4. Expenses incurred by the Chairman, the other arbitrators, and other costs of the proceedings shall be paid for equally by the Parties. The Tribunal may, however, at its discretion, direct that a higher proportion of the costs be paid by one of the Parties.

Article 8

The provisions of Article VI and VII shall not apply to a dispute arising (a) under the export credit, guarantee or insurance programs of the Export–Import Bank of the United States or(b) under other official credit, guarantee or insurance arrangements pursuant to which the Parties have agreed to other means of settling disputes.

Article 9

This Treaty shall not derogate from:

(a) laws and regulations, administrative practices or procedures, or administrative or adjudicatory decisions of either Party;

(b) international legal obligations; or

(c) obligations assumed by either Party, including those contained in an investment agreement or an investment authorization,

that entitle investments or associated activities to treatment more favorable than that accorded by this Treaty in like situations.

Article 10

1. This Treaty shall not preclude the application by either Party of measures necessary for the maintenance of public order, the fulfillment of its obligations with respect to the maintenance or restoration of international peace or security, or the protection of its own essential security interests.

2. This Treaty shall not preclude either Party from prescribing special formalities inconnection with the establishment of investments, but such formalities shall not impair the substance of any of the rights set forth in this Treaty.

Article 11

1. With respect to its tax policies, each Party should strive to accord fairness and equity in the treatment of investment of nationals and companies of the other Party.

2. Nevertheless, the provisions of this Treaty, and in particular Article VI and VII, shall apply to matters of taxation only with respect to the following:

(a) expropriation, pursuant to Article III;

(b) transfers, pursuant to Article IV; or

(c) the observance and enforcement of terms of an investment agreement or authorization as referred to in Article VI (1)(a) or (b), to the extent they are not subject to the dispute settlement provisions of a Convention for the avoidance of double taxation between the two Parties, or have been raised under such settlement provisions and are not resolved within a reasonable period of time.

Article 12

This Treaty shall apply, mutatis mutandis, to the political subdivisions of the Parties.

Article 13

1. This Treaty shall enter into force thirty days after the date of exchange of instruments of ratification. It shall remain in force for a period of ten years and shall continue in force unless terminated in accordance with paragraph 2 of this Article. It shall apply to investments existing at the time of entry into force as well as to investments made or acquired thereafter.

2. Either Party may, by giving one year's written notice to the other Party, terminate this Treaty at the end of the initial ten year period or at any time thereafter.

3. With respect to investments made or acquired prior to th date of termination of

this Treaty and to which this Treaty otherwise applies, the provisions of all of the other Articles of this Treaty shall thereafter continue to be effective for a further period of ten years from such date of termination.

4. The Annex (and Protocol, if any) shall form an integral part of the Treaty,

IN WITNESS WTTEREOF, the respective plenipotentiaries have signed this Treaty.

DONE in duplicate at ____________ on the day of ____________ , in the Englishand ____________ languages, both texts being equally authentic.

FOR THE GOVERNMENT OF THE UNITED STATES OF AMERICA:	FOR THE GOVERNMENT OF ______________________ :
______________________	______________________

Annex

1. The Government of the United States of America may adopt or maintain exceptions to the obligation to accord national treatment to covered investments in the sectors or withrespect to the matters specified below:

> atomic energy; customhouse brokers; licenses for broadcast, common carrier, oraeronautical radio stations; COMSAT; subsidies or grants, including government–supported loans, guarantees and insurance; state and local measures exempt from Article 1102 of the North American Free Trade Agreement pursuant to Article 1108 thereof; and landing of submarine cables.

Most favored nation treatment shall be accorded in the sectors and matters indicateda bove.

2. The Government of the United States of America may adopt or maintain exceptions to the obligation to accord national and most favored nation treatment to covered investments in the sectors or with respect to the matters specified below:

> fisheries; air and maritime transport, and related activities; banking* insurance*securities* and other financial services*.

*Note: if the Treaty Partner undertakes acceptable commitments with respect to all or certain financial services, the Government of the United States of America will consider limiting these exceptions accordingly, so that, for example, particular obligations as to treatment would apply on no less favorable terms than in the North American Free

Trade Agreement.

3. The Government of _________ may adopt or maintain exceptions...

4. Notwithstanding paragraph 3, each Party agrees to accord national treatment to covered investments in the following sectors:

leasing of minerals or pipeline rights–of–way on government lands.

附录 5

The 1991 Model

Treaty

between

The United States of America

and

____

Concerning

the Encouragement and Reciprocal Protection

of Investment

The United States of America and____________(hereinafter the "Parties");

Desiring to promote greater economic cooperation between them, with respect to investment by nationals and companies of one Party in the territory of the other Party;

Recognizing that agreement upon the treatment to be accorded such investment will stimulate the flow of private capital and the economic development of the Parties;

Agreeing that fair and equitable treatment of investment is desirable in order to maintain astable framework for investment and maximum effective use of economic resources;

Recognizing that the development of economic and business ties can contribute to the well–being of workers in both Parties and promote respect for internationally recognized worker rights; and

Having resolved to conclude a Treaty concerning the encouragement and reciprocal protection of investment;

Have agreed as follows:

Article 1

1. For the purposes of this Treaty,

(a) "investment" means every kind of investment in the territory of one Party owned or controlled directly or indirectly by nationals or companies of the other Party, such as equity,debt, and service and investment contracts; and includes:

(i) tangible and intangible property, including rights, such as mortgages, liens and pledges;

(ii) a company or shares of stock or other interests in a company or interests in the assets thereof;

(iii) a claim to money or a claim to performance having economic value, and associated with an investment;

(iv) intellectual property which includes, inter alia, rights relating to:

literary and artistic works, including sound recordings,

inventions in all fields of human endeavor,

industrial designs,

semiconductor mask works,

trade secrets, know–how, and confidential business information, and trademarks,service marks, and trade names; and

(v) any right conferred by taw or contract, and any licenses and permits pursuant to law;

(b) "company" of a Party means any kind of corporation, company, association,partnership, or other organization, legally constituted under the laws and regulations of a Party or a political subdivision thereof whether or not organized for pecuniary gain,or privately or governmentally owned or controlled;

(c) "national" of a Party means a natural person who is a national of a Party under its applicable law;

(d) "return" means an amount derived from or associated with an investment, including profit; dividend; interest; capital gain; royalty payment; management, technical assistance or other fee; or returns in kind;

(e) "associated activities" include the organization, control, operation, maintenance and disposition of companies, branches, agencies, offices, factories or other facilities for the conduct of business; the making, performance and enforcement of contracts; the acquisition,use, protection and disposition of property of all kinds including intellectual property rights;the borrowing of funds; the purchase, issuance, and sale of equity shares and other securities; and the purchase of foreign exchange for imports.

2. Each Party reserves the right to deny to any company the advantages of this Treaty if nationals of any third country control such company and, in the case of a company of

the other Party, that company has no substantial business activities in the territory of the other Party or is controlled by nationals of a third country with which the denying Party does not maintain normal economic relations.

3. Any alteration of the form in which assets are invested or reinvested shall not affect their character as investment.

Article 2

1. Each Party shall permit and treat investment, and activities associated therewith, on abasis no less favorable than that accorded in like situations to investment or associated activities of its own nationals or companies, or of nationals or companies of any third country, whichever is the most favorable, subject to the right of each Party to make or maintain exceptions falling within one of the sectors or matters listed in the Annex to thisTreaty. Each Party agrees to notify the other Party before or on the date of entry into force of this Treaty of all such laws and regulations of which it is aware concerning the sectors or matters listed in the Annex. Moreover, each Party agrees to notify the other of any future exception with respect to the sectors or matters listed, in the Annex, and to limit such exceptions to a minimum. Any future exception by either Party shall not apply to investment existing in that sector or matter at the time the exception becomes effective. The treatment accorded pursuant to any exceptions shall, unless specified otherwise in the Annex, be not less favorable than that accorded in like situations to investments and associated activities of nationals or companies of any third country.

2. (a) Investment shall at all times be accorded fair and equitable treatment, shall enjoy full protection and security and shall in no case be accorded treatment less than that required by international law.

(b) Neither Party shall in any way impair by arbitrary and discriminatory measures the management, operation, maintenance, use, enjoyment, acquisition, expansion, or disposal of investments. For purposes of dispute resolution under Articles VI and VII, a measure may bearbitrary and discriminatory notwithstanding the fact that a party has had or has exercised the opportunity to review such measure in the courts or administrative tribunals of a Party.

(c) Each Party shall observe any obligation it may have entered into with regard to investments.

3. Subject to the taws relating to the entry and sojourn of aliens, nationals of either Party shall be permitted to enter and to remain in the territory of the other Party for the purpose of establishing, developing, administering or advising on the operation of an investment towhich they, or a company of the first Party that employs them, have

committed or are in the process of committing a substantial amount of capital or other resources.

4. Companies which are legally constituted, under the applicable laws or regulations of one Party, and which are investments, shall be permitted to engage top managerial personnel of their choice, regardless of nationality.

5. Neither Party shall impose performance requirements as a condition of establishment,expansion or maintenance of investments, which require or enforce commitments to export goods produced, or which specify that goods or services must be purchased locally, or which impose any other similar requirements.

6. Each Party shall provide effective means of asserting claims and enforcing rights with respect to investment, investment agreements, and investment authorizations.

7. Each Party shall make public all laws, regulations, administrative practices and procedures, and adjudicatory decisions that pertain to or affect investments.

8. The treatment accorded by the United States of America to investments and associated activities of nationals and companies of _______ under the provisions of this Article shall in any State, Territory or possession of the United States of America be no less favorable than the treatment accorded therein to investments and associated activities of nationals of the United States of America resident in, and companies legally constituted under the laws and regulations of other States, Territories or possessions of the United States of America.

9. The most favored nation provisions of this Article shall not apply to advantages accorded by either Party to nationals or companies of any third country by virtue of:

(a) that Party's binding obligations that derive from full membership in a free trade area or customs union; or

(b) that Party's binding obligations under any multilateral international agreement under the framework of the General Agreement on Tariffs and Trade entered into subsequent to this Agreement.

Article 3

1. Investments shall not be expropriated or nationalized either directly or indirectly through measures tantamount to expropriation or nationalization ("expropriation") except for a public purpose; in a nondiscriminatory manner; upon payment of prompt, adequate and effective compensation; and in accordance with due process of law and the general principles of treatment provided for in Article 11(2). Compensation shall be equivalent to the fair market value of the expropriated investment immediately before the expropriatory action was taken or became known, whichever is earlier; be paid without delay; include interest ata commercially reasonable rate from the date of

expropriation; be fully realizable; and befreely transferable at the prevailing market rate of exchange on the date of expropriation.

2. A national or company of either Party that asserts that all or part of its investment has been expropriated shall have a right to prompt review by the appropriate judicial or administrative authorities of the other Party to determine whether any such expropriation has occurred and, if so, whether such expropriation, and any compensation therefor, conforms to the principles of international law.

3. Nationals or companies of the either Party whose investments suffer losses in the territory of the other Party owing to war or other armed conflict, revolution, state of national emergency, insurrection, civil disturbance or other similar events shall be accorded treatment by such other Party no less favorable than that accorded to its own nationals or companies or to nationals or companies of any third country, whichever is the most favorable treatment,as regards any measures it adopts in relation to such losses.

Article 4

1. Each Party shall permit all transfers related to an investment to be made freely and without delay into and out of its territory. Such transfers include: (a) returns; (b) compensation pursuant to Article III; (c) payments arising out of an investment dispute;(d) payments made under a contract, including amortization of principal and accrued interest payments made pursuant to a loan agreement; (e) proceeds from the sale or liquidation of all or any part of an investment; and (f) additional contributions to capital for the maintenance or development of an investment.

2. Except as provided in Article III paragraph 1, transfers shall be made in a freely usable currency at the prevailing market rate of exchange on the date of transfer with respect to spot transactions in the currency to be transferred.

3. Notwithstanding the provisions of paragraphs 1 and 2, either Party may maintain laws and regulations (a) requiring reports of currency transfer; and (b) imposing income taxes by such means as a withholding tax applicable to dividends or other transfers. Furthermore,either Party may protect the rights of creditors, or ensure the satisfaction of judgments inadjudicatory proceedings, through the equitable, nondiscriminatory and good faith application of its law.

Article 5

The Parties agree to consult promptly, on the request of either, to resolve any disputes inconnection with the Treaty, or to discuss any matter relating to the interpretation or application of the Treaty.

Article 6

1. For the purposes of this Article, an investment dispute is defined as a dispute involving(a) the interpretation or application of an investment agreement between a Party and a national or company of the other Party; (b) the interpretation or application of any investment authorization granted by a Party's foreign investment authority to such national or company;or (c) an alleged breach of any right conferred or created by this Treaty with respect to an investment.

2. In the event of an investment dispute between a Party and a national or company of the other Party, the parties to the dispute shall initially seek to resolve the dispute by consultation and negotiation, which may include the use of non–binding, third party procedures. Subject to Paragraph 3 of this Article, if the dispute cannot be resolved through consultation and negotiation, the dispute shall be submitted for settlement in accordance with previously agreed, applicable dispute–settlement procedures; any dispute–settlement procedures including those relating to expropriation and specified in the investment agreement shall remain binding and shall be enforceable in accordance with the terms of the investment agreement, relevant provisions of domestic laws, and applicable international agreements regarding enforcement of arbitral awards.

3. (a) The national or company concerned may choose to consent in writing to the submission of the dispute to the international Centre for the Settlement of Investment Disputes ("Centre") or to ad hoc arbitration applying the rules of the Centre, for the settlement by conciliation or binding arbitration, at any time after six months from the date upon which the dispute arose. Once the national or company concerned has so consented,either party to the dispute may institute such proceedings provided:

(i) the dispute has not been submitted by the national or company for resolution inaccordance with any applicable previously agreed dispute settlement procedures; and

(ii) the national or company concerned has not brought the dispute before the courts of justice or administrative tribunals or agencies of competent jurisdiction of the Party that is aparty to the dispute.

If the parties disagree over whether conciliation or binding arbitration is the more appropriate procedure to be employed, the opinion of the national or company concerned shall prevail.

(b) Each Party hereby consents to the submission of an investment dispute to the Centre for settlement by conciliation or binding arbitration, or, in the event the Centre is not available,to the submission of the dispute to ad hoc arbitration applying the rules of the Centre.

(c) Conciliation or binding arbitration of such disputes shall be done applying the provisions of the Convention on the Settlement of Investment Disputes Between States and Nationals of Other States done at Washington, March 18, 1965 ("Convention") and the Regulations and Rules of the Centre.

4. In any proceeding involving an investment dispute, a Party shall not assert, as a defense,counter–claim, right of set–off or otherwise, that the national or company concerned has received or will receive, pursuant to an insurance or guarantee contract, indemnification or other compensation for all or part of its alleged damages.

5. For the purposes of this Article, any company legally constituted under the applicable laws and regulations of either Party or a political subdivision thereof but that, immediately before the occurrence of the event or events giving rise to the dispute, was an investment of nationals or companies of the other Party, shall, in accordance with Article 25 (2) (b) of the Convention, be treated as a national or company of such other Party.

Article 7

1. Any dispute between the Parties concerning the interpretation or application of the Treaty which is not resolved through consultations or other diplomatic channels, shall be submitted, upon the request of either Party, to an arbitral tribunal for binding decision inaccordance with the applicable rules of international law. In the absence of an agreement by the Parties to the contrary, the arbitration rules of the United Nations Commission on International Trade Law (UNCITRAL), except to the extent modified by the Parties or by the arbitrators, shall govern.

2. Within two months of receipt of a request, each Party shall appoint an arbitrator. The two arbitrators shall select a third arbitrator as Chairman, who is a national of a third State.The UNCITRAL Rules for appointing members of three member panels shall apply mutatismutandis to the appointment of the arbitral panel except that the appointing authority referenced in those rules shall be the Secretary General of the Centre.

3. Unless otherwise agreed, all submissions shall be made and all hearings shall be completed within six months of the date of selection of the third arbitrator, and the Tribunal shall render its decisions within two months of the date of the final submissions or the date of the closing of the hearings, whichever is later.

4. Expenses incurred by the Chairman, the other arbitrators, and other costs of the proceedings shall be paid for equally by the Parties. The Tribunal may, however, at its discretion, direct that a higher proportion of the costs be paid by one of the Parties.

Article 8

The provisions of Article VI and VII shall not apply to a dispute arising (a) under the export credit, guarantee or insurance programs of the Export–Import Bank of the United States or(b) under other official credit, guarantee or insurance arrangements pursuant to which the Parties have agreed to other means of settling disputes.

Article 9

This Treaty shall not derogate from:

(a) laws and regulations, administrative practices or procedures, or administrative or adjudicatory decisions of either Party;

(b) international legal obligations; or

(c) obligations assumed by either Party, including those contained in an investment agreement or an investment authorization,

that entitle investments or associated activities to treatment more favorable than that accorded by this Treaty in like situations.

Article 10

1. This Treaty shall not preclude the application by either Party of measures necessary for the maintenance of public order, the fulfillment of its obligations with respect to the maintenance or restoration of international peace or security, or the protection of its own essential security interests.

2. This Treaty shall not preclude either Party from prescribing special formalities inconnection with the establishment of investments, but such formalities shall not impair the substance of any of the rights set forth in this Treaty.

Article 11

1. With respect to its tax policies, each Party should strive to accord fairness and equity in the treatment of investment of nationals and companies of the other Party.

2. Nevertheless, the provisions of this Treaty, and in particular Article VI and VII, shall apply to matters of taxation only with respect to the following:

(a) expropriation, pursuant to Article III;

(b) transfers, pursuant to Article IV; or

(c) the observance and enforcement of terms of an investment agreement or authorization as referred to in Article VI (1) (a) or (b), to the extent they are not subject to the dispute settlement provisions of a Convention for the avoidance of double taxation between the two Parties, or have been raised under such settlement provisions and are not resolved within a reasonable period of time.

Article 12

This Treaty shall apply to the political subdivisions of the Parties.

Article 13

1. This Treaty shall enter into force thirty days after the date of exchange of instruments of ratification. It shall remain in force for a period of ten years and shall continue in force unless terminated in accordance with paragraph 2 of this Article. It shall apply to investments existing at the time of entry into force as well as to investments made or acquired thereafter.

2. Either Party may, by giving one year's written notice to the other Party, terminate this Treaty at the end of the initial ten year period or at any time thereafter.

3. With respect to investments made or acquired prior to the date of termination of this Treaty and to which this Treaty otherwise applies, the provisions of all of the other Articles of this Treaty shall thereafter continue to be effective for a further period of ten years from such date of termination.

4. The Annex (and Protocol, if any) shall form an integral part of the Treaty.

IN WITNESS WHEREOF, the respective plenipotentiaries have signed this Treaty.

DONE in duplicate at ____________ on the day of ____________ in the English and ____________ languages, both texts being equally authentic.

FOR THE GOVERNMENT OF THE UNITED STATES OF AMERICA:	FOR THE GOVERNMENT OF ______________________:
______________________	______________________

Annex

1. Consistent with Article II paragraph 1, the United States reserves the right to make or maintain limited exceptions to national treatment in the sectors or matters it has indicated below:

air transportation; ocean and coastal shipping; banking; insurance; government grants; government insurance and loan programs; energy and power production; custom house brokers; ownership of real property; ownership and operation of broadcast or common carrier radio and television stations; ownership of shares in the Communications Satellite Corporation; the provision of common carrier telephone and telegraph services; the provision of submarine cable services; use of land and natural resources; mining on the public domain; maritime services and maritime–related services; and primary dealership in United States government securities.

2. Consistent with Article II, paragraph 1, the United States reserves the right to make or maintain limited exceptions to most favored nation treatment in the sectors or matters it has indicated below:

ownership of real property; mining on the public domain; maritime–related services;and primary dealership in United States government securities.

附录 6

The 1992 Model

Treaty

between

The United States of America

and

____

Concerning

the Reciprocal Encouragement and Protection

of Investment

The United States of America and _________ (hereinafter the "Parties");

Desiring to promote greater economic cooperation between them, with respect to investment by nationals and companies of one Party in the territory of the other Party;

Recognizing that agreement upon the treatment to be accorded such investment will stimulate the flow of private capital and the economic development of the Parties;

Agreeing that fair and equitable treatment of investment is desirable in order to maintain astable framework for investment and maximum effective utilization of economic resources;

Recognizing that the development of economic and business ties can contribute to the well–being of workers in both Parties and promote respect for internationally recognized worker rights; and

Having resolved to conclude a Treaty concerning the encouragement and reciprocal protection of investment;

Have agreed as follows:

Article 1

1. For the purposes of this Treaty,

(a) "investment" means every kind of investment in the territory of one Party owned or controlled directly or indirectly by nationals or companies of the other Party, such as equity,debt, and service and investment contracts; and includes:

(i) tangible and intangible property, including rights, such as mortgages, liens and pledges;

(ii) a company or shares of stock or other interests in a company or interests in the assets thereof;

(iii) a claim to money or a claim to performance having economic value, and associated with an investment;

(iv) intellectual property which includes, inter alia, rights relating to:

literary and artistic works, including sound recordings,

inventions in all fields of human endeavour,

industrial designs,

semiconductor mask works,

trade secrets, know–how, and confidential business information, and

trade marks, service marks, and trade names; and

(v) any right conferred by taw or contract, and any licenses and permits pursuant to law;

(b) "company" of a Party means any kind of corporation, company, association,partnership, or other organization, legally constituted under the laws and regulations of a Party or a political subdivision thereof whether or not organized for pecuniary gain, or privately or governmentally owned or controlled;

(c) "national" of a Party means a natural person who is a national of a Party under its applicable law;

(d) "return" means an amount derived from or associated with an investment, including profit; dividend; interest; capital gain; royalty payment; management, technical assistance or other fee; or returns in kind;

(e) "associated activities" include the organization, control, operation, maintenance and disposition of companies, branches, agencies, offices, factories or other facilities for the conduct of business; the making, performance and enforcement of contracts; the acquisition,use, protection and disposition of property of all kinds including intellectual property rights;the borrowing of funds, the purchase, issuance, and sale of equity shares and other securities; and the purchase of foreign exchange for imports.

2. Each Party reserves the right to deny to any company the advantages of this Treaty if nationals of any third country control such company and, in the case of a company of

the other Party, that company has no substantial business activities in the territory of the other Party or is controlled by nationals of a third country with which the denying Party does not maintain normal economic relations.

3. Any alteration of the form in which assets are invested or reinvested shall not affect their character as investment.

Article 2

1. Each Party shall permit and treat investment, and activities associated therewith, on abasis no less favorable than that accorded in like situations to investment or associated activities of its own nationals or companies, or of nationals or companies of any third country, whichever is the most favorable, subject to the right of each Party to make or maintain exceptions falling within one of the sectors or matters listed in the Annex to thisTreaty. Each Party agrees to notify the other Party before or on the date of entry into force of this Treaty of all such laws and regulations of which it is aware concerning the sectors or matters listed in the Annex. Moreover, each Party agrees to notify the other of any future exception with respect to the sectors or matters listed in the Annex, and to limit such exceptions to a minimum. Any future exception by either Party shall not apply to investment existing in that sector or matter at the time the exception becomes effective. The treatment accorded pursuant to any exceptions shall, unless specified otherwise in the Annex, be notless favorable than that accorded in like situations to investments and associated activities of nationals or companies of any third country.

2. (a) Investment shall at all times be accorded fair and equitable treatment, shall enjoy full protection and security and shall in no case be accorded treatment less than that required by international law.

(b) Neither Party shall in any way impair by arbitrary or discriminatory measures the management, operation, maintenance, use, enjoyment, acquisition, expansion, or disposal of investments. For purposes of dispute resolution under Articles VI and VII, a measure may bearbitrary or discriminatory notwithstanding the fact that a party has had or has exercised the opportunity to review such measure in the courts or administrative tribunals of a Party.

(c) Each Party shall observe any obligation it may have entered into with regard to investments.

3. Subject to the taws relating to the entry and sojourn of aliens, nationals of either Party shall be permitted to enter and to remain in the territory of the other Party for the purpose of establishing, developing, administering or advising on the operation of an investment towhich they, or a company of the first Party that employs them, have

committed or are in the process of committing a substantial amount of capital or other resources.

4. Companies which are legally constituted under the applicable laws or regulations of one Party, and which are investments, shall be permitted to engage top managerial personnel of their choice, regardless of nationality.

5. Neither Party shall impose performance requirements as a condition of establishment,expansion or maintenance of investments, which require or enforce commitments to export goods produced, or which, specify that goods or services must be purchase locally, or which impose any other similar requirements.

6. Each Party shall provide effective means of asserting claims and enforcing rights with respect to investment, investment agreements, and investment authorizations.

7. Each Party shall make public all laws, regulations, administrative practices and procedures, and adjudicatory decisions that pertain to or affect investments.

8. The treatment accorded by the United States of America to investments and associated activities of nationals and companies of under the provisions of this Article shall in any State, Territory or possession of the United States of America be no less favorable than the treatment accorded therein to investments and associated activities of nationals of the United States of America resident in, and companies legally constituted under the laws and regulations of other States, Territories or possessions of the United States of America.

9. The most favored nation provisions of this Treaty shall not apply to advantages accorded by either Party to nationals or companies of any third country by virtue of:

(a) that Party's binding obligations that derive from full membership in a free trade area orcustoms union; or

(b) that Party's binding obligations under any multilateral international agreement under the framework of the General Agreement on Tariffs and Trade that enters into force subsequent to the signature of this Treaty.

Article 3

1. Investments shall not be expropriated or nationalized either directly or indirectly through measures tantamount to expropriation or nationalization ("expropriation") except:for a public purpose; in a nondiscriminatory manner; upon payment of prompt, adequate and effective compensation; and in accordance with due process of law and the general principles of treatment provided for in Article 11(2). Compensation shall be equivalent to the fair market value of the expropriated investment immediately before the expropriatory action was taken or became known, whichever is earlier; be calculated in a freely usable currency on the basis of the prevailing market rate

of exchange at that time; be paid without delay;include interest at a commercially reasonable rate from the date of expropriation; be fully realizable; and be freely transferable.

2. A national or company of either Party that asserts that all or part of its investment has been expropriated shall have a right to prompt review by the appropriate judicial or administrative authorities of the other Party to determine whether any such expropriation has occurred and, if so, whether such expropriation, and any associated compensation, conforms to the principles of international law.

3. Nationals or companies of either Party whose investments suffer losses in the territory of the other Party owing to war or other armed conflict, revolution, state of national emergency,insurrection, civil disturbance or other similar events shall be accorded treatment by such other Party no less favorable than that accorded to its own nationals or companies or to nationals or companies of any third country, whichever is the most favorable treatment,as regards any measures it adopts in relation to such losses.

Article 4

1. Each Party shall permit all transfers related to an investment to be made freely and without delay into and out of its territory. Such transfers include: (a) returns; (b) compensation pursuant to Article III; (c) payments arising out of an investment dispute;(d) payments made under a contract, including amortization of principal and accrued interest payments made pursuant to a loan agreement; (e) proceeds from the sale or liquidation of allor any part of an investment; and (f) additional contributions to capital for the maintenance or development of an investment.

2. Transfers shall be made in a freely usable currency at the prevailing market rate of exchange on the date of transfer with respect to spot transactions in the currency to be transferred.

3. Notwithstanding the provisions of paragraphs 1 and 2, either Party may maintain laws and regulations (a) requiring reports of currency transfer; and (b) imposing income taxes by such means as a withholding tax applicable to dividends or other transfers. Furthermore,either Party may protect the rights of creditors, or ensure the satisfaction of judgments inadjudicatory proceedings, through the equitable, nondiscriminatory and good faith application of its law.

Article 5

The Parties agree to consult promptly, on the request of either, to resolve any disputes inconnection with the Treaty, or to discuss any matter relating to the interpretation or application of the Treaty.

Article 6

1. For purposes of this Article, an investment dispute is a dispute between a Party and a national or company of the other Party arising out of or relating to (a) an investment agreement between that Party and such national or company; (b) an investment authorization granted by that Party's foreign investment authority to such national or company; or (c) an alleged breach of any right conferred or created by this Treaty with respect to an investment.

2. In the event of an investment dispute, the parties to the dispute should initially seek a resolution through consultation and negotiation. If the dispute cannot be settled amicably,the national or company concerned may choose to submit the dispute for resolution:

(a) to the courts or administrative tribunals of the Party that is a party to the dispute; or

(b) in accordance with any applicable, previously agreed dispute–settlement procedures; or

(c) in accordance with the terms of paragraph 3.

3. (a) Provided that the national or company concerned has not submitted the dispute for resolution under paragraph 2 (a) or (b) and that six months have elapsed from the date onwhich the dispute arose, the national or company concerned may choose to consent inwriting to the submission of the dispute for settlement by binding arbitration:

(i) to the International Centre for the Settlement of Investment Disputes ("Centre") established by the Convention on the Settlement of Investment Disputes between States and Nationals of other States, done at Washington, March 18, 1965 ("ICSID Convention"),provided that the Party is a party to such Convention; or

(ii) to the Additional Facility of the Centre, if the Centre is not available; or

(iii) in accordance with the Arbitration Rules of the United Nations Commission on International Trade Law (UNCITRAL); or

(iv) to any other arbitration institution, or in accordance with any other arbitration rules,as may be mutually agreed between the parties to the dispute.

(b) Once the national or company concerned has so consented, either party to the dispute may initiate arbitration in accordance with the choice so specified in the consent.

4. Each Party hereby consents to the submission of any investment dispute for settlement by binding arbitration in accordance with the choice specified in the written consent of the national or company under paragraph 3. Such consent, together with the

written consent of the national or company when given under paragraph 3 shall satisfy the requirement for:

(a) written consent of the parties to the dispute for purposes of Chapter II of the ICSID Convention (Jurisdiction of the centre) and for purposes of the Additional Facility Rules; and

(b) an "agreement in writing" for purposes of Article II of the United Nations Convention on the Recognition and Enforcement of Foreign Arbitral Awards, done at New York, June 10,1958 ("New York Convention").

5. Any arbitration under paragraph 3(a)(ii), (iii) or (iv) of this Article shall be held in a state that is a party to the New York Convention.

6. Any arbitral award rendered pursuant to this Article shall be final and binding on the parties to the dispute. Each Party undertakes to carry out without delay the provisions of any such award and to provide in its territory for its enforcement.

7. In any proceeding involving an investment dispute a Party shall not assert, as a defense,counterclaim, right of set–off or otherwise, that the national or company concerned has received or will receive, pursuant to an insurance or guarantee contract indemnification or other compensation for all or part of its alleged damages.

8. For purposes of an arbitration held under paragraph 3 of this Article, any company legally constituted under the applicable laws and regulations of a Party or a political subdivision thereof but that, immediately before the occurrence of the event or events giving rise to the dispute, was an investment of nationals or companies of the other Party, shall betreated as a national or company of such other Party in accordance with Article 25(2)(b) ofthe ICSID Convention.

Article 7

1. Any dispute between the Parties concerning the interpretation or application of the Treaty which is not resolved through consultations or other diplomatic channels, shall be submitted, upon the request of either Party, to an arbitral tribunal for binding decision inaccordance with the applicable rules of international law. In the absence of an agreement by the Parties to the contrary, the arbitration rules of the United Nations Commission on International Trade Law (UNCITRAL), except to the extent modified by the Parties or by the arbitrators, shall govern.

2. Within two months of receipt of a request, each Party shall appoint an arbitrator. The two arbitrators shall select a third arbitrator as Chairman, who is a national of a third State The UNCITRAL Rules for appointing members of three member panels shall apply mutatismutandis to the appointment of the arbitral pane except that the appointing authority referenced in those rules shall be the Secretary General of the Centre.

3. Unless otherwise agreed, all submissions shall be made and all hearings shall be completed within six months of the date of selection of the third arbitrator, and the Tribunal shall render its decisions within two months of the date of the final submissions or the date of the closing of the hearings, whichever is later.

4. Expenses incurred by the Chairman, the other arbitrators, and other costs of the proceedings shall be paid for equally by the Parties. The Tribunal may, however, at its discretion, direct that a higher proportion of the costs be paid by one of the Parties.

Article 8

[The provisions of Article VI and VII shall not apply to a dispute arising (a) under the export credit, guarantee or insurance programs of the Export–Import Bank of the United States or(b) under other official credit, guarantee or insurance arrangements pursuant to which the Parties have agreed to other means of settling disputes.]

Article 9

This Treaty shall not derogate from:

(a) laws and regulations, administrative practices or procedures, or administrative or adjudicatory decisions of either Party;

(b) international legal obligations; or

(c) obligations assumed by either Party, including those contained in an investment agreement or an investment authorization, that entitle investments or associated activities to treatment more favorable than that accorded by this Treaty in like situations.

Article 10

1. This Treaty shall not preclude the application by either Party of measures necessary for the maintenance of public order, the fulfillment of its obligations with respect to the maintenance or restoration of international peace or security, or the protection of its own essential security interests.

2. This Treaty shall not preclude either Party from prescribing special formalities inconnection with the establishment of investments, but such formalities shall not impair the substance of any of the rights set forth in this Treaty.

Article 11

1. With respect to its tax policies, each Party should strive to accord fairness and

equity in the treatment of investment of nationals and companies of the other Party.

2. Nevertheless, the provisions of this Treaty, and in particular Article VI and VII, shall apply to matters of taxation only with respect to the following:

(a) expropriation, pursuant to Article III;

(b) transfers, pursuant to Article IV; or

(c) the observance and enforcement of terms of an investment agreement or authorization as referred to in Article VI (1) (a) or (b),

to the extent they are not subject to the dispute settlement provisions of a Convention for the avoidance of double taxation between the two Parties, or have been raised under such settlement provisions and are not resolved within a reasonable period of time.

Article 12

This Treaty shall apply to the political subdivisions of the Parties.

Article 13

1. This Treaty shall enter into force thirty days after the date of exchange of instruments of ratification. It shall remain in force for a period of ten years and shall continue in force unless terminated in accordance with paragraph 2 of this Article. It shall apply to investments existing at the time of entry into force as well as to investments made or acquired thereafter.

2. Either Party may, by giving one year's written notice to the other Party, terminate this Treaty at the end of the initial ten year period or at any time thereafter.

3. With respect to investments made or acquired prior to the date of termination of this Treaty and to which this Treaty otherwise applies, the provisions of all of the other Articles of this Treaty shall thereafter continue to be effective for a further period of ten years from such date of termination.

4. The Annex (and Protocol, if any) shall form an integral part of the Treaty.

IN WITNESS WHEREOF, the respective plenipotentiaries have signed this Treaty.

DONE in duplicate at ____________ on the day of ____________, in the Englishand ____________ languages, both texts being equally authentic.

FOR THE GOVERNMENT OF THE UNITED STATES OF AMERICA:

____

FOR THE GOVERNMENT OF ________________________:

____

Annex

1. The United States reserves the right to make or maintain limited exceptions to national treatment, as provided in Article II, paragraph 1, in the sectors or matters it has indicated below:

> air transportation; ocean and coastal shipping; banking; insurance; government grants; government insurance and loan programs; energy and power production;custom house brokers; ownership of real property; ownership and operation of broadcast or common carrier radio and television stations; ownership of shares in the Communications Satellite Corporation; the provision of common carrier telephone and telegraph services; the provision of submarine cable services; use of land and natural resources; mining on the public domain; maritime services and maritime–related services; and primary dealership in United States government securities.

2. The United States reserves the right to make or maintain limited exceptions to most favored nation treatment, as provided in Article II, paragraph 1, in the sectors or matters it has indicated below:

> ownership of real property; mining on the public domain; maritime services andmaritime–related services; and primary dealership in United States government securities.

附录 7

The 1994 Model

Treaty

between

The Government of the United States of America

and

The Government of Concerning the Encouragement and Reciprocal Protection of Investment

The Government of the United States of America and the Government of ____________ (hereinafter the "Parties");

Desiring to promote greater economic cooperation between them, with respect to investment by nationals and companies of one Party in the territory of the other Party;

Recognizing that agreement upon the treatment to be accorded such investment will stimulate the flow of private capital and the economic development of the Parties;

Agreeing that a stable framework for investment will maximize effective utilization of economic resources and improve living standards;

Recognizing that the development of economic and business ties can promote respect for internationally recognized worker rights;

Agreeing that these objectives can be achieved without relaxing health, safety and environmental measures of general application; and

Having resolved to conclude a Treaty concerning the encouragement and reciprocal protection of investment;

Have agreed as follows:

Article 1

For the purposes of this Treaty,

(a) "company" means any entity constituted or organized under applicable law, whether or not for profit, and whether privately or governmentally owned or controlled, and includes a corporation, trust, partnership, sole proprietorship, branch, joint venture, association, or other organization;

(b) "company of a Party" means a company constituted or organized under the laws of that Party;

(c) "national" of a Party means a natural person who is a national of that Party under its applicable law;

(d) "investment" of a national or company means every kind of investment owned or controlled directly or indirectly by that national or company, and includes investment consisting or taking the form of:

(i) a company;

(ii) shares, stock, and other forms of equity participation, and bonds, debentures, and other forms of debt interests, in a company;

(iii) contractual rights, such as under turnkey, construction or management contracts,production or revenue–sharing contracts, concessions, or other similar contracts;

(iv) tangible property, including real property; and intangible property, including rights,such as leases, mortgages, liens and pledges;

(v) intellectual property, including:

copyrights and related rights,

patents,

rights in plant varieties,

industrial designs,

rights in semiconductor layout designs,

trade secrets, including know–how and confidential business information,

trade and service marks, and

trade names; and

(vi) rights conferred pursuant to law, such as licenses and permits;

(e) "covered investment" means an investment of a national or company of a Party in the territory of the other Party;

(f) "state enterprise" means a company owned, or controlled through ownership interests,by a Party;

(g) "investment authorization" means an authorization granted by the foreign investment authority of a Party to a covered investment or a national or company of the other Party;

(h) "investment agreement" means a written agreement between the national authorities of a Party and a covered investment or a national or company of the other Party that (i) grants rights with respect to natural resources or other assets controlled by the national authorities and (ii) the investment, national or company relies upon in establishing or acquiring acovered investment.

(i) "ICSID Convention" means the Convention on the Settlement of Investment Disputes between States and Nationals of Other States, done at Washington, March 18, 1965;

(j) "Centre" means the International Centre for Settlement of Investment Disputes Established by the ICSID Convention; and

(k) "UNCITRAL Arbitration Rules" means the arbitration rules of the United Nations Commission on International Trade Law.

Article 2

I. With respect to the establishment, acquisition, expansion, management, conduct,operation and sale or other disposition of covered investments, each Party shall accord treatment no less favorable than that it accords, in like situations, to investments in its territory of its own nationals or companies (hereinafter "national treatment") or to investments in its territory of nationals or companies of a third country (hereinafter "most favored nation treatment"), whichever is most favorable (hereinafter "national and most favored nation treatment"). Each Party shall ensure that its state enterprises, in the provision of their goods or services, accord national and most favored nation treatment to covered investments.

2. (a) A Party may adopt or maintain exceptions to the obligations of paragraph I in the sectors or with respect to the matters specified in the Annex to this Treaty. In adopting such an exception, a Party may not require the divestment, in whole or in part, of covered investments existing at the time the exception becomes effective.

(b) The obligations of paragraph 1 do not apply to procedures provided in multilateral agreements concluded under the auspices of the World Intellectual Property Organization relating to the acquisition or maintenance of intellectual property rights.

3. (a) Each Party shall at all times accord to covered investments fair and equitable treatment and full protection and security, and shall in no case accord treatment less favorable than that required by international law.

(b) Neither Party shall in any way impair by unreasonable and discriminatory measures the management, conduct, operation, and sale or other disposition of covered investments.

4. Each Party shall provide effective means of asserting claims and enforcing rights with respect to covered investments.

5. Each Party shall ensure that its laws, regulations, administrative practices and procedures of general application, and adjudicatory decisions, that pertain to or affect covered investments are promptly published or otherwise made publicly available.

Article 3

1. Neither Party shall expropriate or nationalize a covered investment either directly or indirectly through measures tantamount to expropriation or nationalization ("expropriation")except for a public purpose; in a non–discriminatory manner; upon payment of prompt,adequate and effective compensation; and in accordance with due process of law and the general principles of treatment provided for in Article 11(3).

2. Compensation shall be paid without delay; be equivalent to the fair market value of the expropriated investment immediately before the expropriatory action was taken ("the date of expropriation"); and be fully realizable and freely transferable. The fair market value shall not reflect any change in value occurring because the expropriatory action had become known before the date of expropriation.

3. If the fair market value is denominated in a freely usable currency, the compensation paid shall be no less than the fair market value on the date of expropriation, plus interest at a commercially reasonable rate for that currency, accrued from the date of expropriation until the date of payment.

4. If the fair market value is denominated in a currency that is not freely usable, the compensation paid converted into the currency of payment at the market rate of exchange prevailing on the date of payment shall be no less than:

(a) the fair market value on the date of expropriation, converted into a freely usable currency at the market rate of exchange prevailing on that date, plus

(b) interest, at a commercially reasonable rate for that freely usable currency, accrued from the date of expropriation until the date of payment.

Article 4

1. Each Party shall accord national and most favored nation treatment to covered investments as regards any measure relating to losses that investments suffer in its territory owing to war or other armed conflict, revolution, state of national emergency, insurrection,civil disturbance, or similar events.

2. Each Party shall accord restitution, or pay compensation in accordance with paragraphs 2 through 4 of Article III, in the event that covered investments suffer losses in its territory,owing to war or other armed conflict, revolution, state of national emergency, insurrection,civil disturbance, or similar events, that result from:

(a) requisitioning of all or part of such investments by the Party's forces or authorities, or

(b) destruction of all or part of such investments by the Party's forces or authorities that was not required by the necessity of the situation.

Article 5

1. Each Party shall permit all transfers relating to a covered investment to be made freely and without delay into and out of its territory. Such transfers include:

(a) contributions to capital;

(b) profits, dividends, capital gains, and proceeds from the sale of all or any part of the investment or from the partial or complete liquidation of the investment;

(c) interest, royalty payments, management fees, and technical assistance and other fees;

(d) payments made under a contract, including a loan agreement; and

(e) compensation pursuant to Articles III and IV, and payments arising out of an investment dispute.

2. Each Party shall permit transfers to be made in a freely usable currency at the market rate of exchange prevailing on the date of transfer.

3. Each Party shall permit returns in kind to be made as authorized or specified in an investment authorization, investment agreement, or other written agreement between the Party and a covered investment or a national or company of the other Party.

4. Notwithstanding paragraphs 1 through 3, a Party may prevent a transfer through the equitable, non–discriminatory and good faith application of its laws relating to:

(a) bankruptcy, insolvency or the protection of the rights of creditors;

(b) issuing, trading or dealing in securities;

(c) criminal or penal offenses; or

(d) ensuring compliance with orders or judgments in adjudicatory proceedings.

Article 6

Neither Party shall mandate or enforce, as a condition for the establishment, acquisition,expansion, management, conduct or operation of a covered investment, any requirement,(including any commitment or undertaking in connection with the receipt of a governmental permission or authorization):

(a) to achieve a particular level or percentage of local content, or to purchase, use or otherwise give a preference to products or services of domestic origin or from any domestic source;

(b) to limit imports by the investment of products or services in relation to a particular volume or value of production, exports or foreign exchange earnings;

(c) to export a particular type, level or percentage of products or services, either generally or to a specific market region;

(d) to limit sales by the investment of products or services in the Party's territory in relation to a particular volume or value of production, exports or foreign exchange earnings;

(e) to transfer technology, a production process or other proprietary knowledge to a national or company in the Party's territory, except pursuant to an order, commitment or undertaking that is enforced by a court, administrative tribunal or competition authority to remedy an alleged or adjudicated violation of competition laws; or

(f) to carry out a particular type, level or percentage of research and development in the Party's territory.

Such requirements do not include conditions for the receipt or continued receipt of an advantage.

Article 7

1. (a) Subject to its laws relating to the entry and sojourn of aliens, each Party shall permit to enter and to remain in its territory nationals of the other Party for the purpose of establishing, developing, administering or advising on the operation of an investment to which they, or a company of the other Party that employs them, have committed or are in the process of committing a substantial amount of capital or other resources.

(b) Neither Party shall, in granting entry under paragraph 1 (a), require a labor certification test or other procedures of similar effect, or apply any numerical restriction.

2. Each Party shall permit covered investments to engage top managerial personnel of their choice, regardless of nationality.

Article 8

The Parties agree to consult promptly, on the request of either, to resolve any disputes inconnection with the Treaty, or to discuss any matter relating to the interpretation or application of the Treaty or to the realization of the objectives of the Treaty.

Article 9

1. For purposes of this Treaty, an investment dispute is a dispute between a Party and a national or company of the other Party arising out of or relating to an investment authorization, an investment agreement or an alleged breach of any right conferred, created or recognized by this Treaty with respect to a covered investment.

2. A national or company that is a party to an investment dispute may submit the dispute for resolution under one of the following alternatives:

(a) to the courts or administrative tribunals of the Party that is a party to the dispute; or

(b) in accordance with any applicable, previously agreed dispute–settlement procedures; or

(c) in accordance with the terms of paragraph 3.

3. (a) Provided that the national or company concerned has not submitted the dispute for resolution under paragraph 2 (a) or (b), and that three months have elapsed from the date on which the dispute arose, the national or company concerned may submit the dispute for settlement by binding arbitration:

(i) to the Centre, if the Centre is available; or

(ii) to the Additional Facility of the Centre, if the Centre is not available; or

(iii) in accordance with the UNCITRAL Arbitration Rules; or

(iv) if agreed by both parties to the dispute, to any other arbitration institution or inaccordance with any other arbitration rules.

(b) a national or company, notwithstanding that it may have submitted a dispute to binding arbitration under paragraph 3(a), may seek interim injunctive relief, not involving the payment of damages, before the judicial or administrative tribunals of the Party that is a party to the dispute, prior to the institution of the arbitral proceeding or during the proceeding, for the preservation of its rights and interests.

4. Each Party hereby consents to the submission of any investment dispute for settlement by binding arbitration in accordance with the choice of the national or company under paragraph 3(a)(i), (ii), and (iii) or the mutual agreement of both parties to the dispute under paragraph 3(a)(iv). This consent and the submission of the dispute by a national or company under paragraph 3(a) shall satisfy the requirement of:

(a) Chapter II of the ICSID Convention (Jurisdiction of the Centre) and the Additional Facility Rules for written consent of the parties to the dispute; and

(b) Article II of the United Nations Convention on the Recognition and Enforcement of Foreign Arbitral Awards, done at New York, June 10, 1958, for an "agreement in writing".

5. Any arbitration under paragraph 3(a)(ii), (iii) or (iv) shall be held in a state that is a party to the United Nations Convention on the Recognition and Enforcement of Foreign Arbitral Awards, done at New York, June 10, 1958.

6. Any arbitral award rendered pursuant to this Article shall be final and binding on the parties to the dispute. Each Party shall carry out without delay the provisions of any such award and provide in its territory for the enforcement of such award.

7. In any proceeding involving an investment dispute, a Party shall not assert, as a defense,counterclaim, right of set–off or for any other reason, that indemnification or other compensation for all or part of the alleged damages has been received or will be received pursuant to an insurance or guarantee contract.

8. For purposes of Article 25(2)(b) of the ICSID Convention and this Article, a

company of a Party that, immediately before the occurrence of the event or events giving rise to an investment dispute, was a covered investment, shall be treated as a company of the other Party.

Article 10

1. Any dispute between the Parties concerning the interpretation or application of the Treaty, that is not resolved through consultations or other diplomatic channels, shall be submitted upon the request of either Party to an arbitral tribunal for binding decision in accordance with the applicable rules of international law. In the absence of an agreement by the Parties to the contrary, the UNCITRAL Arbitration Rules shall govern, except to the extent these rules are (a) modified by the Parties or (b) modified by the arbitrators unless either Party objects to the proposed modification.

2. Within two months of receipt of a request, each Party shall appoint an arbitrator. The two arbitrators shall select a third arbitrator as chairman, who shall be a national of a third state. The UNCITRAL Arbitration Rules applicable to appointing members of three–member panels shall apply mutatismutandis to the appointment of the arbitral panel except that the appointing authority referenced in those rules shall be the Secretary General of the Centre.

3. Unless otherwise agreed, all submissions shall be made and all hearings shall be completed within six months of the date of selection of the third arbitrator, and the arbitral panel shall render its decisions within two months of the date of the final submissions or the date of the closing of the hearings, whichever is later.

4. Expenses incurred by the Chairman and other arbitrators, and other costs of the proceedings, shall be paid for equally by the Parties. However, the arbitral panel may, at its discretion, direct that a higher proportion of the costs be paid by one of the Parties.

Article 11

This Treaty shall not derogate from any of the following that entitle covered investments to treatment more favorable than that accorded by this Treaty:

(a) laws and regulations, administrative practices or procedures, or administrative or adjudicatory decisions of a Party;

(b) international legal obligations; or

(c) obligations assumed by a Party, including those contained in an investment authorization or an investment agreement.

Article 12

Each Party reserves the right to deny to a company of the other Party the benefits of this Treaty if nationals of a third country own or control the company and

(a) the denying Party does not maintain normal economic relations with the third country; or

(b) the company has no substantial business activities in the territory of the Party under whose laws it is constituted or organized.

Article 13

1. No provision of this Treaty shall impose obligations with respect to tax matters, except that:

(a) Articles III, IX and X will apply with respect to expropriation; and

(b) Article IX will apply with respect to an investment agreement or an investment authorization.

2. A national or company, that asserts in an investment dispute that a tax matter involves an expropriation, may submit that dispute to arbitration pursuant to Article IX(3) only if:

(a) the national or company concerned has first referred to the competent tax authorities of both Parties the issue of whether the tax matter involves all expropriation; and

(b) the competent tax authorities have not both determined, within nine months from the time the national or company referred the issue, that the matter does not involve an expropriation.

Article 14

1. This Treaty shall not preclude a Party from applying measures necessary for the fulfillment of its obligations with respect to the maintenance or restoration of international peace or security, or the protection of its own essential security interests.

2. This Treaty shall not preclude a Party from prescribing special formalities in connection with covered investments, such as a requirement that such investments be legally constituted under the laws and regulations of that Party, or a requirement that transfers of currency or other monetary instruments be reported, provided that such formalities shall not impair the substance of any of the rights set forth in this Treaty.

Article 15

1. (a) The obligations of this Treaty shall apply to the political subdivisions of the Parties.

(b) With respect to the treatment accorded by a State, Territory or possession of the United States of America, national treatment means treatment no less favorable than the treatment accorded thereby, in like situations, to investments of nationals of the United States of America resident in, and companies legally constituted under the laws and regulations of,other States, Territories or possessions of the United States of America.

2. A Party's obligations under this Treaty shall apply to a state enterprise in the exercise of any regulatory, administrative or other governmental authority delegated to it by that Party.

Article 16

1. This Treaty shall enter into force thirty days after the date of exchange of instruments of ratification. It shall remain in force for a period of ten years and shall continue in force unless terminated in accordance with paragraph 2. It shall apply to covered investments existing at the time of entry into force as well as to those established or acquired thereafter.

2. A Party may terminate this treaty at the end of the initial ten year period or at any time thereafter by giving one year's written notice to the other Party.

3. For ten years from the date of termination, all other Articles shall continue to apply to covered investments established or acquired prior to the date of termination, except in so far as those Articles extend to the establishment or acquisition of covered investments.

4. The Annex [and Protocol (if any)] shall form an integral part of the Treaty.

IN WITNESS WHEREOF, the respective plenipotentiaries have signed this Treaty.

DONE in duplicate at [city] this (number] day of (month), (year), in the english and languages, each text being equally authentic.

FOR THE GOVERNMENT OF THE UNITED STATES OF AMFRICA:	FOR THE GOVERNMENT OF ________________________ :
________________________	________________________

Annex

1. The Government of the United States of America may adopt or maintain exceptions to the obligation to accord national treatment to covered investments in the sectors or with respect to the matters specified below:

> atomic energy; customhouse brokers; licenses for broadcast, common carrier, or aeronautical radio stations; COMSAT; subsidies or grants, including government–supported loans, guarantees and insurance; state and local measures exempt from Article 1102 of the North American Free Trade Agreement pursuant to Article 1108 thereof; and landing of submarine cables.

Most favored nation treatment shall be accorded in the sectors and matters indicated above.

2. The Government of the United States of America may adopt or maintain exceptions to the obligation to accord national and most favored nation treatment to covered investments in the sectors or with respect to the matters specified below:

> fisheries; air and maritime transport, and related activities; banking* insurance*securities* and other financial services*.

*Note: if the Treaty Partner undertakes acceptable commitments with respect to all or certain financial services, the Government of the United States of America will consider limiting these exceptions accordingly, so that, for example, particular obligations as to treatment would apply on no less favorable terms than in the North American Free Trade Agreement.

3. The Government of __________ may adopt or maintain exceptions...

4. Notwithstanding paragraph 3, each Party agrees to accord national treatment to covered investments in the following sectors:

leasing of minerals or pipeline rights–of–way on government lands.

附录 8

The 2004 Model

Treaty

between

The Government of the United States of America

and

The Government of [Country] Concerning the

Encouragement and Reciprocal Protection of Investment

The Government of the United States of America and the Government of [Country] (hereinafter the "Parties");

Desiring to promote greater economic cooperation between them with respect to investment by nationals and enterprises of one Party in the territory of the other Party;

Recognizing that agreement on the treatment to be accorded such investment will stimulate the flow of private capital and the economic development of the Parties;

Agreeing that a stable framework for investment will maximize effective utilization of economic resources and improve living standards;

Recognizing the importance of providing effective means of asserting claims and enforcing rights with respect to investment under national law as well as through international arbitration;

Desiring to achieve these objectives in a manner consistent with the protection of health,safety, and the environment, and the promotion of internationally recognized labor rights;

Having resolved to conclude a Treaty concerning the encouragement and reciprocal protection of investment;

Have agreed as follows:

Section A
Article 1
Definitions

For purposes of this Treaty:

"**central level of government**" means:

(a) for the United States, the federal level of government; and

(b) for [Country], [__].

"**Centre**" means the International Centre for Settlement of Investment Disputes ("ICSID')established by the ICSID Convention.

"**claimant**" means an invest or of a Party that is a party to an investment dispute with the other Party.

"**covered investment**" means, with respect to a Party, an investment in its territory of an investor of the other Party in existence as of the date of entry into force of this Treaty or established, acquired, or expanded thereafter.

"**disputing parties**" means the claimant and the respondent.

"**disputing party**" means either the claimant or the respondent.

"**enterprise**" means any entity constituted or organized under applicable law, whether or not for profit, and whether privately or governmentally owned or controlled, including a corporation, trust, partnership, sole proprietorship, joint venture, association, or similar organization; and a branch of an enterprise.

"**enterprise of a Party**" means an enterprise constituted or organized under the law of a Party, and a branch located in the territory of a Party and carrying out business activities there.

"**existing**" means in effect on the date of entry into force of this Treaty.

"**freely usable currency**" means "freely usable currency" as determined by the International Monetary Fund under its Articles of Agreement.

"**GATS**" means the General Agreement on Trade in Services, contained in Annex 1 B to the WTO Agreement.

"**government procurement**" means the process by which a government obtains the use of or acquires goods or services, or any combination thereof, for governmental purposes and not with a view to commercial sale or resale, or use in the production or supply of goods or services for commercial sale or resale.

"**ICSID Additional Facility Rules**" means the Rules Governing the Additional Facility for the Administration of Proceedings by the Secretariat of the International Centre for Settlement of Investment Disputes.

"**ICSID Convention**" means the Convention on the Settlement of Investment Disputes between States and Nationals of Other States, done at Washington, March 18,1965.

["Inter–American Convention" means the Inter–American Convention on International Commercial Arbitration, done at Panama, January 30, 1975.]

"**investment**" means every asset that an investor owns or controls, directly or indirectly,that has the characteristics of an investment, including such characteristics as the commitment of capital or other resources, the expectation of gain or profit, or the assumption of risk. Forms that an investment may take include:

(a) an enterprise;

(b) shares, stock, and other forms of equity participation in an enterprise;

(c) bonds, debentures, other debt instruments, and loans;[1]

(d) futures, options, and other derivatives;

(e) turnkey, construction, management, production, concession, revenue–sharing, and other similar contracts;

(f) intellectual property rights;

(g) licenses, authorizations, permits, and similar rights conferred pursuant to domestic law;[2,3] and

(h) other tangible or intangible, movable or immovable property, and related propertyrights, such as leases, mortgages, liens, and pledges.

---

1 Some forms of debt, such as bonds, debentures, and long–term notes, are more likely to have the characteristics of an investment, while other forms of debt, such as claims to payment that are immediately due and result from the sale of goods or services, are less likely to have such characteristics.

2 Whether a particular type of license, authorization, permit, or similar instrument (including a concession, to the extent that it has the nature of such an instrument) has the characteristics of an investment depends on such factors as the nature and extent of the rights that the holder has under the law of the Party. Among the licenses, authorizations,permits, and similar instruments that do not have the characteristics of an investment are those that do not create any rights protected under domestic law. For greater certainty,the foregoing is without prejudice to whether any asset associated with the license,authorization, permit, or similar instrument has the characteristics of an investment.

3 The term "investment" does not include an order or judgment entered in a judicial or administrative action.

"**investment agreement**" means a written agreement[4] between a national authority[5] of a Party and a covered investment or an investor of the other Party, on which the covered investment or the investor relies in establishing or acquiring a covered investment other than the written agreement itself, that grants rights to the covered investment or investor:

(a) with respect to natural resources that a national authority controls, such as for their exploration, extraction, refining, transportation, distribution, or sale;

(b) to supply services to the public on behalf of the Party, such as power generation or distribution, water treatment or distribution, or telecommunications; or

(c) to undertake infrastructure projects, such as the construction of roads, bridges, canals,dams, or pipelines, that are not for the exclusive or predominant use and benefit of the government.

"**investment authorization**"[6] means an authorization that the foreign investment authority of a Party grants to a covered investment or an investor of the other Party.

"**investor of a non–Party**" means, with respect to a Party, an investor that attempts to make,is making, or has made an investment in the territory of that Party, that is not an investor of either Party.

"**investor of a Party**" means a Party or state enterprise thereof, or a national or an enterprise of a Party, that attempts to make, is making, or has made an investment in the territory of the other Party; provided, however, that a natural person who is a dual national shall be deemed to be exclusively a national of the State of his or her dominant and effective nationality.

"**measure**" includes any law, regulation, procedure, requirement, or practice.

"**national**" means:

(a) for the United States, a natural person who is a national of the United States as defined in Title III of the Immigration and Nationality Act; and

(b) for lCountry], [__].

---

4 "Written agreement" refers to an agreement in writing, executed by both parties, whether in a single instrument or in multiple instruments, that creates an exchange of rights and obligations, binding on both parties under the law applicable under Article 30 [GoverningLaw](2). For greater certainty, (a) a unilateral act of an administrative or judicial authority,such as a permit, license, or authorization issued by a Party solely in its regulatory capacity, or a decree, order, or judgment, standing alone; and (b) an administrative or judicial consent decree or order, shall not be considered a written agreement.

5 For purposes of this definition, "national authority" means (a) for the United States, an authority at the central level of government; and (b) for [Country], [ ].

6 For greater certainty, actions taken by a Party to enforce laws of general application, such as competition laws, are not encompassed within this definition.

"**New York Convention**" means the United Nations Convention on the Recognition and Enforcement of Foreign Arbitral Awards, done at New York, June 10, 1958.

"**non–disputing Party**" means the Party that is not a party to an investment dispute.

"**person**" means a natural person or an enterprise.

"**person of a Party**" means a national or an enterprise of a Party.

"**protected information**" means confidential business information or information that is privileged or otherwise protected from disclosure under a Party's law.

"**regional level of government**" means:

(a) for the United States, a state of the United States, the District of Columbia, or PuertoRico; and

(b) for [Country], [__].

"**respondent**" means the Party that is a party to an investment dispute.

"**Secretary–General**" means the Secretary–General of ICSID.

"**state enterprise**" means an enterprise owned, or controlled through ownership interests,by a Party.

"**territory**" means:

(a) with respect to the United States, I__].

(b) with respect to [Country,] [__].

"**TRIPS Agreement**" means the Agreement on Trade–Related Aspects of Intellectual Property Rights, contained in Annex 1C to the WTO Agreement.[7]

"**UNCITRAL Arbitration Rules**" means the arbitration rules of the United Nations Commission on International Trade Law.

"**WTO Agreement**" means the Marrakesh Agreement Establishing the World Trade Organization, done on April 15, 1994.

Article 2
Scope and Coverage

1. This Treaty applies to measures adopted or maintained by a Party relating to:

(a) investors of the other Party;

(b) covered investments; and

(c) with respect to Articles 8 [Performance Requirements], 12 [Investment and Environment], and 13 [investment and Labor], all investments in the territory of the Party.

---

7 For greater certainty, "TRIPS Agreement" includes any waiver in force between the Parties of any provision of the TRIPS Agreement granted by WTO Members in accordance with the WTO Agreement.

2. A Party's obligations under Section A shall apply:

(a) to a state enterprise or other person when it exercises any regulatory, administrative, or other governmental authority delegated to it by that Party; and

(b) to the political subdivisions of that Party.

3. For greater certainty, this Treaty does not bind either Party in relation to any act or fact that took place or any situation that ceased to exist before the date of entry into force of this Treaty.

Article 3
National Treatment

1. Each Party shall accord to investors of the other Party treatment no less favorable than that it accords, in like circumstances, to its own investors with respect to the establishment,acquisition, expansion, management, conduct, operation, and sale or other disposition of investments in its territory.

2. Each Party shall accord to covered investments treatment no less favorable than that it accords, in like circumstances, to investments in its territory of its own investors with respect to the establishment, acquisition, expansion, management, conduct, operation, and sate or other disposition of investments.

3. The treatment to be accorded by a Party under paragraphs 1 and 2 means, with respect to a regional level of government, treatment no less favorable than the treatment accorded,in like circumstances, by that regional level of government to natural persons resident in and enterprises constituted under the laws of other regional levels of government of the Party of which it forms a part, and to their respective investments.

Article 4
Most-Favored-Nation Treatment

1. Each Party shall accord to investors of the other Party treatment no less favorable than that it accords, in like circumstances, to investors of any non–Party with respect to the establishment, acquisition, expansion, management, conduct, operation, and sale or other disposition of investments in its territory.

2. Each Party shall accord to covered investments treatment no less favorable than that it accords, in like circumstances, to investments in its territory of investors of any non–Party with respect to the establishment, acquisition, expansion, management, conduct, operation,and sale or other disposition of investments.

Article 5
Minimum Standard of Treatment[8]

1. Each Party shall accord to covered investments treatment in accordance with customary international law, including fair and equitable treatment and full protection and security.

2. For greater certainty, paragraph 1 prescribes the customary international law minimum standard of treatment of aliens as the minimum standard of treatment to be afforded to covered investments. The concepts of "fair and equitable treatment" and "full protection and security" do not require treatment in addition to or beyond that which is required by that standard, and do not create additional substantive rights. The obligation in paragraph 1 to provide:

(a) "fair and equitable treatment" includes the obligation not to deny justice in criminal,civil, or administrative adjudicatory proceedings in accordance with the principle of due process embodied in the principal legal Systems of the world; and

(b) "full protection and security" requires each Party to provide the level of police protection required under customary international law.

3. A determination that there has been a breach of another provision of this Treaty, or of a separate international agreement, does not establish that there has been a breach of this Article.

4. Notwithstanding Article 14 [Non–Conforming Measures](5)(b) [subsidies and grants],each Party shall accord to investors of the other Party, and to covered investments, non–discriminatory treatment with respect to measures it adopts or maintains relating to losses suffered by investments in its territory owing to armed conflict or civil strife.

5. Notwithstanding paragraph 4, if an investor of a Party, in the situations referred to in paragraph 4, suffers a loss in the territory of the other Party resulting from:

(a) requisitioning of its covered investment or part thereof by the latter's forces or authorities; or

(b) destruction of its covered investment or part thereof by the latter's forces or authorities,which was not required by the necessity of the situation, the latter Party shall provide the investor restitution, compensation, or both, as appropriate,for such loss. Any compensation shall be prompt, adequate, and effective in accordance with Article 6 [Expropriation and Compensation](2) through (4), mutatis mutandis.

8　Article 5 [Minimum Standard of Treatment] shall be interpreted in accordance with Annex A.

6. Paragraph 4 does not apply to existing measures relating to subsidies or grants that would be inconsistent with Article 3 [National Treatment] but for Article 14[Non-Conforming Measures](5)(b) [subsidies and grants].

Article 6
Expropriation and Compensation[9]

1. Neither Party may expropriate or nationalize a covered investment either directly or indirectly through measures equivalent to expropriation or nationalization ("expropriation"),except:

(a) for a public purpose;

(b) in a non-discriminatory manner;

(c) on payment of prompt, adequate, and effective compensation; and

(d) in accordance with due process of law and Article 5 [Minimum Standard of Treatment](1) through (3).

2. The compensation referred to in paragraph 1(c) shall:

(a) be paid without delay;

(b) be equivalent to the fair market value of the expropriated investment immediately before the expropriation took place ("the date of expropriation");

(c) not reflect any change in value occurring because the intended expropriation had become known earlier; and

(d) be fully realizable and freely transferable.

3. If the fair market value is denominated in a freely usable currency, the compensation referred to in paragraph 1 (c) shall be no less than the fair market value on the date of expropriation, plus interest at a commercially reasonable rate for that currency, accrued from the date of expropriation until the date of payment.

4. If the fair market value is denominated in a currency that is not freely usable, the compensation referred to in paragraph 1 (c)–converted into the currency of payment at the market rate of exchange prevailing on the date of payment–shall be no less than:

(a) the fair market value on the date of expropriation, converted into a freely usable currency at the market rate of exchange prevailing on that date, plus

(b) interest, at a commercially reasonable rate for that freely usable currency, accrued from the date of expropriation until the date of payment.

5. This Article does not apply to the issuance of compulsory licenses granted in relation to intellectual property rights in accordance with the TRIPS Agreement, or to

---

9 Article 6 [Expropriation] shall be interpreted in accordance with Annexes A and B.

the revocation,limitation, or creation of intellectual property rights, to the extent that such issuance,revocation, limitation, or creation is consistent with the TRIPS Agreement.

Article 7
Transfers

1. Each Party shall permit all transfers relating to a covered investment to be made freely and without delay into and out of its territory. Such transfers include:

(a) contributions to capital;

(b) profits, dividends, capital gains, and proceeds from the sale of all or any part of the covered investment or from the partial or complete liquidation of the covered investment;

(c) interest, royalty payments, management fees, and technical assistance and other fees;

(d) payments made under a contract, including a loan agreement;

(e) payments made pursuant to Article 5 [Minimum Standard of Treatment](4) and (5) and Article 6 [Expropriation and Compensation]; and

(f) payments arising out of a dispute.

2. Each Party shall permit transfers relating to a covered investment to be made in a freely usable currency at the market rate of exchange prevailing at the time of transfer.

3. Each Party shall permit returns in kind relating to a covered investment to be made as authorized or specified in a written agreement between the Party and a covered investment or an investor of the other Party.

4. Notwithstanding paragraphs 1 through 3, a Party may prevent a transfer through the equitable, non–discriminatory, and good faith application of its laws relating to:

(a) bankruptcy, insolvency, or the protection of the rights of creditors;

(b) issuing, trading, or dealing in securities, futures, options, or derivatives;

(c) criminal or penal offenses;

(d) financial reporting or record keeping of transfers when necessary to assist law enforcement or financial regulatory authorities; or

(e) ensuring compliance with orders or judgments in judicial or administrative proceedings.

Article 8
Performance Requirements

1. Neither Party may, in connection with the establishment, acquisition, expansion,management, conduct, operation, or sale or other disposition of an investment of an investor of a Party or of a non–Party in its territory, impose or enforce any requirement or enforce any commitment or undertaking:[10]

(a) to export a given level or percentage of goods or services;

(b) to achieve a given level or percentage of domestic content;

(c) to purchase, use, or accord a preference to goods produced in its territory, or to purchase goods from persons in its territory;

(d) to relate in any way the volume or value of imports to the volume or value of exports or to the amount of foreign exchange inflows associated with such investment;

(e) to restrict sales of goods or services in its territory that such investment produces or supplies by relating such sales in any way to the volume or value of its exports or foreign exchange earnings;

(f) to transfer a particular technology, a production process, or other proprietary knowledge to a person in its territory; or

(g) to supply exclusively from the territory of the Party the goods that such investment produces or the services that it supplies to a specific regional market or to the world market.

2. Neither Party may condition the receipt or continued receipt of an advantage, inconnection with the establishment, acquisition, expansion, management, conduct,operation, or sale or other disposition of an investment in its territory of an investor of a Party or of a non–Party, on compliance with any requirement:

(a) to achieve a given level or percentage of domestic content;

(b) to purchase, use, or accord a preference to goods produced in its territory, or to purchase goods from persons in its territory;

(c) to relate in any way the volume or value of imports to the volume or value of exports or to the amount of foreign exchange inflows associated with such investment; or

(d) to restrict sales of goods or services in its territory that such investment produces or supplies by relating such sales in any way to the volume or value of its exports or foreign exchange earnings.

---

10 For greater certainty, a condition for the receipt or continued receipt of an advantage referred to in paragraph 2 does not constitute a "commitment or undertaking" for the purposes of paragraph 1.

3. (a) Nothing in paragraph 2 shall be construed to prevent a Party from conditioning the receipt or continued receipt of an advantage, in connection with an investment in its territory of an investor of a Party or of a non–Party, on compliance with a requirement to locate production, supply a service, train or employ workers, construct or expand particular facilities, or carry out research and development, in its territory.

(b) Paragraph 1 (f) does not apply:

(i) when a Party authorizes use of an intellectual property right in accordance with Article 31of the TRIPS Agreement, or to measures requiring the disclosure of proprietary information that fall within the scope of, and are consistent with, Article 39 of the TRIPS Agreement; or

(ii) When the requirement is imposed or the commitment or undertaking is enforced by a court, administrative tribunal, or competition authority to remedy a practice determined after judicial or administrative process to be anticompetitive under the Party's competition laws. [11]

(c) Provided that such measures are not applied in an arbitrary or unjustifiable manner,and provided that such measures do not constitute a disguised restriction on international trade or investment, paragraphs 1 (b), (c), and (f), and 2(a) and (b), shall not be construed to prevent a Party from adopting or maintaining measures, including environmental measures:

(i) necessary to secure compliance with laws and regulations that are not inconsistent with this Treaty;

(ii) necessary to protect human, animal, or plant life or health; or

(iii) related to the conservation of living or non–living exhaustible natural resources.

(d) Paragraphs 1 (a), (b), and (c), and 2(a) and (b), do not apply to qualification requirements for goods or services with respect to export promotion and foreign aid programs.

(e) Paragraphs 1 (b), (c), (f), and (g), and 2(a) and (b), do not apply to government procurement.

(f) Paragraphs 2(a) and (b) do not apply to requirements imposed by an importing Party relating to the content of goods necessary to qualify for preferential tariffs or preferential quotas.

4. For greater certainty, paragraphs 1 and 2 do not apply to any commitment, undertaking,or requirement other than those set out in those paragraphs.

5. This Article does not preclude enforcement of any commitment, undertaking, or requirement between private parties, where a Party did not impose or require the

---

11 The Parties recognize that a patent does not necessarily confer market power.

commitment, undertaking, or requirement.

Article 9
Senior Management and Boards of Directors

1. Neither Party may require that an enterprise of that Party that is a covered investment appoint to senior management positions natural persons of any particular nationality.

2. A Party may require that a majority of the board of directors, or any committee thereof,of an enterprise of that Party that is a covered investment, be of a particular nationality, or resident in the territory of the Party, provided that the requirement does not materially impair the ability of the investor to exercise control over its investment.

Article 10
Publication of Laws and Decisions Respecting Investment

1. Each Party shall ensure that its:

(a) taws, regulations, procedures, and administrative rulings of general application; and

(b) adjudicatory decisions

respecting any matter covered by this Treaty are promptly published or otherwise made publicly available.

2. For purposes of this Article, "administrative ruling of general application" means an administrative ruling or interpretation that applies to all persons and fact situations that fall generally within its ambit and that establishes a norm of conduct but does not include:

(a) a determination or ruling made in an administrative or quasi–judicial proceeding that applies to a particular covered investment or investor of the other Party in a specific case; or

(b) a ruling that adjudicates with respect to a particular act or practice.

Article 11
Transparency

1. Contact Points

(a) Each Party shall designate a contact point or points to facilitate communications between the Parties on any matter covered by this Treaty.

(b) On the request of the other Party, the contact point(s) shall identify the office or official responsible for the matter and assist, as necessary, in facilitating communication with the requesting Party.

2. Publication

To the extent possible, each Party shall:

(a) publish in advance any measure referred to in Article 10(1)(a) that it proposes to adopt; and

(b) provide interested persons and the other Party a reasonable opportunity to comment on such proposed measures.

3. Provision of Information

(a) On request of the other Party, a Party shall promptly provide information and respond to questions pertaining to any actual or proposed measure that the requesting Party considers might materially affect the operation of this Treaty or otherwise substantially affect its interests under this Treaty.

(b) Any request or information under this paragraph shall be provided to the other Party through the relevant contact points.

(c) Any information provided under this paragraph shall be without prejudice as to whether the measure is consistent with this Treaty.

4. Administrative Proceedings

With a view to administering in a consistent, impartial, and reasonable manner all measures referred to in Article 10(1)(a), each Party shall ensure that in its administrative proceedings applying such measures to particular covered investments or investors of the other Party in specific cases:

(a) wherever possible, covered investments or investors of the other Party that are directly affected by a proceeding are provided reasonable notice, in accordance with domestic procedures, when a proceeding is initiated, including a description of the nature of the proceeding, a statement of the legal authority under which the proceeding is initiated, and ageneral description of any issues in controversy;

(b) such persons are afforded a reasonable opportunity to present facts and arguments in support of their positions prior to any final administrative action, when time, the nature of the proceeding, and the public interest permit; and

(c) its procedures are in accordance with domestic law.

5. Review and Appeal

(a) Each Party shall establish or maintain judicial, quasi–judicial, or administrative tribunals or procedures for the purpose of the prompt review and, where warranted, correction of final administrative actions regarding matters covered by this Treaty. Such tribunals shall be impartial and independent of the office or authority entrusted with administrative enforcement and shall not have any substantial interest in the outcome of the matter.

(b) Each Party shall ensure that, in any such tribunals or procedures, the parties to the proceeding are provided with the right to:

(i) a reasonable opportunity to support or defend their respective positions; and

(ii) a decision based on the evidence and submissions of record or, where required by dornestic law, the record compiled by the administrative authority.

(c) Each Party shall ensure, subject to appeal or further review as provided in its domestic law, that such decisions shall be implemented by, and shall govern the practice of, the offices or authorities with respect to the administrative action at issue.

Article 12
Investment and Environment

1. The Parties recognize that it is inappropriate to encourage investment by weakening orreducing the protections afforded in domestic environmental laws.[12] Accordingly, each Party shall strive to ensure that it does not waive or otherwise derogate from, or offer to waive or otherwise derogate from, such laws in a manner that weakens or reduces the protections afforded in those laws as an encouragement for the establishment, acquisition, expansion, orretention of an investment in its territory. If a Party considers that the other Party has offered such an encouragement, it may request consultations with the other Party and the two Parties shall consult with a view to avoiding any such encouragement.

2. Nothing in this Treaty shall be construed to prevent a Party from adopting, maintaining,or enforcing any measure otherwise consistent with this Treaty that it considers appropriate to ensure that investment activity in its territory is undertaken in a manner sensitive to environmental concerns.

Article 13
Investment and Labor

1. The Parties recognize that it is inappropriate to encourage investment by weakening orreducing the protections afforded in domestic labor laws. Accordingly, each Party shall strive to ensure that it does not waive or otherwise derogate from, or offer to waive or otherwise derogate from, such laws in a manner that weakens or reduces adherence to the internationally recognized labor rights referred to in paragraph

---

12 For the United States, "laws" for purposes of this Article means an act of the United States Congress or regulations promulgated pursuant to an act of the United States Congress that is enforceable by action of the central level of government.

2 as an encouragement for the establishment, acquisition, expansion, or retention of an investment in its territory. If a Party considers that the other Party has offered such an encouragement, it may request consultations with the other Party and the two Parties shall consult with a view to avoiding any such encouragement.

2. For purposes of this Article, "labor laws" means each Party's statutes or regulations,[13] or provisions thereof, that are directly related to the following internationally recognized labor rights:

(a) the right of association;

(b) the right to organize and bargain collectively;

(c) a prohibition on the use of any form of forced or compulsory labor;

(d) labor protections for children and young people, including a minimum age for the employment of children and the prohibition and elimination of the worst forms of child labor; and

(e) acceptable conditions of work with respect to minimum wages, hours of work, and occupational safety and health.

Article 14
Non-Conforming Measures

1. Articles 3 [National Treatment], 4 [Most–Favored–Nation Treatment], 8 [Performance Requirements], and 9 [Senior Management and Boards of Directors] do not apply to:

(a) any existing non–conforming measure that is maintained by a Party at:

(i) the central level of government, as set out by that Party in its Schedule to Annex I or Annex lit,

(ii) a regional level of government, as set out by that Party in its Schedule to Annex I or Annex III, or

(iii) a local level of government;

(b) the continuation or prompt renewal of any non–conforming measure referred to insubparagraph (a); or

(c) an amendment to any non–conforming measure referred to in subparagraph (a) to the extent that the amendment does not decrease the conformity of the measure, as it existed immediately before the amendment, with Article 3 [National Treatment], 4 [Most–Favored–Nation Treatment], 8 [Performance Requirements], or 9 [Senior

---

13 For the United States, "statutes or regulations" for purposes of this Article means an act of the United States Congress or regulations promulgated pursuant to an act of the United States Congress that is enforceable by action of the central level of government.

Management and Boards of Directors].

2. Articles 3 [National Treatment], 4 [Most–Favored–Nation Treatment], 8 [Performance Requirements], and 9 [Senior Management and Boards of Directors] do not apply to any measure that a Party adopts or maintains with respect to sectors, subsectors, or activities, asset out in its Schedule to Annex II.

3. Neither Party may, under any measure adopted after the date of entry into force of thisTreaty and covered by its Schedule to Annex II, require an investor of the other Party, byreason of its nationality, to sell or otherwise dispose of an investment existing at the time themeasure becomes effective.

4. Articles 3 [National Treatment] and 4 [Most–Favored–Nation Treatment] do not apply toany measure covered by an exception to, or derogation from, the obligations under Article 3or 4 of the TRIPS Agreement, as specifically provided in those Articles and in Article 5 of theTRIPS Agreement.

5. Articles 3 [National Treatment], 4 [Most–Favored–Nation Treatment], and 9 [SeniorManagement and Boards of Directors] do not apply to:

(a) government procurement; or

(b) subsidies or grants provided by a Party, including government–supported loans,guarantees, and insurance.

Article 15
Special Formalities and Information Requirements

1. Nothing in Article 3 [National Treatment] shall be construed to prevent a Party from adopting or maintaining a measure that prescribes special formalities in connection with covered investments, such as a requirement that investors be residents of the Party or that covered investments be legally constituted under the laws or regulations of the Party,provided that such formalities do not materially impair the protections afforded by a Party to investors of the other Party and covered investments pursuant to this Treaty.

2. Notwithstanding Articles 3 [National Treatment] and 4 [Most–Favored–Nation Treatment], a Party may require an investor of the other Party or its covered investment to provide information concerning that investment solely for informational or statistical purposes. The Party shall protect any confidential business information from any disclosure that would prejudice the competitive position of the investor or the covered investment.Nothing in this paragraph shall be construed to prevent a Party from otherwise obtaining or disclosing information in connection with the equitable and good faith application of its taw.

Article 16
Non-Derogation

This Treaty shall not derogate from any of the following that entitle an investor of a Party or a covered investment to treatment more favorable than that accorded by this Treaty:

1. laws or regulations, administrative practices or procedures, or administrative or adjudicatory decisions of a Party;

2. international legal obligations of a Party; or

3. obligations assumed by a Party, including those contained in an investment authorization or an investment agreement.

Article 17
Denial of Benefits

1. A Party may deny the benefits of this Treaty to an investor of the other Party that is an enterprise of such other Party and to investments of that investor if persons of a non–Party own or control the enterprise and the denying Party:

(a) does not maintain diplomatic relations with the non–Party; or

(b) adopts or maintains measures with respect to the non–Party or a person of the non–party that prohibit transactions with the enterprise or that would be violated or circumvented if the benefits of this Treaty were accorded to the enterprise or to its investments.

2. A Party may deny the benefits of this Treaty to an investor of the other Party that is an enterprise of such other Party and to investments of that investor if the enterprise has no substantial business activities in the territory of the other Party and persons of a non–Party, or of the denying Party, own or control the enterprise.

Article 18
Essential Security

Nothing in this Treaty shall be construed:

1. to require a Party to furnish or allow access to any information the disclosure of which it determines to be contrary to its essential security interests; or

2. to preclude a Party from applying measures that it considers necessary for the fulfillment of its obligations with respect to the maintenance or restoration of international peace or security, or the protection of its own essential security interests.

Article 19
Disclosure of Information

Nothing in this Treaty shall be construed to require a Party to furnish or allow access to confidential information the disclosure of which would impede law enforcement or otherwise be contrary to the public interest, or which would prejudice the legitimate commercial interests of particular enterprises, public or private.

Article 20
Financial Services

1. Notwithstanding any other provision of this Treaty, a Party shall not be prevented from adopting or maintaining measures relating to financial services for prudential reasons,including for the protection of investors, depositors, policy holders, or persons to whom a fiduciary duty is owed by a financial services supplier, or to ensure the integrity and stability of the financial system.[14] Where such measures do not conform with the provisions of this Treaty, they shall not be used as a means of avoiding the Party's commitments or obligations under this Treaty.

2. (a) Nothing in this Treaty applies to non–discriminatory measures of general application taken by any public entity in pursuit of monetary and related credit policies or exchange rate policies. This paragraph shall not affect a Party's obligations under Article 7 [Transfers] orArticle 8 [Performance Requirements].[15]

(b) For purposes of this paragraph, "public entity" means a central bank or monetary authority of a Party.

3. Where a claimant submits a claim to arbitration under Section B [Investor–State Dispute Settlement], and the respondent invokes paragraph 1 or 2 as a defense, the following provisions shall apply:

(a) The respondent shall, within 120 days of the date the claim is submitted to

---

14 It is understood that the term "prudential reasons" includes the maintenance of the safety,soundness, integrity, or financial responsibility of individual financial institutions.

15 For greater certainty, measures of general application taken in pursuit of monetary and related credit policies or exchange rate policies do not include measures that expressly nullify or amend contractual provisions that specify the currency of denomination or the rate of exchange of currencies.

arbitration under Section B, submit in writing to the competent financial authorities[16] of both Parties are quest for a joint determination on the issue of whether and to what extent paragraph 1 or 2 is a valid defense to the claim. The respondent shall promptly provide the tribunal, if constituted, a copy of such request. The arbitration may proceed with respect to the claim only as provided in subparagraph (d).

(b) The competent financial authorities of both Parties shall make themselves available for consultations with each other and shall attempt in good faith to make a determination as described in subparagraph (a). Any such determination shall be transmitted promptly to the disputing parties and, if constituted, to the tribunal. The determination shall be binding on the tribunal.

(c) If the competent financial authorities of both Parties, within 120 days of the date by which they have both received the respondent's written request for a joint determination under subparagraph (a), have not made a determination as described in that subparagraph,the tribunal shall decide the issue left unresolved by the competent financial authorities. The provisions of Section B shall apply, except as modified by this subparagraph.

(i) In the appointment of all arbitrators not yet appointed to the tribunal, each disputing party shall take appropriate steps to ensure that the tribunal has expertise or experience infinancial services law or practice. The expertise of particular candidates with respect to financial services shall be taken into account in the appointment of the presiding arbitrator.

(ii) If, before the respondent submits the request for a joint determination in conformance with subparagraph (a), the presiding arbitrator has been appointed pursuant to Article 27(3),such arbitrator shall be replaced on the request of either disputing party and the tribunal shall be reconstituted consistent with subparagraph (c)(i). If, within 30 days of the date the arbitration proceedings are resumed under subparagraph (d), the disputing parties have not agreed on the appointment of a new presiding arbitrator, the Secretary–General, on the request of a disputing party, shall appoint the presiding arbitrator consistent with subparagraph (c)(i).

(iii) The non–disputing Party may make oral and written submissions to the tribunal regarding the issue of whether and to what extent paragraph I or 2 is a valid defense to the claim. Unless it makes such a submission, the non–disputing Party shall be presumed, for purposes of the arbitration, to take a position on paragraph] or 2 not

16 For purposes of this Article, "competent financial authorities" means, for the United States, the Department of the Treasury for banking and other financial services, and the Office of the United States Trade Representative, in coordination with the Department of Commerce and other agencies, for insurance; and for [Country], [__].

inconsistent with that of the respondent.

(d) The arbitration referred to in subparagraph (a) may proceed with respect to the claim:

(i) l0 days after the date the competent financial authorities' joint determination has been received by both the disputing parties and, if constituted, the tribunal; or

(ii) l0 days after the expiration of the 120–day period provided to the competent financial authorities in subparagraph (c).

4. Where a dispute arises under Section C and the competent financial authorities of one Party provide written notice to the competent financial authorities of the other Party that the dispute involves financial services, Section C shall apply except as modified by this paragraph and paragraph 5.

(a) The competent financial authorities of both Parties shall make themselves available for consultations with each other regarding the dispute, and shall have 180 days from the date such notice is received to transmit a report on their consultations to the Parties. A Party may submit the dispute to arbitration under Section C only after the expiration of that 80–day period.

(b) Either Party may make any such report available to a tribunal constituted under Section C to decide the dispute referred to in this paragraph or a similar dispute, or to a tribunal constituted under Section B to decide a claim arising out of the same events or circumstances that gave rise to the dispute under Section C.

5. Where a Party submits a dispute involving financial services to arbitration under Section C in conformance with paragraph 4, and on the request of either Party within 30 days of the date the dispute is submitted to arbitration, each Party shall, in the appointment of all arbitrators not yet appointed, take appropriate steps to ensure that the tribunal has expertise or experience in financial services law or practice. The expertise of particular candidates with respect to financial services shall be taken into account in the appointment of the presiding arbitrator.

6. Notwithstanding Article 11 (2) [Transparency–Publication], each Party shall, to the extent practicable,

(a) publish in advance any regulations of general application relating to financial services that it proposes to adopt;

(b) provide interested persons and the other Party a reasonable opportunity to comment on such proposed regulations.

7. The terms "financial service" or "financial services" shall have the same meaning as insubparagraph 5(a) of the Annex on Financial Services of the GATS.

Article 21
Taxation

1. Except as provided in this Article, nothing in Section A shall impose obligations with respect to taxation measures.

2. Article 6 [Expropriation] shall apply to all taxation measures, except that a claimant that asserts that a taxation measure involves an expropriation may submit a claim to arbitration under Section B only if:

(a) the claimant has first referred to the competent tax authorities[17] of both Parties in writing the issue of whether that taxation measure involves an expropriation; and

(b) within 180 days after the date of such referral, the competent tax authorities of both Parties fail to agree that the taxation measure is not an expropriation.

3. Subject to paragraph 4, Article 8 [Performance Requirements] (2) through (4) shall apply to all taxation measures.

4. Nothing in this Treaty shall affect the rights and obligations of either Party under any tax convention. In the event of any inconsistency between this Treaty and any such convention,that convention shall prevail to the extent of the inconsistency. In the case of a tax convention between the Parties, the competent authorities under that convention shall have sole responsibility for determining whether any inconsistency exists between this Treaty and that convention.

Article 22
Entry into Force, Duration, and Termination

1. This Treaty shall enter into force thirty days after the date the Parties exchange instruments of ratification. It shall remain in force for a period often years and shall continue in force thereafter unless terminated in accordance with paragraph 2.

2. A Party may terminate this Treaty at the end of the initial ten–year period or at any time thereafter by giving one year's written notice to the other Party.

3. For ten years from the date of termination, all other Articles shall continue to apply to covered investments established or acquired prior to the date of termination,except insofar as those Articles extend to the establishment or acquisition of covered investments.

17　For the purposes of this Article, the "competent tax authorities" means:(a) for the United States, the Assistant Secretary of the Treasury (Tax Policy), Department of the Treasury; and(b) for [Country], [__].

Section B
Article 23
Consultation and Negotiation

In the event of an investment dispute, the claimant and the respondent should initially seek to resolve the dispute through consultation and negotiation, which may include the use of non–binding, third–party procedures.

Article 24
Submission of a Claim to Arbitration

1. In the event that a disputing party considers that an investment dispute cannot be settled by consultation and negotiation:

(a) the claimant, on its own behalf, may submit to arbitration under this Section a claim

(i) that the respondent has breached

(A) an obligation under Articles 3 through 10,

(B) an investment authorization, or

(C) an investment agreement;

and

(ii) that the claimant has incurred loss or damage by reason of, or arising out of, that breach; and

(b) the claimant, on behalf of an enterprise of the respondent that is a juridical person that the claimant owns or controls directly or indirectly, may submit to arbitration under this Section a claim

(i) that the respondent has breached

(A) an obligation under Articles 3 through 10,

(B) an investment authorization, or

(C) an investment agreement;

and

(ii) that the enterprise has incurred loss or damage by reason of, or arising out of, that breach,

provided that a claimant may submit pursuant to subparagraph (a)(i)(C) or (b)(i)(C) a claim for breach of an investment agreement only if the subject matter of the claim and the claimed damages directly relate to the covered investment that was established or acquired, or sought to be established or acquired, in reliance on the relevant investment agreement.

2. At least 90 days before submitting any claim to arbitration under this Section, a

claimant shall deliver to the respondent a written notice of its intention to submit the claim to arbitration ("notice of intent"). The notice shall specify:

(a) the name and address of the claimant and, where a claim is submitted on behalf of an enterprise, the name, address, and place of incorporation of the enterprise;

(b) for each claim, the provision of this Treaty, investment authorization, or investment agreement alleged to have been breached and any other relevant provisions;

(c) the legal and factual basis for each claim; and

(d) the relief sought and the approximate amount of damages claimed.

3. Provided that six months have elapsed since the events giving rise to the claim,a claimant may submit a claim referred to in paragraph 1 :

(a) under the ICSID Convention and the ICSID Rules of Procedure for Arbitration Proceedings, provided that both the respondent and the non–disputing Party are parties to the ICSID Convention;

(b) under the ICSID Additional Facility Rules, provided that either the respondent or the non–disputing Party is a party to the ICSID Convention;

(c) under the UNCITRAL Arbitration Rules; or

(d) if the claimant and respondent agree, to any other arbitration institution or under any other arbitration rules.

4. A claim shall be deemed submitted to arbitration under this Section when the claimant's notice of or request for arbitration ("notice of arbitration"):

(a) referred to in paragraph 1 of Article 36 of the ICSID Convention is received by the Secretary–General;

(b) referred to in Article 2 of Schedule C of the ICSID Additional Facility Rules is received by the Secretary–General;

(c) referred to in Article 3 of the UNCITRAL Arbitration Rules, together with the statement of claim referred to in Article 18 of the UNCITRAL Arbitration Rules, are received by the respondent; or

(d) referred to under any arbitral institution or arbitral rules selected under paragraph 3(d)is received by the respondent.

A claim asserted by the claimant for the first time after such notice of arbitration is submitted shall be deemed submitted to arbitration under this Section on the date of its receipt under the applicable arbitral rules.

5. The arbitration rules applicable under paragraph 3, and in effect on the date the claimor claims were submitted to arbitration under this Section, shall govern the arbitration except to the extent modified by this Treaty.

6. The claimant shall provide with the notice of arbitration:

(a) the name of the arbitrator that the claimant appoints; or

(b) the claimant's written consent for the Secretary–General to appoint that arbitrator.

Article 25
Consent of Each Party to Arbitration

1. Each Party consents to the submission of a claim to arbitration under this Section in accordance with this Treaty.

2. The consent under paragraph 1 and the submission of a claim to arbitration under this Section shall satisfy the requirements of:

(a) Chapter II of the ICSID Convention (Jurisdiction of the Centre) and the ICSID Additional Facility Rules for written consent of the parties to the dispute; [and]

(b) Article II of the New York Convention for an "agreement in writing[."] [;" and

(c) Article I of the Inter-American Convention for an "agreement."]

Article 26
Conditions and Limitations on Consent of Each Party

1. No claim may be submitted to arbitration under this Section if more than three years have elapsed from the date on which the claimant first acquired, or should have first acquired, knowledge of the breach alleged under Article 24(1) and knowledge that the claimant (for claims brought under Article 24(1)(a)) or the enterprise (for claims brought under Article 24(1)(b)) has incurred loss or damage.

2. No claim may be submitted to arbitration under this Section unless:

(a) the claimant consents in writing to arbitration in accordance with the procedures setout in this Treaty; and

(b) the notice of arbitration is accompanied,

(i) for claims submitted to arbitration under Article 24(1)(a), by the claimant's written waiver, and

(ii) for claims submitted to arbitration under Article 24(1)(b), by the claimant's and the enterprise's written waivers

of any right to initiate or continue before any administrative tribunal or court under the law of either Party, or other dispute settlement procedures, any proceeding with respect to any measure alleged to constitute a breach referred to in Article 24.

3. Notwithstanding paragraph 2(b), the claimant (for claims brought under Article 24(1)(a))and the claimant or the enterprise (for claims brought under Article 24(1)(b)) may initiate or continue an action that seeks interim injunctive relief and does not involve the payment of monetary damages before a judicial or administrative tribunal of the respondent, provided that the action is brought for the sole purpose of preserving the claimant's or the enterprise's rights and interests during the pendency of the arbitration.

Article 27
Selection of Arbitrators

1. Unless the disputing parties otherwise agree, the tribunal shall comprise three arbitrators, one arbitrator appointed by each of the disputing parties and the third, who shall be the presiding arbitrator, appointed by agreement of the disputing parties.

2. The Secretary–General shall serve as appointing authority for an arbitration under this Section.

3. Subject to Article 20(3), if a tribunal has not been constituted within 75 days from the date that a claim is submitted to arbitration under this Section, the Secretary–General, on the request of a disputing party, shall appoint, in his or her discretion, the arbitrator or arbitrators not yet appointed.

4. For purposes of Article 39 of the ICSID Convention and Article 7 of Schedule C to the ICSID Additional Facility Rules, and without prejudice to an objection to an arbitrator on a ground other than nationality:

(a) the respondent agrees to the appointment of each individual member of a tribunal established under the ICSID Convention or the ICSID Additional Facility Rules;

(b) a claimant referred to in Article 24(1)(a) may submit a claim to arbitration under this Section, or continue a claim, under the ICSID Convention or the ICSID Additional Facility Rules, only on condition that the claimant agrees in writing to the appointment of each individual member of the tribunal; and

(c) a claimant referred to in Article 24(1)(b) may submit a claim to arbitration under this Section, or continue a claim, under the ICSID Convention or the ICSID Additional Facility Rules, only on condition that the claimant and the enterprise agree in writing to the appointment of each individual member of the tribunal.

Article 28
Conduct of the Arbitration

1. The disputing parties may agree on the legal place of any arbitration under the arbitral rules applicable under Article 24(3). If the disputing parties fail to reach agreement, the tribunal shall determine the place in accordance with the applicable arbitral rules,provided that the place shall be in the territory of a State that is a party to the New York Convention.

2. The non–disputing Party may make oral and written submissions to the tribunal regarding the interpretation of this Treaty.

3. The tribunal shall have the authority to accept and consider amicus curiae submissions from a person or entity that is not a disputing party.

4. Without prejudice to a tribunal's authority to address other objections as a preliminary question, a tribunal shall address and decide as a preliminary question any objection by the respondent that, as a matter of law, a claim submitted is not a claim for which an award in favor of the claimant may be made under Article 34.

(a) Such objection shall be submitted to the tribunal as soon as possible after the tribunal is constituted, and in no event later than the date the tribunal fixes for the respondent to submit its counter–memorial (or, in the case of an amendment to the notice of arbitration, the date the tribunal fixes for the respondent to submit its response to the amendment).

(b) On receipt of an objection under this paragraph, the tribunal shall suspend any proceedings on the merits, establish a schedule for considering the objection consistent with any schedule it has established for considering any other preliminary question, and issue a decision or award on the objection, stating the grounds therefor.

(c) In deciding an objection under this paragraph, the tribunal shall assume to be true claimant's factual allegations in support of any claim in the notice of arbitration (or any amendment thereof) and, in disputes brought under the UNCITRAL Arbitration Rules, the statement of claim referred to in Article 18 of the UNCITRAL Arbitration Rules. The tribunal may also consider any relevant facts not in dispute.

(d) The respondent does not waive any objection as to competence or any argument on the merits merely because the respondent did or did not raise an objection under this paragraph or make use of the expedited procedure set out in paragraph 5.

5. In the event that the respondent so requests within 45 days after the tribunal is constituted, the tribunal shall decide on an expedited basis an objection under paragraph 4 and any objection that the dispute is not within the tribunal's competence. The tribunal shall suspend any proceedings on the merits and issue a decision or award on the objection(s),stating the grounds therefor, no later than 150 days after the date of the request. However, if a disputing party requests a hearing, the tribunal may take an additional 30 days to issue the decision or award. Regardless of whether a hearing is requested, a tribunal may, on ashowing of extraordinary cause, delay issuing its decision or award by an additional brief period, which may not exceed 30 days.

6. When it decides a respondent's objection under paragraph 4 or 5, the tribunal may,if warranted, award to the prevailing disputing party reasonable costs and attorney's fees incurred in submitting or opposing the objection. In determining whether such an award is warranted, the tribunal shall consider whether either the claimant's claim or the respondent's objection was frivolous, and shall provide the disputing parties a reasonable opportunity to comment.

7. A respondent may not assert as a defense, counterclaim, right of set–off, or for any other reason that the claimant has received or will receive indemnification or

other compensation for all or part of the alleged damages pursuant to an insurance or guarantee contract.

8. A tribunal may order an interim measure of protection to preserve the rights of a disputing party, or to ensure that the tribunal's jurisdiction is made fully effective, including an order to preserve evidence in the possession or control of a disputing party or to protect the tribunal's jurisdiction. A tribunal may not order attachment or enjoin the application of a measure alleged to constitute a breach referred to in Article 24. For purposes of this paragraph, an order includes a recommendation.

9. (a) In any arbitration conducted under this Section, at the request of a disputing party, atribunal shall, before issuing a decision or award on liability, transmit its proposed decision or award to the disputing parties and to the non–disputing Party. Within 60 days after the tribunal transmits its proposed decision or award, the disputing parties may submit written comments to the tribunal concerning any aspect of its proposed decision or award. The tribunal shall consider any such comments and issue its decision or award not later than 45 days after the expiration of the 60–day comment period.

(b) Subparagraph (a) shall not apply in any arbitration conducted pursuant to this Section for which an appeal has been made available pursuant to paragraph 10 or Annex D.

10. If a separate, multilateral agreement enters into force between the Parties that establishes an appellate body for purposes of reviewing awards rendered by tribunals constituted pursuant to international trade or investment arrangements to hear investment disputes, the Parties shall strive to reach an agreement that would have such appellate body review awards rendered under Article 34 in arbitrations commenced after the multilateral agreement enters into force between the Parties.

Article 29
Transparency of Arbitral Proceedings

1. Subject to paragraphs 2 and 4, the respondent shall, after receiving the following documents, promptly transmit them to the non–disputing Party and make them available to the public:

(a) the notice of intent;

(b) the notice of arbitration;

(c) pleadings, memorials, and briefs submitted to the tribunal by a disputing party and any written submissions submitted pursuant to Article 28(2) [Non–Disputing Party submissions] and (3) [Amicus Submissions] and Article 33 [Consolidation];

(d) minutes or transcripts of hearings of the tribunal, where available; and

(e) orders, awards, and decisions of the tribunal.

2. The tribunal shall conduct hearings open to the public and shall determine, inconsultation with the disputing parties, the appropriate logistical arrangements. However,any disputing party that intends to use information designated as protected information in ahearing shall so advise the tribunal. The tribunal shall make appropriate arrangements to protect the information from disclosure.

3. Nothing in this Section requires a respondent to disclose protected information or to furnish or allow access to information that it may withhold in accordance with Article 18[Essential Security Article] or Article 19 [Disclosure of Information Article].

4. Any protected information that is submitted to the tribunal shall be protected from disclosure in accordance with the following procedures:

(a) Subject to subparagraph (d), neither the disputing parties nor the tribunal shall disclose to the non–disputing Party or to the public any protected information where the disputing party that provided the information clearly designates it in accordance with subparagraph (b);

(b) Any disputing party claiming that certain information constitutes protected information shall clearly designate the information at the time it is submitted to the tribunal;

(c) A disputing party shall, at the time it submits a document containing information claimed to be protected information, submit a redacted version of the document that does not contain the information. Only the redacted version shall be provided to the non–disputing Party and made public in accordance with paragraph 1 ; and

(d) The tribunal shall decide any objection regarding the designation of information claimed to be protected information. If the tribunal determines that such information was not properly designated, the disputing party that submitted the information may (i) withdraw all or part of its submission containing such information, or (ii) agree to resubmit complete and redacted documents with corrected designations in accordance with the tribunal's determination and subparagraph (c). In either case, the other disputing party shall, whenever necessary, resubmit complete and redacted documents which either remove the information withdrawn under (i) by the disputing party that first submitted the information or redesignate the information consistent with the designation under (ii) of the disputing party that first submitted the information.

5. Nothing in this Section requires a respondent to withhold from the public information required to be disclosed by its laws.

Article 30
Governing Law

1. Subject to paragraph 3, when a claim is submitted under Article 24(1)(a)(i)(A) or Article 24(1)(b)(i)(A), the tribunal shall decide the issues in dispute in accordance with this Treaty and applicable rules of international law.

2. Subject to paragraph 3 and the Other terms of this Section, when a claim is submitted under Article 24(1)(a)(i)(B) or (C), or Article 24(1)(b)(i)(B) or (C), the tribunal shall apply:

(a) the rules of law specified in the pertinent investment authorization or investment agreement, or as the disputing parties may otherwise agree; or

(b) if the rules of law have not been specified or otherwise agreed:

(i) the law of the respondent, including its rules on the conflict of laws;[18] and

(ii) such rules of international law as may be applicable.

3. A joint decision of the Parties, each acting through its representative designated for purposes of this Article, declaring their interpretation of a provision of this Treaty shall be binding on a tribunal, and any decision or award issued by a tribunal must be consistent with that joint decision.

Article 31
Interpretation of Annexes

1. Where a respondent asserts as a defense that the measure alleged to be a breach is within the scope of an entry set out in Annex I, II, or III, the tribunal shall, on request of the respondent, request the interpretation of the Parties on the issue. The Parties shall submit inwriting any joint decision declaring their interpretation to the tribunal within 60 days of delivery of the request.

2. A joint decision issued under paragraph 1 by the Parties, each acting through its representative designated for purposes of this Article, shall be binding on the tribunal,and any decision or award issued by the tribunal must be consistent with that joint decision.If the Parties fail to issue such a decision within 60 days, the tribunal shall decide the issue.

---

18 The "law of the respondent" means the law that a domestic court or tribunal of proper jurisdiction would apply in the same case.

Article 32
Expert Reports

Without prejudice to the appointment of other kinds of experts where authorized by the applicable arbitration rules, a tribunal, at the request of a disputing party or, unless the disputing parties disapprove, on its own initiative, may appoint one or more experts to report to it in writing on any factual issue concerning environmental, health, safety, or other scientific matters raised by a disputing party in a proceeding, subject to such terms and conditions as the disputing parties may agree.

Article 33
Consolidation

1. Where two or more claims have been submitted separately to arbitration under Article 24(1) and the claims have a question of law or fact in common and arise out of the same events or circumstances, any disputing party may seek a consolidation order inaccordance with the agreement of all the disputing parties sought to be covered by the order or the terms of paragraphs 2 through 10.

2. A disputing party that seeks a consolidation order under this Article shall deliver, inwriting, a request to the Secretary–General and to all the disputing parties sought to be covered by the order and shall specify in the request:

(a) the names and addresses of all the disputing parties sought to be covered by the order;

(b) the nature of the order sought; and

(c) the grounds on which the order is sought.

3. Unless the Secretary–General finds within 30 days after receiving a request under paragraph 2 that the request is manifestly unfounded, a tribunal shall be established under this Article.

4. Unless all the disputing parties sought to be covered by the order otherwise agree,a tribunal established under this Article shall comprise three arbitrators:

(a) one arbitrator appointed by agreement of the claimants;

(b) one arbitrator appointed by the respondent; and

(c) the presiding arbitrator appointed by the Secretary–General, provided, however, that the presiding arbitrator shall not be a national of either Party.

5. If, within 60 days after the Secretary–General receives a request made under paragraph 2,the respondent fails or the claimants fail to appoint an arbitrator in accordance with paragraph 4, the Secretary–General, on the request of any disputing party sought to be covered by the order, shall appoint the arbitrator or arbitrators not

yet appointed. If the respondent fails to appoint an arbitrator, the Secretary–General shall appoint a national of the disputing Party, and if the claimants fail to appoint an arbitrator, the Secretary–General shall appoint a national of the non–disputing Party.

6. Where a tribunal established under this Article is satisfied that two or more claims that have been submitted to arbitration under Article 24(1) have a question of law or fact incommon, and arise out of the same events or circumstances, the tribunal may, in the interest of fair and efficient resolution of the claims, and after hearing the disputing parties,by order:

(a) assume jurisdiction over, and hear and determine together, all or part of the claims;

(b) assume jurisdiction over, and hear and determine one or more of the claims, the determination of which it believes would assist in the resolution of the others; or

(c) instruct a tribunal previously established under Article 27 [Selection of Arbitrators] to assume jurisdiction over, and hear and determine together, all or part of the claims, provided that

(i) that tribunal, at the request of any claimant not previously a disputing party before that tribunal, shall be reconstituted with its original members, except that the arbitrator for the claimants shall be appointed pursuant to paragraphs 4(a) and 5; and

(ii) that tribunal shall decide whether any prior hearing shall be repeated.

7. Where a tribunal has been established under this Article, a claimant that has submitted a claim to arbitration under Article 24(1) and that has not been named in a request made under paragraph 2 may make a written request to the tribunal that it be included in any order made under paragraph 6, and shall specify in the request:

(a) the name and address of the claimant;

(b) the nature of the order sought; and

(c) the grounds on which the order is sought.

The claimant shall deliver a copy of its request to the Secretary–General.

8. A tribunal established under this Article shall conduct its proceedings in accordance with the UNCITRAL Arbitration Rules, except as modified by this Section.

9. A tribunal established under Article 27 [Selection of Arbitrators] shall not have jurisdiction to decide a claim, or a part of a claim, over which a tribunal established or instructed under this Article has assumed jurisdiction.

10. On application of a disputing party, a tribunal established under this Article, pending its decision under paragraph 6, may order that the proceedings of a tribunal established under Article 27 [Selection of Arbitrators] be stayed, unless the latter tribunal has already adjourned its proceedings.

Article 34
Awards

1. Where a tribunal makes a final award against a respondent, the tribunal may award,separately or in combination, only:

(a) monetary damages and any applicable interest; and

(b) restitution of property, in which case the award shall provide that the respondent may pay monetary damages and any applicable interest in lieu of restitution.

A tribunal may also award costs and attorney's fees in accordance with this Treaty and the applicable arbitration rules.

2. Subject to paragraph 1, where a claim is submitted to arbitration under Article 24(1)(b):

(a) an award of restitution of property shall provide that restitution be made to the enterprise;

(b) an award of monetary damages and any applicable interest shall provide that the sum be paid to the enterprise; and

(c) the award shall provide that it is made without prejudice to any right that any person may have in the relief under applicable domestic law.

3. A tribunal may not award punitive damages.

4. An award made by a tribunal shall have no binding force except between the disputing parties and in respect of the particular case.

5. Subject to paragraph 6 and the applicable review procedure for an interim award,a disputing party shall abide by and comply with an award without delay.

6. A disputing party may not seek enforcement of a final award until:

(a) in the case of a final award made under the ICSID Convention,

(i) 120 days have elapsed from the date the award was rendered and no disputing party has requested revision or annulment of the award; or

(ii) revision or annulment proceedings have been completed; and

(b) in the case of a final award under the ICSID Additional Facility Rules, the UNCITRAL Arbitration Rules, or the rules selected pursuant to Article 24(3)(d),

(i) 90 days have elapsed from the date the award was rendered and no disputing party has commenced a proceeding to revise, set aside, or annul the award; or

(ii) a court has dismissed or allowed an application to revise, set aside, or annul the award and there is no further appeal.

7. Each Party shall provide for the enforcement of an award in its territory.

8. If the respondent fails to abide by or comply with a final award, on delivery of a request by the non–disputing Party, a tribunal shall be established under Article 37 [State–State Dispute Settlement]. Without prejudice to other remedies available under

applicable rules of international law, the requesting Party may seek in such proceedings:

(a) a determination that the failure to abide by or comply with the final award is inconsistent with the obligations of this Treaty; and

(b) a recommendation that the respondent abide by or comply with the final award.

9. A disputing party may seek enforcement of an arbitration award under the ICSID Convention or the New York Convention [or the Inter–American Convention] regardless of whether proceedings have been taken under paragraph 8.

10. A claim that is submitted to arbitration under this Section shall be considered to arise out of a commercial relationship or transaction for purposes of Article I of the New York Convention [and Article I of the Inter–American Convention].

Article 35
Annexes and Footnotes

The Annexes and footnotes shall form an integral part of this Treaty.

Article 36
Service of Documents

Delivery of notice and other documents on a Party shall be made to the place named for that Party in Annex C.

Section C
Article 37
State-State Dispute Settlement

1. Subject to paragraph 5, any dispute between the Parties concerning the interpretation or application of this Treaty, that is not resolved through consultations or other diplomatic channels, shall be submitted on the request of either Party to arbitration for a binding decision or award by a tribunal in accordance with applicable rules of international law. In the absence of an agreement by the Parties to the contrary, the UNCITRAL Arbitration Rules shall govern, except as modified by the Parties or this Treaty.

2. Unless the Parties otherwise agree, the tribunal shall comprise three arbitrators, one arbitrator appointed by each Party and the third, who shall be the presiding arbitrator,appointed by agreement of the Parties. If a tribunal has not been constituted within 75 days from the date that a claim is submitted to arbitration under this Section, the Secretary–General, on the request of either Party, shall appoint, in his or her

discretion, the arbitrator or arbitrators not yet appointed.

3. Expenses incurred by the arbitrators, and other costs of the proceedings, shall be paid for equally by the Parties. However, the tribunal may, in its discretion, direct that a higher proportion of the costs be paid by one of the Parties.

4. Articles 28(3) [Amicus Curiae Submissions], 29 [Investor–State Transparency], 30(1) and(3) [Governing Law], and 31 [Interpretation of Annexes] shall apply mutatis mutandis to arbitrations under this Article.

5. Paragraphs 1 through 4 shall not apply to a matter arising under Article 12 or Article 13.

IN WITNESS WHEREOF, the respective plenipotentiaries have signed this Treaty.

DONE in duplicate at [city] this [number] day of [month, year], in the English and[foreign] languages, each text being equally authentic.

FOR THE GOVERNMENT OF THE UNITED STATES OF AMERICA:	FOR THE GOVERNMENT OF [COUNTRY]:
	________________________ :
________________________	________________________

Annex A
Customary International Law

The Parties confirm their shared understanding that "customary international law"generally and as specifically referenced in Article 5 [Minimum Standard of Treatment] and Annex B [Expropriation] results from a general and consistent practice of States that they follow from a sense of legal obligation. With regard to Article 5 [Minimum Standard of Treatment], the customary international law minimum standard of treatment of aliens refers to all customary international law principles that protect the economic rights and interests of aliens.

Annex B
Expropriation

The Parties confirm their shared understanding that:

1. Article 6 [Expropriation and Compensation](1) is intended to reflect customary international law concerning the obligation of States with respect to expropriation.

2. An action or a series of actions by a Party cannot constitute an expropriation unless it interferes with a tangible or intangible property right or property interest in an investment.

3. Article 6 [Expropriation and Compensation](1) addresses two situations. The first is direct expropriation, where an investment is nationalized or otherwise directly expropriated through formal transfer of title or outright seizure.

4. The second situation addressed by Article 6 [Expropriation and Compensation](1) is indirect expropriation, where an action or series of actions by a Party has an effect equivalent to direct expropriation without formal transfer of title or outright seizure.

(a) The determination of whether an action or series of actions by a Party, in a specific fact situation, constitutes an indirect expropriation, requires a case–by–case, fact–based inquiry that considers, among other factors:

(i) the economic impact of the government action, although the fact that an action or series of actions by a Party has an adverse effect on the economic value of an investment,standing alone, does not establish that an indirect expropriation has occurred;

(ii) the extent to which the government action interferes with distinct, reasonable investment–backed expectations; and

(iii) the character of the government action.

(b) Except in rare circumstances, non–discriminatory regulatory actions by a Party that are designed and applied to protect legitimate public welfare objectives, such as public health,safety, and the environment, do not constitute indirect expropriations.

Annex C
Service of Documents on a Party

United States

Notices and other documents shall be served on the United States by delivery to:

Executive Director (L/EX)
Office of the Legal Adviser
Department of State
Washington, D.C. 20520
United States of America

[Country]

Notices and other documents shall be served on [Country] by delivery to:
[insert place of delivery of notices and other documents for [Country]]

Annex D
Possibility of a Bilateral Appellate Mechanism

Within three years after the date of entry into force of this Treaty, the Parties shall consider whether to establish a bilateral appellate body or similar mechanism to review awards rendered under Article 34 in arbitrations commenced after they establish the appellate body or similar mechanism.

附录 9

2012 U.S. Model Bilateral Investment Treaty

TREATY BETWEEN THE GOVERNMENT OF THE UNITED STATES OF AMERICA AND THE GOVERNMENT OF [Country] CONCERNING THE ENCOURAGEMENTAND RECIPROCAL PROTECTION OF INVESTMENT

The Government of the United States of America and the Government of [Country] (hereinafter the "Parties");

Desiring to promote greater economic cooperation between them with respect to investment by nationals and enterprises of one Party in the territory of the other Party;

Recognizing that agreement on the treatment to be accorded such investment will stimulate the flow of private capital and the economic development of the Parties;

Agreeing that a stable framework for investment will maximize effective utilization of economic resources and improve living standards;

Recognizing the importance of providing effective means of asserting claims and enforcing rights with respect to investment under national law as well as through international arbitration;

Desiring to achieve these objectives in a manner consistent with the protection of health, safety, and the environment, and the promotion of internationally recognized labor rights;

Having resolved to conclude a Treaty concerning the encouragement and reciprocal protection of investment;

Have agreed as follows:

SECTION A

Article 1: Definitions

For purposes of this Treaty: **"central level of government"** means:

(a) for the United States, the federal level of government; and

(b) for [Country], [ ].

"Centre" means the International Centre for Settlement of Investment Disputes

("ICSID") established by the ICSID Convention.

"claimant" means an investor of a Party that is a party to an investment dispute with the other Party.

"covered investment" means, with respect to a Party, an investment in its territory of an investor of the other Party in existence as of the date of entry into force of this Treaty or established, acquired, or expanded thereafter.

"disputing parties" means the claimant and the respondent.

"disputing party" means either the claimant or the respondent.

"enterprise" means any entity constituted or organized under applicable law, whether or not for profit, and whether privately or governmentally owned or controlled, including a corporation, trust, partnership, sole proprietorship, joint venture, association, or similar organization; and a branch of an enterprise.

"enterprise of a Party" means an enterprise constituted or organized under the law of a Party, and a branch located in the territory of a Party and carrying out business activities there.

"existing" means in effect on the date of entry into force of this Treaty.

"freely usable currency" means "freely usable currency" as determined by the International Monetary Fund under its *Articles of Agreement*.

"GATS" means the *General Agreement on Trade in Services*, contained in Annex 1B to the WTO Agreement.

"government procurement" means the process by which a government obtains the use of or acquires goods or services, or any combination thereof, for governmental purposes and not with a view to commercial sale or resale, or use in the production or supply of goods or services for commercial sale or resale.

"ICSID Additional Facility Rules" means the *Rules Governing the Additional Facility for the Administration of Proceedings by the Secretariat of the International Centre for Settlement of Investment Disputes*.

"ICSID Convention" means the *Convention on the Settlement of Investment Disputes between States and Nationals of Other States*, done at Washington, March 18, 1965.

[**"Inter-American Convention"** means the *Inter-American Convention on International Commercial Arbitration*, done at Panama, January 30, 1975.]

"investment" means every asset that an investor owns or controls, directly or indirectly, that has the characteristics of an investment, including such characteristics as the commitment of capital or other resources, the expectation of gain or profit, or the assumption of risk. Forms that an investment may take include:

(a) an enterprise;

(b) shares, stock, and other forms of equity participation in an enterprise;

(c) bonds, debentures, other debt instruments, and loans;[1]
(d) futures, options, and other derivatives;
(e) turnkey, construction, management, production, concession, revenue–sharing, and other similar contracts;
(f) intellectual property rights;
(g) licenses, authorizations, permits, and similar rights conferred pursuant to domestic law;[2,3] and
(h) other tangible or intangible, movable or immovable property, and related property rights, such as leases, mortgages, liens, and pledges.

"investment agreement" means a written agreement[4] between a national authority[5] of a Party and a covered investment or an investor of the other Party, on which the covered investment or the investor relies in establishing or acquiring a covered investment other than the written agreement itself, that grants rights to the covered investment or investor:

(a) with respect to natural resources that a national authority controls, such as for

---

1 Some forms of debt, such as bonds, debentures, and long–term notes, are more likely to have the characteristics of an investment, while other forms of debt, such as claims to payment that are immediately due and result from the sale of goods or services, are less likely to have such characteristics.

2 Whether a particular type of license, authorization, permit, or similar instrument (including a concession, to the extent that it has the nature of such an instrument) has the characteristics of an investment depends on such factors as the nature and extent of the rights that the holder has under the law of the Party. Among the licenses, authorizations, permits, and similar instruments that do not have the characteristics of an investment are those that do not create any rights protected under domestic law. For greater certainty, the foregoing is without prejudice to whether any asset associated with the license, authorization, permit, or similar instrument has the characteristics of an investment.

3 The term "investment" does not include an order or judgment entered in a judicial or administrative action.

4 "Written agreement" refers to an agreement in writing, executed by both parties, whether in a single instrument or in multiple instruments, that creates an exchange of rights and obligations, binding on both parties under the law applicable under Article 30[Governing Law](2). For greater certainty, (a) a unilateral act of an administrative or judicial authority, such as a permit, license, or authorization issued by a Party solely in its regulatory capacity, or a decree, order, or judgment, standing alone; and (b) an administrative or judicial consent decree or order, shall not be considered a written agreement.

5 For purposes of this definition, "national authority" means (a) for the United States, an authority at the central level of government; and (b) for [Country], [ ].

their exploration, extraction, refining, transportation, distribution, or sale;

(b) to supply services to the public on behalf of the Party, such as power generation or distribution, water treatment or distribution, or telecommunications; or

(c) to undertake infrastructure projects, such as the construction of roads, bridges, canals, dams, or pipelines, that are not for the exclusive or predominant use and benefit of the government.

"**investment authorization**"[6] means an authorization that the foreign investment authority of a Party grants to a covered investment or an investor of the other Party.

"**investor of a non–Party**" means, with respect to a Party, an investor that attempts to make, is making, or has made an investment in the territory of that Party, that is not an investor of either Party.

"**investor of a Party**" means a Party or state enterprise thereof, or a national or an enterprise of a Party, that attempts to make, is making, or has made an investment in the territory of the other Party; provided, however, that a natural person who is a dual national shall be deemed to be exclusively a national of the State of his or her dominant and effective nationality.

"**measure**" includes any law, regulation, procedure, requirement, or practice.

"**national**" means:

(a) for the United States, a natural person who is a national of the United States as defined in Title III of the Immigration and Nationality Act; and

(b) for [Country], [ ].

"**New York Convention**" means the *United Nations Convention on the Recognition and Enforcement of Foreign Arbitral Awards*, done at New York, June 10, 1958. "**non–disputing Party**" means the Party that is not a party to an investment dispute. "**person**" means a natural person or an enterprise. "**person of a Party**" means a national or an enterprise of a Party. "**protected information**" means confidential business information or information that is privileged or otherwise protected from disclosure under a Party's law. "**regional level of government**" means:

(a) for the United States, a state of the United States, the District of Columbia, or Puerto Rico; and

(b) for [Country], [ ]. "**respondent**" means the Party that is a party to an investment dispute. "**Secretary–General**" means the Secretary–General of ICSID. "**state enterprise**" means an enterprise owned, or controlled through ownership interests, by a Party. "**territory**" means:

---

6 For greater certainty, actions taken by a Party to enforce laws of general application, such as competition laws, are not encompassed within this definition.

(a) with respect to the United States,

(i) the customs territory of the United States, which includes the 50 states, the District of Columbia, and Puerto Rico;

(ii) the foreign trade zones located in the United States and Puerto Rico.

(b) with respect to [Country,] [ ].

(c) with respect to each Party, the territorial sea and any area beyond the territorial sea of the Party within which, in accordance with customary international law as reflected in the United Nations Convention on the Law of the Sea, the Party may exercise sovereign rights or jurisdiction.

"TRIPS Agreement" means the *Agreement on Trade–Related Aspects of Intellectual Property Rights*, contained in Annex 1C to the WTO Agreement.[7]

"UNCITRAL Arbitration Rules" means the arbitration rules of the United Nations Commission on International Trade Law.

"WTO Agreement" means the *Marrakesh Agreement Establishing the World Trade Organization*, done on April 15, 1994.

Article 2: Scope and Coverage

1. This Treaty applies to measures adopted or maintained by a Party relating to:

(a) investors of the other Party;

(b) covered investments; and

(c) with respect to Articles 8 [Performance Requirements], 12 [Investment and Environment], and 13 [Investment and Labor], all investments in the territory of the Party.

2. A Party's obligations under Section A shall apply:

(a) to a state enterprise or other person when it exercises any regulatory, administrative, or other governmental authority delegated to it by that Party;[8] and

(b) to the political subdivisions of that Party.

---

7 For greater certainty, "TRIPS Agreement" includes any waiver in force between the Parties of any provision of the TRIPS Agreement granted by WTO Members in accordance with the WTO Agreement.

8 For greater certainty, government authority that has been delegated includes a legislative grant, and a government order, directive or other action transferring to the state enterprise or other person, or authorizing the exercise by the state enterprise or other person of, governmental authority.

3. For greater certainty, this Treaty does not bind either Party in relation to any act or fact that took place or any situation that ceased to exist before the date of entry into force of this Treaty.

Article 3: National Treatment

1. Each Party shall accord to investors of the other Party treatment no less favorable than that it accords, in like circumstances, to its own investors with respect to the establishment, acquisition, expansion, management, conduct, operation, and sale or other disposition of investments in its territory.

2. Each Party shall accord to covered investments treatment no less favorable than that it accords, in like circumstances, to investments in its territory of its own investors with respect to the establishment, acquisition, expansion, management, conduct, operation, and sale or other disposition of investments.

3. The treatment to be accorded by a Party under paragraphs 1 and 2 means, with respect to a regional level of government, treatment no less favorable than the treatment accorded, in like circumstances, by that regional level of government to natural persons resident in and enterprises constituted under the laws of other regional levels of government of the Party of which it forms a part, and to their respective investments.

Article 4: Most-Favored-Nation Treatment

1. Each Party shall accord to investors of the other Party treatment no less favorable than that it accords, in like circumstances, to investors of any non–Party with respect to the establishment, acquisition, expansion, management, conduct, operation, and sale or other disposition of investments in its territory.

2. Each Party shall accord to covered investments treatment no less favorable than that it accords, in like circumstances, to investments in its territory of investors of any non–Party with respect to the establishment, acquisition, expansion, management, conduct, operation, and sale or other disposition of investments.

Article 5: Minimum Standard of Treatment[9]

1. Each Party shall accord to covered investments treatment in accordance with customary international law, including fair and equitable treatment and full protection

---

9 Article 5 [Minimum Standard of Treatment] shall be interpreted in accordance with Annex A.

and security.

2. For greater certainty, paragraph 1 prescribes the customary international law minimum standard of treatment of aliens as the minimum standard of treatment to be afforded to covered investments. The concepts of "fair and equitable treatment" and "full protection and security" do not require treatment in addition to or beyond that which is required by that standard, and do not create additional substantive rights. The obligation in paragraph 1 to provide:

(a) "fair and equitable treatment" includes the obligation not to deny justice in criminal, civil, or administrative adjudicatory proceedings in accordance with the principle of due process embodied in the principal legal systems of the world; and

(b) "full protection and security" requires each Party to provide the level of police protection required under customary international law.

3. A determination that there has been a breach of another provision of this Treaty, or of a separate international agreement, does not establish that there has been a breach of this Article.

4. Notwithstanding Article 14 [Non-Conforming Measures](5)(b) [subsidies and grants], each Party shall accord to investors of the other Party, and to covered investments, non-discriminatory treatment with respect to measures it adopts or maintains relating to losses suffered by investments in its territory owing to armed conflict or civil strife.

5. Notwithstanding paragraph 4, if an investor of a Party, in the situations referred to in paragraph 4, suffers a loss in the territory of the other Party resulting from:

(a) requisitioning of its covered investment or part thereof by the latter's forces or authorities; or

(b) destruction of its covered investment or part thereof by the latter's forces or authorities, which was not required by the necessity of the situation,

the latter Party shall provide the investor restitution, compensation, or both, as appropriate, for such loss. Any compensation shall be prompt, adequate, and effective in accordance with Article 6 [Expropriation and Compensation](2) through (4), *mutatis mutandis*.

6. Paragraph 4 does not apply to existing measures relating to subsidies or grants that would be inconsistent with Article 3 [National Treatment] but for Article 14 [Non-Conforming Measures](5)(b) [subsidies and grants].

Article 6: Expropriation and Compensation[10]

1. Neither Party may expropriate or nationalize a covered investment either directly or indirectly through measures equivalent to expropriation or nationalization ("expropriation"), except:

(a) for a public purpose;

(b) in a non–discriminatory manner;

(c) on payment of prompt, adequate, and effective compensation; and

(d) in accordance with due process of law and Article 5 [Minimum Standard of Treatment](1) through (3).

2. The compensation referred to in paragraph 1(c) shall:

(a) be paid without delay;

(b) be equivalent to the fair market value of the expropriated investment immediately before the expropriation took place ("the date of expropriation");

(c) not reflect any change in value occurring because the intended expropriation had become known earlier; and

(d) be fully realizable and freely transferable.

3. If the fair market value is denominated in a freely usable currency, the compensation referred to in paragraph 1(c) shall be no less than the fair market value on the date of expropriation, plus interest at a commercially reasonable rate for that currency, accrued from the date of expropriation until the date of payment.

4. If the fair market value is denominated in a currency that is not freely usable, the compensation referred to in paragraph 1(c) –converted into the currency of payment at the market rate of exchange prevailing on the date of payment–shall be no less than:

(a) the fair market value on the date of expropriation, converted into a freely usable currency at the market rate of exchange prevailing on that date, plus

(b) interest, at a commercially reasonable rate for that freely usable currency, accrued from the date of expropriation until the date of payment.

5. This Article does not apply to the issuance of compulsory licenses granted in relation to intellectual property rights in accordance with the TRIPS Agreement, or to the revocation, limitation, or creation of intellectual property rights, to the extent that such issuance, revocation, limitation, or creation is consistent with the TRIPS Agreement.

---

10 Article 6 [Expropriation] shall be interpreted in accordance with Annexes A and B.

Article 7: Transfers

1. Each Party shall permit all transfers relating to a covered investment to be made freely and without delay into and out of its territory. Such transfers include:

(a) contributions to capital;

(b) profits, dividends, capital gains, and proceeds from the sale of all or any part of the covered investment or from the partial or complete liquidation of the covered investment;

(c) interest, royalty payments, management fees, and technical assistance and other fees;

(d) payments made under a contract, including a loan agreement;

(e) payments made pursuant to Article 5 [Minimum Standard of Treatment](4) and (5) and Article 6 [Expropriation and Compensation]; and

(f) payments arising out of a dispute.

2.Each Party shall permit transfers relating to a covered investment to be made in a freely usable currency at the market rate of exchange prevailing at the time of transfer.

3.Each Party shall permit returns in kind relating to a covered investment to be made as authorized or specified in a written agreement between the Party and a covered investment or an investor of the other Party.

4. Notwithstanding paragraphs 1 through 3, a Party may prevent a transfer through the equitable, non–discriminatory, and good faith application of its laws relating to:

(a) bankruptcy, insolvency, or the protection of the rights of creditors;

(b) issuing, trading, or dealing in securities, futures, options, or derivatives;

(c) criminal or penal offenses;

(d) financial reporting or record keeping of transfers when necessary to assist law enforcement or financial regulatory authorities; or

(e) ensuring compliance with orders or judgments in judicial or administrative proceedings.

Article 8: Performance Requirements

1. Neither Party may, in connection with the establishment, acquisition, expansion, management, conduct, operation, or sale or other disposition of an investment of an investor of a Party or of a non–Party in its territory, impose or enforce any requirement

or enforce any commitment or undertaking:[11]

(a) to export a given level or percentage of goods or services;

(b) to achieve a given level or percentage of domestic content;

(c) to purchase, use, or accord a preference to goods produced in its territory, or to purchase goods from persons in its territory;

(d) to relate in any way the volume or value of imports to the volume or value of exports or to the amount of foreign exchange inflows associated with such investment;

(e) to restrict sales of goods or services in its territory that such investment produces or supplies by relating such sales in any way to the volume or value of its exports or foreign exchange earnings;

(f) to transfer a particular technology, a production process, or other proprietary knowledge to a person in its territory;

(g) to supply exclusively from the territory of the Party the goods that such investment produces or the services that it supplies to a specific regional market or to the world market; or

(h) (i) to purchase, use, or accord a preference to, in its territory, technology of the Party or of persons of the Party[12]; or

(ii) that prevents the purchase or use of, or the according of a preference to, in its territory, particular technology, so as to afford protection on the basis of nationality to its own investors or investments or to technology of the Party or of persons of the Party.

2. Neither Party may condition the receipt or continued receipt of an advantage, in connection with the establishment, acquisition, expansion, management, conduct, operation, or sale or other disposition of an investment in its territory of an investor of a Party or of a non–Party, on compliance with any requirement:

(a) to achieve a given level or percentage of domestic content;

(b) to purchase, use, or accord a preference to goods produced in its territory, or to purchase goods from persons in its territory;

(c) to relate in any way the volume or value of imports to the volume or value

11 For greater certainty, a condition for the receipt or continued receipt of an advantage referred to in paragraph 2 does not constitute a "commitment or undertaking" for the purposes of paragraph 1.

12 For purposes of this Article, the term "technology of the Party or of persons of the Party" includes technology that is owned by the Party or persons of the Party, and technology for which the Party holds, or persons of the Party hold, an exclusive license.

of exports or to the amount of foreign exchange inflows associated with such investment; or

(d) to restrict sales of goods or services in its territory that such investment produces or supplies by relating such sales in any way to the volume or value of its exports or foreign exchange earnings.

3. (a) Nothing in paragraph 2 shall be construed to prevent a Party from conditioning the receipt or continued receipt of an advantage, in connection with an investment in its territory of an investor of a Party or of a non–Party, on compliance with a requirement to locate production, supply a service, train or employ workers, construct or expand particular facilities, or carry out research and development, in its territory.

(b) Paragraphs 1(f) and (h) do not apply:

(i) when a Party authorizes use of an intellectual property right in accordance with Article 31 of the TRIPS Agreement, or to measures requiring the disclosure of proprietary information that fall within the scope of, and are consistent with, Article 39 of the TRIPS Agreement; or

(ii) when the requirement is imposed or the commitment or undertaking is enforced by a court, administrative tribunal, or competition authority to remedy a practice determined after judicial or administrative process to be anticompetitive under the Party's competition laws.[13]

(c) Provided that such measures are not applied in an arbitrary or unjustifiable manner, and provided that such measures do not constitute a disguised restriction on international trade or investment, paragraphs 1(b), (c), (f), and (h), and 2(a) and (b), shall not be construed to prevent a Party from adopting or maintaining measures, including environmental measures:

(i) necessary to secure compliance with laws and regulations that are not inconsistent with this Treaty;

(ii) necessary to protect human, animal, or plant life or health; or

(iii) related to the conservation of living or non–living exhaustible natural resources.

(d) Paragraphs 1(a), (b), and (c), and 2(a) and (b), do not apply to qualification requirements for goods or services with respect to export promotion and foreign aid programs.

(e) Paragraphs 1(b), (c), (f), (g), and (h), and 2(a) and (b), do not apply to government procurement.

(f) Paragraphs 2(a) and (b) do not apply to requirements imposed by an importing

---

13 The Parties recognize that a patent does not necessarily confer market power.

Party relating to the content of goods necessary to qualify for preferential tariffs or preferential quotas.

4. For greater certainty, paragraphs 1 and 2 do not apply to any commitment, undertaking, or requirement other than those set out in those paragraphs.

5. This Article does not preclude enforcement of any commitment, undertaking, or requirement between private parties, where a Party did not impose or require the commitment, undertaking, or requirement.

Article 9: Senior Management and Boards of Directors

1. Neither Party may require that an enterprise of that Party that is a covered investment appoint to senior management positions natural persons of any particular nationality.

2. A Party may require that a majority of the board of directors, or any committee thereof, of an enterprise of that Party that is a covered investment, be of a particular nationality, or resident in the territory of the Party, provided that the requirement does not materially impair the ability of the investor to exercise control over its investment.

Article 10: Publication of Laws and Decisions Respecting Investment

1. Each Party shall ensure that its:

   (a) laws, regulations, procedures, and administrative rulings of general application; and

   (b) adjudicatory decisions

respecting any matter covered by this Treaty are promptly published or otherwise made publicly available.

2. For purposes of this Article, "administrative ruling of general application" means an administrative ruling or interpretation that applies to all persons and fact situations that fall generally within its ambit and that establishes a norm of conduct but does not include:

   (a) a determination or ruling made in an administrative or quasi–judicial proceeding that applies to a particular covered investment or investor of the other Party in a specific case; or

   (b) a ruling that adjudicates with respect to a particular act or practice.

Article 11: Transparency

1. The Parties agree to consult periodically on ways to improve the transparency

practices set out in this Article, Article 10 and Article 29.

2. Publication

To the extent possible, each Party shall:

(a) publish in advance any measure referred to in Article 10(1)(a) that it proposes to adopt; and

(b) provide interested persons and the other Party a reasonable opportunity to comment on such proposed measures.

3. With respect to proposed regulations of general application of its central level of government respecting any matter covered by this Treaty that are published in accordance with paragraph 2(a), each Party:

(a) shall publish the proposed regulations in a single official journal of national circulation and shall encourage their distribution through additional outlets;

(b) should in most cases publish the proposed regulations not less than 60 days before the date public comments are due;

(c) shall include in the publication an explanation of the purpose of and rationale for the proposed regulations; and

(d) shall, at the time it adopts final regulations, address significant, substantive comments received during the comment period and explain substantive revisions that it made to the proposed regulations in its official journal or in a prominent location on a government Internet site.

4. With respect to regulations of general application that are adopted by its central level of government respecting any matter covered by this Treaty, each Party:

(a) shall publish the regulations in a single official journal of national circulation and shall encourage their distribution through additional outlets; and

(b) shall include in the publication an explanation of the purpose of and rationale for the regulations.

5. Provision of Information

(a) On request of the other Party, a Party shall promptly provide information and respond to questions pertaining to any actual or proposed measure that the requesting Party considers might materially affect the operation of this Treaty or otherwise substantially affect its interests under this Treaty.

(b) Any request or information under this paragraph shall be provided to the other Party through the relevant contact points.

(c) Any information provided under this paragraph shall be without prejudice as to whether the measure is consistent with this Treaty.

6. Administrative Proceedings

With a view to administering in a consistent, impartial, and reasonable manner all measures referred to in Article 10(1)(a), each Party shall ensure that in its administrative proceedings applying such measures to particular covered investments or investors of the other Party in specific cases:

(a) wherever possible, covered investments or investors of the other Party that are directly affected by a proceeding are provided reasonable notice, in accordance with domestic procedures, when a proceeding is initiated, including a description of the nature of the proceeding, a statement of the legal authority under which the proceeding is initiated, and a general description of any issues in controversy;

(b) such persons are afforded a reasonable opportunity to present facts and arguments in support of their positions prior to any final administrative action, when time, the nature of the proceeding, and the public interest permit; and

(c) its procedures are in accordance with domestic law.

7. Review and Appeal

(a) Each Party shall establish or maintain judicial, quasi–judicial, or administrative tribunals or procedures for the purpose of the prompt review and, where warranted, correction of final administrative actions regarding matters covered by this Treaty. Such tribunals shall be impartial and independent of the office or authority entrusted with administrative enforcement and shall not have any substantial interest in the outcome of the matter.

(b) Each Party shall ensure that, in any such tribunals or procedures, the parties to the proceeding are provided with the right to:

(i) a reasonable opportunity to support or defend their respective positions; and

(ii) a decision based on the evidence and submissions of record or, where required by domestic law, the record compiled by the administrative authority.

(c) Each Party shall ensure, subject to appeal or further review as provided in its domestic law, that such decisions shall be implemented by, and shall govern the practice of, the offices or authorities with respect to the administrative action at issue.

8. Standards–Setting

(a) Each Party shall allow persons of the other Party to participate in the development of standards and technical regulations by its central government bodies.[14] Each Party shall allow persons of the other Party to participate in the

---

14 A Party may satisfy this obligation by, for example, providing interested persons a reasonable opportunity to provide comments on the measure it proposes to develop and taking those comments into account in the development of the measure.

development of these measures, and the development of conformity assessment procedures by its central government bodies, on terms no less favorable than those it accords to its own persons.

(b) Each Party shall recommend that non-governmental standardizing bodies in its territory allow persons of the other Party to participate in the development of standards by those bodies. Each Party shall recommend that non-governmental standardizing bodies in its territory allow persons of the other Party to participate in the development of these standards, and the development of conformity assessment procedures by those bodies, on terms no less favorable than those they accord to persons of the Party.

(c) Subparagraphs 8(a) and 8(b) do not apply to:

(i) sanitary and phytosanitary measures as defined in Annex A of the World Trade Organization (WTO) Agreement on the Application of Sanitary and Phytosanitary Measures; or

(ii) purchasing specifications prepared by a governmental body for its production or consumption requirements.

(d) For purposes of subparagraphs 8(a) and 8(b), "central government body", "standards", "technical regulations" and "conformity assessment procedures" have the meanings assigned to those terms in Annex 1 of the WTO Agreement on Technical Barriers to Trade. Consistent with Annex 1, the three latter terms do not include standards, technical regulations or conformity assessment procedures 'for the supply of a service.

Article 12: Investment and Environment

1. The Parties recognize that their respective environmental laws and policies, and multilateral environmental agreements to which they are both party, play an important role in protecting the environment.

2. The Parties recognize that it is inappropriate to encourage investment by weakening or reducing the protections afforded in domestic environmental laws. Accordingly, each Party shall ensure that it does not waive or otherwise derogate from or offer to waive or otherwise derogate from its environmental laws[15] in a manner that weakens or reduces the protections afforded in those laws, or fail to effectively enforce those laws through a sustained or recurring course of action or inaction, as an encouragement for the establishment, acquisition, expansion, or retention of an

---

15 Paragraph 2 shall not apply where a Party waives or derogates from an environmental law pursuant to a provision in law providing for waivers or derogations.

investment in its territory.

3. The Parties recognize that each Party retains the right to exercise discretion with respect to regulatory, compliance, investigatory, and prosecutorial matters, and to make decisions regarding the allocation of resources to enforcement with respect to other environmental matters determined to have higher priorities. Accordingly, the Parties understand that a Party is in compliance with paragraph 2 where a course of action or inaction reflects a reasonable exercise of such discretion, or results from a *bona fide* decision regarding the allocation of resources.

4. For purposes of this Article, "environmental law" means each Party's statutes or regulations,[16] or provisions thereof, the primary purpose of which is the protection of the environment, or the prevention of a danger to human, animal, or plant life or health, through the:

(a) prevention, abatement, or control of the release, discharge, or emission of pollutants or environmental contaminants;

(b) control of environmentally hazardous or toxic chemicals, substances, materials, and wastes, and the dissemination of information related thereto; or

(c) protection or conservation of wild flora or fauna, including endangered species, their habitat, and specially protected natural areas,

in the Party's territory, but does not include any statute or regulation, or provision thereof, directly related to worker safety or health.

5. Nothing in this Treaty shall be construed to prevent a Party from adopting, maintaining, or enforcing any measure otherwise consistent with this Treaty that it considers appropriate to ensure that investment activity in its territory is undertaken in a manner sensitive to environmental concerns.

6. A Party may make a written request for consultations with the other Party regarding any matter arising under this Article. The other Party shall respond to a request for consultations within thirty days of receipt of such request. Thereafter, the Parties shall consult and endeavor to reach a mutually satisfactory resolution.

7. The Parties confirm that each Party may, as appropriate, provide opportunities for public participation regarding any matter arising under this Article.

Article 13: Investment and Labor

1. The Parties reaffirm their respective obligations as members of the International

---

16 For the United States, "statutes or regulations" for the purposes of this Article means an act of the United States Congress or regulations promulgated pursuant to an act of the United States Congress that is enforceable by action of the central level of government.

Labor Organization ("ILO") and their commitments under the *ILO Declaration on Fundamental Principles and Rights at Work and its Follow-Up*.

2. The Parties recognize that it is inappropriate to encourage investment by weakening or reducing the protections afforded in domestic labor laws. Accordingly, each Party shall ensure that it does not waive or otherwise derogate from or offer to waive or otherwise derogate from its labor laws where the waiver or derogation would be inconsistent with the labor rights referred to in subparagraphs (a) through (e) of paragraph 3, or fail to effectively enforce its labor laws through a sustained or recurring course of action or inaction, as an encouragement for the establishment, acquisition, expansion, or retention of an investment in its territory.

3. For purposes of this Article, "labor laws" means each Party's statutes or regulations,[17] or provisions thereof, that are directly related to the following:

(a) freedom of association;

(b) the effective recognition of the right to collective bargaining;

(c) the elimination of all forms of forced or compulsory labor;

(d) the effective abolition of child labor and a prohibition on the worst forms of child labor;

(e) the elimination of discrimination in respect of employment and occupation; and

(f) acceptable conditions of work with respect to minimum wages, hours of work, and occupational safety and health.

4. A Party may make a written request for consultations with the other Party regarding any matter arising under this Article. The other Party shall respond to a request for consultations within thirty days of receipt of such request. Thereafter, the Parties shall consult and endeavor to reach a mutually satisfactory resolution.

5. The Parties confirm that each Party may, as appropriate, provide opportunities for public participation regarding any matter arising under this Article.

Article 14: Non-Conforming Measures

1. Articles 3 [National Treatment], 4 [Most-Favored-Nation Treatment], 8 [Performance Requirements], and 9 [Senior Management and Boards of Directors] do not apply to:

(a) any existing non-conforming measure that is maintained by a Party at:

---

17 For the United States, "statutes or regulations" for purposes of this Article means an act of the United States Congress or regulations promulgated pursuant to an act of the United States Congress that is enforceable by action of the central level of government.

(i) the central level of government, as set out by that Party in its Schedule to Annex I or Annex III,

(ii) a regional level of government, as set out by that Party in its Schedule to Annex I or Annex III, or

(iii) a local level of government;

(b) the continuation or prompt renewal of any non–conforming measure referred to in subparagraph (a); or

(c) an amendment to any non–conforming measure referred to in subparagraph (a) to the extent that the amendment does not decrease the conformity of the measure, as it existed immediately before the amendment, with Article 3 [National Treatment], 4 [Most–Favored–Nation Treatment], 8 [Performance Requirements], or 9 [Senior Management and Boards of Directors].

2. Articles 3 [National Treatment], 4 [Most–Favored–Nation Treatment], 8 [Performance Requirements], and 9 [Senior Management and Boards of Directors] do not apply to any measure that a Party adopts or maintains with respect to sectors, subsectors, or activities, as set out in its Schedule to Annex II.

3. Neither Party may, under any measure adopted after the date of entry into force of this Treaty and covered by its Schedule to Annex II, require an investor of the other Party, by reason of its nationality, to sell or otherwise dispose of an investment existing at the time the measure becomes effective.

4. Articles 3 [National Treatment] and 4 [Most–Favored–Nation Treatment] do not apply to any measure covered by an exception to, or derogation from, the obligations under Article 3 or 4 of the TRIPS Agreement, as specifically provided in those Articles and in Article 5 of the TRIPS Agreement.

5. Articles 3 [National Treatment], 4 [Most–Favored–Nation Treatment], and 9 [Senior Management and Boards of Directors] do not apply to:

(a) government procurement; or

(b) subsidies or grants provided by a Party, including government–supported loans, guarantees, and insurance.

Article 15: Special Formalities and Information Requirements

1. Nothing in Article 3 [National Treatment] shall be construed to prevent a Party from adopting or maintaining a measure that prescribes special formalities in connection with covered investments, such as a requirement that investors be residents of the Party or that covered investments be legally constituted under the laws or regulations of the Party, provided that such formalities do not materially impair the protections afforded by a Party to investors of the other Party and covered investments pursuant to this

Treaty.

2. Notwithstanding Articles 3 [National Treatment] and 4 [Most–Favored–Nation Treatment], a Party may require an investor of the other Party or its covered investment to provide information concerning that investment solely for informational or statistical purposes. The Party shall protect any confidential business information from any disclosure that would prejudice the competitive position of the investor or the covered investment. Nothing in this paragraph shall be construed to prevent a Party from otherwise obtaining or disclosing information in connection with the equitable and good faith application of its law.

Article 16: Non-Derogation

This Treaty shall not derogate from any of the following that entitle an investor of a Party or a covered investment to treatment more favorable than that accorded by this Treaty:

1. laws or regulations, administrative practices or procedures, or administrative or adjudicatory decisions of a Party;

2. international legal obligations of a Party; or

3. obligations assumed by a Party, including those contained in an investment authorization or an investment agreement.

Article 17: Denial of Benefits

1. A Party may deny the benefits of this Treaty to an investor of the other Party that is an enterprise of such other Party and to investments of that investor if persons of a non–Party own or control the enterprise and the denying Party:

(a) does not maintain diplomatic relations with the non–Party; or

(b) adopts or maintains measures with respect to the non–Party or a person of the non–Party that prohibit transactions with the enterprise or that would be violated or circumvented if the benefits of this Treaty were accorded to the enterprise or to its investments.

2. A Party may deny the benefits of this Treaty to an investor of the other Party that is an enterprise of such other Party and to investments of that investor if the enterprise has no substantial business activities in the territory of the other Party and persons of a non–Party, or of the denying Party, own or control the enterprise.

Article 18: Essential Security

Nothing in this Treaty shall be construed:

1. to require a Party to furnish or allow access to any information the disclosure of which it determines to be contrary to its essential security interests; or

2. to preclude a Party from applying measures that it considers necessary for the fulfillment of its obligations with respect to the maintenance or restoration of international peace or security, or the protection of its own essential security interests.

Article 19: Disclosure of Information

Nothing in this Treaty shall be construed to require a Party to furnish or allow access to confidential information the disclosure of which would impede law enforcement or otherwise be contrary to the public interest, or which would prejudice the legitimate commercial interests of particular enterprises, public or private.

Article 20: Financial Services

1. Notwithstanding any other provision of this Treaty, a Party shall not be prevented from adopting or maintaining measures relating to financial services for prudential reasons, including for the protection of investors, depositors, policy holders, or persons to whom a fiduciary duty is owed by a financial services supplier, or to ensure the integrity and stability of the financial system.[18] Where such measures do not conform with the provisions of this Treaty, they shall not be used as a means of avoiding the Party's commitments or obligations under this Treaty.

2. (a) Nothing in this Treaty applies to non–discriminatory measures of general application taken by any public entity in pursuit of monetary and related credit policies or exchange rate policies. This paragraph shall not affect a Party's obligations under

---

18 It is understood that the term "prudential reasons" includes the maintenance of the safety, soundness, integrity, or financial responsibility of individual financial institutions, as well as the maintenance of the safety and financial and operational integrity of payment and clearing systems.

Article 7 [Transfers] or Article 8 [Performance Requirements].[19]

(b) For purposes of this paragraph, "public entity" means a central bank or monetary authority of a Party.

3. Where a claimant submits a claim to arbitration under Section B [Investor–State Dispute Settlement], and the respondent invokes paragraph 1 or 2 as a defense, the following provisions shall apply:

(a) The respondent shall, within 120 days of the date the claim is submitted to arbitration under Section B, submit in writing to the competent financial authorities[20] of both Parties a request for a joint determination on the issue of whether and to what extent paragraph 1 or 2 is a valid defense to the claim. The respondent shall promptly provide the tribunal, if constituted, a copy of such request. The arbitration may proceed with respect to the claim only as provided in subparagraph (d).

(b) The competent financial authorities of both Parties shall make themselves available for consultations with each other and shall attempt in good faith to make a determination as described in subparagraph (a). Any such determination shall be transmitted promptly to the disputing parties and, if constituted, to the tribunal. The determination shall be binding on the tribunal.

(c) If the competent financial authorities of both Parties, within 120 days of the date by which they have both received the respondent's written request for a joint determination under subparagraph (a), have not made a determination as described in that subparagraph, the tribunal shall decide the issue or issues left unresolved by the competent financial authorities. The provisions of Section B shall apply, except as modified by this subparagraph.

(i) In the appointment of all arbitrators not yet appointed to the tribunal, each disputing party shall take appropriate steps to ensure that the tribunal has expertise or experience in financial services law or practice. The expertise of particular candidates with respect to the particular sector of financial services in which the dispute arises shall be taken into account in the

---

19 For greater certainty, measures of general application taken in pursuit of monetary and related credit policies or exchange rate policies do not include measures that expressly nullify or amend contractual provisions that specify the currency of denomination or the rate of exchange of currencies.

20 For purposes of this Article, "competent financial authorities" means, for the United States, the Department of the Treasury for banking and other financial services, and the Office of the United States Trade Representative, in coordination with the Department of Commerce and other agencies, for insurance; and for [Country], [ ].

appointment of the presiding arbitrator.

(ii) If, before the respondent submits the request for a joint determination in conformance with subparagraph (a), the presiding arbitrator has been appointed pursuant to Article 27(3), such arbitrator shall be replaced on the request of either disputing party and the tribunal shall be reconstituted consistent with subparagraph (c)(i). If, within 30 days of the date the arbitration proceedings are resumed under subparagraph (d), the disputing parties have not agreed on the appointment of a new presiding arbitrator, the Secretary–General, on the request of a disputing party, shall appoint the presiding arbitrator consistent with subparagraph (c)(i).

(iii) The tribunal shall draw no inference regarding the application of paragraph 1 or 2 from the fact that the competent financial authorities have not made a determination as described in subparagraph (a).

(iv) The non–disputing Party may make oral and written submissions to the tribunal regarding the issue of whether and to what extent paragraph 1 or 2 is a valid defense to the claim. Unless it makes such a submission, the non–disputing Party shall be presumed, for purposes of the arbitration, to take a position on paragraph 1 or 2 not inconsistent with that of the respondent.

(d) The arbitration referred to in subparagraph (a) may proceed with respect to the claim:

(i) 10 days after the date the competent financial authorities' joint determination has been received by both the disputing parties and, if constituted, the tribunal; or

(ii) 10 days after the expiration of the 120–day period provided to the competent financial authorities in subparagraph (c).

(e) On the request of the respondent made within 30 days after the expiration of the 120–day period for a joint determination referred to in subparagraph (c), or, if the tribunal has not been constituted as of the expiration of the 120–day period, within 30 days after the tribunal is constituted, the tribunal shall address and decide the issue or issues left unresolved by the competent financial authorities as referred to in subparagraph (c) prior to deciding the merits of the claim for which paragraph 1 or 2 has been invoked by the respondent as a defense. Failure of the respondent to make such a request is without prejudice to the right of the respondent to invoke paragraph 1 or 2 as a defense at any appropriate phase of the arbitration.

4. Where a dispute arises under Section C and the competent financial authorities of one Party provide written notice to the competent financial authorities of the other Party that the dispute involves financial services, Section C shall apply except as modified by

this paragraph and paragraph 5.

(a) The competent financial authorities of both Parties shall make themselves available for consultations with each other regarding the dispute, and shall have 180 days from the date such notice is received to transmit a report on their consultations to the Parties. A Party may submit the dispute to arbitration under Section C only after the expiration of that 180–day period.

(b) Either Party may make any such report available to a tribunal constituted under Section C to decide the dispute referred to in this paragraph or a similar dispute, or to a tribunal constituted under Section B to decide a claim arising out of the same events or circumstances that gave rise to the dispute under Section C.

5. Where a Party submits a dispute involving financial services to arbitration under Section C in conformance with paragraph 4, and on the request of either Party within 30 days of the date the dispute is submitted to arbitration, each Party shall, in the appointment of all arbitrators not yet appointed, take appropriate steps to ensure that the tribunal has expertise or experience in financial services law or practice. The expertise of particular candidates with respect to financial services shall be taken into account in the appointment of the presiding arbitrator.

6. Notwithstanding Article 11(2)–(4) [Transparency–Publication], each Party, to the extent practicable,

(a) shall publish in advance any regulations of general application relating to financial services that it proposes to adopt and the purpose of the regulation;

(b) shall provide interested persons and the other Party a reasonable opportunity to comment on such proposed regulations; and

(c) should at the time it adopts final regulations, address in writing significant substantive comments received from interested persons with respect to the proposed regulations.

7. The terms "financial service" or "financial services" shall have the same meaning as in subparagraph 5(a) of the Annex on Financial Services of the GATS.

8. For greater certainty, nothing in this Treaty shall be construed to prevent the adoption or enforcement by a party of measures relating to investors of the other Party, or covered investments, in financial institutions that are necessary to secure compliance with laws or regulations that are not inconsistent with this Treaty, including those related to the prevention of deceptive and fraudulent practices or that deal with the effects of a default on financial services contracts, subject to the requirement that such measures are not applied in a manner which would constitute a means of arbitrary or unjustifiable discrimination between countries where like conditions prevail, or a disguised restriction on investment in financial institutions.

Article 21: Taxation

1. Except as provided in this Article, nothing in Section A shall impose obligations with respect to taxation measures.

2. Article 6 [Expropriation] shall apply to all taxation measures, except that a claimant that asserts that a taxation measure involves an expropriation may submit a claim to arbitration under Section B only if:

(a) the claimant has first referred to the competent tax authorities[21] of both Parties in writing the issue of whether that taxation measure involves an expropriation; and

(b) within 180 days after the date of such referral, the competent tax authorities of both Parties fail to agree that the taxation measure is not an expropriation.

3. Subject to paragraph 4, Article 8 [Performance Requirements] (2) through (4) shall apply to all taxation measures.

4. Nothing in this Treaty shall affect the rights and obligations of either Party under any tax convention. In the event of any inconsistency between this Treaty and any such convention, that convention shall prevail to the extent of the inconsistency. In the case of a tax convention between the Parties, the competent authorities under that convention shall have sole responsibility for determining whether any inconsistency exists between this Treaty and that convention.

Article 22: Entry into Force, Duration, and Termination

1. This Treaty shall enter into force thirty days after the date the Parties exchange instruments of ratification. It shall remain in force for a period of ten years and shall continue in force thereafter unless terminated in accordance with paragraph 2.

2. A Party may terminate this Treaty at the end of the initial ten–year period or at any time thereafter by giving one year's written notice to the other Party.

3. For ten years from the date of termination, all other Articles shall continue to apply to covered investments established or acquired prior to the date of termination, except insofar as those Articles extend to the establishment or acquisition of covered investments.

---

21 For the purposes of this Article, the "competent tax authorities" means:

(a) for the United States, the Assistant Secretary of the Treasury (Tax Policy), Department of the Treasury; and

(b) for [Country], [ ].

SECTION B

Article 23: Consultation and Negotiation

In the event of an investment dispute, the claimant and the respondent should initially seek to resolve the dispute through consultation and negotiation, which may include the use of nonbinding, third–party procedures.

Article 24: Submission of a Claim to Arbitration

1. In the event that a disputing party considers that an investment dispute cannot be settled by consultation and negotiation:

(a) the claimant, on its own behalf, may submit to arbitration under this Section a claim

(i) that the respondent has breached

(A) an obligation under Articles 3 through 10,

(B) an investment authorization, or

(C) an investment agreement;

and

(ii) that the claimant has incurred loss or damage by reason of, or arising out of, that breach; and

(b) the claimant, on behalf of an enterprise of the respondent that is a juridical person that the claimant owns or controls directly or indirectly, may submit to arbitration under this Section a claim

(i) that the respondent has breached

(A) an obligation under Articles 3 through 10,

(B) an investment authorization, or

(C) an investment agreement;

and

(ii) that the enterprise has incurred loss or damage by reason of, or arising out of, that breach,

provided that a claimant may submit pursuant to subparagraph (a)(i)(C) or (b)(i)(C) a claim for breach of an investment agreement only if the subject matter of the claim and the claimed damages directly relate to the covered investment that was established or acquired, or sought to be established or acquired, in reliance on the relevant investment agreement.

2. At least 90 days before submitting any claim to arbitration under this Section, a

claimant shall deliver to the respondent a written notice of its intention to submit the claim to arbitration ("notice of intent"). The notice shall specify:

(a) the name and address of the claimant and, where a claim is submitted on behalf of an enterprise, the name, address, and place of incorporation of the enterprise;

(b) for each claim, the provision of this Treaty, investment authorization, or investment agreement alleged to have been breached and any other relevant provisions;

(c) the legal and factual basis for each claim; and

(d) the relief sought and the approximate amount of damages claimed.

3. Provided that six months have elapsed since the events giving rise to the claim, a claimant may submit a claim referred to in paragraph 1:

(a) under the ICSID Convention and the ICSID Rules of Procedure for Arbitration Proceedings, provided that both the respondent and the non–disputing Party are parties to the ICSID Convention;

(b) under the ICSID Additional Facility Rules, provided that either the respondent or the non–disputing Party is a party to the ICSID Convention;

(c) under the UNCITRAL Arbitration Rules; or

(d) if the claimant and respondent agree, to any other arbitration institution or under any other arbitration rules.

4. A claim shall be deemed submitted to arbitration under this Section when the claimant's notice of or request for arbitration ("notice of arbitration"):

(a) referred to in paragraph 1 of Article 36 of the ICSID Convention is received by the Secretary–General;

(b) referred to in Article 2 of Schedule C of the ICSID Additional Facility Rules is received by the Secretary–General;

(c) referred to in Article 3 of the UNCITRAL Arbitration Rules, together with the statement of claim referred to in Article 20 of the UNCITRAL Arbitration Rules, are received by the respondent; or

(d) referred to under any arbitral institution or arbitral rules selected under paragraph 3(d) is received by the respondent.

A claim asserted by the claimant for the first time after such notice of arbitration is submitted shall be deemed submitted to arbitration under this Section on the date of its receipt under the applicable arbitral rules.

5. The arbitration rules applicable under paragraph 3, and in effect on the date the claim or claims were submitted to arbitration under this Section, shall govern the arbitration except to the extent modified by this Treaty.

6. The claimant shall provide with the notice of arbitration:

(a) the name of the arbitrator that the claimant appoints; or
(b) the claimant's written consent for the Secretary–General to appoint that arbitrator.

Article 25: Consent of Each Party to Arbitration

1. Each Party consents to the submission of a claim to arbitration under this Section in accordance with this Treaty.

2. The consent under paragraph 1 and the submission of a claim to arbitration under this Section shall satisfy the requirements of:

(a) Chapter II of the ICSID Convention (Jurisdiction of the Centre) and the ICSID Additional Facility Rules for written consent of the parties to the dispute; [and]
(b) Article II of the New York Convention for an "agreement in writing[."] [;" and
(c) Article I of the Inter–American Convention for an "agreement."]

Article 26: Conditions and Limitations on Consent of Each Party

1. No claim may be submitted to arbitration under this Section if more than three years have elapsed from the date on which the claimant first acquired, or should have first acquired, knowledge of the breach alleged under Article 24(1) and knowledge that the claimant (for claims brought under Article 24(1)(a)) or the enterprise (for claims brought under Article 24(1)(b)) has incurred loss or damage.

2. No claim may be submitted to arbitration under this Section unless:

(a) the claimant consents in writing to arbitration in accordance with the procedures set out in this Treaty; and
(b) the notice of arbitration is accompanied,
  (i) for claims submitted to arbitration under Article 24(1)(a), by the claimant's written waiver, and
  (ii) for claims submitted to arbitration under Article 24(1)(b), by the claimant's and the enterprise's written waivers

of any right to initiate or continue before any administrative tribunal or court under the law of either Party, or other dispute settlement procedures, any proceeding with respect to any measure alleged to constitute a breach referred to in Article 24.

3. Notwithstanding paragraph 2(b), the claimant (for claims brought under Article 24(1)(a)) and the claimant or the enterprise (for claims brought under Article 24(1)(b)) may initiate or continue an action that seeks interim injunctive relief and does not involve the payment of monetary damages before a judicial or administrative tribunal of the respondent, provided that the action is brought for the sole purpose of preserving

the claimant's or the enterprise's rights and interests during the pendency of the arbitration.

Article 27: Selection of Arbitrators

1. Unless the disputing parties otherwise agree, the tribunal shall comprise three arbitrators, one arbitrator appointed by each of the disputing parties and the third, who shall be the presiding arbitrator, appointed by agreement of the disputing parties.

2. The Secretary–General shall serve as appointing authority for an arbitration under this Section.

3. Subject to Article 20(3), if a tribunal has not been constituted within 75 days from the date that a claim is submitted to arbitration under this Section, the Secretary–General, on the request of a disputing party, shall appoint, in his or her discretion, the arbitrator or arbitrators not yet appointed.

4. For purposes of Article 39 of the ICSID Convention and Article 7 of Schedule C to the ICSID Additional Facility Rules, and without prejudice to an objection to an arbitrator on a ground other than nationality:

(a) the respondent agrees to the appointment of each individual member of a tribunal established under the ICSID Convention or the ICSID Additional Facility Rules;

(b) a claimant referred to in Article 24(1)(a) may submit a claim to arbitration under this Section, or continue a claim, under the ICSID Convention or the ICSID Additional Facility Rules, only on condition that the claimant agrees in writing to the appointment of each individual member of the tribunal; and

(c) a claimant referred to in Article 24(1)(b) may submit a claim to arbitration under this Section, or continue a claim, under the ICSID Convention or the ICSID Additional Facility Rules, only on condition that the claimant and the enterprise agree in writing to the appointment of each individual member of the tribunal.

Article 28: Conduct of the Arbitration

1. The disputing parties may agree on the legal place of any arbitration under the arbitral rules applicable under Article 24(3). If the disputing parties fail to reach agreement, the tribunal shall determine the place in accordance with the applicable arbitral rules, provided that the place shall be in the territory of a State that is a party to the New York Convention.

2. The non–disputing Party may make oral and written submissions to the tribunal regarding the interpretation of this Treaty.

3. The tribunal shall have the authority to accept and consider *amicus curiae* submissions from a person or entity that is not a disputing party.

4. Without prejudice to a tribunal's authority to address other objections as a preliminary question, a tribunal shall address and decide as a preliminary question any objection by the respondent that, as a matter of law, a claim submitted is not a claim for which an award in favor of the claimant may be made under Article 34.

(a) Such objection shall be submitted to the tribunal as soon as possible after the tribunal is constituted, and in no event later than the date the tribunal fixes for the respondent to submit its counter–memorial (or, in the case of an amendment to the notice of arbitration, the date the tribunal fixes for the respondent to submit its response to the amendment).

(b) On receipt of an objection under this paragraph, the tribunal shall suspend any proceedings on the merits, establish a schedule for considering the objection consistent with any schedule it has established for considering any other preliminary question, and issue a decision or award on the objection, stating the grounds therefor.

(c) In deciding an objection under this paragraph, the tribunal shall assume to be true claimant's factual allegations in support of any claim in the notice of arbitration (or any amendment thereof) and, in disputes brought under the UNCITRAL Arbitration Rules, the statement of claim referred to in Article 20 of the UNCITRAL Arbitration Rules. The tribunal may also consider any relevant facts not in dispute.

(d) The respondent does not waive any objection as to competence or any argument on the merits merely because the respondent did or did not raise an objection under this paragraph or make use of the expedited procedure set out in paragraph 5.

5. In the event that the respondent so requests within 45 days after the tribunal is constituted, the tribunal shall decide on an expedited basis an objection under paragraph 4 and any objection that the dispute is not within the tribunal's competence. The tribunal shall suspend any proceedings on the merits and issue a decision or award on the objection(s), stating the grounds therefor, no later than 150 days after the date of the request. However, if a disputing party requests a hearing, the tribunal may take an additional 30 days to issue the decision or award. Regardless of whether a hearing is requested, a tribunal may, on a showing of extraordinary cause, delay issuing its decision or award by an additional brief period, which may not exceed 30 days.

6. When it decides a respondent's objection under paragraph 4 or 5, the tribunal may, if warranted, award to the prevailing disputing party reasonable costs and attorney's fees incurred in submitting or opposing the objection. In determining

whether such an award is warranted, the tribunal shall consider whether either the claimant's claim or the respondent's objection was frivolous, and shall provide the disputing parties a reasonable opportunity to comment.

7. A respondent may not assert as a defense, counterclaim, right of set–off, or for any other reason that the claimant has received or will receive indemnification or other compensation for all or part of the alleged damages pursuant to an insurance or guarantee contract.

8. A tribunal may order an interim measure of protection to preserve the rights of a disputing party, or to ensure that the tribunal's jurisdiction is made fully effective, including an order to preserve evidence in the possession or control of a disputing party or to protect the tribunal's jurisdiction. A tribunal may not order attachment or enjoin the application of a measure alleged to constitute a breach referred to in Article 24. For purposes of this paragraph, an order includes a recommendation.

9. (a) In any arbitration conducted under this Section, at the request of a disputing party, a tribunal shall, before issuing a decision or award on liability, transmit its proposed decision or award to the disputing parties and to the non–disputing Party. Within 60 days after the tribunal transmits its proposed decision or award, the disputing parties may submit written comments to the tribunal concerning any aspect of its proposed decision or award. The tribunal shall consider any such comments and issue its decision or award not later than 45 days after the expiration of the 60–day comment period.

(b) Subparagraph (a) shall not apply in any arbitration conducted pursuant to this Section for which an appeal has been made available pursuant to paragraph 10.

10. In the event that an appellate mechanism for reviewing awards rendered by investor–State dispute settlement tribunals is developed in the future under other institutional arrangements, the Parties shall consider whether awards rendered under Article 34 should be subject to that appellate mechanism. The Parties shall strive to ensure that any such appellate mechanism they consider adopting provides for transparency of proceedings similar to the transparency provisions established in Article 29.

Article 29: Transparency of Arbitral Proceedings

1. Subject to paragraphs 2 and 4, the respondent shall, after receiving the following documents, promptly transmit them to the non–disputing Party and make them available to the public:

(a) the notice of intent;

(b) the notice of arbitration;

(c) pleadings, memorials, and briefs submitted to the tribunal by a disputing party and any written submissions submitted pursuant to Article 28(2) [Non–Disputing Party submissions] and (3) [*Amicus* Submissions] and Article 33 [Consolidation];
(d) minutes or transcripts of hearings of the tribunal, where available; and
(e) orders, awards, and decisions of the tribunal.

2. The tribunal shall conduct hearings open to the public and shall determine, in consultation with the disputing parties, the appropriate logistical arrangements. However, any disputing party that intends to use information designated as protected information in a hearing shall so advise the tribunal. The tribunal shall make appropriate arrangements to protect the information from disclosure.

3. Nothing in this Section requires a respondent to disclose protected information or to furnish or allow access to information that it may withhold in accordance with Article 18 [Essential Security Article] or Article 19 [Disclosure of Information Article].

4. Any protected information that is submitted to the tribunal shall be protected from disclosure in accordance with the following procedures:

(a) Subject to subparagraph (d), neither the disputing parties nor the tribunal shall disclose to the non–disputing Party or to the public any protected information where the disputing party that provided the information clearly designates it in accordance with subparagraph (b);
(b) Any disputing party claiming that certain information constitutes protected information shall clearly designate the information at the time it is submitted to the tribunal;
(c) A disputing party shall, at the time it submits a document containing information claimed to be protected information, submit a redacted version of the document that does not contain the information. Only the redacted version shall be provided to the non–disputing Party and made public in accordance with paragraph 1; and
(d) The tribunal shall decide any objection regarding the designation of information claimed to be protected information. If the tribunal determines that such information was not properly designated, the disputing party that submitted the information may (i) withdraw all or part of its submission containing such information, or (ii) agree to resubmit complete and redacted documents with corrected designations in accordance with the tribunal's determination and subparagraph (c). In either case, the other disputing party shall, whenever necessary, resubmit complete and redacted documents which either remove the information withdrawn under (i) by the disputing party that first submitted the information or redesignate the information consistent with the designation under (ii) of the disputing party that first submitted the information.

5. Nothing in this Section requires a respondent to withhold from the public information required to be disclosed by its laws.

Article 30: Governing Law

1. Subject to paragraph 3, when a claim is submitted under Article 24(1)(a)(i)(A) or Article 24(1)(b)(i)(A), the tribunal shall decide the issues in dispute in accordance with this Treaty and applicable rules of international law.

2. Subject to paragraph 3 and the other terms of this Section, when a claim is submitted under Article 24(1)(a)(i)(B) or (C), or Article 24(1)(b)(i)(B) or (C), the tribunal shall apply:

(a) the rules of law specified in the pertinent investment authorization or investment agreement, or as the disputing parties may otherwise agree; or

(b) if the rules of law have not been specified or otherwise agreed:

(i) the law of the respondent, including its rules on the conflict of laws;[22] and

(ii) such rules of international law as may be applicable.

3. A joint decision of the Parties, each acting through its representative designated for purposes of this Article, declaring their interpretation of a provision of this Treaty shall be binding on a tribunal, and any decision or award issued by a tribunal must be consistent with that joint decision.

Article 31: Interpretation of Annexes

1. Where a respondent asserts as a defense that the measure alleged to be a breach is within the scope of an entry set out in Annex I, II, or III, the tribunal shall, on request of the respondent, request the interpretation of the Parties on the issue. The Parties shall submit in writing any joint decision declaring their interpretation to the tribunal within 90 days of delivery of the request.

2. A joint decision issued under paragraph 1 by the Parties, each acting through its representative designated for purposes of this Article, shall be binding on the tribunal, and any decision or award issued by the tribunal must be consistent with that joint decision. If the Parties fail to issue such a decision within 90 days, the tribunal shall decide the issue.

---

22 The "law of the respondent" means the law that a domestic court or tribunal of proper jurisdiction would apply in the same case.

Article 32: Expert Reports

Without prejudice to the appointment of other kinds of experts where authorized by the applicable arbitration rules, a tribunal, at the request of a disputing party or, unless the disputing parties disapprove, on its own initiative, may appoint one or more experts to report to it in writing on any factual issue concerning environmental, health, safety, or other scientific matters raised by a disputing party in a proceeding, subject to such terms and conditions as the disputing parties may agree.

Article 33: Consolidation

1. Where two or more claims have been submitted separately to arbitration under Article 24(1) and the claims have a question of law or fact in common and arise out of the same events or circumstances, any disputing party may seek a consolidation order in accordance with the agreement of all the disputing parties sought to be covered by the order or the terms of paragraphs 2 through 10.

2. A disputing party that seeks a consolidation order under this Article shall deliver, in writing, a request to the Secretary–General and to all the disputing parties sought to be covered by the order and shall specify in the request:

(a) the names and addresses of all the disputing parties sought to be covered by the order;

(b) the nature of the order sought; and

(c) the grounds on which the order is sought.

3. Unless the Secretary–General finds within 30 days after receiving a request under paragraph 2 that the request is manifestly unfounded, a tribunal shall be established under this Article.

4. Unless all the disputing parties sought to be covered by the order otherwise agree, a tribunal established under this Article shall comprise three arbitrators:

(a) one arbitrator appointed by agreement of the claimants;

(b) one arbitrator appointed by the respondent; and

(c) the presiding arbitrator appointed by the Secretary–General, provided, however, that the presiding arbitrator shall not be a national of either Party.

5. If, within 60 days after the Secretary–General receives a request made under paragraph 2, the respondent fails or the claimants fail to appoint an arbitrator in accordance with paragraph 4, the Secretary–General, on the request of any disputing party sought to be covered by the order, shall appoint the arbitrator or arbitrators not yet appointed. If the respondent fails to appoint an arbitrator, the Secretary–General shall appoint a national of the disputing Party, and if the claimants fail to appoint an

arbitrator, the Secretary–General shall appoint a national of the non–disputing Party.

6. Where a tribunal established under this Article is satisfied that two or more claims that have been submitted to arbitration under Article 24(1) have a question of law or fact in common, and arise out of the same events or circumstances, the tribunal may, in the interest of fair and efficient resolution of the claims, and after hearing the disputing parties, by order:

(a) assume jurisdiction over, and hear and determine together, all or part of the claims;

(b) assume jurisdiction over, and hear and determine one or more of the claims, the determination of which it believes would assist in the resolution of the others; or

(c) instruct a tribunal previously established under Article 27 [Selection of Arbitrators] to assume jurisdiction over, and hear and determine together, all or part of the claims, provided that

(i) that tribunal, at the request of any claimant not previously a disputing party before that tribunal, shall be reconstituted with its original members, except that the arbitrator for the claimants shall be appointed pursuant to paragraphs 4(a) and 5; and

(ii) that tribunal shall decide whether any prior hearing shall be repeated.

7. Where a tribunal has been established under this Article, a claimant that has submitted a claim to arbitration under Article 24(1) and that has not been named in a request made under paragraph 2 may make a written request to the tribunal that it be included in any order made under paragraph 6, and shall specify in the request:

(a) the name and address of the claimant;

(b) the nature of the order sought; and

(c) the grounds on which the order is sought.

The claimant shall deliver a copy of its request to the Secretary–General.

8. A tribunal established under this Article shall conduct its proceedings in accordance with the UNCITRAL Arbitration Rules, except as modified by this Section.

9. A tribunal established under Article 27 [Selection of Arbitrators] shall not have jurisdiction to decide a claim, or a part of a claim, over which a tribunal established or instructed under this Article has assumed jurisdiction.

10. On application of a disputing party, a tribunal established under this Article, pending its decision under paragraph 6, may order that the proceedings of a tribunal established under Article 27 [Selection of Arbitrators] be stayed, unless the latter tribunal has already adjourned its proceedings.

Article 34: Awards

1. Where a tribunal makes a final award against a respondent, the tribunal may award, separately or in combination, only:

(a) monetary damages and any applicable interest; and

(b) restitution of property, in which case the award shall provide that the respondent may pay monetary damages and any applicable interest in lieu of restitution.

A tribunal may also award costs and attorney's fees in accordance with this Treaty and the applicable arbitration rules.

2. Subject to paragraph 1, where a claim is submitted to arbitration under Article 24(1)(b):

(a) an award of restitution of property shall provide that restitution be made to the enterprise;

(b) an award of monetary damages and any applicable interest shall provide that the sum be paid to the enterprise; and

(c) the award shall provide that it is made without prejudice to any right that any person may have in the relief under applicable domestic law.

3. A tribunal may not award punitive damages.

4. An award made by a tribunal shall have no binding force except between the disputing parties and in respect of the particular case.

5. Subject to paragraph 6 and the applicable review procedure for an interim award, a disputing party shall abide by and comply with an award without delay.

6. A disputing party may not seek enforcement of a final award until:

(a) in the case of a final award made under the ICSID Convention,

(i) 120 days have elapsed from the date the award was rendered and no disputing party has requested revision or annulment of the award; or

(ii) revision or annulment proceedings have been completed; and

(b) in the case of a final award under the ICSID Additional Facility Rules, the UNCITRAL Arbitration Rules, or the rules selected pursuant to Article 24(3)(d),

(i) 90 days have elapsed from the date the award was rendered and no disputing party has commenced a proceeding to revise, set aside, or annul the award; or

(ii) a court has dismissed or allowed an application to revise, set aside, or annul the award and there is no further appeal.

7. Each Party shall provide for the enforcement of an award in its territory.

8. If the respondent fails to abide by or comply with a final award, on delivery of a request by the non–disputing Party, a tribunal shall be established under Article

37 [State–State Dispute Settlement]. Without prejudice to other remedies available under applicable rules of international law, the requesting Party may seek in such proceedings:

(a) a determination that the failure to abide by or comply with the final award is inconsistent with the obligations of this Treaty; and

(b) a recommendation that the respondent abide by or comply with the final award.

9. A disputing party may seek enforcement of an arbitration award under the ICSID Convention or the New York Convention [or the Inter–American Convention] regardless of whether proceedings have been taken under paragraph 8.

10. A claim that is submitted to arbitration under this Section shall be considered to arise out of a commercial relationship or transaction for purposes of Article I of the New York Convention [and Article I of the Inter–American Convention].

Article 35: Annexes and Footnotes

The Annexes and footnotes shall form an integral part of this Treaty.

Article 36: Service of Documents

Delivery of notice and other documents on a Party shall be made to the place named for that Party in Annex C.

SECTION C

Article 37: State-State Dispute Settlement

1. Subject to paragraph 5, any dispute between the Parties concerning the interpretation or application of this Treaty, that is not resolved through consultations or other diplomatic channels, shall be submitted on the request of either Party to arbitration for a binding decision or award by a tribunal in accordance with applicable rules of international law. In the absence of an agreement by the Parties to the contrary, the UNCITRAL Arbitration Rules shall govern, except as modified by the Parties or this Treaty.

2. Unless the Parties otherwise agree, the tribunal shall comprise three arbitrators, one arbitrator appointed by each Party and the third, who shall be the presiding arbitrator, appointed by agreement of the Parties. If a tribunal has not been constituted within

75 days from the date that a claim is submitted to arbitration under this Section, the Secretary–General, on the request of either Party, shall appoint, in his or her discretion, the arbitrator or arbitrators not yet appointed.

3. Expenses incurred by the arbitrators, and other costs of the proceedings, shall be paid for equally by the Parties. However, the tribunal may, in its discretion, direct that a higher proportion of the costs be paid by one of the Parties.

4. Articles 28(3) [*Amicus Curiae* Submissions], 29 [Investor–State Transparency], 30(1) and (3) [Governing Law], and 31 [Interpretation of Annexes] shall apply *mutatis mutandis* to arbitrations under this Article.

5. Paragraphs 1 through 4 shall not apply to a matter arising under Article 12 or Article 13.

IN WITNESS WHEREOF, the respective plenipotentiaries have signed this Treaty.

DONE in duplicate at [city] this [number] day of [month, year], in the English and [foreign] languages, each text being equally authentic.

FOR THE GOVERNMENT OF	FOR THE GOVERNMENT OF
THE UNITED STATES OF AMERICA:	[COUNTRY]:

Annex A

Customary International Law

The Parties confirm their shared understanding that "customary international law" generally and as specifically referenced in Article 5 [Minimum Standard of Treatment] and Annex B [Expropriation] results from a general and consistent practice of States that they follow from a sense of legal obligation. With regard to Article 5 [Minimum Standard of Treatment], the customary international law minimum standard of treatment of aliens refers to all customary international law principles that protect the economic rights and interests of aliens.

Annex B

Expropriation

The Parties confirm their shared understanding that:

1. Article 6 [Expropriation and Compensation](1) is intended to reflect customary international law concerning the obligation of States with respect to expropriation.

2. An action or a series of actions by a Party cannot constitute an expropriation unless it interferes with a tangible or intangible property right or property interest in an investment.

3. Article 6 [Expropriation and Compensation](1) addresses two situations. The first is direct expropriation, where an investment is nationalized or otherwise directly expropriated through formal transfer of title or outright seizure.

4. The second situation addressed by Article 6 [Expropriation and Compensation](1) is indirect expropriation, where an action or series of actions by a Party has an effect equivalent to direct expropriation without formal transfer of title or outright seizure.

(a) The determination of whether an action or series of actions by a Party, in a specific fact situation, constitutes an indirect expropriation, requires a case–by–case, fact–based inquiry that considers, among other factors:

(i) the economic impact of the government action, although the fact that an action or series of actions by a Party has an adverse effect on the economic value of an investment, standing alone, does not establish that an indirect expropriation has occurred;

(ii) the extent to which the government action interferes with distinct, reasonable investment–backed expectations; and

(iii) the character of the government action.

(b) Except in rare circumstances, non–discriminatory regulatory actions by a Party that are designed and applied to protect legitimate public welfare objectives, such as public health, safety, and the environment, do not constitute indirect expropriations.

Annex C

Service of Documents on a Party

United States

Notices and other documents shall be served on the United States by delivery to:

Executive Director (L/EX)
Office of the Legal Adviser
Department of State
Washington, D.C. 20520
United States of America

[Country]

Notices and other documents shall be served on [Country] by delivery to:

[insert place of delivery of notices and other documents for [Country]]

图书在版编目(CIP)数据

美国国际投资协定/(美)肯尼斯·J.范德威尔德著;
蔡从燕等译. --北京:法律出版社,2017
书名原文:U. S. Inernational Investment
Agreements
ISBN 978-7-5197-1427-7

Ⅰ.①美… Ⅱ.①肯…②蔡… Ⅲ.①国际投资-经
济协定-美国 Ⅳ.①D971.222.9

中国版本图书馆 CIP 数据核字(2017)第 233132 号

美国国际投资协定
MEIGUO GUOJI TOUZI XIEDING

[美]肯尼斯·J.范德威尔德 著
蔡从燕 朱明新 等译

策划编辑 黄琳佳
责任编辑 黄琳佳
装帧设计 贾丹丹

出版 法律出版社
总发行 中国法律图书有限公司
经销 新华书店
印刷 三河市龙大印装有限公司
责任校对 杨昆玲
责任印制 陶 松

编辑统筹 学术·对外出版分社
开本 720 毫米×960 毫米 1/16
印张 63
字数 1011 千
版本 2017 年 11 月第 1 版
印次 2017 年 11 月第 1 次印刷

法律出版社/北京市丰台区莲花池西里 7 号(100073)
网址/www.lawpress.com.cn
投稿邮箱/info@lawpress.com.cn
举报维权邮箱/jbwq@lawpress.com.cn
销售热线/010-63939792
咨询电话/010-63939796

中国法律图书有限公司/北京市丰台区莲花池西里 7 号(100073)
全国各地中法图分、子公司销售电话:
统一销售客服/400-660-6393
第一法律书店/010-63939781/9782　西安分公司/029-85330678　重庆分公司/023-67453036
上海分公司/021-62071639/1636　深圳分公司/0755-83072995

书号:ISBN 978-7-5197-1427-7　**定价**:258.00 元
(如有缺页或倒装,中国法律图书有限公司负责退换)